LAO-ENGLISH ENGLISH-LAO DICTIONARY

Khamphan Mingbuapha
and
Benjawan Poomsan Becker

ຄຳພັນ ມິ່ງບົວຜາ
ເບັນຈະວັນ ພູມແສນ ເບັກເກີຣ໌

PAIBOON
PUBLISHING

LAO-ENGLISH/ENGLISH-LAO DICTIONARY

Copyright ©2003 by Paiboon Publishing

(ສຳນັກພິມໄພບູນ)

Printed in Thailand   All rights reserved

Paiboon Publishing
582 Amarinniwate Village 2
Sukhapiban Road 1, Bungkum
Bangkok 10230
THAILAND
☎ 662-509-8632
Fax 662-519-5437

Paiboon Publishing
PMB 192
1442A Walnut Street
Berkeley, CA 94709
USA
☎ 1-510-848-7086
Fax 1-510-848-4521

email: info@paiboonpublishing.com
www.paiboonpublishing.com

Cover and graphic design by Randy Kincaid
Edited by Sano Phomvilai and Somxay Keomanivong

ISBN 1-887521-27-5

Printed by Chulalongkorn University Printing House
Tel. 0-2218-3563 [5202-064/2,000(2)]
November 2008, http://www.cuprint.chula.ac.th

PREFACE

Lao is closely related to Thai. It also borrows words form Pali, Sanskrit, English etc., but is a unique language spoken by over 4.5 million people in Laos, a million or so Lao immigrants abroad and over 20 million ethnic Laotians in Northeastern Thailand (although in Thailand they do not generally use the Lao writing system). The Lao spoken in Thailand is often called Isaan after the region of the country where it comes from.

This practical dictionary is designed to help English speakers communicate in the Lao language. It is equally useful for those who can read the Lao alphabet and those who can't. Whether you are visiting Laos for a short while or living there more permanently, you will find most of the vocabulary used in everyday life, including basic medical, cultural, political and scientific terms.

We suggest that you start using this book by spending some time studying the guide to pronunciation. Since every Lao word is shown in both Lao script and phonetic transliteration, it is not necessary to learn the Lao alphabet in order to use the dictionary. After a little practice you will be able to pronounce and look up Lao words using the phonetic alphabet. If you are serious about studying Lao, we recommend that you learn the Lao alphabet as early as possible. To that end we have included an introductory guide to the Lao system of writing.

This dictionary is divided into three sections: Section one [English-Phonetic-Lao] is for looking up words in English to find the Lao translations. Some English words have multiple meanings (e.g. 'nail' could be a fingernail or carpentry nail). In that case we often clarify in parenthesis the exact meaning of the Lao translation.

In the second section [Phonetic-Lao-English] you can look up Lao words using the phonetic alphabet. For clarity and convenience, the transliteration system in the dictionary breaks up multi-syllabic words by separating syllables with a dash. Otherwise, it is the same phonetic system that is used in other Paiboon Publishing books. It accurately indicates tone, vowel length and other aspects of Lao pronunciation that may be unfamiliar to English speakers.

Section three [Lao-Phonetic-English] is for looking up Lao words in the Lao alphabet. This is very useful when you are having trouble understanding a Lao friend. He/she can look up the word in your dictionary and show it to you! If you are a student of written Lao, you will soon find yourself able to use this section yourself.

Written Lao has not always been uniformly standard and you may find that some words are spelled differently from one book to the next. In an effort to standardize the written language, the Lao government created an official spelling system. We follow this new system which is now universally taught and used in Laos.

This book has been designed to be easy to carry and to use so that you will be encouraged to keep it close at hand. We hope it will help you create new friendships and will enhance your stay in Laos or Isaan!

TABLE OF CONTENTS

GUIDE TO PRONOUNCIATION	5
Characteristics of the Lao language	5
Transliteration	6
Consonants	7
Vowels	9
Short and Long Vowels Compared	11
Tone Marks	12
Tones	13
Comparisons of Similar Sounds	18
Listening	19
LAO WRITING SYSTEM	20
Consonant Classes	20
Names of the 26 Lao Consonants in Alphabetical Order	20
Lao Spelling Inconsistencies	25
26 Lao Consonants in Alphabetical Order	26
Final Consonants	27
28 Lao Vowels in Alphabetical Order	29
Lao Vowels Paired with Short and Long Counterparts	30
Ten Vowels That Change Their Forms	32
What Determines the Tone	34
Live and Dead Syllables	34
Tone Rules (In the Absence of Tone Marks)	35
Tone Marks	38
Tone Names	39
Tone Marks Listed by Consonant Class	40
Tones with Different Consonant Classes	41

Punctuation Marks	43
Other Symbols	45
Lao Numbers	46
Alphabet Guide	47
DICTIONARY ABREVIATIONS	54
SECTION ONE: ENGLISH-PHONETIC-LAO	55
SECTION TWO: PHONETIC-LAO-ENGLISH	337
SECTION THREE: LAO-PHONETIC-ENGLISH	553
APPENDIX	771
Common Classifiers	771
Colors	774
Numbers	775
Days of the Week	777
Months	778
The Twelve Year Cycle	779
18 Provinces of Laos	780

GUIDE TO PRONUNCIATION

CHARACTERISTICS OF THE LAO LANGUAGE

Listed below are some common elements and features of the Lao language that are different from English.

- Lao is a tonal language. Incorrect tones can cause the Lao speaker to be easily misunderstood, even if the pronunciation is otherwise perfect.

- There are no variant or plural forms for adjectives and nouns.

- Adjectives appear after the noun.
    The Lao grammatical structure would be 'car red' (lot dɛ̂ɛng) instead of the English grammatical structure 'red car'.

- There are no verb conjugations in Lao. Tenses are understood from the context or from the use of adverbs-of-time.

- Lao has no articles (a, an, the).

- There is no verb 'to be' used with adjectives.
    'You are beautiful' would be 'you beautiful' (jâo ngáam).

- Lao speakers usually omit the subject of a sentence when it is understood from the context.

TRANSLITERATION

Different Lao books and dictionaries use different transliteration systems. Many of them are oriented towards speakers of French and are not as helpful to English speakers. Every attempt was made to keep the transliteration in this dictionary consistent, accurate and simple for English speakers. We use the standard international phonetic alphabet for tones and other sounds not normally represented in written English.

You will find that words are not always pronounced exactly as they are transliterated. In colloquial speech people speak fast, drop sounds and words, change some consonants (e.g. some people change "hoong-hian" to "loong-lian" - school), vowels, vowel length (e.g. "hiin" to "hin" - stone) and tones. Also, there are regional speech differences. We try to pick the pronunciation that is most widely and commonly used.

CONSONANTS

b	as in <u>b</u>aby	bìn - fly
d	as in <u>d</u>oll	dìi - look
f	as in <u>f</u>un	fái - fire
g	as in <u>g</u>old	gìn - eat
h	as in <u>h</u>oney	hàa - five
j	as in <u>j</u>et	jĕt - seven
k	as in <u>k</u>iss	kón - person
l	as in <u>l</u>ove	líng - monkey
m	as in <u>m</u>oney	mîi - have
n	as in <u>n</u>eed	náa - rice field
ñ	as in espa<u>ñ</u>ol	nyúng - mosquito
p	as in <u>p</u>retty	pán - thousand
s	as in <u>s</u>ex	sii - four
t	as in <u>t</u>ender	tŏng - bag
w	as in <u>w</u>oman	wîi - fan
y	as in <u>y</u>ou	yàa - medicine
kw	as in <u>qu</u>een	kwúan - smoke
gw	as in <u>G</u>uam	gwàa - more
ng	as in ri<u>ng</u>ing	ngúu - snake
dt	as in s<u>t</u>op	dtàa - eye
bp	as in s<u>p</u>ot	bpài - go

The /dt/ sound lies between the /d/ and the /t/. Similarly, the /bp/ is between /b/ and /p/ (in linguistic terms, they are both unvoiced and unaspirated). Unlike English, /ng/ frequently occurs at the beginning of words in Lao.

Lao used to have the rolled "r" sound, but it has dropped out of common speech and been replaced by the "l" sound.

Lao does not have consonant cluster sounds in either the initial or final position of a syllable. In this dictionary final consonant sounds of a syllable are transliterated as follows:

    k is used for ກ.

    t is used for ຕ.

    p is used for ບ.

    n is used for ນ.

    ng is used for ງ.

    m is used for ມ.

    əi, əəi is used for ເ–ຍ.

    aao is used for –າວ.

VOWELS

Most Lao vowels have two versions, short and long. Short vowels are clipped and cut off at the end. Long ones are drawn out. This book shows short vowels with a single letter and long vowels with double letters ('a' for short; 'aa' for long).

The 'ʉ' has no comparable sound in English. Try saying 'u' while spreading your lips in as wide a smile as possible. If the sound you are making is similar to one you might have uttered after stepping on something disgusting, you are probably close!

Short & Long Vowels

a	like a in Alaska	mán - it
aa	like a in father	hàa - five
i	like i in tip	sĭp - ten
ii	like ee in see	sii - four
u	like oo in boot	yŭt - stop
uu	like u in ruler	sŭun - zero
ʉ	like u in ruler, but with a smile	nʉng - one
ʉʉ	like ʉ but longer	mʉ́ʉ - hand
e	like e in pet	jét - seven
ee	like a in pale	péeng - song

ɛ	like a in cat	lɛ	- and
ɛɛ	like a in sad	dɛ̀ɛng	- red
ə	like er in teacher without the "r" sound	bəng	- look
əə	like ə but longer	bpə́ət	- meet
o	like o in note	pǒm	- hair
oo	like o in go	lôok	- world
ɔ	like au in caught	gɔ̌	- island
ɔɔ	like aw in law	nɔ́ɔn	- sleep

Complex Vowels

The following dipthongs are combinations of the above vowels.

ai	mai - new	aai	sáai - sand
ao	máo - drunk	aao	kǎao - white
ia	bìa - beer	iao	nǐao - sticky
ua	dtùa - body	uai	lúai - rich
ɥa	hɥ́a - boat	ɥai	mɥai - tired
ɔi	kɔ̀i - I, me	ɔɔi	nɔ́ɔi - little
ooi	dòoi - by	əəi	kə́əi - ever
ui	kui - flute	iu	hǐu - hungry
eo	leo - rapid	eeo	hěeo - cliff
ɛo	tɛ̀o - row	ɛɛo	lɛ̂ɛo - already

PUNCTUATION MARKS

1. ເຄື່ອງໝາຍຈ້ຳ $\boxed{.}$ /kʉang-mǎai-jâm/ is used at the end of a sentence or paragraph like the full stop or period in English.

2. ເຄື່ອງໝາຍຈຸດ $\boxed{,}$ /kʉang-mǎai-jǔt/ is used like the comma in English.

3. ເຄື່ອງໝາຍຈ້ຳຈຸດ $\boxed{;}$ /kʉang-mǎai-jâm-jǔt/ is used like the semi-colon in English.

4. ເຄື່ອງໝາຍສອງຈ້ຳ $\boxed{:}$ /kʉang-mǎai-sɔ̌ɔng-jâm/ is used like the colon in English.

5. ເຄື່ອງໝາຍສອງອິກຕໍ່ $\boxed{-}$ /kʉang-mǎai-kìit-dtɔɔ/ is used like the dash in English.

6. ເຄື່ອງໝາຍສອງອິກກ້ອງ $\boxed{}$ /kʉang-mǎai-kìit-gông/ is used like the underline in English.

7. ເຄື່ອງໝາຍຈ້ຳໆ $\boxed{...}$ /kʉang-mǎai-jâm-jâm/ is used to show that there are more items that are not mentioned.

8. ເຄື່ອງໝາຍຖາມ ? /kʉang-mǎai-tǎam/ is used like the question mark in English.

9. ເຄື່ອງໝາຍທ້ວງ ! /kʉang-mǎai-tûang/ is used like the exclamation mark in English.

10. ເຄື່ອງໝາຍວົງຢືມ " " /kʉang-mǎai-wóng-yʉ̀ʉm/ is used like the quotation mark in English.

11. ເຄື່ອງໝາຍວົງເລັບ ( ) /kʉang-mǎai-wóng-lep/ is used like the parentheses in English.

12. ເຄື່ອງໝາຍລົ້ມ ,, /kʉang-mǎai-lȗm/ is used like the ditto mark in English.

13. ເຄື່ອງໝາຍ ແລະອື່ນໆ ຯລຯ /kʉang-mǎai-lɛ-ʉʉn-ʉʉn/ is used like the "etc," in English.

14. ເຄື່ອງໝາຍຊ້ຳ ໆ /kʉang-mǎai-sȃm/ is used to indicate that the word or phrase is repeated for emphasis.

OTHER SYMBOLS

ໄມ້ກັນ ◌ັ /mâi-gàn/ is the short vowel –ະ /ǎ/. It is written in this form when the syllable has a final consonant.

For example:

ກະ gǎ   ກັນ   gàn

It is also used to change the long vowels ເ– (èe) and ແ– (èɛ) into the short vowels ເ–ະ (ě) and ແ–ະ (ɛ̌) when the syllable has a final consonant.

For example:

ເປນ bpèen   ເປັນ bpèn

ໄມ້ກົງ ◌ົ /mâi-gòng/ goes between two characters to form a short /o/ sound.

For example:

ໂດນ kóon   ດົນ   kón

LAO WRITING SYSTEM

LAO NUMBERS

໐	ສູນ	sǔun	0
໑	ນຶ່ງ	nung	1
໒	ສອງ	sɔ̌ɔng	2
໓	ສາມ	sǎam	3
໔	ສີ່	sii	4
໕	ຫ້າ	hàa	5
໖	ຫົກ	hǒk	6
໗	ເຈັດ	jět	7
໘	ແປດ	bpèɛt	8
໙	ເກົ້າ	gâo	9

LAO WRITING SYSTEM

ALPHABET GUIDE

As you have probably noticed, the Lao language is considerably different from English, and this is certainly true of the two written alphabets.

With a little determination and effort you can master the written Lao language yourself. If you are in Laos, it is helpful to practice identifying letters and words from the many signs, billboards, newspapers, magazines and books that you run across. One advantage of Lao, from the students' perspective, is the absence of upper case and lower case letters. Also, there is no separate cursive script. Lao letters retain their form regardless of where they are in a sentence or whether they are printed or hand-written (although rapidly hand-written letters and notes can present quite a challenge!). Just as in English, however, you will notice a wide variety of font styles, some of which may take some practice to read and recognize.

The following character diagrams represent a cross-section of Lao fonts and can be used as a guide to help you in recognizing the many stylized letterforms you may encounter.

Consonants

g [gɔ̌ɔ gai]	ກ	ກ	ກ	ກ	ກ	ກ	ກ	ກ	ກ	ກ
k [kɔ̌ɔ kai]	ຂ	ຂ	ຂ	ຂ	ຂ	ຂ	ຂ	ຂ	ຂ	ຂ
k [kɔ́ɔ kwáai]	ຄ	ຄ	ຄ	ຄ	ຄ	ຄ	ຄ	ຄ	ຄ	ຄ
ng [ngɔ́ɔ ngua]	ງ	ງ	ງ	ງ	ງ	ງ	ງ	ງ	ງ	ງ
j [jɔ̌ɔ jòok]	ຈ	ຈ	ຈ	ຈ	ຈ	ຈ	ຈ	ຈ	ຈ	ຈ
s [sɔ̌ɔ sǔa]	ສ	ສ	ສ	ສ	ສ	ສ	ສ	ສ	ສ	ສ
s [sɔ́ɔ sáang]	ຊ	ຊ	ຊ	ຊ	ຊ	ຊ	ຊ	ຊ	ຊ	ຊ
ny [yɔ́ɔ nyúng]	ຍ	ຍ	ຍ	ຍ	ຍ	ຍ	ຍ	ຍ	ຍ	ຍ
d [dɔ̌ɔ dèk]	ດ	ດ	ດ	ດ	ດ	ດ	ດ	ດ	ດ	ດ

LAO WRITING SYSTEM

dt [dtɔɔ dtaa]	ຕ	ຕ	ຕ	ຕ	ຕ	ຕ	**ຕ**	**ຕ**	ຕ	ຕ
t [tɔɔ tong]	ດ	ດ	ດ	ດ	ດ	ດ	**ດ**	**ດ**	ດ	ດ
t [tɔɔ tung]	ທ	ທ	ທ	ທ	ທ	ທ	**ທ**	**ທ**	ທ	ທ
n [nɔɔ nok]	ນ	ນ	ນ	ນ	ນ	ນ	**ນ**	**ນ**	ນ	ນ
b [bɔɔ bɛɛ]	ບ	ບ	ບ	ບ	ບ	ບ	**ບ**	**ບ**	ບ	ບ
bp [bpɔɔ bpaa]	ປ	ປ	ປ	ປ	ປ	ປ	**ປ**	**ປ**	ປ	ປ
p [pɔɔ pong]	ຜ	ຜ	ຜ	ຜ	ຜ	ຜ	**ຜ**	**ຜ**	ຜ	ຜ
f [fɔɔ fon]	ຝ	ຝ	ຝ	ຝ	ຝ	ຝ	**ຝ**	**ຝ**	ຝ	ຝ
p [pɔɔ puu]	ພ	ພ	ພ	ພ	ພ	ພ	**ພ**	**ພ**	ພ	ພ

LAO WRITING SYSTEM

f [fɔ̌ɔ fǎi]	ຝ	ຝ	ຝ	ຝ	ຝ	ຝ	**ຝ**	**ຝ**	ຝ	ຝ
m [mɔ́ɔ mɛ́ɛŋ]	ມ	ມ	ມ	ມ	ມ	ມ	**ມ**	**ມ**	ມ	ມ
y [yɔ́ɔ yáa]	ຍ	ຍ	ຍ	ຍ	ຍ	ຍ	**ຍ**	**ຍ**	ຍ	ຍ
l [lɔ́ɔ líŋ]	ລ	ລ	ລ	ລ	ລ	ລ	**ລ**	**ລ**	ລ	ລ
w [wɔ́ɔ wíi]	ວ	ວ	ວ	ວ	ວ	ວ	**ວ**	**ວ**	ວ	ວ
h [hɔ̌ɔ hǎan]	ຫ	ຫ	ຫ	ຫ	ຫ	ຫ	**ຫ**	**ຫ**	ຫ	ຫ
ɔ [ɔɔ ɔ̀ɔ]	ອ	ອ	ອ	ອ	ອ	ອ	**ອ**	**ອ**	ອ	ອ
h [hɔ́ɔ hýan]	ຮ	ຮ	ຮ	ຮ	ຮ	ຮ	**ຮ**	**ຮ**	ຮ	ຮ

LAO WRITING SYSTEM

Vowels

ă	ອະ	ຂະ	ງະ	ຈະ	ຍະ	ດະ	ຈະ	ຫະ	ຊະ	ຽະ
àa	ອາ	ຂາ	ງາ	ຈາ	ຍາ	ດາ	ຈາ	ຫາ	ຊາ	ຽາ
ĭ	ອິ	ຂິ	ງິ	ຈິ	ຍິ	ດິ	ຈິ	ຫິ	ຊິ	ຽິ
ìi	ອີ	ຂີ	ງີ	ຈີ	ຍີ	ດີ	ຈີ	ຫີ	ຊີ	ຽີ
ŭ	ອຶ	ຂຶ	ງຶ	ຈຶ	ຍຶ	ດຶ	ຈຶ	ຫຶ	ຊຶ	ຽຶ
ŭu	ອື	ຂື	ງື	ຈື	ຍື	ດື	ຈື	ຫື	ຊື	ຽື
ŭ	ອຸ	ຂຸ	ງຸ	ຈຸ	ຍຸ	ດຸ	ຈຸ	ຫຸ	ຊຸ	ຽຸ
ùu	ອູ	ຂູ	ງູ	ຈູ	ຍູ	ດູ	ຈູ	ຫູ	ຊູ	ຽູ
ĕ	ເອະ	ເຂະ	ເງະ	ເຈະ	ເຍະ	ເດະ	ເຈະ	ເຫະ	ເຊະ	ເຽະ

LAO WRITING SYSTEM

èe	ເຍ	ເຍຍ	ເເ	ເເ	ເຍ	ເ	ເຍ	ເ.ຍ	ຍ	ເຍ
ě	ແຍະ	ແຍຍະ	ແຍະ	ແຍະ	ແຍະ	ແ ະ	ແຍະ	ແ.ຍະ	ຍະ	ແຍະ
èe	ແຍ	ແຍຍ	ແຍ	ແຍ	ແຍ	ແ	ແຍ	ແ.ຍ	ຍ	ແຍ
ǒ	ໂຍະ	ໂຍຍະ	ໂຍະ	ໂຍະ	ໂຍະ	ໂ ະ	ໂຍະ	ໂ.ຍະ	ຍະ	ໂຍະ
òo	ໂຍ	ໂຍຍ	ໂຍ	ໂຍ	ໂຍ	ໂ	ໂຍ	ໂ.ຍ	ຍ	ໂຍ
ǒ	ເຍາະ	ເຍຍາະ	ເຍາະ	ເຍາະ	ເຍາະ	ເ າະ	ເຍາະ	ເ.ຍາະ	ຍາະ	ເຍາະ
òɔ	ຍໍ	ຍຍໍ	ຍໍ	ຍໍ	ຍໍ	ໍ	ຍໍ	.ຍໍ	ຍໍ	ຍໍ
ə̌	ເຍິ	ເຍຍິ	ເຍິ	ເຍິ	ເຍິ	ເ ິ	ເຍິ	ເ.ຍິ	ຍິ	ເຍິ
əə	ເຍີ	ເຍຍີ	ເຍີ	ເຍີ	ເຍີ	ເ ີ	ເຍີ	ເ.ຍີ	ຍີ	ເຍີ

LAO WRITING SYSTEM

ĭa	ເຊັຍ ເຊັຍ ເນັຍ ເຣັຍ ເຊັຍ ເພັຍ ເອັຍ ເຫັຍ ເຊັຍ ເອັຍ
ìa	ເຊຍ ເຊຍ ເນຍ ເຣຍ ເຊຍ ເພຍ ເອຍ ເຫຍ ເຊຍ ເອຍ
ŭa	ເຊຶອ ເຊຶອ ເນຶອ ເຣຶອ ເຊຶອ ເພຶອ ເອຶອ ເຫຶອ ເຊຶອ ເອຶອ
ùa	ເຊືອ ເຊືອ ເນືອ ເຣືອ ເຊືອ ເພືອ ເອືອ ເຫືອ ເຊືອ ເອືອ
ŭa	ຊົວະ ຊົວະ ນົວະ ຣົວະ ຊົວະ ພົວະ ອົວະ ຫົວະ ຊົວະ ອົວະ
ùa	ຊວ ຊວ ນວ ຣວ ຊວ ພວ ອວ ຫວ ຊວ ອວ
ăi	ໄຊ ໄຊ ໄນ ໄຣ ໄຊ ໄພ ໄອ ໄຫ ໄຊ ໄອ
ăi	ໃຊ ໃຊ ໃນ ໃຣ ໃຊ ໃພ ໃອ ໃຫ ໃຊ ໃອ
ào	ເຊົາ ເຊົາ ເນົາ ເຣົາ ເຊົາ ເພົາ ເອົາ ເຫົາ ເຊົາ ເອົາ
àm	ຊຳ ຊຳ ນຳ ຣຳ ຊຳ ພຳ ອຳ ຫຳ ຊຳ ອຳ

LAO WRITING SYSTEM

DICTIONARY ABBREVIATIONS

abbre.	abbreviation
adj.	adjective
adv.	adverb
art.	article
aux.	auxiliary
clf.	classifier
collq.	colloqialism
conj.	conjunction
excl.	exclamation
interj.	interjection
n.	noun
nm.	number
part.	particle
pfx.	prefix
prep.	preposition
pron.	pronoun
sfx.	suffix
v.	verb
vulg.	vulgarism

SECTION 1 ENGLISH-PHONETIC-LAO

Letter	Page
A	57
B	73
C	86
D	116
E	133
F	145
G	157
H	166
I	176
J	190
K	193
L	195
M	205
N	219
O	224
P	231
Q	253
R	254
S	271
T	302
U	317
V	323
W	327
X	335
Y	335
Z	336

A

a, *art.*, *nm.*, nung ໜຶ່ງ; àn-nung ອັນໜຶ່ງ

abacus, *n.* lûuk-kit ລູກຄິດ

abandon, *v.* bpă-la ປະລະ; bpă-tìm ປະຖິ້ມ

abbreviate, *v.* nyɔ̂ɔ ຫຍໍ້

abbreviation, *n.* gàan-nyɔ̂ɔ ການຫຍໍ້

abdomen, *n.* tɔ̂ɔng ທ້ອງ; tɔ̂ɔng-nɔ́ɔi ທ້ອງນ້ອຍ

abduct, *v.* lak-páa-nǐi ລັກພາຫນີ

abduction, *n.* gàan-lak-páa-nǐi ການລັກພາຫນີ

abet, *v.* nyu-nyóng-song-sə̆əm ຍຸຍົງສົ່ງເສີມ; song-sə̆əm ສົ່ງເສີມ

abide, *v.* àa-sǎi-yuu ອາໄສຢູ່; pak-àa-sǎi ພັກອາໄສ

abiding, *adj.* bpa-dti-băt-dtàam ປະຕິບັດຕາມ

ability, *n.* kwáam-sǎa-mâat ຄວາມສາມາດ

able, *adj.* sǎa-mâat ສາມາດ; geng ເກັ່ງ

abnormal, *adj.* pǐt-bpŏk-ga-dtì ຜິດປົກກະຕິ

aboard, *adv.* tə́ng-húa ເທີງເຮືອ (boat); tə́ng-lot ເທິງລົດ (vehicle); tə́ng-húa-bìn ເທີງເຮືອບິນ (plane)

abolish, *v.* lop-láang ລົບລ້າງ; nyok-lə̂ək ຍົກເລີກ

aborigine, *n.* kón-pʉ́ʉn-mʉ́ang ຄົນພື້ນເມືອງ

abort, *v.* têng ແທ້ງ; têng-lûuk ແທ້ງລູກ

abortion, *n.* gàan-têng-lûuk ການແທ້ງລູກ

about, *adv.* giao-gǎp ກ່ຽວກັບ (pertaining to); bpa-máan ປະມານ (approx.)

above, *adv.* táng ເທິງ; kàang-táng ຂ້າງເທິງ

abrasion, *n.* gàan-kùut ການຂູດ; hɔ́ɔi-kùut ຮອຍຂູດ

abroad, *adv.* dtaang-bpa-têet ຕ່າງປະເທດ

absence, *n.* gàan-kàat ການບໍ່ຢູ່, gàan-kàat ການຂາດ

absent, *adj.* kàat ຂາດ, kàat bɔ̀ɔ-yuu ຂາດບໍ່ຢູ່

absent-minded, *adj.* jài-lɔ́ɔi ໃຈລອຍ

absolute, *adj.* yaang-dèt-kàat ຢ່າງເດັດຂາດ

absolutely, *adv.* nɛɛ-nɔ́ɔn ແນ່ນອນ; dòoi-sŏm-bùun ໂດຍສົມບູນ

absorb, *v.* súm ຊຶມ; dùut-súm ດູດຊຶມ

absorption, *n.* gàan-dùut-súm ການດູດຊຶມ

abstain, *v.* nyap-nyáng ຍັບຍັ້ງ; ngot-wén ງົດເວັ້ນ

abstinence, *n.* gàan-ngot-wén ການງົດເວັ້ນ

abstract, *n.* gàan-lúap-lúang ການລວບລວມ; lúang-nyɔ̂ɔ ເລື້ອງຫຍໍ້; náa-ma-tám ນາມະທຳ

absurd, *adj.* ngoo-yaang-bpèn-dtàa-

abundance   58   accord

yàak-hǔa ใร่ป่าງເປັນຕາຍາກທໍ່ຊື; bɔɔ-mii-sǎa-la ບໍ່ມີສາລະ; bpèɛk-bpa-làat ແປກປະຫລາດ

abundance, n. kwáam-u-dòm-sǒm-bùun ຄວາມອຸດົມສົມບູນ

abundant, adj. u-dòm-sǒm-bùun ອຸດົມສົມບູນ

abuse, v. sâi-nái-táang-pìt ໃຊ້ໃນທາງຜິດ; kom-hěeng ຂົມເຫງ

abyss, n. ta-lée-lɔ̀k ທະເລເລິກ

academic, adj. táang-gàan-hían ທາງການຮຽນ; wi-sǎa-gàan ວິຊາການ

academy, n. hóong-hían ໂຮງຮຽນ; sa-tǎa-bàn-gàan-sɨ̌k-sǎa ສະຖາບັນການສຶກສາ

accelerate, v. leng-hâi-wái-kɨ̂n ເລັ່ງໃຫ້ໄວຂຶ້ນ; pə̂əm-kwáam-wái ເພີ່ມຄວາມໄວ

accelerator, n. kán-leng ຄັນເລັ່ງ

accent, n. gàan-nén-sǐang ການເນັ້ນສຽງ (stress); sǎm-níang-sǎm-lɛ́ng ສຳນຽງສຳລຽງ (e.g. a foreign accent)

accept, v. nyɔ́ɔm-hap ຍອມຮັບ

acceptable, adj. nyɔ́ɔm-hap-dâi ຍອມຮັບໄດ້

acceptance, n. gàan-nyɔ́ɔm-hap ການຍອມຮັບ

access, n. gàan-kào-tə̌ng ການເຂົ້າເຖິງ

access, v. kào-tə̌ng ເຂົ້າເຖິງ

accessible, adj. kào-tə̌ng-dâi-ngaai ເຂົ້າເຖິງໄດ້ງ່າຍ; sâi-dâi-ngaai ໃຊ້ໄດ້ງ່າຍ

accessory, n. u-bpa-gɔ̀ɔn ອຸປະກອນ (adjunct); suan-pə̂əm-dtə̀əm ສ່ວນເພີ່ມເຕີມ (supplementary item); kuang-bpa-dàp ເຄື່ອງປະດັບ (jewelry)

accident, n. u-bàt-hèet ອຸບັດເຫດ

accidental, adj. bàng-ə̀ən ບັງເອີນ

acclaim, v. hoo-hɔ́ɔng ໂຫ່ຮ້ອງ; sǒm-sə̌əi ຊົມເຊີຍ

acclimate, v. bpàp-dtùa ປັບຕົວ (adjust oneself); het-hài-kə́əi-sín-gáp-àa-gàat ເຮັດໃຫ້ເຄີຍຊີນກັບອາກາດ (adjust oneself to the weather)

accommodate, v. jàt-hǎa-sa-tǎan-tìi-hâi-yuu ຈັດຫາສະຖານທີ່ໃຫ້ຢູ່ (provide lodging); dtɔ̂ɔn-hap ຕ້ອນຮັບ (welcome)

accommodation, n. gàan-jàt-hǎa-sa-tǎan-tìi ການຈັດຫາສະຖານທີ່; àa-hǎan-lɛ-bɔn-pak ອາຫານແລະບ່ອນພັກ (food and lodging)

accompany, v. bpài-nám-gàn ໄປນຳກັນ; bpài-bpèn-muu ໄປເປັນໝູ່

accomplice, n. puu-sǒm-kop ຜູ້ສົມຄົບ; puu-sǒm-hǔu-huam-kit ຜູ້ສົມຮູ້ຮ່ວມຄິດ

accomplish, v. het-gàan-hài-sǎm-lét ເຮັດການໃຫ້ສຳເລັດ; bàn-lu-pǒn-sǎm-lét ບັນລຸຜົນສຳເລັດ

accomplishment, n. pǒn-sǎm-lét ຜົນສຳເລັດ

accord, v. sɔ̀ɔt-kóng ສອດຄ່ອງ (conform, bring into harmony); nyɔ́ɔm-dtàam ຍອມຕາມ (acquiesce, conform); dtòk-lóng ຕົກລົງ (agree)

according to, *prep.* ìng-dtàam ອີງຕາມ

accordingly, *adv.* dtàam ຕາມ; sɔ̀ɔt-kong ສອດຄ່ອງ

accordion, *n.* hìip-péeng ຫີບເພງ

account, *n.* bàn-sǐi ບັນຊີ; lúang-láao ເລື່ອງລາວ

accountable, *v.* hap-pit-sɔ̂ɔp ຮັບຜິດຊອບ (responsible); hài-hèet-pǒn ໃຫ້ເຫດຜົນ (expected to give an explanation)

accountant, *n.* nak-bàn-sǐi ນັກບັນຊີ

accounting, *n.* wi-sáa-gàan-bàn-sǐi ວິຊາການບັນຊີ

accumulate, *v.* sǎ-sǒm ສະສົມ; pəəm-púun ເພີ່ມພູນ

accuracy, *n.* kwáam-tùuk-dtɔ̂ng ຄວາມຖືກຕ້ອງ

accurate, *adj.* tùuk-dtɔ̂ng ຖືກຕ້ອງ; nɛɛ-nɔ́ɔn ແນ່ນອນ

accuse, *v.* gaao-hǎa ກ່າວຫາ; sai-hâai ໃສ່ຮ້າຍ

accustom, *v.* kə́əi-sín ເຄີຍຊີນ; lǔng ລຸ້ງ; lúng-kə́əi ລຸ້ງເຄີຍ

ace, *n.* dtùa-nyóng ຕົວຍົ່ງ (an expert); eet ເອດ (in playing cards)

ache, *n.* kwáam-bpùat ຄວາມປວດ; kwáam-jèp ຄວາມເຈັບ

achieve, *v.* het-sǎm-lét ເຮັດສຳເລັດ; bàn-lu-pǒn ບັນລຸຜົນ

achievement, *n.* pǒn-sǎm-lét ຜົນສຳເລັດ

acid, *n.* nâam-gót ນ້ຳກົດ; gót ກົດ

acknowledge, *v.* hap-sâap ຮັບຊາບ (recognize); ny5ɔm-hap ຍອມຮັບ (admit the existence of); sa-dɛ̀ɛng-kwáam-kɔ̀ɔp-jài ສະແດງຄວາມຂອບໃຈ (express thanks)

acknowledgement, *n.* gàan-hap-sâap ການຮັບຊາບ; gàan-sa-dɛ̀ɛng-kwáam-kɔ̀ɔp-jài ການສະແດງຄວາມຂອບໃຈ

acorn, *n.* màak-mâi-dtôn-ôok ຫມາກໄມ້ຕົ້ນໂອ້ກ

acquaint, *v.* kún-kə́əi ຄຸ້ນເຄີຍ (make familiar); lúng-kə́əi ລຸ້ງເຄີຍ (cause to come to know personally)

acquaintance, *n.* kwáam-kún-kə́əi ຄວາມຄຸ້ນເຄີຍ

acquire, *v.* dâi-máa ໄດ້ມາ (something); dâi-hían-húu ໄດ້ຮຽນຮູ້ (knowledge)

acquisition, *n.* gàan-hǎa-máa-dâi ການຫາມາໄດ້

acrobat, *n.* nak-gàa-nya-gàm-lôot-pǒon ນັກກາຍະກຳໂລດໂຜນ

across, *prep., adv.* kàam ຂ້າມ (from one side of to the other); kwǎang ຂວາງ (crosswise); yuu-ìik-kàang-nung ຢູ່ອີກຂ້າງຫນຶ່ງ (the opposite side)

act, *v.* ga-tám ກະທຳ; bpa-dti-bat ປະຕິບັດ

act, *n.* sàak ສາກ (scene); gàan-sa-dɛ̀ɛng-la-kɔ́ɔn ການສະແດງລະຄອນ (a play)

acting, *adj.* hak-sǎa-gàan-téen ຮັກສາການແທນ (on behalf of); gàan-

action

sa-dèeng ການສະແດງ (act of acting)
action, n. gàan-ga-tám ການກະທຳ; dàm-nəən-gàan ດຳເນີນການ
activate, v. ga-dtûn ກະຕຸ້ນ (arouse); het-hài-tám-ngáan ເຮັດໃຫ້ທຳງານ (implement) het-hài-gəət-páa-wa-gàm-mán-dta-pâap-láng-sìi ເຮັດໃຫ້ເກີດປາກົດການກຳມັນຕະພາບລັງສີ (radioactivity)
active, adj. kong-keo ຄ່ອງແຄ່ວ; ga-dtùu-lúu-lón ກະຕືລືລົ້ນ
activity, n. gìt-ja-gàm ກິດຈະກຳ
actor, n. nak-sa-dèeng-sáai ນັກສະແດງຊາຍ
actress, n. nak-sa-dèeng-nyíng ນັກສະແດງຍິງ
actual, adj. tii-bpèn-jìng ທີ່ເປັນຈິງ
actually, adv. dtàam-kwáam-jìng ຕາມຄວາມຈິງ
acupuncture, n. gàan-fǎng-kěm ການຝັງເຂັມ
adapt, v. bpǎp-dtùa ປັບຕົວ (adjust oneself); het-hài-mɔ̌-sǒm ເຮັດໃຫ້ເໝາະສົມ (make appropriate)
add, v. pə̀əm ເພີ່ມ; dtə̀əm ຕື່ມ; pə̀ə m-dtə̀əm ເພີ່ມຕື່ມ; dtuum ຕູມ
addict, v. dtìt ຕິດ; dtìt-yàa ຕິດຢາ
addict, n. kón-dtìt-yàa ຄົນຕິດຢາ
addiction, n. gàan-dtìt-yàa-sèep-dtìt ການຕິດຢາເສບຕິດ
addition, n. gàan-pə̀əm-dtə̀əm ການເພີ່ມຕື່ມ (the act of adding); gàan-sǒm-kào-gàn ການສົມເຂົ້າກັນ (something added)
additional, adj. pə̀əm-dtə̀əm ເພີ່ມຕື່ມ
address, v. gaao-kám-bpaa-sǎi ກ່າວຄຳປາໄສ (make a speech); tak-táai ທັກທາຍ
address, n. bɔn-yuu ບ່ອນຢູ່ (for mailing); kám-bpaa-sǎi ຄຳປາໄສ (speech)
addressee, n. puu-hap-jǒt-mǎai ຜູ້ຮັບຈົດໝາຍ
adhesive, adj. dtìt ຕິດ; gɔ̌-dtìt ເກາະຕິດ; dtìt-dâi ຕິດໄດ້
adhesive tape, n. teep-niao ແທບໜຽວ
adjust, v. bpǎp ປັບ; bpǎp-dtùa ປັບຕົວ (oneself); jǎt ຈັດ (manage); dǎt-bpèeng ດັດແປງ (make fit)
adjustment, n. gàan-bpǎp-dtùa ການປັບຕົວ; gàan-jǎt ການຈັດ
administer, v. jǎt-gàan ຈັດການ; bɔ̌ɔ-li-hǎan ບໍລິຫານ
administration, n. gàan-bɔ̌ɔ-li-hǎan ການບໍລິຫານ; gàan-kum-kɔ́ɔng ການຄຸ້ມຄອງ
administrative, adj. giao-gǎp-gàan-bpǒk-kɔ́ɔng/gàan-bɔ̌ɔ-li-hǎan ກ່ຽວກັບການປົກຄອງ/ການບໍລິຫານ
administrator, n. puu-bɔ̌ɔ-li-hǎan ຜູ້ບໍລິຫານ
admirable, adj. bpèn-dtàa-sǒm-sə̌əi ເປັນຕາຊົມເຊີຍ
admiral, n. pón-húa-èek ພົນເຮືອເອກ
admiration, n. gaan-sǒm-sə̌əi ການຊົມເຊີຍ

admire, v. sóm-sə̌əi ຊົມເຊີຍ; sǔun-sóm ຢ້ອງຊົມ

admirer, n. puu-nyɔ́ɔng-nyɔ́ɔ ຜູ້ຍ້ອງຍໍ

admission, n. gàan-hap-kào ການຮັບເຂົ້າ; gàan-nyɔ́ɔm-hap ການຍອມຮັບ; kaa-paan-bpa-dtùu ຄ່າຜ່ານປະຕູ (entrance)

admit, v. a-nu-nyâat-hài-kào-bpài ອະນຸຍາດໃຫ້ເຂົ້າໄປ (permit to enter); nyɔ́ɔm-hap ຍອມຮັບ (accept)

admittance, n. gàan-a-nu-nyâat-hài-kào ການອະນຸຍາດໃຫ້ເຂົ້າ

adolescence, n. wái-num ໄວໜຸ່ມ

adolescent, n. děk-num-sǎao ເດັກໜຸ່ມສາວ

adopt, v. nám-máa-sâi ນຳມາໃຊ້ (to apply); líang-bpèn-lûuk ລ້ຽງເປັນລູກ (a child); hap-líang-bpèn-lûuk-bùn-tám ຮັບລ້ຽງເປັນລູກບຸນທຳ (a child - legally)

adoption, n. gàan-hap-líang-bpèn-lûuk-bùn-tám ການຮັບລ້ຽງເປັນລູກບຸນທຳ

adorable, adj. bpèn-dtàa-káo-lop ເປັນຕາເຄົາລົບ; bpèn-dtàa-bùu-sáa ເປັນຕາບູຊາ

adore, v. bùu-sáa ບູຊາ; káo-lop ເຄົາລົບ

adult, n. puu-nyai ຜູ້ໃຫຍ່

adultery, n. gàan-lûang-bpa-wée-níi ການລ່ວງປະເວນີ; gàan-míi-sùu ການມີຊູ້

advance, v. gâao-nàa ກ້າວໜ້າ

advance, n. ngǝ́n-lûang-nàa ເງິນລ່ວງໜ້າ (money)

advanced, adj. gâao-nàa ກ້າວໜ້າ

advancement, n. kwáam-gâao-nàa ຄວາມກ້າວໜ້າ

advantage, n. gàan-dâi-bpìap ການໄດ້ປຽບ; gàan-dâi-bpa-nyòot ການໄດ້ປະໂຫຍດ

advantageous, adj. dâi-bpa-nyòot ໄດ້ປະໂຫຍດ

adventure, n. gàan-pa-jòn-pái ການຜະຈົນໄພ

adventurer, n. nak-pa-jòn-pái ນັກຜະຈົນໄພ; nak-siang-sòok ນັກສ່ຽງໂຊກ

adventurous, adj. mak-pa-jòn-pái ມັກຜະຈົນໄພ

adverb, n. gàm-ma-wi-sèet ກຳມະວິເສດ

advertise, v. bpa-gàat ປະກາດ; kóo-sa-náa ໂຄສະນາ

advertisement, n. gàan-kóo-sa-náa ການໂຄສະນາ

advertiser, n. puu-kóo-sa-náa ຜູ້ໂຄສະນາ

advertising agency, n. bɔ̀ɔ-li-sat-kóo-sa-náa ບໍລິສັດໂຄສະນາ

advice, n. kám-ne-nám ຄຳແນະນຳ; kám-bpǔk-sǎa ຄຳປຶກສາ

advise, v. ne-nám ແນະນຳ

adviser, advisor, n. tii-bpǔk-sǎa ທີ່ປຶກສາ

affair, n. lǔang-sǔan-dtùa ເລື່ອງສ່ວນຕົວ (personal matter); hèet-gàan ເຫດການ (event); lǔang ເລື່ອງ (matter);

luang-sùu-sǎao ເລື່ອງຊູ້ສາວ (illicit romantic matter)

affect, *v.* mii-pǒn-dtɔɔ ມີຜົນຕໍ່; ga-top-ga-tʉan ກະທົບກະເທືອນ

affectation, *n.* gàan-gêng-het ການແກ້ງເຮັດ

affected, *adj.* dâi-hap-pǒn ໄດ້ຮັບຜົນ

affection, *n.* kwáam-hak ຄວາມຮັກ; kwáam-mêet-dtàa ຄວາມເມດຕາ

affectionate, *adj.* bpèn-dtàa-hak ເປັນຕາຮັກ; mii-àa-lóm-kwáam-hak ມີອາລົມຄວາມຮັກ

affirm, *v.* yʉ́ʉn-yàn ຢືນຢັນ

afford, *v.* sǎa-mâat-mîi-dâi ສາມາດມີໄດ້ (provide); sʉ̀ʉ-dâi ຊື້ໄດ້ (be able to pay)

Afghanistan, *n.* ap-gàa-ni-sa-tǎan ອັຟການິສະຖານ

afraid, *adj.* yâan-gùa ຢ້ານກົວ

after, *adv.* páai-lǎng ພາຍຫຼັງ; lǎng-jàak ຫຼັງຈາກ

afternoon, *n.* wée-láa-baai ເວລາບ່າຍ

afterward, *adv.* páai-lǎng ພາຍຫຼັງ

again, *adv.* ìik ອີກ

against, *prep.* dtâan ຕ້ານ (contrary to); gòng-gàn-kâam ກົງກັນຂ້າມ (opposite)

age, *n.* àa-nyu ອາຍຸ (duration of life); sa-mǎi ສະໄໝ (era, period)

aged, *adj.* mii-àa-nyu ມີອາຍຸ

ageless, *adj.* bɔɔ-nyɔ́ɔm-tào ບໍ່ຍອມເຖົ້າ; bɔɔ-lâa- ບໍ່ຫຼ້າ

agency, *n.* bɔɔ-li-sat ບໍລິສັດ (company); dtùa-téen ຕົວແທນ (representative, agent)

agenda, *n.* la-bìap-wáa-la-bpa-sum ລະບຽບວາລະປະຊຸມ; láai-gàan ລາຍການ

agent, *n.* dtùa-téen ຕົວແທນ; sǎai-lap ສາຍລັບ

aggression, *n.* gàan-huk-háan ການຮຸກຮານ

aggressive, *adj.* kìi-gàao ຂີ້ກ້າວ

aggressor, *n.* puu-huk-háan ຜູ້ຮຸກຮານ

agile, *adj.* kěeng-kǎn ແຂງຂັນ; wóng-wái ວ່ອງໄວ (quick)

agility, *n.* kwáam-kěeng-kǎn ຄວາມແຂງຂັນ; kwáam-wóng-wai ຄວາມວ່ອງໄວ

ago, *adv.* paan-máa-lέεo ຜ່ານມາແລ້ວ; gɔɔn ກ່ອນ

agony, *n.* kwáam-jèp-bpùat ຄວາມເຈັບປວດ

agree, *v.* hěn-pɔ́ɔm ເຫັນພ້ອມ; dtǒk-lóng ຕົກລົງ

agreeable, *adj.* nyɔ́ɔm-dtǒk-lóng ຍອມຕົກລົງ

agreement, *n.* gàan-hěn-pɔ́ɔm ການເຫັນພ້ອມ

agricultural, *adj.* hɛ̀ng-gàan-ga-si-gàm ແຫ່ງການກະສິກຳ

agriculture, *n.* gàan-ga-si-gàm ການກະສິກຳ

ahead, *adv.* luang-nàa ລ່ວງໜ້າ (advance); lâm-nàa ລ້ຳໜ້າ (onward)

aid, *v.* suai-lʉ̌a ຊ່ວຍເຫຼືອ

aid, *n.* gàan-suai-lŭaການຊ່ວຍເຫຼືອ

AIDS, *n.* lôok-èet ໂລກເອດສ໌

ailing, *adj.* bɔɔ-sa-bàai ບໍ່ສະບາຍ; jěp-bpuai ເຈັບປ່ວຍ

ailment, *n.* gàan-jěp-kài ການເຈັບໄຂ້

aim, *n.* bpâo-măai ເປົ້າໝາຍ; jùt-bpa-sŏng ຈຸດປະສົງ

aimless, *adj.* bɔɔ-mii-bpâo-măai ບໍ່ມີເປົ້າໝາຍ

air, *n.* àa-gàat ອາກາດ; lóm ລົມ

air base, *n.* tăan-tap-àa-gàat ຖານທັບອາກາດ; kàai-ta-hăan-àa-gàat ຄ້າຍທະຫານອາກາດ

air-conditioned, *adj.* bpǎp-àa-gàat ປັບອາກາດ

air-conditioner, *n.* kʉang-bpǎp-àa-gàat ເຄື່ອງປັບອາກາດ

air-conditioning, *n.* la-bǒp-bpǎp-àa-gàat ລະບົບປັບອາກາດ

aircraft, *n.* hʉa-bìn ເຮືອບິນ

aircraft carrier, *n.* hʉa-bàn-tuk-hʉa-bìn ເຮືອບັນທຸກເຮືອບິນ

air force, *n.* gɔɔng-tap-àa-gàat ກອງທັບອາກາດ

airline, *n.* săai-gàan-bìn ສາຍການບິນ

airmail, *n.* gàan-song-táang-àa-gàat ການສົ່ງທາງອາກາດ

airplane, *n.* hʉa-bìn ເຮືອບິນ

airport, *n.* dɔn-hʉa-bìn ເດີ່ນເຮືອບິນ; dɔn-nyón ເດີ່ນບິນ

airsick, *adj.* máo-hʉa-bìn ເມົາເຮືອບິນ

aisle, *n.* hɔm ຮ່ອມ; táang-nyáao-dtàam-waang ທາງຍາວຕາມຫວ່າງ

Akha, *n.* pao-ìi-gɔɔ ເຜົ່າອີ້ກໍ້ (a hill-tribe)

alarm, *n.* săn-nyáan ສັນຍານ

alarm clock, *n.* móong-bpǔk ໂມງປຸກ

album, *n.* bpʉ̀m-dtǐt-hûup ປຶ້ມຕິດຮູບ

alchemy, *n.* wi-sáa-hɛɛ-bpian-tàat ວິຊາແຮ່ປ່ຽນທາດ

alcohol, *n.* lào ເຫຼົ້າ; an-gɔɔ-hɔɔ ອັນກໍຣ໌

alcoholic, *adj.* dtǐt-lào ຕິດເຫຼົ້າ

alert, *v.* dtʉan-(hài-la-wáng) ເຕືອນ(ໃຫ້ລະວັງ)

alert, *adj.* giam-pɔɔm ກະຕຽມພ້ອມ

algebra, *n.* pʉ-sa-ka-nit ພຶຊະຄະນິດ

alias, *n.* náam-fɛ̀ɛng ນາມແຝງ

alien, *adj., n.* dtaang-dâao ຕ່າງດ້າວ

alienate, *v.* het-hài-bàat-măang ເຮັດໃຫ້ບາດໝາງ

alike, *adj.* kʉ́u-gàn ຄື້ກັນ

alimony, *n.* kaa-liang-dùu-pán-la-nyáa ຄ່າລ້ຽງດູພັນລະຍາ

alive, *adj.* mii-sii-wit-yuu ມີຊີວິດຢູ່

all, *pron.* táng-mót ທັງໝົດ

all-around, *adj.* tua-tuk-bɔn ທົ່ວທຸກບ່ອນ

allegiance, *n.* kwáam-jòng-hak-pak-dii ຄວາມຈົງຮັກພັກດີ (loyalty); gàan-bpa-dti-nyáan-dtòn ການປະຕິຍານຕົນ (pledge)

allegory, *n.* gàan-bpìap-tìap ການປຽບທຽບ

allergic, *adj.* bpèn-lôok-púum-pɛ̀ɛ ເປັນໂລກພູມແພ້; pɛ̀ɛ ແພ້

allergy — amber

allergy, n. lôok-púum-pêe ໂລກພູມແພ້
alley, n. táang-kèep ທາງແຄບ
alliance, n. pán-ta-mit ພັນທະມິດ; sa-ha-pán ສະຫະພັນ
alligator, n. kèe ແຄ້
all-out, adj. dtèm-tii ເຕັມທີ່
allow, v. a-nu-nyâat ອະນຸຍາດ; nyóom-hâi ຍອມໃຫ້
allowance, n. gaan-a-nu-nyâat ການອະນຸຍາດ (act of allowing); ngân-sâi-tua-bpài ເງິນໃຊ້ຕົວໄປ (money)
alloy, n. lóo-ha-pa-sŏm ໂລຫະຜະສົມ
all right, adj. men-lêeo ແມ່ນແລ້ວ (that's correct); sa-bàai-dìi ສະບາຍດີ (doing well)
ally, n. faai-pán-ta-mit ຝ່າຍພັນທະມິດ
almanac, n. bpa-dti-tín-bpa-jàm-bpìi ປະຕິທິນປະຈຳປີ
almond, n. met-màak-àn-mon ໝາກອັນມອນ
almost, adv. gùap ເກືອບ
alms, n. kɔ̌ɔng-táan ຂອງທານ; gàan-táan ການທານ
alone, adj. puu-dìao ຜູ້ດຽວ; dtàam-lám-páng ຕາມລຳພັງ
along, adv. dtàam ຕາມ (the road); nám-gàn ນຳກັນ (together with)
alongside, adv. yuu-kàang ຢູ່ຂ້າງ; dtìt-gặp ຕິດກັບ
aloud, adv. dàng ດັງ
alphabet, n. dtùa-ǎk-sɔ́ɔn ຕົວອັກສອນ
alphabetical, adj. líang-dtàam-ǎk-sɔ́ɔn ລຽງຕາມອັກສອນ
already, adv. lêeo ແລ້ວ

also, adv. kúu-gàn ຄືກັນ; nám-dûai ນຳດ້ວຍ
altar, n. ten-bùu-sǎa ແທ່ນບູຊາ
alter, v. bpian-bpèeng ປ່ຽນແປງ
alternate, v. sa-lǎp-gàn ສະຫລັບກັນ
alternative, adj. ìik-táang-nung ອີກທາງໜຶ່ງ
although, conj. těng-mén-waa ເຖິງແມ່ນວ່າ
altitude, n. kwáam-sǔung-nŭa-la-dǎp-náam-ta-lée ຄວາມສູງເໜືອລະດັບນ້ຳທະເລ
altogether, adv. pɔ́ɔm-gàn ພ້ອມກັນ (at the same time); húam-táng-mǒt ຮວມທັງໝົດ (total)
aluminum, n. a-lú-mii-nám ອະລຸມີນຳ
alumna, n. sìt-gao-nýing ສິດເກົ່າຍິງ
alumni, n. sìt-gao ສິດເກົ່າ
alumnus, n. sìt-gao-sáai ສິດເກົ່າຊາຍ
always, adv. lŭai-lŭai ເລື້ອຍໆ; dta-lɔ̀ɔt-wée-láa ຕະຫລອດເວລາ
a.m., abbre. dtɔ̀ɔn-sâo ຕອນເຊົ້າ
amateur, n. nak-sa-mǎk-lìn ນັກສະໝັກຫລິ້ນ
amaze, v. het-hâi-bpa-làat-jài ເຮັດໃຫ້ປະຫລາດໃຈ
amazement, n. kwáam-bpa-làat-jài ຄວາມປະຫລາດໃຈ
amazing, adj. nàa-bpa-làat-jài ໜ້າປະຫລາດໃຈ
ambassador, n. èek-ǎk-ka-láa-sa-tûut ເອກອັກຄະລະຫຼູດ
amber, adj. sǐi-lúang-àm-pán

ສີເຫຼືອງອຳພັນ

amber, *n.* àm-pán ອຳພັນ

ambidextrous, *adj.* ta-nǎt-táng-sɔ̌ɔng-kɛ́ɛn ຖະໜັດທັງສອງແຂນ

ambulance, *n.* lot-hóong-mɔ̌ɔ ລົດໂຮງໝໍ

ambush, *v.* pum-pǒk-jòom-dtìi ພຸ່ມຜັກໂຈມຕີ; lɔ̂ɔp-jòom-dtìi ລອບໂຈມຕີ

America, *n.* àa-mée-li-gàa ອາເມຣິກາ

American, *n.* kón-àa-mée-li-gàa ຄົນອາເມຣິກັນ (people); gìao-gǎp-àa-mée-li-gàa ກ່ຽວກັບອາເມຣິກາ (related to America)

amnesia, *n.* gàan-sǐa-kwáam-jàm ການເສຍຄວາມຈຳ

amnesty, *n.* gàan-nii-la-tôot ການນິລະໂທດ

among, *prep.* nái-muu ໃນໝູ່; la-waang ລະຫວ່າງ

amorous, *adj.* sɔ̌ɔp-hak ຊອບຮັກ; sɔ̌ɔp-mak ຊອບມັກ

amortize, *v.* pɔn-sám-la-nìi ຜ່ອນຊຳລະໜີ້

amount, *n.* jàm-nuan ຈຳນວນ

amp, ampere, *n.* àm-bpɛ̀ɛ ອຳແປ

ample, *adj.* pɔ́ɔ-piang ພໍພຽງ

amplify, *v.* ka-nyǎai-kwáam-tìi-sǐang ຂະຫຍາຍຄວາມທີ່ສຽງ

amputate, *v.* dtǎt-ɔ̀ɔk ຕັດອອກ

amulet, *n.* kuang-bpɔ̂ng-gàn-pái ເຄື່ອງປ້ອງກັນໄພ; kuang-láang ເຄື່ອງລາງ

amuse, *v.* het-hài-muan-sɯ̌ɯn ເຮັດໃຫ້ມ່ວນຊື່ນ

amusement, *n.* gàan-het-hài-muan-sɯ̌ɯn ການເຮັດໃຫ້ມ່ວນຊື່ນ

amusement park, *n.* sǔan-yɔn-jài ສວນຢ່ອນໃຈ

amusing, *adj.* muan-sɯ̌ɯn ມ່ວນຊື່ນ

an, *art., nm.* nɯ̌ng ໜຶ່ງ

anal, *adj.* gìao-gǎp-ta-wáan-nǎk ກ່ຽວກັບທະວານໜັກ

analyst, *n.* nak-wi-kɔ́ ນັກວິເຄາະ

analytical, *adj.* gìao-gǎp-gàan-wi-kɔ́ ກ່ຽວກັບການວິເຄາະ

analyze, *v.* wi-kɔ́ ວິເຄາະ

anarchism, *n.* a-náa-ti-bpa-dtài ອະນາທິປະໄຕ

anatomy, *n.* gàa-nya-wi-pâak-sàat ກາຍະວິພາກສາດ

ancestor, *n.* bǎn-pa-bùu-lut ບັນພະບຸລຸດ

ancestry, *n.* wóng-dta-gùun ວົງຕະກຸນ

anchor, *n.* sa-mɔ̌ɔ-húa ສະໝໍເຮືອ

ancient, *n.* bùu-háan ບູຮານ

and, *conj.* lɛ ແລະ; gǎp ກັບ

anemia, *n.* lɯ̂at-jàang ເລືອດຈາງ

anesthetic, *n.* yàa-sa-lǒp ຢາສະຫຼົບ

angel, *n.* tée-wa-dàa ເທວະດາ (male); náang-tée-wa-dàa ນາງເທວະດາ (female)

anger, *n.* tóo-sǎ ໂທສະ; kwáam-jai-hàai ຄວາມໃຈຮ້າຍ

angle, *n.* múum ມຸມ; jɛ̀ɛ ແຈ

angry, *adj.* hàai ຮ້າຍ; jai-hàai ໃຈຮ້າຍ

anguish, *n.* kwáam-jěp-bpùat ຄວາມເຈັບປວດ

anguished, *adj.* jěp-bpùat ເຈັບປວດ

animal — anything

animal, *n.* sàt ສັດ

ankle, *n.* kɔ̀ɔ-dtìin ຂໍ້ຕີນ

announce, *v.* bpa-gàat ປະກາດ

announcement, *n.* gàan-bpa-gàat ການປະກາດ

announcer, *n.* puu-bpa-gàat ຜູ້ປະກາດ

annoy, *v.* lop-guàn ລົບກວນ; het-hài-lám-káan ເຮັດໃຫ້ລຳຄານ

annoyance, *n.* gàan-lop-guàn ການລົບກວນ

annoying, *adj.* nàa-lám-káan ໜ້າລຳຄານ

annual, *adj.* bpa-jàm-bpìi ປະຈຳປີ; tuk-bpìi ທຸກປີ

annuity, *n.* ngán-láai-dâi-bpa-jàm-bpìi ເງິນລາຍໄດ້ປະຈຳປີ

annul, *v.* yok-lôək ຍົກເລີກ

anonymity, *n.* gàan-bpìt-bàng-sɯ̀ɯ ການປິດບັງຊື່

anonymous, *adj.* bɔɔ-la-bŭ-sɯ̀ɯ ບໍ່ລະບຸຊື່; ni-la-náam ນິລະນາມ; bɔɔ-ɔ̀ɔk-sɯɯ ບໍ່ອອກຊື່

another, *adj.* ʉ̀ʉn ອື່ນ; yaang-nʉng ຢ່າງໜຶ່ງ

answer, *n.* kám-dtɔ̀ɔp ຄຳຕອບ

ant, *n.* mot ມົດ

antagonism, *n.* gàan-dtɔ̀ɔ-dtâan ການຕໍ່ຕ້ານ (resistance); kwáam-bpèn-bpɔ̀ɔ-la-bpàk ຄວາມເປັນປໍລະປັກ (hostility, being an enemy)

antagonist, *n.* puu-bpèn-bpɔ̀ɔ-la-bpàk ຜູ້ເປັນປໍລະປັກ

antagonize, *v.* dtɔ̀ɔ-dtâan ຕໍ່ຕ້ານ; bpèn-sàt-dtùu ເປັນສັດຕູ

Antarctica, *n.* ta-wíip-ɛ́ɛn-dtaak-dti-gâa ທະວີບແອນຕາກຕິກ້າ

antenna, *n.* sǎai-aa-gàat ສາຍອາກາດ

anthem, *n.* péeng-sáat ເພງຊາດ

anthropologist, *n.* nak-ma-nut-wi-ta-nyáa ນັກມະນຸດວິທະຍາ

anthropology, *n.* ma-nut-wi-ta-nyáa ມະນຸດວິທະຍາ

anti-, *v.* dtâan ຕ້ານ

antibiotic, *n.* yàa-bpa-dtì-sǐi-wa-na ຢາປະຕິຊີວະນະ

anticipate, *v.* kâat-luang-nàa ຄາດລ່ວງໜ້າ

antidote, *n.* yàa-tɔ̌ɔn-pit ຢາຖອນພິດ

antique, *n.* kɔ̌ɔng-bùu-háan ຂອງບູຮານ

antler, *n.* ging-kǎo-gwàang ກິ່ງເຂົາກວາງ

anus, *n.* sòng-ta-wáan-nǎk ຊ່ອງທວານໜັກ

anxiety, *n.* kwáam-gàng-wón ຄວາມກັງວົນ

anxious, *adj.* gàng-wón ກັງວົນ

any, *adj.* dǎi-nʉng ໃດໜຶ່ງ

anybody, anyone, *pron.* kón-dǎi-kón-nʉng ຄົນໃດຄົນໜຶ່ງ; pǎi-puu-nʉng ໃຜຜູ້ໜຶ່ງ

anyhow, *adv.* yaang-dǎi-gɔ̀ɔ-dtàam ຢ່າງໃດກໍຕາມ

anything, *pron.* an-dǎi-gɔɔ-dâi ອັນໃດກໍໄດ້

anyway, *pron.* jang-dǎi-gɔɔ-dtàam จั่งใดก็ตาม

anywhere, *adv.* bɔn-dǎi-gɔɔ-dǎi บ่อนใดก็ได้; bɔn-dǎi-gɔɔ-dtàam บ่อนใดก็ตาม

apart, *adv.* dtaang-hàak ต่างหาก

apartment, *n.* hɔ̂ng-sao ห้องเช่า; àa-paat-mên อาพาดเมน

ape, *n.* líng ลิง

apologize, *v.* kɔ̌ɔ-tôot ขໍโทດ

apology, *n.* kám-kɔ̌ɔ-tôot คำขໍໂທດ; gàan-kɔ̌ɔ-tôot ການขໍໂທດ

apparent, *adj.* sat-jèen ชัดเจน; tîi-bpàa-gót ที่ปາກົດ

appeal, *v.* u-tɔ̌ɔn อຸທອน (request for a new hearing); kɔ̌ɔ-hɔ̂ɔng ขໍຮ້ອງ; dùng-dùut-jài ດຶງດູດໃຈ (attract)

appear, *v.* bpa-gót ປະກົດ; sa-dèeng-dtùa ສະແດງຕົວ

appearance, *n.* gàan-bpa-gót-dtùa ການປະກົດຕົວ (coming to sight); lak-sa-na-páai-nɔ̂ɔk ลักสะนะพายນອກ (outward indications)

appendectomy, *n.* gàan-paa-dtàt-sài-dting ການຜ່າຕັດໄส້ຕິ່ງ

appendicitis, *n.* pa-nyâat-sài-dting-àk-sèep ພະຍາດໄส້ຕິ່ງອັກເສບ

appendix, *n.* sài-dting ໄส້ຕິ່ງ; pâak-bpa-sǒm ພາກປະສົມ; suan-dtɔɔ-tâai-nǎng-sǔu/èek-ga-sǎan ส่วนต่อท้ายหนังสื/เอกะสาน

appetite, *n.* kwáam-yàak-àa-hǎan ความปากอาหาน

appetizer, *n.* kɔ̌ɔng-gɛ̀ɛm ขອງແກມ

appetizing, *adj.* ja-lɔ́ɔn-àa-hǎan จะเลີ້ນอาหาน

applaud, *v.* dtɔ̀p-múu ຕົບມື

applause, *n.* sǐang-dtɔ̀p-múu ສຽງຕົບມື

apple, *n.* màak-ɛ̀p-bpân หมากແອບເປີ້ນ

appliance, *n.* kuang-múu ເຄື່ອງມື; u-bpa-gɔɔn อุปะกอน

applicant, *n.* puu-sa-màk ผู้สะหมัก

application, *n.* bài-sa-màk (gàan) ใบสະหมัก (ການ) (form); gàan-nám-bpài-sài-bpa-nyòot ການນຳໄປໃຊ້ປະໂຫຍດ (putting into use)

applied, *adj.* sài-hài-bpèn-bpa-nyòot ໃຊ້ໃຫ້ເປັນປະໂຫຍດ

apply, *v.* táa ທາ (put on); sa-màk-gàan ສະຫມັກການ (for employment); sài-hài-bpèn-bpa-nyòot ໃຊ້ໃຫ້ເປັນປະໂຫຍດ (put into action)

appoint, *v.* dtɛng-dtâng ແຕ່ງຕັ້ງ; gàm-not กำนົด/gàm-nòt กำหนົด

appointment, *n.* gàan-dtɛng-dtâng ການແຕ່ງຕັ້ງ (act of appointing); nat นัด (a date)

appraisal, *n.* gàan-bpa-méen-láa-káa ການປະເມີນລາຄາ; gàan-dtìi-láa-káa ການຕີລາຄາ

appraise, *v.* bpa-méen ປະເມີນ (evaluate); dtìi-láa-káa ຕີລາຄາ (estimate)

apprehend, *v.* jàp-kǎng ຈັບຂັງ (arrest); kào-jài ເຂົ້າໃຈ (understand)

approach, *v.* kào-bpài-gài ເຂົ້າໄປໃກ້

approach, *n.* gàan-kào-bpài-gài

ການເຂົ້າໄປໃກ້ (act of approaching); wi-tii-gàan ວິທີທາງ (means)

appropriate, *adj.* mɔ̌-sǒm ເໝາະສົມ

approval, *n.* gàan-hěn-dìi-nám ການເຫັນດີນຳ; gàan-a-nu-nyâat ການອະນຸຍາດ

approve, *v.* hěn-dìi-nám ເຫັນດີນຳ (agree with); pɔ́ɔ-jài ພໍໃຈ (be satisfied); a-nu-nyâat ອະນຸຍາດ (allow)

approximate, *adj.* dòoi-bpa-mǎan ໂດຍປະມານ (about; almost exact)

approximate, *v., adj.* gâi-kíang-gàn ໃກ້ຄຽງກັນ (come close to)

April, *n.* dùan-mée-sǎa ເດືອນເມສາ

apron, *n.* pàa-gàn-bpûan ຜ້າກັນເປື້ອນ

aptitude, *n.* kwáam-sǎa-mâat ຄວາມສາມາດ (ability); kwáam-sa-làat ຄວາມສະຫຼາດ (intelligence)

aquarium, *n.* pi-pit-dta-pán-sàt-nâam ພິພິດຕະພັນສັດນ້ຳ; bɔn-kǎng-sàt-nâam ບ່ອນຂັງສັດນ້ຳ

aquatic, *adj.* nái-nâam ໃນນ້ຳ; gìao-gáp-nâam ກ່ຽວກັບນ້ຳ

Arab, *n.* kón-àa-lǎp ຄົນອາຣັບ

Arabia, *n.* àa-la-bìa ອາຣະເບຍ

Arabian, *adj.* giao-gáp-àa-lǎp ກ່ຽວກັບອາຣັບ (related to Arab)

Arabic, *n.* páa-sǎa-àa-lǎp ພາສາອາຣັບ (language); lêek-àa-la-bìk ເລກອາຣະບິກ (number)

arbitary, *adj.* dtaam-jài ຕາມໃຈ

arbor, *n.* sǔan-mâi ສວນໄມ້

arc, *n.* suan-kóong ສ່ວນໂຄ້ງ

arcade, *n.* yaan-kǎai-kɔ̌ong ຍ່ານຂາຍຂອງ (a commercial area); àa-kèet ອາເຄດ

arch, *n.* sèn-kóong ເສັ້ນໂຄ້ງ (line); bpa-dtùu-kóong ປະຕູໂຄ້ງ (gate)

archeologist, *n.* nak-bùu-hǎan ນັກບູຮານ

archeology, *n.* bùu-hǎan-ka-dìi ບູຮານຄະດີ

archer, *n.* náai-ta-nʉ́u ນາຍທະນູ

architect, *n.* sa-tǎa-bpa-nik ສະຖາປະນິກ

architectural, *adj.* dâan-gàan-ɔ̀ɔk-bèep-gɔ̀ɔ-sàang ດ້ານການອອກແບບກໍ່ສ້າງ

architecture, *n.* sa-tǎa-bpàt-nya-gàm ສະຖາປັດຍະກຳ

arctic, *n.* bɔ̀ɔ-li-wéen-kwǎn-lôok-nʉ̌a ບໍລິເວນຂົ້ວໂລກເໜືອ

area, *n.* pʉ́ʉn-tìi ພື້ນທີ່; bɔ̀ɔ-li-wéen ບໍລິເວນ; sǎa-kǎa-wi-sǎa ສາຂາວິຊາ (of study)

area code, *n.* la-hǎt-tóo-la-sǎp ລະຫັດໂທລະສັບ

arena, *n.* sa-nǎam-gi-láa ສະໜາມກິລາ

argue, *v.* dtôo-tíang ໂຕ້ຖຽງ; tíang ຖຽງ

argument, *n.* gàan-dtôo-tíang ການໂຕ້ຖຽງ; gàan-kàt-yɛ́ɛng ການຂັດແຍ້ງ

arise, *v.* gɔ̀ɔt-kʉ̂n ເກີດຂຶ້ນ (happen); luk-kʉ̂n ລຸກຂຶ້ນ (get up); kʉ̂n ຂຶ້ນ

arithmetic, *n.* lêek-ka-nit ເລກຄະນິດ

arm, *n.* kɛ̌ɛn ແຂນ (body part); àa-wut ອາວຸດ (weapon)

armed, *adj.* mii-àa-wut ມີອາວຸດ

armed forces, n. gɔ̀ɔng-tap ກອງທັບ
armful, n. dtèm-kèen ເຕັມແຂນ
armpit, n. kìi-hée ຂີ້ແຮ້
army, n. gɔ̀ɔng-tap ກອງທັບ
aroma, n. gin hɔ́m; gin-hɔ̌ɔm ກິ່ນຫອມ
around, adv. hɔ̂ɔp sǒu ຮອບ ຊອຍ (with a circular motion; in circumference; from all directions); nái-bɔ̀ɔ-li-wéen ໃນບໍລິເວນ (a specific place)
arouse, v. ga-dtûn ກະຕຸ້ນ; bpùk ປຸກ
arrange, v. jàt ຈັດ; gìam ກຽມ
arrangement, n. gàan-jàt-gàan ການຈັດການ
arrest, v. jàt ຈັບ; jǎp-gùm ຈັບກຸມ
arrival, n. gàan-máa-tǎng ການມາເຖິງ
arrive, v. máa-tǎng ມາເຖິງ; bpài-tǎng ໄປເຖິງ
arrogance, n. kwáam-sɔ̌ɔn-hɔ̌ɔng ຄວາມຍິ່ງຈອງຫອງ
arrogant, adj. nyíng ຍິ່ງ; jɔ̀ɔng-hɔ̌ɔng ຈອງຫອງ
arrow, n. lûuk-sɔ̂ɔn ລູກສອນ; lûuk-ta-núu ລູກທະນູ
arson, n. gàan-lak-jùut-fái ການລັກຈູດໄຟ
art, n. si-la-bpǎ ສິລະປະ
artery, n. sèn-lûat-dɛɛng ເສັ້ນເລືອດແດງ
arthritis, n. pa-nyâat-kɔ̂ɔ-bùam ພະຍາດຂໍ້ບວມ
article, n. bòt-kwáam ບົດຄວາມ (e.g. newspaper); láai-gàan ລາຍການ (object or item); kám-nám-nàa-náam ຄຳນຳໜ້ານາມ (part of speech)
articulate, v. wâo-sàt-jèen ເວົ້າຊັດເຈນ
artificial, adj. bpɔɔm ປອມ; tíam ທຽມ
artillery, n. bpùun-nyai ປືນໃຫຍ່
artisan, n. saang-si-la-bpà-gàm ຊ່າງສິລະປະກຳ
artist, n. nak-si-la-bpǐn ນັກສິລະປິນ; nak-dtɛ̂ɛm-hûup ນັກແຕ້ມຮູບ
artistic, adj. gìao-gáp-si-la-bpǎ ກ່ຽວກັບສິລະປະ
artistry, n. lak-sa-na-táang-si-la-bpǎ ລັກສະນະທາງສິລະປະ
as, adv. dtàam-tìi ຕາມທີ່; nái-ka-na-tìi ໃນຂະນະທີ່; mǔan ເໝືອນ
ash, n. kìi-tao ຂີ້ເຖົ່າ
ashamed, adj. ài-ai ໜ້າອາຍ; míi-kwáam-la-ai ມີຄວາມລະອາຍ
ashore, adv. jɔ̀ɔt-tìap-fǎng ຈອດທຽບຝັ່ງ; gɔ̀ɔi-fáng ເກີຍຝັ່ງ
ashtray, n. an-kia-gɔ̀ɔk-yàa ອັນເຊັ່ຍກອກຢາ
Asia, n. ta-wíip-àa-sǐi ທະວີບອາຊີ
Asian, n. sáao-àa-sǐi ຊາວອາຊີ; sáao-èe-sía ຊາວເອເຊຍ
aside, adv. bpài-táang-kàang ໄປທາງຂ້າງ (toward the side); nɔ̂ɔk-nǔa-jàak ນອກເໜືອຈາກ (besides)
ask, v. tǎam ຖາມ; kɔ̌ɔ ຂໍ
asleep, adj. láp ຫລັບ
aspect, n. nàa-dtàa ໜ້າຕາ (appearance); ngɛɛ-múm ແງ່ມຸມ (a mental perspective)

ass, *n.* gŏn ກົ້ນ (bottom); láa ລາ (donkey)

assasin, *n.* puu-lɔ́ɔp-kàa ຜູ້ລອບຂ້າ

assassinate, *v.* lɔ́ɔp-kàa ລອບຂ້າ

assassination, *n.* gàan-lɔ́ɔp-kàa ການລອບຂ້າ

assualt, *v.* jòom-dtìi ໂຈມຕີ (raid); tám-hâai ທຳຮ້າຍ (hurt, injure)

assualt, *n.* gaan-jòom-dtìi ການໂຈມຕີ; gàan-tám-hâai ການທຳຮ້າຍ

assemble, *v.* gĕp-hóom-kào-gàn ເກັບໂຮມເຂົ້າກັນ (gather); bpa-súm ປະຊຸມ (have a meeting); bpa-gɔ̀ɔp-sìn-suan ປະກອບຊິ້ນສ່ວນ (put together)

assembly, *n.* gàan-súm-núm ການຊຸມນຸມ; sa-mat-sáa ສະມັດຊາ

assembly line, *n.* láang-lŭan-sǎi-nái-gàan-bpa-gɔ̀ɔp-pa-lĭt-dta-pán ລາງເລື່ອນໃຊ້ໃນການປະກອບຜະລິດຕະພັນ

assess, *v.* bpa-mɛ́ɛn-láa-káa ປະເມີນລາຄາ (estimate); gàm-not-ăt-dtàa-páa-sĭi ກຳນົດອັດຕາພາສີ (impose a tax)

assessment, *n.* gàan-bpa-mɛ́ɛn ການປະເມີນ

asset, *n.* sap-sĭn ຊັບສິນ (valuable item that is owned); kɔ̌ɔng-mìi-kaa ຂອງມີຄ່າ (valuable item)

assign, *v.* gàm-not ກຳນົດ (set apart for a particular purpose); mɔ̂ɔp-nàa-tii ມອບໜ້າທີ່ (designate, appoint)

assignment, *n.* wîak ວຽກ; nàa-tii-sòng-gàm-not ໜ້າທີ່ຊຶ່ງກຳນົດ (duty); wîak-ngáan ວຽກງານ (homework); gàan-mɔ̂ɔp-mǎai ການມອບໝາຍ

assimilate, *v.* het-hài-kâai-kúu-gàn ເຮັດໃຫ້ຄ້າຍຄືກັນ

assist, *v.* suai-lŭa ຊ່ວຍເຫຼືອ

assistance, *n.* kwáam-suai-lŭa ຄວາມຊ່ວຍເຫຼືອ

assistant, *n.* puu-suai ຜູ້ຊ່ວຍ

associate, *v.* kop-kâa ຄົບຄ້າ

association, *n.* sa-máa-kóm ສະມາຄົມ

assort, *v.* lŭak ເລືອກ (choose); nyɛ̂ɛk-bpa-pêet ແຍກປະເພດ (sort)

assorted, *adj.* lŭak ເລືອກ; nyɛ̂ɛk-bpa-pêet

assortment, *n.* gàan-jăt-bɛng-bpèn-pûak ການຈັດແບ່ງເປັນພວກ

assume, *v.* kâat-gă ຄາດກະ; nɯ̆k-ào ນຶກເອົາ; sǎn-ni-tǎan ສັນນິຖານ

assumption, *n.* gàan-kâat-gă ການຄາດກະ

assurance, *n.* gàan-hap-hɔ́ɔng ການຮັບຮອງ; kwáam-sɯ̆a-màn ຄວາມເຊື່ອໝັ້ນ

assure, *v.* het-hài-man-jài ເຮັດໃຫ້ໝັ້ນໃຈ; het-hài-nɛɛ-jài ເຮັດໃຫ້ແນ່ໃຈ

asthma, *n.* lôok-hɯ̀ɯt ໂລກຫືດ

astonish, *v.* het-hài-bpa-lăat-jài ເຮັດໃຫ້ປະຫຼາດໃຈ; het-hài-dtŏk-jài ເຮັດໃຫ້ຕົກໃຈ

astonishment, *n.* gàan-het-hài-bpa-lăat-jài ການເຮັດໃຫ້ປະຫຼາດໃຈ

astray, *adv.* lŏng-táang-bpài ຫລົງທາງໄປ; nái-táang-pìt ໃນທາງຜິດ

astrology, *n.* hŏo-láa-sàat ໂຫລາສາດ

astronaut, *n.* nak-àa-wa-gàat ນັກອາວະກາດ

astronomy, *n.* dàa-láa-sàat ດາລາສາດ

asylum, *n.* hóong-mɔ̌ɔ-bpùa-lôok-bpa-sàat ໂຮງໝໍປົວໂລກປະສາດ (mental hospital); sa-tǎan-tii-lòp-pái ສະຖານທີ່ຫລົບໄພ (sanctuary)

at, *prep.* yuu ຢູ່; tii ທີ່; nái ໃນ

atheist, *n.* kón-tii-bɔɔ-sʉa-waa-míi-pa-jâo ຄົນທີ່ບໍ່ເຊື່ອວ່າມີພະເຈົ້າ

athlete, *n.* nak-gi-láa ນັກກິລາ; gi-láa-len ກິລາຫລິ້ນ

athletic, *adj.* míi-haang-gàai-kěng-héeng ມີຮ່າງກາຍແຂງແຮງ

athletics, *n.* gàan-gi-láa ການກິລາ

atlas, *n.* bpʉ̂m-pɛ́ɛn-tii ປື້ມແຜນທີ່

atmosphere, *n.* bàn-nyáa-gàat ບັນຍາກາດ

atom, *n.* a-dtɔ̀m ອະຕອມ

atomic bomb, *n.* la-bɛ̀ɛt-bpa-la-máa-núu ລະເບີດປະລະມານູ

attach, *v.* dtìt ຕິດ; nɛ́ɛp ແນບ; bpa-gɔ̀ɔp ປະກອບ

attaché, *n.* puu-suai-tûut ຜູ້ຊ່ວຍທູດ

attachment, *n.* gàan-dtìt-nám ການຕິດນຳ; sìng-tii-nɛ́ɛp-máa ສິ່ງທີ່ແນບມາ; gàan-nyʉt-sap ການຍຶດຊັບ

attack, *v.* jòom-dtìi ໂຈມຕີ (raid); tám-hâai ທຳຮ້າຍ (hurt, injure)

attack, *n.* gàan-jòom-dtìi ການໂຈມຕີ; gàan-tám-hâai ການທຳຮ້າຍ

attempt, *v.* pa-nyáa-nyáam ພະຍາຍາມ (try); tot-lɔɔng ທົດລອງ (test)

attend, *v.* hap-sâi ຮັບໃຊ້ (e.g. waiter); dùu-léɛ ດູແລ (take care of); kào-huam ເຂົ້າຮ່ວມ (participate)

attendance, *n.* gàan-dùu-léɛ-hak-sǎa ການດູແລຮັກສາ; gàan-kào-huam ການເຂົ້າຮ່ວມ

attendant, *n.* kón-hap-sâi ຄົນຮັບໃຊ້; puu-kào-huam ຜູ້ເຂົ້າຮ່ວມ

attention, *n.* gàan-ào-jài-sai ການເອົາໃຈໃສ່; gàan-dùu-léɛ ການດູແລ

attentive, *adj.* ào-jài-sai ເອົາໃຈໃສ່ (giving care or attention); dtâng-jài ຕັ້ງໃຈ; míi-kwáam-sŏn-jài ມີຄວາມສົນໃຈ (interested); la-mat-la-wáng ລະມັດລະວັງ (mindful)

attic, *n.* hòng-pée-dàan ຫ້ອງເພດານ

attire, *n.* gàan-dtɛng-dtùa ການແຕ່ງຕົວ

attitude, *n.* gi-li-nyáa ກິລິຍາ (manner); tat-sa-na ທັດສະນະ (of mind or a feeling)

attorney, *n.* ta-náai-kwáam ທະນາຍຄວາມ

attract, *v.* dʉ̀ng-dùut ດຶງດູດ

attraction, *n.* gàan-nyʉa-lúang-jài ການຍົ້ວະລວງໃຈ; gàan-dʉ̀ng-dùut-jài ການດຶງດູດໃຈ

attractive, *adj.* bpèn-dtàa-bɑng ເປັນຕາບັງ; bpen-tii-dʉ̀ng-dùut-jài ເປັນທີ່ດຶງດູດໃຈ

auction, n. gàan-kǎai-bpa-múun ການຂາຍປະມູນ

audible, adj. pɔ́ɔ-dâi-nyín ພໍໄດ້ຍິນ

audience, n. puu-sóm ຜູ້ຊົມ; puu-fáng ຜູ້ຟັງ; puu-àan ຜູ້ອ່ານ

audit, v. gùat-sɔ̀ɔp ກວດສອບ (check); hían-wi-sáa-tii-bɔɔ-ào-ka-néen ຮຽນວິຊາທີ່ບໍ່ເອົາຄະແນນ (non-credit subject)

audit, n. gàan-gùat-bàn-síi ການກວດບັນຊີ (in accounting)

audition, n. gàan-dâi-nyín ການໄດ້ຍິນ (act of hearing); gàan-tot-lɔ́ɔng-sa-dèeng ການທົດລອງສະແດງ (a trial performance)

auditor, n. puu-gùat-bàn-síi ຜູ້ກວດບັນຊີ; puu-fáng ຜູ້ຟັງ

auditorium, n. hɔ́ng-bàn-la-nyáai ຫ້ອງບັນລະຍາຍ; hɔ́ng-bpa-súm ຫ້ອງປະຊຸມ

augment, v. pɔ̂ɔm ເພີ່ມ; ka-nyáai ຂະຫຍາຍ

August, n. dùan-sǐng-hǎa ເດືອນສິງຫາ

aunt, n. bpaa ປ້າ (father or mother's older sister); náa ນ້າ (mother's younger sister or brother); àa ອາ (father's younger sister)

auspicious, adj. dâi-lʉ̂ʉk ໄດ້ລຶກ; dâi-nyáam ໄດ້ຍາມ

Australia, n. oot-sa-dtaa-líi ອົດສະຕຣາລີ

Australian, n. kón-oot-sa-dtaa-líi ຄົນອົດສະຕຣາລີ (people); giao-gǎp-oot-sa-dtaa-líi ກ່ຽວກັບອົດສະຕຣາລີ (related to Australia)

Austria, n. bpa-têet-oot-sa-dtìa ປະເທດອົດສະເຕຣຍ

authentic, adj. têɛ-jíng ແທ້ຈິງ

author, n. nak-bpa-pán ນັກປະພັນ; nak-kían ນັກຂຽນ

authority, n. jâo-nàa-tíi ເຈົ້າໜ້າທີ່ (authorized person); àm-nâat ອຳນາດ (power)

authorize, v. hâi-àm-nâat ໃຫ້ອຳນາດ (give authority); dtɛng-dtáng ແຕ່ງຕັ້ງ (appoint)

authorship, v. gàan-dtɛng-nǎng-sʉ̌ʉ ການແຕ່ງໜັງສື

autography, n. láai-sén-kɔ̌ɔng-dtòn-èeng ລາຍເຊັນຂອງຕົນເອງ

autograph, v. sén-sʉ̌ʉ ເຊັນຊື່

autograph, n. láai-sén ລາຍເຊັນ

automatic, adj. at-dta-nóo-mat ອັດຕະໂນມັດ

automobile, n. lot-nyón ລົດຍົນ

automotive, adj. giao-gǎp-lot-nyón ກ່ຽວກັບລົດຍົນ

autonomy, n. gàan-bpǒk-kɔ̌ɔng-dtòn-èeng ການປົກຄອງຕົນເອງ

autopsy, n. gàan-sán-na-sùut-sǒp- (kón-dtàai) ການຊັນນະສູດສົບ (ຄົນຕາຍ)

autumn, n. la-dùu-bài-mâi-lon ລະດູໃບໄມ້ຫຼົ່ນ

avail, v. míi-bpa-nyòot ມີປະໂຫຍດ (be of use); suai-dâi ຊ່ວຍໄດ້ (help)

available, adj. hǎa-dâi ຫາໄດ້ (obtainable); sâi-bpèn-bpa-nyòot ໃຊ້ເປັນປະໂຫຍດ (willing to be of serv-

avalanche   73   **background**

ice); mii-yuu ມີຢູ່ (present)

avalanche, n. hi-ma-tii-pée-páng-lóng-máa-dtɛɛ-tǎng-púu ຫິມະທີ່ເພພັງລົງມາແຕ່ເທິງພູ (as of snow); mii-jàm-núan-lǎai ມີຈຳນວນຫລາຍ (massive amount)

avant-garde, n. gɔ̀ɔng-nàa ກອງໜ້າ

avenue, n. ta-nǒn ຖະໜົນ

average, v. sa-lìa ສະເລ່ຍ

average, n. kaa-sa-lìa ຄ່າສະເລ່ຍ

avert, v. biang-baai ບ່ຽງບ່າຍ (turn away); lǒp ຫລົບ (the eyes); lìik-wén ຫລີກເວັ້ນ (avoid)

aviation, n. wi-sáa-gàan-bìn ວິຊາການບິນ

avid, adj. yàak ຢາກ; mak-lǎai ມັກຫລາຍ

avoid, v. lìik-wén ຫລີກເວັ້ນ

await, v. kɔ́ɔi-tàa ຄອຍຖ້າ; tàa ຖ້າ

awake, adj. dtuùun ຕື່ນ (not sleeping); hùu-mua ຮູ້ເມື່ອ (gain consciousness)

awaken, v. bpùk ປຸກ

award, n. láang-wán ລາງວັນ

aware, adj. hùu-dtùa ຮູ້ຕົວ (conscious); sàap ຊາບ (knowing)

awareness, n. gàan-hùu-dtùa ການຮູ້ຕົວ

away, adv. bpài ໄປ; ɔ̀ɔk-haang ອອກຫ່າງ

awesome, adj. nàa-yáan-gùa ໜ້າຢ້ານກົວ (scary); wi-sèet ວິເສດ (wonderful)

awful, adj. nàa-yáan-gùa ໜ້າຢ້ານກົວ (scary); pòot-lǔa ໂພດເຫລືອ (very bad)

awhile, adv. káao-diao ຄາວດຽວ

awkward, adj. ngə ເງິ່ງ (clumsy); gɔ̂ɔ-kɔ̌ɔn ຄໍ້ຄືນ (not graceful); ùt-àt-jài ອຶດອັດໃຈ (uncomfortable)

ax, axe, n. kwǎan ຂວານ

axiom, n. kwáam-bpèn-jìng ຄວາມເປັນຈິງ (universally recognized truth); lǎk-gàan ຫລັກການ (principle)

axis, n. gèen ແກນ

axle, n. gèen ແກນ (an axis of wheels); kěm-mùt ເຂັມໝຸດ (spindle)

B

babble, v. wâo-bɔɔ-bpèn-páa-sǎa ເວົ້າບໍ່ເປັນພາສາ

baby, n. děk-nɔ́ɔi ເດັກນ້ອຍ; lùuk-ɔ̀ɔn ລູກອ່ອນ

babysitter, n. kón-líang-děk ຄົນລ້ຽງເດັກ

bachelor, n. sáai-sòot ຊາຍໂສດ (a single man); puu-hap-bpa-lín-nyáa ຜູ້ຮັບປະລິນຍາ (a graduate)

back, n. lǎng ຫລັງ

back, v. sa-nàp-sa-nǔun ສະໜັບສະໜຸນ

backbone, n. ga-dùuk-sǎn-lǎng ກະດູກສັນຫລັງ

background, n. kwáam-bpèn-máa ຄວາມເປັນມາ (history); lǎng-sàak ຫລັງສາກ (scene); bùang-lǎng

backing — band

backing, n. kwáam-suai-lǔa ความຊ່ວຍເຫຼືອ; gaan-sa-nǎp-sa-nǔun ການສະໜັບສະໜູນ

backpack, n. tǒng-sa-páai-lǎng ຖົງສະພາຍຫຼັງ

backtrack, v. gǎp-kúun-táang-gao ກັບຄືນທາງເກົ່າ

backup, v. sa-nǎp-sa-nǔun ສະໜັບສະໜູນ (support); sǎm-hɔɔng ສຳຮອງ (reserve or substitute)

backward, adj. bpài-táang-lǎng ໄປທາງຫຼັງ (toward the back); bɔɔ-ja-lɔ́ən ບໍ່ຈະເລີນ (behind in progress or development)

backyard, n. suan-lǎng-bâan ສວນຫຼັງບ້ານ

bacon, n. bèe-kɔ̌n ເບຄອນ; mǔu-keng-saam-sân ໝູແຄງສາມຊັ້ນ

bad, adj. bɔɔ-dìi ບໍ່ດີ; sua ຊົ່ວ

badge, n. kuang-mǎai ເຄື່ອງໝາຍ (a characteristic mark); bpâai-sɯ̌ɯ ປ້າຍຊື່ (name tag); pen-lîan-bpa-dǎp ແຜ່ນຫຼຽນປະດັບ (an emblem given as an award or honor)

badger, n. dtùa-bɛ̀t-jɔ̀ə/sǎt-sa-nit-nɯng-ka-nàat-sam-mǎa-jɔ̀ɔk ຕົວແບັດເຈີ/ສັດຊະນິດໜຶ່ງຂະໜາດສ່ຳໝາຈອກ

badly, adv. bɔɔ-dìi ບໍ່ດີ

bag, n. tǒng ຖົງ (a piece of hand luggage); hìip-hɔɔ ຫີບຫໍ່ (a container of flexible material, such as paper or plastic)

baggage, n. hìip-hɔɔ ຫີບຫໍ່

baggy, adj. kâai-kǔu-tǒng ຄ້າຍຄືຖົງ; bpèn-tǒng ເປັນຖົງ

bail, v. bpa-gàn-dtùa ປະກັນຕົວ

bail, n. ngən-bpa-gàn-dtùa ເງິນປະກັນຕົວ (as security); gàan-bpa-gàn-dtùa ການປະກັນຕົວ (act of bailing); ku-nàam ຄຸນ້ຳ (bucket)

bait, n. nyɯa ເຫຍື່ອ; sing-lɔ́ɔ-jài ສິ່ງລໍ້ໃຈ

bake, v. ǒp ອົບ

baker, n. kón-het-kào-jìi ຄົນເຮັດເຂົ້າຈີ່

bakery, n. hóong-kào-jìi ໂຮງເຂົ້າຈີ່

balance, n. kwáam-sǒm-dùun ຄວາມສົມດຸນ

balcony, n. la-bìang ລະບຽງ

bald, adj. lâan ລ້ານ (head); loong-jɛ̌ɛng ໂລ່ງແຈ້ງ (e.g., a bald spot)

ball, n. mâak-bàan ໝາກບານ (i.e. for playing sports); ngáan-láa-dtìi-sa-móo-sɔ́ɔn ງານລາຕີສະໂມສອນ (dance)

ballerina, n. náang-la-bàm ນາງລະບຳ

ballet, n. gàan-fɔ́ɔn-bàa-lée ການຟ້ອນບາເລ

balloon, n. lûuk-bpoong ລູກປ່ອງ; mâak-bpùm-bpào ໝາກປຸມເປົ່າ

ballot, n. bǎt-lóng-ka-nɛ́ɛn-siang ບັດລົງຄະແນນສຽງ

bamboo, n. mâi-pai ໄມ້ໄຜ່

bamboo shoot, n. nɔɔ-mâi ໜໍ່ໄມ້

ban, v. hàam ຫ້າມ

banana, n. gûai ກ້ວຍ

band, n. tɛ̀ɛp ແຖບ (strip); sǎai-hat

bandage — bass

sǎai-rāt (fastener); wóng-dòn-dtìi ວົງດົນຕີ (music)

bandage, *n.* pàa-pán-bàat ຜ້າພັນບາດ

bang, *n.* pŏm-nàa-mâa ຜົມໜ້າມ້າ (hair); sǐang-dàng ສຽງດັງ (loud noise)

bank, *n.* ta-náa-káan ທະນາຄານ (money institution); fang ຝັ່ງ (e.g. of a river)

banner, *n.* túng ທຸງ (flag); bpâai-kɔ̀ɔ-kwáam ປ້າຍຂໍ້ຄວາມ (for message)

bar, *v.* kwǎang ຂວາງ; hâam ຫ້າມ

bar, *n.* hǎao-lēk ຣາວເຫລັກ (piece of solid material); mâi-kwǎang ໄມ້ຂວາງ (long, narrow piece of wood); hâan-kuang-dɯɯm ຮ້ານເຄື່ອງດື່ມ (where drinks are served)

barbecue, *v.*, *n.* yâang ປ້າງ; bàa-bìi-kiu ບາບີຄິວ

barber, *n.* sǎang-dtàt-pŏm ຊ່າງຕັດຜົມ

barbershop, *n.* hâan-dtàt-pŏm ຮ້ານຕັດຜົມ

bare, *adj.* bpa-bpùai-mŏt ປະເປືອຍໝົດ (naked); bɔɔ-mìi-kuang-hùm-hɔ̀ɔ ບໍ່ມີເຄື່ອງຫຸ້ມຫໍ່ (without cover; empty); bɔɔ-mìi-nyǎng ບໍ່ມີຫຍັງ (nothing)

barefoot, *adj.*, *adv.* dtìin-bpao ຕີນເປົ່າ

barely, *adv.* gùap-ja-bɔɔ ເກືອບຈະບໍ່

bargain, *v.* dtɔɔ-láa-káa ຕໍ່ລາຄາ

bargain, *n.* gàan-dtɔɔ-láa-káa ການຕໍ່ລາຄາ (act of bargaining); sǐn-kâa-láa-káa-tùuk ສິນຄ້າລາຄາຖືກ (a good buy)

barge, *n.* húa-bàan-tuk ເຮືອບັນທຸກ

bark, *v.* hao ເຫົ່າ

bark, *n.* bpùak-mâi ເປືອກໄມ້ (of a tree)

barn, *n.* sǎang-kào ສາງເຂົ້າ; hóong-hám ໂຮງຮາ່ມ

barrel, *n.* tǎng ຖັງ; 31.5 gèen-lɔ́ɔn ສາມສິບເອັດຈຸດຫ້າແກນລອນ

barren, *adj.* hèng-lɛ́ɛng ແຫ້ງແລ້ງ (dry); bpèn-mán ເປັນໝັນ (unable to bear fruit or children)

barrier, *n.* kuang-gân ເຄື່ອງກັ້ນ; u-bpa-sǎk ອຸປະສັກ

bartender, *n.* bàa-tén-dɤ̀ɤ ບາເທນເດີ

barter, *v.* lɛ̂ɛk-bpian-sǐn-kâa ແລກປ່ຽນສິນຄ້າ

barter, *n.* gàan-lɛ̂ɛk-bpian-sǐn-kâa ການແລກປ່ຽນສິນຄ້າ

base, *n.* pɯ́ɯn-tǎan ພື້ນຖານ (fundamental principle, etc.); tǎan ຖານ (foundation); jùt-lɤ̀ɤm ຈຸດເລີ່ມ (starting point)

basement, *n.* hɔ̂ng-dtâi-dìn ຫ້ອງໃຕ້ດິນ

basic, *adj.* pɯ́ɯn-tǎan ພື້ນຖານ

basis, *n.* pɯ́ɯn-tǎan ພື້ນຖານ (fundamental principle, etc.); suan-sǎm-kán ສ່ວນສຳຄັນ (important part)

basket, *n.* ga-dtaa ກະຕ່າ; ga-bùng ກະບຸງ

basketball, *n.* bàan-buang ບານບ່ວງ

bass, *n.* bpàa-ga-póng ປາກະພົງ (fish); sǐang-dtam ສຽງຕ່ຳ (sound)

bastard, *n.* lûuk-bɔ̀ɔ-mîi-pɔ̀ɔ ລູກບໍ່ມີພໍ່

bat, *n.* jìa ເຈຍ (animal); mâi-dtìi ໄມ້ຕີ (racket)

bath, *n.* gàan-àap-nâam ການອາບນ້ຳ (act of bathing); hɔ̂ng-àap-nâam ຫ້ອງອາບນ້ຳ (bathroom)

bathe, *v.* àap-nâam ອາບນ້ຳ

bathing suit, *n.* sut-àap-nâam ຊຸດອາບນ້ຳ; sut-lɔ́ɔi-nâam ຊຸດລອຍນ້ຳ

bathrobe, *n.* sûa-dtûum-àap-nâam ເສື້ອຄຸມອາບນ້ຳ

bathroom, *n.* hɔ̂ng-nâam ຫ້ອງນ້ຳ

bathtub, *n.* aang-àap-nâam ອ່າງອາບນ້ຳ

batter, *v.* tup ທຸບ; tup-dtìi ທຸບຕີ

batter, *n.* bpêeng-pa-sǒm ແປ້ງປະສົມ (flour mix); puu-dtìi-beet-bàan ຜູ້ຕີເບສບານ (in baseball)

battery, *n.* taan-fái ຖ່ານໄຟ

battle, *n.* gàan-sûu-hop ການສູ້ຮົບ; gàan-dtìi-sɔ̌k ການຕີເສິກ

battlefield, *n.* sa-mɔ̌ɔ-la-púum ສະໝໍລະພູມ

battleship, *n.* hʉa-hop-bpa-jàn-bàan ເຮືອຮົບປະຈັນບານ

bay, *n.* aao-nɔ́ɔi ອ່າວນ້ອຍ

bazar, *n.* dta-làat ຕະຫຼາດ

be, *v.* bpên ເປັນ (to be something); yuu ຢູ່ (to be somewhere); kʉ́u ຄື (to be as follows); men ແມ່ນ

beach, *n.* hàat-sáai ຫາດຊາຍ

beacon, *n.* fái-sǎn-nyáan ໄຟສັນຍານ; kʉang-dtʉan ເຄື່ອງເຕືອນ

bead, *n.* màak-bpàt ໝາກປັດ

beak, *n.* lǎng-sóp-nok ຫລັງສົບນົກ

beam, *n.* kʉʉ ຂື (long piece of wood); sɛ̌ɛng ແສງ (light)

bean, *n.* màak-tua ໝາກຖົ່ວ

bear, *v.* ɔ̀ɔk-lûuk ອອກລູກ (a child); ɔ̀ɔk-màak-pǒn ອອກໝາກຜົນ (fruit); ǒt-tón ອົດທົນ (be patient)

bear, *n.* mǐi ໝີ

bearable, *adj.* tón-dâi ທົນໄດ້ (tolerable); ɔ̀ɔk-màak-pǒn-dâi ອອກໝາກຜົນໄດ້ (able to produce offspring)

beard, *n.* nùat-káo ໜວດຄາງ

bearer, *n.* puu-bèek ຜູ້ເບກ (one that carries); puu-tʉ̌ʉ-sek ຜູ້ຖືເຊັກ (one that holds a check)

bearing, *n.* kwáam-ǒt-tón ຄວາມອົດທົນ; gàan-ɔ̀ɔk-pǒn ການອອກຜົນ

beast, *n.* sàt ສັດ

beastly, *adj.* het-kʉʉ-sàt ເຮັດຄືສັດ (bestial); hâai-kʉʉ-sàt ຮ້າຍຄືສັດ (brutal)

beat, *v.* tup-dtìi ທຸບຕີ (hit); dtìi ຕີ; dtên ເຕັ້ນ (e.g. heart)

beat, *n.* jàng-wǎ ຈັງຫວະ (rhythm)

beating, *n.* gàan-dtìi ການຕີ; gàan-dtên ການຕັ້ນ

beautiful, *adj.* ngáam ງາມ (pretty); dìi ດີ (nice, good); muan ມ່ວນ (i.e. music)

beauty, *n.* kwáam-ngáam ຄວາມງາມ (being beautiful); kón-ngáam ຄົນງາມ

because   **belong to**

(beautiful woman); kwáam-dìi-ngáam ຄວາມດີງາມ (of good quality or virtue)
because, *conj.* pɔ-waa ເພາະວ່າ; dûai-hèet-tìi ດ້ວຍເຫດທີ່; yɔ́ɔn ຍ້ອນ
become, *v.* gàai-bpèn ກາຍເປັນ
becoming, *adj.* mɔ̀-sǒm ເຕາະສົມ
bed, *n.* bɔn-nɔ́ɔn ບ່ອນນອນ
bedroom, *n.* hɔ̂ng-nɔ́ɔn ຫ້ອງນອນ
bee, *n.* mɛɛ-pòng ແມ່ເຜິ້ງ
beef, *n.* sîin-ngúa ຊີ້ນງົວ
beefsteak, *n.* sîin-dàat ຊີ້ນດາດ; sîin-bpîng ຊີ້ນປີ້ງ
beehive, *n.* háng-pòng ຮັງເຜິ້ງ
beer, *n.* bìa ເບຍ
beet, *n.* pǎk-gàat-wǎan ຜັກກາດຫວານ
beetle, *n.* méeng-kap-dûang ແມງຄັບດ້ວງ
before, *adv.* gɔɔn ກ່ອນ
beg, *v.* kɔ̌ɔ-táan ຂໍທານ (e.g. for food or money); ɔ̂ɔn-wɔ́ɔn ອ້ອນວອນ (implore, request)
beggar, *n.* kón-kɔ̌ɔ-táan ຄົນຂໍທານ
begin, *v.* lɛ́ɛm-dtôn ເລີ່ມຕົ້ນ
beginner, *n.* puu-lɛ́ɛm-hían ຜູ້ເລີ່ມຮຽນ
beginning, *n.* gàan-lɛ́ɛm ການເລີ່ມ; jùt-lɛ́ɛm ຈຸດເລີ່ມ
behalf, *n.* bpa-nyòot ປະໂຫຍດ (benefit); dtùa-téen ຕົວແທນ (as the agent of); nái-náam ໃນນາມ (on behalf of, on account of)
behave, *v.* bpa-pɨt-(dtua)

bpa-pɨ́t (ຕົວ); bpa-dtì-bǎt ປະຕິບັດ
behavior, *n.* kwáam-bpa-pɨ́t ຄວາມປະພຶດ (action); àa-gàan ອາການ (manner)
behead, *v.* dtàt-hǔa ຕັດຫົວ
behind, *adv.* kàang-lǎng ຂ້າງຫຼັງ
behold, *v.* hěn ເຫັນ; sǎng-gèet-gàan ສັງເກດການ
being, *n.* gàan-bpèn-yuu ການເປັນຢູ່; dǎm-lóng-yuu ດຳລົງຢູ່
belated, *adj.* làa-sǎa ຫຼ້າຊ້າ
belch, *v.* ɨ̂am ເອື້ອມ; pon ພົ້ນ
Belgium, *n.* bèn-nyíam ເບວຢຽມ
Belgian, *n.* kón-bèn-nyíam ຄົນເບວຢຽມ (people); giao-gǎp-bèn-nyíam ກ່ຽວກັບເບວຢຽມ (relating to Belgium)
belief, *n.* kwáam-sɨ̀a ຄວາມເຊື່ອ (mental act, condition, or habit of); sǎt-táa ສັດທາ (faith)
believable, *adj.* nàa-sɨ̀a ໜ້າເຊື່ອ
believe, *v.* sɨ̀a ເຊື່ອ (in something); nap-tɨ̌ɨ ນັບຖື (i.e. religion); sǎt-táa ສັດທາ (have faith)
believer, *n.* puu-sɨ̀a ຜູ້ເຊື່ອ; puu-sǎt-táa ຜູ້ສັດທາ
bell, *n.* la-káng ລະຄັງ; ga-dìng ກະດິ່ງ (doorbell)
bellboy, *n.* kón-nyok-tǒng ຄົນຍົກຖົງ; pa-nak-ngáan-nái-hóong-héem ພະນັກງານໃນໂຮງແຮມ
belly, *n.* tɔ́ɔng ທ້ອງ; suang ຊວງ
belong to, *v.* bpèn-kɔ̌ɔng ເປັນຂອງ;

belongings — biodegradable

yuu-nái ຢູ່ໃນ; **săng-găt** ສັງກັດ

belongings, *n.* sing-kŏong ສິ່ງຂອງ; sap-sŏm-bắt ຊັບສົມບັດ

beloved, *adj.* àn-bpèn-tii-hak ອັນເປັນທີ່ຮັກ

below, *adv.* bùang-lum ເບື້ອງລຸ່ມ; dtam-gwaa ຕ່ຳກວ່າ

belt, *n.* săai-èeo ສາຍແອວ (any belts); săai ສາຍ (e.g. black belt)

bench, *n.* bpên-mâa ແປ້ນມ້າ (seat); bàn-láng-nái-săan ບັນລັງໃນສານ (of a judge)

bend, *v.* ngóo ງໍ; kóong ໂຄ້ງ

beneath, *prep.* táang-lum ທາງລຸ່ມ; dtam-gwaa ຕ່ຳກວ່າ

benefactor, -tress, *n.* puu-het-kwáam-dìi ຜູ້ເຮັດຄວາມດີ (good doer); puu-bòo-li-jàak ຜູ້ບໍລິຈາກ (donator)

benefecitial, *adj.* míi-bpa-nyòot ມີປະໂຫຍດ

beneficiary, *n.* puu-hap-pŏn-bpa-nyòot ຜູ້ຮັບຜົນປະໂຫຍດ

benefit, *v.* hài-pŏn-bpa-nyòot ໃຫ້ຜົນປະໂຫຍດ

benefit, *n.* pŏn-bpa-nyòot ຜົນປະໂຫຍດ

betray, *v.* tɔ̀ɔ-la-nyot ທໍລະຍົດ; hăk-lăng ຫັກຫຼັງ

betrayal, *n.* gáan-tɔ̀ɔ-la-nyot ການທໍລະຍົດ

better, *adj.* dìi-gwaa ດີກວ່າ; dìi-kùn ດີຂຶ້ນ

between, *adv.* la-waang ລະຫວ່າງ

beverage, *n.* kuang-duum ເຄື່ອງດື່ມ

beware, *v.* la-wáng ລະວັງ; la-wáng-dtùa ລະວັງຕົວ

beyond, *n.* pôn ພົ້ນ; gài ໄກ; lăai-gwaa ຫຼາຍກວ່າ

bias, *n.* a-ka-dtì ອະຄະຕິ; kwáam-lám-iang ຄວາມລຳອຽງ

bicycle, *n.* lot-tiip ລົດຖີບ

bid, *v.* bpa-múun ປະມູນ; sa-mɔ̀ɔ-láa-káa ສະເໜີລາຄາ

bid, *n.* gàan-bpa-múun-láa-káa ການປະມູນລາຄາ; gàan-sùa-sɔ́ɔn ການເຊື້ອເຊີນ

big, *adj.* nyai ໃຫຍ່

bigger, *adj.* nyai-gwaa ໃຫຍ່ກວ່າ

biggest, *adj.* nyai-tii-sut ໃຫຍ່ທີ່ສຸດ

bikini, *n.* bi-gi-níi ບີກີນີ

bill, *n.* bpii-gêp-ngón ປີ້ເກັບເງິນ (invoice); ngón ເງິນ (money note); haang-gŏt-măai ຮ່າງກົດໝາຍ (legislative act); sòp-nok ສົບນົກ (bird beak)

billiards, *n.* bìn-liat ບິນລຽດ

billion, *n.* pán-lâan ພັນລ້ານ

bind, *v.* puuk-mat ຜູກມັດ (tie); pán ພັນ (wrap); nyíp-bpum̀ ຫຍິບປຶ້ມ (e.g. a book)

binding, *n.* gàan-puuk-mat ການຜູກມັດ (knotting or bandaging); gáan-nyíp-bpum̀ ການຫຍິບປຶ້ມ (book)

binoculars, *n.* gɔ̂ong-sɔ̀ɔng-dtùa ກ້ອງສ່ອງຕາ; gɔ̂ong-song-táang-gài ກ້ອງສ່ອງທາງໄກ

biodegradable, *adj.* nyɔ́i-sa-lăai-dɔ̀ɔi-tám-ma-sâat

ย່ອຍສະຫລາຍໂດຍນ້ຳມະຊາດ

biography, *n.* sĭi-wa-bpa-wǎt ຊີວະປະຫວັດ

biologist, *n.* nak-sĭi-wa-wi-ta-nyáa ນັກຊີວະວິທະຍາ

biology, *n.* sĭi-wa-wi-ta-nyáa ຊີວະວິທະຍາ

bird, *n.* nok ນົກ

birth, *n.* gàan-gə̀ət ການເກີດ

birth certificate, *n.* bài-gə̀ət ໃບເກີດ

birth control, *n.* gàan-kúm-gàm-nə̀ət ການຄຸມກຳເນີດ

birthday, *n.* wán-gə̀ət ວັນເກີດ

birthplace, *n.* bɔ̀n-gə̀ət ບ່ອນເກີດ

bishop, *n.* pa-nái-sàat-sa-nǎa-kit-sa-dtìan ພະໃນສາສະໜາຄິສະຕຽນ

bit, *n.* lek-nɔ́ɔi ເລັກນ້ອຍ; suan-nɔ́ɔi ສ່ວນນ້ອຍ; nɔ̀i ໜ້ອຍ

bitch, *n.* mǎa-mɛɛ ໝາແມ່ (female dog); mɛɛ-nyíng-sua ແມ່ຍິງຊົ່ວ (lewd woman)

bite, *v.* gǎt ກັດ

bitter, *adj.* kǒm ຂົມ (taste); la-tóm-kǒm-kuun ລະທົມຂົມຂື່ນ (grief or anguish); nǎao-héeng ໜາວແຮງ (extremely cold)

black, *adj.* sǐi-dàm ສີດຳ

blackberry, *n.* màak-bek-bə̀ə-lìi ໝາກເບັກເບີລີ

blackboard, *n.* ga-dàan-dàm ກະດານດຳ

blacken, *v.* het-hài-dàm ເຮັດໃຫ້ດຳ

black eye, *n.* dtàa-fok-sǎm ຕາຟົກຊ້ຳ

blackmail, *n.* gàan-kuu-ào-ngən ການຂູ່ເອົາເງິນ

black market, *n.* dta-làat-mɯ̀ɯt ຕະຫລາດມືດ

blackout, *n.* kwáam-mɯ̀ɯt-mit ຄວາມມືດມິດ (darkness); gàan-bpìt-kaao ການປິດຂ່າວ (concealment); fái-dǎp ໄຟດັບ (power failure)

blacksmith, *n.* saang-dtìi-lěk ຊ່າງຕີເຫລັກ

bladder, *n.* pok-yiao ພົກຍ່ຽວ

blade, *n.* bài-mìit ໃບມີດ

blame, *v.* gaao-tôot ກ່າວໂທດ; dtì-dtìan ຕິຕຽນ

bland, *adj.* jɯ̀ɯt-sɯ̀ɯt ຈືດຊືດ (dull or not much flavor); ɔɔn-nyóon ອ່ອນໂຍນ (pleasant in manner)

blank, *adj.* bpao ເປົ່າ; waang-bpao ວ່າງເປົ່າ

blanket, *n.* pàa-hom ຜ້າຫົ່ມ

blast, *v.* la-bə̀ət ລະເບີດ

blast, *n.* gàan-la-bə̀ət ການລະເບີດ; lóm-pat-héeng ລົມພັດແຮງ

bleach, *v.* sak-hài-kǎao ຊັກໃຫ້ຂາວ

bleach, *n.* gàan-sak-hài-kǎao ການຊັກໃຫ້ຂາວ (act of bleaching); yàa-sak-fɔ̂ɔk ຢາຊັກຟອກ (agent)

bleak, *adj.* âang-wǎang ອ້າງວ່າງ (gloomy and somber); nǎao-yèn ໜາວເຢັນ (cold)

bleed, *v.* lɯ̂at-ɔ̀ɔk ເລືອດອອກ

blend, *v.* bpa-sǒm ປະສົມ

blend, *n.* gàan-bpa-sǒm ການປະສົມ; sing-bpa-sǒm ສິ່ງປະສົມ

bless — bolt

bless, v. ùai-pɔ́ɔn ອວຍພອນ

blind, adj. dtàa-bɔ̀ɔt ຕາບອດ

blind (window shade), n. maan-bàng-sɛ̌ɛng ມ່ານບັງແສງ; pàa-gâng-pʰâa-tʰâng ຜ້າກັ້ງ

blindfold, n. pàa-bpìt-dtàa ຜ້າປິດຕາ

blink, v. ga-pip-dtàa ກະພິບຕາ; hài-sǎn-nyáan ໃຫ້ສັນຍານ

block, n. mâi-tɔ̀n ໄມ້ທ່ອນ (piece of wood); tɔ̀n-hǐin ທ່ອນຫີນ; bɔ́k ບລ໋ອກ (of a city or town)

block, v. gân ກັ້ນ

blond, adj. sǐi-bɔ̀ɔn ສີບອນ; sǐi-tɔ́ɔng ສີທອງ

blood, n. lɨ̂at ເລືອດ

bloodless, adj. sìit-jàang ຊີດຈາງ (pale); bɔ̀ɔ-mîi-lɨ̂at ບໍ່ມີເລືອດ (no blood)

blood pressure, n. kwáam-dàn-lɨ̂at ຄວາມດັນເລືອດ

blood type, n. gum-lɨ̂at ກຸ່ມເລືອດ

blood vessel, n. sèn-lɨ̂at ເສັ້ນເລືອດ

bloom, v. bàan ບານ

bloom, n. dtèɛk-nɨ́a-sǎao ແຕກເນື້ອສາວ

blossom, n. dɔ̀ɔk-mâi-ɔ̀ɔk-dɔ̀ɔk ດອກໄມ້ອອກດອກ

blouse, n. sɨ̂a-mɛɛ-nyíng ເສື້ອແມ່ຍິງ

blow, v. bpao ເປົ່າ

blow, n. lóm-héeng ລົມແຮງ (hard wind); gàan-bpao ການເປົ່າ

blue, adj. sǐi-nâam-ngɔ́n ສີນ້ຳເງິນ (color); sâo ເສົ້າ (sad)

blunt, adj. tɨ̀ɨ ທື່ (not sharp)

blur, v. múa ມົວ

blush, v. nàa-dèeng ໜ້າແດງ (become red in the face); kǐi-àai ຂີ້ອາຍ (shy, embarrassed)

board, v. kɨ̂n-lot ຂຶ້ນລົດ (a vehicle)

board, n. mâi-ga-dàan ໄມ້ກະດານ (flat piece of wood); ka-na-gàm-ma-gàan ຄະນະກຳມະການ (committee)

boarder, n. nak-hían-gìn-nɔ́ɔn ນັກຮຽນກິນນອນ (student)

boarding house, n. bâan-pak-(tii-jat-wai-bpèn-hɔ̀ng-hɔ̀ng) ບ້ານພັກ (ທີ່ຈັດໄວ້ເປັນຫ້ອງໆ)

boarding pass, n. bàt-kɨ̂n-hɨ́a-bìn ບັດຂຶ້ນເຮືອບິນ

boarding school, n. hóong-hían-gìn-nɔ́ɔn ໂຮງຮຽນກິນນອນ

boast, v. wâo-ôo-ùat ເວົ້າໂອ້ອວດ; ôo-ùat ໂອ້ອວດ

boat, n. hɨ́a ເຮືອ

bodily, adj. giao-gàp-haang-gàai ກ່ຽວກັບຮ່າງກາຍ

body, n. haang-gàai ຮ່າງກາຍ; lám-dtùa ລຳຕົວ; sop ສົບ (corpse); nɨ́a-nái-sǎm-kán ເນື້ອໃນສຳຄັນ (substance)

boil, v. dtôm ຕົ້ມ; fot ຟົດ

boiler, n. mɔ̂ɔ-dtôm-nâam ໝໍ້ຕົ້ມນ້ຳ

bold, adj. gâa-hǎan ກ້າຫານ (brave); den ເດັ່ນ (standout); sat-jèen ຊັດເຈນ (clear)

bolt, n. lái-bpa-dtùu ໄລປະຕູ (e.g. deadbolt); lûuk-nàa ລູກໜ້າ (arrow);

bomb — **bottom**

gài-bpuun ໄກປືນ (of a gun)

bomb, n. lûuk-la-bə̀ət ລູກລະເບີດ

bomber, n. hua-bin-tìm-la-bə̀ət ເຮືອບິນຕິ້ມລະເບີດ

bombing, n. gaan-la-bə̀ət ການລະເບີດ

bombshell, n. lûuk-la-bə̀ət ລູກລະເບີດ

bond, n. kɔ̀ɔ-pùuk-mat ຂໍ້ຜູກມັດ (obligation); bài-gûu-yùum ໃບກູ້ຢືມ (certificate of debt); gàan-bpa-gàn-dtùa ການປະກັນຕົວ (place a guaranteed bond on)

bone, n. ga-dùuk ກະດູກ; gâang ກ້າງ (fish)

bonus, n. ngən-pə̂m ເງິນເພີ່ມ; bòo-nat ໂບນັດ

bony, adj. mîi-dtɛɛ-ga-dùuk ມີແຕ່ກະດູກ (full of bones); mîi-ga-dùuk-nyai ມີກະດູກໃຫຍ່ (having big bones)

book, n. bpûm ປຶ້ມ

bookkeeper, n. kón-het-bàn-síi ຄົນເຮັດບັນຊີ

booklet, n. bpûm-nɔ́ɔi ປຶ້ມນ້ອຍ

boom, v. dàng-sa-nàn ດັງສະໜັ່ນ (noise); dtə̀əp-nyai-wái ເຕີບໃຫຍ່ໄວ (grow fast)

boom, n. sìang-dàng-sa-nan ສຽງດັງສະໜັ່ນ (noise); gaan-dtə̀əp-nyai-wái ການເຕີບໃຫຍ່ໄວ (fast growth)

boon, n. sing-dìi-ngáam ສິ່ງດີງາມ; bùun-kún ບຸນຄຸນ

boost, v. nyok-kùn ຍົກຂຶ້ນ; pə̂əm-kùn ເພີ່ມຂຶ້ນ

boot, n. gə̀əp-bòok ເກີບບ຺ອກ

boot, v. bpə̀ət-kuang-kóm-piu-dtəə ເປີດເຄື່ອງຄອມພິວເຕີ (the computer)

booth, n. hâan-káai-kɔ̌ɔng-nái-ngáan-lʉʉn-lə́əng ຮ້ານຂາຍຂອງໃນງານລື່ນເລີງ (for selling merchandise); bon-lʉ̂ak-dtâng ບ່ອນເລືອກຕັ້ງ (for election)

border, n. sáai-dɛɛn ຊາຍແດນ

bore, v. het-hài-bʉa ເຮັດໃຫ້ເບື່ອ

bore, n. kwáam-bpen-dtàa-bʉa ຄວາມເປັນຕາເບື່ອ

bored, adj. bʉa ເບື່ອ

boredom, n. kwáam-bʉa-naai ຄວາມເບື່ອໜ່າຍ

boring, adj. nàa-bʉa ໜ້າເບື່ອ

born, adj. gə̀ət ເກີດ; gàm-nə̀ət ກຳເນີດ (formal)

borrow, v. yʉ̀ʉm ຢືມ; kɔ̌ɔ-yʉ̀ʉm ຂໍຢືມ

boss, n. náai ນາຍ; hǔa-nàa ຫົວໜ້າ

bossy, adj. mak-jàt-gàan ມັກຈັດການ

botanical, adj. giao-gàp-pʉk-sǎa-sàat ກ່ຽວກັບພືກສາສາດ

botany, n. pʉk-sǎa-sàat ພືກສາສາດ

both, pron., adj. táng-sɔ̌ɔng ທັງສອງ; táng-kuu ທັງຄູ່

bother, v. lop-gùan ລົບກວນ; nyúng ຍຸ່ງ

bothersome, adj. nyúng ຍຸ່ງ; nàa-lám-káan ໜ້າລຳຄານ

bottle, n. kùat ຂວດ; gɛ̂ɛo ແກ້ວ

bottom, n. gôn ກົ້ນ (of anything);

boulevard — 82 — **breakable**

bûang-lum ເບື້ອງລຸ່ມ (lower floor); dtàm-sùt ຕ່ຳສຸດ (lowest part)

boulevard, n. ta-nǒn-gwǎang ຖະໜົນກວ້າງ

bounce, v. ga-dòot ກະໂດດ; dtên ເຕັ້ນ

boundary, n. kèet-dɛ̀ɛn ເຂດແດນ

bouquet, n. sɔ̀ɔ-dɔ̀ɔk-mâi ຊໍ່ດອກໄມ້

bow, v. nɔ́ɔm ນ້ອມ; kám-nap ຄຳນັບ

bow, n. gàan-gôm-hǔa-kám-nap ການກົ້ມຫົວຄຳນັບ; kán-ta-núu ຄັນທະນູ (for arrows)

bowl, n. tûai ຖ້ວຍ (dish)

bowl, v. nyóon-bòo-lǐng ໂຍນໂບລິ່ງ

bowling, n. gàan-lîn-bòo-lǐng ການຫຼິ້ນໂບລິ່ງ

bow tie, n. pàa-pùuk-bpên-hǔu-ga-dtaai ຜ້າຜູກເປັນຫູກະຕ່າຍ

box, n. gɔ̂ng ກ່ອງ; hîip ຫີບ

box, v. sok ຊົກ; dtìi ຕີ; dtɔi ຕ່ອຍ

boxer, n. nak-múai ນັກມວຍ

boxing, n. gàan-sok-múai ການຊົກມວຍ

box office, n. hɔ̂ng-kǎai-bpîi ຫ້ອງຂາຍປີ້

boy, n. dèk-nɔ́ɔi-puu-sáai ເດັກນ້ອຍຜູ້ຊາຍ

boyfriend, n. kuu-hak ຄູ່ຮັກ; puu-baao ຜູ້ບ່າວ; fɛ́ɛn ແຟນ

bracelet, n. gɔ̂ng-kɛ̌ɛn ກ້ອງແຂນ

brag, v. wáo-ùat ເວົ້າອວດ; móo ໂມ້

braid, v. tǎk ຖັກ

braid, n. sûak-tǎk ເຊືອກຖັກ (braided segment); pǒm-bpìa ຜົມເປຍ (hair)

brain, n. sa-mɔ̌ɔng ສະໝອງ

brainwash, v. láang-sa-mɔ̌ɔng ລ້າງສະໝອງ

brake, v. hàam-lɔ́ɔ ຫ້າມລໍ້; yìap-bèek ຢຽບເບກ

brake, n. gàan-yut ການຢຸດ; kuang-hàam-lɔ́ɔ ເຄື່ອງຫ້າມລໍ້; bèek ເບກ

branch, n. sǎa-kǎa ສາຂາ (e.g. of a bank or restaurant); gìng ກິ່ງ (e.g. of a tree)

brand, n. nyii-hɔ̂ɔ ຍີ່ຫໍ້ (trademark); sa-nit ຊະນິດ (a particular kind)

brandy, n. lào-ba-lan-dìi ເຫຼົ້າບະລັນດີ

brass, n. tɔ́ɔng-lǔang ທອງເຫຼືອງ

brassiere, n. sûa-nyok-sóng ເສື້ອຍົກຊົງ

brat, n. dèk-nàa-mán ເດັກໜ້າມັນ

brave, adj. gâa-hǎan ກ້າຫານ

bravery, n. kwáam-gâa-hǎan ຄວາມກ້າຫານ

Brazil, n. bpa-têet-bàa-sín ປະເທດບາຊິນ

Brazilian, n. kón-bàa-sín ຄົນບາຊິນ (people); giao-gàp-bàa-sín ກ່ຽວກັບບາຊິນ (relating to Brazil)

bread, n. kào-jìi ເຂົ້າຈີ່

break, v. dtɛ̀ɛk ແຕກ (smash); yut-pak ຢຸດພັກ (stop or rest)

break, n. gàan-dtɛ̀ɛk-ɔ̀ɔk ການແຕກອອກ; gàan-yut-(sa-ngak) ການຢຸດ (ຊະງັກ)

breakable, adj. dtɛ̀ɛk-dâi ແຕກໄດ້

A **B** C D E F G H I J K L M N O P Q R S T U V W X Y Z

breakdown, *n.* kwáam-lôm-lěeo ຄວາມລົ້ມເຫລວ (failure)

breakfast, *n.* àa-hǎan-sâo ອາຫານເຊົ້າ

breakup, *n.* gàan-lêək-kop-gàn ການເລີກຄົບກັນ (e.g. relationship); gàan-dtèek-nyêek ການແຕກແຍກ (disintegration)

breast, *n.* nâa-ǒk ໜ້າເອິກ

breast-feed, *v.* liang-lûuk-dûai-nóm-mɛɛ ລ້ຽງລູກດ້ວຍນົມແມ່

breath, *n.* lóm-hǎai-jài ລົມຫາຍໃຈ

breathe, *v.* hǎai-jài ຫາຍໃຈ; hǎn-jài ຫັນໃຈ

breathing, *n.* gàan-hǎai-jài ການຫາຍໃຈ

breed, *v.* ɔ̀ɔk-lûuk ອອກລູກ (give birth to); mii-lûuk-lǎan ມີລູກຫລານ (produce offsprings)

breeder, *n.* kón-bpa-sǒm-pán ຄົນປະສົມພັນ (person who breeds animals); mɛɛ-pán ແມ່ພັນ (animal kept to produce offspring)

breeding, *n.* gàan-pɔ-pán ການເພາະພັນ; gàan-ɔ̀ɔk-lûuk ການອອກລູກ

breeze, *n.* lóm-lìm ລົມລິ້ມ; lóm-ɔɔn ລົມອ່ອນ

brevity, *n.* la-nya-sàn ລະຍະສັ້ນ (short time); ga-tat-hat ກະທັດຮັດ

brew, *v.* dtôm-bìa ຕົ້ມເບຍ; bpùng-dteng ປຸງແຕ່ງ

brewer, *n.* gàan-dtôm-bìa ການຕົ້ມເບຍ

brewery, *n.* hóong-ngáan-bìa ໂຮງງານເບຍ

bribe, *n.* sǐn-bòn ສິນບົນ; hài-sǐn-bòn ໃຫ້ສິນບົນ .

brick, *n.* gɔ̀ɔn-dìn-jii ກ້ອນດິນຈີ່

bride, *n.* jào-sǎao ເຈົ້າສາວ

bridegroom, *n.* jào-baao ເຈົ້າບ່າວ

bridge, *n.* kǔa ຂົວ

brief, *adj.* nyɔ̂ɔ ຫຍໍ້ (succinct); sǎng-kèep ສັງເຂບ (short)

briefcase, *n.* hìip-èek-ga-sǎan ຫີບເອກະສານ

briefing, *n.* kɔ́ɔ-sa-lùp ຂໍ້ສະຫລຸບ

bright, *adj.* jêeng ແຈ້ງ (light); sa-làat ສະຫລາດ (intelligent)

brighten, *v.* het-hài-jêeng ເຮັດໃຫ້ແຈ້ງ

brilliance, *n.* kwáam-lǔam ຄວາມເຫລື້ອມ; kwáam-sa-wǎang ຄວາມສະຫວ່າງ

brilliant, *adj.* lǔam ເຫລື້ອມ; sǔk-sǎi ສຸກໃສ

bring, *v.* ào-máa-hài ເອົາມາໃຫ້; gɔɔ-hài-gɔ̀ɔt ກໍ່ໃຫ້ເກີດ

brink, *n.* hím ຮິມ; kɔ̂ɔp ຂອບ

brisk, *adj.* wóng-wái ວ່ອງໄວ (fast); yen ເຢັນ (cool)

broad, *adj.* gwâang ກ້ວາງ

broadcast, *v.* gàan-ga-jàai-kaao ການກະຈາຍຂ່າວ (the news); ga-jàai ກະຈາຍ (make known)

broaden, *v.* het-hài-gwâang ເຮັດໃຫ້ກ້ວາງ

broadminded, *adj.* jài-gwâang ໃຈກ້ວາງ

broccoli, *n.* pǎk-bok-kóo-lii ຜັກບອກໂຄລີ; pǎk-ka-nǎa ຜັກຄະນ້າ

brochure, n. bpum-lèm-nɔ̆ɔi ປຶ້ມເຫຼັ້ມນ້ອຍ

broil, v. yâang ຢ່າງ; bpîng ປີ້ງ; pǎo ເຜົາ

broken, adj. dtèek ແຕກ; hǎk ຫັກ

broken-hearted, adj. ŏk-hǎk ອົກຫັກ

broker, n. náai-nâa ນາຍໜ້າ

bronze, n. tɔ́ɔng-sǎm-lit ທອງສຳລິດ, lóo-hǎ-bpa-sǒm-tɔ́ɔng-dèeng ໂລຫະປະສົມທອງແດງ

brooch, n. kěm-kat ເຂັມຄັດ (pin)

broom, n. mâi-fɔ̆ɔi ໄມ້ຝອຍ; mâi-gwàat ໄມ້ກວາດ

brother, n. âai ອ້າຍ (older); nɔ́ɔng-sáai ນ້ອງຊາຍ (younger)

brother-in-law, n. âai-kǒei ອ້າຍເຂີຍ (older); nɔ́ɔng-kǒei ນ້ອງເຂີຍ (younger)

brow, n. kiu ຄິ້ວ; nàa-pàak ໜ້າຜາກ

brown, adj. sǐi-nâam-dtàan ສີນ້ຳຕານ

bruise, n. hɔ́ɔi-sâm ຮອຍຊ້ຳ; nao-núun ເນົ່ານຸ່ນ

brush, n. fɔ̆ɔi ຝອຍ (any brush); fɔ̆ɔi-táa-sǐi ຝອຍທາສີ (for painting)

bubble, n. fɔ́ɔng ຟອງ

bucket, n. ku-nâam ຄຸນ້ຳ

buckle, n. hǔa-sáai-ɛ́ɛo ຫົວສາຍແອວ

bud, n. nɔɔ ໜໍ່; sɔɔ-dɔ̀ɔk ຊໍ່ດອກ

Buddhism, n. sàat-sa-nǎa-put ສາສະໜາພຸດ

Buddhist, n. sáao-put ຊາວພຸດ

buddy, n. pʉan-sa-nìt ເພື່ອນສະນິດ

budget, n. ngop-bpa-máan ງົບປະມານ

buffet, n. bǔp-fée ບຸບເຟ່

bug, n. méeng ແມງ; kuang-dǎk-fáng ເຄື່ອງດັກຟັງ

bugle, n. gɛ̀ɛ-sǎn-nyáan ແກສັນຍານ

build, v. sàang ສ້າງ; gɔ̀ɔ-sàang ກໍ່ສ້າງ

build, n. gàan-gɔ̀ɔ-sàang ການກໍ່ສ້າງ

bulider, n. saang-gɔ̀ɔ-sàang ຊ່າງກໍ່ສ້າງ; kón-sàang ຄົນສ້າງ

building, n. dtuk ຕຶກ; àa-káan ອາຄານ

built-in, adj. máa-gǎp-kuang ມາກັບເຄື່ອງ (including in the machine)

bulb, n. lɔ̀ɔt ຫຼອດ (shoot, root); hǔa ຫົວ (e.g. light bulb)

bulky, adj. yai-pôot ໃຫຍ່ໂພດ; lǎai ຫຼາຍ

bull, n. ngúa-tǎk ງົວເຖິກ

bulldozer, n. lot-bpàp-dìn ລົດປັບດິນ

bullet, n. lûuk-bpʉ́un ລູກປືນ

bulletin, n. bpa-gàat ປະກາດ (announcement); láai-ngáan-kaao ລາຍງານຂ່າວ (brief report)

bulletin board, n. ga-dàan-kaao ກະດານຂ່າວ

bulletproof, adj. gàn-ga-sǔn ກັນກະສຸນ

bully, v. kuu ຂູ່ (threat)

bully, n. kón-páan ຄົນພານ; kón-kom-hɛ́ɛng ຄົນຂົ່ມເຫັງ

bump, v. són ຊົນ; ga-têek ກະແທກ

bump, n. gàan-són ການຊົນ; gàan-ga-têek ການກະແທກ

bumper, n. gàn-són ກັນຊົນ

bun, *n.* kào-nŏm เถ้าขึ้ม
bunch, *n.* pùak พวก; púang พวง; sɔ̀ɔ-dɔ̀ɔk-mâi ຊໍ່ດອກໄມ້
bundle, *n.* hɔ̀ɔ ຫໍ່ (package); jàm-núan-lǎai ຈຳນວນຫຼາຍ (large amount)
burden, *n.* páa-la ພາລະ (responsibility or duty); kwáam-nyâak-lám-bàak ຄວາມຍາກລຳບາກ (difficulty)
burdensome, *adj.* bpen-páa-la ເປັນພາລະ; nyâak-lám-bàak ຍາກລຳບາກ
bureaucracy, *n.* bɔɔ-li-hǎan-bèep-kàa-lâat-sa-gàan ບໍລິຫານແບບອຳນາດ ລັດຖະການ (administration of government officials)
bureaucrat, *n.* sŏn-sǎn-bpok-kɔ́ɔng ຊັ້ນຊັ້ນປົກຄອງ
bureaucratic, *adj.* míi-pi-tii-gàan-lǎai ມີພິທີການຫຼາຍ
burglar, *n.* kón-kìi-lak ຄົນຂີ້ລັກ
burglary, *n.* gàan-lak-kɔ́ɔng ການລັກຂອງ
burial, *n.* pi-tii-fǎng-sŏp ພິທີຝັງສົບ
burn, *v.* jùut ຈຸດ; pǎo ເຜົາ; lûak ລວກ
burp, *v.* lə́ə ເລີ່
burst, *v.* la-bə̀ət ລະເບີດ; dtɛ̀ɛk ແຕກ
burst, *n.* gàan-la-bə̀ət ການລະເບີດ; gàan-la-bə̀ət-ɔ̀ɔk ການລະເບີດອອກ
bury, *v.* fǎng ຝັງ
bus, *n.* lot-bpa-jàm-táang ລົດປະຈຳທາງ; lot-mée ລົດເມ
bush, *n.* pum-mâi ພຸ່ມໄມ້
business, *n.* tu-la-gìt ທຸລະກິດ (commercial dealings); gàan-kâa ການຄ້າ (trading);
businessman, *n.* nak-tu-la-gìt ນັກທຸລະກິດ
businesswoman, *n.* nak-tu-la-gìt-nyíng ນັກທຸລະກິດຍິງ
bust, *n.* nàa-ɔ̀k ໜ້າເອິກ
busy, *adj.* míi-wîak-nyúng ມີວຽກຍຸ້ງ; káa-wîak ຄາວຽກ
busybody, *n.* kón-mak-nyúng-luang-kón-ùun ຄົນມັກຍຸ້ງເລື່ອງຄົນອື່ນ
but, *prep.* dtɛ̀ɛ ແຕ່
butt, *n.* gôn ກົ້ນ (e.g. cigarette butt, bottom)
butter, *n.* nə́əi ເນີຍ
butterfly, *n.* méɛng-ga-bua ແມງກະເບື້ອ
buttocks, *n.* gôn ກົ້ນ
button, *n.* ga-dùm ກະດຸມ; bpum ປຸ່ມ
buy, *v.* sûu ຊື້
buyer, *n.* puu-sûu ຜູ້ຊື້
buzz, *n.* sìang-húng-húng ສຽງຫຶ່ງໆ
by, *prep.* dòoi ໂດຍ (indicating a means of transportation); dûai ດ້ວຍ (with); táang ທາງ (on; along; in traversing); kàang ຂ້າງ (next to); paan-bpài-dtàam ຜ່ານໄປຕາມ (past)
bye-bye, *interj.* láa-gɔ̀ɔn ລາກ່ອນ
bypass, *n.* ta-nŏn-bàai-paat ຖະໜົນບາຍພາດ; táang-ɔ̂ɔm ທາງອ້ອມ
bystander, *n.* kón-múng-bə̀ng ຄົນມຸງເບິ່ງ
byte, *n.* bâi ໄບທ

C

cab, *n.* lot-hap-jâang ລົດຮັບຈ້າງ
cabbage, *n.* pák-ga-lam-bpìi ຜັກກະຫລ່ຳປີ
cabin, *n.* ga-dtùup ກະຕູບ (cottage); hòng-nɔ̀ɔi ຫ້ອງນ້ອຍ
cabinet, *n.* dtûu ຕູ້ (cupboard)
cable, *n.* kée-bân ເຄເບີນ
cable television, *n.* kée-bân-tóo-la-tat ເຄເບີນໂທລະທັດ
cactus, *n.* ga-bɔ̀ɔng-pet ກະບອງເພັດ
café, *n.* gàa-fée ກາເຟ
cafeteria, *n.* hâan-kǎai-àa-hǎan ຮ້ານຂາຍອາຫານ
caffeine, *n.* káa-fée-ìin ຄາເຟອີນ
cage, *n.* dtûm-kǎng ຕຸ້ມຂັງ
cake, *n.* kào-nǒm-gɔ̂ɔn ເຂົ້າໜົມກ້ອນ
calamity, *n.* kwáam-jip-hǎai ຄວາມຈິບຫາຍ
calcium, *n.* tâat-gàan-sǐi-ɔ̀ɔm ທາດການຊີອົມ
calculate, *v.* kám-núan ຄຳນວນ
calculation, *n.* gàan-kám-núan ການຄຳນວນ
calculator, *n.* kuang-kit-lêek ເຄື່ອງຄິດເລກ
calendar, *n.* bpa-dti-tín ປະຕິທິນ; bàn-tuk ບັນທຶກ
calf, *n.* lûuk-ngúa ລູກງົວ (baby cow); bìi-keng ບີແຄ່ງ (body part)
call, *v.* ɔ̂ɔn ເອີ້ນ; tóo-la-sáp ໂທລະສັບ (to telephone)

caller, *n.* puu-ɔ̂ɔn ຜູ້ເອີ້ນ; puu-tóo-la-sáp ຜູ້ໂທລະສັບ
calling, *n.* gàan-hîak-hɔ́ɔng ການຮຽກຮ້ອງ (demanding); gàan-bpa-súm ການປະຊຸມ (meeting); gàan-nyîam ການຢ້ຽມ (a visit)
calm, *adj.* sa-ngɔ́p ສະຫງົບ (quiet); jài-yén ໃຈເຢັນ (mind)
calorie, *n.* káa-lɔɔ-fíi ຄາລໍຣີ
camel, *n.* ùut ອູດ
camera, *n.* gɔ̂ng-taai-hûup ກ້ອງຖ່າຍຮູບ
camp, *v.* dtâng-kâai ຕັ້ງຄ້າຍ; dtâng-tîi-pak ຕັ້ງທີ່ພັກ
camp, *n.* kâai ຄ້າຍ; tîi-pak ທີ່ພັກ
campaign, *v.* kóo-sa-náa ໂຄສະນາ
campaign, *n.* gàan-kóo-sa-náa ການໂຄສະນາ
camping, *n.* gàan-pak-héem ການພັກແຮມ
campus, *n.* dən-nái-bɔ̀ɔ-li-wéen-hóong-hían/ma-hǎa-wi-ta-nyáa-lái ເດີ່ນໃນບໍລິເວນໂຮງຮຽນ/ມະຫາວິທະຍາໄລ
can, *aux. v.* sǎa-mâat ສາມາດ (be able); *v.* bàn-jǔ-ga-bpɔ̌ng ບັນຈຸກະປ໋ອງ (put into a can)
can, *n.* ga-bpɔ̌ng ກະປ໋ອງ
Canada, *n.* káa-náa-dàa ຄານາດາ
Canadian, *n.* kón-káa-náa-dàa ຄົນຄານາດາ (people); giao-gáp-káa-náa-dàa ກ່ຽວກັບຄານາດາ (relating to Canada)
canal, *n.* kɔ́ɔng ຄອງ; hong-táang

ຮ້ອງທາງ

cancel, v. nyok-lə̂ək ຍົກເລີກ

cancellation, n. gàan-nyok-lə̂ək ການຍົກເລີກ

cancer, n. pa-nyâat-ma-héng ພະຍາດມະເຮັງ (disease); láa-sǐi-gɔ̀ɔ-la-gŏt ລາສີກ້ອະກົດ (zodiac)

candid, adj. jìng-jài ຈິງໃຈ; bpə̀ət-pə̌əi ເປີດເຜີຍ

candidate, n. puu-sa-mǎk ຜູ້ສະໝັກ

candle, n. tían-kǎi ທຽນໄຂ

candy, n. kào-nom-òm ເຂົ້າໜົມອົມ

cane, n. mâi-kám ໄມ້ຄ້ຳ

canine, n. mǎa ໝາ

cannibal, n. ma-nut-gìn-kón ມະນຸດກິນຄົນ

cannon, n. bpùun-nyai ປືນໃຫຍ່

cannot, v. bɔɔ-dâi ບໍ່ໄດ້; bɔɔ-sǎa-mâat ບໍ່ສາມາດ

canoe, n. húa-gàa-nóo ເຮືອກາໂນ

cantaloupe, n. màak-dìeeng ໝາກແຕງ

canvas, n. pàa-bài ຜ້າໃບ

canyon, n. hɔ̌m-púu ຮ່ອມພູ

cap, n. mùak ໝວກ (hat); fǎa-kɔ̂ɔp ຝາຄອບ (cover, lid)

capability, n. kwáam-sǎa-mâat ຄວາມສາມາດ; bpa-sìt-ti-pâap ປະສິດທິພາບ

capable, adj. míi-kwáam-sǎa-mâat ມີຄວາມສາມາດ; bpa-sìt-ti-pâap ປະສິດທິພາບ

capacity, n. kwáam-jŭ ຄວາມຈຸ;

kwáam-sǎa-mâat ຄວາມສາມາດ (ability)

cape, n. lɛ̌ɛm ແຫຼມ (point or peninsula); pàa-kúm-lai ຜ້າຄຸມໄຫລ່ (shawl)

capital, n. múang-lǔang ເມືອງຫຼວງ (city); ngón-tún ເງິນທຶນ (investment); ǎk-sɔ̌ɔn-dtŭa-nyai ອັກສອນຕົວໃຫຍ່ (upper caseletter)

capitalism, n. lat-ti-tún-ni-nyóm ລັດທິທຶນນິຍົມ

capitalist, n. náai-tún ນາຍທຶນ; nak-tún-ni-nyóm ນັກທຶນນິຍົມ

capitalize, v. lóng-tún ລົງທຶນ (invest); kǐan-dûai-ǎk-sɔ̌ɔn-dtŭa-nyai ຂຽນດ້ວຍອັກສອນຕົວໃຫຍ່ (write in upper case letters)

capsule, n. kɛ̂ɛp-súun ແຄບຊູນ

captain, n. hɔ̌ɔi-èek ຮ້ອຍເອກ

caption, n. kám-a-ti-bàai-pâap ຄຳອະທິບາຍພາບ

captivate, v. het-hài-lǒng-hak ເຮັດໃຫ້ຫຼົງຮັກ; jǎp-jài ຈັບໃຈ

captive, n. puu-tùuk-jǎp-gùm ຜູ້ຖືກຈັບກຸມ

captivity, n. gàan-tùuk-gǎk-kǎng ການຖືກກັກຂັງ

capture, v. jǎp ຈັບ; jǎp-gùm ຈັບກຸມ

car, n. lot ລົດ; lot-nyón ລົດຍົນ

carat, n. nùa-kám ເນື້ອຄຳ

caravan, n. ka-bùan-dɔ̀ɔn-táang ຂະບວນເດີນທາງ; káa-láa-wáan ຄາລາວານ

carbohydrate, n. káa-bòo-hái-dèet ຄາໂບໄຮເດຕ

carbon, n. tâat-taan ທາດຖ່ານ; taan ຖ່ານ

carbonated, adj. mǐi-sǎan-bpa-gɔ̀ɔp-kɔ̌ɔng-taan ມີສານປະກອບຂອງຖ່ານ; gaat ກ໊າດ

carbon dioxide, n. káa-bɔn-dài-ɔk-sái ຄາບອນໄດອອກໄຊ

card, n. bàt ບັດ (e.g. for greeting); bàt-sɔ̂ɔen ບັດເຊີນ (e.g. invitation); náam-bàt ນາມບັດ (business card); pɛn ແຜນ (sheet); pài ໄພ້ (playing)

cardboard, n. ga-dàat-kěeng ກະດາດແຂງ

care, v. dùu-lée ດູແລ; ao-jài-sai ເອົາໃຈໃສ່

care, n. gàan-dùu-lée ການດູແລ; gàan-ao-jài-sai ການເອົາໃຈໃສ່

career, n. àa-sìip ອາຊີບ (profession); gàan-ngáan ການງານ (work, job)

carefree, adj. bpàat-sa-jàak-kwáam-gàng-wón ປາສະຈາກຄວາມກັງວົນ

careful, adj. la-wáng ລະວັງ; ào-jài-sai ເອົາໃຈໃສ່

careless, adj. bɔɔ-la-wáng ບໍ່ລະວັງ

carelessness, n. kwáam-bɔɔ-la-wáng ຄວາມບໍ່ລະວັງ; kwáam-bpa-màat ຄວາມປະມາດ

caress, v. bpa-lâo-bpa-lóom ປະເລົ້າປະໂລມ; bpɔ̀ɔp-nyóon ປອບໂຍນ

caretaker, n. puu-dùu-lée ຜູ້ດູແລ

cargo, n. káng-sǐn-kâa ຄັງສິນຄ້າ; sǎang-sǐn-kâa ສາງສິນຄ້າ

carnation, n. dɔ̀ɔk-káa-née-sân ດອກຄາເນຊັ້ນ

carnival, n. tée-sa-gàan ເທສະການ

carpenter, n. saang-mâi ຊ່າງໄມ້

carpentry, n. ngáan-mâi ງານໄມ້

carpet, n. pàa-póm ຜ້າພົມ

carrier, n. puu-kǒn ຜູ້ຂົນ (one that transports); húa-bìn-kǒn-song ເຮືອບິນຂົນສົ່ງ (cargo airplane); puu-nám-súa-hôok ຜູ້ນຳເຊື້ອໂຮກ (disease)

carrot, n. pǎk-gàat-hǔa-dɛɛng ຜັກກາດຫົວແດງ

carry, v. tɯ̌ɯ ຖື (hold); ûm ອຸ້ມ (hold a person in the arms); kǒn-song ຂົນສົ່ງ (transport)

cart, n. lot-sɔ́ɔng-lɔ̂ɔ ລົດສອງລໍ້ (e.g. for shopping); gwìan ກວຽນ (drawn by animals)

cartilage, n. ga-dùuk-ɔ̀ɔn ກະດູກອ່ອນ

carton, n. gɔng-ga-dàat ກ່ອງກະດາດ

cartoon, n. hûup-gàa-dtùun ຮູບກາຕູນ

cartridge, n. lûuk-bpɯ̀ɯn ລູກປືນ

carve, v. gɛ̌ ແກະ; kwat ຄັດ

carving, n. gàan-gɛ̌-sa-lǎk ການແກະສະຫລັກ

case, n. lɯang ເລື່ອງ (matter); gɔɔ-la-nîi ກໍລະນີ (in law or medicine); gɔng/hìip ກ່ອງ/ຫີບ (box); bpɔ̀ɔk ປອກ (cover or sheath)

cash, n. ngə́n-sót ເງິນສົດ

cashew, n. màak-muang-hi-ma-páan ໝາກມ່ວງຫິມະພານ

cashier, n. puu-gěp-ngə́n ຜູ້ກັບເງິນ;

cassette — celebrity

kɛt-sĭa ແຄັດເຊບ

cassette, *n.* gàa-set ກາເຊັດ

cast, *v.* kwang ຂວ້າງ (throw); tìm ຕິ້ມ (discard, drop); hài ໃຫ້ (give away); lɔɔ ຫຼໍ່ (shape in a mold); lûak-nak-sa-dɛ̀ɛng ເລືອກນັກສະແດງ (choose actors/actresses)

cast, *n.* fuak ເຝືອກ (for a broken leg, etc.); kɔ́ong-lɔɔ ຂອງຫຼໍ່ (molded object)

castrate, *v.* dtɔ̀ɔn ຕອນ (remove the testicles)

casual, *adj.* bàng-əən ບັງເອີນ (occurring by chance); bɔɔ-bpèn-táang-gàan ບໍ່ເປັນທາງການ (informal); bɔɔ-mìi-gàan-gàm-not-gòt-gèen-nɛɛ-nɔ́ɔn ບໍ່ມີການກຳນົດກົດເກນແນ່ນອນ (informal)

cat, *n.* mέɛɔ ແມວ

catalog, *n.* bàn-sǐi-láai-sɯɯ ບັນຊີລາຍຊື່; bpɯ̂m-láai-sɯ̌ɯ-sìng-kɔ̌ong ປຶ້ມລາຍຊື່ສິ່ງຂອງ

cataract, *n.* nâam-dtòk ນ້ຳຕົກ (waterfall); dtɔ̀ɔ-ga-jòk ຕໍ່ກະຈົກ (of the eye)

catch, *v.* jăp ຈັບ (capture or seize; take hold of); dtìt-pa-nyâat ຕິດພະຍາດ (a disease)

category, *n.* bpa-pêet ປະເພດ

cater, *v.* jàt-àa-hǎan ຈັດອາຫານ

caterpillar, *n.* dtùa-dûang ຕົວດ້ວງ (wormlike larva)

catfish, *n.* bpàa-dŭk ປາດຸກ; bpàa-gŏt ປາກົດ

cathedral, *n.* bòot-nyée-sŭu ໂບດຍີ່ຊູ

Catholic, *n.* gàa-dtòo-lìk ກາໂຕລິກ

Catholicism, *n.* ni-gàai-gàa-dtòo-lìk ນິກາຍກາໂຕລິກ

cattle, *n.* ngúa-kwáai ງົວຄວາຍ

cauliflower, *n.* păk-ga-lam-dɔ́ɔk ຜັກກະຫຼ່ຳດອກ

cause, *n.* sǎa-hèet ສາເຫດ; sa-núan ຊະນວນ

caution, *n.* kám-dtɯ̀an ຄຳເຕືອນ (warning); la-wáng ລະວັງ (careful forethought)

cautious, *adj.* la-wáng ລະວັງ; hɔ̂ɔp-kɔ̂ɔp ຮອບຄອບ; la-ìat ລະອຽດ

cave, cavern, *n.* tàm ຖ້ຳ

cavity, *n.* gòon ໂກນ; pòng ຜົງ (hole); tàm ຖ້ຳ (cave); kɛ̀o-pŭ ແຂ້ວຜຸ (dental)

cease, *v.* yut ຢຸດ (stop); wên ເວັ້ນ (abstain); dtàai ຕາຍ (die)

ceasefire, *n.* gàan-yut-nýing ການຢຸດຍິງ; gàan-yut-hop ການຢຸດຮົບ

cedar, *n.* dtôn-sŏn-sǐi-dàa ຕົ້ນສົນສີດາ

ceiling, *n.* pée-dàan ເພດານ

celcius, *n.* séen-sìat ເຊນຊຽດ

celebrate, *v.* sa-lɔ́ɔng ສະຫຼອງ; bpa-gɔ̀ɔp-pi-tii ປະກອບພິທີ

celebration, *n.* gàan-sa-lɔ́ɔng ການສະຫຼອງ

celebrity, *n.* kón-dàng ຄົນດັງ; kón-mìi-sɯ̀ɯ-sìang ຄົນມີຊື່ສຽງ; kwáam-doong-dàng ຄວາມໂດ່ງດັງ

celibacy, *n.* sǐi-wit-sòot ຊີວິດໂສດ; gàan-ngot-luang-gàa-máa-lóm ການງົດເລື່ອງການາລົມ

celibate, *n.* puu-ngot-luang-gàa-máa-lóm ຜູ້ງົດເລື່ອງການາລົມ

cell, *v.* séen ເຊລ (body cell); kuk-mṵut ຄຸກມືດ (confining room)

cellar, *n.* hòng-dtâi-dìn ຫ້ອງໃຕ້ດິນ

cello, *n.* séen-lóo ເຊລໂລ

cement, *n.* bpuun-sii-méen ປູນຊີເມນ

cemetery, *n.* pǐi-bpaa-sâa ຜີປ່າຊ້າ; sǔ-sǎan ສຸສານ

censor, *v.* sén-sɔ̌ɔ ເຊັນເຊີ; gùat-sɔ̀ɔp ກວດສອບ

censorship, *n.* gàan-gùat-sɔ̀ɔp ການກວດສອບ; gàan-sén-sɔ̌ɔ ການເຊັນເຊີ

census, *n.* gàan-sǎm-lùat-sǎm-ma-nóo-kúa ການສຳຫລວດສຳມະໂນຄົວ

cent, *n.* sén ເຊັນ

centennial, *n.* mǐi-àa-nyu-dâi-hɔ́ɔi-bpìi ມີອາຍຸໄດ້ຮ້ອຍປີ

center, *n.* sǔun-gàang ສູນກາງ; jài-gàang ໃຈກາງ

centigrade, *n.* séen-sìat ເຊລຊຽດ

centimeter, *n.* sáng-dti-mɛt ຊັງຕີແມັດ

central, *adj.* suan-gàang ສ່ວນກາງ; sǎm-kán ສຳຄັນ

centralize, *v.* het-hâi-bpen-sǔun-gàang ເຮັດໃຫ້ເປັນສູນກາງ; huam-kào ຮວມເຂົ້າ

century, *n.* sǎ-dta-wat ສະຕະວັດ; nung-hɔ́ɔi-bpìi ນຶ່ງຮ້ອຍປີ

ceramic, *adj.* sée-láa-mik ເຊລາມິກ

cereal, *n.* sǐi-rían ຊີຣຽລ; kào-tán-nyáa-hǎan ເຂົ້າທັນຍາຫານ

ceremony, *n.* pi-tǐi ພິທີ; bɛ̀ɛp-pěen ແບບແຜນ

certain, *adj.* nɛɛ-jài ແນ່ໃຈ (sure); nɛɛ-nɔ́ɔn ແນ່ນອນ (definite; inevitable); bàang-yaang ບາງຢ່າງ (some)

certainly, *adv.* dòoi-nɛɛ-nɔ́ɔn ໂດຍແນ່ນອນ; mɛn ແມ່ນ

certificate, *n.* bài-hap-hɔ́ɔng ໃບຮັບຮອງ; bpa-gàat-sa-ni-nya-bàt ປະກາສະນີຍະບັດ (for graduation)

certify, *v.* hap-hɔ́ɔng ຮັບຮອງ

chain, *v.* laam-sòo ລາມໂສ້ (constrain; bind with chains)

chain, *n.* sòo ໂສ້ (shackles); lûuk-sòo ລູກໂສ້ (series of links); sǎai-sɔ̂i ສາຍສ້ອຍ (necklace)

chain reaction, *n.* bpa-dti-gi-li-nyáa-lûuk-sòo ປະຕິກິລິຍາລູກໂສ້

chair, *n.* dtang-ìi ຕັ່ງອີ້ (to sit on); dtang ຕັ່ງ; bpa-táan ປະທານ (president)

chalk, *n.* sɔ̌ɔ-kǎao ສໍຂາວ

challenge, *v.* tâa-táai ທ້າທາຍ

challenge, *n.* kwáam-tâa-táai ຄວາມທ້າທາຍ

challenger, *n.* puu-tâa-táai ຜູ້ທ້າທາຍ

challenging, *adj.* tâa-táai ທ້າທາຍ

chamber of commerce, *n.* sa-páa-gàan-káa ສະພາການຄ້າ

chameleon — chaste

chameleon, *n.* sǎt-jàm-pùak-ga-bpɔ̀ɔm ສັດຈຳພວກກະປອມ

champion, *n.* pùu-sa-na-lɔ́ɔt ຜູ້ຊະນະເລີດ

championship, *n.* kwáam-sa-na-lɔ́ɔt ຄວາມຊະນະເລີດ

chance, *n.* òo-gàat ໂອກາດ (opportunity); sôok ໂຊກ (luck)

change, *v.* bpian ປ່ຽນ; bpian-bpèeng ປ່ຽນແປງ

change, *n.* gàan-bpian-bpèeng ການປ່ຽນແປງ

changeable, *adj.* bpian-bpèeng-dâi ປ່ຽນແປງໄດ້

channel, *n.* sɔ̀ng ຊ່ອງ (e.g. T.V.); táang ທາງ (way)

chant, *v.* hɔ́ɔng-péeng ຮ້ອງເພງ (a song); sùut-món ສູດມົນ (a prayer)

chaos, *n.* kwáam-òn-la-maan ຄວາມອົນລະມານ; kwáam-sǎp-sǒn ຄວາມສັບສົນ; kwáam-nyûng ຄວາມຫຍຸ້ງ

chapter, *n.* bɔ̀t ບົດ; dtɔ̀ɔn ຕອນ

character, *n.* dtùa-ǎk-sɔ̌ɔn ຕົວອັກສອນ (letter of the alphabet); lak-sa-nǎ-pi-sèet ລັກສະນະພິເສດ (special characteristics); ni-sǎi-bpa-jàm ນິໄສປະຈຳ (true nature); dtùa-la-kɔ́ɔn ຕົວລະຄອນ (in a play)

characteristic, *adj.* mìi-lak-sa-nǎ-pi-sèet ມີລັກສະນະພິເສດ (distinctive)

charcoal, *n.* taan-mâi ຖ່ານໄມ້

charge, *v.* sàak-fái-kào ສາກໄຟເຂົ້າ (electricity); gèp-ngón/kit-bàn-síi ເກັບເງິນ/ຄິດບັນຊີ (money, e.g. in restaurant); kit-láa-káa ຄິດລາຄາ (the price of something)

charge, *n.* gàan-dùu-léɛ ການດູແລ (care taking); gàan-sàak-fái ການສາກໄຟ (electricity)

charge account, *n.* bàn-síi-kǎai-sùa ບັນຊີຂາຍເຊື່ອ

charisma, *n.* pɔ́ɔn-sa-wǎn ພອນສະຫວັນ (extraordinary power); kwáam-sǎa-màat-pi-sèet-kɔ̌ɔng-pùu-nám ຄວາມສາມາດພິເສດຂອງຜູ້ນຳ (of a leader); kwáam-mìi-sa-nee ຄວາມມີສະເໜ່ (attraction, charm)

charity, *n.* kwáam-mìi-jài-bùn ຄວາມມີໃຈບຸນ

charm, *n.* kwáam-mìi-sa-nee ຄວາມມີສະເໜ່

charming, *adj.* mìi-sa-nee ມີສະເໜ່

chart, *n.* pɛ̌ɛn-tìi ແຜນທີ່; pɛ̌ɛn-pùum ແຜນພູມ; pǎng-pɛ̌ɛn-tìi ຜັງແຜນທີ່

charter, *n.* gòt-bàt ກົດບັດ (a document issued by an authority); sǎn-nyáa-sao ສັນຍາເຊົ່າ (rental contract)

chase, *v.* lai-dtàam ໄລ່ຕາມ (follow rapidly; trying to catch); sa-wɛ̌ɛng-hǎa ສະແຫວງຫາ (search); dtìt-dtàam ຕິດຕາມ (follow)

chase, *n.* gàan-lai ການໄລ່; gàan-sa-wɛ̌ɛng-hǎa ການສະແຫວງຫາ; gàan-dtìt-dtàam ການຕິດຕາມ

chaste, *adj.* bɔ̀ɔ-li-sùt ບໍລິສຸດ (pure); bɛ̀ɛp-ngàai-dàai ແບບງ່າຍດາຍ (simple

chastity, *n.* kwáam-dìi-ngáam ຄວາມດີງາມ

chat, *v.* sŏn-ta-náa ສົນທະນາ; lóm-gàn ລົມກັບ

chat, *n.* gàan-lóm-gàn ການລົມກັບ

chauffeur, *n.* kón-káp-lot ຄົນຂັບລົດ

cheap, *adj.* láa-káa-tùuk ລາຄາຖືກ (price); tùuk ຖືກ (price); kìi-tìi ຂີ້ຖີ່ (stingy)

cheapen, *v.* lot-láa-káa ລົດລາຄາ (reduce price); lot-kún-na-pâap ລົດຄຸນນະພາບ (degrade)

cheat, *v.* sɔ̀ɔ-gòong ສໍ້ໂກງ (deceive); nɔ̀ɔk-jài ນອກໃຈ (between lovers)

check, *v.* gùat-bəng ກວດເບິ່ງ

check, *n.* sek ເຊັກ (bank draft)

checking account, *n.* bàn-sìi-ngán-fàak-kìan-sek ບັນຊີເງິນຝາກຖອນເຊັກ

checkup, *n.* gàan-gùat-bəng ການກວດເບິ່ງ; gàan-gùat-haang-gàai ການກວດຮ່າງກາຍ (physical)

cheek, *n.* gɛ̂ɛm ແກ້ມ

cheer, *v.* hoo-hɔ́ɔng-sóm-sə̀əi ໂຮໂຮ້ງຊົມເຊີຍ; hoo-hài-gàm-láng-jài ໂຮໃຫ້ກຳລັງໃຈ

cheer, *n.* gàan-hoo-hɔ́ɔng-sóm-sə̀əi ການໂຮໂຮ້ງຊົມເຊີຍ; gàan-hoo-hài-gàm-láng-jài ການໂຮໃຫ້ກຳລັງໃຈ

cheerful, *adj.* sùun-bàan ຊື່ນບານ; àa-lóm-dìi ອາລົມດີ

Cheers!, *interj.* sái-nyóo ໄຊໂຍ

cheese, *n.* nə́əi-kɛ̆ɛng ເນີຍແຂງ

chef, *n.* pɔɔ-kúa-nyai ພໍ່ຄົວໃຫຍ່; hŭa-nàa-pɔɔ-kúa ຫົວໜ້າພໍ່ຄົວ

chemical, *n.* sǎn-kée-mii ສານເຄມີ

chemistry, *n.* wi-sáa-kée-mii ວິຊາເຄມີ

chemotherapy, *n.* kée-mii-bàm-bàt ເຄມີບຳບັດ

cherry, *n.* màak-sə́ə-fii ໝາກເຊີຟີ

chess, *n.* màak-huk ໝາກຮຸກ

chest, *n.* nàa-ək ໜ້າເອິກ (breast); hìip-nyai ຫີບໃຫຍ່ (big box or case)

chew, *v.* nyàm ຢຳ

chewing gum, *n.* màak-kìao ໝາກຄ້ຽວ

chicken, *n.* gai ໄກ່; sìn-gai ຊີ້ນໄກ່

chief, *n.* hŭa-nàa ຫົວໜ້າ (head or boss); náai ນາຍ (boss or master)

child, *n.* dèk-nɔ̀ɔi ເດັກນ້ອຍ; lûuk ລູກ (son or daughter)

childbirth, *n.* gàan-ɔ̀ɔk-lûuk ການອອກລູກ

childhood, *n.* wái-dèk ໄວເດັກ

childish, *adj.* het-kúu-dèk-nɔ̀ɔi ເຮັດຄືເດັກນ້ອຍ

chili pepper, *n.* màak-pèt ໝາກເຜັດ

chill, *n.* kwáam-nǎao-yèn ຄວາມໜາວເຢັນ

chilly, *adj.* nǎao ໜາວ

chimney, *n.* bpɔng-bpɛ̀ɛo-fái ປ່ອງແປວໄຟ; tɔɔ-kwán-fái ທໍ່ຄວັນໄຟ

chimpanzee, *n.* líng-nyai-sa-nit-bɔɔ-mii-hǎang ລີງໃຫຍ່ຊະນິດບໍ່ມີຫາງ

chin, *n.* káang ຄາງ

china, *n.* kuang-ga-buang-láai-káam เครื่องกะเบื้องลายคาม

China, *n.* bpa-têet-jìin ปะเทดจีน

Chinese, *n.* kón-jìin คົນจีน (person); páa-sǎa-jìin พาสาจีน (language); giao-gǎp-jìin ก่ຽວກັບจีน (relating to China)

chip, *n.* sèet เสด (small piece); sip-kóom-píu-dtəə ຊິບคอมพิວเตີ (for computer)

chirp, *v.* hóong-jiap-jiap ร້ອງຈຸບໆ

chirp, *n.* siang-nok ສຽງນົກ

chisel, *n.* siu ສິ່ວ

chlorine, *n.* tâat-ka-lóo-lìin ทาดคะโลลีน

chocolate, *n.* sóo-gòo-láa โซโกลา

choice, *n.* gàan-lûak การเลือก; táang-lûak ทางเลือก

choir, *n.* ka-na-hóong-péeng คะนะร້ອງເພງ

choke, *v.* sǎm-mak ສຳມັກ (interfere with the respiration); jǔk-nèn จุกเเหน้ั้น (jam, become obstructed)

cholera, *n.* a-hi-wáa-dta-ga-lôok ອະຫິວາຕະກະໂລກ

cholesterol, *n.* kóo-leet-dtəə-lón คໍເລສເຕີລອນ

choose, *v.* lûak เลือก

chop, *v.* dtǎt ຕັດ; paa ຜາ; sǎp ສັບ

chopsticks, *n.* mâi-tuu ໄມ້ຖູ່

chord, *n.* sǎai-kuang-dǐit-sìi ສາຍເຄື່ອງດີດສີ (musical)

chore, *n.* wîak-húan ວຽກເຮືອນ; ngáan-lek-lek-nóoi-nóoi ງານເລັກຳນ້ອຍໆ

chorus, *n.* nak-hóong-lûuk-kuu นักร้องลูกคู; nak-hóong-muu นักร้องหมู; gàan-hóong-bpa-sǎan-siang การร้องปะสานสຽง

Christ, *n.* pa-nyée-súu ພະເຢຊູ

Christian, *n.* sǎao-ki-sa-dtìan ຊາວຄຣິສຕຽນ (person); giao-gǎp-sàat-sa-nǎa-kit ก่ຽວກັບສາສະໜາຄິສ (relating to Christianity)

Christianity, *n.* sàat-sa-nǎa-kit ສາສະໜາຄິສ

Christmas, *n.* wán-bun-kit-sa-mat ວັນບຸນຄຣິສສະມັດ

chromosome, *n.* kóo-móo-sóom โคโมโซม

chronic, *adj.* sǎm-hua ຊໍາເຮື້ອ; bpèn-yuu-dòn ເປັນຢູ່ດົນ

chronological, *adj.* dtàam-lám-dǎp-hèet-gàan ຕາມລຳດັບເຫດການ; dtàam-lám-dǎp-wée-láa ຕາມລຳດັບເວລາ

chuckle, *n.* hua-bào-bào ຫົວເບົາໆ; hua-kwán ຫົວຂວັນ

church, *n.* bòot ໂບດ

cicada, *n.* méeng-jǎk-jan ແມງຈັກຈັ່ນ

cider, *n.* nâam-ɛp-bpôn ນ້ຳແອບເປີນ; nâam-sǎi-dəə ນ້ຳໄຊເດີ

cigar, *n.* gòok-yàa-nyai-sìi-gâa ກອກຢາໃຫຍ່ຊີກາ

cigarette, *n.* yàa-sùup ຢາສູບ

cinder, *n.* taan-fái ຖ່ານໄຟ (charcoal); gàak-hɛɛ ກາກແຮ່ (mineral leftover)

cinema, *n.* năng ໜັງ (movie); hóong-sǐi-nêe ໂຮງຊີເນ (movie theater); hóong-la-kɔ́ɔn ໂຮງລະຄອນ (movie theater)

cinnamon, *n.* ŏp-sɔ̌ɔi ອົບເຊີຍ

circle, *n.* wóng-gòm ວົງກົມ (ring, round object, etc.); wóng-gàan ວົງການ (sphere of interest; domain)

circuit, *n.* wóng-jɔɔn ວົງຈອນ

circular, *adj.* wóng-gòm ວົງກົມ (of or relating to a circle); bpèn-wóng-gòm ເປັນວົງກົມ

circulate, *v.* mǔn-wían ໝຸນວຽນ; song-dtɔɔ-dtɔɔ-bpai ສົ່ງຕໍ່ໆໄປ

circulation, *n.* gàan-mǔn-wían ການໝຸນວຽນ

circumcise, *v.* kìp ຂີບ; dtàt-nǎng-hùm-ɔ̀ɔk ຕັດໜັງຫຸ້ມອອກ

circumcision, *n.* gàan-kìp ການຂີບ

circumference, *n.* sên-hɔ̂ɔp-wóng ເສັ້ນຮອບວົງ

circumstance, *n.* sa-tǎa-na-gàan ສະຖານະການ (situation); sa-pâap-wɛ̂ɛt-lɔ́ɔm ສະພາບແວດລ້ອມ (condition)

circus, *n.* la-kɔ́ɔn-sàt ລະຄອນສັດ

cistern, *n.* tàng-náam ຖັງນ້ຳ

citizen, *n.* pón-la-múang ພົນລະເມືອງ

citizenship, *n.* săn-sâat ສັນຊາດ

city, *n.* múang ເມືອງ

city council, *n.* sa-páa-tée-sa-bàan ສະພາເທສະບານ

city hall, *n.* săa-láa-gàang ສາລາກາງ; hɔ̂ng-gàan-múang ຫ້ອງການເມືອງ

civic, *adj.* giao-gǎp-múang ກ່ຽວກັບເມືອງ

civil, *adj.* giao-gǎp-pón-la-húan ກ່ຽວກັບພົນລະເຮືອນ (relating to citizens); giao-gǎp-ka-dìi-pɛ́ng ກ່ຽວກັບຄະດີແພ່ງ (legal; concerning individuals); mii-àa-la-nya-tám ມີອາລະຍະທຳ (civilized)

civilian, *n.* pón-la-húan ພົນລະເຮືອນ; bpa-sáa-són-tám-ma-dàa ປະຊາຊົນທຳມະດາ

civilization, *n.* àa-la-nya-tám ອາລະຍະທຳ

civilize, *v.* het-hài-sǐi-wi-lái ເຮັດໃຫ້ສີວິໄລ

claim, *v.* hìak-hɔ́ɔng ຮຽກຮ້ອງ (demand, require); âang ອ້າງ (state to be true; assert)

clam, *n.* hɔ̌ɔi-gǎap ຫອຍກາບ; hɔ̌ɔi-kɛ́ɛng ຫອຍແຂງ

clamp, *n.* kíim-nìip ຄີມໜີບ

clap, *v.* dtŏp-mɯ́ɯ ຕົບມື

clarify, *v.* het-hài-ga-jàang-jɛ̂ɛng ເຮັດໃຫ້ກະຈ່າງແຈ້ງ

clarinet, *n.* bpii ປີ່

clarity, *n.* kwáam-jem-sǎi ຄວາມແຈ່ມໃສ

clasp, *n.* kěm-kat ເຂັມຄັດ (pin); dtùa-sɯ́am-dtɔɔ ຕົວເຊື່ອມຕໍ່ (a fastening, such as a hook or buckle)

class, *n.* sân ຊັ້ນ (grade, rank, class

in school); la-dắp ລະດັບ (level); bpa-pêet ປະເພດ (group)

classic, n. sân-nyôot ຊັ້ນຍອດ (something superior); wán-na-ka-dǐi-bòo-háan ວັນນະຄະດີບູຮານ (ancient literary work)

classical, adj. sân-èek ຊັ້ນເອກ; glaat-sǐk ກລາດສິກ; hεng-kɔ̌ɔng-bùu-háan ແຫ່ງຂອງບູຮານ

classification, n. gàan-jắt-ba-pêet ການຈັດປະເພດ; gàan-jàm-nɛ̂εk ການຈຳແນກ

classifier, n. lak-sa-nǎ-náam ລັກສະນະນາມ (Thai part of speech)

classify, v. bεng-bpa-pêet ແບ່ງປະເພດ; jàm-nɛ̂εk ຈຳແນກ

classmate, n. puan-huam-sân-hían ເພື່ອນຮ່ວມຊັ້ນຮຽນ

classroom, n. hɔ̂ng-hían ຫ້ອງຮຽນ

claw, n. ung-lep ອຸ້ງເລັບ (of animals with toes); ngaa-gûng ງ່າກຸ້ງ (of shrimp); gâam-bpùu ກ້າມປູ (of crab); lep-dtìin-sắt ເລັບຕີນສັດ

clay, n. dìn-nǐao ດິນໜຽວ

clean, adj. sa-àat ສະອາດ

cleaner, n. kón-tám-kwáam-sa-àat ຄົນທຳຄວາມສະອາດ

cleaning, n. gàan-tám-kwáam-sa-àat ການທຳຄວາມສະອາດ

clear, v. nyáai-ɔ̀ɔk ຍ້າຍອອກ (remove); jắt-gàan-bàn-sǐi ຈັດການບັນຊີ (in accounting)

clear, adj. sǎi ໃສ (free from clouds, dust, etc); sat ຊັດ (bright; easily seen); jεεng ແຈ້ງ (not dark)

clear-cut, adj. sat-jèen ຊັດເຈນ; nεε-sat ແນ່ຊັດ

clergyman, n. pa ພະ; pa-sɔ̌ɔn-sàat-sa-nǎa ພະສອນສາສະໜາ

clerical, adj. giao-gắp-sa-mían ກ່ຽວກັບສະໝຽນ; kǎai-kúu-pa ຄ້າຍຄືພະ

clerk, n. sa-mían ສະໝຽນ (in an office); kón-kǎai-kɔ̌ɔng ຄົນຂາຍຂອງ (in a store)

clever, adj. sa-làat ສະຫລາດ; lǎk-lɛ̂εm ຫລັກແຫລມ

cliché, n. sǎm-núan-sǎm-sâak ສຳນວນຊ້ຳຊາກ

click, n. sǐang-dầng-glìk ສຽງດັງກລິກ

client, n. lûuk-kâa ລູກຄ້າ (customer); lûuk-kwáam ລູກຄວາມ (of a lawyer); kón-jèp ຄົນເຈັບ (patient)

clientele, n. lûuk-kâa ລູກຄ້າ; lûuk-kwáam ລູກຄວາມ

cliff, n. nàa-pǎa ໜ້າຜາ

climate, n. àa-gàat ອາກາດ; dìn-fâa-àa-gàat ດິນຟ້າອາກາດ

climax, n. jut-sut-nyɔ̂ɔt ຈຸດສຸດຍອດ; jut-sǎm-kán ຈຸດສຳຄັນ

climb, v. bpìin ປີນ; dtai ໄຕ່

cling, v. gɔ̀ ເກາະ; yut ຍຶດ

clinic, n. kíi-nìk ຄລີນິກ; hóong-mɔ̌ɔ-nɔ̂ɔi ໂຮງໝໍນ້ອຍ

clip, v. nìip ໜີບ; dtắt-ɔ̀ɔk ຕັດອອກ

clip, n. mîit-dtắt ມີດຕັດ

cloak — cocktail

cloak, *n.* sùa-kúm เสื้อคุม

clock, *n.* móong-nyai โมງใหຍ່

clockwise, *adv.* mǔn-dtàam-kěm-móong ຫມຸນຕາມເຂັມໂມງ

clog, *v.* kǎt-kwáang ຂັດຂວາງ; dtàn ຕັນ

close, *v.* ǎt ອັດ (shut); kào-máa-gâi ເຂົ້າມາໃກ້ (get close)

close, *adj.* gâi ໃກ້

closed, *adj.* bpìt ປິດ

closet, *n.* dtûu ຕູ້; hông-lek ຫ້ອງເລັກ

clot, *n.* gôon-lûat ກ້ອນເລືອດ (blood); gôon-nôoi-nôoi ກ້ອນນ້ອຍໆ (small pieces)

cloth, *n.* kuang-nung ເຄື່ອງນຸ່ງ

clothes, clothing, *n.* sùa-pàa ເສື້ອຜ້າ; kuang-dteng-gàai ເຄື່ອງແຕ່ງກາຍ

cloud, *n.* mêek ເມກ; môok ຫມອກ (dark shadow)

cloudy, *adj.* mìi-mêek ມີເມກ; mùut-múa ມືດມົວ (unclear)

clove, *n.* pùut-dta-gùun-tua ພືດຕະກຸນທົ່ວ (a plant); gìip-ga-tíam ກີບກະທຽມ (of garlic)

clown, *n.* dtùa-dta-lǒk ຕົວຕະຫລົກ

club, *n.* sa-móo-sǒon ສະໂມສອນ (nightclub); mâi-kôon ໄມ້ຄ້ອນ (stout heavy stick); sa-máa-kóm ສະມາຄົມ (association)

clue, *n.* hông-hǒoi ຮ່ອງຮອຍ; nguan-kǎi-bǎn-hǎa ເງື່ອນໄຂບັນຫາ; bpòm ປົມ

clumsy, *adj.* sǒə-sâa ເຊີ້ຊ້າ; ngə

gʉ̂ang; ngə̀ək-ngâak ເງີກງາກ

clutch, *v.* kwáa ຄວ້າ (grasp); gàm ກຳ (put in the hand); ɔ̀ɔk-kai ອອກໄຂ່ (of eggs)

clutter, *v.* wun-wáai ວຸ່ນວາຍ; nyùng-nyə̌əng ຫຍຸ້ງເຫຍີງ; dtʉʉn-dtên ຕື່ນເຕັ້ນ

coach, *n.* lot-dòoi-sǎan ລົດໂດຍສານ (bus); puu-fʉ̌k-sɔ̌ɔn ຜູ້ຝຶກສອນ (trainer); kúu-sɔ̌ɔn-gi-láa ຄູສອນກິລາ

coal, *n.* taan-hǐin ຖ່ານຫີນ; taan ຖ່ານ

coast, *n.* fang-ta-lée ຝັ່ງທະເລ

coast guard, *n.* jâo-nàa-tii-gùat-dtàam-fang-ta-lée ເຈົ້າຫນ້າທີ່ກວດຕາມຝັ່ງທະເລ

coat, *v.* táa-tap ທາທັບ

coat, *n.* sùa-sân-nôok ເສື້ອຊັ້ນນອກ (outer garment); bpùak ເປືອກ (crust)

coax, *v.* ga-jàn-ga-jóo ກະຈັນກະຈໍ້; nyua-hài-dtâai-jai ຍົວໃຫ້ຕາຍໃຈ

cobweb, *n.* nyái-méeng-múm ໃຍແມງມຸມ

cocaine, *n.* yáa-sèep-dtìt-sa-nit-nung ຢາເສບຕິດຊະນິດຫນຶ່ງ; kóo-kéen ໂຄເຄນ

cock, *n.* gai-pùu ໄກ່ຜູ້

cockpit, *n.* hông-kón-kǎp-húa-bìn ຫ້ອງຄົນຂັບຫົວບິນ (for pilot); sa-nǎam-dtìi-gai ສະຫນາມຕີໄກ່ (for cock fight)

cockroach, *n.* méeng-ga-sàap ແມງກະສາບ

cocktail, *n.* kuang-dʉ̀ʉm-tìi-bpa-sǒm-su-làonit-dtaang-dtaang ເຄື່ອງດື່ມທີ່ປະສົມເຫລົ້າຊະນິດຕ່າງໆ; lào ເຫລົ້າ

A B **C** D E F G H I J K L M N O P Q R S T U V W X Y Z

cocky, *adj.* ùat-dìi ອວດດີ

cocoa, *n.* gòo-gôo ໂກໂກ້

coconut, *n.* màak-pàao ໝາກພ້າວ

cocoon, *n.* fàk-lɔ̀ɔt ຝັກຫລອດ

cod, *n.* bpaa-kɔ́ɔt ປາຄອດ

code, *n.* la-hăt ລະຫັດ

coffee, *n.* gàa-fée ກາເຟ

coffee pot, *n.* mɔ̂ɔ-gàa-fée ໝໍ້ກາເຟ

coffin, *n.* hìip-sǒp ຫີບສົບ

coil, *n.* kŏt-lûat ຂົດລວດ (wire); kŏt-sûak ຂົດເຊືອກ (rope)

coin, *n.* ngón-lîan ເງິນຫລຽນ

coincidental, *adj.* bàng-ə̀ən ບັງເອີນ

coincidence, *n.* hèet-bàng-ə̀ən ເຫດບັງເອີນ

coitus, *n.* gàan-huam-bpa-wée-nîi ການຮ່ວມປະເວນີ

cold, *adj.* năao ໜາວ (feeling cold); yèn ເຢັນ (something cold)

cold, *n.* kài-wàt-pa-nyâat-jăp-năao ໄຂ້ຫວັດ/ພະຍາດຈັບຫນາວ (disease)

coldblooded, *adj.* lûat-yèn ເລືອດເຢັນ

collapse, *v.* nyup-lóng ຍຸບລົງ; páng-ta-láai ພັງທະລາຍ

collar, *n.* bpɔ̀ɔk-kɔ́ɔ ປອກຄໍ; kɔ́ɔ-sûa ຄໍເສື້ອ

collarbone, *n.* ga-dùuk-hŭa-nao ກະດູກຫົວເນ່າ

colleague, *n.* pʉ̀an-huam-ngáan ເພື່ອນຮ່ວມງານ

collect, *v.* hìip-hóom ຮີບໂຮມ; hŭap-húam ຮວບຮວມ; hóom-muu ໂຮມໝູ່

collect call, *n.* tóo-la-săp-bɛ̀ɛp-gèp-ngə́n-bpàai-táang ໂທລະສັບແບບເກັບເງີນປາຍທາງ

collection, *n.* gàan-hìip-hóom ການຮີບໂຮມ; gàan-hóom-muu ການໂຮມໝູ່

collector, *n.* puu-gèp ຜູ້ເກັບ; kón-sa-sŏm ຄົນສະສົມ

college, *n.* wi-ta-nyáa-lái ວິທະຍາໄລ

cologne, *n.* nâam-hɔ̌ɔm ນ້ຳຫອມ

colon, *n.* kʉang-mǎai-jăm-sɔ́ɔng-met ເຄື່ອງໝາຍຈ້ຳສອງເມັດ (punctuation mark); lám-sài-nyai ລຳໄສ້ໃຫຍ່ (large intestine)

colonel, *n.* náai-pán ນາຍພັນ; pán-èek ພັນເອກ

colonial, *adj.* giao-găp-àa-náa-ni-kóm ກ່ຽວກັບອານານິຄົມ

colonize, *v.* ào-bpèn-mʉ́ang-kʉ̂n ເອົາເປັນເມືອງຂຶ້ນ

colony, *n.* àa-náa-ni-kóm ອານານິຄົມ

color, *n.* sĭi ສີ

colorblind, *adj.* dtàa-bɔ̀ɔt-sĭi ຕາບອດສີ

colorful, *adj.* míi-sĭi-sót-sǎi ມີສີສົດໃສ; míi-sĭi-săn-láai ມີສີສັນຫລາຍ

colt, *n.* mǎa-nɔ́ɔi-dtùa-pùu ມ້ານ້ອຍໂຕຜູ້

column, *n.* kɔ́ɔ-lám-nái-năng-sʉ̌ʉ-pím ຄໍລຳໃນໜັງສືພິມ; tɛ̌ɛo ແຖວ

coma, *n.* bɔɔ-hùu-sʉ̀k-dtùa ບໍ່ຮູ້ສຶກຕົວ; sa-lŏp-kàn-hún-héeng ສະຫຼົບຂັ້ນຮຸນແຮງ; kàn-kòo-màa ຂັ້ນໂຄມ່າ

comb, *v.* wĭi-pŏm ຫວີຜົມ

comb, *n.* wĭi ຫວີ (for the hair);

háng-pòng ຮັງເຜິ້ງ (honeycomb); hŏon-gai ຫອນໄກ່ (of a cock)

combat, *v.* dtɔɔ-sùu ຕໍ່ສູ້

combination, *n.* gàan-hóom-kào-gàn ການໂຮມເຂົ້າກັນ

combine, *v.* huam-gàn ຮ່ວມກັນ; bpa-gɔ̀ɔp-kào-gàn ປະກອບເຂົ້າກັນ

come, *v.* máa ມາ

comeback, *n.* gàan-gǎp-máa ການກັບມາ

comedy, *n.* la-kɔ́ɔn-dta-lǒk ລະຄອນຕະຫລົກ (humorous play); dta-lǒk-sǔan-hǔa ຕະຫລົກສ່ວນຫົວ (humorous occurrence)

comet, *n.* dàao-hǎang ດາວຫາງ

comfort, *v.* bpɔ̀ɔp-nyóon ປອບໂຍນ (soothe in time of distress); bǎn-táo ບັນເທົາ (relieve)

comfort, *n.* gàan-bpɔ̀ɔp-nyóon ການປອບໂຍນ; kám-ɔ̀ɔi-jài ຄຳອອຍໃຈ

comfortable, *adj.* (sa-dùak)sa-bàai (ສະດວກສະບາຍ)

comic, *n.* luang-dta-lǒk-sǔan-hǔa ເລື່ອງຕະຫລົກສ່ວນຫົວ; gàa-dtùun ກາຕູນ

comic strip, *n.* hûup-luang-yùu-nái-nǎng-sùu-pím ຮູບເລື່ອງຢູ່ໃນໜັງສືພິມ

comma, *n.* kuang-mǎai-jǔt ເຄື່ອງໝາຍຈຸດ

command, *v.* sang ສັ່ງ

command, *n.* kám-sang ຄຳສັ່ງ

commander, *n.* puu-bǎng-kap-bàn-sáa ຜູ້ບັງຄັບບັນຊາ

comment, *n.* kwáam-hěn ຄວາມເຫັນ (opinion); kɔ̌ɔ-wi-jàan ຂໍ້ວິຈານ (criticism)

commentary, *n.* kɔ̌ɔ-wi-jàan ຂໍ້ວິຈານ (criticism); bǒt-kwáam ບົດຄວາມ (article)

commerce, *n.* gàan-káa ການຄ້າ

commercial, *adj.* táang-gàan-káa ທາງການຄ້າ

commercialize, *v.* het-hài-bpěn-gàan-káa ເຮັດໃຫ້ເປັນການຄ້າ

commission, *n.* gàan-mɔ̂ɔp-mǎai ການມອບໝາຍ (assignment); kaa-náai-nàa ຄ່ານາຍໜ້າ (fee); bpə-sén ເປີເຊັນ bpə-sén (percentage)

commissioner, *n.* puu-hap-mɔ̂ɔp-mǎai ຜູ້ຮັບມອບໝາຍ (a person authorized by a commission to perform certain duties); kàa-lǔang ຂ້າຫລວງ (governmental official)

commit, *v.* mɔ̂ɔp-mǎai ມອບໝາຍ; ga-tám-kwáam-pìt ກະທຳຄວາມຜິດ; het-lóng-bpài ເຮັດລົງໄປ

commitment, *n.* gàan-song-hài ການສົ່ງໃຫ້; gàan-pùuk-mat ການຜູກມັດ

committee, *n.* ka-na-gàm-ma-gàan ຄະນະກຳມະການ

commodity, *n.* sǐn-káa ສິນຄ້າ; pa-lìt-dta-pán ຜະລິດຕະພັນ

common, *adj.* tám-ma-dàa ທຳມະດາ; huam-gàn ຮ່ວມກັນ

commoner, *n.* sǎa-mán-(són) ສາມັນ (ຊົນ)

commonplace, *adj.* tám-ma-dàa

ຊຳມະດາ
common sense, *vn* sǎa-mán-sǎm-nuk ສາມັນສຳນຶກ
commotion, *n.* gàan-dtuun-dtŏk-jài ການຕື່ນຕົກໃຈ; gàan-hôong-wóoi-wáai ການຮ້ອງໂວຍວາຍ
communal, *adj.* hɛng-bpa-sáa-kóm ແຫ່ງປະຊາຄົມ
commune, *n.* bpa-sáa-kóm ປະຊາຄົມ
communicable, *adj.* dtìt-dtɔɔ-gàn-dâi ຕິດຕໍ່ກັນໄດ້
communicate, *v.* dtìt-dtɔɔ ຕິດຕໍ່; jɛ̂ɛng ແຈ້ງ
communication, *n.* gàan-suu-sǎan ການສື່ສານ; gàan-dtìt-dtɔɔ ການຕິດຕໍ່
communism, *n.* lat-ti-gɔ̀ɔm-múi-nit ລັດທິກອມມູນິດ
communist, *n.* nak-gɔ̀ɔm-múi-nit ນັກກອມມູນິດ
community, *n.* súm-són ຊຸມຊົນ; sǎng-kóm ສັງຄົມ
commute, *v.* bpɛ̀ɛ-pǎn ແປຜັນ (transform); gàan-dəən-táang-bpài-máa ການເດີນທາງໄປມາ (travel back and forth)
commuter, *n.* kón-dəən-táang-bpài-bpài-máa-máa ຄົນເດີນທາງໄປມາໆ
compact, *n.* gɔng-bpɛ́ɛng-pǎt-nàa ກ່ອງແປ້ງຜັດໜ້າ (for powder); lot-ka-nàat-nɔ́ɔi ລົດຂະໜາດນ້ອຍ (small car); kɔ̀ɔ-dtŏk-lóng ຂໍ້ຕົກລົງ (agreement)
companion, *n.* puan ເພື່ອນ (friend); muu-máa-nám-gàn ໝູ່ມານຳກັນ (one that goes with another)
companionship, *n.* kwáam-bpèn-puan ຄວາມເປັນເພື່ອນ
company, *n.* puan ເພື່ອນ (friends); bɔ̀ɔ-li-sǎt ບໍລິສັດ (firm); muu-ka-na ໝູ່ຄະນະ (group of persons)
compare, *v.* bpìap-tìap ປຽບທຽບ
comparison, *n.* gàan-bpìap-tìap ການປຽບທຽບ
compartment, *n.* hɔ̂ng-tɔ̂ɔng ຫ້ອງທ້ອງ (slot, small room or space)
compass, *n.* kɛ̌m-tit ເຂັມທິດ (a device); kɔ̀ɔp-kèet ຂອບເຂດ (range or scope)
compassion, *n.* kwáam-mêet-dtàa ຄວາມເມດຕາ; kwáam-i-dùu-sŏng-sǎan ຄວາມອິດູສົງສານ
compassionate, *adj.* míi-kwáam-sŏng-sǎan ມີຄວາມສົງສານ
compensate, *v.* sot-sə̌əi ຊົດເຊີຍ; dtɔ̀ɔp-tɛ́ɛn ຕອບແທນ
compensation, *n.* gàan-sǎi-tɛ́ɛn ການໃຊ້ແທນ; gàan-sot-sə̌əi ການຊົດເຊີຍ
compete, *v.* kɛng-kǎn ແຂ່ງຂັນ
competence, *n.* kwáam-sǎa-mâat ຄວາມສາມາດ
competent, *adj.* míi-kwáam-sǎa-mâat ມີຄວາມສາມາດ (capable); míi-kún-na-sŏm-bǎt ມີຄຸນນະສົມບັດ (qualified)
competition, *n.* gàan-kɛng-kǎn ການແຂ່ງຂັນ
competitor, *n.* puu-kɛng-kǎn

ຜູ້ແຄ່ວ່າຍົບ

complacency, *n.* kwáam-im-jài ຄວາມອີ່ມໃຈ; kwáam-pəng-pɔ́ɔ-jài ຄວາມເພີງພໍໃຈ

complacent, *adj.* im-jài ອີ່ມໃຈ; pəng-pɔ́ɔ-jài ເພີງພໍໃຈ

complain, *v.* jom-waa ຈົມວ່າ (express negative feelings); fɔ́ɔng-hɔ́ɔng ຟ້ອງຮ້ອງ (bring a formal charge)

complaint, *n.* gàan-jom-waa ການຈົມວ່າ; gàan-hɔ́ɔng-tuk ການຮ້ອງທຸກ

complement, *n.* gàan-het-hài-sǎm-lét ການເຮັດໃຫ້ສຳເລັດ (bringing to completion); suan-bpa-gɔ̀ɔp ສ່ວນປະກອບ (parts)

complete, *adj.* kop-bɔ̀ɔ-li-bùun ຄົບບໍລິບູນ (entire); sǎm-lét ສຳເລັດ (done, finished)

complete, *v.* het-hài-kop-bɔ̀ɔ-li-bùun ເຮັດໃຫ້ຄົບບໍລິບູນ (make complete); het-hài-sǎm-lét ເຮັດໃຫ້ສຳເລັດ (make finished)

completion, *n.* gàan-het-hài-lɛ́ɛo ການເຮັດໃຫ້ແລ້ວ; kwáam-bɔ̀ɔ-li-bùun ຄວາມບໍລິບູນ

complex, *n.* kwáam-nyùng-nyɔ̀ɔng ຄວາມຫຍຸ້ງເຫຍີງ

complexion, *n.* pǐu-pán ຜິວພັນ (skin color); kwáam-kit-hěn ຄວາມຄິດເຫັນ (viewpoint)

complexity, *n.* kwáam-sa-lǎp-sap-sɔ̀ɔn ຄວາມສະຫຼັບສັບຊ້ອນ

compliance, *n.* kwáam-nyín-nyɔ́ɔm ຄວາມຍິນຍອມ; kwáam-hěn-dtàam ຄວາມເຫັນຕາມ

complicate, *v.* het-hài-nyùng-nyɔ̀ɔng ເຮັດໃຫ້ຫຍຸ້ງເຫຍີງ

complicated, *adj.* sa-lǎp-sap-sɔ̀ɔn ສະຫຼັບສັບຊ້ອນ

complication, *n.* kwáam-sap-sɔ̀ɔn ຄວາມສັບຊ້ອນ

complicity, *n.* gàan-kào-bpài-giao-kòng ການເຂົ້າໄປກ່ຽວຂ້ອງ; gàan-sǒm-hùu-huam-kit ການສົມຮູ້ຮ່ວມຄິດ

compliment, *v.* nyok-nyɔ́ɔng ຍົກຍ້ອງ

compliment, *n.* kám-nyok-nyɔ́ɔng ຄຳຍົກຍ້ອງ

complimentary, *adj.*, *n.* nyɔ́ɔng-nyɔ́ɔ ຍ້ອງຍໍ (using a compliment); a-pi-nán-ta-náa-gàan ອະພິນັນທະນາການ (given free)

comply, *v.* nyín-nyɔ́ɔm ຍິນຍອມ; hěn-dtàam ເຫັນຕາມ bpǎ-dti-bǎt-dtàam ປະຕິບັດຕາມ

component, *n.* suan-bpa-gɔ̀ɔp ສ່ວນປະກອບ

compose, *v.* bpa-gɔ̀ɔp ປະກອບ (consist); dtɛng ແຕ່ງ (e.g. music)

composer, *n.* nak-bpa-pán-dòn-dtìi ນັກປະພັນດົນຕຣີ

composure, *n.* kwáam-sa-ngǒp-jài ຄວາມສະຫງົບໃຈ; aa-lóm-yén ອາລົມເຢັນ

compromise, *n.* bpa-nǐi-bpa-nɔ́ɔm ປະນີປະນອມ

compute, v. kám-núan ຄຳນວນ
computer, n. kɔ́ɔm-píu-dtɘ̀ɘ ຄອມພິວເຕີ
concave, adj. dûng-kào-nái ດຸ້ງເຂົ້າໃນ; wâm-kào ວ້ຳເຂົ້າ
conceal, v. bpòk-bpìt ປົກປິດ; sʉang ເຊື່ອງ
concede, v. nyɔ́ɔm-hap ຍອມຮັບ; nyɔ́ɔm-hâi ຍອມໃຫ້
conceit, n. kwáam-ùat-dìi ຄວາມອວດດີ
conceive, v. nʉ́k-kʉ̀n ນຶກຂຶ້ນ (think); kit-kʉ̀n ຄິດຂຶ້ນ (think); kao-jài ເຂົ້າໃຈ (understand); tʉ̀ʉ-páa ຖືພາ (become pregnant)
concentrate, v. jŏt-jɔɔ ຈົດຈໍ່ (focus one's attention); leng-sai ເລັ່ງໃສ່ (focus); dtâng-jài ຕັ້ງໃຈ (direct one's thoughts or attention)
concentrated, adj. kùn ຂຸ້ນ
concentration, n. kwáam-kùn ຄວາມຂຸ້ນ (density); kwáam-ào-jài-sai ຄວາມເອົາໃຈໃສ່ (paying attention)
concept, n. kwáam-kit ຄວາມຄິດ; tat-sa-na ທັດສະນະ
conception, n. kwáam-kit-hĕn ຄວາມຄິດເຫັນ
concern, v. giao-kɔ̀ng ກ່ຽວຂ້ອງ
concern, n. giao-pán ກ່ຽວພັນ (related affair); kwáam-huang-nyái ຄວາມຫ່ວງໃຍ (worrisome)
concerned, adj. sŏn-jài ສົນໃຈ (interested); bpèn-huang ເປັນຫ່ວງ (worried)

concerning, prep. giao-gáp ກ່ຽວກັບ
concert, n. gàan-sa-dèeng-dòn-dtíi ການສະແດງດົນຕີ
concerto, n. péeng-bpa-săan-sĭang ເພງປະສານສຽງ
concession, n. gàan-nyín-nyɔ́ɔm ການຍິນຍອມ; săm-bpa-táan ສຳປະທານ
conciliate, v. gai-gia ໄກ່ເກ່ຍ (reconcile); sa-na-jài ຊະນະໃຈ (overcome the distrust)
concise, adj. sân ສັ້ນ; ga-tat-hat ກະທັດຮັດ
conclude, v. sa-lŭp ສະຫລຸບ (summarize); jŏp ຈົບ (end)
conclusion, n. gàan-sa-lŭp ການສະຫລຸບ; gàan-a-wa-săan ການອະວະສານ
concord, n. kwáam-lóng-hɔɔi-gàn ຄວາມລົງຮອຍກັນ (harmony); mit-dta-pâap ມິດຕະພາບ (friendship)
concrete, n. hûup-bpa-tám, ຮູບປະທຳ (not abstract); gàan-hĕn-kak ການເຫັນຈັກ (clarity); bpùun-sĭi-mén ປູນຊີມັງ (cement)
concubine, n. náang-bàm-lɘ́ɘ ນາງບຳເລີ
concur, v. hĕn-pɔ́ɔm-nám ເຫັນພ້ອມນຳ
concurrent, adj. bpèn-èek-ga-săn ເປັນເອກະສັນ; pɔ́ɔm-gàn ພ້ອມກັນ
concussion, n. gàan-tʉ̀ʉk-ga-top-ga-tʉ́an ການຖືກກະທົບກະເທືອນ; gàan-san-sa-tʉ́an

condemn — confiscate

ການສັ່ນສະເທືອນ

condemn, v. dtàm-nì ຕຳນິ; lóng-tôot ລົງໂທດ

condemnation, n. gàan-dtàm-ni ການຕຳນິ

condense, v. lot-bpa-li-máan ລົດປະລິມານ (reduce the volume); nyɔ̀ɔ ຫຍໍ້ (make concise)

condescend, v. tɔm-dtùa ຕ່ອມຕົວ (lower oneself)

condiment, n. kʉang-bpung-àa-hǎan ເຄື່ອງປຸງອາຫານ

condition, n. ngʉan-kǎi ເງື່ອນໄຂ (provision, stipulation); sa-pâap ສະພາບ (existing circumstances)

conditional, adj. míi-ngʉan-kǎi ມີເງື່ອນໄຂ; kʉ̀n-yuu-gap ຂຶ້ນຢູ່ກັບ

condole, v. bpɔ̀ɔp-nyóon ປອບໂຍນ

condolence, n. gàan-bpɔ̀ɔp-nyóon ການປອບໂຍນ

condom, n. tŏng-yaang-a-náa-mái ຖົງຢາງອະນາໄມ

condominium, n. kɔ́n-dòo-míi-niam ຄອນໂດມີນຽມ

condone, v. a-pái ອະໄພ; bɔɔ-àotôot ບໍ່ເອົາໂທດ

conduct, v. bpa-pʉt ປະພຶດ; sîi-nám ຊີ້ນຳ

conduct, n. kwáam-bpa-pʉt ຄວາມປະພຶດ; gàan-sîi-nám ການຊີ້ນຳ

conductor, n. puu-nám-wóng-dòn-dtùi ຜູ້ນຳວົງດົນຕີ (orchestra); puu-gěp-kaa-dòoi-sǎan ຜູ້ເກັບຄ່າໂດຍສານ (e.g. bus)

cone, n. hûup-jùai ຮູບຈວຍ

confederate, n. sa-máa-pán ສະມາພັນ; sǎn-ni-bàat ສັນນິບາດ

confer, v. bpʉ̌k-sǎa-hǎa-lʉ́ʉ ປຶກສາຫາລື (discuss); bpa-súm ປະຊຸມ (have a meeting)

conference, n. gàan-bpa-súm ການປະຊຸມ

confess, v. sǎa-la-pâap ສາລະພາບ; nyɔ́ɔm-hap ຍອມຮັບ

confession, n. gàan-sǎa-la-pâap ການສາລະພາບ

confidant, n. kuu-kit ຄູ່ຄິດ

confide, v. wâi-wáang-jài ໄວ້ວາງໃຈ; mɔ̂ɔp ມອບ

confidence, n. kwáam-màn-jài ຄວາມໝັ້ນໃຈ; kwáam-sʉa-màn ຄວາມເຊື່ອໝັ້ນ

confident, adj. màn-jài ໝັ້ນໃຈ

confidential, adj. lap ລັບ; bpɛ̀n-kwáam-lap ເປັນຄວາມລັບ

confine, v. jàm-gat ຈຳກັດ; gǎk-dtùa ກັກຕົວ; kúm-kǎng ຄຸມຂັງ

confinement, n. gàan-jàm-gat-kɔ̀ɔp-kèet ການຈຳກັດຂອບເຂດ; gàan-gǎk-kǎng ການກັກຂັງ

confines, n. kɔ̀ɔp-kèet ຂອບເຂດ

confirm, v. hap-hɔ́ɔng ຮັບຮອງ; yáng-yʉ́ʉn ຢັ້ງຢືນ

confirmation, n. gàan-hap-hɔ́ɔng ການຮັບຮອງ; gàan-yáng-yʉ́ʉn ການຢັ້ງຢືນ

confiscate, v. yʉt ຍຶດ; hip-ào ຮິບເອົາ

conflict, *v.* kăt-nyêeng ອັກແຍ້ງ; pĭt-tĩang-gàn ຜິດທຽງກັນ

conflict, *n.* gàan-kăt-nyêeng ການອັກແຍ້ງ; gàan-pĭt-tĩang-gàn ການຜິດທຽງກັນ

conform, *v.* het-dtaam ເຮັດຕາມ

confound, *v.* het-hài-săp-sŏn ເຮັດໃຫ້ສັບສົນ; tám-láai ທຳລາຍ

confront, *v.* pa-sɔ̌ɔn-nàa-gàn ພະເຊີນໜ້າກັນ

confrontation, *n.* gàan-pa-sɔ̌ɔn-nàa-gàn ການພະເຊີນໜ້າກັນ

confuse, *v.* het-hài-săp-sŏn ເຮັດໃຫ້ສັບສົນ; het-hài-nyúng ເຮັດໃຫ້ຫຍຸ້ງ

confusion, *n.* kwáam-săp-sŏn ຄວາມສັບສົນ

congenial, *adj.* tùuk-kɔ́ɔ-gàn ຖືກຄໍກັນ; tùuk-jài ຖືກໃຈ

congenital, *adj.* bpèn-máa-dtɛɛ-gàm-nə̀ət ເປັນມາແຕ່ກຳເນີດ

congested, *adj.* ăt-ɛ̀ɛ ອັດແອ (packed or crowded); míi-lûat-kang ມີເລືອດຄັ່ງ (lungs, respiratory)

congestion, *n.* kwáam-ɛ̀ɛ-ăt ຄວາມແອອັດ; kwáam-kap-kang ຄວາມຄັບຄັ່ງ

congratulate, *v.* sa-dɛ̀ɛng-kwáam-nyín-dìi-nám ສະແດງຄວາມຍິນດີນຳ

congratulation, *n.* gàan-sa-dɛ̀ɛng-kwáam-nyín-dìi ການສະແດງຄວາມຍິນດີ

Congratulations!, *excl.* nyín-dìi-nám ຍິນດີນຳ; kɔ̌ɔ-sa-dɛ̀ɛng-kwáam-nyín-dìi ຂໍສະແດງຄວາມຍິນດີ

congregate, *v.* hûap-húam ຮວບຮວມ; hîip-hóom ຮີບໂຮມ

congregation, *n.* gàan-súm-núm ການຊຸມນຸມ; gum-kón ກຸ່ມຄົນ

congress, *n.* òng-gàan-ni-dti-bàn-nyát ອົງການນິຕິບັນຍັດ; lat-ta-sa-páa ລັດຖະສະພາ

congressional, *adj.* giao-găp-sa-páa ກ່ຽວກັບສະພາ

congressman, -woman, *n.* sa-máa-sik-lat-ta-sa-páa ສະມາຊິກລັດຖະສະພາ

conjugate, *v.* huam ຮວມ (join); bpa-săn-gàn ປະສານກັນ (put together); jɛ̀ɛk ແຈກ (a verb)

conjugation, *n.* gàan-húam-gàn ການຮວມກັນ; gàan-bpèn-kuu ການເປັນຄູ່; gàan-jɛ̀ɛk-kám-gàm-ma ການແຈກຄຳກຳມະ

conjunction, *n.* kám-săn-táan ຄຳສັນທານ (grammar); gàan-súm-núm-gàn ການຊຸມນຸມກັນ (state of being joined, getting together); gàan-suam-dtɔɔ ການເຊື່ອມຕໍ່ (act of joining)

con man, *n.* nak-lɔ̀ɔk-lúang ນັກຫລອກລວງ

connect, *v.* suam ເຊື່ອມ (join); giao-kòng ກ່ຽວຂ້ອງ (associate or consider as related); dtìt ຕິດ (join to or by means of a communications circuit)

connected, *adj.* suam-gàn ເຊື່ອມກັນ;

connection, *n.* dtìt-gàn ຕິດກັບ

connection, *n.* gàan-săm-pán-gàn ການສຳພັນກັບ; gàan-dtìt-dtɔɔ ການຕິດຕໍ່

connive, *v.* nyìk-kìu-liu-dtàa ຍິກຄິ້ວຫລິວຕາ

connoisseur, *n.* puu-sám-náan-dâan-wat-tǔ ຜູ້ຊຳນານດ້ານວັດຖຸ

connotation, *n.* kwáam-mǎai-fɛ́ɛng ຄວາມໝາຍແຝງ

connote, *v.* mǎai-tĕng ໝາຍເຖິງ

conquer, *v.* bpàap ປາບ; sa-na ຊະນະ

conqueror, *n.* puu-sa-na ຜູ້ຊະນະ

conquest, *n.* gàan-dâi-sái-sa-na ການໄດ້ໄຊຊະນະ

conscience, *n.* sa-dtì-sám-bpa-sán-nya ສະຕິສຳປະຊັນຍະ; sa-dtì ສະຕິ

conscientious, *adj.* míi-sa-dtì-sám-bpa-sán-nya ມີສະຕິສຳປະຊັນຍະ; míi-sa-dtì-yuu ມີສະຕິຢູ່; hûu-sǔk-dtùa ຮູ້ສຶກຕົວ; hûu-sám-nuk ຮູ້ສຳນຶກ

conscious, *adj.* míi-sa-dtì ມີສະຕິ; hûu-sǔk-dtùa ຮູ້ສຶກຕົວ

consciousness, *n.* kwáam-míi-sa-dtì ຄວາມມີສະຕິ

consensus, *n.* kwáam-sɔ̀ɔt-kɔ́ɔng-gàn ຄວາມສອດຄ່ອງກັນ; kwáam-hěn-pɔ̂ɔm-nám-gàn ຄວາມເຫັນພ້ອມນຳກັນ

consent, *v.* nyín-nyɔ́ɔm ຍິນຍອມ; a-nu-nyâat ອະນຸຍາດ

consent, *n.* gàan-nyín-nyɔ́ɔm ການຍິນຍອມ; gàan-a-nu-nyâat ການອະນຸຍາດ

consequence, *n.* pǒn-tii-dtàam-máa ຜົນທີ່ຕາມມາ

consequently, *adv.* pǒn-tii-sùt ຜົນທີ່ສຸດ; sa-nân ສະນັ້ນ

conservation, *n.* gàan-sa-ngǔan ການສະຫງວນ

conservative, *adj.* a-nu-lak-ni-nyóm ອະນຸລັກນິຍົມ

conservatory, *n.* hǔan-ga-jòk ເຮືອນກະຈົກ

conserve, *v.* sa-ngǔan ສະຫງວນ; hak-sǎa ຮັກສາ

consider, *v.* pi-jàa-la-náa ພິຈາລະນາ

considerable, *adj.* yaang-lǔang-lǎai ຢ່າງຫລວງຫລາຍ (large in amount); sám-kán-lǎai ສຳຄັນຫລາຍ (significant)

considerate, *adj.* kit-tĕng-puu-ʉʉn ຄິດເຖິງຜູ້ອຶ່ນ (thoughtful); gèeng-jài-puu-ʉʉn ເກງໃຈຜູ້ອຶ່ນ (not wanting to impose on others); pi-jàa-la-náa ພິຈາລະນາ (deliberate)

consideration, *n.* gàan-pi-jàa-la-náa ການພິຈາລະນາ (deliberation); gàan-nuk-tĕng-puu-ʉʉn ການນຶກເຖິງຜູ້ອຶ່ນ (thoughtfulness); gàan-jaai-kaa-dtɔ̀ɔp-tɛ́ɛn ການຈ່າຍຄ່າຕອບແທນ (payment for goods or services)

considering, *prep.* giao-gǎp ກ່ຽວກັບ; pi-jàa-la-náa-tĕng ພິຈາລະນາເຖິງ

consign, *v.* mɔ̂ɔp ມອບ

consignment, *n.* gàan-mɔ̂ɔp ການມອບ

consist, *v.* bpa-gɔ̀ɔp-dûai ປະກອບດ້ວຍ
consistency, *n.* kwáam-mân-kóng ຄວາມໝັ້ນຄົງ (firmness); kwáam-sa-mǎm-sa-mɔ̌ɔ ຄວາມສະໝ່ຳສະເໝີ (coherence)
consistent, *adj.* sɔ̀ɔt-kɔ́ɔng ສອດຄ່ອງ (coherent); mân-kóng ໝັ້ນຄົງ (firm); bɔɔ-bpian-bpɛ̀ɛng ບໍ່ປ່ຽນແປງ (not changing)
consolation, *v.* gàan-bpɔ̀ɔp-nyóon ການປອບໃຍມ
console, *v.* bpɔ̀ɔp-nyóon ປອບໃຍມ; bpɔ̀ɔp-jài ປອບໃຈ
consolidate, *v.* het-hài-kɛ̌ɛng ເຮັດໃຫ້ແຂງ (strengthen); huam-kào-gàn ຮ່ວມເຂົ້າກັນ (combine)
consonant, *n.* pa-nyán-sa-na ພະຍັນຊະນະ
conspicuous, *adj.* sat-jèen ຊັດເຈນ
conspiracy, *n.* gàan-huam-hǔa-gàn-kit-u-bàai ການຮ່ວມຫົວກັນຄິດອຸບາຍ
conspirator, *n.* puu-sǒm-hûu-huam-kit ຜູ້ສົມຮູ້ຮ່ວມຄິດ
conspire, *v.* sǒm-hûu-huam-kit ສົມຮູ້ຮ່ວມຄິດ
constant, *adj.* dtɔɔ-nuɛ̂ang ຕໍ່ເນື່ອງ
constellation, *n.* muu-dàao ໝູ່ດາວ
constipation, *n.* àa-gàan-tɔ́ɔng-pùuk ອາການທ້ອງຜູກ
constituency, *n.* puu-mǐi-sìt-lɯ̂ak-dtâng ຜູ້ມີສິດເລືອກຕັ້ງ; kwɛ̌ɛng-tii-lɯ̂ak-dtâng ແຂວງທີ່ເລືອກຕັ້ງ
constituent, *n.* suan-bpa-gɔ̀ɔp ສ່ວນປະກອບ (component); puu-mǐi-sìt-lɯ̂ak-dtâng ຜູ້ມີສິດເລືອກຕັ້ງ (voter)
constitute, *v.* bpa-gɔ̀ɔp-dûai ປະກອບດ້ວຍ (consist of)
constitution, *n.* lat-ta-tám-ma-núun ລັດຖະທຳມະນູນ
constitutional, *adj.* giao-gǎp-lat-ta-tám-ma-núun ກ່ຽວກັບລັດຖະທຳມະນູນ (of a constitution); bpèn-hâak-tǎan ເປັນຮາກຖານ (the basic structure)
constrict, *v.* het-hài-hót ເຮັດໃຫ້ຫົດ
constricted, *adj.* hót-lóng ຫົດລົງ
construct, *v.* sàang ສ້າງ
construction, *n.* gàan-gɔɔ-sàang ການກໍ່ສ້າງ
constructive, *adj.* giao-gǎp-gàan-gɔɔ-sàang ກ່ຽວກັບການກໍ່ສ້າງ
construe, *v.* a-ti-bàai ອະທິບາຍ (explain); bpɛ̀ɛ-kwáam-mǎai ແປຄວາມໝາຍ (interpret)
consul, *n.* gòng-sǔun ກົງສຸນ
consulate, *n.* sa-tǎan-gòng-sǔun ສະຖານກົງສຸນ
consult, *v.* bpǔk-sǎa-hǎa-lɯ́ɯ ປຶກສາຫາລື
consultant, *n.* puu-hài-kám-bpǔk-sǎa ຜູ້ໃຫ້ຄຳປຶກສາ
consultation, *n.* gàan-bpǔk-sǎa ການປຶກສາ
consume, *v.* bɔɔ-li-pôok ບໍລິໂພກ
consumer, *n.* puu-bɔɔ-li-pôok ຜູ້ບໍລິໂພກ
consumption, *n.* gàan-bɔɔ-li-pôok

ການບໍ່ສົນໃຈພາ

contact, *v.* dtìt-dtɔ̀ɔ ຕິດຕໍ່; sǎm-pát ສຳຜັດ

contact lens, *n.* kɔ́n-tĕk-lén ຄອນແທັກເລັນ

contagious, *adj.* dtìt-dtɔ̀ɔ ຕິດຕໍ່ (carrying a disease; communicable); pɛ́ɛ-lǎai-ngaai ແພ່ຫລາຍງ່າຍ (easy to transmit)

contain, *v.* bàn-jǔ ບັນຈຸ

container, *n.* páa-sa-na ພາຊະນະ

contaminate, *v.* bpɔ̀ɔn ປົນ (mix); het-hài-bpûan ເຮັດໃຫ້ເປື້ອນ (make impure)

contemplate, *v.* dtai-dtɔ̀ɔng ໄຕ່ຕອງ

contemporary, *n.* huam-sa-mǎi ຮ່ວມສະໄໝ

contempt, *v.* dùu-tùuk ດູຖູກ; min-bpa-màat ໝິ່ນປະໝາດ

contempt, *n.* gàan-dùu-tùuk ການດູຖູກ; gàan-min-bpa-màat ການໝິ່ນປະໝາດ

content, *n.* nûa-nái ເນື້ອໃນ (e.g. of a book); sǎa-la-bàan ສາລະບານ (table of content); suan-bpa-gɔ̀ɔp ສ່ວນປະກອບ (something contained)

content, *v.* pɔ́ɔ-jài ພໍໃຈ

contented, *adj.* pɔ́ɔ-jài ພໍໃຈ

contentment, *n.* kwáam-pɔ́ɔ-jài ຄວາມພໍໃຈ (satisfactory)

contest, *v.* bpa-gùat ປະກວດ

contest, *n.* gàan-bpa-gùat ການປະກວດ

contestant, *n.* puu-kào-kɛ̀ng-kǎn ຜູ້ເຂົ້າແຂ່ງຂັນ; puu-kào-bpa-gùat ຜູ້ເຂົ້າປະກວດ

context, *n.* tɔ̀ɔng-luang ທ້ອງເລື່ອງ (part of a text or statement); bòt-kwáam ບົດຄວາມ; sing-wɛ́ɛt-lɔ́ɔm ສິ່ງແວດລ້ອມ (circumstances)

continent, *n.* ta-wìip ທະວີບ

continental, *adj.* giao-gǎp-ta-wìip ກ່ຽວກັບທະວີບ

contingency, *n.* kwáam-àat-bpèn-bpài-dài ຄວາມອາດເປັນໄປໄດ້

contigent, *adj.* àat-gòət-kùn-dài ອາດເກີດຂຶ້ນໄດ້ (possible); míi-ngɯ̂ɯan-kǎi ມີເງື່ອນໄຂ (conditional)

continual, *adj.* dtɔ̀ɔ-nuang ຕໍ່ເນື່ອງ

continuation, *n.* gàan-sɯ̀ɯp-dtɔ̀ɔ ການສືບຕໍ່; gàan-dtɔ̀ɔ-nɯ̂ang ການຕໍ່ເນື່ອງ

continue, *v.* sɯ̀ɯp-dtɔ̀ɔ ສືບຕໍ່; ga-tám-dtɔ̀ɔ-bpài ກະທຳຕໍ່ໄປ

continuity, *n.* páa-wa-sɯ̀ɯp-dtɔ̀ɔ ພາວະສືບຕໍ່

continuous, *adj.* dtɔ̀ɔ-nɯ̂ang ຕໍ່ເນື່ອງ; dtìt-dtɔ̀ɔ ຕິດຕໍ່

contorted, *adj.* bùut-bîao ບູດບ້ຽວ (bent severely out of shape); bìt ບິດ (twisted)

contortion, *n.* gàan-bìt-bîao ການບິດບ້ຽວ (act of contorting); sing-tii-bìt-bîao ສິ່ງທີ່ບິດບ້ຽວ (something contorted)

contour, *n.* wóng-ɔ̀ɔm ວົງອ້ອມ; kóong-haang ໂຄງຮ່າງ; hûup-haang

ຮູບຮ່າງ

contraception, *n.* gàan-kúm-gàm-nòət ການຄຸມກຳເນີດ

contraceptive, *n.* yàa-kúm-gàm-nòət ຢາຄຸມກຳເນີດ

contract, *n.* săn-nyáa ສັນຍາ

contract, *v.* het-săn-nyáa ເຮັດສັນຍາ; yɔ́ɔ ຫຍໍ້

contraction, *n.* gàan-hót ການຫົດ (shrinking); gàan-nyɔ́ɔ ການຫຍໍ້ (shortening)

contractor, *n.* puu-het-săn-nyáa ຜູ້ເຮັດສັນຍາ; puu-hap-mǎo ຜູ້ຮັບເໝົາ

contradict, *v.* dtôo-nyéeng ໂຕ້ຖຽງ

contradiction, *n.* gàan-dtôo-nyéeng ການໂຕ້ຖຽງ

contradictory, *adj.* kăt-nyéeng ຂັດຖຽງ

contrary, *n.* sing-gòng-gàn-kàam ສິ່ງທີ່ກົງກັນຂ້າມ

contrast, *n.* kwáam-pit-pèek ຄວາມຜິດແຜກ; kwáam-dtɛ̀ɛk-dtaang ຄວາມແຕກຕ່າງ

contribute, *v.* sa-nǎp-sa-nǔun ສະໜັບສະໜູນ; hài ໃຫ້; bpa-gɔ̀ɔp-suan ປະກອບສ່ວນ

contribution, *n.* gàan-suai-lŭa ການຊ່ວຍເຫຼືອ; gàan-bpa-gɔ̀ɔp-suan ການປະກອບສ່ວນ

contrite, *adj.* sĭa-jài-nái-kwáam ເສຍໃຈໃນຄວາມຜິດ; sòok-sào-sĭa-jài ໂສກເສົ້າເສຍໃຈ

contrition, *n.* gàan-sòok-sào-sĭa-jài ການໂສກເສົ້າເສຍໃຈ

contrive, *v.* bpa-dit ປະດິດ (invent); wáang-pɛ́ɛn ວາງແຜນ (plan)

contrived, *adj.* wáang-pɛ́ɛn-wái ວາງແຜນໄວ້

control, *v.* kûap-kúm ຄວບຄຸມ (hold in restraint; regulate; prevent); bàng-kap ບັງຄັບ (force)

control, *n.* gàan-kûap-kúm ການຄວບຄຸມ; gàan-bàng-kap ການບັງຄັບ

controversial, *adj.* kăt-nyéeng ຂັດຖຽງ

controversy, *n.* gàan-kăt-nyéeng ການຂັດຖຽງ

convene, *v.* máa-hóom-gàn ມາໂຮມກັນ (gather); bpa-súm-gàn ປະຊຸມກັນ (confer); pop-gàn ພົບກັນ (meet)

convenience, *n.* kwáam-sa-duak-sa-bàai ຄວາມສະດວກສະບາຍ

convenient, *adj.* sa-duak-sa-bàai ສະດວກສະບາຍ

convention, *n.* gàan-bpa-súm ການປະຊຸມ (meeting); kwáam-bpèn-bὲεp-pέεn ຄວາມເປັນແບບແຜນ (custom)

conventional, *adj.* bpèn-bὲεp-pέεn ເປັນແບບແຜນ; bpèn-bpai-dtàam-gàan-dtŏk-lóng ເປັນໄປຕາມການຕົກລົງ

conversant, *adj.* kùn-kə́əi ຄຸ້ນເຄີຍ (familiar with); săm-náan ຊຳນານ (experienced)

conversation, *n.* gàan-sŏn-ta-náa

converse

ການສົນທະນາ

converse, *adj.* gòng-gàn-kàam ກົງກັນຂ້າມ

conversion, *n.* gàan-bpian-bpèeng ການປ່ຽນແປງ

convert, *v.* bpèeng ແປງ

converter, *n.* puu-bpian-sàat-sa-nǎa ຜູ້ປ່ຽນສາສະໜາ (religious); kuang-bpèeng-fái ເຄື່ອງແປງໄຟ (electrical)

convertible, *n.* lot-lǎng-káa-bpəət ລົດຫລັງຄາເປີດ

convex, *adj.* núun ນູນ; kŏong-ɔ̀ɔk ໂຄ້ງອອກ

convey, *v.* hap-song ຮັບສົ່ງ; bàn-tuk ບັນທຸກ

convict, *v.* hěn-waa-pit ເຫັນວ່າຜິດ (pronounce guilty); lóng-tôot ລົງໂທດ (punish)

convict, *n.* nak-tôot ນັກໂທດ

conviction, *n.* gàan-lóng-tôot ການລົງໂທດ

convince, *v.* gàan-het-hài-sua-màn ການເຮັດໃຫ້ເຊື່ອໝັ້ນ; sak-súan ຊັກຊວນ

convincing, *adj.* bpèn-dtàa-sua ເປັນຕາເຊື່ອ

convoluted, *adj.* kot-ngɔ́ɔ ຄົດງໍ້

convulsion, *n.* gàan-hot-gùng-kɔ́ɔng-gâam-nua ການຫົດກຸ້ງຂອງກ້າມເນື້ອ

coo, *v.* kǎn ຂັນ; hɔ́ɔng-guu ຮ້ອງກູ້

cook, *n.* pɔ̀ɔ-kúa ພໍ່ຄົວ; mɛ̂ɛ-kúa ແມ່ຄົວ

cookbook, *n.* dtàm-láa-àa-hǎan ຕຳລາອາຫານ

cookie, *n.* ka-nǒm ຂະໜົມ

cooking, *n.* gàan-het-gìn ການເຮັດກິນ

cool, *adj.* yèn ເຢັນ

coop, *n.* sum-kǎng-gai ສຸ່ມຂັງໄກ່ (for poultry); ga-sáng-kǎng-bpàa ກະຊັງຂັງປາ (for small animals); lûuk-dting ລູກຕິ້ງ (cage)

co-op, *n.* sa-hǎ-gɔ̀ɔn ສະຫະກອນ

cooperate, *v.* huam-múu ຮ່ວມມື

cooperation, *n.* gàan-huam-múu ການຮ່ວມມື

cooperative, *n.* sa-hǎ-gɔ̀ɔn ສະຫະກອນ

coordinate, *v.* bpa-sǎan-ngáan ປະສານງານ

coordination, *n.* gaan-bpa-sǎan-ngáan ການປະສານງານ

coordinator, *n.* puu-bpa-sǎan-ngáan ຜູ້ປະສານງານ

cop, *n.* dtàm-lùat ຕຳຫລວດ

cope, *v.* hap-múu ຮັບມື (fight or cope with something); pa-sə́ən ພະເຊີນ (confront; deal with)

copier, *n.* kón-lɔ́ɔk-bèep ຄົນລອກແບບ (one that copies or immitates); kuang-taai-èek-ga-sǎan ເຄື່ອງຖ່າຍເອກະສານ (copy machine)

copious, *adj.* lǔang-lǎai ຫລວງຫລາຍ

copper, *n.* tɔ́ɔng-dɛɛng ທອງແດງ

copulate, *v.* huam-bpa-wée-nii ຮ່ວມປະເວນີ (engage in sexual intercourse)

copy, *v.* ǎt-sǎm-náo/taai-èek-gǎ-sǎan ອັດສຳເນົາ/ທ່າຍເອກະສານ (make copies); lɔ́ɔk-bèep ລອກແບບ (imitate)

copy, *n.* sǎm-nao ສຳເນົາ; hǔa ຫົວ (clf. for books)

copyright, *n.* li-ka-sǐt ລິຂະສິດ

coral, *n.* hǐin-bpa-gaa-lǎng ຫີນປະກາລັງ

cord, *n.* sɨ̌ak ເຊືອກ; dàai ດ້າຍ

core, *n.* sài ໄສ້ (fruit); gɛɛn ແກນ (central part)

cork, *n.* jùk-mâi-gɔ̀k ຈຸກໄມ້ກັອກ (e.g. for bottle closures); bpùak-dtôn-ook ເປືອກຕົ້ນໂອ້ກ (bark of the oak tree)

corkscrew, *n.* lèk-kǎi-fǎa-kùat ເຫຼັກໄຂຝາຂວດ

corn, *n.* kào-pôot ເຂົ້າໂພດ; kào-sǎa-lii ເຂົ້າສາລີ

corner, *n.* jɛ̀ɛ ແຈ; múum ມຸມ

cornet, *n.* gɛ̀ɛ-tɔ́ɔng-lɨ̌ang ແກທອງເຫຼືອງ

cornflakes, *n.* kào-kìap-gin-gǎp-nâam-nóm ເຂົ້າກຽບກິນກັບນ້ຳນົມ; kɔ́n-fek ຄອນເຟັກ

cornstarch, *n.* bpɛ̂ɛng-kào-pôot ແປ້ງເຂົ້າໂພດ

coronation, *n.* láa-sǎa-pi-sèet ລາຊາພິເສກ

corporal, *adj.* giao-gǎp-haang-gaai ກ່ຽວກັບຮ່າງກາຍ; náai-sìp-tóo ນາຍສິບໂທ

corporate, *adj.* ni-dtìi-buk-kón ນິຕິບຸກຄົນ; húam-gàn ຮ່ວມກັນ; hɛng-bɔɔ-li-sǎt ແຫ່ງບໍລິສັດ

corporation, *n.* sa-móo-sɔ̌ɔn ສະໂມສອນ; bɔɔ-li-sǎt ບໍລິສັດ

corps, *n.* lao ເຫຼົ່າ (unit of ground combat forces); gɔ́ɔng-hɔ́ɔi ກອງຮ້ອຍ

corpse, *n.* sâak-sôp ຊາກສົບ

corpulent, *adj.* ûan ອ້ວນ; lóng-púng ລົງພຸງ

corpuscle, *n.* met-lɨ̂at ເມັດເລືອດ

corral, *n.* kɔ̂ɔk-sǎt ຄອກສັດ; pa-niat ພະນຽດ

correct, *adj.* tùuk-dtɔ̂ɔng ຖືກຕ້ອງ

correct, *v.* gùat-gɛ̂ɛ ກວດແກ້

correction, *n.* gàan-gùat-gɛ̂ɛ ການກວດແກ້ (act or process of correcting); gàan-lóng-tôot ການລົງໂທດ (punishment)

correctness, *n.* kwáam-tùuk-dtɔ̂ɔng ຄວາມຖືກຕ້ອງ

correlation, *n.* gàan-sa-hǎ-sǎm-pán ການສະຫະສຳພັນ

correspond, *v.* gòng-gàn ກົງກັນ (be in agreement); dtìt-dtɔ̀ɔ-gàn-táang-jót-mǎai ຕິດຕໍ່ກັນທາງຈົດໝາຍ (communicate by letters)

correspondence, *n.* gàan-dtìt-dtɔ̀ɔ-gàn-táang-jót-mǎai ການຕິດຕໍ່ກັນທາງຈົດໝາຍ

corridor, *n.* hɔm-nái-hɨ́an ຮ່ອມໃນເຮືອນ

corroborate, *v.* yɨ́ɨn-yán-sa-nǎp-sa-nǔun ຢືນຢັນສະໜັບສະໜູນ; het-hài-nɛɛ-jài ເຮັດໃຫ້ແນ່ໃຈ

corrupt, *v.* sɔ̀ɔ-gòong ສໍ້ໂກງ; tut-ja-lit ທຸຈະລິດ; sɔ̀ɔ-lâat-bang-lǔang

ສີລາດບັງຫລວງ

corruption, *n.* gàan-tut-ja-lìt ການທຸດຈະລິດ

cosmetic, *n.* kuang-sǎm-àang ເຄື່ອງສຳອາງ

cosmic, *adj.* giao-gǎp-jǎk-ga-wáan ກ່ຽວກັບຈັກກະວານ

cosmopolitan, *adj.* hɛng-náa-náa-sâat ແຫ່ງນານາຊາດ; sǎa-gòn ສາກົນ; tua-lôok ທົ່ວໂລກ

cosmos, *n.* jǎk-ga-wáan ຈັກກະວານ

cost, *n.* kaa-sâi-jaai ຄ່າໃຊ້ຈ່າຍ (expense); láa-káa ລາຄາ (price)

costly, *adj.* láa-káa-péeng ລາຄາແພງ

costume, *n.* kuang-dtɛng-gàai ເຄື່ອງແຕ່ງກາຍ; sut ຊຸດ

cot, *n.* bpèe ເປ (hammock); dtîang-dĕk-nɔ́ɔi ຕຽງເດັກນ້ອຍ (baby bed); dtîang-pap-dâi ຕຽງພັບໄດ້ (folding bed)

cottage, *n.* dtùup ຕູບ; ga-tɔ̂m ກະທ່ອມ

cotton, *n.* fàai ຝ້າຍ

couch, *n.* tang-îi-nyáao ຕັ່ງອີ້ຍາວ

cough, *v., n.* ài ໄອ

council, *n.* sa-páa ສະພາ; ka-na-gàm-ma-gàan ຄະນະກຳມະການ

counsel, *n.* kám-nɛ-nám ຄຳແນະນຳ (advice); ta-náai-kwáam ທະນາຍຄວາມ (lawyer)

counselor, *n.* tii-bpǔk-sǎa ທີ່ປຶກສາ; puu-hài-kám-bpǔk-sǎa-hǎa-lǔu ຜູ້ໃຫ້ຄຳປຶກສາຫາລື

countdown, *v.* nap-tɔ̌ɔi-lǎng ນັບຖອຍຫລັງ

counter, *n.* dto-kǎai-kuang ໂຕະຂາຍເຄື່ອງ; kao-dtɔ̂ə ເຄົາເຕີ້

counterfeit, *n.* kɔ̌ɔng-bpɔ̀ɔm ຂອງປອມ

counterpart, *n.* kɔ̌ɔng-kuu-gàn ຂອງຄູ່ກັນ (things that come together); sing-tii-múan-gàn ສິ່ງທີ່ເໝືອນກັນ (one that closely resembles another); sǎm-náo ສຳເນົາ (a copy of a legal paper)

country, *n.* bpa-têet ປະເທດ (e.g. Laos); són-na-bót ຊົນນະບົດ (rural area)

countryman, -woman, *n.* kón-tɔ̂ɔng-tin ຄົນທ້ອງຖິ່ນ

countryside, *n.* bâan-nɔ̂ɔk ບ້ານນອກ; són-na-bót ຊົນນະບົດ

county, *n.* kèet-kwɛ̌ɛng ເຂດແຂວງ; dtàa-sɛ̌ɛng ຕາແສງ

coup, coup d'état, *n.* lat-ta-bpa-hǎan ລັດຖະປະຫານ

couple, *n.* kuu ຄູ່ (pair); kuu-pǔa-mía ຄູ່ຜົວເມຍ (husband and wife)

coupon, *n.* bǎt ບັດ; bpíi ປີ້

courage, *n.* kwáam-gâa-hǎan ຄວາມກ້າຫານ

courageous, *adj.* gâa-hǎan ກ້າຫານ

courier, *n.* kón-song-nǎng-sǔu ຄົນສົ່ງໜັງສື

course, *n.* wi-tíi-táang ວິທີທາງ (direction); wi-sáa ວິຊາ (subject); bpèn-sut ເປັນຊຸດ (e.g. a part of a meal

court, v. ôo-lóom ໂອ້ໂລມ (court, woo); gìao ກ່ຽວ (collq.)

court, n. dən ເດີ່ນ (playground); săan ສານ (of law); gàan-ôo-lóom ການໂອ້ໂລມ (courtship, wooing)

courthouse, n. săan-nyut-dti-tám ສານຍຸຕິທຳ

courtyard, n. dən-bâan ເດີ່ນບ້ານ

cousin, n. lûuk-âai-lûuk-nɔ́ɔng ລູກອ້າຍລູກນ້ອງ

cover, v. bpòk-kúm ປົກຄຸມ; gâng-bàng ກັ້ງບັງ

cover, n. făa-bpìt ຝາປິດ (e.g. for jars); bpòk-năng-sŭu ປົກໜັງສື (e.g. for books)

coverage, n. ngən-bpa-gàn-pái ເງິນປະກັນໄພ (amount of insurance coverage); ngən-kùm-kɔ́ɔng ເງິນຄຸ້ມຄອງ (amount of coverage); gàan-láai-ngáan-kaao ການລາຍງານຂ່າວ (news)

cover charge, n. kaa-bɔɔ-li-gàan ຄ່າບໍລິການ

covering, n. kuang-kúm ເຄື່ອງຄຸມ; gaan-bpòk-bpìt ການປົກປິດ

cow, n. ngúa-mɛɛ ງົວແມ່

coward, n. kón-kìi-yâan ຄົນຂີ້ຢ້ານ

cowboy, n. kón-lîang-ngúa ຄົນລ້ຽງງົວ

cozy, adj. ŏp-un ອົບອຸ່ນ; sa-bàai ສະບາຍ

crab, n. ga-bpùu ກະປູ

crack, v. dtɛ̀ɛk ແຕກ

crack, n. sĭang-dtɛ̀ɛk ສຽງແຕກ; hɔ́ɔi-dtɛ̀ɛk ຮອຍແຕກ

cracker, n. màak-ga-pôok ໝາກກະປອກ (fireworks); kào-nŏm-kém ເຂົ້າໜົມເຄັມ (snack)

cradle, n. uu-dèk-nɔ́ɔi ອູ່ເດັກນ້ອຍ

craft, n. kwáam-sám-náan ຄວາມຊຳນານ (skill); nyáan ຍານ (vehicle)

craftsman, n. saang-fĭi-múu ຊ່າງຝີມື

craftsmanship, n. fĭi-múu ຝີມື

cramp, n. lĕk-gɔ̌ɔ ເຫຼັກກໍ້ (spasmodic muscular contraction); kɛ̂ɛp ແຄບ

crane, n. jăk-nyok-kuang-năk ຈັກຍົກເຄື່ອງໜັກ (machine); nok-ga-lían ນົກກະລຽນ (bird)

crank, n. lĕk-mŭun ເຫຼັກໝຸນ (handle for transmitting rotary motion); kón-bâa-bɔɔ ຄົນບ້າບໍ (cranky person)

cranky, n. àa-lóm-bɔɔ-dĭi ອາລົມບໍ່ດີ; yàak-hâai ປາກຮ້າຍ

crash, v. dtàm-gàn ຕຳກັນ; sŏn-gàn ຊົນກັນ

crash, n. sĭang-dàng ສຽງດັງ (loud noise); gàan-sŏn-gàn ການຊົນກັນ (collision)

crater, n. bpàak-bpɔng-púu-kăo-fái ປາກປ່ອງພູເຂົາໄຟ

crave, v. ngèn ເງັ້ນ; yàak-lăai ປາກຫຼາຍ

craving, n. kwáam-yàak-dâi-lăai ຄວາມຢາກໄດ້ຫຼາຍ

crawl, v. káan ຄານ

crayfish, n. gûng-náang ກຸ້ງນາງ

crayon, n. sɔ̌ɔ-sǐi ສໍສີ

craziness, n. kwáam-bâa ຄວາມບ້າ

crazy, adj. bâa ບ້າ

creak, n., v. sǐang-lan ສຽງລັ່ນ

cream, n. ga-ti ກະທິ; bpɛ̂ɛng-nâam-táa-nàa ແປ້ງນ້ຳຕາໜ້າ; kíim ຄີມ

creamy, adj. bpên-kíim ເປັນຄີມ

crease, n. hɔ́ɔi-pap ຮອຍພັບ; hɔ́ɔi-nyap ຮອຍຍັບ

create, v. sàang-sǎn ສ້າງສັນ (bring into being); bpa-dìt ປະດິດ (invent)

creation, n. gàan-sàang ການສ້າງ

creative, adj. nái-sɔ̌ɔng-sàang-sǎn ໃນເຊີ່ງສ້າງສັນ

creativity, n. kwáam-kit-bpa-dìt-sàang ຄວາມຄິດປະດິດສ້າງ

creator, n. puu-sàang ຜູ້ສ້າງ

creature, n. sàt ສັດ (animal); kón ຄົນ (human being)

credentials, n. kún-na-sǒm-bàt ຄຸນນະສົມບັດ (qualifications); nǎng-sǔu-ne-nám ໜັງສືແນະນຳ (letter of recommendation); bài-hap-hɔ́ɔng ໃບຮັບຮອງ

credit, n. kwáam-sʉa-tʉ̌ʉ ຄວາມເຊື່ອຖື; ngɤ́n-sʉa ເງິນເຊື່ອ

credit card, n. bàt-sǐn-sʉa ບັດສິນເຊື່ອ

creditor, n. jâo-nìi ເຈົ້າໜີ້

creek, n. hûai ຫ້ວຍ; nâam-hûai ນ້ຳຫ້ວຍ

cremate, v. sǎa-bpa-na-gìt ສາປະນະກິດ; pǎo-sòp ເຜົາສົບ

crescent, n. dùang-jàn-kəng-sǐik ດວງຈັນເຄິ່ງຊີກ

crest, n. hɔ̌ɔn-gai ຫອນໄກ່ (e.g. of a cock or bird); nyɔ̂ɔt ຍອດ (of a mountain)

crew, n. pûak-lûuk-húa ພວກລູກເຮືອ; ka-na ຄະນະ

crib, n. dtìang-dèk-nɔ̂ɔi ຕຽງເດັກນ້ອຍ; kɔ̀ɔk-ngúa ຄອກງົວ; ga-dtùup ກະຕູບ

cricket, n. jii-náai ຈີໜາຍ (animal); gi-láa-sa-nit-nʉng ກິລາຊະນິດໜຶ່ງ (sport)

crime, n. àat-sa-nyáa-gàm ອາຊະຍາກຳ; ka-dìi-àa-nyáa ຄະດີອາຍາ

criminal, n. puu-ga-tám-pìt-tàang-àa-nyáa ຜູ້ກະທຳຜິດທາງອາຍາ; gàan-ga-tám-pìt ການກະທຳຜິດ; jòon ໂຈນ

cringe, v. nyôn-nyɔ̀ɔ ຍົ້ນຍໍ້; kóong ໂຄ້ງ; kót ຄົດ

cripple, n. kón-pi-gàan ຄົນພິການ; kón-ngɔ̀ɔi ຄົນງ່ອຍ

crisis, n. wi-gìt-gàan ວິກິດການ; kàn-sʉ́k-sɔ̌ən ຂັ້ນສຸກເສີນ; kwáam-nyûng-nyâak ຄວາມຫຍຸ້ງຍາກ

crisp, adj. pɔ̀ ເພາະ; kɔ̀ɔp ຂອບ; ngík ງຶກ

criterion, n. gèen ເກນ; bàn-tàt-tǎan ບັນທັດຖານ

critic, n. nak-wi-jàan ນັກວິຈານ

critical, adj. wi-jàan ວິຈານ; sǎm-kán ສຳຄັນ; kàn-àn-dta-láai ຂັ້ນອັນຕະລາຍ

criticism, n. gàan-wi-jàan ການວິຈານ

criticize, v. wi-jàan ວິຈານ; wi-kɔ ວິເຄາະ

croak, v. hóong-siang-kúu-gǒp-lúu-gàa ຮ້ອງສຽງຄືກັບຫຼຶກາ

crocodile, n. kèe ແຂ້

crook, n. sing-tii-ngɔ́ɔ ສິ່ງທີ່ງໍ (a curve or bend); nak-tôot ນັກໂທດ (criminal)

crooked, adj. ngɔ́ɔ ງໍ (bent); kón-kîi-gòong ຄົນຂີ້ໂກງ (dishonest)

crop, n. pǒm-bpùuk ຜົນປູກ

cross, v. kàam ຂ້າມ; kwùam ຄວ້ານ; gaai-gân ກ່າຍກັນ

cross, n. gàa-ga-bàat ກາກະບາດ (the cross design or drawing); mâi-gàang-kěen ໄມ້ກາງແຂນ (in Christianity)

crossbreed, v. bpa-sǒm-kàam-pán ປະສົມຂ້າມພັນ

cross-examine, v. sak-sâi-lai-líang ຊັກໃຊ້ໄລ່ລຽງ; tǎam-kâan ຖາມຄ້ານ

cross-eyed, adj. dtàa-leo ຕາເຫຼ່

crossing, n. gàan-kàam ການຂ້າມ

crossroads, n. táang-nyɛ̂ɛk ທາງແຍກ

cross section, n. hûup-dtǎt ຮູບຕັດ

crosswalk, n. táang-kàam-ta-nǒn ທາງຂ້າມຖະໜົນ

crossword puzzle, n. gèem-bpǐt-sa-nǎa-ǎk-sɔ̌ɔn ເກມປິດສະໜາອັກສອນ

crotch, n. ngaam ງ່າມ (the fork of a pole); waang-kǎa ຫວ່າງຂາ (between the legs)

crouch, v. mɔ̀ɔp ໝອບ; mɔ̀ɔp-lóng ໝອບລົງ

crow, n. gàa ກາ

crowbar, n. sa-léeng ຊະແລງ

crowd, n. fǔung-són ຝູງຊົນ

crowded, adj. ang-ɔ̀ɔ ອັ່ງອໍ້; yìat-nyâat ຢຽດຍັດ

crown, n. móng-gǔt ມົງກຸດ

crucial, adj. dět-kàat ເດັດຂາດ (decisive); húng-héeng ຮຸນແຮງ (serious); kàn-wi-gìt ຂັ້ນວິກິດ (of a crisis)

crucify, v. nám-bpài-kǔng-wâi-tóng-gàang-kěen ນຳໄປຂຶງໄວ້ທີ່ກາງແຂນ

crude, adj. nyàap ຫຍາບ (rough); bpɔ̀-bpîan ບໍ່ປ່ຽນ (dirty)

crudeness, n. kwáam-nyàap ຄວາມຫຍາບ; kwáam-bpɔ̀-bpîan ຄວາມບໍ່ປ່ຽນ

crude oil, n. nâam-mán-dìp ນ້ຳມັນດິບ

crudity, n. kwáam-nyàap ຄວາມຫຍາບ; nyàap-sâa ຫຍາບຊ້າ

cruel, adj. hòot-hâai ໂຫດຮ້າຍ

cruelty, n. kwáam-hòot-hâai ຄວາມໂຫດຮ້າຍ

cruise, v. len-húa-tiao ແລ່ນເຮືອທ່ຽວ

cruise, n. gàan-len-húa-tiao ການແລ່ນເຮືອທ່ຽວ

crumb, n. sèet-bpêeng-kào-nǒm ເສດແປ້ງເຂົ້າໜົມ; kón-bɔ̀ɔ-míi-kaa ຄົນບໍ່ມີຄ່າ

crumble, v. het-hâi-bpên-sèet-lek-lek-nɔ́ɔi-nɔ́ɔi ເຮັດໃຫ້ເປັນເສດເລັກໆນ້ອຍໆ (fall into small fragments); la-láai ລະລາຍ (become disintegrated)

crumple, v. het-nyóng-nyîi ເຮັດຍ່ອງຍີ້ (crush together); hǒt ຫົດ (contract);

crunch — currency

yɔɔ ຫຍໍ່ (become wrinkled)

crunch, v. yàm-dûai-kèo ຫຍໍ້ດ້ວຍແຂ້ວ; yàm-sĭang-dàng ຫຍໍ້ສຽງດັງ

crush, v. dtàm ຕໍາ (pound or grind); tám-láai ທໍາລາຍ (destroy)

crust, n. bpùak ເປືອກ (hard outer portion); kèeng-bpên-pen ແຂງເປັນແຜ່ນ

crutch, n. mâi-kâm-kìi-hêe ໄມ້ຄ້ຳຂີ້ເຮ່

cry, v. hɔ́ɔng ຮ້ອງ; hɔ́ɔng-hâi ຮ້ອງໃຫ້

cry, n. sĭang-hɔ́ɔng ສຽງຮ້ອງ

crystal, n. gɛ̂ɛo-jìa-la-nái ແກ້ວຈໍລະໄນ; gɛ̂ɛo-săi ແກ້ວໃສ

cub, n. lûuk-sát ລູກສັດ

cube, n. mèet-gɔ̂ɔn ເມັດກ້ອນ

cubic, adj. mèet-gúp ເມັດກຸບ; wat-têek-tuk-tuk-suan-hài-tɔɔ-gàn ວັດແທກທຸກໆສ່ວນໃຫ້ທໍ່ກັນ

cucumber, n. màak-dtèeng-kâang ໝາກແຕງຄ້າງ

cuddle, v. hat ຮັດ; gɔ̀ɔt ກອດ

cuff, n. bpàak-kɛ̂ɛn-sùa ປາກແຂນເສື້ອ; ga-jɛ̀ɛ-múu ກະແຈມື (handcuff)

cuff link, n. ga-dùum-kɛ̂ɛn-sùa ກະດຸມແຂນເສື້ອ

cuisine, n. gàan-kúa-gìn ການຄົວກິນ; àa-hăan ອາຫານ

culinary, adj. giao-gǎp-gàan-kúa-gìn ກ່ຽວກັບການຄົວກິນ

culpable, adj. kúan-dtàm-nì ຄວນຕໍານິ; pìt ຜິດ

culprit, n. puu-hâai ຜູ້ຮ້າຍ (one guilty of a fault or crime); puu-ga-tám-pìt ຜູ້ກະທໍາຜິດ (one charged with a crime)

cult, n. lat-ti ລັດທິ (doctrine, sect); kwáam-bâa-kang ຄວາມບ້າຄັ່ງ (devotion to or veneration for something)

cultivate, v. pɔ-bpùuk ເພາະປູກ (plant); pat-ta-náa ພັດທະນາ (develope)

cultural, adj. táang-wat-ta-na-tám ທາງວັດທະນະທໍາ

culture, n. wat-ta-na-tám ວັດທະນະທໍາ

cultured, adj. bpùuk-wài ປູກໄວ້; míi-wat-ta-na-tám ມີວັດທະນະທໍາ; dâi-hían-hûu ໄດ້ຮຽນຮູ້

cultured pearl, n. kai-muk-sĭang ໄຂ່ມຸກລ້ຽງ

cup, v. tùai ຖ້ວຍ; jɔ̀ɔk ຈອກ

cupboard, n. dtûu ຕູ້

cure, n. gàan-bpin-bpùa ການປິ່ນປົວ

curfew, n. gàan-hàam-ɔ̀ɔk-nɔ̂ɔk-bâan-nái-wée-láa-gàang-kúun ການຫ້າມອອກນອກບ້ານໃນເວລາກາງຄືນ

curio, n. kɔ̌ɔng-bpèek ຂອງແປກ

curiosity, n. kwáam-yàak-hûu-yàak-hĕn ຄວາມຢາກຮູ້ຢາກເຫັນ

curious, adj. yàak-hûu-yàak-hĕn ຢາກຮູ້ຢາກເຫັນ

curl, n. lɔ́ɔn-pǒm ລອນຜົມ; pǒm-gùut ຜົມກູດ

curler, n. kuang-gɔ̂ɔ-pǒm ເຄື່ອງກໍ້ຜົມ

curly, adj. gùut ກູດ; bpên-kúun ເປັນຄົ້ນ

currency, n. ngə́n-dtàa ເງິນຕາ

(money); ga-sĕe-lóm ກະແສລົມ (wind)

current, *adj.* bpăt-ju-bàn ປັດຈຸບັນ

current, *n.* ga-sĕe-nâam ກະແສນ້ຳ (water); ga-sĕe-fái ກະແສໄຟ (electrical)

curriculum, *n.* lăk-sùut-hóong-hían ຫລັກສູດໂຮງຮຽນ

curriculum vitae, *n.* bpa-wăt-nyɔ̂ɔ ປະຫວັດຫຍໍ້

curry, *n.* gèeng ແກງ

curse, *v.* sàap-sɛng ສາບແຊ່ງ; daa ດ່າ

curse, *n.* kám-sàap ຄຳສາບ; gàan-sàan-sɛng ການສາບແຊ່ງ

cursed, *adj.* tùuk-sàap-sɛng ຖືກສາບແຊ່ງ

curtain, *n.* maan ມ່ານ; pàa-gâng ຜ້າກັ້ງ

curve, *v.* fíao-koong ລ້ຽວໂຄ້ງ

curve, *n.* sèn-koong ເສັ້ນໂຄ້ງ; táang-koong ທາງໂຄ້ງ

cushion, *n.* mɔ̌ɔn-ìng ໝອນອີງ; bɔ̀ ເບາະ

custard, *n.* kai-pa-sǒm-nóm ໄຂ່ປະສົມນົມ; sǎng-ka-yǎa ສັງຂະຫຍາ

custody, *n.* gàan-àa-lak-kǎa ການອາລັກຂາ (protection); gàan-găk-kǎng ການຮັກຂັງ (as a prisoner); gàan-dâi-sĭt-lîang-dùu-lûuk ການໄດ້ສິດລ້ຽງດູລູກ (of a child)

custom, *n.* bpa-pée-nii ປະເພນີ (tradition); bpèn-ni-sǎi ເປັນນິໄສ (habitual practice)

customary, *adj.* giao-găp-bpa-pée-nii ກ່ຽວກັບປະເພນີ; yaang-kɵ̌ɵi ຢ່າງເຄີຍ

customer, *n.* lûuk-kâa ລູກຄ້າ

customize, *v.* het-hài-mɔ́-sǒm-gǎp-dtɛɛ-la-bǔk-kón ເຮັດໃຫ້ເໝາະສົມກັບແຕ່ລະບຸກຄົນ (for each individual)

customs, *n.* páa-sǐi-sĭn-kâa-kào-ɔ̀ɔk ພາສີສິນຄ້າເຂົ້າອອກ

cut, *v.* dtàt ຕັດ; bpàat ປາດ

cut, *n.* gàan-dtàt ການຕັດ (act of cutting); bàat-pɛ̌ɛ ບາດແຜ (wound)

cutback, *n.* găp-kúun-máa-suu-hèet-gàan ກັບຄືນມາສູ່ເຫດການ

cute, *adj.* bpèn-dtàa-hak ເປັນຕາຮັກ

cycle, *n.* wóng-jɔ̀ɔn ວົງຈອນ (circle, circuit); hɔ̂ɔp ຮອບ (round)

cyclical, *adj.* mǔun-hɔ̂ɔp ໝູນຮອບ

cycling, *n.* gàan-kii-lot-tìip ການຂີ່ລົດຖີບ

cyclist, *n.* nak-kii-lot-tìip ນັກຂີ່ລົດຖີບ

cyclone, *n.* lóm-sǎi-klóon ລົມໃສ່ໂຄລນ; lóm-bàa-mǔun ລົມບ້າຫມູ

cylinder, *n.* ga-bɔ̀ɔk ກະບອກ

cymbal, *n.* sàap ສາບ (large); sing ສິ່ງ (small)

cynical, *adj.* mak-dùu-min-kón-ʉ̀un ມັກດູຖູກຄົນອື່ນ; nyɔ-nyɵ̀ɵi ເຍາະເຍີ້ຍ

cynicism, *n.* puu-sua-waa-put-dti-gàan-kɔ̌ɔng-ma-nut-gɵ̀ɵt-jàak-kwáam-hěn-gɛ̀ɛ-dtòn ຜູ້ເຊື່ອວ່າຜິດຕິການຂອງມະນຸດເກີດຈາກຄວາມເຫັນແກ່ຕົນ

cypress, *n.* pàa-wâi-tuk ຜ້າໄວ້ທຸກ

D

dad, *n.* pɔɔ ພໍ່

daily, *adj, adv.* bpa-jàm-wán ປະຈຳວັນ; tuk-wán ທຸກວັນ

daily, *n.* năng-sɯ̌ɯ-pím-láai-wán ໜັງສືພິມລາຍວັນ

dairy, *n.* hóong-tîit-nóm ໂຮງຮີດນົມ

daisy, *n.* dɔ̀ɔk-dèe-sǐi ດອກເດຊີ້

dam, *n.* kɯan ເຂື່ອນ; fǎai ຝາຍ

damage, *v.* het-hài-sǐa-hǎai ເຮັດໃຫ້ເສຍຫາຍ

damage, *n.* kwáam-sǐa-hǎai ຄວາມເສຍຫາຍ

damp, *adj.* jɯ̀ɯn ຊື້ນ; bpìak ປຽກ

dampen, *v.* het-hài-jɯ̀ɯn ເຮັດໃຫ້ຊື້ນ; het-hài-bpìak ເຮັດໃຫ້ປຽກ

dance, *v.* dtên ເຕັ້ນ (modern); fɔ̀ɔn ຟ້ອນ (traditional); dtên-lám ເຕັ້ນລຳ (ballroom)

dance, *n.* gàan-dtên-lám ການເຕັ້ນລຳ (dancing); ngáan-dtên-lám ງານເຕັ້ນລຳ (dance party)

dancer, *n.* nak-dtên-lám ນັກເຕັ້ນລຳ

dandelion, *n.* dɔ̀ɔk-dèen-dìi-lái-ɔ̀n ດອກແດນດີໄລອອນ

dandruff, *n.* kîi-háng-kée ຂີ້ຮັງແຄ

danger, *n.* àn-dta-láai ອັນຕະລາຍ

dangerous, *adj.* bpèn-àn-dta-láai ເປັນອັນຕະລາຍ

dangle, *v.* hɔ̂i ຫ້ອຍ; gwɛ̀ng-bpài-gwɛ̀ng-máa ແກວ່ງໄປແກວ່ງມາ

dare, *v.* gâa ກ້າ; hǎan ຫານ

daring, *adj.* gâa ກ້າ; mak-het-bpɛ̀ɛk-bpɛ̀ɛk ມັກເຮັດແປກໆ; pìt-tám-ma-dàa ຜິດທຳມະດາ

dark, *adj.* mɯ̂ɯt ມືດ

darken, *v.* het-hài-mɯ̂ɯt ເຮັດໃຫ້ມືດ

darkroom, *n.* hɔ̂ng-mɯ̂ɯt ຫ້ອງມືດ

darling, *n.* sùt-tîi-hak ສຸດທີ່ຮັກ

dart, *n.* lǎao ຫຼາວ; lûuk-sɔ̌ɔn ລູກສອນ; lěk-sǐi ເຫຼັກຊີ່

dash, *v.* sat ຊັດ; fàao ຟ້າວ

dash, *n.* sèn-sàn-tìi-dtɔɔ-kám ເສັ້ນສັ້ນທີ່ຕໍ່ຄຳ (punctuation mark)

dashboard, *n.* pɛn-wáang-kɔ̌ɔng ແຜນວາງຂອງ

data, *n.* kɔ̂ɔ-múun ຂໍ້ມູນ

date, *n.* wán-tíi ວັນທີ (calendar day); nat ນັດ (appointment); lûuk-dèet ລູກເດດ (fruit)

daughter, *n.* lûuk-sǎao ລູກສາວ

daughter-in-law, *n.* lûuk-pâi ລູກໃພ້

dawn, *n.* hung-jéeng ຮຸ່ງແຈ້ງ; gài-si-jéeng ໄກ່ຊິແຈ້ງ

day, *n.* wán ວັນ; mɯ́ɯ ມື້

daybreak, *n.* hung-jéeng ຮຸ່ງແຈ້ງ

day-care center, *n.* sa-tǎan-dùu-lée-dèk-nɔ̂ɔi ສະຖານດູແລເດັກນ້ອຍ

daydream, *n., v.* fǎn-gàang-wén ຝັນກາງເວັນ

daylight, *n.* dèet ແດດ; sɛ̌ɛng-dèet ແສງແດດ

daylight saving time, *n.* wée-láa-tìi-sǎa-gwaa-mâat-dta-tǎan ເວລາທີ່ຊ້າກວ່າມາດຕະຖານ

daytime, *n.* gàang-wén ກາງເວັນ
dead, *adj.* dtàai ຕາຍ (no longer alive, broken); bɔɔ-kʉan-wăi ບໍ່ເຄື່ອນໄຫວ (no movement; inactive); pak-gàan ພັກການ (not working)
deaden, *v.* het-hài-mún-sáa ເຮັດໃຫ້ມຶນຊາ; het-hài-ɔɔn-ɛɛ ເຮັດໃຫ້ອ່ອນແອ
dead end, *n.* táang-dtàn ທາງຕັນ
deadline, *n.* gàm-not-wée-láa ກຳນົດເວລາ
deadly, *adj.* bpèn-àn-dta-láai ເປັນອັນຕະລາຍ
deaf, *adj.* nùak ໜວກ; dtʉng ຕຶງ
deal, *v.* dtìt-dtɔɔ-tu-la-gìt ຕິດຕໍ່ທຸລະກິດ (business); jèek-pài ແຈກໄພ້ (cards)
deal, *n.* gàan-dtìt-dtɔɔ-tu-la-gìt ການຕິດຕໍ່ທຸລະກິດ; gàan-jèek-pài ການແຈກໄພ້; săn-nyáa ສັນຍາ
dealer, *n.* pɔɔ-káa ພໍ່ຄ້າ (merchant); jâo-múʉ ເຈົ້າມື (card)
dear, *n.* nyɔ́ɔt-hak ຍອດຮັກ (loved one)
dear, *adj.* míi-láa-káa-péeng ມີລາຄາແພງ (expensive)
death, *n.* kwáam-dtàai ຄວາມຕາຍ
debate, *v.* dtôo-wáa-tíi ໂຕ້ວາທີ; dtôo-nyéeng ໂຕ້ແຍ້ງ
debate, *n.* gàan-dtôo-wáa-tíi ການໂຕ້ວາທີ; lʉang-dtôo-tíang ເລື່ອງໂຕ້ຖຽງ
debit, *n.* gàan-lóng-bàn-sĭi-lûuk-nìi ການລົງບັນຊີລູກໜີ້
debt, *n.* nìi ໜີ້; nìi-sĭn ໜີ້ສິນ

debtor, *n.* lûuk-nìi ລູກໜີ້
decade, *n.* tot-sa-wat ທົດສະວັດ; sìp-bpii ສິບປີ
decaffeinated, *adj.* bɔɔ-míi-káa-fée-ìin ບໍ່ມີຄາເຟອີນ
decay, *v.* sʉam ເສື່ອມ (deteriorate); nao-bpʉai ເນົ່າເປື່ອຍ (rot)
decay, *n.* kwáam-sʉam ຄວາມເສື່ອມ; kwáam-nao ຄວາມເນົ່າ
deceive, *v.* lɔ́ɔk-lúang ຫຼອກລວງ
December, *n.* dʉan-tán-wáa ເດືອນທັນວາ
decentralize, *v.* gàan-ga-jàai-àm-nâat ການກະຈາຍອຳນາດ
deception, *n.* gàan-lɔ́ɔk-lúang ການຫຼອກລວງ
deceptive, *adj.* lɔ́ɔk-lúang ຫຼອກລວງ
decide, *v.* dtàt-sĭn-jài ຕັດສິນໃຈ
decimal, *adj.* tot-sa-ni-nyóm ທົດສະນິຍົມ
decipher, *v.* bpèɛ-kwáam-măai ແປຄວາມໝາຍ (interpret); tɔ̀ɔt-la-hàt ຖອດລະຫັດ (decode)
decision, *n.* gàan-dtàt-sĭn-jài ການຕັດສິນໃຈ
decisive, *adj.* nɛɛ-nɔ́ɔn ແນ່ນອນ; yaang-dèt-kàat ຢ່າງເດັດຂາດ
deck, *n.* dàat-fâa-húa ດາດຟ້າເຮືອ (e.g. ship); súm-pài ຊຸມໄພ້ (of cards); sân ຊັ້ນ (roofless, floored structure)
declaration, *n.* gàan-bpa-gàat ການປະກາດ

declare, v. bpa-gàat ປະກາດ (proclaim); sǎm-dɛɛng ສຳແດງ (at customs)

decompose, v. bpuai-nuai ເປື່ອຍເນື່ອຍ; nyɛ̂ɛk-bpèn-suan-suan ແຍກເປັນສ່ວນໆ

decorate, v. bpa-dǎp ປະດັບ; dtǒk-dteng ຕົກແຕ່ງ

decoration, n. gàan-bpa-dǎp-dtǒk-dteng ການປະດັບຕົກແຕ່ງ

decoy, n. nok-dtɔɔ ນົກຕໍ່; lɔ́ɔ ລໍ້

decrease, v. lút-lóng ຫຼຸດລົງ; lot-lóng ລົດລົງ

decrease, n. gàan-lot-lóng ການລົດລົງ

decree, n. kám-sang ຄຳສັ່ງ (order); kám-pi-pâak-sǎa-kɔ̌ɔng-sǎan ຄຳພິພາກສາຂອງສານ (judgment)

dedicate, v. u-tit ອຸທິດ

dedication, n. gàan-u-tit ການອຸທິດ; kám-u-tit ຄຳອຸທິດ

deduce, v. kâat-ka-née-ào ຄາດຄະເນເອົາ

deduct, v. hǎk ຫັກ (subtract); kâat-ka-née ຄາດຄະເນ (derive by deduction)

deduction, n. gàan-hǎk-ɔ̀ɔk ການຫັກອອກ; gàan-gǎ-dtùang ການກະຕວງ

deed, n. gàan-ga-tám ການກະທຳ (action); sa-nòot ສະໂນດ (e.g. land)

deem, v. tùu-waa ຖືວ່າ; hǔu-sǔk-waa ຮູ້ສຶກວ່າ

deep, adj. lək ເລິກ

deepen, v. het-hài-lək ເຮັດໃຫ້ເລິກ

deer, n. gwàang ກວາງ

default, v. bpɔi-bpà ປ່ອຍປະ (neglect); pit-sǎn-nyáa ຜິດສັນຍາ (of a contract)

defeat, v. bpàap ປາບ

defeat, n. kwáam-sǐa-sáai ຄວາມເສຍໄຊ

defect, n. kɔ̂ɔ-sǐa ຂໍ້ເສຍ; kɔ̂ɔ-bǒk-pong ຂໍ້ບົກພ່ອງ

defective, adj. kàat-sǐa ຂາດເສຍ; bɔɔ-bpǒk-ga-dtìi ບໍ່ປົກກະຕິ

defend, v. bpɔ̂ɔng-gàn ປ້ອງກັນ

defendant, n. jàm-lóoi ຈຳເລີຍ (in law)

defense, n. gàan-bpɔ̂ɔng-gàn ການປ້ອງກັນ

defenseless, adj. bpɔ̂ɔng-gàn-bɔɔ-dâi ປ້ອງກັນບໍ່ໄດ້

defensive, adj. giao-gǎp-gàan-bpɔ̂ɔng-gàn ກ່ຽວກັບການປ້ອງກັນ

defer, v. kɔ̂ɔi-dtàam ຄ້ອຍຕາມ (yield to the wishes or opinion of another); pǎt-pɔn ຜັດຜ່ອນ (postpone)

deference, n. gàan-a-nu-lóom ການອະນຸໂລມ

defiant, adj. dtɔɔ-dtâan ຕໍ່ຕ້ານ (resistant); tâa-dtìi ທ້າຕີ (challenging); dùu-min ດູໝິ່ນ (contemptuous)

deficiency, n. páa-wa-kàat ພາວະຂາດ (shortage); bǒk-pong ບົກພ່ອງ (inadequacy)

deficient (in), adj. kàat ຂາດ

deficit — delinquent

deficit, *n.* jàm-núan-tii-kàat จำนวนที่ขาด (insufficiency); gàan-kàat-dùun-gaan-kâa การขาดทุนทางการค้า (business loss)

define, *v.* hài-kwáam-mǎai ให้ความหมาย (give meaning); a-ti-bàai อะทิบาย (explain)

definite, *adj.* nɛɛ-nɔ́ɔn แน่นอน

definition, *n.* gàan-ni-nyáam การนิยาม; gàan-a-ti-bàai การอะทิบาย

deflect, *v.* hěe-bpài เหไป; sěe-bpài เซไป

deform, *v.* het-hài-pìt-hûup-haang เรักให้ผิดรูบร่าง

deformity, *n.* kwáam-pi-gàan ความพิการ; ความผิดรูบร่าง kwáam-pìt-hûup-haang

defraud, *v.* sɔ̀ɔ-gòong สิโกง

defray, *v.* ɔ̀ɔk-kaa-sâi-jaai-hài ออกค่าใช้จ่ายให้

defrost, *v.* het-hài-la-láai เรักให้ละลาย

defunct, *adj.* dtàai ตาย (die); mɔ̂ɔt มอด (become extinct); mǒt-àa-nyu ฃ๋มอายุ (expire)

defy, *v.* tǎa-táai ท้าทาย (challenge); kǎt-kǔun ขักขืน (resist)

degrade, *v.* lút ฬุด (lower); lot-sǎn (decrease in rank or level); tɔ̀ɔt-nyot ถอดยัก (demote)

degrading, *adj.* léeo-sáam เลวฃาม (bad); nàa-àp-àai ข๋าอับอาย (shameful)

degree, *n.* bpa-lin-nyáa ปะลิมยา (e.g. B.A., M.A.); kàn ฃั้น (stage, level); òng-sáa อ๋งฃา (temperature scale)

dehydrate, *v.* sǐa-nâam เสยน้ำ (lose water or bodily fluids); kɔ̂ɔ-hèng คัวแห้ง (have a dry throat); ào-nâam-ɔ̀ɔk เอ๋าน้ำออก (remove water from)

delay, *v.* sak-sáa

delay, *n.* kwáam-sak-sáa ความฃักฃ้า

delegate, *n.* puu-téen ผู้แทน

delegation, *n.* ka-na-puu-téen ละมะผู้แทน

delete, *v.* lup-ɔ̀ɔk ลืบออก; dtǎt-ɔ̀ɔk ตัดออก

deliberate, *v.* kit-hɔ̂ɔp-kɔ̂ɔp ถิดรอบคอบ; gǔk-gɔ̌ɔng ภักทอง

deliberate, *adj.* dòoi-jèet-dta-náa โดยเจกตะมา (intentional)

deliberation, *n.* gàan-pi-jàa-la-náa-yaang-hɔ̂ɔp-kɔ̂ɔp การพิจาละนาปางรอบคอบ

delicate, *adj.* ɔɔn-la-ìat อ่อนละอีด (pleasing to the senses, especially in a subtle way); ɔɔn-ɛ̀ɛ อ่อนแอ (weak)

delicatessen, *n.* àa-hǎan-bpùng-dteng อาหารปุงแต๋ง

delicious, *adj.* sɛ̂ɛp แฃบ; núa บัว

delight, *n.* kwáam-bpi-dtì-nyín-dìi ความปีติยินดี; kwáam-bə̀ək-bàan-jài ความเบิกบานใจ

delightful, *adj.* bpèn-tii-nàa-pɔ́ɔ-jài ปืนที่น่าพ๋ใจ

delinquent, *n.* pìt-gòt-mǎai

A B C **D** E F G H I J K L M N O P Q R S T U V W X Y Z

ຜິດກົດໝາຍ (in law); dǔu-dùng ດື້ດຶງ

delirious, *adj.* pɔ̌ə-fǎn ເພີ້ຝັນ; mún-máo ມຶນເມົາ

deliver, *v.* song ສົ່ງ (e.g. mail); kɔ̂ɔt-lûuk ຄອດລູກ (e.g. a baby)

delivery, *n.* gàan-song ການສົ່ງ; gaan-kɔ̂ɔt-lûuk ການຄອດລູກ

delta, *n.* sǎam-liam ສາມຫຼ່ຽມ (triangle); tin-tii-bpèn-sǎam-liam-tɛ̌ɛo-bpàak-nâam ຕີນທີ່ເປັນສາມຫຼ່ຽມແຖວປາກນ້ຳ (of a river)

deluxe, *adj.* oo-tǒong ໂອໂຖງ; fum-fúai ຟູມເຟືອຍ; dìi-bpèn-pi-sèet ດີເປັນພິເສດ

demand, *v.* dtɔ̂ng-gaan ຕ້ອງການ (want); jàm-bpèn ຈຳເປັນ (need); hìak-hɔ́ɔng ຮຽກຮ້ອງ (claim); kɔ̌ɔ-hɔ́ɔng ຂໍຮ້ອງ (ask)

demand, *n.* kwáam-dtông-gàan-kɔ̌ɔng-puu-sʉ́ʉ ຄວາມຕ້ອງການຂອງຜູ້ຊື້ (in economics)

demanding, *adj.* dtông-gàan-lǎai ຕ້ອງການຫຼາຍ

democracy, *adj.* bpa-sáa-ti-bpa-dtài ປະຊາທິປະໄຕ

democratic, *adj.* giao-gǎp-bpa-sáa-ti-bpa-dtài ກ່ຽວກັບປະຊາທິປະໄຕ

demon, *n.* bpǐi-sàat ປີສາດ

demonstrate, *v.* sa-dèeng ສະແດງ; sǎa-tit ສາທິດ

demonstration, *n.* gàan-sǎa-tit ການສາທິດ; gàan-sa-dèeng ການສະແດງ

demote, *v.* lút-la-dǎp ຫຼຸດລະດັບ

den, *n.* tàm-sát ຖ້ຳສັດ (animal); hɔ̀ng-nɔ́ɔi-nɔ́ɔi ຫ້ອງນ້ອຍໆ (small room)

denial, *n.* gàan-bpa-dti-sèet ການປະຕິເສດ

denim, *n.* pàa-fàai-nyàap ຜ້າຝ້າຍຫຍາບ

Denmark, *n.* bpa-têet-dèen-màak ປະເທດເດນມາກ

dense, *adj.* nǎa-nɛ́n ໜາແໜ້ນ (compact); dtʉp ຕຶບ (thick, opaque)

density, *n.* kwáam-nǎa-nɛ́n ຄວາມໜາແໜ້ນ; kwáam-dtʉp ຄວາມຕຶບ

dent, *n.* hɔ́ɔi ຮອຍ (on a surface); sɔ́ɔng ຊ່ອງ (small notch or hollow)

dental, *adj.* giao-gǎp-kèo ກ່ຽວກັບແຂ້ວ

dentist, *n.* mɔ̌ɔ-kèo ໝໍແຂ້ວ; tán-dta-pêet ທັນຕະແພດ

dentistry, *n.* wi-sáa-het-kèo ວິຊາຮັກແຂ້ວ

denture, *n.* kèo-bpɔɔm ແຂ້ວປອມ

deny, *v.* bpa-dti-sèet ປະຕິເສດ

deodorant, *n.* yàa-dǎp-gin ຢາດັບກິ່ນ

depart, *v.* ɔ̀ɔk ອອກ; ɔ̀ɔk-dəən-taang ອອກເດີນທາງ

department, *n.* pa-nɛ̀ɛk ພະແນກ (in a company); ka-nɛ́ɛng ຂະແໜງ (in a faculty); gòm ກົມ (in a ministry)

department store, *n.* hàang-sǎp-pa-sǐn-kâa ຫ້າງສັບພະສິນຄ້າ

departure, *n.* gàan-ɔ̀ɔk-dəən-taang ການອອກເດີນທາງ (taking a trip; taking off); gàan-jàak-bpài ການຈາກໄປ (act

depend, v. kùn-yuu-gǎp ຂຶ້ນຢູ່ກັບ
dependable, adj. wáang-jài-dâi ວາງໃຈໄດ້
dependence, n. gàan-pəng-páa ການເຜິ່ງພາ (for support); gàan-dtìt-yàa ການຕິດຢາ (drug addition)
dependent, adj. dtɔ̂ng-pəng-páa ຕ້ອງເຜິ່ງພາ
dependent child, n. děk-tii-ǔp-bpa-gàa-la ເດັກທີ່ອຸປກາລະ
deport, v. née-la-têet ເນລະເທດ (expel); song-gǎp-kúun-bpa-têet ສົ່ງກັບຄືນປະເທດ (send back to one's own country)
deposit, v. fàak ຝາກ
depositor, n. puu-fàak ຜູ້ຝາກ
depot, n. sǎang ສາງ; sáang-àa-wut ສາງອາວຸດ; bon-mían-kuang ບ່ອນມ້ຽນເຄື່ອງ
depress, v. dtǒk-dtam ຕົກຕ່ຳ (sink, lower); gǒt-dtam ກົດຕ່ຳ (press down); bɔɔ-bə̀ək-bàan ບໍ່ເບີກບານ (lower in spirits; deject)
depressed, adj. hòt-huu ຫົດຫູ່; sào sâa ເສົ້າ (sad)
depression, n. páa-wa-sèet-ta-gìt-dtǒk-dtam ພາວະເສດຖະກິດຕົກຕ່ຳ (economic); kwáam-gǒt-àa-gàat-dtam ຄວາມກົດອາກາດຕ່ຳ (weather)
deprive, v. dtàt-sìt-gàan-bpèn-jâo-kɔ̌ɔng ຕັດສິດການເປັນເຈົ້າຂອງ (keep from possessing); ao-ɔ̀ɔk-bpài ເອົາອອກໄປ (take something away from); bpa-dti-sèet ປະຕິເສດ (deny)
depth, n. kwáam-lək ຄວາມເລິກ
deputy, n. puu-téen ຜູ້ແທນ
descend, v. dtǒk ຕົກ (come or go down); lóng ລົງ (fall); sùup-lóng-máa ສືບລົງມາ (pass down by inheritance); dtam-lóng ຕ່ຳລົງ (progress downward)
descendant, n. puu-sùup-sa-gùn ຜູ້ສືບສະກຸນ
descent, n. gàan-dtǒk ການຕົກ (act or an instance of descending); gàan-kɔ̌ɔi-lóng ການຄ່ອຍລົງ (downward slope)
describe, v. bàn-nyáai ບັນຍາຍ (depict); bɔ̀ɔk ບອກ (tell); a-ti-bàai ອະທິບາຍ (explain)
description, n. gàan-bàn-nyáai ການບັນຍາຍ; gàan-a-ti-bàai ການອະທິບາຍ
desert, n. ta-lée-sáai ທະເລຊາຍ
desert, v. bpǎ-tìm ປະຖິ້ມ; bpǎ-la-tìm ປະລະຖິ້ມ
deserter, n. kón-bpǎ-la-tìm ຄົນປະລະຖິ້ມ
deserve, v. sǒm-kúan-ja-dâi ສົມຄວນຈະໄດ້
design, v. ɔ̀ɔk-bèep ອອກແບບ
designer, n. nak-ɔ̀ɔk-bèep ນັກອອກແບບ
desirable, adj. pɔ́ɔ-jài ພໍໃຈ (pleasing); àn-pəng-bpàat-ta-nǎa ອັນເຜິ່ງປາດຖະໜາ

desire — device

desire, *v.* dtôŋg-gàan ຕ້ອງການ (need); yàak-dâi ຢາກໄດ້ (want); bpàat-ta-nǎa ປາດທະໜາ (wish, want or need - polite form)

desire, *n.* kwáam-bpàat-ta-nǎa ຄວາມປາດທະໜາ

desk, *n.* dto ໂຕະ

desperate, *adj.* mót-táaŋ-ɔ̀ɔk ໝົດທາງອອກ; jòn-dtàa-jèe ຈົນຕາເຈ

desperation, *n.* kwáam-mót-wǎŋ ຄວາມໝົດຫວັງ (despair)

despite, *prep.* mɛn-ja-mǐi ແມ່ນຈະມີ (notwithstanding); tɔ̌ŋ-mɛn-waa ເຖິງແມ່ນວ່າ (in spite of)

dessert, *n.* kɔ̌ɔŋ-wǎan ຂອງຫວານ

destination, *n.* jut-mǎai-bpàai-táaŋ ຈຸດໝາຍປາຍທາງ; jut-muŋ-mǎai ຈຸດມຸ່ງໝາຍ

destined, *adj.* mǐi-jut-muŋ-mǎai ມີຈຸດມຸ່ງໝາຍ

destiny, *n.* sôok-sáa-dtàa ໂຊກຊາຕາ

destroy, *v.* tám-láai ທຳລາຍ; lâaŋ-pǎan ລ້າງຜານ

destruction, *n.* gàan-tám-láai ການທຳລາຍ

destructive, *adj.* tám-láai-lâaŋ ທຳລາຍລ້າງ

detach, *v.* pìik-dtùa ຜີກຕົວ; tɔ̀ɔt-tɔ̌ɔn ຖອດຖອນ

detail, *n.* láai-la-ìat ລາຍລະອຽດ

detain, *v.* gǎk-dtùa ກັກຕົວ (confine); nuaŋ-niao-wái ໜ່ວງໜ່ຽວໄວ້ (delay or retard)

detect, *v.* sùup-hǎa ສືບຫາ (discern; learn something hidden); gùat-pop ກວດພົບ (discover)

detective, *n.* nak-sùup ນັກສືບ

detention, *n.* gàan-gǎk-dtùa ການກັກຕົວ

detergent, *n.* pǒng-sak-lâaŋ ຜົງຊັກລ້າງ

deteriorate, *v.* suam-lóŋ ເສື່ອມລົງ

determination, *n.* gàan-dtŏk-lóŋ-jài ການຕົກລົງໃຈ

determine, *v.* gàm-not ກຳນົດ (settle, establish); dtǎt-sǐn-jài ຕັດສິນໃຈ (decide)

detour, *n.* táaŋ-ɔ̂ɔm ທາງອ້ອມ

devalue, *v.* lut-kaa ຫຼຸດຄ່າ

devastate, *v.* jip-hǎai ຈິບຫາຍ; tám-láai ທຳລາຍ

devastating, *adj.* tám-láai ທຳລາຍ

develop, *v.* pat-ta-náa ພັດທະນາ (improve); lâaŋ-hùup ລ້າງຮູບ (pictures)

development, *n.* gàan-pat-ta-náa ການພັດທະນາ

deviate, *v.* hǎn-hěe ຫັນເຫ (turn aside from a course or way); wǎo-nɔ̂ɔk-luaŋ ເວົ້ານອກເລື່ອງ (digress)

deviation, *n.* gàan-hǎn-hěe ການຫັນເຫ

device, *n.* u-bpa-gɔ̀ɔn ອຸປະກອນ (equipment); kuaŋ-bpa-dǐt ເຄື່ອງປະດິດ (invention)

devil, *n.* bpìi-sàat ปีศาจ (demon); kwáam-hâai ความร้าย (wicked person)

devilish, *adj.* hòot-hâai โหดร้าย

devious, *adj.* kot-líao คดลั่ยว

devoid, *adj.* kàat ขาด; bɔɔ-míi บํ่มี

devote, *v.* u-tit อุทิศ; nyɔ́ng-hài ย้องให้

devotee, *n.* puu-u-tit ผู้อุทิศ; puu-sĭa-sa-là ผู้เสบสะทละ

devotion, *n.* gàan-u-tit การอุทิศ

devout, *adj.* míi-sǎt-táa มีศัทยา (devoted to religion)

dew, *n.* nâam-mɔ̀ɔk นํ้าเหมอก

dexterity, *n.* kwáam-sám-náan ความชำนาน

diabetes, *n.* pa-nyâat-bào-wǎan พะยาดเบาๆวาม

diagnose, *v.* wi-nit-sǎi-pa-nyâat วินิตไสพะยาด

diagnosis, *n.* gàan-wi-nit-sǎi การวินิตไส; pi-kɔ ผีเฉาะ

diagonal, *adj.* sên-kwǎang เส้นขวาง

diagram, *n.* pěen-pâap แผนผาบ

dial, *v.* mǔn ฆุม (e.g. telephone)

dial, *n.* nàa-bpàt ฆ้าปัก; móong-dὲεt โมງແດດ (sundial)

dialect, *n.* páa-sǎa-tɔ̂ɔng-tin พาสาข้อງทิ่ม

dialogue, *n.* gàan-sŏn-ta-náa-gàn การสํมทะบากับ

diameter, *n.* sên-paa-sǔun-gàang เส้มผาสูมภาງ

diamond, *n.* pet ແພັດ

diaper, *n.* pàa-ɔ̂ɔm ผ้าอ้อม

diaphragm, *n.* bàng-lóm ບັງລົມ (body part); pen-yaang-kúm-gàm-nòət ແພນປາງຄຸມກຳເນີດ (contraceptive device)

diarrhea, *n.* àa-gàan-tɔ̂ɔng-su ອາການຂີ້ທ້ອງຊຸ

diary, *n.* bàn-tuk-bpa-jàm-wán ບັນທຶກປະຈຳວັນ; bpùum-bàn-tuk-bpa-jàm-wán ປຶ້ມບັນທຶກປະຈຳວັນ

dice, *n.* lûuk-ii-dtao ລູກອີ້ເຕົ້າ

dictate, *v.* sang ສັ່ງ; bòng-gàan ບົງການ

dictation, *n.* gàan-bong-gàan ການບົງການ (command or order); gàan-kĭan-dtàam-bɔ̀ɔk ການຂຽນຕາມບອກ (e.g. a transcription); gàan-bɔ̀ɔk-hài-kĭan ການບອກໃຫ້ຂຽນ

dictator, *n.* puu-pa-dét-gàan ຜູ້ພະເດັດການ; puu-bong-gàan ຜູ້ບົງການ

dictatorship, *n.* la-bɔ̀ɔp-pa-dét-gàan ລະບອບພະເດັດການ

dictionary, *n.* wat-ja-náa-nu-gòm ວັດຈະນານຸກົມ

die, *v.* dtàai ຕາຍ

diet, *n.* àa-hǎan ອາຫານ (food or drink); gàan-lot-nâam-nàk ການລົດນໍ້າໜັກ (weight control)

differ, *v.* dtὲɛk-dtaang-gàn ແຕກຕ່າງກັນ

difference, *n.* kwáam-dtὲɛk-dtaang-gàn ຄວາມແຕກຕ່າງກັນ

different, *adj.* bɔɔ-kúu-gàn ບໍ່ຄືກັນ; dtaang-gàn ຕ່າງກັນ; dtèεk-dtaang ແຕກຕ່າງ

differentiate, *v.* het-hài-dtèεk-dtaang-gàn ເຮັດໃຫ້ແຕກຕ່າງກັນ

difficult, *adj.* nyâak ຍາກ; lám-bàak ລຳບາກ

difficulty, *n.* kwáam-lám-bàak ຄວາມລຳບາກ; u-bpa-sǎk ອຸປະສັກ

diffuse, *v.* ga-jàai ກະຈາຍ (spread, scatter); pεε ແພ່ (disseminate)

dig, *v.* kǔt ຂຸດ

digest, *v.* nyɔ̀i ຍ່ອຍ (food); jàm-nêεk ຈຳແນກ (classify)

digestion, *n.* gàan-nyɔ̀i-àa-hǎan ການຍ່ອຍອາຫານ; gàan-dtai-dtɔ̀ɔng ການໄຕ່ຕອງ (comtemplate)

digit, *n.* nìu ນິ້ວ; dtùa-lêek ຕົວເລກ (numbers); lǎk-dtùa-lêek ຫຼັກຕົວເລກ (in a system of numeration)

digital, *adj.* giao-gǎp-dtùa-lêek ກ່ຽວກັບຕົວເລກ

dignified, *adj.* sa-ngaa-paa-pɔ̌ɔi ສະຫງ່າຜ່າເຜີຍ

dignity, *n.* giat-dti-nyot ກຽດຕິຍົດ (honor); dtàm-nεng-sǔung ຕຳແໜ່ງສູງ (high office or rank)

digress, *v.* wào-nɔ̂ɔk-luang ເວົ້ານອກເລື່ອງ; ɔ̀ɔk-nɔ̂ɔk-luu-nɔ̂ɔk-táang ອອກນອກລູ່ນອກທາງ

dike, *n.* gàm-pɛ́εng-gǎn-nâam ກຳແພງກັ້ນນ້ຳ (dam)

diligent, *adj.* du-man ດຸໝັ່ນ

dilute, *v.* jùa-jàang ເຈືອຈາງ

dim, *adj.* múa ມົວ; mɔ̌ɔng-mon ໝອງມົນ; mɯ̂ɯt ມືດ

dimension, *n.* mi-dti ມິຕິ; ka-nàat ຂະໜາດ

diminish, *v.* nɔ̀i-lóng ໜ້ອຍລົງ

dimple, *n.* gὲεm-bong ແກ້ມບ໋ອງ; mîi-hɔ̌ɔi-gὲεm-bong ມີຮອຍແກ້ມບ໋ອງ; lak-nyîm ລັກຍິ້ມ

dine, *v.* gìn-kào ກິນເຂົ້າ

diner, *n.* puu-hap-bpa-táan-àa-hǎan ຜູ້ຮັບປະທານອາຫານ (one that dines); hâan-àa-hǎan ຮ້ານອາຫານ (restaurant)

dining room, *n.* hɔ̂ng-gìn-kào ຫ້ອງກິນເຂົ້າ; hɔ̂ng-hap-bpa-táan-àa-hǎan ຫ້ອງຮັບປະທານອາຫານ

dinner, *n.* àa-hǎan-kam ອາຫານຄ່ຳ

dinosaur, *n.* dài-nóo-sǎo ໄດໂນເສົາ

dip, *v.* jum ຈຸ່ມ

dip, *n.* gàan-jum ການຈຸ່ມ

diphtheria, *n.* lôok-kɔɔ-dtìip ໂລກຄໍຕີບ

diploma, *n.* bpa-gàa-sa-nǐi-nya-bǎt ປະກາສະນີຍະບັດ

diplomacy, *n.* gàan-tûut ການທູດ

diplomat, *n.* nak-gàan-tûut ນັກການທູດ

diplomatic, *adj.* giao-gǎp-gàan-tûut ກ່ຽວກັບການທູດ

direct, *adj.* dòoi-gòng ໂດຍກົງ; sɯɯ-dtòng ຊື່ຕົງ; kûap-kúm ຄວບຄຸມ

direction, *n.* tit-táang ທິດທາງ (e.g.,

director

north); kám-a-ti-bàai ຄຳອະທິບາຍ (instruction); kwáam-mung-măai ຄວາມມຸ່ງໝາຍ (toward a goal)

director, n. puu-àm-núai-gàan ຜູ້ອຳນວຍການ; puu-gàm-gáp ຜູ້ກຳກັບ (e.g. movie)

directory, n. bpûum-láai-suu-le-tii-yuu ປຶ້ມລາຍຊື່ແລະທີ່ຢູ່

dirt, n. dìn ດິນ (soil); kɔ̌ɔng-sŏk-ga-bpŏk ຂອງສົກກະປົກ (filthy object)

dirty, adj. sŏk-ga-bpŏk ສົກກະປົກ; láa-mok ລາມົກ (obscene)

disability, n. gàan-kàat-kwáam-sǎa-màat ການຂາດຄວາມສາມາດ; kwáam-pi-gàan ຄວາມພິການ

disable, v. het-hài-pi-gàan ເຮັດໃຫ້ພິການ

disabled, n. pi-gàan ພິການ

disadvantage, n. kwáam-sǐa-bpìap ຄວາມເສຍປຽບ

disagree, v. bɔɔ-hěn-dìi-nám ບໍ່ເຫັນດີນຳ

disagreeable, adj. bɔɔ-tùuk-jài ບໍ່ຖືກໃຈ; bɔɔ-lóng-hɔ́ɔi ບໍ່ລົງຮອຍ

disagreement, n. kwáam-bɔɔ-hěn-pɔ́ɔm-nám ຄວາມບໍ່ເຫັນພ້ອມນຳ (refusal to agree); gàan-dtôo-nyé̂eng ການໂຕ້ແຍ້ງ (quarrel)

disappear, v. sǐa-bpài ເສຍໄປ (something disappears); hǎai-dtùa ຫາຍຕົວ (e.g. by kidnapping or murder; vanish; used mainly with people)

disappearance, n. gàan-sǐa-bpài

125

disclaim

ການເສຍໄປ; gàan-hǎai-dtùa ການຫາຍຕົວ

disappoint, v. het-hài-pìt-wǎng ເຮັດໃຫ້ຜິດຫວັງ

disappointed, adj. sǐa-jài ເສຍໃຈ; pìt-wǎng ຜິດຫວັງ

disappointment, n. gàan-pìt-wǎng ການຜິດຫວັງ

disapproval, n. gàan-bɔɔ-a-nu-nyâat ການບໍ່ອະນຸຍາດ; gàan-bɔɔ-hěn-pɔ́ɔm-nám ການບໍ່ເຫັນພ້ອມນຳ

disapprove, v. bɔɔ-hěn-pɔ́ɔm-nám ບໍ່ເຫັນພ້ອມນຳ (disagree); bɔɔ-a-nu-nyâat ບໍ່ອະນຸຍາດ (refuse to approve)

disarm, v. bpɔ̀t-àa-wut ປົດອາວຸດ

disarmament, n. gàan-bpɔ̀t-àa-wut ການປົດອາວຸດ

disaster, n. kwáam-hǎa-nya-na ຄວາມຫາຍະນະ; kwáam-jìp-hǎai ຄວາມຈິບຫາຍ

disastrous, adj. jìp-hǎai ຈິບຫາຍ; hǎa-nya-na ຫາຍະນະ

discard, v. tìm ຖິ້ມ; kwàang-tìm ຂວ້າງຖິ້ມ

discharge, v. bpɔ̀i ປ່ອຍ (release; let go); la-bàai-ɔ̀ɔk ລະບາຍອອກ (pour forth; emit)

discharge, n. kɔ̌ɔng-tii-lǎi-ɔ̀ɔk ຂອງທີ່ໄຫລອອກ (something that is discharged)

discipline, n. la-bìap ລະບຽບ; wi-nái ວິໄນ

disclaim, v. sa-la-sìt ສະລະສິດ

disclose / disguise

(renounce one's right); bpa-tìm ປະຕິມ (renounce, disown)

disclose, v. bpèet-pěei ເປີດເຜີຍ

disclosure, n. gàan-bpèet-pěei ການເປີດເຜີຍ

discomfort, n. kwáam-bɔɔ-sa-dùak ຄວາມບໍ່ສະດວກ (annoyance); kwáam-ǔt-àt ຄວາມອຶດອັດ (mental or bodily distress)

disconnect, v. dtàt-kàat ຕັດຂາດ; bɔɔ-dtìt-bɔɔ-dtɔɔ-gàn ບໍ່ຕິດບໍ່ຕໍ່ກັນ

discontent, n. kwáam-bɔɔ-pɔ́ɔ-jài ຄວາມບໍ່ພໍໃຈ

discontinue, v. yǔt ຢຸດ (stop); nyok-lə̂ək ຍົກເລີກ (cancel)

discord, n. kwáam-bàat-mǎang ຄວາມບາດໝາງ; kwáam-kǎt-nyɛ̂ɛng ຄວາມຂັດແຍ້ງ

discordant, adj. kǎt-nyɛ̂ɛng-gàn ຂັດແຍ້ງກັນ

discotheque, n. hâan-lám-wóng ຮ້ານລຳວົງ

discount, n. suan-lǔt ສ່ວນຫຼຸດ; gàan-lǔt-láa-káa-lóng ການຫຼຸດລາຄາລົງ

discourage, v. het-hài-jài-tɔ̀ɔ-tɛ̂ɛ ເຮັດໃຫ້ໃຈທໍ້ແທ້

discourse, n. gàan-bàn-nyáai ການບັນຍາຍ; sǔun-tɔ́ɔn-pot ສູນທອນພົດ; bpàa-ta-ga-tǎa ປາຍະກະຖາ; gàan-sǒn-ta-náa ການສົນທະນາ

discover, v. kón-pop ຄົ້ນພົບ

discoverer, n. puu-kón-pop ຜູ້ຄົ້ນພົບ

discovery, n. gàan-kón-pop ການຄົ້ນພົບ

discredit, v. het-hài-sǐa-sùu-sǐang ເຮັດໃຫ້ເສຍຊື່ສຽງ

discreet, adj. dtai-dtɔ̀ɔng-hɔ̂ɔp-kɔ̂ɔp ໄຕຕ້ອງຮອບຄອບ; su-kǔm ສຸຂຸມ

discrepancy, n. kɔ̂ɔ-kǎt-nyɛ̂ɛng-gàn ຂໍ້ຂັດແຍ້ງກັນ

discretion, n. kwáam-su-kǔm ຄວາມສຸຂຸມ

discriminate, v. beng-nyɛ̂ɛk ແບ່ງແຍກ; lûak-tii-hak-mak-tii-sáng ເລືອກທີ່ຮັກມັກທີ່ຊັງ

discrimination, n. gàan-beng-nyɛ̂ɛk ການແບ່ງແຍກ

discuss, v. tǒk-tíang-bàn-hǎa ຖົກຖຽງບັນຫາ; a-pi-bpàai ອະປິປາຍ; bpùk-sǎa-hǎa-lǔu ປຶກສາຫາລື; sǒn-ta-náa-gàn ສົນທະນາກັນ; lɛ̂ɛk-bpian-kwáam-kit-hěn-gàn ແລກປ່ຽນຄວາມຄິດເຫັນກັນ

discussion, n. gàan-tǒk-tíang-bàn-hǎa ການຖົກຖຽງບັນຫາ

disease, n. pa-nyâat ພະຍາດ; sûa-pa-nyâat ເຊື້ອພະຍາດ

disembark, v. kùn-bǒk ຂຶ້ນບົກ

disfigure, v. het-hài-pìt-hûup-haang ເຮັດໃຫ້ຜິດຮູບຮ່າງ

disgrace, n. kwáam-sɯam-sǐa ຄວາມເສື່ອມເສຍ

disgraceful, adj. sɯam-sǐa ເສື່ອມເສຍ

disguise, v. bpòk-bpìt ປົກປິດ (conceal); bpɔ̀ɔm-bpɛ̀ɛng ປອມແປງ (misrepresent; make fake)

disguise, n. gàan-bpòk-bpìt

ການປົກປິດ; gàan-bpɔ̀ɔm-bpèeng ການປອມແປງ

disgust, *v.* láng-gìat ລັງກຽດ

disgusting, *adj.* nàa-láng-gìat ໜ້າລັງກຽດ

dish, *n.* jàan-(sai-àa-hǎan) ຈານ (ໃສ່ອາຫານ)

dishonest, *adj.* bɔɔ-sǎt-sʉʉ ບໍ່ສັດຊື່

dishonesty, *n.* kwáam-bɔɔ-sǎt-sʉʉ ຄວາມບໍ່ສັດຊື່

dishwasher, *n.* kʉang-láang-jàan ເຄື່ອງລ້າງຈານ

disinfect, *v.* kàa-sʉ̌a-lôok ຂ້າເຊື້ອໂລກ

disinfectant, *n.* yàa-kàa-sʉ̌a-lôok ຢາຂ້າເຊື້ອໂລກ

disk, *n.* pen-dìt ແພນດິສ (for computer); pen-gòm ແພນກົມ (thin, flat, circular object or plate); jàan-sǐang ຈານສຽງ (for music)

dislike, *v.* bɔɔ-sɔ̂ɔp ບໍ່ຊອບ; bɔɔ-mak ບໍ່ມັກ

dislocate, *v.* kʉan-tìi ເຄື່ອນທີ່ (move); nyáai ຍ້າຍ (displace)

dismiss, *v.* lai-ɔ̀ɔk ໄລ່ອອກ (expel); nyok-fɔ́ɔng ຍົກຟ້ອງ (dismiss a case)

disobey, *v.* bɔɔ-sʉa-fáng ບໍ່ເຊື່ອຟັງ

disorganized, *adj.* bɔɔ-bpèn-la-bìap ບໍ່ເປັນລະບຽບ

disoriented, *adj.* lóng-táang ຫຼົງທາງ (lost)

dispatch, *v.* sòng ສົ່ງ (send); fâao-het-fâao-tám ຟ້າວເຮັດຟ້າວທຳ (complete promptly)

displace, *v.* kʉan-tìi ເຄື່ອນທີ່ (move or shift); lai-ɔ̀ɔk ໄລ່ອອກ (discharge from an office or position)

display, *v.* sa-dèeng ສະແດງ

disposable, *adj.* tìm-dâi ຖິ້ມໄດ້ (can be disposed); sâi-tʉa-diao-lɛ́ɛo-tìm ໃຊ້ເທື່ອດຽວແລ້ວຖິ້ມ (designed to be disposed of after one use)

dispose, *v.* jǎt-gàan ຈັດການ; dàm-nɔ́ɔn-gàan ດຳເນີນການ

disposition, *n.* gàan-dtŏk-lóng-nái-kàn-sǔt-táai ການຕົກລົງໃນຂັ້ນສຸດທ້າຍ (final settlement)

disprove, *v.* pi-sùut-hǎk-lâang ພິສູດຫັກລ້າງ; pi-sùut-waa-pǐt ພິສູດວ່າຜິດ

dispute, *v.* tǐang ຖຽງ (argue); dtɔ̂ɔ-dtâan ຕໍ່ຕ້ານ (resist)

disqualify, *v.* dtǎt-sǐt ຕັດສິດ

disrespect, *n.* gàan-bɔɔ-káo-lop-nap-tʉ̌ʉ ການບໍ່ເຄົາລົບນັບຖື

disrespectful, *adj.* bɔɔ-míi-kwáam-káo-lop ບໍ່ມີຄວາມເຄົາລົບ

dissatisfaction, *n.* kwáam-bɔɔ-pɔ́ɔ-jai ຄວາມບໍ່ພໍໃຈ

dissatisfied, *adj.* bɔɔ-pɔ́ɔ-jai ບໍ່ພໍໃຈ

dissertation, *n.* wi-ta-nyáa-ni-pón-la-dǎp-bpa-lin-nyáa-èek ວິທະຍານິພົນລະດັບປະລິນຍາເອກ (for Ph.D.); gàan-kǐan-wi-jài ການຂຽນວິໄຈ (research writing); gàan-kǐan-dtàm-láa ການຂຽນຕຳລາ

dissident, *n.* puu-tìi-bɔɔ-hěn-dìi-nám ຜູ້ທີ່ບໍ່ເຫັນດີນຳ

dissolve, *v.* la-láai ລະລາຍ; het-hài-la-láai ເຮັດໃຫ້ລະລາຍ; het-hài-sìn-sút ເຮັດໃຫ້ສິ້ນສຸດ

distance, *n.* la-nya-táang ລະຍະທາງ (intervening space); táang-gài ທາງໄກ (remoteness)

distant, *adj.* gài ໄກ

distill, *v.* gan ກັ່ນ; dtôm-gan ຕົ້ມກັ່ນ

distinct, *adj.* sat-jèen ຊັດເຈນ; jɛm-jɛ̀ɛng ແຈ່ມແຈ້ງ

distinction, *n.* kwáam-dtɛ̀ɛk-dtaang ຄວາມແຕກຕ່າງ; kwáam-míi-lak-sa-nǎ-pi-sèet ຄວາມມີລັກສະນະພິເສດ

distort, *v.* bìt-bùan ບິດບືອນ

distortion, *n.* gàan-bìt-bùan ການບິດບືອນ

distract, *v.* het-hài-wòok-wèek ເຮັດໃຫ້ໄວກເວກ (divert); gùan-jài ກວນໃຈ (bother); het-hài-ga-wón-ga-wáai ເຮັດໃຫ້ກະວົນກະວາຍ

distracted, *adj.* wòok-wèek ໄວກເວກ

distraction, *n.* sing-lɔ́ɔ-jài ສິ່ງລໍ້ໃຈ; gàan-het-hài-wòok-wèek ການເຮັດໃຫ້ໄວກເວກ

distress, *n.* kwáam-sǐa-jài ຄວາມເສຍໃຈ; kwáam-nyàak-lám-bàak ຄວາມຍາກລໍາບາກ

distribute, *v.* jɛ̀ɛk ແຈກ; yàai ຢາຍ; ga-jàai ກະຈາຍ

distribution, *n.* gàan-jɛ̀ɛk-yàai ການແຈກຢາຍ; gàan-bɛng-bpàn ການແບ່ງປັນ

district, *n.* kèet ເຂດ (division of an area); kûm ກຸ່ມ (smaller area)

district attorney, *n.* ta-náai-kwáam-tɔ́ɔng-tìn ທະນາຍຄວາມທ້ອງຖິ່ນ

disturb, *v.* lop-gùan ລົບກວນ

disturbance, *n.* gàan-lop-gùan ການລົບກວນ

ditch, *v.* kǔt-hong ຂຸດຮ່ອງ

ditch, *n.* hong-nâam ຮ່ອງນ້ຳ; kúu ຄູ; kán-kúu-nâam ຄັນຄູນ້ຳ

dive, *v.* mut-nâam ມຸດນ້ຳ

dive, *n.* gàan-mut-nâam ການມຸດນ້ຳ

diver, *n.* nak-mut-nâam ນັກມຸດນ້ຳ

diverse, *adj.* lǎai-làak ຫລາຍຫລາກ; dtaang-dtaang-gàn ຕ່າງໆກັນ

diversify, *v.* het-hài-míi-lǎai-yaang ເຮັດໃຫ້ມີຫລາຍຢ່າງ

diversion, *n.* gàan-het-hài-dtɛ̀ɛk-dtaang ການເຮັດໃຫ້ແຕກຕ່າງ

diversity, *n.* kwáam-lǎai-làak ຄວາມຫລາຍຫລາກ

divide, *v.* bɛng ແບ່ງ; hǎan ຫານ (in math)

dividend, *n.* ngán-bpàn-pǒn ເງິນປັນຜົນ

divine, *adj.* giao-gǎp-pa-jâo ກ່ຽວກັບພະເຈົ້າ (of or being a deity; godlike); sǎk-sìt ສັກສິດ (sacred); nǔa-ma-nut ເໜືອມະນຸດ (superhuman)

diving board, *n.* pɛn-ga-dòot-nâam ແຜ່ນກະໂດດນ້ຳ

division, *n.* gàan-bɛng ການແບ່ງ; pa-nɛ̀ɛk ພະແນກ (department)

divorce, *v.* yaa ຢ່າ; bpǎa ປະ; hâang

divorce — dormitory

ຮ້າງ

divorce, *n.* gàan-yaa-hâang ການຢ່າຮ້າງ

dizziness, *n.* kwáam-wing-wían ຄວາມວິ່ງວຽນ

dizzy, *adj.* wing-wían ວິ່ງວຽນ; wín-húa ວິນຫົວ

do, *v.* het ເຮັດ; tám ທຳ; bpa-dti-bǎt ປະຕິບັດ

dock, *n.* taa-húa ທ່າເຮືອ

doctor, *n.* taan-mɔ̌ɔ ທ່ານໝໍ; pêet ແພດ; dɔk-dtêə ດ໋ອກເຕີ

doctrine, *n.* lǎk-kám-sɔ̌ɔn ຫຼັກຄຳສອນ; lat-ti lǎk-ti ລັດທິ ລັກທິ

document, *n.* èek-ga-sǎan ເອກະສານ

documentary, *adj.* giao-gǎp-èek-ga-sǎan ກ່ຽວກັບເອກະສານ (based on documents)

documentary, *n.* fíim-sǎa-la-ka-dìi ຟິມສາລະຄະດີ (movie)

dodge, *v.* lǒp ຫຼົບ; lìik ຫຼີກ

doe, *n.* gwàang-mɛɛ ກວາງແມ່

dog, *n.* mǎa ໝາ

dogma, *n.* lat-ti ລັດທິ; kwáam-sʉa ຄວາມເຊື່ອ

dogmatic, *adj.* táang-kwáam-sʉa ທາງຄວາມເຊື່ອ; dtàam-lat-ti ຕາມລັດທິ

doll, *n.* dtuk-ga-dtàa ຕຸກກະຕາ

dollar, *n.* ngə́n-dɔ̀n-lâa ເງິນດອນລາ

dolphin, *n.* bpàa-kaa ປາຂາ

domain, *n.* kɔ̀ɔp-kèet ຂອບເຂດ

dome, *n.* nyɔ̂ɔt-gòm ຍອດກົມ

domestic, *adj.* nái-húan ໃນເຮືອນ (household); páai-nái-bpa-têet ພາຍໃນປະເທດ (within the country)

domesticate, *v.* het-hài-yuu-nái-húan ເຮັດໃຫ້ຢູ່ໃນເຮືອນ (make domestic); hǎt-hài-sʉa-fáng ຫັດໃຫ້ເຊື່ອງຟັງ (tame)

dominant, *adj.* míi-àm-nâat-nʉa ມີອຳນາດເໜືອ; kɔ̂ɔp-ngám ຄອບງຳ

dominate, *v.* kɔ̂ɔp-ngám ຄອບງຳ; yuu-nʉa ຢູ່ເໜືອ

domineering, *adj.* sài-àm-nâat ໃຊ້ອຳນາດ

donate, *v.* bɔɔ-li-jàak ບໍລິຈາກ

donation, *n.* gàan-bɔɔ-li-jàak ການບໍລິຈາກ

done, *adj.* lɛ́ɛo-sět ແລ້ວເສັດ (finished); suk ສຸກ (cooked, well done)

donkey, *n.* láa ລາ

donor, *n.* puu-bɔɔ-li-jàak ຜູ້ບໍລິຈາກ

doom, *n.* kɔ́-hâai ເຄາະຮ້າຍ

doomed, *adj.* tʉ̀uk-gàm-not-sáa-dtàa ຖືກກຳໂນດຊະຕາ (predestined); tə̌ng-kɔ́-gàm ເຖິງເຄາະກຳ (unlucky)

door, *n.* bpa-dtùu ປະຕູ

doorbell, *n.* ga-ding-bpa-dtùu-bâan ກະດິງປະຕູບ້ານ

doorman, *n.* kón-fâo-bpa-dtùu ຄົນເຝົ້າປະຕູ

doormat, *n.* póm-set-dùin-nàa-bpa-dtùu ພົມເຊັດຕີນໜ້າປະຕູ

doorway, *n.* táang-kào-bpa-dtùu ທາງເຂົ້າປະຕູ

dormitory, *n.* húan-nɔ́ɔn ເຮືອນນອນ;

dosage

hǒng-tέεo-nak-sǔk-sǎa ທ້ອງແຖວ
ນັກສຶກສາ; hǒo-pak-nak-sǔk-sǎa
ຫໍພັກນັກສຶກສາ

dosage, *n.* bpa-li-máan-yàa
ປະລິມານຢາ; ka-nǎan ຂະໜາດ

dose, *n.* bpa-li-máan-yàa-dtɔɔ-múu
ປະລິມານຢາຕໍ່ມື້; ka-nǎan ຂະໜາດ

dot, *n.* jùt ຈຸດ

dotted line, *n.* hɔ́ɔi-jùt ຮອຍຈຸດ

double, *v.* pə̀əm-bpèn-sɔ̌ɔng-tao
ເພີ່ມເປັນສອງເທົ່າ

double, *adj.* sɔ̌ɔng-tao ສອງເທົ່າ;
sɔ̌ɔng-tua ສອງເຕືອ

double bed, *n.* dtìang-kuu ຕຽງຄູ່

double-cross, *v.* tɔ̀ɔ-la-nyot ຫໍລະຍົດ

doubt, *v.* sǒng-sǎi ສົງໄສ

doubt, *n.* kwáam-sǒng-sǎi
ຄວາມສົງໄສ; kɔ̂ɔ-sǒng-sǎi ຂໍ້ສົງໄສ

doubtful, *adj.* sǒng-sǎi ສົງໄສ; bɔɔ-
nεε-jài ບໍ່ແນ່ໃຈ

dough, *n.* bpε̂εng-lέεo ແປ້ງແລວ
(for bread)

doughnut, *n.* kào-nǒm-dòo-nat
ເຂົ້າໜົມໂດນັດ

dove, *n.* nok-gàang-gὲε ນົກກາງແກ;
nok-kǎo ນົກເຂົາ

down, *adv.* lóng ລົງ; lum ລຸ່ມ;
kàang-lum ຂ້າງລຸ່ມ; dtǒk ຕົກ

down, *v.* lóng-máa ລົງມາ

downfall, *n.* kwáam-dtǒk-dtam
ຄວາມຕົກຕ່ຳ

downhill, *adv.* lóng-púu ລົງພູ; dtǒk-
dtam ຕົກຕ່ຳ

downpour, *n.* fǒn-dtǒk-nǎk

ຝົນຕົກໜັກ

downstairs, *adv.* sân-lum ຊັ້ນລຸ່ມ

downtown, *n.* gàang-dtòo-múang
ກາງໂຕເມືອງ; nyaan-gàan-kâa-nái-
múang ຍ່ານການຄ້າໃນເມືອງ

downward, *adj.* lóng-dtam ລົງຕ່ຳ

dozen, *n.* lǒo ໂຫຼ; jàm-núan-lǎai
ຈຳນວນຫຼາຍ

draft, *v.* kǐan-haang ຂຽນຮ່າງ (e.g.
letter, book); kat-lûak-ta-hǎan
ຄັດເລືອກທະຫານ (soldier)

draft, *n.* sa-bǎp-haang ສະບັບຮ່າງ;
gàan-kat-lûak-ta-hǎan
ການຄັດເລືອກທະຫານ

draftsman, *n.* kón-ɔ̀ɔk-bὲεp
ຄົນອອກແບບ

drag, *v.* lâak ລາກ (pull); het-hài-
sàa ເຮັດໃຫ້ຊ້າ (slow something down)

dragon, *n.* máng-gɔ̀ɔn ມັງກອນ

dragonfly, *n.* mέεng-ga-bûu ແມງກະບື້

drain, *v.* la-bàai ລະບາຍ

drain, *n.* gàan-la-bàai ການລະບາຍ

drainage, *n.* gaan-la-bàai ການລະບາຍ

drain pipe, *n.* tɔ̀ɔ-la-bàai ທໍ່ລະບາຍ

drama, *n.* la-kɔ́ɔn ລະຄອນ

dramatic, *adj.* giao-gǎp-la-kɔ́ɔn
ກ່ຽວກັບລະຄອນ (relating to drama);
nàa-dtùun-dtên ໜ້າຕື່ນເຕັ້ນ (in appearance of effect)

drapes, *n.* mâan-bpa-dǎp ມ່ານປະດັບ

draw, *v.* dtε̂εm-hûup ແຕ້ມຮູບ (a picture); sǎao ສາວ (pull); lâak ລາກ

(pull); jŏk ຈົກ (e.g., lottery)
draw, n. gàan-sǎao ການສາວ (pulling); gàan-láak ການລາກ (pulling); sing-tii-dùng-dùut-jài ສິ່ງທີ່ດຶງດູດໃຈ (attraction); gàan-sa-mɔ́ɔ-gàn ການສະເໝີກັນ (a tie)
drawer, n. fín-sak-dtùu ລີ້ນຊັກຕູ້; kón-dtɛ̀ɛm-hûup ຄົນແຕ້ມຮູບ
drawing, n. gàan-dtɛ̀ɛm-hûup ການແຕ້ມຮູບ (act of drawing); hûup-dtɛ̀ɛm ຮູບແຕ້ມ (picture)
dream, v. fǎn ຝັນ
dream, n. kwáam-fǎn ຄວາມຝັນ
dreamer, n. kón-mak-fǎn ຄົນມັກຝັນ
dreary, adj. nâa-bʉ̀a ໜ້າເບື່ອ (boring); sào ເສົ້າ (sad)
dress, v. dtɛ̀ng-dtùa ແຕ່ງຕົວ; dtɛ̀ng ແຕ່ງ
dress, n. kʉ̀ang-nung ເຄື່ອງນຸ່ງ
dresser, n. dtûu-sai-kʉ̀ang-nung ຕູ້ໃສ່ເຄື່ອງນຸ່ງ (furniture); kón-dtɛ̀ng-dtùa ຄົນແຕ່ງຕົວ (one that dresses)
dressing, n. nâam-jîm ນ້ຳຈິ້ມ (sauce)
dressing gown, n. sʉ̂a-kúm ເສື້ອຄຸມ
dressing table, n. dto-kʉ̀ang-bpɛ̂ɛng ໂຕະເຄື່ອງແປງ
drift, v. lʉan-lɔ́ɔi ເລື່ອນລອຍ
drift, n. gàan-lʉan-lɔ́ɔi ການເລື່ອນລອຍ
drifter, n. kón-pa-née-jɔɔn ຄົນພະເນຈອນ
drill, v. fʉ̀k-èep ຝຶກແອບ
drill, n. lɛ̌k-sa-waan ເຫຼັກສະຫວ່ານ (tool); fɔ̀k-fǒn ເຝິກຝົນ (training)
drink, v. dʉ̀ʉm ດື່ມ; gìn ກິນ; dʉ̀ʉm-lào ດື່ມເຫຼົ້າ (drink alcohol)
drink, n. kʉ̀ang-dʉ̀ʉm ເຄື່ອງດື່ມ
drip, v. yòt ຢົດ; dtǒk-lóng ຕົກລົງ
drip, n. yòt ຢົດ; gàan-hài-nâam-gùa ການໃຫ້ນ້ຳກົວ (medical)
drive, v. kàp ຂັບ; kii ຂີ່
drive, n. gàan-kàp ການຂັບ; hɛ́ɛng-ga-dtûn ແຮງກະຕຸ້ນ
driver, n. kón-kàp-lot ຄົນຂັບລົດ
driveway, n. táang-lot ທາງລົດ
drop, v. yòt ຢົດ; dtǒk-lóng ຕົກລົງ
drop, n. yòt ຢົດ (e.g. drop of water); tìm ຕິ່ມ (act of dropping); gàan-bpɔ̀i-sa-bìang ການປ່ອຍສະບຽງ (drop of supplies)
dropper, n. kʉ̀ang-yɔ̀ɔt ເຄື່ອງປອດ; néeo-yɔ̀ɔt-dtàa ແນວປອດຕາ
drought, n. la-dùu-lɛ́ɛng ລະດູແລ້ງ; kwáam-hɛ̂ɛng-lɛ́ɛng ຄວາມແຫ້ງແລ້ງ
drown, v. tuang-lóng-náam ທ່ວງລົງນ້ຳ
drowned, adj. jòm-nâam-dtàai ຈົມນ້ຳຕາຍ
drug, n. yàa ຢາ (medicine); yàa-sèep-dtìt ຢາເສບຕິດ (addictive)
drug addict, n. gàan-dtìt-yàa-sèep-dtìt ການຕິດຢາເສບຕິດ (act of addicting); kón-dtìt-yàa ຄົນຕິດຢາ (person)
druggist, n. kón-kǎai-yàa ຄົນຂາຍຢາ
drugstore, n. hâan-kǎai-yàa ຮ້ານຂາຍຢາ

drum, n. gɔ̌ɔng ກອງ

drummer, n. kón-dtii-gɔ̌ɔng ຄົນຕີກອງ

drumstick, n. kǎa-gai ຂາໄກ່ (chicken); mâi-kɔ́ɔn-gɔ̌ɔng ໄມ້ຄ້ອນກອງ

drunk, adj. máo-lào ເມົາເຫຼົ້າ

drunkard, n. kón-kîi-máo ຄົນຂີ້ເມົາ

drunkenness, n. àa-gàan-máo ອາການເມົາ

dry, v. het-hâi-hèng ເຮັດໃຫ້ແຫ້ງ

dry, adj. hèng ແຫ້ງ

dry-cleaning, n., v. sak-hèng ຊັກແຫ້ງ

dryer, n. kuang-ŏp-pàa ເຄື່ອງອົບຜ້າ (clothes dryer); kuang-bpao ເຄື່ອງເປົ່າ (machine dryer)

dryness, n. kwáam-hèng ຄວາມແຫ້ງ

dual, adj. kuu ຄູ່; sɔ̌ɔng-sɔ́ɔng ສອງ

dub, v. bàn-tuk-(tap) ບັນທຶກ(ທັບ) (record over)

duck, n. bpět ເປັດ

duck, v. lŏp ຫຼົບ (avoid from getting hit); mut ມຸດ (lower the head or body)

duct, n. tɔɔ ທໍ່ (pipe); tɔ́ɔt ທໍລອດ (tube); sɔ́ng ຊ່ອງ (canal)

due, adj. kop-gàm-not ຄົບກຳນົດ

due, n. nîi ໜີ້ (debt)

duel, n. gàan-dtɔɔ-sûu-gàn-dtɔɔ-dtɔɔ ການຕໍ່ສູ້ກັນໂຕຕໍ່ໂຕ

dues, n. kaa-sa-máa-sik ຄ່າສະມາຊິກ

duet, n. péeng-kuu ເພງຄູ່

dull, adj. bɔɔ-lɛ́ɛm ບໍ່ແຫຼມ (not sharp); bɔɔ-sŏt-sǎi ບໍ່ສົດໃສ (lifeless)

dumb, adj. ngoo ໂງ່ (stupid); bâi ໃບ້

dummy, n. kón-ngoo ຄົນໂງ່ (stupid person); dtùa-sɛ̌ɛt ຕົວແຊດ (immitation)

dump, v. tìm ຖິ້ມ

dump, n. bon-tɔ̀ɔk-wâi ບ່ອນຖອກໄວ້

dung, n. kîi-sǎt ຂີ້ສັດ

duplicate, v. het-sǎm-náo ເຮັດສຳເນົາ; het-sám ເຮັດຊ້ຳ

duplicate, n. sǎm-náo ສຳເນົາ; gàan-het-sám ການເຮັດຊ້ຳ

durable, adj. kóng-tón ຄົງທົນ; nyʉ́ʉn-náan ຍືນຍາວ

during, prep. nái-la-waang ໃນລະວ່າງ

dusk, n. wée-láa-kam ເວລາຄ່ຳ; kam-mʉ́ʉt ຄ່ຳມືດ

dust, v. bpàt-kìi-fun ປັດຂີ້ຝຸ່ນ

dust, n. kìi-fun ຂີ້ຝຸ່ນ (dry particles); dìn ດິນ (soil); kìi-pǒng ຂີ້ຜົງ (powder)

dusty, adj. mǐi-kìi-fun-lǎai ມີຂີ້ຝຸ່ນຫຼາຍ

Dutch, n. sáao-dat ຊາວດັດ (people); giao-gǎp-née-tɔɔ-léen ກ່ຽວກັບເນ ເທີແລນ (related to the Netherlands)

duty, n. nàa-tii ໜ້າທີ່ (responsibility); páa-sǐi ພາສີ (tax)

duty-free, adj. bɔɔ-dtɔ̂ɔng-sǐa-páa-sǐi ບໍ່ຕ້ອງເສຍພາສີ

dwarf, n. kón-dtîa ຄົນເຕ້ຍ; kón-jɛ̂ɛ ຄົນແຈ້

dwell, *v.* àa-săi-yuu อาไสยู่
dwelling, *n.* tii-yuu ที่ยู่
dye, *v.* yɔ́ɔm ย้อม
dye, *n.* sǐi-yɔ́ɔm สีย้อม
dying, *adj.* gâi-ja-dtaai ใก้จะตาย
dynamic, *adj.* giao-gặp-pa-láng-ngáan ກຽວກັບພະລັງງານ; kong-kêo ຄ່ອງແຄ້ວ
dynamite, *n.* dìn-la-bə̀ət ດິນລະເບີດ
dynasty, *n.* láat-sa-wóng ລາຊະວົງ
dysentery, *n.* lôok-tɔ́ɔng-bìt ໂລກທ້ອງບິດ

E

each, *pron., adj., adv.* dtɛ̀ɛ-la ແຕ່ລະ; tuk ທຸກ (every)
eager, *adj.* dtɔ̂ng-gàan-yaang-héeng-gâa ຕ້ອງການຢ່າງແຮງກ້າ (having intense desire); mak-nyai-fai-sǔung ມັກໃຫຍ່ໄຝ່ສູງ (ambitious)
eagerness, *n.* kwáam-bpa-sŏng-yaang-héeng-gâa ຄວາມປະສົງຢ່າງແຮງກ້າ; kwáam-ga-dtùu-lúu-lôn ຄວາມກະຕືລືລົ້ນ
eagle, *n.* nok-ìn-sǐi ນົກອິນຊີ
ear, *n.* hǔu ຫູ
eardrum, *n.* jia-hǔu ເຈຍຫູ; gɛ̂ɛo-hǔu ແກ້ວຫູ
early, *adj.* dtɛ̀ɛ-sâo ແຕ່ເຊົ້າ (in the morning); wái ໄວ (soon, fast)
earn, *v.* hǎa-dâi ຫາໄດ້
earnest, *adj.* jìng-jàng ຈິງຈັງ (serious); jìng-jai ຈິງໃຈ (sincere)
earnings, *n.* láai-dâi ລາຍໄດ້
earphone, *n.* hǔu-fáng ຫູຟັງ
earplugs, *n.* kuang-àt-hǔu ເຄື່ອງອັດຫູ
earing, *n.* dtûm-hǔu ຕຸ້ມຫູ
earth, *n.* nuai-lôok ໜວຍໂລກ
earthquake, *n.* pɛn-dìn-wǎi ແຜ່ນດິນໄຫວ
earthworm, *n.* kìi-ga-dùan ຂີ້ກະເດືອນ
ease, *v.* bàn-tao ບັນເທົາ
ease, *n.* kwáam-sa-dùak ຄວາມສະດວກ; kwáam-ngaai ຄວາມງ່າຍ
easel, *n.* kǎa-dtâng-ga-dàan ຂາຕັ້ງກະດານ
east, *n.* tit-dtàa-wén-ɔ̀ɔk ທິດຕາເວັນອອກ
eastern, *adj.* táang-dtàa-wén-ɔ̀ɔk ທາງຕາເວັນອອກ
easy, *adj.* ngaai ງ່າຍ; sa-bàai ສະບາຍ
easygoing, *adj.* bpài-dtàam-sa-bàai ໄປຕາມສະບາຍ; sa-bàai ສະບາຍ
eat, *v.* gin ກິນ (collq.); hap-bpa-táan ຮັບປະທານ (formal)
eaves, *n.* sáai-káa ຊາຍຄາ
ebb, *v.* lǎi-gặp-kúun ໄຫລກັບຄືນ (flow back); sǔam ເສື່ອມ (deteriorate)
ebb, *n.* nâam-bòk ນ້ຳບົກ; jùt-sǔam ຈຸດເສື່ອມ
eccentric, *adj.* bpa-làat ປະຫລາດ
echo, *v.* sa-tɔ̂ɔn ສະທ້ອນ; gɔ̂ng ກ້ອງ
echo, *n.* sĭang-sa-tɔ̂ɔn ສຽງສະທ້ອນ
eclipse, *n.* su-li-nya-kâat ສຸລິຍະຄາດ (of the sun); gòp-gìn-dùan

ກົບກິນເດືອນ (of the moon)
ecology, *n.* ni-wêet-wi-ta-nyáa ນິເວດວິທະຍາ
economic, *adj.* giao-gǎp-sèet-ta-sàat ກ່ຽວກັບເສດຖະສາດ
economical, *adj.* bpa-yǎt ປະຢັດ
economics, *n.* sèet-ta-sàat ເສດຖະສາດ
economist, *n.* nak-sèet-ta-sàat ນັກເສດຖະສາດ
economize, *v.* bpa-yǎt ປະຢັດ
edge, *n.* kɔ̀ɔp ຂອບ (rim or brink); hím ຣີມ (margin); kóm-mîit ຄົມມີດ (of a knife)
edible, *adj.* gin-dâi ກິນໄດ້
edit, *v.* gɛ̂ɛ-kǎi ແກ້ໄຂ
edition, *n.* gàan-pím-ngûat-nưng ການພິມງວດໜຶ່ງ (of a publication; the form in which a publication is issued)
editor, *n.* bàn-náa-ti-gàan ບັນນາທິການ
editorial, *n.* bòt-bàn-náa-ti-gàan ບົດບັນນາທິການ
educate, *v.* sang-sɔ̌ɔn ສັ່ງສອນ; sɔ̌ɔn ສອນ
education, *n.* gàan-sưk-sǎa ການສຶກສາ
educational, *adj.* giao-gǎp-gàan-sưk-sǎa ກ່ຽວກັບການສຶກສາ
eel, *n.* ian ອ່ຽນ
effect, *v.* mîi-pǒn-ga-tòp-sai ມີຜົນກະທົບໃສ່ (impact); gɔɔ-hâi-bàng-gǝ̀ǝt-pǒn ກໍ່ໃຫ້ບັງເກີດຜົນ (cause to happen)
effect, *n.* pǒn ຜົນ (result); pǒn-ga-tòp ຜົນກະທົບ (influence)
effective, *adj.* dâi-pǒn ໄດ້ຜົນ; bpen-pǒn ເປັນຜົນ
efficiency, *n.* bpa-sìt-ti-pâap ປະສິດທິພາບ
efficient, *adj.* mìi-bpa-sìt-ti-pâap ມີປະສິດທິພາບ; mìi-kwáam-sǎa-mâat ມີຄວາມສາມາດ
effort, *n.* kwáam-pâak-pian ຄວາມພາກພຽນ; kwáam-pa-nyáa-nyáam ຄວາມພະຍາຍາມ
egg, *n.* kai ໄຂ່
eggplant, *n.* màak-kửa ໝາກເຂືອ
ego, *n.* kwáam-sửa-dtòn-èeng ຄວາມເຊື່ອຕົນເອງ; kwáam-ùat-dìi ຄວາມອວດດີ
egotism, *n.* kwáam-hěn-gɛɛ-dtủa ຄວາມເຫັນແກ່ຕົວ
Egypt, *n.* bpa-têet-ǐi-yíp ປະເທດອີຢິບ
eight, *nm.* bpɛ̀ɛt ແປດ
eighteen, *nm.* sìp-bpɛ̀ɛt ສິບແປດ
eighth, *adj.* tii-bpɛ̀ɛt ທີແປດ
eighty, *nm.* bpɛ̀ɛt-sìp ແປດສິບ
either, *pron.* dtɛɛ-la-àn ແຕ່ລະອັນ; yaang-dài-yaang-nưng ຢ່າງໃດຢ່າງໜຶ່ງ ; lǔư ຫຼື
ejaculate, *v.* u-táan ອຸທານ (exclaim); lang-a-su-ji ຫຼັ່ງອະສຸຈິ; lang-náam-gàam ຫຼັ່ງນ້ຳກາມ (eject semen)
eject, *v.* kǎp-ɔ̀ɔk-bpai ຂັບອອກໄປ; pǒn

ພືນ

elaborate, *adj.* bpàa-nìit ປານີດ; het-yaang-la-ìat ເຮັດຢ່າງລະອຽດ; het-yaang-hɔ̂ɔp-kɔ̂ɔp ເຮັດຢ່າງຮອບຄອບ

elastic, *n.* năng-hat ໜັງຮັດ (rubber band)

elastic, *adj.* nguut-ɔ̀ɔk-hót-kao-dai ຍືດອອກຫົດເຂົ້າໄດ້

elate, *v.* het-hài-mii-kwáam-sŭk ເຮັດໃຫ້ມີຄວາມສຸກ

elbow, *n.* kɔ̀ɔ-sɔ̀ɔk ຂໍ້ສອກ; kɛ̂ɛn-sɔ̀ɔk ແຂນສອກ

elder, *n.* àa-nyu-lăai-gwaa ອາຍຸຫຼາຍກວ່າ

elderly, *adj.* tào ເຖົ້າ

eldest, *adj.* àa-nyu-lăai-tii-sùt ອາຍຸຫຼາຍທີ່ສຸດ

elect, *v.* lûak ເລືອກ

election, *n.* gaan-lûak-dtâng ການເລືອກຕັ້ງ

electric, electrical, *adj.* giao-gǎp-fái-fáa ກ່ຽວກັບໄຟຟ້າ

electrician, *n.* saang-fái-fáa ຊ່າງໄຟຟ້າ

electricity, *n.* fái-fáa ໄຟຟ້າ

electrify, *v.* ǎt-fái-fáa ອັດໄຟຟ້າ

electrocute, *v.* bpa-hăan-síi-wit-dòoi-gâo-ìi-fái-fáa ປະຫານຊີວິດໂດຍເກົ້າອີ້ໄຟຟ້າ

electronic, *adj.* giao-gǎp-èe-lěk-dta-lòng ກ່ຽວກັບເອເລັກຕຣົງ

electronics, *n.* èe-lěk-dtoo-nǐk ເອເລັກໂຕນິກ

elegance, *n.* kwáam-sa-ngaa-ngáam ຄວາມສະຫງ່າງາມ

elegant, *adj.* sa-ngaa-ngáam ສະຫງ່າງາມ

element, *n.* tâat ທາດ (substance); bpǎt-jǎi-săm-kán ປັດໃຈສໍາຄັນ (essential constituent)

elementary, *adj.* bûang-dtôn ເບື້ອງຕົ້ນ; bpa-tóm ປະຖົມ

elephant, *n.* sâang ຊ້າງ

elevate, *v.* nyok ຍົກ (raise, lift); luan-dtâm-neng ເລື່ອນຕໍາແໜ່ງ (promote to a higher rank)

elevation, *n.* gàan-nyok-hài-sŭung-kùn ການຍົກໃຫ້ສູງຂື້ນ; gàan-luan ການເລື່ອນ

elevator, *n.* kuang-nyok-fái-fáa ເຄື່ອງຍົກໄຟຟ້າ; kán-dài-luan ຂັ້ນໄດເລື່ອນ

eleven, *nm.* sǐp-ět ສິບເອັດ

eleventh, *adj.* tii-sǐp-ět ທີ່ສິບເອັດ

eligible, *adj.* mɔ̀-sŏm ເໝາະສົມ (suitable); mii-sìt-mɔ̀-sŏm ມີສິດເໝາະສົມ (qualified); mii-sìt ມີສິດ (have a right, e.g. to vote)

eliminate, *v.* dtǎt-ɔ̀ɔk ຕັດອອກ (delete, cut out); tám-láai ທໍາລາຍ (destroy); kam-jǎt ກໍາຈັດ (get rid of)

elite, *n.* hŭa-ga-ti ຫົວກະທິ; kón-tii-nyɔ̂ɔt-nyiam ຄົນທີ່ຍອດຍ້ຽມ

elope, *v.* nĭi-dtàam ໜີຕາມ; dtòon-nám ໂຕນນໍາ

eloquence, *n.* săm-núan-wáa-ta-sĭn ສໍານວນວາທະສິນ; wóo-hăan-dìi ໂວຫານດີ

eloquent, *adj.* mii-wáa-ta-sĭn-dìi

มีอาทะสีบถี

else, *adv.* ແນ ອຶ່ນ

elsewhere, *adv.* bon-ʉʉn ບ່ອນອຶ່ນ

embargo, *n.* gàan-hàam-kâa-kǎai-la-waang-bpa-têet
ການຫ້າມຄ້າຂາຍລະຫວ່າງປະເທດ

embarrass, *v.* het-hài-kwai-kɔ̌ɔn ເຮັດໃຫ້ໄຂວ່ເຂີນ; het-hài-aai ເຮັດໃຫ້ອາຍ

embarrassing, *adj.* nàa-ǎp-àai ໜ້າອັບອາຍ

embarrassment, *n.* kwáam-kwai-kɔ̌ɔn ຄວາມໄຂວ່ເຂີນ

embassy, *n.* sa-tǎan-tùut ສະຖານທູດ

ember, *n.* taan-tii-gàm-láng-dèeng-yuu ຖ່ານທີ່ກຳລັງແດງຢູ່

embezzle, *v.* nyak-nyɔ̂ɔk ຍັກຍອກ

embezzlement, *n.* gàan-nyak-nyɔ̂ɔk ການຍັກຍອກ

emblem, *n.* sǎn-nyáa-lak ສັນຍາລັກ (symbol); kʉang-mǎai ເຄື່ອງໝາຍ (mark)

embrace, *v.* sǔam-gɔ̀ɔt ສວມກອດ (hug); lɔ́ɔm-hɔ̂ɔp ລ້ອມຮອບ (surround)

embroider, *v.* tǎk ຕັກ; bpǎk ປັກ

embroidery, *n.* gàan-nyíp-bpǎk-tǎk-hɔ̂ɔi ການຍິບປັກຖັກຮ້ອຍ

embryo, *n.* dtòo-ɔɔn ໂຕອ່ອນ

emerald, *n.* mɔ́ɔ-la-gǒt ມໍລະກົດ

emergency, *n.* páa-wa-sǔk-sɔ̌ɔn ພາວະສຸກເສີນ

emigrant, *n.* puu-ǒp-pa-nyop ຜູ້ອົບພະຍົບ

emigrate, *v.* ǒp-pa-nyop ອົບພະຍົບ

émigré, *n.* puu-ǒp-pa-nyop ຜູ້ອົບພະຍົບ

emission, *n.* gàan-bpeng-ɔ̀ɔk ການເປັ່ງອອກ; gàan-pɛɛ ການແຜ່

emit, *v.* pɛɛ-ɔ̀ɔk ແຜ່ອອກ; bpeng-ɔ̀ɔk ເປັ່ງອອກ; song-ɔ̀ɔk-bpài ສົ່ງອອກໄປ

emotion, *n.* àa-lóm ອາລົມ; kwáam-hûu-sʉ̀k ຄວາມຮູ້ສຶກ

emotional, *adj.* sa-tʉan-àa-lóm ສະເທືອນອາລົມ; giao-gǎp-kwáam-hûu-sʉ̀k ກ່ຽວກັບຄວາມຮູ້ສຶກ

empathy, *n.* kwáam-hěn-jài-puu-ʉʉn ຄວາມເຫັນໃຈຜູ້ອື່ນ; gàan-sai-jài ການໃສ່ໃຈ

emperor, *n.* jǎk-ga-pat ຈັກກະພັດ

emphasis, *n.* gàan-nén-kwáam-sǎm-kán ການເນັ້ນຄວາມສຳຄັນ

emphasize, *v.* nén ເນັ້ນ; hài-kwáam-sǎm-kán ໃຫ້ຄວາມສຳຄັນ

emphatic, *adj.* den-sat ເດັ່ນຊັດ; sǎm-kán ສຳຄັນ

empire, *n.* àa-náa-jǎk ອານາຈັກ

employ, *v.* jàang ຈ້າງ; sâi-ngáan ໃຊ້ງານ

employee, *n.* lûuk-jàang ລູກຈ້າງ; pa-nak-ngáan ພະນັກງານ

employer, *n.* náai-jàang ນາຍຈ້າງ

employment, *n.* gàan-jàang ການຈ້າງ; gàan-míi-wîak-het ການມີວຽກເຮັດ

empower, *v.* hài-àm-nâat ໃຫ້ອຳນາດ

empress, *n.* ma-hěe-sǐi-kɔ̌ɔng-jǎk-ga-pat ມະເຫສີຂອງຈັກກະພັດ

emptiness, *n.* kwáam-waang-bpao ຄວາມວ່າງເປົ່າ; kwáam-bòo-mîi-nyáng ຄວາມບໍ່ມີຫຍັງ

empty, *adj.* waang ວ່າງ; bpao ເປົ່າ; bòo-mîi ບໍ່ມີ

enamel, *n.* kuang-kùap ເຄື່ອງເຄືອບ

enchant, *v.* het-hài-lŏng-lăi ເຮັດໃຫ້ຫລົງໄຫລ

enchanted, *adj.* mîi-sa-nee ມີສະເໜ່

enchantment, *n.* sa-nee ສະເໜ່; gàan-het-hài-lŏng-lăi ການເຮັດໃຫ້ຫລົງໄຫລ

enclose, *v.* bpìt ປິດ (close in); sòot-wâi-nái ສອດໄວ້ໃນ (insert into); mîi-yuu-nái ມີຢູ່ໃນ (contain)

enclosure, *n.* gàan-bpìt ການປິດ; gàan-lôom ການລ້ອມ; sing-tîi-dtìt-máa-pôom ສິ່ງທີ່ຕິດມາພ້ອມ

encore, *n.* gàan-hîak-hôong-hài-sa-dèeng-ìik ການຮຽກຮ້ອງໃຫ້ສະແດງອີກ

encounter, *v.* bpa-sòon-nàa-gàn ປະເຊີນໜ້າກັນ (meet); bpa-ta-gàn ປະທະກັນ (clash)

encourage, *v.* hài-gàm-láng-jài ໃຫ້ກຳລັງໃຈ; sa-nàp-sa-nŭun ສະໜັບສະໜູນ; suk-nyûu ຍຸກຍູ້; song-sŏom ສົ່ງເສີມ

encouragement, *n.* gàan-hài-gàm-láng-jài ການໃຫ້ກຳລັງໃຈ; gàan-sa-nàp-sa-nŭun ການສະໜັບສະໜູນ

encroach, *v.* bùk-luk ບຸກລຸກ; luang-gòon ລ່ວງເກີນ

encyclopedia, *n.* săa-láa-nu-gòm ສາລານຸກົມ

end, *n.* jŏp ຈົບ; bpàai ປາຍ; kàn-sùt-tâai ຂັ້ນສຸດທ້າຍ

endanger, *v.* het-hài-yuu-nái-àn-dta-láai ເຮັດໃຫ້ຢູ່ໃນອັນຕະລາຍ

ending, *n.* gàan-nyut-dtì-lóng ການຍຸຕິລົງ (point in time when an action is completed); dtòon-jŏp ຕອນຈົບ (the ending part); gàan-sa-lŭp ການສະຫລຸບ (the conclusion)

endless, *adj.* bòo-hûu-jàk-jŏp ບໍ່ຮູ້ຈັກຈົບ; bòo-mîi-kòo-sa-lŭp ບໍ່ມີຂໍ້ສະຫລຸບ

endorse, *v.* sa-làk-lăng ສະຫລັກຫລັງ (sign); a-nu-mat ອະນຸມັດ (approve)

endorsement, *n.* gàan-lóng-náam ການລົງນາມ; gàan-a-nu-mat ການອະນຸມັດ

endurance, *n.* kwáam-òt-tón ຄວາມອົດທົນ; kwáam-tón-táan ຄວາມທົນທານ

endure, *v.* òt-tón ອົດທົນ; tón-táan ທົນທານ

enema, *n.* gàan-sŭan-tôong ການສວນທ້ອງ

enemy, *n.* sat-dtùu ສັດຕູ

energetic, *adj.* mîi-gàm-láng-lăai ມີກຳລັງຫລາຍ; mak-het-wîak ມັກເຮັດວຽກ

energy, *n.* gàm-láng ກຳລັງ; pa-láng-ngáan ພະລັງງານ; pa-láa-nu-pâap ພະລານຸພາບ

enforce, *v.* bàng-kap-sâi ບັງຄັບໃຊ້; bàng-kap ບັງຄັບ

engage, *v.* màn ໝັ້ນ (to be married); púa-pán ຜົວເມັຽ (interact with)

engaged, *adj.* míi-kuu-màn ມີຄູ່ໝັ້ນ (to be married); dtìt-tu-la ຕິດທຸລະ (e.g. in business or errand)

engagement, *n.* gàan-màn ການໝັ້ນ; gàan-púa-pán ການຜົວເມັຽ

engine, *n.* kuang-jàk ເຄື່ອງຈັກ; gòn-jàk ກົນຈັກ

engineer, *n.* wi-sa-wa-gɔɔn ວິສະວະກອນ

engineering, *n.* wi-sa-wa-gàm ວິສະວະກຳ

England, *n.* bpa-têet-àng-git ປະເທດອັງກິດ

English, *n.* páa-săa-àng-git ພາສາອັງກິດ (language); kón-àng-git ຄົນອັງກິດ (person); giao-gǎp-àng-git ກ່ຽວກັບອັງກິດ (related to England)

Englishman, -woman, *n.* sáao-àng-git ຊາວອັງກິດ

engrave, *v.* gě-sa-lǎk ແກະສະຫຼັກ (carve); het-mɛɛ-pím ເຮັດແມ່ພິມ (make a plate); bpa-tap-jài ປະທັບໃຈ (impress)

engraving, *n.* gàan-gě-sa-lǎk ການແກະສະຫຼັກ

enjoy, *v.* muan-sɯɯn ມ່ວນຊື່ນ; pə̀ət-pə́ən ເພີດເພີນ

enjoyment, *n.* kwáam-muan-sɯɯn ຄວາມມ່ວນຊື່ນ

enlarge, *v.* ka-nyáai-suan ຂະຫຍາຍສ່ວນ

enlighten, *v.* sɔ́ɔn ສອນ (teach); het-hài-ga-jaang ເຮັດໃຫ້ກະຈ່າງ (make clear); dtàt-sa-hǔu ຕັດສະຫຼຸ້ (e.g. Lord Buddha)

enlightenment, *n.* gàan-hài-kwáam-hǔu ການໃຫ້ຄວາມຮູ້; gàan-hǔu-jɛɛng-hěn-jìng ການຮູ້ແຈ້ງເຫັນຈິງ; gàan-dtàt-sa-hǔu ການຕັດສະຫຼຸ້ (e.g. Lord Buddha)

enormous, *adj.* ma-hu-máa ມະຫຶມາ; yai-lǎai ໃຫຍ່ຫຼາຍ

enough, *adj.* pɔɔ ພໍ; piang-pɔɔ ພຽງພໍ

enroll, *v.* lóng-ta-bìan ລົງທະບຽນ (register); hɔɔ ຫໍ່ (wrap)

enrollment, *n.* gàan-lóng-ta-bìan ການລົງທະບຽນ

enter, *v.* kào ເຂົ້າ; kào-bpai ເຂົ້າໄປ; kào-máa ເຂົ້າມາ

enterprise, *n.* gìt-ja-gàan ກິດຈະການ; ùt-sǎa-ha-gìt ອຸດສາຫະກິດ

enterprising, *adj.* míi-kwáam-li-lɔ̂ɔm ມີຄວາມລິລ່ອມ; gâa-dâi-gâa-sǐa ກ້າໄດ້ກ້າເສຍ

entertain, *v.* het-hài-muan-sɯɯn ເຮັດໃຫ້ມ່ວນຊື່ນ (provide entertainment); hap-hɔ́ɔng-kɛ̀ɛk ຮັບຮອງແຂກ (e.g. guests)

entertainer, *n.* puu-sa-dɛɛng ຜູ້ສະແດງ (actor); puu-het-hài-muan-sɯɯn-lɯɯn-lɔ́ɔng ຜູ້ເຮັດໃຫ້ມ່ວນຊື່ນລື່ນເລີງ (one that entertains)

entertainment, *n.* kwáam-muan-suun-luun-lóong ຄວາມມ່ວນຊື່ນລື່ນເລີງ (the art of entertaining); gàan-hap-hóong-kèek ການຮັບຮອງແຂກ (for guests)

enthusiasm, *n.* kwáam-ga-dtuu-lúu-lôn ຄວາມກະຕືລືລົ້ນ

enthusiastic, *adj.* ga-dtuu-lúu-lôn ກະຕືລືລົ້ນ

entire, *adj.* tang-mót ທັງໝົດ (all); kop-tùan ຄົບຖ້ວນ (complete)

entirely, *adv.* tang-sîn ທັງສິ້ນ

entirety, *n.* kwáam-sŏm-bùun ຄວາມສົມບູນ

entity, *n.* huu-bpa-tám ຮູບປະທໍາ; èek-ga-lak ເອກະລັກ

entrails, *n.* kuang-nái ເຄື່ອງໃນ; sài-púng ໄສ້ພຸງ

entrance, *n.* táang-kào ທາງເຂົ້າ; gàan-kào ການເຂົ້າ

entrée, *n.* gàan-kào ການເຂົ້າ (entering); àa-hăan-lák ອາຫານຫຼັກ (meal)

entrepreneur, *n.* puu-bɔɔ-li-hăan-gít-ja-gàan ຜູ້ບໍລິຫານກິດຈະການ (person who organizes a business venture); náai-tún ນາຍທຶນ (capitalist); nak-tu-la-gít ນັກທຸລະກິດ (business person)

entrust, *v.* wâi-wáang-jài ໄວ້ວາງໃຈ

entry, *n.* gàan-kào ການເຂົ້າ (act of entering); puu-kào-kɛng-kǎn ຜູ້ເຂົ້າແຂ່ງຂັນ (one entered in a competition)

entomology, *n.* gàan-suk-săa-giao-găp-méeng-dtaang-dtaang ການສຶກສາກ່ຽວກັບແມງຕ່າງໆ

envelop, *v.* hɔɔ-hùm ຫໍ່ຫຸ້ມ; bpŏk-kúm ປົກຄຸມ; hi ຫຸ້

envelope, *n.* sɔɔng-jót-măai ຊອງຈົດໝາຍ (for mailing)

envious, *adj.* it-săa ອິດສາ

environment, *n.* sing-wɛ̂ɛt-lɔ́ɔm ສິ່ງແວດລ້ອມ

environmental, *adj.* giao-găp-sing-wɛ̂ɛt-lɔ́ɔm ກ່ຽວກັບສິ່ງແວດລ້ອມ

envy, *n.* kwáam-it-săa ຄວາມອິດສາ

enzyme, *n.* tâat-ɛɛn-sáai ທາດແອນຊາຍ; sʉ̂a-mak ເຊື້ອໝັກ (for fermentation)

epic, *n.* bót-gɔ̀ɔn-bàn-nyáai-luang-nak-hop ບົດກອນບັນຍາຍເລື່ອງນັກຮົບ

epidemic, *n.* lôok-la-bàat ໂລກລະບາດ

epilepsy, *n.* lóm-bâa-mǔu ລົມບ້າໝູ

episode, *n.* dtɔɔn ຕອນ (e.g. in a novel or play); hèet-gàan ເຫດການ (incident)

epitaph, *v.* kám-jàa-lʉk ຄໍາຈາລຶກ

equal, *adj.* tao-tíam ເທົ່າທຽມ

equal, *v.* tao-gàn ເທົ່າກັນ; tao-găp ເທົ່າກັບ

equality, *n.* kwáam-tao-tíam-gàn ຄວາມເທົ່າທຽມກັນ

equalize, *v.* het-hâi-tao-gàn ເຮັດໃຫ້ເທົ່າກັນ; beng-sa-lia ແບ່ງປັນສະເຫຼ່ຍ

equally, *adv.* yaang-tao-tíam-gàn ຢ່າງເທົ່າທຽມກັນ

equate, *v.* het-hâi-tao-gàn ເຮັດໃຫ້ເທົ່າກັບ

equation, v. sǒm-gàan ສົມການ (in mathematics); kwáam-sǒm-dùun ຄວາມສົມດຸນ (balance)

equator, n. sen-sùun-sùut ເສັ້ນສູນສູດ

equip, v. jàt-gìam-hâi ຈັດກຽມໃຫ້; dtìt-dtâng ຕິດຕັ້ງ

equipment, n. ǔ-bpa-gɔɔn ອຸປະກອນ; kuang-bpa-gɔ̀ɔp ເຄື່ອງປະກອບ

equivalent, n. tao-gàn ເທົ່າກັນ

era, n. sa-mǎi ສະໄໝ; yuk ຍຸກ

erase, v. lup-ɔ̀ɔk ລຶບອອກ

eraser, n. yàang-lup ຢາງລຶບ; kuang-lup ເຄື່ອງລຶບ

erect, adj. dtâng-gòng ຕັ້ງກົງ

erect, v. nyok-kun ຍົກຂຶ້ນ (raise); sàang ສ້າງ (build); kɛ̌ɛng-kun ແຂງຂຶ້ນ (get hard)

erection, n. gàan-dtâng-gòng ການຕັ້ງກົງ (structure); gàan-kɛ̌ɛng-dtua ການແຂງຕົວ (e.g. male sexual erection)

erode, v. sɔ ເຊາະ

erosion, n. gàan-sɔ ການເຊາະ

erotic, adj. giao-gàp-kwáam-sa-nee-hǎa ກ່ຽວກັບຄວາມສະເໜ່ຫາ

err, v. ga-tám-pìt ກະທຳຜິດ

errand, n. tu-la ທຸລະ

erratic, adj. bɔɔ-nɛɛ-nɔɔn ບໍ່ແນ່ນອນ; bɔɔ-kóng-tìi ບໍ່ຄົງທີ່

error, n. kwáam-pìt-pâat ຄວາມຜິດພາດ

erupt, v. la-bə̀ət ລະເບີດ; pung-pôn ຜຸ້ງພົ້ນ

eruption, n. gàan-la-bə̀ət ການລະເບີດ; gàan-pung-pôn ການຜຸ້ງພົ້ນ

escalator, n. kàn-dài-luan ຂັ້ນໄດເລື່ອນ

escape, n. gàan-lóp-nìi ການຫຼົບໜີ

escort, v. bpài-bpèn-puan ໄປເປັນເພື່ອນ; bpài-bpèn-muu ໄປເປັນໝູ່

escort, n. puu-tii-bpài-bpèn-muu ຜູ້ທີ່ໄປເປັນໝູ່ (person accompanying another); puu-tii-dtìt-dtàam-bpɔ̂ng-gàn ຜູ້ທີ່ຕິດຕາມປ້ອງກັນ (protective guard)

especially, adv. sa-pɔ-yaang-yîng ສະເພາະຢ່າງຍິ່ງ; dòoi-sa-pɔ ໂດຍສະເພາະ

espionage, n. gàan-jàa-la-gàm ການຈາລະກຳ

essay, n. bòt-kwáam ບົດຄວາມ; gàan-dtɛ̀ng-kɔ̀ɔ-kwáam ການແຕ່ງຂໍ້ຄວາມ

essence, n. nua-tɛ́ɛ ເນື້ອແທ້ (crucial element); hǔa-kɔ̀ɔ-sǎm-kán ຫົວຂໍ້ສຳຄັນ (important issue)

essential, adj. jàm-bpèn ຈຳເປັນ; sǎm-kán ສຳຄັນ

establish, v. dtâng-kun ຕັ້ງຂຶ້ນ; sa-tǎa-bpa-náa-kun ສະຖາປະນາຂຶ້ນ

establishment, n. gàan-jàt-dtâng ການຈັດຕັ້ງ

estate, n. tìi-dìn ທີ່ດິນ (land); gɔ̀ng-mɔ̂ɔ-la-dòk ກອງມໍລະດົກ (property left by one at death)

esteem, n. kwáam-náp-tǔu ຄວາມນັບຖື; kwáam-sɔ̂ɔp-pɔ́ɔ ຄວາມຊອບພໍ

estimate, v. bpa-máən ປະເມີນ (evaluate); bpa-máan ปะมาณ (calculate approximately); dtii-láa-káa ตีลาคา (the price)

estimation, *n.* gàan-bpa-máan ການປະເມີນ; gàan-bpa-máan ການປະມານ; gàan-dtii-láa-káa ການຕີລາຄາ

etch, *v.* kwat ຄັດ; sa-làk ສະຫລັກ

eternal, *adj.* ni-lán-dɔ̀ɔn ນີລັນດອນ; bɔɔ-mii-tii-sìn-sút ບໍ່ມີທີ່ສິ້ນສຸດ

eternity, *n.* ni-lán-dɔ̀ɔn ຄວາມນີລັນດອນ

ether, *n.* àa-gàat-sa-tàat ອາກາສະທາດ

ethic, *n.* ja-li-nya-tám ຈະລິຍະທຳ

ethical, *adj.* hɛng-ja-li-nya-tám ແຫງຈະລິຍະທຳ

ethnic, *adj.* giao-gàp-pao-sŏn ກຽວກັບເຜົ່າຊົນ

etiquette, *n.* máa-la-nyàat ມາລະຍາດ

etymology, *n.* wi-sáa-tii-sŭk-săa-tii-máa-kɔ̌ɔng-kám ວິຊາທີ່ສຶກສາທີ່ມາ ຂອງຄຳ; wi-ta-nyáa-gàan-kâo-sàp ວິທະຍາການເຄົ້າສັບ

eulogy, *v.* sǎn-la-sə̌ən ສັນລະເສີນ

eunuch, *n.* kǎn-tii ຂັນທີ

Europe, *n.* ə̀ə-lóp ເອີລົບ

European, *n.* kón-ə̀ə-lóp ຄົນເອີລົບ

European, *adj.* giao-gàp-ə̀ə-lóp ກຽວກັບເອີລົບ

evacuate, *v.* òp-pa-nyop ອົບພະຍົບ; nyok-nyáai ຍົກຍ້າຍ

evaluate, *v.* bpa-máan ປະເມີນ; dtii-láa-káa ຕີລາຄາ

evaluation, *n.* gàan-bpa-máan ການປະເມີນ

evaporate, *v.* la-hə̌əi ລະເຫີຍ

evasive, *adj.* lòp-lìik ຫລົບຫລີກ; bɔ̀ɔk-bpăt ບອກປັດ

eve, *n.* dtɔ̀ɔn-léeng ຕອນແລງ

even, *adj.* piang ພຽງ (flat); sa-mə̌ə-gàn ສະເໝີກັນ (equal); lêek-kuu ເລກຄູ່ (number)

evening, *n.* wée-láa-léeng ເວລາແລງ; wée-láa-kam ເວລາຄ່ຳ

event, *n.* hèet-gàan ເຫດການ (situation, circumstance); gàan-kɛng-kǎn ການແຂ່ງຂັນ (tournament)

eventful, *adj.* dtɛm-bpài-dûai-hèet-gàan ເຕັມໄປດ້ວຍເຫດການ (full of events); sǎm-kán ສຳຄັນ (important)

eventually, *adv.* nái-tii-sút ໃນທີ່ສຸດ

ever, *adv.* dta-lɔ̀ɔt-bpài ຕະຫລອດໄປ; lûai-bpài ເລື້ອຍໄປ

every, *adj., adv.,* uk ຫຸກ (each); tang-mót ທັງໝົດ (all)

everybody, everyone, *pron.* tuk-kón ຫຸກຄົນ

everyday, *adv.* tuk-wán ຫຸກວັນ

everything, *pron.* tuk-sing ຫຸກສິ່ງ; tuk-yaang ຫຸກປາງ

everywhere, *adv.* tuk-hŏn-tuk-hɛng ຫຸກຫົນຫຸກແຫ່ງ

evict, *v.* kǎp-lai ຂັບໄລ່; kǎp-ɔ̀ɔk ຂັບອອກ

eviction, *n.* gàan-kǎp-lai ການຂັບໄລ່

evidence, *n.* lǎk-tǎan ຫລັກຖານ

evil, *n.* sing-sua-hâai ສິ່ງຊົ່ວຮ້າຍ

evolution, *n.* wi-wat-ta-náa-gàan ວິວັດທະນາການ (in nature); kwáam-gâao-nàa ຄວາມກ້າວໜ້າ (development)

evolve, *v.* pat-ta-náa ພັດທະນາ; wi-wat ວິວັດ

exact, *adj.* nɛɛ-tɛ̂ɛ ແນ່ແທ້ (certain); tùuk-dtɔ̂ɔng ຖືກຕ້ອງ (correct)

exaggerate, *v.* wâo-gəən-kwáam-jìng ເວົ້າເກີນຄວາມຈິງ

exaggeration, *n.* gàan-wâo-gəən-kwáam-jìng ການເວົ້າເກີນຄວາມຈິງ

examination, *n.* gàan-sɔ̀ɔp-sěng ການສອບເສັງ (test); gàan-gùat-sɔ̀ɔp ການກວດສອບ (act of examining)

examine, *v.* gùat ກວດ (check, review); sak-tǎam ຊັກຖາມ (interrogate)

example, *n.* dtùa-yaang ຕົວຢ່າງ

excavate, *v.* jɔ̀ ຈາະ; kùt ຂຸດ

excavation, *n.* gàan-jɔ̀ ການຈາະ; gaan-kùt ການຂຸດ

exceed, *v.* lǎai-gwaa ຫຼາຍກວ່າ; gəən ເກີນ; gàai ກາຍ

excel, *v.* het-dâi-dìi-lǎai ເຮັດໄດ້ດີຫຼາຍ

excellence, *n.* kwáam-dìi-lə̂ət ຄວາມດີເລີດ

excellent, *adj.* nyɔ̂ɔt-yîam ຍອດຢ້ຽມ

except, *v.* nyok-wên ຍົກເວັ້ນ; bɔɔ-lúam ບໍ່ລວມ

exception, *n.* gàan-nyok-wên ການຍົກເວັ້ນ

excess, *n.* jàm-núan-tii-gəən ຈຳນວນທີ່ເກີນ

excessive, *adj.* lǎai-pôot ຫຼາຍໂພດ; gəən-kìit ເກີນຂີດ

exchange, *v.* lɛ̂ɛk-bpian ແລກປ່ຽນ

exchange, *n.* gàan-lɛ̂ɛk-bpian ການແລກປ່ຽນ

excite, *v.* ga-dtûn ກະຕຸ້ນ (stir to activity); het-hài-dtʉ̀ʉn-dtê̂n ເຮັດໃຫ້ຕື່ນເຕັ້ນ (arouse feeling)

excitement, *n.* kwáam-dtʉ̀ʉn-dtê̂n ຄວາມຕື່ນເຕັ້ນ

exciting, *adj.* nàa-dtʉ̀ʉn-dtê̂n ໜ້າຕື່ນເຕັ້ນ

exclaim, *v.* u-táan ອຸທານ; hɔ̂ɔng ຮ້ອງ

exclamation, *n.* gàan-hɔ̂ɔng-u-táan ການຮ້ອງອຸທານ

exclamation mark, *n.* kʉang-mǎai-u-táan ເຄື່ອງໝາຍອຸທານ

exclusive, *adj.* sa-pɔ-dtùa ສະເພາະຕົວ (single or sole); dtɛɛ-puu-diao ແຕ່ຜູ້ດຽວ (e.g. exclusive rights)

excrement, *n.* kɔ̌ɔng-sǐa ຂອງເສຍ (waste material); àa-jòm ອາຈົມ (feces); kìi ຂີ້ (colloq.)

excuse, *v.* gɛ̂ɛ-dtùa ແກ້ຕົວ (explain a fault or an offense); kɔ̌ɔ-tôot ຂໍໂທດ (apologize); kɔ̌ɔ-a-nu-nyâat ຂໍອະນຸຍາດ (take leave)

excuse, *n.* kám-gɛ̂ɛ-dtùa ຄຳແກ້ຕົວ; kám-kɔ̌ɔ-tôot ຄຳຂໍໂທດ

execute, *v.* bpa-hǎan-sǐi-wit ປະຫານຊີວິດ

execution, *n.* gàan-bpa-hǎan-sǐi-wit

ການປະຊາມຊີວິດ

executive, *n.* puu-bɔɔ-li-hǎan ຜູ້ບໍລິຫານ

exemplary, *adj.* bpèn-bèep-yaang ເປັນແບບຢ່າງ

exempt, *v.* nyok-wên ຍົກເວັ້ນ

exemption, *n.* gàan-nyok-wên ການຍົກເວັ້ນ

exercise, *v.* ɔ̀ɔk-gàm-láng-gàai ອອກກຳລັງກາຍ

exercise, *n.* gàan-ɔ̀ɔk-gàm-láng-gàai ການອອກກຳລັງກາຍ (the body); gàan-fɛ̀k-hàt ການເຝິກຫັດ (training); bɛ̀ɛp-fɛ̀k-hàt ແບບເຝິກຫັດ (e.g. homework)

exhale, *v.* hǎai-jài-ɔ̀ɔk ຫາຍໃຈອອກ

exhaust, *n.* tɔɔ-bpɔi-sǐang ທໍ່ປ່ອຍສຽງ; tɔɔ-bpɔi-kwán ທໍ່ປ່ອຍຄວັນ (e.g. car)

exhaust, *v.* sài-mót ໃຊ້ໝົດ (use up); het-hài-mót-hɛ́ɛng ເຮັດໃຫ້ໝົດແຮງ (wear out)

exhausted, *adj.* mʉai ເມື່ອຍ

exhibit, *v.* sa-dɛ́ɛng ສະແດງ; ɔ̀ɔk-bpa-gùat ອອກປະກວດ

exhibition, *n.* ngáan-wáang-sa-dɛ́ɛng ງານວາງສະແດງ; gàan-bpa-gùat ການປະກວດ

exile, *v.* née-la-têet ເນລະເທດ; kǎp-lai ຂັບໄລ່

exile, *n.* gàan-née-la-têet ການເນລະເທດ

exist, *v.* mìi-yuu ມີຢູ່; mìi-sǐi-wit-yuu ມີຊີວິດຢູ່

existence, *n.* gàan-mìi-yuu ການມີຢູ່

existent, *adj.* mìi-yuu ມີຢູ່; nái-ka-na-nìi ໃນຂະນະນີ້

exit, *n.* táang-ɔ̀ɔk ທາງອອກ

expand, *v.* ka-nyǎai ຂະຫຍາຍ

expansion, *n.* gàan-ka-nyǎai ການຂະຫຍາຍ

expatriate, *n.* puu-pak-yuu-nái-bpa-têet-ʉʉn ຜູ້ພັກຢູ່ໃນປະເທດອື່ນ

expect, *v.* kâat-mǎai ຄາດໝາຍ; kâat-wǎng ຄາດຫວັງ

expectation, *n.* kwáam-kâat-mǎai ຄວາມຄາດໝາຍ; sing-tii-kâat-wǎng ສິ່ງທີ່ຄາດຫວັງ

expel, *v.* lai-ɔ̀ɔk ໄລ່ອອກ

expense, *n.* kaa-sâi-jaai ຄ່າໃຊ້ຈ່າຍ

expensive, *adj.* péeng ແພງ

experience, *v.* bpa-sóp ປະສົບ

experience, *n.* bpa-sóp-gàan ປະສົບການ

experienced, *adj.* mìi-bpa-sóp-gàan ມີປະສົບການ

experiment, *n.* gàan-tot-lɔ́ɔng ການທົດລອງ

experimental, *adj.* giao-gǎp-gàan-tot-lɔ́ɔng ກ່ຽວກັບການທົດລອງ

expert, *n.* puu-siao-sáan ຜູ້ຊ່ຽວຊານ

expertise, *n.* kwáam-sám-náan ຄວາມຊຳນານ

expiration, *n.* gàan-hǎai-jài ການຫາຍໃຈ (breathing); gàan-mót-àa-nyu ການໝົດອາຍຸ (expiry)

expire, *v.* àa-nyu ໝົດອາຍຸ

explain, v. a-ti-bàai ອະທິບາຍ

explanation, n. gàan-a-ti-bàai ການອະທິບາຍ; kám-a-ti-bàai ຄຳອະທິບາຍ

explanatory, adj. bpèn-gàan-a-ti-bàai ເປັນການອະທິບາຍ

explode, v. la-bòət ລະເບີດ

exploit, n. sâi-bpa-nyòot-hâi-dâi-lăai-tii-sŭt ໃຊ້ປະໂຫຍດໃຫ້ໄດ້ຫຼາຍທີ່ສຸດ (employ to the greatest possible advantage); ào-bpìap ເອົາປຽບ (make use of selfishly)

exploitation, n. gàan-hăa-bpa-nyòot ການຫາປະໂຫຍດ; gàan-ào-bpìap-puu-ùun ການເອົາປຽບຜູ້ອື່ນ

explore, v. săm-lùat ສຳຫຼວດ; gùat-kôn ກວດຄົ້ນ

explorer, n. puu-săm-lùat ຜູ້ສຳຫຼວດ

explosion, n. gàan-la-bòət ການລະເບີດ; gàan-kăp-lai-òok ການຂັບໄລ່ອອກ

explosive, adj. la-bòət-dâi ລະເບີດໄດ້

export, v. song-òok ສົ່ງອອກ

export, n. gàan-song-òok ການສົ່ງອອກ

exporter, n. puu-song-òok ຜູ້ສົ່ງອອກ

expose, v. săm-pát-găp ສຳຜັດກັບ (have contact with); het-hâi-hûu-jăk ເຮັດໃຫ້ຮູ້ຈັກ (make known)

exposition, n. gàan-sa-dèɛng ການສະແດງ (public show)

exposure, n. gàan-bpòət-pǝ̀ǝi ການເປີດເຜີຍ (appearance in public; revelation); gàan-dâi-săm-pát ການໄດ້ສຳຜັດ (contact)

express, adj. duan ດ່ວນ (fast, e.g. train, letter)

express, v. sa-dèɛng ສະແດງ (oneself); sa-dèɛng-kám-kit-kám-hěn ສະແດງຄຳຄິດຄຳເຫັນ (opinion)

expression, n. gàan-sa-dèɛng-kwáam-kit-hěn ການສະແດງຄວາມຄິດເຫັນ (showing one's opinion); gàan-sa-dèɛng-kwáam-hûu-sǔk ການສະແດງຄວາມຮູ້ສຶກ (showing feeling); wóo-hǎan ໂວຫານ (saying)

express mail, n. jòt-mǎai-duan ຈົດໝາຍດ່ວນ

expulsion, n. gàan-kǎp-ɔ̀ɔk ການຂັບອອກ

extend, v. ka-nyáai ຂະຫຍາຍ

extension, n. gàan-ka-nyáai ການຂະຫຍາຍ (act of extending); suan-tii-ka-nyáai-ɔ̀ɔk ສ່ວນທີ່ຂະຫຍາຍອອກ (extended part); sǎai-dtɔɔ sǎai-tɔ̀ (extended line); dtɔɔ ຕໍ່ (telephone line)

extensive, adj. gwâang ກວ້າງ (broad); lǎai ຫຼາຍ (large in extent)

exterior, n. pâai-nɔ̂ɔk ພາຍນອກ

external, adj. dâan-nɔ̂ɔk ດ້ານນອກ; pâai-nɔ̂ɔk ພາຍນອກ (exterior)

extinct, adj. sǔun-pán ສູນພັນ (no longer existing or living); mɔ̀ɔt ມອດ (no longer burning or active)

extinction, n. gàan-sǔun-pán ການສູນພັນ

extinguish, v. mɔ̀ɔt ມອດ

extinguisher / failure

extinguisher, n. kuang-mòot-fái ເຄື່ອງມອດໄຟ

extort, v. kuu-hài-yâan ຂູ່ໃຫ້ຢ້ານ; bàng-kap ບັງຄັບ

extra, n. pə̀əm-dtə̀əm ເພີ່ມເຕີມ; pi-sèet ພິເສດ

extract, v. ào-ɔ̀ɔk ເອົາອອກ; sa-gǎt-ɔ̀ɔk ສະກັດອອກ

extract, n. gàan-sa-gǎt-ɔ̀ɔk ການສະກັດອອກ

extradite, v. song-puu-hǎai-kàam-dɛ̀ɛn ສົ່ງຜູ້ຮ້າຍຂ້າມແດນ

extreme, adj. tii-sut ທີ່ສຸດ (very intense); lǎai-pôot ຫລາຍໂພດ; hún-héeng-gə̀ən-bpai ຮຸນແຮງເກີນໄປ (far beyond the norm)

extremely, adv. nyɔ̂ɔt-tii-sut ຍອດທີ່ສຸດ; tii-sut ທີ່ສຸດ; yaang-kak ຢ່າງກັກ

extremist, n. puu-mii-kwáam-hěn-hún-héeng ຜູ້ມີຄວາມເຫັນຮຸນແຮງ

extrovert, n. kón-mak-kào-sǎng-kóm ຄົນມັກເຂົ້າສັງຄົມ (outgoing person; one that likes to socialize)

eye, n. dtaa ຕາ

eyeball, n. nuai-dtàa ໜ່ວຍຕາ

eyebrow, n. kiu ຄິ້ວ

eyeglasses, n. wɛn-dtàa ແວ່ນຕາ

eyelash, n. kǒn-dtàa ຂົນຕາ

eyelid, n. nǎng-dtàa ໜັງຕາ

eye shadow, n. sǐi-táa-nǎng-dtàa ສີທາໜັງຕາ

eyesight, n. sǎai-dtàa ສາຍຕາ

eyewitness, n. pa-nyáan ພະຍານ

F

fable, n. ni-táan ນິທານ

fabric, n. pàa ຜ້າ (cloth); òng-bpa-gɔ̀ɔp ອົງປະກອບ (structure)

fabricate, v. sàang ສ້າງ (build); dtam-hùuk ຕຳຫູກ (weave)

fabrication, n. gàan-sàang-kùn ການສ້າງຂຶ້ນ

face, n. bài-nàa ໃບໜ້າ; nàa ໜ້າ

facelift, n. gàan-dùng-nàa-hài-keng ການດຶງໜ້າໃຫ້ຕຶງ

facet, n. dâan ດ້ານ; liam ຫລ່ຽມ

fact, n. kwáam-jìng ຄວາມຈິງ; kɔ̂ɔ-têɛ-jìng ຂໍ້ແທ້ຈິງ

factor, n. bpat-jài ປັດໄຈ; suan-bpa-gɔ̀ɔp ສ່ວນປະກອບ

factory, n. hóong-ngáan ໂຮງງານ

factual, adj. giao-gǎp-kɔ̂ɔ-têɛ-jìng ກ່ຽວກັບຂໍ້ແທ້ຈິງ

faculty, n. ka-na ຄະນະ (e.g. in a university); kwáam-sǎa-mâat ຄວາມສາມາດ (ability)

fad, n. kwáam-ni-nyóm-sóm-sɔ̀ɔp-sua-káao ຄວາມນິຍົມຊົມຊອບຊົ່ວຄາວ

fade, v. sìit ຊີດ (lose brightness); jàang ຈາງ (dim); kɔi-kɔi-hǎai-bpai ຄ່ອຍໆຫາຍໄປ (disappear gradually)

fail, v. lôm-lěeo ລົ້ມເຫລວ; bɔɔ-sǎm-lět ບໍ່ສຳເລັດ

failure, n. kwáam-lôm-lěeo ຄວາມລົ້ມເຫລວ

A B C D **E F** G H I J K L M N O P Q R S T U V W X Y Z

faint, v. bpèn-lóm เป็นลົม

faint, adj. ngáo-múa-múa งึมมัวๆ; bɔɔ-sat บ่ຊັດ (not clear)

fair, n. ngáan-wáang-sa-dèeng งานวางสะแດງ (exhibition); dta-làat-nat ຕະຫລາດນັດ (flea market); ngáan-muan-suun งานມ່ວນຊື່ນ (e.g., for amusement)

fair, adj. sŭai-ngáam ສວຍງາມ (pleasing appearance); nyut-dti-tám ຍຸດຕິທຳ (just)

fairly, adv. gòng-bpài-gòng-máa ກ່ງໄປກ່ງມາ

fairy, n. tée-wa-dàa ເທວະດາ; náang-fáa ນາງຟ້າ

faith, n. kwáam-sua ຄວາມເຊື່ອ; kwáam-sǎt-táa ຄວາມສັດທາ

faithful, adj. suu-sàt ຊື່ສັດ; sàt-suu ສັດຊື່

fake, adj. bpɔ̀ɔm ປອມ

fake, n. kɔ̌ɔng-bpɔ̀ɔm ຂອງປອມ

falcon, n. nyiao ຫຍ່ຽວ

fall, v. dtòk ຕົກ (e.g. rain); lòm ຫລົ້ມ (drop oneself; stumble)

fall, n. gàan-dtòk ການຕົກ (act of falling); la-dùu-bài-mâi-lon ລະດູໃບໄມ້ຫລົ່ນ (autumn)

false, adj. pìt ຜິດ

falsehood, n. kwáam-bɔɔ-jìng ຄວາມບໍ່ຈິງ

falsify, v. bpɔ̀ɔm-bpèeng ປອມແປງ; het-hài-pìt ເຮັດໃຫ້ຜິດ

fame, n. suu-sĭang ຊື່ສຽງ

familiar, adj. kún-kóei ຄຸ້ນເຄີຍ; sa-nìt-sa-nŏm ສະນິດສະນົມ

family, n. kɔ̂ɔp-kúa ຄອບຄົວ

family name, n. náam-sa-gùn ນາມສະກຸນ

famine, n. kwáam-ŭt-yàak ຄວາມອຶດຢາກ

famous, adj. míi-suu-sĭang ມີຊື່ສຽງ

fan, v. wíi ວີ

fan, n. wíi ວີ; pat ພັດລົມ; féen ແຟນ

fanatic, n. kwáam-lŏng-lǎi ຄວາມຫລົງໄຫລ

fancy, n. kwáam-nuk-fǎn ຄວາມນຶກຝັນ

fang, n. kèo-sàt ແຂ້ວສັດ

fantasize, v. jìn-dta-náa-gàan ຈິນຕະນາການ

fantastic, adj. nàa-ăt-sa-jàn ຫນ້າອັດສະຈັນ; dìi-lɔ̂ət ດີເລີດ

fantasy, n. gàan-jìn-dta-náa-gàan ການຈິນຕະນາການ; gàan-nuk-fǎn ການນຶກຝັນ

far, adj. gài ໄກ

fare, n. kaa-dòoi-sǎan ຄ່າໂດຍສານ

Far East, n. dtàa-wén-ɔ̀ɔk-gài ຕາເວັນອອກໄກ

farewell, n. gàan-àm-láa ການອຳລາ

farfetched, adj. bɔɔ-nàa-bpèn-bpài-dâi ບໍ່ຫນ້າເປັນໄປໄດ້

farm, n. hai ໄຮ່; náa ນາ

farmer, n. sáao-náa ຊາວນາ; ga-si-gɔ̀ɔn ກະສິກອນ

farmhouse, n. tíang-náa ກຸງນາ

farming, n. gàan-het-hai ການເຮັດໄຮ່;

Farsi

gàan-het-náa ການເຮັດມາ

Farsi, *n.* páa-săa-kŏong-sáao-i-laan ພາສາຂອງຊາວອີຫລ່ານ

fascinate, *v.* het-hài-sa-nee-hăa ເຮັດໃຫ້ສະເໜຫາ; jàp-jai ຈັບໃຈ; het-hài-dtŏk-sa-ngŏə ເຮັດໃຫ້ຕົກສະເງິ້

fascinating, *adj.* míi-sa-nee ມີສະເໜ່; nàa-bpà-tap-jài ໜ້າປະທັບໃຈ

fascination, *n.* sa-nee ສະເໜ່; pa-láng-dùng-dùut-jài ພະລັງດຶງດູດໃຈ

fascisim, *n.* lat-ti-pa-dèt-gàan-fáat-sit ລັດທິປະເດັດການຟາດສິດ

fascist, *n.* puu-tŭu-lat-ti-pa-dèt-gàan-fáat-sit ຜູ້ຖືລັດທິປະເດັດການຟາດສິດ

fashion, *n.* kwáam-ni-nyóm ຄວາມນິຍົມ; bèep ແບບ

fashionable, *adj.* dtàam-sa-măi-ni-nyóm ຕາມສະໄໝນິຍົມ; tán-sa-măi ທັນສະໄໝ

fast, *v.* ŏt-àa-hăan ອົດອາຫານ

fast, *adj.* wái ໄວ

fasten, *v.* hat ຮັດ; mat-dtìt ມັດຕິດ

fastener, *n.* kuang-pùuk-hat ເຄື່ອງຜູກຮັດ; kuang-jòng-dùng ເຄື່ອງຈ່ອງດຶງ

fast food, *n.* àa-hăan-duan ອາຫານດ່ວນ

fat, *n.* kăi-mán ໄຂມັນ

fat, *adj.* ûan ອ້ວນ; píi ພີ; dtûi ຕຸ້ຍ

fatal, *adj.* bpèn-àn-dta-láai ເປັນອັນຕະລາຍ; tŏng-bpèn-tŏng-dtáai ເຖິງເປັນເຖິງຕາຍ

fate, *n.* sôok-sáa-dtàa ໂຊກຊາຕາ; pòm-li-kìt ຜົມລິຂິດ

father, *n.* pɔɔ ພໍ່; bĭ-dàa ບິດາ

fatten, *v.* het-hài-ûan ເຮັດໃຫ້ອ້ວນ

faucet, *n.* gɔ̀k-náam ກ໊ອກນ້ຳ

fault, *n.* kwáam-pìt-pâat ຄວາມຜິດພາດ (mistake); fáai-pìt ຝ່າຍຜິດ (the party to blame); kɔ̀ɔ-bŏk-pɔng ຂໍ້ບົກຜ່ອງ (character weakness; a defect); sǎn-hǐin-tii-dtèek-hǎk ອັນທິນທີ່ແຕກຫັກ (geological)

faulty, *adj.* mĭi-kɔ̀ɔ-pìt-pâat ມີຂໍ້ຜິດພາດ

favor, *n.* kwáam-ga-lu-náa ຄວາມກະລຸນາ

favorable, *adj.* bpèn-tii-bpòot-bpàan ເປັນທີ່ໂປດປານ; bpèn-tii-hak-kai ເປັນທີ່ຮັກໃຄ່

favorite, *adj.* tii-sɔ̌ɔp ທີ່ຊອບ; tii-mak-lăai-tii-sùt ທີ່ມັກຫລາຍທີ່ສຸດ

favorite, *n.* kɔ̌ɔng-tii-mak-lăai-tii-sùt ຂອງທີ່ມັກຫລາຍທີ່ສຸດ

favoritism, *n.* kwáam-lám-iang ຄວາມລຳອຽງ

fawn, *n.* lûuk-gwàang ລູກກວາງ (baby deer); sĭi-lŭang-bpòn-nàam-dtàan ສີເຫລືອງປົນນ້ຳຕານ (color)

fax, *n.* fɛ́k ແຟັກ; kuang-tóo-la-sǎan ເຄື່ອງໂທລະສານ

fear, *n.* kwáam-yàan-gùa ຄວາມຢ້ານກົວ

fearless, *adj.* bɔɔ-yâan ບໍ່ຢ້ານ

feast, *n.* ngáan-gìn-líang ງານກິນລ້ຽງ

feather, *n.* kŏn-nok ອົນນົກ (bird);

kǒn-gai ອິນໄກ່ (chicken)

feature, *n.* nàa-dtàa ໜ້າຕາ (look); lak-sa-nă-den ລັກສະນະເດັ່ນ (special feature)

February, *n.* dʉan-gùm-páa ເດືອນກຸມພາ

feces, *n.* àa-jòm ອາຈົມ; kìi ຂີ້ (collq.)

federal, *adj.* sa-ha-pán ສະຫະພັນ (relating to, or being a form of government in which there is a union of states); gàang ກາງ (e.g. federal government)

federation, *n.* sa-ha-pán ສະຫະພັນ

fee, *n.* kaa-tám-níam ຄ່າທຳນຽມ; kaa-bɔɔ-li-gàan ຄ່າບໍລິການ

feed, *v.* bpɔɔn ປ້ອນ; líang-àa-hǎan ລ້ຽງອາຫານ

feedback, *n.* gàan-dtɔ̀ɔp-gǎp ການຕອບກັບ

feel, *v.* hʉ́u-sʉ̌k ຮູ້ສຶກ (perceive); sǎm-pát ສຳພັດ (touch)

feeling, *n.* kwáam-hʉ́u-sʉ̌k ຄວາມຮູ້ສຶກ (sensation); àa-lóm ອາລົມ (mood)

felony, *n.* kwáam-pit-àa-nyáa-kàn-hún-héeng ຄວາມຜິດອາຍາຂັ້ນຮຸນແຮງ

felt, *n.* pàa-sǎk-ga-laat ຜ້າສັກກະຫລາດ (cloth)

female, *n.* puu-nýing ຜູ້ຍິງ (woman); pêet-nýing ເພດຍິງ (female gender); dtòo-mɛɛ ໂຕແມ່ (used with animals)

feminine, *adj.* bpèn-mɛɛ-nýing ເປັນແມ່ຍິງ

feminism, *n.* lat-ti-hài-kwáam-sa-mɔ̌ɔ-pâak-gèe-puu-nýing ລັດທິໃຫ້ຄວາມສະເໝີພາກແກ່ຜູ້ຍິງ; lat-ti-fée-mi-nit ລັດທິເຟມິນິດ

feminist, *n.* puu-hǐak-hɔ̌ɔng-sǐt-ti-sa-dtìi ຜູ້ຮຽກຮ້ອງສິດທິສະຕີ

fence, *n.* húa ຮົ້ວ; kuang-gân ເຄື່ອງກັ້ນ (any barriers)

fencing, *n.* gàan-fán-dàap ການຟັນດາບ (sports)

fender, *n.* kuang-bpɔ̂ng-gǎn ເຄື່ອງປ້ອງກັນ

ferment, *v.* mǎk-sʉa ໝັກເຊື້ອ; bom ບົ່ມ

ferment, *n.* sʉa-mǎk ເຊື້ອໝັກ (e.g. yeast)

fermentation, *n.* gàan-mǎk-sʉa ການໝັກເຊື້ອ

fern, *n.* dtôn-pǎk-gùut ຕົ້ນຜັກກູດ

ferocious, *adj.* hâai ຮ້າຍ; hún-héeng ຮຸນແຮງ

ferry, ferryboat, *n.* húa-jàang ເຮືອຈ້າງ

fertile, *adj.* u-dòm-sǒm-bùun ອຸດົມສົມບູນ (fruitful); hài-lûuk-dâi ໃຫ້ລູກໄດ້ (capable of reproduction)

fertility, *n.* kwáam-u-dom-sǒm-bùun ຄວາມອຸດົມສົມບູນ

fertilizer, *n.* bpǔi ປຸ໋ຍ; fun ຝຸ່ນ

festival, *n.* ngáan-sa-lɔ̌ɔng ງານສະຫລອງ; ngáan-bùn ງານບຸນ

festive, *adj.* lʉʉn-lɛ́ɛng ລື່ນເລີງ; sa-lɔ̌ɔng ສະຫລອງ

fetch, *v.* bpài-ào ໄປເອົາ; bpài-hapmáa ໄປຮັບມາ

fetus, *n.* lûuk-nái-tɔ̂ɔng ລູກໃນທ້ອງ; dtòo-ɔɔn ໄຕອ່ອນ

feudal, *adj.* giao-gáp-la-bɔ̀ɔp-sǎk-di-náa ກ່ຽວກັບລະບອບສັກດີນາ

fever, *n.* kài ໄຂ້

feverish, *adj.* bpen-kài ເປັນໄຂ້

few, *n.* nɔ̂ɔi ໜ້ອຍ

fiancé, -ée, *n.* kuu-màn ຄູ່ໝັ້ນ

fiber, *n.* sèn-nyái ເສັ້ນໃຍ

fickle, *adj.* gáp-gɔ̀ɔk ກັບກອກ; bɔ̀ɔ-jìng-jàng ບໍ່ຈິງຈັງ

fiction, *n.* ni-nyáai ນິຍາຍ; ni-táan ນິທານ

fictitious, *adj.* bpa-dìt-kùn ປະດິດຂຶ້ນ; sǒm-mut ສົມມຸດ

fiddle, *n.* sɔ́ɔ ຊໍ

fiddle, *v.* sǐi-sɔ́ɔ ສີຊໍ (to play the violin); sái-múu-(kɛ̀ɛn)-bpài-máa ໃຊ້ມື (ແຂນ) ໄປມາ

fidelity, *n.* kwáam-sùu-sát ຄວາມຊື່ສັດ

fidget, *v.* ga-wón-ga-wáai ກະວົນກະວາຍ; ngút-ngìt ຫງຸດຫງິດ

field, *n.* sa-nǎam ສະໜາມ; tong ທົ່ງ

fierce, *adj.* hòot-hâai ໂຫດຮ້າຍ

fifteen, *nm.* sìp-hâa ສິບຫ້າ

fifteenth, *adj.* tii-sìp-hâa ທີສິບຫ້າ

fifth, *adj.* tii-hâa ທີຫ້າ

fifty, *nm.* hâa-sìp ຫ້າສິບ

fig, *n.* màak-dua ໝາກເດື່ອ

fight, *v.* dtɔɔ-sùu ຕໍ່ສູ້; hop ຮົບ

fight, *n.* gàan-dtɔɔ-sùu ການຕໍ່ສູ້; gàan-hop ການຮົບ

fighter, *n.* nak-dtɔɔ-sùu ນັກຕໍ່ສູ້; nak-hop ນັກຮົບ

figure, *n.* hûup-haang ຮູບຮ່າງ (shape); lèek ເລກ (number)

filament, *n.* sèn-nyái ເສັ້ນໃຍ

file, *v.* gép-kào-fɛ́ɛm ເກັບເຂົ້າແຟ້ມ (put in a folder); tǔu-dta-bài ຖູຕະໄບ (smooth or remove with a file)

file, *n.* èek-ga-sǎan ເອກະສານ (document); gàan-jàt-gép-kào-fɛ́ɛm ການຈັດເກັບເຂົ້າແຟ້ມ (act of filing); fɛ́ɛm ແຟ້ມ (folder); dta-bài-tǔu-lep ຕະໄບຖູເລັບ (nail file)

fill, *v.* dtɤ̀ɤm ເຕີມ (add); bàn-jù ບັນຈຸ (contain); het-hài-dtèm ເຮັດໃຫ້ເຕັມ (e.g. with water)

fillet, *n.* sǎai-kâat-pǒm ສາຍຄາດຜົມ (hair band); sîin ຊີ້ນ (piece of meat)

filling, *n.* sài-kào-nǒm ໄສ້ເຂົ້າໜົມ (of sweets or desserts); sing-tii-sai-kàang-nái ສິ່ງທີ່ໃສ່ຂ້າງໃນ (what is put inside); sing-tii-àt-kèeo ສິ່ງທີ່ອັດແຂ້ວ (for tooth)

film, *n.* hûup-ngáo ຮູບເງົາ (movie); fíim ຟິມ (for camera)

filter, *n.* kuang-dtɔ̀ɔng ເຄື່ອງຕອງ

fin, *n.* kíi-bpàa ຄີປາ

final, *n.* kàn-sùt-tâai ຂັ້ນສຸດທ້າຍ; dtɔ̀ɔn-jóp ຕອນຈົບ

finalist, *n.* puu-kào-hɔ̂ɔp-sút-tâai ຜູ້ເຂົ້າຮອບສຸດທ້າຍ

finally, *adv.* nái-tii-sút ໃນທີ່ສຸດ; sa-lúp ສະຫຼຸບ

finance, n. gàan-ngón ການເງິນ
financial, adj. táang-gàan-ngón ທາງການເງິນ
financier, n. puu-siao-sáan-táang-gàan-ngón ຜູ້ຊ່ຽວຊານທາງການເງິນ
financing, n. gàan-jàt-ngón-tún ການຈັດເງິນທຶນ
find, v. sɔ́ɔk-hǎa ຊອກຫາ; pop ພົບ
fine, adj. dìi ດີ (good, superior quality, etc.); sa-bàai-dìi ສະບາຍດີ (feeling well); la-ìat ລະອຽດ (delicate); bàang ບາງ (thin, e.g. hair)
fine, v. bpàp-mǎi ປັບໃໝ
fine, n. kaa-bpàp-mǎi ຄ່າປັບໃໝ
finger, n. nìu-múu ນິ້ວມື
fingernail, n. lep-múu ເລັບມື
fingerprint, n. láai-nìu-múu ລາຍນິ້ວມື
finish, v. jòp ຈົບ; sǎm-lét ສຳເລັດ
finish, n. sùt-tàai ສຸດທ້າຍ (final); gàan-het-hài-sǎm-lét ການເຮັດໃຫ້ສຳເລັດ (getting something done); kwáam-giang-gào ຄວາມກ້ຽງກ່ຽວ (e.g. matt, glossy); yàa-kàt-ngáo ຢາຂັດເງົາ (polishing agent)
fire, v. nyíng-bpùun ຍິງປືນ (e.g. a gun)
fire, n. fái ໄຟ; gàan-nyíng-bpùun ການຍິງປືນ (shooting)
firearm, n. àa-wut-bpùun ອາວຸດປືນ
firecracker, n. màak-ga-pôok ໝາກກະໂພກ
firefighter, n. pa-nak-ngáan-mɔ̀ɔt-fái ພະນັກງານມອດໄຟ
firefly, n. méeng-hing-hɔ̂i ແມງຫິງຫ້ອຍ
fireplace, n. dtào-fái ເຕົາໄຟ
fireproof, adj. tón-fái ທົນໄຟ
firewood, n. fúun ຟືນ
fireworks, n. dɔ̀ɔk-mài-fái ດອກໄມ້ໄຟ
firm, n. bɔ̀ɔ-li-sǎt ບໍລິສັດ (company); kwáam-màn-kóng ຄວາມໝັ້ນຄົງ (stability)
firm, adj. màn-kóng ໝັ້ນຄົງ (stable); nèn-nǎa ແໜ້ນໜາ (tight)
first, adj. tii-nung ທີ່ໜຶ່ງ; tám-ìt ທຳອິດ
first aid, n. gàan-bpa-tǒm-pa-nyáa-bàan ການປະຖົມພະຍາບານ
first-class, adj. sân-nung ຊັ້ນໜຶ່ງ
fish, n. bpàa ປາ
fish ball, n. lûuk-sîin-bpàa ລູກຊີ້ນປາ
fisherman, n. kón-hǎa-bpàa ຄົນຫາປາ; sáao-bpa-móng ຊາວປະມົງ
fishhook, n. bét ເບັດ
fishing, n. gàan-dtùk-bpàa ການຕຶກປາ
fish market, n. dta-làat-kǎai-bpàa ຕະຫຼາດຂາຍປາ
fishmongo, n. kón-kǎai-bpàa ຄົນຂາຍປາ
fishy, adj. gin-káao-bpàa ກິນຄາວປາ; nàa-sǒng-sǎi ໜ້າສົງໄສ (suspicious)
fist, n. gàm-bpân ກຳປັ້ນ
fit, v. sai-pɔ́ɔ-dìi ໃສ່ພໍດີ
fit, n. kwáam-mɔ̌-sóm ຄວາມເໝາະສົມ
fit, adj. pɔ́ɔ-dìi ພໍດີ (just right); sù-ka-pâap-dìi ສຸຂະພາບດີ (good health)
fitness, n. kwáam-pɔ́ɔ-dìi ຄວາມພໍດີ
five, nm. hàa ຫ້າ

five hundred, *nm.* hàa-hǒoi ຫ້າຮ້ອຍ

fix, *v.* sòm-bpὲeng ສ້ອມແປງ (repair); dǜt ຕິດ (attach)

fixed, *adj.* gàm-not-wâi ກຳນົດໄວ້ (established); nɛɛ-nɔ́ɔn ແນ່ນອນ (certain); sòm-bpὲeng-lɛ́ɛo ສ້ອມແປງແລ້ວ (repaired)

fixure, *n.* kwáam-nὲn-nǎa ຄວາມແໜ້ນໜາ (firmness)

flag, *n.* túng ທຸງ

flake, *n.* pen-bàang-bàang ແຜ່ນບາງໆ (thin slices); sìin-nɔ́ɔi-nɔ́ɔi ຊີ້ນນ້ອຍໆ (small pieces); kón-tìi-sua-tǔu-bɔɔ-dâi ຄົນບໍ່ມີເຊື່ອທື້ບໍ່ໄດ້ (unreliable person)

flame, *n.* bpὲeo-fái ແປວໄຟ

flamingo, *n.* nok-ga-lîan ນົກກະລຽນ

flannel, *n.* pàa-sǎk-ga-làat-ɔ́ɔn ຜ້າສັກກະຫລາດອ່ອນ

flap, *v.* ga-púu ກະພື (e.g. wings); bòok-sa-bàt ໂບກສະບັດ (e.g. a flag)

flare, *n.* gàan-luk-bpèn-fái ການລຸກເປັນໄຟ (flaming up); sěeng-máap ແສງມາບ (blaze of light); sǎn-nyáan-fái-sǔk-sə̌ən ສັນຍານໄຟສຸກເສີນ (emergency light)

flash, *n.* sóng-sěeng-wâap ສ່ອງແສງວາບ (brief, intense display of light); sěeng-fái-sân ແສງໄຟສັ້ນ (from camera)

flash bulb, *n.* lɔ̀ɔt-fái-sǎm-lǎp-sài-taai-hûup ຫລອດໄຟສຳລັບໃຊ້ຖ່າຍຮູບ

flashlight, *n.* fái-fɛ́t ໄຟແຝດ

flat, *n.* dtǔk-hɔ̂ng-tɛ̌ɛo ຕຶກຫ້ອງແຖວ (apartment building); bpὲe ແປ; hâap ຮາບ; bὲen ແບນ

flatten, *v.* het-hài-bὲen ເຮັດໃຫ້ແບນ

flatter, *v.* bpa-jóp-bpa-jèeng ປະຈົບປະແຈງ; nyɔ́ng-nyɔ́ɔ ຍ້ອງຍໍ

flattery, *n.* gàan-bpa-jóp-bpa-jèeng ການປະຈົບປະແຈງ; gàan-nyɔ́ng-nyɔ́ɔ ການຍ້ອງຍໍ

flavor, *n.* lot-sáat ລົດຊາດ

flaw, *n.* kɔ̂ɔ-bók-pong ຂໍ້ບົກພ່ອງ; kɔ̂ɔ-dtàm-nì ຂໍ້ຕຳນິ

flawless, *adj.* bɔɔ-míi-kɔ̂ɔ-dtàm-ni ບໍ່ມີຂໍ້ຕຳນິ

flea, *n.* dtòo-mǎt ໂຕໝັດ; hái ໄຮ

flea market, *n.* dta-làat-kǎai-kɔ̌ɔng-gao ຕະຫລາດຂາຍຂອງເກົ່າ

fledgling, *n.* fɔ̀k-bìn ເຝິກບິນ (e.g. bird); kón-bɔɔ-míi-bpa-sóp-gàan ຄົນບໍ່ມີປະສົບການ (inexperienced)

flee, *v.* nǐi ໜີ

fleet, *n.* gɔ̀ɔng-tap-húa ກອງທັບເຮືອ

flesh, *n.* nǔa ເນື້ອ; lûat-nǔa-sǔa-kǎi ເລືອດເນື້ອເຊື້ອໄຂ (e.g., flesh and blood = relative)

flexible, *adj.* tii-kôong-ngɔ̀ɔ-dâi ທີ່ໂຄ້ງງໍໄດ້; nyǔut-dâi ຍືດໄດ້

flier, *n.* nak-bìn ນັກບິນ (pilot); bài-kóo-sa-náa ໃບໂຄສະນາ (pamphlet)

flight, *n.* gàan-bìn ການບິນ (act of flying); tîao-bìn ຖ້ຽວບິນ (of an airline); gàan-nǐi ການໜີ (escape)

flimsy, *adj.* bɔ̀ɔp-bàang ບອບບາງ (thin); ɔ̀ɔn-ɛ́ɛ ອ່ອນແອ (weak)

flinch

flinch, v. sa-dûng ສະດຸ້ງ; sa-ngô ສະເງີ້

flint, n. hĭin-lĕk-fái ຫີນເຫຼັກໄຟ

flirt, v. wâo-gĭao-gàn ເວົ້າກ້ຽວກັບ; het-jâo-sùu ເຮັດເຈົ້າຊູ້

float, v. lɔɔi ລອຍ; lɔɔi-nâam ລອຍນ້ຳ

float, n. gàan-lɔɔi ການລອຍ; gàan-lɔɔi-nâam ການລອຍນ້ຳ

flock, n. fŭung ຝູງ; pùak ພວກ

flock, n. bpai-bpên-fŭung ໄປເປັນຝູງ

flood, n. nâam-tùam ນ້ຳຖ້ວມ

floor, n. pʉ́ʉn ພື້ນ

floppy disk, n. pen-dit ແພນດິສ

floral, adj. gìao-gáp-dɔ̀ɔk-mâi ກ່ຽວກັບດອກໄມ້

florist, n. kón-kăai-dɔ̀ɔk-mâi ຄົນຂາຍດອກໄມ້

flounder, v. bàak-ban ບາກບັ່ນ

flounder, n. bpàa-fáo-dəə ປາຟາວເດີ (fish)

flour, n. bpɛ̂ɛng ແປ້ງ

flow, v. lăi ໄຫຼ

flow, n. gàan-lăi ການໄຫຼ (act of flowing); ga-sĕe-nâam ກະແສນ້ຳ (water current)

flower, n. dɔ̀ɔk-mâi ດອກໄມ້

flowerbed, n. bpɛ̀ɛng-dɔ̀ɔk-mâi ແປງດອກໄມ້

flowerpot, n. dtâo-dɔ̀ɔk-mâi ຕົ້າດອກໄມ້

flu, n. kài-wăt-nyai ໄຂ້ຫວັດໃຫຍ່

fluent, adj. lian-lăi ລ່ຽນໄຫຼ; kong ຄ່ອງ; kong-kèo ຄ່ອງແຄ້ວ

fluid, n. kɔ̌ɔng-lĕeo ຂອງແຫຼວ; kɔ̌ɔng-lăi ຂອງໄຫຼ

fluke, n. sôok-dĭi ໂຊກດີ (good luck); hăang-bpàa-wáan ຫາງປາວານ (whale tail)

flunk, v. lôm-lĕeo ລົ້ມເຫຼວ (fail); sɔ̀ɔp-dtòk ສອບຕົກ (a test)

fluorescent, adj. húang-sĕeng ເຮືອງແສງ

flush, v. lăi ໄຫຼ (flow); pung ພຸ່ງ (flow suddenly); nâa-dɛɛng ໜ້າແດງ (blush); bpɔ̀i-nâam-lâang-sùam ປ່ອຍນ້ຳລ້າງສ້ວມ (flush a toilet)

flush, n. gàan-lăi ການໄຫຼ; gàan-pung ການພຸ່ງ

flute, n. kui ຂຸ່ຍ

fly, v. bin ບິນ

fly, n. méeng-wán ແມງວັນ

foam, n. fɔ́ɔng ຟອງ

focus, v. jut-hóom ຈຸດໂຮມ; jut-sŏn-jai ຈຸດສົນໃຈ

foe, n. săt-dtùu ສັດຕູ

fog, n. mɔ̀ɔk ໝອກ

foggy, adj. míi-mɔ̀ɔk ມີໝອກ (having fog); bɔ̀ɔ-sat-jéeng ບໍ່ຊັດເຈນ (not clear)

foil, n. pen-lóo-hă-bàang ແຜ່ນໂລຫະບາງ

fold, v. pap ພັບ; hɔ̀ɔ ຫໍ່

folder, n. fɛ́ɛm-gĕp-èek-ga-săan ແຟ້ມເກັບເອກະສານ

folk, n. sáao-bâan ຊາວບ້ານ; kón-tua-bpai ຄົນທົ່ວໄປ

folklore, *n.* puun-múang ພື້ນເມືອງ

follow, *v.* dtàam ຕາມ; dtìt-dtàam ຕິດຕາມ; het-dtàam ເຮັດຕາມ

follower, *n.* puu-dtàam ຜູ້ຕາມ (one that follows); săa-wok ສາວົກ (disciple)

fond, *adj.* sɔ̀ɔp ຊອບ; hak-pέeng ຮັກແພງ; hak ຮັກ

food, *n.* àa-hăan ອາຫານ

fool, *n.* kón-ngoo ຄົນໂງ່ (dumb person); dtùa-dta-lŏk ຕົວຕະຫລົກ (joker)

foolish, *adj.* ngoo ໂງ່

foot, *n.* dtìin ຕີນ; fut ຟຸດ (measurement)

football, *n.* màak-bàan ໝາກບານ

foothold, *n.* dtàm-nɛng-tìi-màn-kóng ຕຳແໜ່ງທີ່ໝັ້ນຄົງ

footnote, *n.* fut-noot ຟຸດໂນ໊ດ; măai-hèet-dtɔ̀ɔn-lum-kɔ̌ɔng-nàa-jìa ໝາຍເຫດຕອນລຸ່ມຂອງໜ້າເຈັ້ຍ

footprint, *n.* hɔ́ɔi-dtìin ຮອຍຕີນ

footstep, *n.* gàan-gàao-nyaang ການກ້າວຍ່າງ (a step with the foot)

for, *prep.* săm-lǎp ສຳລັບ; pʉa ເພື່ອ

forbid, *v.* hàam ຫ້າມ

force, *v.* bàng-kap ບັງຄັບ

force, *n.* gàm-láng ກຳລັງ (power, energy); gàan-bàng-kap ການບັງຄັບ (act of forcing)

forceful, *adj.* míi-àm-nâat ມີອຳນາດ

forcible, *adj.* sâi-gàm-láng ໃຊ້ກຳລັງ

forecast, *v.* kâat-ka-née-tám-náai ຄາດຄະເນທຳນາຍ; pa-nyáa-gɔ̀ɔn ພະຍາກອນ

forecast, *n.* gàan-kâat-ka-née-tám-náai ການຄາດຄະເນທຳນາຍ

forehead, *n.* nàa-pàak ໜ້າຜາກ

foreign, *adj.* dtaang-bpa-têet ຕ່າງປະເທດ; bpὲek ແປກ

foreigner, *n.* săao-dtaang-bpa-têet ຊາວຕ່າງປະເທດ

foreman, *n.* hŭa-nàa-kón-ngáan ຫົວໜ້າຄົນງານ

forest, *n.* bpaa-mâi ປ່າໄມ້

forever, *adv.* dta-lɔ̀ɔt-bpài ຕະຫລອດໄປ

foreword, *n.* kám-nám ຄຳນຳ

forget, *v.* lúum ລືມ

forgetful, *adj.* kìi-lúum ຂີ້ລືມ

fork, *n.* sòm ສ້ອມ (utensil); táang-nyὲek ທາງແຍກ (intersected road)

form, *v.* bpèn-hûup-bέep ເປັນຮູບແບບ (become formed); gɔɔ-hâang ກໍ່ຮ່າງ (establish)

form, *n.* hûup-bέep ຮູບແບບ; bέep-fɔ́ɔm ແບບຟອມ; bέep-pἑen ແບບແຜນ

formal, *adj.* dtàam-la-bìap ຕາມລະບຽບ (following or being in accord with conventions); bpèn-táang-gàan ເປັນທາງການ (executed, carried out, or done in proper or regular form)

formality, *n.* la-bìap ລະບຽບ (rules, regulations); pi-tíi ພິທີ (an established form or rule)

format, *n.* hûup-bέep ຮູບແບບ

formation, *n.* gàan-gɔɔ-hûup ການກໍ່ຮູບ

ການທີ່ຮູບ; gàan-sáang ການສ້າງ

former, adj. gɔɔn ກ່ອນ (previous); a-dìit ອະດີດ (taking place in the past)

formerly, adv. bpa-gaan-tám-it ປະກາມທຳອິດ; gɔɔn ກ່ອນ

formula, n. sùut ສູດ

fort, n. bpɔ́m ປ້ອມ

fortieth, adj. tii-sii-sìp ທີ່ສີ່ສິບ

fortify, v. sə̀əm-gàm-láng ເສີມກຳລັງ; jàt-gaan-bpɔ̂ng-gàn ຈັດການປ້ອງກັນ

fortunate, adj. sôok-dìi ໂຊກດີ

fortune, n. sap-sòm-bàt ຊັບສົມບັດ (financial wealth; treasure); sôok-dìi ໂຊກດີ (luck); sáa-dtaa ຊາຕາ (fate, destiny)

fortuneteller, n. mɔ̌ɔ-mɔ́ɔ ໝໍມໍ

forty, nm. sii-sìp ສີ່ສິບ

forward, adj. bpai-kàang-nàa ໄປຂ້າງໜ້າ; gâao-nàa ກ້າວໜ້າ

fossil, n. sâak-sàt-dɔ̀k-dàm-bàn ຊາກສັດດຶກດຳບັນ

foster, adj. ǔ-bpa-tám ອຸປະຖຳ

foster parents, n. pɔɔ-mɛɛ-ǔ-bpa-tám ພໍ່ແມ່ອຸປະຖຳ

foul, n. gàan-pìt-gòt ການຜິດກົດ

foul, adj. pìt-gòt ຜິດກົດ (e.g. in sport); sua-hâai ຊົ່ວຮ້າຍ (wicked); měn-nao ເໝັນເນົ່າ (smelly)

foul-mouthed, adj. bpàak-hâai ປາກຮ້າຍ; bpàak-sìa ປາກເສຍ

found, v. gɔɔ-dtâng ກໍ່ຕັ້ງ (establish)

found, v. dâi-pop ໄດ້ພົບ (past tense of "to find")

foundation, n. hâak-tǎan ຮາກຖານ (base); múun-ni-ti ມູນນິທິ (an institute); kíim-táa-naa ຄີມທາໜ້າ (cosmetic base)

founder, n. puu-gɔɔ-dtâng ຜູ້ກໍ່ຕັ້ງ

fountain, n. náam-pu ນ້ຳພຸ

four, nm. sii ສີ່

four hundred, nm. sii-hɔ́ɔi ສີ່ຮ້ອຍ

fourteen, nm. sìp-sii ສິບສີ່

fourth, adj. tii-sii ທີ່ສີ່

fox, n. mǎa-jɔ̀ɔk ໝາຈອກ

foyer, n. hɔ̀ng-tǒong ຫ້ອງໂຖງ

fraction, n. sèet-suan ເສດສ່ວນ (in math); jàm-núan-nɔ́ɔi ຈຳນວນນ້ອຍ (small amount)

fracture, n. hɔ́ɔi-dtɛ̀ɛk ຮອຍແຕກ

fragile, adj. dtɛ̀ɛk-ngaai ແຕກງ່າຍ; bɔ̀ɔp-bàang ບອບບາງ

fragment, n. sîn-suan ຊິ້ນສ່ວນ; bpiang ປ່ຽງ

fragrance, n. kwáam-hɔ̌ɔm ຄວາມຫອມ; gin-hɔ̌ɔm ກິ່ນຫອມ

fragrant, adj. hɔ̌ɔm ຫອມ

frail, adj. ɔɔn-ɛɛ ອ່ອນແອ; dtɛ̀ɛk-ngaai ແຕກງ່າຍ

frame, v. sai-kɔ̀ɔp ໃສ່ຂອບ (putting a frame together); gêng-dtuu-sai ແກ້ງຕົວໃສ່ (falsify someone)

frame, n. kɔ̀ɔp ຂອບ (e.g. picture, window); kóong ໂຄງ (structure that gives shape or support

France, n. bpa-têet-fa-lang ປະເທດຝຣັ່ງ

franchise, *n.* săa-kăa ສາຂາ

fraternal, *adj.* tăan-âai-nóong ທາງອ້າຍນ້ອງ

fraternity, *n.* kwáam-bpèn-âai-nóong ຄວາມເປັນອ້າຍນ້ອງ; pa-láa-dúon-pâap ພະລາດົນພາບ

fraud, *n.* gàan-sòo-gòong ການສໍ້ໂກງ

fraudulent, *adj.* lòok-lúang ຫລອກລວງ; sòo-gòong ສໍ້ໂກງ

freak, *n.* kón-bpa-làat ຄົນປະລາດ

freckle, *n.* sìn ສິນ (on the face); jùt-daang ຈຸດດ່າງ; láai ລາຍ

free, *adj.* bpèn-ìt-sa-lá ເປັນອິດສະຫລະ (liberal); bɔɔ-sĭa-ngán ບໍ່ເສຍເງິນ (no charge); bpàa-sa-jàak ປາສະຈາກ (without)

freedom, *n.* sĕe-lĭi-pâap ເສລີພາບ

freeway, *n.* ta-nŏn-fíi-wée ຖະໜົນຟີເວ; táang-duan ທາງດ່ວນ

free will, *n.* kwáam-sa-mǎk-jai ຄວາມສະໝັກໃຈ

freeze, *v.* sεε-kĕeng ແຊ່ແຂງ; yén-bpèn-nâam-gɔ̀ɔn ເຢັນເປັນນ້ຳກ້ອນ; het-hài-kĕeng-dtua ເຮັດໃຫ້ແຂງຕົວ

freezer, *n.* sòng-sεε-kĕeng ຊ່ອງແຊ່ແຂງ; hɔ̂ɔng-nâm-gɔ̀ɔn ຫ້ອງນ້ຳກ້ອນ

freight, *n.* kaa-kŏn-song ຄ່າຂົນສົ່ງ

freighter, *n.* húa-bàn-tuk-sĭn-kâa ເຮືອບັນທຸກສິນຄ້າ (ship)

French, *n.* kón-fa-lang ຄົນຝຣັ່ງ (people); pâa-săa-fa-lang ພາສາຝຣັ່ງ (language); giao-gǎp-fa-lang ກ່ຽວກັບຝຣັ່ງ (relating to France)

french fries, *n.* mán-fa-lang-jùun ມັນຝຣັ່ງຈືນ

Frenchman, -woman, *n.* kón-fa-lang ຄົນຝຣັ່ງ

frequency, *n.* kwáam-tii ຄວາມຖີ່

fresh, *adj.* sòt ສົດ (pure, novel, new); mai ໃໝ່ (new); sòt-săi ສົດໃສ (clear, glowing)

friction, *n.* gàan-kàt-sĭi-gàn ການຂັດສີກັນ; gàan-kàt-nyɛ̂ɛng ການຂັດແຍ້ງ

Friday, *n.* wán-sùk ວັນສຸກ

fried, *adj.* jùun ຈືນ

friend, *n.* puan ເພື່ອນ; muu ໝູ່

friendly, *adj.* bpèn-mit ເປັນມິດ

friendship, *n.* mit-dta-pâap ມິດຕະພາບ

frighten, *v.* het-hài-yâan ເຮັດໃຫ້ຢ້ານ; het-hài-yâan-gùa ເຮັດໃຫ້ຢ້ານກົວ

frightened, *v.* dtuun-dtòk-jài-yâan ຕື່ນຕົກໃຈຢ້ານ

frightful, *adj.* bpèn-dtàa-yâan ເປັນຕາຢ້ານ

frill, *n.* fɔ̃i ຟອຍ; nyɔ̂ɔi ຢອຍ

fringe, *n.* nyɔ̂ɔi-pàa ຢອຍຜ້າ (edging of hanging threads, etc.); kɔ̀ɔp ຂອບ (marginal, peripheral)

frivolous, *adj.* bɔɔ-jìng-jàng ບໍ່ຈິງຈັງ

frog, *n.* gòp ກົບ

frogman, *n.* ma-nut-gòp ມະນຸດກົບ

front, *n.* dâan-nàa ດ້ານໜ້າ; nɛ̂ɛo-nàa ແນວໜ້າ

frontier, *n.* sáai-dὲεn ຊາຍແດນ

frost, *n.* kwáam-nǎao-jàt

frostbite — furthermore

ຄວາມໜາວຈັດ

frostbite, *n.* pĕe-jàak-nâam-gɔ̆ɔn ແຜຈາກນ້ຳກ້ອນ

frosty, *adj.* yèn-jat ເຢັນຈັດ; yèn-bpèn-nâam-gɔ̆ɔn ເຢັນເປັນນ້ຳກ້ອນ

frown, *v.* nàa-bùut-bẅng ໜ້າບູດບຶ້ງ

frown, *n.* bùut-bẅng ບູດບຶ້ງ; kwáam-bɔɔ-pɔ́ɔ-jài ຄວາມບໍ່ພໍໃຈ

frugal, *adj.* bpa-yǎt ປະຍັດ

fruit, *n.* pǒn ຜົນ; màak-mâi ໝາກໄມ້

fruitful, *adj.* bpèn-màak-pǒn ເປັນໝາກຜົນ (yielding fruit); dâi-gàm-lái ໄດ້ກຳໄລ (profitable)

frustrate, *v.* het-hài-pìt-wǎng ເຮັດໃຫ້ຜິດຫວັງ; het-hài-ngǔt-ngìt ເຮັດໃຫ້ຫງຸດຫງິດ

frustrated, *adj.* ngǔt-ngìt ຫງຸດຫງິດ

frustration, *n.* kwáam-ngǔt-ngìt ຄວາມຫງຸດຫງິດ

fry, *v.* jùun ຈືນ

frying pan, *n.* ga-ta ກະທະ

fuel, *n.* sǔa-fái ເຊື້ອໄຟ; nâm-mán-sǔa-fái ນ້ຳມັນເຊື້ອໄຟ

fugitive, *n.* puu-lǒp-nǐi ຜູ້ຫລົບໜີ

fulcrum, *v.* jǔt-sǔun-gàang ຈຸດສູນກາງ

fulfill, *v.* het-hài-pɔ́ɔ-jài ເຮັດໃຫ້ພໍໃຈ; het-hài-sǒm-bùun ເຮັດໃຫ້ສົມບູນ

fulfillment, *n.* gàan-het-hài-pɔ́ɔ-jài ການເຮັດໃຫ້ພໍໃຈ; gàan-het-hài-sǒm-bùun ການເຮັດໃຫ້ສົມບູນ

full, *adj.* ìm ອີ່ມ (stomach); dtèm ຕັມ

full moon, *n.* jàn-dtèm-dùang ຈັນເຕັມດວງ

full-time, *adj.* dtèm-wée-láa ເຕັມເວລາ

fumble, *v.* kám-hǎa ຄຳຫາ; lûup-kám ລູບຄຳ

fun, *n.* muan-sǔun ມ່ວນຊື່ນ; dta-lǒk-hée-háa ຕະຫລົກເຮຮາ

function, *v.* het-nàa-tìi ເຮັດໜ້າທີ່

function, *n.* nàa-tìi ໜ້າທີ່; wîak-ngáan ວຽກງານ

functional, *adj.* giao-gáp-nàa-tìi ກ່ຽວກັບໜ້າທີ່

fund, *n.* ngǝ́n-tún ເງິນທຶນ; gɔ̀ɔng-tún ກອງທຶນ

fundamental, *adj.* pǔun-tǎan ພື້ນຖານ (basic); sǎm-kán ສຳຄັນ (important)

funeral, *n.* pi-tíi-fǎng-sǒp ພິທີຝັງສົບ

fungus, *n.* sǔa-het ເຊື້ອເຫັດ (fungi); het ເຫັດ (mushroom)

funnel, *n.* bpong-bpèeo-fái ປອງແປວໄຟ; gùai ກວຍ

funny, *adj.* bpèn-dtàa-yàak-hǔa ເປັນຕາຢາກຫົວ; dta-lǒk ຕະຫລົກ

fur, *n.* kǒn-ɔɔn-sát ຂົນອ່ອນສັດ

furnace, *n.* dtào-lɔ́ɔm ເຕົາຫລອມ

furnish, *v.* dtìt-dtàng-hài ຕິດຕັ້ງໃຫ້

furniture, *n.* kuang-húan ເຄື່ອງເຮືອນ

furry, *adj.* het-jàak-kǒn-sát ເຮັດຈາກຂົນສັດ (made from fur); míi-kǒn ມີຂົນ (having fur)

further, *adj.* dtɔɔ-bpài ຕໍ່ໄປ (next); gài-ɔ̀ɔk-bpài ໄກອອກໄປ (away)

furthermore, *adv.* nɔ̀ɔk-jàak-nìi ນອກຈາກນີ້

fuse, *n.* sa-núan ຊະນວນ

fuse, *v.* lɔ́ɔm ຫຼອມ

fusion, *n.* gàan-lɔ́ɔm-la-láai ການຫຼອມລະລາຍ

fuss, *n.* nyùng-nyǎang ຫຍຸ້ງຫຍຸ້ງ; kwáam-mak-jom ຄວາມມັກຈົ່ມ

fussy, *adj.* jùu-jîi ຈູ້ຈີ້

futile, *adj.* bɔɔ-mii-pǒn ບໍ່ມີຜົນ (fruitless); bɔɔ-mii-bpa-nyòot ບໍ່ມີປະໂຫຍດ (unimportant)

future, *n.* a-náa-kot ອະນາຄົດ

fuzz, *n.* fɔ̌i ຝອຍ; kǒn-bpùi ຂົນປຸຍ

fuzzy, *adj.* bpèn-fɔ̌i ເປັນຝອຍ (of or resembling fuzz); bpèn-kǒn-bpùi ເປັນຂົນປຸຍ (fluffy); bɔɔ-sat ບໍ່ຊັດ (not clear); mún-máo ມຶນເມົາ (drunk)

G

gain, *v.* dâi-máa ໄດ້ມາ (acquire); dâi-bpa-nyòot ໄດ້ປະໂຫຍດ (have benefits); dâi-gàm-lái ໄດ້ກຳໄລ (profit)

gain, *n.* pǒn-bpa-nyòot ຜົນປະໂຫຍດ; sing-tii-dâi-máa ສິ່ງທີ່ໄດ້ມາ

gait, *n.* taa-táang-nyaang ທ່າທາງຍ່າງ

galaxy, *n.* táang-sâang-pùak ທາງຊ້າງເຜືອກ; muu-dùang-dáao ໝູ່ດວງດາວ

gall bladder, *n.* tǒng-nâam-bìi ຖົງນ້ຳບີ

gallery, *n.* hɔ̂ng-sa-dɛɛng-pâap ຫ້ອງສະແດງພາບ; la-bìang ລະບຽງ

galley, *n.* húa-nyai ເຮືອໃຫຍ່ (boat propelled by oars); hɔ̂ng-kúa-gìn-nái-húa ຫ້ອງຄົວກິນໃນເຮືອ (kitchen of a ship)

gallon, *n.* ga-dtǔk-yàang ກະຕຸກຢ່າງ (container); gɛ̀n-lɔ́n ແກນລອນ

gallop, *v.* kùap-mâa ຄວບມ້າ

gallows, *n.* bɔn-bpa-hǎan-nak-tôot ບ່ອນປະຫານນັກໂທດ

gamble, *v.* lîn-gàan-pa-nán ຫຼິ້ນການພະນັນ

gambler, *n.* nak-pa-nán ນັກພະນັນ

gambling, *n.* gàan-pa-nán ການພະນັນ

game, *n.* gàan-lîn-gèem ການຫຼິ້ນເກມ (e.g. chess); gàan-lîn ການຫຼິ້ນ (e.g. children's game); gàan-kɛ̀ng-kǎn ການແຂ່ງຂັນ (competition, tournament)

gang, *n.* nak-léeng ນັກເລງ; pùak ພວກ

gangster, *n.* nak-léeng ນັກເລງ

gap, *n.* sɔ̂ng-wòo ຊ່ອງໂວ່ (an opening in a solid structure or surface); kwáam-dtɛ̀ɛk-dtàang-gàn ຄວາມແຕກຕ່າງກັນ (difference)

garage, *n.* uu-lot ອູ່ລົດ; hóong-lot ໂຮງລົດ

garbage, *n.* kìi-nyɯ̌a ຂີ້ເຫຍື້ອ

garden, *n.* sǔan ສວນ; hai ໄຮ່

gardener, *n.* kón-het-sǔan ຄົນເຮັດສວນ

gardening, *n.* gàan-het-sǔan ການເຮັດສວນ

gargle, *v.* lâang-bpàak ລ້າງປາກ

garland, *n.* púang-máa-lái ພວງມາໄລ

garlic, *n.* păk-tíam ຜັກທຽມ

garment, *n.* kuang-nung ເຄື່ອງນຸ່ງ

garnish, *n.* sing-bpa-dăp ສິ່ງປະດັບ (ornamentation); kuang-bpùng-dteng ເຄື່ອງປຸງແຕ່ງ (an embellishment for decoration or added flavor)

gas, *n.* ai-gaat ອາຍກາດ (natural); náam-mán ນ້ຳມັນ (petroleum, gasolene); aa-gaat ອາກາດ (air)

gasp, *v.* hɔ́ɔp ຫອບ; hăn-jài-hɔ́ɔp ຫັນໃຈຫອບ

gate, *n.* bpa-dtùu ປະຕູ

gather, *v.* dtâo-hóom-gàn ເຕົ້າໂຮມກັນ; huam-gàn ຮ່ວມກັນ

gathering, *n.* gàan-hóom-kào-gàn ການໂຮມເຂົ້າກັນ; gàan-súm-núm ການຊຸມນຸມ

gaudy, *adj.* ɔ̀ot-ong ໂອດໂອ່; fum-fúai ຟຸ່ມເຟືອຍ

gauze, *n.* pàa-ga-bong-ga-beng ຜ້າກະບົງກະເບັງ

gay, *n.* ga-túai ກະເທີຍ

gay, *adj.* mak-bɔ̀ɔk-bàan ມັກບອກບານ

gear, *n.* gìa ເກຍ (in a motor vehicle); kuang-sai-lot-jăk ເຄື່ອງໃຊ້ລົດຈັກ (a toothed machine part, such as a wheel or cylinder)

gelatin, *n.* wûn ວຸ້ນ; gàao ກາວ

gem, *n.* pet-pɔ́ɔi ເພັດພອຍ

gender, *n.* pêet ເພດ

gene, *n.* nuai-taai-sùup-pao-pán ໜ່ວຍຖ່າຍສືບເຜົ່າພັນ

geneology, *n.* pán-tu-wi-ta-nyáa ພັນທຸວິທະຍາ

general, *adj.* tua-bpài ທົ່ວໄປ

general, *n.* náai-pón ນາຍພົນ (officer)

generalization, *n.* lak-sa-nă-tua-bpài ລັກສະນະທົ່ວໄປ; lăk-gàan tâtháa-kaam ຫຼັກການ; gàan-wâo-bèep-gwâang-gwâang ການເວົ້າແບບກວ້າງໆ

generalize, *v.* wâang-lăk-gàan ວາງຫຼັກການ (reduce to a general form); lóng-kwáam-hĕn ລົງຄວາມເຫັນ (form general conclusions); wâo-bèep-gwâang-gwâang ເວົ້າແບບກວ້າງໆ (make universally applicable)

generally, *adv.* dòoi-tua-bpài ໂດຍທົ່ວໄປ

generation, *n.* nyuk ຍຸກ; sua-àa-nyu-kón-nung ຊົ່ວອາຍຸຄົນໜຶ່ງ

generator, *n.* kuang-gàm-nə̀ət-fái-fáa ເຄື່ອງກຳເນີດໄຟຟ້າ (dynamo); kuang-gɔɔ-gàm-nə̀ət ເຄື່ອງກໍ່ກຳເນີດ (something that generates)

generosity, *n.* kwáam-jài-dìi ຄວາມໃຈດີ; kwáam-mii-jài-gwâang-kwáang ຄວາມມີໃຈກວ້າງຂວາງ

generous, *adj.* jài-gwâang ໃຈກວ້າງ; mii-nâam-jài ມີນ້ຳໃຈ

genetic, *adj.* giao-găp-pán-tu-sàat ກ່ຽວກັບພັນທຸສາດ

genetics, *n.* pán-tu-sàat ພັນທຸສາດ

genital, *adj.* giao-găp-gàan-sùup-pán ກ່ຽວກັບການສືບພັນ

genius, *n.* kwáam-sa-làat-pi-sèet

ຄວາມສະຫລາດພິສດ

genocide, *n.* gàan-tám-láai-pao-pán ການທຳລາຍເຜົ່າພັນ

gentle, *adj.* su-pâap-ວວn-nyóon ສຸພາບອ່ອນໂຍນ (soft in manners); su-pâap ສຸພາບ (polite); jài-dìi ໃຈດີ (kind)

gentleman, *n.* su-pâap-bùu-lǔt ສຸພາບບຸລຸດ

gentleness, *n.* kwáam-su-pâap ຄວາມສຸພາບ

genuine, *adj.* têε-jìng ແທ້ຈິງ; jìng-jài ຈິງໃຈ

genus, *n.* bpa-pêet ປະເພດ (kind, type); pán ພັນ (breed)

geography, *n.* púum-sàat ພູມສາດ

geological, *adj.* giao-gǎp-púum-sàat ກ່ຽວກັບພູມສາດ

geology, *n.* tɔ́ɔ-la-nǐi-wi-ta-nyáa ທໍລະນີວິທະຍາ

geometry, *n.* wi-sáa-léε-kǎa-ka-nit ວິຊາເລຂາຄະນິດ; gàan-têεk-tɔ́ɔ-la-nǐi ການແທກທໍລະນີ

germ, *n.* sùa-lôok ເຊື້ອໂລກ

German, *n.* kón-yée-la-mán ຄົນເຢຍລະມັນ (people); páa-sǎa-yée-la-mán ພາສາເຢຍລະມັນ (language); giao-gǎp-yée-la-mán ກ່ຽວກັບເຢຍລະມັນ (relating to Gaermany)

Germany, *n.* bpa-têet-yée-la-mán ປະເທດເຢຍລະມັນ

germinate, *v.* het-hài-gɔ̀ɔt ເຮັດໃຫ້ເກີດ (begin to develop, as a germ); het-hài-ngɔ̂ɔk-kùn ເຮັດໃຫ້ງອກຂຶ້ນ (sprout, bud)

gerund, *n.* kám-gàm-ma-tii-sài-bpen-kám-náam ຄຳກຳມະທີ່ໃຊ້ເປັນຄຳນາມ

gestation, *n.* gàan-dtâng-kán ການຕັ້ງຄັນ

gesture, *n.* taa-táang ທ່າທາງ; gàan-hài-sǎn-nyáan ການໃຫ້ສັນຍານ

get, *v.* dâi ໄດ້ (have, take, receive); ào ເອົາ (take); kào-jài ເຂົ້າໃຈ (understand); hǎa-máa ຫາມາ (acquire, find)

get about, *v.* bpài-sǎi-máa-sǎi ໄປໃສມາໃສ; nyaang-lîn ຍ່າງຫລິ້ນ

get along, *v.* kào-gàn-dâi ເຂົ້າກັນໄດ້

getaway, *n.* gàan-lìik-nǐi ການຫລີກໜີ; gàan-jàak-bpài ການຈາກໄປ

get back, *v.* gǎp-máa ກັບມາ (return); gǎp-kùun ກັບຄືນ (return home); gêε-kêεn ແກ້ແຄ້ນ (revenge)

get dressed, *v.* dtεng-dtùa ແຕ່ງຕົວ

get off, *v.* lóng ລົງ; lóng-lot ລົງລົດ

get on, *v.* kùn ຂຶ້ນ; kùn-lot ຂຶ້ນລົດ

get out, *v.* ɔ̀ɔk-bpài ອອກໄປ

get together, *v.* hóom-gàn ໂຮມກັນ

get up, *v.* dtɯ̀ɯn-nɔ́ɔn ຕື່ນນອນ; luk-kùn ລຸກຂຶ້ນ

ghastly, *adj.* bpên-dtàa-yâan ເປັນຕາຢ້ານ

ghetto, *n.* sa-lám ສະລຳ

ghost, *n.* pǐi ຜີ; wín-nyáan ວິນຍານ

giant, *adj.* nyak ຍັກ

giant, n. nyai-lŭang ใหย่หลวง

gift, n. kɔ̌ɔng-kwǎn ของขวัน (present); pɔ́ɔn-sa-wǎn พอนสะหวัน (special ability)

gifted, adj. mii-pɔ́ɔn-sa-wǎn มีพอนสะหวัน; mii-kwáam-sǎa-mâat-pi-sèet มีความสามาดพิเสด

giggle, v. hǔa-kwǎn-ik-ik-ak-ak หัวขวันอิกอิกอักๆ

gild, v. bpìt-kám ปิดคำ

gill, n. fǎn-fǔum-bpàa ฝันฟืมปา (fish); hùai-nâam ห้วยน้ำ (creek)

gimmick, n. kuang-lôok เคื่องหลอก (device employed to cheat); kɔ̌ɔng-lîn ของหลิ้น (toy)

gin, n. lào-jìin เหล้าจีน (alcoholic beverage)

ginger, n. hǔa-kǐing หัวขิง

giraffe, n. mâa-láai-kɔ̀ɔ-nyáao ม้าลายคอยาว

girdle, n. sǎai-kâat สายคาด

girl, n. dèk-sǎao เด็กสาว; puu-sǎao ผู้สาว

girlfreind, n. kuu-hak-nyíng คู่รักยิ่ง; puu-sǎao ผู้สาว

give, v. hài ให้

glacier, n. nâam-gɔ̀ɔn น้ำก้อน; hi-ma-gàam หิมะก้าม

glad, adj. dìi-jài ดีใจ; nyín-dìi ยินดี

gladly, adv. yaang-dìi-jài ย่างดีใจ; dùai-kwáam-nyín-dìi ด้วยความยินดี

glamour, n. sa-nèe สะเหน่; kwáam-dùng-dùut-jài ความดึงดูดใจ

glamourous, adj. mîi-sa-nèe มีสะเหน่

glance, v. lùat-dtàa-bɔng เหลือดตาเบิ่ง; bɔng-wap-wip เบิ่งวับวิบ

gland, n. dtɔm ต่อม

glare, v. sěeng-song-héeng แสงส่องแรง; gûng-dtàa-bɔng ถึงตาเบิ่ง

glare, n. sěeng-sa-waang-héeng แสงสะหว่างแรง

glaring, adj. sa-waang-héeng สะหว่างแรง; bàat-dtàa บาดตา

glass, n. gɛ̂ɛo แก้ว; wɛn แว่น (mirror)

glasses, n. wɛn-dtàa แว่นตา

glaze, v. kùap เคือบ

glaze, n. wat-tú-kùap วัดถุเคือบ; sǐi-kùap สีเคือบ; pen-nâam-gɔ̀ɔn เผ่นน้ำก้อน

gleam, n. sěeng-sa-waang-múa-múa แสงสะหว่างมัวๆ

glitter, n. sěeng-wɛ́ɛo-wáao แสงแววาว

gloat, v. hə̌ə-hə̌əm เห้อเห้ม; ùat-dìi อวดดี

global, adj. tua-lôok ทั่วโลก

globe, n. nuai-lôok หน่วยโลก (a representation of the earth in the form of a ball); lôok โลก (the earth)

gloom, n. kwáam-mûut-múa ความมืดมัว; kwáam-sòok-sào ความโสกเส้า

gloomy, adj. mûut-múa มืดมัว (weather); sòok-sào โสกเส้า (feel-

glorify, v. nyɔ́ɔng-nyɔ́ɔ ย้องยํ; sɔ̌ɔ-la-sɔ̌ɔn สอะเสิบ

glorious, adj. hung-húang ธุ่าเธือา; míi-gìat มีกฺด

glory, n. gìat-dti-sǎk กฺดติสัก; kwáam-hung-húang ดวามธุ่าเธือา

glossary, n. kám-sàp ถำสับ

glove, n. tǒng-múu ถุ่ามี

glow, v. sɛ́ɛng-lat-sa-mǐi แสาลัดสะขมี

glue, n. (yaang)-gàao (ยาา) กาอ

glutton, n. kón-gìn-lǎai ถิบทีมขลาย

gluttony, n. kwáam-gìn-lǎai ดวามทีมขลาย

gnat, n. hǐin ธีบ; hěp แขับ

gnaw, v. gàt กัด; hěn แขับ

go, v. bpài ไป

go after, v. lai-dtaam ไล่ตาม

go around, v. bpài-hɔ̂ɔp-hɔ̂ɔp ไปธอบธอา

go ahead, v. bpài-táang-nàa ไปทาาขบ้า

go away, v. jàak-bpài จากไป

go back, v. gǎp-kúun-bpài กับถืบไป; nyɔ́ɔn-gǎp ย้อบกับ

go by, v. paan-bpài ผ่าบไป

go down, v. dtǒk ตึก; sǔam เสื่อม

go on, v. het-bpài-lûai-lûai เธัดไปเลื้อยๆ

go out, v. ɔ̀ɔk-bpài ออกไป

go over, v. gùat-bəng กอดเบิ่า (review); het-kúun-ìik เธัดถืบอีก (redo); het-mài เธัดใขม่ (do again)

go through, v. paan ผ่าบ; pi-jàa-la-náa พิจาฉะบา

go up, v. kûn ฃื้บ

goal, n. bpâo-mǎai ย้าขมาย (aim); bpa-dtùu-dtê-bàan-kào ปะตูเตะบาบฃ้า (football goal)

goat, n. bɛ̀ɛ แบ้

God, god, n. pa-jâo พะเจิ้า; tée-wa-dàa เทอะดา

goddess, n. tée-wa-dàa-puu-nyíng เทอะดาผู้ยี่า

godfather, n. pɔ̂ɔ-u-bpa-tǎm พ่อุปะทำ

godmother, n. mɛ̂ɛ-u-bpa-tǎm แม่อุปะทำ

going, n. gàan-bpài กาบไป

gold, n. kám ถำ; ngɔ́n-kám เาืบถำ

golden, adj. bpěn-kám เป้บถำ (of gold); sǐi-kám สีถำ (color)

goldfish, n. bpàa-kám ปาถำ

goldsmith, n. saang-kám ฃ่าาถำ

golf, n. gi-láa-gɔɔp กิลากอฝ

gong, n. kɔ́ɔng ฃ้อา

gonorrhea, n. lôok-nɔ̌ɔng-nái โลกขบอาใบ

good, adj. dìi ถี; mɔ̌-sǒm เขมาะสิม

good afternoon, sa-bàai-dìi สะบายถี (ใฃ้ตอบบ่าย)

good-bye, láa-gɔɔn ลากอบ

good evening, sa-bàai-dìi สะบายถี (ใฃ้ตอบแลา)

good-hearted, adj. jài-gwáang-kwáang ใจกอ้าาฃอ้าา; míi-mêet-dtàa

มีเมดตา
good morning, sa-bàai-dìi ສະບາຍດີ (ໃຊ້ຕອນເຊົ້າ)

good night, láa-gɔ̀ɔn ລາກ່ອນ; fǎn-dìi ຝັນດີ

good-looking, adj. sa-ngaa-ngáam ສະຫງ່າງາມ

goodness, n. kwáam-dìi ຄວາມດີ

goodwill, n. mái-dùi-jìt ໄມຕຣີຈິດ

goose, n. haan ຫານ

gorilla, n. líing-gɔ̀ɔ-lin-lâa ລີງກໍລິນລາ

gossip, v. wâo-nín-táa ເວົ້ານິນທາ; wâo-kwán ເວົ້າຂວັນ

gossip, n. gàan-wâo-kwán ການເວົ້າຂວັນ

Gothic, adj. giao-gǎp-sa-mǎi-gòo-tǐk ກ່ຽວກັບສະໄໝໂກທິກ

gourd, n. màak-nám-dtao ໝາກນ້ຳເຕົ້າ

gourmet, n. nak-gìn-duum ນັກກິນດື່ມ

govern, v. bpǒk-kɔ́ɔng ປົກຄອງ

governess, n. náai-kúu-yíng-tíi-bəng-yée̯ng-dèk ນາຍຄູຍິງທີ່ເບິ່ງແຍງເດັກ

government, n. lat-ta-bàan ລັດຖະບານ

governor, n. jâo-kwɛ̌ɛng ເຈົ້າແຂວງ (of a province); puu-waa-gàan-lat ຜູ້ວ່າການລັດ (of a state)

gown, n. sûa-kúm ເສື້ອຄຸມ

grab, v. kwâa ຄວ້າ; jǎp ຈັບ

grace, n. kwáam-ngot-ngáam ຄວາມງົດງາມ; kwáam-ga-lu-náa ຄວາມກະລຸນາ

graceful, adj. ngáam ງາມ; sa-ngaa-ngáam ສະຫງ່າງາມ

grade, v. hài-ka-nɛ́ɛn ໃຫ້ຄະແນນ (score a test); bpǎp-hài-sa-mǒə-gàn ປັບໃຫ້ສະເໝີກັນ (level, smooth, e.g. the road)

grade, n. sân ຊັ້ນ (class); la-dǎp ລະດັບ (level); sa-nit ຊະນິດ (type); kún-na-pâap ຄຸນນະພາບ (quality)

gradual, adj. tua-la-nɔ́ɔi ເທື່ອລະໜ້ອຍ

gradually, adv. dòoi-tua-la-nɔ́ɔi ໂດຍເທື່ອລະໜ້ອຍ; kɔi-kɔi ຄ່ອຍໆ

graduate, v. sǎm-lét-gàan-sǔk-sǎa ສຳເລັດການສຶກສາ

grauate school, n. wi-ta-nyáa-lái ວິທະຍາໄລ

graduation, n. gàan-sǎm-lét-gàan-sǔk-sǎa ການສຳເລັດການສຶກສາ

graft, v. dtɔ̀ɔn-dtôn-mâi ຕອນຕົ້ນໄມ້

graft, n. dtôn-mâi-dtɔ̀ɔn ຕົ້ນໄມ້ຕອນ

grain, n. met-pùut ເມັດພືດ

gram, n. glàam ກລາມ

grammar, n. wái-nyáa-gɔ̀ɔn ໄວຍາກອນ

grammatical, adj. giao-gǎp-wái-nyáa-gɔ̀ɔn ກ່ຽວກັບໄວຍາກອນ

grand, adj. nyai ໃຫຍ່ (large); sân-sǔung ຊັ້ນສູງ (having higher rank)

granddaughter, n. lǎan-sǎao ຫລານສາວ

grandfather, n. bpuu ປູ່ (paternal); pɔɔ-tâo ພໍ່ເຖົ້າ (maternal)

grandmother, n. nyaa ຍ່າ (pater-

grandparents / **greenhouse**

nal); mɛɛ-tào แม่เฒ่า (maternal)

grandparents, n. bpuu-nyaa ปู่ย่า (paternal); pɔɔ-tào-mɛɛ-tào พ่อเฒ่าแม่เฒ่า (maternal)

grandson, n. lǎan-sáai หลานชาย

granite, n. hǐin-kɛ́ɛng หินแข็ง

grant, v. hâi hȃi ให้ (give); a-nu-nyâat อะนุยาด (consent)

grant, n. gàan-hâi การให้ (act of granting); tún ทึน (scholarship, fund)

grape, n. màak-lée-séeng หมากเลเส่ง; màak-a-ngun หมากอะงุ่น

grapefruit, n. màak-giang-nyai หมากกี้ยงใหย่

graph, n. sèn-gaap เส้นกาบ

graphic, n. bèep แบบ; gàan-kían-bèep การຂຽนแบบ

grasp, v. gàm-nên กำแน้น (clasp firmly); jǎp จับ (catch); bpa-tap-jài ปะทับใจ (take hold of intellectually)

grass, n. nyâa หย้า

grasshopper, n. dtǎk-dtɛ̀ɛn ตักแตน

grate, v. kùut ขูด; kûut ຄູດ

grateful, adj. kɔ̀ɔp-jài ຂອบใจ

gratitude, n. kwáam-ga-dtàn-nyúu ความกะตัญญู

grave, n. lǔm-sóp หลุมสพ

gravel, n. hǐin-kìi-gùat หินขี้กวด; hǐin-hɛɛ ฮີນແຮ່

gravestone, n. pɛn-sa-lǎk-nàa-lǔm-sóp แพ่นສະลักหน้าหลุมสพ

graveyard, n. kǔm-fǎng-sóp ຂຸມຝັງສົບ

gravity, n. héeng-dùng-dùut แຮງດຶງດູດ (physics)

gravy, n. nâam-sìin น้ำຊີ້ນ

gray, adj. sǐi-tào ສີເທົ່າ

gray hair, n. pǒm-ngɔ̀ɔk ຜົມຫງອກ

graze, v. gìn-nyâa กິນຫย้า (feed on growing grasses); tǔu ຖູ (scrape); dàat ดาด (abrade)

grease, n. kǎi-mán ไขมัน

greasy, adj. bɛn-mán ເປັນມັນ; mǐi-kǎi-mán ມີໄຂມັນ

great, adj. dìi-lǎai ดีหลาย (remarkable); nying-nyai ຍິ່ງใหย่ (large)

Great Britain, n. sa-hǎ-lâat-sa-àa-náa-jǎk ສະຫະລາຊະອານາຈັກ

great-grandchild, n. lěen ແລ່ນ

great-grandfather, n. bpuu-tûat ปู่ທວດ (paternal); dtàa-tûat ຕາທວດ (maternal)

great-grandmother, n. nyaa-tûat ย่าทวด (paternal); nyáai-tûat ยายทวด (maternal)

Greece, n. bpa-têet-gìik ปะเทดกรีก

greed, n. kwáam-lôop ความโลบ

greedy, adj. lôop-mâak ໂລບມາກ; lóo-páa โลพา

Greek, n. páa-sǎa-gìik พาสากรีก (language); sáao-gìik ຊາວກຣີກ (people)

green, adj. sǐi-kǐao ສີຂຽວ (color); bɔɔ-sǔk ບໍ່ສຸກ (unripe)

greenhouse, n. húan-gɛ̂ɛo

ເຮືອນແກ້ວ

greet, v. tak-táai ທັກທາຍ (salute); hap-hɔ́ɔng ຮັບຮອງ (welcome)

greeting, n. gàan-tak-táai ການທັກທາຍ; kám-tak-táai ຄຳທັກທາຍ

grenade, n. lúuk-la-bə̀ət-mɯ́ɯ ລູກລະເບີດມື

grief, n. kwáam-sâo-sòok ຄວາມເສົ້າໂສກ

grill, v. bpîing ປີ້ງ; yâang ຢ່າງ

grill, n. lék-sǎm-lap-bpîing ເຫຼັກສຳລັບປີ້ງ (gridiron); àa-hǎan-bpîing ອາຫານປີ້ງ (food cooked by grilling)

grin, v. nyím-nying-kèo ຍີ້ມຍິ່ງແຂ້ວ

grind, v. bót ບົດ; fǒn ຝົນ

grip, n. gàan-jáp ການຈັບ; gàan-gàm-mɯ́ɯ ການກຳມື; gàan-kào-jai ການເຂົ້າໃຈ

groan, v. hɔ́ɔng-káang ຮ້ອງຄາງ

groan, n. sǐang-hɔ́ɔng-káang ສຽງຮ້ອງຄາງ (as of pain or grief)

grocer, n. kón-kǎai-kǔang-héng ຄົນຂາຍເຄື່ອງແຫ້ງ

grocery, n. hâan-kǎai-kǔang-héng ຮ້ານຂາຍເຄື່ອງແຫ້ງ; gàan-kǎai-kǔang-héng ການຂາຍເຄື່ອງແຫ້ງ

groggy, adj. sóo-sée ໂຊເຊ (shaky); wín-hǔa ວິນຫົວ (having a headache); máo-yàa ເມົາຢາ (from using drug)

groin, n. kǎa-nìip ຂາຫນີບ

groom, n. jào-baao ເຈົ້າບ່າວ

groove, n. hɔng ຮ່ອງ; sɔng ຊ່ອງ

gross, n. jàm-núan-táng-mót จำนวนทั้งหมด; láai-dâi-táng-mót ລາຍໄດ້ທັງຫມົດ

ground, n. pɯ́ɯn-dìn ພື້ນດິນ (floor); bɔɔ-li-wéen ບໍລິເວນ (area); lák-tǎan ຫຼັກຖານ (evidence)

groundless, adj. bɔɔ-míi-múun-hèet ບໍ່ມີມູນເຫດ (in law)

group, n. gum ກຸ່ມ; muu ໝູ່; pûak ພວກ

grove, n. bpàa-nɔ́ɔi ປ່ານ້ອຍ (small forest or woods); sǔan-màak-mâi ສວນໝາກໄມ້ (e.g. orange grove)

grow, v. dtɔ̀ɔp-nyai ຕີບໃຫຍ່ (increase in size by a natural process); ja-lə́ən-kɯ̂n ຈະເລີນຂຶ້ນ (develop); bpùuk ປູກ (e.g. a tree)

grower, n. puu-bpùuk ຜູ້ປູກ

growl, v. kuu ຄູ

grownup, n. puu-nyai ຜູ້ໃຫຍ່

growth, n. gàan-ja-lə́ən-dtɔ̀ɔp-dtòo ການຈະເລີນເຕີບໂຕ

grudge, n. kwáam-káng-kɛ̂ɛn ຄວາມຄັ່ງແຄ້ນ; kwáam-ìt-sǎa ຄວາມອິດສາ

gruesome, adj. nàa-yâan-gùa ໜ້າຢ້ານກົວ

grumble, v. jom ຈົມ (complain); kuu ຄູ (rumble or growl)

grumpy, adj. àa-lóm-bɔɔ-dìi ອາລົມບໍ່ດີ

grunt, v. hét-sǐang-dàng-yuu-nái-kɔ́ɔ ເຮັດສຽງດັງຢູ່ໃນຄໍ

guarantee, v. hap-bpa-gàn ຮັບປະກັນ (e.g. products); hap-hɔ́ɔng ຮັບຮອງ

guard, *n.* puu-bpông-gàn ຜູ້ປ້ອງກັນ; nyáam ຍາມ

guardian, *n.* puu-bpŏk-kóong ຜູ້ປົກຄອງ

guerilla, *n.* gòong-jòon ກອງໂຈນ

guess, *v.* dào ເດົາ; kâat-ka-née ຄາດຄະເນ

guest, *n.* kèek ແຂກ; puu-máa-yàam ຜູ້ມາຢາມ

guidance, *n.* kám-ne-nám ຄຳແນະນຳ; kuang-nám-táang ເຄື່ອງນຳທາງ

guide, *v.* nám ນຳ; nám-páa ນຳພາ; sii-nám ຊີ້ນຳ

guide, *n.* kón-nám-tiao ຄົນນຳທ່ຽວ; gâi ໄກດ໌

guidebook, *n.* bpûm-nám-tiao ປື້ມນຳທ່ຽວ

guided missile, *n.* ja-lùat-nám-wi-tii ຈະຫຼວດນຳວິຖີ

guild, *n.* òng-gàan-àa-sìip ອົງການອາຊີບ

guilt, *n.* kwáam-pìt ຄວາມຜິດ; kwáam-la-àai-jài ຄວາມລະອາຍໃຈ

guilty, *adj.* mii-kwáam-pìt ມີຄວາມຜິດ; la-àai-jài ລະອາຍໃຈ

guinea pig, *n.* nŭu-puk ໜູປຸກ; nŭu-tot-lóong ໜູທົດລອງ

guitar, *n.* gi-dtàa ກີຕາ

guitarist, *n.* nak-lîn-gi-dtàa ນັກຫຼີ້ນກີຕາ

gulf, *n.* aao ອ່າວ; lŭm-lek ຫຼຸມເລິກ

gull, *n.* nok-sii-dàa ນົກສີດາ

gullible, *adj.* tùuk-lòok-dâi-ngaai ຖືກຫຼອກໄດ້ງ່າຍ

gulp, *v.* gùn-lut ກືນລົດ

gum, *n.* ngùak ເຫງືອກ (body part); súu-wîng-gòom ຊູວີງກອມ (chewing)

gun, *n.* bpuun ປືນ

gunman, *n.* mùu-bpuun ມືປືນ

gunpowder, *n.* dìn-bpuun ດິນປືນ

gunshot, *n.* siang-bpuun ສຽງປືນ

gurgle, *v.* siang-dang-guak-guak-nái-kóo ສຽງດັງກຸກກຸກໃນຄໍ

gush, *v.* lăi-tang-òok-héeng ໄຫຼທັງອອກແຮງ

gust, *n., v.* lóm-héeng ລົມແຮງ

gusty, *adj.* lóm-héeng ລົມແຮງ

gut, *n.* sài-púng ໄສ້ພຸງ (the bowels, entrails); kwáam-gàa-hăan ຄວາມກ້າຫານ (courage)

gutter, *n.* háang-naam ຮາງນ້ຳ; kèet-sa-lám ເຂດສະລຳ

gutteral, *adj.* giao-găp-lám-kóo ກ່ຽວກັບລຳຄໍ

guy, *n.* puu-sáai ຜູ້ຊາຍ; sŭak ເຊືອກ

gym, *n.* hóong-gàa-nya-gàm ໂຮງກາຍະກຳ; hóong-nyím ໂຮງຢິມ

gymnast, *n.* nak-gàa-nya-bòo-li-hăan ນັກກາຍະບໍລິຫານ

gymnastic, *adj.* giao-gàp-gàa-nya-bòo-li-hăan ກ່ຽວກັບກາຍະບໍລິຫານ

gymnastics, *n.* gàa-nya-bòo-li-hăan ກາຍະບໍລິຫານ

gynecology, *n.* náa-lii-wêet-wi-ta-nyáa ນາລີເວດວິທະຍາ

Gypsy, *n.* kón-nyip-sii ຄົນຢິບຊີ

H

habit, *n.* ni-sǎi ນິໄສ (characteristic); kwáam-sín-kéei ຄວາມຊິນເຄີຍ (routine)

habitable, *adj.* àa-sǎi-yuu-dâi ອາໄສຢູ່ໄດ້

habitat, *n.* bɔn-àa-sǎi-yuu ບ່ອນອາໄສຢູ່

habitation, *n.* gàan-àa-sǎi-yuu ການອາໄສຢູ່

habitual, *adj.* bpèn-ni-sǎi ເປັນນິໄສ

hacker, *n.* kón-lak-kɔ̀ɔ-múun-kɔ́ɔm-piu-dtêe ຄົນລັກຂໍ້ມູນຄອມພິວເຕີ; gàan-lak-kɔ̀ɔ-múun-kɔ́ɔm-piu-dtêe ການລັກຂໍ້ມູນຄອມພິວເຕີ

hag, *n.* mɛɛ-mot ແມ່ມົດ (witch); hùai-nɔ́ɔng ຫ້ວຍໜອງ (marsh)

haggle, *v.* pit-tîang ຜິດຖຽງ (argue); dtɔ̀ɔ-láa-káa ຕໍ່ລາຄາ (bargain)

hail, *n.* fǒn-mii-màak-hěp ຝົນມີໝາກເຫັບ

hailstone, *n.* màak-hěp ໝາກເຫັບ

hair, *n.* pǒm ຜົມ (on the head); kǒn ຂົນ (on other body parts)

haircut, *n.* gàan-dtǎt-pǒm ການຕັດຜົມ

hairdo, *n.* sóng-pǒm ຊົງຜົມ

hairdresser, *n.* saang-dtɛng-pǒm ຊ່າງແຕ່ງຜົມ

hairpin, *n.* lěk-kǎt-pǒm ເຫລັກຂັດຜົມ

hair spray, *n.* sa-bpèe-dtɛng-pǒm ສະເປດແຕ່ງຜົມ

hairy, *adj.* míi-kǒn-lǎai ມີຂົນຫລາຍ

half, *n.* kɛ̌ng-nǔng ເຄີ່ງໜຶ່ງ

half brother/ sister, *n.* pii-nɔ́ɔng-huam-pɔ̀ɔ-lɯ̌ɯ-mɛ̂ɛ-diao-gàn ພີ່ນ້ອງຮ່ວມພໍ່ຫລືແມ່ດຽວກັນ

half-hearted, *adj.* bɔɔ-dtèm-jài ບໍ່ເຕັມໃຈ

half-price, *adj.* kɛng-láa-káa ເຄີ່ງລາຄາ

halfway, *adv.* kɛng-táang ເຄີ່ງທາງ

hall, *n.* hɔ̀ng-tǒong ຫ້ອງໂຖງ

hallucinate, *v.* pɛ̀ɛ-fǎn ແພ້ຝັນ

hallucination, *n.* gàan-lúang-dtòn-èeng ການລວງຕົນເອງ; gàan-pɛ̀ɛ-fǎn ການແພ້ຝັນ

hallway, *n.* la-bìang ລະບຽງ; táang-yaang ທາງຍ່າງ

halve, *v.* bɛng-kɛng ແບ່ງເຄີ່ງ

ham, *n.* mǔu-héem ໝູແຮມ

hamburger, *n.* kào-jìi-món-tii-mǎi-sài-bpèn-sìn-ngúa ເຂົ້າຈີ່ໝັ້ນທີ່ໃສ່ເປັນຊີ້ນງົວ

hammer, *n.* kɔ́ɔn-dtìi ຄ້ອນຕີ

hand, *n.* múu ມື (body part); kěm-móong ເຂັມໂມງ (of a clock)

handbag, *n.* ga-bpǎo-tɯ̌ɯ ກະເປົາຖື

handball, *n.* gì-láa-dtìi-lûuk-bàan-dûai-múu ກິລາຕີລູກບານດ້ວຍມື

handbook, *n.* kuu-múu ຄູ່ມື; bpǔm-kuu-múu ປຶ້ມຄູ່ມື

handcuffs, *n.* ga-jèe-múu ກະແຈມື; gǎp-múu ກັບມື

handful, *adj.* dtèm-múu ເຕັມມື (amount that a hand can hold); jàm-núan-nɔ́ɔi ຈຳນວນນ້ອຍ (small amount)

handicap, *n.* kwáam-pi-gàan ຄວາມພິການ (disability); sìa-òng-ka

เสยอ้อุละ; dtɔɔ-hâi ຕີ່ໄຫ້ (e.g. in golf, bowling)

handicapped, *adj.* pi-gàan ພິການ

handicraft, *n.* hăt-ta-gàm ຫັດຖະກຳ; het-dûai-múu ເຮັດດ້ວຍມື

handkerchief, *n.* pàa-pée-món ຜ້າແພເມັດ

handle, *n.* dâam ດ້າມ; bɔn-jǎp ບ່ອນຈັບ

handle, *v.* jǎp-dûai-múu ຈັບດ້ວຍມື (touch with the hands); hap-pĭt-sɔ̂ɔp ຮັບຜິດຊອບ (have responsibility); jǎt-gàan ຈັດການ (cope with; deal or trade)

handlebar, *n.* kán-bâng-kap ຄັນບັງຄັບ

handmade, *adj.* hăt-ta-gàm ຫັດຖະກຳ

handshake, *n.* gàan-jǎp-múu ການຈັບມື

handsome, *adj.* sa-ngáa-ngâam ສະຫງ່າງາມ (used with men); ngáam ງາມ (pleasing and dignified)

handwriting, *n.* láai-múu ລາຍມື

hang, *v.* hɔ̂i ຫ້ອຍ; kwɛ̌ɛn ແຂວນ

hanger, *n.* mâi-hɔ̂i-sûa ໄມ້ຫ້ອຍເສື້ອ

hanging, *n.* gàan-hɔ̂i ການຫ້ອຍ; kɔ̌ɔng-tîi-hɔ̂i ຂອງທີ່ຫ້ອຍ

hangover, *n.* máo-kâang ເມົາຄ້າງ (from intoxicants)

happen, *v.* gə̀ət-kùn ເກີດຂຶ້ນ

happening, *n.* hèet-gàan ເຫດການ (event, occurrence)

happiness, *n.* kwáam-sǔk ຄວາມສຸກ

happy, *adj.* míi-kwáam-sǔk ມີຄວາມສຸກ

happy-go-lucky, *adj.* bɔɔ-tuk-bɔɔ-hɔ́ɔn ບໍ່ທຸກບໍ່ຮ້ອນ

harass, *v.* lop-gùan ລົບກວນ; het-hâi-lám-bàak-jài ເຮັດໃຫ້ລຳບາກໃຈ

harassment, *n.* gàan-lop-gùan-wón-wáai ການລົບກວນວົ້ນວາຍ

harbor, *n.* taa-húa ທ່າເຮືອ

hard, *adj.* nyâak ຍາກ (not easy); kɛ̌ɛng ແຂງ (not soft); lám-bàak ລຳບາກ (with difficulty); keng-kat ເຄັ່ງຄັດ (strict)

hard disk, *n.* haat-dĭt ຮາດດິສ

harden, *v.* het-hâi-kɛ̌ɛng ເຮັດໃຫ້ແຂງ; sə̌əm-gàm-láng ເສີມກຳລັງ (enforce)

hardly, *adv.* gùap-bɔɔ ເກືອບບໍ່ (almost not; barely); hɛ́n-ja-bɔɔ ເຫັນຈະບໍ່ (not so ...)

hardness, *n.* kwáam-kɛ̌ɛng ຄວາມແຂງ

hardship, *n.* kwáam-nyâak-lám-bàak ຄວາມຍາກລຳບາກ

hardware, *n.* haat-wɛ́ɛ ຮາດແວ; kuang-lĕk ເຄື່ອງເຫລັກ

hare, *n.* ga-dtaai-bpaa ກະຕ່າຍປ່າ

harem, *n.* húan-náang-sa-nǒm ເຮືອນນາງສະໜົມ

harm, *n.* ǎn-dta-láai ອັນຕະລາຍ

harmful, *adj.* bpɛn-ǎn-dta-láai ເປັນອັນຕະລາຍ

harmless, *adj.* bɔɔ-míi-ǎn-dta-láai ບໍ່ມີອັນຕະລາຍ

harmonica, *n.* kuang-sèep (bpa-pêet-bpao ເຕັ້ອງເສບ (ປະເພດເປົ່າ)

harmonious, *adj.* gòm-giao-gàn ກົມກຽວກັນ; gòm-gùun-gàn ກົມກືນກັນ

harmonize, *v.* het-hài-gòm-gùun ເຮັດໃຫ້ກົມກືນ

harmony, *n.* kwáam-sǎa-mak-kíi ຄວາມສາມັກຄີ; kwáam-gòm-gùun ຄວາມກົມກືນ

harness, *n.* bàng-hǐan ບັງຫຽນ

harp, *n.* pin-dtàng ພິນຕັ້ງ

harsh, *adj.* nyàap ຫຍາບ (rough); sèep-gèeo-hǔu ແສບແກ້ວຫູ (disagreeable to the ear); hòot-hàai ໂຫດຮ້າຍ (cruel)

harshness, *n.* kwáam-nyàap ຄວາມຫຍາບ

harvest, *v.* gèp-giao ເກັບກ່ຽວ

harvest, *n.* la-dùu-gèp-giao ລະດູເກັບກ່ຽວ (season); pǒn-gèp-giao ຜົນເກັບກ່ຽວ (crop)

haste, *n.* hǐip-heng ຮີບເຮັ່ງ; kwáam-wong-wái ຄວາມວ່ອງໄວ

hasty, *adj.* hǐip ຮີບ; wái ໄວ

hat, *n.* mùak ຫມວກ

hatch, *v.* fak-kai ຟັກໄຂ່; bom ບົມ

hatchet, *n.* kwǎan-nɔ́ɔi ຂວານນ້ອຍ

hate, *v.* gìat-sǎng ກຽດຊັງ

hateful, *adj.* míi-jài-kang-kêen ມີໃຈຄັງແຄ້ນ; míi-jài-gìat-sǎng ມີໃຈກຽດຊັງ

hatred, *n.* kwáam-sǎng ຄວາມຊັງ; kwáam-kang-kêen ຄວາມຄັ່ງແຄ້ນ

haul, *v.* dùng ດຶງ; làak ລາກ

haunt, *v.* sǐng-suu ສິງຢູ່; sǐng ສິງ; lɔ́ɔk-lɔ́ɔn ຫລອກຫລອນ

haunted, *adj.* píi-sǐng ຜີສິງ; míi-píi-lɔ́ɔk ມີຜີຫລອກ

have, *v.* míi ມີ

havoc, *n.* hǎa-nya-na ຫາຍະນະ; kwáam-jìp-hǎai ຄວາມຈິບຫາຍ

hawk, *n.* lɛ́ɛo ແຫລວ

hay, *n.* nyàa-hèng ຫຍ້າແຫ້ງ; fúang ເຟືອງ

hay fever, *n.* kài-la-ɔɔng-fúang ໄຂ້ລະອອງເຟືອງ

haystack, *n.* gɔɔng-fáang ກອງຟາງ

he, *pron.* láao ລາວ

head, *n.* hǔa ຫົວ; hǔa-nàa ຫົວຫນ້າ; hǔa-kaao ຫົວກ້າວ

headache, *n.* jèp-hǔa ເຈັບຫົວ

heading, *n.* hǔa-lɨang ຫົວເລື່ອງ (headline, topic); suan-nàa ສ່ວນຫນ້າ (foremost or leading position or part)

headlight, *n.* dtàa-lot ຕາລົດ

headline, *n.* hǔa-lɨang ຫົວເລື່ອງ

head-on, *adj.* dtàm-gàn ຕຳກັນ; bpa-sǎan-ngáa ປະສານງາ

headquarters, *n.* sǎm-nak-ngáan-nyai ສຳນັກງານໃຫຍ່

headstone, *n.* sǐ-láa-lɛ̀ɛk ສີລາແລກ

heal, *v.* hak-sǎa ຮັກສາ; bpin-bpua ປິ່ນປົວ

health, *n.* sǔ-ka-pàap ສຸຂະພາບ

healthful, *adj.* bpèn-bpa-nyòot-dtɔɔ-haang-gàai ເປັນປະໂຫຍດຕໍ່ຮ່າງກາຍ

healthy, *adj.* sǔ-ka-pàap-dìi

ສຸຂະພາບດີ; kěeng-héeng ແຂງແຮງ
hear, *v.* dâi-nyín ໄດ້ຍິນ
hearing, *n.* gàan-dâi-nyín ການໄດ້ຍິນ
hearsay, *n.* kám-bɔ̀ɔk-lao ຄຳບອກເລົ່າ
hearse, *n.* lot-bàn-tuk-sôp ລົດບັນທຸກສົບ
heart, *n.* hŭa-jài ຫົວໃຈ (mind; the organ); jài ໃຈ (mind, spirit); gen ແກ່ນ (core, the middle of); jùt-sǎm-kán ຈຸດສຳຄັນ (important point)
heartache, *n.* kwáam-sâo-sa-lót-jài ຄວາມເສົ້າສະຫຼົດໃຈ; kwáam-bpùat-hǔa-jài ຄວາມປວດຫົວໃຈ
heartbreak, *n.* sâm-jài ຊ້ຳໃຈ
heartbreaking, *adj.* het-hài-sâo-sǐa-jài ເຮັດໃຫ້ເສົ້າເສຍໃຈ
heartbroken, *adj.* sâm-jài ຊ້ຳໃຈ
heartburn, *n.* àa-gàan-jèp-nàa-ǒk ອາການເຈັບໜ້າເອິກ
hearth, *n.* kǐi-fái ຂີ້ໄຟ
heat, *v.* het-hài-un ເຮັດໃຫ້ອຸ່ນ; het-hài-hɔ́ɔn ເຮັດໃຫ້ຮ້ອນ
heat, *n.* kwáam-hɔ́ɔn ຄວາມຮ້ອນ
heater, *n.* kʉang-àai-hɔ́ɔn ເຄື່ອງອາຍຮ້ອນ
heating, *n.* gàan-hài-kwáam-hɔ́ɔn ການໃຫ້ຄວາມຮ້ອນ
heatstroke, *n.* lôm-nyɔ́ɔn-kwáam-hɔ́ɔn ລົມຍ້ອນຄວາມຮ້ອນ
heaven, *n.* sa-wǎn ສະຫວັນ; tɔ́ɔng-fáa ທ້ອງຟ້າ (sky)
heavenly, *adj.* jàak-sa-wǎn ຈາກສະຫວັນ (celestial); dìi-lə̂ət ດີເລີດ (sublime)
heavy, *adj.* nǎk ໜັກ (weight); hún-héeng ຮຸນແຮງ (serious)
heckle, *v.* lop-gùan ລົບກວນ; kǎt-kɔ́ɔ ຂັດຄໍ
hectic, *adj.* nyûng-nyâak ຫຍຸ້ງຍາກ (filled with confusion); nyûng-lǎai ຫຍຸ້ງຫຼາຍ (very busy)
hedge, *n.* hûa-dtôn-mâi ຮົ້ວຕົ້ນໄມ້
heed, *v.* ào-jài-sai ເອົາໃຈໃສ່
heel, *n.* sôn-dtìin ສົ້ນຕີນ
height, *n.* kwáam-sǔung ຄວາມສູງ
heighten, *v.* het-hài-sǔung-kʉ̀n ເຮັດໃຫ້ສູງຂຶ້ນ
heir, heiress, *n.* pùu-sʉ̀ʉp-tɔ̂ɔt-mɔ́ɔ-la-dǒk ຜູ້ສືບທອດມໍລະດົກ
helicopter, *n.* hʉ́a-bìn-hée-li-kɔp-dtəə ເຮືອບິນເຮລີຄອບເຕີ
helium, *n.* tâat-hée-lìam ທາດເຮລຽມ
hell, *n.* na-hok ນະຮົກ
hello, *interj.* sa-bàai-dìi ສະບາຍດີ
helmet, *n.* mùak-jɔ̀ɔm-léem ໝວກຈອມແຫຼມ; mùak-lek ໝວກເຫຼັກ
helmsman, *n.* kón-tʉ̌ʉ-tâai-hʉ́a ຄົນຖືທ້າຍເຮືອ
help, *v.* suai-lʉ̌a ຊ່ວຍເຫຼືອ
help, *n.* kwáam-suai-lʉ̌a ຄວາມຊ່ວຍເຫຼືອ
helper, *n.* pùu-suai ຜູ້ຊ່ວຍ; puu-suai-lʉ̌a ຜູ້ຊ່ວຍເຫຼືອ
helpful, *adj.* hài-kwáam-suai-lʉ̌a ໃຫ້ຄວາມຊ່ວຍເຫຼືອ
helpless, *adj.* suai-bɔɔ-dâi ຊ່ວຍບໍ່ໄດ້

hem, n. kɔ̀ɔp ຂອບ; kèɛp-sὺa ແຂບເສື້ອ
hemisphere, n. sìik-lôok ຊີກໂລກ
hemorrhage, n. àa-gàan-dtòk-lûat ອາການຕົກເລືອດ
hemorrhoids, n. lìt-sǐi-dùang ລິດສີດວງ
hemp, n. bpɔ̀ɔ ປໍ; bpaan ປ່ານ
hen, n. gai-mɛɛ ໄກ່ແມ່
henceforth, adv. dtɔɔ-bpài ຕໍ່ໄປ (next; from now on); nap-jàak-nìi-bpài ນັບຈາກນີ້ໄປ (from now on)
henchman, n. lùuk-nɔ̂ɔng ລູກນ້ອງ (trusted follower); kón-sài-gài-sìt-kɔ̌ɔng-hǔa-nàa ຄົນໃຊ້ໃກ້ຊິດຂອງຫົວໜ້າ
hepatitis, n. lôok-dtàp-ǎk-sèep ໂລກຕັບອັກເສບ
her, adj. kɔ̌ɔng-láao (mɛɛ-nyíng) ຂອງລາວ (ແມ່ຍິງ)
herb, n. yàa-hâak-mâi ຢາຮາກໄມ້
herbivorous, adj. gìn-pûɯt ກິນພືດ
herd, n. fǔung ຝູງ
here, adv. yuu-nìi ຢູ່ນີ້
hereafter, adv. dtɔɔ-jàak-nìi-bpài ຕໍ່ຈາກນີ້ໄປ
hereby, adv. dûai-nìi ດ້ວຍນີ້
hereditary, adj. lak-sa-nă-gàm-ma-pán ລັກສະນະກຳມະພັນ
heredity, n. gàm-ma-pán ກຳມະພັນ
heresy, n. sàat-sa-nǎa-nɔ̂ɔk-hìit ສາສະໜານອກຮີດ
heretic, n. kón-nɔ̂ɔk-hìit ຄົນນອກຮີດ
heritage, n. mɔ́ɔ-la-dòk ມໍລະດົກ
hermit, n. pa-lúu-sǐi ພະລືສີ

hernia, n. pa-nyâat-sài-lɯ̂an ພະຍາດໃສ້ເລື່ອນ
hero, n. pa-èek ພະເອກ (e.g. in movies); wǐi-la-bùu-lút ວິລະບຸລຸດ (e.g. firefighters or other brave people)
heroic, adj. gâa-hǎan ກ້າຫານ
heroin, n. hée-loo-ìin ເຮໂລອີນ
heroine, n. náang-èek ນາງເອກ; wǐi-la-sa-dtǐi ວິລະສະຕີ
heron, n. nok-nyáang ນົກຍາງ
herring, n. bpàa-hée-lìng ປາແຮລິງ
hers, pron. kɔ̌ɔng-láao (puu-nyíng) ຂອງລາວ (ຜູ້ຍິງ)
herself, pron. láao-èeng (puu-nyíng) ລາວເອງ (ຜູ້ຍິງ)
hesitant, adj. láng-lée ລັງເລ; lǐi-lɔ́ɔ ລີລໍ; yút-yút-yón-yón ຍຸດຍຸດຍ່ອນຍ່ອນ
hesitate, v. láng-lée ລັງເລ; lǐi-lɔ́ɔ ລີລໍ
hesitation, n. kwáam-láng-lée ຄວາມລັງເລ
heterosexual, adj. sǒn-jài-pêet-gòng-kàam ສົນໃຈເພດກົງຂ້າມ
hibernate, v. jàm-sìn ຈຳສິນ
hiccup, v. sa-ɔ́ ສະອື
hidden, adj. lîi-yuu ລີ້ຢູ່; sǔang ເຊື່ອງ
hide, v. sǔang ເຊື່ອງ; lîi ລີ້
hide, n. nǎng-sat ໜັງສັດ (leather)
hideout, hiding place, n. bɔn-lîi ບ່ອນລີ້
hierarchy, n. gàan-beng-sân ການແບ່ງຊັ້ນ (categorization of a group of people according to ability or sta-

hieroglyphic   **171**   **hoard**

tus); sân-wán-na ຊັ້ນວັນນະ (e.g. in caste or feudal system)

hieroglyphic, *n.* ăk-sɔ̌ɔn-ìi-yìp-bùu-háan ອັກສອນອີຢິບບູຮານ

high, *adj.* sǔung ສູງ (tall); péeng ແພງ (expensive); máo ເມົາ (by alcohol or a drug)

high-class, *adj.* sân-sǔung ຊັ້ນສູງ

highland, *n.* bɔ̀ɔ-li-wéen-tii-yùu-sǔung ບໍລິເວນທີ່ຢູ່ສູງ

highlight, *v.* nên ເນັ້ນ (emphasize)

highlight, *n.* lǔang-sǎm-kán ເລື່ອງສຳຄັນ; jùt-sǎm-kán ຈຸດສຳຄັນ (important point)

highly, *adv.* yaang-sǔung ຢ່າງສູງ

high school, *n.* hóong-hían-mat-ta-nyóm-dtɔ̀ɔn-bpáai ໂຮງຮຽນມັດທະຍົມຕອນປາຍ

highway, *n.* táang-lǔang ທາງຫຼວງ

hijack, *v.* jìi-húa-bìn ຈີ້ເຮືອບິນ

hijacker, *n.* jòon-jìi-húa-bìn ໂຈນຈີ້ເຮືອບິນ (of an airplane)

hike, *v.* yaang-kùn-kǎo ຢ່າງຂຶ້ນເຂົາ

hill, *n.* púu-nɔ́ɔi ພູນ້ອຍ; jìa-púu ເຈັ້ຽພູ

hilt, *n.* dâam-mîit ດ້າມມີດ

him, *pron.* láao ລາວ

himself, *pron.* láao-èeng (puu-sáai) ລາວເອງ (ຜູ້ຊາຍ)

hind, *n.* gwàang-mɛɛ ກວາງແມ່

hinder, *v.* gìit-kwǎang ກີດຂວາງ

Hindi, *n.* páa-sǎa-hín-dùu ພາສາຮິນດູ

hindrance, *n.* gàan-gìit-kwǎang ການກີດຂວາງ; ùp-bpa-sǎk ອຸປະສັກ

Hindu, *n.* hín-dùu ຮິນດູ

hinge, *n.* bàan-pap ບານພັບ

hint, *v.* wâo-hài-hûu ເວົ້າໃຫ້ຮູ້; nɛ-nám ແນະນຳ

hip, *n.* ga-pôok ກະໂພກ

hippopotamus, *n.* mǔu-nàam ໝູນ້ຳ; sǎang-nàam ຊ້າງນ້ຳ

hire, *v.* jáang ຈ້າງ

hire, *n.* gàan-jâang ການຈ້າງ (act of hiring); kaa-jáang ຄ່າຈ້າງ (wages)

his, *pron.* kɔ̌ɔng-láao (puu-sáai) ຂອງລາວ (ຜູ້ຊາຍ)

hiss, *v.* het-sìang-sɛɛ ເຮັດສຽງແສ່

hiss, *n.* sìang-sɛɛ ສຽງແສ່

historian, *n.* nak-bpa-wǎt-sàat ນັກປະຫວັດສາດ

historical, historic, *adj.* giao-gǎp-bpa-wǎt-sàat ກ່ຽວກັບປະຫວັດສາດ

history, *n.* bpa-wǎt-sàat ປະຫວັດສາດ

hit, *v.* dtìi ຕີ; dtàm ຕຳ (crash); ni-nyóm ນິຍົມ (e.g. song)

hit, *n.* gàan-dtìi ການຕີ; gàan-dtàm ການຕຳ; sing-tìi-ni-nyóm ສິ່ງທີ່ນິຍົມ

hit-and-run, *adj.* dtàm-lɛ́ɛo-nìi ຕຳແລ້ວໜີ

hitch, *v.* pùuk-sûak ຜູກເຊືອກ

hitchhike, *v.* kɔ̌ɔ-bpài-nám-lot-puu-ʉʉn ຂໍໄປນຳລົດຜູ້ອຶ່ນ

hive, *n.* háng-pông ຮັງເຜິ້ງ

hives, *n.* lóm-pit ລົມພິດ

Hmong, *n.* pao-môong ເຜົ່າມົ້ງ (a hill tribe)

hoard, *n.* gàan-gěp-sǎ-sǒm

A B C D E F G **H** I J K L M N O P Q R S T U V W X Y Z

ການດັບສະເລີມ

hoarse, *adj.* sĭang-hèep ສຽງແຫບ; hèep-hâao ແຫບຫ້າວ

hobby, *n.* wîak-het-wée-láa-waang ວຽກເຮັດເວລາວ່າງ

hobbyhorse, *n.* mâa-mái ມ້າໄມ້

hockey, *n.* gi-láa-hok-gîi ກິລາຮັອກກີ້

hoe, *n.* jòk-nɔ́ɔi ຈົກນ້ອຍ

hog, *n.* mŭu-dtɔ̀ɔn ໝູຕອນ

hold, *v.* jǎp ຈັບ; tŭu ຖື

hold, *n.* gàan-jǎp ການຈັບ; gàan-tŭu ການຖື

holdings, *n.* sap-sĭn ຊັບສິນ

hole, *n.* húu ຮູ; kǔm ຂຸມ

holiday, *n.* wán-pak ວັນພັກ; wán-pak-lat-ta-gàan ວັນພັກລັດຖະການ

Holland, *n.* bpa-têet-hɔ́ɔ-léɛn ປະເທດຮໍແລນ

hollow, *adj.* gòon ໂກນ; bpèn-húu ເປັນຮູ

holocaust, *n.* gàan-tám-láai-gìang ການທຳລາຍລ້າງ

holy, *adj.* sǎk-sìt ສັກສິດ; kúan-sǎk-gàa-la ຄວນສັກກາລະ

home, *n.* bâan-húan ບ້ານເຮືອນ; sŭun-gàang ສູນກາງ

homebody, *n.* kón-mak-yuu-bâan ຄົນມັກຢູ່ບ້ານ

homeland, *n.* bâan-gə̀ət-múang-nɔ́ɔn ບ້ານເກີດເມືອງນອນ

homeless, *adj.* bɔɔ-míi-húan-yuu ບໍ່ມີເຮືອນຢູ່; pa-nêe-jɔ̀ɔn ພະເນຈອນ

homely, *adj.* tám-ma-dàa ທຳມະດາ; bɔɔ-nàa-sŏn-jài ບໍ່ໜ້າສົນໃຈ

homemade, *adj.* het-yuu-bâan ເຮັດຢູ່ບ້ານ; pa-lìt-yuu-gǎp-húan ຜະລິດຢູ່ກັບເຮືອນ

homemaker, *n.* mɛɛ-húan ແມ່ເຮືອນ (housewife); puu-dùu-léɛ-húan ຜູ້ດູແລເຮືອນ (one who manages a household)

home office, *n.* sǎm-nak-ngáan-nyai ສຳນັກງານໃຫຍ່

homesick, *adj.* kit-hɔ́ɔt-bâan ຄິດຮອດບ້ານ

hometown, *n.* bâan-gə̀ət ບ້ານເກີດ

homeward, *adv.* bpài-suu-húan ໄປສູ່ເຮືອນ

homework, *n.* wîak-bâan ວຽກບ້ານ

homicide, *n.* gàan-kàa-kón ການຂ້າຄົນ; gàan-kâat-dta-gàm ການຄາດຕະກຳ

homogeneous, *adj.* káai-kúu-gàn ຄ້າຍຄືກັນ

homogenize, *v.* het-hài-kúu-gàn ເຮັດໃຫ້ຄືກັນ; het-hài-bpèn-àn-dìao-gàn ເຮັດໃຫ້ເປັນອັນດຽວກັນ

homosexual, *adj.* ga-təə̀i ກະເທີຍ; hak-pêet-dìao-gàn ຮັກເພດດຽວກັນ

homosexuality, *n.* gàan-hak-pêet-dìao-gàn ການຮັກເພດດຽວກັນ

honest, *adj.* sǎt-súu ສັດຊື່ (loyal); bpə̀ət-pə̌əi ເປີດເຜີຍ (sincere, open); jìng-jài ຈິງໃຈ (upright, genuine)

honey, *n.* nâam-pə̂ng ນ້ຳເຜິ້ງ (bee nectar); tii-hak ທີ່ຮັກ (darling)

honeycomb, *n.* húang-pə̂ng ຮວງເຜິ້ງ

honeymoon, *n.* gaan-tiao-pak-pɔn-kɔ̌ong-kuu-tii-dtɛng-ngáan-mai ການທ່ອງພັກຜ່ອນຂອງຄູ່ທີ່ແຕ່ງງານໃໝ່

honk, *v.* biip-gɛ̀ɛ ບີບແກ

honk, *n.* sǐang-gɛ̀ɛ ສຽງແກ

honor, *v.* hài-gìat ໃຫ້ກຽດ

honor, *n.* gìat-dti-nyót ກຽດຕິຍົດ (high respect; esteem); gìat-ni-nyóm ກຽດນິຍົມ (for academic achievement)

honorable, *adj.* nàa-káo-lop-nap-tɯ̌ɯ ໜ້າເຄົາລົບນັບຖື

honorary, *adj.* bpen-gìat ເປັນກຽດ

hood, *n.* pàa-bpòk-kúm ຜ້າປົກຄຸມ (over the head); fáa-ǎt ຝາອັດ (e.g., of a car)

hoof, *n.* gìip-dtìin-sát ກີບຕີນສັດ

hook, *n.* kɔ̌ɔ ຂໍ; huang ຫ່ວງ (curved bent device); bět ເບັດ (fishhook)

hoop, *n.* huang ຫ່ວງ; lùuk-wóng ລູກວົງ

hoot, *v.* nok-kâo-mɛ́ɛo-hɔ́ɔng ນົກເຄົ້າແມວຮ້ອງ

hoot, *n.* sǐang-hɔ́ɔng-nok-kâo-mɛ́ɛo ສຽງຮ້ອງນົກເຄົ້າແມວ

hop, *v.* ga-dòot ກະໂດດ

hope, *v.* wǎng ຫວັງ

hope, *n.* kwáam-wǎng ຄວາມຫວັງ

hopeful, *adj.* mii-kwáam-wǎng ມີຄວາມຫວັງ

hopefully, *adv.* yaang-mii-kwáam-wǎng ຢ່າງມີຄວາມຫວັງ

hopeless, *adj.* mot-wǎng ໝົດຫວັງ

horizon, *n.* sèn-kɔ̀ɔp-fáa ເສັ້ນຂອບຟ້າ (sky line); la-dáp ລະດັບ (level)

horizontal, *adj.* táang-nɔ́ɔn ທາງນອນ

hormone, *n.* hɔ́ɔ-móon ຮໍໂມນ

horn, *n.* gɛ̀ɛ ແກ (musical instrument or of a vehicle); kǎo-sǎt ເຂົາສັດ (animal)

hornet, *n.* dtǎk-dtɛ̀ɛn-nyak ຕັກແຕນຍັກ

horoscope, *n.* gaan-túai-sôok-sáa-dtàa ການທວາຍໂຊກຊາຕາ

horrible, *adj.* bpen-dtàa-yâan ເປັນຕາຢ້ານ

horrify, *v.* het-hài-yâan ເຮັດໃຫ້ຢ້ານ

horror, *n.* sing-pàa-hài-yâan ສິ່ງພາໃຫ້ຢ້ານ

horse, *n.* mâa ມ້າ

horseback, *adv.* lǎng-mâa ຫຼັງມ້າ

horseman, *n.* kón-kii-mâa ຄົນຂີ່ມ້າ

horsepower, *n.* hɛ́ɛng-mâa ແຮງມ້າ

horseshoe, *v.* gɔ̀ɔp-mâa ເກີບມ້າ

hose, *n.* tǒng-dtìin-nyáao ຖົງຕີນຍາວ (long socks); tɔ̀ɔ-sìit-náam ທໍ່ສີດນ້ຳ (watering)

hospital, *n.* hóong-mɔ̌ɔ ໂຮງໝໍ

hospitality, *n.* kwáam-mii-jài-ga-lu-náa ຄວາມມີໃຈກະລຸນາ

hospitalize, *v.* nɔ́ɔn-hak-sǎa-nái-hóong-mɔ̌ɔ ນອນຮັກສາໃນໂຮງໝໍ

host, *n.* jâo-bâan ເຈົ້າບ້ານ (of a house); jâo-pâap ເຈົ້າພາບ (e.g. of a party, ceremony, event); puu-jàt-gàan ຜູ້ຈັດການ (who manages)

hostage, *n.* dtùa-bpa-gàn ຕົວປະກັນ

hostess, *n.* jâo-pâap ເຈົ້າພາບ (ຜູ້ຍິງ);

hostile — puu-nyĭng-hap-kèɛk ผู้ยิ่งรับแขก (e.g. in a bar)

hostile, *adj.* bɔɔ-bpèn-mit บ่เป็นมิด

hostility, *n.* kwáam-bpèn-bpɔ́ɔ-la-bpǎk ความเป็นปฏิปักษ์; kwáam-bɔɔ-bpèn-mit ความบ่เป็นมิด

hot, *adj.* hɔ́ɔn ร้อน (temperature); pĕt เผ็ด (spicy); yūa-yúan ยั่วยวน (sexy)

hot-blooded, *adj.* àa-lóm-hɔ́ɔn อารมณ์ร้อน

hot cakes, *n.* kǎai-dìi ขายดี

hot dog, *n.* sài-ua-ŏp-hɔ́ɔn ไส้อั่วอบร้อน

hotel, *n.* hóong-héem โรงแรม

hound, *n.* mǎa-lai-nùa หมาไล่เนื้อ

hour, *n.* sua-móong ชั่วโมง

hourglass, *n.* gɛ̂ɛo-tɛ̀ɛk-wée-láa แก้วแตกเวลา

hourly, *adv.* dtɛɛ-la-sua-móong แต่ละชั่วโมง; tuk-sua-móong ทุกชั่วโมง

house, *n.* húan เรือน

household, *n.* kɔ̀ɔp-kúa ครอบครัว; kuang-húan เครื่องเรือน

housekeeper, *n.* mɛ̂ɛ-húan แม่เรือน

housekeeping, *n.* gàan-bəng-nyɛ́ɛng-hak-sǎa-húan การเบิ่งแยงฮักษาเรือน

housemaid, *n.* mɛ̂ɛ-húan แม่เรือน

housewarming, *n.* ngáan-kùn-bâan-mai งานขึ้นบ้านใหม่

housewife, *n.* mɛ̂ɛ-húan แม่เรือน

housework, *n.* wîak-húan เวียกเรือน

housing, *n.* bâan-pak บ้านพัก

housing project, *n.* kóong-gàan-bpùk-húan โครงการปลูกเรือน

hover, *v.* bìn-wən บินเวิ่น; jə̀ət-bpài-jə̀ət-máa เจิดไปเจิดมา

how, *adv.* yaang-dài ย่างใด; bpèn-jang-dài เป็นจั่งใด; bpèn-néeo-dài เป็นแนวใด

however, *adv.* yaang-dài-gɔ̀ɔ-dtàam ย่างใดก็ตาม

howl, *v.* hɔ́ɔn หอน

hub, *n.* dùm-lɔ́ɔ ดุมล้อ (of a wheel); jùt-sǔun-gàang จุดศูนย์กลาง (center)

huddle, *v.* hóom-gàn-bpèn-gɔ̂ɔn โฮมกันเป็นก้อน

huddle, *n.* gàan-hóom-gàn-bpèn-gɔ̂ɔn การโฮมกันเป็นก้อน (packed group); gɔ̀ɔng-bpa-sǔm-suan-dtùa กองประชุมส่วนตัว (private meeting)

hug, *v.* gɔ̀ɔt กอด; hat ฮัก

hug, *n.* gàan-gɔ̀ɔt การกอด; gàan-hat การฮัก

huge, *adj.* nyai-dtòo ใหญ่โต

hull, *n.* lám-húa ลำเรือ (frame of a ship); bpùak เปลือก (husk)

hum, *v.* hɔ́ɔng-péeng-bào-bào ร้องเพลงเบาๆ

hum, *n.* gàan-hɔ́ɔng-péeng-bào-bào การร้องเพลงเบาๆ (act of humming); sĭang-wung-wung สรงวืงๆ (sound)

human, *adj.* bpèn-ma-nut เป็นมะนุด

human being, *n.* ma-nut มะนุด

humane, *adj.* mĭi-ma-nut-sa-tám

มีมะนุดสะທ້ำ
humanitarian, *adj.* jài-bùn ใจบຸນ
humanities, *n.* wi-sáa-ma-nut-sàat ວິຊາມະນຸດສາດ
humanity, *n.* ma-nut-sàat ມະນຸດຊາດ
humankind, *n.* ma-nut ມະນຸດ
humble, *adj.* tɔm-dtùa ຕ່ອມຕົວ
humid, *adj.* jʉ̀ʉn ຈຶ້ນ; sum ຊຸ່ມ
humidify, *v.* het-hài-jʉ̀ʉn ເຮັດໃຫ້ຈຶ້ນ
humidity, *n.* kwáam-jʉ̀ʉn ຄວາມຈຶ້ນ
humiliate, *v.* het-hài-ǎp-àai ເຮັດໃຫ້ອັບອາຍ
humiliation, *n.* gàan-het-hài-ǎp-àai ການເຮັດໃຫ້ອັບອາຍ
humility, *n.* kwáam-tɔm-dtùa ຄວາມຕ່ອມຕົວ
humor, *n.* luang-dta-lǒk ເລື່ອງຕະຫຼົກ; àa-lóm-dìi ອາລົມດີ
humorous, *adj.* dta-lǒk ຕະຫຼົກ; hǔa-kwǎn ຫົວຂັນ
hump, *n.* kôok ໂຄກ; gɔ̀ɔng-din ກອງດິນ
humpback, hunchback, *n.* kón-lǎng-gɔm ຄົນຫຼັງກ່ອມ
hunch, *n.* gong ກົງ; het-hài-kôong-ɔ̀ɔk ເຮັດໃຫ້ໂກ່ງອອກ
hundred, *nm.* hɔ̂ɔi ຮ້ອຍ
hundredth, *adj.* tii-hɔ̂ɔi ທີຮ້ອຍ
Hungary, *n.* bpa-têet-háng-gàa-líi ປະເທດຮັງກາລີ
hunger, *n.* kwáam-hǐu ຄວາມຫິວ
hungry, *adj.* hǐu ຫິວ
hunt, *v.* laa ລ່າ

hunt, *n.* gàan-laa ການລ່າ
hunter, -tress, *n.* nak-laa ນັກລ່າ; nak-laa-sǎt ນັກລ່າສັດ
hunting, *n.* gàan-laa ການລ່າ
hurdle, *n.* hǔa ຮົ້ວ (fence); kuang-gân ເຄື່ອງກັ້ນ (barrier, e.g. for racing)
hurricane, *n.* lóm-páa-nyu-hǒə-li-kéen ລົມພາຍຸເຮີລິເຄນ
hurried, *adj.* fàao-fang ຟ້າວຟັ່ງ; hîip-hɔ́ɔn ຮີບຮ້ອນ
hurry, *v.* hîip ຮີບ; fàao ຟ້າວ
hurry, *n.* kwáam-hîip-hɔ́ɔn ຄວາມຮີບຮ້ອນ
hurt, *v.* het-hài-bàat-jěp ເຮັດໃຫ້ບາດເຈັບ
hurt, *n.* kwáam-bàat-jěp ຄວາມບາດເຈັບ; kwáam-sǐa-hǎai ຄວາມເສຍຫາຍ
husband, *n.* pǔa ຜົວ
husk, *n.* kîi-gèep ຂີ້ແກບ; bpùak ເປືອກ
hut, *n.* ga-dtùup ກະທູບ
hyacinth, *n.* pǎk-dtòp-sa-wáa ຜັກຕົບຊະວາ
hybrid, *adj.* pán-sɔ̀ɔt ພັນຊອດ; pán-pa-sǒm ພັນຜະສົມ
hydrangea, *n.* dɔ̀ɔk-hái-dèen-jìa ດອກໄຮເດນເຈຍ
hydrant, *n.* gɔk-nâam-bpa-bpàa ກັອກນ້ຳປະປາ; tɔɔ-nâam-mii-bɔn-kǎi-yuu-dtàam-kɛ́ɛm-ta-nǒn ທໍ່ນ້ຳມີບ່ອນໄຂຢູ່ຕາມແຄມທະໜົນ
hydroelectric, *adj.* giao-gǎp-fái-

fáa-pa-láng-nâam ກ່ຽວກັບໄພຟ້າພະລັງນ້ຳ
hydrogen, *n.* hìi-dòo-séɛn ອີໂດຣເຊນ
hyena, *n.* mǎa-bpaa-sa-nit-nung ໝາປ່າຊະນິດໜຶ່ງ
hygiene, *n.* su-kǎ-pi-bàan ສຸຂະພິບານ; kwáam-sa-àat ຄວາມສະອາດ
hygienic, *adj.* giao-gǎp-sǔ-ka-pâap ກ່ຽວກັບສຸຂະພາບ
hymn, *n.* péeng-sàat-sa-nǎa-kit ເພງສາສະໜາກິດ
hyperbole, *n.* kwáam-wâo-pôot ຄວາມເວົ້າໂພດ; gàan-wâo-gɔ̀ɔn-jìng ການເວົ້າເກີນຈິງ
hypertension, *n.* lôok-kwáam-dàn-lóo-hǐt-sǔung ໂລກຄວາມດັນໂລຫິດສູງ
hypertensive, *adj.* míi-kwáam-dàn-lóo-hǐt-sǔung ມີຄວາມດັນໂລຫິດສູງ
hyphen, *n.* kuang-mǎai-kìit ເຄື່ອງໝາຍຂີດ (–)
hyphenate, *v.* kìit-sèn-dtɔɔ ຂີດເສັ້ນຕໍ່ (–)
hypnosis, *n.* gàan-sa-gǒt-jìt ການສະກົດຈິດ
hypnotism, *n.* wi-sǎa-gàan-sa-gǒt-jìt ວິຊາການສະກົດຈິດ
hypnotize, *v.* sa-gǒt-jìt ສະກົດຈິດ
hypochondriac, *n.* kón-tii-mak-kit-waa-dtòn-èeng-jěp-kài ຄົນທີ່ມັກຄິດວ່າຕົນເອງເຈັບໄຂ້
hypocrisy, *n.* gàan-dtì-het ການຕີເຊັດ
hypocrite, *n.* puu-dtì-het ຜູ້ຕີເຊັດ
hypocritical, *adj.* lɔ̀ɔk-lúang ຫລອກລວງ; dtì-het ຕີເຊັດ

hypodermic, *adj.* giao-gǎp-dtǎi-pǐu-nǎng ກ່ຽວກັບໃຕ້ຜິວໜັງ
hypothesis, *n.* sǒm-mut-dti-tǎan ສົມມຸດຕິຖານ
hypothetical, *adj.* bpèn-kɔ̀ɔ-sǒm-mut ເປັນຂໍ້ສົມມຸດ
hysteria, *n.* pa-nyâat-hiit-sa-dtèe-líi ພະຍາດຣີສເຕເລີ
hysterical, *adj.* giao-gǎp-pa-nyâat-hiit-sa-dtèe-líi ກ່ຽວກັບພະຍາດຣີສເຕເລີ

I

I, *pron.* kòi ຂ້ອຍ; kàa-nɔ́ɔi ຂ້ານ້ອຍ; kàa-pa-jâo ຂ້າພະເຈົ້າ (formal)
ice, *n.* nâam-gɔ̌ɔn ນ້ຳກ້ອນ
iceberg, *n.* púu-nâam-gɔ̌ɔn ພູນ້ຳກ້ອນ
ice cream, *n.* ga-lɛm ກະແລມ; ài-sa-kìim ໄອສະຄຣີມ
iced, *adj.* yen-bpèn-nâam-gɔ̌ɔn ເຢັນເປັນນ້ຳກ້ອນ; sai-nâam-gɔ̌ɔn ໃສ່ນ້ຳກ້ອນ
icicle, *n.* sǎo-nâam-gɔ̌ɔn ເສົານ້ຳກ້ອນ
icy, *adj.* yen-lǎai ເຢັນຫລາຍ; bpèn-nâam-gɔ̌ɔn ເປັນນ້ຳກ້ອນ
idea, *n.* kwáam-kit ຄວາມຄິດ; nɛ́ɛo-kwáam-kit ແນວຄວາມຄິດ
ideal, *adj.* nyɔ̂ɔt-nyîam ຍອດຢ້ຽມ; bpèn-bɛ̀ɛp-yaang ເປັນແບບຢ່າງ; nái-u-dòm-ka-dtì ໃນອຸດົມຄະຕິ
idealism, *n.* u-dòm-ka-dtì ອຸດົມຄະຕິ; u-dom-gàan ອຸດົມການ
idealist, *n.* nak-u-dòm-ka-dtì

ນັກອຸດິມຄະຕິ
identical, *adj.* kúu-gàn ຄືກັນ
identification, *n.* gàan-hǎa-èek-ga-lak ການຫາເອກະລັກ (act of identifying); bắt-bpa-jàm-dtùa ບັດປະຈຳຕົວ (I.D. card)
identify, *v.* bɔ̀ɔk-lak-sa-nǎ-jàm-pɔ ບອກລັກສະນະຈຳເພາະ (establish the identity of); sǐi-bɔ̀ɔk ຊີ້ບອກ (ascertain the characteristics; point at)
identity, *n.* èek-ga-lak ເອກະລັກ (characteristics); lǎk-tǎan ຫລັກຖານ (proof)
idiom, *n.* sǎm-núan-páa-sǎa ສຳນວນພາສາ
idle, *adj.* bɔɔ-het-nyǎng ບໍ່ເຮັດຫຍັງ (not working); kîi-kâan ຂີ້ຄ້ານ (lazy)
idol, *n.* hûup-bùu-sáa ຮູບບູຊາ (image used for worship); puu-tii-mii-kón-bùu-sáa-lǎai ຜູ້ທີ່ມີຄົນບູຊາຫລາຍ (one that is adored excessively)
if, *conj.* tàa-waa ຖ້າວ່າ; tàa-hàak ຖ້າຫາກ; hàak-waa ຫາກວ່າ
ignite, *v.* het-hài-fái-mài ເຮັດໃຫ້ໄຟໄໝ້ (cause to burn); dtȉt-fái ຕິດໄຟ (begin to burn)
ignition, *n.* gàan-dtȉt-fái ການຕິດໄຟ
ignorance, *n.* kwáam-bɔɔ-hùu ຄວາມບໍ່ຮູ້ (condition of being uneducated); kwáam-bpà-la ຄວາມປະລະ (condition of disregarding)
ignorant, *adj.* bɔɔ-hùu ບໍ່ຮູ້
ignore, *v.* bɔɔ-sǒn-jài ບໍ່ສົນໃຈ (uninterested); bɔɔ-hǔa-sáa ບໍ່ຫົວຊາ (disregard)
ill, *adj.* bɔɔ-sa-bàai ບໍ່ສະບາຍ (sick); bpuai ປ່ວຍ (very sick); sua-hâai ຊົ່ວຮ້າຍ (bad)
illegal, *adj.* pȉt-gót-mǎai ຜິດກົດໝາຍ
illegible, *adj.* aan-bɔɔ-ɔ̀ɔk ອ່ານບໍ່ອອກ
illiterate, *adj.* gùuk-nǎng-sǔu ກຶກໜັງສື
illness, *n.* kwáam-jèp-bpuai ຄວາມເຈັບປ່ວຍ; kwáam-jèp-kài ຄວາມເຈັບໄຂ້
illogical, *adj.* bɔɔ-ìng-dtàam-hèet-pǒn ບໍ່ອີງຕາມເຫດຜົນ
illusion, *n.* gàan-lɔ̀ɔk-lúang ການຫລອກລວງ (erroneous concept or belief); sǐng-lúang-dtàa ສິ່ງລວງຕາ (something causing false perception)
illustrate, *v.* sa-dèeng ສະແດງ (show); a-ti-bàai ອະທິບາຍ (explain)
illustration, *n.* pâap-bpa-gɔ̀ɔp ພາບປະກອບ (figure, picture); dtùa-yaang ຕົວຢ່າງ (example); gàan-a-ti-bàai ການອະທິບາຍ (explanation)
illustrator, *n.* puu-dtêem-hûup-bpa-gɔ̀ɔp ຜູ້ແຕ້ມຮູບປະກອບ
image, *n.* hûup-jàm-lɔɔng ຮູບຈຳລອງ (reproduction of an object); hûup ຮູບ (picture); ma-nóo-pâap ມະໂນພາບ (mental picture)
imagery, *n.* hûup-nái-jài ຮູບໃນໃຈ (mental picture); kwáam-nuk-kit ຄວາມນຶກຄິດ (thought, idea)

imagination — imperative

imagination, n. jĭn-dta-náa-gàan จินตะนาการ; kwáam-kit-wâat-pâap ความคิดวาดภาพ

imaginative, adj. mak-kit-mak-fǎn มักคิดมักฝัน; bpen-gàan-jĭn-dtă-náa-gàan เป็นการจินตะนาการ

imagine, v. jĭn-dta-náa-gàan จินตะนาการ; kit-wâat-pâap คิดวาดภาพ; nuk-ào นึกเอา

imbalance, n. bɔɔ-sŏm-dùun บໍ່ສົມດູນ

imitate, v. lɔ́ɔk-bèep ลอกแบบ; hían-bèep เฮียนแบบ; gaai-ào กายเอา

imitation, n. gàan-lɔ́ɔk-bèep ການລອກແບບ

imitator, n. puu-hían-bèep ຜູ້ຮຽນແບບ

immaterial, adj. bɔɔ-míi-dtòo-dtŏn ບໍ່ມີໂຕຕົນ (having no material body); bɔɔ-săm-kán ບໍ່ສຳຄັນ (of no importance or relevance)

immature, adj. nyáng-ɔɔn-wái ຍັງອ່ອນໄວ (still young); nyáng-bɔɔ-nyai-dtèm-tii ຍັງບໍ່ໃຫຍ່ເຕັມທີ່ (not fully grown)

immediate, adj. tán-tii-tán-dài ທັນທີທັນໃດ (instant); dòoi-gòng ໂດຍກົງ (direct); gâi-sit ໃກ້ຊິດ (close, e.g. family)

immediately, adv. yaang-bɔɔ-sak-sâa ຢ່າງບໍ່ຊັກຊ້າ (without delay); tán-tii ທັນທີ (instantly); dòoi-gòng ໂດຍກົງ (directly)

immense, adj. ma-hŭ-máa ມະຫຶມາ; nyai-dtòo ໃຫຍ່ໂຕ

immigrant, n. puu-ŏp-pa-nyop-kào-bpa-têet ຜູ້ອົບພະຍົບເຂົ້າປະເທດ; puu-ŏp-pa-nyop ຜູ້ອົບພະຍົບ

immigrate, v. ŏp-pa-nyop-kào ອົບພະຍົບເຂົ້າ

immoral, adj. pit-sĭn-tám ຜິດສິນທຳ

immortal, adj. a-ma-dtă ອະມະຕະ; dta-lɔ̀ɔt-gàan ຕະຫຼອດການ

immortality, n. kwáam-bpèn-a-ma-dtă ຄວາມເປັນອະມະຕະ

immune, adj. míi-púum-dtâan-táan-lôok ມີພູມຕ້ານທານໂລກ

immunity, n. púum-dtâan-táan-lôok ພູມຕ້ານທານໂລກ

immunize, v. săk-yàa-bpɔ̂ng-gàn-pa-nyâat ສັກຢາປ້ອງກັນພະຍາດ

impact, v. ga-top ກະທົບ (effect); dtàm-gàn ຕຳກັນ (strike forcefully)

impact, n. gàan-ga-top ການກະທົບ (collision; act of impacting); pŏm-gă-top ผົມກະທົບ; héeng-bpa-ta ແຮງປະທະ (force)

impartial, adj. nyut-dti-tám ຍຸຕິທຳ; bɔɔ-míi-a-ka-dtĭ ບໍ່ມີອະຄະຕິ

impatient, adj. jài-hɔ́ɔn ໃຈຮ້ອນ

impeach, v. fɔ́ɔng ຟ້ອງ (charge); gaao-hăa ກ່າວຫາ (make an accusation); het-hài-sĭa-sùu-sĭang ເຮັດໃຫ້ເສຍຊື່ສຽງ (try to discredit)

impeachment, n. gàan-fɔ́ɔng-hɔ́ɔng ການຟ້ອງຮ້ອງ; gàan-gaao-hăa ການກ່າວຫາ

imperative, n. kám-sang ຄຳສັ່ງ (order); gŏt-la-bìap ກົດລະບຽບ (rule)

imperial, *adj.* hěŋ-jǎk-ga-pat ແຫ່ງຈັກກະພັດ (of an emperor); nyai-nyîng ໃຫຍ່ຍິ່ງ (grand)

imperialism, *n.* lat-ti-jǎk-ga-pat-ni-nyóm ລັດທິຈັກກະພັດນິຍົມ

impersonal, *adj.* bɔ̀ɔ-giao-gǎp-buk-kón ບໍ່ກ່ຽວກັບບຸກຄົນ

impersonate, *v.* hían-bèep ຮຽນແບບ (mimic); bpɔ̀ɔm-bpɛ̂ɛng ປອມແປງ (fake)

impetuous, *adj.* hέεng ແຮງ; jài-hɔ́ɔn ໃຈຮ້ອນ

implant, *v.* sai ໃສ່; fǎng ຝັງ

imply, *v.* bɔ̀ɔk-bpèn-nái-nái ບອກເປັນໃນໆ

impolite, *adj.* bɔ̀ɔ-su-pâap ບໍ່ສຸພາບ

import, *v.* nám-kào ນຳເຂົ້າ

import, *n.* gàan-nám-kào ການນຳເຂົ້າ

importance, *n.* kwáam-sǎm-kán ຄວາມສຳຄັນ

important, *adj.* sǎm-kán ສຳຄັນ

impose, *v.* gěp-pâa-sǐi ເກັບພາສີ (a tax); bàng-kap ບັງຄັບ (force)

impossible, *adj.* bpèn-bpai-bɔ̀ɔ-dâi ເປັນໄປບໍ່ໄດ້

impotent, *adj.* ɔ̀ɔn-ɛ̂ɛ ອ່ອນແອ (weak); hâi-pa-láng-táang-pêet ໄຮ້ພະລັງທາງເພດ (e.g. incapable of sexual intercourse)

impound, *v.* gǎk-kǎng ກັກຂັງ (confine); jǎp ຈັບ (seize); híp ຮິບ (retain in legal custody)

impoverish, *v.* het-hâi-tuk-jón ເຮັດໃຫ້ທຸກຈົນ (make poor); het-hâi-ɔ̀ɔn-pía ເຮັດໃຫ້ອ່ອນເພຍ (make weak)

impress, *v.* bpa-tap-jài ປະທັບໃຈ

impression, *n.* kwáam-bpa-tap-jài ຄວາມປະທັບໃຈ

Impressionism, *n.* lat-ti-gàan-dtɛ̂ɛm-hûup-dûai-kwáam-nuk-kit ລັດທິການແຕ້ມຮູບດ້ວຍຄວາມນຶກຄິດ

impressive, *adj.* nàa-bpa-tap-jài (ໜ້າ) ປະທັບໃຈ

imprison, *v.* jàm-kuk ຈຳຄຸກ

imprisonment, *n.* gàan-jàm-kuk ການຈຳຄຸກ; gàan-gǎk-kǎng ການກັກຂັງ

improbable, *adj.* bɔ̀ɔ-nâa-bpèn-bpai-dâi ບໍ່ໜ້າເປັນໄປໄດ້

impromptu, *adj.* bɔ̀ɔ-dâi-ga-gìam-wái-gɔ̀ɔn ບໍ່ໄດ້ກະກຽມໄວ້ກ່ອນ

improper, *adj.* bɔ̀ɔ-mɔ̌ɔ-sǒm ບໍ່ເໝາະສົມ

improve, *v.* bpǎp-bpúng ປັບປຸງ; gɛ̂ɛ-kǎi-hâi-dìi-kûn ແກ້ໄຂໃຫ້ດີຂຶ້ນ

improvement, *n.* gàan-bpǎp-bpúng-hâi-dìi-kûn ການປັບປຸງໃຫ້ດີຂຶ້ນ

improvise, *v.* bɔ̀ɔ-dâi-ga-gìam ບໍ່ໄດ້ກະກຽມ (perform with no preparation); jǎt-gìam-bὲɛp-tán-tíi-tán-dài ຈັດກຽມແບບທັນທີທັນໃດ (provide from available materials)

impulsive, *adj.* kwáam-hùu-sǔk-sua-ka-nǎ ຄວາມຮູ້ສຶກຊົ່ວຂະນະ

in, *prep.* nái ໃນ; kaang-nái ຂ້າງໃນ

inaccessible, *adj.* bɔ̀ɔ-sǎa-mâat-kào-těng ບໍ່ສາມາດເຂົ້າເຖິງ; kào-bpai-bɔ̀ɔ-dâi ເຂົ້າໄປບໍ່ໄດ້

inaccurate, *adj.* bɔɔ-tùuk-dtɔ̂ng ບໍ່ຖືກຕ້ອງ

inaugurate, *v.* tám-pi-tíi-kào-hap-dtàm-nɛng ທຳພິທີເຂົ້າຮັບຕຳແໜ່ງ

inauguration, *n.* gàan-kào-hap-dtàm-nɛng ການເຂົ້າຮັບຕຳແໜ່ງ

inborn, *adj.* bpèn-máa-dtɛɛ-gàm-nə̀ət ເປັນມາແຕ່ກຳເນີດ (possessed at birth)

incarcerate, *v.* jàm-kuk ຈຳຄຸກ

incarnate, *adj.* gə̀ət-mai ເກີດໃໝ່

incarnation, *v.* gàan-gə̀ət-mai ການເກີດໃໝ່

incense, *n.* kuang-hɔ̌ɔm ເຄື່ອງຫອມ (aromatic substance); tûup ທູບ (joss stick)

incentive, *n.* sing-ga-dtûn ສິ່ງກະຕຸ້ນ; kuang-jùung-jài ເຄື່ອງຈູງໃຈ

incest, *n.* gàan-huam-bpa-wée-níi-gáp-nyâat-píi-nɔ́ɔng ການຮ່ວມປະເວນີກັບຍາດພີ່ນ້ອງ

inch, *n.* nîu ນິ້ວ

incidence, *n.* hèet-gàan ເຫດການ

incident, *n.* hèet-gàan ເຫດການ

incidental, *adj.* gə̀ət-kùn-dòoi-bàng-ə̀ən ເກີດຂຶ້ນໂດຍບັງເອີນ

incision, *n.* hɔ́ɔi-dtát ຮອຍຕັດ; hɔ́ɔi-fǎan ຮອຍຜ່າ

inclination, *n.* kwáam-òon-ìang ຄວາມໂອນອ່ຽງ; kwáam-en-ìang ຄວາມເອນອ່ຽງ

incline, *v.* en-ìang ເອນອ່ຽງ (have a tendency towards something); ìang ອ່ຽງ (slant); ìing ອີງ (lean)

include, *v.* bpa-gɔ̀ɔp-dûai ປະກອບດ້ວຍ; nap-yuu-nái ນັບຢູ່ໃນ

including, *prep.* lúam-táng ລ້ວມທັງ

inclusion, *n.* gàan-hóom-kào ການໂຮມເຂົ້າ

income, *n.* láai-dâi ລາຍໄດ້; láai-hap ລາຍຮັບ

inconvenience, *n.* kwáam-bɔɔ-sa-dùak ຄວາມບໍ່ສະດວກ

inconvenient, *adj.* bɔɔ-sa-dùak ບໍ່ສະດວກ

incorporate, *v.* hóom-kào-gàn ໂຮມເຂົ້າກັນ

increase, *v.* pə̂əm ເພີ່ມ; ta-wíi-kúun ທະວີຄູນ

incredible, *adj.* bɔɔ-nàa-sua ບໍ່ໜ້າເຊື່ອ; lŭa-sua ເຫຼືອເຊື່ອ

increment, *n.* gàan-pə̂əm-kùn ການເພີ່ມຂຶ້ນ (process of increasing); sing-tíi-pə̂əm-kùn ສິ່ງທີ່ເພີ່ມຂຶ້ນ (something added)

incriminate, *v.* gaao-tôot ກ່າວໂທດ; sai-hâai ໃສ່ຮ້າຍ

incubator, *n.* kuang-bpàp-sa-pâap-àa-gàat ເຄື່ອງປັບສະພາບອາກາດ (apparatus for creating environmental conditions); kuang-fak-kai ເຄື່ອງຟັກໄຂ່ (for hatching eggs)

incumbent, *n.* dàm-lóng-dtàm-nɛng ດຳລົງຕຳແໜ່ງ

incur, *v.* gɔɔ-hâi-gə̀ət ກໍ່ໃຫ້ເກີດ

indebted, *adj.* bpèn-nîi ເປັນໜີ້

indeed, *adv.* mɛn-tɛ́ɛ-lɛɛo ແມ່ນແທ້ແລ້ວ; tɛ̂ɛ-tɛ̂ɛ ແທ້ໆ

indefinite, *adj.* bɔɔ-nɛɛ-nɔ́ɔn ບໍ່ແນ່ນອນ (undecided, uncertain); bɔɔ-gàm-nót ບໍ່ກຳນົດ (not fixed)

indemnify, *v.* sot-sɔ́ɔi-kaa-sĭa-hăai ຊົດໃຊ້ຄ່າເສຍຫາຍ

indemnity, *n.* sĭng-sot-sɔ́ɔi ສິ່ງຊົດເຊີຍ (something compensated); gàan-sot-sɔ́ɔi-kwáam-sĭa-hăai ການຊົດເຊີຍຄວາມເສຍຫາຍ (act of compensation)

indent, *v.* nyɔ́ɔ-nàa ຫຍໍ້ໜ້າ (set the first line of a paragraph); jɔ̂-húu ເຈາະຮູ (make hole)

independence, *n.* ìt-sa-lá-pâap ອິດສະຫຼະພາບ (freedom); èek-ga-lâat ເອກະລາດ (of a country)

independent, *adj.* bpèn-ìt-sa-lá ເປັນອິດສະຫຼະ; suai-lŭa-dtòn-èeng-dâi ຊ່ວຍເຫຼືອຕົນເອງໄດ້

index, *n.* dát-sa-nĭi ດັດຊະນີ; múu-sĭi ມືຊີ້; kuang-sĭi ເຄື່ອງຊີ້

India, *n.* bpa-têet-ìn-dìa ປະເທດອິນເດຍ

Indian, *n.* kón-ìn-dìa ຄົນອິນເດຍ (people); giao-gàp-ìn-dìa ກ່ຽວກັບອິນເດຍ (relating to India)

indicate, *v.* sa-dèeng ສະແດງ (show); sĭi-bɔ̀ɔk ຊີ້ບອກ (point out); bɔ̀ɔk ບອກ (suggest; state or express briefly)

indication, *n.* gàan-sĭi-bɔ̀ɔk ການຊີ້ບອກ; gàan-sa-dèeng-bɔ̀ɔk ການສະແດງບອກ

indicator, *n.* dtùa-sĭi-bɔ̀ɔk ຕົວຊີ້ບອກ; dtùa-sa-dèeng ຕົວສະແດງ

indict, *v.* fɔ́ɔng ຟ້ອງ (charge); fɔ́ɔng-ka-dìi ຟ້ອງຄະດີ (make a formal accusation)

indictment, *n.* gàan-fɔ́ɔng ການຟ້ອງ; gàan-gaao-fɔ́ɔng ການກ່າວຟ້ອງ

indifferent, *adj.* bɔɔ-sŏn-jài ບໍ່ສົນໃຈ (having no interest); u-bpèek-kăa ອຸເບກຂາ (moderate, neutral)

indigenous, *adj.* tɔ́ɔng-tìn ທ້ອງຖິ່ນ; pʉ́ʉn-mʉang ພື້ນເມືອງ

indigestion, *n.* àa-hăan-bɔɔ-nyɔ́i ອາຫານບໍ່ຍ່ອຍ

indigo, *n.* sĭi-káam ສີຄາມ

indirect, *adj.* tâang-ɔ̀ɔm ທາງອ້ອມ; bɔɔ-gòng ບໍ່ກົງ

indiscreet, *adj.* bɔɔ-hɔ̂ɔp-kɔ̂ɔp ບໍ່ຮອບຄອບ

individual, *n.* bùk-kón ບຸກຄົນ; èek-ga-sŏn ເອກະຊົນ

indivisible, *adj.* bɔɔ-săa-mâat-beng-dâi ບໍ່ສາມາດແບ່ງໄດ້

indoctrinate, *v.* bpùuk-făng-kwáam-sʉ̂a ປູກຝັງຄວາມເຊື່ອ

indoor, *adj.* nái-hóm ໃນຮົ່ມ

induct, *v.* nám-kào-máa ນຳເຂົ້າມາ

indulge, *v.* bpɔi-dtàam-jài ປ່ອຍຕາມໃຈ (yield to); hét-dtàam-jài ເຮັດຕາມໃຈ (can't control oneself)

indulgence, *n.* gàan-lŏng-pít ການຫຼົງຜິດ

indulgent, *adj.* dtàam-jài ຕາມໃຈ (allow, spoil); ót-tón ອົດທົນ (tolerant)

industrial, *adj.* giao-gàp-ùt-săa-ha-gàm ກ່ຽວກັບອຸດສາຫະກຳ

industrialize, v. het-bpèn-ŭt-săa-ha-gàm ເຮັດເປັນອຸດສາຫະກຳ

industrious, adj. pa-nyáa-nyáam ພະຍາຍາມ; dŭ-man ດຸໝັ່ນ

industry, n. ŭt-săa-ha-gàm ອຸດສາຫະກຳ

inert, adj. sŭai-sáa ເສື່ອຍຊາ

inertia, n. páa-wa-sŭai-sáa ພາວະເສື່ອຍຊາ

inevitable, adj. lìik-liang-bɔɔ-dâi ຫຼີກລ່ຽງບໍ່ໄດ້

inexpensive, adj. bɔɔ-péeng ບໍ່ແພງ

inexperienced, adj. bɔɔ-mii-bpa-sŏp-gàan ບໍ່ມີປະສົບການ

infamous, adj. mii-sŭu-sìang-nái-táang-bɔɔ-đii ມີຊື່ສຽງໃນທາງບໍ່ດີ

infancy, n. wái-děk-nɔ́ɔi ໄວເດັກນ້ອຍ

infant, n. děk-ɛɛ-nɔ́ɔi ເດັກແອນ້ອຍ

infantry, n. ta-hăan-bŏk ທະຫານບົກ

infect, v. het-hâi-dtǐt-sŭa ເຮັດໃຫ້ຕິດເຊື້ອ

infection, n. gàan-dtǐt-sŭa ການຕິດເຊື້ອ; gàan-dtǐt-bpɛ̀ɛt-pa-nyâat ການຕິດແປດປະຍາດ

infectious, adj. dtǐt-sŭa ຕິດເຊື້ອ; dtǐt-bpɛ̀ɛt ຕິດແປດ

infer, v. sa-lŭp ສະຫຼຸບ (conclude from evidence or premises.); bɔ̀ɔk-bpèn-nái ບອກເປັນໄນ (hint)

inference, n. gàan-sa-lŭp ການສະຫຼຸບ; gàan-lóng-kwáam-hĕn ການຫຼົງຄວາມເຫັນ

inferior, adj. dtam-gwaa ຕ່ຳກວ່າ; dtam-sǎa ຕ່ຳຊ້າ

inferiority complex, n. bpòm-dòi ປົມດ້ອຍ

infest, v. lop-gùan ລົບກວນ; gùan-jài ກວນໃຈ

infidel, n. kón-nɔ̂ɔk-sàat-sa-năa ຄົນນອກສາສະໜາ

infidelity, n. gàan-nɔ̂ɔk-jài ການນອກໃຈ (to a sexual partner); kwáam-bɔɔ-sǎt-sŭu ຄວາມບໍ່ສັດຊື່ (lack of loyalty)

infiltrate, v. súm-kào ຊຶມເຂົ້າ; paan-kào-bpài ຜ່ານເຂົ້າໄປ

infinite, adj. bɔɔ-mii-kɔ̀ɔp-kèet ບໍ່ມີຂອບເຂດ; bɔɔ-sîn-sŭt ບໍ່ສິ້ນສຸດ

infinity, n. kwáam-bɔɔ-sîn-sŭt ຄວາມບໍ່ສິ້ນສຸດ; kwáam-lǎai-lŭa-bpa-máan ຄວາມຫຼາຍເຫຼືອປະມານ

infirm, adj. ɔɔn-ɛ̀ɛ ອ່ອນແອ (weak); bɔɔ-màn-kóng ບໍ່ໝັ້ນຄົງ (not stable)

inflammation, n. gàan-ăk-sèep ການອັກເສບ (infection); gàan-dtǐt-fái ການຕິດໄຟ (state of being inflamed)

inflate, v. ka-nyáai ຂະຫຍາຍ; het-hâi-ngán-fɔ́ɔ ເຮັດໃຫ້ງັນເຟີ້

inflation, n. gàan-ka-nyáai-dtŭa ການຂະຫຍາຍຕົວ (swelling); gàan-bpao-lóm-kào ການເປົ່າລົມເຂົ້າ (filling with air); ngán-fɔ́ɔ ເງິນເຟີ້ (economics)

inflect, v. het-hâi-ngɔ́ɔ ເຮັດໃຫ້ງໍ (bend); bpian-sĭang ປ່ຽນສຽງ

inflection, n. gàan-het-hâi-ngɔ́ɔ ການເຮັດໃຫ້ງໍ; gàan-bpian-sĭang ການປ່ຽນສຽງ (alteration in tone of the

inflict, v. lóng-tôot ລົງໂທດ
influence, v. mii-ìt-ti-pón ມີອິດທິພົນ
influence, n. ìt-ti-pón ອິດທິພົນ
influential, adj. mii-ìt-ti-pón ມີອິດທິພົນ; mii-pón-sa-tɔ́ɔn ມີພົນສະທ້ອນ
influenza, n. kài-wàt-nyai ໄຂ້ຫວັດໃຫຍ່
influx, n. gàan-lang-lǎi-kào-máa ການຫລັ່ງໄຫລເຂົ້າມາ
inform, v. jɛ̌ɛng ແຈ້ງ; bɔ̀ɔk ບອກ
informal, adj. bɔɔ-bpèn-táang-gàan ບໍ່ເປັນທາງການ
informant, n. puu-bɔ̀ɔk ຜູ້ບອກ; puu-jɛ̌ɛng ຜູ້ແຈ້ງ
information, n. kaao ຂ່າວ (news); kɔ̀ɔ-múun ຂໍ້ມູນ (data); kwáam-hùu ຄວາມຮູ້ (knowledge)
informative, adj. hài-kɔ̀ɔ-múun ໃຫ້ຂໍ້ມູນ
infraction, n. gàan-het-hài-dtɛ̀ɛk ການເຮັດໃຫ້ແຕກ (breaking); gàan-la-mɔ̂ət-gòt ການລະເມີດກົດ (violation)
infrared rays, n. láng-sǐi-in-fáa-lèɛt ລັງສີອິນຟາເຣດ
infringe, v. la-mɔ̂ət ລະເມີດ; faa-fǔun ຝາຝືນ
infringement, n. gàan-la-mɔ̂ət ການລະເມີດ; gàan-faa-fǔun ການຝາຝືນ
infuse, v. tée-sai ເທໃສ່ (pour); sɛɛ ແຊ່ (soak)
infusion, n. gàan-sóng ການຊົງ; gàan-sɛɛ ການແຊ່
ingenious, adj. saang-bpa-dìt ສ້າງປະດິດ (having an inventive mind); kong-kɛ̀o ຄ່ອງແຄ້ວ (clever, adroit)
ingenuity, n. kón-saang-kit ຄົນສ້າງຄິດ ຄິດຢ່າງຄິດ; sing-bpa-dìt ສິ່ງປະດິດ
ingenuous, adj. bɔɔ-míi-lee-liam ບໍ່ມີເລ່ລ່ຽມ; bpɛ̀ət-pə́əi ເປີດເຜີຍ
ingrained, adj. fǎng-nɛ̀n ຝັງແໜ້ນ
ingredient, n. suan-bpa-sǒm ສ່ວນປະສົມ; suan-bpa-gɔ̀ɔp ສ່ວນປະກອບ
inhabit, v. àa-sǎi-yuu ອາໃສຢູ່; yuu-nái ຢູ່ໃນ
inhabitant, n. puu-àa-sǎi ຜູ້ອາໃສ; pón-la-múang ພົນລະເມືອງ
inhale, v. hǎn-jài-kao ຫັນໃຈເຂົ້າ; sùut ສູດ
inherent, adj. dtìt-máa-dtɛɛ-gàm-nə̀ət ຕິດມາແຕ່ກໍາເນີດ
inherit, v. hap-suang-dtɔɔ ຮັບຊ່ວງຕໍ່ (receive a title); hap-mɔ́ɔ-la-dòk ຮັບມໍລະດົກ (receive property); sùup-dtɔɔ ສືບຕໍ່ (receive or take over from a predecessor)
inheritance, n. múun-mɔ́ɔ-la-dòk ມູນມໍລະດົກ
inhibit, v. nyap-yáng ຢັບຢັ້ງ; guat-hàam ກວດຫ້າມ
initial, n. àk-sɔ̌ɔn-dtòo-tám-ìt-kɔ́ɔng-suu ອັກສອນໂຕທຳອິດຂອງຊື່ (first letter of a proper name)
initiate, v. lə̂əm ເລີ່ມ; lí-lə̂əm ລິເລີ່ມ
initiation, n. gàan-lí-lə̂əm ການລິເລີ່ມ
initiative, n. gàan-lí-lə̂əm ການລິເລີ່ມ

inject, *v.* săk-yàa ສັກຢາ (medicine); sɔ̀ɔt-sai ສອດໃສ່ (insert)

injection, *n.* gàan-săk-yàa ການສັກຢາ; gàan-sai-kào-bpai ການໃສ່ເຂົ້າໄປ

injure, *v.* hét-hài-bàat-jěp ເຮັດໃຫ້ບາດເຈັບ

injured, *v.* bàat-jěp ບາດເຈັບ

injury, *n.* gàan-dài-hǎp-bàat-jěp ການໄດ້ຮັບບາດເຈັບ

ink, *n.* nâam-mǔk ນ້ຳມຶກ

inkwell, *n.* jɔ̀ɔk-nâam-mǔk ຈອກນ້ຳມຶກ

inland, *adj.* páai-nái-pen-dĭn ພາຍໃນເປັນດິນ

inlet, *n.* wóng ວົງ (narrow passage of water); táang-kào ທາງເຂົ້າ (an opening)

inmate, *n.* nak-tôot ນັກໂທດ

inn, *n.* hóong-héem ໂຮງແຮມ

innate, *adj.* dòoi-gàm-nèət ໂດຍກຳເນີດ

inner, *adj.* kàang-nái ຂ້າງໃນ

inner tube, *n.* yàang-nái-lot ຢາງໃນລົດ

innocence, *n.* kwáam-bɔɔ-hûu-diang-săa ຄວາມບໍ່ຮູ້ດຽງສາ; kwáam-bɔɔ-li-sǔt ຄວາມບໍລິສຸດ

innocent, *adj.* bɔɔ-li-sǔt ບໍລິສຸດ (uncorrupted by evil, malice, or wrongdoing; pure); bɔɔ-hûu-diang-săa ບໍ່ຮູ້ດຽງສາ (naive, e.g. of a child); bɔɔ-pǐt ບໍ່ຜິດ (not guilty)

innovate, *v.* bpian-bpɛ̀ɛng-mai ປ່ຽນແປງໃໝ່; bpǎp-bpung ປັບປຸງ

innovation, *n.* sing-bpa-dǐt-mai ສິ່ງປະດິດໃໝ່

inoculate, *v.* bpùuk-fǐi ປູກຝີ

input, *v.* sai-kɔ̀ɔ-múun ໃສ່ຂໍ້ມູນ (data); sai-kào-bpai ໃສ່ເຂົ້າໄປ (put something in)

input, *n.* sing-tii-sai-kào-bpai ສິ່ງທີ່ໃສ່ເຂົ້າໄປ; gàan-sai-kɔ̀ɔ-múun ການໃສ່ຂໍ້ມູນ

inquest, *n.* gàan-sɔ̀ɔp-sŭan ການສອບສວນ

inquire, *v.* tăam ຖາມ; sak-tăam ຊັກຖາມ

inquiry, *n.* gàan-hɔ̂ɔng-kɔ̌ɔ ການຮ້ອງຂໍ

insane, *adj.* bpuang-bâa ປ່ວງບ້າ (crazy); wi-gòn-ja-lǐt ວິກົນຈະລິດ (afflicted with insanity)

insanity, *n.* kwáam-wi-gòn-ja-lǐt ຄວາມວິກົນຈະລິດ

insect, *n.* méeng-mâi ແມງໄມ້

insecticide, *n.* yàa-kàa-méeng-mâi ຢາຂ້າແມງໄມ້

insemination, *n.* gàan-hét-hài-mǐi-lûuk ການເຮັດໃຫ້ມີລູກ

insensitive, *adj.* bɔɔ-hûu-sǔk ບໍ່ຮູ້ສຶກ

insert, *v.* sai ໃສ່ (put into); sɔ̀ɔt-sai ສອດໃສ່ (put into; e.g. the body); sɛ̂ɛk ແຊກ (put in between)

insertion, *n.* gàan-sɔ̀ɔt-sai ການສອດໃສ່; gàan-sɔ̀ɔt-sɛ̂ɛk ການສອດແຊກ

inside, *n.* kàang-nái ຂ້າງໃນ

insidious, *adj.* lɔ̀ɔk-lúang ຫລອກລວງ (treacherous, deceiving); sʉang-líi ເຊື່ອງລີ້ (hidden)

insight, *n.* gàan-kào-jài-yaang-lɔ́k-sʉ̂ng ການເຂົ້າໃຈຢ່າງເລິກເຊິ່ງ

insignificant, *adj.* bɔɔ-sǎm-kán ບໍ່ສຳຄັນ

insincere, *adj.* bɔɔ-jìng-jài ບໍ່ຈິງໃຈ; bɔɔ-sʉ̂ʉ-sát ບໍ່ຊື່ສັດ

insist, *v.* yʉ́ʉn-yán ຢືນຢັນ (stand one's ground); híak-hɔ́ɔng ຮຽກຮ້ອງ (demand)

insistence, *n.* gàan-yʉ́ʉn-yán ການຢືນຢັນ

insistent, *adj.* hǔa-dʉ̂ʉ ຫົວດື້

Insomnia, *n.* àa-gàan-nɔ́ɔn-bɔɔ-láp ອາການນອນບໍ່ຫລັບ

inspect, *v.* gùat-sɔ̀ɔp ກວດສອບ

inspection, *n.* gàan-gùat-sɔ̀ɔp ການກວດສອບ

inspector, *n.* puu-gùat-gàa ຜູ້ກວດກາ

inspiration, *n.* héeng-don-jài ແຮງດົນໃຈ

inspire, *v.* dòn-jài ດົນໃຈ

instability, *n.* kwáam-bɔɔ-mân-kóng ຄວາມບໍ່ໝັ້ນຄົງ

install, *v.* dtìt-dtâng ຕິດຕັ້ງ

instance, *n.* gɔ̀ɔ-la-níi ກໍລະນີ (case); dtùa-yaang ຕົວຢ່າງ (example)

instant, *n.* tán-tíi ທັນທີ

instead, *adv.* téen-tìi-jà ແທນທີ່ຈະ; téen-tìi ແທນທີ່

instinct, *n.* sǎn-sâat-nyáan ສັນຊາດຍານ

instinctive, *adj.* giao-gáp-sǎn-sâat-nyáan ກ່ຽວກັບສັນຊາດຍານ

institute, *n.* sa-tǎa-bàn ສະຖາບັນ

institution, *n.* sa-tǎa-bàn ສະຖາບັນ; nuai-ngáan ໜ່ວຍງານ

instruct, *v.* sɔ̌ɔn ສອນ; nɛ-nám ແນະນຳ

instruction, *n.* gàan-sɔ̌ɔn ການສອນ; gàan-nɛ-nám ການແນະນຳ

instructor, *n.* puu-sɔ̌ɔn ຜູ້ສອນ

instrument, *n.* u-bpa-gɔɔn ອຸປະກອນ (device); kʉang-mʉ́ʉ ເຄື່ອງມື (tool); kʉang-dòn-dtíi ເຄື່ອງດົນຕີ (musical)

insulation, *n.* wát-tu-bpɔ̂ng-gàn-ga-sěe-fái-fâa ວັດຖຸປ້ອງກັນກະແສໄຟຟ້າ (material); gàan-hét-wát-tu-bpɔ̂ng-gàn-ga-sěe-fái-fâa ການເຮັດວັດຖຸປ້ອງກັນກະແສໄຟຟ້າ (act of insulating)

insulator, *n.* kʉang-bpɔ̂ng-gàn-fái-fâa-hua ເຄື່ອງປ້ອງກັນໄຟຟ້າຮົ່ວ

insulin, *n.* sǎan-in-súu-lín ສານອິນຊູລິນ

insult, *v.* min-bpa-màat ໝິ່ນປະມາດ (look down); daa-waa ດ່າວ່າ (contempt); dùu-tùuk ດູຖູກ

insult, *n.* gàan-min-bpa-màat ການໝິ່ນປະມາດ; gàan-daa-waa ການດ່າວ່າ

insurance, *n.* gàan-bpa-gàn-pái ການປະກັນໄພ

insure, *v.* hap-bpa-gàn ຮັບປະກັນ

intact, *adj.* bɔɔ-bpian-bpɛɛng ບໍ່ປ່ຽນແປງ; bɔɔ-sʉam ບໍ່ເຊື່ອມ

integral, *adj.* táng-mót ทั้งหมัด; sŏm-bùun สົມບູນ

integrate, *v.* lûap-lúam ລວບລວມ

integrity, *n.* gàan-nyɯ́t-lǎk-kún-na-tám ການຍຶດຫລັກຄຸນນະທຳ (adherence to a moral or ethical code); kwáam-bpèn-nɯng-diao ຄວາມເປັນໜຶ່ງດຽວ (condition of being whole)

intellect, *n.* bpàn-nyáa ປັນຍາ (ability to learn and reason); puu-mĭi-bpàn-nyáa-sŭung ຜູ້ມີປັນຍາສູງ (person of great intellectual ability)

intellectual, *n.* gàan-sâi-bpàn-nyáa ການໃຊ້ປັນຍາ; puu-mĭi-bpàn-nyáa ຜູ້ມີປັນຍາ

intelligence, *n.* kwáam-sa-làat ຄວາມສະຫລາດ

intelligent, *adj.* sa-làat ສະຫລາດ

intelligible, *adj.* săa-mâat-kào-jài-dâi ສາມາດເຂົ້າໃຈໄດ້

intend, *v.* dtâng-jài ຕັ້ງໃຈ; jèet-dta-náa ເຈຕະນາ

intense, *adj.* héeng-gâa ແຮງກ້າ (extreme in degree, strength); lək-sɯ̂ng ເລິກເຊິ່ງ (profound)

intensify, *v.* het-hài-hún-héeng-kɯ̂n ເຮັດໃຫ້ຮຸນແຮງຂຶ້ນ

intensity, *n.* kwáam-kêm-kùn ຄວາມເຂັ້ມຄົ້ນ; kwáam-hún-héeng ຄວາມຮຸນແຮງ

intensive, *adj.* nǎa-nèn ໜາແໜ້ນ; sŭm-sai ສຸມໃສ່

intent, *n.* jèet-dta-náa ເຈຕະນາ; kwáam-dtâng-jài ຄວາມຕັ້ງໃຈ

intention, *n.* jèet-dta-náa ເຈຕະນາ; kwáam-dtâng-jài ຄວາມຕັ້ງໃຈ

intentional, *adj.* dòoi-jèet-dta-náa ໂດຍເຈຕະນາ; dtâng-jài ຕັ້ງໃຈ

interchange, *v.* lɛ̂ɛk-bpian-gàn ແລກປ່ຽນກັນ

interchange, *n.* gàan-lɛ̂ɛk-bpian-gàn ການແລກປ່ຽນກັນ

interchangeable, *adj.* lɛ̂ɛk-bpian-gàn-dâi ແລກປ່ຽນກັນໄດ້

intercourse, *n.* gàan-dtìt-dtɔ̀ɔ-púa-pán ການຕິດຕໍ່ພົວພັນ (communications); gàan-huam-bpa-wée-nii ການຮ່ວມປະເວນີ (sexual); gàan-huam-pêet ການຮ່ວມເພດ

interest, *n.* kwáam-sŏn-jài ຄວາມສົນໃຈ (a state of curiosity); dɔ̀ɔk-bîa ດອກເບ້ຍ (a charge for a loan); pŏn-bpa-nyòot ຜົນປະໂຫຍດ

interesting, *adj.* nâa-sŏn-jài ໜ້າສົນໃຈ

interface, *n.* jút-sɯam-dtɔ̀ɔ-kèet ຈຸດເຊື່ອມຕໍ່ເຂດ (common boundary)

interfere, *v.* sɛ̂ɛk-sɛ́ɛng ແຊກແຊງ (intervene); nyúng ຫຍຸ້ງ (meddle)

interference, *n.* gàan-sɛ̂ɛk-sɛ́ɛng ການແຊກແຊງ; nyúng ຫຍຸ້ງ

interim, *n.* suang-wée-láa-pak ຊ່ວງເວລາພັກ

interior, *n.* suan-nái ສ່ວນໃນ

interior, *adj.* páai-nái ພາຍໃນ

interjection, *n.* wâo-sɛ̂ɛk ເວົ້າແຊກ

(sudden, short utterance); kám-u-táan ຄຳອຸທານ (part of speech)

intermediary, *n.* puu-bpèn-sɯɯ ຜູ້ເປັນສື່ (mediator); puu-gai-gia ຜູ້ໄກ່ເກ່ຍ (an agent between persons or things)

intermediate, *adj.* bpaan-gàang ປານກາງ; yuu-la-dǎp-gàang ຢູ່ລະດັບກາງ

intermission, *n.* gàan-yǔt-pak ການຢຸດພັກ

intern, *n.* nak-sǔk-sǎa-fɤ̀k-èep ນັກສຶກສາຝຶກແອບ; puu-fɤk-hǎt-wîak ຜູ້ຝຶກຫັດວຽກ

internal, *adj.* páai-nái ພາຍໃນ

international, *adj.* la-waang-bpa-téet ລະຫວ່າງປະເທດ; sǎa-gòn ສາກົນ

interpret, *v.* bpɛ̀ɛ ແປ; dtìi-kwáam-mǎai ຕີຄວາມໝາຍ

interpretation, *n.* gàan-bpɛ̀ɛ ການແປ

interpreter, *n.* náai-páa-sǎa ນາຍພາສາ

interrogate, *v.* sak-tǎam ຊັກຖາມ; sɔ̀ɔp-tǎam ສອບຖາມ

interrogation, *n.* gàan-sak-tǎam ການຊັກຖາມ

interrupt, *v.* kát-jàng-wǎ ຂັດຈັງຫວະ (break the continuity); yǔt ຢຸດ (hinder or stop)

interruption, *n.* gàan-yǔt-sa-ngak ການຢຸດສະງັກ; gàan-kát-jàng-wǎ ການຂັດຈັງຫວະ

intersect, *v.* dtǎt-paan-gàn ຕັດຜ່ານກັນ

intersection, *n.* súm-táang ຊຸມທາງ (place where things intersect); sii-nyɛ̂ɛk ສີ່ແຍກ (four-way intersection)

intertwine, *v.* het-hâi-pán-gàn ເຮັດໃຫ້ພັນກັນ; pán-gàn ພັນກັນ

interval, *n.* lái-nya-wée-láa ໄລຍະເວລາ (amount of time); la-waang-wée-láa ລະຫວ່າງເວລາ (space between two objects)

intervene, *v.* sɛ̂ɛk-súm ແຊກຊຶມ; sɛ̂ɛk-sɛ́ɛng ແຊກແຊງ

intervention, *n.* gàan-sɛ̂ɛk-sɛ́ɛng ການແຊກແຊງ; gàan-gâao-gaai ການກ້າວກ່າຍ

interview, *n.* gàan-sǎm-pâat ການສຳພາດ

intestine, *n.* lám-sâi ລຳໄສ້

intimacy, *n.* kwáam-kûn-kə̂əi ຄວາມຄຸ້ນເຄີຍ; kwáam-lɯ́ng-gen ຄວາມລຶ້ງເຄນ

intimate, *adj.* gâi-sit ໃກ້ຊິດ

intimate, *n.* pɯan-sa-nǐt ເພື່ອນສະໜິດ

intimidate, *v.* het-hâi-yâan ເຮັດໃຫ້ຢ້ານ (make timid); kuu ຂູ່ (threaten); kuu-kěn ຂູ່ເຂັນ (coerce)

into, *prep.* kào-bpai ເຂົ້າໄປ; kào-máa-nái ເຂົ້າມາໃນ

intolerable, *adj.* bɔɔ-sǎa-mâat-tón-dâi ບໍ່ສາມາດທົນໄດ້

intolerant, *adj.* tón-bɔɔ-dâi ທົນບໍ່ໄດ້

intonation, *n.* šiang-sǔung-dtǎm ສຽງສູງຕ່ຳ

intoxicate — investment

intoxicate, *v.* het-hài-mún-máo เธ็ดใช้มึนเม็า

intoxication, *n.* kwáam-mún-máo ถวามมึนเม็า

intravenous, *adj.* páai-nái-sèn-lûat-dàm พายใบเส้บเลือดดำ

intrepid, *adj.* bɔɔ-yâan บ่ย้าบ; gâa ภ้า

intricate, *adj.* sǎp-sǒn สับสิบ; kào-jài-nyâak เຂົ้าใจยาก

intrigue, *v.* kit-u-bàai ถิดอุบาย (engage in secret plots)

intrigued *adj.* sǒn-jài-lǎai สิบใจຫລາย (interested or curious)

intriguing, *adj.* ga-dtûn-kwáam-sǒn-jài กะตຸ້บຄວາມสิบใจ

intrinsic, *adj.* páai-nái พายใบ (within); dòoi-tám-ma-sàat ใดยทำมะຊາດ (of essential nature)

introduce, *v.* nɛ-nám ແบะบຳ

introduction, *n.* gàan-nɛ-nám ການແบะບຳ

introvert, *n.* kón-bɔɔ-mak-kào-sǎng-kóm ถิ่ນບໍ່ມັກเຂົ້າສັງຄົມ; kón-hěn-gɛɛ-dtùa ถิ่ນເຫັນແກ່ຕົວ

intrude, *v.* bûk-luk บຸກລຸກ; kào-bpài-dòoi-bɔɔ-tùuk-sɔ́ɔn ເຂົ້າໄປໂດຍບໍ່ຖືກເຊີນ

intruder, *n.* puu-bûk-luk ຜູ້ບຸກລຸກ; puu-tii-kào-máa-dòoi-bɔɔ-tùuk-sɔ́ɔn ຜູ້ທີ່ເຂົ້າມາໂດຍບໍ່ຖືກເຊີນ

intuition, *n.* sǎn-sàat-nyáan ສັນຊາດຍານ

invade, *v.* huk-háan ຮຸກຮານ; nyam-nyii ย้ำยิ

invader, *n.* puu-huk-háan ຜູ້ຮຸກຮານ; puu-nyam-nyii ຜູ້ย้ำยิ

invalid, *adj.* sái-gàan-bɔɔ-dâi ใຊ້ການບໍ່ໄດ້; bɔɔ-mii-pǒn-bàng-kap-sái ບໍ່ມີຜົນບັງຄັບใຊ້

invalid, *n.* kón-pi-gàan ถิบพิภาบ (one who is incapacitated); kón-jép ถิ່ນເຈັບ (bedridden person)

invariable, *adj.* bɔɔ-bpian-bpɛ̀ɛng ບໍ່ປ່ຽນແປງ; kóng-tii ຄົງທີ່

invasion, *n.* gàan-huk-háan ການຮຸກຮານ

invent, *v.* bpa-dit ປະດິດ; sàang-kùn ສ້າງຂຶ້ນ

invention, *n.* sing-bpa-dit ສິ່ງປະດິດ; gàan-sàang-kùn ການສ້າງຂຶ້ນ

inventor, *n.* puu-bpa-dit-kit-sàang ຜູ້ປະດິດຄິດສ້າງ

inventory, *n.* láai-gàan-sing-kɔ̌ɔng ລາຍການສິ່ງຂອງ; láai-gàan-sǐn-kâa ລາຍການສິນຄ້າ

inverse, *adj.* gǎp-gàn ກັບກັນ; gòng-gàn-kàam ກົງກັນຂ້າມ

invert, *v.* gǎp ກັບ; bpiin ປີ້ນ; sa-lǎp-gàn ສະຫຼັບກັນ

invest, *v.* lóng-tún ລົງທຶນ

investigate, *v.* sùup-sǔan ສືບສວນ; sɔ̀ɔp-sǔan ສອບສວນ

investigation, *n.* gàan-sùup-sǔan ການສືບສວນ

investigator, *n.* puu-sùup-sǔan ຜູ້ສືບສວນ

investment, *n.* gàan-lóng-tún

การล້ຶງทึม

investor, n. nak-lóng-tún นักลຶ້ງทึม

invincible, adj. bɔɔ-sǎa-mâat-sa-na-dâi บ์สามาดຊะนะได้

invisible, adj. bəng-bɔɔ-hěn เบິ່ງบໍ່ເຫັນ

invitation, n. gàan-sǔa-sóon ການເຊື້ອເຊີນ (act of inviting); bǎt-sóon บัดเຊີນ (card)

invite, v. sóon เຊີນ

invoice, n. bài-sòng-kɔ̌ɔng ใบສົ່ງຂອງ (detailed list of goods); bài-gép-ngən ใบเก็บเງິน (bill)

invoke, v. ɔ̀ɔn ເອີ້ນ (call on); bpúk ปຸກ (wake); kɔ̌ɔ-hɔ́ɔng ຂໍຮ້ອງ (call for earnestly)

involve, v. lúam-tǎng ລວມເຖິງ (include); púa-pán ພົວພັນ (connect)

involvement, n. gàan-giao-kòng-gàn ການກ່ຽວຂ້ອງກັນ

iodine, n. tâat-ài-òo-dìin ทาดไอโอดีน

I.O.U., n. lǎk-tǎan-gàan-yùum-ngən ຫລັກຖານການຢືມເງິນ

I.Q., n. ài-kìu ໄອຄິວ

Iran, n. bpa-tèet-ì-laan ประเทดอิราน

Iraq, n. bpa-tèet-ì-lak ประเทดอิรัก

irate, adj. jài-hâai ใจຮ້າຍ; kiat ຄຽດ

ire, n. kwáam-jài-hâai ຄວາມໃຈຮ້າຍ

Ireland, n. bpa-tèet-ài-léen ประเทดไอแลน

iridescent, adj. mìi-sěɛng-wâap ມີແສງວາບ

iris, n. maan-dtàa ม่านตา (of the eye); dɔ̀ɔk-ài-lít ดอกไอริส (flower)

irk, v. lop-gùan ລົບກວນ; het-hài-nyùng-yâak ເຮັດໃຫ້ຫຍຸ້ງຍາກ

iron, v. hîit-pâa รีดຜ້າ

iron, n. lěk ເຫລັກ; tâat-lěk ທາດເຫລັກ

ironic, adj. wâo-dèek-dàn ເວົ້າແດກດັນ (using words to express something different from their literal meaning); gòng-kàam-gǎp-tìi-kâat-wǎi ກົງຂ້າມກັບທີ່ຄາດໄວ້ (contrary to what was expected)

irony, n. gàan-wâo-dèek-dàn ການເວົ້າແດກດັນ

irrational, adj. bɔɔ-mìi-hèet-pǒn บໍ່ມີເຫດຜົນ

irreconcilable, adj. bɔɔ-sǎa-mâat-bpɔ̀ɔng-dɔ̀ɔng-gàn-dâi บ์สามาดปอງดอງกันได้ (impossible to reconcile)

irregular, adj. bɔɔ-sa-mǎm-sa-mə̌ə บ์สะໝ່ຳສະເໝີ

irrelevant, adj. bɔɔ-sǎm-pán บ์สำพัน; bɔɔ-sɔ̀ɔt-kòng-gàn บ์สอดคอ่งกัน

irreparable, adj. bɔɔ-sǎa-mâat-gɛ̂ɛ-kǎi-dâi บ์สามาดแก้ไขได้; bɔɔ-sǎa-mâat-sɔ̀m-bpɛ̀ɛng-dâi บ์สามาดส้อมแปງได้

irresistible, adj. bɔɔ-sǎa-mâat-dtɔ̀ɔ-dtâan-dâi บ์สามาดต์ต้านได้

irresponsible, adj. bɔɔ-hap-pǐt-sɔ̂ɔp บ์รับผิดຊอບ

irrigation, n. gàan-sòn-la-bpa-taan การຊົນລະປະທານ

irritate, v. het-hài-jai-hâai ເຮັດໃຫ້ຈິດຮ້າຍ (provoke anger); lop-gùan ລົບກວນ (bother, annoy)

Islam, n. sàat-sa-nǎa-ìt-sa-láam ສາສະໜາອິສລາມ

island, n. gɔ̀ ເກາະ; dɔ̀ɔn ດອນ

islander, n. sáao-gɔ̀ ຊາວເກາະ

isolate, v. nyɛ̂ɛk-ɔ̀ɔk ແຍກອອກ; yuud-taang-hàak ຢູ່ຕ່າງຫາກ; yuu-dòot-diao ຢູ່ໂດດດ່ຽວ

isolation, n. gàan-nyɛ̂ɛk-ɔ̀ɔk ການແຍກອອກ; gàan-nyɛ̂ɛk-ɔ̀ɔk-yuu-dtaang-hàak ການແຍກອອກຢູ່ຕ່າງຫາກ

Israel, n. bpa-têet-ìt-sa-láa-èen ປະເທດອິສຣາເອລ

Israeli, n. giao-gǎp-ìt-sa-láa-èen ກ່ຽວກັບອິສຣາເອລ (relating to Israel)

issuance, n. gàan-ɔ̀ɔk-kám-sang ການອອກຄຳສັ່ງ

issue, v. ɔ̀ɔk ອອກ (go out or come out); pim-ɔ̀ɔk ພິມອອກ (publish)

issue, n. sa-bǎp ສະບັບ (of printed matter); bǎn-hǎa ບັນຫາ (problem); luang ເລື່ອງ (matter)

it, pron. mán ມັນ

Italian, n. kón-ìi-dtàa-lían ຄົນອີຕາລຽນ (people); páa-sǎa-ìi-dtàa-lían ພາສາອີຕາລຽນ (language)

italic, n. dtùa-ǎk-sɔ̌ɔn-nóng ຕົວອັກສອນນອງ

italicize, v. pim-dtùa-nóng ພິມຕົວນອງ; pim-dtùa-ìang ພິມຕົວອຽງ

Italy, n. bpa-têet-ìi-dtàa-líi ປະເທດອີຕາລີ

itch, n. àa-gàan-kán ອາການຄັນ

itchy, adj. kán ຄັນ

item, n. sing ສິ່ງ (thing); àn ອັນ (single article or unit); láai-gàan ລາຍການ (entry in an account)

itemize, v. kǐan-bpèn-láai-gàan ຂຽນເປັນລາຍການ

itinerary, n. láai-la-ìat-gàan-dòon-táang ລາຍລະອຽດການເດີນທາງ

its, adj. kɔ̌ɔng-mán ຂອງມັນ

itself, pron. kɔ̌ɔng-mán-èeng ຂອງມັນເອງ; dtòo-mán-èeng ໂຕມັນເອງ

ivory, n. ngáa-sâang ງາຊ້າງ (elephant tusk); sǐi-ngáa-sâang ສີງາຊ້າງ (color)

ivy, n. kùa-ài-wǐi ເຄືອໄອວີ (climbing or trailing evergreen plants)

J

jab, v. téeng ແທງ; nyɛɛ ແຍ່

jab, n. gàan-téeng ການແທງ; gàan-nyɛɛ ການແຍ່

jabber, v. wǎo-bèep-lóm-luang-kôok ເວົ້າແບບລົມລວງໂຄກ (talk rapidly); wǎo-bèep-bɔ̀ɔ-mǐi-sǎa-la ເວົ້າແບບບໍ່ມີສາລະ (utter unintelligibly)

jack, n. mɛɛ-héeng ແມ່ແຮງ kuang-nyok ເຄື່ອງຍົກ (device for raising heavy objects); bǎo ເບົ້າ (socket)

jackass, n. kón-ngoo ຄົນໂງ່; kón-bpǔk ຄົນປຶກ

jacket, n. sùa-nɔ̂ɔk ເສື້ອນອກ; sùa-

jackknife — jest

jak-get ເສື້ອຈັກເກັດ
jackknife, *n.* mîit-ngap-ka-nàat-nyai ມີດງັບຂະໜາດໃຫຍ່
jade, *n.* nyok ຢົກ
jagged, *adj.* bpen-liam-lɛ̂ɛm ເປັນຫລ່ຽມແຫລມ
jail, *n.* kuk ຄຸກ
jailed, *adj.* dtìt-kuk ຕິດຄຸກ
jam, *v.* ǎt ອັດ (fill to overflowing); nyɛɛ ແຫຍ່ (pack to excess)
jam, *n.* gàan-ǎt ການອັດ; màak-mâi-gùan ໝາກໄມ້ກວນ (a preserve made from whole fruit); jàa-la-jɔ̀ɔn-dtìt-kǎt ຈາລະຈອນຕິດຂັດ (traffic jam); jǔt-tii-bìat-gàn-nɛ̂n ຈຸດທີ່ບຽດກັນແໜ້ນ (a tight spot)
janitor, *n.* kón-hap-sâi-hɔ̀ng-gàan ຄົນຮັບໃຊ້ຫ້ອງການ (in an office); kón-tám-kwáam-sà-àat ຄົນທຳຄວາມສະອາດ (cleaner)
January, *n.* dùan-mok-ga-láa ເດືອນມົກກະລາ; dùan-máng-gɔ̀ɔn ເດືອນມັງກອນ
Japan, *n.* bpa-têet-nyíi-bpun ປະເທດຍີ່ປຸ່ນ
Japanese, *n.* kón-nyíi-bpun ຄົນຍີ່ປຸ່ນ (people); páa-sǎa-nyíi-bpun ພາສາຍີ່ປຸ່ນ (language); giao-gǎp-nyíi-bpun ກ່ຽວກັບຍີ່ປຸ່ນ (relating to Japan)
jar, *n.* hǎi ໄຫ (e.g. cookie); oong ໂອ່ງ (large water container)
jargon, *n.* páa-sǎa-sa-pɔ-gùm ພາສາສະເພາະກຸ່ມ

jaundice, *n.* pa-nyâat-bii-hua ພະຍາດບີ້ຮົວ
jaunt, *n.* gàan-dòon-táang-la-nya-sàn ການເດີນທາງລະຍະສັ້ນ
jaw, *n.* dùuk-káang-ga-dtài ດູກຄາງກະໄຕ; káang-ga-dtài ຄາງກະໄຕ
jealous, *adj.* hǔng-hǔang ຫຶງຫວງ (between lovers); ìt-sǎa ອິດສາ (envious)
jealousy, *n.* kwáam-ìt-sǎa ຄວາມອິດສາ; kwáam-hǔng-hǔang ຄວາມຫຶງຫວງ
jeans, *n.* sòong-nyíin ໂສ້ງຍີນ (pants); pàa-nyíin ຜ້າຍີນ (denim cloth)
jeep, *n.* lot-jìp ລົດຈິບ
jeer, *v.* hǔa-bɛ̌ɛp-nyɔ-nyɔ̌ɔi ຫົວແບບເຍາະເຍີ້ຍ
jelly, *n.* wûn-fa-láng ວຸ້ນຟະລັ່ງ
jellyfish, *n.* mɛ́ɛng-ga-pún ແມງກະພຸນ
jeopardize, *v.* tám-hâai ທຳຮ້າຍ; het-hâi-dtǒk-yuu-nâi-àn-dta-láai ເຮັດໃຫ້ຕົກຢູ່ໃນອັນຕະລາຍ
jeopardy, *n.* àn-dta-láai ອັນຕະລາຍ; pái ໄພ
jerk, *v.* ga-dtǔk ກະຕຸກ (twitch); ga-sâak ກະຊາກ (sudden pull)
jerk, *n.* gàan-ga-dtǔk ການກະຕຸກ; gàan-ga-sâak ການກະຊາກ; kón-sɔ̂ɔ ຄົນຊື່ (a dumb person)
jest, *n.* kám-dta-lǒk ຄຳຕະຫລົກ (teasing remark); lúang-dta-lǒk

A B C D E F G H I **J** K L M N O P Q R S T U V W X Y Z

jester — judge

เจื้้อๆตะຫຼິກ (joke)

jester, *n.* dtùa-dta-lŏk ຕົວຕະຫຼິກ; kón-wâo-dta-lŏk ຄົນເວົ້າຕະຫຼິກ

jet, *n.* ài-pon ອາຍພົ່ນ

jetty, *n.* taa-húa ທ່າເຮືອ (pier)

Jew, *n.* kón-yíu ຄົນຢິວ

jewel, *n.* kŭang-pet-pɔ́ɔi ເຄື່ອງເພັດພອຍ (gem); kŭang-mǐi-kaa ເຄື່ອງມີຄ່າ (precious thing)

jeweler, *n.* pɔɔ-kâa-kǎai-pet-pɔ́ɔi ພໍ່ຄ້າຂາຍເພັດພອຍ; saang-het-pet-pɔ́ɔi ຊ່າງເຮັດເພັດພອຍ

jewelry, *n.* pet-pɔ́ɔi ເພັດພອຍ

Jewish, *adj.* giao-gǎp-yíu ກ່ຽວກັບຢິວ

jigsaw puzzle, *n.* gèem-dtɔɔ-(sĭn-suan)-húup ເກມຕໍ່ (ຊິ້ນສ່ວນ) ຮູບ

jilt, *v.* bpa ປະ; bpa-tìm ປະຖິ້ມ

jingle, *n.* sìang-gung-ging ສຽງກຸງກິງ

job, *n.* wîak-ngáan ວຽກງານ

jockey, *n.* nak-kìi-mâa-kɛng ນັກຂີ່ມ້າແຂ່ງ

jog, *v.* lɛn-yɔ̀-yɔ̀ ແລ່ນເຢາະໆ; lɛn ແລ່ນ

join, *v.* sûam ເຊື່ອມ (connect, merge); dtɔɔ ຕໍ່ (make continuous; bring together); kào-huam ເຂົ້າຮ່ວມ (participate); huam-nám ຮ່ວມນຳ (join with)

joint, *n.* kɔ̂ɔ-dtɔɔ ຂໍ້ຕໍ່

joke, *v.* yɔ̀ɔk-lɔ̌ɔ ຢອກລໍ້ (tease); wâo-dta-lŏk ເວົ້າຕະຫຼິກ (speak in fun)

joke, *n.* dta-lŏk ຕະຫຼິກ

jolly, *adj.* laa-lə́əng ລ່າເລີງ; muan-sʉʉn ມ່ວນຊື່ນ

jolt, *n.* gàan-san ການສັ່ນ (shakiness)

jostle, *v.* ga-tɛ̂ɛk ກະແທກ (push and shove); suk-dàn ຊຸກດັນ (push hard)

jot down, *v.* jot-bàn-tuk ຈົດບັນທຶກ

journal, *n.* wáa-la-sǎan ວາລະສານ (e.g. magazine); bàn-tuk-láai-wán ບັນທຶກລາຍວັນ (diary); bpʉ̂ʉm-bàn-tuk-bpa-jàm-wán ປຶ້ມບັນທຶກປະຈຳວັນ

journalism, *n.* wáa-la-sǎan-sàat ວາລະສານສາດ

journalist, *n.* nak-nǎng-sʉ̌ʉ-pím ນັກໜັງສືພິມ

journey, *v.* gàan-dəən-táang ການເດີນທາງ

jovial, *adj.* bə̀ək-bàan ເບີກບານ; muan-sʉʉn ມ່ວນຊື່ນ

jowl, *n.* nǐang ໜຽງ

joy, *n.* kwáam-dìi-jài ຄວາມດີໃຈ; kwáam-muan-sʉʉn ຄວາມມ່ວນຊື່ນ

joyful, *adj.* dìi-ǒk-dìi-jài ດີອົກດີໃຈ; nyín-dìi ຍິນດີ

jubilant, *adj.* bpi-dti-nyín-dìi ປິຕິຍິນດີ; laa-lə́əng ລ່າເລີງ

jubilee, *n.* gàan-sa-lɔ̌ɔng-kop-hɔ̂ɔp-hàa-sìp-bpìi ການສະຫຼອງຄົບຮອບ 50 ປີ (celebration for a 50th anniversary); ngáan-sa-lɔ̌ɔng ງານສະຫຼອງ (festival)

Judaism, *n.* sàat-sa-nǎa-yíu ສາສະໜາຢິວ

judge, *v.* pi-pâak-sǎa ພິພາກສາ; dtàt-sǐn ຕັດສິນ

judge

judge, *n.* gàm-ma-gàan ກຳມະການ (in a contest); puu-pi-pâak-sǎa ຜູ້ພິພາກສາ (in court)

judgment, *n.* gàan-dtǎt-sǐn ການຕັດສິນ (in a contest); kám-pi-pâak-sǎa ຄຳພິພາກສາ (in court)

judicial, *adj.* giao-gǎp-sǎan-nyut-dti-tám ກ່ຽວກັບສານຍຸຕິທຳ; hɛng-gòt-mǎai ແຫ່ງກົດໝາຍ

judicious, *adj.* hɔ̂ɔp-kɔ̂ɔp ຮອບຄອບ; su-kǔm ສຸຂຸມ

judo, *n.* múai-bpâm-bɛ̀ɛp-yúu-dòo ມວຍປ້ຳແບບຢູໂດ

jug, *n.* tǒo ໂຕ

juice, *n.* nâam-màak-mái ນ້ຳໝາກໄມ້

juicy, *adj.* dtèm-bpài-dûai-nâam-màak-mái ເຕັມໄປດ້ວຍນ້ຳໝາກໄມ້; míi-nâam-lǎai ມີນ້ຳຫຼາຍ

July, *n.* dùan-gɔ̀ɔ-la-gót ເດືອນກໍລະກົດ

jumble, *v.* bpòn-gàn-nyùng ປົນກັນຫຍຸ້ງ

jump, *v.* ga-dòot ກະໂດດ

jumpy, *adj.* dtòon-jòng ຕື່ນຈ້ອງ

junction, *n.* súm-núm-táang ຊຸມນຸມທາງ; bpa-sǎan-gàn ປະສານກັນ

juncture, *n.* jǔt-sʉ̌am ຈຸດເຊື່ອມ; wi-gìt-gàan ວິກິດການ

June, *n.* dùan-mi-tu-náa ເດືອນມິຖຸນາ

jungle, *n.* bpaa-dòng ປ່າດົງ

junior, *n.* lûn-nɔ́ɔng ລຸ້ນນ້ອງ; lûn-ɔ̀ɔn-gwaa ລຸ້ນອ່ອນກວ່າ

junk, *n.* kʉ̂ang-sèet-nyɔ̀i ເຄື່ອງເສດຫຍ່ອຍ; kɔ̌ɔng-bɔ̀ɔ-míi-kaa

193

kept woman

ຂອງບໍ່ມີຄ່າ; kìi-nyʉ́a ຂີ້ເຫຍື່ອ

jurisdiction, *n.* àm-nàat-sǎan ອຳນາດສານ

juror, *n.* lûuk-kǔn-sǎan ລູກຂຸນສານ

jury, *n.* ka-na-lûuk-kǔn ຄະນະລູກຂຸນ

just, *adj., adv.,* nyut-dti-tám ຍຸຕິທຳ (fair); tao-nân ເທົ່ານັ້ນ (only)

justice, *n.* kwáam-nyut-dti-tám ຄວາມຍຸຕິທຳ

justification, *n.* gàan-pi-sùut-waa-tʉ̀ʉk-dtɔ̂ɔng ການພິສູດວ່າຖືກຕ້ອງ

justify, *v.* pi-sùut-waa-tʉ̀ʉk-dtɔ̂ɔng ພິສູດວ່າຖືກຕ້ອງ

juvenile, *adj.* giao-gǎp-dèk-lɛ-nyáo-wa-són ກ່ຽວກັບເດັກແລະເຍົາວະຊົນ

juxtapose, *v.* wáang-wái-bpɛ̌-gàn ວາງໄວ້ແປະກັນ

K

kangaroo, *n.* dtòo-jìng-jôo ໂຕຈິງໂຈ້

karate, *n.* káa-láa-dtée ຄາຣາເຕ້

Karen, *n.* pao-ga-liang ເຜົ່າກະຫລ່ຽງ (a hill tribe)

keen, *adj.* kóm ຄົມ (sharp); lɛ̌ɛm ແຫຼມ (pointed); wóng-wái ວ່ອງໄວ (very quick)

keep, *v.* gěp ເກັບ; hak-sǎa ຮັກສາ

keepsake, *n.* sǐng-dtʉ̀an-jài ສິ່ງເຕືອນໃຈ

keg, *n.* ga-tǎng ກະຖັງ

kennel, *n.* kɔ̂ɔk-mǎa ຄອກໝາ

kept woman, *n.* mía-nɔ́ɔi ເມຍນ້ອຍ

kerchief, *n.* pàa-pòok-hŭa ຜ້າໂພກຫົວ

kernel, *n.* nūa-nái-màak-mâi ເນື້ອໃນໝາກໄມ້ (of a nut); gen ແກ່ນ (core)

kerosene, *n.* nâam-mán-gâat ນ້ຳມັນກາດ

ketchup, *n.* nâam-jîm-màak-len ນ້ຳຈິ້ມໝາກເລັ່ນ

kettle, *n.* mɔ̂ɔ-gàa-dtôm-nâam ໝໍ້ກາຕົ້ມນ້ຳ

key, *n.* lúuk-ga-jɛ̀ɛ ລູກກະແຈ

key, *adj.* săm-kán ສຳຄັນ

keyboard, *n.* tɛ́ɛo-gàan-ǎk-sɔ̆ɔn-pím-dǐit ແຖວການອັກສອນພິມດີດ; kíi-bɔ̀ɔt ຄີບອດ

key ring, *n.* púang-lùuk-ga-jɛ̀ɛ ພວງລູກກະແຈ

kick, *v.* dtě ເຕະ; tìip ຖີບ

kid, *n.* dèk-nɔ́ɔi ເດັກນ້ອຍ; lùuk ລູກ (one's child)

kidnap, *v.* lak-páa-dtùa ລັກພາຕົວ

kidnapper, *n.* jòon-lak-páa-dtùa ໂຈນລັກພາຕົວ

kidnapping, *n.* gàan-lak-páa-dtùa ການລັກພາຕົວ

kidney, *n.* màak-kai-lăng ໝາກໄຂ່ຫຼັງ

kill, *v.* kàa ຂ້າ

killer, *n.* nak-kàa ນັກຂ້າ

killing, *n.* gàan-kàa ການຂ້າ

kilogram, *n.* gi-lóo-gam ກິໂລກາມ

kilohertz, *n.* gi-lóo-həət ກິໂລເຮີຣ

kilometer, *n.* gi-lóo-met ກິໂລແມັດ

kilowatt, *n.* gi-lóo-wat ກິໂລວັດ

kin, *n.* nyâat-dtǐ-pii-nɔ́ɔng ຍາດຕິພີ່ນ້ອງ

kind, *adj.* jài-dǐi ໃຈດີ

kindergarten, *n.* hóong-hían-a-nu-bàan ໂຮງຮຽນອະນຸບານ

kindle, *v.* jùut-fái ຈຸດໄຟ (make a fire); lào-àa-lóm ເລົ້າອາລົມ (arouse)

kindly, *adv.* yaang-ga-lu-náa ຢ່າງກະລຸນາ; yaang-ɔɔn-nyóon ຢ່າງອ່ອນໂຍນ

kindness, *n.* kwáam-ga-lu-náa ຄວາມກະລຸນາ; kwáam-mêet-dtàa ຄວາມເມດຕາ

kindred, *adj.* giao-gǎp-nyâat-dtǐ-pii-nɔ́ɔng ກ່ຽວກັບຍາດຕິພີ່ນ້ອງ

king, *n.* ga-sǎt ກະສັດ; pa-láa-sáa ພະລາຊາ

kingdom, *n.* lâat-sa-àa-náa-jǎk ລາຊອານາຈັກ

king-size, *adj.* ka-nàat-nyai ຂະໜາດໃຫຍ່

kinship, *n.* kwáam-bpèn-nyâat-mit ຄວາມເປັນຍາດມິດ

kiosk, *n.* hâan-nɔ́ɔi-tii-kǎai-kùang ຮ້ານນ້ອຍທີ່ຂາຍເຄື່ອງ; hâan-kǎai-nǎng-sǔu-pím ຮ້ານຂາຍໜັງສືພິມ

kiss, *n., v.* jùup ຈູບ

kit, *n.* sut-kuang-mùu-het-wîak ຊຸດເຄື່ອງມືເຮັດວຽກ

kitchen, *n.* hǔan-kúa ເຮືອນຄົວ

kite, *n.* wao ວ່າວ

kitten, *n.* mɛ́ɛo-nɔ́ɔi ແມວນ້ອຍ

knapsack, *n.* kuang-bpêe-lǎng

ເຄື່ອງປັ້ນຫລັງ

knead, v. nûat ນວດ; kân ຄັ້ນ

knee, n. hŭa-kao ຫົວເຂົ່າ

kneecap, v. màak-bâa-hŭa-kao ໝາກບ້າຫົວເຂົ່າ

kneel, v. kûu-kao ຄູເຂົ່າ

knickknack, n. lɛang-lek-lek-nɔ̌ɔi-nɔ̌ɔi ເຄື່ອງເລັກໆນ້ອຍໆ

knife, n. mîit ມີດ

knight, n. ǎt-sa-wín ອັດສະວິນ

knit, v. tǎk ຖັກ; tǎk-hɔ̂ɔi ຖັກຮ້ອຍ

knitting, n. gàan-tǎk ການຖັກ

knob, n. lûuk-bǐt ລູກບິດ; bpum ປຸ່ມ

knock, v. kɔ ເຄາະ

knock, n. gàan-kɔ ການເຄາະ (act of knocking); sĭang-kɔ ສຽງເຄາະ (sound of knocking)

knot, n. kɔ̂ɔt ຂອດ

know, v. hûu ຮູ້; hûu-jǎk ຮູ້ຈັກ

know-how, n. kwáam-sám-náan ຄວາມຊຳນານ; tek-nǐk ເທກນິກ

know-it-all, n. kón-tìi-hûu-bpài-mǒt ຄົນທີ່ຮູ້ໄປໝົດ

knowledge, n. kwáam-hûu ຄວາມຮູ້

knuckle, n. kɔ̂ɔ-nîu-mɯ́ɯ ຂໍ້ນິ້ວມື

Korea, n. bpa-tèet-gào-lǐi ປະເທດເກົາຫລີ

Korean, n., adj., kón-gào-lǐi ຄົນເກົາຫລີ (people); páa-sǎa-gào-lǐi ພາສາເກົາຫລີ (language); giao-gǎp-gào-lǐi ກ່ຽວກັບເກົາຫລີ (relating to Korea)

L

label, n. sa-làak ສະຫລາກ; bpâai ປ້າຍ

labor, v. het-wîak ເຮັດວຽກ (work); ɔ̀ɔk-lûuk ອອກລູກ (deliver a baby)

laboratory, n. hɔ̀ng-tot-lɔ́ɔng ຫ້ອງທົດລອງ

laborer, n. gàm-ma-gɔ̀ɔn ກຳມະກອນ

laborious, adj. ɔ̀ɔk-hɛ́ɛng-ngáan-lǎai ອອກແຮງງານຫລາຍ

labor union, n. sa-hǎ-pâap-hɛ́ɛng-ngáan ສະຫະພາບແຮງງານ

labyrinth, n. kǎo-wóng-gǒt ເຂົາວົງກົດ

lace, n. sǎai-hat ສາຍຮັດ; dɔ̀ɔk-tǎk-sai-sɯ̂a ດອກຖັກໃສ່ເສື້ອ

lacerate, v. jìik ຈີກ (rip, tear)

laceration, n. gàan-jìik-kàat ການຈີກຂາດ

lack, v. kàat-kɛ̌ɛn ຂາດເຂີນ

lack, n. gàan-kàat-kɛ̌ɛn ການຂາດເຂີນ

lacquer, n. nâam-yàa-lek-gəə ນ້ຳຢາແລັກເກີ

lad, n. dek-nɔ̂ɔi-puu-sáai ເດັກນ້ອຍຜູ້ຊາຍ

ladder, n. kàn-dài ຂັ້ນໄດ

ladle, n. jɔ̀ɔng ຈອງ

lady, n. nyáa-náang ຍານາງ; sǔ-pâap-sa-dtìi ສຸພາບສະຕີ

ladybug, n. mɛ́ɛng-ka-núun ແມງກະນູນ

lag, v. lâa ລ້າ (weaken); lâa-lǎng ລ້າຫລັງ (fall behind)

Lahu, *n.* pao-múu-sɔ̀ɔ ເຜົ່າມູເຊີ (hill tribe)

lake, *n.* ta-lée-sàap ທະເລສາບ

lamb, *n.* gɛ̃ ແກະ

lame, *adj.* pi-gàan ພິການ (disabled); sâi-bɔ̀ɔ-dâi ໃຊ້ບໍ່ໄດ້ (not usable)

lament, *n.* kwáam-sào-sòok ຄວາມເສົ້າໂສກ

lamp, *n.* dta-gìang ຕະກຽງ; kóom ໂຄມ

lance, *n.* hɔ̀ɔk ຫອກ; lǎao ຫລາວ

land, *n.* tii-dìn ທີ່ດິນ (property); pɛn-dìn ແຜ່ນດິນ (solid ground of the earth, nation, country)

land, *v.* lóng-jɔ̀ɔt ລົງຈອດ (e.g. an airplane); song-kùn-bòk ສົ່ງຂຶ້ນບົກ (disembark)

landing, *n.* gàan-lóng-jɔ̀ɔt ການລົງຈອດ; gàan-kùn-bòk ການຂຶ້ນບົກ

landlady, *n.* jâo-kɔ̌ɔng-tii-dìn ເຈົ້າຂອງທີ່ດິນ

landlord, *n.* jâo-kɔ̌ɔng-tii-dìn ເຈົ້າຂອງທີ່ດິນ

landmark, *n.* lǎk-bpàk-kèet-dɛ̀ɛn ຫລັກປັກເຂດແດນ; kuang-mǎai-sîi-bɔ̀ɔk ເຄື່ອງຫມາຍຊີ້ບອກ

landscape, *n.* púum-bpa-têet ພູມປະເທດ

landslide, *n.* dìn-juan ດິນເຈື່ອນ

lane, *n.* sɔng ຊອງ; hɔm-táang ຮ່ອມທາງ

language, *n.* páa-sǎa ພາສາ

lantern, *n.* kóom-nyúang ໂຄມເບື້ອງ; kóom-fái ໂຄມໄຟ

lap, *n.* dtăk ຕັກ

lapel, *n.* bpɔ̀k-sὺa-kɔ́ɔ-bêe ປົກເສື້ອຄໍແບ

lapse, *n.* gàan-pâat-pâng ການພາດພັ້ງ (a slip, failure); gàan-la-lǿei ການລະເລີຍ (neglect); la-nya-wée-láa-tii-luang-bpài ລະຍະເວລາທີ່ລ່ວງໄປ (period of time)

laptop, *n.* kɔm-piu-dtə̀ə-bèep-hîu ຄອມພີວເຕີແບບຫິ້ວ

lard, *n.* nâam-mán-mǔu ນ້ຳມັນໝູ

large, *adj.* nyai ໃຫຍ່; gwǎang-kwǎang ກວ້າງຂວາງ

large-scale, *adj.* yaang-lǔang-lǎai ຢ່າງຫລວງຫລາຍ; lǎai ຫລາຍ

larva, *n.* kai-kǎang ໄຂ່ຂາງ; dtùa-ɔ̀ɔn-mɛ́ɛng-mâi ຕົວອ່ອນແມງໄມ້

larynx, *n.* lɔ̀ɔt-lóm ຫລອດລົມ

lascivious, *adj.* dtàn-hǎa-jàt ຕັນຫາຈັດ; láa-mok ລາມົກ

laser, *n.* sɛ̌ɛng-lée-sɔ̀ɔ ແສງເລເຊີ

lash, *n.* gàan-kîan-dtìi ການຂ້ຽນຕີ; bpàai-sɛ̀ɛ ປາຍແສ້

lass, *n.* nyíng-sǎao ຍິງສາວ

last, *v.* nyáng-sâi-dâi ຍັງໃຊ້ໄດ້ (remain in good or usable condition); míi-sìi-wít-yuu ມີຊີວິດຢູ່ (survive)

last, *adj.* sùt-tâai ສຸດທ້າຍ

lasting, *adj.* mân-nyúun ໝັ້ນຍືນ; nyúun-nyóng ຍືນຍົງ

last name, *n.* náam-sa-gùn ນາມສະກຸນ

latch, *n.* lái-bpa-dtùu ໄລປະຕູ; gɔ̀ɔn-bpa-dtùu ກອນປະຕູ

lately, *adv.* mɯa-bɔ̀ɔ-dòn-máa-nìi ເມື່ອບໍ່ດົນມານີ້

latent, *adj.* fɛ́ɛng-yuu ແຝງຢູ່; bom-sɔ̂ɔn-yuu-pái-nai ບໍ່ຊ້ອນຢູ່ພາຍໃນ

lateral, *adj.* táang-kàang ທາງຂ້າງ

Latin, *n.* láa-dtìn ລາຕິນ

Latin America, *n.* ta-wíip-aa-mée-li-gàa-gaang ທະວີບອາເມຣິກາກາງ

latitude, *n.* sèn-láa-dtìi-jùut ເສັ້ນລາຕິຈູດ; sèn-kwáang ເສັ້ນຂວາງ

latter, *adj.* tàt-bpài ຖັດໄປ; suan-tíi-sɔ̌ɔng ສ່ວນທີ່ສອງ

laud, *v.* sǎn-la-sɔ̌ɔn ສັນລະເສີນ; nyɔ̂ɔng-nyɔ́ɔ ຍ້ອງຍໍ

laudable, *adj.* nàa-nyok-nyɔ̂ɔng ໜ້າຍົກຍ້ອງ

laugh, *v.* hǔa ຫົວ

laugh(ter), *n.* sǐang-hǔa ສຽງຫົວ

launch, *n.* bpɔi ປ່ອຍ (release); nyíng ຍິງ (shoot); lə́əm ເລີ່ມ (begin)

launder, *v.* sak-kɯang ຊັກເຄື່ອງ (e.g. clothes); sak-fɔ̂ɔk-ngə́n ຊັກຟອກເງິນ (e.g. money)

laundromat, *n.* hóong-sak-hîit ໂຮງຊັກຮີດ

laundry, *n.* gàan-sak-hîit ການຊັກຮີດ; gàan-sak-fɔ̂ɔk ການຊັກຟອກ

laurel, *n.* dtôn-lɔ́ɔ-lén ຕົ້ນລໍເລນ (tree); gìat-dti-nyot ກຽດຕິຍົດ (honor)

lava, *n.* hǐin-la-láai-jàak-púu-kǎo-fái ຫີນລະລາຍຈາກພູເຂົາໄຟ

lavatory, *n.* hɔ̀ng-nàam ຫ້ອງນ້ຳ

lavender, *n.* sǐi-muang-ɔ̀ɔn ສີມ່ວງອ່ອນ (light purple); dtôn-láa-wéen-də̀ə ຕົ້ນລາເວນເດີ (plant)

lavish, *adj.* fum-fɯ́ai ຟູມເຟືອຍ

law, *n.* got-mǎai ກົດໝາຍ

lawful, *adj.* tùuk-dtɔ̂ɔng-dtàam-got-mǎai ຖືກຕ້ອງຕາມກົດໝາຍ

lawless, *adj.* bɔɔ-míi-got-mǎai ບໍ່ມີກົດໝາຍ

lawn, *n.* sa-nǎam-nyàa ສະໜາມຫຍ້າ

lawsuit, *n.* gàan-fɔ́ɔng-hɔ́ɔng-ka-dìi ການຟ້ອງຮ້ອງຄະດີ

lawyer, *n.* ta-náai-kwáam ທະນາຍຄວາມ; nak-got-mǎai ນັກກົດໝາຍ

lax, *adj.* bɔɔ-kèm-ngûat-gùat-kǎn ບໍ່ເຂັ້ມງວດກວດຂັນ

laxative, *n.* yàa-la-bàai ຢາລະບາຍ

lay, *v.* wáang-ɔ̀ɔk ວາງອອກ; bpùu ປູ

layer, *n.* sân ຊັ້ນ

layman, *n.* kón-tám-ma-dàa ຄົນທຳມະດາ; ka-lɯ́ɯ-hǎt ຄະລຶຫັດ

layout, *n.* pěen-ngáan ແຜນງານ; hûup-bɛ̀ɛp ຮູບແບບ

lazy, *adj.* kìi-kâan ຂີ້ຄ້ານ

lead, *n.* tâat-kìi-gua ທາດຂີ້ກົ້ວ

lead, *v.* nám-páa ນຳພາ; sak-jùung ຊັກຈູງ; bpèn-hǔa-nàa ເປັນຫົວໜ້າ

leader, *n.* hǔa-nàa ຫົວໜ້າ; puu-nám ຜູ້ນຳ

leadership, *n.* gàan-bpèn-puu-nám

leaf

ภาบเป็นผู้นำ

leaf, *n.* bai-mâi ใบไม้; bài ใบ

leaflet, *n.* bài-kaao ใบอ่าว

league, *n.* săn-ni-bàat สับบิบาถ (alliance); sa-máa-kóm สะมาคิม (association); bpa-pêet ปะเพด (class or level of competition)

leak, *v.* hua ຮົ່ວ

leak, *n.* húu-hua ຮູຮົ່ວ; bpong-hua ປ່ອງຮົ່ວ

lean, *v.* ìang ອຽງ; èen ເອນ

lean, *n.* suan-tii-bɔɔ-mîi-mán ສ່ວນທີ່ບໍ່ມີມັນ (meat)

leap, *v.* ga-dòot ກະໂດດ; kàam ຂ້າມ

leap year, *n.* bpìi-tìi-mîi-săam-hɔ̀ɔi-hŏk-sìp-hŏk-wán ปีที่มี 366 ວັນ

learn, *v.* hían ຮຽນ; hían-huu ຮຽນຮູ້; sŭk-săa ສຶກສາ

learned, *adj.* mîi-kwáam-huu มีความรู้

learning, *n.* gàan-hían-huu ການຮຽນຮູ້

lease, *v.* hài-sao ໃຫ້ເຊົ່າ

lease, *n.* săn-nyáa-sao ສັນຍາເຊົ່າ; gàan-sao ການເຊົ່າ

leash, *n.* sûak-jùung ເຊືອກຈູງ (animal strap); kûap-kúm ຄວບຄຸມ (control)

least, *n.* jàm-núan-nɔ́ɔi-sùt ຈຳນວນໜ້ອຍສຸດ

leather, *n.* năng-fɔ̀ɔk ໜັງຟອກ

leave, *v.* ɔ̀ɔk-jàak ອອກຈາກ (depart); jàak-bpai ຈາກໄປ (go away); tìm-bpă-wâi ທິ້ມປະໄວ້ (something)

lecture, *n.* gàan-bàn-nyáai ການບັນຍາຍ; bpàa-ta-ga-tăa ປາຖະກະຖາ

lecturer, *n.* puu-bàn-nyáai ຜູ້ບັນຍາຍ

leech, *n.* bpîing ປີງ; tâak ທາກ

leek, *n.* pǎk-bua-sa-nit-nung ຜັກບົວຊະນິດໜຶ່ງ

leer, *v.* sáai-dtàa-bɛng ຊາຍຕາແບ່ງ (look with a sidelong glance)

left, *adj.* sáai ຊ້າຍ

left, *n.* táang-sáai ທາງຊ້າຍ (the left side); pûak-ìang-sáai ພວກອຽງຊ້າຍ (radical people)

left-handed, *adj.* hɛ́ɛng-sáai ແຮງຊ້າຍ; tă-nǎt-sáai ຖະໜັດຊ້າຍ

leftovers, *n.* kɔ̌ɔng-lǔa ຂອງເຫຼືອ

leg, *n.* kǎa ຂາ

legacy, *n.* mɔ́ɔ-la-dòk-dtòk-tɔ̀ɔt ມໍລະດົກຕົກທອດ

legal, *adj.* tùuk-gŏt-mǎai ຖືກກົດໝາຍ

legalize, *v.* het-hài-tùuk-gŏt-mǎai ເຮັດໃຫ້ຖືກກົດໝາຍ

legation, *n.* tùut ທູດ; ka-na-tûut ຄະນະທູດ

legend, *n.* luang-lao-gàn-máa ເລື່ອງເລົ່າກັນມາ; dtàm-náan ຕຳນານ

legendary, *adj.* giao-găp-dtàm-náan ກ່ຽວກັບຕຳນານ

legible, *adj.* aan-ɔ̀ɔk-ngaai ອ່ານອອກງ່າຍ

legislate, *v.* ɔ̀ɔk-gŏt-mǎai ອອກກົດໝາຍ

legislative, *adj.* giao-gǎp-gǒt-mǎai ກ່ຽວກັບກົດໝາຍ

legislator, *n.* puu-ɔ̀ɔk-gǒt-mǎai ຜູ້ອອກກົດໝາຍ

legislature, *n.* sa-páa-haang-gǒt-mǎai ສະພາຮ່າງກົດໝາຍ

legitimate, *adj.* tùuk-dtɔ̂ɔng-dtàam-gǒt-mǎai ຖືກຕ້ອງຕາມກົດໝາຍ

legitimize, *v.* het-hài-tùuk-gǒt-mǎai ເຮັດໃຫ້ຖືກກົດໝາຍ

leisure, *n.* wée-láa-waang-wîak ເວລາວ່າງວຽກ

lemon, *n.* màak-náao ໝາກນາວ

lemonade, *n.* náam-màak-náao ນ້ຳໝາກນາວ

lend, *v.* hài-yùum ໃຫ້ຢືມ

length, *n.* kwáam-nyáao ຄວາມຍາວ

lenghthen, *v.* het-hài-nyáao ເຮັດໃຫ້ຍາວ; dtɔ̀ɔ-ɔ̀ɔk ຕໍ່ອອກ

lengthwise, *adv.* táang-nyáao ທາງຍາວ

lengthy, *adj.* nyáao-lǎai ຍາວຫຼາຍ

lenient, *adj.* pɔn-sàn-pɔn-nyáao ຜ່ອນສັ້ນຜ່ອນຍາວ (inclined not to be harsh or strict); ga-lu-náa ກະລຸນາ (merciful)

lens, *n.* gɛ̂ɛo-len ແກ້ວເລັນ

leopard, *n.* sǔa-dàao ເສືອດາວ

leprosy, *n.* pa-nyâat-kìi-tùut ພະຍາດຂີ້ທູດ

lesbian, *n.* puu-nyíng-hak-puu-nyíng ຜູ້ຍິງຮັກຜູ້ຍິງ

less, *adj.* nɔ̀i-gwaa ໜ້ອຍກວ່າ (than); nɔ̀i-diao ໜ້ອຍດຽວ (not a lot)

lessen, *v.* het-hài-nɔ̀i-lóng ເຮັດໃຫ້ໜ້ອຍລົງ

lesser, *adj.* nɔ̀i-gwaa ໜ້ອຍກວ່າ

lesson, *n.* bǒt-hían ບົດຮຽນ

lessor, *n.* puu-hài-sao ຜູ້ໃຫ້ເຊົ່າ

lest, *conj.* pɨ̂a-bɔɔ-hài ເພື່ອບໍ່ໃຫ້; bɔɔ-dang-nân ບໍ່ດັ່ງນັ້ນ

let, *v.* hài ໃຫ້ (allow, give); a-nu-nyâat ອະນຸຍາດ (permit, allow); kɔ̌ɔ-hài ຂໍໃຫ້ (express a request, or proposal)

lethal, *adj.* àn-dta-láai-tɨ̌ng-dtàai-dâai ອັນຕະລາຍເຖິງຕາຍໄດ້; hâai-hɛ́ɛng ຮ້າຍແຮງ

let's ..., *v.* páa-gàn ພາກັນ; tɔ̀ ເຕາະ

letter, *n.* jǒt-mǎai ຈົດໝາຍ (mail); dtùa-ǎk-sɔ̌ɔn ຕົວອັກສອນ (of an alphabet)

lettuce, *n.* pǎk-gàat-hɔ̌ɔm ຜັກກາດຫອມ

leukemia, *n.* lôok-lúu-kii-mía ໂລກລູຄີເມຍ; lôok-ma-héng-nái-met-lûat-kǎao ໂລກມະເຮັງໃນເມັດເລືອດຂາວ

level, *n.* la-dǎp ລະດັບ

lever, *n.* lěk-ngat ເຫຼັກງັດ (a device); wi-tíi-gàan ວິທີການ (a means of doing something)

levy, *v.* gěp-páa-sǐi ເກັບພາສີ (e.g. tax); gèen-ta-hǎan ເກນທະຫານ (draft into military service); nyɨt-sap-sǐn ຍຶດຊັບສິນ (confiscate property)

lewd, *adj.* láa-mok ລາມົກ (obscene)

lexicon, *n.* bpa-táa-nu-gòm-kám-săp-sa-pɔɔ ປະທານຸກົມຄຳສັບສະເພາະ

liability, n. páa-la-nàa-tii ພາລະໜ້າທີ່ (duty); nìi ໜີ້ (debt); kwáam-hap-pìt-sɔɔ̀p ຄວາມຮັບຜິດຊອບ (responsibility)

liable, adj. dtɔ̂ng-hap-pìt-sɔɔ̀p ຕ້ອງຮັບຜິດຊອບ

liaison, n. gàan-dtìt-dtɔɔ ການຕິດຕໍ່ (connection, communication); puu-dtìt-dtɔɔ ຜູ້ຕິດຕໍ່ (one that maintains communication)

liar, n. kón-kìi-dtúa ຄົນຂີ້ຕົວະ

liberal, adj. jài-gwâang-kwăang ໃຈກວ້າງຂວາງ; sĕe-lǐi-táang-kwáam-kìt ເສລີທາງຄວາມຄິດ; bpèn-ìt-sa-la ເປັນອິດສະຫລະ

liberate, v. het-hài-mii-sĕe-lǐi ເຮັດໃຫ້ມີເສລີ

liberation, n. sĕe-lǐi-pâap ເສລີພາບ

liberty, n. ìt-sa-lá-pâap ອິສະລະພາບ

libido, n. dtàn-hăa ຕັນຫາ; kwáam-kai ຄວາມໃຄ່

librarian, n. bàn-náa-lak ບັນນາລັກ; jâo-nàa-tii-hɔ̀ng-sa-mút ເຈົ້າໜ້າທີ່ຫ້ອງສະໝຸດ

library, n. hɔ̀ng-sa-mút ຫ້ອງສະໝຸດ; hɔ̌ɔ-sa-mut ຫໍສະໝຸດ

license, n. bai-a-nu-nyâat ໃບອະນຸຍາດ; bài-yang-yʉ́ʉn ໃບຢັ້ງຢືນ

lick, v. lée̖i ເລຍ

lid, n. făa-àt-páa-sa-na ຝາອັດພາຊະນະ

lie, v. wâo-dtúa ເວົ້າຕົວະ

lie, n. kwáam-kìi-dtúa ຄວາມຂີ້ຕົວະ;

kwáam-bɔɔ-jìng ຄວາມບໍ່ຈິງ

lieu, n. tée̖n-tii-ja ແທນທີ່ຈະ

lieutenant, n. náai-hɔ̂ɔi-tóo ນາຍຮ້ອຍໂທ; hɔ̂ɔi-tóo ຮ້ອຍໂທ

life, n. sĭi-wit ຊີວິດ

lifeboat, n. húa-suai-sìip ເຮືອຊ່ວຍຊີບ

life expectancy, n. suang-àa-nyu ຊ່ວງອາຍຸ

lifeguard, n. jâo-nàa-tii-suai-sĭi-wit ເຈົ້າໜ້າທີ່ຊ່ວຍຊີວິດ

life insurance, n. gàan-bpa-gàn-pái-sĭi-wit ການປະກັນໄພຊີວິດ

lifeless, adj. bɔɔ-néng-dtùing ບໍ່ເໜັງຕີງ; bpàa-sa-jàak-sĭi-wit-sĭi-wáa ປາສະຈາກຊີວິດຊີວາ

lifelong, adj. dta-lɔ̀ɔt-sĭi-wit ຕະຫລອດຊີວິດ

lifestyle, n. hûup-bɛ̀ɛp-gàan-dàm-nóən-sĭi-wit ຮູບແບບການດຳເນີນຊີວິດ

lift, v. nyok-kʉ̀n ຍົກຂຶ້ນ

lift, n. gàan-nyok ການຍົກ; lip ລິບ (elevator)

ligament, n. èn ເອັນ

light, n. dtâi-fái ຕະໄຟ; dtìt-fái ຕິດໄຟ

light, n. sɛ̌ɛng ແສງ (radiation of any wavelength); fái ໄຟ (source of light, e.g. lamp); gàang-wén ກາງເວັນ (daytime)

light bulb, n. lɔ̀ɔt-fái ຫລອດໄຟ

lighten, v. het-hài-hung-jèeng ເຮັດໃຫ້ຮຸ່ງແຈ້ງ; het-hài-bao ເຮັດໃຫ້ເບົາ

lighter, n. lĕk-fái ເຫລັກໄຟ

lighthouse — lion

lighthouse, *n.* hɔ̌ɔ-kɔ́ɔi-nyáam-fang ຫໍຄອຍຍາມໄຟ; bpa-páa-káan ປະພາຄານ

lighting, *n.* gàan-dtài-fái ການໄຕ້ໄຟ; hung-jɛ̂ɛng ຮຸງແຈ້ງ

lightning, *n.* fáa-mɛ̂ɛp ຟ້າແມບ

light-year, *n.* bpìi-sɛ̌ɛng ປີແສງ

likable, *n.* bpèn-dtàa-mak ເປັນຕາມັກ

like, *v.* mak ມັກ; mak-sɔ́ɔp ມັກຊອບ

likelihood, *n.* kwáam-bpèn-bpài-dài ຄວາມເປັນໄປໄດ້

likely, *adj.* àat-ja-bpèn-bpài-dài ອາດຈະເປັນໄປໄດ້; kɔ̀n-kàang-jà ຄ່ອນຂ້າງຈະ

liken, *v.* bpìap-tîap ປຽບທຽບ

likeness, *n.* kâai-kúu ຄ້າຍຄື

lily, *n.* dɔ̀ɔk-lín-líi ດອກລິນລີ້

limb, *n.* kɛ̌ɛn-kǎa ແຂນຂາ (arm or leg); ging-gâan ກິ່ງກ້ານ (branch)

limber, *adj.* dăt-ngaai ດັດງ່າຍ (bending readily); nyûut-hót-dâi ຍືດຕິດໄດ້ (flexible)

lime, *n.* màak-náao ໝາກນາວ (citrus fruit); bpùun-kǎao ປູນຂາວ (mineral)

limestone, *n.* hǐin-bpùun ຫີນປູນ

limit, *v.* jàm-gàt ຈຳກັດ

limit, *n.* kɔ̀ɔp-kèet ຂອບເຂດ; kìit-jàm-gàt ຂີດຈຳກັດ

limitation, *n.* gàan-jàm-gàt ການຈຳກັດ; kɔ̀ɔp-kèet ຂອບເຂດ

limousine, *n.* lot-líi-múu-síin ລົດລີມູຊີນ

limp, *adj.* nyaang-kǎa-kée ຍ່າງຂາເຄ (lacking rigidity); ɔɔn-ɛ̀ɛ ອ່ອນແອ (weak)

line, *v.* het-hài-sùu ເຮັດໃຫ້ຊື່

line, *n.* sèn ເສັ້ນ; sǎai ສາຍ

lineage, *n.* sùa-sǎai ເຊື້ອສາຍ; wóng-sa-gùn ວົງສະກຸນ

linear, *adj.* bpèn-tɛ̌ɛo-sùu ເປັນແຖວຊື່; dtàam-néeo ຕາມແນວ

linen, *n.* pàa-fàai-li-nín ຜ້າຝ້າຍລິນິນ

linger, *v.* nyap-yàng ຍັບຍັ້ງ; ham-hii-ham-hái ຮຳຫີຮຳໄຮ

lingerie, *n.* sùa-sân-nái-kɔ̌ɔng-mɛ́ɛ-nyíng ເສື້ອຊັ້ນໃນຂອງແມ່ຍິງ

linguistic, *adj.* páa-sǎa-sàat ພາສາສາດ

linguistics, *n.* giao-gǎp-páa-sǎa-sàat ກ່ຽວກັບພາສາສາດ

lining, *n.* péɛ-hɔ́ɔng-táang-nái-sùa ແພຮອງທາງໃນເສື້ອ (of a piece of cloth)

link, *v.* suam-kào-gàn ເຊື່ອມເຂົ້າກັນ; suam-dtɔɔ ເຊື່ອມຕໍ່; dtìt-dtɔɔ-gàn ຕິດຕໍ່ກັນ

link, *n.* gàan-suam-kào-gàn ການເຊື່ອມເຂົ້າກັນ (a connected series of units); gàan-dtìt-dtɔɔ-gàn ການຕິດຕໍ່ກັນ (association; a relationship)

linkage, *n.* gàan-suam ການເຊື່ອມ; gàan-dtɔɔ ການຕໍ່

linoleum, *n.* pàa-pom-náam-mán ຜ້າພົມນ້ຳມັນ

lint, *n.* pàa-sǎm-líi ຜ້າສຳລີ; péɛ-pán-bàat ແພພັນບາດ

lion, *n.* sǐng-dtòo ສິງໂຕ; lâat-sa-sǐi ລາຊະສີ

lioness

lioness, *n.* sĭng-dtòo-mɛɛ ສິງໂຕແມ່
lip, *n.* sòp ສົບ; hĭim-sòp ຮິມສົບ
lipstick, *n.* lip-sa-dtĭk ລິບສະຕິກ
liqueur, *n.* lào ເຫລົ້າ
liquid, *n.* kɔ́ɔng-lɛ́ɛo ຂອງແຫລວ
liquor, *n.* lào ເຫລົ້າ; su-láa ສຸລາ
list, *n.* láai-gàan ລາຍການ
listen (to), *v.* fáng ຟັງ
listener, *n.* pùu-fáng ຜູ້ຟັງ
Lisu, *n.* pao-lĭi-súu ເຜົ່າລິຊູ (hill tribe)
liter, *n.* lit ລິດ
literacy, *n.* gàan-aan-ɔ̀ɔk-kĭan-dâi ການອ່ານອອກຂຽນໄດ້
literal, *adj.* dtàam-dtòo-ăk-sɔ̌ɔn ຕາມໂຕອັກສອນ; tɛ̀ɛ-jìng ແທ້ຈິງ
literally, *adv.* dtàam-dtòo-ăk-sɔ̌ɔn ຕາມໂຕອັກສອນ
literary, *adj.* hɛng-wán-na-ka-dìi ແຫງວັນນະຄະດີ
literate, *adj.* bpèn-pùu-míi-gàan-sŭk-sǎa ເປັນຜູ້ມີການສຶກສາ
literature, *n.* wán-na-ka-dìi ວັນນະຄະດີ; ăk-sɔ̌ɔn-sàat ອັກສອນສາດ
litigation, *n.* gàan-fɔ́ɔng-hɔ́ɔng ການຟ້ອງຮ້ອງ
litter, *n.* kìi-nyɯa ຂີ້ເຫຍື້ອ (trash)
little, *adj.* nɔ́ɔi ນ້ອຍ; nɔ́i-nɯng ໜ້ອຍໜຶ່ງ
live, *v.* yuu ຢູ່; àa-sǎi-yuu ອາໄສຢູ່
live, *adj.* míi-sĭi-wit-yuu ມີຊີວິດຢູ່; sŏt ສົດ
livelihood, *n.* gàan-dàm-lóng-sĭi-wit ການດຳລົງຊີວິດ
lively, *adj.* míi-sĭi-wit-sĭi-wáa ມີຊີວິດຊີວາ
liver, *n.* dtăp ຕັບ
living, *n.* gàan-dàm-lóng-sĭi-wit ການດຳລົງຊີວິດຢູ່
living room, *n.* hɔ̂ng-hap-kɛ̀ɛk ຫ້ອງຮັບແຂກ
lizard, *n.* ji-gǒ ຈີເກະ (wild); găp-gɛ̂ɛ ກັບແກ້ (home)
load, *v.* bàn-tuk ບັນທຸກ; dtaang-sai ຕ່າງໃສ່
load, *n.* kɯang-bàn-tuk ເຄື່ອງບັນທຸກ (something that is carried); bpa-li-máan ປະລິມານ (e.g., of work)
loaf, *n.* gɔ̂ɔn-kào-jìi ກ້ອນເຂົ້າຈີ່
loan, *v.* hài-gùu ໃຫ້ກູ້; hài-yùum ໃຫ້ຢືມ
loan, *n.* ngón-gùu ເງິນກູ້; gàan-hài-gùu ການໃຫ້ກູ້
loath, *adj.* bɔɔ-dtŏk-lóng-jài ບໍ່ຕົກລົງໃຈ
loathe, *v.* gìat-sáng ກຽດຊັງ; láng-gìat ລັງກຽດ
lobby, *n.* hɔ̂ng-nyai-táang-kào ຫ້ອງໃຫຍ່ທາງເຂົ້າ (foyer); gum-pùu-lón-na-lóng-sa-năp-sa-nŭn-ni-dtì-bàn-yat ກຸ່ມຜູ້ລົນນະລົງສະໜັບສະໜູນນິຕິບັນຍັດ (a group trying to influen-cepublic legislators)
lobbyist, *n.* pùu-tám-gàan-kóo-sa-náa ຜູ້ທຳການໂຄສະນາ
lobe, *n.* dtûm ຕຸ້ມ

lobster, *n.* gûng-nyai ກຸ້ງໃຫຍ່
local, *n.* kón-tôong-tin ຄົນທ້ອງຖິ່ນ; tôong-tin ທ້ອງຖິ່ນ
locate, *v.* hǎa-tii-dtâng ຫາທີ່ຕັ້ງ; dtâng-yuu ຕັ້ງຢູ່
location, *n.* tii-yuu ທີ່ຢູ່; tii-dtâng ທີ່ຕັ້ງ
lock, *v.* lɔk ລ໋ອກ; ǎt-ga-jèe ອັດກະແຈ (close)
lock, *n.* ga-jèe ກະແຈ (key); mûan-pǒn ມ້ວນຜົມ (curl of hair)
locker, *n.* dtûu ຕູ້ (small storage); lîn-sak ລິ້ນຊັກ (drawer)
locket, *n.* bpɔ̀ɔk-kɔ́ɔ ປອກຄໍ
locksmith, *n.* saang-ga-jèe ຊ່າງກະແຈ
locomotive, *n.* hǔa-lot-fái ຫົວລົດໄຟ
locust, *n.* mέεng-dtǎk-dtèεn ແມງຕັກແຕນ (grasshopper); dtôn-lóo-kat ຕົ້ນໂລຄັສ (locust tree)
lodge, *n.* húan-nɔ́ɔi-nɔ́ɔi ເຮືອນນ້ອຍໆ (small house); hóong-héem ໂຮງແຮມ (hotel)
lodging, *n.* gàan-pak-yuu ການພັກຢູ່ (staying temporarily); hɔ̂ng-sao ຫ້ອງເຊົ່າ (room for rent)
loft, *n.* hɔ̂ng-pée-dàan ຫ້ອງເພດານ
lofty, *adj.* sǔung-song ສູງສົ່ງ (of imposing height); ying ຫຍິ່ງ (haughty)
log, *n.* tɔn-mâi ທ່ອນໄມ້; súng ຊຸງ
logger, *n.* kón-dtǎt-mâi ຄົນຕັດໄມ້
logic, *n.* loo-sik ໂລຊິກ; lǎk-gàan-hǎa-hèet-pǒn ຫລັກການຫາເຫດຜົນ
logical, *adj.* míi-hèet-pǒn ມີເຫດຜົນ
logistics, *n.* gàm-láng-táang-ta-hǎan ກຳລັງທາງທະຫານ
loin, *n.* sîn-sǎn ຊີ້ນສັນ
loiter, *v.* yaang-lîn ຍ່າງຫລິ້ນ; dɔ̀ɔn-lîn ເດີນຫລິ້ນ
lollipop, *n.* ɔ̀m-nyǐm ອົມຍິ້ມ
lone, *adj.* diao ດ່ຽວ; bpiao ປຽວ
loneliness, *n.* kwáam-dòot-diao ຄວາມໂດດດ່ຽວ
lonely, lonesome, *adj.* bpao-bpiao ເປົ່າປຽວ; dòot-diao ໂດດດ່ຽວ; bpiao-pɔ́ɔi ປ່ຽວຜອຍ
long, *adj.* nyáao ຍາວ
long-distance, *adj.* táang-gai ທາງໄກ
longevity, *n.* àa-yu-nyúun ອາຍຸຍືນ
longing, *n.* kwáam-dtɔ̂ng-gàan ຄວາມຕ້ອງການ
longtitude, *n.* sèn-wéeng ເສັ້ນແວງ
long-term, *adj.* lai-nya-nyáao ໄລຍະຍາວ
look, *v.* bǝng ເບິ່ງ; mɔ́ɔng ມອງ; hěn ເຫັນ
loom, *n.* kuang-dtam-pàa ເຄື່ອງຕຳຜ້າ
loop, *n.* huang ຫ່ວງ; wóng-sûak ວົງເຊືອກ
loose, *adj.* lòm ຫລົມ
loosen, *v.* máai-ɔ̀ɔk ມາຍອອກ
loot, *v.* lak-ào ລັກເອົາ
lord, *n.* pa-nyáa ພະຍາ (duke or marqui); jâo-puu-míi-àm-nâat

ເຈົ້າຜູ້ມີອຳນາດ (high rank in a feudal society); pa-jâo ພະເຈົ້າ (god)

lose, v. sĭa ເສຍ (e.g. loved one); pêe ແພ້ (defeated); kàat-tén ຂາດຕົ້ນ (e.g. money)

loser, n. puu-sĭa-sái ຜູ້ເສຍໄຊ; puu-sĭa ຜູ້ເສຍ; puu-pêe ຜູ້ແພ້

loss, n. gàan-sĭa-hăai ການເສຍຫາຍ; kwáam-paai-pêe ຄວາມພ່າຍແພ້

lost, adj. sĭa ເສຍ (gone); pêe ແພ້ (defeated); lŏng-táang ຫຼົງທາງ (to get lost)

lot, n. bɔ̀ɔ-li-wéen ບໍລິເວນ

lotion, n. kĭim-bàm-lúng-pĭu ຄີມບຳລຸງຜິວ

lottery, n. hŭai ຫວຍ

loud, adj. dăng ດັງ

loudspeaker, n. hŭa-lám-póong ຫົວລຳໂພງ; tóo-la-koong ໂທລະໂຄ່ງ

lounge, n. hɔ̂ng-pak-pɔ̀n ຫ້ອງພັກຜ່ອນ

louse, n. hăo ເຫົາ

lousy, adj. nàa-láng-gìat ໜ້າລັງກຽດ; mĭi-hăo ມີເຫົາ (having lice)

love, v. hak ຮັກ

love, n. kwáam-hak ຄວາມຮັກ

lovely, adj. bpên-dtàa-hak ເປັນຕາຮັກ

lover, n. kuu-hak ຄູ່ຮັກ

low, adj. dtam ຕ່ຳ; dtîa ເຕ້ຍ

lower, v. lut-lóng ຫຼຸດລົງ

loyal, adj. jòng-hak-pak-dìi ຈົງຮັກພັກດີ; sŭu-sát ຊື່ສັດ

loyalty, n. kwáam-jòng-hak-pak-dìi ຄວາມຈົງຮັກພັກດີ

lubricant, n. nâam-mán-lɔɔ-lʉ̂ʉn ນ້ຳມັນລໍ່ລື່ນ

lubricate, v. lɔɔ-lʉ̂ʉn ລໍ່ລື່ນ

luck, n. sôok ໂຊກ

lucky, adj. sôok-dìi ໂຊກດີ

luggage, n. hìip-kuang-dəən-táang ຫີບເຄື່ອງເດີນທາງ

lukewarm, adj. un ອຸ່ນ

lull, v. gɔm ກ່ອມ

lullaby, n. péeng-gɔm ເພງກ່ອມ

lumber, n. mâi-bpɛ̀ɛ-hûup ໄມ້ແປຮູບ; bpên ເປັນ

luminious, adj. jɛ̂ɛng-sà-waang ແຈ້ງສະຫວ່າງ

lump, n. gɔ̂ɔn ກ້ອນ; gaai-gɔ̀ɔng ກາຍກ່ອງ

lunar, adj. giao-găp-pa-jàn ກ່ຽວກັບພະຈັນ

lunatic, n. pĭi-bâa ຜີບ້າ; wi-gòn-ja-lít ວິກົນຈະລິດ

lunch, n. àa-hăan-tiang ອາຫານທ່ຽງ

luncheon, n. àa-hăan-tiang ອາຫານທ່ຽງ

lung, n. bpɔ̀ɔt ປອດ

lunge, v. dtòon-sai ໂຕນໃສ່

lure, v. lɔ̂ɔ ລໍ້; lɔ̂ɔ-nyʉa ລໍ້ເຫຍື່ອ

lure, n. nyʉa-lɔ̂ɔ ເຫຍື່ອລໍ້; kuang-lɔ̂ɔ ເຄື່ອງລໍ້

lurk, v. lîi-sɔ̂n ລີ້ຊ້ອນ; dăk ດັກ

luscious, adj. sɛ̂ɛp-sɔ̂ɔi ແຊບຊ້ອຍ; mĭi-sà-nee ມີສະເໜ່

lust, n. dtàn-hăa ຕັນຫາ; láa-ka ລາຄະ

luster, n. puu-mĭi-dtàn-hăa ຜູ້ມີຕັນຫາ

lustful, *adj.* dìan-hǎa-lǎai ຕັນຫາຊາລາຍ

lusty, *adj.* kɛ̌ɛng-hɛ́eng ແຂງແຮງ

luxurious, *adj.* yaang-lǔu-lǎa ຢ່າງຫລູຫລາ

luxury, *n.* kwáam-fum-fṳai ຄວາມຟຸມເຟືອຍ; kwáam-lǔu-lǎa ຄວາມຫລູຫລາ

lyre, *n.* píin ພີນ

lyric, *n.* gàap-gòɔn ກາບກອນ (poem); nṳ̀a-péeng ເນື້ອເພງ (words of a song)

M

macaroni, *n.* sèn-kào-bpûn-hɛ̌ng ເສັ້ນເຂົ້າປຸ້ນແຫ້ງ

machine, *n.* kuang-jǎk ເຄື່ອງຈັກ; jǎk-gòn ຈັກກົນ

machine gun, *n.* bpṳ̌ṳn-gòn ປືນກົນ

machinery, *n.* gòn-gài ກົນໄກ; kuang-jǎk ເຄື່ອງຈັກ

mackerel, *n.* bpàa-mak-gɔ̀ɔ-lén ປາມັກກະເລນ

mad, *adj.* jài-hâai ໃຈຮ້າຍ (angry); bpèn-bâa ເປັນບ້າ (crazy)

madam, *n.* nyáa-mɛɛ ຍາແມ່

madness, *n.* kwáam-bâa ຄວາມບ້າ

magazine, *n.* wáa-la-sǎan ວາລະສານ

magic, *n.* món ມົນ; gòn ກົນ

magician, *n.* mɔ̌ɔ-món ໝໍມົນ

magistrate, *n.* puu-pi-pâak-sǎa ຜູ້ພິພາກສາ (judge); pa-nak-ngáan-bpɔ̌k-kɔ́ɔng ພະນັກງານປົກຄອງ (administer and enforce law)

magnesium, *n.* tâat-máa-yée-siam ທາດມາເຍຊຽມ

magnet, *n.* mɛɛ-lěk ແມ່ເຫລັກ

magnetic, *adj.* giao-gǎp-mɛɛ-lěk ກ່ຽວກັບແມ່ເຫລັກ

magnify, *v.* het-hài-nyai ເຮັດໃຫ້ໃຫຍ່; ka-nyǎai ຂະຫຍາຍ

magnifying glass, *n.* wɛn-ka-nyǎai ແວ່ນຂະຫຍາຍ

mahogany, *n.* dtôn-ma-hok-gàa-níi ຕົ້ນມະຫົກການີ

maid, *n.* kón-sài ຄົນໃຊ້ (female servant); mɛɛ-hṳ́an ແມ່ເຮືອນ (housekeeper)

maiden, *n.* puu-sǎao ຜູ້ສາວ

mail, *n.* jǒt-mǎai ຈົດໝາຍ; bpài-sa-níi ໄປສະນີ

mailbox, *n.* dtûu-bpài-sa-níi ຕູ້ໄປສະນີ

mailman, *n.* kón-song-jǒt-mǎai ຄົນສົ່ງຈົດໝາຍ

mail order, *n.* gàan-sang-sṳ̀ṳ-tàang-bpài-sa-níi ການສັ່ງຊື້ທາງໄປສະນີ

main, *adj.* suan-nyai ສ່ວນໃຫຍ່ (majority); sǎm-kán ສຳຄັນ (important)

mainland, *n.* pɛn-dìn-nyai ແຜນດິນໃຫຍ່

mainstream, *n.* kwáam-kit-dtôn-dtɔ̀ɔ ຄວາມຄິດຕົ້ນຕໍ (prevailing current of thought)

mainstreet, *n.* ta-nǒn-sǎai-sǎm-kán ຖະໜົນສາຍສຳຄັນ; ta-nǒn-lǎk

ກະຍືນຫຼັກ

maintain, v. hak-sǎa ຮັກສາ (preserve); hài-mǐi-kúu-gao ໃຫ້ມີຕໍ່ເກົ່າ (carry on, continue); bǎm-lúng-hak-sǎa ບໍາລຸງຮັກສາ (e.g. machine or vehicle)

maintenance, n. gàan-hak-sǎa-wái ການຮັກສາໄວ້; gàan-bǎm-lúng-hak-sǎa ການບໍາລຸງຮັກສາ

majestic, adj. sǔung-song ສູງສົ່ງ; sa-ngaa ສະຫງ່າ

majesty, n. kwáam-sǔung-song ຄວາມສູງສົ່ງ

major, n. pán-dtìi ພັນຕີ (rank); wi-sǎa-èek ວິຊາເອກ (subject)

majority, n. kón-suan-lǎai ຄົນສ່ວນຫຼາຍ; sìang-suan-lǎai ສຽງສ່ວນຫຼາຍ

make, v. het ເຮັດ; sàang ສ້າງ

maker, n. puu-het ຜູ້ເຮັດ (one that makes); puu-sàang ຜູ້ສ້າງ (builder); kuang-jàk ເຄື່ອງຈັກ (machine)

make-up, n. gàan-dteng-nàa ການແຕ່ງໜ້າ (the act of wearing make-up); kuang-sǎm-àang ເຄື່ອງສໍາອາງ (cosmetics)

malaria, n. kài-nyúung ໄຂ້ຍຸງ; kài-máa-láa-lía ໄຂ້ມາລາເລຍ

male, n. puu-sáai ຜູ້ຊາຍ (for men); pùu ຜູ້ (for animals); pêet-sáai ເພດຊາຍ (male gender)

mall, n. dta-làat ຕະຫຼາດ; sǔung-gàan-káa ສູນການຄ້າ

malnutrition, n. páa-wa-kàat-àa-hǎan ພາວະຂາດອາຫານ

malt, n. kào-máan ເຂົ້າມານ

mammal, n. sǎt-líang-lûuk-dûai-náam-nóm ສັດລ້ຽງລູກດ້ວຍນໍ້ານົມ

mammoth, n. sǎang-mém-mot ຊ້າງເມັມມອດ

man, n. puu-sáai ຜູ້ຊາຍ; kón lùn ຄົນ ລຶນ

manage, v. jàt-gàan ຈັດການ; kûm-kɔ́ɔng ຄຸ້ມຄອງ

management, n. gàan-jàt-gàan ການຈັດການ; gàan-kûm-kɔ́ɔng ການຄຸ້ມຄອງ

manager, n. puu-jàt-gàan ຜູ້ຈັດການ

mandarin, n. màak-gìang-nɔ̀ɔi ໝາກກ້ຽງນ້ອຍ (orange)

Mandarin, n. páa-sǎa-jìin-gàang ພາສາຈີນກາງ (language)

mane, n. fɛ́ɛng-kɔ̌ɔ-sǎt ແຜງຄໍສັດ

maneuver, n. nyut-ta-sàat-táang-ta-hǎan ຍຸດທະສາດທາງທະຫານ (strategic military); kàn-dtɔ̀ɔn ຂັ້ນຕອນ (procedure)

manganese, n. tâat-máng-gàa-nit ທາດມັງການິດ

mango, n. màak-muang ໝາກມ່ວງ

manicure, n. gàan-dtɔ̀p-dteng-múu-lɛ-lep ການຕົບແຕ່ງມືແລະເລັບ

manifesto, n. gàan-ta-lɛ̌ɛng-gàan ການຖະແຫຼງການ (public declaration); na-nyóo-bàai ນະໂຍບາຍ (policy)

manipulate, v. jàt-gàan ຈັດການ (arrange); het ເຮັດ (operate)

mankind, n. ma-nut-sâat ມະນຸດຊາດ

manly — married

manly, *adj.* yaang-lûuk-puu-sáai ຢ່າງລູກຜູ້ຊາຍ

manequin, *n.* hun-sa-dèeng-bèep ຫຸ່ນສະແດງແບບ

manner, *n.* gi-li-nyáa ກິລິຍາ (way of acting); taa-táang ທ່າທາງ (behavior); máa-la-nyâat ມາລະຍາດ (etiquette)

mannerism, *n.* tám-niam ທຳນຽມ; gàan-tɯɯ-dtàam-tám-niam ການຖືຕາມທຳນຽມ

manor, *n.* ka-lúu-hàat ຄະລືຫາດ

manpower, *n.* hέεng-ngáan ແຮງງານ

mansion, *n.* húan-nyai ເຮືອນໃຫຍ່

mantel, *n.* ngɔ̀ɔp-dtào-fíing ງ່ອບເຕົາຟີງ

manual, *n.* bpɯ̂m-kuu-mɯ́ɯ ປື້ມຄູ່ມື

manufacture, *v.* pa-lît ຜະລິດ

manufacture, *n.* gàan-pa-lît ການຜະລິດ

manufacturer, *n.* puu-pa-lît ຜູ້ຜະລິດ

manuscript, *n.* dtôn-sa-bǎp ຕົ້ນສະບັບ

many, *adj.* lǎai ຫຼາຍ

map, *v.* het-pěen-tii ເຮັດແຜນທີ່ (make a map of); sǎm-lùat ສຳຫຼວດ (survey)

map, *n.* pěen-tii ແຜນທີ່

maple, *n.* dtôn-mée-bpɔn ຕົ້ນເມເປິລ

marathon, *n.* gàan-lεn-la-nya-gài ການແລ່ນລະຍະໄກ

marble, *n.* hǐin-ɔɔn ຫີນອ່ອນ

march, *v.* dɔ̀ən-ka-bùan ເດີນຂະບວນ

march, *n.* gàan-dɔ̀ən-ka-bùan ການເດີນຂະບວນ

March, *n.* dɯan-míi-náa ເດືອນມີນາ (month)

mare, *n.* mâa-mεε ມ້າແມ່

margarine, *n.* nâam-mán-bɔ̀ɔ ນ້ຳມັນບໍ

margin, *n.* kɔ̀ɔp-nàa-jìia ຂອບໜ້າເຈັ້ຍ; hǐim ຮີມ

marijuana, *n.* sáa ຊາ; gàn-sáa ກັນຊາ

marina, *n.* taa-jɔ̀ɔt-húa-nɔ́ɔi ທ່າຈອດເຮືອນ້ອຍ

marine, *adj.* giao-gǎp-ta-lée ກ່ຽວກັບທະເລ

mariner, *n.* ta-hǎan-húa ທະຫານເຮືອ

marital, *adj.* giao-gǎp-gàan-dtεng-dɔ̀ɔng ກ່ຽວກັບການແຕ່ງດອງ

maritime, *adj.* giao-gǎp-ta-lée ກ່ຽວກັບທະເລ

mark, *v.* hài-ka-néen ໃຫ້ຄະແນນ (score); mǎai-bɔ̀ɔk ໝາຍບອກ (make a mark)

mark, *n.* ka-néen ຄະແນນ (score); kɯang-mǎai ເຄື່ອງໝາຍ (written symbol)

marketing, *n.* gàan-dta-làat ການຕະຫຼາດ

marmalade, *n.* màak-gìang-gùan ໝາກກ້ຽງກວນ

marriage, *n.* gàan-dtεng-dɔ̀ɔng ການແຕ່ງດອງ

married, *adj.* dtεng-ngáan-lέεo ແຕ່ງງານແລ້ວ

marrow — matchmaker

marrow, *n.* kǎi-ga-dùuk ໄຂກະດູກ
marry, *v.* dteng-dɔ̀ɔng ແຕ່ງດອງ
Mars, *n.* dàao-ǎng-káan ດາວອັງຄານ
marsh, *n.* tii-lum ທີ່ລຸ່ມ; nɔ́ɔng ໜອງ
marshal, *n.* jɔ̀ɔm-pón ຈອມພົນ; jâo-múang ເຈົ້າເມືອງ
martial, *adj.* giao-gǎp-gàan-hop ກ່ຽວກັບການຮົບ; gàa-hǎan ກ້າຫານ
martyr, *n.* puu-sǐa-sa-lǎ-sìi-wit-puasàat-sa-nǎa ຜູ້ເສຍສະຫຼະຊີວິດເພື່ອສາສະໜາ
marvelous, *adj.* ǎt-sa-jǎn-jài ອັດສະຈັນໃຈ; nguɛ-ngɔ̀ɔ ງຶດງໍ້
Marxism, *n.* lat-ti-maak-siit ລັດທິມາກຊິດ
mascara, *n.* sǐi-dtɛ̂ɛm-kǒn-dtàa ສີຕື່ມຂົນຕາ
mascot, *n.* sǎt-kâm-kúun ສັດຄ້ຳຄູນ
masculine, *adj.* kɛ̌ɛng-hɛ́ɛng-bɛ̀ɛp-lûuk-puu-sáai ແຂງແຮງແບບລູກຜູ້ຊາຍ
mash, *v.* bpon-bpîi-hài-mun ປົ່ນປີ້ໃຫ້ມຸ່ນ; bpòn-gàn-jòn-mun ປົ່ນກັນຈົນມຸ່ນ
mask, *n.* nàa-gàak ໜ້າກາກ
masochism, *n.* gàam-wit-dta-tǎan-tii-mak-hài-dtòn-èeng-tùuk-tám-hâai ການວິຕະຖານທີ່ມັກໃຫ້ຕົນເອງຖືກທຳຮ້າຍ
masochist, *n.* máa-sóo-kit ມາໂຊຄິສ
mason, *n.* saang-gɔ̀ɔ-húan ຊ່າງກໍ່ເຮືອນ
masquerade, *n.* gàan-dtɛ̀n-lám-sai-nàa-gàak ການເຕັ້ນລຳໃສ່ໜ້າກາກ
mass, *n.* múan ມວນ; ka-nàat ຂະໜາດ (size); jàm-núan-lǔang-lǎai ຈຳນວນຫຼວງຫຼາຍ (large number)
massacre, *n.* gàan-sǎng-hǎan-muu ການສັງຫານໝູ່
massage, *v.* nûat ນວດ
massage, *n.* gàan-nûat ການນວດ
massive, *adj.* jàm-núan-lǔang-lǎai ຈຳນວນຫຼວງຫຼາຍ; bpɛ̀n-gɔ̂ɔn-nyai ເປັນກ້ອນໃຫຍ່
mast, *n.* sǎo ເສົາ
master, *v.* het-dâi-dìi ເຮັດໄດ້ດີ
master, *n.* náai ນາຍ (owner, boss, employer); puu-siao-sáan ຜູ້ຊ່ຽວຊານ (expert); náai-kúu ນາຍຄູ (teacher, schoolmaster)
master of ceremony, *n.* pi-tǐi-gɔ̌ɔn ພິທີກອນ; kóo-sǒk ໂຄສົກ
masterpiece, *n.* pǒn-ngáan-sín-èek ຜົນງານຊັ້ນເອກ
master's degree, *n.* bpa-lín-nyáa-tóo ປະລິນຍາໂທ
mat, *n.* pôm-set-dtìin ຜົມເຊັດຕີນ (for wiping one's shoes or feet); sàat ສາດ (to sit on)
match, *v.* dtɔɔ-sùu ຕໍ່ສູ້ (place in competition); keng-kǎn ແຂ່ງຂັນ (fight, compete); kúu-gàn ຄູ່ກັນ (resemble); gòng-gàn ກົງກັນ (correspond exactly)
match, *n.* gàan-keng-kǎn ການແຂ່ງຂັນ (tournament); gǎp-fái ກັບໄຟ (for lighting fire)
matchmaker, *n.* mɛɛ-sɯɯ ແມ່ສື່

mate, *n.* pʉan ເພື່ອນ (friend); kuu ຄູ່ (pair of animals or human beings); pŭa-lǔu-mía ຜົວຫລືເມຍ (husband or wife)

material, *n.* wat-tǔ ວັດຖຸ (substance); ǔ-bpa-gɔ̀ɔn ອຸປະກອນ (tools or apparatus)

materialism, *n.* wat-tǔ-ni-nyóm ວັດຖຸນິຍົມ

maternity, *n.* suang-tʉ̌ʉ-páa ຊ່ວງຖືພາ (period of pregnancy); kwáam-bpèn-mɛɛ ຄວາມເປັນແມ່ (motherhood)

mathematical, *adj.* giao-găp-wi-sǎa-lêek ກ່ຽວກັບວິຊາເລກ; giao-găp-ka-nit-sàat ກ່ຽວກັບຄະນິດສາດ

mathematics, *n.* wi-sǎa-lêek ວິຊາເລກ; ka-nit-sàat ຄະນິດສາດ

matinee, *n.* gàan-sa-dɛɛng-gàang-wén ການສະແດງກາງວັນ

matrimony, *n.* gàan-sǒm-lot ການສົມລົດ; gàan-sâang-kɔ̂ɔp-kúa ການສ້າງຄອບຄົວ

matter, *n.* wat-tǔ ວັດຖຸ (substance); sa-sǎan ສະສານ (something that occupies space); lʉang ເລື່ອງ (subject of concern, feeling, or action)

mattress, *n.* sʉa-nɔ́ɔn ເສື້ອນອນ; bɔn-nɔ́ɔn ບ່ອນນອນ

mature, *adj.* kop-àa-nyu-kwáam-bpèn-puu-nyai ຄົບອາຍຸຄວາມເປັນຜູ້ໃຫຍ່ (having reached full natural growth); bpèn-puu-nyai ເປັນຜູ້ໃຫຍ່ (as an adult); sǔk-ngɔ́ɔm ສຸກງອມ (ripe)

maturity, *n.* kwáam-dtɔ̀ɔp-nyai-dtèm-tii ຄວາມເຕີບໃຫຍ່ເຕັມທີ່; kwáam-bpèn-puu-nyai ຄວາມເປັນຜູ້ໃຫຍ່

maximize, *v.* ka-nyǎai ຂະຫຍາຍ (expand, increase); pɔ̀ɔm-hài-lǎai-tii-sut ເພີ່ມໃຫ້ຫລາຍທີ່ສຸດ (increase or make as great as possible)

maximum, *n.* jàm-núan-sǔung-sut ຈຳນວນສູງສຸດ (greatest possible quantity); kaa-sǔung-sut ຄ່າສູງສຸດ (highest degree)

may, *aux. v.* àat-jă ອາດຈະ

May, *n.* dʉan-pʉt-sa-páa ເດືອນພຶດສະພາ

maybe, *adv.* bàang-tii ບາງທີ; àat-jă ອາດຈະ

mayonnaise, *n.* nâam-sa-lát-kùn ນ້ຳສະຫລັດຂຸ້ນ

mayor, *n.* jâo-kɔ́ɔng-na-kɔ́ɔn ເຈົ້າຄອງນະຄອນ

maze, *n.* táang-wok-wían ທາງວົກວຽນ (labyrinth); kwáam-nyǔng-nyɔ̌ɔng ຄວາມຫຍຸ້ງເຫຍີງ (confusion)

me, *pron.* kòi ຂ້ອຍ (female speaker); háo ເຮົາ (male speaker)

meadow, *n.* tong-nyàa ທົ່ງຫຍ້າ

meal, *n.* káap-kào ຄາບເຂົ້າ

mean, *v.* mǎai-kwáam-waa ໝາຍຄວາມວ່າ

mean, *n.* kaa-sa-lìa ຄ່າສະເລ່ຍ

meaning, *n.* kwáam-mǎai ຄວາມໝາຍ

meaningful, *adj.* míi-kwáam-mǎai

ມີຄວາມໝາຍ (having meaning); sǎm-kán ສຳຄັນ (significant)

means, *n.* wi-tii-gáan ວິທີທາງ (way of doing); kuang-mǔu ເຄື່ອງມື (device)

meantime, *adv.* nái-la-waang ໃນລະຫວ່າງ

meanwhile, *adv.* nái-wée-láa-dìao-gán-nan ໃນເວລາດຽວກັນນັ້ນ

measles, *n.* kài-hǎt ໄຂ້ຫັດ

measure, *v.* têek ແຕກ; pɔ̀ɔng ພອງ

measure, *n.* gàan-wat-têek ການວັດແຕກ (the act of measuring); kuang-têek ເຄື່ອງແຕກ (device)

measurement, *n.* gàan-wat-têek ການວັດແຕກ

meat, *n.* sîin ຊີ້ນ

meatball, *n.* lûuk-sîin ລູກຊີ້ນ

mechanic, *n.* saang ຊ່າງ

mechanical, *adj.* giao-gǎp-kuang-jǎk ກ່ຽວກັບເຄື່ອງຈັກ

mechanics, *n.* wi-sáa-gòn-jǎk ວິຊາກົນຈັກ; la-bop-gòn-jǎk ລະບົບກົນຈັກ

mechanisim, *n.* la-bop-gòn-jǎk ລະບົບກົນຈັກ

medal, *n.* gàa-kám-sɔ́ɔp ກາຄຳຊອບ; lǐan-sái ຫລຽນໄຊ

media, *n.* sʉʉ ສື່

mediate, *v.* gai-gia ໄກ່ເກ່ຍ; bpɔ̀ɔng-dɔ́ɔng ປອງດອງ

mediation, *v.* gàan-gai-gia ການໄກ່ເກ່ຍ

mediator, *n.* puu-gai-gia ຜູ້ໄກ່ເກ່ຍ

medical, *adj.* táang-gàan-pêet ທາງການແພດ

medication, *n.* gàan-sái-yàa ການໃຊ້ຢາ

medicine, *n.* gàan-pêet ການແພດ (the science of); yàa ຢາ (drug)

medieval, *adj.* giao-gǎp-nyuk-gàang ກ່ຽວກັບຍຸກກາງ

meditate, *v.* nang-sa-máa-ti ນັ່ງສະມາທິ; kào-sǎan ເຂົ້າຫານ

meditation, *n.* gàan-nang-sa-máa-ti ການນັ່ງສະມາທິ

Mediteranean, *n.* ta-lée-mée-dìi-dtəə-lée-nían ທະເລເມດີເຕີເຣນຽນ

medium, *adj.* sǎai-gàang ສາຍກາງ; bpàan-gàang ປານກາງ

medium, *n.* wi-tii-gàan ວິທີການ (means); kuang-mǔu ເຄື່ອງມື (device)

meek, *adj.* sɔ̀ɔn-ngaai ສອນງ່າຍ; míi-jǐt-jài-wǎi-dtàam ມີຈິດໃຈໄຫວຕາມ

meet, *v.* pop-pɔ́ɔ ພົບພໍ້; pɔ́ɔ ພໍ້; bpa-súm ປະຊຸມ

meeting, *n.* gàan-pop-pɔ́ɔ-gàn ການພົບພໍ້ກັນ; gàan-bpa-súm-gàn ການປະຊຸມກັນ; gàan-súm-núm-gàn ການຊຸມນຸມກັນ

megahertz, *n.* mee-ga-həət ເມກະເຮີຣ

megaphone, *n.* kuang-ka-nyǎai-sǐang ເຄື່ອງຂະຫຍາຍສຽງ

mellow, *adj.* gòm-gɔ̀ɔn-dìi ກົມກ້ອນດີ (as of wine); laa-lóong ລ່າເລິ້ງ (easygoing); ɔɔn-dìi ອ່ອນດີ (mild)

melody, *n.* tám-nɔ́ɔng-péeng

melon — messanger

ทำมอาเผย

melon, n. màak-dtɛɛng ຫມາກແຕງ; màak-móo ຫມາກໂມ

melt, v. la-láai ລະລາຍ

member, n. sa-máa-sik ສະມາຊິກ

membership, n. gàan-bpèn-sa-máa-sik ການເປັນສະມາຊິກ

memorable, adj. kúan-juu-jàm ຄວນຈົດຈຳ; nàa-juu-jàm ໜ້າຈົດຈຳ

memorandum, n. bàn-tuk ບັນທຶກ

memorial, n. a-nu-sɔ̌ɔn ອະນຸສອນ

memorize, v. juu ຈື່; jàm ຈຳ

memory, n. kwáam-jàm ຄວາມຈຳ; kwáam-sóng-jàm ຄວາມຊົງຈຳ

menace, n. àn-dta-láai ອັນຕະລາຍ; gàan-kom-kuu ການຂົ່ມຂູ່

mend, v. dtàap ຕາບ; dtàap-jùun ຕາບຈຸນ; gɛ̀ɛ-kǎi ແກ້ໄຂ

menial, adj. dtam-dtɔ̂i ຕຳ່ຕ້ອຍ

menopause, n. suang-bpa-jàm-dùan-mot ຊ່ວງປະຈຳເດືອນໝົດ

menstruation, n. hɔ̂ɔp-dùan ຮອບເດືອນ; bpa-jàm-dùan ປະຈຳເດືອນ

mental, adj. giao-gáp-jit-jài ກ່ຽວກັບຈິດໃຈ

mention, v. wâo-tɛ̌ng ເວົ້າເຖິງ; âang-tɛ̌ng ອ້າງເຖິງ

mentor, n. tii-bpuk-sǎa ທີ່ປຶກສາ; kúu-sɔ̌ɔn ຄູສອນ

menu, n. láai-gàan-àa-hǎan ລາຍການອາຫານ; mée-núu ເມນູ

meow, n. sǐang-mɛɛo-hɔ̂ɔng ສຽງແມວຮ້ອງ

merchandise, n. sǐn-kâa ສິນຄ້າ

merchant, n. pɔ̂ɔ-kâa ພໍ່ຄ້າ (male); mɛ̂ɛ-kâa ແມ່ຄ້າ (female); kón-kǎai-kuang ຄົນຂາຍເຄື່ອງ (vendor)

merciful, adj. bpàa-nii ປານີ; míi-mêet-dtàa ມີເມດຕາ

merciless, adj. bɔɔ-míi-kwáam-mêet-dtàa ບໍ່ມີຄວາມເມດຕາ; bɔɔ-míi-kwáam-hěn-jài ບໍ່ມີຄວາມເຫັນໃຈ

mercury, n. bàa-lɔ̀ɔt ບາຫຼອດ

mercy, n. kwáam-mêet-dtàa-ga-lu-náa ຄວາມເມດຕາກະລຸນາ

merge, v. huam-gàn ຮ່ວມກັນ

merger, n. gàan-kâo-huam-gàn ການເຂົ້າຮ່ວມກັນ (e.g. of companies)

meridian, n. sên-wóng-gòm-sǒm-mut ເສັ້ນວົງກົມສົມມຸດ; sên-mée-li-dian ເສັ້ນເມລິດຽນ

meringue, n. kâo-nǒm-mée-líng ເຂົ້າໜົມເມລິງ (dessert, pastry)

merit, n. kwáam-dii-lə̂ət ຄວາມດີເລີດ; kɔ̌ɔ-dìi ຂໍ້ດີ

mermaid, n. náang-mat-sǎa ນາງມັດສາ

merry, adj. muan-suun ມ່ວນຊື່ນ; luun-láang ລື່ນເລີງ

merry-go-round, n. mâa-mâi-mǔn ມ້າໄມ້ໝຸນ

mess, n. kwáam-nyùng-nyɔ̌ɔng ຄວາມຫຍຸ້ງເຫຍີງ

message, n. kɔ̂ɔ-kwáam ຂໍ້ຄວາມ; kaao-sǎan ຂ່າວສານ

messanger, n. puu-song-kaao ຜູ້ສົ່ງຂ່າວ

A B C D E F G H I J K L **M** N O P Q R S T U V W X Y Z

messy — migration

messy, *adj.* hok-hŭa ຮົກເຮື້ອ (not neat); nyûng-nyôong ຫຍຸ້ງເຫຍີງ (disorderly; difficult to settle)

metabolism, *n.* gàan-pao-pǎan-(hài-gòet-pa-láng-ngáan) ການເຜົາຜານ (ໃຫ້ເກີດພະລັງງານ)

metal, *n.* lóo-hǎ ໂລຫະ

metaphor, *n.* kám-u-bpa-máa ຄຳອຸປະມາ; kám-bpìap-tìap ຄຳປຽບທຽບ

metaphysics, *n.* bpàt-sa-nyáa-sǎn-sǔung ປັດຊະຍາຊັ້ນສູງ

meteor, meteorite, *n.* dàao-sa-dèt ດາວສະເດັດ

meter, *n.* mɛt ແມັດ

method, *n.* wi-tíi-gàan ວິທີການ

metric, *adj.* hɛng-mɛt ແຮງແມັດ

metropolitan, *adj.* múang-yai ເມືອງໃຫຍ່

Mexico, *n.* bpa-têet-mɛk-si-gòo ປະເທດເມັກຊີໂກ

mezzanine, *n.* sán-lɔ̀ɔi ຊັ້ນລອຍ (a partial story between two main stories); bɔn-nang-dtam-sùt ບ່ອນນັ່ງຕ່ຳສຸດ (the lowest balcony in a theater)

microbe, *n.* mɛɛ-pa-nyâat ແມ່ພະຍາດ; ju-la-síip ຈຸລະຊີບ

microcosm, *n.* ju-la-pâak ຈຸລະພາກ

microfilm, *n.* mái-kóo-fíim ໄມໂຄຟີມ

microphone, *n.* mii-góo-fóon ມີໂຄໂຟນ

microscope, *n.* gɔ̂ng-ju-la-tat ກ້ອງຈຸລະທັດ

microscopic, *adj.* giao-gǎp-gɔ̂ng-ju-la-tat ກ່ຽວກັບກ້ອງຈຸລະທັດ; kà-nàat-nɔ̀ɔi-lǎai ຂະໜາດນ້ອຍຫຼາຍ

microwave, *n.* mái-góo-weep ໄມໂຄເວບ

middle, *adj.* gòng-gàang ກົງກາງ; bpàan-gàang ປານກາງ

middle-aged, *adj.* wái-gàang-kón ໄວກາງຄົນ

Middle Ages, *n.* nyuk-gàang ຍຸກກາງ

middle-class, *n.* són-sân-gàang ຊົນຊັ້ນກາງ

Middle East, *n.* dtàa-wén-ɔ̀ɔk-gàang ຕາເວັນອອກກາງ

middleman, *n.* pɔɔ-kâa-múu-gàang ພໍ່ຄ້າມືກາງ

middle school, *n.* hóong-hían-mat-ta-nyóm ໂຮງຮຽນມັດທະຍົມ

midnight, *n.* tiang-kúun ທ່ຽງຄືນ

midwife, *n.* mɔ̌ɔ-dtàm-nyéɛ ໝໍຕຳແຍ; náang-pa-dùng-kán ນາງພະດຸງຄັນ

Mien, *n.* pao-mian ເຜົ່າມຽນ

might, *n.* àm-nâat ອຳນາດ; kwáam-sǎa-mâat ຄວາມສາມາດ

mighty, *adj.* míi-àm-nâat ມີອຳນາດ (having power); míi-kwáam-sǎa-mâat ມີຄວາມສາມາດ (having ability)

migraine, *n.* lôok-jèp-hǔa-kàang-dìao ໂລກເຈັບຫົວຂ້າງດຽວ; lôok-mái-gèen ໂລກໄມເກຣນ

migration, *n.* gàan-òp-pa-nyop ການອົບພະຍົບ; kuan-nyáai-bpài-yuu-bɔn-ʉʉn ເຄື່ອນຍ້າຍໄປຢູ່ບ່ອນອື່ນ

mild — minus

mild, *adj.* ɔɔn-nyóon ອ່ອນໂຍນ (gentle); bào ເບົາ (soft); bɔɔ-mìi-lot-jàk ບໍ່ມີລົດຈັດ (not spicy)

mildew, *n.* sɯ̂a-hét ເຊື້ອເຫັດ

mile, *n.* mái ໄມ

milestone, *n.* sǎo-mǎai-la-nya-táang ເສົາໝາຍລະຍະທາງ (stone marker); hèet-gàan-sǎm-kán ເຫດການສຳຄັນ (important event)

military, *n.* gàm-láng-ta-hǎan ກຳລັງທະຫານ

milk, *n.* nâam-nóm ນ້ຳນົມ

milkshake, *n.* ga-lɛm-nóm-sòt ກະແລມນົມສົດ

milky, *adj.* kɯ́ɯ-nâam-nóm ຄື້ນ້ຳນົມ (like milk); mìi-sǐi-kǎao ມີສີຂາວ (having white color)

Milky Way, *n.* táang-sâang-pɯ̀ak ທາງຊ້າງເຜືອກ

mill, *n.* hóong-sǐi-kào ໂຮງສີເຂົ້າ (building); kɯang-sǐi-kào ເຄື່ອງສີເຂົ້າ (machine)

miller, *n.* jào-kɔ̌ɔng-hóong-sǐi ເຈົ້າຂອງໂຮງສີ

milligram, *n.* mín-líi-gàm ມິນລິກຳ

millimeter, *n.* mín-líi-mét ມິນລິເມດ

million, *n.* nɯng-lâan ໜຶ່ງລ້ານ

millionaire, *n.* sèet-tǐi ເສດຖີ; kón-hang-mìi ຄົນຣັ່ງມີ

mime, *n.* gàan-sa-dɛ̀ɛng-la-kɔ́ɔn-gɯ̂ak ການສະແດງລະຄອນຫຼິກ

mimic, *v.* lɔ̌ɔ-lían ລໍ້ລຽນ (mock, imitate); lɔ̂ɔk-bɛ̀ɛp ລອກແບບ (copy)

mind, *n.* jìt-jài ຈິດໃຈ; kwáam-kit ຄວາມຄິດ; jài ໃຈ

mine, *pron.* kɔ̌ɔng-kɔ̀i ຂອງຂ້ອຍ

mine, *n.* bɔ̀ɔ-hɛ́ɛ ບໍ່ແຮ່

miner, *n.* kón-ngáan-het-wîak-nái-bɔ̀ɔ-hɛ́ɛ ຄົນງານເຮັດວຽກໃນບໍ່ແຮ່

mineral, *n.* hɛ́ɛ-tâat ແຮ່ທາດ

mingle, *v.* bpa-sǒm ປະສົມ; huam-gàn ຮ່ວມກັນ

miniature, *n.* hun ຫຸ່ນ; kà-nàat-tíi-nyɔ̌ɔ-hâi-nɔ́ɔi-lóng ຂະໜາດທີ່ຍໍ່ໃຫ້ນ້ອຍລົງ

minimal, *adj.* nɔ́ɔi-tìi-sut ນ້ອຍທີ່ສຸດ

minimum, *n.* jàm-núan-nɔ́ɔi-tìi-sut ຈຳນວນນ້ອຍທີ່ສຸດ

mining, *n.* gàan-kut-kón-hɛ́ɛ ການຂຸດຄົ້ນແຮ່

minister, *n.* pa ພະ; lat-ta-món-dtìi ລັດຖະມົນຕີ

ministry, *n.* ga-súang ກະຊວງ; ka-na-lat-ta-món-dtìi ຄະນະລັດຖະມົນຕີ

mink, *n.* sát-jàm-pûak-mǐi-kón ສັດຈຳພວກມີຂົນ

minor, *n.* dèk-wái-lûn-àa-nyu-dtam-gwaa-gèen ເດັກໄວລຸ້ນອາຍຸຕ່ຳກວ່າເກນ (juvenile); wi-sǎa-hɔ́ɔng ວິຊາຮອງ (subject)

minority, *n.* són-gum-nɔ́ɔi ຊົນກຸ່ມນ້ອຍ

mint, *n.* sǎa-la-nɛɛ ສາລະແໜ່ (plant); gìn-sǎa-la-nɛɛ ກິ່ນສາລະແໜ່ (smell)

minus, *prep.* lop-ɔ̀ɔk ລົບອອກ; bpàat-sa-jàak ປາສະຈາກ

minute, *n.* náa-tii ນາທີ

minute, *adj.* nɔ́ɔi-tii-sut ນ້ອຍທີ່ສຸດ

miracle, *n.* a-pi-ni-hǎan ອະນິຮານ; luang-ăt-sa-jăn ເລື່ອງອັດສະຈັນ

mirage, *n.* sing-lúang-dtàa ສິ່ງລວງຕາ

mirror, *n.* wɛn ແວ່ນ

misbehave, *v.* bpa-pɯt-nái-táang-bɔɔ-tùuk-dtɔ̂ng ປະພຶດໃນທາງບໍ່ຖືກຕ້ອງ

miscarriage, *n.* gàan-tɛ́ng-lùuk ການແທ້ງລູກ

miscellaneous, *adj.* dtaang-dtaang-náa-náa ຕ່າງໆນາໆ; láai-yaang ຫຼາຍຢ່າງ

mischief, *n.* kìi-dɯ̂ɯ ຂີ້ດື້ (behavior); kwáam-sǐa-hǎai ຄວາມເສຍຫາຍ (damage)

mischievous, *adj.* bpèn-àn-dta-láai ເປັນອັນຕະລາຍ (causing harm or damage); kìi-dɯ̂ɯ ຂີ້ດື້ (naughty)

misconduct, *n.* gàan-bpa-pɯt-bɔɔ-dii ການປະພຶດບໍ່ດີ

misdemeanor, *n.* kwáam-pìt-bpa-pêet-bào ຄວາມຜິດປະເພດເບົາ (offense less serious than a felony); tôot-bpa-pêet-bào ໂທດປະເພດເບົາ

miser, *n.* kón-kìi-tii ຄົນຂີ້ຖີ່

miserable, *adj.* tuk-nyâak ທຸກຍາກ; nàa-sǎng-wêet ໜ້າສັງເວດ

misery, *n.* kwáam-tuk-nyâak ຄວາມທຸກຍາກ

misfortune, *n.* sôok-bɔɔ-dii ໂຊກບໍ່ດີ

mishap, *n.* u-bàt-hèet ອຸບັດເຫດ; kwáam-sôok-hâai ຄວາມໂຊກຮ້າຍ

mislead, *v.* páa-pìt ພາຜິດ (lead in the wrong direction); het-hài-kào-jài-pìt ເຮັດໃຫ້ເຂົ້າໃຈຜິດ (cause misunderstanding)

miss, *v.* pàat ພາດ; kɯt-hɔ̂ɔt ຄິດຮອດ (think of)

miss, *n.* gàan-bpàat ການພາດ (failure); náang-sǎao ນາງສາວ (a form of polite address for a young woman, a title)

missile, *n.* kìi-bpa-náa-wut ຂີປະນາວຸດ

missing, *adj.* bɔɔ-pop ບໍ່ພົບ (cannot be found); sǐa-bpài ເສຍໄປ (lost, disappeared); kàat-kɔ̌ɔn ຂາດເຂີນ (lacking)

mission, *n.* ka-na-puu-téen ຄະນະຜູ້ແທນ (body of persons sent as representative); páa-la-nàa-tii ພາລະໜ້າທີ່ (duty)

missionary, *n.* ka-na-sɔ̌ɔn-sàat-sa-nǎa ຄະນະສອນສາສະໜາ; puu-sɔ̌ɔn-sàat-sa-nǎa ຜູ້ສອນສາສະໜາ

mist, *n.* mɔ̂ɔk ໝອກ (fog, haze); sa-pàap-múa-múa ສະພາບມົວໆ (dimness or obscurity)

mistake, *n.* kwáam-pìt-pàat ຄວາມຜິດພາດ

Mister, *n.* taan ທ່ານ; tâao ທ້າວ; náai ນາຍ

misstress, *n.* mía-lap ເມຍລັບ; mía-nɔ́ɔi ເມຍນ້ອຍ

misty, *adj.* mii-mɔ̂ɔk ມີໝອກ; múa ມົວ

misunderstand — momentum

misunderstand, *v.* kào-jài-pĭt เอ้าใจผิด

misunderstanding, *n.* gàan-kào-jài-pĭt ภาวเอ้าใจผิด

misuse, *v.* sâi-bɔɔ-mɔ̌-sǒm ใຊ້ບໍ່ເໝາະສົມ; sâi-pĭt ใຊ້ຜິດ

mite, *n.* dtòo-hái ໂຕໄຮ

mitten, *n.* tǒng-múɨn ຖົງມື

mix, *v.* bpa-sǒm ປະສົມ; húam-gàn ຮ່ວມກັນ

mixture, *n.* kuang-bpa-sǒm ເຄື່ອງປະສົມ; gàan-bpa-sǒm ການປະສົມ

moan, *v.* hɔ́ɔng-kúan-káang ຮ້ອງຄວນຄາງ

moat, *n.* kúu-ɔ̀ɔm-múang ຄູອ້ອມເມືອງ

mob, *n.* fúung-sǒn ຝູງຊົນ; mɔ́p ມັອບ

mobile, *adj.* kuan-tìi-dâi ເຄື່ອນທີ່ໄດ້

mock, *v.* nyɔ̌ɔi-nyán ເຍີ້ຍຫຍັນ (treat with ridicule or contempt); lɔɔ-lían ລໍ້ລຽນ (mimic)

mockery, *n.* gàan-lɔɔ-lían ການລໍ້ລຽນ

model, *n.* bèep ແບບ (style or design); hun-jàm-lɔ́ɔng ຫຸ່ນຈຳລອງ (preliminary work or construction); dtùa-yaang ຕົວຢ່າງ (sample, example); náang-bèep ນາງແບບ (person employed to display merchandise)

moderate, *adj.* bpàan-gàang ປານກາງ; pɔ́ɔ-sǒm-kuan ພໍສົມຄວນ

moderation, *n.* kwáam-pɔ́ɔ-bpa-máan ຄວາມພໍປະມານ; kwáam-pɔ́ɔ-bpàan-gàang ຄວາມພໍປານກາງ

moderator, *n.* sǎan-lot-kwáam-wái-kɔ̌ɔng-nĭu-dtɔ̀ɔn ສານລົດຄວາມໄວຂອງ ນີວຕຣອນ (of neutron); pi-tíi-gɔ̀ɔn ພິທີກອນ (M.C. of a panel discussion); gàm-ma-gàan ກຳມະການ (in debate)

modern, *adj.* sa-mǎi-mai ສະໄໝໃໝ່ (relating to a recently developed or advanced style, etc.); bpǎt-ju-bàn ປັດຈຸບັນ (of the present)

modernize, *v.* het-hâi-tán-sa-mǎi ເຮັດໃຫ້ທັນສະໄໝ

modest, *adj.* tɔm-dtùa ຖ່ອມຕົວ (humble); su-pâap ສຸພາບ (polite)

modify, *v.* gɛ̀ɛ-kǎi ແກ້ໄຂ (correct); bpǎp-bpung ປັບປຸງ (improve)

moist, *adj.* sum ຊຸ່ມ; jɨ̀ɨn ຈຶ້ນ

moisture, *n.* kwáam-jɨ̀ɨn ຄວາມຈຶ້ນ

moisturize, *n.* hâi-kwáam-sum-jɨ̀ɨn ໃຫ້ຄວາມຊຸ່ມຈຶ້ນ

moisturizer, *n.* kíim-bàm-lúng-pĭu ຄີມບຳລຸງຜິວ (cosmetics)

molar, *n.* kɛ̀ɛo-gòk ແຂ້ວກົກ

mold, *n.* sɨ̌a-hét ເຊື້ອເຫັດ; mɔ́ ໂມະ

mole, *n.* dtòo-dtun ໂຕຕຸ່ນ (animal); fǎi ໄຝ (on the skin)

molecule, *n.* móo-lée-gùun ໂມເລກູລ

molest, *v.* lop-gùan ລົບກວນ; lúan-láam ລວນລາມ

moment, *n.* ka-nǎ-nǎn ຂະນະນັ້ນ (a specific point in time); bǔt-dìao ບັດດຽວ (a brief period of time)

momentary, *adj.* bǔt-dìao-nung ບັດດຽວໜຶ່ງ

momentum, *n.* kwáam-hɛ́ɛng-kuan-tìi ຄວາມແຮງເຄື່ອນທີ່; gàan-suk-

monarch — mortuary

dàn-wat-tǔ ການອຸທັດບັດຖຸ
monarch, *n.* pa-láa-sáa ພະລາຊາ; jâo-sǐi-wit ເຈົ້າຊີວິດ
monarchy, *n.* la-bòop-láa-sáa-ti-bpa-dtài ລະບອບລາຊາທິປະໄຕ
monastery, *n.* wat ວັດ
Monday, *n.* wán-jàn ວັນຈັນ
monetary, *adj.* giao-gàp-ngén ກ່ຽວກັບເງິນ
money, *n.* ngén ເງິນ
money order, *n.* bài-bɔ̀ɔk-ngén-sót ໃບເບີກເງິນສົດ
mongrel, *n.* sät-pán-sɔ̀ɔt ສັດພັນຊອດ (animal); pùut-pán-bpa-sǒm ພືດພັນປະສົມ (plant)
monitor, *n.* jɔɔ-pâap ຈໍພາບ (screen); kuang-dtuan ເຄື່ອງເຕືອນ (machine or program)
monk, *n.* pa ພະ; kúu-bàa ຄູບາ
monkey, *n.* líing ລີງ
monopolize, *v.* pùuk-kàat ຜູກຂາດ; tǔu-èek-ga-sìt ຖືເອກະສິດ
monopoly, *n.* gàan-pùuk-kàat-dtɛɛ-puu-diao ການຜູກຂາດແຕ່ຜູ້ດຽວ
monotonous, *adj.* bpèn-dtàa-bua ເປັນຕາເບື່ອ (lacking in variety)
monsoon, *n.* lóm-mɔ́ɔ-la-sǔm ລົມມໍລະສຸມ; lóm-mɔ́ɔn-suun ລົມມອນຊູນ
monster, *n.* sät-bpa-làat ສັດປະຫລາດ
month, *n.* duan ເດືອນ
monthly, *n.* bpa-jàm-duan ປະຈຳເດືອນ; láai-duan ລາຍເດືອນ
monument, *n.* a-nu-sǎa-wa-lii ອະນຸສາວະລີ
moo, *v.* ngúa-hɔ̀ɔng ງົວຮ້ອງ
moo, *n.* siang-ngúa-hɔ̀ɔng ສຽງງົວຮ້ອງ
mood, *n.* àa-lóm ອາລົມ
moody, *adj.* àa-lóm-bɔɔ-dìi ອາລົມບໍ່ດີ (having a bad mood); mak-mii-àa-lóm-bɔɔ-dìi ມັກມີອາລົມບໍ່ດີ (temperamental)
moon, *n.* pa-jàn ພະຈັນ
moonlight, *n.* sɛ̌ɛng-pa-jàn ແສງພະຈັນ
moose, *n.* gwàang-nyai ກວາງໃຫຍ່
mop, *n.* mâi-tǔu-hǔan ໄມ້ຖູເຮືອນ
moral, *n.* sǐin-la-tám ສີນລະທຳ
morale, *n.* kwǎn ຂວັນ
more, *adj.* lǎai-gwaa ຫລາຍກວ່າ
moreover, *adv.* nying-gwaa-nàn ຍິ່ງກວ່ານັ້ນ; nɔ̂ɔk-nǔa-jàak-nàn ນອກເໜືອຈາກນັ້ນ
morgue, *n.* sa-tǎan-tii-gèp-sóp ສະຖານທີ່ເກັບສົບ
morning, *n.* múu-sáo ມື້ເຊົ້າ
moron, *n.* kón-ngoo ຄົນໂງ່; kon-bpǔk ຄົນປຶກ
morphine, *n.* mɔ́ɔ-fíin ມໍຟີນ
mortal, *adj.* dtɔ̂ng-dtaai ຕ້ອງຕາຍ
mortality, *n.* kwáam-bɔɔ-bpèn-a-ma-dtà ຄວາມບໍ່ເປັນອະມະຕະ
mortar, *n.* kok ຄົກ
mortgage, *n.* gàan-jàm-nɔɔng ການຈຳນອງ
mortuary, *n.* hɔ̌ɔ-wáang-sóp ຫໍວາງສົບ

Moslem, *n.* mu-sa-lím มุสะลิม

mosque, *n.* bòot-mu-sa-lím ໂບດມຸສະລິມ

mosquito, *n.* nyúng ຍຸງ

moss, *n.* kái-dtòn-mái ໄຄຕົ້ນໄມ້

most, *adj.* lăai-tii-sút ຫລາຍທີ່ສຸດ; tii-sút ທີ່ສຸດ

motel, *n.* hóong-héem ໂຮງແຮມ

moth, *n.* méeng-ga-bûa-gàang-kuen ແມງກະເບື້ອກາງຄືນ

mothball, *n.* lûuk-měn ລູກເໝັນ

mother, *n.* mɛ́ɛ ແມ່; máan-dàa ມານດາ

mother-in-law, *n.* mɛ́ɛ-tào ແມ່ເຖົ້າ (wife's mother); mɛ́ɛ-nyaa ແມ່ຍ່າ (husband's mother)

mother-of-pearl, *n.* hɔ̌ɔi-muk ຫອຍມຸກ

motivate, *v.* ga-dtûn ກະຕຸ້ນ; dòn-jài ດົນໃຈ

motive, *n.* sing-ga-dtûn ສິ່ງກະຕຸ້ນ; sing-dòn-jài ສິ່ງດົນໃຈ

motor, *n.* kuang-jàk ເຄື່ອງຈັກ

motorcycle, *n.* lot-jàk ລົດຈັກ

motorist, *n.* nak-kɛŋ-lot ນັກແຂ່ງລົດ (car racer); kón-kǎp-lot ຄົນຂັບລົດ (driver)

motto, *n.* kwáam-su-páa-sìt ຄວາມສຸພາສິດ; kám-kwǎn ຄຳຂວັນ

mount, *v.* kǔn ຂຶ້ນ

mount, *n.* jîa-púu ເຈັຽພູ (hill); púu ພູ (mountain); gàan-kǔn ການຂຶ້ນ (act of climbing or ascending)

mountain, *n.* púu ພູ; púu-káo ພູເຂົາ

mountaineer, *n.* nak-bpiin-púu ນັກປີນພູ

mourn, *v.* wâi-tuk ໄວ້ທຸກ; àa-lái-àa-wɔ́ɔn ອາໄລອາວອນ

mouse, *n.* nǔu ໜູ

mousetrap, *n.* gàp-jàp-nǔu ກັບຈັບໜູ

mouth, *n.* bpàak ປາກ

mouthful, *n.* dtèm-bpàak ເຕັມປາກ

move, *v.* kuan-nyáai ເຄື່ອນຍ້າຍ; kuan-wǎi ເຄື່ອນໄຫວ

movement, *n.* gàan-kuan-nyáai ການເຄື່ອນຍ້າຍ; gàan-kuan-wǎi ການເຄື່ອນໄຫວ

movie, *n.* hûup-ngáo ຮູບເງົາ; sii-née-mâa ຊີເນມາ

moving, *adj.* kuan-tii ເຄື່ອນທີ່ (changing position); sa-túan-jài ສະເທືອນໃຈ (arousing deep emotion)

mow, *v.* dtǎt-nyàa ຕັດຫຍ້າ; dàai-nyàa ດາຍຫຍ້າ

Mr., *n., pron.* taan ທ່ານ; tâao ທ້າວ

Mrs., *n., pron.* náang ນາງ; nyaa-náang ຍານາງ

much, *adj.* lăai ຫລາຍ; bpua ເປື່ອ

mud, *n.* kìi-dtòm ຂີ້ຕົມ; bpua ເປື່ອ

muddy, *adj.* bpèn-kìi-dtòm ເປັນຂີ້ຕົມ (full of or covered with mud); kùn ຂຸ່ນ (dull, cloudy)

muffin, *n.* bpɛ̌ɛng-bping-táa-bɔ̀ɔ ແປ້ງປີ້ງຫາເບີ

muffler, *n.* pàa-pán-kɔ́ɔ-bɛ̀ɛp-nǎa ຜ້າພັນຄໍແບບໜາ (heavy scarf);

mug — mystery

kuang-gép-sĭang ເຄື່ອງເກັບສຽງ (device that absorbs noise)

mug, *n.* nyùak-saì-naam ເບື້ອກໃສ່ນ້ຳ

muggy, *adj.* òp-ȃo ອົບເອົ້າ

multiple, *adj.* ta-wĭi-kúun ທະວີຄູນ

multiply, *v.* kúun ຄູນ (in math); pə̀əm-ta-wĭi ເພີ່ມທະວີ (increase, grow in amount)

mummy, *n.* sȃak-sòp-hèng ຊາກສົບແຫ້ງ

mumps, *n.* pa-nyȃat-káang-túum ພະຍາດຄາງທູມ

municipal, *adj.* giao-gáp-gàm-péeng-na-kɔɔn ກ່ຽວກັບກຳແພງນະຄອນ; hɛng-tȇet-sa-bàan-múang ແຫ່ງເຂດສະບານເມືອງ

murder, *v.* kȁa ຂ້າ

murder, *n.* kȃat-dta-gàm ຄາດຕະກຳ; gàan-kȁa-kón ການຂ້າຄົນ

murmur, *v.* jom-pɯm-pɯm ຈົ່ມພຶມໆ; a-hǔ-a-héem ອະຫຶອະແຫມ

murmur, *n.* sĭang-pɯm-pɯm ສຽງພຶມໆ; gàan-jom ການຈົ່ມ

muscle, *n.* gȃam-sȋin ກ້າມຊີ້ນ

museum, *n.* hɔ̌ɔ-pi-ta-pán ຫໍພິພິທະພັນ

mushroom, *n.* hét ເຫັດ

music, *n.* don-dtii ດົນຕີ

musical, *adj.* giao-gáp-don-dtii ກ່ຽວກັບດົນຕີ (relating to music)

musical, *n.* la-kɔ́ɔn-péeng ລະຄອນເພງ (musical play or movie)

musical instrument, *n.* kuang-don-dtii ເຄື່ອງດົນຕີ

musician, *n.* nak-don-dtii ນັກດົນຕີ

musket, *n.* bpɯ̀ɯn-sa-gét ປືນສະເກັດ; bpɯ̀ɯn-nyai ປືນໃຫຍ່

must, *v.* dtɔ̂ng ຕ້ອງ

must, *n.* sing-dtɔ̂ng-tám ສິ່ງຕ້ອງທຳ; kwáam-jàm-bpèn ຄວາມຈຳເປັນ

mustache, *n.* nùat-sòp ໜວດສົບ

mustard, *n.* nȃam-mȁak-pét-lɯ̌ang ນ້ຳໝາກເຜັດເຫຼືອງ

mutant, *n.* sing-mii-sĭi-wit-pán-mai ສິ່ງມີຊີວິດພັນໃໝ່

mutation, *n.* gàan-bpian-lak-sa-nǎ-kɔ̌ɔng-nyíɯn ການປ່ຽນລັກສະນະຂອງຢືນ

mute, *adj.* gùuk ກຶກ (unable to speak); mit-ngíap ມິດງຽບ (no sound); bɔ̀ɔ-ɔ̀ɔk-sĭang ບໍ່ອອກສຽງ (no sound made)

mutilate, *v.* het-hȃi-pi-gàan ເຮັດໃຫ້ພິການ; het-hȃi-sĭa-sǒom ເຮັດໃຫ້ເສຍໂສມ

mutter, *v.* wȃo-pɯm-pám ເວົ້າພຶມພຳ; jom ຈົ່ມ

mutton, *n.* sȋin-gɛ̀ ຊີ້ນແກະ

mutual, *adj.* táng-sɔ̌ɔng-faai ທັງສອງຝ່າຍ; mĭi-huam-gàn ມີຮ່ວມກັນ

my, *adj.* kɔ̌ɔng-kɔ̀i ຂອງຂ້ອຍ

myopia, *n.* páa-wa-sǎai-dtȁa-sàn ພາວະສາຍຕາສັ້ນ (nearsightedness); gàan-bɛng-gàan-gȃi ການເບິ່ງການໃກ້ (in thinking or planning)

myself, *pron.* kɔ̀i-èeng ຂ້ອຍເອງ

mysterious, *adj.* lɛk-láp ເລິກລັບ

mystery, *n.* kwáam-lɛk-láp

ຄວາມເລິກລັບ; sìng-lǝk-lap ສິ່ງເລິກລັບ

mystify, v. het-hài-lǝk-lap
ເຮັດໃຫ້ເລິກລັບ; het-hài-bpa-làat-jài
ເຮັດໃຫ້ປະຫລາດໃຈ

myth, n. ni-táan-ma-hǎt-sa-jàn
ນິທານມະຫັດສະຈັນ; ni-nyáai-bùu-háan
ນິຍາຍບູຮານ

mythology, n. têep-ni-nyáai-wi-ta-nyáa ເທບນິຍາຍວິທະຍາ

N

nab, v. jǎp-dtùa ຈັບຕົວ; nyɯt ຍຶດ

nag, v. jùu-jìi-jǔk-jìk ຈູ້ຈີ້ຈຸກຈິກ; jom-waa ຈົມວ່າ

nail, n. lep ເລັບ (finger or toe); dta-bpùu ຕະປູ (for carpentry)

nail polish, n. nâam-yàa-táa-lep ນ້ຳຢາທາເລັບ

naïve, adj. bɔɔ-míi-bpa-sǒp-gàan ບໍ່ມີປະສົບການ (lacking experience); bɔɔ-míi-máan-nyáa ບໍ່ມີມານຍາ (artless; e.g. a baby)

naked, adj. bpùai-gàai ເປືອຍກາຍ (nude); bpao ເປົ່າ (no covering, e.g. eye)

nap, v. nɔ́ɔn-ngíip-diao ນອນງີບດຽວ

nap, n. gàan-nɔ́ɔn-ngíip-diao ການນອນງີບດຽວ

nape, n. dtôn-kɔ́ɔ ຕົ້ນຄໍ

napkin, n. pàa-set-mɯ́ɯ ຜ້າເຊັດມື (table); pàa-a-náa-mái ຜ້າອະນາໄມ (sanitary feminine napkin)

narcotic, n. yàa-sèep-dtìt ຢາເສບຕິດ

narrate, v. lao-lɯang ເລົ່າເລື່ອງ

narrator, n. puu-lao-lɯang ຜູ້ເລົ່າເລື່ອງ

narrow, adj. kɛ̂ɛp ແຄບ

narrow-minded, adj. jài-kɛ̂ɛp ໃຈແຄບ

nasal, adj. giao-gǎp-dàng ກ່ຽວກັບດັງ (relating to the nose); sǐang-ɔ̀ɔk-táang-dàng ສຽງອອກທາງດັງ (sound)

nasty, adj. bpèn-dtàa-sáng ເປັນຕາຊັງ; hàai ຮ້າຍ; bpèn-dtàa-kìi-diat ເປັນຕາຂີ້ດຽດ

nation, n. sâat ຊາດ

national, adj. hɛng-sâat ແຫ່ງຊາດ

native, adj. dtɛɛ-gàm-nə̀ət ແຕ່ກຳເນີດ (being such by birth); tɔ́ɔng-tin ທ້ອງຖິ່ນ (local); pɯ́ɯn-mɯ́ang ພື້ນເມືອງ (indigenous)

natural, adj. bpèn-tám-ma-sâat ເປັນທຳມະຊາດ; tám-ma-dàa ທຳມະດາ

naturalize, v. het-hài-bpèn-tám-ma-sâat ເຮັດໃຫ້ເປັນທຳມະຊາດ

nature, n. tám-ma-sâat ທຳມະຊາດ

naughty, adj. kìi-dɯ̀ɯ ຂີ້ດື້; bɔɔ-fáng-kwáam ບໍ່ຟັງຄວາມ

nausea, n. àa-gàan-bpùat-hâak ອາການປວດຮາກ

nauseous, adj. het-hài-bpùat-hâak ເຮັດໃຫ້ປວດຮາກ (causing nausea)

nautical, adj. giao-gǎp-gàan-dəən-hɯa ກ່ຽວກັບການເດີນເຮືອ

naval, adj. giao-gǎp-hɯa ກ່ຽວກັບເຮືອ

navel, n. sǎai-bɯ̀ɯ ສາຍບື

navigate, v. dòon-húa/lɛ́n-húa ถือเรือ/แล่นเรือ (ship); nám-táang บำทาง (an area; to guide)

navigation, n. gàan-dəən-húa ภาบถือเรือ

navigator, n. puu-dəən-húa ผู้ถือเรือ (ship); puu-kǎp-húa-bìn ผู้ຂับเรือบิบ (airplane)

navy, n. gɔ̀ɔng-tap-húa ภอๆทับเรือ; ta-hǎan-húa ทะทาบเรือ

near, adj. gâi ใภ้

nearby, adj. gâi-kíang ใกล้คຽง; gâi-gâi ใกล้ๆ

nearly, adv. gùap เกือบ

near-sighted, adj. sǎai-dtàa-sàn สายตาสั้บ

neat, adj. hìap-hɔ́ɔi รຽบร້อย; bpen-la-bìap เป็นละบຽบ

necessary, adj. jàm-bpèn จำเป็บ

necessity, n. kwáam-jàm-bpèn ความจำเป็บ (condition of being necessary); sing-jàm-bpèn สิ่งจำเป็บ (something necessary)

neck, n. kɔ́ɔ ถໍ

necklace, n. sǎai-sɔ̂ɔi-kɔ́ɔ สายส້อยถໍ

neckline, n. kɔ̂ɔp-sûa-suang-kɔ́ɔ ขอบเสื้อช่อๆถໍ

necktie, n. nek-tâi เบັກໄท; gàa-la-wat ภาละวัด

need, n. kwáam-jàm-bpèn ความจำเป็บ

needle, n. kěm ເຂັມ

needless, adj. bɔɔ-jàm-bpèn บໍ່จำเป็บ

needy, adj. jàm-bpèn จำเป็บ; kàat-kéen ฑาดแถลบ

negative, adj. nái-táang-lop ใบทาๆลบ

neglect, v. bɔ̀ɔ-ào-húa-sáa บໍ່เอาทั่วซา; la-lə̌əi ละเลີย

negotiate, v. jèe-la-jàa เจລะจา

negotiation, n. gàan-jèe-la-jàa ภาบเจລະจา

neigh, v. mâa-hɔ́ɔng ม้าร้อๆ

neigh, n. sǐang-mâa สຽๆม้า

neighbor, n. bɔ̂ɔ-li-wéen-gâi-kíang ບໍລິເວນໃກ້ຄຽງ

neighborhood, n. puan-bâan-gâi-kíang ເພື່ອບບ້ານໃກ້ຄຽງ

neither, pron., v. bɔɔ-men-táng-sɔ̌ɔng บໍ່ແມ່ນທັງສອງ

neon, n. dɔ̀ɔk-fái-níi-ɔ̀ɔn ดอภไฟบีออบ

nephew, n. lǎan-sáai ทลาบຊาย

nerve, n. sèn-bpa-sàat ເສ້ນປະສາດ

nervous, adj. dtùun-yâan ตื่บย้าบ; bpen-bpa-sàat เป็บปะสาด; táang-bpa-sàat ทาๆปะสาด

nest, n. háng ຮັງ

net, n. hɛɛ ແຫ; ga-dúng ກະດຸງ (snare; mesh; made of openwork fabric); dtàa-kaai ຕາຄ່າຍ (used in sports, e.g. basketball net, tennis net, etc.); láai-dâi-sǔt-ti ลายได้สุดทิ (income)

net, adj. sǔt-ti สุดทิ (e.g. profit after expense)

Netherlands, n. bpa-têet-née-təə-

léen ปะเพดบเกีเลบ
network, *n.* kúa-kaai เคือຂ่าย; kaai-wiak-ngáan ຂ່າຍວຽກງານ; dtàa-naang-wiak-ngáan ຕາຫນ່າງວຽກງານ
neurology, *n.* bpa-sàat-wi-ta-nyáa ປະສາດວິທະຍາ
neurotic, *adj.* giao-gǎp-la-bǒp-bpa-sàat ກ່ຽວກັບລະບົບປະສາດ
neuter, *adj.* bɔɔ-míi-pêet ບໍ່ມີເພດ
neutral, *adj.* bpen-gàang ເປັນກາງ
neutron, *n.* níu-dtɔɔn ນິວຕຣອນ
never, *adv.* bɔɔ-kɔ́ɔi ບໍ່ເຄີຍ
nevertheless, *adv.* těng-yaang-nân-gɔɔ-dtàam ເຖິງຢ່າງນັ້ນກໍຕາມ
new, *adj.* mai ໃໝ່
newlywed, *n.* kón-tii-hǎa-gɔɔ-dteng-ngáan ຄົນທີ່ຫາກໍ່ແຕ່ງງານ
news, *n.* kaao ຂ່າວ
newscast, *n.* gàan-láai-ngáan-kaao ການລາຍງານຂ່າວ
newscaster, *n.* puu-aan-kaao ຜູ້ອ່ານຂ່າວ
newsletter, *n.* jŏt-mǎai-kaao ຈົດໝາຍຂ່າວ
newspaper, *n.* nǎng-sǔu-pím ໜັງສືພິມ
newsstand, *n.* hâan-nɔ́ɔi-nɔ́ɔi-tii-kǎai-nǎng-sǔu-pím ຮ້ານນ້ອຍໆທີ່ຂາຍໜັງສືພິມ
New Year, *n.* bpìi-mai ປີໃໝ່
next, *adj.* dtɔɔ-bpài ຕໍ່ໄປ; tat-bpài ຖັດໄປ
nibble, *v.* hèn ແຫັນ; dtɔ̀ɔt ຕອດ

nice, *adj.* jŏp-dìi ຈົບດີ (good); bpen-dtàa-hak ເປັນຕາຮັກ (cute, good-mannered, polite); ngáam ງາມ (pretty, beautiful)
nickname, *n.* sɯ̌ɯ-lîn ຊື່ຫຼິ້ນ
niece, *n.* lǎan-sǎao ຫຼານສາວ
night, *n.* gàang-kɯ́ɯn ກາງຄືນ
night club, *n.* sa-tǎan-tii-bàn-tə́əng-nái-nyáam-kam ສະຖານທີ່ບັນເທີງໃນຍາມຄ່ຳ; nái-kǎp ໄນຄລັບ
nightgown, *n.* sut-nung-nɔ́ɔn ຊຸດນຸ່ງນອນ
nightingale, *n.* gɔ̀ɔ-la-wik-gàang-kɯ́ɯn ກໍລະວິກກາງຄືນ
nightmare, *n.* fǎn-hâai ຝັນຮ້າຍ
nimble, *adj.* wong-wái ວ່ອງໄວ; sìap-léem ສຽບແຫຼມ
nine, *n.* gâo ເກົ້າ
nine hundred, *n.* gâo-hɔ̂ɔi ເກົ້າຮ້ອຍ
nineteen, *nm.* sǐp-gâo ສິບເກົ້າ
ninety, *nm.* gâo-sǐp ເກົ້າສິບ
nip, *v.* nèep ແໜບ (pinch); dět ເດັດ (remove by snipping)
nipple, *n.* hǔa-nóm ຫົວນົມ
nitrogen, *n.* ni-dtɔɔ-séen ນີໂຕຣແຊນ
no, *adv.* bɔɔ ບໍ່; bɔɔ-dâi ບໍ່ໄດ້; bɔɔ-men ບໍ່ແມ່ນ
nobility, *n.* pûak-puu-dìi ພວກຜູ້ດີ (high class people); kǔn-náang ຂຸນນາງ (a class of persons distinguished by high birth or rank)
noble, *adj.* sǎn-sǔung ຊັ້ນສູງ; sǔung-

nobleman, -woman

sǎk ສຸງສັກ; bpèn-puu-dìi ເປັນຜູ້ດີ

nobleman, -woman, n. kón-míi-sa-gùn-sǔung ຄົນມີສະກຸນສູງ; són-sân-sǔung ຊົນຊັ້ນສູງ

nobody, n., pron. bɔɔ-míi-pǎi ບໍ່ມີໃຜ (not anyone); kón-bɔɔ-sǎm-kán-nyáng ຄົນບໍ່ສຳຄັນຫຍັງ (unimportant person)

nocturnal, adj. giao-gǎp-gàang-kúun ກ່ຽວກັບກາງຄືນ (of the night); hǎa-gìn-nyáam-gàang-kúun ຫາກິນຍາມກາງຄືນ (active at night)

nod, v. ngúk-hǔa ງຶກຫົວ

noise, n. sǐang ສຽງ

noisy, adj. sǐang-dàng ສຽງດັງ

nominate, v. sa-nɔ̆ɔ-sɯ̂ɯ ສະເໜີຊື່

nomination, n. gàan-sa-nɔ̆ɔ-sɯ̂ɯ ການສະເໜີຊື່

nominee, n. puu-tîi-dâi-hap-gàan-sa-nɔ̆ɔ-sɯ̂ɯ ຜູ້ທີ່ໄດ້ຮັບການສະເໜີຊື່

none, pron., adv., adj. bɔɔ-míi ບໍ່ມີ

nonexistent, adj. bɔɔ-míi-yuu ບໍ່ມີຢູ່

nonetheless, adv. tɤ̌ng-yaang-nân-gɔɔ-dtàam ເຖິງຢ່າງນັ້ນກໍ່ຕາມ

nonfiction, n. wán-na-gàm-tîi-bɔɔ-mɛn-ni-nyáai ວັນນະກຳທີ່ບໍ່ແມ່ນນິຍາຍ

nonsense, n. lɯang-bɔɔ-mǐi-sǎa-la ເລື່ອງບໍ່ມີສາລະ

nonsmoking, adj. hàam-sùup-yàa ຫ້າມສູບຢາ

nonstop, adj. bɔɔ-míi-gàan-yut ບໍ່ມີການຢຸດ; bɔɔ-yut ບໍ່ຢຸດ

noodle, n. fɤ̌ɤ ເຝີ (rice); mìi ໝີ່ (egg)

nook, n. jɛɛ ແຈ; sɔ̂ɔk ຊອກ

noon, n. tiang-wán ທ່ຽງວັນ

no one, pron. bɔɔ-míi-pǎi ບໍ່ມີໃຜ

norm, n. bɛ̀ɛp-yaang ແບບຢ່າງ; bàn-tat-tǎan ບັນທັດຖານ

normal, adj. bpɔ̀k-ga-dtìi ປົກກະຕິ; tám-ma-dàa ທຳມະດາ

north, n. nɯ̆a ເໜືອ

North America, n. ta-wîip-aa-mée-li-gàa-nɯ̆a ທະວີບອາເມຣິກາເໜືອ

northeast, n. dtàa-wén-ɔ̀ɔk-sǐang-nɯ̆a ຕາເວັນອອກສຽງເໜືອ

northern, adj. táang-nɯ̆a ທາງເໜືອ; táang-tit-nɯ̆a ທາງທິດເໜືອ

North Pole, n. kûa-lôok-nɯ̆a ຂົ້ວໂລກເໜືອ

northwest, n. dtàa-wén-dtòk-siang-nɯ̆a ຕາເວັນຕົກສຽງເໜືອ

nose, n. dàng ດັງ

nostril, n. húu-dàng ຮູດັງ

nosy, adj. sɔ̂ɔt-hûu-sɔ̂ɔt-hěn ສອດຮູ້ສອດເຫັນ; mak-nyúng-lɯang-kón-ɯ̀ɯn ມັກຍຸ້ງເລື່ອງຄົນອື່ນ

not, adv. bɔɔ ບໍ່

notable, adj. den ເດັ່ນ; nàa-sǎng-gèet ໜ້າສັງເກດ

notary, n. pa-nak-ngáan-ta-bìan ພະນັກງານທະບຽນ

notary public, n. puu-hap-hɔ́ɔng-láai-sén ຜູ້ຮັບຮອງລາຍເຊັນ

notch, n. hɔ̂ɔi-tàak ຮອຍຕາກ

note, v. bàn-tɯk ບັນທຶກ; jòt ຈົດ

note, *n.* bàn-tuk ບັນທຶກ (record); mǎai-hèet ໝາຍເຫດ (remark)

notebook, *n.* bpûm-kîan ປຶ້ມຂຽນ

nothing, *adv.* bɔɔ-mii-nyǎng ບໍ່ມີຫຍັງ

notice, *v.* sǎng-gèet ສັງເກດ

notice, *n.* kɔɔ-sǎng-gèet ຂໍ້ສັງເກດ (remark); gàan-dtùan ການເຕືອນ (act of noting or observing); bpa-gàat ປະກາດ (announcement)

noticeable, *adj.* nàa-sǒn-jài ໜ້າສົນໃຈ

notification, *n.* gàan-jêeng ການແຈ້ງ; gàan-bpa-gàat ການປະກາດ

notify, *v.* jêeng ແຈ້ງ (inform); bpa-gàat ປະກາດ (make known)

notion, *n.* kwáam-kit-hěn ຄວາມຄິດເຫັນ

notorious, *adj.* sɯɯ-dàng ຊື່ດັງ; hûu-gàn-bpài-tua ຮູ້ກັນໄປທົ່ວ

noun, *n.* kám-náam ຄຳນາມ

nourish, *v.* bàm-lúng ບຳລຸງ; bàm-lúng-líang ບຳລຸງລ້ຽງ

nourishment, *n.* gàan-bàm-lúng ການບຳລຸງ

novel, *n.* na-wa-ni-nyáai ນະວະນິຍາຍ

novelist, *n.* nak-kían-na-wa-ni-nyáai ນັກຂຽນນະວະນິຍາຍ

novelty, *n.* kwáam-mai ຄວາມໃໝ່ (newness); sing-bpɛ̀ɛk-mai ສິ່ງແປກໃໝ່ (innovation)

November, *n.* dùan-pa-jik ເດືອນພະຈິກ

novice, *n.* jùa ຈົວ (young monk); puu-lɔ̂ɔm-dtôn ຜູ້ເລີ່ມຕົ້ນ (beginner)

now, *adv.* dǐao-nîi ດຽວນີ້; nyáam-nîi ຍາມນີ້

nowadays, *adv.* tuk-wán-nîi ທຸກວັນນີ້

nowhere, *adv.* bɔɔ-mii-bon-dài-lɔ́ɔi ບໍ່ມີບ່ອນໃດເລີຍ

nozzle, *n.* bpàai-tɔɔ ປາຍທໍ່; hǔa-sìit ຫົວສີດ

nuance, *n.* kwáam-dtɛ̀ɛk-dtaang-tîi-bɔɔ-hěn-sat-jêeng ຄວາມແຕກຕ່າງທີ່ບໍ່ເຫັນຊັດແຈ້ງ

nuclear, *n.* bpa-la-ma-núu ປະລະມະນູ

nucleus, *n.* jut-sǔun-gàang ຈຸດສູນກາງ

nude, *adj.* bpùai ເປືອຍ

nudge, *v.* tɔ̂ɔng ທ້ອງ; suk ຊຸກ; dàn ດັນ

nugget, *n.* gɔ̂ɔn-kám ກ້ອນຄຳ

nuisance, *n.* sing-lop-gùan ສິ່ງລົບກວນ; sing-nàa-lám-káan ສິ່ງໜ້າລຳຄານ

null, *adj.* bɔɔ-mii-nyǎng ບໍ່ມີຫຍັງ

nullify, *v.* het-hài-bpɛ̀n-móo-ka ເຮັດໃຫ້ເປັນໂມຄະ (invalidate); het-hài-bɔɔ-mii-pón-bàng-kap ເຮັດໃຫ້ບໍ່ມີຜົນບັງຄັບ (counteract the force or effectiveness of); nyok-lɔ̂ɔk ຍົກເລີກ (cancel)

numb, *adj.* bɔɔ-mii-kwáam-hûu-sɯ̌k ບໍ່ມີຄວາມຮູ້ສຶກ

number, *n.* lêek ເລກ; jàm-núan ຈຳນວນ

numerical, *adj.* giao-gǎp-dtùa-lêek ກ່ຽວກັບຕົວເລກ

numerous, *adj.* jàm-núan-lǎai จำนวนหลาย

nun, *n.* náang-sǐi นางชี; mɛɛ-kǎao แม่ขาว

nuptial, *adj.* giao-gǎp-gàan-dtɛng-ngáan ที่องกับงานแต่งงาน

nurse, *n.* náang-pa-nyáa-bàan นางพยาบาล

nursing home, *n.* húan-bɔng-nyɛ́ɛng-puu-tâo เรือนบิ่นแยบผู้เถ้า

nut, *n.* màak-mâi-bpa-pêet-mǐi-bpùak-kɛ̌ɛng หมากไม้ประเภทมีเปือกแข็ง

nutrient, *v.* bàm-lúng-liang บำลุงเลี้ยง

nutrition, *n.* àa-hǎan-bàm-lúng อาหารบำลุง

nutritious, *adj.* mǐi-kún-kaa-táang-àa-hǎan มีคุณค่าทางอาหาร

nylon, *n.* ni-lóng มีล็อง

O

oaf, *n.* kón-ngoo ฅนโง่

oak, *n.* dtôn-ôok ต้นโอก

oar, *v.* jɛ̌o-húa แจวเรือ; páai-húa พายเรือ

oar, *n.* kán-lǎk-jɛ̌o ฅันหลักแจว; mâi-páai ไม้พาย

oasis, *n.* bɔn-mǐi-nâam-lɛ-dtôn-mâi-nái-ta-lée-sáai บ่อนมีน้ำและต้นไม้ในทะเลชาย

oat, *n.* kào-oot เข้าโอต

oath, *n.* kám-sǎa-bàan คำสาบาน

oatmeal, *n.* kào-oot-sǎm-lèt-hûup เข้าโอตสำเล็ดฮูบ

obedient, *adj.* sʉ̌a-fáng เชื่อฟัง; fáng-kwáam ฟังความ

obese, *adj.* dtûi-pii ตุ้ยพี

obey, *v.* fáng-kwáam ฟังความ

obituary, *n.* kaao-mɔ́ɔ-la-na-gàm ข่าวมัวะนะกำ

object, *v.* kat-kâan ขัดค้าน

object, *n.* sǐng-kɔ̌ɔng สิ่งของ; wat-tǔ วัตถุ

objection, *n.* gàn-kat-kâan การขัดค้าน; gàan-dtôo-nyɛ́ɛng การโต้แย้ง

objective, *n.* jùt-bpa-sǒng จุดประส้ง (goal)

objective, *adj.* bɔɔ-lám-iang บ่ลำเอง

obligate, *v.* hài-kám-màn-sǎn-nyáa ใต้คำมันสัญญา (commit, promise); bpèn-gèen เป็นกาน (restrict); mǐi-pán-ta มีพันทะ (bind or firmly hold to an act)

obligation, *n.* pán-ta พันทะ; páa-la-nàa-tii พาละหน้าที

oblige, *v.* bàng-kap บังฅับ (constrain); bpèn-nìi-bùn-kún เป็นหนี้บุนคุน (indebted or grateful)

obscene, *adj.* láa-mok ลามัก; sǒk-ga-bpǒk สึกกะปึก; nyàap-káai หยาบฅาย

obscure, *adj.* kúm-kʉ̌a คุมเคือ (vague); mʉ̂ʉt-múa มืดมือ (dark)

observant, *adj.* mak-sǎng-gèet มักสังเกต; ào-jài-sai เอาใจใส่

observation, *n.* gàan-sǎng-gèet ການສັງເກດ

observe, *v.* sǎng-gèet ສັງເກດ

obsess, *v.* kɔ̂ɔp-ngám-jit-jài ຄອບງຳຈິດໃຈ

obsession, *n.* gàan-kɔ̂ɔp-ngám-jit-jài ການຄອບງຳຈິດໃຈ

obsolete, *adj.* lâa-sa-mǎi ລ້າສະໄໝ (outmoded in style); sáo-sâi-lɛ́ɛo ເຊົາໃຊ້ແລ້ວ (no longer in use)

obstacle, *n.* u-bpa-sǎk ອຸປະສັກ

obstinate, *adj.* dʉ̂ʉ-dʉ́ng ດື້ດຶງ; waa-nyâak-sɔ̌ɔn-nyâak ວ່າຍາກສອນຍາກ

obstruct, *v.* kǎt-kwǎang ຂັດຂວາງ; gìit-kwǎang ກີດຂວາງ

obstruction, *n.* sing-gìit-kwǎang ສິ່ງກີດຂວາງ (something that obstructs); u-bpa-sǎk ອຸປະສັກ (obstacle)

obtain, *v.* dâi-hap ໄດ້ຮັບ; ào ເອົາ; hǎa-dâi ຫາໄດ້

obvious, *adj.* jà-jɛɛng ຈະແຈ້ງ; jɛm-jɛɛng ແຈ່ມແຈ້ງ

occasion, *n.* ò-gàat ໂອກາດ; wáa-la ວາລະ

occasional, *adj.* dtaam-ò-gàat ຕາມໂອກາດ; bàang-kâng-bàang-káao ບາງຄັ້ງບາງຄາວ

occasionally, *adv.* bàang-kâng-bàang-káao ບາງຄັ້ງບາງຄາວ

occupant, *n.* puu-kɔ̂ɔp-kɔ́ɔng ຜູ້ຄອບຄອງ (one who occupies, or takes possession); puu-àa-sǎi ຜູ້ອາໄສ (tenant)

occupation, *n.* àa-sîip ອາຊີບ (career); gàan-kɔ̂ɔp-kɔ́ɔng ການຄອບຄອງ (taking and keeping possession)

occupied, *adj.* bɔɔ-waang ບໍ່ວ່າງ (not vacant); kit-yuu-dta-lɔ̀ɔt-wée-láa ຄິດຢູ່ຕະຫຼອດເວລາ (mind)

occupy, *v.* kɔ̂ɔp-kɔ́ɔng ຄອບຄອງ

occur, *v.* bpàa-gòt ປາກົດ (appear); gə̀ət-kʉ̂n ເກີດຂຶ້ນ (happen)

occurrence, *n.* gàan-gə̀ət-kʉ̂n ການເກີດຂຶ້ນ

ocean, *n.* ma-hǎa-sa-mút ມະຫາສະໝຸດ

October, *n.* dʉ̀an-dtu-láa ເດືອນຕຸລາ

octopus, *n.* bpàa-mʉ̌k-nyak ປາມຶກຍັກ

odd, *adj.* bpɛ̀ɛk ແປກ (strange); kii ຄີ່ (not even)

odds, *n.* kwáam-bpen-bpài-dâi ຄວາມເປັນໄປໄດ້ (probability or chance)

ode, *n.* bòt-gɔɔn ບົດກອນ

odor, *n.* gìn ກິ່ນ

of, *prep.* kɔ̌ɔng ຂອງ; hɛ́ng ແຫ່ງ

off, *adj., adv.* ɔ̀ɔk ອອກ (distant or removed); yɛ̂ɛk-ɔ̀ɔk ແຍກອອກ (separated); yut-ngáan ຢຸດງານ (be away from work); lút ຫຼຸດ (not connected); bpìt ປິດ (e.g. T.V., radio)

offend, *v.* het-hài-bɔɔ-pɔ́ɔ-jài ເຮັດໃຫ້ບໍ່ພໍໃຈ (cause displeasure); la-mə̂ət ລະເມີດ (violate)

offense, *n.* gàan-het-hài-bɔɔ-pɔ́ɔ-jài ການເຮັດໃຫ້ບໍ່ພໍໃຈ; gàan-la-mə̂ət ການລະເມີດ

offensive, *adj.* het-hài-bɔ̀ɔ-pɔ́ɔ-jài ເຮັດໃຫ້ບໍ່ພໍໃຈ; nàa-láng-giàt ໜ້າລັງກຽດ

offer, *v.* sa-nə̌ə ສະເໜີ; hài ໃຫ້

offering, *n.* sing-tii-sa-nə̌ə-hài ສິ່ງທີ່ສະເໜີໃຫ້ (something being offered); kɔ̌ɔng-kwǎn ຂອງຂວັນ (gift)

office, *n.* hɔ̀ng-gàan ຫ້ອງການ; sǎm-nak-ngáan ສຳນັກງານ

officer, *n.* pa-nak-ngáan ພະນັກງານ; lat-ta-gɔɔn ລັດຖະກອນ; jâo-nàa-tii ເຈົ້າໜ້າທີ່

official, *adj.* bpèn-táang-gàan ເປັນທາງການ

offspring, *n.* pa-lit-dta-pǒn ຜະລິດຕະຜົນ (a product); lûuk-lǎan ລູກຫຼານ (descendant)

often, *adv.* lûai-lûai ເລື້ອຍໆ

oil, *n.* nâam-mán ນ້ຳມັນ

oily, *adj.* bpèn-nâam-mán ເປັນນ້ຳມັນ; mǐi-mán-lǎai ມີມັນຫຼາຍ

ointment, *n.* kîim ຄີມ; yàa-kìi-pə̂ng ຢາຂີ້ເຜິ້ງ

okay, O.K., *adj., v.* dtŏk-lóng ຕົກລົງ (yes, agree); sa-bàai-dìi ສະບາຍດີ (be well)

okra, *n.* ga-jiap ກະຈຽບ

old, *adj.* gao ເກົ່າ (objects); tâo ເຖົ້າ (living things)

older, *adj.* gao-gwaa ເກົ່າກວ່າ; tâo-gwaa ເຖົ້າກວ່າ

old-fashioned, *adj.* làa-sa-mǎi ຫຼ້າສະໄໝ

old maid, *n.* sǎao-gɛ̀ɛ ສາວແກ່

olive, *n.* dtôn-òo-lìu ຕົ້ນໂອລິວ; dtôn-màak-gɔ̀ɔk ຕົ້ນໝາກກອກ

olive oil, *n.* nâam-mán-òo-lìu ນ້ຳມັນໂອລິວ

Olympics, *n.* gi-láa-òo-lím-bpìk ກິລາໂອລິມປິກ

omelet, *n.* kai-jùun ໄຂ່ຈືນ

omen, *n.* láang-bɔ̀ɔk-hèet ລາງບອກເຫດ

omission, *n.* gàan-bpa-bpài ການປະໄປ; gàan-la-tìm ການລະທິ້ມ

omit, *v.* bpa-tìm ປະທິ້ມ; la-tìm ລະທິ້ມ

omnipotent, *adj.* mǐi-àm-nâat-tuk-yaang ມີອຳນາດທຸກຢ່າງ; sǎa-mâat-het-dâi-tuk-yaang ສາມາດເຮັດໄດ້ທຸກຢ່າງ

on, *prep.* tóng ເທິງ (opposite of under); tìi ທີ່ (at); dûai ດ້ວຍ (along); nái-wée-láa-tii ໃນເວລາທີ່; mɯ̂a ເມື່ອ (at the time); bpə̀ət ເປີດ (e.g. T.V., radio)

once, *adv.* káng-nɯng ຄັ້ງໜຶ່ງ; káao-nɯng ຄາວໜຶ່ງ

one, *nm.* nɯng ໜຶ່ງ

oneself, *pron.* dtòn-èeng ຕົນເອງ

one-way, *adj.* táang-diao ທາງດຽວ

ongoing, *adj.* dtɔ̀ɔ-nɯang ຕໍ່ເນື່ອງ

onion, *n.* pák-bua ຜັກບົ່ວ

only, *adj.* tao-nân ເທົ່ານັ້ນ; àn-diao ອັນດຽວ

opal, *n.* gɛ̂ɛo-muk-dàa ແກ້ວມຸກດາ

opaque, *adj.* sɔ́ng-bɔ̀ɔ-sɔ̀ɔt ສ່ອງບໍ່ຖອດ; bɔ̀ɔ-sǎi ບໍ່ໃສ

open, *adj.* bpə̀ət ເປີດ; kǎi ໄຂ

opening, *n.* gàan-bpə̀ət ການເປີດ (act of opening); sǒng-wâang ຊ່ອງວ່າງ (slot, gap); kǎi-pi-tíi ໄຂພິທີ (an event)

opera, *n.* la-kɔɔn-òo-bpèe-lâa ລະຄອນໂອເປຣາ

operate, *v.* hét-wîak ເຮັດວຽກ; bpa-dti-bǎt-ngáan ປະຕິບັດງານ

operation, *n.* gàan-tám-ngáan ການທຳງານ (way in which something works; working); gàan-paa-dtǎt ການຜ່າຕັດ (surgery)

operator, *n.* pûu-bpa-dti-bǎt-ngáan ຜູ້ປະຕິບັດງານ (one that operates); pa-nák-ngáan-hap-tóo-la-sáp ພະນັກງານຮັບໂທລະສັບ (telephone operator)

opinion, *n.* kwáam-kit-hěn ຄວາມຄິດເຫັນ; tat-sa-na ທັດສະນະ

opinionated, *adj.* dûu-dùng ດື້ດຶງ

oppose, *v.* dtɔ̀ɔ-dtâan ຕໍ່ຕ້ານ; kat-kâan ຄັດຄ້ານ

opposite, *adj.* gòng-gàn-kâam ກົງກັນຂ້າມ

opposition, *n.* gàan-kat-kâan ການຄັດຄ້ານ (opposing); gàan-dtɔ̀ɔ-sùu ການຕໍ່ສູ້ (fighting, conflict)

oppress, *v.* gòt-kìi ກົດຂີ່; bìip-bàng-káp ບີບບັງຄັບ

optic, -al, *adj.* giao-gǎp-sǎai-dtàa ກ່ຽວກັບສາຍຕາ; giao-gǎp-dtàa ກ່ຽວກັບຕາ

optician, *n.* sâang-wɛ́n-dtàa ຊ່າງແວ່ນຕາ

optics, *n.* wi-ta-nyáa-sàat-táang-sɛ̌ɛng-lɛ-sǎai-dtàa ວິທະຍາສາດທາງແສງແລະສາຍຕາ

optimism, *n.* gàan-bɔ́ng-nâi-ngɛ̂ɛ-dìi ການບົ່ງໃນແງ່ດີ

optimistic, *adj.* bɔ́ng-lôok-nâi-ngɛ̂ɛ-dìi ບົ່ງໂລກໃນແງ່ດີ

option, *n.* gàan-lʉ̂ak ການເລືອກ; táang-lʉ̂ak ທາງເລືອກ

optional, *adj.* sǎa-mâat-lʉ̂ak-dâi ສາມາດເລືອກໄດ້; míi-táang-lʉ̂ak ມີທາງເລືອກ

optometrist, *n.* pûu-siao-sáan-dâan-sǎai-dtàa ຜູ້ຊ່ຽວຊານດ້ານສາຍຕາ

opulent, *adj.* máng-káng-sǒm-bùun ມັ່ງຄັ່ງສົມບູນ; hang-míi ຮັ່ງມີ

or, *conj.* lɯ̌ɯ ຫລື; lɯ̌ɯ-waa ຫລືວ່າ

oracle, *n.* kám-tám-náai ຄຳທຳນາຍ; kám-pa-nyáa-gɔ̀ɔn ຄຳພະຍາກອນ

oral, *adj.* dûai-bpàak ດ້ວຍປາກ; bpàak-bpao ປາກເປົ່າ

orange, *adj.* sǐi-màak-gîang ສີໝາກກ້ຽງ

orange, *n.* màak-gîang-nɔ́ɔi ໝາກກ້ຽງນ້ອຍ

orange juice, *n.* nâam-màak-gîang-(nɔ́ɔi) ນ້ຳໝາກກ້ຽງ(ນ້ອຍ)

orator, *n.* pûu-gaao-kám-wóo-hǎan ຜູ້ກ່າວຄຳໂວຫານ; kón-gaao-kám-bpàa-sǎi ຄົນກ່າວຄຳປາໃສ

oratory, *n.* gàan-sa-dɛ̀ɛng-wóo-hǎan ການສະແດງໂວຫານ; kám-bpàa-sǎi ຄຳປາໃສ

orbit, *n.* táang-kóo-jɔ̀ɔn ທາງໂຄຈອນ

orchard, *n.* sŭan-màak-mâi
ສວນໝາກໄມ້

orchestra, *n.* wóng-dòn-dtii-nyai
ວົງດົນຕີໃຫຍ່

orchid, *n.* gûai-mâi ກ້ວຍໄມ້; dɔ̀ɔk-pɛng ດອກແຝ້ງ

ordain, *v.* bùat ບວດ (as a monk or priest); gǎm-not-sáa-dtàa ກຳນົດຊາຕາ (predestine)

ordeal, *n.* gàan-tot-sɔ̀ɔp-kwáam-òt-tón ການທົດສອບຄວາມອົດທົນ; tɔ̀ɔ-la-hòt ທໍລະຫົດ

order, *v.* sang ສັ່ງ

order, *n.* kám-sang ຄຳສັ່ງ (command); bài-sang-sɨ̌ɨ ໃບສັ່ງຊື້ (merchandise)

ordinal, *adj.* lêek-lám-dǎp ເລກລຳດັບ; dtàam-lám-dǎp ຕາມລຳດັບ

ordinary, *adj.* tám-ma-dàa ທຳມະດາ; sǎa-mán ສາມັນ

ore, *n.* hɛ́ɛ ແຮ່; sǐn-hɛ́ɛ ສິນແຮ່

organ, *n.* a-wái-nya-wa ອະໄວຍະວະ; òng-ka ອົງກະ

organic, *adj.* kée-mii-òng-ka ເຄມີອົງກະ

organization, *n.* òng-gàan ອົງການ (e.g. association, company); ka-na ຄະນະ (group); la-bòp ລະບົບ (system)

organize, *v.* jǎt-la-bòp ຈັດລະບົບ (arrange into a system); jǎt-dtâng ຈັດຕັ້ງ (establish); jǎt-hài-bpèn-la-bìap ຈັດໃຫ້ເປັນລະບຽບ (make neat)

orgasm, *n.* jút-sút-nyɔ̂ɔt ຈຸດສຸດຍອດ

orgy, *n.* gàan-mii-pêet-sǎm-pán-bèep-bpèn-gum
ການມີເພດສຳພັນແບບເປັນກຸ່ມ

orient, *v.* bpa-tèet-nái-tèep-dtàa-wén-ɔ̀ɔk ປະເທດໃນແຖບຕາເວັນອອກ

Oriental, *n.* sǎao-dtàa-wén-ɔ̀ɔk ຊາວຕາເວັນອອກ

orientation, *n.* gàan-bpa-tǒm-ni-têet ການປະຖົມນິເທດ (introductory instruction); gàan-bpǎp-dtùa ການປັບຕົວ (adjustment); tit-táang ທິດທາງ (direction); kwáam-sǒn-jài-táang-pêet ຄວາມສົນໃຈທາງເພດ (sexual orientation)

origin, *n.* dǎng-dɔ̀ɔm ດັ້ງເດີມ; múun-hâak ມູນຮາກ

original, *n.* dtôn-sa-bǎp ຕົ້ນສະບັບ (the source from which a copy is made); kɔ̌ɔng-tɛ́ɛ ຂອງແທ້ (authentic)

originate, *v.* li-lɔ̂əm ລິເລີ່ມ; lɔ̂əm-dtôn ເລີ່ມຕົ້ນ

ornament, *n.* kuang-ěe ເຄື່ອງເອ້

orphan, *n.* děk-gǎm-pâa ເດັກກຳພ້າ

orphanage, *n.* húan-líang-děk-gǎm-pâa ເຮືອນລ້ຽງເດັກກຳພ້າ

orthodox, *adj.* dǎng-dɔ̀ɔm ດັ້ງເດີມ; dtàam-bèep-bùu-háan ຕາມແບບບູຮານ

orthopedic, *adj.* giao-gǎp-ga-dùuk ກ່ຽວກັບກະດູກ

ostrich, *n.* nok-ga-jɔ̀ɔk-têet ນົກກະຈອກເທດ; nok-òo-dtùit ນົກໂອດຣິດ

other, *adj.* uun ອື່ນ; uun-uun ອື່ນໆ

otherwise, *conj.* bɔɔ-dǎng-nân

otherwise

ບໍ່ຖືນັ້ນ (if not)

otherwise, *adv.* ìik-nái-nung ອີກໃນໜຶ່ງ (in another way)

otter, *n.* dtòo-nàak ໂຕມາກ

ought, *aux. v.* dtông ຕ້ອງ

ounce, *n.* ɔ̀ɔn ອອນ; nâam-nǎk-bpèn-ɔ̀ɔn ນ້ຳໜັກເປັນອອນ

our, *adj.* kɔ̌ɔng-háo ຂອງເຮົາ; kɔ̌ɔng-pùak-háo ຂອງພວກເຮົາ

ours, *pron.* kɔ̌ɔng-háo ຂອງເຮົາ; kɔ̌ɔng-pùak-háo ຂອງພວກເຮົາ

ourselves, *pron.* dtùa-kɔ̌ɔng-háo-èeng ໂຕຂອງເຮົາເອງ; dtùa-kɔ̌ɔng-pùak-háo ໂຕຂອງພວກເຮົາເອງ

out, *adv.* ɔ̀ɔk ອອກ (used with other words, e.g. take out, come out, go out, etc.); kàang-nɔ̂ɔk ຂ້າງນອກ (outside, exterior, external)

outbreak, *v.* la-bàat ລະບາດ (sudden increase); la-bə̀ət ລະເບີດ (outburst)

outbreak, *n.* gàan-la-bàat ການລະບາດ; gàan-la-bə̀ət ການລະເບີດ

outburst, *v.* la-bə̀ət ລະເບີດ (of activity or emotion)

outburst, *n.* gàan-la-bə̀ət ການລະເບີດ; àa-lóm-hɔ́ɔn ອາລົມຮ້ອນ

outcast, *n.* kón-jɔ̀ɔn-jàt ຄົນຈອນຈັດ (vagabond); kón-nɔ̂ɔk-sǎng-kóm ຄົນນອກສັງຄົມ (one that has been excluded from a society); jàn-táan ຈັນທານ (of the Indian caste system)

outcome, *n.* pǒn ຜົນ; pǒn-tii-dtàam-máa ຜົນທີ່ຕາມມາ

outdated, *adj.* lâa-sa-mǎi ລ້າສະໄໝ

outdo, *v.* ào-sa-na ເອົາຊະນະ

outdoor, *adj.* nɔ̂ɔk-húan ນອກເຮືອນ; gàang-jèeng ກາງແຈ້ງ

outer, *adj.* sân-nɔ̂ɔk ຊັ້ນນອກ; táang-nɔ̂ɔk ທາງນອກ

outfit, *n.* kuang-nung ເຄື່ອງນຸ່ງ

outgoing, *adj.* mak-kào-sǎng-kóm ມັກເຂົ້າສັງຄົມ

outgrow, *v.* dtɛ̀əp-dtòo-pôot ເຕີບໂຕໄພດ

outing, *n.* gàan-ɔ̀ɔk-nɔ̂ɔk-húan ການອອກນອກເຮືອນ

outlaw, *n.* kón-nɔ̂ɔk-gòt-mǎai ຄົນນອກກົດໝາຍ

outlet, *n.* táang-ɔ̀ɔk ທາງອອກ (exit, vent); hâan-kâa ຮ້ານຄ້າ (store)

outline, *v.* haang-nyɔ̂ɔ ຮ່າງຫຍໍ້

outline, *n.* kóong-haang ໂຄງຮ່າງ

outlive, *v.* àa-yu-yúun-gwaa ອາຍຸຍືນກວ່າ

outlook, *n.* pâap ພາບ (view); tat-sa-na ທັດສະນະ (attitude)

out-of-date, *adj.* laa-sa-mǎi ລ້າສະໄໝ

outpatient, *n.* kón-jèp-nɔ̂ɔk-hóong-mɔ̌ɔ ຄົນເຈັບນອກໂຮງໝໍ

output, *n.* pa-lìt-dta-pǒn ຜະລິດຕະຜົນ (amount produced); kɔ̂ɔ-múun-tii-song-ɔ̀ɔk-máa ຂໍ້ມູນທີ່ສົ່ງອອກມາ (information)

outrage, *v.* jài-hâai-héeng ໃຈຮ້າຍແຮງ; tóo-sǎ-héeng ໂທສະແຮງ

outrage, n. gàan-tám-láai ການທຳລາຍ (destruction); kwáam-hòot-hâai ຄວາມໂຫດຮ້າຍ (extreme violence)

outrageous, adj. hún-héeng ຮຸນແຮງ (violent); bɔɔ-sǎa-mâat-nyɔ́ɔm-hap-dâi ບໍ່ສາມາດຍອມຮັບໄດ້ (unacceptable, very bad, e.g. outrageous behavior); pìt-bpòk-ga-dtì ຜິດປົກກະຕິ (very unusual)

outside, adj. táang-nɔ̂ɔk ທາງນອກ; kàang-nɔ̂ɔk ຂ້າງນອກ

outsider, n. kón-nɔ̂ɔk ຄົນນອກ

outskirts, n. kɛ́ɛm-múang ແຄມເມືອງ; sáan-múang ຊານເມືອງ

outsmart, v. sa-làat-gwaa ສະຫລາດກວ່າ

outspoken, adj. wâo-yaang-bpɔ̀ɔt-pɔ̌ɔi ເວົ້າຢ່າງເປີດເຜີຍ (frank)

outstanding, adj. den ເດັ່ນ (prominent, distinguished); nyáng-mîi-yuu ຍັງມີຢູ່ (still in existence, e.g. outstanding debts)

outward, adv. páai-nɔ̂ɔk ພາຍນອກ; táang-nɔ̂ɔk ທາງນອກ

oval, n. hûup-kai ຮູບໄຂ່

ovary, n. húai-kai ຮວຍໄຂ່; háng-kai ຮັງໄຂ່

oven, n. dtào-òp ເຕົາອົບ

over, adv. táang-tóng ທາງເທິງ (above); súung-gwaa ສູງກວ່າ (higher); lǎai-gwaa ຫລາຍກວ່າ (more); pôot ໂພດ (too much); jòp-lóng ຈົບລົງ (finished)

overall, adj., adv. táng-mót ທັງໝົດ (the whole, everything); tuk-ngɛɛ-múm ທຸກແງ່ມຸມ (every aspect)

overbearing, adj. nyok-dtòn-kom-pən ຍົກຕົນຂົ່ມເພິ່ນ (predominant); yɔɔ-nying-jɔɔng-hɔ̌ɔng ຍໍຍິງຈອງຫອງ (arrogant)

overboard, v., adv. het-pôot ເຮັດໂພດ (to go overboard = go to extremes); dtǒk-húa ຕົກຫົວ (fall overboard); dtǒk-lóng-náam ຕົກລົງນ້ຳ (fall or go into the water)

overcast, adj. mîi-mêek-lǎai ມີເມກຫລາຍ (having a lot of clouds); mûut-kùm ມຶດຄຶ້ມ (cloudy, gloomy)

overcoat, n. sùa-kúm-gàn-nǎao ເສື້ອຄຸມກັນໜາວ

overcome, v. ào-sa-ná ເອົາຊະນະ; sa-ná ຊະນະ

overdo, v. het-gàai-kɔ̂ɔp-kèet ເຮັດກາຍຂອບເຂດ

overdose, v. sài-yàa-gəən-gàm-nòt ໃຊ້ຢາເກີນກຳນົດ

overdose, n. gàan-bpa-li-máan-tii-gàm-nòt ການປະລິມານທີ່ກຳນົດ

overdue, adj. pón-gàm-nòt ພົ້ນກຳນົດ; gàai-wée-láa ກາຍເວລາ

overflow, v. lón ລົ້ນ

overhead, adj. yuu-táng-hǔa ຢູ່ເທິງຫົວ; gàai-hǔa ກາຍຫົວ

overhead, n. kaa-sài-jaai ຄ່າໃຊ້ຈ່າຍ (expenses)

overlap, v. lɯam-gàn ເຫລື່ອມກັນ

overload

overload, *v.* bǎn-tuk-nǎk-pôot ບັນທຸກໜັກໂພດ

overlook, *v.* bǝng-kâam ເບິ່ງຂ້າມ (fail to notice or consider, look over or at from a higher place); bpǎ-la ປະລະ (ignore, disregard)

overnight, *adv., adj.* kâang-kuuen ຄ້າງຄືນ; dta-lɔ̀ɔt-kuuen ຕະຫລອດຄືນ

overpopulation, *n.* bpa-sáa-gɔ̀ɔn-lǎai-pôot ປະຊາກອນຫລາຍໂພດ

overpower, *v.* ào-sa-na ເອົາຊະນະ

overrule, *v.* lop-láang ລົບລ້າງ (prevail over); dtìi-gǎp-kuuen ຕີກັບຄືນ (reverse)

overseas, *adj.* pôn-ta-lée ພົ້ນທະເລ; dtaang-bpa-têet ຕ່າງປະເທດ

oversee, *v.* bǝng-nyéeng ເບິ່ງແຍງ (supervise); gùat-gàa ກວດກາ (examine or inspect)

oversight, *n.* gàan-sǎng-gèet-pǐt-pâat ການສັງເກດຜິດພາດ

overstay, *v.* yuu-gɔ̀ɔn-gǎm-not ຢູ່ເກີນກຳນົດ

overtake, *v.* lai-tán ໄລ່ທັນ (catch up with); jòom-dtìi ໂຈມຕີ (attack); het-hài-bpa-làat-jài ເຮັດໃຫ້ປະຫລາດໃຈ (take by surprise); ào-sa-na ເອົາຊະນະ (conquer, defeat)

overthrow, *v.* koon-lôm ໂຄ່ນລົ້ມ; lôm-láang ລົ້ມລ້າງ

overtime, *n.* wîak-nɔ̂ɔk-móong-gàan ວຽກນອກໂມງການ; wée-láa-

luang-láǝi ເວລາລ່ວງເລີຍ

overturn, *v.* lôm-láang ລົ້ມລ້າງ (overthrow); bpîin ປີ້ນ (turn over)

overweight, *adj.* nâam-nǎk-gǝ̀ǝn ນ້ຳໜັກເກີນ; nǎk-gǝ̀ǝn-kúan ໜັກເກີນຄວນ

overwhelm, *v.* lǔa-lón ເຫລືອລົ້ນ

overwork, *v.* het-wîak-lǎai-pôot ເຮັດວຽກຫລາຍໂພດ

owe, *v.* bpèn-nîi ເປັນໜີ້

owl, *n.* nok-kâo ນົກເຄົ້າ

own, *adj., pron.* dtòn-èeng ຕົນເອງ; dûai-dtòn-èeng ດ້ວຍຕົນເອງ

owner, *n.* jào-kɔ̌ɔng ເຈົ້າຂອງ

ox, *n.* ngúa ງົວ

oxygen, *n.* ɔk-sǐi-jèen ອັອກຊີເຈນ

oyster, *n.* hɔ̌ɔi-náang-lóm ຫອຍນາງລົມ

ozone, *n.* òo-sóon ໂອໂຊນ

P

pace, *v.* gâao-kǎa-bpài ກ້າວຂາໄປ

pace, *n.* bàat-gâao ບາດກ້າວ; bàat-nyaang ບາດຍ່າງ

pacifier, *n.* hǔa-nóm-paat-sa-dtìk ຫົວນົມພາດສະຕິກ (for baby)

pacify, *v.* ɔ̀ɔi ອ່ອຍ (calm); het-hài-sa-ngóp ເຮັດໃຫ້ສະຫງົບ (establish peace)

pack, *v.* hɔ̀ɔ ຫໍ່; jǎt-kuang ຈັດເຄື່ອງ

pack, *n.* hɔ̀ɔ ຫໍ່ (small package); bpêe ເປ້ (backpack)

package, n. hɔ̀ɔ ຫໍ່ (something wrapped); mat ມັດ (something tied)

pact, n. săn-nyáa ສັນຍາ

pad, n. bɔ̀ ເບາະ (thick piece of soft material); sa-năp-keng ສະໜັບແຂ້ງ (padded material to protect the legs)

padding, n. kuang-hɔ́ɔng ເຄື່ອງຮອງ

paddle, n. mâi-páai ໄມ້ພາຍ (oar); mâi-kón ໄມ້ຄົນ (for stirring food)

paddock, n. kɔ̀ɔk-mâa-kàang-sa-nǎam-keng ຄອກມ້າຂ້າງສະໜາມແຂ່ງ

page, v. ɔ̀ɔn ເອີ້ນ

page, n. nàa-jìa ໜ້າຈັ້ຍ

pageant, n. gàan-hɛ́ɛ-hɛ̌ɛn ການແຫ່ແໜນ (procession); gàan-sa-dɛɛng-gàang-jɛ̂ɛng ການສະແດງກາງແຈ້ງ (outdoor performance); wée-tíi-bpa-gùat ເວທີປະກວດ (e.g. beauty)

pager, n. pèet-jə̀ə ເພດເຈີ້; kuang-dûit-dtàam-dtùa ເຄື່ອງດຶດຕາມຕົວ

pagoda, n. tâat ທາດ; jèe-dìi ເຈດີ; sa-tùup ສະຖູບ

pain, n. àa-gàan-jěp-bpùat ອາການເຈັບປວດ

painful, adj. jěp-bpùat ເຈັບປວດ; bpùat ປວດ

painkiller, n. yàa-gɛ̂ɛ-bpùat ຢາແກ້ປວດ

paint, v. dtɛ̂ɛm-sǐi ແຕ້ມສີ; táa-sǐi ທາສີ

paint, n. sǐi-dtɛ̂ɛm ສີແຕ້ມ; sǐi-táa-mâi ສີທາໄມ້

paintbrush, n. fɔ́ɔi-táa-sǐi ຟອຍທາສີ; bpɛ̀ɛng-táa-sǐi ແປງທາສີ

painter, n. saang-táa-sǐi ຊ່າງທາສີ; saang-dtɛ̂ɛm-hûup ຊ່າງແຕ້ມຮູບ

painting, n. gàan-táa-sǐi ການທາສີ; hûup-dtɛ̂ɛm ຮູບແຕ້ມ

pair, n. kuu ຄູ່

pajamas, n. sut-nung-nɔ́ɔn ຊຸດນຸ່ງນອນ

pal, n. pɯan ເພື່ອນ; muu ໝູ່

palace, n. lâat-sa-wáng ລາຊະວັງ

palate, n. pée-dàan-bpàak ເພດານປາກ

pale, adj. sǐit-kǎao ຊີດຂາວ; ɔɔn-pía ອອນເພຍ

palette, n. bpɛ̂n-bpa-sǒm-sǐi ແປ້ນປະສົມສີ; gàan-bpa-sǒm-sǐi ການປະສົມສີ

palm, n. fǎa-múɯ ຝາມື (hand); dtôn-dtaan ຕົ້ນຕານ (tree)

pamper, v. dtaam-jai ຕາມໃຈ; ào-ǒk-ào-jai ເອົາອົກເອົາໃຈ

pamphlet, n. bpɯ̂m-bàang ປຶ້ມບາງ

pan, v. kùa-hǎa ຄົ້ນຫາ (e.g. for gold)

pan, n. mɔ̂ɔ-kǎang ໝໍ້ຂາງ

panacea, n. yàa-dìi-sǎa-la-pat ຢາດີສາລະພັດ; yàa-hàak-dìao ຢາຮາກດຽວ

pancake, n. kào-nǒm-pɛn ເຂົ້າໜົມແພນ; pɛ́ɛn-keek ແພນເຄັກ

panda, n. mǐi-pɛ́ɛn-dâa ໝີແພນດ້າ

pane, n. kɔ̀ɔp-bpong-yìam ຂອບປ່ອງຢ້ຽມ (for window)

panel, n. láai-sɯ̀ɯ ລາຍຊື່; ka-na ຄະນະ; gàan-a-pi-bpàai-gum

panic — parentage

ການອະຊີປາຍທຸ່ມ

panic, v. dtuun-dtŏk-jài ຕື່ນຕົກໃຈ

panic, n. kwaam-dtuun-dtŏk-jài ຄວາມຕື່ນຕົກໃຈ

panorama, n. pâap-ka-nàat-nyai ພາບຂະໜາດໃຫຍ່; tiu-tat-dòoi-lúam ທິວທັດໂດຍລວມ

pant, v. hăn-jài-hɔ̀ɔp ຫັນໃຈຫອບ

panther, n. sŭa-dam ເສືອດຳ

panties, n. sòong-sân-nái-puu-nyíng ສົ້ງສັ້ນໃນຜູ້ຍິງ

pantomime, n. la-kɔɔn-guuk ລະຄອນກຶກ

pantry, n. hɔ̂ng-mîan-àa-hăan ຫ້ອງມ້ຽນອາຫານ

pants, n. sòong ສົ້ງ

pantyhose, n. sòong-bàang-kăa-nyáao-kɔ̌ɔng-puu-nyíng ສົ້ງບາງຂາຍາວຂອງຜູ້ຍິງ

paper, n. jîa ເຈັ້ຍ; èek-ga-săan ເອກະສານ; năng-sǔu-pim ຫັງສືພິມ

paperback, n. bpùm-bpòk-ɔ̀ɔn ປຶ້ມປົກອ່ອນ

paper clip, n. lĕk-nìip-jîa ເຫຼັກໜີບເຈັ້ຍ

par, n. láa-káa-dàng-dɔ̀ɔm ລາຄາດັ້ງເດີມ (face value); páa ພາ (golf)

parade, n. gàan-dəən-sŭan-sa-năam ການເດີນສວນສະໜາມ; gàan-dəən-ka-buan ການເດີນຂະບວນ

paradise, n. sa-wăn ສະຫວັນ

paradox, n. kám-wâo-tii-kàt-gàn ຄຳເວົ້າທີ່ຂັດກັນ

paragon, n. dtŭa-yaang-àn-nyɔ̂ɔt-yîam ຕົວຢ່າງອັນຍອດຢ້ຽມ (perfect example); puu-nyɔ̂ɔt-yîam ຜູ້ຍອດຢ້ຽມ (perfect person)

paragraph, n. nyɔ̂ɔ-nàa ຫຍໍ້ໜ້າ; wak ວັກ; dtɔ̀ɔn ຕອນ

parallel, adj. ka-năan-gàn-bpai ຂະໜານກັນໄປ

parallel, n. sèn-ka-năan ເສັ້ນຂະໜານ; sing-tii-ka-năan-gàn ສິ່ງທີ່ຂະໜານກັນ

paralysis, n. àm-ma-pâat ອຳມະພາດ; gàan-bpèn-bpîa ການເປັນເປັ້ຍ

paralyze, v. bpèn-àm-ma-pâat ເປັນອຳມະພາດ; bpèn-bpîa ເປັນເປັ້ຍ

paramedic, n. bpa-tǒm-pa-nyáa-bàan ປະຖົມພະຍາບານ

parameter, n. kɔ̂ɔ-jàm-gàt ຂໍ້ຈຳກັດ

paranoid, adj. wi-dtòk-gàng-wón ວິຕົກກັງວົນ

paraphrase, v. wâo-ìik-néeo-nung ເວົ້າອີກແນວໜຶ່ງ

parasite, n. pa-nyâat-gàa-fàak ພະຍາດກາຝາກ

parcel, n. hɔ̀ɔ-sɔ́ɔng ຫໍ່ສົ່ງ; hɔ̀ɔ ຫໍ່

parch, v. het-hài-hèng ເຮັດໃຫ້ແຫ້ງ

pardon, v. kɔ̌ɔ-tôot ຂໍໂທດ; kɔ̌ɔ-a-pái ຂໍອະໄພ

pardon, n. gàan-hài-a-pái ການໃຫ້ອະໄພ; gàan-nyók-tôot-hài ການຍົກໂທດໃຫ້

parent, n. pɔ̀ɔ-lúu-mɛ̂ɛ ພໍ່ຫຼືແມ່

parentage, n. sŭa-néeo-tĕeo-pán

parenthesis

ເຊື້ອແນວຫຼຸດພັນ

parenthesis, *n.* wóng-lep ວົງເລັບ

park, *v.* jòot-lot ຈອດລົດ

park, *n.* sŭan-săa-táa-la-na ສວນສາທາລະນະ; sŭan ສວນ

parking, *n.* gàan-jòot-lot ການຈອດລົດ; dən-jòot-lot ດຶນຈອດລົດ

parliament, *n.* sa-páa ສະພາ; lat-ta-sa-páa ລັດຖະສະພາ

parlor, *n.* hɔ̀ng-hap-kɛ̀ɛk ຫ້ອງຮັບແຂກ (for guests); hɔ̀ng-nang-lîn ຫ້ອງນັ່ງຫຼິ້ນ (living room)

parody, *n.* gàan-lɔ́ɔ-lîn ການລໍ້ຫຼິ້ນ

parole, *n.* tán-bòn ທັນບົນ

parrot, *n.* nok-gɛ̀ɛo ນົກແກ້ວ

parsley, *n.* pǎk-hɔ́ɔm-bpɔ̂m ຜັກຫອມປ້ອມ

part, *n.* suan ສ່ວນ; suan-bpa-gɔ̀ɔp ສ່ວນປະກອບ

partial, *adj.* pâak-suan ພາກສ່ວນ; bàang-suan ບາງສ່ວນ

participant, *n.* puu-kào-huam ຜູ້ເຂົ້າຮ່ວມ

participate, *v.* kào-huam ເຂົ້າຮ່ວມ; huam ຮ່ວມ

participation, *n.* gàan-kào-huam-nám ການເຂົ້າຮ່ວມນຳ; gàan-míi-suan-huam ການມີສ່ວນຮ່ວມ

particle, *n.* suan-nɔ́ɔi-nɔ́ɔi ສ່ວນນ້ອຍໆ (little parts); kám-sɛ̌ɛm ຄຳເສີມ

particular, *adj.* dòoi-sa-pɔ́ ໂດຍສະເພາະ

partly, *adv.* bàang-suan ບາງສ່ວນ;

pâak-suan ພາກສ່ວນ

partner, *n.* hùn-suan ຫຸ້ນສ່ວນ (in business); puu-mǐi-suan-huam ຜູ້ມີສ່ວນຮ່ວມ (who works together or cooperates); kuu ຄູ່ (pair); puu-huam-ngáan ຜູ້ຮ່ວມງານ (co-worker)

partnership, *n.* kwáam-bpèn-hùn-suan ຄວາມເປັນຫຸ້ນສ່ວນ

party, *n.* ngáan-gìn-lîang ງານກິນລ້ຽງ (e.g. birthday party); ngáan-săng-săn ງານສັງສັນ (social gathering); pak ພັກ (political); gum-ka-na ກຸ່ມຄະນະ (group)

pass, *v.* paan ຜ່ານ (a location, the exam); song-hài ສົ່ງໃຫ້ (e.g. the ball)

pass, *n.* sèn-táang ເສັ້ນທາງ (passage); táang ທາງ (e.g. mountain pass); bpii ປີ້ (ticket for transportation or admisssion); gàan-song-bàan ການສົ່ງບານ (e.g. the ball)

passage, *n.* kɔ̀ɔ-kîan ຂໍ້ຂຽນ (written article); gàan-kâam ການຂ້າມ (act of passing); táang-paan ທາງຜ່ານ (way)

passenger, *n.* kón-dòoi-săan ຄົນໂດຍສານ

passer-by, *n.* kón-dəən-paan ຄົນເດີນຜ່ານ; kón-nyaang-paan-bpài-máa ຄົນຍ່າງຜ່ານໄປມາ

passion, *n.* àa-lóm ອາລົມ (mood); dtàn-hǎa ຕັນຫາ (desire)

passionate, *adj.* míi-kwáam-hùu-sǔk-hún-héeng ມີຄວາມຮູ້ສຶກຫັນແຮງ

passive — pay

passive, *adj.* bɔɔ-dtôo-dtɔ̀ɔp ບໍ່ໂຕ້ຕອບ (subjected to an action without responding); ga-tám-èeng ກະທຳເອງ (passive voice); bɔɔ-ga-dtùu-lúu-lón ບໍ່ກະຕືລືລົ້ນ (not active)

passport, *n.* nǎng-sǔu-paan-dèen ໜັງສືຜ່ານແດນ

past, *n.* a-dìit ອະດີດ; sa-mǎi-gɔɔn ສະໄໝກ່ອນ

pasta, *n.* àa-hǎan-kâai-kúu-sa-bpàa-get-dtîi ອາຫານຄ້າຍຄືສະປາເກັດຕີ້

paste, *v.* dtìt ຕິດ

paste, *n.* sing-tii-nǐao ສິ່ງທີ່ໜຽວ

pasteurize, *v.* kàa-sɨa ຂ້າເຊື້ອ

pastime, *n.* gàan-kàa-wée-láa ການຂ້າເວລາ

pastry, *n.* kào-nǒm-bpùak-kěeng ເຂົ້າໜົມເປືອກແຂງ

pasture, *n.* tong-nyàa-lîang-sǎt ທົ່ງຫຍ້າລ້ຽງສັດ

pat, *v.* dtòp-kɔi-kɔi ຕົບຄ່ອຍໆ

patch, *v.* dtàap ຕາບ

patch, *n.* pée-dtàap ແພຕາບ

patent, *n.* sìt-ti-bàt ສິດທິບັດ

paternal, *adj.* giao-gàp-pɔɔ ກ່ຽວກັບພໍ່

paternity, *n.* kwáam-bpèn-pɔɔ ຄວາມເປັນພໍ່

path, *n.* táang ທາງ; něeo-táang ແນວທາງ

pathetic, *adj.* bpèn-dtàa-sǒng-sǎan ເປັນຕາສົງສານ; nàa-ì-dǔu-dtòn ໜ້າອິດູຕົນ

pathology, *n.* pa-nyâat-wi-ta-nyáa ພະຍາດວິທະຍາ

patience, *n.* kwáam-òt-tón ຄວາມອົດທົນ

patient, *n.* kón-jèp ຄົນເຈັບ; kón-kài ຄົນໄຂ້

patient, *adj.* òt-tón ອົດທົນ

patio, *n.* dən-húan ເດີ່ນເຮືອນ

patriot, *n.* puu-hak-sâat ຜູ້ຮັກຊາດ

patriotic, *adj.* hak-sâat ຮັກຊາດ

patriotism, *n.* sâat-ni-nyóm ຊາດນິຍົມ

patrol, *n.* gàan-lâat-dta-wéen ການລາດຕະເວນ

patron, *n.* puu-ǔ-bpa-tám ຜູ້ອຸປະຖຳ

patronize, *v.* ǔ-bpa-tám ອຸປະຖຳ; sa-nàp-sa-nǔun ສະໜັບສະໜູນ

pattern, *n.* bὲεp-yaang ແບບຢ່າງ (model); bὲεp-pěen ແບບແຜນ (plan, diagram, or model to be followed); lûat-láai ລວດລາຍ (style)

pause, *n.* gàan-yùt-sɨa-káao ການຢຸດເຊົາຄາວ

pave, *v.* bpùu-táang ປູທາງ; bpùu-ta-nǒn ປູຖະໜົນ

pavement, *n.* táang-nyaang ທາງຢ່າງ (sidewalk); ta-nǒn ຖະໜົນ (paved road)

pavilion, *n.* pǎam-sǎi ຜາມໃຊ້ (light building); hâan-sa-dèeng-sìn-kâa ຮ້ານສະແດງສິນຄ້າ (for exhibition)

paw, *n.* dtìin-sǎt ຕີນສັດ (feet); múu-sǎt ມືສັດ (hands or front feet)

pawn, *v.* jàm-nám ຈຳນຳ

pawnshop, *n.* hóong-jàm-nám ໂຮງຈຳນຳ

pay, *v.* jaai ຈ່າຍ

pay, n. kaa-jáang อ่าจ้าง
payday, n. mûu-jaai-ngán มื้จ่ายเงิน
payment, n. gàan-jaai-ngán การจ่ายเงิน; gàan-sám-la การชำละ
pay phone, n. dtûu-tóo-la-sáp-sǎa-táa-la-na ตู้โทละสับสาทาละนะ
payroll, n. bàn-sii-gàan-jaai-ngán บัญชีการจ่ายเงิน
pea, n. màak-tua-hɛɛ ຫມາກຖົ່ວແຮ
peace, n. kwáam-sa-ngóp ຄວາມສະຫງົບ; sǎn-dti-pâap สันติพาบ
peaceful, adj. sa-ngóp-sùk สะหงົบสุก
peach, n. màak-kǎai ຫມາກຄາຍ
peacock, n. nok-nyúung ນົກຍູງ
peak, n. nyɔ́ɔt ຍອດ; jùt-sǔung-sùt ຈຸດສູງສຸດ
peal, n. sïang-dàng-gàng-wáan ສຽງດັງກັງວານ (loud ringing of a bell)
peanut, n. màak-tua-dìn ຫມາກຖົ່ວດິນ
pear, n. màak-bpìa ຫມາກເປຍ
pearl, n. kai-muk ໄຂ່ມຸກ
peasant, n. sáao-hai-sáao-náa ຊາວໄຮ່ຊາວນາ
pebble, n. hǐin-hɛɛ ຫີນແຮ່
peck, v. dtɔ̀ɔt-gìn ຕອດກິນ; tàak-tǎang ທາກທາງ
peculiar, adj. bpa-làat ປະຫລາດ; bpèɛk ແປກ
pedal, n. bon-tìip ບ່ອນຖີບ (e.g. for bicycle); kán-leng ຄັນເລັງ (for motor vehicle)
pedantic, adj. mak-ùat-kwáam-hûu มักอวดความรู้

peddle, v. tiao-kǎai-kɔ̌ɔng-dtàam-húan ທ່ຽວຂາຍຂອງຕາມເຮືອນ; pǎɔi-pεε ເພີຍແພ່
peddler, n. kón-kǎai-kɔ̌ɔng-dtàam-húan ຄົນຂາຍຂອງຕາມເຮືອນ
pedestal, n. tǎan ຖານ; tɛn ແທ່ນ
pedestrian, n. kón-yaang-dtàam-tǎ-nǒn ຄົນຍ່າງຕາມຖະຫນົນ
pediatrician, n. mɔ̌ɔ-dèk ຫມໍເດັກ; pêɛt-dèk ແພດເດັກ
pedigree, n. sǎai-lûat สายเลือด; tii-máa ທີ່ມາ
peek, v. lak-bεng ລັກເບິ່ງ
peel, n. bpɔ̀ɔk-bpùak-màak-mâi ປອກເປືອກຫມາກໄມ້; tàak-bpùak ທາກເປືອກ; kwat ຄວດ
peep, v. lak-bεng ລັກເບິ່ງ
peer, n. puan ເພື່ອນ; muu ຫມູ່
peg, n. kěm-mút ເຂັມຫມຸດ; kɔ̌ɔ-hɔ̀ɔi ຂໍຫ້ອຍ
Peking, n. bpǎk-gìng ປັກກິ່ງ
pelican, n. nok-ga-túng ນົກກະທຸງ
pelvis, n. ga-dùuk-sɔ̀ɔng-gàan ກະດູກເຊີງການ
pen, n. bpàak-gàa ປາກກາ (for writing); kɔ̂ɔk ຄອກ (animal enclosure)
penal, adj. giao-gǎp-àa-nyáa ກ່ຽວກັບອາຍາ
penalize, v. lóng-tôot ລົງໂທດ
penalty, n. tôot ໂທດ
pencil, n. sɔ̌ɔ-dàm ສໍດຳ
pendant, n. sing-hɔ̀ɔi-kɔɔ ສິ່ງຫ້ອຍຄໍ
pending, adj. yuu-nái-la-waang ຢູ່ໃນລະຫວ່າງ; káang-káa-yuu

ຄ້າງຄາຢູ່; kâang-káa ຄ້າງຄາ

penetrate, v. téeng-sòɔt ແທງຊອດ; sòɔt-kào-bpai ຊອດເຂົ້າໄປ

penguin, n. nok-gàa-náam-ta-lée ນົກການ້ຳທະເລ

penicilin, n. yàa-sěen ຢາແຊນ

peninsula, n. lěɛm-sa-mút ແຫຼມສະໝຸດ

penis, n. a-wái-nya-wa-pêet-sáai ອະໄວຍະວະເພດຊາຍ; hǎm ຫຳ (colloq.)

pen name, n. náam-bpàak-gàa ນາມປາກກາ

penniless, adj. bɔɔ-míi-ngóən ບໍ່ມີເງິນ; nyàak-jòn ຍາກຈົນ

penny, n. ngán-ǎt-péen-nii ເງິນອັດແພນນີ

pension, n. bîa-bàm-náan ເບ້ຍບຳນານ

pensive, adj. kut-hɔ́ɔt ຄິດຮອດ

penthouse, n. páong ເຜິງ (sloping roof); sân-sǔung-sút ຊັ້ນສູງສຸດ (highest floor)

people, n. kón ຄົນ (person); bpa-sáa-són ປະຊາຊົນ (populace)

pep, n. gàm-láng-wáng-sáa ກຳລັງວັງຊາ

pepper, n. màak-pik-tái ໝາກພິກໄທ

peppermint, n. sa-la-nɛɛ ສະລະແນ

perceive, v. néɛm-hěn ແນມເຫັນ; kào-jai ເຂົ້າໃຈ

percent, n. bpəə-sén ເປີເຊັນ; suan-hɔ́ɔi ສ່ວນຮ້ອຍ

percentage, n. ǎt-dtàa-suan-hɔ́ɔi ອັດຕາສ່ວນຮ້ອຍ

perception, n. gàan-kào-jai ການເຂົ້າໃຈ; gàan-néɛm-hěn ການແນມເຫັນ

perceptive, adj. giao-gǎp-gàan-kào-jai ກ່ຽວກັບການເຂົ້າໃຈ

percussion, n. kuang-dtii-kɔ ເຄື່ອງຕີເຄາະ; gàan-kɔ ການເຄາະ

perfect, adj. sǒm-bùun-tuk-yaang ສົມບູນທຸກຢ່າງ

perfection, n. kwáam-sǒm-bùun-tuk-yaang ຄວາມສົມບູນທຸກຢ່າງ

perform, v. sa-dɛɛng ສະແດງ (act or show); tám-ngáan ທຳງານ (work or function); dàm-nəən-gàan ດຳເນີນການ (act in an official way)

performance, n. gàan-sa-dɛɛng ການສະແດງ; gàan-dàm-nəən-gàan ການດຳເນີນການ

performer, n. puu-sa-dɛɛng ຜູ້ສະແດງ; puu-dàm-nəən-gàan ຜູ້ດຳເນີນການ

perfume, n. náam-hɔ̌ɔm ນ້ຳຫອມ

perhaps, adv. bàang-tua ບາງເທື່ອ

perimeter, n. sèn-hɔ̂ɔp-nɔ̂ɔk ເສັ້ນຮອບນອກ (geometry); bpa-li-món-tón ປະລິມົນທົນ (boundary)

period, n. wée-láa ເວລາ (length of time); la-nya ລະຍະ (interval of time); sa-mǎi ສະໄໝ (era); sua-móong-hían ຊົ່ວໂມງຮຽນ (lesson in school)

periodic, adj. bpèn-lái-nya ເປັນໄລຍະ; bpèn-wée-láa ເປັນເວລາ

periodical, n. wáa-la-sǎan ວາລະສານ

peripheral — petroleum

peripheral, *adj.* yuu-hɔ̂ɔp-nɔ̂ɔk ປຣອບນອກ

periphery, *n.* sèn-hɔ̂ɔp-wóng-nɔ̂ɔk ເສັ້ນຮອບວົງນອກ; suan-nɔ̂ɔk ສ່ວນນອກ

perishable, *adj.* nao-bpuai-dâi ເນົ່າເປື່ອຍໄດ້

perjury, *n.* gàan-hài-gàan-kìi-dtua ການໃຫ້ການຂີ້ຕົວະ

permanent, *adj.* tăa-wóon ຖາວອນ

permeate, *v.* sêek-súm ແຊກຊຶມ

permission, *n.* gàan-a-nu-nyâat ການອະນຸຍາດ

permit, *v.* a-nu-nyâat ອະນຸຍາດ

permit, *n.* bài-a-nu-nyâat ໃບອະນຸຍາດ

perpendicular, *adj.* sèn-dtâng-sàak ເສັ້ນຕັ້ງສາກ

perpetual, *adj.* dta-lɔ̀ɔt-gàan ຕະຫຼອດການ

perseverance, *n.* kwáam-pâak-pian-pa-nyáa-nyáam ຄວາມພາກພຽນພະຍາຍາມ

persevere, *v.* pâak-pian ພາກພຽນ

persimmon, *n.* màak-pám ໝາກພຳ

persist, *v.* bɔɔ-lot-la ບໍ່ລົດລະ; bpèn-yuu-luai-luai ເປັນຢູ່ເລື້ອຍໆ

persistent, *adj.* dʉʉ-dùng ດື້ດຶງ; bɔɔ-lot-la ບໍ່ລົດລະ

person, *n.* bŭk-kón ບຸກຄົນ; kón ຄົນ

personality, *n.* bŭk-ka-lik-lak-sa-nă ບຸກຄະລິກລັກສະນະ

personnel, *n.* bŭk-ka-láa-gɔɔn ບຸກຄະລາກອນ; ka-na-kón-ngáan ຄະນະຄົນງານ

perspective, *n.* ma-nóo-ka-dti ມະໂນຄະຕິ; tat-sa-na ທັດສະນະ; múm-mɔ́ɔng ມຸມມອງ; pâap-tii-hĕn ພາບທີ່ເຫັນ

perspiration, *n.* hua ເຫື່ອ; gàan-ɔ̀ɔk-hua ການອອກເຫື່ອ

perspire, *v.* ɔ̀ɔk-hua ອອກເຫື່ອ

persuade, *v.* sak-súan ຊັກຊວນ

persuasion, *n.* gàan-sak-súan ການຊັກຊວນ

pertain, *v.* giao-gap ກ່ຽວກັບ; bpèn-luang-giao-gap ເປັນເລື່ອງກ່ຽວກັບ

pertinent, *adj.* tʉ̀ʉk-luang ຖືກເລື່ອງ; kào-gap-luang ເຂົ້າກັບເລື່ອງ; giao-kɔ́ɔng ກ່ຽວຂ້ອງ

pervert, *n.* puak-pit-hèet-pit-pón ພວກຜິດເຫດຜິດຜົນ; puak-gàam-wi-bpa-lìt ພວກກາມວິປະລິດ

pessimism, *n.* gàan-bong-lôok-nái-ngɛɛ-hâai ການເບິ່ງໂລກໃນແງ່ຮ້າຍ

pessimistic, *adj.* bong-lôok-nái-ngɛɛ-hâai ເບິ່ງໂລກໃນແງ່ຮ້າຍ

pest, *n.* mέεng ແມງ; sat-lop-gùan ສັດລົບກວນ

pester, *n.* gàan-lop-gùan ການລົບກວນ

pesticide, *n.* yàa-kàa-mέεng ຢາຂ້າແມງ

pet, *n.* sat-lîang-nái-hʉ́an ສັດລ້ຽງໃນເຮືອນ

petal, *n.* glìip-dɔ̀ɔk-mâi ກີບດອກໄມ້

petition, *n.* kám-hɔ́ɔng ຄຳຮ້ອງ; gàan-nyʉʉn-kám-hɔ́ɔng ການຍື່ນຄຳຮ້ອງ

petroleum, *n.* nâam-mán-bpèe-dtòo-lian ນ້ຳມັນເປໂຕລຽນ

petty, *adj.* lek-nɔ́ɔi ເລັກນ້ອຍ; jài-kêep ໃຈແຄບ; bɔɔ-săm-kán ບໍ່ສຳຄັນ

phantom, *n.* pĭi-bpĭi-sàat ຜີປີສາດ

pharmacist, *n.* pɛ̂ɛt-gàan-yàa ແພດການຢາ

pharmacy, *n.* hâan-kăai-yàa ຮ້ານຂາຍຢາ (drug store); wi-sáa-gàan-yàa ວິຊາການຢາ (subject)

phase, *n.* la-nya ລະຍະ; kàn ຂັ້ນ

pheasant, *n.* gai-faa ໄກ່ຟ້າ

phenomenal, *adj.* nyɔ́ɔt-nyîam ຍອດຍ້ຽມ; ma-hăt-sa-jăn ມະຫັດສະຈັນ

phenomenon, *n.* bpa-gót-gàan ປະກົດການ

philanthropist, *n.* kón-jài-bùn ຄົນໃຈບຸນ

philanthropy, *n.* gàan-suai-lŭa-puan-ma-nut-nám-gàn ການຊ່ວຍເຫຼືອເພື່ອນມະນຸດນຳກັນ

Philippines, *n.* fi-lip-bpìn ຟີລິບປິນ

philosopher, *n.* nak-bpăt-sa-nyáa ນັກປັດຊະຍາ

philosophical, *adj.* táang-bpăt-sa-nyáa ທາງປັດຊະຍາ

philosophy, *n.* bpăt-sa-nyáa ປັດຊະຍາ

phlegm, *n.* kìi-ga-tɜɜ ຂີ້ກະເທີ່; sa-lèet ສະເຫຼດ

phobia, *n.* lôok-yâan-yaang-hún-héeng ໂລກຢ້ານຢ່າງຮຸນແຮງ

phoenix, *n.* nok-náai-ni-nyáai-kɔ̌ɔng-ìi-yip ນົກໃນນິຍາຍຂອງອີຢິບ

phone, *n.* tóo-la-săp ໂທລະສັບ

phonetic, *adj.* giao-găp-la-bŏp-sĭang ກ່ຽວກັບລະບົບສຽງ

phonetics, *n.* gàan-sŭk-săa-la-bŏp-gàan-ɔ̀ɔk-sĭang ການສຶກສາລະບົບການອອກສຽງ

phony, *adj.* bpɔ̀ɔm ປອມ; bɔɔ-mɛn-kɔ́ɔng-têɛ ບໍ່ແມ່ນຂອງແທ້

phosphorus, *n.* tâat-húang-sɛ̌ɛng ທາດເຮືອງແສງ

photo, *n.* hûup-taai ຮູບຖ່າຍ

photocopy, *n.* săm-nao-èek-ga-săan ສຳເນົາເອກະສານ

photogenic, *adj.* taai-hûup-kùn ຖ່າຍຮູບຂຶ້ນ

photograph, *v.* taai-hûup ຖ່າຍຮູບ

photograph, *n.* hûup-taai ຮູບຖ່າຍ

photographer, *n.* saang-taai-hûup ຊ່າງຖ່າຍຮູບ

photography, *n.* gàan-taai-hûup ການຖ່າຍຮູບ

phrase, *n.* wa-lìi ວະລີ; tɔ̀i-kám ຕ້ອຍຄຳ

physical, *adj.* táang-haang-gàai ທາງຮ່າງກາຍ; táang-gàa-nya ທາງກາຍະ

physician, *n.* taan-mɔ̌ɔ ທ່ານໝໍ; pɛ̂ɛt ແພດ

physicist, *n.* nak-fi-sĭk ນັກຟີສິກ

physics, *n.* wi-sáa-fi-sĭk ວິຊາຟີສິກ

physiology, *n.* gàa-nya-wi-pâak-sàat ກາຍະວິພາກສາດ

pianist, *n.* nak-lìn-bpìa-nóo ນັກຫຼິ້ນເປປໂນ

piano, *n.* bpìa-nóo ເປປໂນ

pick, v. lûak ເລືອກ

pickle, n. kuang-dɔ̀ɔng ເຄື່ອງດອງ; sòm-pǎk ສົ້ມຜັກ

pickpocket, v. luang-ga-bpǎo ລ່ວງກະເປົ໋າ

picnic, n. gàan-gìn-kào-bpaa ການກິນເຂົ້າປ່າ

picture, n. hûup ຮູບ; pâap ພາບ

pie, n. kào-nǒm-páai ເຂົ້າໜົມພາຍ

piece, n. sîin ຊິ້ນ; dtɔ̀n ຕອນ; àn ອັນ; bpiang ປ່ຽງ

pier, n. taa-húa ທ່າເຮືອ (wharf)

pierce, v. jɔ̀ ເຈາະ; tɛ́ɛng ແທງ

pig, n. mǔu ໝູ

pigeon, n. nok-gàang-gɛɛ ນົກກາງແກ

pigment, n. sǐi-pìu ສີຜິວ; sǐi ສີ

pile, n., v. gɔ̀ɔng ກອງ

pilgrim, n. nak-sa-wɛ̌ɛng-bùn ນັກສະແຫວງບຸນ

pill, n. yàa-met ຢາເມັດ; yàa ຢາ

pillar, n. sǎo-hǐin ເສົາຫີນ; sǎo-lǎk ເສົາຫລັກ

pillow, n. mɔ̌ɔn ໝອນ

pilot, n. nak-bìn ນັກບິນ

pimento, n. màak-pět-met-nyai ໝາກເຜັດເມັດໃຫຍ່

pimp, n. méeng-dàa ແມງດາ

pimple, n. sǐu ສິວ

pin, n. kěm ເຂັມ (sharp object used for fastening); kěm-gàt ເຂັມກັດ (safety pin, brooch); kěm-mùt ເຂັມໝຸດ (peg)

pinch, v. yík ຢິກ; nìip ໜີບ; dět ເດັດ

pine, n. dtôn-bpèek ຕົ້ນແປກ; dtôn-sǒn ຕົ້ນສົນ

pineapple, n. màak-nat ໝາກນັດ

Ping-Pong, n. gi-láa-bpìing-bpɔ̀ɔng ກິລາປິງປອງ

pink, n., adj. sǐi-sóm-púu ສີສົ້ມພູ

pioneer, n. puu-bùk-bə̀ək ຜູ້ບຸກເບີກ

pipe, n. tɔɔ ທໍ່; gɔ̀ɔk-yàa-sùup ກອກຢາສູບ (for smoking)

piracy, n. gàan-bpûn ການປຸ້ນ; gàan-la-mə̂ət ການລະເມີດ

pirate, n. jòon-bpûn-táang-ta-lée ໂຈນປຸ້ນທາງທະເລ (who robs at sea); puu-la-mə̂ət-li-ka-sìt ຜູ້ລະເມີດລິຂະສິດ (who violates copyright)

pistol, n. bpʉ̀ʉn-pók ປືນພົກ

piston, n. lûuk-sùup ລູກສູບ

pit, n. húu-lək ຮູເລິກ (hole); sǎ ສະ (pond); met-màak-mâi ເມັດໝາກໄມ້ (central kernel or stone of certain fruits)

pitch, v. gwèng ແກວ່ງ

pitch, n. la-dǎp-sǐang ລະດັບສຽງ (sound)

pitcher, n. kán-tóo-nâam ຄັນໂທນ້ຳ (jug); puu-gwèng ຜູ້ແກວ່ງ (thrower)

pitch-dark, n. dàm-mʉ̂ut ດຳມືດ

pitfall, n. gǎp-dǎk ກັບດັກ

pith, n. nyʉ̂a-nʉ̌a ເຍື່ອເນື້ອ (soft tissue of certain plants); pâak-suan-sǎm-kán ພາກສ່ວນສຳຄັນ (essence)

pitiful, adj. nàa-sǒng-sǎan

ໝ້າສົງສາມ; nàa-i-dùu-dtôn ໜ້າອິດຕົ້ມ
pity, n. sŏng-săan ສົງສານ; i-dùu ອິດ
pivot, n. gèen-mŭn ແກນໝູນ; lak ຫລັກ
place, n. sa-tăan-tii ສະຖານທີ່ (location); bɔ̀ɔ-li-wéen ບໍລິເວນ (area)
plague, n. lôok-la-bàat ໂລກລະບາດ
plain, n. pʉ́ʉn-hâap-piang ພື້ນຮາບພຽງ
plaintiff, n. jòot ໂຈດ
plaintive, adj. sĭa-jài ເສຍໃຈ; sòok-sào ໂສກເສົ້າ
plan, n. pĕen-gàan ແຜນການ; kóong-gàan ໂຄງການ
plane, v. sɔ̀i-mâi ສ້ອຍໄມ້ (in carpentry)
plane, n. húa-bìn ເຮືອບິນ (airplane); nɛ́ɛo-hâap ແນວຮາບ (flat); gɔ̀p-sɔ̀i-mâi ກົບສ້ອຍໄມ້ (in carpentry)
planet, n. dàao-pa-kɔ ດາວພະເຄາະ
plank, n. bpɛ̀n-mâi ແປ້ນໄມ້
planner, n. puu-wâang-pĕen-gàan ຜູ້ວາງແຜນການ (one that plans); bpʉ̂m-bàn-tuk-gàan-nat-măai ປຶ້ມບັນທຶກການນັດໝາຍ (appointment book)
plant, v. bpùuk ປູກ
plant, n. pʉ̀ʉt ພືດ; dtôn-mâi ຕົ້ນໄມ້
plaque, n. pen-bpâai ແຜ່ນປ້າຍ (a sign); hĭin-bpʉʉn ຫີນປູນ (on teeth)
plasma, n. kɔ́ɔng-lɛ̌ɛo-nái-lʉ̂at ຂອງແຫລວໃນເລືອດ; bpaat-sa-mâa ປລາສມາ
plaster, n. bpa-táai-bòok-făa-pa-

nǎng ປະທາຍໂບກຝາເພດານ; bpùun ປູນ
plastic, n. bpaat-sa-dtìk ປລາສຕິກ
plastic bag, n. tŏng-bpaat-sa-dtìk ຖົງປລາສຕິກ
plastic surgery, n. săn-nya-gàm-bpaat-sa-dtìk ສັນຍະກຳປລາສຕິກ
plate, n. jàan ຈານ (dish); pen-lóo-hă ແຜ່ນໂລຫະ (coating metal)
plateau, n. púu-piang ພູພຽງ
platform, n. sáan-jɔ̀ɔt-lot ຊານຈອດລົດ; tɛn ແຕນ
platinum, n. kám-kǎao ຄຳຂາວ
platitude, n. kám-wâo-sâm-sâak ຄຳເວົ້າຊ້ຳຊາກ
platter, n. jàan-sĭang ຈານສຽງ
play, v. lîn ຫລິ້ນ
play, n. la-kɔ́ɔn ລະຄອນ
player, n. puu-lîn ຜູ້ຫລິ້ນ
playboy, n. sáai-jâo-sûu ຊາຍເຈົ້າຊູ້
playful, adj. mak-yɔ̀ɔk-lîn ມັກຢອກຫລິ້ນ; mak-lîn ມັກຫລິ້ນ
playground, n. sa-nǎam-dèk-lîn ສະໜາມເດັກຫລິ້ນ
playmate, n. muu-lîn ໝູ່ຫລິ້ນ
playwright, n. nak-kǐan-bòt-la-kɔ́ɔn ນັກຂຽນບົດລະຄອນ
plaza, n. dən-gwâang ເດິ່ນກວ້າງ (spacious area); hâan-kâa ຮ້ານຄ້າ (shops); sŭun-húam-hâan-kâa ສູນຮວມຮ້ານຄ້າ (shopping center)
plea, n. kám-hɔ̂ɔng ຄຳຮ້ອງ (request or appeal); kám-gɛ̂ɛ-dtùa ຄຳແກ້ຕົວ (excuses); gàan-dtɔ̀ɔp-kɔ̂ɔ-gaao-

hăa ການຕອບຂໍ້ກ່າວຫາ (answering to charges)

plead, *v.* dtɔ̀ɔp-kɔ̂ɔ-gaao-hăa ຕອບຂໍ້ກ່າວຫາ (answer to charges); ɔ̂ɔn-wɔɔn ອ້ອນວອນ (implore)

pleasant, *adj.* pɔ́ɔ-jai ພໍໃຈ

please, *v.* het-hâi-pɔ́ɔ-jai ເຮັດໃຫ້ພໍໃຈ

pleased, *adj.* dìi-jai ດີໃຈ; pɔ́ɔ-jai ພໍໃຈ

pleasure, *n.* kwáam-sùk ຄວາມສຸກ

pleat, *n.* hɔ́ɔi-pán ຮອຍພັນ; liam-pap ຫຼ່ຽມພັບ

pleat, *adj.* bpèn-liam-pap ເປັນຫຼ່ຽມພັບ

pledge, *v.* săa-bàan ສາບານ (vow; e.g. pledge allegiance); săn-nyáa ສັນຍາ (swear)

pledge, *n.* kám-săa-bàan ຄຳສາບານ; kám-màn-săn-nyáa ຄຳໝັ້ນສັນຍາ

plentiful, *adj.* míi-lăai ມີຫຼາຍ

plenty, *n.* kwáam-u-dòm-sŏm-bùun ຄວາມອຸດົມສົມບູນ

pliers, *n.* kĭim-kao ຄີມເຂົ້າ

plod, *v.* nyaang-bɛ̀ɛp-mʉai-mʉai ຢ່າງແບບເມື່ອຍໆ

plot, *n.* bpɛ̀ɛng-tii-dìn ແປງທີ່ດິນ (land); kóong-lʉang ໂຄງເລື່ອງ (story)

plow, *v.* tăi ໄຖ

pluck, *v.* dùng ດຶງ; lŏk ຫຼົກ

plum, *n.* màak-mâi-plám ໝາກໄມ້ພລຳ

plumber, *n.* saang-bpä-bpàa ຊ່າງປະປາ; saang-gɛ̂ɛo-nâam-tiang ຊ່າງແກ້ວນ້ຳທ່ຽງ

plumbing, *n.* gàan-het-tɔ̀ɔ-nâam ການເຮັດທໍ່ນ້ຳ

plume, *n.* kŏn-nok ຂົນນົກ

plunge, *v.* jum ຈຸ່ມ (dip in); ga-dòot-pûat-pâat ກະໂດດພວດພາດ (thrust); ta-lăa ທະຫຼາ (move suddenly forward; dtòon ໂຕນ (jump)

plural, *n.* pa-hŭ-bòt ພະຫຸບົດ; jàm-núan-lăai ຈຳນວນຫຼາຍ

plus, *prep.* bùak ບວກ; pɔ̀ɔm ເພີ່ມ

plutonium, *n.* tàat-plúu-dtòo-nîam ທາດພລູໂຕນຽມ

plywood, *n.* mâi-ät ໄມ້ອັດ

p.m., *v.* lăng-tiang ຫຼັງທ່ຽງ

pneumonia, *n.* pa-nyâat-bpɔ̀ɔt-bùam ພະຍາດປອດບວມ

pocket, *n.* tŏng-nɔ́ɔi-nɔ́ɔi ຖົງນ້ອຍໆ; ga-bpăo ກະເປົ໋າ

pod, *n.* màak-tua ໝາກຖົ່ວ (pea); făk-lɔ̀ɔk ຝັກຫຼອກ (silk)

podium, *n.* tɛn-yùʉn ແທ່ນຢືນ

poem, *n.* gàap-gɔ̀ɔn ການກອນ

poet, *n.* nak-ga-wíi ນັກກະວີ; nak-dtɛng-gàap-gɔ̀ɔn ນັກແຕ່ງການກອນ

poetry, *n.* gàap-gɔ̀ɔn ການກອນ; kám-gɔ̀ɔn ຄຳກອນ

point, *n.* jùt ຈຸດ; hŭa-kɔ̂ɔ ຫົວຂໍ້; bpa-dèn ປະເດັນ

pointed, *adj.* lɛ̌ɛm ແຫຼມ

pointless, *adj.* bɔɔ-mii-kwáam-măai-sǎm-kán ບໍ່ມີຄວາມໝາຍສຳຄັນ; bɔɔ-dâi-ka-néen ບໍ່ໄດ້ກະແນນ

poise, n. àa-gàan-sóng-dtùa ອາການຊົງຕົວ (balance); kwáam-sa-ngaa-ngáam ຄວາມສະງ່າງາມ (grace)

poison, n. yàa-pit ຢາພິດ; yàa-bua ຢາເບື່ອ

poisonous, adj. bpèn-pit ເປັນພິດ

poke, v. nyèe ແຍ່; téeng ແທງ; ga-dtún ກະຕຸ້ນ

poker, n. puu-nyèe ຜູ້ແຍ່ (one that pokes); pâi-bpok-gêe ໄພ່ປົກເກ້ (card game); lĕk-kia-fái ເຫຼັກເຂ່ຍໄຟ (metal fireplace stick)

polar, adj. yuu-gòng-gàn-kàam ຢູ່ກົງກັນຂ້າມ

pole, n. mâi-nyáao ໄມ້ຍາວ (long stick); săo-fái ເສົາໄຟ (electric pole); kwàn-lôok ຂົ້ວໂລກ (e.g. North Pole)

police officer, n. dtam-lùat ຕຳຫຼວດ

policy, n. na-nyóo-bàai ນະໂຍບາຍ

polio, n. lôok-bpòo-li-òo ໂລກໂປລິໂອ

polish, v. păt-sĭi ປັດສີ

polite, adj. su-pâap ສຸພາບ

politeness, n. kwáam-su-pâap ຄວາມສຸພາບ

political, adj. táang-gàan-múang ທາງການເມືອງ

politician, n. nak-gàan-múang ນັກການເມືອງ

politics, n. gàan-múang ການເມືອງ

poll, n. gàan-săm-lùat-kwáam-kit-hĕn ການສຳຫຼວດຄວາມຄິດເຫັນ

pollen, n. gèe-sŏon-dòok-mâi ເກສອນດອກໄມ້

pollute, v. het-hài-bpŏ-bpûan ເຮັດໃຫ້ເປິເປື້ອນ

pollution, n. món-la-páa-wa ມົນລະພາວະ; kwáam-bpŏ-bpûan ຄວາມເປິເປື້ອນ

pomegranate, n. dtôn-màak-tap-tím ຕົ້ນຫມາກທັບທິມ

pomp, n. gàan-wáang-taa-táang-paa-pŏoi ການວາງທ່າທາງຜາໂພຍ

pompous, adj. mak-ôo-ùat ມັກໂອ້ອວດ (exaggerated dignity); nyə-nying ເຢີຍິ່ງ (bombastic)

pond, n. să ສະ; nŏong-nâam ຫນອງນ້ຳ

ponder, v. dtai-dtòong ໄຕ່ຕອງ; kám-núng ຄຳນຶງ

pony, n. mâa-nôoi ມ້ານ້ອຍ

pool, n. aang-nâam ອ່າງນ້ຳ (small body of still water); să-nôoi ສະນ້ອຍ (pond); să-lòoi-nâam ສະລອຍນ້ຳ (swimming pool)

poor, adj. tuk-nyâak ທຸກຍາກ (be hard up); bɔɔ-dii ບໍດີ (not good); nàa-sŏng-săan ໜ້າສົງສານ (pitiful)

pop, v. bpàa-gòt-dtùa-ga-tán-hăn ປາກົດຕົວກະທັນຫັນ (appear abruptly); het-hài-gəət-sìang-dàng-bpop ເຮັດໃຫ້ເກີດສຽງດັງບຶບ (make short, sharp, explosive sound)

pop, n. sìang-dàng-bpop ສຽງດັງບຶບ (hit or strike); sìang-la-bəət ສຽງລະເບີດ (short, explosive sound)

popcorn, n. kào-dtɔ̀ɔk-dtɛ̀ɛk-nái-màak-sǎa-lĭi ເຂົ້າຕອກແຕກໃບໝາກສາລີ

poppy, n. dɔ̀ɔk-fìn ດອກຝິ່ນ

poppular, n. bpen-tìi-ni-nyóm ເປັນທີ່ນິຍົມ

popularity, n. kwáam-ni-nyóm-sóm-sɔ̌ɔp ຄວາມນິຍົມຊົມຊອບ

populated, adj. míi-bpa-sáa-gɔ̂ɔn-lǎai ມີປະຊາຄົມຫລາຍ

population, n. bpa-sáa-gɔ̂ɔn ປະຊາຄົມ

porcelain, n. bpɔɔk-sɔ́ɔ-léen ປອກຊີແລນ; kuang-bpân-dîn-pǎo-sa-nit-dǐi ເຄື່ອງປັ້ນດິນເຜົາຊະນິດດີ

porch, n. la-bìang ລະບຽງ; bpàak-táang-kào-bpa-dtùu ປາກທາງເຂົ້າປະຕູ

porcupine, n. mèn ເໝັ້ນ

pore, n. húu-kǒn ຮູຂົນ

pork, n. sìin-mŭu ຊີ້ນໝູ

pornography, n. hûup-bpôo ຮູບໂປ້

port, n. taa-húa ທ່າເຮືອ

portable, adj. sǎa-mâat-tɯ̌ɯ-dâi ສາມາດຖືໄດ້

porter, n. pa-nak-ngáan-kǒn-kuang ພະນັກງານຂົນເຄື່ອງ

portfolio, n. hìip-èek-ga-sǎan ຫີບເອກະສານ (briefcase); gàan-hûap-húam-gàan-lóng-tún ການຮວບຮວມການລົງທຶນ (collections of investments); gàan-hûap-húam-pǒn-ngáan ການຮວບຮວມຜົນງານ (collection of work)

portion, n. suan ສ່ວນ; suan-beng ສ່ວນແບ່ງ

portly, adj. dtûi ຕຸ້ຍ; ûan ອ້ວນ

portrait, n. hûup-kón ຮູບຄົນ

portray, v. dtɛ́ɛm-hûup ແຕ້ມຮູບ (draw); kǐan ຂຽນ (write); sa-dɛ́ɛng ສະແດງ (display)

portrayal, n. gàan-sa-dɛ́ɛng ການສະແດງ; hûup ຮູບ

pose, v. wáang-taa-táang ວາງທ່າທາງ; tám-taa ທຳທ່າ

position, n. dtàm-nɛng ຕຳແໜ່ງ; tǎa-na ຖານະ

positive, adj. táang-bùak ທາງບວກ; nái-táang-dǐi ໃນທາງດີ

possess, v. kɔ́ɔp-kɔ́ɔng ຄອບຄອງ; míi ມີ

possession, n. gàan-kɔ́ɔp-kɔ́ɔng ການຄອບຄອງ; gàan-bpèn-jâo-kɔ́ɔng ການເປັນເຈົ້າຂອງ

possibility, n. kwáam-bpèn-bpài-dâi ຄວາມເປັນໄປໄດ້

possible, adj. bpèn-bpài-dâi ເປັນໄປໄດ້

post, n. sǎo ເສົາ (mast); lǎk ຫລັກ (point; e.g. in racing); gàan-bpài-sa-nǐi ການໄປສະນີ (mail)

postage, n. sa-dtɛ́m ສະແຕມ; kaa-song-táang-bpài-sa-nǐi ຄ່າສົ່ງທາງໄປສະນີ; dŭang-dtàa-bpài-sa-nǐi ດວງຕາໄປສະນີ

postal, adj. giao-gàp-bpài-sa-nǐi ກ່ຽວກັບໄປສະນີ

postbox, n. dtùu-bpài-sa-nǐi ຕູ້ໄປສະນີ

postcard, n. hûup-bǎt ຮູບບັດ; bàt-

poster, *n.* bpâai-bpa-gàat ປ້າຍປະກາດ

posterity, *n.* kón-lun-lǎng ຄົນລຸ່ນຫຼັງ

posthumous, *adj.* lǎng-gàan-dtàai ຫຼັງການຕາຍ

postman, *n.* bùu-lút-bpài-sa-nǐi ບຸດລັດໄປສະນີ; kón-song-jót-mǎai ຄົນສົ່ງຈົດໝາຍ

postmark, *n.* gàa-bpài-sa-nǐi ກາໄປສະນີ; kuang-mǎai-bpài-sa-nǐi ເຄື່ອງໝາຍໄປສະນີ

post office, *n.* hóong-gàan-bpài-sa-nǐi ໂຮງການໄປສະນີ

postpone, *v.* luan-bpài ເລື່ອນໄປ; nyáai-bpài ຍ້າຍໄປ

postscript, *n.* bpàt-si-ma-li-kít ປັດສິມະລີຂິດ; bót-pəəm-tâai ບົດເພີ່ມທ້າຍ (p.s.)

posture, *n.* taa-táang ທ່າທາງ; dtàm-nɛng ຕຳແໜ່ງ

pot, *n.* mɔ̂ɔ ໝໍ້ (container); ga-bpúk ກະປຸກ (round vessel); dtào ເຕົ້າ (flowerpot)

potato, *n.* mán-fa-lang ມັນຝຣັ່ງ

potbelly, *n.* púng-nyai ພຸງໃຫຍ່

potent, *adj.* mii-pa-láng-kěeng-héeng ມີພະລັງແຂງແຮງ (powerful); mii-pa-láng-táang-pêet ມີພະລັງທາງເພດ (able to perform sexual intercourse)

potential, *n.* kwáam-bpên-bpài-dâi ຄວາມເປັນໄປໄດ້; kwáam-sǎa-mâat ຄວາມສາມາດ

potion, *n.* yàa-bpùng ຢາປຸງ (liquid mixture); yàa-pít ຢາພິດ (poison)

potter, *n.* saang-bpân-mɔ̂ɔ ຊ່າງປັ້ນໝໍ້

pottery, *n.* kuang-bpân-dǐn-pao ເຄື່ອງປັ້ນດິນເຜົາ

pouch, *n.* ga-bpǎo ກະເປົາ (bag); tǒng-nǎng-yom ຖົງໜັງຍ້ອມ (sack)

poultry, *n.* bpèt-gai ເປັດໄກ່; sàt-bpìik ສັດປີກ

pounce, *v.* jòom-dtǐi ໂຈມຕີ (attack suddenly); kup ຄຸບ (seize something swiftly and eagerly)

pound, *v.* dtǐi ຕີ (hit, strike)

pound, *n.* bpɔɔn ປອນ (unit of weight); sa-bpàa ສະປາ (fish pond)

pour, *v.* tée-lóng ເທລົງ; tɔ̀ɔk ຖອກ; lín ລິນ

pout, *v.* bě-sǒp ເບະສົບ; nyûm-sǒp ຍຸ້ມສົບ

poverty, *n.* kwáam-túk-nyâak ຄວາມທຸກຍາກ

powder, *n.* bpɛ̂ɛng ແປ້ງ (for cosmetics or cooking); pǒng ຜົງ (small particle); fun ຝຸ່ນ (dust)

power, *n.* pa-láng ພະລັງ; àm-nâat ອຳນາດ

powerful, *adj.* mii-àm-nâat ມີອຳນາດ; mii-gàm-láng ມີກຳລັງ; kěeng-héeng ແຂງແຮງ

practical, *adj.* sái-dâi-dǐi ໃຊ້ໄດ້ດີ; nám-bpài-bpa-dtǐi-bát-dâi ນຳໄປປະຕິບັດໄດ້; mii-bpa-nyòot

practice, *v.* fùk-ɛ̀ɛp ຝຶກແອບ; fùk-hát ຝຶກຫັດ; fùk-bpa-dtì-bǎt ຝຶກປະຕິບັດ

practice, *n.* gàan-fùk ການຝຶກ (act of practice); bɛ̀ɛp-fùk-hát ແບບຝຶກຫັດ (exercise)

practitioner, *n.* taan-mɔ̌ɔ ທ່ານໝໍ (doctor); puu-bpa-dtì-bǎt ຜູ້ປະຕິບັດ (one that practices)

pragmatic, *adj.* giao-gǎp-kwáam-bpen-jing ກ່ຽວກັບຄວາມເປັນຈິງ

prairie, *n.* tong-nyàa ທົ່ງຫຍ້າ

praise, *v.* nyɔ́ɔng-nyɔ́ɔ ຍ້ອງຍໍ; sǎn-la-sɔ̌ən ສັນລະເສີນ

prawn, *n.* gûng ກຸ້ງ

pray, *v.* sùut-món ສູດມົນ; wàai-wɔ́ɔn ໄຫວ້ວອນ

prayer, *n.* puu-sùut-món ຜູ້ສູດມົນ; bòt-sùut-món ບົດສູດມົນ

preach, *v.* têet-sa-nǎa ເທສະໜາ; sǎng-sɔ̌ɔn ສັ່ງສອນ

preacher, *n.* puu-têet ຜູ້ເທດ

preamble, *n.* àa-lám-pa-bòt ອາລຳພະບົດ; bòt-sa-nəə ບົດສະເໜີ

precarious, *adj.* bɔɔ-bpɔ̀ɔt-pái ບໍ່ປອດໄພ; lɔɔ-lɛ̌ɛm ລໍ້ແຫຼມ

precaution, *n.* kwáam-la-mát-la-wáng ຄວາມລະມັດລະວັງ

precede, *v.* ɔ̀ɔk-nàa ອອກໜ້າ; máa-gɔ̀ɔn ມາກ່ອນ

precedent, *n.* lɯang-láao-dtɛɛ-gɔ̀ɔn ເລື່ອງລາວແຕ່ກ່ອນ

preceding, *adj.* nám-nàa ນຳໜ້າ (come before in order); máa-gɔ̀ɔn ມາກ່ອນ (come, exist, or occur before in time)

precept, *n.* gàan-ǒp-hóm ການອົບຮົມ; sǐn ສີນ; páa-sít ພາສິດ

precinct, *n.* kɔ̀ɔp-kèet ຂອບເຂດ; kèet-bɛng ເຂດແບ່ງ

precious, *adj.* mii-kaa ມີຄ່າ; bpen-tii-hak ເປັນທີ່ຮັກ

predecessor, *n.* bàn-pa-bùu-lút ບັນພະບູລຸດ

predicament, *n.* sa-tǎa-na-gàan ສະຖານະການ

predict, *v.* tám-náai ທຳນາຍ

prediction, *n.* gàan-tám-náai ການທຳນາຍ

preface, *n.* kám-nám ຄຳນຳ

prefer, *v.* mak-lǎai-gwaa ມັກຫຼາຍກວ່າ

preferable, *adj.* mak ມັກ; sɔ̂ɔp ຊອບ; mak-lǎai-gwaa ມັກຫຼາຍກວ່າ

preference, *n.* kwáam-mak ຄວາມມັກ; kwáam-sɔ̂ɔp ຄວາມຊອບ

prefix, *n.* kám-dtɔɔ-nàa-sǎp ຄຳຕໍ່ໜ້າສັບ (as opposed to suffix)

pregnancy, *n.* gàan-tɯ̌ɯ-páa ການຖືພາ

pregnant, *adj.* tɯ̌ɯ-páa-máan ຖືພາມານ; mii-tɔ́ɔng ມີທ້ອງ

prejudice, *n.* kwáam-míi-a-ka-dtì ຄວາມມີອະຄະຕິ; kwáam-láng-giat-sìat-sǐi ຄວາມລັງກຽດສຽດສີ

preliminary, *adj.* bɯ̂ang-dtôn

เชื้อถูกต้ม; kàn-dtôn ขั้นต้น
premature, *adj.* nyang-bɔɔ-tán-nyai-dtèm-tii ยังบໍ່ทันใถຍตัมที່ (immature); nyáng-bɔɔ-kop-gàm-not ยังบໍ່คົบกຳນົດ (arriving, existing, or performed before the proper or usual time); wái-poot ไวโพด (too soon)

premise, *n.* lǎk-tǎan หลักฐาน; sǒm-mut-dti-tǎan ສົມມຸດຕິຖານ

premium, *n.* bîa-bpa-gàn-pái ເບ້ຍປະກັນໄພ (in insurance); ngə́n-pi-sèet ເງິນພິເສດ (money or bonus paid in addition)

preoccupied, *adj.* kɔ̌ɔp-ngám ຄອບງຳ (absorbed in thought)

preparation, *n.* gàan-gǎ-gìam ການກະກຽມ

prepare, *v.* gǎ-gìam ກະກຽມ

preposition, *n.* kám-bǔp-pa-bòt ຄຳບຸບພະບົດ

prescribe, *v.* sang ສັ່ງ (e.g. doctor); gàm-not ກຳນົດ (set as a rule); ne-nám ແນະນຳ (advice)

prescription, *n.* bài-sang-yàa ใบสั่งยา

presence, *n.* gàan-mǐi-yuu ການມີຢູ່; gàan-bpàa-got ການປາກົດ

presentation, *n.* gàan-sa-nə̌ə ການສະເໜີ; gàan-sa-dèeng-pǒn-ngáan ການສະແດງຜົນງານ

present, *v.* sa-nə̌ə ສະເໜີ; hài ໃຫ້; sa-dèeng-hài-hěn ສະແດງໃຫ້ເຫັນ

preservation, *n.* gàan-gěp-hak-sǎa ການເກັບຮັກສາ; gàan-sa-ngǔan ການສະຫງວນ

preservative, *n.* yàa-gàn-bùut ຢາກັນບູດ

preserve, *v.* gěp-hak-sǎa ເກັບຮັກສາ (keep or maintain); dɔ̀ɔng ດອງ (pickle); mǎk ໝັກ (ferment)

preside, *v.* bpèn-bpa-táan ເປັນປະທານ (act as chairperson); kûap-kúm ຄວບຄຸມ (control)

presidency, *n.* dtàm-nɛɛng-bpa-táan ຕຳແໜ່ງປະທານ

president, *n.* bpa-táan ປະທານ (of an organization); bpa-táa-náa-ti-bɔ̀ɔ-dǐi ປະທານາທິບໍດີ (of a country)

press, *v.* hîit ຮີດ; bìip ບີບ

pressure, *n.* kwáam-dàn ຄວາມດັນ; kwáam-gòt-dàn ຄວາມກົດດັນ

prestige, *n.* sǔu-sǐang ຊື່ສຽງ (fame); gìat-dti-sǎk ກຽດຕິສັກ (honor)

prestigious, *adj.* míi-gìat ມີກຽດ

presume, *v.* sǎn-ni-tǎan ສັນນິຖານ; sǒm-mut ສົມມຸດ

presumption, *n.* gàan-sǎn-ni-tǎan ການສັນນິຖານ; gàan-sǒm-mut ການສົມມຸດ

pretend, *v.* dtî-het ຕີເຮັດ; gêeng-het ແກ້ງເຮັດ

pretentious, *adj.* gêeng-het ແກ້ງເຮັດ

pretext, *n.* kɔ̂ɔ-gêe-dtùa ຂໍ້ແກ້ຕົວ

pretty, *adj.* ngáam ງາມ; jòp-ngáam ຈົບງາມ

prevail, *v.* sa-na ຊະນະ (triumph);

den-gwaa ດົ້ນກວ່າ (be greater in strength or influence)
prevent, *v.* bpɔ̌ng-gàn ປ້ອງກັນ
prevention, *n.* gàan-bpɔ̌ng-gàn ການປ້ອງກັນ
preventive, *adj.* giao-gǎp-gàan-bpɔ̌ng-gàn ກ່ຽວກັບການປ້ອງກັນ
preview, *n.* gàan-bəng-gɔ̀ɔn ການເບິ່ງກ່ອນ; hûup-dtùa-yaang ຮູບຕົວຢ່າງ
previous, *adj.* gɔɔn tɔ̀ɔn ກ່ອນ; dtɛ̀ɛ-gɔɔn ແຕ່ກ່ອນ
prey, *n.* sîin-nyuai ຊີ້ນເຫຍື່ອ
price, *n.* láa-káa ລາຄາ (amount as of money, cost); láang-wán ລາງວັນ (reward)
priceless, *adj.* láa-káa-sǔung ລາຄາສູງ
prick, *v.* téeng ແທງ
prick, *n.* gàan-téeng ການແທງ (act of piercing)
pride, *n.* kwáam-pàak-púum-jái ຄວາມພາກພູມໃຈ (pleasure or satisfaction); kwáam-nyɔ̂ɔ-nying ຄວາມເຍີ່ຍິ່ງ (self-respect, haughtiness)
priest, *n.* pa ພະ; kúu-bàa ຄູບາ
primary, *adj.* sǎm-kán-tii-sǔt ສຳຄັນທີ່ສຸດ (most important); kàn-tám-ìt ອັນທຳອິດ (first); bpa-tǒm ປະຖົມ (elementary)
primary school, *n.* hóong-híɛn-sǎn-bpa-tǒm ໂຮງຮຽນຊັ້ນປະຖົມ
prime, *n.* lái-nya-tii-dìi-tii-sǔt ໄລຍະທີ່ດີທີ່ສຸດ (peak condition); lái-nya-lɔ̂ɔm-dtôn ໄລຍະເລີ່ມຕົ້ນ (beginning period)
primitive, *adj.* dǎk-dàm-bàn ດຶກດຳບັນ; gao-gɛ̀ɛ ເກົ່າແກ່
prince, *n.* jâo-sáai ເຈົ້າຊາຍ
princess, *n.* jâo-nýing ເຈົ້າຍິງ
principal (school), *n.* náai-kúu ນາຍຄູ; kúu-nyai ຄູໃຫຍ່; hǔa-nàa-hóong-híɛn ຫົວໜ້າໂຮງຮຽນ
principle, *n.* lǎk-gàan ຫລັກການ
print, *v.* pím ພິມ; kían-dtùa-ban-jòng ຂຽນຕົວບັນຈົງ (write neatly)
print, *n.* gàan-pím ການພິມ; hûup-pím ຮູບພິມ
printer, *n.* puu-pím ຜູ້ພິມ; kuang-pím ເຄື່ອງພິມ
printing, *n.* gàan-pím ການພິມ
prior, *adj.* gɔɔn tɔ̀ɔn ກ່ອນ; yuu-gɔɔn ຢູ່ກ່ອນ
priority, *n.* gàan-máa-gɔɔn ການມາກ່ອນ; gàan-mǐi-sìt-gɔɔn ການມີສິດກ່ອນ
prism, *n.* hûup-tɔɔ-liam ຮູບທໍຫລ່ຽມ
prison, *n.* kuk ຄຸກ; bɔn-kúm-kǎng-nak-tôot ບ່ອນຄຸມຂັງນັກໂທດ
prisoner, *n.* nak-tôot ນັກໂທດ
privacy, *n.* gàan-bpèn-suan-dtùa ການເປັນສ່ວນຕົວ
private, *adj.* suan-dtùa ສ່ວນຕົວ; sa-pɔ-bùk-kón ສະເພາະບຸກຄົນ
privilege, *n.* sìt-pi-sèet ສິດພິເສດ
privileged, *adj.* mǐi-sìt-pi-sèet

ມີສຶກພິເສດ

privy, *adj.* suan-dtùa ສ່ວນຕົວ; lap-lïi ລັບລີ້

prize, *n.* láang-wán ລາງວັນ

probability, *n.* kwáam-bpèn-bpài-dâi ຄວາມເປັນໄປໄດ້

probable, *adj.* bpèn-bpài-dâi ເປັນໄປໄດ້

probably, *adv.* bpèn-bpài-dâi ເປັນໄປໄດ້; bàang-tʉa ບາງເທື່ອ

probate, *n.* gàan-pi-sùut-dtàam-gòt-măai ການພິສູດຕາມກົດໝາຍ

probation, *n.* gàan-bang-nyéeng-kwáam-bpa-pʉt-kɔ̌ɔng-nak-tôot-tii-bpɔi-ɔ̀ɔk-bpài ການເບິ່ງແຍງຄວາມປະພຶດຂອງນັກໂທດທີ່ປ່ອຍອອກໄປ (legal)

problem, *n.* bàn-hăa ບັນຫາ

procedure, *n.* wi-tii-gàan ວິທີການ (manner of proceeding); kàn-dtɔɔn ຂັ້ນຕອນ (series of steps)

proceed, *v.* dàm-nə́ən-gàan ດຳເນີນການ

proceeds, *n.* láai-dâi ລາຍໄດ້ (income); gàm-lái ກຳໄລ (profit)

procession, *n.* ka-bùan-hèe-hɛ̌ɛn ຂະບວນແຫ່ແຫນ

proclaim, *v.* bpa-gàat ປະກາດ; ta-lɛ̌ɛng ແຖແຫລງ

proclaimation, *n.* kám-bpa-gàat ຄຳປະກາດ

procrastinate, *v.* lʉan-wée-láa ເລື່ອນເວລາ (put off); het-hài-sak-sâa ເຮັດໃຫ້ຊັກຊ້າ (delay needlessly)

prodigy, *n.* ma-hăt-sa-jàn ມະຫັດສະຈັນ

produce, *v.* pa-lĭt ຜະລິດ

producer, *n.* puu-pa-lĭt ຜູ້ຜະລິດ

product, *n.* pa-lĭt-dta-pán ຜະລິດຕະພັນ; pa-lĭt-dta-pón ຜະລິດຕະຜົນ

production, *n.* gàan-pa-lĭt ການຜະລິດ (act of production); pón-ngáan ຜົນງານ (result of productivity)

productive, *adj.* u-dòm-sŏm-bùun ອຸດົມສົມບູນ

productivity, *n.* gàan-pa-lĭt ການຜະລິດ

profane, *adj.* bɔɔ-su-pâap ບໍ່ສຸພາບ; nyàap-káai ຫຍາບຄາຍ

profanity, *n.* kwáam-min-bpa-màat ຄວາມໝິ່ນປະມາດ

profession, *n.* àa-sìip ອາຊີບ

professional, *n.* mʉ́ʉ-àa-sìip ມືອາຊີບ; puu-siao-sáan ຜູ້ຊ່ຽວຊານ

professor, *n.* sàat-sa-dàa-jàan ສາດສະດາຈານ

proficient, *adj.* sám-náan ຊຳນານ; kong-kèo ຄ່ອງແຄ້ວ

profile, *n.* kóong-hàang ໂຄງຮ່າງ (outline of an object); bpa-wát-nyɔ̂ɔ ປະຫວັດຫຍໍ້ (formal summary); táang-kàang ທາງຂ້າງ

profit, *n.* gàm-lái ກຳໄລ

profitable, *adj.* mìi-pŏn-gàm-lái ມີຜົນກຳໄລ

profound, *adj.* lək-sə́ng ເລິກເຊິ່ງ; sa-nɪ́t ສະໜິດ

prognosis, *n.* gàan-káat-ka-née ການຄາດຄະເນ; gàan-pa-nyáa-gɔ̀ɔn ການພະຍາກອນ

program, *n.* bpòo-gὲɛm ໂປແກຣມ; kóong-gàan ໂຄງການ

progress, *n.* kwáam-gâao-nàa ຄວາມກ້າວໜ້າ

prohibit, *v.* hâam ຫ້າມ

prohibition, *n.* gàan-hâam ການຫ້າມ; gàan-gùat-hâam ການກວດຫ້າມ

project, *n.* kóong-gàan ໂຄງການ

projectile, *n.* kíi-bpa-náa-wut ຂີປະນາວຸດ

projector, *n.* kuang-sáai-hûup-ngáo ເຄື່ອງສາຍຮູບເງົາ

prolong, *v.* nyứt ຍືດ (lengthen in extent); dtɔ̀ɔ ຕໍ່ (lengthen in duration)

promenade, *n.* gàan-nyáang-lín ການຍ່າງຫຼິ້ນ

prominent, *adj.* den-sat ເດັ່ນຊັດ; dàng ດັງ

promiscuous, *adj.* săm-sɔ́ɔn ສຳສ່ອນ

promise, *n., v.* săn-nyáa ສັນຍາ

promote, *v.* sòng-sə̌əm ສົ່ງເສີມ (contribute to the progress or growth); luan-dtàm-nεng ເລື່ອນຕຳແໜ່ງ (advance to higher position)

promotion, *n.* gàan-sòng-sə̌əm ການສົ່ງເສີມ; gàan-luan-dtàm-nεng ການເລື່ອນຕຳແໜ່ງ

prompt, *adj.* wóng-wái ວ່ອງໄວ; tán-tíi ທັນທີ

prone, *adj., adv.* kwam ຄວ່ຳ; mɔ̀ɔp ໝອບ; ɔ̌on-ìang ໂອນອຽງ

prong, *n.* sɔ̂m ສ້ອມ; kuang-múu-tíi-míi-ngáam ເຄື່ອງມືທີ່ມີງ່າມ

pronoun, *n.* kám-tέεn-suu ຄຳແທນຊື່

pronounce, *v.* ɔ̀ɔk-sǐang ອອກສຽງ

pronouncement, *n.* gàan-bpa-gàat ການປະກາດ

pronunciation, *n.* gàan-ɔ̀ɔk-sǐang ການອອກສຽງ

proof, *n.* gàan-pi-sùut ການພິສູດ

proofread, *v.* pi-sùut-ăk-sɔ̌ɔn ພິສູດອັກສອນ; aan-túan ອ່ານທວນ

propaganda, *n.* gàan-kóo-sa-náa-súan-sua ການໂຄສະນາຊວນເຊື່ອ

propeller, *n.* bài-pat ໃບພັດ

proper, *adj.* mɔ̌-sŏm ເໝາະສົມ

property, *n.* sap-sĭn ຊັບສິນ

prophecy, *n.* gàan-pa-nyáa-gɔ̀ɔn ການພະຍາກອນ

prophet, *n.* puu-pa-nyáa-gɔ̀ɔn ຜູ້ພະຍາກອນ

proponent, *n.* puu-sa-nə̌ə ຜູ້ສະເໜີ; puu-sa-nắp-sa-nǔun ຜູ້ສະໜັບສະໜູນ

proportion, *n.* suan ສ່ວນ; suan-săt ສ່ວນສັດ

proportionate, *adj.* bεng-bpѐn-suan-suan ແບ່ງເປັນສ່ວນໆ

proposal, *n.* kɔ̂ɔ-sa-nə̌ə ຂໍ້ສະເໜີ; pέεn-ngáan ແຜນງານ

propose, *v.* sa-nə̌ə-ngáan ສະເໜີງານ (work); kɔ̌ɔ-dtεng-ngáan ຂໍແຕ່ງງານ (marriage)

proposition, *n.* gàan-sa-nə̌ə

ການສະເໜີ

proprietor, *n.* jâo-kɔ̌ɔng ເຈົ້າຂອງ
propriety, *n.* gàm-ma-sìt ກຳມະສິດ
proscribe, *v.* lai-ɔ̀ɔk ໄລ່ອອກ (expel); née-la-têet ເນລະເທດ (banish)
prose, *n.* kám-li-lit ຄຳລິລິດ; bɔɔ-mɛn-gàap-gɔ̀ɔn ບໍ່ແມ່ນກາບກອນ
prosecute, *v.* hɔ́ɔng-fɔ́ɔng ຮ້ອງຟ້ອງ
prosecution, *n.* gàan-hɔ́ɔng-fɔ́ɔng ການຮ້ອງຟ້ອງ; gàan-dàm-nəə́n-ka-dìi ການດຳເນີນຄະດີ
prospect, *n.* ò̀o-gàat ໂອກາດ; kwáam-wǎng ຄວາມຫວັງ; puu-mung-wǎng ຜູ້ມຸ່ງຫວັງ
prosper, *v.* hung-hṳ́ang ຮຸ່ງເຮືອງ; ja-lə̀ən ຈະເລີນ
prosperity, *n.* kwáam-ja-lə̀ən-hung-hṳ́ang ຄວາມຈະເລີນຮຸ່ງເຮືອງ
prosperous, *adj.* ja-lə̀ən-hung-hṳ́ang ຈະເລີນຮຸ່ງເຮືອງ; wat-ta-náa-tǎa-wɔ́ɔn ວັດທະນາຖາວອນ
prostate, *n.* dtɔm-lûuk-màak ຕ່ອມລູກໝາກ
prostitute, *n.* nyíng-sǒo-pée-nii ຍິງໂສເພນີ
prostitution, *n.* gàan-kâa-bpa-wée-nii ການຄ້າປະເວນີ
prostrate, *adj.* nɔ́ɔn-hâap ນອນຮາບ (lie flat); mòt-gàm-láng ໝົດກຳລັງ (reduce to extreme weakness); mɔ̂ɔp ໝອບ (face down)
protagonist, *n.* dtùa-la-kɔ́ɔn-èek-

kɔ̌ɔng-lǔang ຕົວລະຄອນເອກຂອງເລື່ອງ
protect, *v.* bpɔ̂ng-gàn ປ້ອງກັນ; bpòk-bpâk-hak-sǎa ປົກປັກຮັກສາ
protection, *n.* gàan-bpɔ̂ng-gàn ການປ້ອງກັນ; gàan-àa-lak-kǎa ການອາລັກຂາ
protein, *n.* tâat-bpòo-dtìin ທາດໂປຣຕີນ
protest, *v.* bpa-tʉ́ang ປະທ້ວງ; kat-kâan ຄັດຄ້ານ
protest, *n.* gàan-bpa-tʉ́ang ການປະທ້ວງ; gàan-kat-kâan ການຄັດຄ້ານ
Protestant, *n.* sàat-sa-nǎa-kit-ni-gàai-bpòo-dteet-sa-dtèn ສາສະໜາຄິສນິກາຍໂປຣເຕສແຕນ
protocol, *n.* dtôn-bèep-kɔ̂ɔ-múun ຕົ້ນແບບຂໍ້ມູນ; pi-tíi-gàan-tùut ພິທີການທູດ
protract, *v.* nyʉ̂ʉt-ɔ̀ɔk ຍືດອອກ (prolong); ka-nyǎai ຂະຫຍາຍ (extend)
protrude, *v.* nyʉ̂ʉn-ɔ̀ɔk ຍື່ນອອກ (stick out); (dtaa) sùat (ຕາ) ສວດ (thrust outward)
proud, *adj.* pàak-púum-jài ພາກພູມໃຈ
prove, *v.* pi-sùut ພິສູດ
proverb, *n.* su-pàa-sìt ສຸພາສິດ
provide, *v.* jàt-hǎa-hài ຈັດຫາໃຫ້; gà-gìam ກະກຽມ
provided, providing, *conj.* míi-ngʉan-kǎi-waa ມີເງື່ອນໄຂວ່າ
providence, *n.* kwáam-su-kǔm ຄວາມສຸຂຸມ
province, *n.* kwɛ̌ɛng ແຂວງ

provincial, *adj.* dtaang-kwɛ̌ɛng ต่างแขวง; giao-găp-kwɛ̌ɛng ที่ธอกับแขวง

provision, *n.* gàan-jàt-hǎa-hài ภาษจัดขาให้ (act of supplying); kɔ̂ɔ-gàm-not ข้อกำนิด (stipulation or qualification)

provoke, *v.* nyua ยั่วะ; ga-dtûn ทะตุ้น

proximity, *n.* kwáam-gâi-kiang ຄວາມໃກ້ຄຽງ

prudence, *n.* kwáam-hɔ̂ɔp-kɔ̂ɔp ຄວາມຮອບຄອບ

prudent, *adj.* hɔ̂ɔp-kɔ̂ɔp ຮອບຄອບ

prune, *n.* màak-pám-hɛ̀ng ໝາກພຳແຫ້ງ

pry, *v.* jɔ̀ɔp-bəng ຈອບເບິ່ງ; ngat ງັດ

pseudonym, *n.* náam-fɛ̌ɛng ນາມແຝງ

psyche, *n.* jìt-jài ຈິດໃຈ

psychiatrist, *n.* taan-mɔ̌ɔ-bpùa-pa-nyâat-táang-jài ທ່ານໝໍປົວພະຍາດທາງໃຈ

psychiatry, *n.* lôok-táang-jìt-jài ໂລກທາງຈິດໃຈ

psychological, *adj.* giao-gǎp-jìt-dta-wi-ta-nyáa ກ່ຽວກັບຈິດຕະວິທະຍາ

psychology, *n.* jìt-dta-wi-ta-nyáa ຈິດຕະວິທະຍາ

puberty, *n.* wái-ja-lə̂ən-pán ໄວຈະເລີນພັນ; hun-num-sǎao ຮຸ່ນໜຸ່ມສາວ

public, *adj.* sǎa-táa-la-na ສາທາລະນະ

public, *n.* sǎa-táa-la-na ສາທາລະນະ (community of people); bpa-sǎa-són ປະຊາຊົນ (the people)

publication, *n.* gàan-pím ການພິມ

publicity, *n.* gàan-kóo-sa-náa-pə̀əi-pɛɛ ການໂຄສະນາເຜີຍແຜ່

publicize, *n.* pə̀əi-pɛɛ ເຜີຍແຜ່; kóo-sa-náa ໂຄສະນາ

publish, *v.* jàt-pím ຈັດພິມ; pím ພິມ

publisher, *n.* sǎm-nak-pím ສຳນັກພິມ; puu-jàt-pím ຜູ້ຈັດພິມ

pudding, *n.* kào-nǒm-bpuut-dîng ເຂົ້າໜົມປຸດດິ່ງ

puddle, *n.* bùak-dtòm ບວກຕົມ

puff, *n.* gàan-pon ການພົ່ນ (emission); gɔ̂ɔn-kwán ກ້ອນຄວັນ (smoke)

pull, *v.* dèung ດຶງ; sak ຊັກ

pulp, *n.* suan-sîin-màak-mái ສ່ວນຊີ້ນໝາກໄມ້

pulse, *n.* sîip-pa-jɔ̀ɔn ຊີບພະຈອນ

pump, *n.* jàk-sùup-náam ຈັກສູບນ້ຳ

pumpkin, *n.* màak-ʉ ໝາກອື

punch, *n.* lào-bpa-sǒm-náam-màak-mái ເຫຼົ້າປະສົມນ້ຳໝາກໄມ້

punctual, *adj.* gòng-wée-láa ກົງເວລາ

punctuation mark, *n.* kʉang-mǎai-wak-dtɔ̀ɔn ເຄື່ອງໝາຍວັກຕອນ

punish, *v.* lóng-tôot ລົງໂທດ

punishment, *n.* gàan-lóng-tôot ການລົງໂທດ

punitive, *adj.* bpèn-gàan-lóng-tôot ເປັນການລົງໂທດ

pupil, *n.* nak-hían ນັກຮຽນ

puppet, *n.* hun ຫຸ່ນ; dtuk-ga-dtàa

ពុກកະຕາ
puppeteer, *n.* kón-sak-hun ຄົນຊັກຫຸ່ນ
puppy, *n.* măa-nɔ́ɔi ໝານ້ອຍ
purchase, *v.* sɯ́ɯ ຊື້
purchase, *n.* gàan-sɯ́ɯ ການຊື້ (act of buying); sìng-kɔ̌ɔng-tìi-sɯ́ɯ ສິ່ງຂອງທີ່ຊື້ (something bought)
pure, *adj.* bɔ̀ɔ-li-sut ບໍລິສຸດ
purge, *v.* sám-la-lâang ຊຳລະລ້າງ; lâang-bàap ລ້າງບາບ
purify, *v.* het-hài-bɔ̀ɔ-li-sut ເຮັດໃຫ້ບໍລິສຸດ
purity, *n.* kwáam-bɔ̀ɔ-li-sut ຄວາມບໍລິສຸດ
purple, *adj.* sǐi-muang ສີມ່ວງ
purpose, *n.* wat-tu-bpa-sǒng ວັດຖຸປະສົງ (objective); jut-bpa-sǒng ຈຸດປະສົງ; bpào-máai ເປົ້າໝາຍ (goal)
purse, *n.* ga-dtɛ̀ɛp-ngə́n ກະເປົາເງິນ; ga-bpǎo-ngə́n ກະເປົາເງິນ
pursue, *v.* dàm-nə́ən-dtàam ດຳເນີນຕາມ (proceed along the course); nám-bpài ນຳໄປ (follow)
pursuit, *n.* gàan-dtit-dtàam ການຕິດຕາມ; gàan-dàm-nə́ən-dtɔɔ ການດຳເນີນຕໍ່
pus, *n.* nâam-nɔ̌ɔng ນ້ຳໜອງ
push, *v.* dǎn ດັນ; suk ຊຸກ
put, *v.* wáang ວາງ; sai ໃສ່; jat ຈັດ
puzzle, *n.* bpit-sa-nǎa ປິດສະໜາ
pyramid, *n.* hûup-bpi-la-mit ຮູບປິລະມິດ; tâat-hûup-sǎam-liam ທາດຮູບສາມຫລ່ຽມ

Q

quack, *v.* bpèt-hɔ̂ɔng ເປັດຮ້ອງ
quack, *n.* sìang-bpèt ສຽງເປັດ
quadruple, *v.* sii-tao ສີ່ເທົ່າ
quail, *n.* nok-ga-táa-bpàa ນົກກະທາປ່າ
quaint, *adj.* bpɛ̀ɛk-bpa-làat ແປກປະຫລາດ
quake, *v.* san ສັ່ນ; sa-tuan ສະເທືອນ
quake, *n.* gàan-san ການສັ່ນ (act of shaking); pɛ̀n-dǐn-wǎi ແຜ່ນດິນໄຫວ (earthquake)
qualification, *n.* kún-na-sǒm-bǎt ຄຸນນະສົມບັດ
qualified, *adj.* mìi-kún-na-sǒm-bǎt-mɔ̌ɔ-sǒm ມີຄຸນນະສົມບັດເໝາະສົມ
qualify, *v.* het-hài-mɔ̌ɔ-sǒm ເຮັດໃຫ້ເໝາະສົມ
quality, *n.* kún-na-pâap ຄຸນນະພາບ
quandary, *n.* tǎa-na-ut-at-jài ຖານະອຶດອັດໃຈ
quantity, *n.* bpa-li-máan ປະລິມານ
quarantine, *n.* gàan-gak-gǎn ການກັກກັນ
quarrel, *v.* wi-wâat ວິວາດ; pit-tíang ຜິດຖຽງ
quarrel, *n.* gàan-wi-wâat-pit-tíang ການວິວາດຜິດຖຽງ
quarry, *n.* mɯ́ang-hěe ເໝືອງແຮ່ (for stone); gàan-lâa-kɔ̂ɔ-múun ການລ່າຂໍ້ມູນ (search for information)
quart, *n.* hǔa-nuai-pɔ́ɔng-kɔ̌ɔng-lɛ̌ɛo ຫົວໜ່ວຍພອງຂອງແຫລວ

quarter, *n.* nung-suan ໜຶ່ງສ່ວນ; nung-nái-sìi ໜຶ່ງໃນສີ່

quarterly, *adj.* tuk-sǎam-dùan ທຸກສາມເດືອນ

quartet, *n.* mùat-la-sìi ໝວດລະສີ່

quartz, *n.* hɛɛ-gɛ̂ɛo ແຮ່ແກ້ວ

quay, *n.* taa-húa ທ່າເຮືອ

queasy, *adj.* bpùat-hâak ປວດຮາກ; bpèn-dtàa-bpùat-hǔa ເປັນຕາປວດຫົວ

queen, *n.* pa-láa-si-níi ພະລາຊີນີ

queer, *adj.* bpɛ̀ɛk-bpa-làat ແປກປະຫລາດ

quench, *v.* la-ngap ລະງັບ (put an end to); dǎp ດັບ (satisfy by drinking)

quest, *v.* sɔ̌ɔk-hǎa ຊອກຫາ

quest, *n.* gàan-sɔ̌ɔk-hǎa ການຊອກຫາ

question, *v.* tǎam ຖາມ

question, *n.* kám-tǎam ຄຳຖາມ

questionnaire, *n.* bɛ̀ɛp-kám-tǎam ແບບຄຳຖາມ

queue, *n.* tɛ̌ɛo ແຖວ

quick, *adj.* wái ໄວ; híip ຮີບ

quicken, *v.* het-hài-wái-kùn ເຮັດໃຫ້ໄວຂຶ້ນ

quiet, *adj.* mit-ngíap ມິດງຽບ

quilt, *v.* dtɔɔ-pàa ຕໍ່ຜ້າ

quilt, *n.* pàa-hom-láai-dtɔɔ ຜ້າຫົ່ມລາຍຕໍ່ (blanket)

quintet, *n.* gum-tìi-bpa-gɔ̀ɔp-dûai-hàa ກຸ່ມທີ່ປະກອບດ້ວຍຫ້າ

quip, *n.* kám-wâo-lɛ̌ɛm-kóm ຄຳເວົ້າແຫລມຄົມ (witty remark)

quit, *v.* lɔ̂ək ເລີກ (finish); yut ຢຸດ (stop); láa-ɔ̀ɔk ລາອອກ (resign)

quite, *adv.* dtɔ̂əp ເຕີບ

quiver, *v.* san ສັ່ນ

quiz, *n.* gàan-tot-sɔ̀ɔp ການທົດສອບ

quota, *n.* suan-tìi-gàm-not-hài ສ່ວນທີ່ກຳນົດໃຫ້

quotation, *n.* mǎai-wóng-lep ໝາຍວົງເລັບ

quote, *v.* âang-kám-wao ອ້າງຄຳເວົ້າ (cite or refer to the words of another); dtìi-láa-káa ຕີລາຄາ (a price)

R

rabbit, *n.* ga-dtaai ກະຕ່າຍ

rabies, *n.* pa-nyâat-mǎa-wɔ̂ɔ ພະຍາດໝາວໍ້

race, *v.* keng-kǎn ແຂ່ງຂັນ

race, *n.* sùa-sâat ເຊື້ອຊາດ (human race); són-sâat ຊົນຊາດ (nationality); gaan-keng-kǎn-kwáam-wái ການແຂ່ງຂັນຄວາມໄວ (contest of speed)

race track, *n.* dən-keng ເດີ່ນແຂ່ງ

racial, *adj.* giao-gǎp-sùa-sâat ກ່ຽວກັບເຊື້ອຊາດ

racism, *n.* gàan-láng-gìat-pǐu ການລັງກຽດຜິວ

racist, *n.* kón-tii-láng-gìat-pǐu ຄົນທີ່ລັງກຽດຜິວ

rack, *n.* sân-wáang-kɔ̌ɔng ຊັ້ນວາງຂອງ

racket, (shelf); háao-pàat-pàa ຮາວຜາດຜ້າ (for hanging things on); kóong-haang ໂຄງຮ່າງ (framework)

racket, n. mâi-dtìi ໄມ້ຕີ

radar, n. kuang-jàp-săn-nyáan ເຄື່ອງຈັບສັນຍານ

radiant, adj. song-lat-sa-mĭi ສ່ອງລັດສະໝີ

radiation, n. gàan-pee-láng-sĭi ການແຜ່ລັງສີ; gàm-mán-dta-pâap-láng-sĭi ກຳມັນຕະພາບລັງສີ

radical, n. hŭa-hún-héeng ຫົວຮຸນແຮງ; faai-sáai ຝ່າຍຊ້າຍ

radio, n. wi-ta-nyu ວິທະຍຸ

radioactive, adj. giao-gǎp-gàm-mán-dta-pâap-láng-sĭi ກ່ຽວກັບກຳມັນຕະພາບລັງສີ

radish, n. hŭa-pǎk-gàat ຫົວຜັກກາດ

radium, n. tâat-lée-diam ທາດເລດຽມ

radius, n. sèn-lat-sa-mĭi ເສັ້ນລັດສະໝີ

raffle, n. gàan-jǎp-sa-làak-sǐng-sôok ການຈັບສະຫຼາກຊິ່ງໂຊກ (prize drawing)

raft, n. pée ແພ

rafter, n. kón-long-pée ຄົນລ່ອງແພ (one that operates a raft); káan-kâm-lăng-káa ຄານຄ້ຳຫຼັງຄາ (sloping beams)

rag, n. pàa-sèet ຜ້າເສດ (scrap of cloth); pàa-tám-kwáam-sa-àat ຜ້າທຳຄວາມສະອາດ (piece of cloth used for cleaning, washing, or dusting)

rage, n. gàan-hàai-yaang-héeng ການຮ້າຍຢ່າງແຮງ; gòot-kêen ໂກດແຄ້ນ;

jài-hàai ໃຈຮ້າຍ; sŭa-pàa-gao-lɛ-kàat ເສື້ອຜ້າເກົ່າແລະຂາດ

ragged, adj. kàat-sòi ຂາດສ້ອຍ

raid, v. juu-jòom ຈູ່ໂຈມ; jòom-dtìi ໂຈມຕີ

raid, n. gàan-juu-jòom ການຈູ່ໂຈມ; gàan-jòom-dtìi ການໂຈມຕີ

rail, n. háao ຮາວ (e.g. handrail); háang ຮາງ (track)

railroad, n. táang-lot-fái ທາງລົດໄຟ

rain, v. fŏn-dtǒk ຝົນຕົກ

rain, n. fŏn ຝົນ

rainbow, n. hûng-gìn-náam ຮຸ້ງກິນນ້ຳ

raincoat, n. sŭa-gàn-fŏn ເສື້ອກັນຝົນ

rainfall, n. bpa-li-máan-fŏn-dtǒk ປະລິມານຝົນຕົກ; fŏn ຝົນ

rainy, adj. mìi-fŏn-dtǒk ມີຝົນຕົກ

raise, v. nyok ຍົກ (lift, elevate); kùn ຂຶ້ນ (increase, grow, rise); líang ລ້ຽງ (bring up)

raise, n. gàan-nyok-kùn ການຍົກຂຶ້ນ; gàan-lɯan-kùn ການເລື່ອນຂຶ້ນ

raisin, n. màak-a-ngun-hèng ໝາກອະງຸ່ນແຫ້ງ

rake, n. kâat ຄາດ (a tool)

rally, n. gàan-keng-kăn ການແຂ່ງຂັນ; gàan-súm-núm ການຊຸມນຸມ

ram, n. gɛ̀-tɯ̀ɯk ແກະຕຶກ

ramble, v. dɔɔn-lìn ເດີນຫຼິ້ນ (walk for pleasure); wâo-bèep-nàam-tùam-tong ເວົ້າແບບນ້ຳທ້ວມທົ່ງ (wander in one's speech)

ramp, n. táang-lâat ທາງລາດ (slope);

gàan-kuu-kěn ການຂູ່ເຂັນ (extort)
rampage, *v.* het-hún-héeng ເຮັດຮຸນແຮງ
rampart, *n.* bpɔ̂m-bpàa-gàan ປ້ອມປາການ
ranch, *n.* tong-l̃iang-sǎt ທົ່ງລ້ຽງສັດ
rancher, *n.* kón-het-wîak-nái-bpa-su-sǎt ຄົນເຮັດວຽກໃນປະສຸສັດ
random, *adj.* bɔɔ-mii-bpâo-mǎai ບໍ່ມີເປົ້າໝາຍ; bɔɔ-lûak ບໍ່ເລືອກ
range, *n.* la-dǎp ລະດັບ (level); kɔ̀ɔp-kèet ຂອບເຂດ (area or sphere); sa-nǎam-nying-bpʉ̀ʉn ສະໜາມຍິງປືນ (shooting)
rank, *n.* dtàm-neng ຕຳແໜ່ງ (position in a scale of responsibility); sàn-nyot ຊັ້ນຍົດ (position for government officials); sàn ຊັ້ນ (grade)
ransom, *n.* kaa-tai ຄ່າໄຖ່
rap, *v.* kɔ ເຄາະ (knock); dtìi-wái ຕີໄວ (strike quickly)
rape, *v.* kom-kʉ̌ʉn ຂົ່ມຂືນ; ga-tám-láo ກະທຳລຳ
rape, *n.* gàan-ga-tám-láo ການກະທຳລຳ
rapid, *adj.* wong-wái ວ່ອງໄວ; wái ໄວ
rapport, *n.* sǎai-sǎm-pán ສາຍສຳພັນ
rare, *adj.* hǎa-nyâak ຫາຍາກ; bɔɔ-kɔ̀i-mii ບໍ່ຄ່ອຍມີ
rascal, *n.* kón-bɔɔ-dìi ຄົນບໍ່ດີ ; àn-ta-páan ອັນທະພານ
rash, *n.* dtum-pʉ̀ʉn-kán ຕຸ່ມເພື່ອນຄັນ (on the skin); gàan-la-bàat ການລະບາດ (something that is widespread, outbreak)
rat, *n.* nǔu ໜູ
rate, *v.* gàm-not-kaa ກຳນົດຄ່າ
rate, *n.* ǎt-dtàa ອັດຕາ (proportion); láa-káa ລາຄາ (price); la-dǎp ລະດັບ (level)
rather, *adv.* kɔ̀n-kàang ຂ້ອນຂ້າງ
rating, *n.* gàan-jǎt-àn-dǎp ການຈັດອັນດັບ (placing in rank); kàn ຂັ້ນ (level)
ratio, *n.* ǎt-dtàa-suan ອັດຕາສ່ວນ
ration, *n.* gàan-bpàn-suan ການປັນສ່ວນ
rational, *adj.* mii-hèet-pǒn ມີເຫດຜົນ
rationale, *n.* kɔ̀ɔ-kwáam-tìi-mìi-hèet-pǒn ຂໍ້ຄວາມທີ່ມີເຫດຜົນ
rattle, *v.* san ສັ່ນ
rattle, *n.* sǐang-san ສຽງສັ່ນ
rattlesnake, *n.* ngúu-hǎang-ga-ding ງູຫາງກະດິ່ງ
rave, *v.* wâo-kúu-bǎa ເວົ້າຄືບ້າ
raven, *n.* nok-gàa ນົກກາ
ravine, *n.* hɔm-púu ຮ່ອມພູ
raw, *adj.* kɔ̌ɔng-díp ຂອງດິບ (unripe, uncooked); nyàap ຫຍາບ (rough)
ray, *n.* láng-sǐi ລັງສີ (light beam)
rayon, *n.* pàa-lée-lɔ̂n ຜ້າເລລ່ອນ
raze, *v.* mâang-pée ມ້າງເພ (demolish, scrape or shave off); tám-láai ທຳລາຍ (destroy); gàm-jǎt ກຳຈັດ (get rid of)

razor, *n.* miit-tɛ́ɛ ມີດແຖ

re-, *pfx.* kúun ຄືນ; ìik ອີກ; dtâan ຕ້ານ

reach, *v.* máa-hɔ̀ɔt ມາຮອດ (at a location); bpài-tǎng ໄປເຖິງ (at a location - further); la-nya-tii-jǎp-tǎng ລະຍະທີ່ຈັບເຖິງ (for something)

react, *v.* dtôo-dtɔ̀ɔp ໂຕ້ຕອບ; dtɔ̀ɔp-sa-nɔ̌ɔng ຕອບສະໜອງ

reaction, *n.* bpa-dtì-gi-li-nyáa ປະຕິກິລິຍາ; gàan-dtôo-dtɔ̀ɔp ການໂຕ້ຕອບ

reactionary, *n.* faai-kwǎa ຝ່າຍຂວາ

reactor, *n.* puu-dtôo-dtɔ̀ɔp ຜູ້ໂຕ້ຕອບ (one that reacts); kuang-kùap-kúm-pa-láng-niu-kía ເຄື່ອງຄວບຄຸມພະລັງນິວເຄລຍ (machine that controls the nuclear reaction)

read, *v.* aan ອ່ານ

reader, *n.* puu-aan ຜູ້ອ່ານ

readily, *adv.* yaang-wong-wái ຢ່າງວ່ອງໄວ

reading, *n.* gàan-aan ການອ່ານ

ready, *adj.* gìam-pɔ́ɔm ກຽມພ້ອມ (prepared or available); hìap-hɔ́ɔi ຮຽບຮ້ອຍ (finish)

real, *adj.* jing ຈິງ; tɛ̂ɛ-jìng ແທ້ຈິງ

real estate, *n.* húan-lɛ-tii-dìn ເຮືອນແລະທີ່ດິນ (house and land); a-sǎng-hǎa-li-ma-sap ອະສັງຫາລິມະຊັບ (immovable property)

realistic, *adj.* bpèn-jìng ເປັນຈິງ

reality, *n.* kwáam-bpèn-jìng ຄວາມເປັນຈິງ

realize, *v.* kào-jài-jɛ̌ɛng ເຂົ້າໃຈແຈ້ງ (comprehend completely); het-hài-bpèn-jìng ເຮັດໃຫ້ເປັນຈິງ (make real); húu ຮູ້ (know)

really, *adv.* tɛ̂ɛ-jìng ແທ້ຈິງ

realm, *n.* àa-náa-kèet ອານາເຂດ; bɔ̀ɔ-li-wéen ບໍລິເວນ

realtor, *n.* náai-nàa-kǎai-bâan-lɛ-tii-dìn ນາຍໜ້າຂາຍບ້ານແລະທີ່ດິນ

reap, *v.* gép-giao ເກັບກ່ຽວ; giao ກ່ຽວ

rear, *n.* kàang-lǎng ຂ້າງຫຼັງ (the back part, behind); dtɔ̀ɔn-lǎng ຕອນຫຼັງ (the back part); gôn ກົ້ນ (bottom)

reason, *n.* hèet-pǒn ເຫດຜົນ

reasonable, *adj.* mìi-hèet-pǒn ມີເຫດຜົນ

reassure, *v.* het-hài-nɛ̂ɛ-jài ເຮັດໃຫ້ແນ່ໃຈ (assure again); hap-hɔ́ɔng ຮັບຮອງ (affirm, restore confidence to)

rebate, *n.* ngón-kúun-hài ເງິນຄືນໃຫ້ (returned money); suan-lot ສ່ວນລົດ (discount)

rebel, *n.* ga-bòt ກະບົດ

rebound, *v.* dêng-gáp-kúun ເດັ້ງກັບຄືນ (bounce back); gáp-kúun ກັບຄືນ (return)

rebound, *n.* gàan-dêng-gáp ການເດັ້ງກັບ; gàan-gáp-kúun ການກັບຄືນ

rebuff, v. bpa-dti-sèet ປະຕິເສດ; bɔ̀ɔk-bpàt ບອກປັດ

rebuke, v. dtɔɔ-waa ຕໍ່ວ່າ; waa-gaao ວ່າກ່າວ

rebut, v. dtôo-nyɛ̂ɛng ໂຕ້ແຍ້ງ

recall, v. jʉʉ-dâi ຈື່ໄດ້ (remember); la-nʉ́k-dâi ລະນຶກໄດ້ (summon back to awareness); hîak-kʉ́ʉn ຮຽກຄືນ (call back)

recede, v. tɔ̌ɔi ຖອຍ

receipt, n. bài-hap-ngón ໃບຮັບເງິນ

receive, v. dâi-hap ໄດ້ຮັບ

receiver, n. puu-hap ຜູ້ຮັບ (human); kʉang-hap-sǎn-nyáan ເຄື່ອງຮັບສັນຍານ (machine)

recent, adj. mʉa-wái-wái-nîi ເມື່ອໄວໆນີ້ (not long ago); bpat-ju-bàn ປັດຈຸບັນ (the present time)

reception, n. gàan-hap-hɔ́ɔng ການຮັບຮອງ; gàan-dtɔ̂ɔn-hap ການຕ້ອນຮັບ

receptionist, n. pa-nak-ngáan-dtɔ̂ɔn-hap ພະນັກງານຕ້ອນຮັບ

recess, n. gàan-yút-pak ການຢຸດພັກ

recession, n. gàan-tɔ̌ɔi ການຖອຍ (act of going back); gàan-tɔ̌ɔn ການຖອນ (act of withdrawing); sèet-ta-git-sa-lɔ̌ɔ-dtùa ເສດຖະກິດຊະລໍຕົວ (slow economy)

recipe, n. sùut ສູດ; dtàm-láa-bpùng-àa-hǎan ຕຳລາປຸງອາຫານ

recipient, n. puu-hap ຜູ້ຮັບ

reciprocal, adj. sɔng-gàn-le-gàn ເຊິ່ງກັນແລະກັນ

recital, n. gàan-sa-dɛ̀ɛng-dòn-dtìi-puu-diao ການສະແດງດົນຕີຜູ້ດຽວ (in music); gàan-aan-ɔ̀ɔk-siang ການອ່ານອອກສຽງ (reading)

recite, v. tɔng t່ອງ (repeat, rehearse in order to memorize); aan-ɔ̀ɔk-siang ອ່ານອອກສຽງ (read aloud)

reckless, adj. bpa-màat ປະໝາດ; bɔɔ-la-mat-la-wáng ບໍ່ລະມັດລະວັງ

recline, v. íng ອີງ (lie back or down); píng ພີງ (lean against)

recluse, adj. sǎn-dòot ສັນໂດດ; kón-tii-mak-yuu-kón-diao ຄົນທີ່ມັກຢູ່ຄົນດຽວ

recluse, n. pa-lʉ́ʉ-sǐi ພະລຶສີ; nak-bùat ນັກບວດ

recognition, n. gàan-la-lʉ́k-dâi ການລະລຶກໄດ້; gàan-jʉ̀ʉ-jàm-dâi ການຈື່ຈຳໄດ້

recognize, v. jʉʉ-dâi ຈື່ໄດ້ (recall, remember); hʉ̂ʉ-jàk ຮູ້ຈັກ (know something perceived before)

recollect, v. jʉʉ-dâi ຈື່ໄດ້ (remember); la-lʉ́k-dâi ລະລຶກໄດ້ (recall to mind)

recollection, n. kwáam-sóng-jàm ຄວາມຊົງຈຳ

recommend, v. nɛ-nám ແນະນຳ (advise, praise or commend); fàak-fǎng ຝາກຝັງ (entrust)

recommendation, n. gàan-nɛ-nám ການແນະນຳ (the act of); nǎng-sʉ̌ʉ-

reconcile nε-nám-dtùa ໜັງສືປະນຳຕົວ (letter)

reconcile, v. gai-gia ໄກ່ເກ່ຍ (settle or resolve); kúun-dìi-gàn ຄືນດີກັນ (reestablish a relationship)

record, v. bàn-tʉk ບັນທຶກ

record, n. bàn-tʉk ບັນທຶກ (something recorded); bpa-wàt ປະຫວັດ (history)

record a sound, v. bàn-tʉk-sǐang ບັນທຶກສຽງ; ǎt-sìang ອັດສຽງ

record player, n. kʉang-lìn-jàan-sǐang ເຄື່ອງຫລິ້ນຈານສຽງ

recover, v. hǎa-pɔ́ɔ ຫາພໍ້ (find); fʉ́ʉn-kúun ຟື້ນຄືນ (return to a normal state); sáo-bpuai ເຊົາປ່ວຍ (from sickness)

recovery, n. gàan-sáo-bpuai ການເຊົາປ່ວຍ; gàan-gǎp-kúun-kúu-gao ການທັບຄືນຄືກ່າ

re-create, v. sàang-mai ສ້າງໃໝ່; het-mai ເຮັດໃໝ່

recreation, n. gàan-sàang-mai ການສ້າງໃໝ່

recruit, n. sa-máa-sik ສະມາຊິກໃໝ່ (new member); gàan-jáang-ngáan ການຈ້າງງານ (employment)

rectangle, n. hûup-sìi-jèε-sàak ຮູບສີ່ແຈສາກ; hûup-sìi-liam-nyáao ຮູບສີ່ຫຼ່ຽມຍາວ

recycle, v. nám-gǎp-kúun-máa-sǎi-mai ນຳກັບຄືນມາໃຊ້ໃໝ່

red, adj. sǐi-dὲεng ສີແດງ

Red Cross, n. sa-páa-gàa-dὲεng ສະພາກາແດງ

redeem, v. sʉ̀ʉ-kúun ຊື້ຄືນ (buy back); tai ໄຖ່ (obtain the freedom of somebody by payment); sǎm-la-nìi ຊຳລະໜີ້ (pay off)

reduce, v. lút-lóng ຫລຸດລົງ (bring down, lower); lút-pɔn ຫລຸດຜ່ອນ (decrease); nyɔ́ɔ ຫຍໍ້ (diminish)

reduction, n. gàan-lút-pɔn ການຫລຸດຜ່ອນ; gàan-nyɔ́ɔ ການຫຍໍ້

redundant, adj. bɔɔ-jàm-bpèn ບໍ່ຈຳເປັນ (needlessly wordy); lʉ̌a-fʉ́a ເຫລືອເຟືອ (excessive)

reed, n. dtôn-ɔ̂ɔ ຕົ້ນອໍ້

reef, n. hǐin-sǎm ຫີນຊຳ

reek, n. gìn-mě̂n ກິ່ນເໝັນ (bad smell); kwán-dtʉp ຄວັນຕຶບ (thick smoke)

reel, n. kʉang-gɔ̂ɔ-dǎai ເຄື່ອງກໍ້ດ້າຍ (thread); kʉang-pán ເຄື່ອງພັນ (any cylinder or roller)

refer, v. àang-ìng ອ້າງອີງ (e.g. to a dictionary); giao-gǎp ກ່ຽວກັບ (concern, pertain to); nε-nam-hài-bpai-hǎa ແນະນຳໃຫ້ໄປຫາ (e.g. to a specialist)

referee, n. puu-dtǎt-sìn ຜູ້ຕັດສິນ

reference, n. gàan-àang-ìng ການອ້າງອີງ

refill, v. dtɔ̌ɔm ເຕີມ

refill, n. sing-tìi-dtɔ̌ɔm ສິ່ງທີ່ເຕີມ

refine, v. gan-gɔ̀ɔng ກັ່ນກອງ (purify); gε̂ε-kǎi ແກ້ໄຂ (improve

refinement

by removing defects)
refinement, *n.* kwáam-la-ìat-la-ɔ́ɔ ຄວາມລະອຽດລະອໍ
refinery, *n.* hóong-gan ໂຮງກັ່ນ
reflect, *v.* sa-tɔ̂ɔn-kʉ́ʉn ສະທ້ອນຄືນ
reflection, *n.* gàan-sa-tɔ̂ɔn-kʉ́ʉn ການສະທ້ອນຄືນ
reflector, *n.* kuang-sòng-sa-tɔ̂ɔn ເຄື່ອງສ່ອງສະທ້ອນ; sing-sa-tɔ̂ɔn ສິ່ງສະທ້ອນ
reflex, *n.* ngáo-sa-tɔ̂ɔn ເງົາສະທ້ອນ
reform, *v.* bpa-dti-hûup ປະຕິຮູບ (abolish or change; e.g. the government); bpàp-bpùng ປັບປຸງ (improve)
refrain, *n.* bòt-gɔ̀ɔn-lûuk-kuu ບົດກອນລູກຄູ່ (e.g. song or poem)
refrain, *v.* òt ອົດ (from doing something)
refresh, *v.* dtəəm-pa-láng ຕື່ມພະລັງ (give strength or energy); hèt-hài-sòt-sʉ̀ʉn ເຮັດໃຫ້ສົດຊື່ນ (revive); dtʉ̂an-kwáam-jàm ເຕືອນຄວາມຈຳ (memory)
refreshment, *n.* kuang-gìn-dʉ̀ʉm ເຄື່ອງກິນດື່ມ
refrigerate, *v.* hèt-hài-yèn ເຮັດໃຫ້ເຢັນ; sɛ̀ɛ-yèn ແຊ່ເຢັນ
refrigerator, *n.* dtûu-yèn ຕູ້ເຢັນ
refuge, *v.* lòp-pái ຫລົບໄພ; lǐi-pái ລີ້ໄພ
refugee, *n.* kón-òp-pa-nyop ຄົນອົບພະຍົບ
refund, *v.* kʉ́ʉn-ngón ຄືນເງິນ

refusal, *n.* gàan-bpa-dti-sèet ການປະຕິເສດ
refuse, *v.* bpa-dti-sèet ປະຕິເສດ
refute, *v.* pi-sùut-waa-bɔ̀ɔ-jìng ພິສູດວ່າບໍ່ຈິງ (prove to be false); nyɛ̂ɛng ແຍ້ງ (overthrow by argument)
regain, *v.* ào-kʉ́ʉn ເອົາຄືນ (get something back); fʉ́ʉn-kʉ́ʉn ຟື້ນຄືນ (consciousness)
regal, *adj.* giao-gàp-ga-sàt ກ່ຽວກັບກະສັດ
regard, *v.* giao-gàp ກ່ຽວກັບ
regarding, *prep.* giao-gàp ກ່ຽວກັບ
regards, *n.* gàan-tak-táai ການທັກທາຍ (greetings)
regardless, *adv.* dòoi-bɔɔ-kám-núng-tǎng ໂດຍບໍ່ຄຳນຶງເຖິງ; bɔɔ-ào-jài-sai ບໍ່ເອົາໃຈໃສ່
regime, *n.* la-bòp-gàan-bpɔ̀k-kɔ́ɔng ລະບົບການປົກຄອງ
region, *n.* pâak ພາກ; kwɛ̀ɛn ແຂວງ; bɔ̀ɔ-li-wéen ບໍລິເວນ; kŏng-kèet ອົງເຂດ
regional, *adj.* giao-gàp-pâak-pʉ́ʉn ກ່ຽວກັບພາກພື້ນ
register, *v.* lóng-ta-bìan ລົງທະບຽນ
register, *n.* gàan-lóng-ta-bìan ການລົງທະບຽນ (formal or official recording); kuang-hap-jaai-ngán-sòt ເຄື່ອງຮັບຈ່າຍເງິນສົດ (cash)
registered, *adj.* lóng-ta-bìan-lɛ́ɛo ລົງທະບຽນແລ້ວ; bàn-tʉ́k-wái-lɛ́ɛo ບັນທຶກໄວ້ແລ້ວ;

registrar, *n.* náai-ta-bìan นายทะบบรม

registration, *n.* gàan-lóng-ta-bìan ภานเลิງทะบบรม; gàan-jŏt-ta-bìan ภานจົดทะบบรม

regret, *v.* sĭa-jài เสยใจ

regular, *adj.* bpŏk-ga-dtì ปົกทะตິ; tám-ma-dàa ทำมะดา

regulate, *v.* kûap-kúm-dùu-lée ควบคุมดูแล (control or direct); wáang-la-bìap วาງละบบม (set rules)

rehabilitate, *v.* pak-fúun ฝัກฟຶ້ນ; bàm-bát บำบັດ

rehabilitation, *n.* gàa-nya-bàm-bát ภายะบำบັດ

rehearsal, *n.* gàan-sóɔm ภานຊ້ອມ

rehearse, *v.* sóɔm ຊ້ອມ

reign, *n.* àm-nâat-gàan-bpŏk-kóɔng ອຳນາດການປົກຄອງ

reimburse, *v.* sám-la-ngén-kúun ຊຳລະເງິນຄືນ

rein, *n.* bàng-hĭan ບັງຫຽນ

reincarnate, *v.* gòət-mai ເກີດໃໝ່

reincarnation, *n.* gàan-gòət-mai ການເກີດໃໝ່

reinforce, *v.* sɔ̌ɔm-gàm-láng ເສີມກຳລັງ (make stronger); sa-nǎp-sa-nǔun ສະໜັບສະໜູນ (give support)

reiterate, *v.* wâo-sâm-ìik ເວົ້າຊ້ຳອີກ; het-sâm ເຮັດຊ້ຳ

reject, *v.* bpa-dtì-sèet ປະຕິເສດ

rejoice, *v.* nyín-dii ຍິນດີ; dìi-jài ດີໃຈ

rejuvenate, *v.* het-hài-bəng-ɔɔn-gwaa-wái ເຮັດໃຫ້ເບິ່ງອ່ອນກວ່າໄວ

relate, *v.* giao-kòng-gáp ກ່ຽວຂ້ອງກັບ (something to/with something); giao-dɔ̀ɔng-gáp ກ່ຽວດ້ວງກັບ (as relatives)

relation, *n.* gàan-giao-pán ການກ່ຽວພັນ

relationship, *n.* kwáam-sǎm-pán ຄວາມສຳພັນ

relative, *n.* nyâat-pii-nɔ́ɔng ຍາດພີ່ນ້ອງ

relatively, *adj.* kôn-kàang ຄ່ອນຂ້າງ

relax, *v.* pɔn-káai ຜ່ອນຄາຍ; pak-pɔn ພັກຜ່ອນ

relaxation, *n.* gàan-pak-pɔn ການພັກຜ່ອນ

relay, *v.* taai-tɔ̀ɔt ຖ່າຍທອດ (broadcast); pát-bpian ຜັດປ່ຽນ (receive and pass on)

release, *n.* bpɔ̀i ປ່ອຍ

relevant, *adj.* sǎm-pán-gàn ສຳພັນກັນ

reliability, *n.* kwáam-sua-tǔu-dâi ຄວາມເຊື່ອຖືໄດ້

reliable, *adj.* sua-tǔu-dâi ເຊື່ອຖືໄດ້ (trustworthy); wâi-jài-dâi ໄວ້ໃຈໄດ້ (dependable)

relic, *n.* sing-dtŏk-tɔ̀ɔt ສິ່ງຕົກທອດ

relief, *n.* gàan-bàn-táo ການບັນເທົາ; kwáam-pɔn-káai ຄວາມຜ່ອນຄາຍ

relieve, *v.* bàn-táo ບັນເທົາ (alleviate); pɔn-káai ຜ່ອນຄາຍ (free from pain, anxiety, or distress)

religion, *n.* sàat-sa-nǎa ສາສະໜາ

religious, *adj.* keng-sàat-sa-nǎa

relinquish, v. nyok-lôok ຍົກເລີກ (give up, cancel); sa-lǎ ສະລະ (renounce); bpòi ປ່ອຍ (release)

relish, n. kwáam-sɛ̂ɛp-núa ຄວາມແຊບນົວ; lot-sâat ລົດຊາດ

reluctant, adj. lang-lée-jai ລັງເລໃຈ (hesitant); bɔɔ-dtêm-jai ບໍ່ເຕັມໃຈ (unwilling)

rely on, v. wâi-wáang-jài ໄວ້ວາງໃຈ; sɯ̌a-màn ເຊື່ອໝັ້ນ

remain, v. yuu-kɯ́u-gao ຢູ່ຄືກ່າ; lɯ̌a-wâi ເຫຼືອໄວ້

remain, n. sing-tii-lɯ̌a-wâi ສິ່ງທີ່ເຫຼືອໄວ້; sèet ເສດ

remainder, n. sing-tii-lɯ̌a-wâi ສິ່ງທີ່ເຫຼືອໄວ້

remark, n. kwáam-hěn ຄວາມເຫັນ (comment, opinion)

remarkable, adj. pi-sèet ພິເສດ (extraordinary); den-kùn ເດັ່ນຂື້ນ (worthy of notice, incredible)

remedy, n. gàan-bpin-bpùa ການປິ່ນປົວ

remember, v. jɯɯ-jàm ຈື່ຈຳ; lám-lɯk ລຳລຶກ

remind, v. dtɯ̀an-kwáam-jàm ເຕືອນຄວາມຈຳ

reminder, n. sing-dtɯ̀an-kwáam-jàm ສິ່ງເຕືອນຄວາມຈຳ

remorse, n. kwáam-sǎm-nɯk-pit ຄວາມສຳນຶກຜິດ

remote, adj. haang-gài ຫ່າງໄກ; gài ໄກ

remote control, n. kɯang-kùap-kúm-la-nya-gài ເຄື່ອງຄວບຄຸມລະຍະໄກ

remove, v. ào-ɔ̀ɔk ເອົາອອກ (take away from one place to another); nyâai ຍ້າຍ (move)

remunerate, v. jaai-ngən ຈ່າຍເງິນ (pay); hài-láang-wán ໃຫ້ລາງວັນ (reward)

Renaissance, n. nyuk-fɯ́ɯn-fúu-sǐn-la-bpǎ ຍຸກຟື້ນຟູສິລະປະ

rend, v. jìik ຈີກ (tear); nyɛ̂ɛk ແຍກ (separate); paa ຜ່າ (split by cutting)

render, v. ào-hài ເອົາໃຫ້ (provide); nyɔ́ɔm-hài ຍອມໃຫ້ (yield); sa-nə̌ə ສະເໜີ (submit or present)

rendez-vous, n. gàan-nat-pop ການນັດພົບ

rendition, n. gàan-sa-dɛ̀ɛng ການສະແດງ (performance); gàan-bpɛ̀ɛ-kwáam-mǎai ການແປຄວາມໝາຍ (interpretation)

renew, v. lə̂əm-mai ເລີ່ມໃໝ່ (begin); het-mai ເຮັດໃໝ່ (redo); dtɔ̀ɔ-àa-nyu ຕໍ່ອາຍຸ (e.g. expired card)

renewal, n. gàan-lə̂əm-mai ການເລີ່ມໃໝ່

renounce, v. sa-lǎ ສະລະ; tìm ຖິ້ມ

renovate, v. het-mai ເຮັດໃໝ່; bpàp-bpung ປັບປຸງ

renown, n. sɯ̀ɯ-sǐang ຊື່ສຽງ; kwáam-míi-sɯ̀ɯ-sǐang ຄວາມມີຊື່ສຽງ

A B C D E F G H I J K L M N O P Q **R** S T U V W X Y Z

renowned, *adj.* mii-suu-siang มีชื่อสง; dàng ดัง

rent, *v.* sao เช่า

rent, *n.* kaa-sao ค่าเช่า (cost of renting); gàan-sao การเช่า (act of renting)

rental, *n.* gàan-hài-sao การให้เช่า

rental car, *n.* lot-sao ลถเช่า

repair, *v.* sòm-bpèeng ส้อมแปง; gèe-kǎi แกไข; bpèeng แปง

reparation, *n.* gàan-sòm-bpèeng การส้อมแปง; gàan-bpàp-bpùng การปับปุง

repay, *v.* jaai-kúun จ่ายคืน (pay back); sot-sǎi-kúun ชคใช้คืน (compensate)

repeat, *v.* wâo-sâm เว้าซ้ำ (speech); het-sâm เธ็ดซ้ำ (action)

repent, *v.* sǎm-nuk-pit สำนึกผิด; sǐa-jai เสียใจ

repetition, *n.* gàan-het-sâm การเธ็ดซ้ำ

replace, *v.* ào-sai-téen เอาใส่แทน (put back in its place); hap-nàa-tii-téen รับหน้าที่แทน (take the place of somebody)

replacement, *n.* gàan-ào-sai-téen การเอาใส่แทน

replenish, *v.* dtəəm เติม; sə̀əm เสิม

replete, *adj.* dtèm เต็ม (full of); nèn แน่น (packed)

replica, *n.* hûup-jàm-lɔ́ɔng รูปจำลอง

reply, *v.* dtɔ̀ɔp ตอบ

reply, *n.* kám-dtɔ̀ɔp คำตอบ; gàan-dtɔ̀ɔp การตอบ

report, *n., v.* láai-ngáan ลายงาน

reporter, *n.* puu-láai-ngáan ผู้ลายงาน

represent, *v.* sa-dɛɛng-hài-hěn สะแดงให้เห็น (make an image or show); bpèn-dtùa-téen เป็นตัวแทน (act as a substitute); bpèn-dtùa-yaang เป็นตัวอย่าง (symbolize)

representation, *n.* dtùa-yaang ตัวอย่าง (example); dtùa-téen ตัวแทน (something that represents)

representative, *n.* dtùa-téen ตัวแทน

repress, *v.* òt-gân อดกั้น (restrain or suppress); la-ngap ละงับ (prevent from breaking out)

reproach, *n.* dtɔɔ-waa ต่อว่า; dtàm-nì ตำหนิ

reproduce, *v.* lɔ̀ɔk-bèep ลอกแบบ (make copy); het-kúun-mai เธ็ดคืนใหม่ (do or make again); ɔ̀ɔk-lûuk ออกลูก (produce offspring)

reproduction, *n.* gàan-het-sâm การเธ็ดซ้ำ (act of reproducing); gàan-lɔ̀ɔk-bèep การลอกแบบ (copying, imitating); gàan-ɔ̀ɔk-lûuk การออกลูก (procreation)

reptile, *n.* jàm-pûak-sàt-lua-káan จำพวกสัตว์เลื้อยคลาน

republic, *n.* sǎa-táa-la-na-lat สาทาละนะลัด

republican, *adj.* giao-gàp-pak-lii-

pap-li-gan ກ່ຽວກັບນັກກີຝານີຣີກັນ
repugnant, *adj.* dtɔɔ-dtâan ຕໍ່ຕ້ານ; kat-kâan ຂັດຄ້ານ
repulse, *v.* káp-lai ຂັບໄລ່
reputable, *adj.* nâa-nap-tǔu ໜ້ານັບຖື; míi ມີກຽດ
repute, *n.* sɯɯ-sǐang ຊື່ສຽງ
request, *v.* hɔ́ɔng-kɔ̌ɔ ຮ້ອງຂໍ
request, *n.* gàan-kɔ̌ɔ-hɔ́ɔng ການຂໍຮ້ອງ
require, *v.* dtɔ̂ng-gàan ຕ້ອງການ
request, *n.* gàan-kɔ̌ɔ-hɔ́ɔng ການຂໍຮ້ອງ; kwáam-dtɔ̂ng-gàan ຄວາມຕ້ອງການ; gàan-hîak-hɔ́ɔng ການຮຽກຮ້ອງ
requirement, *n.* sing-tîi-dtɔ̂ng-gàan ສິ່ງທີ່ຕ້ອງການ (something wanted); sing-jàm-bpèn ສິ່ງຈຳເປັນ (something necessary); kɔ̂ɔ-gàm-not ຂໍ້ກຳນົດ (rules, regulations)
requisite, *adj.* jàm-bpèn ຈຳເປັນ (essential); gàm-not-wái ກຳນົດໄວ້ (required)
requisition, *n.* gàan-hîak-hɔ́ɔng ການຮຽກຮ້ອງ (demand); kwáam-jàm-bpèn ຄວາມຈຳເປັນ (necessity); kám-hɔ́ɔng-yaang-bpèn-táang-gàan ຄຳຮ້ອງຢ່າງເປັນທາງການ (written request)
rescue, *v.* suai-sǐi-wit ຊ່ວຍຊີວິດ
rescue, *n.* gàan-suai-sǐi-wit ການຊ່ວຍຊີວິດ
research, *v.* kôn-kwâa ຄົ້ນຄວ້າ; wi-jài ວິໃຈ
research, *n.* gàan-kôn-kwâa ການຄົ້ນຄວ້າ; gàan-wi-jài ການວິໃຈ
researcher, *n.* puu-kôn-kwâa ຜູ້ຄົ້ນຄວ້າ; nak-wi-jài ນັກວິໃຈ
resemblance, *n.* kwáam-kâai-kɯ́ɯ-gàn ຄວາມຄ້າຍຄືກັນ
resemble, *v.* kâai-kɯ́ɯ ຄ້າຍຄື; kâai ຄ້າຍ
resent, *v.* bɔɔ-pɔ́ɔ-jài ບໍ່ພໍໃຈ
resentful, *adj.* bɔɔ-pɔ́ɔ-jài ບໍ່ພໍໃຈ; kát-kɔ̂ng ຂັດຂ້ອງ; kɛ̀ɛn-kuang ແຄ້ນເຄືອງ
resentment, *n.* kwáam-bɔɔ-pɔ́ɔ-jà ຄວາມບໍ່ພໍໃຈ
reservation, *n.* gàan-jɔ̀ɔng-wái ການຈອງໄວ້; gàan-hak-sǎa-wái ການຮັກສາໄວ້
reserve, *v.* jɔ̀ɔng ຈອງ (e.g. hotel, air ticket); sa-ngǔan ສະຫງວນ (e.g. energy)
reserved, *adj.* jɔ̀ɔng-wái ຈອງໄວ້; sa-ngǔan-wái ສະຫງວນໄວ້; hak-sǎa-taa-tíi ຮັກສາທ່າທີ (manner)
reservoir, *n.* aang-gép-náam ອ່າງເກັບນ້ຳ
reside, *v.* yuu ຢູ່; àa-sǎi ອາໄສ
residence, *n.* bɔn-yuu-àa-sǎi ບ່ອນຢູ່ອາໄສ; gàan-yuu-àa-sǎi ການຢູ່ອາໄສ
resident, *n.* puu-yuu-àa-sǎi ຜູ້ຢູ່ອາໄສ
residential, *adj.* giao-gáp-gàan-yuu-àa-sǎi ກ່ຽວກັບການຢູ່ອາໄສ

residue, *n.* gàak ກາກ; suan-lǔa ສ່ວນເຫຼືອ
resign, *v.* láa-ɔ̀ɔk ລາອອກ
resignation, *n.* gàan-láa-ɔ̀ɔk ການລາອອກ
resilient, *adj.* gǎp-kúun-suu-sa-pâap-gao ກັບຄືນສູ່ສະພາບເກົ່າ
resin, *n.* yàang-mâi ຢາງໄມ້
resist, *v.* dtɔɔ-dtâan ຕໍ່ຕ້ານ; dtâan ຕ້ານ
resistance, *n.* gàan-dtɔɔ-dtâan ການຕໍ່ຕ້ານ; gàan-dtâan-táan ການຕ້ານທານ
resistant, *adj.* tón ທົນ; dtɔɔ-dtâan ຕໍ່ຕ້ານ
resolute, *adj.* nɛɛ-nɔɔn ແນ່ນອນ; dtǎt-sǐn-jài ຕັດສິນໃຈ
resolution, *n.* gàan-gɛ̂ɛ-bàn-hǎa ການແກ້ບັນຫາ
resolve, *v.* dtǒk-lóng-jài ຕົກລົງໃຈ (determine); míi-ma-dtì ມີມະຕິ (of a committee or assembly); gɛ̂ɛ-bàn-hǎa ແກ້ບັນຫາ (a problem)
resonant, *adj.* gòng ກ້ອງ; gàng-wáan ກັງວານ
resort, *n.* bɔn-dtàak-àa-gàat ບ່ອນຕາກອາກາດ
resound, *v.* dàng-gòng ດັງກ້ອງ; sóng-sǐang-sa-tɔ́ɔn ສົ່ງສຽງສະທ້ອນ
resource, *n.* lɛng-tîi-máa ແຫຼ່ງທີ່ມາ (origin); sap-pa-nyáa-gɔɔn ຊັບພະຍາກອນ (supplies of raw materials)
respect, *v.* nap-tɨ̌ɨ ນັບຖື; káo-lop ເຄົາລົບ
respectable, *adj.* nàa-nap-tɨ̌ɨ ໜ້ານັບຖື; nàa-káo-lop ໜ້າເຄົາລົບ
respectful, *adj.* míi-kwáam-nap-tɨ̌ɨ ມີຄວາມນັບຖື; míi-kwáam-káo-lop ມີຄວາມເຄົາລົບ
respective, *adj.* sa-pɔ-yaang-nyíng ສະເພາະຢ່າງຍິ່ງ
respectively, *adv.* dtàam-lám-dǎp ຕາມລຳດັບ
respiration, *n.* gàan-hǎn-jài ການຫັນໃຈ
respite, *n.* gàan-pak-pɔn ການພັກຜ່ອນ (rest); gàan-bàn-táo ການບັນເທົາ (relief)
respond, *v.* dtɔ̀ɔp ຕອບ; dtôo-dtɔ̀ɔp ໂຕ້ຕອບ
response, *n.* gàan-dtɔ̀ɔp ການຕອບ; gàan-dtɔ̀ɔp-sa-nɔ̌ɔng ການຕອບສະໜອງ
responsibility, *n.* kwáam-hap-pǐt-sɔ̂ɔp ຄວາມຮັບຜິດຊອບ
responsible, *adj.* hap-pǐt-sɔ̂ɔp ຮັບຜິດຊອບ
responsive, *adj.* dtôo-dtɔ̀ɔp ໂຕ້ຕອບ; dtɔ̀ɔp-sa-nɔ̌ɔng ຕອບສະໜອງ
rest, *v.* pak-pɔn ພັກຜ່ອນ (relax); sáo-pak ເຊົາພັກ (stop to rest)
restaurant, *n.* hâan-àa-hǎan ຮ້ານອາຫານ; pat-dtàa-káan ພັດຕາຄານ
restitution, *n.* gàan-sɔ̂m-bɛ̀ɛng ການສ້ອມແປງ (restoration to its original state); kaa-sǐa-hǎai ຄ່າເສຍຫາຍ (reparation in the form of money)

restless, *adj.* ga-wón-ga-wáai ກະວົນກະວາຍ

restoration, *n.* gàan-bùu-la-na ການບູລະນະ; gàan-sàang-kʉ̀ʉn-mai-ìik ການສ້າງຄືນໃໝ່ອີກ

restore, *v.* bùu-la-na ບູລະນະ; sàang-mai ສ້າງໃໝ່

restrain, *v.* nyap-nyâng ຍັບຍັ້ງ (hold back from action); hàam-bpàam ຫ້າມປາມ (restrict, control)

restraint, *n.* gàan-nuang-niao ການໜ່ວງໜ່ຽວ; gàan-hàam ການຫ້າມ

restrict, *v.* jàm-gát ຈຳກັດ

restriction, *n.* kɔ̀ɔ-jàm-gát ຂໍ້ຈຳກັດ; gàan-bàng-kap ການບັງຄັບ

restroom, *n.* hɔ̂ng-nâam ຫ້ອງນ້ຳ

result, *v.* mǐi-pǒn ມີຜົນ

result, *n.* pǒn ຜົນ; pǒn-lap ຜົນລັບ

resume, *v.* lə̂əm-mai ເລີ່ມໃໝ່ (begin); het-dtɔɔ ເຮັດຕໍ່ (continue)

résumé, *n.* bpa-wǎt-nyɔ̂ɔ ປະຫວັດຫຍໍ້

retail, *v.* kǎai-nyɔi ຂາຍຍ່ອຍ

retailer, *n.* pùu-kǎai-nyɔi ຜູ້ຂາຍຍ່ອຍ

retain, *v.* hak-sǎa-wâi ຮັກສາໄວ້; ào-wâi ເອົາໄວ້

retaliate, *v.* dtôo-dtɔ̀ɔp-kʉ̀ʉn ໂຕ້ຕອບຄືນ; gɛ̂ɛ-pét ແກ້ເຜັດ

retard, *v.* het-hâi-sâa ເຮັດໃຫ້ຊ້າ

retarded, *adj.* bpàn-nyáa-ɔɔn ປັນຍາອ່ອນ

retina, *n.* nyʉ̀a-pǎai-nái-nuai-dtàa ເຍື່ອພາຍໃນໜ່ວຍຕາ; sɔɔng-dtàa-dàm ຊ່ອງຕາດຳ

retire, *v.* ɔ̀ɔk-gìn-bîa-bàm-náan ອອກກິນເບັ້ຍບຳນານ (from work); tɔ̌ɔn-dtùa ຖອນຕົວ (withdraw voluntarily)

retirement, *n.* gàan-ɔ̀ɔk-gìn-bîa-bàm-náan ການອອກກິນເບັ້ຍບຳນານ

retort, *v.* dtôo-dtɔ̀ɔp ໂຕ້ຕອບ; nyɛ̂ɛng ແຍ້ງ

retract, *v.* tɔ̌ɔn-kám ຖອນຄຳ (take back what has been said); tɔ̌ɔi-gáp ຖອຍກັບ (draw back)

retreat, *v.* tɔ̌ɔn-dtùa ຖອນຕົວ (withdraw); tɔ̌ɔi ຖອຍ (draw back)

retribution, *n.* pǒn-gàm ຜົນກຳ (punishment or reward, karma); gàan-dtɔ̀ɔp-tɛ́ɛn ການຕອບແທນ (recompense)

retrieve, *v.* ào-gáp-kʉ̀ʉn-máa ເອົາກັບຄືນມາ (get back); gûu ກູ້ (rescue or save)

return, *v.* gáp-kʉ̀ʉn ກັບຄືນ; gáp-máa ກັບມາ

reunite, *v.* gàan-tɔ̂ɔn-hóom-gàn-ìik ການຕ້ອນໂຮມກັນອີກ

reveal, *v.* bpə̀ət-pə̌əi ເປີດເຜີຍ (make known); sa-dɛ̀ɛng-hâi-hěn ສະແດງໃຫ້ເຫັນ (show)

revel, *v.* muan-sʉ̌ʉn-lǎai ມ່ວນຊື່ນຫລາຍ (celebrate enthusiastically)

revelation, *n.* gàan-bpə̀ət-pə̌əi ການເປີດເຜີຍ

revenge, *v.* gɛ̂ɛ-kɛ́ɛn ແກ້ແຄ້ນ

revenue, *n.* pàa-sǐi-àa-gɔɔn ພາສີອາກອນ (tax); láai-dâi ລາຍໄດ້ (income); láai-dâi-kɔ̌ɔng-lat

ລາຍໄດ້ອງຄຸລັກ (government income); láai-dâi-lúam-gɔɔn-hăk-páa-sĭi ລາຍໄດ້ລວມກ່ອນຫັກພາສີ (gross income)

revere, *v.* káo-lop ເຄົາລົບ (respect); bùu-sáa ບູຊາ (regard with awe, deference, and devotion)

reverie, *n.* gàan-pɔ̆ɔ-făn ການເພີ້ຝັນ

reverse, *v.* bpìin ປີ້ນ; bpìin-táang-lăng ປີ້ນທາງຫຼັງ; găp-lăng ກັບຫຼັງ

revert, *v.* găp-suu ກັບສູ່; găp-kúun ກັບຄືນ

review, *v.* gùat-kúun ทอดคิบ (look over or examine again); pi-jàa-la-náa ພິຈາລະນາ (consider)

revise, *v.* gɛ̂ɛ-kăi ແກ້ໄຂ; bpăp-bpùng ປັບປຸງ

revision, *n.* gàan-bpăp-bpùng-gɛ̂ɛ-kăi ການປັບປຸງແກ້ໄຂ

revival, *n.* gàan-fúun-fúu ການຟື້ນຟູ

revive, *v.* fúun-fúu ຟື້ນຟູ

revoke, *v.* nyok-lə̂ək ຍົກເລີກ; tɔ̂ɔn ຖອນ

revolt, *v.* bpèn-ga-bòt ເປັນກະບົດ; kat-kâan ຄັດຄ້ານ

revolt, *n.* ga-bòt ກະບົດ; ja-láa-jòn ຈະລາຈົນ

revolution, *n.* gàan-bpa-dti-wat ການປະຕິວັດ

revolutionary, *adj.* giao-găp-gàan-bpa-dti-wat ກ່ຽວກັບການປະຕິວັດ

revolutionize, *v.* bpa-dti-wat ປະຕິວັດ; het-hâi-bpian-bpɛ̀ɛng-táng-mòt ເຮັດໃຫ້ປ່ຽນແປງທັງໝົດ

revolve, *v.* mŭun-hɔ̂ɔp ໝຸນຮອບ; mŭun-wían ໝຸນວຽນ

revolver, *n.* bpʉ̆un-pok ປືນພົກ

revolving, *adj.* mŭun-hɔ̂ɔp ໝຸນຮອບ

reward, *n.* láang-wán ລາງວັນ

rhetoric, *n.* gàan-sâi-săm-núan-wóo-hăan ການໃຊ້ສຳນວນໂວຫານ

rheumatism, *n.* pa-nyâat-bpa-dòng-kào-kɔ̂ɔ ພະຍາດປະດົງເຂົ້າຂໍ້

rhyme, *v.* săm-pat ສຳຜັດ

rhyme, *n.* sĭang-săm-pat ສຽງສຳຜັດ

rhythm, *n.* jăng-wă ຈັງຫວະ

rib, *n.* sîik-kóong-ga-dùuk-kâang ຊີ້ໂຄງກະດູກຂ້າງ

ribbon, *n.* pàa-bàang-lɛ-nyáao ຜ້າບາງແລະຍາວ; rip-bîn ຣິບບີ້ນ

rice, *n.* kào ເຂົ້າ

rich, *adj.* hang-mîi ຮັ່ງມີ (wealthy); kèm-kùn ເຂັ້ມຂຸ້ນ (containing large amount)

riches, *n.* kwáam-hang-mîi ຄວາມຮັ່ງມີ

rid, *v.* gàm-jăt ກຳຈັດ; het-hâi-mòt-bpài ເຮັດໃຫ້ໝົດໄປ

riddle, *n.* bpit-sa-năa ປິສະໜາ

ride, *v.* kăp-kii ຂັບຂີ່ (drive a vehicle); kii ຂີ່ (bicycle, motorcycle, horse); nang ນັ່ງ (sit in a vehicle)

ride, *n.* gàan-kăp-kii ການຂັບຂີ່ (vehicle); gàan-kii-mâa ການຂີ່ມ້າ (horse)

rider, *n.* puu-kii ຜູ້ຂີ່ (one that rides); páa-ha-na ພາຫະນະ (vehicle)

ridge, *n.* săn ສັນ (of a mountain); suan-tii-sŭat ສ່ວນທີ່ຊວດ (raised line

ridicule, *v.* hŭa-nyɔ-nyɔ̂ɔi ຫົວເຍາະເຍີ້ຍ; nyɔ-nyɔ̂ɔi ເຍາະເຍີ້ຍ

ridiculous, *adj.* nàa-yàak-hŭa ໜ້າຢາກຫົວ; súan-hŭa ຊວນຫົວ

rife, *adj.* mîi-tua-bpài ມີທົ່ວໄປ (common); pɛɛ-ka-nyăai ແຜ່ຂະໜາຍ (widespread)

rifle, *n.* bpùun-nyáao ປືນຍາວ

rift, *n.* hɔ́ɔi-dtɛ̀ɛk ຮອຍແຕກ (e.g. in the earth); gàan-dtɛ̀ɛk-hǎk ການແຕກຫັກ (break in friendly relations)

right, *n.* sǐt-ti ສິດທິ (e.g. legal right)

right, *adj.* tùuk-dtông ຖືກຕ້ອງ (correct); bûang-kwǎa ເບື້ອງຂວາ (opposite of left)

righteous, *adj.* tùuk-dtông ຖືກຕ້ອງ; bpèn-tám ເປັນທຳ

right-handed, *adj.* hɛ́ɛng-kwǎa ແຮງຂວາ

rightist, *n.* a-nu-lak-ni-nyóm ອະນຸລັກນິຍົມ; pûak-ìang-kwǎa ພວກອ່ຽງຂວາ

rim, *n.* kɔ̀ɔp ຂອບ; hĭim ຮີມ

rind, *n.* bpùak-màak-mâi ເປືອກໝາກໄມ້ (fruit); năng-sǎt ໜັງສັດ (animal skin)

ring, *n.* wɛ̌ɛn ແຫວນ (for fingers); wóng-wɛ̌ɛn ວົງແຫວນ (circle, circular band of any kind of material); sa-nǎam-kɛng-kǎn ສະໜາມແຂ່ງຂັນ (for fighting or racing)

rink, *n.* láan-nâam-kɛ̌ɛng-lîn-sa-gèt ລານນ້ຳແຂງລິ້ນສະເກັດ (for ice skating)

rinse, *v.* lâang ລ້າງ

riot, *n.* gàan-gɔɔ-ja-láa-jòn ການກໍ່ຈະລາຈົນ; gàan-gɔɔ-kwáam-wún-wáai ການກໍ່ຄວາມວຸ້ນວາຍ

rip, *v.* ȷ̀iik ຈີກ; paa ຜາ

ripe, *adj.* sǔk ສຸກ

ripen, *v.* het-hài-sǔk ເຮັດໃຫ້ສຸກ; het-hài-dtòop-dtòo-tii-sǔt ເຮັດໃຫ້ຕີບຕົວທີ່ສຸດ

ripple, *n.* náam-fúan ນ້ຳເຟືອນ

rise, *v.* luk-kùn ລຸກຂຶ້ນ (from bed, stand up, etc.); kùn ຂຶ້ນ (e.g. the sun)

rise, *n.* gàan-luk-kùn ການລຸກຂຶ້ນ; gàan-dtuun-kùn ການຕື່ນຂຶ້ນ

risk, *v.* siang ສ່ຽງ

risk, *n.* gàan-siang ການສ່ຽງ (act of being risky); pái ໄພ (danger)

risky, *adj.* siang ສ່ຽງ; bpèn-àn-dta-láai ເປັນອັນຕະລາຍ

rite, *n.* pi-tii-gàm-táang-sàat-sa-nǎa ພິທີກຳທາງສາສະໜາ

ritual, *n.* pi-tii-dtaang-dtaang-táang-bpa-pée-nii ພິທີຕ່າງໆທາງປະເພນີ

rival, *n.* kuu-kɛng ຄູ່ແຂ່ງ; kuu-bpǎp ຄູ່ປັບ

rivalry, *n.* gàan-kɛng-kǎn ການແຂ່ງຂັນ; kuu-bpǎp ຄູ່ປັບ

river, *n.* mɛɛ-náam ແມ່ນ້ຳ

roach, *n.* méeng-sàap ແມງສາບ

road, *n.* ta-nǒn ຖະໜົນ; hón-táang ຫົນທາງ

roam, *v.* tong-tiao-bpài-máa

ท่องทั่วไปมา; lɔ-liap ເລາະລວບ
roar, v. pèet-sìang ແຜດສຽງ
roast, v. ǒp ອົບ; bpîing ປີ້ງ
roast beef, n. sìin-ǒp ຊີ້ນອົບ
rob, v. bpûn ປຸ້ນ
robber, n. nak-bpûn ນັກປຸ້ນ
robbery, n. gàan-bpûn ການປຸ້ນ
robe, n. sǔa-kúm-nyáao ເສື້ອຄຸມຍາວ; sǔa-sut-pi-tíi ເສື້ອຊຸດພິທີ (for ceremony)
robot, n. hun-jǎk ຫຸ່ນຈັກ
robust, adj. kɛ̌eng-héeng ແຂງແຮງ (full of health and strength); tón-táan ທົນທານ (sturdy)
rock, v. san ສັ່ນ; gwài ໄກວ
rock, n. gɔ̂ɔn-hǐin ກ້ອນຫີນ; ngòon-hǐin ໂງ່ນຫີນ
rocker, n. dtang-ìi-nyôok ຕັ່ງອີ້ໂຍກ
rocket, n. ja-lùat ຈະຫລວດ
rocky, adj. dtèm-bpài-dûai-gɔ̂ɔn-hǐin ເຕັມໄປດ້ວຍກ້ອນຫີນ
rod, n. mâi ໄມ້ (wood); nɛ̂ɛng-mâi ແໜງໄມ້ (piece of wood); kán-bět ຄັນເບັດ (fishing rod)
role, n. bǒt-bàat ບົດບາດ
roll, v. gɔ̂ɔ ກໍ້
roll, n. lûuk-gîng ລູກກິ້ງ; gɔ̂ɔ ກໍ້
roll call, n. gàan-aan-bàn-sǐi-sɯ̌ɯ ການອ່ານບັນຊີຊື່
roller, n. lûuk-gîng ລູກກິ້ງ
roller skate, v. lìn-sa-get-nâam-kɛ̌eng ຫລິ້ນສະເກັດນ້ຳແຂງ
roller skate, n. lɔ́ɔ-lìn-sa-get-nâam-kɛ̌eng ລໍ້ຫລິ້ນສະເກັດນ້ຳແຂງ
romance, n. lɯang-hǎk-hǎk-kai-kai ເລື່ອງຮັກໆໃຄ່ໆ
romantic, adj. hɛ́ng-kwáam-hǎk ແຫ່ງຄວາມຮັກ
roof, n. lǎng-káa ຫລັງຄາ
room, n. hɔ̂ng ຫ້ອງ
roommate, n. pʉan-hɔ̂ng-dìao-gàn ເພື່ອນຫ້ອງດຽວກັນ
roomy, adj. gwâang-kwâang ກວ້າງຂວາງ
rooster, n. gai-pùu ໄກ່ຜູ້
root, n. hâak ຮາກ; ngào ເຫງົ້າ
rope, n. sɯ̂ak ເຊືອກ
rose, n. dɔ̀ɔk-gu-làap ດອກກຸຫລາບ
rosy, adj. sǐi-gu-làap ສີກຸຫລາບ
rot, v. nao ເນົ່າ
rotary, adj. bpin-ɔ̂ɔm ປິ່ນອ້ອມ; mǔun-wían ໝູນວຽນ
rotate, v. bpin-ɔ̂ɔm ປິ່ນອ້ອມ
rotation, n. gàan-bpin-ɔ̂ɔm ການປິ່ນອ້ອມ
rotten, adj. nao ເນົ່າ (having a foul odor); bpʉai ເປື່ອຍ (decomposed); pǔ ຜຸ (decayed, e.g. tooth)
rouge, n. sǐi-táa-gɛ̂ɛm ສີທາແກ້ມ
rough, adj. nyàap ຫຍາບ; bɔɔ-la-ìat ບໍ່ລະອຽດ
round, adj. gòm ກົມ
round, n. wóng-món ວົງມົນ; hɔ̂ɔp ຮອບ
roundabout, adj. ɔ̂ɔm ອ້ອມ
roundabout, n. wóng-wɛ́ɛn ວົງແວນ

ວົງຄະທວນ (traffic circle)
rouse, *v.* bpùk ປຸກ; nyu-nyóng ຍູ້ຍົງ
route, *n.* táang ທາງ; sèn-táang ເສັ້ນທາງ
routine, *n.* sing-tii-het-bpen-bpa-jàm ສິ່ງທີ່ເຮັດເປັນປະຈຳ; wiak-bpa-jàm-wán ວຽກປະຈຳວັນ
rove, *v.* tòng-tiao-bpài-máa ທ່ອງທ່ຽວໄປມາ
row, *n.* tǎeo ແຖວ
row, *v.* páai-húa ພາຍເຮືອ; páai ພາຍ
rowdy, *adj.* hée-háa-muan-suun ເຮຮາມ່ວນຊື່ນ
royal, *adj.* giao-gǎp-làat-sa-wóng ກ່ຽວກັບລາຊະວົງ (relating to a monarch)
royalty, *n.* làat-sa-sà-gùn ລາຊະສະກຸນ
rub, *v.* tǔu ຖູ; sǐi ສີ
rubber, *n.* yàang ຢາງ (elastic substance); tǒng-yàang-a-náa-mái ຖົງຢາງອະນາໄມ (condom)
ruby, *n.* tap-tím ທັບທິມ
rude, *adj.* nyàap-kàai ຫຍາບຄາຍ
ruffle, *v.* het-hài-nyùng-nyǒong ເຮັດໃຫ້ຫຍຸ້ງເຫຍີງ
rug, *n.* pǒm-bpùu ພົມປູ
ruin, *v.* het-hài-pée-páng ເຮັດໃຫ້ເພພັງ
ruin, *n.* kwáam-sìa-hǎai ຄວາມເສຍຫາຍ (destruction); sing-hǎk-páng ສິ່ງຫັກພັງ (remains)
rule, *v.* bpǒk-kóong ປົກຄອງ
rule, *n.* gòt ກົດ (used in sports, etc.); làk ຫລັກ (principle); la-bìap ລະບຽບ (regulation)

ruler, *n.* puu-bpǒk-kóong ຜູ້ປົກຄອງ; mái-bàn-tat ໄມ້ບັນທັດ
ruling, *n.* gàan-kùap-kúm ການຄວບຄຸມ (contolling); gàan-dǎt-sǐn-sǐi-kàat ການຕັດສິນຊີ້ຂາດ (judging); gàan-dǎt-sǐn ການຕັດສິນ (court judgment)
rum, *n.* lào-kào-sǎa-líi ເຫລົ້າເຂົ້າສາລີ
rumble, *v.* dàng-gòng ດັງກ້ອງ
rumor, *n.* kaao-lúu ຂ່າວລື
rump, *n.* sìin-ga-pòok-sǎt ຊີ້ນກະໂພກສັດ
run, *v.* lèn ແລ່ນ; fàao ຟ້າວ (hurry)
runner, *n.* nak-lèn ນັກແລ່ນ
runway, *n.* dǒn-lèn ດິນແລ່ນ
rural, *adj.* sǒn-na-bǒt ຊົນນະບົດ; bàan-nòok ບ້ານນອກ
ruse, *n.* lee-liam ເລ່ລ່ຽມ; u-bàai ອຸບາຍ
rush, *v.* hìip-heng ຮີບເຮັ່ງ; fàao ຟ້າວ
rush, *n.* kwáam-fàao ຄວາມຟ້າວ
rush hour, *n.* sua-móong-hìip-heng ຊົ່ວໂມງຮີບເຮັ່ງ
Russian, *n.* kón-lat-sía ຄົນລັດເຊຍ (people); páa-sǎa-lat-sía ພາສາລັດເຊຍ (language); giao-gǎp-lat-sía ກ່ຽວກັບລັດເຊຍ (ralating to Russia)
rust, *v.* gòot-kìi-mìang ເກີດຂີ້ໝ້ຽງ
rust, *n.* kìi-mìang ຂີ້ໝ້ຽງ
rustic, *adj.* bàan-nòok ບ້ານນອກ
rusty, *adj.* bpèn-kìi-mìang ເປັນຂີ້ໝ້ຽງ
rye, *n.* kào-hai ເຂົ້າໄຣ

S

sabotage, *n.* gaàn-gɔɔ-wi-nâat-sa-gàm ການກໍ່ວິນາດສະກຳ

sack, *n.* tŏng ຖົງ (e.g. rice); ga-sɔ̀ɔp ກະສອບ (bag)

sacred, *adj.* sák-sìt ສັກສິດ

sacrifice, *v.* sĭa-sa-là ເສຍສະລະ

sacrifice, *n.* gaàn-sĭa-sa-là ການເສຍສະລະ; bùu-sáa-nyán ບູຊາຍັນ; gaàn-bùang-sŭang-bùu-sáa-nyán ການບວງສວງບູຊາຍັນ

sad, *adj.* sào ເສົ້າ; sĭa-jài ເສຍໃຈ

sadden, *v.* het-hài-sĭa-jài ເຮັດໃຫ້ເສຍໃຈ

saddle, *n.* àan-máa ອານມ້າ

saddlebag, *n.* tŏng-kuang-múu ຖົງເຄື່ອງມື

sadistic, *adj.* gaàm-wi-bpa-lìt ການວິປະລິດ; sáa-dìt ຊາດິສ

sadness, *n.* kwáam-sòok-sào ຄວາມໂສກເສົ້າ

safe, *n.* dtùu-sép ຕູ້ເຊັບ

safe, *adj.* bpɔ̀ɔt-pái ປອດໄພ

safeguard, *n.* kuang-bpɔ̂ng-gàn ເຄື່ອງປ້ອງກັນ

safety, *n.* kwáam-bpɔ̀ɔt-pái ຄວາມປອດໄພ

safety belt, *n.* săai-hat-nĭi-la-pái ສາຍຣັດນີລະໄພ

safety pin, *n.* kĕm-gàt ເຂັມກັດ

sag, *v.* nyɔ́ɔi-lóng ຍ້ອຍລົງ; jòng-lóng ຈົງລົງ

saga, *n.* dtàm-náam ຕຳນານ

sage, *n.* nak-bpàat ນັກປາດ; puu-hùu-puu-sa-làat ຜູ້ຮູ້ຜູ້ສະຫລາດ

sail, *v.* lɛn-húa-bài ແລ່ນເຮືອໃບ

sail, *n.* bài-húa ໃບເຮືອ; gàan-lɛn-húa ການແລ່ນເຮືອ

sailboat, *n.* húa-bài ເຮືອໃບ

sailing, *n.* gàan-dɔɔn-húa-ta-lée ການເດີນເຮືອທະເລ

sailor, *n.* ga-láa-sĭi-húa ກະລາສີເຮືອ; puu-lɛn-húa ຜູ້ແລ່ນເຮືອ

saint, *n.* nak-bùn ນັກບຸນ

sake, *n.* pŏn-bpa-nyòot ຜົນປະໂຍດ (benefit); kwáam-hĕn-gɛ̀ɛ ຄວາມເຫັນແກ່.. (for the sake of...)

salad, *n.* nyám-sa-lát ຍຳສະຫລັດ

salary, *n.* ngǒn-dùan ເງິນເດືອນ

sale, *n.* gàan-kăai ການຂາຍ

sales tax, *n.* páa-sĭi-gàan-kâa ພາສີການຄ້າ

saliva, *n.* nâam-láai ນ້ຳລາຍ

salmon, *n.* bpàa-sáan-mɔ̂n ປາຊານມອນ

salon, *n.* hɔ̂ng-hap-kɛ̀ɛk ຫ້ອງຮັບແຂກ; hâan-sɔ̌ɔm-sŭai ຮ້ານເສີມສວຍ

salt, *n.* gùa ເກືອ

salty, *adj.* kém ເຄັມ

salute, *v.* kám-nap ຄຳນັບ (show honor); sa-dɛ̀ɛng-kwáam-nap-tǔu ສະແດງຄວາມນັບຖື (pay respect)

salvation, *n.* gàan-súai-lŭa ການຊ່ວຍເຫລືອ

same, *adj.* kâai-kúu ຄ້າຍຄື; àn-dìao-

gàn ອັນຄຸນທັນ
sample, n. dtùa-yaang ຕົວຢ່າງ
sanctify, v. het-hài-sàk-sìt ເຮັດໃຫ້ສັກສິດ
sanction, v. a-nu-yâat-yaang-bpèn-táang-gàan ອະນຸຍາດຢ່າງເປັນ ທາງການ (authorize, approve formally); lóng-tôot ລົງໂທດ (punish)
sand, n. dìn-sáai ດິນຊາຍ
sandal, n. gòop-sáng-dàan ເກີບຊັງດານ; gòop-dtêe ເກີບແຕະ
sandpaper, n. ga-dàat-sáai ກະດາດຊາຍ
sandwich, n. kào-jìi-nyat-sài ເຂົ້າຈີ່ຍັດໄສ້
sandy, adj. míi-sáai-láai ມີຊາຍຫລາຍ
sane, adj. míi-sa-dtìi ມີສະຕິ (sensible); su-ka-pâap-jìt-dìi ສຸຂະພາບຈິດດີ (having a healthy mind)
sanitary, adj. míi-a-náa-mái ມີອະນາໄມ
sanitation, n. gàan-a-náa-mái ການອະນາໄມ
sanity, n. su-ka-pâap-jìt-bpŏk-ga-dtì ສຸຂະພາບຈິດປົກກະຕິ
sap, v. gàm-láng-wáng-sáa ກຳລັງວັງຊາ (strength); kón-ngoo ຄົນໂງ່ (stupid person)
sapphire, n. gêeo-nín-síi-fáa ແກ້ວນິນສີຟ້າ
sarcastic, adj. dèek-dàn ແດກດັນ; nyɔ́-nyɔ̂əi ເຍາະເຍີ້ຍ
sardine, n. bpàa-sáa-dìn ປາຊາດິນ

sash, n. sáai-sa-páai ສາຍສະພາຍ (long strip of cloth worn around the waist or shoulder); wóng-gòp ວົງກົບ (of window frames)
Satan, n. pǐi-hâai ຜີຮ້າຍ
satellite, n. dàao-tíam ດາວທຽມ
satin, n. pée-sa-dtìn ແພະສະຕິນ; péedtuan ແພຕ່ວນ
satire, n. tɔ̀i-kám-lɔ̂ɔk-lɔ́ɔ ຕ້ອຍຄຳຫລອກຫລໍ້; kám-wâo-sìat-sǐi ຄຳເວົ້າສຽດສີ
satisfaction, n. kwáam-pɔ́ɔ-jài ຄວາມພໍໃຈ
satisfactory, adj. pɔ́ɔ-jài ພໍໃຈ
satisfied, adj. pɔ́ɔ-jài ພໍໃຈ
satisfy, v. het-hài-pɔ́ɔ-jài ເຮັດໃຫ້ພໍໃຈ
saturate, v. het-hài-im-dtùa ເຮັດໃຫ້ອີ່ມຕົວ (fill completely); het-hài-bpìak-mŏt ເຮັດໃຫ້ປຽກໝົດ (make wet)
saturated, adj. im-dtùa ອີ່ມຕົວ
Saturday, n. wán-sáo ວັນເສົາ
sauce, n. nâam-bpùng-lot ນ້ຳປຸງລົດ; kuang-súu-lot-àa-hǎan ເຄື່ອງຊູລົດອາຫານ
saucer, n. jàan-hɔ́ɔng-tùai/jɔ̀ɔk-gàa-fée ຈານຮອງຖ້ວຍ/ຈອກກາເຟ
saucy, adj. ta-lǔng ທະລຶງ; jùak ເຈືອກ
sausage, n. sài-gɔ̀ɔk ໄສ້ກອກ
sauté, n. kua-păk-fái-dèeng ຄົ່ວຜັກໄຟແດງ
savage, n. hâai ຮ້າຍ; bpàa-tuan

ປາດຕື່ອມ

save, *v.* suai-lŭa ຊ່ວຍເຫລືອ (help); suai-sii-wit ຊ່ວຍຊີວິດ (life); gĕp-ngán ເກັບເງິນ (money)

savings, *n.* ngán-ɔ̀ɔm ເງິນອອມ

savior, *n.* puu-suai-sii-wit ຜູ້ຊ່ວຍຊີວິດ

savor, *v.* lot-sàat ລົດຊາດ (taste); gin ກິນ (smell)

saw, *n.* bài-lɯai ໃບເລື່ອຍ

sawdust, *n.* kìi-lɯai ຂີ້ເລື່ອຍ

sawmill, *n.* hóong-lɯai ໂຮງເລື່ອຍ

saxophone, *n.* gɛ̀ɛ-bpàak-ngɔ́ɔ ແຄປາກງໍ

say, *v.* wâo ເວົ້າ; gaao ກ່າວ; bɔ̀ɔk ບອກ

saying, *n.* kám-wào ຄຳເວົ້າ

scab, *n.* gĕt-bàat ເກັດບາດ

scale, *n.* jàan-dtàa-sang ຈານຕາຊັ່ງ (weighing instrument); màat-dtàa-suan ມາດຕາສ່ວນ (proportion)

scallop, *n.* hɔ̆i-kéeng ຫອຍແຄງ

scalp, *n.* năng-hŭa ໜັງຫົວ

scan, *v.* bəng-pùat-pàat ເບິ່ງຜວດຜາດ (glance at quickly); sa-gèen ສະແກນ (machine)

scandal, *n.* lɯang-nâa-ăp-àai ເລື່ອງໜ້າອັບອາຍ

scanner, *n.* kɯang-sa-gèen ເຄື່ອງສະແກນ

scapegoat, *n.* bɛ̂ɛ-hap-bàap ແບ້ຮັບບາບ

scar, *n.* bpɛ̂o ແປ້ວ

scarce, *adj.* kàat-kɔ̆ən ຂາດເຂີນ

scare, *v.* het-hài-dtɯɯn-dtòk-jài ເຮັດໃຫ້ຕື່ນຕົກໃຈ

scarecrow, *n.* hun-kón-lai-gàa ຫຸ່ນຄົນໄລ່ກາ

scared, *adj.* yâan ຢ້ານ

scarf, *n.* pàa-pán-kɔ́ɔ ຜ້າພັນຄໍ

scarlet, *adj.* sii-dɛ̀ɛng-sòt ສີແດງສົດ

scary, *adj.* bpĕn-dtàa-yâan ເປັນຕາຢ້ານ; sa-nyɔ̆ɔng-kwăn ສະຫຍອງຂວັນ

scatter, *v.* het-hài-dtɛ̀ɛk-ga-jàt-ga-jàai ເຮັດໃຫ້ແຕກກະຈັດກະຈາຍ; het-hài-dtɛ̀ɛk ເຮັດໃຫ້ແຕກ

scenario, *n.* bòt-lɯang-hûup-ngáo ບົດເລື່ອງຮູບເງົາ; hèet-gàan-sŏm-mut ເຫດການສົມມຸດ

scene, *n.* sàak ສາກ; pàap ພາບ

scenery, *n.* tíu-tat ທິວທັດ; puu-míi-bpa-têet ພູມິປະເທດ

scent, *n.* gin ກິນ (odor); nâam-hɔ̆ɔm ນ້ຳຫອມ (perfume)

schedule, *n.* gàm-not-láai-gàan ກຳນົດລາຍການ; láai-gàan ລາຍການ; dtàa-dta-láang-wée-láa ຕາຕະລາງເວລາ

scheme, *v.* pɛ̆ɛn-gàan ແຜນການ (plan); kóong-gàan ໂຄງການ (program)

schizophrenia, *n.* lôok-táang-jìt-sa-nit-nɯng ໂລກທາງຈິດຊະນິດໜຶ່ງ

scholar, *n.* nak-wi-sáa-gàan ນັກວິຊາການ

scholarship, *n.* tún-gàan-sŭk-sǎa ທຶນການສຶກສາ

scholastic, *adj.* giao-gǎp-gàan-sǔk-sǎa ກ່ຽວກັບການສຶກສາ
school, *n.* hóong-hían ໂຮງຮຽນ
science, *n.* wi-ta-nyáa-sàat ວິທະຍາສາດ
scientific, *adj.* giao-gǎp-wi-ta-nyáa-sàat ກ່ຽວກັບວິທະຍາສາດ
scientist, *n.* nak-wi-ta-nyáa-sàat ນັກວິທະຍາສາດ
scissors, *n.* mǐit-dtǎt ມີດຕັດ
scold, *v.* daa ດ່າ; hǎai-hài ຮ້າຍໃສ່; jom-waa ຈົ່ມວ່າ
scoop, *n.* jɔ̀ɔng-bèen ຈອງແບນ (a tool); kaao-duan ຂ່າວດ່ວນ (latest news)
scooter, *n.* lot-jǎk-děk-nɔ̌ɔi ລົດຈັກເດັກນ້ອຍ; lot-sa-gut-dtə̀ə ລົດສະກຸດເຕີ
scope, *n.* kɔ̀ɔp-kèet ຂອບເຂດ
score, *n.* dài-ka-néen ໄດ້ແນນ
score, *n.* ka-néen ຄະແນນ (point); noot-péeng ໂນດເພງ (music)
scorn, *n.* yìat-nyáam ປຽດຫຍາມ
scorpion, *n.* méeng-ngáo ແມງເງົ້າ
scotch, *n.* hɔ̌ɔi-dtǎt ຮອຍຕັດ
Scotch tape, *n.* tep-dǔt-jǐa ເທບຕິດເຈ້ຍ; sa-gɔt-tep ສະກ໊ອດເທບ
scout, *n.* ta-hǎan-sʉ̀ʉp-kaao ທະຫານສືບຂ່າວ; lùuk-sʉ̌ʉa ລູກເສືອ
scramble, *n.* bpìin ປີນ (climb); nyáat-gàn ຍາດກັນ
scrap, *n.* sèet-lʉ̌a ເສດເຫຼືອ
scrape, *v.* kùut ຂູດ
scratch, *v.* kùut ຂູດ (with the nail); kìit ຂີດ (make marks)
scratch, *n.* hɔ̌ɔi-kùut ຮອຍຂູດ; hɔ̌ɔi-kìit ຮອຍຂີດ
scrawl, *v.* kǐan-wái ຂຽນໄວ
scream, *v.* hɔ́ɔng-sìang-lěem ຮ້ອງສຽງແຫຼມ; song-sìang-lěem ສົ່ງສຽງແຫຼມ
screen, *n.* jɔ̀ɔ ຈໍ (monitor)
screw, *n.* dtàa-bpùu-gìao ຕາປູກ່ຽວ; gìao ກ່ຽວ
screwdriver, *n.* lěk-kǎi-kúang ເຫຼັກໄຂຄວງ
scribble, *n.* gàan-kìit-kían-bpěn-dtòo-wǎt ການຂີດຂຽນເປັນໂຕຫວັດ
script, *n.* dtôn-sa-bǎp ຕົ້ນສະບັບ
scrub, *v.* tǔu ຖູ; sǐi ສີ
scrutinize, *v.* gùat-yaang-la-ìat ກວດຢ່າງລະອຽດ
sculptor, *n.* saang-kwat ຊ່າງຄັດ (in carving); saang-bpàn ຊ່າງປັ້ນ (in shaping clay); saang-lɔ̀ɔ ຊ່າງຫຼໍ່ (in molding); bpa-dti-máa-gɔ̀ɔn ປະຕິມາກອນ (such artists)
sculpture, *n.* bpa-dti-máa-gàm ປະຕິມາກຳ; gàan-gě-sa-lǎk ການແກະສະຫຼັກ
sea, *n.* ta-lée ທະເລ
seafood, *n.* àa-hǎan-ta-lée ອາຫານທະເລ
seal, *v.* jâm-gàa ຈ້ຳກາ
seal, *n.* gàa-jâm ກາຈ້ຳ (stamp); méɛo-náam ແມວນ້ຳ (animal)
seam, *n.* kɛp-pàa ຂອບຜ້າ

seamstress

seamstress, *n.* mɛɛ-nyĭng-hap-jàang-yíp-kuang ແມ່ຍິງຮັບຈ້າງຍິບເຄື່ອງ

seaport, *n.* taa-húa ທ່າເຮືອ

search, *v.* sɔ̌ɔk-hǎa ຊອກຫາ

search, *n.* gàan-sɔ̌ɔk-hǎa ການຊອກຫາ

seashore, *n.* kɛ́ɛm-ta-lée ແຄມທະເລ

seasickness, *n.* gàan-máo-kuun-ta-lée ການເມົາຄື້ນທະເລ

season, *n.* la-dùu ລະດູ; nyáam ຍາມ

seasonal, *adj.* dtàam-la-dùu ຕາມລະດູ

seat, *n.* bɔn-nang ບ່ອນນັ່ງ

seat belt, *n.* sǎai-hat-nìi-la-pái ສາຍຮັດນິລະໄພ

seaweed, *n.* sǎa-laai-ta-lée ສາລ່າຍທະເລ

secluded, *adj.* yêek-dtùa ແຍກຕົວ; yuu-sǎn-dòot ຢູ່ສັນໂດດ

second, *n.* wi-náa-tíi ວິນາທີ

seconadary, *adj.* hɔ́ɔng-lóng-bpài ຮອງລົງໄປ; kàn-sɔ̌ɔng ຂັ້ນສອງ

second-hand, *adj.* kɔ̌ɔng-sâi-lɛ́ɛo ຂອງໃຊ້ແລ້ວ

secret, *n.* kwáam-lap ຄວາມລັບ

secretary, *n.* lée-kǎa-nu-gàan ເລຂານຸການ

sect, *n.* ni-gàai ນິກາຍ; sǎm-nak ສຳນັກ

section, *n.* ka-nɛ́ɛng ຂະແໜງ; pa-nɛ̀ɛk ພະແນກ; suan ສ່ວນ

sector, *n.* pâak-suan ພາກສ່ວນ

secular, *adj.* táang-lôok ທາງໂລກ

secure, *adj.* bpɔ̀ɔt-pái ປອດໄພ (safe); màn-kóng ໝັ້ນຄົງ (firm)

security, *n.* kwáam-bpɔ̀ɔt-pái ຄວາມປອດໄພ

sediment, *n.* dta-gɔ̀ɔn ຕະກອນ; kìi-fun-jòm-yuu-dtâi-nâam ຂີ້ຝຸ່ນຈົມຢູ່ໃຕ້ນ້ຳ

see, *v.* bɔng ເບິ່ງ (with the eye); kào-jài ເຂົ້າໃຈ (understand); hěn ເຫັນ (meet)

seed, *n.* nái-pán ໄນພັນ; nɔɔ-nɛ́ɛo ໜໍແໜວ

seek, *v.* sɔ̌ɔk-hǎa ຊອກຫາ; kón-hǎa ຄົ້ນຫາ

seem, *v.* kâai-kúu-gap-waa ຄ້າຍຄືກັບວ່າ; kúu-si ຄືຊິ

seeming, *adj.* dtàam-tíi-bpàa-gòt ຕາມທີ່ປາກົດ

seasaw, *n.* bpên-mâa-ga-duang ແປ້ນມ້າກະເດື່ອງ

segment, *n.* kɔ̀ɔ ຂໍ້; bpɔ̀ng ປ່ອງ; suan ສ່ວນ; dtɔɔn ຕອນ

segregate, *v.* nyɛ̂ɛk-ɔ̀ɔk ແຍກອອກ; bɛng-nyɛ̂ɛk ແບ່ງແຍກ

seismic, *adj.* giao-gap-pen-dìn-wǎi ກ່ຽວກັບແຜ່ນດິນໄຫວ

seize, *v.* yut ຢຶດ; jǎp-ào ຈັບເອົາ; sǔai-ào ສວຍເອົາ

seizure, *n.* gàan-yut-ào ການຢຶດເອົາ; gàan-jǎp-gùm ການຈັບກຸມ

seldom, *adv.* bɔɔ-kɔɔi-jà ບໍ່ຄ່ອຍຈະ; nɔ̀ɔi-tua-tíi-sút ນ້ອຍເທື່ອທີ່ສຸດ

select, *v.* lûak-ào ເລືອກເອົາ

selection, *n.* gàan-lûak ການເລືອກ

selective, *adj.* giao-gap-gàan-lûak ກ່ຽວກັບການເລືອກ

self, *n.* dtòn-èeng ຕົນເອງ

self-centered, *adj.* kám-núng-tǎng-dtòn-ēeng ສຳປັ່ງຕຶງກັບຕົນເອງ

self-control, *n.* gàan-kùap-kúm-dtòn-ēeng ການຄວບຄຸມກັບຕົນເອງ

self-defense, *n.* gàan-bpɔ̀ng-gàn-dtùa-eeng ການປ້ອງກັນຕົວເອງ

self-employed, *adj.* het-wiak-kɔ̌ɔng-dtòn-ēeng ເຮັດວຽກຂອງຕົນເອງ

self-esteem, *n.* kwáam-nying-nái-dtòn-ēeng ຄວາມຍິງໃນຕົນເອງ

selfish, *adj.* hěn-gɛɛ-dtùa ເຫັນແກ່ຕົວ

self-service, *n.* bɔɔ-li-gàan-dtòn-ēeng ບໍລິການຕົນເອງ

sell, *v.* kǎai ຂາຍ

seller, *n.* kón-kǎai ຄົນຂາຍ

semen, *n.* náam-gàam ນ້ຳກາມ

semester, *n.* pàak-hían ພາກຮຽນ

semi-, *v.* kɤng ເຄິ່ງ

semicolon, *n.* kɯang-mǎai-jâm-jùt ເຄື່ອງໝາຍຈ້ຳຈຸດ

seminar, *n.* gàan-sǎm-ma-náa ການສຳມະນາ

seminary, *n.* hóong-hían-sàat-sa-nǎa ໂຮງຮຽນສາສະໜາ

senate, *n.* sa-páa-sǔung ສະພາສູງ

senator, *n.* sa-máa-sik-sa-páa-sǔung ສະມາຊິກສະພາສູງ

send, *v.* song ສົ່ງ

sender, *n.* puu-song ຜູ້ສົ່ງ

senile, *adj.* tào ເຖົ້າ; sǔung-àa-nyu ສູງອາຍຸ

senior, *n.* puu-sǔung-àa-nyu ຜູ້ສູງອາຍຸ; puu-àa-wu-sóo ຜູ້ອາວຸໂສ

seniority, *n.* kwáam-míi-àa-wu-sóo ຄວາມມີອາວຸໂສ

sensation, *n.* kwáam-hûu-sɯ̀k-sǎm-pát ຄວາມຮູ້ສຶກສຳຜັດ

sensational, *adj.* giao-gǎp-bpa-sàat-sǎm-pát ກ່ຽວກັບປະສາດສຳຜັດ

sense, *n.* kwáam-hûu-sɯ̀k ຄວາມຮູ້ສຶກ (feeling); sǎm-pát ສຳຜັດ (i.e. sight, touch, taste, sound, smell); hèet-pǒn ເຫດຜົນ (reason)

sensible, *adj.* míi-hèet-pǒn ມີເຫດຜົນ

sensitive, *adj.* hǔu-sɯ̀k-wái ຮູ້ສຶກໄວ

sensual, *adj.* mak-mâak-nái-táang-gàam-ma-kún ມັກມາກໃນທາງກາມະຄຸນ

sensuous, *adj.* giao-gǎp-kwáam-hûu-sɯ̀k ກ່ຽວກັບຄວາມຮູ້ສຶກ

sentence, *n.* bpa-nyòok ປະໂຫຍກ (grammar); gàan-dtǎt-sǐn ການຕັດສິນ (ruling)

sentiment, *n.* kwáam-hûu-sɯ̀k ຄວາມຮູ້ສຶກ; àa-lóm ອາລົມ

separate, *adj.* yɛ̂ɛk-ɔ̀ɔk ແຍກອອກ; bɛng-nyɛ̂ɛk-dâi ແບ່ງແຍກໄດ້

separation, *n.* gàan-yɛ̂ɛk-ɔ̀ɔk ການແຍກອອກ; gàan-bɛng-nyɛ̂ɛk-dâi ການແບ່ງແຍກໄດ້

September, *n.* dɯan-gàn-nyáa ເດືອນກັນຍາ

septic, *adj.* dtìt-sɯ́a-pa-nyâat ຕິດເຊື້ອພະຍາດ

sequence, *n.* lám-dǎp-dtɔɔ-nɯang ລຳດັບຕໍ່ເນື່ອງ

serene, *adj.* sa-ngɔ́p-jem-sǎi ສະຫງົບເຈມໃສ

sergeant, *n.* náai-sìp-èek บายสิบเอก

serial, *n.* sing-tii-dtɔɔ-nuang-gàn สิ່งที่ต่เนื່ອງກັນ

series, *n.* sut ຊຸດ; lám-dǎp ລຳດັບ

serious, *adj.* keng-kǔm เคັ່ງคັ່ມ; ào-jìng-ào-jàng ເອົາຈິງເອົາຈັງ

sermon, *n.* gàan-sɔ̌ɔn ການສອນ; têet-sa-nǎa ເທດສະໜາ

serpent, *n.* ngúu-nyai ງູໃຫຍ່

serum, *n.* náam-sǐi-lóom ນ້ຳສີໂລມ

servant, *n.* kón-hap-sái คົນรັບใຊ້

serve, *v.* hap-sái รັบใຊ້; hài-bɔɔ-li-gàan ใຫ້บໍລິການ

serve, *n.* gàan-hap-sái ການรັບใຊ້; gàan-bɔɔ-li-gàan ການບໍລິການ

service, *n.* bɔɔ-li-gàan ບໍລິການ

sesame, *n.* ngáa ງາ

session, *n.* pâak ພາກ; dtɔ̀ɔn ຕອນ

set, *v.* jǎt-dtâng จັດตั้ງ (install); dtâng ตั้ງ (place, put in place); het-hài-dtit-nèn ເຮັດໃຫ້ຕິດແໜ້ນ (fix firmly)

set, *n.* sut ຊຸດ (set of things); gum ກຸ່ມ (group)

settle, *v.* jǎt-dtâng จັດตั้ງ; dtâng-tin-tǎan ຕັ້ງຖິ່ນຖານ

settlement, *n.* gàan-dtâng-tin-tǎan ການຕັ້ງຖິ່ນຖານ

settler, *n.* puu-dtâng-tin-tǎan ຜູ້ຕັ້ງຖິ່ນຖານ

setup, *n.* gàan-sâang-dtâng ການສ້າງຕັ້ງ

seven, *nm.* jět ເຈັດ

seventeen, *nm.* sìp-jět ສິບເຈັດ

seventeenth, *adj.* tii-sìp-jět ທີສິບເຈັດ

seventy, *nm* jět-jìp ເຈັດສິບ

sever, *v.* dtǎt-kàat ຕັດຂາດ

several, *adj.* lǎai ຫລາຍ

severe, *adj.* hún-héeng ຮຸນແຮງ; keng-kǎt ເຄັ່ງຄັດ

sew, *v.* nyìp ຫຍິບ

sewage, *n.* sing-sók-ga-bpók ສິ່ງສົກກະປົກ (liquid or solid waste); náam-sìa ນ້ຳເສຍ (waste water)

sewer, *n.* puu-nyìp ຜູ້ຫຍິບ (one that sews); jǎk-nyìp ຈັກຫຍິບ (machine); kɔ̌ɔng-sìa ຂອງເສຍ (waste)

sewing, *n.* gàan-nyìp ການຫຍິບ

sex, *n.* pêet ເພດ

sexism, *n.* gàan-gìit-gàn-táang-pêet ການກີດກັນທາງເພດ

sexist, *n.* puu-beng-nyêek-pêet ຜູ້ແບ່ງແຍກເພດ

sexual, *adj.* giao-gǎp-pêet ກ່ຽວກັບເພດ

sexy, *adj.* sek-sǐi ເຊັກຊີ້; yûa-yúan-gàam-ma-lóm ຍົ່ວຍວນກາມມະລົມ

shackle, *n.* sòo-lèk ໂສ້ເຫລັກ; ga-jèe-múu ກະແຈມື

shade, *n.* ngáo ເງົາ; hom ຮົ່ມ

shadow, *n.* ngáo ເງົາ

shady, *adj.* bpèn-ngáo ເປັນເງົາ; hài-hom ໃຫ້ຮົ່ມ; míi-hom ມີຮົ່ມ

shaft, *n.* dâam ດ້າມ; gâan ກ້ານ

shake, *v.* san ສັ່ນ; gwèng ແກວ່ງ (move to and fro with jerky movements); nyôok ໂຍກ (rock)

shaky, *adj.* san ສັ່ນ; nyôok ໂຍກ

shall, *aux. v.* ja-dtông จะต้อง; si ซิ
shallow, *adj.* dtûen ตื้น
sham, *n.* gàan-lòok-lúang การหลอกลวง
shame, *n.* kwáam-la-àai ความละอาย
shameful, *adj.* nàa-la-àai หน้าละอาย; bpen-dtàa-ǎp-àai เป็นตาอับอาย
shampoo, *n.* yàa-sǎ-pǒm ยาสะผม
shape, *n.* hûup-hàang รูปร่าง; sǎn-tǎan สัณฐาน
share, *v.* bɛng แบ่ง; bpàn ปัน
share, *n.* suan ส่วน; suan-bɛng ส่วนแบ่ง
shareholder, *n.* puu-tǔu-hùn ผู้ถือหุ้น
shark, *n.* bpaa-sa-lǎam ปลาฉลาม
sharp, *adj.* kóm คม (not dull); ja-jɛɛng จะแจ้ง (clear); sa-làat สะหลาด (clever)
sharpen, *v.* het-hài-kóm เฮ็ดให้คม; fǒn ฝน
sharpener, *n.* kɔ̌ɔng-lɛ̌ɛm-sɔ̌ɔ ของแหลมสอ (pencil); kuang-lɛ̌ɛm เคื่องแหลม (knife)
shatter, *v.* het-hài-dtɛ̀ɛk-mun-ùi-bpùi เฮ็ดให้แตกมุ่นอุยปุย
shave, *v.* gòon โกน
shaver, *n.* mîit-tɛ̌ɛ มีดแถ (razor with blade); kuang-tɛ̌ɛ-nùat เคื่องแถหนวด (machine or electric)
shawl, *n.* pàa-hom-bpòk-baa-lai ผ้าห่มปกบ่าไหล่
she, *pron.* kǎo เขา; láao ลาว; náang นาง

shear, *v.* dtàt ตัด
shears, *n.* gàan-dtàt การตัด
sheath, *n.* fàk-ngáao ฝักง้าว (for swords); bpɔ̀ɔk-mîit ปอกมีด (for knives)
shed, *n.* hóong-gèp-kɔ̌ɔng โรงเก็บของ (storage); hóong-lot โรงลด (garage)
sheen, *n.* kwáam-sǔk-sǎi ความสุกใส
sheep, *n.* gɛ̌ แกะ
sheepish, *adj.* kìi-àai ขี้อาย
sheer, *adj.* bàang-sǎi บางใส (transparent); bɔɔ-bpòn-gàn บ่ปนกัน (unmixed)
sheet, *n.* pàa-bpùu-bon-nɔ́ɔn ผ้าปูบนนอน (for bed); pen แผ่น (broad, thin, rectangular mass or piece of material, such as paper)
shelf, *n.* hîing หิ้ง; sǎn ชั้น
shelf-life, *n.* àa-nyu-kwáam-tón-táng-hìng อายุความทนตั้งหิ้ง
shell, *n.* bpùak-hɔ̌i เปือกหอย; bpùak เปือก; bpɔ̀ɔk ปอก
shellfish, *n.* hɔ̌i-lùu-gûng หอยหลือกุ้ง
shelter, *n.* bɔn-lòp-pái บ่อนหลบไพ
shepherd, *n.* kón-lîang-gɛ̌ คนเลี้ยงแกะ
sherbet, *n.* náam-màak-mái น้ำหมากไม้
sheriff, *n.* jào-nàa-tìi-kàn-dtàa-sɛ̌ɛng เจ้าหน้าที่ขั้นตาแสง
shield, *n.* gâng-bàng กั้งบัง (piece of armor); bpɔ̂ɔng-gàn ป้องกัน (protec-

shift, v. nyáai ຍ້າຍ; bpian-tăa-na ປ່ຽນທ່າມະ

shiftless, adj. kìi-kâan ຂີ້ຄ້ານ (lazy)

shilling, n. ngən-sin-ling-àng-gìt ເງິນຊິນລິງອັງກິດ

shin, n. nàa-keng ໜ້າແຂ່ງ

shine, v. sɔng-sέεng ສ່ອງແສງ; lὲuam ເຫຼື້ອມ

shiny, adj. sa-waang ສະຫວ່າງ; lὲuam ເຫຼື້ອມ

ship, n. húa ເຮືອ

shirt, n. sɯ̂a-sɔ̂ɔt ເສື້ອເຊີດ

shiver, v. san ສັ່ນ

shock, n. àa-gàan-sɔk ອາການຊ້ອກ; àa-gàan-dtɔ̌k-jài-yaang-héeng ອາການຕົກໃຈຢ່າງແຮງ

shock, v. dtɔ̌k-jài-yaang-héeng ຕົກໃຈຢ່າງແຮງ

shoe, n. gòəp ເກີບ

shoehorn, n. bpɔ̀ɔk-sai-gòəp ປອກໃສ່ເກີບ

shoemaker, n. saang-het-gòəp ຊ່າງເຮັດເກີບ

shoe polish, n. nâam-yàa-tǔu-gòəp ນ້ຳຢາຖູເກີບ

shoestring, n. sǎai-gòəp ສາຍເກີບ

shoot, v. nyíng ຍິງ

shoot, n. gàan-nyíng ການຍິງ

shop, n. hâan ຮ້ານ (store); hóong-ngáan ໂຮງງານ (factory)

shop, v. sɯ́ɯ-kɔ̌ɔng ຊື້ຂອງ

shopkeeper, n. jâo-kɔ̌ɔng-hâan ເຈົ້າຂອງຮ້ານ

shoplifting, n. gàan-lak-kɔ̌ɔng-nái-hâan ການລັກຂອງໃນຮ້ານ

shopper, n. kón-sɯ́ɯ-kɔ̌ɔng ຄົນຊື້ຂອງ

shopping, n. gàan-sɯ́ɯ-kɔ̌ɔng ການຊື້ຂອງ

shore, n. kέεm-ta-lée ແຄມທະເລ

short, adj. dtîa ເຕ້ຍ (not tall - used with people); sân ສັ້ນ (length); bɔɔ-dòn ບໍ່ດົນ (duration)

short circuit, n. fái-fáa-wóng-jɔɔn-lat ໄຟຟ້າວົງຈອນລັດ

shortcut, n. táang-lat ທາງລັດ

shorten, v. het-hài-sân ເຮັດໃຫ້ສັ້ນ; lut-ka-nàat ຫຼຸດຂະໜາດ

shorts, n. sòong-kǎa-sân ໂສ້ງຂາສັ້ນ

short story, n. lɯang-sân ເລື່ອງສັ້ນ

short-tempered, adj. hâai-wái ຮ້າຍໄວ

shortwave, n. kɯ̂ɯn-sân ຄື້ນສັ້ນ

shot, n. gàan-nyíng ການຍິງ (shooting); gàan-sǎk-yàa ການສັກຢາ (injection)

shotgun, n. bpɯ̀ɯn-sân ປືນສັ້ນ

should, aux. v. kúan ຄວນ; si ຊິ

shoulder, n. baa-lái ບ່າໄຫຼ່

shout, v. hɔ́ɔng-héeng-héeng ຮ້ອງແຮງໆ

shove, v. suk ສຸກ

shovel, n. sǔan ຊ້ວນ

show, n. gàan-sa-dèeng ການສະແດງ

showcase, n. dtûu-sóo ຕູ້ໂຊ (for display)

shower, *n.* fŏn-lɛn ຝົນແລ່ມ (rain); bùa-àap-náam ບົວອາບນ້ຳ (in the bathroom)

show-off, *v.* ùat-àang ອວດອ້າງ

showroom, *n.* hɔ̀ng-sóo ຫ້ອງໂຊ; sóo-lóom ໂຊຣູມ

shred, *n.* sèet ເສດ; sîin-lek-lek-nɔ́ɔi-nɔ́ɔi ຊິ້ນເລັກນ້ອຍໆ

shrew, *n.* puu-nyíng-bpàak-hâai ຜູ້ຍິງປາກຮ້າຍ

shrewd, *adj.* sa-làat ສະຫລາດ

shriek, *n.* sìang-hɔ́ɔng-wìit ສຽງຮ້ອງວີດ

shrimp, *n.* gûng ກຸ້ງ

shrine, *n.* sĭm ສິມ; bɔn-săk-sìt ບ່ອນສັກສິດ

shrink, *v.* hŏt-lóng ຫົດລົງ; hŏt-kâo ຫົດເຂົ້າ

shroud, *n.* pàa-hɔ̀ɔ-sŏp-kón-dtàai ຜ້າຫໍ່ສົບຄົນຕາຍ

shrub, *n.* pum-mâi ພຸ່ມໄມ້

shrug, *v.* yík-lai ຍິກໄຫລ່

shuffle, *v.* săp-pâi ສັບໄພ້

shun, *v.* lòp-lìik ຫລົບຫລີກ

shut, *v.* ăt ອັດ; yút ປຸດ

shutter, *n.* bàan-bpɔ̀ng-yìam ບານປ່ອງຢ້ຽມ; fǎa-ăt-gɔ̂ng-taai-hûup ຝາອັດກ້ອງຖ່າຍຮູບ

shuttle, *n.* ga-sŭai ກະສວຍ; lot-nám-song ລົດນຳສົ່ງ

shy, *adj.* àai ອາຍ; kìi-àai ຂີ້ອາຍ

sibling, *n.* pii-nɔ́ɔng ພີ່ນ້ອງ

sick, *adj.* jěp-bpuai ເຈັບປ່ວຍ; bɔ̀ɔ-sa-bàai ບໍ່ສະບາຍ

sickness, *n.* pa-nyâat ພະຍາດ; àa-gàan-jěp-bpuai ອາການເຈັບປ່ວຍ

side, *n.* táang-kàang ທາງຂ້າງ; kàang ຂ້າງ

sideburns, *n.* jɔ̀ɔn ຈອນ

side effect, *n.* pŏn-kàang-kìang ຜົນຂ້າງຄຽງ

sidewalk, *n.* táang-nyaang ທາງຍ່າງ

siege, *v.* bpìt-lɔ́ɔm ປິດລ້ອມ; lɔ́ɔm-jòom-dtìi ລ້ອມໂຈມຕີ

siege, *n.* gàan-bpìt-lɔ́ɔm ການປິດລ້ອມ; gàan-lɔ́ɔm-jòom-dtìi ການລ້ອມໂຈມຕີ

sigh, *v.* hăn-jài-nyai ຫັນໃຈໃຫຍ່

sigh, *n.* gàan-hăn-jài-nyai ການຫັນໃຈໃຫຍ່

sight, *n.* săai-dtàa ສາຍຕາ

sightseeing, *v.* bpài-tìao ໄປທ່ຽວ; tìao-sóm-sa-tăan-tii ທ່ຽວຊົມສະຖານທີ່

sightseeing, *n.* gàan-bpài-tìao ການໄປທ່ຽວ; gàan-tìao-sóm-sa-tăan-tii ການທ່ຽວຊົມສະຖານທີ່

sign, *n.* bpâai ປ້າຍ; săn-nya-lak ສັນຍະລັກ

signal, *n.* săn-nyáan ສັນຍານ

signature, *n.* láai-sén ລາຍເຊັນ

significance, *n.* kwáam-săm-kán ຄວາມສຳຄັນ

significant, *adj.* săm-kán ສຳຄັນ

silence, *n.* kwáam-mit-ngìap ຄວາມມິດງຽບ

silent, *adj.* mit ມິດ

silicon, *n.* si-li-kɔ́ɔn ຊິລິຄອນ; tâat-a-

lóo-hǎ-sa-nit-nung
ທາດອະໂລຫະຊະນິດໜຶ່ງ
silk, *n.* mǎi ໄໝ; pàa-mǎi ຜ້າໄໝ
silky, *adj.* kâai-kúu-mǎi ຄ້າຍຄືໄໝ
(silk-like); muun ມຶ່ນ (smooth);
ɔɔn ອ່ອນ (soft)
sill, *n.* tǎan ຖານ; bpên-tɔ́ɔng
ແປັນທອງ
silliness, *n.* kwáam-ngoo ຄວາມໂງ່
silly, *adj.* ngoo ໂງ່; bɔɔ-sa-làat
ບໍ່ສະຫຼາດ
silver, *n.* ngón ເງິນ
silverware, *n.* kuang-ngón ເຄື່ອງເງິນ
similar, *adj.* kâai-kúu ຄ້າຍຄື; kúu ຄື
similarity, *n.* kwáam-kâai-kúu-gàn
ຄວາມຄ້າຍຄືກັນ
simile, *n.* gàan-ŭ-bpa-máa
ການອຸປະມາ; gàan-bpìap-tîap
ການປຽບທຽບ
simmer, *v.* hum ຫຸມ; dtôm-ɔɔn-ɔɔn
ຕົ້ມອ່ອນໆ
simple, *adj.* tám-ma-dàa ທຳມະດາ;
ngaai-ngaai ງ່າຍໆ
simplify, *v.* het-hài-ngaai ເຮັດໃຫ້ງ່າຍ
simulate, *v.* lɔ́ɔk-lîan ລອກລຽນ
simultaneous, *adj.* nái-wée-láa-
dìao-gàn ໃນເວລາດຽວກັນ
sin, *n.* bàap ບາບ
since, *prep.* dtâng-dtɛɛ ຕັ້ງແຕ່
sincere, *adj.* jìng-jài ຈິງໃຈ
sincerely, *adv.* yaang-jìng-jài
ຢ່າງຈິງໃຈ
sincerity, *n.* kwáam-jìng-jài
ຄວາມຈິງໃຈ
sinful, *adj.* míi-bàap ມີບາບ; bpèn-
bàap ເປັນບາບ
sing, *v.* hɔ́ɔng-péeng ຮ້ອງເພງ
singer, *n.* nak-hɔ́ɔng ນັກຮ້ອງ
singing, *n.* gàan-hɔ́ɔng-péeng
ການຮ້ອງເພງ
single, *adj.* sòot ໂສດ (not married);
diao ດຽວ (not in a pair)
singular, *adj.* bpèn-èek-ga-pot
ເປັນເອກະພົດ
sink, *n.* aang ອ່າງ; aang-nâam
ອ່າງນ້ຳ
sinner, *n.* puu-míi-bàap ຜູ້ມີບາບ;
kon-bàap ຄົນບາບ
sinus, *n.* póong-ga-dùuk-dtâi-dàng
ໂພງກະດູກໃຕ້ດັງ
sip, *v.* sím ຊິມ; duum-jip-jip-jep-jep
ດື່ມຈິບໆເຈັບໆ
sir, *n.* taan ທ່ານ; pa-na-taan
ພະນະທ່ານ
siren, *n.* sìang-sǎn-nyáan ສຽງສັນຍານ
sister, *n.* ûai ເອື້ອຍ (older); nɔ́ɔng-
sǎao ນ້ອງສາວ (younger)
sister-in-law, *n.* ûai-pài ເອື້ອຍໄພ້;
nɔ́ɔng-pài ນ້ອງໄພ້
sit, *v.* nang ນັ່ງ; dtâng-yuu ຕັ້ງຢູ່
site, *n.* dtàm-nɛng ຕຳແໜ່ງ; tii-
dtâng ທີ່ຕັ້ງ
sitting, *n.* gàan-nang ການນັ່ງ
situation, *n.* sa-tǎa-na-gàan
ສະຖານະການ
six, *nm.* hǒk ຫົກ

six hundred, *nm.* hŏk-hɔ́ɔi ຫົກຮ້ອຍ
sixteen, *nm.* sìp-hŏk ສິບຫົກ
sixty, *nm.* hŏk-sìp ຫົກສິບ
size, *n.* ka-nàat ຂະໜາດ
sizzle, *n.* sìang-jùun-àa-hăan ສຽງຈືນອາຫານ
skate, *n.* gɔ̀ɔp-lìn-sa-get ເກີບຫລິ້ນສະເກັດ
skate board, *n.* pɛn-lìn-sa-get ແຜ່ນຫລິ້ນສະເກັດ
skeleton, *n.* kóong-haang-ga-dùuk ໂຄງຮ່າງກະດູກ
skeptical, *adj.* kìi-sŏng-săi ຂີ້ສົງໃສ
sketch, *v.* haang-hûup ຮ່າງຮູບ; hĕt-kóong-haang ເຮັດໂຄງຮ່າງ
sketch, *n.* hûup-tìi-bpɛn-kóong-haang ຮູບທີ່ເປັນໂຄງຮ່າງ
ski, *n., v.* lɛn-sa-gìi ແລ່ນສະກີ
skid, *v.* mʉʉn-pa-làat ມື່ນພະລາດ
skid, *n.* hɔ́ɔi-mʉʉn ຮອຍມື່ນ
skier, *n.* nak-lìn-sa-gìi ນັກຫລິ້ນສະກີ
skiing, *n.* gàan-lìn-sa-gìi ການຫລິ້ນສະກີ
skill, *n.* tak-să ທັກສະ; kwáam-sám-ni-sám-náan ຄວາມຊຳນິຊຳນານ
skillful, *adj.* míi-tak-să-dìi ມີທັກສະດີ; sám-náan ຊຳນານ
skim, *v.* dtăk-suan-pĭu-ɔ̀ɔk ຕັກສ່ວນຜິວອອກ
skim milk, *n.* nâam-nóm-tìi-sa-găt-ào-kăi-mán-ɔ̀ɔk ນ້ຳນົມທີ່ສະກັດເອົາໄຂມັນອອກ
skin, *n.* pĭu ຜິວ; bpʉ̀ak ເປືອກ (crust)

skinny, *adj.* jɔi-lăai ຈ່ອຍຫລາຍ
skip, *v.* ga-dòot ກະໂດດ (hop, jump); kàam ຂ້າມ (bounce over)
skip, *n.* gàan-ga-dòot ການກະໂດດ; gàan-kàam ການຂ້າມ
skirt, *n.* ga-bpòong-mɛɛ-nýing ກະໂປ່ງແມ່ຍິງ; sìn ສິ້ນ
skit, *n.* la-kɔ́ɔn-sàn ລະຄອນສັ້ນ
skull, *n.* ga-lòok-hŭa ກະໂຫລກຫົວ
skunk, *n.* dtòo-mɛ́n ໂຕເໝັນ
sky, *n.* fáa ຟ້າ
skylight, *n.* sɛ̌ɛng-sa-waang-jàak-tɔ́ɔng-fáa ແສງສະຫວ່າງຈາກທ້ອງຟ້າ
skyrocket, *v.* kʉ̂n-yaang-wái-wáa ຂຶ້ນຢ່າງໄວວາ
skyrocket, *n.* bâng-fái-dta-lái ບັ້ງໄຟຕະໄລ
skyscraper, *n.* dtʉ̌k-sŭung-sŭung ຕຶກສູງໆ
slack, *adj.* yɔn ຢ່ອນ (lacking firmness; loose); kìi-kâan ຂີ້ຄ້ານ (lazy); ʉ̀ut-àat ອຶດອາດ (sluggish)
slacks, *n.* sòong-nung-sa-bàai-sa-bàai ໂສ້ງນຸ່ງສະບາຍໆ
slam, *v.* ăt-sìang-dàng ອັດສຽງດັງ; ga-tɛ́ɛk ກະແທກ
slang, *n.* páa-săa-dta-làat ພາສາຕະຫລາດ
slant, *adj.* ngiang ຫງຽງ; ìang ອຽງ
slap, *v.* dtŏp ຕົບ; dtŏp-nâa ຕົບໜ້າ
slap, *n.* gàan-dtŏp-nâa ການຕົບໜ້າ
slapstick, *n.* dta-lòk-bɛ̀ɛp-ngoo-

slash — slot

slash, *v.* bpàat ປາດ (lash); dtăt ຕັດ (cut); dtìi ຕີ (whip)

slash, *n.* gàan-dtăt ການຕັດ; kuang-măai-tap ເຄື່ອງໝາຍທັບ (/)

slate, *n.* hĭin-ga-dàan-sa-núan ຫີນກະດານຊະນວນ

slaughter, *v.* kàa ຂ້າ

slaughterhouse, *n.* hóong-kàa-săt ໂຮງຂ້າສັດ

slave, *n.* kàa-tâat ຂ້າທາດ

slavery, *n.* kwáam-bpèn-kàa-tâat ຄວາມເປັນຂ້າທາດ

slay, *v.* kàa ຂ້າ; kàa-hài-dtàai ຂ້າໃຫ້ຕາຍ

sleep, *v.* nóon ນອນ; nóon-lăp ນອນຫລັບ

sleeping bag, *n.* tŏng-nóon ຖົງນອນ

sleeping pill, *n.* yàa-nóon-lăp ຢານອນຫລັບ

sleepy, *adj.* ngăo-nóon ເຫງົານອນ

sleet, *n.* fŏn-hi-ma ຝົນຫິມະ; fŏn-màak-hĕp ຝົນໝາກເຫັບ

sleeve, *n.* kɛ̌ɛn-sŭa ແຂນເສື້ອ

sleigh, *n.* lot-tĭi-sài-lɛ̂n-tóng-hi-ma ລົດທີ່ໃຊ້ແລ່ນເທິງຫິມະ

slender, *adj.* nyáao-hĭao ຍາວຮຽວ; ɔ̀ɔn-ɛ́ɛn ອ່ອນແອ້ນ; jɔ̀i ຈ່ອຍ

slice, *n.* pen-bàang-bàang ເປັນບາງໆ; fǎan ຟານ

slide, *v.* muun ມື່ນ; luan-lǎi ເລື່ອນໄຫລ

slider, *n.* ga-dàan-luan ກະດານເລື່ອນ; màak-dta-lâat ໝາກຕະຫລາດ

slight, *adj.* lek-nɔ́ɔi ເລັກນ້ອຍ (small amount); bào-bàang ເບົາບາງ (frail)

slim, *adj.* nyáao-hĭao ຍາວຮຽວ (objects); jɔ̀i-bàang ຈ່ອຍບາງ (human beings or animals)

slimy, *adj.* bpen-mûak ເປັນເມືອກ (sticky and slippery); muun ມື່ນ (slippery); sua-săa ຊົ່ວຊ້າ (viscious)

sling, *n.* săai-jong ສາຍຈອງ

slingshot, *n.* năng-sa-dtik ໜັງສະຕິກ

slip, *v.* muun ມື່ນ; lǎi ໄຫລ

slip, *n.* gàan-muun-pa-lâat ການມື່ນພະລາດ (sliding); kwáam-pĭt-pâat ຄວາມຜິດພາດ (mistake); ga-bpòong-sân-nái-kɔ̌ɔng-mɛ̂ɛ-nyíng ກະໂປງສັ້ນໃນຂອງແມ່ຍິງ (petite coat)

slipper, *n.* gɔ̀ɔp-dtɛ́ɛ ເກີບແຕະ

slippery, *adj.* muun ມື່ນ; lŭt-ngaai ຫລຸດງ່າຍ

slit, *n.* hɔ̌ɔi-dtɛ̀ɛk ຮອຍແຕກ; hɔ̌ɔi-paa ຮອຍຜ່າ

sliver, *n.* sèet-mâi ເສດໄມ້; dton-lek-lek-nɔ̌ɔi-nɔ̌ɔi ຕອນເລັກໆນ້ອຍໆ

slob, *n.* kón-sə-sa ຄົນເຊິະເຊະ; kón-kìi-kâan ຄົນຂີ້ຄ້ານ; kón-bɔɔ-su-pâap ຄົນບໍ່ສຸພາບ

slogan, *n.* kám-kwăn ຄຳຂວັນ

slope, *n.* táang-lâat-íang ທາງລາດອຽງ

sloppy, *adj.* bɔɔ-bpèn-la-bìap ບໍ່ເປັນລະບຽບ; bɔɔ-la-mat-la-wáng ບໍ່ລະມັດລະວັງ

slot, *n.* song ຊ່ອງ; song-nɔ̌ɔi-nɔ̌ɔi

ຢ່າງມ້ອຍໆ

slow, *adj.* sâa ຊ້າ

slowly, *adv.* sâa-sâa ຊ້າໆ

slug, *n.* tàak ທາກ

sluggish, *adj.* suai-sáa ເຊື່ອຍຊ້າ

slum, *n.* bɔn-kón-tuk-nyâak-àa-sǎi-yuu ບ່ອນຄົນທຸກຍາກອາໄສຢູ່; sa-tǎan-tii-sǒk-ga-bpòk ສະຖານທີ່ສົກກະປົກ

sly, *adj.* kìi-gòong ຂີ້ໂກງ

smack, *v.* dtìi ຕີ (hit); jùup-sǐang-dàng ຈູບສຽງດັງ (kiss loudly)

small, *adj.* nɔ́ɔi ນ້ອຍ; nɔ̌i ໜ້ອຍ

small change, *n.* ngén-tɔ́ɔn ເງິນທອນ

smallpox, *n.* kài-màak-sǔk ໄຂ້ໝາກສຸກ; fǐi-dàat ຝີດາດ

smart, *adj.* sa-làat ສະຫຼາດ; geng ເກັ່ງ

smash, *v.* tám-láai ທຳລາຍ

smear, *v.* táa ທາ (put on, e.g. color); bpɔ̌-bpʉ̂an ເປິເປື້ອນ (make a mess); bpàai-sǐi ປ້າຍສີ (paint)

smell, *v.* dòm-gin ດົມກິນ

smell, *n.* gin ກິນ

smile, *n., v.* nyîm ຍິ້ມ

smith, *n.* saang-lék ຊ່າງເຫຼັກ (iron, steel); saang-lóo-hǎ ຊ່າງໂລຫະ (metal)

smoke, *n.* kwán ຄວັນ; kwán-fái ຄວັນໄຟ

smoke, *v.* sùup-yàa ສູບຢາ

smoker, *n.* kón-sùup-yàa ຄົນສູບຢາ

smoky, *adj.* míi-kwán ມີຄວັນ; míi-kwán-lǎai ມີຄວັນຫຼາຍ

smooth, *adj.* hâap-hîang ຮາບຮຽງ (flat); hîap-hɔ̂ɔi ຮຽບຮ້ອຍ (free from difficulties, problems, etc.)

smuggle, *v.* lak-lɔ́ɔp ລັກລອບ

smuggler, *n.* kón-lak-lɔ́ɔp ຄົນລັກລອບ

snack, *n.* àa-hǎan-bào ອາຫານເບົາ

snail, *n.* hɔ̌i-dua ຫອຍດື່ອ

snake, *n.* ngúu ງູ

snap, *v.* taai-hûup-duan ຖ່າຍຮູບດ່ວນ (a picture); dtìi-sɛ̀ɛ ຕີແສ້ (whip); dùit-nîu ດີດນິ້ວ (the fingers)

snapshot, *n.* gàan-taai-hûup-duan ການຖ່າຍຮູບດ່ວນ

snare, *n.* gàp ກັບ; hɛ̌ɛo ແຮ້ວ

snarl, *v.* kuu ຂູ່; gàm-hàap ກຳລາບ; hao ເຫົ່າ

snatch, *v.* sǔai-ào ສວຍເອົາ; nyâat-ào ຍາດເອົາ

sneak, *v.* jɔ̀ɔp ຈອບ; lɔ́p ຫຼົບ; sǎp-sɔ̌ɔ ສັບຊໍ້

sneakers, *n.* gɔ̀ɔp-pàa-bài ເກີບຜ້າໃບ

sneer, *v.* hǔa-kwǎn ຫົວຄວັນ; yɔ-nyɔ̂ɔi ເຍາະເຍີ້ຍ

sneeze, *v., n.* jàam ຈາມ

sniff, *v.* sùup-gin ສືບກິນ; dòm-gin ດົມກິນ

snip, *v.* dtàt-lém ຕັດເລັມ

snob, *n.* kón-tám-taa-yàak-bpèn-kʉ̂ʉ-puu-dìi ຄົນທຳທ່າຢາກເປັນຄືຜູ້ດີ

snobbish, *adj.* hǔa-sǔung ຫົວສູງ; ùat-púum ອວດພູມ

snoop, *v.* sɔ̀ɔt-nɛ́ɛm ສອດແນມ (pry to); sʉ̀ʉp ສືບ (investigate)

snoopy, *adj.* sɔ̀ɔt-nɛ́ɛm ສອດແນມ; sɔ̀ɔt-hûu ສອດຮູ້

snooze, *v.* ກ່ວຊ-wén ນອນເວັນ

snore, *v.* ກ່ວຊ-gon ນອນກົນ

snore, *n.* sĭang-gon ສຽງກົນ

snort, *v.* hǎn-jài-tang ຫັນໃຈແຮງ (breathe harshly); tang-dàng ທັງດັງ (blow air from the nose)

snow, *n.* hi-ma ຫິມະ

snowy, *adj.* míi-hi-ma-lǎai ມີຫິມະຫຼາຍ (full of snow); kǎao-kúu-hi-ma ຂາວຄືຫິມະ (white as snow)

so, *adv.* dang-nân ດັ່ງນັ້ນ; sǎn-nân ສັນນັ້ນ; jùng ຈຶ່ງ

soak, *v.* see ແຊ່

soap, *n.* sa-buu ສະບູ

soap opera, *n.* la-kɔ́ɔn-tóo-la-tat ລະຄອນໂທລະທັດ

soar, *v.* bìn-jɔ̀ɔt-kùn ບິນຈອດຂຶ້ນ (fly up high quickly); ta-nyáan-kùn ທະຍານຂຶ້ນ (move upwards); bìn-sǔung ບິນສູງ (fly high); lɔ́ɔi ລອຍ (float)

sob, *v.* sa-ʉ̂ʉn ສະອຶ້ນ; hâi-sa-ʉ̀k-sa-ʉ̂ʉn ໄຫ້ສະອຶກສະອຶ້ນ

sober, *adj.* míi-sa-tì ມີສະຕິ (conscious); su-kŭm ສຸຂຸມ (solemn); bɔɔ-mún-máo ບໍ່ມຶນເມົາ (from alcohol)

soccer, *n.* gi-láa-dtê-bàan ກິລາເຕະບານ

sociable, *adj.* kâo-sǎng-kóm-dâi-dìi ເຂົ້າສັງຄົມໄດ້ດີ

social, *adj.* giao-gap-sǎng-kóm ກ່ຽວກັບສັງຄົມ

socialism, *n.* la-bɔp-sǎng-kóm-ni-nyóm ລະບົບສັງຄົມນິຍົມ

socialist, *n.* nak-sǎng-kóm-ni-nyóm ນັກສັງຄົມນິຍົມ

socialize, *v.* kop-hǎa-sa-máa-kóm ຄົບຫາສະມາຄົມ (with others); ŏp-hóm-sang-sɔ̌ɔn ອົບຮົມສັ່ງສອນ (e.g. young children)

social science, *n.* sǎng-kóm-sàat ສັງຄົມສາດ

social security, *n.* sa-wàt-dìi-gàan-sǎng-kóm ສະຫວັດດີການສັງຄົມ; bpa-gàn-sǎng-kóm ປະກັນສັງຄົມ

social work, *n.* ngáan-sǎng-kóm-sǒng-kɔ ງານສັງຄົມສົງເຄາະ

society, *n.* sǎng-kóm ສັງຄົມ; sa-máa-kóm ສະມາຄົມ (association); súm-són ຊຸມຊົນ (community)

sociology, *n.* sǎng-kóm-wi-ta-nyáa ສັງຄົມວິທະຍາ

sock, *n.* tǒng-dtiin ຖົງຕີນ

socket, *n.* bâo ເບົ້າ; kɔ̂ɔ-dtɔɔ-gòm ຂໍ້ຕໍ່ກົມ

soda, *n.* sóo-dàa ໂຊດາ; nâam-sóo-dàa ນ້ຳໂຊດາ

sodium, *n.* tâat-sóo-diam ທາດໂຊດຽມ

sofa, *n.* dtang-ìi-nyáao ຕັ່ງອີ້ຍາວ; sóo-fáa ໂຊຟາ

soft, *adj.* ɔɔn ອ່ອນ; num-núan ນຸ່ມນວນ; ɔɔn-nyóon ອ່ອນໂຍນ

soften, *v.* het-hâi-ɔɔn ເຮັດໃຫ້ອ່ອນ

softness, *n.* kwáam-ɔɔn ຄວາມອ່ອນ;

soil

kwáam-ɔɔn-nyóon ความอ່ອນໄນม

soil, n. kìi-dìn ຂີ້ດິນ; bpùak-dìn ເປືອກດິນ

solar, adj. giao-gǎp-dùang-àa-tit ກ່ຽວກັບດວງອາທິດ

soldier, n. ta-hǎan ທະຫານ

sole, adj. àn-diao ອັນດຽວ (being the only one); dtɛɛ-piang-puu-diao ແຕ່ພຽງຜູ້ດຽວ (exclusive)

sole, n. pʉ̀ʉn-hɔ́ɔng-dtìin ພື້ນຮອງຕີນ (bottom of a shoe); fǎa-dtìin ຝາຕີນ (underside of the foot)

solemn, adj. kŭng-káng ຂຶງຂັງ; ào-jìng-ào-jàng ເອົາຈິງເອົາຈັງ; keng-kǔm ເຄັ່ງຂຶມ

solicit, v. hìak-hɔ́ɔng ຮຽກຮ້ອງ; sak-súan ຊັກຊວນ; kɔ́ɔ-hɔ́ɔng ຂໍຮ້ອງ

solid, adj. kɛ̌ɛng ແຂງ (not liquid); gen ແກ່ນ (not hollow); kɛ̌ɛng-héeng ແຂງແຮງ (strong); màn-kóng ໝັ້ນຄົງ (firm)

solidarity, n. kwáam-nɛ̀n-fɛ́ɛn ความແໜ້ນແຟ້ນ

solitary, adj. kón-diao ຄົນດຽວ; sǎn-dòot ສັນໂດດ; bpao-bpiao ເປົ່າປ່ຽວ

solitude, n. kwáam-sǎn-dòot ความສັນໂດດ

solo, n. gàan-sa-dèeng-diao ການສະແດງດ່ຽວ

soloist, n. nak-diao-dòn-dtùi ນັກດ່ຽວດົນຕີ

soluble, adj. la-láai-dâi ລະລາຍໄດ້

solution, n. táang-ɔ̀ɔk ທາງອອກ (way out); gàan-gɛ̀ɛ-bàn-hǎa ການແກ້ບັນຫາ (problem solving)

solve, v. gɛ̀ɛ-bàn-hǎa ແກ້ບັນຫາ; hǎa-kám-dtɔ̀ɔp ຫາຄຳຕອບ

solvent, adj. la-láai-dâi ລະລາຍໄດ້

somber, adj. mʉ̀ʉt-múa ມືດມົວ (dark); mɔ́ɔng-mon ໝອງມົ່ນ (dim); sòok-sào ໂສກເສົ້າ (sad)

some, pron., adj. bàang ບາງ; láang ລາງ

somebody, someone, pron. bàang-kón ບາງຄົນ; láang-kón ລາງຄົນ

someday, adv. bàang-mʉ́ʉ ບາງມື້; mʉ́ʉ-dǎi-mʉ́ʉ-nʉng ມື້ໃດມື້ໜຶ່ງ

somehow, adv. dùai-hèet-pǒn-bàang-yaang ດ້ວຍເຫດຜົນບາງຢ່າງ

somersault, v. dtùi-láng-gàa ຕີລັງກາ; bpìin-hǔa-lóng ປິ້ນຫົວລົງ

something, pron. bàang-sǐng ບາງສິ່ງ; bàang-yaang ບາງຢ່າງ

sometime, adv. bàang-káng ບາງຄັ້ງ; bàang-káao ບາງຄາວ

sometimes, adv. bàang-káng ບາງຄັ້ງ; bàang-òo-gàat ບາງໂອກາດ

somewhat, adv. kɔ̂n-kàang ຄ່ອນຂ້າງ; dɛɛ ແດ່; jang-dǎi-jang-nʉng ຈັ່ງໃດຈັ່ງໜຶ່ງ

somewhere, adv. bɔn-dǎi-bɔn-nʉng ບ່ອນໃດບ່ອນໜຶ່ງ; bɔn-nʉng ບ່ອນໜຶ່ງ

son, n. lûuk-sáai ລູກຊາຍ

song, n. péeng ເພງ

sonic, adj. giao-gǎp-sǐang ກ່ຽວກັບສຽງ

son-in-law, n. lûuk-kə̌əi ລູກເຂີຍ

soon, *adv.* bɔɔ-dòn ບໍ່ດົນ; nái-bɔɔ-sáa-nîi ໃນບໍ່ຊ້ານີ້

soot, *n.* kwǎn-dàm ຂວັນດຳ

soothe, *v.* ɔ̀ɔi ອອຍ; bàn-táo ບັນເທົາ

sophisticated, *adj.* sam-sɔ́ɔng-táang-lôok ຊໍ່ຊອງທາງໂລກ (worldly experienced); gɛɛ-dèet ແກ່ເດດ (knowing or acting more than one's age); sap-sɔ́ɔn ຊັບຊ້ອນ (complicated)

sophomore, *n.* nak-hían-bpìi-tii-sɔ́ɔng ນັກຮຽນປີທີສອງ

soprano, *n.* sǐang-hɔ́ɔng-la-dǎp-sǔung ສຽງຮ້ອງລະດັບສູງ

sorcerer, -ess, *n.* pɔɔ-mót ພໍ່ມົດ (male wizard); mɛɛ-mot ແມ່ມົດ (female wizard); mɔ̌ɔ-pǐi ໝໍຜີ (any wizard); puu-wi-sèet ຜູ້ວິເສດ (magician)

sore, *adj.* bpùat ປວດ; jèp-sèep ເຈັບແສບ

sorrow, *n.* kwáam-sǐa-jài ຄວາມເສຍໃຈ; kwáam-tuk-sòok ຄວາມທຸກໂສກ

sorry, *adj.* sǐa-jài ເສຍໃຈ; sâo-jài ເສົ້າໃຈ

sort, *v.* jǎt-bpa-pêet ຈັດປະເພດ; jǎt-kào-la-bìap ຈັດເຂົ້າລະບຽບ

sort, *n.* sa-nít ຊະນິດ; bpa-pêet ປະເພດ; pûak ພວກ

so-so, *adj.* lûai-lûai ເລື້ອຍໆ; jang-sân-lǎ ຈັ່ງຊັ້ນຫລະ; tám-ma-dàa ທຳມະດາ

soul, *n.* wín-nyáan ວິນຍານ; jìt-jài ຈິດໃຈ

sound, *n.* sǐang ສຽງ

soundtrack, *n.* sǐang-nái-fíim ສຽງໃນຟິມ

soup, *n.* gɛ̀ɛng ແກງ; dtôm ຕົ້ມ

sour, *adj.* sòm ສົ້ມ

source, *n.* lɛng-tii-máa ແຫລ່ງທີ່ມາ (origin); lɛng-kɔ́ɔ-múun ແຫລ່ງຂໍ້ມູນ (data)

south, *n.* tit-dtâi ທິດໃຕ້; táang-dtâi ທາງໃຕ້

South Africa, *n.* ɛp-fi-gàa-dtâi ແອຟຣິກາໃຕ້

South America, *n.* aa-mée-li-gàa-dtâi ອາເມຣິກາໃຕ້

southeast, *n.* tit-dtàa-wén-ɔ̀ɔk-sǐang-dtâi ທິດຕາເວັນອອກສຽງໃຕ້

southeast Asia, *n.* àa-sǐi-dtàa-wén-ɔ̀ɔk-sǐang-dtâi ອາຊີຕາເວັນອອກສຽງໃຕ້

South Pole, *n.* kwàn-lôok-dtâi ຂົ້ວໂລກໃຕ້

southwest, *n.* tit-dtàa-wén-dtǒk-sǐang-dtâi ທິດຕາເວັນຕົກສຽງໃຕ້

souvenir, *n.* kɔ́ɔng-fàak ຂອງຝາກ; kɔ́ɔng-tii-la-lúk ຂອງທີ່ລະລຶກ

Soviet Union, *n.* sa-hǎ-pâap-sóo-wîat ສະຫະພາບໂຊວຽດ

sow, *v.* waan-gàa ຫວ່ານກ້າ

soy, *n.* tua-lǔang ຖົ່ວເຫລືອງ

soy sauce, *n.* nâam-jìm-tua-lǔang ນ້ຳຈິ້ມຖົ່ວເຫລືອງ

spa, *n.* bɔɔ-nâam-hɛɛ ບໍ່ນ້ຳແຮ່

space, *n.* àa-wa-gàat ອາວະກາດ (astronomical); sɔ̌ng-waang ຊ່ອງວ່າງ (empty space); bon-waang-bpao ບ່ອນວ່າງເປົ່າ (blank area)

spaceship, *n.* nyáan-àa-wa-gàat ຍານອາວະກາດ

spacious, *adj.* gwǎang-kwǎang ກວ້າງຂວາງ; míi-pʉ̀ʉn-tii-lǎai ມີພື້ນທີ່ຫລາຍ

spade, *n.* sǐam ສຽມ; sǔan ຊ້ວນ; pâi-póo-dàm ໄພ້ໂພດຳ (in playing cards)

spaghetti, *n.* sa-bpàa-get-dtîi ສະປາກັດຕີ້

Spain, *n.* bpa-têet-sa-bpèen ປະເທດສະເປນ

span, *n.* kʉ̀ʉp ຄືບ; sɔ̌ng-haang ຊ່ວງຫ່າງ

Spanish, *n.* giao-gǎp-sa-bpèen ກ່ຽວກັບສະເປນ (relating to Spain); páa-sǎa-sa-bpèen ພາສາສະເປນ (language)

spank, *v.* dtìi-gôn ຕີກົ້ນ

spare, *v.* mêet-dtàa-bpàa-nii ເມດຕາປານີ (treat mercifully)

spare, *adj.* sa-ngǔan ສະຫງວນ (conserve); nɔ̌i-diao ໜ້ອຍດຽວ (not much left); bpa-yǎt ປະຢັດ (frugal)

spare time, *n.* wée-láa-waang ເວລາວ່າງ

spare tire, *n.* lɔ́ɔ-àa-lai-lot ລໍ້ອາໄຫລ່ລົດ (e.g. for cars); púng ພຸງ (stomach)

spark, *n.* bpa-gàai-fái ປະກາຍໄຟ; bpa-gàai-wéeo-wáao ປະກາຍແວວວາວ

sparkle, *v.* bpèn-bpa-gàai-fái ເປັນປະກາຍໄຟ; sɔ̌ng-sɛ̌ɛng-wéeo-wáao ສ່ອງແສງແວວວາວ

sparrow, *n.* nok-jɔ̀ɔk ນົກຈອກ

spasm, *n.* àa-gàan-ga-dtʉ̀k ອາການກະຕຸກ

spatula, *n.* lék-bpàak-bèen ເຫລັກປາກແບນ

speak, *v.* wâo ເວົ້າ; bpàak ປາກ

speaker, *n.* puu-wâo ຜູ້ເວົ້າ (one that speaks); kuang-ka-nyáai-sìang ເຄື່ອງຂະຫຍາຍສຽງ (loud speaker)

spear, *n.* hɔ̀ɔk ຫອກ; lǎao ຫລາວ

special, *adj.* pi-sèet ພິເສດ

specialist, *n.* puu-siao-sáan ຜູ້ຊຽວຊານ

specialize, *v.* bpèn-puu-siao-sáan ເປັນຜູ້ຊຽວຊານ

specialty, *n.* kwáam-sám-náan-pi-sèet ຄວາມຊຳນານພິເສດ

species, *n.* sa-nit ຊະນິດ (type, kind); bpa-pêet ປະເພດ (category)

specific, *adj.* dòoi-sa-pɔ ໂດຍສະເພາະ; jɔ̀-jòng ເຈາະຈົງ

specification, *n.* gàan-la-bǔ ການລະບຸ (the act of); láai-la-ìat ລາຍລະອຽດ (details)

specify, *v.* gàm-not ກຳນົດ; la-bǔ ລະບຸ

specimen, *n.* dtùa-yaang ຕົວຢ່າງ

speck, *n.* jŭt จุด; hǒoi-daang รอยด่าง

spectacle, *n.* gàan-sa-dèeng การสะแดง; pâap-hèet-gàan พาบเหตการ

spectacular, *adj.* nàa-dtuun-dtên ฑ้าตื่นต้น; bpèn-dtàa-bəng บ็ปนตาบัง

spectator, *n.* puu-bəng ผู้บั่ง

speech, *n.* kám-wâo คำเว้า; kám-bpàa-sǎi คำปาไส; kám-bàn-nyáai คำบัยาย

speed, *n.* kwáam-wái ความไว

speeding, *adj.* wái ไว

speed limit, *n.* kwáam-wái-jàm-gǎt ความไวจำกัด

speedometer, *n.* kuang-tɛ̂ɛk-kwáam-wái เคื่องแทกความไว

speedy, *adj.* wái ไว; wái-wáa ไววา; fâao ฟ้าว

spell, *v.* sa-gǒt สะกิด (both words and magic)

spell, *n.* wêet-món เวดมัน; món มัน; món-sa-gǒt มันสะกิด

spelling, *n.* gàan-sa-gǒt-kám การสะกิดคำ (word)

spend, *v.* sǎi-jaai ใช้จ่าย; sǎi ใช้

spendthrift, *n., v.* kón-sǎi-jaai-fum-fúai คันใช้จ่ายฟุมเฟือย

sperm, *n.* nâam-sɯ̌a น้ำเชื้อ

sphere, *n.* hûup-món รูปมัน

spice, *n.* kuang-tɛ̂ɛk เคื่องแทก; kuang-pět เคื่องเผ็ด; lot-sàat ลิดฉาด

spicy, *adj.* pět เผ็ด; lot-sàat-kuang-tɛ̂ɛk ลิดฉาดเคื่องแทก

spider, *n.* mɛ́ɛng-múm แมงมุม

spike, *n.* dùai เดือย; lěk-lɛ̌ɛm เหล็กแหลม

spill, *v.* hia เฮีย; dtòk ติก

spin, *v.* bpin ปิน; mǔun มุน

spinach, *n.* pàk-hóm ผักหัม

spine, *n.* ga-dùuk-sǎn-lǎng กะดูกสันหลัง

spinster, *n.* nyǐng-bɔɔ-mii-pǔa ยิงบ่มีผิว

spiny, *adj.* mii-nǎam มีหนาม (full of spines); ka-nyáai ขยาย (rough)

spiral, *n.* kót ขด; kót-bpèn-wóng ขดปັ็นวง

spire, *n.* nyɔ̂ɔt-lɛ̌ɛm ยอดแหลม; hɔ̌ɔ-kɔ́ɔi-nái-wat ห้ออยในวัด

spirit, *n.* jǐt-jài จิดใจ (of the mind); wín-nyáan วินยาน (soul); kwáam-mung-màn ความหมั้งหมั้น (dedication)

spiritual, *adj.* giao-gǎp-jǐt-jài ก่ยวกับจิดใจ

spit, *v.* tom-nâam-láai ทั่มน้ำลาย

spite, *n.* jèet-dta-náa-hâai เจดตะนาร้าย; luang-kêen-kuang เลืองแค้นเคือง

splash, *v.* sàat สาด

splash, *n.* gàan-sàat การสาด; gàan-fóng-sai การฟ้งใส่; hɔ́ɔi-sàat รอยสาด

spleen, *n.* mâam ม้าม

splendid, *adj.* dìi-lɔ̀ɔt ดีเลิด; wi-sèet

ວິເສດ

split, *v.* paa ຜ່າ (divide or break by a sharp blow); nyε̂εk ແຍກ (separate);

split, *n.* gàan-paa ການຜ່າ; hóoi-nyε̂εk ຮອຍແຍກ; gàan-dtε̂εk-nyε̂εk ການແຕກແຍກ

spoil, *v.* het-hài-sìa ເຮັດໃຫ້ເສຍ (e.g. food); dtàam-jài ຕາມໃຈ (someone)

spokesman, *n.* kóo-sǒk ໂຄສົກ; puu-ta-lε̌εng-kaao ຜູ້ກະແຈງຂ່າວ

sponge, *n.* fɔ́ɔng-náam ຟອງນ້ຳ

sponsor, *n.* puu-ùm-súu ຜູ້ອຸ້ມຊູ (one that supports); puu-ù-bpa-tǎm ຜູ້ອຸປະຖຳ (e.g. in advertising)

spontaneous, *adj.* gə̀ət-kùn-èeng ເກີດຂຶ້ນເອງ; bpen-bpài-èeng ເປັນໄປເອງ; nái-wée-láa-diao ໃນເວລາດຽວ

spoof, *n.* gàan-dtǒp-dtàa ການຕົບຕາ; gàan-lɔ́ɔk-lúang ການຫລອກລວງ

spook, *n.* pǐi ຜີ (ghost); nak-sùup ນັກສືບ (spy)

spoon, *n.* buang ບ່ວງ

spoonful, *n.* dtem-buang ເຕັມບ່ວງ

sporadic, *adj.* bpen-lái-nya ເປັນໄລຍະ; ga-jàt-ga-jàai ກະຈັດກະຈາຍ

spore, *n.* sùa-lôok ເຊື້ອໂລກ; sa-bpɔ̌ɔ ສະປໍ

sport, *n.* gi-láa ກິລາ

spot, *n.* jùt ຈຸດ; daang ດ່າງ

spotlight, *n.* fái-sɔ̌ng ໄຟສ່ອງ

spouse, *n.* pǔa-lùu-mía ຜົວຫລືເມຍ

spout, *n.* háang-náam ຮາງນ້ຳ (for releasing liquid); tɔɔ-náam-lǎi ທໍ່ນ້ຳໄຫລ (blowhole)

sprain, *n.* gàan-ket ການເຄັດ; gàan-bìt ການບິດ

spray, *v.* sìit ສີດ; pon ພົ່ນ

spray, *n.* la-ɔ́ɔng-náam ລະອອງນ້ຳ; náam-ga-dèn ນ້ຳກະເດັນ

spread, *v.* púu-ɔ̀ɔk ພຸອອກ; pεε-pǎai ແຜ່ພາຍ; ga-jàai ກະຈາຍ

spring, *v.* ga-dòot ກະໂດດ (jump); dìit-kùn ດີດຂຶ້ນ (bounce forward)

spring, *n.* sa-bpìng ສະປິງ (elastic device); gàan-ga-dòot ການກະໂດດ (act of jumping); la-dùu-bài-mâi-bpong ລະດູໃບໄມ້ປົ່ງ (the season)

sprinkle, *v.* húai ຮວາຍ; hóoi ໂຮຍ; waan ຫວ່ານ

sprint, *n.* gàan-lεn-keng-kǎn ການແລ່ນແຂ່ງຂັນ

sprite, *n.* pǐi-sǎang ຜີສາງ (spirit); tée-wa-dàa ເທວະດາ (angel)

sprout, *v.* ɔ̀ɔk-nɔ̀ɔ ອອກໜໍ່

sprout, *n.* nɔ̀ɔ ໜໍ່

spruce, *adj.* hìap-hɔ́ɔi ຮຽບຮ້ອຍ (neat); sa-ngáa ສະຫງ່າ (good-looking)

spy, *n.* nak-sùup ນັກສືບ; sǎai-lap ສາຍລັບ

squad, *n.* muu ໝູ່; ka-na ຄະນະ

square, *n.* hùup-sìi-liam ຮູບສີ່ລ່ຽມ

square root, *n.* nyok-gàm-láng-sɔ̌ɔng ຍົກກຳລັງສອງ

squash, *n.* pùut-jàm-pùak-màak-

squat, v. nang-dtèng-kàa ນັ່ງເດັ່ງຂາ (sit in a crouching position)

squeeze, v. bíip ບີບ; kân ຄັ້ນ; hiit ຮີດ

squid, n. bpàa-lìi-hພຶn ປາລີຮື້

squirrel, n. ga-hôok ກະຮອກ

squirt, v. pon ພົ່ນ; sìit ສີດ

stab, v. téeng ແທງ

stable, adj. mân-kóng ໝັ້ນຄົງ; sa-tĭa-la-pâap ສະຖຽລະພາບ

stack, n. gòong-nyàa ກອງຫຍ້າ; gòong-fմang ກອງເຟືອງ

stadium, n. sa-nǎam-gi-láa ສະໜາມກິລາ

staff, n. pa-nak-ngáan ພະນັກງານ

stag, n. gwáang-tĕk ກວາງຕັກ

stage, n. hâan ຮ້ານ; wée-tii ເວທີ

stagger, v. nyaang-sôo-sée ຍ່າງໂຊເຊ; sée ເຊ

stagnant, adj. yuu-sພຶm-sພຶm ຢູ່ຊຶ່ມໆ; bɔɔ-nĕng-dtὖing ບໍ່ເໜັງຕີງ

stagnate, v. bɔɔ-nĕng-dtὖing ບໍ່ເໜັງຕີງ (still); sáo-lǎi ເຊົາໄຫຼ (stop flowing); yuu-sພຶm-sພຶm ຢູ່ຊຶ່ມໆ (be motionless)

stain, v. het-hâi-bpɔ̀-bpພuan ເຮັດໃຫ້ເປິເປື້ອນ

stain, n. hɔ̀ɔi-bpພuan ຮອຍເປື້ອນ

stainless, adj. bɔɔ-bpພuan ບໍ່ເປື້ອນ

stairs, staircase, n. kân-dái ຂັ້ນໄດ

stake, n. sǎo-lǎk ເສົາຫຼັກ (pole); ngón-dèem-pán ເງິນເດີມພັນ (bet, wager); suan-dâi-sĭa ສ່ວນໄດ້ເສຍ (money or property risked)

stale, adj. bɔɔ-sŏt ບໍ່ສົດ; mĕn-àp ເໝັນອັບ; nao-bpuai ເນົ່າເປື່ອຍ

stalk, n. lám-dtôn ລຳຕົ້ນ; gèen ແກນ; gâan ກ້ານ

stall, n. kôok-sàt ຄອກສັດ (animal shed); bon-kǎai-kuang ບ່ອນຂາຍເຄື່ອງ (booth)

stamina, n. kwáam-kĕeng-héeng ຄວາມແຂງແຮງ; kwáam-òt-tón ຄວາມອົດທົນ

stamp, n. duang-dtàa-bpài-sa-níi ດວງຕາໄປສະນີ (postage); gàa-bpa-tap ກາປະທັບ (seal)

stampede, n. gàan-dtພນn-dtŏk-jài ການຕື່ນຕົກໃຈ; gàan-dtὲɛk-dtພນn ການແຕກຕື່ນ

stand, v. yພນn ຢືນ (rise to an upright position on the feet); dtâng-yuu ຕັ້ງຢູ່ (locate)

standard, n. mâat-dta-tǎan ມາດຕະຖານ; gèen ແກນ

standardize, v. het-hâi-dâi-mâat-dta-tǎan ເຮັດໃຫ້ໄດ້ມາດຕະຖານ

stand-in, n. dtùa-téen ຕົວແທນ

standing, n. dtàm-neng ຕຳແໜ່ງ (position); tǎa-na ຖານະ (position, base); jùt-yພນn ຈຸດຢືນ (standing point)

staple, n. sĭn-kâa-lăk ສິນຄ້າຫຼັກ (main goods); wat-tu-díp ວັດຖຸດິບ (raw material); àa-hǎan-lăk

stapler — step

ອາຫານຫຼັກ (e.g. rice, bread)

stapler, *n.* kuang-nyip-năng-sʉ̈ʉ ເຄື່ອງຍິບໜັງສື

star, *n.* dàao ດາວ (in the sky); dùang-sáa-dtàa ດວງຊາຕາ (astrology); dàa-láa ດາລາ (in a movie)

starch, *n.* bpêeng ແປ້ງ

stare, *v.* gûng-dtàa-bɵng ກຶ້ງຕາເບິ່ງ

starfish, *n.* bpàa-dàao ປາດາວ

startle, *v.* het-hài-dtʉʉn-dtǒk-jài ເຮັດໃຫ້ຕື່ນຕົກໃຈ

starve, *v.* ʉt-hǐu ອຶດຫິວ; ǒt-àa-hǎan ອົດອາຫານ

starving, *adj.* hǐu ຫິວ; ʉt-hǐu ອຶດຫິວ

state, *n.* sa-pâap ສະພາບ (condition e.g. mental or physical); páa-wa ພາວະ (condition or mode of being with regard to circumstances); lat-tǎ ລັກຕະ (e.g. California)

stately, *adj.* nying-nyai ຍິ່ງໃຫຍ່

statement, *n.* kám-ta-lɛ̌eng ຄຳຖະແຫຼງ; kám-hài-gàan ຄຳໃຫ້ການ

static, *adj.* yuu-kóng-tii ຢູ່ຄົງທີ່

station, *n.* sa-tǎa-nii ສະຖານີ

stationary, *adj.* yuu-sʉʉ-sʉʉ ຢູ່ສື່ໆ; kóng-tii ຄົງທີ່

stationery, *n.* kuang-kǐan ເຄື່ອງຂຽນ

station wagon, *n.* lot-yón-tii-bɔɔ-mii-bon-sai-kuang-táang-lǎng ລົດຍົນທີ່ບໍ່ມີບ່ອນໃສ່ເຄື່ອງທາງຫຼັງ

statistics, *n.* sa-ti-dtì ສະຖິຕິ; kɔ̀ɔ-múun ຂໍ້ມູນ

statue, *n.* hûup-bpân ຮູບປັ້ນ; hûup-lɔɔ ຮູບຫຼໍ່

status, *n.* tǎa-na ຖານະ; sa-pâap ສະພາບ

status symbol, *n.* kuang-wat-tǎa-na ເຄື່ອງວັດຖານະ

stay, *v.* yuu ຢູ່; pak-yuu ພັກຢູ່

steadfast, *adj.* nɛɛ-nɔ́ɔn ແນ່ນອນ; màn-kóng ໝັ້ນຄົງ

steady, *adj.* nen-nîao ແໜ້ນໜຽວ (firm); sa-mam-sa-mɵ̌ɵ ສະໝ່ຳສະເໝີ (constant)

steak, *n.* sîin-fǎan-táang-dtàt ຊີ້ນຝານທາງຕັດ; sîin-sa-tek ຊີ້ນສະເຫຼກ

steal, *v.* lak ລັກ; lak-kɔ́ɔng ລັກຂອງ; lak-lɔ́ɔp ລັກລອບ

steam, *v.* ǒp-àai-nâam ອົບອາຍນ້ຳ

steam, *n.* àai-nâam ອາຍນ້ຳ

steamboat, steamship, steamer, *n.* húa-kǎp-kuan-dûai-pa-láng-àai-nâam ເຮືອຂັບເຄື່ອນດ້ວຍພະລັງອາຍນ້ຳ

steed, *n.* mâa-sa-nit-dii ມ້າຊະນິດດີ

steel, *n.* lěk-gâa ເຫຼັກກ້າ

steep, *adj.* sán ຊັນ

steer, *v.* kǎt-taai ຂັດທ້າຍ (hold the steering wheel); nám-táang ນຳທາງ (guide)

steering wheel, *n.* púang-máa-lái ພວງມາໄລ

stem, *n.* gan ກັນ; lám-dtôn ລຳຕົ້ນ

step, *n.* bàat-gáao ບາດກ້າວ (footstep); kân-dài ຂັ້ນໄດ (stairs); la-dǎp ລະດັບ (level)

stepbrother, n. âai-fiang อ้ายล้อງ; nóong-fiang น้อງล້ອງ

stepfather, n. pɔɔ-fiang พ่ล້ອງ

stepsister, n. ûai-fiang เอื้อยล້ອງ; nóong-fiang น້ອງล້ອງ

stepson, -daughter, n. lûuk-fiang ลูกล້ອງ

stereo, n. kuang-sĭang เคื່อງສຽງ

stereotype, n. tat-sa-na-ka-dtì-tua-bpài ทัดສະນະຄະຕິທົ່ວໄປ; hûup-bèep ຮູບແບບ

sterilize, v. kàa-sûa ຂ້າເຊື້ອ (kill germ); het-măn เຮັດໝັນ (make unable to produce children)

sterling silver, n. lóo-hà-ngón-têɛ ໂລຫະເງິນແທ້

stethoscope, n. kuang-gùat-fáng เคื່อງກວດຟັງ

stew, n. sîin-dtôm ຊີ້ນຕົ້ມ

steward, n. pa-nak-ngáan-dtɔ̀ɔn-hap ພະນັກງານຕ້ອນຮັບ

stewardess, n. pa-nak-ngáan-dtɔ̀ɔn-hap-nyíng ພະນັກງານຕ້ອນຮັບຍິງ

stick, n. mâi-tâo ໄມ້ເທົ້າ; tɔn-mái ທ່ອນໄມ້

stick, v. dtìt ຕິດ

sticker, n. sa-làak-dtìt ສະຫຼາກຕິດ; sa-làak ສະຫຼາກ

sticky, adj. nĭao ໜຽວ; dtìt-nɛ̂n ຕິດແໜ້ນ

stiff, adj. kěɛng ແຂງ

still, adj. sa-ngóp-ngîap ສະຫງົບງຽບ

still, adv. nyáng ຍັງ

stimulant, n. sing-ga-dtûn ສິ່ງກະຕຸ້ນ

stimulate, v. ga-dtûn ກະຕຸ້ນ; suk-nyúu ຊຸກຍູ້

sting, v. dtɔ̀ɔt ຕອດ (e.g. bee); bpàk ປັກ (e.g. insect); bpùat-sèɛp ປວດແສບ (feel stinging pain)

stingy, adj. kìi-tĭi ຂີ້ຖີ່

stink, v. mĭi-gin-mĕn ມີກິ່ນເໝັນ

stinking, adj. mĕn ເໝັນ

stipulate, v. la-bŭu ລະບຸ (specify); gàm-not-nguan-kăi ກຳນົດເງື່ອນໄຂ (set conditions)

stipulation, n. nguan-kăi-nái-săn-nyáa ເງື່ອນໄຂໃນສັນຍາ (a term or condition in an agreement); kɔ̀ɔ-dtòk-lóng-la-waang-ta-náai-kwáam ຂໍ້ຕົກລົງລະຫວ່າງທະນາຍຄວາມ (agreement between laywers)

stir, v. kón ຄົນ; gwàan ກວນ

stitch, v. nyíp ຫຍິບ

stock, n. sĭn-káa-kǎang-sǎang ສິນຄ້າຄ້າງສາງ (inventory); sǎang-sĭn-káa ສາງສິນຄ້າ (where stock is kept); hùn ຫຸ້ນ (share)

stockbroker, n. náai-nàa-kâa-hùn ນາຍໜ້າຄ້າຫຸ້ນ

stock exchange, n. dta-làat-kâa-hùn ຕະຫຼາດຄ້າຫຸ້ນ; dta-làat-lâk-sap ຕະຫຼາດຫຼັກຊັບ

stockholder, n. puu-tŭu-hùn ຜູ້ຖືຫຸ້ນ

stocking, n. tŏng-dtìin-nyáao ຖົງຕີນຍາວ

stocky, adj. dtûi ຕຸ້ຍ; dtîa ເຕັ້ຍ

stomach, *n.* ga-pɔ ກະເພາະ (organs of digestion); tɔ́ɔng ທ້ອງ (belly); sɔng-nái-tɔ́ɔng ຊ່ອງໃນທ້ອງ (abdomen)

stomachache, *n.* àa-gàan-bpùat-tɔ́ɔng ອາການປວດທ້ອງ

stone, *n.* hǐin ຫີນ

stop, *v.* yùt ຢຸດ (cease); hâam ຫ້າມ (prevent, prohibit); sáo ເຊົາ (discontinue)

stopover, *n.* tii-pak-kâang ທີ່ພັກຄ້າງ

storage, *n.* gàan-gèp-hak-sǎa ການເກັບຮັກສາ; sa-tǎan-tii-gèp ສະຖານທີ່ເກັບ

store, *v.* gèp-mían ເກັບມ້ຽນ; gèp-hak-sǎa ເກັບຮັກສາ

store, *n.* hâan-kâa ຮ້ານຄ້າ

storm, *n.* páa-nyu-héeng ພາຍຸແຮງ

stormy, *adj.* míi-lóm-páa-nyu ມີລົມພາຍຸ (having strong wind); òn-la-maan ອົນລະມານ (full of strong outbursts)

story, *n.* lʉang ເລື່ອງ; ni-nyáai ນິຍາຍ; ni-táan ນິທານ

stove, *n.* dtào ເຕົາ; dtào-mǐi-fǎa-bpìt ເຕົາມີຝາປິດ

stow, *v.* gèp ເກັບ (keep); bàn-jú ບັນຈຸ (pack carefully)

stowaway, *n.* lóp-sʉang-dtùa ຫລົບເຊື່ອງຕົວ

straight, *adj.* gòng-bpài ກົງໄປ; sʉʉ ຊື່

straighten, *v.* het-hài-sʉʉ ເຮັດໃຫ້ຊື່

straightforward, *adj.* sʉʉ-gòng ຊື່ກົງ (honest); kào-jài-ngaai ເຂົ້າໃຈງ່າຍ (easy to understand)

strain, *v.* het-hài-keng ເຮັດໃຫ້ແຄ້ງ (stretch tightly); het-hài-keng-kìat ເຮັດໃຫ້ແຄ້ງຄຽດ (cause tension); het-hài-ɔɔn-pía ເຮັດໃຫ້ອ່ອນເພຍ (weaken)

strainer, *n.* kuang-gɔ̀ɔng ເຄື່ອງກອງ; kuang-gan ເຄື່ອງກັ້ນ

straits, *n.* sɔng-kêep ຊ່ອງແຄບ

strand, *n.* sèn-sʉak ເສັ້ນເຊືອກ; sʉak-fǎn-gìao ເຊືອກເປັນກ້ຽວ

strange, *adj.* bpèek ແປກ; bpa-làat ປະຫລາດ

stranger, *n.* kón-bpèek-nàa ຄົນແປກໜ້າ

strangle, *v.* bìip-kɔ́ɔ ບີບຄໍ (the neck); bìip-bàng-kap ບີບບັງຄັບ (restrict, force)

strap, *n.* sǎai-hat ສາຍຮັດ

stratosphere, *n.* bàn-nyáa-gàat-sǎn-tóng ບັນຍາກາດຊັ້ນເທິງ

stratum, *n.* sán ຊັ້ນ

straw, *n.* fúang ເຟືອງ (hay); lɔ̀ɔt-dùut ຫລອດດູດ (for drinks)

strawberry, *n.* màak-sa-dtɔɔ-bəə-lìi ໝາກສະຕໍເບີລີ

stray, *adj.* lǒng-táang ຫລົງທາງ

stream, *n.* hùai ຫ້ວຍ

street, *n.* ta-nǒn ຖະໜົນ

strength, *n.* gàm-láng ກຳລັງ; kwáam-kèeng-héeng ຄວາມແຂງແຮງ

strengthen, *v.* het-hài-kěeng-héeng ເຮັດໃຫ້ແຂງແຮງ

A B C D E F G H I J K L M N O P Q R **S** T U V W X Y Z

strenuous, *adj.* kěeng-héeng ແຂງແຮງ; míi-gàm-láng ມີກຳລັງ

stress, *v.* keng-kìat ເຄັ່ງຄັດ

stretch, *v.* kǔng-ɔ̀ɔk ຂຶງອອກ (tighten); dùng ດຶງ (pull); yǔut-ɔ̀ɔk ຍືດອອກ (lengthen); yìat ຢຽດ (e.g. oneself or one's limbs)

stretcher, *n.* bpèe-hǎam-kón-jép ເປຫາມຄົນເຈັບ (a litter for transporting ill or dead people); tii-kǔng ທີ່ຂຶງ (e.g. the wooden framework)

strew, *v.* hóoi ໂຣຍ; waan ຫວ່ານ

strict, *adj.* keng-kat ເຄັ່ງຄັດ; kèm-ngûat ເຂັ້ມງວດ

stride, *v.* nyaang-bàat-gwâang ຍ່າງບາດກວ້າງ

stride, *n.* gàan-nyaang-bàat-gwâang ການຍ່າງບາດກວ້າງ (long step)

strike, *v.* dtìi ຕີ; sat ຊັດ; jòom-dtìi ໂຈມຕີ

striking, *adj.* bpa-tap-jài ປະທັບໃຈ (impressive)

string, *n.* sǔak ເຊືອກ; bpaan ປ່ານ

strip, *v.* lɔ̀ɔk-kàap ລອກຄາບ (remove, e.g. leaves; exterior coating); gèe-pàa ແກ້ຜ້າ (remove clothing)

stripe, *n.* tɛ̀ɛp ແຖບ; kèep ແຂບ; láai-nyáao-nyáao ລາຍຍາວໆ

strive, *v.* pa-nyáa-nyáam ພະຍາຍາມ; dtɔ̀ɔ-sùu ຕໍ່ສູ້

stroke, *n.* gàan-dtìi ການຕີ (act of stiking); sèn-sa-mɔ̌ɔng-dtùip-dtàn ເສັ້ນສະໝອງຕີບຕັນ (of the brain)

stroll, *v.* nyaang-lìn ຍ່າງຫຼິ້ນ

strong, *adj.* kěeng-héeng ແຂງແຮງ (person); héeng ແຮງ (e.g. drinks, medicine, etc.)

structure, *n.* kóong-haang ໂຄງຮ່າງ; kóong-sàang ໂຄງສ້າງ

struggle, *v.* dtɔ̀ɔ-sùu ຕໍ່ສູ້; dìn-hón ດິ້ນຮົນ

stub, *n.* dtɔ̀ɔ-mâi ຕໍໄມ້ (of a tree); sòn ສົ້ນ (e.g. ticket, check)

stubborn, *adj.* dǔu-dùng ດື້ດຶງ; waa-nyáak ວາຍາກ

student, *n.* nak-hían ນັກຮຽນ; nak-sǔk-sǎa ນັກສຶກສາ

studio, *n.* hɔ̂ong-diao ຫ້ອງດຽວ; hɔ̂ong-gàan ຫ້ອງການ

studious, *adj.* dǔ-man-hían ດຸໝັ່ນຮຽນ (in learning); ga-dtǔu-lǔu-lón ກະຕືລືລົ້ນ (enthusiastic)

study, *v.* hían ຮຽນ; sǔk-sǎa ສຶກສາ

study, *n.* gàan-hían ການຮຽນ; gàan-sǔk-sǎa ການສຶກສາ

stuff, *n.* sing-kɔ̌ɔng ສິ່ງຂອງ

stuffy, *adj.* òp-âo ອົບເອົ້າ; hɔ́ɔn ຮ້ອນ; ap ອັບ

stumble, *v.* dtě-sa-dùt ຕະສະດຸດ; het-páat ເຮັດພາດ

stun, *v.* het-hâi-bpa-làat-jài ເຮັດໃຫ້ປະຫຼາດໃຈ

stunning, *adj.* nàa-bpa-làat-jài ໜ້າປະຫຼາດໃຈ; dìi-lôot ດີເລີດ

stunt, *n.* gàan-sa-dèeng-bèep-lôot-pǒon ການສະແດງແບບໂລດໂຜນ

stupid, *adj.* ngoo ໂງ່

stutter, v. wâo-ga-dtŭk-ga-dtăk เว้าทะกุกทะกัก

sty, n. kôok-mǔu คอกหมู (for pig); lôok-dtàa-gûng-nyĭng ใฝตาทุ้งยิ่ง (of an eyelid)

style, n. sa-nít ຊະນິດ (type); lak-sa-nǎ ลักสะนะ (feature); taa-táang ທ່າທາງ (manner); wi-tíi ວິທີ (mode of doing something)

stylish, adj. tán-sa-mǎi ทันสะไหม (modish); gôo เท๋ (elegant)

stylist, n. nak-ɔ̀ɔk-bèep นักออกแบบ

subconscious, n. jit-dtâi-sǎm-nuk จิดใต้สำนึก

subject, n. lɨang เลื่อง (e.g. of an article or story); bpa-dèn ປະເດັນ (e.g. of a discussion); hǔa-kɔ̀ɔ ຫົວຂໍ້ (theme)

subjective, adj. suan-dtùa ส่วนตัว (personal); dtɛɛ-la-bŭk-kón ແຕ່ລະບຸກຄົນ (particular to a given person)

subjunctive, adj. tii-sa-dèeng-nguan-kǎi ທີ່ສະແດງເງື່ອນໄຂ

sublet, v. beng-hài-sao ແບ່ງໃຫ້ເຊົ່າ

sublime, adj. sǔung-sút ສູງສຸດ (highest); ɗii-lôot ดีเลิด (supreme)

submarine, n. hɨa-dàm-nâam ເຮືອດຳນ້ຳ

submerge, v. mut-nâam ມຸດນ້ຳ (dive; go under water); jum จุ่ม (dip into water); sɛɛ ແຊ່ (place under water)

submissive, adj. nyɔ́ɔm ยอม; waa-

ngaai ว่าท่าย

submit, v. nyɔ́ɔm ยอม (yield); sa-nɔ̌ə-pɨa-pi-jàa-na-náa ສະເໜີເພື່ອພິຈາລະນາ (give in to uthority); song ส่ง (send)

subordinate, n. hɔ́ɔng ຮອງ; sing-tii-bpèn-hɔ́ɔng ສິ່ງທີ່ເປັນຮອງ

subpoena, n. mǎai-gɔ̀ ຫມາຍເກາະ; mǎai-hìak ຫມາຍຮຽກ

subscribe, v. bpèn-sa-máa-sík ເປັນສະມາຊິກ (e.g. to a magazine)

subscriber, n. puu-sang-sɨ́ɨ ຜູ້ຊື້; sa-máa-sík ສະມາຊິກ

subsequent, adj. páai-lǎng ພາຍຫຼັງ; dtɔɔ-máa ຕໍ່ມາ

subside, v. jòm-nâam ຈົມນ້ຳ (sink); sut-dtùa-lóng ຢຸດຕົວລົງ (sink to a lower level); bàn-tao ບັນເທົາ (e.g. pain - getting better)

subsidiary, adj. song-sə̌əm ສົ່ງເສີມ (serving to supplement); suai-lɨa ຊ່ວຍເຫຼືອ (serving to assist); sǎng-gàt ສັງກັດ (subordinate)

subsidiary company n. bɔ̀ɔ-li-sǎt-hɔ́ɔng ບໍລິສັດຮອງ

subsidize, v. suai-sòng-kɔ ຊ່ວຍສົ່ງເຄາະ (grant a subsidy); ûm-sǔu ອຸ້ມຊູ (support)

subsidy, n. ngán-sóng-kɔ ເງິນສົ່ງເຄາະ; ngán-suai-lɨa ເງິນຊ່ວຍເຫຼືອ; ngán-sa-nǎp-sa-nǔun ເງິນສະໜັບສະໜູນ

substance, n. gɛɛn-sǎan ແກ່ນສານ (that which has mass); sǎa-la ສາລະ

substantial — suggestion

(essence, gist); nûa-nái ເນື້ອໃນ (matter, essence)

substantial, *adj.* mîi-nûa-nái ມີເນື້ອໃນ (having substance); săa-la-săm-kán ສາຄະສຳຄັນ (considerable in importance)

substitute, *n.* dtùa-téen ຕົວແທນ (person); sing-téen ສິ່ງແທນ (thing)

subtitle, *n.* hŭa-kaao-nyɔ́i ຫົວຂ່າວຍ່ອຍ (news); hŭa-kɔ̂ɔ-nyɔ́i ຫົວຂໍ້ຍ່ອຍ (literary work); kám-bpɛ̀ɛ-nái-hûup-ngáo ຄຳແປໃນຮູບເງົາ (movie)

subtle, *adj.* kào-jài-nyâak ເຂົ້າໃຈຍາກ (difficult to understand); lək-láp ເລິກລັບ (insidious)

subtract, *v.* sák-ɔ̀ɔk ຊັກອອກ; lop-ɔ̀ɔk ລົບອອກ

suburb, *n.* kéem-múang ແຄມເມືອງ

subway, *n.* lot-fái-fâa-dtâi-dìn ລົດໄຟຟ້າໃຕ້ດິນ

succeed, *v.* het-săm-lét ເຮັດສຳລັດ; bàn-lu-pŏn-săm-lét ບັນລຸຜົນສຳລັດ

success, *n.* pŏn-săm-lét ຜົນສຳລັດ (achievement); sái-sa-na ໄຊຍະນະ (victory)

successful, *adj.* săm-lét-pŏn ສຳລັດຜົນ; mîi-sái ມີໄຊ

succession, *n.* gàan-sùup-mɔ̂ɔ-la-dɔ̀k ການສືບມໍລະດົກ (succeed to an estate; will); gàan-sùup-dtɔ̀ɔ ການສືບຕໍ່ (act or process of following in order; succeed to a title, throne, etc.)

such, *pron.*, *adj.* sen-nîi ເຊັ່ນນີ້; sen-nân ເຊັ່ນນັ້ນ; nɛ́ɛo-nân ແນວນັ້ນ

suck, *v.* dùut ດູດ

suction, *n.* gàan-dùut ການດູດ

sudden, *adj.* tán-tíi ທັນທີ; ga-tán-hăn ກະທັນຫັນ; bpàt-ju-bàn-tán-duan ປັດຈຸບັນທັນດ່ວນ

suddenly, *adv.* yaang-ga-tán-hăn ຢ່າງກະທັນຫັນ; yaang-kâat-bɔ̀ɔ-tĕng ຢ່າງຄາດບໍ່ເຖິງ

suds, *n.* fɔ́ɔng-sa-búu ຟອງສະບູ

sue, *v.* fɔ́ɔng ຟ້ອງ; fɔ́ɔng-hɔ́ɔng ຟ້ອງຮ້ອງ; nyuun-fɔ́ɔng ຍື່ນຟ້ອງ

suede, *n.* năng-dìp-sa-nít-ɔɔn ໜັງດິບຊະນິດອ່ອນ

suffer, *v.* tón-tuk ທົນທຸກ; tɔ̂ɔ-la-máan ທໍລະມານ

sufferer, *n.* puu-tón-tuk ຜູ້ທົນທຸກ

suffering, *n.* gàan-bpèn-tuk ການເປັນທຸກ

sufficient, *adj.* pɔ́ɔ ພໍ; píang-pɔ́ɔ ພຽງພໍ

suffix, *n.* kám-dtɔ̀ɔm-tâai-sáp ຄຳຕື່ມທ້າຍສັບ; kám-bpàt-jài ຄຳປັດໄຈ

suffocate, *v.* hăn-jài-bɔ̀ɔ-ɔ̀ɔk ຫັນໃຈບໍ່ອອກ; ăt-bpàak-ăt-kɔ́ɔ ອັດປາກອັດຄໍ

sugar, *n.* nâam-dtàan ນ້ຳຕານ

sugar cane, *n.* dtôn-ɔ̂ɔi ຕົ້ນອ້ອຍ

suggest, *v.* nɛ-nám ແນະນຳ; sa-nə̆ə-nɛ ສະເໜີແນະ

suggestion, *n.* gàan-nɛ-nám ການແນະນຳ; gàan-sa-nə̆ə-nɛ

suicidal — superintendent

ການສະເໜີມີບະເບ

suicidal, *adj.* kit-kàa-dtùa-dtàai ຄິດຂ້າຕົວຕາຍ

suicide, *v.* kàa-dtùa-dtàai ຂ້າຕົວຕາຍ

suicide, *n.* gàan-kàa-dtùa-dtàai ການຂ້າຕົວຕາຍ

suit, *n.* gàan-fóong-hóong ການຟ້ອງຮ້ອງ (law suit); sut-kuang-nung ຊຸດເຄື່ອງນຸ່ງ (for wearing)

suitable, *adj.* mɔ̌-sǒm ເໝາະສົມ; pɔ́ɔ-dìi-pɔ́ɔ-mɔ̌ ພໍດີພໍເໝາະ

suitcase, *n.* hìip-dəən-táang ຫີບເດີນທາງ

suite, *n.* sut-kuang-kɔ̌ɔng ຊຸດເຄື່ອງຂອງ (group of products, things); gum ກຸ່ມ (group); hòng-sut-hap-kèek ຫ້ອງຊຸດຮັບແຂກ (rooms)

sulfur, *n.* tâat-gàm-ma-tǎn ທາດກຳມະຖັນ

sulk, *v.* yàak-hǎai ປາກຮ້າຍ

sulky, *adj.* het-nàa-ung-dtung-yuu ເຮັດໜ້າອຶ່ງຕຶ່ງຢູ່

sum, *n.* pǒn-bùak ຜົນບວກ; nyɔ́ɔt ຍອດ

summarize, *v.* sa-lúp ສະຫຼຸບ

summary, *n.* sa-lúp ສະຫຼຸບ; bǒt-kwáam-nyɔ̂ɔ ບົດຄວາມຫຍໍ້

summer, *n.* la-dùu-hɔ́ɔn ລະດູຮ້ອນ

summit, *n.* sùt-nyɔ̂ɔt ສຸດຍອດ; la-dáp-sǔung-sùt ລະດັບສູງສຸດ

summon, *v.* hǐak ຮຽກ; ɔ̀ɔk-mǎai-gɔ̌ ອອກໝາຍເກາະ

summons, *n.* kám-sang ຄຳສັ່ງ; mǎai-gɔ̌ ໝາຍເກາະ (of the court)

sun, *n.* dtàa-wén ຕາເວັນ; dùang-àa-tit ດວງອາທິດ; pa-àa-tit ພະອາທິດ

sunburn, *n.* àa-gàan-dèet-mài-pǐu ອາການແດດໄໝ້ຜິວ

Sunday, *n.* wán-àa-tit ວັນອາທິດ

sundial, *n.* móong-dèet ໂມງແດດ

sundry, *adj.* lǎai-yaang-dtaang-dtaang ຫຼາຍຢ່າງຕ່າງໆ; làak-lǎai ຫຼາກຫຼາຍ

sunflower, *n.* dtôn-dɔ̀ɔk-dtàa-wén ຕົ້ນດອກຕາເວັນ

sunglasses, *n.* wɛ́n-dtàa-gàn-dèet ແວ່ນຕາກັນແດດ

sunlight, *n.* sɛ̌ɛng-dèet ແສງແດດ

sunny, *adj.* mǐi-sɛ̌ɛng-dèet ມີແສງແດດ; dèet-héeng ແດດແຮງ

sunny side-up, *adj.* kai-dàao ໄຂ່ດາວ (for egg)

sunrise, *n.* dtàa-wén-kùn ຕາເວັນຂຶ້ນ

sunset, *n.* dtàa-wén-dtok ຕາເວັນຕົກ

sunshine, *n.* sɛ̌ɛng-dèet ແສງແດດ

sunstroke, *n.* àa-gàan-pɛ̂ɛ-dèet ອາການແພ້ແດດ

suntan, *n.* pǐu-tii-tùuk-dèet ຜິວທີ່ຖືກແດດ

superb, *adj.* dìi-lə̂ət ດີເລີດ; wi-sèet ວິເສດ

superficial, *adj.* pǐu-pə̀ən ຜິວເຜີນ (being on or near the surface); bɔ̀ɔ-sǎm-kán ບໍ່ສຳຄັນ (insignificant)

superintendent, *n.* puu-kùm-kɔ́ɔng ຜູ້ຄຸມຄອງ (one that directs); puu-àm-

superior núai-gàan ຜູ້ອຳນວຍການ (director)

superior, *n.* sing-tii-sǔung-gwaa ສິ່ງທີ່ສູງກວ່າ (something superior); puu-bàng-kap-bàn-sáa ຜູ້ບັງຄັບບັນຊາ (one that is higher than another in rank or authority)

superiority complex, *n.* bpòm-den ປົມເດັ່ນ

superlative, *adj.* sǔung-sút ສູງສຸດ; sút-nyɔ́ɔt ສຸດຍອດ

supermarket, *n.* dta-làat ຕະຫຼາດ

supernatural, *adj.* nǔa-tám-ma-sâat ເໜືອທຳມະຊາດ; a-pi-ni-hǎan ອະພິນິຫານ

superpower, *n.* ma-hǎa-àm-nâat ມະຫາອຳນາດ

supersede, *v.* kào-máa-téen-bon ເຂົ້າມາແທນບ່ອນ; nyâat-bon ຍາດບ່ອນ

supersonic, *adj.* wái-gwaa-sǐang ໄວກວ່າສຽງ

superstition, *n.* gàan-sua-sôok-láang ການເຊື່ອໂຊກລາງ

superstitious, *adj.* sua-sôok-láang ເຊື່ອໂຊກລາງ

supervise, *v.* dùu-léɛ ດູແລ; gùat-gàa ກວດກາ

supervisor, *n.* puu-gùat-gàa ຜູ້ກວດກາ; puu-kûap-kúm ຜູ້ຄວບຄຸມ

supper, *n.* àa-hǎan-kam ອາຫານຄຳ

supplier, *n.* puu-ját-hǎa-hâi ຜູ້ຈັດຫາໃຫ້; puu-ját-song ຜູ້ຈັດສົ່ງ

supply, *n.* sa-bìang ສະບຽງ; gàan-ját-hǎa-hâi ການຈັດຫາໃຫ້

support, *v.* sa-náp-sa-nǔun ສະໜັບສະໜູນ; suai-lǔa ຊ່ວຍເຫຼືອ

supporter, *n.* puu-sa-náp-sa-nǔun ຜູ້ສະໜັບສະໜູນ; puu-suai-lǔa ຜູ້ຊ່ວຍເຫຼືອ

suppose, *v.* sǒm-mut-waa ສົມມຸດວ່າ (assume); kit-ào ຄິດເອົາ (guess)

suppress, *v.* bpàap ປາບ (subdue); hàam ຫ້າມ (prohibit; inhibit the expression of); la-ngap ລະງັບ (keep from); gàm-ját ກຳຈັດ (get rid of)

supreme, *adj.* sút-nyɔ́ɔt ສຸດຍອດ (highest); mii-àm-nâat-sǔung-sút ມີອຳນາດສູງສຸດ (most powerful)

sure, *adj.* nɛɛ-nɔ́ɔn ແນ່ນອນ; mân-jài ໝັ້ນໃຈ; nɛɛ-jài ແນ່ໃຈ

surf, *v.* lìn-ga-dàan-dtôo-kuun ຫຼິ້ນກະດານໂຕ້ຄື້ນ

surf, *n.* fɔ́ɔng-hǔa-dtɛ̀ɛk ຟອງຫົວແຕກ

surface, *n.* nàa-píang ໜ້າພຽງ; pǐu-pǔun ຜິວພື້ນ

surfer, *n.* nak-lìn-ga-dàan-dtôo-kuun ນັກຫຼິ້ນກະດານໂຕ້ຄື້ນ

surfing, *n.* gi-láa-dtôo-kuun ກິລາໂຕ້ຄື້ນ

surge, *v.* kùn-kùn-lóng-lóng ຂຶ້ນໆລົງໆ

surge, *n.* kʉ̂un-héeng ຄື້ນແຮງ

surgeon, *n.* pɛ̂ɛt-paa-dtát ແພດຜ່າຕັດ; mɔ̌ɔ-bpàat ໝໍປາດ

surgery, *n.* gàan-paa-dtát ການຜ່າຕັດ; sǎn-la-gàm ສັນລະກຳ

surgical, *adj.* giao-gap-gàan-paa-dtát ກ່ຽວກັບການຜ່າຕັດ

surname, *n.* náam-sa-gùn ນາມສະກຸນ

surpass

surpass, v. kùn-nàa ຂຶ້ນໜ້າ; doong-gwàa-muu ໄດ້ກວ່າໝູ່; bɔɔ-mǐi-dtùa-tìap-dâi ບໍ່ມີຕົວທຽບໄດ້

surplus, n. sǔan-gəən ສ່ວນເກີນ; kwáam-lǔa-fúa ຄວາມເຫຼືອເຟືອ; ngən-lǔa ເງິນເຫຼືອ

surprise, v. hét-hài-bpɛ̀ɛk-jài ເຮັດໃຫ້ແປກໃຈ

surprised, adj. bpɛ̀ɛk-jài ແປກໃຈ

surprising, adj. hét-hài-bpɛ̀ɛk-jài ເຮັດໃຫ້ແປກໃຈ

surrender, v. nyɔ́ɔm-pɛ́ɛ ຍອມແພ້; nyɔ́ɔm-jàm-nón ຍອມຈຳນົນ; ɔɔn-nyɔ́ɔm ອ່ອນຍອມ

surround, v. ɔ̂ɔm-lɔ́ɔm ອ້ອມລ້ອມ; hɔ̂m-lɔ́ɔm ຫ້ອມລ້ອມ

surrounding, adj. hɔ̂m-lɔ́ɔm ຫ້ອມລ້ອມ; ɔ̂ɔm-lɔ́ɔm ອ້ອມລ້ອມ

surroundings, n. sìng-wɛ̂ɛt-lɔ́ɔm ສິ່ງແວດລ້ອມ

surveillance, n. gàan-sǎng-gèet-gàan ການສັງເກດການ (act of observing); gàan-fào-bəng ການເຝົ້າເບິ່ງ (close observation)

survey, v. sǎm-lùat ສຳຫຼວດ (examine or look at comprehensively); wát-tɛ̂ɛk ວັດແທກ (e.g. land); gùat-gàa ກວດກາ (inspect)

survival, n. gàan-nyáng-mǐi-sǐi-wít-yuu ການຍັງມີຊີວິດຢູ່; gàan-yùu-lɔ̂ɔt ການຢູ່ລອດ

survive, v. lɔ̂ɔt-sǐi-wít ລອດຊີວິດ; nyáng-mǐi-sǐi-wít ຍັງມີຊີວິດ; nyúun-nyóng-kóng-yùu ຢືນຍົງຄົງຢູ່

survivor, n. puu-lɔ̂ɔt-sǐi-wít ຜູ້ລອດຊີວິດ; puu-tìi-lǔa-yùu ຜູ້ທີ່ເຫຼືອຢູ່

susceptible, adj. hùu-sùk-wǎi ຮູ້ສຶກໄວ; ɔɔn-wǎi-ngáai ອ່ອນໄຫວງ່າຍ

suspect, v. sǒng-sǎi ສົງໄສ; la-wɛ́ɛng ລະແວງ

suspend, v. ngot-wái-gɔɔn ງົດໄວ້ກ່ອນ (stop temporarily); lɔ́ɔi-dtùa ລອຍຕົວ (hang so as to allow free movement); dtàt-sìt-sǔa-káao ຕັດສິດຊົ່ວຄາວ (from a privilege); hài-yút-pák ໃຫ້ຢຸດພັກ (from school or job)

suspender, n. sǎai-jóng ສາຍຈ່ອງ; nɛ́ɛo-jóng ແນວຈ່ອງ

suspense, n. bpìt-sa-nǎa ປິດສະໜາ

suspension bridge, n. kǔa-kwɛ̌ɛn ຂົວແຂວນ; kǔa-hɔ̂i ຂົວຫ້ອຍ

suspicion, n. kwáam-sǒng-sǎi ຄວາມສົງໄສ; gàan-hùu-sùk-sǒng-sǎi ການຮູ້ສຶກສົງໄສ

suspicious, adj. bpèn-dtàa-sǒng-sǎi ເປັນຕາສົງໄສ (something suspicious); hùu-sùk-sǒng-sǎi ຮູ້ສຶກສົງໄສ (of something)

sustain, v. sa-náp-sa-nǔun ສະໜັບສະໜູນ; ûm-súu ອຸ້ມຊູ

swab, v. tǔu ຖູ (wipe)

swab, n. pâa-sáp-kɔ̌ɔng-bpùan ຜ້າຊັບຂອງເປື້ອນ

swallow, v. gùun ກືນ

swallow, n. nok-ɛɛn ນົກແອ່ນ

swamp, n. nɔ̌ɔng ໜອງ; bùng ບຶງ

swan, n. nok-hǒng ນົກຫົງ

swap, n. gàan-lêɛk-bpian ການແລກປ່ຽນ

swarm, n. fǔung-pòng ຝູງເຜິ້ງ (of bees); gum-nyai ກຸ່ມໃຫຍ່ (big group)

sway, v. gwɛ̌ɛng-gwài ແກວ່ງໄກວ; gwát-gwɛ̌ɛng ກັດແກວ່ງ

swear, v. sǎa-bàan ສາບານ (vow); jom-daa ຈົມດ່າ (make a solemn declaration, invoking a deity); sàap-seng ສາບແຊ່ງ (curse)

sweat, v. hua-ɔ̀ɔk ເຫື່ອອອກ

sweat, n. hua ເຫື່ອ (perspiration); kwáam-nyâak-lám-bàak ຄວາມຍາກລຳບາກ (difficulty)

sweater, n. sua-kǒn-sàt-tàk ເສື້ອຂົນສັດຖັກ

sweep, v. bpàt ປັດ; gwàat ກວາດ

sweet, adj. wǎan ຫວານ (having the taste of sugar); muan-hǔu ມ່ວນຫູ (sounding sweet); bpèn-dtàa-hak ເປັນຕາຮັກ (lovable)

sweetheart, n. tii-hak ທີ່ຮັກ

sweet potato, n. mán-tèɛt ມັນເທດ

swell, v. bùam ບວມ (e.g. skin); nyai-kûn ໃຫຍ່ຂຶ້ນ (expand); pɔ́ɔng-kûn ພອງຂຶ້ນ (increase in size)

swelling, n. gàan-bùam ການບວມ; gàan-nyai-kûn ການໃຫຍ່ຂຶ້ນ

swerve, v. hǎk-lîao ຫັກລ້ຽວ

swim, v. lɔ́ɔi-nâam ລອຍນ້ຳ; wàai-nâam ຫວ່າຍນ້ຳ

swimmer, n. nak-lɔ́ɔi-nâam ນັກລອຍນ້ຳ

swimming, n. gàan-lɔ́ɔi-nâam ການລອຍນ້ຳ

swimming pool, n. aang-lɔ́ɔi-nâam ອ່າງລອຍນ້ຳ

swimsuit, n. sut-lɔ́ɔi-nâam ຊຸດລອຍນ້ຳ

swing, n. ɔ̀ɔn-sáa ໂອນຊາ

swing, v. gwɛ̌ɛng ແກວ່ງ (move back and forth); kwɛ̌ɛn ແຂວນ (hang, suspend)

swipe, v. dtìi-yaang-hɛ́ɛng ຕີຢ່າງແຮງ (hit hard); hûut-bàt ຮູດບັດ (a credit card)

swirl, v. mǔun ໝຸນ (turn); mǔun-wái-wái ໝຸນໄວໆ (move with a twisting motion)

switch, n. bpum-bpə̀ət-bpìt-fái-fâa ປຸ່ມເປີດປິດໄຟຟ້າ (to turn on and off) bpian ປ່ຽນ (an exchange)

sword, n. dàap ດາບ

syllable, n. pa-nyáang ພະຍາງ

syllabus, n. lǎk-sùut ຫລັກສູດ; sǎa-la-sǎm-kán ສາລະສຳຄັນ

symbol, n. kuang-mǎai ເຄື່ອງໝາຍ; sǎn-nya-lak ສັນຍະລັກ

symbolic, adj. bpèn-kuang-mǎai ເປັນເຄື່ອງໝາຍ; bpèn-sǎn-nya-lak ເປັນສັນຍະລັກ

symbolize, v. bpèn-sǎn-nya-lak ເປັນສັນຍະລັກ; bpèn-kuang-sa-dɛ̀ɛng ເປັນເຄື່ອງສະແດງ

sympathetic, adj. hěn-òk-hěn-jài ເຫັນອົກເຫັນໃຈ

sympathize, *v.* hěn-ŏk-hěn-jài ເຫັນອົກເຫັນໃຈ

sympathy, *n.* kwáam-hěn-ŏk-hěn-jài ຄວາມເຫັນອົກເຫັນໃຈ

symphony, *n.* don-dtìi-bpa-săan-sìang ດົນຕີປະສານສຽງ

symposium, *n.* gàan-bpa-súm-sǎm-ma-náa ການປະຊຸມສຳມະນາ

symptom, *n.* àa-gàan ອາການ; àa-gàan-pa-nyâat ອາການພະຍາດ

synagogue, *n.* bòot-sáao-yíu ໂບດຊາວຢິວ

synchronize, *v.* het-hài-sɔ̀ɔt-kɔɔng-gàn ເຮັດໃຫ້ສອດຄ່ອງກັນ

syndrome, *n.* àa-gàan-lôok ອາການໂລກ

synonym, *n.* kám-míi-kwáam-mǎai-diao-gàn-lǔu-kâai-kúu-gàn ຄຳມີຄວາມໝາຍດຽວກັນຫຼືຄ້າຍຄືກັນ

synopsis, *n.* gàan-nyɔ̀ɔ-lɯang ການຫຍໍ້ເລື່ອງ; gàan-bpa-múan-lɯang ການປະມວນເລື່ອງ

syntax, *n.* gàan-sàang-bpa-nyòok ການສ້າງປະໂຫຍກ

synthesis, *n.* gàan-sǎng-kɔ ການສັງເຄາະ

synthesize, *v.* sǎng-kɔ ສັງເຄາະ

syphilis, *n.* lôok-si-fi-lit ໂລກຊີຟີລິສ

syringe, *n.* lɔ̀ɔt-sìit-yàa ຫຼອດສີດຢາ; síi-léng ຊີແລັງ

syrup, *n.* náam-si-lóo ນ້ຳຊີໂລ; náam-wǎan ນ້ຳຫວານ

system, *n.* la-bŏp ລະບົບ

T

tab, *n.* tɛp ແທັບ (a key on a computer keyboard); tɛ̀ɛp ແຖບ (flap, or short strip attached to an object)

table, *n.* dto ໂຕະ (furniture); dtàa-dta-láang ຕາຕະລາງ (chart)

tablecloth, *n.* pàa-bpùu-dto ຜ້າປູໂຕະ

tablespoon, *n.* bpa-li-máan-ka-nàat-buang-sot-gèeng ປະມານຂະໜາດບ່ວງຊົດແກງ

tablet, *n.* yàa-met ຢາເມັດ (pill); bpʉ̂m-bàn-tuk ປື້ມບັນທຶກ (notebook)

taboo, *n.* kɔ̀ɔ-hàam ຂໍ້ຫ້າມ

tack, *n.* nɛ́ɛo-táang ແນວທາງ

tactic, *n.* la-bŏp ລະບົບ

tadpole, *n.* lûuk-hûak ລູກຮວກ

tag, *n.* bpâai ປ້າຍ; sɯ̀ak-jɔɔng ເຊືອກຈອງ

tail, *n.* hǎang ຫາງ

tailor, *n.* saang-dtăt-kʉang-nung ຊ່າງຕັດເຄື່ອງນຸ່ງ

take, *v.* ào ເອົາ (get into one's possession); jăp-ào ຈັບເອົາ (with the hand); sài-wée-láa ໃຊ້ເວລາ (take time); páa-bpài ພາໄປ (convey; take someone from one place to another)

take off, *v.* gɛ̀ɛ-ɔ̀ɔk ແກ້ອອກ (e.g. clothes, shoes); yut-pak-pɔn ຢຸດພັກຜ່ອນ (have a vacation); ɔ̀ɔk-dəən-táang ອອກເດີນທາງ (for a trip)

take out, *n.* ào-ɔ̀ɔk ເອົາອອກ

talc, *n.* bpɛ̂ɛng-táa-dtoo ແປ້ງທາໂຕ

tale, n. ni-táan ນິທານ; lนang-lao ເລື່ອງເລົ່າ

talent, n. kwáam-sǎa-mâat-pi-sèet ຄວາມສາມາດພິເສດ

talented, adj. míi-kwáam-sǎa-mâat-pi-sèet ມີຄວາມສາມາດພິເສດ

talk, v. wâo ເວົ້າ (speak); sǒn-ta-náa ສົນທະນາ (converse); lóm ລົມ

talkative, adj. mak-wâo-mak-lóm ມັກເວົ້າມັກລົມ; wâo-lǎai ເວົ້າຫລາຍ

tall, adj. sǔung ສູງ

tame, v. ɔɔn-nyɔ́ɔm ອ່ອນນ້ອມ; sนa-fǎng ເຊື່ອຟັງ

tamper, v. bpài-nyûng-giao ໄປຍຸ້ງກ່ຽວ (interfere); hâi-sìn-bòn ໃຫ້ສິນບົນ (use bribery)

tampon, n. pàa-a-náa-mái-bèep-sɔ̀ɔt ຜ້າອະນາໄມແບບສອດ

tan, adj. sǐi-náam-dtaan ສີນ້ຳຕານ; sǐi-lɛ̀ɛ ສີແທນ

tangerine, n. màak-giang-nɔ́ɔi ໝາກກ້ຽງນ້ອຍ

tangible, adj. sǎa-mâat-jàp-dtɔ̂ɔng-dâi ສາມາດຈັບຕ້ອງໄດ້; sǎm-pat-dâi ສຳຜັດໄດ້

tangle, v. nyûng-nyɔ̌ɔng ຫຍຸ້ງເຫຍີງ; pán-gàn ພັນກັນ

tank, n. tǎng ຖັງ (container); lot-tǎng ລົດຖັງ (combat vehicle)

tanker, n. lot-lนu-húa-bàn-tuk-náam-mán ລົດລຸ້ຫົວບັນທຸກນ້ຳມັນ

tap, v. kɔ-kɔi-kɔi ເຄາະຄ່ອຍໆ; dtɔ-kɔi-kɔi ຕຳະຄ່ອຍໆ

tap, n. gɔk-náam ກ໋ອກນ້ຳ

tape, n. tèep-tep ແຖບເທບ; tep ເທບ

taper, v. kêep-lóng ແຄບລົງ (become narrower)

tape recorder, n. tep ເທບ; kuang-bàn-tuk-sǐang ເຄື່ອງບັນທຶກສຽງ

tapestry, n. sing-dtam-pen ສິ່ງຕຳແພນ (woven material); maan-gǎng-pa-nǎng ມ່ານກັ້ງຝະໜັງ (for decoration)

tar, n. yàang-bpนu-táang ຢາງປູທາງ; náam-mán-din ນ້ຳມັນດິນ

tardy, adj. sâa ຊ້າ; sak-sâa ຍັກຊ້າ; sนai-sâa ເຊື່ອຍຊ້າ

target, n. bpâo ເປົ້າ (e.g. for shooting); bpâo-mǎai ເປົ້າໝາຍ (aim); jŭt-bpa-sǒng ຈຸດປະສົງ (objective)

tariff, n. ǎt-dtaa-páa-sǐi-kǎa-kào-lɔ́-ɔ̀ɔk ອັດຕາພາສີຂາເຂົ້າແລະອອກ

tarnish, v. het-hâi-mɔ́ɔng-mon ເຮັດໃຫ້ໝອງມົນ

tart, n. kào-nǒm-màak-mái ເຂົ້າໜົມໝາກໄມ້

task, n. wîak-ngáan ວຽກງານ; pâa-la-nàa-tii ພາລະໜ້າທີ່

taste, n. lot-sâat ລົດຊາດ; lot-ni-nyóm ລົດນິຍົມ

tasty, adj. sɛ̀ɛp-sɔ́ɔi ແຊບຊ້ອຍ; sɛ̀ɛp-núa-dǐi ແຊບເນື້ອດີ

tattoo, n. hɔ́ɔi-sǎk-láai ຮອຍສັກລາຍ; láai-sǎk ລາຍສັກ

tavern, n. hóong-héem-nɔ́ɔi ໂຮງແຮມນ້ອຍ (inn); hóong-kǎai-lào

tawdry

ໂຮງຂາຍເຫຼົ້າ (where liquor is sold)

tawdry, *adj.* nyip-nyap-wɛ́ɛɔ-wáao-dtɛɛ-bɔɔ-míi-láa-káa ຍິບຍັບແວວວາວແຕ່ບໍ່ມີລາຄາ; kɔ́ɔng-tùuk ຂອງຖືກ

tax, *n.* páa-sǐi ພາສີ

tax-free, *adj.* bɔɔ-dtɔ́ng-sǐa-páa-sǐi ບໍ່ຕ້ອງເສຍພາສີ

taxi, *n.* lot-dtak-sǐi ລົດຕັກຊີ

taxpayer, *n.* puu-sǐa-páa-sǐi ຜູ້ເສຍພາສີ

tax rate, *n.* ǎt-dtàa-páa-sǐi ອັດຕາພາສີ

tea, *n.* sáa ຊາ; nâam-sáa ນ້ຳຊາ

teach, *v.* sɔ́ɔn ສອນ; ǒp-hóm ອົບຮົມ

teacher, *n.* náai-kúu ນາຍຄູ; àa-jàan ອາຈານ

teaching, *n.* gàan-sɔ́ɔn ການສອນ

team, *n.* tíim ທີມ; ka-na ຄະນະ

tear, *v.* jìik ຈີກ

tear, *n.* nâam-dtàa ນ້ຳຕາ

tease, *v.* nyua ຍົວະ; yɔ́ɔk ຢອກ; lɔ́ɔk-lɔ́ɔ ຫຼອກລໍ້

teaspoon, *n.* buang-nâam-sáa ບ່ວງນ້ຳຊາ

teat, *n.* hǔa-nóm ຫົວນົມ

technical, *adj.* táang-dtek-nǐk ທາງເຕັກນິກ

technician, *n.* saang-dtek-nǐk ຊ່າງເຕັກນິກ; saang-puu-siao-sáan ຊ່າງຜູ້ຊ່ຽວຊານ

technique, *n.* dtek-nǐk ເຕັກນິກ; gǒn-wi-tíi ກົນວິທີ

technology, *n.* dtek-nóo-lóo-sǐi ເຕັກໂນໂລຊີ

temperamental

teenage, *adj.* wái-num-sǎao ໄວໜຸ່ມສາວ

teenager, *n.* pûak-num-sǎao ພວກໜຸ່ມສາວ

telegram, *n.* tóo-la-lêek ໂທເລເລກ

telegraph, *n.* kuang-song-tóo-la-lêek ເຄື່ອງສົ່ງໂທເລເລກ

telepathy, *n.* gàan-song-ga-sɛ̌ɛ-jǐt ການສົ່ງກະແສຈິດ; tóo-la-jǐt ໂທລະຈິດ

telephone, *n.* tóo-la-sǎp ໂທລະສັບ

telephone booth, *n.* dtùu-tóo-la-sǎp ຕູ້ໂທລະສັບ

telephone number, *n.* nâam-bɔ̀ɔ-tóo-la-sǎp ນ້ຳເບີໂທລະສັບ

telescope, *n.* gɔ̂ɔng-sɔ̌ɔng-táang-gài ກ້ອງສ່ອງທາງໄກ

televise, *v.* song-táang-tóo-la-pâap ສົ່ງທາງໂທລະພາບ

television, *n.* tóo-la-pâap ໂທລະພາບ

tell, *v.* bɔ̀ɔk ບອກ; gaao ກ່າວ; lao ເລົ່າ

teller, *n.* puu-bɔ̀ɔk ຜູ້ບອກ (one that informs); puu-lao ຜູ້ເລົ່າ (one that tells a story); jâo-nàa-tìi-hap-jaai-ngán ເຈົ້າໜ້າທີ່ຮັບຈ່າຍເງິນ (e.g. in a bank)

temper, *n.* áa-lóm ອາລົມ; nit-sǎi ນິໄສ

temperament, *n.* áa-lóm ອາລົມ (mood); nit-sǎi ນິໄສ (behavior, habit); sa-pâap-táang-jǐt-jai ສະພາບທາງຈິດໃຈ (state of mind)

temperamental, *adj.* àa-gàan-jài-hâai ອາການໃຈຮ້າຍ (moody); àa-lóm-

temperature

wǎi-ngaai ອາລົມໄຫວງ່າຍ (sensitive)

temperature, *n.* ùn-ha-púum ອຸນຫະພູມ

template, *n.* pɛn-lɔ̂ɔk-bɛ̀ɛp ແບບລອກແບບ (for pattern or gauge); pɛn-mâi-hɔ́ɔng ແບບໄມ້ຮອງ (as in woodworking or carving); tém-plěet ເທມເພລດ (in computer science)

temple, *n.* wat ວັດ

tempo, *n.* jàng-wǎ ຈັງຫວະ (rhythm); kwáam-wái ຄວາມໄວ (speed)

temporary, *adj.* sua-káao ຊົ່ວຄາວ

tempt, *v.* nyua-nyúan-jài ຍົ່ວຍວນໃຈ; lɔ̂ɔ ລໍ້; sak-súan ຊັກຊວນ

ten, *nm.* sìp ສິບ

tenant, *n.* puu-sao ຜູ້ເຊົ່າ

tend, *v.* dùu-lɛ́ɛ ດູແລ

tendency, *n.* kwáam-nòom-ìang ຄວາມໂນ້ມອຽງ; taa-ìang ທ່າອຽງ; nit-sǎi ນິໄສ

tender, *adj.* ɔɔn-nyóon ອ່ອນໂຍນ; ɔɔn-num ອ່ອນນຸ່ມ

tenderness, *n.* kwáam-ɔɔn-nyóon ຄວາມອ່ອນໂຍນ; kwáam-ɔɔn-wǎan ຄວາມອ່ອນຫວານ

tendon, *n.* èn ເອັນ; sèn-èn ເສັ້ນເອັນ

tennis, *n.* gi-láa-tén-nit ກີລາເທັນນິດ

tense, *n.* gàa-la ກາລະ

tension, *n.* kwáam-kèng-dtùng ຄວາມຄັດຕຶງ

tent, *n.* dtùup-pàa ຕູບຜ້າ; pàa-dtèn ຜ້າເຕັ້ນ

tenure, *n.* gàan-kɔ̂ɔp-kɔ́ɔng ການຄອບຄອງ

term, *n.* lái-nya-wée-láa-tii-gàm-not-wâi ໄລຍະເວລາທີ່ກຳນົດໄວ້; káao ຄາວ; sa-mǎi ສະໄໝ

terminal, *n.* sòn ສົ້ນ (ending part); bpàai-táang ປາຍທາງ (destination)

terminate, *v.* sìang-sút ສິ້ງສຸດ (end); jòp ຈົບ (finish); nyok-lə̂ək ຍົກເລີກ (cancel)

termination, *n.* gàan-sìang-sút ການສິ້ງສຸດ; gàan-nyu-dti ການຢຸຕິ; gàan-nyok-lə̂ək ການຍົກເລີກ

terminology, *n.* kám-sǎp ຄຳສັບ

termite, *n.* bpùak ປວກ

terrace, *n.* la-bìang ລະບຽງ (balcony, deck); dàat-fâa ດາດຟ້າ (on the roof)

terrain, *n.* pɛn-dìn ແຜ່ນດິນ

terrible, *adj.* bpèn-dtàa-yâan ເປັນຕາຢ້ານ; hâai-kàat ຮ້າຍກາດ

terrific, *adj.* nying-nyai ຍິ່ງໃຫຍ່ (grand); dìi-lə̂ət ດີເລີດ (great)

terrify, *v.* het-hâi-yâan-gùa ເຮັດໃຫ້ຢ້ານກົວ; het-hâi-dtuun-yâan ເຮັດໃຫ້ຕື່ນຢ້ານ

territory, *n.* dìn-dɛ̀ɛn ດິນແດນ; àa-náa-kèet ອານາເຂດ

terror, *n.* kwáam-nàa-yâan-gùa ຄວາມໜ້າຢ້ານກົວ; kwáam-sa-tâan-yâan-gùa ຄວາມສະທ້ານຢ້ານກົວ

terrorism, *n.* lat-ti-gɔɔ-gàan-hâai ລັດທິກໍ່ການຮ້າຍ

terrorist, *n.* puu-gɔɔ-gàan-hâai ຜູ້ກໍ່ການຮ້າຍ

test, v. tot-sɔ̀ɔp ທົດສອບ; tot-lɔ́ɔng ທົດລອງ

testament, n. kám-pii ຄຳພີ

testicle, n. lûuk-àn-ta ລູກອັນທະ

testify, v. bpen-pa-nyáan ເປັນພະຍານ (ascertain as a witness); yáng-yʉ́ʉn ຢັ້ງຢືນ (confirm)

testimony, n. lăk-tăan ຫຼັກຖານ; kám-hài-gàan ຄຳໃຫ້ການ

text, n. kɔ̂ɔ-kwáam ຂໍ້ຄວາມ

textbook, n. bpʉ̂m-bèep-hían ປຶ້ມແບບຮຽນ; dtàm-láa-hían ຕຳລາຮຽນ

textile, n. pàa-pɛ́ɛ ຜ້າແພ; sing-dtam ສິ່ງຕຳ

texture, n. nʉ́a-pàa ເນື້ອຜ້າ; sing-tɔ́ɔ ສິ່ງທໍ

Thai, n., adj. kón-tái ຄົນໄທ (Thai people); giao-gǎp-bpa-têet-tái ກ່ຽວກັບປະເທດໄທ (relating to Thailand)

Thailand, n. bpa-têet-tái ປະເທດໄທ; mʉ́ang-tái ເມືອງໄທ

than, conj. gwaa ກວ່າ

thank, v. kɔ̀ɔp-jài ຂອບໃຈ

thankful, adj. hûu-sʉ̀k-kɔ̀ɔp-jài ຮູ້ສຶກຂອບໃຈ

Thanksgiving Day, n. wán-sa-dɛ́ɛng-kwáam-kɔ̀ɔp-jài-dtɔ̀ɔ-pa-jâo ວັນສະແດງຄວາມຂອບໃຈຕໍ່ພະເຈົ້າ

that, pron., adj., adv. nân ນັ້ນ; tii ທີ່

thaw, v. la-láai ລະລາຍ

the, art. kám-nám-nàa-náam ຄຳນຳໜ້ານາມ

theater, n. hóong-sǐi-née ໂຮງຊີເນ (movie); hóong-la-kɔ́ɔn ໂຮງລະຄອນ (play)

theft, n. gàan-lak-kɔ̌ɔng ການລັກຂອງ

their, adj. kɔ̌ɔng-kǎo-jâo ຂອງເຂົາເຈົ້າ

theirs, pron. kɔ̌ɔng-kǎo ຂອງເຂົາ

them, adj. kɔ̌ɔng-kǎo-jâo ຂອງເຂົາເຈົ້າ

theme, n. sǎa-la-sǎm-kán ສາລະສຳຄັນ (essential matter); hǔa-kɔ̂ɔ ຫົວຂໍ້ (topic of discussion)

themselves, pron. pûak-kǎo-jâo-èeng ພວກເຂົາເຈົ້າເອງ

then, adv. sen-nán ເຊັ່ນນັ້ນ (therefore, so); nái-wée-láa-nân ໃນເວລານັ້ນ (at that time)

theology, n. sàat-sa-na-wi-ta-nyáa ສາສະນາວິທະຍາ; tée-wa-wi-ta-nyáa ເທວະວິທະຍາ

theory, n. lăk-gàan ຫຼັກການ; tit-sa-dii ທິດສະດີ

therapeutic, adj. giao-gǎp-gàan-bpin-bpùa-pa-nyâat ກ່ຽວກັບການປິ່ນປົວພະຍາດ

therapy, n. gàan-bàm-bát-lôok ການບຳບັດໂລກ

there, adv. hân ຫັ້ນ; bɔɔn-nân ບ່ອນນັ້ນ

therefore, adv. pɔ-sa-nán ເພາະສະນັ້ນ

thermometer, n. kʉang-tɛ̂ɛk-ùn-ha-púum ເຄື່ອງແທກອຸນຫະພູມ

thermos, n. ga-dtìk-náam-hɔ́ɔn ກະຕິກນ້ຳຮ້ອນ

thesaurus, n. wat-ja-náa-nu-góm-kám-sǎp-tii-kâai-kʉ́u-gàn ວັດຈະນານຸກົມຄຳສັບທີ່ຄ້າຍຄືກັນ

these, *pron.* lao-nîi ເຫຼົ່ານີ້

thesis, *n.* wi-ta-nyáa-ni-pón ວິທະຍານີພົນ

they, *pron.* kǎo-jâo ເຂົາເຈົ້າ; pûak-pən ພວກເພິ່ນ

thick, *adj.* nǎa ໜາ (not thin); nǎa-nɛ̀n ໜາແໜ້ນ (dense); nǐao ໜຽວ (sticky)

thicken, *v.* het-hâi-nǎa-kùn ເຮັດໃຫ້ໜາຂຶ້ນ

thickness, *n.* kwáam-nǎa ຄວາມໜາ; suan-nǎa ສ່ວນໜາ

thief, *n.* kón-kîi-lak ຄົນຂີ້ລັກ

thigh, *n.* gŏk-kǎa ກົກຂາ

thin, *adj.* baang ບາງ (for things); jɔi ຈ່ອຍ (for people or animals)

thing, *n.* sing-kɔ̌ɔng ສິ່ງຂອງ; kʉang-kɔ̌ɔng ເຄື່ອງຂອງ

think, *v.* kit ຄິດ; nʉk ນຶກ; pi-jàa-la-náa ພິຈາລະນາ

third, *adj.* tii-sǎam ທີສາມ

third party, *n.* faai-tii-sǎam ຝ່າຍທີສາມ; búk-kón-tii-sǎam ບຸກຄົນທີສາມ

third person, *n.* búk-kón-tii-sǎam ບຸກຄົນທີສາມ; búk-kón-páai-nɔ̂ɔk ບຸກຄົນພາຍນອກ

thirst, *n.* àa-gàan-hǐu-nâam ອາການຫິວນ້ຳ; kwáam-hǐu-nâam ຄວາມຫິວນ້ຳ

thirsty, *adj.* hǐu-nâam ຫິວນ້ຳ; yàak-nâam ຢາກນ້ຳ

this, *pron., adj, adv.* nîi ນີ້

thorn, *n.* nǎam ໜາມ

thorny, *adj.* dtèm-bpài-dûai-nǎam ເຕັມໄປດ້ວຍໜາມ

thorough, *adj.* dta-lɔ̀ɔt ຕະຫຼອດ; tua-tə̌ng ທົ່ວເຖິງ

those, *pron., adj.* lao-nân ເຫຼົ່ານັ້ນ; pûak-nân ພວກນັ້ນ

though, *adv.* yaang-dǎi-gɔɔ-dtàam ຢ່າງໃດກໍຕາມ

thought, *n.* kwáam-kit ຄວາມຄິດ

thoughtful, *adj.* dtèm-bpài-dûai-kwáam-kit ເຕັມໄປດ້ວຍຄວາມຄິດ (careful thought); kit-pi-jàa-la-náa ຄິດພິຈາລະນາ (contemplative)

thousand, *n.* pán ພັນ

thread, *n.* sèn-dâai ເສັ້ນດ້າຍ

threat, *n.* gàan-kuu-hâi-yâan ການຂູ່ໃຫ້ຢ້ານ; kám-kuu ຄຳຂູ່

threaten, *v.* kuu ຂູ່; kuu-kěn ຂູ່ເຂັນ

three, *nm.* sǎam ສາມ

three dimensional, *adj.* sǎam-mi-dtì ສາມມິຕິ

three hundred, *nm.* sǎam-hɔ̂ɔi ສາມຮ້ອຍ

threshold, *n.* bpa-dtùu-táang-kào ປະຕູທາງເຂົ້າ; tɔ̌ɔ-la-nǐi-bpa-dtùu ທໍລະນີປະຕູ

thrift, *n.* gàan-bpa-yǎt ການປະຢັດ

thrifty, *adj.* bpa-yǎt ປະຢັດ; mat-ta-nyat ມັດທະຍັດ

thrill, *n.* kwáam-dtʉ̀ʉn-dtên ຄວາມຕື່ນເຕັ້ນ

thrilling, *adj.* dtʉ̀ʉn-dtên ຕື່ນເຕັ້ນ

thrive, *v.* dtə̀əp-nyai ເຕີບໃຫຍ່ (prosper, flourish); gâao-nàa ກ້າວໜ້າ (make steady progress)

throat, *n.* kɔ́ɔ ຄໍ; lám-kɔ́ɔ ລຳຄໍ

throne, *n.* bàn-láng ບັນລັງ; lâat-sa-bàn-láng ລາຊະບັນລັງ

through, *prep.* paan ຜ່ານ; sɔ̀ɔt ອອກ; dta-lɔ̀ɔt ຕະຫລອດ

throughout, *prep.* dòoi-dta-lɔ̀ɔt ໂດຍຕະຫລອດ

throw, *v.* gwèng ແກວ່ງ; sat ຊັດ; nyóon-tìm ໂຍນທິ້ມ

thrust, *v.* suk-yaang-héeng ຊຸກຢ່າງແຮງ

thumb, *n.* níu-bpôo ນິ້ວໂປ້

thunder, *n.* síang-fáa-hɔ́ɔng ສຽງຟ້າຮ້ອງ

Thursday, *n.* wán-pa-hǎt ວັນພະຫັດ

thus, *adv.* dang-nîi ດັ່ງນີ້; dûai-hèet-nîi ດ້ວຍເຫດນີ້

tic, *n.* àa-gàan-gâam-sîin-ga-dtùk ອາການກ້າມຊີ້ນກະຕຸກ

tick, *v.* kìit ຂີດ (make a line); kìit-mǎai ຂີດໝາຍ (make a mark); móong-dàng ໂມງດັງ (make a tick sound)

tick, *n.* síang-móong-dàng ສຽງໂມງດັງ (sound); kʉang-mǎai ເຄື່ອງໝາຍ (mark)

ticket, *n.* bpîi ປີ້ (e.g. movie, train); bài-sang ໃບສັ່ງ (written summons, e.g. for speeding)

tickle, *v.* het-hài-ga-dìam ເຮັດໃຫ້ກະດ້ຽມ

ticklish, *adj.* nǎk-ga-dìam ໜັກກະດ້ຽມ

tidal wave, *n.* kʉ̂ʉn-ka-nàat-nyai ຄື້ນຂະໜາດໃຫຍ່

tide, *n.* ga-sɛ̌ɛ-fɔ́ɔng-náam ກະແສຟອງນ້ຳ

tidy, *adj.* bpèn-la-bìap-hîap-hɔ́ɔi ເປັນລະບຽບຮຽບຮ້ອຍ

tie, *v.* pùuk ຜູກ; mat ມັດ; hat ຮັດ

tier, *n.* tɛ̌ɛo-bon-nang ແຖວບ່ອນນັ່ງ (as of seats); sân ຊັ້ນ (layer); la-dǎp ລະດັບ (level)

tiger, *n.* sʉ̌a ເສືອ

tight, *adj.* tii-nɛ̂n ທີ່ແໜ້ນ (fixed firmly); tii-kap ທີ່ຄັບ (not spacious)

tighten, *v.* het-hài-nɛ̂n ເຮັດໃຫ້ແໜ້ນ; hat-nɛ̂n ຮັດແໜ້ນ

tile, *n.* pen-ga-bʉ̂ang ແຜ່ນກະເບື້ອງ

till, *n.* fíin-sak-mîan-ngə́n ລິ້ນຊັກມ້ຽນເງິນ (money till)

till, *conj.* jòn-gwaa ຈົນກວ່າ

tilt, *v.* ngiang ງຽງ

tilt, *n.* gàan-ngiang ການງຽງ; pàa-kúm-lot ຜ້າຄຸມລົດ

timber, *n.* tɔn-mâi ທ່ອນໄມ້

time, *n.* wée-láa ເວລາ (the passing of minutes, days, etc.); sa-mǎi ສະໄໝ (era); káng ຄັ້ງ (number of occurrence); suang-lái-nya ຊ່ວງໄລຍະ (during the period of)

time, *v.* dtâng-wée-láa ຕັ້ງເວລາ; jáp-wée-láa ຈັບເວລາ

time-consuming, *adj.* tii-sâi-wée-

láa-dòn-náan ທີ່ໃຊ້ເວລາດົນນານ
timely, *adj.* tùuk-wée-láa ຖືກເວລາ; gòng-wée-láa ກົງເວລາ; tùuk-gàa-la ຖືກກາລະ
timer, *n.* puu-jǎp-wée-láa ຜູ້ຈັບເວລາ (person); kuang-jǎp-wée-láa ເຄື່ອງຈັບເວລາ (machine)
times, *prep.* kúun-dûai ຄູນດ້ວຍ
timetable, *n.* dtàa-dta-láang-wée-láa ຕາຕະລາງເວລາ
timid, *adj.* kìi-àai ຂີ້ອາຍ (shy); bɔɔ-gâa ບໍ່ກ້າ (cowardly)
tin, *n.* dìi-bǔk ດີບຸກ (mineral); ga-bpɔ̌ng ກະປ໋ອງ (can)
tingle, *v.* hûu-sǔk-sǐao ຮູ້ສຶກສຽວ; hûu-sǔk-bpùat-sǐao ຮູ້ສຶກປວດສຽວ
tinkle, *v.* sǐang-dàng-ging-ging ສຽງດັງກິງໆ
tint, *n.* sǐi-nyɔ̌ɔm-pǒm ສີຍ້ອມຜົມ (for the hair); sǐi-pʉ́un ສີພື້ນ (basic color)
tiny, *adj.* nɔ́ɔi-nɔ́ɔi ນ້ອຍໆ; lek-lek-nɔ́ɔi-nɔ́ɔi ເລັກໆນ້ອຍໆ
tip, *n.* bpáai ປາຍ (end part); nyɔ̂ɔt ຍອດ (top); ngɔ́n-tip ເງິນທິບ (gratuity); kɔ̂ɔ-ne-nám ຂໍ້ແນະນຳ (suggestion)
tirade, *n.* gàan-bpàa-sǎi-tii-hún-héeng ການປາໃສທີ່ຮຸນແຮງ (long angry or violent speech)
tire, *n.* yàang-lot ຢາງລົດ
tired, *adj.* mʉai ເມື່ອຍ; bua ເບື່ອ
tireless, *n.* bɔɔ-mʉai ບໍ່ເມື່ອຍ; bɔɔ-bua ບໍ່ເບື່ອ

tiresome, *adj.* bpèn-dtàa-bua ເປັນຕາເບື່ອ; bpèn-dtàa-lám-káan ເປັນຕາລຳຄານ
tissue, *n.* nʉ́a-nʉ̂a ເນື້ອເນື້ອ (cells); jîa-a-náa-mái ເຈັ້ຍອະນາໄມ (paper)
title, *n.* sʉ̀ʉ-lʉ́ang ຊື່ເລື່ອງ (of a story; heading); dtàm-nɛng ຕຳແໜ່ງ (position)
toad, *n.* kán-kâak ຄັນຄາກ
toast, *n.* kào-jìi-bpîng ເຂົ້າຈີ່ປີ້ງ
toaster, *n.* kuang-bpîng-kào-jìi ເຄື່ອງປີ້ງເຂົ້າຈີ່
tobacco, *n.* bài-yàa-sùup ໃບຢາສູບ; yàa-sèn ຢາເສັ້ນ
today, *n.* mʉ́ʉ-nîi ມື້ນີ້
toe, *n.* nîu-dtiin ນິ້ວຕີນ
together, *adv.* dûai-gàn ດ້ວຍກັນ; pɔ́ɔm-gàn ພ້ອມກັນ; nám-gàn ນຳກັນ
toil, *n.* ngáan-nyâak ງານຍາກ (hard work); wîak-nǎk ວຽກໜັກ (exhausting labor)
toilet, *n.* hɔ̂ng-nâam ຫ້ອງນ້ຳ
token, *n.* kuang-mǎai ເຄື່ອງໝາຍ (mark); sǎn-nya-lak ສັນຍະລັກ (symbol); lǐan ຫຼຽນ (coin)
tolerate, *n.* ǒt-tón ອົດທົນ
tolerance, *n.* kwáam-ǒt-tón ຄວາມອົດທົນ; kwáam-tón-táan ຄວາມທົນທານ
tolerant, *adj.* ǒt-tón ອົດທົນ (forbearing); tón-táan ທົນທານ (able to withstand)
toll, *n.* ngɔ́n-kaa-paan-táang ເງິນຄ່າຜ່ານທາງ

tomato — touch

tomato, n. màak-len ໝາກເຫລັ່ນ
tomb, n. kum-fǎng-sǒp ອຸມຝັງສົບ; su-sǎan ສຸສານ
tombstone, n. hǐin-sa-lǎk-sǔu-nàa-kum-fǎng-sǒp ຫີນສະຫລັກສື່ນາອຸມຝັງສົບ
tomorrow, n. mʉ̂ʉ-ʉʉn ມື້ອື່ນ
tone, v. het-hài-kéeng-héeng ເຮັດໃຫ້ແຂງແຮງ (e.g. tone up the body)
tone, n. sǐang-sǔung-dtam ສຽງສູງຕໍ່າ (pitch)
toner, n. kǐim-bàm-lúng-pǐu ຄີມບຳລຸງຜິວ (cosmetics); nâam-mʉ́k ນ້ຳມຶກ (ink)
tongue, n. lìn ລີ້ນ; sǎm-núan-páa-sǎa ສຳນວນພາສາ
tonic, n. yàa-bàm-lúng-gàm-láng ຢາບຳລຸງກຳລັງ
tonight, n. mʉ̂ʉ-léeng-nîi ມື້ແລງນີ້; kʉ́ʉn-nîi ຄືນນີ້
tonsil, n. dtɔm-tɔ́n-sǐn ຕ່ອມທອນຊິນ
too, adv. ìik-dûai ອີກດ້ວຍ (also); kúu-gàn ຄືກັນ (either, neither); pôot ໂພດ (excessively)
tool, n. kuang-mʉʉ ເຄື່ອງມື; u-bpa-gɔɔn ອຸປະກອນ
toot, v. bpao-gèɛ ເປົ່າແກ (blow a horn)
tooth, n. kɛ̀o ແຂ້ວ
toothache, n. jèp-kɛ̀o ເຈັບແຂ້ວ
toothbrush, n. fɔ̌ɔi-tǔu-kɛ̀o ຝອຍຖູແຂ້ວ; bpɛ́ɛng-tǔu-kɛ̀o ແປງຖູແຂ້ວ
toothpaste, n. yàa-tǔu-kɛ̀o ຢາຖູແຂ້ວ

toothpick, n. mâi-jìm-kɛ̀o ໄມ້ຈິ້ມແຂ້ວ
tootsie, n. ga-tǒei ກະເທີຍ
top, v. dtàt-suan-tóng-ɔ̀ɔk ຕັດສ່ວນເທິງອອກ (cut off the top); sai-táang-tǒng ໃສ່ທາງເທິງ (put on top)
top, n. suan-tóng ສ່ວນເທິງ; suan-nyɔ̂ɔt ສ່ວນຍອດ; bpàai-sut ປາຍສຸດ; dtàm-nɛng-sǔung-sut ຕຳແໜ່ງສູງສຸດ
topic, n. hǔa-kɔ̂ɔ ຫົວຂໍ້; hǔa-lʉang ຫົວເລື່ອງ
topping, n. suan-tii-yùu-táang-tǒng ສ່ວນທີ່ຢູ່ທາງເທິງ
topple, v. lôm ລົ້ມ (fall); kwàm ຄ້ວາ (turn upside down); het-hài-lôm ເຮັດໃຫ້ລົ້ມ (fell, defeat)
torch, n. túan-fái ທວນໄຟ; fái-sǎai ໄຟສາຍ; ga-bɔ̀ɔng ກະບອງ
tornado, n. páa-nyu-tɔ̂ɔ-náa-dòo ພາຍຸທໍ່ນາໂດ; lóm-páa-nyu-hǔa-gut ລົມພາຍຸຫົວກຸດ
torso, n. lám-dtòo ລຳຕໍ່
tortoise, n. dtao ເຕົ່າ
torture, v. tɔ́ɔ-la-máan ທໍລະມານ
toss, v. nyóon ໂຍນ; kwaang ຂ້ວາງ; tìm ຖິ້ມ
tot, n. dèk-nɔ̂ɔi ເດັກນ້ອຍ
total, n. hóom-táng-mót ໂຮມທັງໝົດ
totality, n. jàm-núan-táng-mót ຈຳນວນທັງໝົດ
totem, n. hûup-sa-lǎk-tǒng-sǎo-ìn-dìa-dɛ́ɛng ຮູບສະຫລັກເທິງເສົາອິນເດຍແດງ
touch, v. sǎm-pàt ສຳພັດ; dtɛ̌ɛ-dtɔ̂ng ແຕະຕ້ອງ; bàai ບາຍ

touch, n. gàan-sǎm-pàt ການສຳຜັດ; gàan-dtɛ̀-dtɔ̂ɔng ການແຕະຕ້ອງ

touching, adj. nâa-sǒng-sǎan ໜ້າສົງສານ (causing strong emotion); bpa-tap-jài ປະທັບໃຈ (impressive)

touchy, adj. yàak-hǎai ຢາກຮ້າຍ (irritable); dtɔ̂ng-la-mat-la-wáng-lǎai-lǎai ຕ້ອງລະມັດລະວັງຫຼາຍໆ (requiring caution)

tough, adj. nǐao ໜຽວ (not tender); tón-táan ທົນທານ (durable); kɛ̀ɛng-hɛ́ɛng ແຂງແຮງ (strong)

toughen, v. het-hài-nǐao ເຮັດໃຫ້ໜຽວ; het-hài-tón-táan ເຮັດໃຫ້ທົນທານ

toupee, n. pǒm-bpɔ̀ɔm-puu-sáai ຜົມປອມຜູ້ຊາຍ

tour, v. tɔ̂ng-tiao ທ່ອງທ່ຽວ

tourism, n. gàan-tɔ̂ng-tiao ການທ່ອງທ່ຽວ

tourist, n. nak-tɔ̂ng-tiao ນັກທ່ອງທ່ຽວ

tournament, n. gàan-kɛng-kǎn-síng-sa-na ການແຂ່ງຂັນຊີງຊະນະ

tout, v. sak-súan-lûuk-kâa-hài-máa-sùu-kɔ̌ɔng ຊັກຊວນລູກຄ້າໃຫ້ມາຊື້ຂອງ (solicit customers)

tout, n. kón-sak-súan-lûuk-kâa-hài-máa-sùu-kɔ̌ɔng ຄົນຊັກຊວນລູກຄ້າໃຫ້ມາຊື້ຂອງ

tow, v. lâak ລາກ; gɛɛ ແກ່; dùng ດຶງ

toward, prep. bpài-nyáng ໄປຍັງ; bpài-tǎng ໄປທາງ; giao-gàp ກ່ຽວກັບ

towel, n. pàa-set-dtòo ຜ້າເຊັດໂຕ

tower, n. hɔ̌ɔ ຫໍ; hɔ̌ɔ-kɔ́ɔi ຫໍຄອຍ

town, n. múang ເມືອງ

toxic, adj. tii-bpèn-pit ທີ່ເປັນພິດ

toxin, n. pit ພິດ

toy, n. kɔ̌ɔng-lìn ຂອງຫຼິ້ນ

trace, v. nám-hɔ́ɔi ນຳຮອຍ

trace, n. hóng-hɔ́ɔi ຮ່ອງຮອຍ

track, v. dtìt-dtàam ຕິດຕາມ (follow)

track, n. hɔ́ɔi-dtìin ຮອຍຕີນ (footprint); táang ທາງ (course, road); luu-kɛɛng ລູ່ແຂ່ງ (course for racing)

tractor, n. lot-lâak-gɛɛ ລົດລາກແກ່; lot-dùt ລົດດຶງ

trade, v. kâa-kǎai ຄ້າຂາຍ (buy and sell; do business); lɛ̂ɛk-bpian ແລກປ່ຽນ (exchange)

trade, n. gàan-kâa ການຄ້າ; gàan-lɛ̂ɛk-bpian ການແລກປ່ຽນ

trademark, n. kuang-mǎai-gàan-kâa ເຄື່ອງໝາຍການຄ້າ

tradition, n. hîit-kɔ́ɔng ຮີດຄອງ; bpa-péе-nii ປະເພນີ

traditional, adj. dtàam-hîit-kɔ́ɔng ຕາມຮີດຄອງ

traffic, n. gàan-ja-láa-jɔ̀ɔn ການຈະລາຈອນ

tragedy, n. la-kɔ́ɔn-sòok ລະຄອນໂສກ (play); lɨ́ang-sòok-sào ເລື່ອງໂສກເສົ້າ (sad story); pái-pi-bǎt ໄພພິບັດ (calamity)

tragic, adj. giao-gàp-lɨ́ang-sòok ກ່ຽວກັບເລື່ອງໂສກ; giao-gàp-pái-pi-bǎt ກ່ຽວກັບໄພພິບັດ

trail, n. hɔ́ɔi ຮອຍ; hɔ́ɔi-táang

ຮອຍທາງ; suan-hăang ສ່ວນທາງ

trailer, *n.* puu-lâak-gɛɛ ຜູ້ລາກແກ່; lot-gɛɛ ລົດແກ່; jàk-gɛɛ ຈັກແກ່

train, *v.* fŭk-ɛ̀ɛp ຝຶກແອບ (coach); ŏp-hóm ອົບຮົມ (give intructions)

train, *n.* lot-fái ລົດໄຟ

training, *n.* gàan-fŭk-ɛ̀ɛp ການຝຶກແອບ; gàan-ŏp-hóm ການອົບຮົມ

traitor, *n.* puu-tɔ́ɔ-la-nyot ຜູ້ທໍລະຍົດ; puu-hăk-lăng ຜູ້ຫັກຫລັງ

tram, *n.* lot-láang ລົດລາງ

tramp, *n.* kón-pa-née-jɔ̀ɔn ຄົນພະເນຈອນ (vagrant); gàan-dəən-táang-dûai-dtìin ການເດີນທາງດ້ວຍຕີນ (walking trip)

trance, *n.* kwáam-mún-ngóng ຄວາມມຶນງົງ

tranquilize, *v.* het-hài-sa-ngŏp ເຮັດໃຫ້ສະງົບ; gɔm-bpa-sàat ກ່ອມປະສາດ

tranquilizer, *n.* yàa-gɔm-bpa-sàat ຢາກ່ອມປະສາດ

tranquillity, *n.* kwáam-sa-ngŏp ຄວາມສະງົບ; kwáam-mit-ngìap ຄວາມມິດງຽບ

transact, *v.* dtìt-dtɔɔ ຕິດຕໍ່ (contact); jàt-gàan ຈັດການ (manage); het-gàan-kaa ເຮັດການຄ້າ (in business)

transaction, *n.* gàan-dtìt-dtɔɔ ການຕິດຕໍ່; gàan-jàt-gàan ການຈັດການ; gàan-kaa-tu-la-gìt ການຄ້າທຸລະກິດ

transcend, *v.* pón ພົ້ນ; dâi-sái ໄດ້ໃຊ

transcribe, *v.* gaai ກ່າຍ (write); lɔ̂ɔk ລອກ (copy)

transcript, *n.* săm-náo ສຳເນົາ (printed copy); bài-yáng-yʉ́ʉn-pŏn-gàan-híian ໃບຢັ້ງຢືນຜົນການຮຽນ (school record)

transfer, *v.* nyôok-nyâai ໂຍກຍ້າຍ (move); kuan-nyâai ເຄື່ອນຍ້າຍ (convey, move); bpìan-taai ປ່ຽນຖ່າຍ (change); ɔ̀ɔn ໂອນ (e.g. money, ownership)

transform, *v.* bpìan-hûup ປ່ຽນຮູບ (change the nature or condition of); bpɛ̀ɛng-dtùa ແປງຕົວ (change the appearance)

transfuse, *v.* taai-lûat ຖ່າຍເລືອດ; taai ຖ່າຍ; nyôok-nyâai ໂຍກຍ້າຍ

transistor, *n.* kʉang-wi-ta-nyu-tii-bɔ́ɔ-sâi-lɔ̀ɔt ເຄື່ອງວິທະຍຸທີ່ບໍ່ໃຊ້ຫລອດ

transit, *v.* paan-táang ຜ່ານທາງ

transit, *n.* gàan-paan-táang ການຜ່ານທາງ

transition, *n.* gàan-paan ການຜ່ານ (passing); gàan-bpìan-bpɛ̀ɛng ການປ່ຽນແປງ (change)

transitory, *adj.* bɔ́ɔ-tăa-wɔ́ɔn ບໍ່ຖາວອນ; bɔ́ɔ-nyʉ́ʉn-nyóng ບໍ່ຢືນຍົງ; sua-káao ຊົ່ວຄາວ

translate, *v.* bpɛ̀ɛ-(kwáam-măai) ແປ (ຄວາມໝາຍ)

translation, *n.* gàan-bpɛ̀ɛ-kwáam-măai ການແປຄວາມໝາຍ

translator, *n.* náai-páa-săa ນາຍພາສາ; puu-bpɛ̀ɛ ຜູ້ແປ

transmission — trend

transmission, *n.* gàan-song-paan ການສົ່ງຜ່ານ; gàan-dtit-bpɛ̀ɛt-sʉ̀a-lôok ການຕິດແປດເຊື້ອໂລກ; gàan-ga-jàai ການກະຈາຍ

transmit, *v.* song-paan ສົ່ງຜ່ານ (send through); pɛɛ-sʉ̀a ແພ່ເຊື້ອ (pass on, e.g. germ); ga-jàai ກະຈາຍ (spread); sʉ̀ʉ-sǎan ສືສານ (broadcast); hài-sǎn-nyáan ໃຫ້ສັນຍານ (send signal)

transparent, *adj.* bpoong-sǎi ໂປ່ງໃສ; sat-jèen ຊັດເຈນ

transplant, *v.* nyâai-bòn-bpùuk ຍ້າຍບ່ອນປູກ; nyâai-bòn ຍ້າຍບ່ອນ

transport, *v.* kǒn-song ຂົນສົ່ງ; nám-song ນຳສົ່ງ; kǒn-nyâai ຂົນຍ້າຍ

transportation, *n.* gàan-kǒn-song ການຂົນສົ່ງ

transvestite, *n.* ga-tə́əi ກະເທີຍ

trap, *v.* dàk-jàp ດັກຈັບ

trap, *n.* hɛ́ɛo ແຮ້ວ

trash, *n.* kìi-nyʉ̀a ຂີ້ເຫຍື້ອ; kɔ̌ɔng-sǐa ຂອງເສຍ

trauma, *n.* gàan-jèp-bpùat ການເຈັບປວດ; kwáam-jèp-sâm ຄວາມເຈັບຊ້ຳ

travel, *v.* dəən-táang ເດີນທາງ

travel, *n.* gàan-dəən-táang ການເດີນທາງ; gàan-tɔ̂ng-tiao ການທ່ອງທ່ຽວ

traveler, *n.* nak-dəən-táang ນັກເດີນທາງ

tray, *n.* tàat ຖາດ; jàan-hɔ́ɔng ຈານຮອງ

treachery, *n.* gàan-tɔ́ɔ-la-nyot ການທໍລະຍົດ; kwáam-a-ga-tàn-nyúu ຄວາມອະກະຕັນຍູ

tread, *v.* nyam ຢ່ຳ; yìap ຢຽບ

treason, *n.* gàan-ga-bòt ການກະບົດ; gàan-tɔ́ɔ-la-nyot ການທໍລະຍົດ

treasure, *n.* sap-sǒm-bàt ຊັບສົມບັດ

treasurer, *n.* náai-káng ນາຍຄັງ; puu-hak-sǎa-sap-sǒm-bàt ຜູ້ຮັກສາຊັບສົມບັດ

treasury, *n.* káng-sǒm-bàt ຄັງສົມບັດ; sap-sǒm-bàt ຊັບສົມບັດ

treat, *v.* ga-tám ກະທຳ (act, behave); hak-sǎa ຮັກສາ (care, cure); jàt-gàan ຈັດການ (provide); líang ລ້ຽງ (e.g. somebody a meal)

treatment, *n.* gàan-bpin-bpùa-hak-sǎa ການປິ່ນປົວຮັກສາ

treaty, *n.* sǒn-ti-sǎn-nyáa ສົນທິສັນຍາ; kɔ̂ɔ-dtòk-lóng ຂໍ້ຕົກລົງ

tree, *n.* dtôn-mâi ຕົ້ນໄມ້

trek, *n.* gàan-dəən-táang-tii-nyâak-lám-bàak ການເດີນທາງທີ່ຍາກລຳບາກ

tremble, *v.* san ສັ່ນ

tremendous, *adj.* nyai-dtòo ໃຫຍ່ໂຕ; ma-hʉ̌-máa ມະຫິມາ; dìi-lə́ət ດີເລີດ

tremor, *n.* àa-gàan-san ອາການສັ່ນ; gàan-san-sa-tʉ́an ການສັ່ນສະເທືອນ

trench, *n.* kán-kúu ຄັນຄູ; kǔm-lòp-pái ຂຸມຫລົບໄພ

trend, *n.* taa-láng ທ່າລ້າງ (tendency); tit-táang ທິດທາງ (direction); bɛ̀ɛp-sa-mǎi-ni-nyóm ແບບສະໄໝນິຍົມ (current style)

trespass, v. bùk-luk ບຸກລຸກ; luang-lám ລ່ວງລ້ຳ

trial, n. gàan-tot-lóong ການທົດລອງ (testing); gàan-pi-jàa-la-náa-ka-dìi ການພິຈາລະນາຄະດີ (in a court of law)

triangle, n. săam-liam ສາມຫຼ່ຽມ

tribe, n. són-pao ຊົນເຜົ່າ

tribunal, n. săan-nyu-dti-tám ສານຍຸຕິທຳ; săan ສານ

tribute, n. kɔ́ɔng-kwăn ຂອງຂວັນ (gift); suai-săa-àa-gɔɔn ສ່ວຍສາອາກອນ (by one ruler or nation to another); gàan-săn-la-sɔ̌ɔn ການສັນລະເສີນ (acknowledgment of respect, or admiration)

trick, v. lɔ̀ɔk-lɔ́ɔ ຫຼອກລໍ້

trick, n. u-bàai ອຸບາຍ; gòn-u-bàai ກົນອຸບາຍ; lee-liam ເລ່ຫຼ່ຽມ

tricky, adj. míi-lee-liam ມີເລ່ຫຼ່ຽມ; míi-lee-gòn ມີເລ່ກົນ

trifle, n. luang-lek-lek-nɔ́ɔi-nɔ́ɔi ເລື່ອງເລັກນ້ອຍ; bɔɔ-mɛn-luang-săm-kán ບໍ່ແມ່ນເລື່ອງສຳຄັນ

trigger, n. gài-bpùun ໄກປືນ

trill, n. sĭang-san ສຽງສັ່ນ

trim, v. dtàt-kɔ̀ɔp-ɔ̀ɔk ຕັດຂອບອອກ (remove by cutting)

trim, adj. jɔi-bàang ຈ້ອຍບາງ (slim); hîap-hɔ́ɔi ຮຽບຮ້ອຍ (neat)

trio, n. ka-na-săam-kón ຄະນະສາມຄົນ

trip, n. gàan-dəən-táang ການເດີນທາງ

tripe, n. kuang-nái-(ngúa) ເຄື່ອງໃນ (ງົວ)

triple, adj. săam-tao ສາມເທົ່າ

triplets, n. fɛ́ɛt-săam-kón ແຝດສາມຄົນ

tripod, n. săo-dtâng-săam-kăa ເສົາຕັ້ງສາມຂາ

trite, adj. sâm-sâak ຊ້ຳຊາກ; bpèn-dtàa-bua ເປັນຕາເບື່ອ

triumph, n. sái-sa-na ໄຊຊະນະ

trivial, adj. bɔɔ-sǎm-kán ບໍ່ສຳຄັນ; lek-lek-nɔ́ɔi-nɔ́ɔi ເລັກໆນ້ອຍໆ

trolley, n. lot-suk ລົດສຸກ; lot-lâak-gɛɛ ລົດລາກແກ່

troop, n. gɔ̀ɔng-ta-hăan ກອງທະຫານ; gɔ̀ɔng-gàm-láng ກອງກຳລັງ

trophy, n. kɔ́ɔng-láang-wán ຂອງລາງວັນ; kɔ́ɔng-tii-la-luk ຂອງທີ່ລະລຶກ

tropical, adj. giao-găp-kèet-hɔ́ɔn ກ່ຽວກັບເຂດຮ້ອນ

tropic, n. kèet-hɔ́ɔn ເຂດຮ້ອນ

tropics, n. bɔɔ-li-wéen-kèet-hɔ́ɔn ບໍລິເວນເຂດຮ້ອນ

trot, v. lɛn-sâa-sâa ແລ່ນຊ້າໆ

trouble, v. lop-gùan ລົບກວນ

trouble, n. kwáam-nyûng-nyâak ຄວາມຫຍຸ້ງຍາກ; kwáam-nyâak-lám-bàak ຄວາມຍາກລຳບາກ

troublesome, adj. het-hài-nyùng-nyâak ເຮັດໃຫ້ຫຍຸ້ງຍາກ

trough, n. háang-lín ຮາງລິນ (for drinking); kŭm ຂຸມ (low spot)

trousers, n. sòong ໂສ້ງ; sòong-kăa-nyáao ໂສ້ງຂາຍາວ

trout, n. bpàa-tao ປາເທຣົາ
truce, n. gàan-yut-sáo ການຢຸດເຊົາ (temporary cessation)
truck, n. lot-bàn-tuk ລົດບັນທຸກ
true, adj. jìng ຈິງ (real); tɛ̂ɛ ແທ້ (not fake); nɛɛ-nɔ́ɔn ແນ່ນອນ (certain); tùuk-dtɔ̂ng ຖືກຕ້ອງ (not false)
truly, adv. yaang-tɛ̂ɛ-jìng ຢ່າງແທ້ຈິງ; yaang-tùuk-dtɔ̂ng ຢ່າງຖືກຕ້ອງ; yaang-jìng-jài ຢ່າງຈິງໃຈ
trumpet, n. gɛɛ ແກ; sìang-gɛɛ ສຽງແກ
trunk, n. lám-dtôn-mâi ລຳຕົ້ນໄມ້ (of a tree); lám-dtɔɔ ລຳໃຕ (body); bɔn-gép-kɔ̌ɔng-tâang-lǎng-lot ບ່ອນເກັບຂອງທາງຫລັງລົດ (of a car); ngúang-sâang ງວງຊ້າງ (of an elephant)
trust, v. sʉ̌a-jài ເຊື່ອໃຈ (expect with assurance); wái-wáang-jài ໄວ້ວາງໃຈ (grant discretion)
trust, n. kwáam-sʉ̌a-jài ຄວາມເຊື່ອໃຈ; kwáam-wái-wáang-jài ຄວາມໄວ້ວາງໃຈ; sǐn-sʉ̌a ສິນເຊື່ອ (credit); tat ທຣັສ (legal entity for holding assets)
trustworthy, adj. nâa-sʉ̌a-tʉ̌ʉ ໜ້າເຊື່ອຖື; nâa-wái-wáang-jài ໜ້າໄວ້ວາງໃຈ
truth, n. kwáam-jìng ຄວາມຈິງ; kwáam-tùuk-dtɔ̂ng ຄວາມຖືກຕ້ອງ
try, v. pa-nyáa-nyáam ພະຍາຍາມ (endeavor); tót-lɔ́ɔng ທົດລອງ (test); lɔɔng ລອງ (e.g. try something on)

trying, adj. dʉ̀ʉn ກິ້ (troubling, e.g. child); sút-ja-tón-táan ສຸດຈະທົນທານ (difficult to bear)
tub, n. aang ອ່າງ
tube, n. lɔ̀ɔt ຫລອດ (container, e.g. for toothpaste); tɔɔ ທໍ່ (hollow cylinder); sǎai-yàang ສາຍຢາງ (plastic tube, e.g. for medical use)
tuberculosis, n. wán-na-lôok-bpɔ̀ɔt ວັນນະໂລກປອດ; pa-yâat-bpɔ̀ɔt-hɛ̂ng ພະຍາດປອດແຫ້ງ
tuck, v. pap ພັບ (fold); sai-táang-nái ໃສ່ທາງໃນ (put inside)
Tuesday, n. wán-àng-káan ວັນອັງຄານ
tuft, n. bɔ̀ɔi ປອຍ; bùi ປຸຍ
tug, v. gɛɛ ແກ; lâak ລາກ; dʉ̀ng-nyóong ດຶງໂຢງ
tugboat, n. húa-lâak-gɛɛ ເຮືອລາກແກ; húa-nyóong ເຮືອໂຢງ
tuition, n. kaa-hían ຄ່າຮຽນ; kaa-sɔ̌ɔn ຄ່າສອນ
tulip, n. dtôn-dɔ̀ɔk-tíu-líp ຕົ້ນດອກທິວລິບ
tummy, n. tɔ́ɔng ທ້ອງ; sóng-tɔ́ɔng ຊ່ອງທ້ອງ
tumor, n. nʉ́a-ngɔ̂ɔk ເນື້ອງອກ; pa-nyâat-nʉ́a-bùam ພະຍາດເນື້ອບວມ
tuna, n. bpàa-túu ປາທູ
tune, v. bpàp ປັບ (adjust)
tune, n. tám-nɔ́ɔng-péeng ທຳນອງເພງ (melody); kwáam-sɔ̀ɔt-kóng ຄວາມສອດຄອງ (harmony)
tunnel, n. u-móong ອຸໂມງ

turbulence, *n.* kwáam-sǎp-sǒn-òn-la-maan ຄວາມສັບສົນອົນລະມ່ານ (disorder); kwáam-wun-wáai ຄວາມວຸ່ນວາຍ (confusion); lóm-héeng ລົມແຮງ (strong wind)

turbulent, *adj.* wun-wáai ວຸ່ນວາຍ; òn-la-maan ອົນລະມ່ານ

turf, *n.* sa-nǎam-nyàa ສະໜາມຫຍ້າ (natural); nyàa-bpɔ̀ɔm ຫຍ້າປອມ (artificial)

turkey, *n.* gai-ngúang ໄກ່ງວງ

turmoil, *n.* kwáam-nyùng-nyàak ຄວາມຫຍຸ້ງຍາກ; kwáam-nyùng-nyɔ̂ɔng ຄວາມຫຍຸ້ງເຫຍີງ

turn, *v.* mǔn ໝຸນ (spin); hǎn ຫັນ (look back); lîao ລ້ຽວ (e.g. a car while driving); bpian ປ່ຽນ (change); gàan-mǔn ການໝຸນ

turn, *n.* káao ຄາວ (e.g. my turn)

turnip, *n.* pǎk-gàat-hǔa ຜັກກາດຫົວ

turnover, *n.* gàan-kwàm-lóng ການຂວໍ້າລົງ; gàan-bpìin-gǎp ການປີ້ນກັບ

turntable, *n.* jàan-sìang ຈານສຽງ

turquoise, *n.* hɛɛ-sǐi-náam-ngón ແຮ່ສີນ້ຳເງິນ

turtle, *n.* dtao ເຕົ່າ

tusk, *n.* ngáa-sâang ງາຊ້າງ (elephant); kɛ̀o-nyáao ແຂ້ວຍາວ (long tooth)

tutor, *n.* kúu-sɔ̌ɔn ຄູສອນ; kúu-sɔ̌ɔn-pi-sèet ຄູສອນພິເສດ

tuxedo, *n.* sut-kuang-nung-puu-sáai ຊຸດເຄື່ອງນຸ່ງຜູ້ຊາຍ

tweezers, *n.* nɛ̀ɛp ແໜບ; kíim-bpàak-lɛ̌ɛm ຄີມປາກແຫຼມ

twelve, *nm.* sǐp-sɔ̌ɔng ສິບສອງ

twenty, *nm.* sáao ຊາວ

twice, *adv.* sɔ̌ɔng-tua ສອງເທື່ອ; sɔ̌ɔng-tao ສອງເທົ່າ

twig, *n.* ging-mâi ກິ່ງໄມ້; ka-nɛ̌ɛng-mâi ະແໜງໄມ້

twilight, *n.* nyáam-sǎa-nyán ຍາມສາຍັນ

twin, *n.* fǎa-fɛ̀ɛt ຝາແຝດ

twin bed, *n.* dtìang-nɔ́ɔn-kuu ຕຽງນອນຄູ່

twine, *v.* fǎn-suak ຟັ້ນເຊືອກ (intertwine); bǐt ບິດ (twist); kót ຂົດ (coil)

twinkle, *v.* sɔng-sɛ́ɛng-wɛ́ɛo-wap ສ່ອງແສງວາວວັບ (shine); pip-dtaa ພິບຕາ (blink); ka-nyìp-dtaa ະຫຍິບຕາ (wink)

twist, *v.* bǐt ບິດ (turn so as to face another direction); bǐt-bpèn-gìao ບິດເປັນກ່ຽວ (wind together; coil); ngɔ́ɔ ງໍ (bend); bǐt-bùan ບິດບ້ຽນ (distort)

two, *nm.* sɔ̌ɔng ສອງ

two-handed, *adj.* ta-nǎt-táng-sɔ̌ɔng-múư ທະນັດທັງສອງມື

tycoon, *n.* nak-tu-la-gìt-tìi-hang-míi ນັກທຸລະກິດທີ່ຮັ່ງມີ

type, *v.* pím-dìit ພິມດີດ; pím ພິມ

type, *n.* hûup-bɛ̀ɛp ຮູບແບບ (traits or characteristics); sa-nit ຊະນິດ (kind); bpa-pêet ປະເພດ (class)

typewriter, *n.* jăk-dtîi-pím จักดีพิม; kón-dtii-pím ค็นดีพิม

typhoon, *n.* páa-nyu-dtâi-fuun พายุใต้ฝุ่น; lóm-páa-nyu-nyai-nái-ta-lée ลมพายุใหญ่ในทะเล

typical, *adj.* bpèn-dtùa-yaang เป็นตัวอย่าง; bpèn-bèep-yaang เป็นแบบอย่าง

typing, *n.* gàan-pím การพิม

typist, *n.* pa-nak-ngáan-dtìi-pím พะนักงานดีพิม; puu-dtìi-pím ผู้ดีพิม

tyranny, *n.* gàan-bpǒk-kóong-bèep-pa-dět-gàan การปกครองแบบเดดกาน

tyrant, *n.* puu-bpǒk-kóong-bèep-pa-dět-gàan ผู้ปกครองแบบเดดกาน

U

ugly, *adj.* bpèn-dtàa-kîi-dìat เป็นตาขี้เกียด; hə-hǎai ฮีฮ้าย

ulcer, *n.* pěe-bpùai แผเปื่อย (as on the skin); pěe-míi-nóong แผมีหนอง (with inflammation or pus); pěe-nái-ga-pɔ แผในกะเพาะ (stomach ulcer)

ultimate, *adj.* bân-sùt-tâai บั้นสุดท้าย (the last); təng-tîi-sùt เถิงที่สุด (most extreme); táng-mót ทั้งหมด (total)

ultraviolet rays, *n.* láng-sǐi-ùn-dtàa-wái-òo-let ลังสีอุนตราไวโอเลต

unable, *adj.* bɔɔ-sǎa-mâat บ่สามาด; hâi-kwáam-sǎa-mâat ไร้ความสามาด

unabridged, *adj.* bɔɔ-dtǎt-dɔ̀ɔn บ่ตัดตอน

unanimous, *adj.* bpèn-èek-ga-sǎn-gàn เป็นเอกะสันทัน

unarmed, *adj.* bɔɔ-míi-àa-wut บ่มีอาวุด

unavoidable, *adj.* lìik-wên-bɔɔ-dâi หลีกเว้นบ่ได้

unaware, *adj.* bɔɔ-húu-dtùa บ่รู้ตัว (not aware); bɔɔ-húu บ่รู้ (not knowing); bɔɔ-dâi-kâat-kit-máa-gɔɔn บ่ได้คาดคิดมาก่อน (not expected)

unbalanced, *adj.* bɔɔ-dùn-diang บ่ดุนดย

unbearable, *adj.* lǔa-tón เหลือทน

unbelievable, *adj.* bɔɔ-nàa-sua บ่หน้าเชื่อ

uncertain, *adj.* bɔɔ-nɛɛ-nɔ́ɔn บ่แนนอน (not certain); bɔɔ-nɛɛ-jài บ่แนใจ (not sure)

unchanged, *adj.* bɔɔ-bpian-bpɛ̀ɛng บ่ปรนแปง

uncivilized, *adj.* bpaa-tuan ป่าเถือน (barbarous); bɔɔ-ja-lə́ən บ่จะเลิม (not civilized)

uncle, *n.* lúng ลุง (father or mother's older brother); àao อาว (father's younger brother); àa อา (father's younger sister); nâa-baao น้าบ่าว (mother's younger brother); nâa-(sǎao) น้า (สาว) (mother's younger sister)

uncomfortable, *adj.* bɔɔ-sa-bàai บ่สะบาย (not comfortable); kán-káai คันคาย (irritated); ǔt-ǎt อึดอัด (uneasy)

uncommon, *adj.* bɔɔ-bpǒk-ga-dtìi ບໍ່ປົກກະຕິ; bɔɔ-tám-ma-dàa ບໍ່ທຳມະດາ

unconditional, *adj.* bɔɔ-mìi-nguan-kǎi ບໍ່ມີເງື່ອນໄຂ

unconscious, *adj.* bɔɔ-hûu-sǔk-dtùa ບໍ່ຮູ້ສຶກຕົວ; sa-lòp ສະຫຼົບ

unconstitutional, *adj.* bɔɔ-tùuk-dtɔ́ɔng-dtàam-lat-ta-tám-ma-núun ບໍ່ຖືກຕ້ອງຕາມລັດຖະທຳມະນູນ

uncontrollable, *adj.* kùap-kúm-bɔɔ-dâi ຄວບຄຸມບໍ່ໄດ້

uncover, *v.* bpə̀ət-pə̌əi ເປີດເຜີຍ; bpə̀ət-bpòong ເປີດໂປງ

undamaged, *adj.* bɔɔ-dâi-hap-kwáam-sǐa-hǎai ບໍ່ໄດ້ຮັບຄວາມເສຍຫາຍ

undecided, *adj.* nyáng-bɔɔ-dtòk-lóng ຍັງບໍ່ຕົກລົງ

undefeatable, *adj.* ào-sa-na-bɔɔ-dâi ເອົາຊະນະບໍ່ໄດ້

under, *prep.* dtâi ໃຕ້; yuu-lum ຢູ່ລຸ່ມ; páai-dtâi ພາຍໃຕ້

undercover, *adj.* sǎai-lap ສາຍລັບ; dtàm-lùat-nɔ̂ɔk-kuang-bèep ຕຳຫຼວດນອກເຄື່ອງແບບ

undercut, *v.* dtàt-láa-káa ຕັດລາຄາ; dtàt-suan-lum ຕັດສ່ວນລຸ່ມ; rɔ ເຊາະ

underdeveloped, *n.* bɔɔ-pat-ta-náa ບໍ່ພັດທະນາ

underdog, *n.* puu-tìi-dtòk-yuu-nái-tǎa-na-sǐa-bpìap ຜູ້ທີ່ຕົກຢູ່ໃນຖານະເສຍປຽບ

underestimate, *v.* bpa-mə́ən-kaa-dtàm-pôot ປະເມີນຄ່າຕ່ຳໄປ

undergo, *v.* bpa-sòp ປະສົບ (experience); paan ຜ່ານ (put through); òt-tón ອົດທົນ (endure)

undergraduate, *n.* nak-sǔk-sǎa-bpa-lín-nyáa-dtìi ນັກສຶກສາປະລິນຍາຕີ

underground, *adv.* dtâi-dìn ໃຕ້ດິນ (beneath the ground); bɔɔ-bpə̀ət-pə̌əi ບໍ່ເປີດເຜີຍ (not openly)

underline, *v.* kìit-sèn-gɔ́ɔng ຂີດເສັ້ນກ້ອງ

underlying, *adj.* yuu-dtâi ຢູ່ໃຕ້ (lying beneath something else); bpèn-hâak-tǎan ເປັນຮາກຖານ (basic, fundamental); fěeng-yuu ແຝງຢູ່ (hidden)

undermine, *v.* lɔ̂ɔp-jòom-dtìi ລອບໂຈມຕີ (attack by hidden means); het-hài-ɔ̀ɔn-lóng ເຮັດໃຫ້ອ່ອນລົງ (weaken)

underneath, *adv., prep.* gɔ́ɔng ກ້ອງ; lum ລຸ່ມ

underpants, *n.* sòong-sân-nái ໂສ້ງຊັ້ນໃນ

underpay, *v.* jaai-nɔ́ɔi-pôot ຈ່າຍໜ້ອຍໄປ

underprivileged, *adj.* bɔɔ-mìi-sìt-dtàam-tii-kúan-ja-mìi ບໍ່ມີສິດຕາມທີ່ຄວນຈະມີ

undersea, *adj.* dtâi-ta-lée ໃຕ້ທະເລ

undershirt, *n.* sùa-sân-nái ເສື້ອຊັ້ນໃນ

understand, *v.* kào-jài ເຂົ້າໃຈ

understandable, *adj.* sǎa-mâat-kào-jài-dâi ສາມາດເຂົ້າໃຈໄດ້

undertake, *v.* pa-nyáa-nyáam-het

undertaking — unhealthy

undertaking, ພະຍາຍາມເຮັດ (attempt); dàm-nóən-gàan ດຳເນີນການ (perform); hap-hóɔng ຮັບຮອງ (guarantee); sǎn-nyáa ສັນຍາ (promise); hap-pit-sɔ̀ɔp ຮັບຜິດຊອບ (take charge)

undertaking, *n.* wîak-ngáan ວຽກງານ (task); kwáam-hap-pit-sɔ̀ɔp ຄວາມຮັບຜິດຊອບ (responsibility)

underwear, *n.* sùa-lûu-sòong-sɔ̂ɔn ເສື້ອຍືດສົ້ງຊ້ອນ

underworld, *n.* lôok-bùang-lum ໂລກເບື້ອງລຸ່ມ (world of the dead); na-hok ນະລົກ (hell)

underwrite, *v.* kìan-sùu-kàang-lum ຂຽນຊື່ຂ້າງລຸ່ມ (write one's name at the end); hap-bpa-gàn ຮັບປະກັນ (insure)

undeveloped, *adj.* bɔɔ-pat-ta-náa ບໍ່ພັດທະນາ; bɔɔ-ja-lə́ən ບໍ່ຈະເລີນ

undo, *v.* bpian-gǎp-kúun ປ່ຽນກັບຄືນ (reverse); lop ລົບ (erase); gàm-jǎt ກຳຈັດ (get rid of); nyok-lə̂ək ຍົກເລີກ (cancel); bpɔ̌t ປົດ (untie, loosen)

undone, *adj.* bɔɔ-dâi-het ບໍ່ໄດ້ເຮັດ; bɔɔ-sǒm-bùun ບໍ່ສົມບູນ (not complete)

undress, *v.* gèe-pàa ແກ້ຜ້າ; bpɔ̌t-bpùang ປົດເຄື່ອງ

uneasy, *adj.* hǔn-hǔai ຫຸນຫວຍ; bɔɔ-sa-bàai ບໍ່ສະບາຍ

unemployed, *adj.* waang-ngáan ວ່າງງານ; bɔɔ-míi-wîak-het ບໍ່ມີວຽກເຮັດ

unemployment, *n.* gàan-waang-ngáan ການວ່າງງານ; gàan-bɔɔ-míi-wîak-het ການບໍ່ມີວຽກເຮັດ

unequal, *adj.* bɔɔ-sa-mə̌ə ບໍ່ສະເໝີ; bɔɔ-gâm-gəng-gàn ບໍ່ກ້າງເຖິງກັນ

uneven, *adj.* bɔɔ-hîap ບໍ່ຮຽບ; bɔɔ-sa-mam-sa-mə̌ə ບໍ່ສະໝຳສະເໝີ

unexpected, *adj.* kâat-bɔɔ-tə̌ng ຄາດບໍ່ເຖິງ; bpèek-jài ແປກໃຈ; bɔɔ-kâat-kit ບໍ່ຄາດຄິດ

unfair, *adj.* bɔɔ-nyut-dti-tám ບໍ່ຍຸຕິທຳ

unfit, *adj.* bɔɔ-mɔ̌-sǒm ບໍ່ເໝາະສົມ (not suitable); bɔɔ-míi-kún-na-sǒm-bǎt ບໍ່ມີຄຸນນະສົມບັດ (not qualified)

unfold, *v.* pɛɛ-ɔ̀ɔk ແຜ່ອອກ (open out); pɛɛ-ka-nyáai ແຜ່ຂະຫຍາຍ (spread); bpə̀ət-ɔ̀ɔk ເປີດອອກ (open); bpə̀ət-bpòong ເປີດໂປ່ງ (reveal)

unforgettable, *adj.* lúum-bɔɔ-dâi ລືມບໍ່ໄດ້; bɔɔ-sǎa-mâat-lúum-dâi ບໍ່ສາມາດລືມໄດ້

unforgivable, *adj.* bɔɔ-sǎa-mâat-nyok-tôot-hâi-dâi ບໍ່ສາມາດຍົກໂທດໃຫ້ໄດ້

unfortunate, *adj.* kɔ-hâai ເຄາະຮ້າຍ; sôok-bɔɔ-dìi ໂຊກບໍ່ດີ

unfortunately, *adv.* sôok-bɔɔ-dìi ໂຊກບໍ່ດີ

unfurnished, *adj.* bɔɔ-míi-kuang-húan ບໍ່ມີເຄື່ອງເຮືອນ

unhappy, *adj.* bɔɔ-míi-kwáam-sǔk ບໍ່ມີຄວາມສຸກ; sòok-sâo ໂສກເສົ້າ

unharmed, *adj.* bɔɔ-bpên-àn-dta-láai ບໍ່ເປັນອັນຕະລາຍ

unhealthy, *adj.* su-ka-pâap-bɔɔ-dìi ສຸຂະພາບບໍ່ດີ; bɔɔ-tùuk-a-náa-mái ບໍ່ຖືກອະນາໄມ

uniform — unnecessary

uniform, *n.* kuang-bèep ເຄື່ອງແບບ
unify, *v.* húam-gàn ຮວມກັນ
unimportant, *adj.* bɔɔ-sǎm-kán ບໍ່ສຳຄັນ
unintelligible, *adj.* bɔɔ-sa-làat ບໍ່ສະຫຼາດ
uninteresting, *adj.* bɔɔ-nàa-sǒn-jài ບໍ່ໜ້າສົນໃຈ (not interesting); bpèn-dtàa-bua ເປັນຕາເບື່ອ (boring)
union, *n.* gàan-kào-huam-gàn ການເຂົ້າຮວມກັນ; kwáam-sǎa-mak-kíi ຄວາມສາມັກຄີ (harmony); sa-ha-pâap ສະຫະພາບ (e.g. labor union)
unique, *adj.* míi-èek-ga-lak ມີເອກະລັກ
unisex, *adj.* bɔɔ-jàm-nɛ́ɛk-pêet ບໍ່ຈຳແນກເພດ
unit, *n.* nuai ໜ່ວຍ (individual regarded as a constituent of a whole); gum ກຸ່ມ (group); gɔ̀ɔng-gàm-láng ກອງກຳລັງ (e.g. in military); nuai-gìt ໜ່ວຍກິດ (academic course)
unite, *v.* huam-kào-gàn ຮ່ວມເຂົ້າກັນ
United Nations, *n.* sa-hǎ-bpa-sáa-sâat ສະຫະປະຊາຊາດ
United States of America, *n.* sa-hǎ-lat-àa-mée-li-gàa ສະຫະລັດອາເມລິກາ
unity, *n.* kwáam-bpèn-èek-ga-pâap ຄວາມເປັນເອກະພາບ; gàan-kào-húam-gàn ການເຂົ້າຮວມກັນ
universal, *adj.* sǎa-gòn ສາກົນ; giao-gáp-jàk-ga-wáan ກ່ຽວກັບຈັກກະວານ (of the universe); tua-bpài ທົ່ວໄປ (general, broad)

universe, *n.* jàk-ga-wáan ຈັກກະວານ
university, *n.* ma-hǎa-wi-ta-nyáa-lái ມະຫາວິທະຍາໄລ
unjust, *adj.* bɔɔ-nyut-dti-tám ບໍ່ຍຸຕິທຳ
unkind, *adj.* bɔɔ-ga-lu-náa ບໍ່ກະລຸນາ; bɔɔ-mêet-dtàa ບໍ່ເມດຕາ
unknown, *adj.* bɔɔ-hûu ບໍ່ຮູ້; bɔɔ-hûu-jàk ບໍ່ຮູ້ຈັກ; bɔɔ-míi-suu-sǐang ບໍ່ມີຊື່ສຽງ; lɔk-lap ເລິກລັບ; bɔɔ-kào-jài ບໍ່ເຂົ້າໃຈ
unlawful, *adj.* pìt-gòt-mǎai ຜິດກົດໝາຍ
unless, *conj.* nyok-wên ຍົກເວັ້ນ; nɔ̀ɔk-jàak ນອກຈາກ; jòn-gwaa ຈົນກວ່າ; wên-sǐa-dtɛ̀ɛ-waa ເວັ້ນເສຍແຕ່ວ່າ
unlike, *adj.* bɔɔ-kúu-gàn ບໍ່ຄືກັນ; dtɛ̀ɛk-dtaang ແຕກຕ່າງ
unlikely, *adj.* yaang-bɔɔ-nàa-bpèn-bpài-dâi ຢ່າງບໍ່ໜ້າເປັນໄປໄດ້
unlimited, *adj.* bɔɔ-jàm-gàt ບໍ່ຈຳກັດ
unload, *v.* kǒn-lóng ຂົນລົງ; ào-lóng ເອົາລົງ
unlock, *v.* kǎi-ga-jèe ໄຂກະແຈ (undo a lock); bpɔi-ɔ̀ɔk ປ່ອຍອອກ (set free, release); bpɔ̀ɔt-ɔ̀ɔk ເປີດອອກ (open)
unlucky, *adj.* bɔɔ-míi-sôok ບໍ່ມີໂຊກ; sôok-hâai ໂຊກຮ້າຍ
unnatural, *adj.* pìt-tám-ma-sâat ຜິດທຳມະຊາດ (not natural); bpɔ̀ɔm ປອມ (not real)
unnecessary, *adj.* bɔɔ-jàm-bpèn

A B C D E F G H I J K L M N O P Q R S T **U** V W X Y Z

ບໍ່ຈຳເປັນ

unpack, v. kǎi-hìip ໄຂຫີບ

unpaid, adj. bɔɔ-dâi-sám-la ບໍ່ໄດ້ຊຳລະ; bɔɔ-dâi-hap-kaa-jâang ບໍ່ໄດ້ຮັບຄ່າຈ້າງ

unpopular, adj. bɔɔ-bpèn-tii-nyi-nyóm ບໍ່ເປັນທີ່ນິຍົມ

unravel, v. gɛ̂ɛ ແກ້; bpɔi ປ່ອຍ

unreal, adj. bɔɔ-jìng ບໍ່ຈິງ; bɔɔ-tɛ̂ɛ ບໍ່ແທ້

unrealistic, adj. bɔɔ-mɛn-tɛ̂ɛ ບໍ່ແມ່ນແທ້; bɔɔ-kɯ́ɯ-kɔ̌ɔng-jìng ບໍ່ຄືຂອງຈິງ

unreasonable, adj. bɔɔ-míi-hèet-pǒn ບໍ່ມີເຫດຜົນ (not governed by reason); pôot-lɯ̌a ໂພດເຫຼືອ (exceeding limits)

unrest, n. kwáam-bɔɔ-sa-ngɔ̀p ຄວາມບໍ່ສະຫງົບ; kwáam-wun-wáai ຄວາມວຸ່ນວາຍ

unruly, adj. kìi-dɯ̂ɯ ຂີ້ດື້

unsafe, adj. bɔɔ-bpɔ̀ɔt-pái ບໍ່ປອດໄພ; àn-dta-láai ອັນຕະລາຍ

unselfish, adj. bɔɔ-hěn-gɛ̀ɛ-dtòn-èeng ບໍ່ເຫັນແກ່ຕົນເອງ

unstable, adj. bɔɔ-mân-kóng ບໍ່ໝັ້ນຄົງ; bɔɔ-nɛɛ-nɔ́ɔn ບໍ່ແນ່ນອນ

untie, v. gɛ̂ɛ-ɔ̀ɔk ແກ້ອອກ (undo or loosen); bpɔi ປ່ອຍ (free, release)

until, prep. jòn-tɛ̌ng ຈົນເຖິງ; jòn-hɔ̀ɔt ຈົນຮອດ

untrue, adj. bɔɔ-jìng ບໍ່ຈິງ; bɔɔ-sǎt-sɯ̌ɯ ບໍ່ສັດຊື່

unusual, adj. pǐt-tám-ma-dàa ຜິດທຳມະດາ

unwilling, adj. bɔɔ-dtɛ̀m-jài ບໍ່ເຕັມໃຈ (not willing, reluctant); dtɔɔ-dtâan ຕໍ່ຕ້ານ (resistant)

unworthy, adj. bɔɔ-míi-kaa ບໍ່ມີຄ່າ; bɔɔ-sǒm-kúan ບໍ່ສົມຄວນ; bɔɔ-nàa-nap-tɯ̌ɯ ບໍ່ໜ້ານັບຖື

up, adv. kɯ̂n ຂຶ້ນ; tóng ເທິງ; lúk-kɯ̂n ລຸກຂຶ້ນ

upbringing, n. gàan-lîang-dùu ການລ້ຽງດູ; gàan-òp-hóm-sang-sɔ̌ɔn ການອົບຮົມສັ່ງສອນ

update, v. het-hài-tán-sa-mǎi ເຮັດໃຫ້ທັນສະໄໝ (make modern); sai-kɔ̂ɔ-múun-mai-mai ໃສ່ຂໍ້ມູນໃໝ່ໆ (the data)

update, n. kɔ̂ɔ-múun-mai-mai ຂໍ້ມູນໃໝ່ໆ

upgrade, v. nyok-la-dǎp ຍົກລະດັບ; lúan-kɯ̂n ເລື່ອນຂຶ້ນ

upheaval, n. gàan-nyok-kɯ̂n ການຍົກຂຶ້ນ; gàan-nyok-la-dǎp-kɯ̂n ການຍົກລະດັບຂຶ້ນ

uphold, v. nyok-kɯ̂n ຍົກຂຶ້ນ (raise); sa-nǎp-sa-nǔun ສະໜັບສະໜູນ (support); yɯ́ɯn-yán ຢືນຢັນ (affirm); bpɔ̂ng-gàn ປ້ອງກັນ (prevent)

upon, prep. tóng ເທິງ; táang-tóng ທາງເທິງ (above); nái-òo-gàat ໃນໂອກາດ (in the occasion); nái-wée-láa ໃນເວລາ (at the time)

upper, adj. sǔung-gwaa ສູງກວ່າ; kân-sǔung-gwaa ຂັ້ນສູງກວ່າ

upper-class

upper-class, *n.* săng-kóm-sân-sŭung ສັງຄົມຊັ້ນສູງ

upright, *adj.* dtâng-sɯɯ ຕັ້ງຊື່ (vertical); sɯɯ-gòng ຊື່ກົງ (sincere); nyut-dti-tám ຍຸດຕິທຳ (righteous)

uprising, *n.* gàan-ja-láa-jòn ການຈະລາຈົນ

uproar, *n.* kwáam-òn-la-maan ຄວາມອົນລະມ່ານ; ŭk-ga-tuk-kuk-kóom ອຶກກະທຶກຄຶກໂຄມ

upset, *v.* kwàm ຄວ່ຳ (turn over); het-hài-sĭa-jài ເຮັດໃຫ້ເສຍໃຈ (distress); gɔɔ-gùan ກໍ່ກວນ (disturb)

upside down, *adv.* kwàm-lóng ຄວ່ຳລົງ (turn over); pin ປີ້ນ (reverse)

upstairs, *adv.* sân-tóng ຊັ້ນເທີງ

up-to-date, *adj.* tán-sa-măi ທັນສະໄໝ; bpàt-ju-bàn ປັດຈຸບັນ

upward, *adv.* kɯan-kɯ̀n-tóng ເຄື່ອນຂຶ້ນເທີງ; kɯ̀n ຂຶ້ນ

uranium, *n.* tâat-yúu-lée-nìam ທາດຢູເລນຽມ

urban, *adj.* giao-gǎp-múang ກ່ຽວກັບເມືອງ

urchin, *n.* děk-nɔ́ɔi-kàang-ta-nŏn ເດັກນ້ອຍຂ້າງທະໜົນ (street kid); men-ta-lée ເມັນທະເລ (sea urchin)

urge, *v.* leng ເລັ່ງ; ga-dtûn ກະຕຸ້ນ; suk-nyúu ຊຸກຍູ້

urgent, *adj.* duan ດ່ວນ; sŭk-sɵ̆ɵn ສຸກເສີນ

urinal, *n.* bon-săm-lǎp-bpàt-sa-wa ບ່ອນສຳລັບປັດສະວະ

urinate, *v.* taai-bào ຖ່າຍເບົາ; nyiao ຫຍ່ຽວ

urine, *n.* bpàt-sa-wa ປັດສະວະ

urn, *n.* ga-dtĭk-náam ກະຕິກນ້ຳ (jug); gòot ໂກດ (for ashes)

us, *pron.* pùak-háo ພວກເຮົາ

use, *v.* sâi ໃຊ້; nám-sâi ນຳໃຊ້

used, *adj.* sâi-lɛ́ɛo ໃຊ້ແລ້ວ (has been used); kɵ́ɵi ເຄີຍ (be used to)

useful, *adj.* míi-bpa-nyòot ມີປະໂຫຍດ

usefulness, *n.* kwáam-bpèn-bpa-nyòot ຄວາມເປັນປະໂຫຍດ

useless, *adj.* bɔɔ-míi-bpa-nyòot ບໍ່ມີປະໂຫຍດ; bɔɔ-dâi-pŏn ບໍ່ໄດ້ຜົນ

user, *n.* puu-sâi ຜູ້ໃຊ້

usher, *n.* pa-nak-ngáan-dtɔ̂ɔn-hap ພະນັກງານຕ້ອນຮັບ

usual, *adj.* dtaam-bpŏk-ga-dtì ຕາມປົກກະຕິ; tám-ma-daa ທຳມະດາ

utensil, *n.* kuang-sâi-sɔ̆ɔi-nái-kúa ເຄື່ອງໃຊ້ສອຍໃນຄົວ

uterus, *n.* mot-lûuk ມົດລູກ

utility, *n.* bpa-nyòot ປະໂຫຍດ (usefulness); bɔɔ-li-gàan-săa-táa-la-na ບໍລິການສາທາລະນະ (public utility); nâam-fái ນ້ຳໄຟ (water and electricity)

utilize, *v.* sâi-bpèn-bpa-nyòot ໃຊ້ເປັນປະໂຫຍດ

utmost, *adj.* sŭt-gàm-láng ສຸດກຳລັງ; tɵ́ng-tîi-sŭt ເຖິງທີ່ສຸດ; sŭt-kwáam-săa-mâat ສຸດຄວາມສາມາດ

utter, *v.* hɔ́ɔng-bpeng-sĭang ຮ້ອງເປັ່ງສຽງ (send forth with the voice, e.g. a cry); wâo ເວົ້າ (speak)

V

vacancy, *n.* kwáam-waang ຄວາມວ່າງ; dtàm-nɛ̀ng-waang ຕຳແໜ່ງວ່າງ

vacant, *adj.* waang ວ່າງ; waang-bpao ວ່າງເປົ່າ

vacate, *v.* het-hài-waang ເຮັດໃຫ້ວ່າງ (empty); ɔ̀ɔk-jàak-ngáan ອອກຈາກງານ (leave a job); tɔ̌ɔn ຖອນ (remove); nyok-nyáai ຍົກຍ້າຍ (move)

vacation, *n.* la-nya-yút-ngáan ລະຍະຢຸດງານ (period of not working); nyáam-pak ຍາມພັກ (holiday)

vaccinate, *v.* sák-wak-síin ສັກວັກຊີນ; sák-yàa-bpɔ̀ng-gàn-pa-nyàat ສັກຢາປ້ອງກັນພະຍາດ

vaccine, *n.* yàa-wak-síin ຢາວັກຊີນ; yàa-gàn-pa-nyàat ຢາກັນພະຍາດ

vacuum, *n.* sǔun-nyáa-gàat ສູນຍາກາດ

vacuum cleaner, *n.* jǎk-dùut-kìi-fun ຈັກດູດຂີ້ຝຸ່ນ

vagabond, *n.* kón-pa-née-jɔɔn ຄົນພະເນຈອນ; kón-jɔɔn-jàt ຄົນຈອນຈັດ

vagina, *n.* sɔng-kɔ̀ɔt ຊ່ອງຄອດ

vague, *adj.* bɔɔ-jɛm-jêeng ບໍ່ແຈ່ມແຈ້ງ; bɔɔ-kak-nɛɛ ບໍ່ກັກແນ່

vain, *adj.* bɔɔ-mii-bpa-nyòot ບໍ່ມີປະໂຫຍດ; bɔɔ-míi-sǎa-la ບໍ່ມີສາລະ; ùat-ong ອວດອົ່ງ

valet, *n.* kón-sài-pùu-sáai ຄົນໃຊ້ຜູ້ຊາຍ; hìng-sùa-pàa ຫີ້ງເສື້ອຜ້າ

valid, *adj.* mii-hèet-pǒn ມີເຫດຜົນ (reasonable); bpèn-táang-gàan ເປັນທາງການ (official); sài-dài ໃຊ້ໄດ້ (useable)

valley, *n.* hɔm-púu ຮ່ອມພູ

valuable, *adj.* míi-kaa ມີຄ່າ (having value); míi-láa-káa ມີລາຄາ (having a price); míi-bpa-nyòot ມີປະໂຫຍດ (useful)

value, *n.* múun-kaa ມູນຄ່າ; láa-káa ລາຄາ; kaa ຄ່າ

valve, *n.* lìn-bpìt-bpɔ̀ɔt ລີ້ນປິດເປີດ

vampire, *n.* pǐi-sùup-lûat ຜີສູບເລືອດ

van, *n.* lot-dtùu ລົດຕູ້

vanguard, *n.* gɔ̀ɔng-nàa ກອງໜ້າ; gɔ̀ɔng-nám ກອງນຳ

vanish, *v.* hǎai-bpài ຫາຍໄປ; sǐa-bpài ເສຍໄປ

vanity, *n.* kwáam-ta-nóng-dtùa ຄວາມທະນົງຕົວ; kwáam-waang-bpao ຄວາມວ່າງເປົ່າ; kwáam-bɔɔ-míi-sǎa-la ຄວາມບໍ່ມີສາລະ

vapor, *n.* àai-nâam ອາຍນ້ຳ; àai-mɔ̀ɔk ອາຍໝອກ

variable, *adj.* bpian-bpɛ̀eng-dài ປ່ຽນແປງໄດ້; bɔɔ-nɛɛ-nɔ́ɔn ບໍ່ແນ່ນອນ

variant, *n.* dtùa-bpian-bpɛ̀eng ຕົວປ່ຽນແປງ (something variable); sing-tìi-bɔɔ-kǔu-gàn ສິ່ງທີ່ບໍ່ຄືກັນ (something different)

variation, *n.* gàan-bpian-bpɛ̀eng ການປ່ຽນແປງ; gàan-pǎn-bpɛɛ ການຜັນແປ

variety

variety, *n.* kwáam-làak-lǎai ຄວາມຫລາກຫລາຍ; kwáam-dtèek-dtaang ຄວາມແຕກຕ່າງ

various, *adj.* dtaang-dtaang-gàn ຕ່າງໆກັນ; làak-lǎai ຫລາກຫລາຍ; dtaang-sa-nit ຕ່າງຊະນິດ

vary, *v.* bpian-bpèeng ປ່ຽນແປງ; pǎn-bpèe ຜັນແປ

vase, *n.* tǒo-sai-dɔ̀ɔk-mâi ໂຖໃສ່ດອກໄມ້; dtâo-dɔ̀ɔk-mâi ເຕົ້າດອກໄມ້

vast, *adj.* gwǎang-nyai ກວ້າງໃຫຍ່; lǔang-lǎai ຫລວງຫລາຍ

vat, *n.* tǎng-nyai ຖັງໃຫຍ່ (big bucket); mɔ̀ɔ-nyai ໝໍ້ໃຫຍ່ (big pot)

vault, *n.* lǎng-káa-kôong ຫລັງຄາໂຄ້ງ (an arched roof); hɔ̂ng-dtâi-dìn ຫ້ອງໃຕ້ດິນ (underground room)

veal, *n.* sîin-ngúa-nɔ́ɔi ຊີ້ນງົວນ້ອຍ

vegetable, *n.* pàk ຜັກ

vegetarian, *n.* puu-gìn-dtɛ̀ɛ-pǎk ຜູ້ກິນແຕ່ຜັກ; nak-máng-sa-wi-lat ນັກມັງສະວິລັດ

vegetation, *n.* gàan-dtɛ̀ɛp-dtɔ̀ɔ-kɔ̌ɔng-puut ການເຕີບໂຕຂອງພຶດ

vehicle, *n.* páa-ha-na ພາຫະນະ; nyón-nyáan ຍົນຍານ

veil, *n.* pàa-bpòk-nâa ຜ້າປົກໜ້າ (face cover); kuang-bàng ເຄື່ອງບັງ (something used for covering)

vein, *n.* sèn-lɯ̂at ເສັ້ນເລືອດ; sèn-lóo-hìt ເສັ້ນໂລຫິດ

velvet, *n.* pàa-gàm-ma-nyii ຜ້າກຳມະຍີ່

velocity, *n.* kwáam-wái ຄວາມໄວ; àt-dtàa-kwáam-wái ອັດຕາຄວາມໄວ

vendor, *n.* kón-kǎai-kɔ̌ɔng ຄົນຂາຍຂອງ

venerate, *v.* káo-lop ເຄົາລົບ; nap-tɯ̌ɯ ນັບຖື

venereal, *adj.* giao-gǎp-gàam-ma-lôok ກ່ຽວກັບກາມະໂລກ

venereal disease, *n.* gàam-ma-lôok ກາມະໂລກ

vengeance, *n.* gàan-gɛ̂ɛ-kɯ̂ɯn ການແກ້ຄືນ

venom, *n.* pit ພິດ; sing-tii-míi-pit ສິ່ງທີ່ມີພິດ

vent, *n.* ta-wáan ທວານ (outlet); sɔ̌ɔng ຊ່ອງ (slot); táang-ɔ̀ɔk ທາງອອກ (exit)

ventilate, *v.* la-bàai-lóm ລະບາຍລົມ; la-bàai-àa-gàat ລະບາຍອາກາດ

venture, *n.* gàan-siang-pái ການສ່ຽງໄພ

veranda, *n.* la-bìang ລະບຽງ (balcony); sía-húan ເຊຍເຮືອນ (porch)

verb, *n.* kám-gàm-ma ຄຳກຳມະ

verbal, *adj.* giao-gǎp-kám ກ່ຽວກັບຄຳ; bpèn-kám-wâo ເປັນຄຳເວົ້າ

verdict, *n.* kám-dtàt-sǐn ຄຳຕັດສິນ

verify, *v.* pi-sùut-kwáam-jìng ພິສູດຄວາມຈິງ; sɔ̀ɔk-hǎa-kwáam-jìng ຊອກຫາຄວາມຈິງ

versatile, *adj.* míi-bpa-nyòot-lǎai-yaang ມີປະໂຫຍດຫລາຍຢ່າງ (serving many functions); sâi-dâi-lǎai-yaang

ใຊ້ໄດ້ຫລາຍຢ່າງ (for several purposes); sám-náan-lǎai-yaang ສາມານຫລາຍຢ່າງ (capable of doing many things)

verse, *n.* kóong-gòon ໂຄງກອນ; bŏt-góon ບົດກອນ

version, *n.* bŏt-luang ບົດເລື່ອງ (literary work); kám-bpèe ຄຳແປ (translated version); wée-sân ເວອຊັນ (in computer science)

versus, *prep.* dtɔɔ ຕໍ່; gòng-gàn-kàam-gáp ກົງກັນຂ້າມກັບ; gáp ກັບ

vertical, *adj.* dtâng-sɨɨu ຕັ້ງຊື່; sèn-dtáng ເສັ້ນຕັ້ງ

very, *adv.* lǎai ຫລາຍ; ii-lǐi ອີຫລີ; tɛ̀ɛ-tɛ̀ɛ ແທ້ໆ

vessel, *n.* húa ເຮືອ (airship); lɔ̀ɔt ຫລອດ (tube); tɔɔ ທໍ່ (pipe)

vest, *n.* sùa-nyûut ເສື້ອຍືດ (shirt); sùa-gǎk ເສື້ອກັກ (a waist-length, sleeveless garment)

veteran, *n.* ta-hǎan-gao ທະຫານເກົ່າ

veterinarian, *n.* sǎt-dta-wa-pɛ̂ɛt ສັດຕະວະແພດ

veto, *v.* yap-yâng ຢັບຢັ້ງ; kat-kâan ຄັດຄ້ານ

vex, *v.* het-hâi-tuk ເຮັດໃຫ້ທຸກ (bring distress or suffering to); lop-gùan ລົບກວນ (annoy); dtòo-tíang ໂຕ້ຖຽງ (debate or discuss)

via, *prep.* paan ຜ່ານ; dòoi-paan ໂດຍຜ່ານ

vibrate, *v.* san-sa-túan ສັ່ນສະເທືອນ; san ສັ່ນ

vibration, *n.* gàan-san ການສັ່ນ; gàan-sa-túan ການສະເທືອນ

vice, *n.* kwáam-sua-hâai ຄວາມຊົ່ວຮ້າຍ (evil); kɔ̂ɔ-sǐa ຂໍ້ເສຍ (physical defect or weakness); kɔ̂ɔ-bŏk-pong ຂໍ້ບົກພ່ອງ (defect)

vice, *pfx.* hɔ́ɔng ຮອງ

vice-president, *n.* hɔ́ɔng-bpa-táan ຮອງປະທານ; hɔ́ɔng-bpa-táa-náa-ti-bɔ̀ɔ-dìi ຮອງປະທານາທິບໍດີ

vicinity, *n.* bɔ̀ɔ-li-wéen-gâi-kíang ບໍລິເວນໃກ້ຄຽງ

vicious, *adj.* sua ຊົ່ວ; léeo ເລວ

victim, *n.* nyɯ̂a ເຫຍື່ອ; puu-kɔ-hâai ຜູ້ເຄາະຮ້າຍ

victor, *n.* puu-míi-sái-sa-na ຜູ້ມີໄຊຊະນະ

victorious, *adj.* dâi-sái-sa-na ໄດ້ໄຊຊະນະ; míi-sái-sa-na ມີໄຊຊະນະ

victory, *n.* sái-sa-na ໄຊຊະນະ

video, *n.* wíi-dìi-òo ວິດີໂອ

videocassette, *n.* teep-wíi-dìi-òo ເທບວິດີໂອ

videodisc, *n.* pen-wíi-dìi-òo ແຜ່ນວິດີໂອ

video game, *n.* wíi-dìi-òo-gèem ວິດີໂອເກມ

videotape, *n.* tep-wíi-dìi-òo ເທບວິດີໂອ; tep-tóo-la-pâap ເທບໂທລະພາບ

Vietnam, *n.* bpa-têet-wìat-náam ປະເທດຫວຽດນາມ

Vietnamese, *n.* kón-wìat-náam

ຄົນທວງຄວາມ (person); páa-sǎa-wìat-náam ພາສາຫວຽດນາມ (language)

view, *n.* hûup ຮູບ (picture); tîu-tat ທິວທັດ (landscape); kɔ̌ɔ-kit-hěn ຂໍ້ຄິດເຫັນ (opinion)

viewer, *n.* puu-bəng ຜູ້ເບິ່ງ; puu-sóm ຜູ້ຊົມ

viewpoint, *n.* tat-sa-na-ka-dtǐi ທັດສະນະຄະຕິ; kwáam-hěn ຄວາມເຫັນ

vigil, *n.* kwáam-la-mat-la-wáng ຄວາມລະມັດລະວັງ; gàan-lɔ̂ɔ-tàa ການລໍ້ຕາ

vigorous, *adj.* kěeng-héeng ແຂງແຮງ; mîi-pa-láng ມີພະລັງ; mîi-ầm-nâat ມີອຳນາດ

villa, *n.* húan-pak ເຮືອນພັກ; húan-dtàak-àa-gàat ເຮືອນຕາກອາກາດ

village, *n.* muu-bâan ໝູ່ບ້ານ; bâan ບ້ານ

villager, *n.* sáao-bâan ຊາວບ້ານ

villain, *n.* puu-hâai ຜູ້ຮ້າຍ (scoundrel, as opposed to hero); kón-sua ຄົນຊົ່ວ (evil person)

vindicate, *v.* gɛ̂ɛ-dtùa ແກ້ຕົວ; gɛ̂ɛ-dtaang ແກ້ຕ່າງ; bpɔ̂ng-gàn ປ້ອງກັນ

vindictive, *adj.* gɛ̂ɛ-kéen ແກ້ແຄ້ນ; pa-nyáa-bàat ພະຍາບາດ; àa-kâat ອາຄາດ

vine, *n.* pʉ̀ʉt-a-ngun ພືດອະງຸ່ນ

vinegar, *n.* nâam-sôm ນ້ຳສົ້ມ

vineyard, *n.* sǔan-a-ngun ສວນອະງຸ່ນ

vinyl, *n.* sǎan-lée-sin ສານເຣຊິ່ນ

violent, *adj.* hún-héeng ຮຸນແຮງ

violet, *n.* sǐi-muang ສີມ່ວງ (color); dtôn-wái-òo-let ຕົ້ນໄວໂອເລັດ (tree)

violin, *n.* wái-òo-lín ໄວໂອລິນ

viper, *n.* ngúu-pit ງູພິດ

virgin, *adj., n.* bɔ̀ɔ-li-sut ບໍລິສຸດ (pure); sǎao-póm-ma-jǎn ສາວພົມມະຈັນ (a chaste woman)

virtual, *adj.* gen-tɛ̂ɛ ເກນແທ້; dòoi-tɛ̂ɛ-jíng ໂດຍແທ້ຈິງ

virtue, *n.* kún-ngáam-kwáam-dìi ຄຸນງາມຄວາມດີ

virtuous, *adj.* mîi-sǐn-tám ມີສິນທຳ (having virtue); bɔ̀ɔ-li-sut ບໍລິສຸດ (pure)

virus, *n.* sʉ́a-wái-lat ເຊື້ອໄວຣັສ

visa, *n.* wíi-sâa ວີຊ່າ; gàan-dtìi-gàa-a-nu-nyâat-hâi-kào-bpa-têet ການຕີກາອະນຸຍາດໃຫ້ເຂົ້າປະເທດ

visible, *adj.* sǎa-mâat-hěn-dâi ສາມາດເຫັນໄດ້; hěn-dâi-sat-dìi ເຫັນໄດ້ຊັດດີ

vision, *n.* sǎai-dtàa ສາຍຕາ (eyesight); wi-sǎi-tat ວິໄສທັດ (foresight); jín-dta-náa-gàan ຈິນຕະນາການ (perception)

visit, *v.* bpài-yàam ໄປຢາມ; máa-yàam ມາຢາມ

visitor, *n.* puu-yîam-yàam ຜູ້ຢ້ຽມຢາມ; puu-máa-yàam ຜູ້ມາຢາມ; kɛ̀ɛk ແຂກ

visual, *adj.* giao-gắp-sǎai-dtàa ກ່ຽວກັບສາຍຕາ

vital, *adj.* giao-gắp-sîi-wit ກ່ຽວກັບຊີວິດ (relating to life); mîi-sîi-wit-sîi-wáa

มีชีวิตชีวา (full of life); sǎm-kán สำคัน (essential); míi-gàm-láng มีกำลัง (full of strength)

vitamin, n. yàa-wi-dtàa-mín ยาวิตามีน

vocabulary, n. kám-sǎp คำสับ

vocal, adj. giao-gǎp-sǐang-wâo ก่ຽວกับสຽงເວົ້າ

vocation, n. àa-sǐip อาຊีบ

voice, n. sǐang สຽง (vocal sound); sǐang-hɔ́ɔng สຽງຮ້ອງ (a cry); kwáam-kit-hěn ความคิดเห็น (opinion)

voiced, adj. sǐang-góng สຽງກ້ອງ

voice less, adj. bɔ́ɔ-ɔ̀ɔk-sǐang บໍ່ออกสຽງ

void, adj. móo-ka ໂມຄະ (null); bɔ́ɔ-dâi-pǒn บໍ່ໄດ້ຜົນ (ineffective); waang-bpao ວ່າງເປົ່າ (empty)

volatile, adj. la-hǒei-bpèn-ài ละเหີຍเป็นอาย (evaporating); la-bɔ̀ɔt ละบึด (explosive); sua-káao ຊົ່ວຄາວ (ephemeral)

volcano, n. púu-kǎo-fái ພູເຂົາໄຟ

volleyball, n. bàan-song บานสัง

volt, n. wóon ໂວນ (ໜ່ວຍແຮງໄຟຟ້າ)

volume, n. hǔa ຫົວ (of a book); jàm-núan จำນວນ (amount); la-dǎp-sǐang ລະດັບສຽງ (loudness)

volunteer, v. àa-sǎa อาสา; kǎan-àa-sǎa ການอาสา

volunteer, n., v. àa-sǎa-sa-mǎk อาสาสะมัก

vomit, v. hâak-(ɔ̀ɔk) ຮາກ (ออก)

vote, v. lóng-ka-néen-sǐang ລົງຄະແນນສຽງ

vote, n. gàan-lóng-ka-néen-sǐang ການລົງຄະແນນສຽງ (act of voting); gàan-lûak-dtàng ການເລືອກຕັ້ງ (election); ka-néen-sǐang ຄະແນນສຽງ (number of votes cast)

vow, v. sǎa-bàan สาบาน

vow, n. gàan-sǎa-bàan ການสาบาน; kám-sǎa-bàan คำสาบาน; kám-mǎn-sǎn-nyáa คำหมั้นสัญญา

vowel, n. sa-lǎ สะหละ

voyage, n. gàan-dəən-táang ການເດີນທາງ

voyager, n. puu-dəən-táang ຜູ້ເດີນທາງ

vulgar, adj. nyàap-káai หยาบคาย; dtam-sâa ต่ำช้า

vulnerable, adj. bàat-jěp-dâi-ngaai บาดจับได้ง่าย; ɔ̀ɔk-èe ออนແອ; bɔ́ɔ-kóng-ga-pán ບໍ່ຄົງກະພັນ

vulture, n. hěeng ແຮ້ງ

W

wade, v. bùk บุก; lúi-nâam ລຸຍນ້ຳ

waffle, n. kào-nǒm-gòm-le-bàang ເຂົ້າໜົມກົມເລແບງ

wag, v. gweng ແກວ່ງ; ga-dǐk กะดิก

wage, n. kaa-jâang ຄ່າຈ້າງ; kaa-dtɔ̀ɔp-téen ຄ່າຕອບແທນ

wager, v. pa-nán พะนัน

wagon, *n.* dtûu-lot-fái ຕູ້ລົດໄຟ (of a train); lot-mâa ລົດມ້າ (horse-drawn vehicle); lot-sii-dtùin-sài-bàn-tuk-kŏong ລົດສີ່ຕີນໃຊ້ບັນທຸກຂອງ (four-wheeled transport vehicle)

wail, *v.* hôong-káang ຮ້ອງດັງ; ham-hâi ຮ່ຳໄຫ້

waist, *n.* èeo ແອວ

wait, *v.* láo ລໍ; lóo-tàa ລໍຖ້າ; bɔ̀ɔ-li-gàan ບໍລິການ (serve)

waiter, *n.* kŏn-sɔ̀ɔp-àa-hǎan ຄົນເສີບອາຫານ (in a restaurant)

waitress, *n.* kŏn-sɔ̀ɔp-àa-hǎan-nyĭng ຄົນເສີບອາຫານຍິງ

waive, *v.* sa-lǎ ສະຫຼະ (give up, relinquish); la-wên ລະເວັ້ນ (refrain from); luan-ɔ̀ɔk-bpài ເລື່ອນອອກໄປ (postpone)

wake, *v.* dtuun ຕື່ນ; dtuun-nɔ́ɔn ຕື່ນນອນ

walk, *v.* nyaang ຍ່າງ

walk, *n.* gaan-nyaang ການຍ່າງ

wall, *n.* gàm-péeng ກຳແພງ (exterior siding of a building); fǎa-gân ຝາກັ້ນ (in a house, of a room)

wallet, *n.* ga-bpǎo-ngôn ກະເປົາເງິນ

wallpaper, *n.* jĭa-mǐi-lǔat-láai-dtìt-fǎa-húan ເຈ້ຍມີລວດລາຍຕິດຝາເຮືອນ

walnut, *n.* màak-núa ໝາກນົວ

walrus, *n.* sĭng-dtòo-ta-lée ສິງໂຕທະເລ

waltz, *n.* jàng-wǎ-dtên-wóon ຈັງຫວະເຕັ້ນວອລ

wan, *adj.* sîit ຊີດ

wand, *n.* mái-gòm-nyáao ໄມ້ກົ້ມຍາວ

wander, *v.* tɔ̀ng-tìao ທ່ອງທ່ຽວ

wanderer, *n.* puu-tɔ̀ng-tìao ຜູ້ທ່ອງທ່ຽວ

wane, *v.* lŭt-lóng ຫຼຸດລົງ (decline); suam ເສື່ອມ (decrease gradually)

waning moon, *n.* pa-jàn-kàang-héem ພະຈັນຂ້າງແຮມ

want, *v.* yàak ຢາກ; dtɔ̂ng-gaan ຕ້ອງການ; yàak-dâi ຢາກໄດ້

wanton, *n.* lùuk-sîin-jìin ລູກຊີ້ນຈີນ (a Chinese food)

war, *n.* sɔ̌k-sŏng-káam ສົງຄາມ

ward, *n.* pa-nèek-nung-nái-hóong-mɔ̌ɔ ພະແນກໜຶ່ງໃນໂຮງໝໍ (in the hospital)

warden, *n.* kŏn-nyáam ຄົນຍາມ; puu-kûap-kúm ຜູ້ຄວບຄຸມ

wardrobe, *n.* dtûu-sûa-pàa ຕູ້ເສື້ອຜ້າ

ware, *n.* sĭn-kâa ສິນຄ້າ (article of commerce); páa-sa-na ພາຊະນະ (container, e.g. food ware)

warehouse, *n.* sǎang ສາງ; sǎang-mîan-kuang ສາງມ້ຽນເຄື່ອງ

warfare, *n.* sɔ̌k-sŏng-káam ສົງຄາມ; gàan-het-sɔ̌k ການເຮັດສຶກ

warm, *adj.* ŏp-un ອົບອຸ່ນ; un ອຸ່ນ

warmth, *n.* kwáam-ŏp-un ຄວາມອົບອຸ່ນ

warn, *v.* dtuan ເຕືອນ

warning, *n.* kám-dtuan ຄຳເຕືອນ; gàan-jéeng-gàan ການແຈ້ງການ

warp, *v.* ngɔ́ɔ ງໍ; kóong ໂກງ; bǐt ບິດ

warrant, *v.* bpa-gàn ປະກັນ

warrant, *n.* kuang-bpa-gàn ເຄື່ອງປະກັນ (a guarantee); gàan-hap-hɔ́ɔng ການຮັບຮອງ (assurance or confirmation)

warranty, *n.* gàan-hap-hɔ́ɔng ການຮັບຮອງ; gàan-hap-bpa-gàn ການຮັບປະກັນ

warrior, *n.* nak-hop ນັກຮົບ

warship, *n.* hʉ́a-hop ເຮືອຮົບ

wart, *n.* bpùut ປຸດ; bpum ປຸ່ມ

wary, *adj.* la-mat-la-wáng ລະມັດລະວັງ; hɔ̌ɔp-kɔ̌ɔp ຮອບຄອບ; fào-bang ເຝົ້າເບິ່ງ

wash, *v.* làang ລ້າງ; sak ຊັກ (clothes)

washing, *n.* gàan-sak ການຊັກ; gàan-làang ການລ້າງ

wasp, *n.* dtɔ̀o-dtɔɔ ໄຕຕໍ່; mɛɛng-dtɔɔ ແມງຕໍ່

waste, *v.* sǐa ເສຍ (lose, e.g. energy, time); hâi-bpa-nyòot ໄຮ້ປະໂຫຍດ (no benefits); het-hài-sǐa ເຮັດໃຫ້ເສຍ (exhaust)

wasteful, *adj.* het-hài-sǐa ເຮັດໃຫ້ເສຍ; bɔɔ-mìi-bpa-nyòot ບໍ່ມີປະໂຫຍດ

watch, *v.* bang ເບິ່ງ (look); fào ເຝົ້າ (wait expectantly); la-wáng ລະວັງ (be careful)

watchdog, *n.* mǎa-fào-hʉ́an ໝາເຝົ້າເຮືອນ (guarding dog); kón-nyáam ຄົນຍາມ (guard)

water, *n.* nâam ນ້ຳ

watercolor, *n.* sǐi-nâam ສີນ້ຳ

waterfall, *n.* nâam-dtŏk ນ້ຳຕົກ

watering can, *n.* ga-bpɔ̌ɔng-hot-nâam-dtòn-mâi ກະປ້ອງຮົດນ້ຳຕົ້ນໄມ້

watermelon, *n.* màak-móo ໝາກໂມ

waterproof, *adj.* tii-gàn-nâam-dâi ທີ່ກັນນ້ຳໄດ້

watt, *n.* wat ວັດ; nuai-gàm-láng-fái-fáa ໜ່ວຍກຳລັງໄຟຟ້າ

wave, *n.* fɔ́ɔng-nâam ຟອງນ້ຳ (in the ocean); kʉ̌ʉn ຄືນ; kʉʉn ຄືນ

waver, *v.* gwɛng-bpài-máa ແກວ່ງໄປມາ (move back and forth); pǎn-bpɛ̀ɛ ຜັນແປ (be unsteady); bòok-mʉ́ʉ ໂບກມື (the hand, e.g. to say good-bye)

wavy, *adj.* bpèn-kʉ́ʉn ເປັນຄື້ນ; bpèn-lɔ́n ເປັນລອນ; mìi-fɔ́ɔng-nâam-lǎai ມີຟອງນ້ຳຫຼາຍ

wax, *n.* kìi-pàng ຂີ້ເຜິ້ງ; yàang-nǐao ຢາງໜຽວ

waxing moon, *n.* pa-jàn-kàang-kʉ̂n ພະຈັນຂ້າງຂຶ້ນ

way, *n.* táang ທາງ; hǒn-táang ຫົນທາງ; sèn-táang ເສັ້ນທາງ; tit-táang ທິດທາງ; wi-tǐi-gàan ວິທີການ

we, *pron.* háo ເຮົາ; pûak-háo ພວກເຮົາ

weak, *adj.* ɔɔn-ɛ̀ɛ ອ່ອນແອ

weaken, *v.* het-hài-ɔɔn-ɛ̀ɛ ເຮັດໃຫ້ອ່ອນແອ

weakness, *n.* kwáam-ɔɔn-ɛ̀ɛ ຄວາມອ່ອນແອ

wealth, *n.* kwáam-hang-mǐi ຄວາມຮັ່ງມີ; sap-sǒm-bát ຊັບສົມບັດ

wealthy, *adj.* hang-mǐi ຮັ່ງມີ; lúai ລວຍ

wean, *v.* ɔ̀ɔk-haang ອອກຫ່າງ

weapon, *n.* àa-wut ອາວຸດ

wear, *v.* nung ນຸ່ງ; nung-kuang ນຸ່ງເຄື່ອງ

weary, *adj.* mɯai ເມື່ອຍ

weasel, *n.* dtòo-wǐi-sɔ̌ɔn ໂຕວີເຊີນ

weather, *n.* àa-gàat ອາກາດ

weave, *v.* dtam-hùuk ຕຳຫູກ; dtam-pen ຕຳແຜ່ນ

weaver, *n.* kón-dtam-hùuk ຄົນຕຳຫູກ

web, *n.* nyái ໃຍ; nyái-méeng-mum ໃຍແມງມຸມ

wed, *v.* dteng-dɔ̀ɔng ແຕ່ງດອງ

wedding, *n.* gàan-dteng-dɔ̀ɔng ການແຕ່ງດອງ; gàan-dteng-ngáan ການແຕ່ງງານ

wedge, *n.* lìm ຫລິ້ມ

Wednesday, *n.* wán-put ວັນພຸດ

weed, *n.* wat-sa-pɯ̀ɯt ວັດຊະພືດ (unwanted plant); gàn-sáa ກັນຊາ (marijuana)

week, *n.* àa-tit ອາທິດ; sǎp-bpa-dàa ສັບປະດາ

weekday, *n.* wán-tám-ma-dàa ວັນທຳມະດາ; wán-het-gàan ວັນເຮັດການ

weekend, *n.* tàai-àa-tit ທ້າຍອາທິດ; sǎo-àa-tit ເສົາອາທິດ

weekly, *n.* bpa-jàm-àa-tit ປະຈຳອາທິດ

weep, *v.* hɔ́ɔng-hài ຮ້ອງໄຫ້; hài ໄຫ້

weigh, *v.* sang-nǎam-nǎk ຊັ່ງນ້ຳໜັກ

weight, *n.* nǎam-nǎk ນ້ຳໜັກ

weird, *adj.* bpa-làat ປະຫລາດ

welcome, *v.* dtɔ̂ɔn-hap ຕ້ອນຮັບ

welcome, *n.* gàan-dtɔ̂ɔn-hap ການຕ້ອນຮັບ

Welcome!, *n.* nyín-dìi-dtɔ̂ɔn-hap ຍິນດີຕ້ອນຮັບ

weld, *v.* dtɔ̀ɔ-sɯ̂am ຕໍ່ເຊື່ອມ; sɯ̂am-dtɔ̀ɔ-lóo-hǎ ເຊື່ອມຕໍ່ໂລຫະ

welder, *n.* saang-sɯ̂am ຊ່າງເຊື່ອມ

welfare, *n.* sa-wǎt-dìi-gàan ສະຫວັດດີການ

well, *n.* nǎam-bɔ̀ɔ ນ້ຳບໍ່; nǎam-sàang ນ້ຳສ້າງ

well-being, *n.* su-ka-pâap-dìi ສຸຂະພາບດີ; sa-bàai-dìi ສະບາຍດີ

well-done, *adj.* sǔk ສຸກ (cooked)

well-to-do, *adj.* hang-mǐi ຮັ່ງມີ

werewolf, *n.* ma-nut-mǎa-bpaa ມະນຸດໝາປ່າ

west, *n.* dtàa-wén-dtòk ຕາເວັນຕົກ; tit-dtàa-wén-dtòk ທິດຕາເວັນຕົກ

western, *adj.* yuu-táang-tit-dtàa-wén-dtòk ຢູ່ທາງທິດຕາເວັນຕົກ

wet, *adj.* bpìak ປຽກ

whale, *n.* bpaa-wáan ປາວານ

wharf, *n.* taa-tìap-hɯ́a-nyai ທ່າທຽບເຮືອໃຫຍ່

what, *pron.* mɛn-nyǎng ແມ່ນຫຍັງ

whatever, *adj.* mɛn-nyǎng-gɔ̀ɔ-dtàam ແມ່ນຫຍັງກໍ່ຕາມ

wheat, *n.* kào-wìit ເຂົ້າວິດ

wheel, *n.* gòng-lot ກົງລົດ

when, *adv.* mɯa-dǎi ເມື່ອໃດ; nyáam-

whenever — widen

dăi ยามใด

whenever, *conj.* mɯa-dăi-gɔɔ-dtàam เมื่อใดก็ตาม

where, *adv.* săi ใส; bɔɔ-dăi บ่อนใด

whereabouts, *n.* sa-tǎan-tii สะถานที่; tii-yuu ที่ยู่

wherever, *conj.* bɔn-dăi-gɔɔ-dtàam บ่อนใดก็ตาม

whet, *v.* lap-hài-kóm ลับให้คม (hone); het-hài-kóm เธ็ดให้คม (sharpen); ga-dtûn กะตุ้น (stimulate)

whether, *conj.* lɯ̌u-bɔɔ ຫຼືບໍ່

which, *adj.* àn-dăi อันใด; suan-dăi ส่วนใด

whichever, *adj.* àn-dăi-gɔɔ-dtàam อันใดก็ตาม

while, *n.* ka-na ຂະນະ; bùt-diao ยืดດຽວ

whimsical, *adj.* bpèɛk-bpa-làat ແປກປະຫຼາດ (queer, strange)

whine, *v.* káang คาง (make a moaning sound); jom จ่ม (complain); ɔ̂ɔn อ้อน (in a childish fashion)

whip, *v.* dtìi-sèɛ ตีแส่; kìan-dtìi-dûai-mâi ຂ້ຽນຕີດ້ວຍໄມ້; dtìi ตี

whipping cream, *n.* wip-kiim วิปคีม

whirl, *v.* mǔun ໝຸນ

whirlpool, *n.* náam-wón ນ້ຳວົນ

whirlwind, *n.* lóm-hǔa-gùt ລົມຫົວກຸດ; lóm-bâa-mǔu ລົມບ້າຫມູ

whiskers, *n.* nùat-dtâi-káang ໜວດໃຕ້ຄາງ

whiskey, *n.* lào-wi-sa-gîi ເຫຼົ້າວິສະກີ

whisper, *v.* sim ຊິມ

whistle, *n.* màak-wìit ໝາກຫວີດ

white, *adj.* kǎao ขาว

white-collar, *adj.* nak-wi-sáa-gàan ນັກວິຊາການ

White House, *n.* tám-nîap-kǎao ທຳນຽບຂາວ

whiten, *v.* het-hài-kǎao ເຮັດໃຫ້ຂາວ

whittle, *v.* lɛ́ɛm-mâi ແຕລມໄມ້ (shape wood); sɔ̌i ສອຍ (cut small bits)

who, *pron.* pǎi ໃຜ; puu-sǒng ຜູ້ເຊິ່ງ

whoever, *pron.* pǎi-gɔɔ-dtàam ໃຜກໍຕາມ

whole, *adj.* táng-mǒt ທັງໝົດ

wholesale, *n.* kǎai-nyok ຂາຍຍົກ

wholesome, *adj.* dii-dtɔɔ-su-ka-pâap ດີຕໍ່ສຸຂະພາບ (good for health); bpèn-bpa-nyòot ເປັນປະໂຫຍດ (useful)

whom, *pron.* pǎi ໃຜ; puu-sǒng ຜູ້ເຊິ່ງ

whore, *n.* nyĭng-sòo-pée-nii ຍິງໂສເພນີ; mɛɛ-jâang ແມ່ຈ້າງ

whose, *pron.* kɔ̌ɔng-pǎi ຂອງໃຜ

why, *adv.* bpèn-nyǎng ເປັນຫຍັງ

wicked, *adj.* sua-hâai ຊົ່ວຮ້າຍ; hòot-hâai ໂຫດຮ້າຍ

wicker, *n.* ging-mâi ກິ່ງໄມ້ (bough of a tree); kɯang-jàk-sǎan ເຄື່ອງຈັກສານ (wickerwork)

wide, *adj.* gwâang ກວ້າງ; gwâang-kwǎang ກວ້າງຂວາງ

widen, *v.* het-hài-gwâang

เรือใช้ใบว้าง; pɛɛ-ka-nyáai แผ่ะขยาย
widespread, *adj.* pɛɛ-lǎai แผ่หลาย; ga-jǎai กะจาย
widow, *n.* mɛɛ-màai แม่ม่าย
widower, *n.* pɔ̂ɔ-màai ผู้ม่าย
width, *n.* kwáam-gwâang ความกว้าง
wife, *n.* mía เมย
wig, *n.* pǒm-bpɔ̀ɔm ผมปอม
wild, *adj.* bpaa-tɯan ป่าเถื่อน (barbarous); hâai ร้าย (savage)
wilderness, *n.* bɔ̀ɔ-li-wéen-gwáang-nyai บ่อลิเวนกว้างใหญ่; bpàa ป่า
wildlife, *n.* sǎt-bpaa สัตว์ป่า
wile, *n.* u-bàai อุบาย; pɛ̌ɛn-hâai แผนร้าย
will, *aux. v.* ja จะ
will, *n.* kwáam-dtâng-jài ความตั้งใจ (determination); pi-nái-gàm พินัยกำ (legal document)
willful, *adj.* dtâng-jài ตั้งใจ (said or done on purpose); dɯ̀ɯ ดื้อ (obstinate)
willing, *adj.* dtèm-jài เต็มใจ (act gladly); sa-màk-jài สะหมักใจ (done voluntarily)
willingly, *adv.* yaang-dtèm-jài ย่างเต็มใจ; sa-màk-jài สะหมักใจ
willow, *n.* gòk-mâi-nɛ́ɛo-nɯng ก๊กไม้แนวหนึ่ง
willpower, *n.* àm-nâat อำนาด; gàm-láng-jài กำลังใจ
win, *v.* sa-na อะนะ; dâi-sái ได้ใช
wind, *n.* lóm ลม

windfall, *n.* lâap-lɔ́ɔi ลาบลอย (unexpected piece of good fortune); sing-tii-lóm-pat-dtòk-lóng-máa สิ่งที่ลมพัดตกลงมา (something blown down by the wind)
windmill, *n.* gàng-hǎn-lóm กังหันลม
window, *n.* bpɔng-yîam ปองเยียม
windshield, *n.* ga-jòk-nàa-lot กะจกหน้ารถ
windy, *adj.* lóm-héeng ลมแรง; míi-lóm-héeng มีลมแรง
wine, *n.* lào-wéeng เหล้าแวง
wing, *n.* bpìik ปีก; bpìik-nok ปีกนก (for birds)
wink, *v.* nyìp-dtàa ยิบตา; pap-dtàa พับตา
winner, *n.* puu-sa-na ผู้ชะนะ
winter, *n.* la-dùu-nǎao อะดูหนาว
wipe, *v.* set เช็ด; tǔu ถู; het-hài-giang เรือใช้หาย
wire, *n.* lûat ลวด; sǎai-fái สายไฟ; suu-sǎan สีสาน
wisdom, *n.* bpàn-nyáa ปันยา; sa-dtì-bpàn-nyáa สะติปันยา; kwáam-sa-làat ความสะหลาด
wise, *adj.* sa-làat สะหลาด; hɔ̂ɔp-hùu รอบรู้
wish, *v.* dtɔ̂ng-gàan ต้องการ (desire); yàak ยาก (want); bpàat-ta-nǎa ปาถะหนา (long for); kɔ̌ɔ-hài ขอให้ (express a wish)
wish, *n.* kwáam-bpàat-ta-nǎa ความปาถะหนา

A B C D E F G H I J K L M N O P Q R S T U V **W** X Y Z

wit, *n.* bpàn-nyáa ປັນຍາ	ທ້ອງ
witch, *n.* mɛɛ-mót ແມ່ມົດ	**wonder**, *v.* bpèɛk-jài ແປກໃຈ (have a feeling of surprise); sǒng-sǎi ສົງໃສ (be filled with curiosity or doubt)
witchcraft, *n.* gàan-sâi-wêet-món ການໃຊ້ເວດມົນ	
with, *prep.* gáp ກັບ; dûai ດ້ວຍ	**wonderful**, *adj.* nàa-àt-sa-jàn ໜ້າອັດສະຈັນ; wi-sèet ວິເສດ
withdraw, *v.* tɔ̌ɔn ຖອນ	
withdrawal, *n.* gàan-tɔ̌ɔn ການຖອນ	**woo**, *v.* gìao-sǎao ກ້ຽວສາວ (court)
wither, *v.* hiao-hɛ̂ng ທ່ຽວແຫ້ງ; huang-hóoi ຮ່ວງໂຮຍ	**wood**, *n.* mâi ໄມ້
	woodcutter, *n.* kón-dtăt-mâi ຄົນຕັດໄມ້
withhold, *v.* la-ngáp ລະງັບ; nyáp-nyáng ຍັບຍັ້ງ	**wooden**, *adj.* hét-dûai-mâi ເຮັດດ້ວຍໄມ້
without, *prep.* bpàat-sa-jàak ປາສະຈາກ; bɔɔ-míi ບໍ່ມີ	**woodpecker**, *n.* nok-sǎi ນົກໄສ
	woodwind, *n.* kuang-dòn-dtìi-bpa-pêet-bpao-lóm ເຄື່ອງດົນຕີປະເພດເປົ່າລົມ
withstand, *v.* tón-dtɔɔ ທົນຕໍ່ (endure); dtɔɔ-dtâan ຕໍ່ຕ້ານ (resist)	**woodwork**, *n.* kuang-mâi ເຄື່ອງໄມ້
witness, *n.* pa-nyáan ພະຍານ	**wool**, *n.* kǒn-gɛ̀ ຂົນແກະ; dâai-kǒn-gɛ̀ ດ້າຍຂົນແກະ
witty, *adj.* míi-wǎi-pip-dìi ມີໄຫວພິບດີ	
wizard, *n.* pɔɔ-mót ພໍ່ມົດ; puu-wi-sèet ຜູ້ວິເສດ	**word**, *n.* kám ຄຳ; kám-wâo ຄຳເວົ້າ; kám-sáp ຄຳສັບ
wobble, *v.* sóo-séе ໂຊເຊ; nyôok-nyêek ໂຍກເຍກ	**wording**, *n.* gàan-sâi-kám ການໃຊ້ຄຳ
	word processor, *n.* kɔ́m-piu-dtɔɔ ຄອມພິວເຕີ
woe, *n.* kwáam-sào-sòok ຄວາມເສົ້າໂສກ; kwáam-túk ຄວາມທຸກ	**wordy**, *adj.* sâi-kám-lǎai-pôot ໃຊ້ຄຳຫລາຍພົດ
wolf, *n.* mǎa-bpaa ໝາປ່າ	**work**, *v.* hét-wîak ເຮັດວຽກ
woman, *n.* puu-nyíng ຜູ້ຍິງ; mɛɛ-nyíng ແມ່ຍິງ	**work**, *n.* wîak-ngáan ວຽກງານ
	workaholic, *n.* kón-mak-hét-wîak-lǎai-pôot ຄົນມັກເຮັດວຽກຫລາຍພົດ
womanhood, *n.* kwáam-bpèn-mɛɛ-nyíng ຄວາມເປັນແມ່ຍິງ	
womanizer, *n.* puu-sáai-jâo-sûu ຜູ້ຊາຍເຈົ້າຊູ້	**workbook**, *n.* kuu-múu ຄູ່ມື (manual); bpûm-bàn-tuk ປຶ້ມບັນທຶກ (record book)
womanly, *adj.* kâai-kúu-mɛɛ-nyíng ຄ້າຍຄືແມ່ຍິງ	**workday**, *n.* wán-hét-gàan ວັນເຮັດການ
womb, *n.* mót-lûuk ມົດລູກ; tɔ́ɔng	

worker, *n.* kón-ngáan ຄົນງານ

workout, *v.* ɔ̀ɔk-gàm-láng-gàai ອອກກຳລັງກາຍ

workout, *n.* gàa-nya-bɔ̀ɔ-li-hăan ການະບໍລິຫານ

workshop, *n.* hóong-saang ໂຮງຊ່າງ (where work is done); gàan-ǒp-hóm ການອົບຮົມ (educational seminar)

world, *n.* lôok ໂລກ

worldly, *adj.* giao-gǎp-lôok ກ່ຽວກັບໂລກ

worldwide, *adj.* tua-lôok ທົ່ວໂລກ

worm, *n.* nɔ̌ɔn ໜອນ (any of various crawling insect larvae, e.g. caterpillar); kîi-ga-dùan ຂີ້ກະເດືອນ (earthworm); pa-nyâat-gàa-fàak ພະຍາດກາຝາກ (parasite)

worn, *adj.* sǎi-jòn-pée ໃຊ້ຈົນເພ

worn-out, *adj.* gao-lǎai ເກົ່າຫລາຍ (very old); tii-pée-nyɔ́ɔn-sǎi-lǎai-pòot ທີ່ເພພ່ອນໃຊ້ຫລາຍໄພດ (no longer usable); mǒt-héeng ໝົດແຮງ (exhausted)

worried, *adj.* gàng-wón ກັງວົນ; ǔk-jài ອຸກໃຈ

worry, *v.* bpèn-huang ເປັນຫ່ວງ (about someone); ǔk-jài ອຸກໃຈ (feel distressed); gàng-wón ກັງວົນ (feel anxious, be troubled)

worse, *adj.* kîi-hâai-gwaa-gao ຂີ້ຮ້າຍກວ່າເກົ່າ; sua-lóng ຊົ່ວລົງ

worsen, *v.* het-hài-kîi-hâai-gwaa-gao ເຮັດໃຫ້ຂີ້ຮ້າຍກວ່າເກົ່າ; het-hài-sua-lóng ເຮັດໃຫ້ຊົ່ວລົງ

worship, *v.* bùu-sáa ບູຊາ; nap-tǔu ນັບຖື

worship, *n.* gàan-bùu-sáa ການບູຊາ; gàan-nap-tǔu ການນັບຖື

worshipper, *n.* puu-kàap-wàai ຜູ້ຂາບໄຫວ້; puu-nap-tǔu ຜູ້ນັບຖື

worst, *adj.* kîi-hâai-tii-sǔt ຂີ້ຮ້າຍທີ່ສຸດ; sua-tii-sǔt ຊົ່ວທີ່ສຸດ

worth, *n.* kún-kaa ຄຸນຄ່າ; bpa-nyòot ປະໂຫຍດ

worthless, *adj.* bɔ̀ɔ-mǐi-kaa ບໍ່ມີຄ່າ

worthwhile, *adj.* kûm-kaa ຄຸ້ມຄ່າ

worthy, *adj.* mǐi-kaa ມີຄ່າ (valuable); kûm-kaa ຄຸ້ມຄ່າ (worthwhile)

would, *aux.v.* ja ຈະ

wound, *n.* bàat-pée ບາດແຜ

wrath, *n.* kwáam-jài-hâai ຄວາມໃຈຮ້າຍ; kwáam-móo-hǒo-tóo-sǒo ຄວາມໂມໂຫໂທໂສ

wrathful, *adj.* hâai ຮ້າຍ; móo-hǒo ໂມໂຫ

wreath, *n.* púang-máa-lái ພວງມາໄລ

wreck, *v.* máang-pée ມ້າງເພ

wreck, *n.* sâak-hǎk-páng ຊາກຫັກພັງ

wrench, *n.* ga-jèe-kǎi-bùu-lóng ກະແຈໄຂບູລົງ; kíim ຄີມ

wrest, *v.* bǐt-héeng ບິດແຮງ; mǔun-héeng ໝູນແຮງ

wrestle, *v.* bpâm ປ້ຳ

wrestling, *n.* gi-láa-múai-bpâm ກິລາມວຍປ້ຳ

wring

wring, v. bìip ບີບ (compress, extract liquid); hát ຮັດ (clasp firmly); kân ຄັ້ນ (squeeze)

wrinkle, n. hɔ́ɔi-hiao ຮອຍຫ່ຽວ (on face or skin); hɔ́ɔi-nyɔɔ ຮອຍຫຍໍ້ (on paper or cloth)

wrist, n. kɔ̂ɔ-múu ຂໍ້ມື

wristwatch, n. móong-sai-kɛ́ɛn ໂມງໃສ່ແຂນ

write, v. kǐan ຂຽນ

writer, n. nak-kǐan ນັກຂຽນ

writhe, v. bít ບິດ; bít-ngɔ́ɔ ບິດງໍ້

writing, n. gàan-kǐan ການຂຽນ

writing desk, n. dto-kǐan ໂຕະຂຽນ

wrong, adj. pít ຜິດ (incorrect); pít-pâat ຜິດພາດ (erroneous); bɔɔ-tùuk-dtɔ́ng ບໍ່ຖືກຕ້ອງ (unjust, immoral)

X

xenophobia, adj. kwáam-gìat-sáng-sáao-dtaang-bpa-têet ຄວາມກຽດຊັງຊາວຕ່າງປະເທດ; kwáam-gìat-sáng-kón-ʉ̀ʉn-tii-bɔɔ-kʉ́ʉn-dtòn-èeng ຄວາມກຽດຊັງຄົນອື່ນທີ່ບໍ່ດີກົມເອງ

xebec, n. sǎo-ga-dòong-hǔa-bòo-háan ເສົາກະໂດງຫົວບໍ່ຮານ

xerox, n. jàk-taai-sǎm-náo ຈັກຖ່າຍສຳເນົາ

xiphoid, n. ga-dùuk-lîn-bpìi ກະດູກລີ້ນປີ່

x-ray, v. taai-láng-sǐi-ek ຖ່າຍລັງສີເອັກ; sòng-fái-fâa ສ່ອງໄພຟ້າ

x-ray, n. lang-sǐi-ek-sa-lée ລັງສີເອັກສະເລ

xylograph, n. gàan-gɛ̌-sa-lák-nʉ̂a-mâi ການແກະສະຫຼັກເນື້ອໄມ້

xylophone, n. la-nâat ລະນາດ

Y

yacht, n. hʉ́a-bài-tiao ເຮືອໃບທ່ຽວ

yard, n. lǎa ຫຼາ (unit of length); dɔn ດິນ (ground, field)

yarn, n. sên-dâai ເສັ້ນດ້າຍ

yawn, v. hǎao ຫາວ; hǎao-nɔ́ɔn ຫາວນອນ

year, n. bpìi ປີ

yearly, adj. bpa-jàm-bpìi ປະຈຳປີ

yearn, v. bpàat-ta-nǎa ປາຖະໜາ; yàak-dâi-lǎai ຢາກໄດ້ຫຼາຍ

yeast, n. sʉ́a-kào-jìi ເຊື້ອເຂົ້າຈີ່; sʉ́a-lào ເຊື້ອເຫຼົ້າ

yell, v. hɔ́ɔng ຮ້ອງ

yellow, adj., n. sǐi-lʉ̌ang ສີເຫຼືອງ

yen, n. ngən-yèn-nyìi-bpun ເງິນເຢັນຍີ່ປຸ່ນ

yes, adv. mɛn ແມ່ນ; jâao ຈ້າວ; ə̀ə ເອີ

yesterday, adv. mʉ̂ʉ-wáan-nîi ມື້ວານນີ້

yet, adv. nyáng ຍັງ; tʉa ເຖິະ

yield, v. nyɔ́ɔm ຍອມ (surrender); bpəət-táang-hài ເປີດທາງໃຫ້ (give way, i.e. in driving); hài-pǒn ໃຫ້ຜົນ (fruit)

A B C D E F G H I J K L M N O P Q R S T U V **W X Y** Z

yield, *n.* pŏn-tii-dâi ຜົນທີ່ໄດ້; pŏn-pa-lìt ຜົນພະລິດ

yoga, *n.* yóo-ka ໂຍຄະ

yogurt, *n.* nóm-sòm ນົມສົ້ມ; yóo-gə̀ət ໂຍເກີດ

yolk, *n.* kai-dɛ̀ɛng ໄຂ່ແດງ

you, *pron.* taan ທ່ານ; jâo ເຈົ້າ

young, *adj.* num ໜຸ່ມ (used with men); num-sǎao ໜຸ່ມສາວ (used with women); wái-ɔɔn ໄວອ່ອນ (youthful)

youngster, *n.* kón-num-sǎao ຄົນໜຸ່ມສາວ

your, *adj.* kɔ̌ɔng-taan ຂອງທ່ານ; kɔ̌ɔng-jâo ຂອງເຈົ້າ

yours, *adv.* kɔ̌ɔng-pûak-taan ຂອງພວກທ່ານ; kɔ̌ɔng-pûak-jâo ຂອງພວກເຈົ້າ

yourself, -selves, *pron.* dtùa-jâo-èeng ຕົວເຈົ້າເອງ; dtùa-taan-èeng ຕົວທ່ານເອງ

youth, *n.* sǎao-num ຊາວໜຸ່ມ (young person; adolescence); wái-ɔɔn ໄວອ່ອນ (condition or quality of being young)

youthful, *adj.* bpèn-num ເປັນໜຸ່ມ

Z

zany, *adj.* dtùa-dta-lók ຕົວຕະຫຼົກ

zeal, *n.* kwáam-ga-dtùu-lúu-lôn ຄວາມກະຕືລືລົ້ນ

zealot, *n.* bâa-sàat-sa-nǎa ບ້າສາສະໜາ

zealous, *adj.* ga-dtùu-lúu-lôn ກະຕືລືລົ້ນ

zebra, *n.* mâa-láai ມ້າລາຍ

Zen, *n.* lat-ti-séen ລັດທິເຊນ

zenith, *n.* nyɔ̂ɔt-sǔung-sùt ຍອດສູງສຸດ

zero, *nm.* lêek-sǔun ເລກສູນ

zero in, *v.* leng-sai ເລັ່ງໃສ່

zest, *n.* kwáam-nàa-dtùun-dtên ຄວາມໜ້າຕື່ນເຕັ້ນ (excitement); kwáam-ga-dtùu-lúu-lôn ຄວາມກະຕືລືລົ້ນ (enthusiasm)

zibet, *n.* dtòo-sa-mot ໂຕຂະມົດ (animal)

zigzag, *v.* kot-lîao-bpài-máa ຄົດລ້ຽວໄປມາ

zigzag, *n.* hûup-kot-lîao ຮູບຄົດລ້ຽວ

zinc, *n.* sǎng-ga-sǐi ສັງກະສີ

zip, *v.* hûut-sip ຮູດຊິບ

zip code, *n.* la-hàt-bpài-sà-nǐi ລະຫັດໄປສະນີ

zipper, *n.* sip ຊິບ

zodiac, *n.* jàk-ga-láa-sǐi ຈັກກະລາສີ

zone, *v.* bɛng-kèet ແບ່ງເຂດ

zone, *n.* kèet ເຂດ

zoning, *n.* gàan-bɛng-kèet ການແບ່ງເຂດ

zoo, *n.* sǔan-sàt ສວນສັດ

zooid, *adj.* káai-kúu-sàt ຄ້າຍຄືສັດ

zoology, *n.* sàt-dta-wi-ta-nyáa ສັດຕະວິທະຍາ

zoom, *v.* bpàp-pàap ປັບພາບ

zoom, *n.* léen-súum ເລນຊູມ

zoon, *n.* sing-tii-gə̀ət-jàak-kai ສິ່ງທີ່ເກີດຈາກໄຂ່

SECTION 2 PHONETIC-LAO-ENGLISH

Phonetic Letter	Page	Phonetic Letter	Page
a	339	l	448
b	342	m	458
bp	351	n	470
d	362	ng	483
dt	374	ny	486
e	389	o	492
ɛ	389	ɔ	493
ə	389	p	494
f	389	s	508
g	392	t	532
h	403	u	545
i	416	ʉ	546
j	416	w	546
k	423	y	549

ອ (ອ)

àa ອາ paternal younger aunt, n.
àa-gàan ອາການ symptom, n.
àa-gàat ອາກາດ weather, air, n.
àa-gàat-bpèn-pit ອາກາດເປັນພິດ air pollution, n.
àa-gàat-sĭa ອາກາດເສຍ bad air, air pollution, n.
àa-gɔ̀ɔn ອາກອນ duty, tax, tariff, n.
âai-gòk ອ້າຍກົກ the oldest brother, n.
âai-kə̀əi ອ້າຍເຂີຍ brother-in-law, n.
àa-jàan ອາຈານ professor, teacher, n.
àa-jàan-nyai ອາຈານໃຫຍ່ principal, n.
àa-jìan ອາຈຽນ vomit, vomiting, nausea, v., n.
àa-jòm ອາຈົມ excrement, n.
àa-káan ອາຄານ building, n.
àa-kâat ອາຄາດ revengeful, adj.
àa-kóm ອາຄົມ charms, magic, n.
àa-lap ອາລັບ Arab, n.
àa-la-wâat ອາລະວາດ be contentious, run wild, create a disturbance, v.
àa-lóm ອາລົມ mood, temper, spirit, n.
àa-lóm-dìi ອາລົມດີ good temper, n.
àa-lóm-hâai ອາລົມຮ້າຍ bad temper, n.
aan ອ່ານ read, v.
àan ອານ saddle, n.
àa-náa-jăk ອານາຈັກ realm, n.
àa-náa-kèet ອານາເຂດ boundary, n.
àa-náa-ni-kóm ອານານິຄົມ colony, n.
aan-bɔɔ-ɔ̀ɔk ອ່ານບໍ່ອອກ illegible, adj.
aan-mâa ອານມ້າ saddle, n.
aan-nái-jai ອ່ານໃນໃຈ silent reading, n.
aan-năng-sʉ̌ʉ-bɔɔ-ɔ̀ɔk ອ່ານໜັງສືບໍ່ອອກ illiterate, adj.
aan-ɔ̀ɔk ອ່ານອອກ legible, adj.
àa-nyu ອາຍຸ age, n.
àa-nyu-nyʉ́ʉn ອາຍຸຍືນ longevity, having a long life, n., adj.
aao ອ່າວ gulf, bay, n.
àao ອາວ paternal younger uncle, n.
àap ອາບ bathe, have a shower, take a bath, v.
àap-dèet ອາບແດດ sunbathe, v.
àap-nâam ອາບນ້ຳ take a shower, take a bath, v.
àap-yàa-sŏp ອາບຢາສົບ mummify, bathe the corpse, v.
àa-săa ອາສາ volunteer, v.
àa-săa-sa-măk ອາສາສະໝັກ volunteer, n.
àa-săi ອາໄສ rely upon, live, depend on, v.
àa-săi-yuu ອາໄສຢູ່ dwell, stay, live, v.
àa-sĭi ອາຊີ Asia, n.

àa-sǐi-bpàa-si-fík ອາຊີປາຊີຟິກ Asia Pacific, *n.*

àa-sǐip ອາຊີບ occupation, job, career, *n.*

àa-sǐi-wa ອາຊີວະ profession, occupation, *n.*

àa-sǐi-wa-sǔk-sǎa ອາຊີວະສຶກສາ vocational training, *n.*

àat-hǎan ອາດຫານ audacious, brave, insolent, *adj.*

àa-tit ອາທິດ week, sun, Sunday, *n.*

àa-tit-lɛ́ɛo ອາທິດແລ້ວ last week, *n.*

àa-tit-nàa ອາທິດໜ້າ next week, *n.*

àa-tit-nǐi ອາທິດນີ້ this week, *n.*

àa-tit-nung ອາທິດນຶ່ງ one week, *n.*

àat-jă ອາດຈະ probably, possibly, *adv.*

a-dìit ອະດີດ past, *n.*

a-dìit-dta-gàan ອະດີດຕະການ past tense, the past, *n.*

a-ga-dtàn-yúu ອະກະຕັນຍູ ungrateful, *adj.*

a-gu-sǒn ອະກຸສົນ demerit, sin, evil, harmful, *n., adj.*

a-hi-wáa ອະຫິວາ cholera, *n.*

a-hǒo-si-gàm ອະໂຫສິກຳ pardon, forgiveness, *n.*

a-ka-dtì ອະຄະຕິ prejudice, partiality, *n.*

a-lai ອະໄຫລ່ spare part, *n.*

a-li-a-lɔm ອະລີອະລອມ compromise, *v.*

a-lii-nya-tám ອະລີຍະທຳ civilization, *n.*

àm ອຳ conceal, suppress, cover up, *v.*

a(a)-mée-li-gàa ອາເມຣິກາ America, *n.*

àm-kwáam ອຳຄວາມ conceal the fact, *v.*

àm-láa ອຳລາ say goodbye, take one's leave, *v.*

àm-ma-hǐt ອຳມະຫິດ cruel, *adj.*

àm-nâat ອຳນາດ power, *n.*

àm-nâat-bɔ̀ɔ-li-hǎan ອຳນາດບໍລິຫານ executive power, *n.*

àm-nâat-gàan-bpŏk-kɔ́ɔng ອຳນາດການປົກຄອງ authority, ruling power, *n.*

àm-nâat-gàan-múang ອຳນາດການເມືອງ political power, *n.*

àm-nâat-ni-dtǐ-bàn-nyát ອຳນາດນິຕິບັນຍັດ legislative power, *n.*

àm-nâat-sǎan ອຳນາດສານ judicial power, jurisdiction, *n.*

àm-núai-kwáam-sa-dùak ອຳນວຍຄວາມສະດວກ facilitate, *v.*

àm-páang ອຳພາງ dissimulate, *v.*

àn ອັນ item, piece, one, *n.*

ân ອັ້ນ suppress, *v.*

a-nâa-jàan ອະນາຈານ immoral, obscenity, obscene, lewd, *adj., n.*

a-nâa-kot ອະນາຄົດ future, *n.*

a-nâa-kot-dta-gàan ອະນາຄົດຕະ

ການ future tense, the future, *n.*

a-náa-mái ອະນາໄມ sanitation, *n.*

a-náa-tǎa ອະນາຖາ destitute, *adj.*

àn-dǎi ອັນໃດ which? what?

àn-dǎp ອັນດັບ series, order, *n.*

àn-dìao-gàn ອັນດຽວກັນ only one, *n.*

àn-dta-láai ອັນຕະລາຍ dangerous, *adj.*

a-ni-jàng ອະນິຈັງ alas, *interj.*

àn-la ອັນລະ each, *adj.*

àn-nân ອັນນັ້ນ that one, *n.*

àn-nîi ອັນນີ້ this one, *n.*

a-nu-bàan ອະນຸບານ take care of, look after, *v.*

a-nu-bpa-lín-nyáa ອະນຸປະລິນຍາ diploma, lesser degree, associate degree, *n.*

a-nu-nyâat ອະນຸຍາດ permit, allow, *v.*

a-nu-sǎa-wa-líi ອະນຸສາວະລີ monument, *n.*

a-nu-són ອະນຸຊົນ youth, younger generation, *n.*

a-nu-sɔ̌ɔn ອະນຸສອນ souvenir, reminder, memorial, *n.*

a-núu ອະນູ molecule, *n.*

ào ເອົາ get, bring, want, take, *v.*

ào-bpài ເອົາໄປ take, *v.*

ào-máa ເອົາມາ bring, *v.*

ào-yaang ເອົາຢ່າງ imitate, *v.*

àp ອັບ stale, stuffy, airless, *adj.*

ǎp-àai ອັບອາຍ ashamed, *adj.*

a-pái ອະໄພ forgive, excuse, *v.*

a-pái-tôot ອະໄພໂທດ amnesty, *n.*

ǎp-bpa-móng-kún ອັບປະມົງຄຸນ inauspicious, be at loss, *adj.*

a-pi-bpáai ອະພິປາຍ discuss, debate, *v.*

a-pi-ni-hǎan ອະພິນິຫານ supernatural power, *n.*

a-pi-sèek ອະພິເສກ royal wedding, coronation, *n.*

ǎp-jòn ອັບຈົນ extreme distress, poor, *n., adj.*

a-su-jí ອະສຸຈິ sperm, semen, *n.*

ǎt ອັດ close, press, compress, copy, *v.*

a-tám ອະທຳ unjust, unfair, injustice, *adj.*

ǎt-dtàa ອັດຕາ ratio, rate, ego, self, cover one's face, *n., v.*

ǎt-dtàa-suan ອັດຕາສ່ວນ ratio, *n.*

a-ti-bàai ອະທິບາຍ explain describe, *v.*

a-ti-bɔɔ-dìi ອະທິບໍດີ director, *n.*

a-ti-bpa-dtài ອະທິປະໄຕ sovereignty, *n.*

a-ti-gàan-bɔɔ-dìi ອະທິການບໍດີ rector, *n.*

a-ti-tǎan ອະທິຖານ wish, pray for something, *v.*

ǎt-sa-jàn ອັດສະຈັນ marvellous, mirac-

ăt-sa-wín ອັດສະວິນ knight, *n.*

ăt-ta-nyáa-săi ອັດທະຍາໄສ disposition, temperament, *n.*

a-wa-dtàan ອະວະຕານ avatar, Vishnu, Rama, *n.*

a-wa-gàat ອະວະກາດ space, vacumm, *n.*

a-wái-nya-wa ອະໄວຍະວະ organ (of the body), *n.*

a-wái-nya-wa-hăai-jài ອະໄວຍະວະຫາຍໃຈ respiratory organ, *n.*

a-wái-nya-wa-săm-pat ອະໄວຍະວະສຳພັດ sense organ, *n.*

a-wái-nya-wa-sùup-pán ອະໄວຍະວະສືບພັນ reproductive organ, *n.*

a-wa-săan ອະວະສານ the end, termination, *n.*

a-wée-jìi ອະເວຈີ hell, *n.*

b (ບ)

baa ບ່າ shoulder, *n.*

bâa ບ້າ foolish, crazy, mad, insane, a prefix to a noun or a verb to form an adjective meaning "crazy about", *adj.*

bâa-bin ບ້າບິ່ນ reckless, hasty, *adj.*

bàa-dàan ບາດານ underworld, the abyss of hell, *n.*

bâa-dtàn-hăa ບ້າຕັນຫາ lustful, *adj.*

bâa-gàam ບ້າກາມ nymphomaniac, sexually perverted, *adj.*

baai ບ່າຍ afternoon, spread food on rice, *n., v.*

bàai ບາຍ touch, *v.*

baai-biang ບ່າຍບ່ຽງ swerve, contrive, avoid, *v.*

baai-kào ບ່າຍເຂົ້າ have a snack, *v.*

bàak-ban ບາກບັ່ນ persevere, struggle, *v.*

baa-lai ບ່າໄຫຼ່ shoulder, *n.*

bàa-la-mîi ບາລະມີ transcendent virtues, prestige, influence, *n.*

bàa-líi ບາລີ Pali, *n.*

bàa-lɔ̀ɔt ບາຫຼອດ thermometer, mercury, *n.*

bâa-lûat ບ້າເລືອດ bloodthirsty, fanatic, *adj.*

bâa-mŭu ບ້າໝູ epilepsy, *n.*

bàan ບານ ball, bloom, *n., v.*

bâan ບ້ານ home, house, *n.*

bâan-bpa-dtùu ບານປະຕູ panel of a door, door pane, *n.*

bâan-dɔ̀ɔm ບ້ານເດີມ original home, *n.*

baang ບ່າງ flying squirrel, marmot, *n.*

bàang ບາງ thin, some, *adj.*

bâan-gao ບ້ານເກົ່າ homeland, *n.*

bàang-bao ບາງເບົາ lessen, *v.*

bâan-gə̀ət ບ້ານເກີດ birthplace, *n.*
bàang-hɛng ບາງແຫ່ງ somewhere, *adv.*
bàang-káao ບາງຄາວ now and then, *adv.*
bàang-kâng ບາງຄັ້ງ sometimes, *adv.*
bàang-kón ບາງຄົນ someone, somebody, *pron., n.*
bàang-sing ບາງສິ່ງ something, *pron.*
bàang-tii ບາງທີ maybe, *adv.*
bàang-tʉa ບາງເທື່ອ sometimes, *adv.*
bàang-yaang ບາງຢ່າງ some kinds, something, *n., pron.*
bâan-hâang ບ້ານຮ້າງ deserted village or house, *n.*
bâan-hʉan ບ້ານເຮືອນ home, house, *n.*
bâan-mʉang ບ້ານເມືອງ country, the homeland, *n.*
bâan-náa ບ້ານນາ countryside, *n.*
bâan-nɔ̂ɔk ບ້ານນອກ rural, the countryside, *n.*
bâan-pak ບ້ານພັກ residence, guesthouse, lodging, *n.*
bâan-pak-nak-hían ບ້ານພັກນັກຮຽນ hostel, dormitory, *n.*
bàan-pap ບານພັບ hinges, *n.*
baao ບ່າວ youth, servant, *n.*
baao-háam ບ່າວຮາມ young man, *n.*

baao-nɔ̂ɔi ບ່າວນ້ອຍ young boy, *n.*
baao-pâi ບ່າວໄພ່ common people, *n.*
baao-sǎao ບ່າວສາວ adolescents, *n.*
baao-wɛ́ɛng ບ່າວແວງ teenage boy, *n.*
bàap ບາບ sin, guilt, *n.*
bàap-gàm ບາບກຳ sin, *n.*
bàa-sǐi ບາສີ Baci, *n.*
bàat ບາດ wound, cut, hurt, *v., n.*
bàat-jài ບາດໃຈ hurt in feelings, *v.*
bàat-jěp ບາດເຈັບ injured, *adj.*
bàat-dtàa ບາດຕາ be offensive to the eye, be an eyesore, *v.*
bàat-hǔu ບາດຫູ be unpleasant to the ear, *v.*
bàat-lǔang ບາດຫລວງ Roman Catholic priest, *n.*
bàat-mǎang ບາດໝາງ be on bad terms, *v.*
bàat-nyaang ບາດຢ່າງ step, gait, *n.*
bàat-pɛ̌ɛ ບາດແຜ wound, *n.*
bàat-ta-nyak ບາດທະຍັກ tetanus, *n.*
bai ໄບ່ talk in sleep, *n.*
bai ໃບ leaf, paper, sheet, card, document, *n.*
bâi ໃບ້ dumb, stupid, *adj.*
bài-a-nu-nyâat ໃບອະນຸຍາດ license, *n.*
bài-bpa-gàat ໃບປະກາດ certificate, *n.*
bài-bpa-gàn ໃບປະກັນ warrant, *n.*

bài-bpìu ໃບປິວ leaflet, *n.*

bài-bpòk ໃບປົກ cover, binding, *n.*

bài-dəən-táang ໃບເດີນທາງ permit to travel, *n.*

bài-dtɔɔng ໃບຕອງ banana leaves, *n.*

bài-hap ໃບຮັບ receipt, *n.*

bài-hap-ngən ໃບຮັບເງິນ receipt, *n.*

bài-hǔu ໃບຫູ earlobe, *n.*

bài-jêeng-kwáam ໃບແຈ້ງຄວາມ circular, *n.*

bài-kǎp-kii ໃບຂັບຂີ່ driving license, *n.*

bài-láa ໃບລາ resignation, permission, *n.*

bài-láan ໃບລານ palm leaves for writing, *n.*

bài-mǎi ໃບໄມ້ tree leaf, *n.*

bài-mìit-tēe ໃບມີດແຖ razor blade, *n.*

bài-mɔ̀ɔn ໃບມອນ mulberry leaf, *n.*

bài-nàa ໃບໜ້າ feature, face, *n.*

bài-nyàa ໃບຫຍ້າ blade of grass, *n.*

bài-pat ໃບພັດ propeller, blower, *n.*

bài-sáa ໃບຊາ tea leaf, *n.*

bài-sáa-dtàa ໃບຊາຕາ birth certificate, *n.*

bài-sa-mǎk ໃບສະໝັກ application form, *n.*

bài-yàa ໃບຢາ tobacco leaf, *n.*

bài-yáng-yʉ́ʉn ໃບຢັ້ງຢືນ certificate, letter of confirmation, *n.*

bǎk ບັກ boy, mister, used as a title before a man's name (derogatory), *n.*

bàm-bǎt ບຳບັດ counteract, *v.*

bàm-lúng ບຳລຸງ nourish, nurture, *v.*

bàm-náan ບຳນານ pension, *n.*

bàm-nět ບຳເໜັດ bonus, commission, pension, *n.*

bàm-pén-bpa-nyòot ບຳເພັນປະໂຫຍດ render service, *v.*

bàm-pén-sǐn ບຳເພັນສິນ observe religious precepts, *v.*

ban ບັນ divide in pieces, cut down, *v.*

bǎn ບັ້ນ part, *n.*

bǎn-bpàai ບັ້ນປາຍ final part, *n.*

bàn-dàa ບັນດາ all, among, *adj., adv.*

bàn-dàa-sǎk ບັນດາສັກ title (of government officials), *n.*

bàn-dài ບັນໄດ ladder, stairs, *n.*

ban-fʉʉn ບັນຟືນ cut firewood, *v.*

bàng ບັງ hide, be in the sight of, block the view, *v.*

bâng ບັ້ງ tube, cylinder, chevron, *n.*

bàng-àat ບັງອາດ dare, indiscreet, be audacious, *v.*

bàng-bìat ບັງບຽດ oppress, *v.*

bàng-əən ບັງເອີນ happen by accident, by chance, *v., adv.*

bâng-fái ບັ້ງໄຟ rocket made of bamboo, *n.*

bâng-fái-dɔ̀ɔk ບັ້ງໄຟດອກ firecracker, *n.*

bàng-gəət ບັງເກີດ happen, *v.*
bàng-kap ບັງຄັບ force, obligate, *v.*
bàng-kap-bàn-sáa ບັງຄັບບັນຊາ command, control, *v.*
bàng-kap-kom-hĕeng ບັງຄັບຂົ່ມເຫງ oppress, threaten, *v.*
bâng-nâam ບ້ງນ້ຳ bamboo tube for water, *n.*
bân-gŏk ບັ້ນກົກ first part, *n.*
bâng-sìit ບັ້ງສີດ pump, *n.*
bâng-sùup ບັ້ງສູບ bellows, *n.*
bâng-sùut ບັ້ງສູດ multiplication table, *n.*
bàn-hăa ບັນຫາ problem, matter, *n.*
bàn-jòng ບັນຈົງ make neatly, be careful, *v.*
bàn-jŏp ບັນຈົບ make fit, join, complete, *v.*
bàn-jŭ ບັນຈຸ contain, insert, fill, pack, *v.*
bàn-jŭ-hìip ບັນຈຸຫີບ pack, *v.*
bàn-láng ບັນລັງ throne, *n.*
bàn-la-nyáai ບັນລະຍາຍ lecture, describe, narrate, *v.*
bàn-léeng ບັນເລງ play music, *v.*
bàn-lu ບັນລຸ attain, accomplish, achieve, *v.*
bàn-lu-pŏn ບັນລຸຜົນ succeed, *v.*
bàn-náa-gàan ບັນນາການ gift, tribute, *n.*
bàn-náa-ti-gàan ບັນນາທິການ editor, *n.*
bàn-pa-bùu-lŭt ບັນພະບູລຸດ ancester, *n.*

bàn-pa-sáa ບັນພະຊາ ordination, enter the monkhood, *n.*
bàn-pa-sit ບັນພະສິດ priest, monk, *n.*
bàn-sáa ບັນຊາ command, order, direct, *v.*
bàn-sáa-gàan-sŭung-sŭt ບັນຊາການສູງສຸດ supreme command, *n.*
bàn-tat ບັນທັດ line, ruler, *n.*
bàn-tat-tăan ບັນທັດຖານ standard, basis, criterion, *n.*
bàn-téeng ບັນເທີງ amuse, entertain, *v.*
bàn-tuk ບັນທຸກ transport, load, *v.*
bàn-tuk ບັນທຶກ note, record, *v., n.*
bào ເບົາ soft, gentle, light, make water, slow down, *adj., v.*
bào-bàang ເບົາບາງ sparse, ligten, *adj.*
bào-dtàa ເບົ້າຕາ eye socket, *n.*
bào-héeng ເບົາແຮງ be relieved, *v.*
bào-jài ເບົາໃຈ feel relieved, *v.*
bào-mǔu ເບົາມື be relieved of work, *v.*
bào-wăan ເບົາຫວານ diabetes, *n.*
băt ບັດ card, ticket, *n.*
băt-bpa-jàm-dtùa ບັດປະຈຳຕົວ identification card, *n.*
băt-nìi ບັດນີ້ now, *adv.*
băt-paan-bpa-dtùu ບັດຜ່ານປະຕູ ticket of admission, a pass, *n.*
băt-sə̆ən ບັດເຊີນ invitation card, *n.*

bêe ເບ້ wry, *v.*

bɛng ເບັ່ງ push away, strain, *v.*

bɛ̀ng ເບັ່ງ swell, swollen, *v., adj.*

bɛ̀ng-tɔ̂ɔng ເບັ່ງທ້ອງ swollen abdomen, *n.*

bět ເບັດ fishhook, *n.*

bĕ ເບະ break open, spread out, *v.*

bɛ̂e ເບ້ goat, *n.*

bɛ̀ɛk ເບກ carry on shoulder, tote, *v.*

bɛ̂e-mɛɛ ເບ້ແມ່ female goat, *n.*

bèen ເບນ flat, *adj.*

bèen-mɯ́ɯ ເບນມື open one's hand, *v.*

bèep ເບບ model, pattern, style, *n.*

bèep-hían ເບບຮຽນ textbook, lesson, *n.*

bèep-pɛ̌ɛn ເບບແຜນ model, plan, convention, custom, *n.*

bèep-pím ເບບພິມ proof copy, form, mold, *n.*

bèep-sa-bǎp ເບບສະບັບ standard, model, *n.*

bèep-yaang ເບບຢ່າງ example, *n.*

bɛ̂e-tǎk ເບ້ເຖິກ male goat, *n.*

beng ແບ່ງ separate, divide, split, *v.*

beng-bao ແບ່ງເບົາ relieve, lighten, *v.*

beng-bpàn ແບ່ງປັນ share, allot, *v.*

beng-ngə́n-bpàn-pǒn ແບ່ງເງິນປັນຜົນ pay a dividend, *v.*

beng-nyêek ແບ່ງແຍກ separate, divide, *v.*

bə̀əi-lóm ເບີຍລົມ expose to wind, *v.*

bə̀ək-bàan ເບີກບານ happy, lively, *adj.*

bə̀ək-kɔ̌ɔng ເບີກຂອງ distribute goods, *n.*

bə̀ək-kwáam ເບີກຄວາມ give evidence in court, *v.*

bə̀ək-ngə́n ເບີກເງິນ pay money, go get money, *v.*

bə̀ək-pa-nyáan ເບີກພະຍານ put a witness on the stand, *v.*

bə̀ək-táang ເບີກທາງ find a way out, break through, clear the way, *v.*

bəng ເບິ່ງ watch, look at, stare at, *v.*

bəng-dùu ເບິ່ງດູ look!, look at, *v.*

bəng-nyɛ́ɛng ເບິ່ງແຍງ look after, *v.*

bǐ ບິ divide, break, *v.*

bìa ເບຍ beer, *n.*

bìa ເບັຍ young plant, *n.*

bìa-bàm-náan ເບັຍບຳນານ pension, *n.*

bìa-bpa-gàn-pái ເບັຍປະກັນໄພ insurance premium, *n.*

bìa-líang ເບັຍລ້ຽງ allowance, *n.*

bìa-mɯ́ɯ ເບັຍມື per diem, *n.*

biao ບຽວ twisted, out of shape, *adj.*

bìat ບຽດ crowd, push, jostle (off the

biat-bìan / bǒt-péeng

road), *v.*

bìat-bìan ບຽດບຽນ mistreat, exploit, *v.*

bi-dàa ບິດາ father, *n.*

bi-dàa-máan-dàa ບິດາມານດາ parents, *n.*

bîi ບີ້ crush, pinch, squeeze, *v.*

bìip ບີບ squeeze, press, *v.*

bìip-bàng-kap ບີບບັງຄັບ oppress, *v.*

bìip-bîi ບີບບີ້ oppress, press, *v.*

bìip-en ບີບເອັນ massage, *v.*

bìip-gɛ̀ɛ ບີບແກ sound a horn, *v.*

bìip-kân ບີບຄັ້ນ oppress, *v.*

bìip-nâam-dtaa ບີບນ້ຳຕາ cause tears to flow, shed, false, fears, *v.*

bîn ບິນ fly, *v.*

bin ບິນ chip, nick, chipped, *v., adj.*

bin-fìat ບິນຟຽດ billiard, *n.*

bìn-ta-bàat ບິນທະບາດ beg alms, go about with a bowl to receive food (Buddhist monks), *v.*

bìt ບິດ twist, *v.*

bìt-bùan ບິດບ້ຽນ misrepresent, distort, *v.*

bìt-hǔu ບິດຫູ pinch the ear, *v.*

bìt-gàai ບິດກາຍ writhe, wriggle, *v.*

bìt-kíng ບິດຄີງ stretch, *v.*

bìt-kɔ̌ɔ ບິດຄໍ wring the neck, *v.*

bǒk ບົກ land, dry, on land, ashore, *n., adj., adv.*

bǒk-pɔng ບົກພ່ອງ deficient, *adj.*

bom ບົມ ripen, *v.*

bòm ບົມ bomb, *n.*

bon ບົ່ນ complain, *v.*

bòn ບົນ on top, upper, above, overland, bribe, vow, *adj., adv., prep, v.*

bong ບົ້ງ extricate, prick, puncture, pierce, *v.*

bông ບົ້ງ caterpillar, *n.*

bòng-gàan ບົ້ງການ dictate, order, direct, command, *v.*

bông-gùu ບົ້ງກື millipede, *n.*

bong-nǎam ບົ້ງໜາມ pull out a thorn, *v.*

bong-těng ບົ້ງເຖິງ refer to, *v.*

bòo ໂບ bow, ribbon, *n.*

book ໂບກ wave, *v.*

book-bpùun ໂບກປູນ plaster, *v.*

bòot ໂບດ chapel, church, *n.*

bǒt ບົດ crush, grind, writing, chapter, *v., n.*

bǒt-bàat ບົດບາດ role, part, *n.*

bǒt-bàng ບົດບັງ darken, block, *v.*

bǒt-gɔ̀ɔn ບົດກອນ poem, *n.*

bǒt-hǐan ບົດຮຽນ lesson, *n.*

bǒt-kǐan ບົດຂຽນ writing, *n.*

bǒt-kwáam ບົດຄວາມ text, article, *n.*

bǒt-la-kɔ́ɔn ບົດລະຄອນ play, script, *n.*

bǒt-nám ບົດນຳ preface, *n.*

bǒt-péeng ບົດເພງ song, words of a

bòt-wi-jàan ບົດວິຈານ commentary, *n.*

bɔ ເບາະ cushion, is that so?, *n., part.*

bɔ-kai ເບາະໄຂ່ hatch, *v.*

bɔn ບ່ອນ place, area, *n.*

bɔn-àa-sǎi ບ່ອນອາໄສ shelter, where to stay, *n.*

bɔn-dǎi ບ່ອນໃດ where, *adv.*

bɔn-gài ບ່ອນໄກ place far away, *n.*

bɔn-gǎk-kǎng ບ່ອນກັກຂັງ prison, *n.*

bɔn-gə̀ət ບ່ອນເກີດ birthplace, *n.*

bong-hǔu ບ່ອງຫູ pierce the ears, *v.*

bɔn-hom ບ່ອນຮົ່ມ shady spot, *n.*

bɔn-jɔ̀ɔt ບ່ອນຈອດ parking area, landing place, *n.*

bɔn-kǎng-nâam ບ່ອນຂັງນ້ຳ reservoir, *n.*

bɔn-kúa-gìn ບ່ອນຄົວກິນ kitchen, *n.*

bɔn-líi-pái ບ່ອນລີ້ໄພ place of refuge, shelter, *n.*

bɔn-nîi ບ່ອນນີ້ here, *adv.*

bɔn-nɔ́ɔn ບ່ອນນອນ bedroom, sleeping area, lodging, *n.*

bɔn-sǎa-táa-la-na ບ່ອນສາທາລະນະ public place, *n.*

bɔn-sǔung ບ່ອນສູງ highland, *n.*

bɔn-yuu ບ່ອນຢູ່ living place, location, accomodation, home, residence, *n.*

bɔɔ ບໍ່ not, no, source, origin, well, pond, mine, *adv., n.*

bɔɔ ບ the fourteenth consonant of the Lao alphabet (mid consonant), *n.*

bɔɔ-bpèn-nyǎng ບໍ່ເປັນຫຍັງ you are welcome, never mind, it doesn't matter

bɔɔ-dâi ບໍ່ໄດ້ not able to, impossible, *v., adj.*

bɔɔ-dìi ບໍ່ດີ bad, *adj.*

bɔɔ-dòn ບໍ່ດົນ not long, *adj.*

bɔɔ-dtèm-jài ບໍ່ເຕັມໃຈ unwilling, *adj.*

bɔɔ-dtǒk-lóng ບໍ່ຕົກລົງ disagree, *v.*

bɔɔ-dtɔ̂ɔng ບໍ່ຕ້ອງ must not, forget about it, be neccessary, *v.*

bɔɔ-gàm-not ບໍ່ກຳນົດ indefinite, *adj.*

bɔɔ-gə̀ət ບໍ່ເກີດ original place, source, *n.*

bɔɔ-hɛ́ɛ ບໍ່ແຮ່ mine, *n.*

bɔɔ-hûu-mɯa ບໍ່ຮູ້ເມື່ອ unconscious, *adj.*

bɔɔ-jàm-gǎt ບໍ່ຈຳກັດ unlimited, *adj.*

bɔ̀ɔk ບອກ tell, inform, notify, *v.*

bɔɔ-kə́əi ບໍ່ເຄີຍ never, not usually, *adv.*

bɔɔ-kúan ບໍ່ຄວນ ought not, *v.*

bɔɔ-li-bùun ບໍລິບູນ complete, perfect, *adj.*

bɔɔ-li-gàan ບໍລິການ service, *n., v.*

bɔɔ-li-hǎan ບໍລິຫານ execute, administer, manage, *v.*

bɔɔ-li-jàak ບໍລິຈາກ donate, donation,

v., n.

bɔɔ-li-pôok ບໍລິໂພກ consume, eat, *v.*
bɔɔ-li-săt ບໍລິສັດ company, *n.*
bɔɔ-li-sút ບໍລິສຸດ pure, virgin, *adj.*
bɔɔ-li-wáan ບໍລິວານ followers, satellite, *n.*
bɔɔ-li-wéen ບໍລິເວນ area, vicinity, region, *n.*
bɔɔ-mǎan ບໍ່ໝານ unlucky, *adj.*
bɔɔ-mĭi ບໍ່ມີ do (does) not have, *v.*
bɔɔ-mĭi-la-bìap ບໍ່ມີລະບຽບ disorderly, messy, *adj.*
bɔɔ-mĭi-nyăng ບໍ່ມີຫຍັງ nothing at all, *adj.*
bɔɔ-mĭi-wîak-het ບໍ່ມີວຽກເຮັດ unemployed, *adj.*
bɔɔ-nâam ບໍ່ນ້ຳ well, *n.*
bɔɔ-nâam-hɔ́ɔn ບໍ່ນ້ຳຮ້ອນ hot spring, *n.*
bɔɔ-nàa-sʉa ບໍ່ໜ້າເຊື່ອ unbelievable, incredible, *adj.*
bɔɔ-nɛɛ ບໍ່ແນ່ uncertain, unclear, *adj.*
bɔ́ɔng ບອງ put in water or alcohol, pickle, *v.*
bɔɔ-ngɔ̂ɔ ບໍ່ງໍ້ not care about, *v.*
bɔɔ-nʉk-bɔɔ-făn ບໍ່ນຶກບໍ່ຝັນ unexpected, *adj.*
bɔɔ-sàa-gɔɔ-wái ບໍ່ຊ້າກໍໄວ sooner or later, *adv.*
bɔɔ-sám-náan ບໍ່ຊຳນານ inexperienced, *adj.*
bɔɔ-sáo ບໍ່ເຊົາ incessant, continual, *adj.*
bɔɔ-sʉa ບໍ່ເຊື່ອ doubt, *v.*
bɔ̀ɔt ບອດ blind, *adj.*
bɔɔ-taan-hǐn ບໍ່ຖ່ານຫິນ coal mine, *n.*
bɔɔ-tán ບໍ່ທັນ not on time, *adv.*
bɔɔ-tùuk ບໍ່ຖືກ incorrect, wrong, *adj.*
bɔɔ-ǔt-bɔɔ-yàak ບໍ່ອຶດບໍ່ຢາກ abundant, *adj.*
bùa ບົວ lotus, *n.*
bùak ບວກ add, *v.*
bùak-kwáai ບວກຄວາຍ buffalo wallow, *n.*
bùak-nâam ບວກນ້ຳ puddle, *n.*
bùam ບວມ swell up, *v.*
bùam ບວມ swollen, *adj.*
bûan ບ້ວນ rinse, eject, *v.*
búang ບ່ວງ spoon, loop, lasso, *n.*
bûang-hɛ̂ɛo ບ້ວງແຮ້ວ snare, *n.*
buang-sǔang ບວງສວງ give offerings to (the gods), *v.*
bûan-nâm-láai ບ້ວນນ້ຳລາຍ spit, *v.*
bùat ບວດ enter the priesthood, *v.*
bùat-síi ບວດຊີ become a nun, *v.*
bû-bpàa ບຸປ່າ treck throught the forest, *v.*
bûi-bpàak ບຸ້ຍປາກ pout, *v.*
bŭk ບຸກ invade, trespass, penetrate, *v.*

bŭk-jòom-dtìi ບຸກໂຈມຕີ attack, raid, v.

bŭk-kón ບຸກຄົນ person, individual, n.

bŭk-luk ບຸກລຸກ invade, trespass, take over, v.

bǔ-la-na ບຸລະນະ restore, v.

bum-baam ບຸ່ມບ່າມ uncouth, rush in, adj., v.

bùn ບຸນ festival, merit, n.

bùng ບຸງ paddy basket, v.

bùn-kún ບຸນຄຸນ kindness, favor, n.

bǔp ບຸບ beat, broken, destroyed, v., adj.

bǔp-pa-bŏt ບຸບພະບົດ preposition, n.

bǔp-pa-sâat ບຸບພະຊາດ former birth, former incarnation, n.

bǔp-pée-săn-ni-wâat ບຸບເຜສັນນິວາດ the mating of souls, n.

bǔp-sa-lăai ບຸບສະຫລາຍ ruined, destroyed, adj.

bŭt-bùn-tám ບຸດບຸນທຳ step-child, adopted child, n.

bŭt-sáai ບຸດຊາຍ son, n.

bŭt-săao ບຸດສາວ daughter, n.

bùu-háan ບູຮານ ancient, adj.

bùu-háan-ka-dìi ບູຮານຄະດີ archaeology, n.

bùu-háan-wat-tǔ ບູຮານວັດຖຸ antique, n.

bùu-la-na ບູລະນະ repair, restore, v.

bùu-la-páa ບູລະພາ east, n.

bùu-lǔt ບູລຸດ person, man, n.

bùu-sáa ບູຊາ venerate, give offering, worship, v.

bùu-sáa-nyán ບູຊາຍັນ burn offering, kill as a sacrifice, v.

bùut ບູດ rancid, go bad, adj., v.

bɯa ເບື່ອ bored, poisoned, tired, fed up with, adj.

bɯa-àa-hăan ເບື່ອອາຫານ lose one's appetite, v.

bɯa-naai ເບື່ອໜ່າຍ sick and tired of, adj.

bɯang ເບື້ອງ side, direction, n.

bɯang-dtôn ເບື້ອງຕົ້ນ preliminary, the beginning, n.

bɯang-kwăa ເບື້ອງຂວາ right side, n.

bɯang-lăng ເບື້ອງຫລັງ back, behind, n., adv.

bɯang-nàa ເບື້ອງໜ້າ front, in front of, n., adv.

bɯang-sáai ເບື້ອງຊ້າຍ left side, n.

bɯk ບຶກ giant cat-fish, n.

bɯk-bɯn ບຶກບຶນ strive, struggle, stunt, v., adj.

bɯng ບຶງ pond, lake, n.

bɯng ບຶ້ງ sulky, pouty, adj.

bɯt-dìao ບຶດດຽວ a moment, n.

bp (ປ)

bpă ປະ divorce, abandon, *v.*
bpaa ປ່າ forest, wild, jungle, *n.*
bpaa ປາ fish, *n.*
bpâa ປ້າ aunt (elder sister of one's parent), an aunt by marriage (to older sibling of one's parent), *n.*
bpàa-bŭk ປາບຶກ giant catfish, *n.*
bpàa-dèek ປາແດກ fermented mud fish, *n.*
bpàa-dìp ປ່າດິບ ever green forest, *n.*
bpàa-dùk ປາດຸກ catfish, *n.*
bpaa-gŏt ປາກົດ appear, be apparent, *v.*
bpàai ປາຍ end, edge, point, tip, *n.*
bpàai ປ້າຍ signboard, sign, label, *n.*
bpàai-dtìt-pa-gàat ປ້າຍຕິດປະກາດ bulletin board, *n.*
bpàai-kóo-sa-nàa ປ້າຍໂຄສະນາ billboard, advertisement, *n.*
bpàai-nìu-múu ປາຍນິ້ວມື finger tip, *n.*
bpàai-táang ປາຍທາງ destination, *n.*
bpàak ປາກ mouth, opening, speak, *n., v.*
bpàak-aao ປາກອ່າວ gulf entrance, *n.*
bpàa-kám ປາຄຳ goldfish, *n.*
bpàak-bɔɔn ປາກບອນ gossiping, *adj.*
bpàak-bpao ປາກເປົ່າ oral, *adj.*
bpàak-gàa ປາກກາ pen, *n.*
bpàak-gâa ປາກກ້າ insolent, brave, *adj.*
bpàak-gàa-sŭm ປາກກາຊຶມ fountain pen, *n.*
bpàak-ga-bɔ̀ɔk-bpùun ປາກກະບອກປືນ muzzle, *n.*
bpàak-gùuk ປາກກຶກ mute, dumb, *adj.*
bpàak-hâai ປາກຮ້າຍ cursing, vulgar tongue, *adj., n.*
bpàak-kĕng ປາກແຂງ obstinate in words, *adj.*
bpàak-kóm ປາກຄົມ sharp-tongued, *adj.*
bpàak-kɔ̀ɔt ປາກຂອດ speak clearly, *v.*
bpàak-nâam ປາກນ້ຳ estuary, *n.*
bpàak-pùu-kăo-fái ປາກພູເຂົາໄຟ crater, mouth of a volcano, *n.*
bpàak-wăan ປາກຫວານ fair of speech, *adj.*
bpàak-wâo ປາກເວົ້າ speak, talk, chat, *v.*
bpàak-wɛŋ ປາກແຫວ່ງ harelip from birth defect, *n.*
bpàa-lăi ປາໄຫຼ eel, *n.*
bpaa-mâi ປ່າໄມ້ forestry, *n.*
bpaan ປານ jute, ramie, *n.*
bpàan ປານ as, like, *prep.*

bpàan ป่าน irrigate, bar, *v.*

bpàan-dǎi ป่านใด when, *adv.*

bpàan-dòng ป่านดົງ skin disease, *n.*

bpàang-dtàai ปางตาย mortally, *adv.*

bpàang-gɔ̀ɔn ปางก่อน last world, past life, *n.*

bpàang-lǎng ปางหลัง in the past, past life, *adv.*

bpàa-nǐi ปานี show pity for, be kind to, have compassion for, *v.*

bpàan-kúu ป่านคู bike, dam, *v., n.*

bpàan-nâam ป่านน้ำ irrigate, *v.*

bpàan-waa ป่านว่า as if, as, *conj., prep.*

bpaao ป่าว inform, notify, *v.*

bpaao-bpa-gàat ป่าวประกาศ proclaim, announce, *v.*

bpaao-dtɯ̀an ป่าวเตือน warn, publicise, *v.*

bpaao-hɔ̂ɔng ป่าวร้อง announce publicly, *v.*

bpàap ป่าป put under one's control, conquer, suppress, *v.*

bpaa-pai ป่าไผ่ bamboo grove, *n.*

bpàap-bpɯ̂ɯm ป่าปปึม delight, *adj.*

bpaa-sâa ป่าช้า cemetery, *n.*

bpàa-sàat ป่าสาด castle, *n.*

bpàa-sa-lǎam ป่าสะหลาม shark, *n.*

bpàa-sǐu ป่าซิว tiny carp, *n.*

bpàa-sɔ̀i ป่าส้อย small fish, *n.*

bpàat ปาด slice, operate, cut, *v.*

bpàa-ta-ga-tǎa ปาถะกะถา speech, preach, *n.*

bpàat-ta-nǎa ปาดถะหนา wish, desire, *v.*

bpàa-tuu ปาทู mackerel, *n.*

bpàa-tup ป่าทึบ jungle, *n.*

bpàa-wáan ป่าวาน whale, *n.*

bpǎ-bpàa ปะป่า water supply, *n.*

bpǎ-bpɯ̀ai ปะเปือย naked, nude, *adj.*

bpa-dǎp ปะดับ decorate, *v.*

bpa-dìt ปะดิด invent, *v.*

bpa-dòng ปะดง eczema, *n.*

bpa-dtǎng ปะตั้ง patent, *n.*

bpa-dtǐ-bǎt ปะติบัด perform, act, treat, conduct, practice, carry out, *v.*

bpa-dtǐ-bǎt-dtàam ปะติบัดตาม do as recommended, comply, *v.*

bpa-dtǐ-bǎt-ngáan ปะติบัดงาน operate, perform work, *v.*

bpa-dtǐ-hûup ปะติรูป reform, *v.*

bpa-dtǐ-sǎng-kɔ̌ɔn ปะติสังออน repair, restore, *v.*

bpa-dtǐ-sèet ปะติเสด deny, *v.*

bpa-dtǐ-sǒn-tí ปะติสมทิ be born, take birth, *v.*

bpa-dtǐ-tín ปะติทิน calendar, *n.*

bpa-dtǐ-wat ປະຕິວັດ revolution, *n.*
bpa-dtùu ປະຕູ door, gate, *n.*
bpa-dtùu-sái ປະຕູໄຊ triumphal arch, *n.*
bpa-gàai ປະກາຍ spark, *n.*
bpa-gàa-láng ປະກາລັງ coral, *n.*
bpa-gàan ປະການ matter, sort, ways, kinds, respects, counts, *n.*
bpa-gàa-sǐt ປະກາສິດ command, decree, commandmant, *n.*
bpa-gàat ປະກາດ announce, publicies, declare, a notice, notification, announcement, *v., n.*
bpa-gàat-kóo-sa-náa ປະກາດໂຄສະນາ advertise, *v.*
bpa-gàat-sâi ປະກາດໃຊ້ enforce, *v.*
bpa-gàat-sa-ni-nya-bǎt ປະກາດສະນີຍະບັດ certificate, *n.*
bpa-gàat-sǒng-káam ປະກາດສົງຄາມ declare war against, *v.*
bpa-gàn ປະກັນ warrant, insure, *v.*
bpa-gàn-pái ປະກັນໄພ insurance, *n.*
bpa-gàn-sǐi-wit ປະກັນຊີວິດ life insurance, *n.*
bpa-gǒp ປະກົບ join face to face, mesh, put together, *v.*
bpa-gǒt ປະກົດ appear, seem, *v.*
bpa-gǒt-pǒn ປະກົດຜົນ result, outcome, *v.*

bpa-gɔ̀ɔp ປະກອບ fit, assemble, put together, *v.*
bpa-gɔ̀ɔp-dûai ປະກອບດ້ວຍ be composed of, *v.*
bpa-gùat ປະກວດ contest, *v.*
bpa-hǎan ປະຫານ put to death, *v.*
bpa-hǎan-sǐi-wit ປະຫານຊີວິດ execute, *v.*
bpa-hǎt-bpa-hǎan ປະຫັດປະຫານ destroy, *v.*
bpài ໄປ go, proceed, *v.*
bpài-dtɔ̂ɔn ໄປຕ້ອນ go to meet, welcome, *v.*
bpài-dûai ໄປດ້ວຍ accompany, *v.*
bpài-hǎa ໄປຫາ go to see, *v.*
bpài-hap ໄປຮັບ pick up, *v.*
bpài-lìn ໄປຫຼິ້ນ go out for pleasure, *v.*
bpài-nái-múang ໄປໃນເມືອງ go downtown, *v.*
bpài-nɔ̂ɔk ໄປນອກ go aboard, *v.*
bpài-nɔ́ɔn ໄປນອນ go to bed, *v.*
bpài-nyaang-lìn ໄປຍ່າງຫຼິ້ນ go for a walk, *v.*
bpài-sǎi ໄປໃສ where are you going?
bpài-sǎi-máa ໄປໃສມາ where have you been?
bpài-sa-nǐi ໄປສະນີ post office, *n.*
bpài-sa-nǐi-nya-bǎt ໄປສະນີຍະບັດ

bpài-song ໄປສົ່ງ go to see someone off, *v.*

bpài-tǔng ໄປເຖິງ arrive, reach, *v.*

bpài-tu-la ໄປທຸລະ go on business, *v.*

bpài-yáam ໄປຢາມ visit someone, *v.*

bpa-jǎan ປະຈານ condemn publicly, humiliate publicly, *v.*

bpa-jǎk ປະຈັກ be clear, convinced, *v.*

bpa-jǎm ປະຈຳ permanent, *adj.*

bpa-jǎm-bpìi ປະຈຳປີ annually, *adv.*

bpa-jǎm-dùan ປະຈຳເດືອນ monthly, menstruation, *adv., n.*

bpa-jǎm-gàan ປະຈຳການ be in service, *v.*

bpa-jǎm-mûu ປະຈຳມື້ daily, *adv.*

bpa-jǎm-yuu ປະຈຳຢູ່ be situated at, *v.*

bpa-jǎn-bàan ປະຈັນບານ fight hand to hand with, *v.*

bpa-jǒn ປະຈົນ confront, fight against, *v.*

bpa-jǒp ປະຈົບ make neatly, join, flatter, play the toady, *v.*

bpa-jǒp-bpa-jèeng ປະຈົບປະແຈງ flatter, play the toady, *v.*

bpa-jùap ປະຈວບ happen, *n.*

bpa-ju-bǎn ປະຈຸບັນ now, the present, *adv., n.*

bpǎk ປັກ stick, sting, pitch, plant, embroider, *v.*

bpa-kéen ປະເຄນ present (to monks), hand, *v.*

bpǎk-gìng ປັກກິ່ງ Beijing, *n.*

bpǎk-jǎi ປັກໃຈ determine, be set, *v.*

bpa-kɔ́ɔng ປະຄອງ support, handle carefully, *v.*

bpa-làat ປະຫລາດ strange, odd, *v., adj.*

bpa-làat-jǎi ປະຫລາດໃຈ astonished, surprised, *adj.*

bpa-lɔ́ɔng ປະລອງ practice, test, military or naval exercise, *v.*

bpâm ປ້ຳ wrestle, force, rape, *v.*

bpa-máan ປະມານ estimate, calculate, *v., prep.*

bpa-màat ປະຫມາດ underestimate, be careless, *v.*

bpa-mə́ən ປະເມີນ assess, *v.*

bpa-móng ປະມົງ fishing, *n.*

bpa-múan ປະມວນ compile, *v.*

bpa-muk ປະມຸກ chief, president, leader, *n.*

bpa-múun ປະມູນ auction, propose, *n., v.*

bpa-múun-láa-káa ປະມູນລາຄາ bid, submit a tender, *v.*

bpan ປັ່ນ spin, turn, *v.*

bpàn ປັນ divide, share, *v.*

---

a b **bp** d dt e ɛ ə f g h i j k l m n ng ny o ɔ p s t u ʉ w y

bpân ປັ້ນ mold, sculpture by molding, form, *v.*

bpă-nàa-tii ປະຫນ້າທີ່ leave work, *v.*

bpàn-hăa ປັນຫາ matter, problem, question, *n.*

bpân-hûup ປັ້ນຮູບ make clay images, *v.*

bpa-nîi-bpa-nɔ́ɔm ປະນີປະນອມ compromise, *v.*

bpân-mɔ̂ɔ ປັ້ນຫມໍ້ make pots, *v.*

bpàn-nyáa ປັນຍາ common sense, mind, intellect, wisdom, *n.*

bpàn-suan ປັນສ່ວນ share, ration, allot, *v.*

bpa-nyăt ປະຫຍັດ save, be frugal, *v.*

bpa-nyăt-ngəń ປະຫຍັດເງິນ save money, *v.*

bpa-nyăt-wée-láa ປະຫຍັດເວລາ save time, *v.*

bpa-nyòot ປະໂຫຍດ useful, *adj.*

bpao ເປົ່າ empty, naked, bare, blast, play a wind instrument, *adj., v.*

bpào ເປົ້າ sack, *n.*

bpào ເປົ້າ target, *n.*

bpâo-măai ເປົ້າຫມາຍ goal, target, *n.*

bpăp ປັບ adjust, tune, fine, *v.*

bpa-pán ປະພັນ compose, *v.*

bpăp-bpung ປັບປຸງ improve, *v.*

bpa-pée-nii ປະເພນີ tradition, custom, *n.*

bpăp-măi ປັບໃຫມ fine, *v.*

bpa-put ປະພືດ behave, conduct, *v.*

bpa-put-dton ປະພຶດຕົນ behave, *v.*

bpa-săa ປະສາ manner, way, *n.*

bpa-sáa-gɔ́ɔn ປະຊາກອນ population, *n.*

bpa-sáa-ma-dtĭ ປະຊາມະຕິ public opinion, *n.*

bpa-săan ປະສານ put together, weld, *v.*

bpa-săan-ngáa ປະສານງາ collide, *v.*

bpa-săan-ngáan ປະສານງານ coordinate, *v.*

bpa-sáa-sàat ປະຊາຊາດ nation, *n.*

bpa-sáa-sŏn ປະຊາຊົນ people, *n.*

bpa-sàat ປະສາດ nerve, *n.*

bpa-sáa-ti-bpa-dtài ປະຊາທິປະໄຕ democracy, *n.*

bpa-sán ປະຊັນ compete, rival, *v.*

bpa-sə́ən ປະເຊີນ encounter, conflict, *v.*

bpa-sə̀ət ປະເສີດ excellent, superb, sublime, *adj.*

bpa-sit ປະຊິດ approach, adjoin, *v.*

bpa-sit-ti-pâap ປະສິດທິພາບ efficiency, *n.*

bpa-sŏm ປະສົມ mix, *v.*

bpa-sŏm-bpa-săan ປະສົມປະສານ accumulate, mix, assimilate, *v.*

bpa-sŏm-pán ປະສົມພັນ cross-breed, have intercourse (for animal), *v.*

bpa-sŏng ປະສົງ desire, *v.*

bpa-sŏp ປະສົບ meet, encounter, *v.*

bpa-sot ປະຊົດ be sarcastic, *v.*

bpa-súm ປະຊຸມ meet, assemble, have a meeting, *v.*

bpa-su-sǎt ປະສຸສັດ domestic animal, *n.*

bpa-sùut ປະສູດ birth, give girth, *n., v.*

bpăt ປັດ wipe, swipe, sweep, *v.*

bpa-ta ປະທະ clash against, collide head on, *v.*

bpa-táan ປະທານ chariman, *n.*

bpa-táa-náa-ti-bɔ̀ɔ-dìi ປະທານາທິບດີ president, *n.*

bpa-tap-dtàa ປະທັບຕາ seal, stamp a seal, *v.*

bpa-ta-pîi ປະທະຜີ earth, *n.*

bpa-tap-jài ປະທັບໃຈ impress, *v.*

bpa-têet ປະເທດ country, *n.*

bpa-têet-láao ປະເທດລາວ Laos, *n.*

bpăt-fun ປັດຝຸ່ນ dust, *v.*

bpăt-gwàat ປັດກວາດ sweep, *v.*

bpa-tîip ປະທີບ light, *n.*

bpăt-ju-bàn ປັດຈຸບັນ the present, nowadays, *n., adv.*

bpa-tŏm ປະຖົມ elementary, *adj.*

bpa-tŏm-ma-lə̀ək ປະຖົມມະເລີກ first time, auspicious inauguration, *n.*

bpa-tŏm-pa-nyáa-bàan ປະຖົມພະຍາບານ first aid, *n.*

bpa-tŏm-sŭk-sǎa ປະຖົມສຶກສາ elementary education, *n.*

bpa-tu ປະຕູ break out, *v.*

bpa-tûang ປະທ້ວງ protest, strike, *v.*

bpa-tu-hâai ປະທຸຮ້າຍ do harm to, *v.*

bpa-wǎt ປະຫວັດ story, history, record, chronology, *n.*

bpa-wǎt-gàan ປະຫວັດການ record, epoch, history, *n.*

bpa-wǎt-sàat ປະຫວັດສາດ history, *n.*

bpa-wée-nii ປະເວນີ sexual intercourse, *n.*

bpee ເປ hammock, *n.*

bpèn ເປັນ be, living, alive, *v., adj.*

bpèn-bâa ເປັນບ້າ crazy, insane, *adj.*

bpèn-baao ເປັນບ່າວ reach manhood, grown, be mature, *v.*

bpèn-bàat ເປັນບາດ wounded, *adj.*

bpèn-bpàan ເປັນປານ have a birth mark, *v.*

bpèn-bpài-dâi ເປັນໄປໄດ້ impossible, *adj.*

bpèn-bpa-jăm ເປັນປະຈຳ regularly, habitually, *adv.*

bpèn-bpa-nyòot ເປັນປະໂຫຍດ useful, *adj.*

bpèn-bpa-táan ເປັນປະທານ be president, preside over, *v.*

bpèn-bpɔ̀ɔp ເປັນປອບ possessed by evil spirit, *adj.*

bpèn-dtàa-ngɯt ເປັນຕາງຶດ amazing, *adj.*

bpèn-dtàa-sáng ເປັນຕາຊັງ hateful, odious, cute, *adj.*

bpèn-dtòm ເປັນຕົມ muddy, *adj.*

bpèn-dtôn ເປັນຕົ້ນ for example, and others also, *adv.*

bpèn-dtôn-máa ເປັນຕົ້ນມາ from then until now, *adv.*

bpèn-fang-bpèn-fǎa ເປັນຝັ່ງເປັນຝາ settle down, *v.*

bpèn-fɔ́ɔng ເປັນຟອງ bubble, *v.*

bpeng ເປັ່ງ speak out loud, *v.*

bpèn-gàang ເປັນກາງ be neutral, *v.*

bpèn-ga-bǒt ເປັນກະບົດ rebel, *v.*

bpèn-gàn-èeng ເປັນກັນເອງ informal, cordial, *adj.*

bpèn-gìat-gɛɛ ເປັນກຽດແກ່ in honor of, *prep.*

bpèn-hèet ເປັນເຫດ cause, problem, *v.*

bpèn-huang ເປັນຫ່ວງ worry, concern, be anxious, *v.*

bpèn-jǔt ເປັນຈຸດ spotted, *adj.*

bpèn-ka-bǒt ເປັນກະບົດ in rebellion, *adv.*

bpèn-kài ເປັນໄຂ້ have a fever, *v.*

bpèn-kâng-káao ເປັນຄັ້ງຄາວ now and then, *adj.*

bpèn-kɔ̌ɔng ເປັນຂອງ belong to, *v.*

bpèn-kwáam-jìng ເປັນຄວາມຈິງ true, *adj.*

bpèn-kuu ເປັນຄູ່ in pairs, *adv.*

bpèn-kûɯn ເປັນຄື້ນ wavy, *adv.*

bpèn-láai-lak-ǎk-sɔ̌ɔn ເປັນລາຍລັກອັກສອນ in writing, *adj., adv.*

bpèn-lǎm-dáp ເປັນລຳດັບ in order, *adv.*

bpèn-lóm ເປັນລົມ faint, *v.*

bpèn-lôok ເປັນໂລກ suffer from an illness, *v.*

bpèn-mǎn ເປັນຫັນ sterile, *adj.*

bpèn-muu ເປັນໝູ່ in groups, *adv.*

bpèn-mɯ̂ak ເປັນເມືອກ slimy, *adj.*

bpèn-nîi ເປັນໜີ້ in debt, own, *adj., v.*

bpèn-ngáo ເປັນເງົາ shining, glossy, *adj.*

bpèn-nɔ̌ɔng ເປັນໜອງ full of pus, have pus, *adj., v.*

bpèn-nyǎng ເປັນຫຍັງ what is the matter?

bpèn-pa-nyáan ເປັນພະຍານ be a witness, *v.*

bpèn-pa-nyâat ເປັນພະຍາດ be sick, ill, *v.*

bpèn-pit ເປັນພິດ toxic, venomous, poisonous, *v.*

bpèn-pǒn-sǎm-lět ເປັນຜົນສຳເລັດ be successful, *v.*

bpèn-pûan ເປັນເພື່ອນ become friends, *v.*

bpèn-sòot ເປັນໂສດ be single, bachelor, *adj., n.*

bpèn-suan ເປັນສ່ວນ in parts, *adj.*

bpèn-suan-lǎai ເປັນສ່ວນຫລາຍ for the most part, *adj.*

bpèn-sǔk ເປັນສຸກ happy, *adj.*

bpèn-tâang-gàan ເປັນທາງການ official, formally, *adj., adv.*

bpèn-tám ເປັນທຳ just, *adj.*

bpèn-těeo ເປັນແຖວ lined up, *adj.*

bpèn-tôot ເປັນໂທດ guilty, harmful, *adj.*

bpèn-wǎt ເປັນຫວັດ have a cold, *v.*

bpèn-wɔ̌ɔ ເປັນວໍ້ rabid, *adj.*

bpět ເປັດ duck, *n.*

bpět-gai ເປັດໄກ່ poultry, *n.*

bpět-nâam ເປັດນ້ຳ wild duck, teal, *n.*

bpě ແປະ close to, patch, put on, apply, *v.*

bpèe ແປ flat, translate, interpret, *adj., v.*

bpèe-hŭan ແປເຮືອນ top beam of the house, *n.*

bpèek ແປກ strange, odd, *adj.*

bpèek-bpa-làat ແປກປະຫລາດ odd, strange, *adj.*

bpèek-bpɔ̂ɔm ແປກປອມ be in disguise, counterfeit, *v., adj.*

bpèek-jai ແປກໃຈ surprised, *adj.*

bpèek-nàa ແປກໜ້າ stranger, *n.*

bpěen ແປນ smooth, clean, *n.*

bpêeng ແປງ repair, fix, brush, transform, plot of land, brush, *v., n.*

bpêeng ແປ້ງ flour, powder, *n.*

bpêeng-lào ແປ້ງເຫຼົ້າ yeast, *n.*

bpêeng-pǎt-kèo ແປງຜັດແຂ້ວ tooth brush, *n.*

bpêeng-pǎt-nàa ແປ້ງຜັດໜ້າ face powder, *n.*

bpêeng-pǎt-pǒm ແປງຜັດຜົມ hair brush, *n.*

bpêeng-sǎa-lii ແປ້ງສາລີ corn flour, *n.*

bpèeo ແປວ flow, flame, *n.*

bpèeo-fái ແປວໄຟ flame, *n.*

bpèe-pâa-sǎa ແປພາສາ translate, interpret, *v.*

bpèe-waa ແປວ່າ mean, be translated as, *v.*

bpên ແປ້ນ panel, plank, board, *n.*

bpên-ga-dàan ແປ້ນກະດານ board, *n.*

bpên-mâa ແປ້ນມ້າ bench, *n.*

bpên-nâam ແປ້ນນ້ຳ water pipe, *n.*

bpě-sài ແປະໃສ່ put on, apply, *v.*

bpəət ເປີດ open, turn on, *v.*

bpəət-nàai ເປີດໝາຍ be tired of, fed up, *v.*

bpəət-pə̌əi ເປີດເຜີຍ reveal, *v.*

bpia ເປັຍ paralysed, lame, *adj.*

bpìak ປຽກ wet, *adj.*

bpian ປຽນ change, convert, swap, *v.*

bpian-bpɛ̀ɛng ປຽນແປງ change, *v.*

bpian-dtua ປຽນຕົວ substitute, *v.*

bpiang ປຽງ piece, slice, *n.*

bpian-gàn ປຽນກັນ exchange, *v.*

bpian-jài ປຽນໃຈ change one's mind, *v.*

bpiao ປຽວ alone, *adv.*

bpiao-jài ປຽວໃຈ lonely, *adj.*

bpìap ປຽບ compare, *v.*

bpìap-tîap ປຽບທຽບ compare to, *v.*

bpi-dtī-nyin-dìi ປີຕີຍິນດີ happy, *adj.*

bpii ປີ່ flute, *n.*

bpìi ປີ year, *n.*

bpǐi ປີ້ ticket, *n.*

bpìi-gàai-nìi ປີກາຍນີ້ last year, *n.*

bpìi-gàan-sǔk-sǎa ປີການສຶກສາ academic year, *n.*

bpìi-gɔ̀ɔn ປີກ່ອນ the year before last, *n.*

bpìi-gûai ປີກ້ວຍ banana flower, *n.*

bpìik ປີກ wing, *n.*

bpìi-lɛ́ɛo-bpìi-lao ປີແລ້ວປີເລົ່າ year after year, *adv.*

bpìi-mai ປີໃໝ່ new year, *n.*

bpìin ປີນ climb by crawling, *v.*

bpìi-nàa ປີໜ້າ next year, *n.*

bpìi-sàat ປີສາດ devil, demon, *n.*

bpin ປິນ spin, turn, bake, *v.*

bpìn ປີ້ນ change mind, rotate, flip, *v.*

bpin-bpua ປິນປົວ care for, treat, *v.*

bpìn-dtoo ປິ່ນໂຕ tiffin carrier, *n.*

bping ປີງ leech, *n.*

bpîng ປີ້ງ grill, barbecue, *v.*

bpǐt ປິດ close, stop, shut, conceal, block, *v.*

bpǐt-bàng ປິດບັງ hide, *v.*

bpǐt-fái ປິດໄຟ turn off the light, *v.*

bpiu ປີວ blow in the wind, fly, *v.*

bpòk ປົກ cover, conceal, *n.*

bpŏk-bpǐt ປົກປິດ hide, conceal, *v.*

bpŏk-bpɔ̂ɔng ປົກປ້ອງ protect, *v.*

bpŏk-ga-dtĭ ປົກກະຕິ normal, *adj.*

bpŏk-kɔ́ɔng ປົກຄອງ govern, rule, *v.*

bpon ປົນ grind, crash, *v.*

bpon ປົ່ນ crushed fish dish seasoned with Lao sauce, *v.*

bpong ປົງ bloom, *v.*

bpong-dɔ̀ɔk ປົງດອກ bloom, *v.*

bpòng-jài ປົງໃຈ decide, *v.*

bpong-sŏp ປົງສົບ cremate a corpse, *v.*

bpòo ໂປ swollen, *adj.*

bpôo ເປ nude, *adj.*
bpôo-múu ໂປ້ມື thumb, *n.*
bpoong ໂປ່ງ clear, *adj.*
bpoong-săi ໂປ່ງໃສ transparent, *adj.*
bpoong-sĕeng ໂປ່ງແສງ translucent, *adj.*
bpòot ໂປດ please, *v.*
bpòot-bpàan ໂປດປານ show love for, favor, *v.*
bpŏp ປົບ escape, *v.*
bpŏt ປົດ remove, unloose, undo, release, *v.*
bpŏt-àa-wut ປົດອາວຸດ disarm, *v.*
bpŏt-bpɔi ປົດປ່ອຍ free, liberate, *v.*
bpɔi ປ່ອຍ release, free, *v.*
bpɔi-bpài ປ່ອຍໄປ set free, *v.*
bpɔi-bpă-la-lòei ປ່ອຍປະລະເລີຍ abandon, *v.*
bpɔi-hài ປ່ອຍໃຫ້ leave, *v.*
bpɔi-hài-pôn-tôot ປ່ອຍໃຫ້ພົ້ນໂທດ acquit, exonerate, *v.*
bpɔi-tìm ປ່ອຍຖິ້ມ omit, abandon, *v.*
bpɔn ປ່ອນ send down to, put in, *v.*
bpɔn-băt ປ່ອນບັດ cast one's vote, *v.*
bpɔng ປ່ອງ hole, funnel, vent, long-verticle -opening, *n.*
bpɔng-fái ປ່ອງໄຟ chimney, *n.*
bpɔng-gàn ປ້ອງກັນ prevent, protect, defend, *v.*
bpɔng-kwăn ປ່ອງຄວັນ smoke-stack, *n.*
bpɔng-yìam ປ່ອງຢ້ຽມ window, *n.*
bpɔɔ ປ the fifteenth consonant of the Lao alphabet (mid consonant), *n.*
bpɔ̀ɔi ປ້ອຍ curse, *v.*
bpɔ̀ɔk ປອກ peel, collar, pillow slip, *v., n.*
bpɔ̀ɔk-kĕen ປອກແຂນ bracelet, *n.*
bpɔ̀ɔk-kŏɔ ປອກຄໍ collar, *n.*
bpɔ̀ɔk-mɔ̆ɔn ປອກໝອນ pillow case, *n.*
bpɔ̀ɔk-múu ປອກມື thimble, *n.*
bpɔ̀ɔm ປອມ fake, false, counterfeit, *adj.*
bpɔ̀ɔm-bpɛ̀ɛng ປອມແປງ falsify, *v.*
bpɔ̀ɔm-dtùa ປອມຕົວ disguise, *v.*
bpɔ̀ɔm-năng-sŭu ປອມໜັງສື forge a document, *v.*
bpɔ̂ɔn ປ້ອນ feed (food), *v.*
bpɔ̂ɔn-lûuk ປ້ອນລູກ feed a child, *v.*
bpɔ̂ɔng ປ້ອງ aim, be after, *v.*
bpɔ̀ɔp ປອບ console, soothe, evil spirit, *v., n.*
bpɔ̀ɔp-jài ປອບໃຈ console, *v.*
bpɔ̀ɔt ປອດ lungs, *n.*
bpɔ̀ɔt-hèng ປອດແຫ້ງ tuberculosis, *n.*
bpɔ̀ɔt-pái ປອດໄພ be safe, *v.*
bpùa ປົວ cure, treat, *v.*
bpuai ປ່ວຍ ill, sick, *adj.*
bpùak ປວກ termite, *n.*

bpuang ປ່ວງ insane, *adj.*
bpùang ປວງ all, *adv.*
bpùang-sŏn ປວງຊົນ the mass, the public, *n.*
bpùat ປວດ ache, hurt, *v.*
bpùat-kíing ປວດຄີງ ache all over the body, *v.*
bpui ປຸຍ hairy, fluffy, *adj.*
bpŭi ປຸຍ fertilizer, *n.*
bpŭk ປຸກ wake someone up, build, *v.*
bpŭk-hŭan ປຸກເຮືອນ build a house, *v.*
bpŭk-jai ປຸກໃຈ arouse, incite, *v.*
bpŭk-sâang ປຸກສ້າງ build, *v.*
bpum ປຸ່ມ knob, lump, button, *n.*
bpûn ປຸ້ນ plunder, rob, *v.*
bpûn-tóong ປຸ້ນທ້ອງ feel nauseous, *v.*
bpuu ປູ່ paternal grandfather, *n.*
bpùu ປູ crab, spread, lay, pave, make (the bed), *n., v.*
bpûu ປູ້ worn out, dull, *adj.*
bpuu-jâo ປູ່ເຈົ້າ forest god, *n.*
bpùuk ປູກ grow, plant, build, erect, *v.*
bpùu-kém ປູເຄັມ pickled crab, *n.*
bpùuk-făng ປູກຝັງ educate, establish, *v.*
bpuun ປູນ lime, *n.*
bpùu-náa ປູນາ land crab, *n.*
bpuun-kăao ປູນຂາວ lime, *n.*
bpuun-sĭi-máng ປູນສີມັງ cement, *n.*
bpuu-nyaa-dtàa-nyáai ປູ່ຍ່າຕາຍາຍ ancestors, grandparents, *n.*
bpùu-pàa ປູຜ້າ spread a cloth, *v.*
bpùu-pǒm ປູພົມ lay a carpet, *v.*
bpùu-sàat ປູສາດ spread out a mat, *v.*
bpùu-yàang ປູຢາງ asphalt a road surface, *v.*
bpɯ̀ai ເປືອຍ rotten, gone wrong, *adj.*
bpɯ̌ai ເປືອຍ naked, nude, *adj.*
bpɯ̌ai-gàai ເປືອຍກາຍ naked, nude, *adj.*
bpɯ̀ak ເປືອກ bark, husk, shell, skin, *n.*
bpɯ̀ak-kào ເປືອກເຂົ້າ husk of rice, *n.*
bpɯ̀ak-mâi ເປືອກໄມ້ bark of tree, *n.*
bpɯ̀an ເປື້ອນ dirty, messy, *adj.*
bpɯ̀an-bpə ເປື້ອນເປິ stain, *v.*
bpɯ̀ang ເປືອງ cost too much, waste, consume, *v.*
bpɯ̀ang-ngǝ́n ເປືອງເງິນ cost money, *v.*
bpɯ̌k-sǎa ປຶກສາ consult, discuss with, *v.*
bpɯ̂m ປຶ້ມ book, *n.*
bpɯ̂m-kĭan ປຶ້ມຂຽນ notebook, *n.*
bpɯ̌ɯn ປືນ gun, *n.*
bpɯ̌ɯn-pok ປືນພົກ pistol, *n.*
bpɯ̌ɯn-nyáao ປືນຍາວ rifle, *n.*
bpɯ̌ɯn-nyai ປືນໃຫຍ່ cannon, *n.*
bpɯ̌ɯn-sàn ປືນສັ້ນ musket, *n.*

d (ດ)

daa ດ່າ scold, curse, criticize, vilify, *v.*
daa-bpɔ̀ɔi ດ່າປ້ອຍ insult, curse, *v.*
dàa-hɛ̌ɛ ດາແຫ ready a casting net, *v.*
dâai ດ້າຍ cotton thread, string, *n.*
dâai-mǎi ດ້າຍໄໝ silk thread, *n.*
dâai-sǎai-sǐn ດ້າຍສາຍສິນ sacred thread, *n.*
dàak ດາກ anus, rectum (vulgar), *n.*
dàa-lǎa ດາລາ star, movie star, *n.*
dàa-lǎa-sàat ດາລາສາດ astronomy, *n.*
dàa-lu-nǐi ດານຸນີ young girl, *n.*
dàam ດາມ brace, stiffen, strengthen, *v.*
dâam ດ້າມ handle, shaft, holder, *n.*
daan ດ່ານ post, checkpoint, outpost, *n.*
dâan ດ້ານ side, part, sector, aspect, *n.*
dâan ດ້ານ hard, rough, calloused, dull, without shame, *adj.*
daan-dtàm-lùat ດ່ານຕຳຫຼວດ police station, *n.*
daang ດາງ spotted, alkali, chemically basic, *adj., n.*
dàang ດາງ net, *n.*
dâang ດ້າງ solidify, hard, *v., adj.*
dâang ດ້າງ sweet potato, *n.*
daang-tap-tím ດາງທັບທິມ potassium permanganate, *n.*
daan-gùat-kón-kào-múang ດ່ານກວດຄົນເຂົ້າເມືອງ immigration office, *n.*
daan-gùat-lòok ດ່ານກວດໂລກ quarantine station, *n.*
daan-páa-sǐi ດ່ານພາສີ customs house, *n.*
dàao ດາວ star, *n.*
dâao ດ້າວ boundary, region, *n.*
dàao-bɔɔ-li-wáan ດາວບໍລິວານ satellite, *n.*
dàao-bpa-jàm-múang ດາວປະຈຳເມືອງ evening star, *n.*
daao-daao ດ່າວໆ shaking, *adj.*
dàao-dtòk ດາວຕົກ meteorite, *n.*
dàao-hǎang ດາວຫາງ comet, *n.*
dàao-hǔang ດາວເຮືອງ marigold, *n.*
dàao-kɔ́ ດາວເຄາະ planet, *n.*
dàao-kwán ດາວຄັບ comet, *n.*
dàao-ma-lit-dta-nyúu ດາວມະລິກຕະຍູ Uranus, *n.*
dàao-múu ດາວໝູ່ constellation, *n.*
dàao-pa-àng-káan ດາວພະອັງຄານ Mars, *n.*
dàao-pa-gèet ດາວພະເກດ Neptune, *n.*
dàao-pa-hǎt ດາວພະຫັດ Jupiter, *n.*
dàao-pa-nyóm ດາວພະຍົມ Pluto, *n.*
dàao-pa-put ດາວພະພຸດ Mercury, *n.*

dàao-pa-sǎo ດາວພະເສົາ Saturn, n.
dàao-pa-sŭk ດາວພະສຸກ Venus, n.
dàao-pet ດາວເພັດ morning star, n.
dàao-pi-pop ດາວພິພົບ Earth, n.
dàao-sǎang ດາວຊ້າງ North star, n.
dàao-sa-dět ດາວສະດັດ shooting star, meteorite, n.
dàao-tîam ດາວທຽມ satellite, n.
dàao-wa-dŭng ດາວວະດຶງ second level of paradise, n.
dàap ດາບ sword, n.
daa-sɛng ດ່າແຊ່ງ revile, curse, v.
dàat ດາດ spread over, v.
dàat-fâa ດາດຟ້າ deck, n.
dàa-wa-dùng ດາວະດຶງ paradise, the second heaven, n.
dâi ໄດ້ get, obtain, can, be able, win, gain, acquire, v.
dâi ໄດ້ (used in front of a verb to form a past tense).
dǎi ໃດ whatever, adj.
dâi-bpa-nyòot ໄດ້ປະໂຫຍດ benefit, v.
dâi-bpao ໄດ້ເປົ່າ get for nothing, v.
dâi-bpìap ໄດ້ປຽບ get the advantage, v.
dâi-bùn ໄດ້ບຸນ acquire merit, v.
dài-dài ໃດໆ any, adj.
dâi-gàan ໄດ້ການ useable, effective, adj.

dâi-gàm-lái ໄດ້ກຳໄລ make a profit, v.
dâi-gàn ໄດ້ກັນ marry each other, take each other as lovers, adj.
dâi-gàn ໄດ້ກັນ well-matched, suitable, adj.
dâi-gɛɛ ໄດ້ແກ່ as for instance, namely, adv.
dâi-gìn ໄດ້ກິ່ນ smell, v.
dâi-hap ໄດ້ຮັບ receive, v.
dâi-jài ໄດ້ໃຈ be elated, encouraged, v.
dâi-kaao ໄດ້ຂ່າວ get news, v.
dâi-kúun ໄດ້ຄືນ get back, recover, v.
dâi-kwáam ໄດ້ຄວາມ make sense, practical, useful, v.
dâi-lâap ໄດ້ລາບ receive a windfall, v.
dâi-lɛ̂ɛo ໄດ້ແລ້ວ suitable, okay, adj.
dâi-múun ໄດ້ມູນ inherit, v.
dâi-nyín ໄດ້ຍິນ hear, v.
dâi-pǒn ໄດ້ຜົນ succeed, effective, v.
dâi-sa-dtì ໄດ້ສະຕິ be awakend, regain consciousness, v.
dâi-sìa-gàn ໄດ້ເສຍກັນ have sexual intercourse, v.
dâi-suan ໄດ້ສ່ວນ well-proportioned, adj.
dǎk ດັກ lie in wait, trap, ambush, v.
dǎk-dàan ດັກດານ remain miserable, drudge, v.

dăk-dêe ຕັກແຕນ chrysalis, silkworm, worm, *n.*

dăk-kɔ́ɔ ຕັກຄໍ anticipate, *v.*

dăk-sa-găt ຕັກສະກັດ ambush, *v.*

dàm ດຳ black, *n., adj.*

dàm ດຳ transplant rice, dive, *v.*

dàm-lǐ ດຳລິ think, plan (royal), contemplate, consider, *v.*

dàm-lóng ດຳລົງ uphold, be permanent, *v.*

dàm-náa ດຳນາ transplant rice, *v.*

dàm-nâam ດຳນ້ຳ plunge into the water, dive, *v.*

dàm-nəən ດຳເນີນ carry on, proceed, *v.*

dàm-nəən-gàan ດຳເນີນການ operate, begin, manage, *v.*

dàm-nəən-ka-dìi ດຳເນີນຄະດີ put on trial, *v.*

dàm-nəən-ngáan ດຳເນີນງານ manage, direct, *v.*

dàm-nəən-sǐi-wit ດຳເນີນຊີວິດ earn a livelihood, *v.*

dàn ດັນ push, press, shove, stubborn, *v., adj.*

dang ດັ່ງ as, like, so, such, such s, *adv.*

dàng ດັງ nose, *n.*

dàng ດັງ loud, noisy, *adj.*

dàng ດັງ sound, start a fire, *v.*

dàng ດັ້ງ old, formerly, original, *adj.*

dang-bpàat-ta-nǎa ດັ່ງປາດຖະໜາ as wished, as desired, *adv.*

dang-dəəm ດັ່ງເດີມ as before, as usual, *adv.*

dâng-dəəm ດັ້ງເດີມ as before, in old times, from the first, *adj., adv.*

dang-dtɔɔ-bpài-nîi ດັ່ງຕໍ່ໄປນີ້ as follows, *adv.*

dang-dtùa-nyaang ດັ່ງຕົວຢ່າງ for example, *adv.*

dàng-fái ດັງໄຟ start a fire, *v.*

dang-gaao ດັ່ງກ່າວ as mentioned, *adv.*

dàng-gài ດັງໄກ resounding, *adj.*

dang-gao ດັ່ງເກົ່າ as before, *adv.*

dàang-hěɛ ດາງແຫ fishing net, *n.*

dang-jài ດັ່ງໃຈ as wished, as desired, *adv.*

dang-kâat ດັ່ງຄາດ as expected, *adv.*

dang-kwáam-dtâng-jài ດັ່ງຄວາມຕັ້ງໃຈ as intended, *adv.*

dang-lum-nîi ດັ່ງລຸ່ມນີ້ as below, as follows, *adv.*

dang-mǎai ດັ່ງໝາຍ as intended, *adv.*

dàng-móo ດັງໂມ hooked, aquiline nose, *n.*

dàng-mèep ດັ່ງແໝບ snub-nose, *n.*
dang-nân ດັ່ງນັ້ນ like that, therefore, thus, *adv.*
dàng-ngúang ດັ່ງງວງ long nose, *n.*
dang-nîi ດັ່ງນີ້ like this, thus, *adv.*
dang-nîi-bpèn-dtôn ດັ່ງນີ້ເປັນຕົ້ນ for example, *adv.*
dang-sên ດັ່ງເຊັ່ນ such as, *adv.*
dang-tîi-gaao-máa-nîi ດັ່ງທີ່ກ່າວມານີ້ as has been stated, *adv.*
dào ດົາ guess, conjecture, estimate, *v.*
dào ດົາ move up and down, move in and out, *v.*
dǎp ດັບ extinguish, *v.*
dǎp-fái-fâa ດັບໄຟຟ້າ turn out the light, *v.*
dǎp-jît ດັບຈິດ die, *v.*
dǎp-kwáam-ga-hǎai ດັບຄວາມກະຫາຍ quench (a thirst), *v.*
dǎp-páang ດັບເຜິງ put out the fire, *v.*
dǎp-sii-wît ດັບຊີວິດ die, *v.*
dǎp-sǔun ດັບສູນ disappear, die, *v.*
dǎt ດັດ correct, bend by force, alter, *v.*
dǎt-bpèeng ດັດແປງ alter, adapt, *v.*
dǎt-gàai ດັດກາຍ physical exercise, *n.*
dǎt-hài-suu ດັດໃຫ້ຊື່ straighten, *v.*
dǎt-ja-lìt ດັດຈະລິດ feign, pretend, *v.*
dǎt-ni-sǎi ດັດນິໄສ discipline, chastise, *v.*

dǎt-pom ດັດຜົມ wave hair, curl, *v.*
dǎt-sa-gòon ດັດສະກອນ enemy, robber, *n.*
dǎt-sǎn-dàan ດັດສັນດານ reform, reshape, correct, *v.*
dǎt-sa-nîi ດັດສະນີ index finger, index, *n.*
dee ເດ protrude, stretch, *v.*
dèe ເດ there, overthere, *adv.*
dèe-la-sǎan ເດລະສານ beast, brute, *n.*
dee-múu ເດມື້ extend the hand, *v.*
dèen ເດນ garbage, waste, leaving, refuse, *n.*
dèen-màak ເດນມາກ Denmark, *n.*
dèe-sáa-nu-pâap ເດຊານຸພາບ power, might, *n.*
dèe-sa-bùn ເດຊະບຸນ luck, *n.*
dĕk ເດັກ child, *n.*
dĕk-gàm-páa ເດັກກຳພ້າ orphan, *n.*
dĕk-gòət-mai ເດັກເກີດໃໝ່ newborn child, *n.*
dĕk-nòoi ເດັກນ້ອຍ child, kid, *n.*
dĕk-nòoi-gòət-mai ເດັກນ້ອຍເກີດໃໝ່ infant, *n.*
dĕk-puu-nýing ເດັກຜູ້ຍິງ girl, *n.*
dĕk-puu-sáai ເດັກຜູ້ຊາຍ boy, *n.*
den ເດັນ tomato, *n.*
den ເດັນ outstanding, *adj.*
dèn ເດັ້ນ bounce back, rebound, *v.*

dêng ເດ້ງ spring back, bounce, recoil, rebound, *v.*

dět ເດັດ pluck, pick, *v.*

dět-dìao ເດັດດຽວ resolutely, *adv.*

dět-kàat ເດັດຂາດ absolutely, *adv.*

dɛɛ ແດ for, to, *prep.*

dɛ̀ɛk ແດກ pierce, stab, *v.*

dɛ̀ɛk ແດກ eat (gluttonously), *v.*

dɛ̀ɛk-dàn ແດກດັນ use repulsive insolent language, speak ironically, *v.*

dɛ̀ɛn ແດນ border, boundary, *n.*

dɛ̀ɛn-dìn ແດນດິນ land, territory, boundary, *n.*

dèeng ແດງ red, *adj., n.*

dèeng-gam ແດງກ້ຳ ruddy, *adj.*

dèeng-kǔn ແດງຂື້ນ redden, blush, *v.*

dèeng-sǎai ແດງຊາຍ red ant, *n.*

dèet ແດດ sunshine, *n.*

dèet-hɔ́ɔn ແດດຮ້ອນ hot weather, *n.*

dèet-jâa ແດດຈ້າ sunny, *adj.*

dèet-ɔ̀ɔk ແດດອອກ the sun shines.

dee-tɔ̂ɔn ແດຕ້ອນ please, *v.*

dèet-sǒng ແດດສ່ອງ sunlight, *n.*

dèng ແດ້ງ late-maturing, early drying, *adj.*

dəəm ເດີມ before, once, begining, at first, *n., adv.*

dəəm-pán ເດີມພັນ stakes in gambling, bet, *n., v.*

dəən ເດີນ walk, proceed, pace, *v.*

dəən-bpai ເດີນໄປ go on foot, *v.*

dəən-dtàam ເດີນຕາມ follow, *v.*

dəən-hǔa ເດີນເຮືອ navigate, *v.*

dəən-ka-bùan ເດີນຂະບວນ parade, demonstrate, *v.*

dəən-kuang ເດີນເຄື່ອງ start the engine, *v.*

dəən-nàa ເດີນໜ້າ walk forward, lead, *v.*

dəən-nǎng-sǔu ເດີນໜັງສື deliver a letter, *v.*

dəən-ngáan ເດີນງານ go on business, *v.*

dəən-sǔan-sa-nǎam ເດີນສວນສະໜາມ parade, *v.*

dəən-tàang ເດີນທາງ travel, *v.*

dəən-tap ເດີນທັບ move an army, *v.*

dǝk ເດິກ early, late of night, *adj.*

dǝk-dʉʉn ເດິກດື່ນ late at night, *adj.*

dən ເດີ່ນ field, court, *n.*

dən-bâan ເດີ່ນບ້ານ ground around the house, *n.*

dən-bpɛ̀ɛn ເດີ່ນແປນ cleared area, *n.*

dən-bìn ເດີ່ນບິນ airport, *n.*

dən-dtě-bàan ເດີ່ນຕະບານ football field, *n.*

dən-dtén-nit ເດີ່ນຕັນນິດ tennis

dən-gi-láa ເດີ່ນກີລາ stadium, n.
dən-lìn ເດີ່ນຫລິ້ນ playground, n.
dən-nyàa ເດີ່ນຫຍ້າ grass field, meadow, n.
dən-nyón ເດີ່ນຍົນ airport, n.
dìa-la-dàat ເດຍະດາດ in disorder, scattered, adj.
dìa-la-tìi ເດຍະຣຶ non-Buddhist monk, n.
dìa-la-săan ເດຍະສານ beast, n.
dìam ກຽມ tickle, v.
dìam-kìing ກຽມກິ້ງ tickle, v.
dìam-mùu ກຽມມື be shocked by touching, v.
diao ດຽວ isolated, single, solo, adj., n.
diao ດຽວ single, one, lone, adj., adv.
diao-dàai ດຽວດາຍ alone, adv.
diao-gàn ດຽວກັນ the same, n.
diao-nìi ດຽວນີ້ now, immediately, adv.
dìi ດີ good, nice, favorable, surpass, adj., v., n.
dìi-dìi ດີໆ normal, correct, well, adj.
dìi-gàa ດີກາ petition, appeal, submit a petition, n., v.
dìi-gìi ດີກຣີ degree (temperature), n.
dìi-gwàa ດີກວ່າ better, better than, adj.

dìi-ii-lĭi ດີອີຫລີ really good, adj.
dìi-jài ດີໃຈ happy, glad, adj.
dìi-kùn ດີຂຶ້ນ improve, get better, v.
dìi-lɛ́ɛo ດີແລ້ວ better, all right, adj.
dìi-lɛ́ɛo ດີແລ້ວ that's fine.
dìi-lə́ət ດີເລີດ excellent, adj.
dìi-ŏk-dìi-jài ດີອົກດີໃຈ glad, pleased, happy, adj.
dìit ດິດ tap, pry up, flip, flick, snap, v.
dìi-tɛ̂ɛ-tɛ̂ɛ ດີແທ້ໆ excellent, adj.
dìi-tìi-sŭt ດີທີ່ສຸດ the best, adj.
dìit-lûuk-kìt ດິດລູກຄິດ calculate on an abacus, v.
dìit-ɔ̀ɔk ດິດອອກ flip away, v.
dìit-pín ດິດພິນ play the harp, v.
dĭk ດິກ lean the head over, v.
dik-dik ດິກໆ shaky, adj.
dik-nâam ດິກນ້ຳ drown, v.
dìn ດິນ earth, soil, land, ground, clay, n.
dǐn ດີ້ນ squirm, tinsel, move to and fro, struggle, n., v.
dìn-bpoong ດິນໂປ່ງ salty earth, n.
dìn-dàak ດິນດາກ clay, n.
dìn-dàan ດິນດານ hard sub-soil, n.
dìn-dàm ດິນດຳ gun-powder, n.
dìn-dɛ́ɛn ດິນແດນ territory, n.
dìn-deo-deo ດິ້ນແດ່ວໆ wriggle, v.
dìn-dɔ̀ɔn ດິນດອນ plateau, n.

dìn-fâa-àa-gàat ດິນຟ້າອາກາດ weather, the elements, *n.*

ding ດິ່ງ plummet, plumb line, upright, straight down, *n.*

dîng ດິ້ງ braid, *n.*

dìn-ga-dàan ດິນກະດານ slate, *n.*

dîng-kám ດິ້ງຄຳ gold braid, *n.*

dîng-ngón ດິ້ງເງິນ silver braid, *n.*

dìn-guan ດິນເຄື່ອນ land slide, *n.*

dìn-jìi ດິນຈີ່ brick, *n.*

dìn-kɔ̌ɔ ດິນຂໍ tile, *n.*

dìn-la-bə̀ət ດິນລະເບີດ dynamite, *n.*

dìn-lom ດິນລົມ mud, *n.*

dǐn-lón ດິ້ນລົນ struggle, *v.*

dìn-nàam-mán ດິນນ້ຳມັນ plasticene, *n.*

dìn-nǐao ດິນໜຽວ clay, *n.*

dìn-pǎo ດິນເຜົາ baked clay, pottery, *n.*

dìn-sáai ດິນຊາຍ sand, *n.*

dìn-sii-máng ດິນຊີມັງ cement, *n.*

dìn-sɔ̌ɔ ດິນສໍ pencil, *n.*

dìn-sɔ̌ɔ-sǐi ດິນສໍສີ colored pencil, *n.*

dìn-wǎi ດິນໄຫວ earthquake, *n.*

dip ດິບ raw, uncooked, *adj.*

dip-dǐi ດິບດີ well-arranged, good, benefit, reward, *adj., n.*

dîu ດິ້ວ cudgel, club, stitch, *n.*

dŏk ດົກ fertile, abundant, *adj.*

dòm ດົມ smell, inhale, sniff, *v.*

dòm-gèem ດົມແກ້ມ sniff, kiss (usually on cheek), *v.*

dòm-gin ດົມກິນ sniff, smell, *v.*

dòn ດົນ long time, *n.*

dôn ດົ້ນ penetrate, *v.*

dòn-bàn-dàan ດົນບັນດານ inspire, destine, *v.*

dòn-bpàan-dǎi ດົນປານໃດ how long, when, *adv.*

dòn-dtə̀əp ດົນເຕີບ for a little while, *adv.*

dòn-dtìi ດົນຕີ music, *n.*

dôn-fǔun ດົ້ນຟືນ firewood, *n.*

dong ດົງ moving upward, *adv.*

dòng ດົງ thick forest, *n.*

dông ດົ້ງ flat bamboo basket, *n.*

dòng-dàng ດົງດັງ well-known, renowned, *adj.*

dòng-tup ດົງທຶບ jungle, *n.*

dòn-jai ດົນໃຈ inspire, *v.*

dòn-lɛɛo ດົນແລ້ວ a long time since, *adv.*

dòn-náan ດົນນານ a long time ago, *adv.*

doo ໂດ່ extending vertically, *adv.*

dòo ໂດ red fish, *n.*

dòoi ໂດຍ by means of, by, *prep.*

dòoi-âang-ing-tə̌ng ໂດຍອ້າງອີງເຖິງ

dòoi-bàng-ə̀ən ໂດຍບັງເອີນ by chance, by accident, *adv.*

dòoi-bɔ̀ɔ-kám-nʉ́ng-tə̌ng ໂດຍບໍ່ຄຳນຶງເຖິງ regardless, pitiless, *adv.*

dòoi-bɔ̀ɔ-sǒng-sǎi ໂດຍບໍ່ສົງໃສ beyond any doubt, *adv.*

dòoi-dìi ໂດຍດີ fairly, friendly, *adv.*

dòoi-dtòn-èeng ໂດຍຕົນເອງ by oneself, *adv.*

dòoi-dtòng ໂດຍຕົງ directly, *adj.*

dòoi-dta-lɔ̀ɔt ໂດຍຕະຫຼອດ throughout, *adv.*

dòoi-duan ໂດຍດ່ວນ urgently, *adv.*

dòoi-èek-ga-sǎn ໂດຍເອກະສັນ unanimously, *adv.*

dòoi-gàm-nə̀ət ໂດຍກຳເນີດ by birth, *adv.*

dòoi-gòng ໂດຍກົງ directly, *adv.*

dòoi-hèet-tii ໂດຍເຫດທີ່ because of, due to, *conj.*

dòoi-hìap-hɔ́ɔi ໂດຍຮຽບຮ້ອຍ in good order, *adv.*

dòoi-hɔ̂ɔp-kɔ́ɔp ໂດຍຮອບຄອບ consciously, aware, *adv.*

dòoi-jèet-dta-náa ໂດຍເຈດຕະນາ intentionally, *adv.*

dòoi-kwáam-jìng-jài ໂດຍຄວາມຈິງໃຈ sincerely, *adv.*

dòoi-la-ìat ໂດຍລະອຽດ in detail, *adv.*

dòoi-lám-páng ໂດຍລຳພັງ by oneself, *adv.*

dòoi-mâak ໂດຍມາກ mostly, *adv.*

dòoi-nàa-tii ໂດຍໜ້າທີ່ as part of one's job, *adv.*

dòoi-paan ໂດຍຜ່ານ through, in care of, *prep.*

dòoi-pɔ̂ɔm-píang ໂດຍພ້ອມພຽງ without objection, *adv.*

dòoi-sǎan ໂດຍສານ travel, go along, be a passenger, *v.*

dòoi-sa-pɔ ໂດຍສະເພາະ especially, *adv.*

dòoi-sa-pɔ-nyaang-nyîng ໂດຍສະເພາະຢ່າງຍິ່ງ particularly, *adv.*

dòoi-sǎt-sʉʉ ໂດຍສັດຊື່ honestly, *adv.*

dòoi-sa-wǎt-dìi-pâap ໂດຍສະຫວັດດີພາບ safely, *adv.*

dòoi-sîn-sə́əng ໂດຍສິ້ນເຊີງ entirely, completely, *adv.*

dòoi-sǒm-kúan ໂດຍສົມຄວນ suitably, *adv.*

dòoi-sɔ́ɔp-tám ໂດຍຊອບທຳ morally, legally, *adv.*

dòoi-sùt-ja-lǐt ໂດຍສຸດຈະລິດ in good faith, *adv.*

dòoi-táang ໂດຍທາງ by way of, *adv.*

dòoi-táang-aa-gàat ໂດຍທາງອາກາດ by air, *adv.*

dòoi-táang-bǒk ໂດຍທາງບົກ by land, *adv.*

dòoi-táang-lot-fái ໂດຍທາງລົດໄຟ by train, by rail, *adv.*

dòoi-táang-náam ໂດຍທາງນ້ຳ by water, by sea, *adv.*

dòoi-tán-tíi ໂດຍທັນທີ instantly, immediately, *adv.*

dòoi-tua-bpài ໂດຍທົ່ວໄປ generally, *adv.*

dòoi-tut-ja-lìt ໂດຍທຸດຈະລິດ wrongfully, *adv.*

dòoi-yâan-waa ໂດຍຢ້ານວ່າ for fear that, *conj.*

dòok-dɛ̌ɛk ໂດກແດກ swaying, *adj.*

dòo-lâa ໂດລາ dollar, *n.*

dòon ໂດນ hit, collide, *v.*

doong ໂດ່ງ protruding, pointing, *adj.*

doong-dàng ໂດ່ງດັ່ງ famous, renowned, distinguished, *adj.*

dòot ໂດດ jump, leap, alone, *v., adv.*

dòot-dìao ໂດດດຽວ isolated, only one, alone, *adj., adv.*

dòot-jóng ໂດດຈ້ອງ parachute, *v.*

dòot-nǐi ໂດດໜີ run away, *v.*

dɔ̌ ເຄາະ strike with the hand, cracked, *v.*

dɔ̂i ດ້ອຍ become lower, inferior, *v.*

dɔɔ ດໍ standing upright, *adv.*

dɔɔ ດ the ninth consonant of the Lao alphabet (mid consonant), *n.*

dɔ̌ɔ ດໍ rapid, earlier than expected, *adj.*

dɔ̌ɔ ດໍ male elephant with short tusks, *n.*

dɔ̀ɔi ດອຍ mountain, hill, *n.*

dɔ̀ɔk ດອກ flower, *n.*

dɔ̀ɔk-bîa ດອກເບ້ຍ interest (on loan), *n.*

dɔ̀ɔk-bîa-top-dtôn ດອກເບ້ຍທົບຕົ້ນ compound interest, *n.*

dɔ̀ɔk-bùa ດອກບົວ lotus, *n.*

dɔ̀ɔk-bùa-kìi-bɛ̂ɛ ດອກບົວຂີ້ແບ້ water lily, *n.*

dɔ̀ɔk-bùa-lǔang ດອກບົວຫລວງ royal lotus, *n.*

dɔ̀ɔk-dàao-húang ດອກດາວເຮືອງ marigold, *n.*

dɔ̀ɔk-dtàa-wén ດອກຕາເວັນ sunflower, *n.*

dɔ̀ɔk-fàai ດອກຝ້າຍ cotton ball, *n.*

dɔ̀ɔk-fái-fâa ດອກໄຟຟ້າ lightbulb, *n.*

dɔ̀ɔk-fin ດອກຝິ່ນ poppy, *n.*

dɔ̀ɔk-fûang-fâa ດອກເຟື້ອງຟ້າ vine, bougainvillea, *n.*

dɔ̀ɔk-gâo-gâan ດອກເກົ້າກ້ານ hibiscus, *n.*

dɔ̀ɔk-gûai-mâi ດອກກ້ວຍໄມ້ orchid, *n.*

dɔ̀ɔk-gu-làap ດອກກຸຫລາບ rose, *n.*

dɔ̀ɔk-jàm-bpàa ດອກຈຳປາ Laos national flower (white frangipani), *n.*

dɔ̀ɔk-jàm-bpǐi ດອກຈຳປີ red jasmine, *n.*

dɔ̀ɔk-jɔ̀ɔk ດອກຈອກ water plant, *n.*

dɔ̀ɔk-máa-láa ດອກມາລາ garland of flower, *n.*

dɔ̀ɔk-mâi ດອກໄມ້ flower, *n.*

dɔ̀ɔk-mâi-fái ດອກໄມ້ໄຟ fire works, *n.*

dɔ̀ɔk-pèng ດອກເຜິ້ງ honey orchid, *n.*

dɔ̀ɔk-ɥ̂ang ດອກເອື້ອງ orchid, *n.*

dɔ̀ɔn ດອນ island, highland, *n.*

dɔ̀ɔng ດອງ pickle, ferment, *v.*

dɔ̀ɔng ດອງ marriage, wedding, *n.*

dɔ̀ɔng ດອງ carapace, shell, *n.*

dɔ̀ɔng-wâi ດອງໄວ້ preserve, pickle, *v.*

dɔ̀ɔt ດອດ approach stealthily, *v., adj.*

dɔ̀ɔt-nǐi ດອດໜີ steal away, *v.*

dǔ ດຸ scold, diligent, fierce, *adj.*

dûai ດ້ວຍ with, also, too, as well, made of, *adv., adj., prep.*

dûai-gàn ດ້ວຍກັນ together, also, *adj., adv.*

dûai-kwáam-nap-tɯ̌ɯ
ດ້ວຍຄວາມນັບຖື respectfully, *adv.*

dûai-kwáam-nyín-dìi
ດ້ວຍຄວາມຍິນດີ with pleasure, *adv.*

dûai-kwáam-sǐa-jài
ດ້ວຍຄວາມເສຍໃຈ with regret, *adv.*

duan ດ່ວນ urgent, *adj.*

dûan ດ້ວນ be cut off, amputated, severed, *v., adj.*

dùang ດວງ sphere, ball, circle, disk, spot, classification for circular in shape e.g. stars, lamps, seals, *n., clf.*

dùang ດ້ວງ beetle, larva, grub, caterpillar, pupa, *n.*

dùang-àa-tit ດວງອາທິດ sun, *n.*

dùang-dàao ດວງດາວ stars, *n.*

dùang-dtàa ດວງຕາ eye, *n.*

dùang-fái ດວງໄຟ light bulb, *n.*

dùang-gàa ດວງກາ seal, rubber stamp, *n.*

dùang-gàa-bpài-sa-nǐi
ດວງກາໄປສະນີ postage stamp, *n.*

dùang-jài ດວງໃຈ heart, most beloved, *n.*

dùang-jàn ດວງຈັນ moon, *n.*

dùang-jìt ດວງຈິດ mind, *n.*

dùang-kóm ດວງຄົມ sharp blade, *n.*

dùang-láa-sǐi ດວງລາສີ horoscope, *n.*

dùang-sáa-dtàa ດວງຊາຕາ zodiac, horoscope, *n.*

dùang-sa-mɔ̌ɔn ດວງສະໝອນ my

dùang-wĭn-nyáan ດວງວິນຍານ soul, *n.*

dŭ-dàn ດຸດັນ implacable, industrious, violent, *adj.*

dŭ-dὺat ດຸເດືອດ fierce, serious, ferocious, *adj.*

dŭ-hâai ດຸຮ້າຍ fierce, violent, *adj.*

dŭk ດຸກ catfish, *n.*

dŭk-dĭk ດຸກດິກ move, fidget, *v.*

dŭ-li-nya ດຸລິຍະ musical instruments, *n.*

dŭ-li-nyáang ດຸລິຍາງ band, music, *n.*

dŭm ດຸມ button, *n.*

dŭ-man ດຸໝັ່ນ diligent, *adj.*

dŭm-dùm ດຸມໆ intently, *adv.*

dŭm-gìan ດຸມກຽນ wheel hub, *n.*

dùm-lɔ́ɔ ດຸມລໍ້ hub, *n.*

dung ດຸ່ງ go, walk, *v.*

dûng-kùn ດຸ້ງຂຶ້ນ convex, *v.*

dŭt ດຸດ pull out, dig, *v.*

dŭt-sa-dĭi ດຸດສະດີ appreciation, joy, *n.*

dùu-dàai ດູດາຍ not able to help, sit by (without doing anything), *v.*

dùu-dtòn ດູຕົນ have a pity, *v.*

dùuk ດູກ bone, *n.*

dùuk-bpən ດູກບິ່ນ shoulder blade, *n.*

dùuk-dtɔɔ ດູກຕໍ່ bone articulation, *n.*

dùuk-kɛ́ɛn ດູກແຂນ insult, look down, *v.*

dùuk-kàang ດູກຂ້າງ rib, *n.*

dùuk-keng ດູກແຂ່ງ tibia, *n.*

dùuk-ông-dtĭin ດູກອົງຕີນ metatarsus, *n.*

dùuk-ông-mʉ́ʉ ດູກອົງມື metacarpus, *n.*

dùuk-ɔɔn ດູກອ່ອນ cartilage, *n.*

dùuk-pàa ດູກຜ້າ seam of a garment, *n.*

dùuk-săn-lăng ດູກສັນຫລັງ spine, *n.*

dùuk-săn-lăng-kɔ̌ɔng-sâat ດູກສັນຫລັງຂອງຊາດ backbone of the nation, *n.*

dùuk-sʉ̀a ດູກເສື້ອ seam of clothes, *n.*

dùu-lɛ́ɛ ດູແລ guard, look after, *v.*

dùu-min ດູໝິ່ນ disdain, contempt, *v.*

dùu-mɔ́ɔ ດູໝໍ consult a fortune teller, *v.*

dùu-mʉ̆an ດູເໝືອນ seem, appear, *v.*

dùu-mʉ̆an-waa ດູເໝືອນວ່າ it seems that.

dùut ດູດ suck, absorb, attract, *v.*

dùut-dʉ́ng ດູດດຶງ draw, pull, attract, *v.*

dùut-dʉ̀ʉm ດູດດື່ມ be absorbed, touched, *v.*

dùut-gĭn ດູດກິນ suck, *v.*

dùut-gɔ̀ɔk ດູດກອກ smoke a pipe, *v.*

dùut-nâam ດູດນ້ຳ suck water, *v.*

dùut-nóm ດູດນົມ suckle, *v.*

dùu-tùuk ດູຖຸກ look down on, *v.*

dùut-yaa ດູດຢາ smoke tobacco, *v.*

dʉ̀a ເດື່ອ fig tree, *n.*

dùai ເດືອຍ rooster's spur, *n.*
dùan ເດືອນ moon, month, *n.*
dùan-âai ເດືອນອ້າຍ first lunar month (Dec.), *n.*
dùan-dăp ເດືອນດັບ last period of the month, *n.*
dùan-dtu-láa ເດືອນຕຸລາ October, *n.*
dùan-gàn-nyáa ເດືອນກັນຍາ September, *n.*
dùan-gɔ̀ɔ-la-gŏt ເດືອນກໍລະກົດ July, *n.*
dùan-gɔɔn ເດືອນກ່ອນ last month, *n.*
dùan-gùm-páa ເດືອນກຸມພາ February, *n.*
dùan-hɛ́ɛm ເດືອນແຮມ the declining or waning moon, *n.*
dùan-jiang ເດືອນຈຽງ first lunar month (Dec.), *n.*
dùan-kùn ເດືອນຂຶ້ນ the rising or waxing moon, *n.*
dùan-máng-gɔ̀ɔn ເດືອນມັງກອນ January, *n.*
dùan-mée-sǎa ເດືອນເມສາ April, *n.*
dùan-míi-náa ເດືອນມີນາ March, *n.*
dùan-mi-tu-náa ເດືອນມິຖຸນາ June, *n.*
dùan-ngǎai ເດືອນຫງາຍ moonlight, *n.*
dùan-nyii ເດືອນຢີ່ second lunar month (Jan.), *n.*
dùan-pa-jĭk ເດືອນພະຈິກ November, *n.*

dùan-péng ເດືອນເພັງ full moon, *n.*
dùan-pɐt-sa-páa ເດືອນພິດສະພາ May, *n.*
dùan-sĭng-hăa ເດືອນສິງຫາ August, *n.*
dùan-tán-wáa ເດືອນທັນວາ December, *n.*
dùat ເດືອດ boil, be provoked, froth, *v.*
dùat-dàan ເດືອດດານ build with anger, be extremely angry, *v.*
dùat-hɔ́ɔn ເດືອດຮ້ອນ troubled, *adj.*
dŭk ດຶກ throw away, dive, *v.*
dŭk-dàm-ban ດຶກດຳບັນ ancient, primeval, primordial, *adj.*
dŭk-náam ດຶກນ້ຳ go under water, *v.*
dùng ດຶງ pull, drag, draw, attract, *v.*
dùng-dàn ດຶງດັນ be obstinate, *v.*
dùng-dùut ດຶງດູດ attract, *v.*
dùng-sâak ດຶງຊາກ tear away, *v.*
dŵw ດື້ obstinate, naughty, *adj.*
dŵw-dàan ດື້ດານ shamelessly obstinate, *adj.*
dŵw-dùng ດື້ດຶງ stubborn, *adj.*
dɯɯm ດື່ມ drink, *v.*

dt (ต)

dtàa ตา eye, paternal grandfather, seal (stamp), n.

dtàa-bɔ̀ɔt ตาบอด blind, adj.

dtàa-bpài-sa-nĭi ตาไปรษณี postage stamp, n.

dtàa-bpao ตาเปา empty eyes, bare eyes, naked eyes, n.

dtàa-bpòo ตาโป swollen eyes, n.

dtàa-dèeng ตาแดง conjunctivities, n.

dtàa-dìn ตาดิน registered deed to land, n.

dtàa-dta-láang ตาตะลาง lines on schedule, table, chart, n.

dtàa-fang ตาฝั่ง shore, n.

dtàa-gâa ตากล้า rice seed bed, n.

dtàa-gòon ตาโกน sunken eyes, n.

dtàa-gɔ̂ɔ ตากำ angry eyes, n.

dtàa-hâai ตาร้าย evil eye, misfortune, n.

dtàa-hĕe ตาแห net, n.

dtàa-hìip ตาหีบ slit eyes, n.

dtàai ตาย die, stop, insensible, v., adj.

dtàai-dâan ตายด้าน fail to explode, be impotent (sexually), v.

dtàai-dǎp ตายดับ perish, v.

dtàai-dìk-nâam ตายดึกน้ำ drown, v.

dtàai-dtòo ตายโต stable, fixed, adj.

dtàai-dtua ตายตัว permanent, adj.

dtàai-haa ตายห่า die unnaturally (no reincarnation), v.

dtàai-haa-lɛ̂ɛo ตายห่า (แล้ว) oh, my god!, excl.

dtàai-hŏong ตายโหง die in an accident, v.

dtàai-jài ตายใจ trust implicitly, be convinced, v.

dtàai-páai ตายพาย die in childbirth, v.

dtàak ตาก exposed to the sun, dry, v.

dtàa-kaai ตาข่าย net, n.

dtàa-kǎao ตาขาว cowardly, white of the eye, adj., n.

dtàa-laang ตาล่าง area under the house, downstairs, n., adv.

dtàa-láang ตาลาง schedule, timetable, chart, n.

dtàa-lee ตาเหล cross eyed, adj.

dtàa-ling ตาหลิ่ง bank (of a river), n.

dtàa-liu ตาหลิ่ว squinted eye, n.

dtàa-lôo ตาโล protruding eyes, n.

dtàa-lɔ̀ɔ ตาลอ blind in one eye, n.

dtàam ตาม follow, according to, v., adv., prep.

dtàam-àm-pə́ə-jài ตามอำเภอใจ of

dtàam-bět ຕາມເບັດ bait a hook, *v.*

dtàam-bɛ̀ɛp ຕາມແບບ according to pattern, *adv.*

dtàam-bpài ຕາມໄປ pursue, follow, *v.*

dtàam-bpòk-ga-dtì ຕາມປົກກະຕິ as usual, as a rule, *adv.*

dtàam-bùn ຕາມບຸນ happy-go-lucky, at random, *n.*, *adv.*

dtàam-bùn-dtàam-gàm ຕາມບຸນຕາມກຳ at random, haphazardly, *adv.*

dtàam-dɵ̀ɵm ຕາມເດີມ as before, as usual, *adv.*

dtàam-dtɛɛ ຕາມແຕ່ depend on, *v.*

dtàam-dtùa-ak-sɔ̌ɔn ຕາມຕົວອັກສອນ as alphabet, in alphabet order, *adv.*

dtàam-jài ຕາມໃຈ acquiesce, yield, *v.*

dtàam-jài-dtòn-èeng ຕາມໃຈຕົນເອງ by one's own will, *adv.*

dtàam-jài-nʉk ຕາມໃຈນຶກ as one wishes, *adv.*

dtàam-kɵ̌ɵi ຕາມເຄີຍ as usual, *adv.*

dtàam-kwáam-jìng ຕາມຄວາມຈິງ in fact, *adv.*

dtàam-láai-ngáan ຕາມລາຍງານ according to the report, *adv.*

dtàam-lám-dǎp ຕາມລຳດັບ in order, respectively, *adv.*

dtàam-lám-páng ຕາມລຳພັງ alone, *adv.*

dtàam-lʉang ຕາມເລື່ອງ as best one can, as the case may be, *adv.*

dtàam-mǐi-dtàam-gəət ຕາມມີຕາມເກີດ with what one has, according to one's means, *adv.*

dtàam-mɔ̌ɔ ຕາມໝໍ fetch a doctor, *v.*

dtàam-nâam ຕາມນ້ຳ downstream, *adv.*

dtàam-sa-bàai ຕາມສະບາຍ feel free, *v.*

dtàam-sa-mǎi ຕາມສະໄໝ up to date, *adj.*

dtàam-sang ຕາມຢ່າງ whatever it is.

dtàam-sǒm-kúan ຕາມສົມຄວນ resonably, as proper, *adv.*

dtàam-suan ຕາມສ່ວນ proportionately, *adv.*

dtàam-tám-ma-daa ຕາມທຳມະດາ as usual, *adv.*

dtàam-táang-gwâang ຕາມທາງກ້ວາງ crosswise, *adv.*

dtàam-táang-nyáao ຕາມທາງຍາວ lengthwise, along, *adv.*

dtàam-tii ຕາມທີ່ as it may be, according to, *adv.*, *prep.*

dtàam-wéen-dtàam-gàm ຕາມເວນຕາມກຳ as fate decrees, *adv.*

dtàan ຕານ palm, *n.*

dtâan ຕ້ານ resist, oppose, withstand, *v.*

dtàa-náa ຕານາ title or deed of rice-field, *n.*

dtàa-naai ຕານ່າຍ dislikeable, boring, *adj.*

dtaang ຕ່າງ strange, various, different, *adj.*

dtâang ຕ້າງ earring, *n.*

dtaang-bpa-têet ຕ່າງປະເທດ foreign country, *n.*

dtaang-dtaang ຕ່າງໆ miscellaneous, others, *adj., n.*

dtaang-dtaang-náa-náa ຕ່າງໆນານາ various, of all sorts, *adj.*

dtaang-dàao ຕ່າງດາວ alien, *n.*

dtaang-dâao ຕ່າງດ້າວ foreigner, alien, *n.*

dtaang-gàn ຕ່າງກັນ different, *adj.*

dtaang-hàak ຕ່າງຫາກ separately, not that way, *adv.*

dtaang-hŭu ຕ່າງຫູ earring, *n.*

dtàang-hŭu-dtàang-dtàa ຕ່າງຫູຕ່າງຕາ act for, represent, *v.*

dtaang-kuang ຕ່າງເຄື່ອງ load, *v.*

dtaang-nàa ຕ່າງໜ້າ stranger, as a reminder, *n., adv.*

dtaang-nàa ຕ່າງໜ້າ deputy, agent, representative, *n.*

dtaang-waa ຕ່າງວ່າ suppose, *v.*

dtâan-táan ຕ້ານທານ resist, prevent, *v.*

dtaao-kúun ຕາວຄືນ return, come back, *v.*

dtàap ຕາບ patch, scar, until, *v., n., prep.*

dtàap-dài ຕາບໃດ as long as, *conj.*

dtàa-pìak ຕາປຸກ trachoma, *n.*

dtàap-sáai ຕາບຊາຍ loose, *adj.*

dtàap-tii ຕາບທີ່ as long as, *conj.*

dtàa-sàn ຕາສັ້ນ short-sighted, myopia, *adj., n.*

dtàa-sang ຕາຊັງ balance, scale, *n.*

dtàa-sáng ຕາຊັງ detestful, hateful, cute, *adj.*

dtàa-sĕeng ຕາແຊງ subdistrict, *n.*

dtàa-sɔ̀ə ຕາເຊື້ອ dim sighted, *adj.*

dtàa-síng ຕາຊິງ marking on scales, *n.*

dtàa-sĭn-kâa ຕາສິນຄ້າ brand, trademark, *n.*

dtàa-tip ຕາທິບ clairvoyant, *n.*

dtàa-tûat ຕາທວດ great grandfather (paternal), *n.*

dtàa-wái ຕາໄວ keen sighted, *adj.*

dtàa-wén ຕາເວັນ sun, *n.*

dtàa-wén-dtŏk ຕາເວັນຕົກ West, occident, sunset, *n.*

dtàa-wén-kùn ຕາເວັນຂຶ້ນ sunrise, *n.*

dtàa-wén-ɔ̀ɔk ຕາເວັນອອກ East, orient, sunrise, *n.*

dta-bài ຕະໄບ file, *n.*

dta-bpuu ຕະປູ nail, *n.*

dta-bɔ̀ɔng ຕະບອງ club, stick, *n.*

dta-bɔ̀ɔng-pet ຕະບອງເພັດ cactus, *n.*

dta-gìang ຕະກຽງ lamp, *n.*

dta-gùn ຕະກູນ family, *n.*

dtai ໄຕ crawl on, climb, *v.*

dtài ໃຕ viscera, spleen, *n.*

dtâi ໄຕ້ light, torch, punk, *n.*

dtâi ໃຕ້ under, below, South, *prep., adv.*

dtâi-bpì-dŏk ໄຕປີດົກ Buddhist canons, the Tripitaka, *n.*

dtâi-dìn ໃຕ້ດິນ underground, *adj.*

dtâi-dtɔ̀ɔng ໄຕ່ຕອງ meditate, contemplate, *v.*

dtâi-fái ໃຕ້ໄຟ light a fire, turn on light, *v.*

dtâi-kóom ໄຕ້ໂຄມ light a lamp, *v.*

dtâi-laang ໃຕ້ລ່າງ under, downstairs, *prep., adv.*

dtâi-lum-fâa ໃຕ້ລຸ່ມຟ້າ under heaven, on earth, *adv.*

dtâi-nâam ໃຕ້ນ້ຳ submarine, under water, *n.*

dtai-sǔan ໄຕ່ສວນ investigate, *v.*

dtai-tǎam ໄຕ່ຖາມ inquire, ask, *v.*

dtâi-tâo ໃຕ້ເທົ້າ your excellency, majesty, *n.*

dtǎk ຕັກ dip up, fetch, lap, *v., n.*

dtǎk-bàat ຕັກບາດ give alms, put food in the monk's bowl, *v.*

dtǎk-dtɛ̀ɛn ຕັກແຕນ grasshopper, *n.*

dtǎk-dtùan ຕັກເຕືອນ warn, *v.*

dta-laang ຕະລ່າງ space under house, downstairs, *n., adv.*

dta-làat ຕະຫລາດ market, *n.*

dta-làat-mûut ຕະຫລາດມືດ black market, *n.*

dta-làat-nat ຕະຫລາດນັດ market fair, flea market, *n.*

dta-lèet ຕະຫເລັດ strayed off, *adv.*

dta-ling ຕະຫລິ່ງ river bank, *n.*

dta-lŏk ຕະຫລົກ joke, comic, jester, *v., n.*

dta-lɔ̀ɔt ຕະຫລອດ through, throughtout, all, all over, *adv., prep.*

dta-lɔ̀ɔt-bpai ຕະຫລອດໄປ forever, *adv.*

dta-lɔ̀ɔt-gàan ຕະຫລອດການ perpetually, forever, *adv.*

dta-lɔ̀ɔt-kúun ຕະຫລອດຄືນ all night long, *adv.*

dta-lòot-tâng ตะหลอดทั้ง together with, *adv.*

dta-lòot-wée-láa ตะหลอดเวลา all the time, *adv.*

dta-lòot-wén ตะหลอดเว็น all day, *adv.*

dta-lúi ตะลุย wade though, *v.*

dta-lúm-bòon ตะลุมบอน fight hand to hand, *v.*

dta-lŭng ตะลึง be dazed, panic, *v.*

dtàm ต่ำ hit, pound, crash, *v.*

dtam ต่ำ low, weave, *adj., v.*

dtam-dtîa ต่ำเตี้ย short, low, *adj.*

dtam-dtôi ต่ำต้อย inferior, low, lowly, humble, *adj.*

dtàm-gàn ต่ำกัน crash, *v.*

dtàm-jai ต่ำใจ be depressed, *v.*

dtàm-láa ต่ำลา formula, textbook, *n.*

dtàm-lǎp ต่ำลับ recipe, *n.*

dtàm-lǎp-yàa ต่ำลับยา medical prescription, *n.*

dtàm-lùat ต่ำลวด police, *n.*

dtàm-náan ต่ำนาน legend, story, *n.*

dtàm-neng ต่ำแหน่ง position, post, place, whereabouts, *n.*

dtàm-nì ต่ำหนิ blame, chastise, fault, blemish, flaw, defect, *v., n.*

dtàm-nyée ต่ำแย nettle, *n.*

dtam-pàa ต่ำผ้า weave (cloth), *v.*

dtàn ตัน ton, clogged, *n., adj.*

dta-nǎk ตะหนัก realize, be certain, *v.*

dtàn-dàng ตันดัง stuffed nose, *n.*

dtang ตั่ง chair, sofa, stool, *n.*

dtâng ตั้ง set up, stand, install, *v.*

dtâng-dtɛɛ ตั้งแต่ from, since, *prep.*

dtâng-dtɛɛ-nîi-bpai ตั้งแต่นี้ไป from now on, *adv.*

dtâng-dto ตั้งโต๊ะ set the table, *v.*

dtâng-dtôn ตั้งต้น begin, *v.*

dtâng-dtùa ตั้งตัว establish oneself, *v.*

dtâng-ga-dtì-gàa ตั้งกะติกา establish rules, *v.*

dtâng-ga-dtîu ตั้งกะติ้ว rubber, glue, *n.*

dtâng-gòt ตั้งกิด begin, *v.*

dtâng-het ตั้งเหด do on purpose, *v.*

dtang-îi ตั่งอี้ armchair, *n.*

dtâng-jai ตั้งใจ intend, pay attention, *v.*

dtâng-kám-tǎam ตั้งคำถาม raise a question, *v.*

dtâng-kán ตั้งคัน become pregnant, *v.*

dtâng-kɔɔ-sǎng-gèet ตั้งข้อสังเกต observe, *v.*

dtâng-kɯ̀n ตั้งขึ้น establish, *v.*

dtâng-láa-káa ตั้งลาคา assess price, set a price, *v.*

dtâng-lăk-tăan ຕັ້ງຫລັກຖານ lay foundation, *v.*

dtâng-màn ຕັ້ງໝັ້ນ stand firmly, *v.*

dtâng-móong ຕັ້ງໂມງ set a clock, a watch, *v.*

dtâng-nàa ຕັ້ງໜ້າ be determined, *v.*

dtâng-nàa-kɔ́ɔi ຕັ້ງໜ້າຄອຍ keep on waiting, *v.*

dtang-nyáao ຕັ່ງຍາວ bench, *n.*

dtâng-nyuu ຕັ້ງຢູ່ be located, *v.*

dtâng-nyʉ́ʉn ຕັ້ງຢືນ be vertical, *v.*

dtâng-ŏk-dtâng-jai ຕັ້ງອົກຕັ້ງໃຈ pay attention to, *v.*

dtâng-sʉʉ ຕັ້ງຊື່ name, *v.*

dtâng-téen ຕັ້ງແທນ appoint a representative, *v.*

dtâng-téeo ຕັ້ງແຖວ stand in a row, *v.*

dtàn-hǎa ຕັນຫາ lust, desire, passion, *n.*

dta-nii ຕະໜີ່ miserly, frugal, *adj.*

dtàn-jai ຕັນໃຈ slow witted, obtuse, *adj.*

dtàn-táang ຕັນທາງ block a road, *v.*

dtao ເຕົ່າ turtle, *n.*

dtào ເຕົາ stove, *n.*

dtào ເຕົ້າ assemble, gather, *v.*

dtào-fái ເຕົາໄຟ fire-place, stove, *n.*

dtào-gàn ເຕົ້າກັນ assemble in a group, *v.*

dtào-hóom ເຕົ້າໂຮມ assemble, gather, *v.*

dtào-hûu ເຕົ້າຮູ້ bean curd, tofu, *n.*

dtào-líit ເຕົາລີດ iron (for clothes), *n.*

dtào-nâam ເຕົ້ານ້ຳ water jug, *n.*

dtào-nâam-sáa ເຕົ້ານ້ຳຊາ teapot, *n.*

dtào-nóm ເຕົ້ານົມ breast, bosom, *n.*

dtào-ŏp ເຕົາອົບ (cooking) oven, *n.*

dtào-pǎo ເຕົາເຜົາ kiln, crematorium, *n.*

dtào-sùup ເຕົາສູບ bellows, forge, *n.*

dtào-taan ເຕົາຖ່ານ charcoal kiln, *n.*

dtào-tɔ́ɔng ເຕົາທອງ ladybug, *n.*

dtăp ຕັບ liver, rod, *n.*

dtăp-jîa ຕັບເຈ້ຍ stack of paper, *n.*

dtăp-kěng ຕັບແຂງ cirrhosis of the liver, *n.*

dtăp-lûuk-bpʉʉn ຕັບລູກປືນ stack of cartridges, *n.*

dta-póon ຕະໂພນ two-face drum, *n.*

dtăt ຕັດ cut, sever, break off, end, *v.*

dtăt-gàn ຕັດກັນ intersect, *v.*

dtăt-jai ຕັດໃຈ decide in spite of, give up, *v.*

dtăt-kàat ຕັດຂາດ break off, *v.*

dtăt-kɔ́ɔ ຕັດຄໍ behead, decapitate, *v.*

dtăt-nyâat-pii-nɔ́ɔng ຕັດຍາດພີ່ນ້ອງ disown one's relatives, *n.*

dtăt-sa-bìang ຕັດສະບຽງ cut off food

dtăt-săm-pán

supply, *v.*

dtăt-săm-pán ຕັດສຳພັນ sever relation, *v.*

dtăt-sĭn ຕັດສິນ judge, decide, *v.*

dtăt-sĭn-jài ຕັດສິນໃຈ decide, *v.*

dtăt-sĭt ຕັດສິດ deprive of rights, *v.*

dtăt-sûa ຕັດເສື້ອ make clothes, *v.*

dta-wán ຕະວັນ sun, *n.*

dta-wéen ຕະເວນ go round, patrol, *v.*

dta-wén ຕະເວັນ sun, *v.*

dtĕ ເຕະ kick, *v.*

dtĕ-bàan ເຕະບານ play soccer, *v.*

dtĕ-ga-dtɔ̂ɔ ເຕະກະຕໍ້ play a rattan ball, *v.*

dtĕk-lóng ຕັກລົງ press down on, *v.*

dtèm ເຕັມ full, *adj.*

dtèm-ăt-dtàa-sèk ເຕັມອັດຕາເສິກ fully armed, *adv.*

dtèm-bpài-dûai ເຕັມໄປດ້ວຍ be full of, *v.*

dtèm-dtoo ເຕັມໂຕ all over the body, overwhelmed, *adv.*

dtèm-dtua ເຕັມຕົວ to the limit of one's strength, overwhelmed, *adj.*

dtèm-fĭi-dtìin ເຕັມຝີຕີນ at full speed, *adv.*

dtèm-fĭi-mʉʉ ເຕັມຝີມື with all one's best, *adv.*

dtèek-bài

dtèm-jài ເຕັມໃຈ be satisfied, gladly, *v., adv.*

dtèm-suan ເຕັມສ່ວນ entirely, *adv.*

dtèm-tii ເຕັມທີ່ utmost, with full speed, *adv.*

dtèm-tìip ເຕັມທີບ with full speed, *adv.*

dtên ເຕັ້ນ jump, dance, *v.*

dtèng ແຕ່ງ put on top of, *v.*

dtên-lám ເຕັ້ນລຳ dance, *v.*

dtĕ ແຕະ touch, *v.*

dtɛɛ ແຕ່ but, however, *conj.*

dtɛɛ ແຕ່ since, from, *prep.*

dtɛɛ-dàəm ແຕ່ເດີມ from the beginning, *adv.*

dtɛɛ-dɔ̌k ແຕ່ດຶກ very early morning, *adv.*

dtɛɛ-dtôn ແຕ່ຕົ້ນ from the beginning, *adv.*

dtɛ̆-dtɔ̂ng ແຕະຕ້ອງ tap lightly, touch, *v.*

dtɛɛ-gài ແຕ່ໄກ from a far, *prep.*

dtɛɛ-gìi ແຕ່ກີ້ before, *prep.*

dtɛɛ-hɔ̌ng-náan ແຕ່ເຫິງນານ for a long time, *adv.*

dtɛɛ-hung ແຕ່ຮຸ່ງ since dawn, *prep.*

dtɛ̀ɛk ແຕກ break, shatter, wreck, *v.*

dtɛ̀ɛk-bài ແຕກໃບ put out fresh leaves, *v.*

dtèek-dtaang ແຕກຕ່າງ different, *adj.*

dtèek-dtʉʉn ແຕກຕື່ນ panic and run away, *v.*

dtèek-ga-jàai ແຕກກະຈາຍ be scattered, *v.*

dtèek-gàn ແຕກກັນ be divided, be shattered, *v.*

dtèek-hâak ແຕກຮາກ strike roots, *v.*

dtèek-hăk ແຕກຫັກ be broken, *v.*

dtèek-mɛɛ-pɛɛ-lûuk ແຕກແມ່ແພ່ລູກ multiply, generate, spawn, *v.*

dtèek-nĭi ແຕກໜີ flee, *v.*

dtèek-ngə̂n ແຕກເງິນ get small change, *v.*

dtèek-nɔɔ ແຕກໜໍ່ germinate, put out buds, *v.*

dtèek-nyêek ແຕກແຍກ separate, *v.*

dtèek-ɔ̀ɔk ແຕກອອກ split away, open, *v.*

dtèek-pûak ແຕກພວກ break off from one's group, *v.*

dtèek-ta-lăai-lóng ແຕກທະລາຍລົງ fall apart, *v.*

dtèek-tap ແຕກທັບ be separated from the main unit, be routed, *v.*

dtɛɛ-la ແຕ່ລະ each, *adj.*

dtɛɛ-la-kàn ແຕ່ລະຂັ້ນ step by step, *adv.*

dtɛɛ-lám-páng ແຕ່ລຳພັງ alone, *adv.*

dtɛɛ-lêek ແຕ່ແລກ at first, *adv.*

dtɛɛ-lêek-hĕn ແຕ່ແລກເຫັນ at first sight, *adv.*

dtêem ແຕ້ມ draw (pictures), *v.*

dtêem-hûup ແຕ້ມຮູບ draw a picture, *v.*

dtêem-sĭi ແຕ້ມສີ paint, *v.*

dtèen ແຕນ tree wasp, *n.*

dtɛ̀ɛng ແຕງ cucumber, melon, plants of the melon, *n.*

dtɛ̀ɛng-móo ແຕງໂມ watermelon, *n.*

dtɛ̀ɛng-wăan ແຕງຫວານ cantaloupe, *n.*

dtɛɛ-nái-náam ແຕ່ໃນນາມ nominally, *adv.*

dtɛɛ-nân-máa ແຕ່ນັ້ນມາ from then on, ever since, *adv.*

dtɛɛ-nîi-bpài ແຕ່ນີ້ໄປ from now on, *adv.*

dtɛɛ-nyàang-dài ແຕ່ຢ່າງໃດ however, in anyway, *adv., conj.*

dtɛɛ-sâo ແຕ່ເຊົ້າ early, *adv.*

dtɛɛ-sâo-jòn-kam ແຕ່ເຊົ້າຈົນຄ່ຳ from dawn till dusk, from morning to night, *adv.*

dtɛɛ-waa ແຕ່ວ່າ but, *conj.*

dteng ແຕ່ງ decorate, dress, prepare, trim, adjust, invent, compose, make up, *v.*

dteng-dɔ̀ɔng ແຕ່ງດອງ marriage, wedding, *n.*

dteng-dtâng ແຕ່ງຕັ້ງ appoint, set up, *v.*

dteng-dtùa ແຕ່ງຕົວ dress, dress up, *v.*

dteng-kám-fɔ́ɔng ແຕ່ງຄຳຟ້ອງ draw up an indictment, *v.*

dteng-kón-bpai ແຕ່ງຄົນໄປ send someone, *v.*

dteng-ngáan ແຕ່ງງານ marry, wedding, *v., n.*

dtĕ̌-yàa ແຕະຢາ tobacco drying rack, *n.*

dtə̀əm ເຕີມ add, fill, *v.*

dtə̀əm-nâam-mán ເຕີມນ້ຳມັນ refuel, *v.*

dtə̀əp-dtòo ເຕີບໂຕ grow, *v.*

dtì ຕິ censure, criticize, condemn, *v.*

dtìa ເຕັ້ຍ short (in height), low, *adj.*

dtìam ຕຽມ prepare, get ready, *v.*

dtìam-dtùa ຕຽມຕົວ get ready, prepare, *v.*

dtìam-pɔ́ɔm ຕຽມພ້ອມ be alert, be prepared, *v.*

dtìam-wái ຕຽມໄວ້ be ready for, *v.*

dtìang ຕຽງ bed, bedstead, *n.*

dtìang-pàa-bài ຕຽງຜ້າໃບ canvas bed, *n.*

dtì-dtìan ຕິຕຽນ blame, reprimand, *v.*

dtìi ຕີ hit, beat, strike, attack, defeat, thrash, fight, *v.*

dtìi-bàan ຕີບານ play volleyball, *v.*

dtìi-dtàa ຕີຕາ seal, *v.*

dtìi-dtôo ຕີໂຕ້ fight back, *v.*

dtìi-fùak ຕີເຟືອກ set fish trap, *v.*

dtìi-gàa ຕີກາ seal, *v.*

dtìi-jăk ຕີຈັກ type, *v.*

dtìi-kai ຕີໄຂ່ whip eggs, *v.*

dtìi-kîi ຕີຄີ polo, *n.*

dtìi-kîu ຕີຄິ້ວ wink at someone, *v.*

dtìi-kwáam ຕີຄວາມ explain, interpret, *v.*

dtìi-kwáam-mǎai ຕີຄວາມໝາຍ interpret meaning, *v.*

dtìi-láa-káa ຕີລາຄາ fix a price, appraise, *v.*

dtìi-láng-gàa ຕີລັງກາ sommersault, *v.*

dtìi-lěk ຕີເຫຼັກ blacksmith forge metal, *v.*

dtìi-múai ຕີມວຍ box, fist fight, *v.*

dtìin ຕີນ foot, tire (vehicle), *n.*

dtìi-nâam-nǎk ຕີນ້ຳໜັກ guess a weight, *v.*

dtìin-bpao ຕີນເປົ່າ barefoot, *adv.*

dtìing ຕີງ sway, move, *v.*

a b bp d **dt** e ɛ ǝ f g h i j k l m n ng ny o ɔ p s t u ɯ w y

dtìin-gàa ຕີນກາ cross mark, n.
dtìin-kǎo ຕີນເຂົ້າ foot of the hill, n.
dtìin-púu ຕີນພູ foothills, n.
dtìin-sǎt ຕີນສັດ paw, leg, foot (animal), n.
dtìin-tám ຕີນຕຳ push with foot, v.
dtìip ຕີບ narrow, contracted, adj.
dtìi-péen ຕີເພນ strike noon drum for monks, v.
dtìi-pím ຕີພິມ print, publish, v.
dtìi-sǎm-tâai ຕີຊ້ຳທ້າຍ do at the last minute, v.
dtìi-sa-nìt ຕີສະໜິດ get friendly with, v.
dtìp-kào ຕີບເຂົ້າ small container for steamed rice, n.
dtì-sǒm ຕິຊົມ criticize, v.
dtìt ຕິດ paste, stick, pin up, fasten, adhere, close, infections (disease), v., adj.
dtìt-bpèet ຕິດແປດ contaminate, infection, v., n.
dtìt-dtàam ຕິດຕາມ follow, pursue, v.
dtìt-dtâng ຕິດຕັ້ງ install, set up, v.
dtìt-dtɔɔ ຕິດຕໍ່ communicate, be in touch, v.
dtìt-dtɔɔ-gàn ຕິດຕໍ່ກັບ continuously, contact, adv., v.
dtìt-dtùa ຕິດຕົວ on one's person, adv.

dtìt-fái ຕິດໄຟ light a fire, v.
dtìt-gàao ຕິດກາວ glue on, v.
dtìt-gàn ຕິດກັນ be adhesive, stuck v.
dtìt-gǎp ຕິດກັບ be caught in a trap, v.
dtìt-jài ຕິດໃຈ be fascinated by, v.
dtìt-kǎt ຕິດຂັດ meet an obstacle, be stuck, v.
dtìt-kɔɔ ຕິດຄໍ be choked, v.
dtìt-kuk ຕິດຄຸກ be imprisoned, v.
dtìt-lào ຕິດເຫຼົ້າ be addicted to alcohol or intoxicants, v.
dtìt-lôok ຕິດໂລກ contact a disease, v.
dtìt-muu ຕິດໝູ່ join a group of friends, spend too much time with friends, v.
dtìt-ngǒn ຕິດເງິນ owe money, v.
dtìt-nìi ຕິດໜີ້ be in debt, v.
dtìt-sǎao ຕິດສາວ fall in love with a girl, v.
dtìt-sìn-bòn ຕິດສິນບົນ bribe, v.
dtìt-tu-la ຕິດທຸລະ be busy, v.
dtìi-tôot ຕີໂທດ incriminate, v.
dtìt-yàa ຕິດຢາ be addicted to drug, v.
dto ໂຕະ table, desk, n.
dtǒk ຕົກ fall, drop, decrease, v.
dtǒk-ǎp ຕົກອັບ be down on one's luck, v.
dtǒk-dta-lúng ຕົກຕະລຶງ be dazed, v.

dtŏk-gâa

dtŏk-gâa ຕົກກ້າ sow seed, *v.*
dtŏk-jài ຕົກໃຈ be frightened, *v.*
dtŏk-dtàat ຕົກຕາດ waterfall, *n.*
dtŏk-dtam ຕົກຕໍ່າ degrade, *v.*
dtŏk-dtèng ຕົກແຕ່ງ arrange, decorate, adorn, *v.*
dtŏk-láang ຕົກລາງ go off the rail, *v.*
dtŏk-lóng-jài ຕົກລົງໃຈ agree, *v.*
dtŏk-lot ຕົກລົດ miss the car (bus), *v.*
dtŏk-lûat ຕົກເລືອດ have a miscarriage, *v.*
dtŏk-na-lok ຕົກນະລົກ go to hell, *v.*
dtŏk-nyâak-lám-bàak ຕົກຍາກລຳບາກ be indigent, *v.*
dtŏk-sa-ngəə ຕົກສະເງີ້ gape, dumbfounded, be stunned, *v.*
dtòm ຕົມ mud, dirt, mire, morass, *n.*
dtôm ຕົ້ມ boil, swindle, dupe, *v.*
dtôm-gan ຕົ້ມກັນ distill, *v.*
dtôn ຕົນ self, body, substance, *n.*
dtôn ຕົ້ນ trunk, tree, beginning, *n.*
dtôn-bpìi ຕົ້ນປີ begining of year, *n.*
dtòn-èeng ຕົນເອງ oneself, *n.*, *pron.*
dtòng ຕົງ straight, direct, honest, upright, *adj.*
dtòng-wée-láa ຕົງເວລາ punctual, *adj.*
dtôn-hèet ຕົ້ນເຫດ cause, *n.*

dtôn-hung ຕົ້ນຫຸງ papaya tree, *n.*
dtôn-kit ຕົ້ນຄິດ initiator, initiative, *n.*, *adj.*
dtôn-kɔɔ ຕົ້ນຄໍ nape of the neck, *n.*
dtôn-mai ຕົ້ນໄມ້ tree, *n.*
dtôn-mìi ຕົ້ນມີ້ jackfruit tree, *n.*
dtôn-muang ຕົ້ນມ່ວງ mango tree, *n.*
dtôn-nâam ຕົ້ນນ້ຳ source, *n.*
dtôn-ɔ̀ɔi ຕົ້ນອ້ອຍ sugarcane, *n.*
dtôn-póo ຕົ້ນໂພ banyan tree, *n.*
dtôn-sa-bǎp ຕົ້ນສະບັບ manuscript, original copy, *n.*
dtôn-tún ຕົ້ນທຶນ capital, assets, *n.*
dtòo ໂຕ body, trunk, substance, *n.*
dtôo ໂຕ້ oppose, reply, rebut, *v.*
dtôo-dtɔ̀ɔp ໂຕ້ຕອບ correspond, reply, *v.*
dtòo-èeng ໂຕເອງ self, oneself, *n.*, *pron.*
dtòok ໂຕກ large metal tray, tray on a pedestal, *n.*
dtòo-lêek ໂຕເລກ number, *n.*
dtòon ໂຕນ metric ton, escape, lump down, *n.*, *v.*
dtòo-nǎng-sǔu ໂຕໜັງສື letter of the alphabet, *n.*
dtòon-dtàat ໂຕນຕາດ waterfall, *n.*
dtoong-dteeng ໂຕ່ງເຕ່ງ swaying, *adj.*, *adv.*

dtòon-jông ໂດດຈ້ອງ jump with parachute, *v.*

dtòon-kâai ໂດບຄ່າຍ desert one's post, *v.*

dtòon-ɔ̀ɔk ໂດບອອກ escape, flee, *v.*

dtôo-nyéng ໂຕ້ແຍ້ງ dispute, contradict, *v.*

dtôo-tìang ໂຕ້ຖຽງ argue, dispute, *v.*

dtôo-wáa-tii ໂຕ້ວາທີ debate, *v.*

dtɔ̀p ຕົບ clap, slap, pat, *v.*

dtɔ̀p ຕົບ water hyacinth, *n.*

dtɔ̀p-bpìik ຕົບປີກ flap the wings, *v.*

dtɔ̀p-dtàa ຕົບຕາ deceive, fool, *v.*

dtɔ̀p-dtɛng ຕົບແຕ່ງ decorate, *v.*

dtɔ̀p-hŭa ຕົບຫົວ pat on the head, *v.*

dtɔ̀p-mɯ́ɯ ຕົບມື applaud, clap, *v.*

dtɔ̀p-sɛ̌ng ຕົບແສ່ງ strike symbols, *v.*

dtɔ̌t ຕົດ fart, *v.*

dtɔ̀i ຕ່ອຍ punch, box, *v.*

dtɔ̂i ຕ້ອຍ touch with a finger, *v.*

dtɔm ຕ່ອມ gland, *n.*

dtɔ̀n ຕ່ອນ piece, fragment, slice, chunk, *n.*

dtɔ̂ng ຕ້ອງ touch, must, *v.*, *aux v.*

dtɔ̂ng-dtàa ຕ້ອງຕາ pleasing to eyes, *adj.*

dtɔ̂ng-gàan ຕ້ອງການ need, want, *v.*

dtɔ̂ng-hăa ຕ້ອງຫາ be accused, charged, *v.*

dtɔ̂ng-hàam ຕ້ອງຫ້າມ be forbidden, be prohibited, *v.*

dtɔ̂ng-jài ຕ້ອງໃຈ be pleased, *v.*

dtɔ̂ng-ka-dìi ຕ້ອງຄະດີ be persecuted, *v.*

dtɔ̂ng-súun ຕ້ອງສູນ touch lightly, *v.*

dtɔ̂ng-tôot ຕ້ອງໂທດ be penalized, *v.*

dtɔɔ ຕໍ join, unite, go on, proceed, link, against, next, *v.*, *prep.*

dtɔ̌ɔ ຕ the tenth consonant of the Lao alphabet (mid consonant), *n.*

dtɔ̀ɔ ຕໍ່ stump, post which supports a beam, *v.*

dtɔɔ-àa-nyu ຕໍ່ອາຍຸ renew, *v.*

dtɔɔ-bpàak ຕໍ່ປາກ quote, cite, *v.*

dtɔɔ-bpài-nîi ຕໍ່ໄປນີ້ the following, *adv.*

dtɔɔ-bpì-dòo ຕໍ່ປີໂດ torpedo, *n.*

dtɔɔ-bpìi ຕໍ່ປີ per year, *adv.*

dtɔɔ-dtâan ຕໍ່ຕ້ານ resist, defend, *v.*

dtɔɔ-dtɛɛ-nân-máa ຕໍ່ແຕ່ນັ້ນມາ thereafter, *adv.*

dtɔɔ-dtə̀əm ຕໍ່ເຕີມ add, *v.*

dtɔɔ-dtɔɔ-bpài ຕໍ່ໆໄປ etcetera (etc.), *n.*

dtɔɔ-dùan ຕໍ່ເດືອນ per month, *adv.*

dtɔɔ-gai ຕໍ່ໄກ່ decoy wild chickens, *v.*

dtɔɔ-gàn ຕໍ່ກັນ attach to, next to, *v.*, *prep.*

dtɔɔ-ging ຕໍ່ກິ່ງ graft, *v.*

dtɔɔ-gôn ຕໍ່ກົ້ນ follow, *v.*

dtɔɔ-húa ຕໍ່ເຮືອ build a boat, *v.*

dtɔɔ-ìik ຕໍ່ອີກ continue, *v.*

dtɔɔ-jàak ຕໍ່ຈາກ (continue) from, *prep.*

dtɔɔ-jàak-nìi-bpai ຕໍ່ຈາກນີ້ໄປ from now on, *adv.*

dtɔ̀ɔk ຕອກ bamboo strips, pound down, knock, drive (a nail), *n.*, *v.*

dtɔ̀ɔk-dta-bpùu ຕອກຕະປູ nail, *v.*

dtɔ̀ɔk-dtɛ̂ɛk ຕອກແຕກ popcorn, popped rice, *n.*

dtɔɔ-láa-káa ຕໍ່ລາຄາ bargain, haggle, *v.*

dtɔɔ-lɔɔng ຕໍ່ລອງ bargain, haggle, *v.*

dtɔ̀ɔm ຕອມ gather, pester, *v.*

dtɔɔ-máa ຕໍ່ມາ later on, afterwards, *adv.*

dtɔɔ-mai ຕໍ່ໃໝ່ renew, *v.*

dtɔ̀ɔn ຕອນ castrate, time, part, *v.*, *n.*

dtɔ̂ɔn ຕ້ອນ welcome, entertain, *v.*

dtɔɔ-nàa ຕໍ່ໜ້າ in front of, in the future, *prep.*, *adv.*

dtɔ̀ɔn-bàai ຕອນບ່າຍ afternoon, *adv.*

dtɔ̀ɔn-bpàai ຕອນປາຍ nearly at the end, *adv.*

dtɔ̀ɔn-dɛ̌k ຕອນເດິກ late at night, *adv.*

dtɔ̀ɔn-dtôn ຕອນຕົ້ນ at the beginning, *adv.*

dtɔ̌ɔng ຕອງ filter, banana leaf, *v.*, *n.*

dtɔ̌ɔng-gûai ຕອງກ້ວຍ banana leaf, *n.*

dtɔ̂ɔn-hap ຕ້ອນຮັບ welcome, *v.*

dtɔ̂ɔn-hóom ຕ້ອນໂຮມ collect, gather, *v.*

dtɔɔ-nìi-bpai ຕໍ່ນີ້ໄປ henceforth, *adv.*

dtɔ̀ɔn-jòp ຕອນຈົບ ending, final part, *n.*

dtɔ̀ɔn-kǎa-bpai ຕອນຂາໄປ on the way there, *adv.*

dtɔ̀ɔn-kǎa-gàp ຕອນຂາກັບ on the way back, *adv.*

dtɔ̀ɔn-lǎng ຕອນຫຼັງ lately, recently, *adv.*

dtɔ̀ɔn-lɛ̂ɛk ຕອນແລກ at first, *adv.*

dtɔɔ-nok ຕໍ່ນົກ catch birds by decoy, *v.*

dtɔ̀ɔn-sǔt-tâai ຕອນສຸດທ້າຍ finally, at the end, *adv.*

dtɔ̀ɔn-tâai ຕອນທ້າຍ at the end, *adv.*

dtɔɔ-nûang ຕໍ່ເນື່ອງ continuous, *adj.*

dtɔɔ-nyɛ́ɛ ຕໍ່ແຍ annoy, *v.*

dtɔ̀ɔp ຕອບ answer, reply, respond, *v.*

dtɔ̀ɔp-dtôo ຕອບໂຕ້ argue, *v.*

dtɔ̀ɔp-kún ຕອບຄຸນ repay a favor, *v.*

dtɔ̀ɔp-kwáam ຕອບຄວາມ answer a

dtɔ̀ɔp-múu ຕອບມື້ hit back, *v.*

dtɔ̀ɔp-sa-nɔ̌ɔng ຕອບສະໜອງ respond, *v.*

dtɔɔ-sǎn-nyáa ຕໍ່ສັນຍາ renew a contract, *v.*

dtɔɔ-sùu ຕໍ່ສູ້ fight with, *v.*

dtɔɔ-sûak ຕໍ່ເຊືອກ tie up, *v.*

dtɔ̀ɔt ຕອດ bite, peck, sting, *v.*

dtɔɔ-wâa ຕໍ່ວ່າ protest, blame, *v.*

dtùa ຕົວ body, letter of the alphabet, *n.*

dtǔa ຕົວະ lie, *v.*

dtùa-bèɛp ຕົວແບບ model, *n.*

dtùa-bǒt ຕົວບົດ text, *n.*

dtùa-dta-lók ຕົວຕະຫຼົກ clown, joke, *n.*

dtùa-dtâng ຕົວຕັ້ງ multiplicand, *n.*

dtùa-dtâng-dtùa-dtìi ຕົວຕັ້ງຕົວຕີ principal, chief, promoter, *n.*

dtùa-dtao ຕົວເຕົ່າ turtle, *n.*

dtùa-dtɔɔ-dtùa ຕົວຕໍ່ຕົວ one on one, *adv.*

dtùa-gàan ຕົວການ main culprit, principal defender, ring leader, *n.*

dtùa-gèng ຕົວເກ່ງ star, favored one, *n.*

dtùa-jíng ຕົວຈິງ actual, real, *adj., n.*

dtùa-kɔ̀i ຕົວຂ້ອຍ myself, *pron.*

dtùa-kɔ̌ɔm ຕົວຂອມ Khmer script, *n.*

dtùa-kúun ຕົວຄູນ multiplier, *n.*

dtùa-la-kɔɔn ຕົວລະຄອນ player, actor, *n.*

dtùa-lêek ຕົວເລກ number, figure, *n.*

dtùa-lûuk-hûak ຕົວລູກຮວກ tadpole, *n.*

dtùa-mɛɛ ຕົວແມ່ female, *n.*

dtùa-nǎng-sǔu ຕົວໜັງສື letters of alphabet, *n.*

dtùang ຕວງ measure, *v.*

dtùa-ngûak ຕົວເງືອກ water dragon, mermaid, *n.*

dtùa-nyaang ຕົວຢ່າງ example, *n.*

dtǔa-nyua ຕົວະຍົວະ deceive, *v.*

dtùa-pa-nyâat ຕົວພະຍາດ germ, bacteria, *n.*

dtùa-pím ຕົວພິມ type (for printing), *n.*

dtùa-pùu ຕົວຜູ້ male, *n.*

dtùa-sa-gǒt ຕົວສະກົດ letter spelling, *n.*

dtùa-san ຕົວສັ່ນ tremble, *v.*

dtùa-tám ຕົວທຳ Burmese or Pali alphabet, *n.*

dtùa-tân-èeng ຕົວທ່ານເອງ yourself, *pron.*

dtùa-téɛn ຕົວແທນ representative, agent, *n.*

dtûi ຕຸ້ຍ fat, heavy, *adj.*

dtûi-gɛ̂ɛm ຕຸ້ຍແກ້ມ touch one's cheek, *v.*

dtǔk ຕຸກ container, holder, *n.*

dtǔk-dtík ຕຸກຕິກ swaying, have tri-

dtŭk-ga-dtàa ຕຸກກະຕາ doll, *n.*

dtu-láa ຕຸລາ October, *n.*

dtu-láa-gàan ຕຸລາການ judge, arbitrator, judiciary, *n.*

dtum ຕຸ່ມ jar, *n.*

dtûm-dtɔ̀ɔm ຕຸ້ມຕອມ look after, *v.*

dtûm-hŭu ຕຸ້ມຫູ earrings, *n.*

dtun ຕຸ່ນ mole (animal), *n.*

dtùn ຕຸນ store up, hoard, *v.*

dtŭt-sŏng-gàan ຕຸດສົງການ new year vacation, Songkran, *n.*

dtuu ຕູ່ accuse falsely, *v.*

dtûu ຕູ້ closet, *n.*

dtûu-bpài-sa-nĭi ຕູ້ໄປສະນີ letter box, *n.*

dtûu-bpûm ຕູ້ປຶ້ມ bookcase, *n.*

dtùum ຕູມ young budding, not open, *n., adj.*

dtûum ຕູ້ມ cage, trap, *n.*

dtûu-nǐi-la-pài ຕູ້ນິລະໄພ safety box, *n.*

dtùup ຕູບ hut, *n.*

dtùup ຕູບ drooping, *adj.*

dtùup-dtɔ̀ɔng ຕູບຕອງ leaf-roofed hut, *n.*

dtûu-sùa-pàa ຕູ້ເສື້ອຜ້າ wardrobe, *n.*

dtûu-nyén ຕູ້ເຢັນ refrigerator, *n.*

dtuai ເຕື່ອຍ hanging, *adj.*

dtuan ເຕືອນ remind, warn, caution, *v.*

fling objections, *adj., v.*

dtŭk ຕຶກ building, *n.*

dtŭk-bpàa ຕຶກປາ fish, *v.*

dtŭk-dtɔ̀ɔng ຕຶກຕອງ think, ponder, consider, *v.*

dtŭk-dtɔ̀ɔng-bəng ຕຶກຕອງເບິ່ງ consider, think over, *v.*

dtŭng ຕຶງ tight, tense, *adj.*

dtŭng-kìat ຕຶງຄຽດ sulky, strained, stressed, *adj.*

dtŭp ຕຶບ overgrown, *adj.*

dtɯ̀ɯ ຕື້ one billion, *nm.*

dtɯ̀ɯk ຕຶກ tapeworm, parasite, *n.*

dtɯ̀ɯm ຕື່ມ add to, pour, increase, additional, *v., adj.*

dtɯ̀ɯm-héɛng ຕື່ມແຮງ help out, reinforce, *v.*

dtɯ̀ɯn ຕື່ນ awake, wake up, *v.*

dtɯ̂ɯn ຕື້ນ shallow, *adj.*

dtɯ̀ɯn-dtên ຕື່ນເຕັ້ນ be excited, *v.*

dtɯ̀ɯn-dtŏk-jài ຕື່ນຕົກໃຈ be frightened, *v.*

dtɯ̀ɯn-dtùa ຕື່ນຕົວ be alert, be aroused, *v.*

dtɯ̀ɯn-kaao ຕື່ນຂ່າວ get excited about the news, *v.*

dtɯ̀ɯn-kûn ຕື່ນຂຶ້ນ get up, wake up, *v.*

e (ເອ)

ĕ-ă ເອະອະ noisy, boisterous, *adj.*
êe ເອ້ decorate, adorn, *v., adj.*
èek ເອກ hero, first grade, first rate, top notch, leading, star, *n., adj.*
èek-ga-són ເອກະຊົນ private, *n.*

ɛ (ແອ)

ɛ̀ɛk ແອກ yoke, *n.*
ɛ̀ɛk-kàat ແອກຄາດ yoke of the harrow, *n.*
ɛ̀ɛk-tǎi ແອກໄຖ yoke of the plough, *n.*
ɛ̀ɛo ແອວ waist, lower back, *n.*
ɛ̀ɛo-bàang ແອວບາງ slender waist, *n.*
ɛ̀ɛo-giu ແອວກິ້ວ slender waist, *n.*
ɛ̀ɛo-gòm ແອວກົມ rounded waist, *n.*
ɛ̀ɛp ແອບ practice, train, *v.*
êm ເອ້ມ enclose by walls, *v.*
êm-bpên ເອ້ມແປ້ນ enclose with planks, *v.*

ə (ເອີ)

əə ເອີ yes, *adv.*
ə̂ən ເອີ້ນ call, *v.*

f (ຝ, ຟ)

faa ຝາ palm, go through, undergo, *n., v.*
fàa ຝ້າ cloud, blemish (face), melasma, *n.*
fâa ຟ້າ sky, the heaven, *n.*
fǎa ຝາ a cloth covering, *n.*
fǎa ຝາ wall, lid, cover, *n.*
faa-dtiin ຝາຕີນ sole (foot), *n.*
fǎa-fèet ຝາແຝດ twins, *n.*
fǎa-fǒn ຝ້າຝົນ rainfall, *n.*
fâa-hɔ̂ɔng ຟ້າຮ້ອງ thunder, *v.*
faai ຝາຍ part, side, section, *n.*
fàai ຝ້າຍ cotton, *n.*
fàak ຝາກ entrust, deposit, *v.*
fàak ຝາກ bank, side, *n.*
fâa-ka-nɔ́ɔng ຟ້າຄະນອງ peal of thunder, the sky rambles, *n., v.*
fàak-bpai ຝາກໄປ send, transmit, *v.*
fàak-fâa ຝາກຟ້າ horizon, *n.*
fàak-fǎng ຝາກຝັງ put into the care of, *v.*
fàak-hak ຝາກຮັກ give one's heart to, *v.*
fàak-ngón ຝາກເງິນ deposit money, *v.*
fâa-kùum ຟ້າຄຸ້ມ cloudy, *n.*
fàak-wái ຝາກໄວ້ leave something with someone, *v.*
fâa-lɛ̂ɛng ຟ້າແລ້ງ drought, *n.*
fâa-lùam ຟ້າເຫຼື້ອມ lightning, *n.*

fáam ฝาม muntjak deer, n.
fáa-mêep-lùam ฟ้าแมบเหลื้อม lightning, n.
faa-múu ฝ่ามื palm (hand), n.
fâa-mûut ฟ้ามืด dark sky, n.
fáang ฟาง straw, n.
fáang ฟาง see without clarity, dim, v., adj.
fáang ฟาง sappan-wood, n.
fáang-dtàa ฟางตา be unable to see clearly, v.
fâao ฟ้าว hurry, fast, quick, v., adj.
fáao ฟาว foul (as in sports), n., v.
fâao-fáng ฟ้าวฟั่ง hurry, v.
fâao-gɔɔn ฟ้าวก่อน wait a minute
fâa-paa ฟ้าผ่า thunderbold, a stroke of lightning, n.
fâa-pa-năng ฝาผะหนัง wall of building, n.
fàat ฝาด astringent taste, n.
fàat ฟาด beat, hit, strike with a downward movement, v.
fâa-těem ฟ้าแถม sky, the heaven, n.
fàat-kào ฟาดเข้า thresh paddy, v.
fái ไฟ fire, light, electricity, blaze, n.
fái-bpaa ไฟป่า forest fire, wild fire, n.
fái-dèeng ไฟแดง red light, n.
fái-fáa ไฟฟ้า electricity, n.

fái-fâa-lɔɔt ไฟฟ้าหลอด neon lamp, n.
fái-kĭao ไฟเขียว green light, n.
fái-mài ไฟไหม้ a fire, conflagration, n.
fái-săai ไฟสาย flashlight, torch, n.
fak ฟัก hatch, chop, v.
fak ฟัก gourd, squash, n.
făk ฝัก case, sheath, vegetables, pod, n.
făk-dàap ฝักดาบ scabbard, sheath, n.
făk-fai ฝักใฝ่ take interest in, pay attention to, concentrate on, v.
fak-kai ฟักไข่ hatch, v.
făk-tua ฝักถั่ว peapods, n.
fán ฟัน cut, slice, v.
făn ฝัน dream, v.
fán-dàap ฟันดาบ do sword-play, fence, v.
fán-faa ฟันฝ่า overcome, struggle, v.
fang ฝั่ง river bank, shore, coast, n.
fáng ฟัง listen to, pay attention to, v.
făng ฝัง bury, v.
fáng-jài ฟังใจ impress, v.
făng-kâap ฝังคาบ bury an animal corpse, v.
făng-kwáam ฟังความ obey, v.
făng-pet ฝังเพ็ด set diamond, v.
făng-sŏp ฝังศพ bury a body, v.
fáng-têet ฟังเทศ listen to a sermon, v.
făn-hâai ฝันร้าย nightmare, have a nightmare, n., v.

fàn-kào ฝั้นเค้ิว twist, *v.*

fàn-sùak ฝั้นเชือก braid a rope, *v.*

fào เฝ้า protect, guard, watch, *v.*

fào-bəng เฝ้าเบິ່ງ keep an eye on, *n.*

fào-nyáam เฝ้ายาม be on guard, *v.*

fêm แฟ້ม folder, file, *n.*

fɛ́ɛng แฝง hide, conceal, antenna, *v., n.*

fèet แฝด twin, *n., adj.*

fɜ̌ə เฝີ noodle, *n.*

fɜ̀k เฝິກ train, practice, *v.*

fɜ̀k-ɛ́ɛp เฝິກແອບ drill, practice, *v.*

fɜ̀k-hàt เฝິກຫັດ practice, *v.*

fíi ฝີ infection, pock, boil, abscess, pustule, *n.*

fíi-bpàak ฝີปาก eloquence of language, *n.*

fíi-dàat ฝີดาด small-pox, *n.*

fíi-dtìin ฝີตีน (foot) speed, *n.*

fíim ฟີມ film, *n.*

fíi-màak-muang ฝີหมากม่วง syphilis, *n.*

fíi-múu ฝີมື skills, handwork, craftsmanship, *n.*

fíi-páai ฝີพาย oarsman, the crew, *n.*

fin ฝິ່ນ opium, *n.*

fin-dìp ฝິ່ນดิบ crude opium, *n.*

fin-tuan ฝິ່ນเถື່ອน illicit opium, *n.*

fíu ฟິວ fuse, *n.*

fok ฟົກ swollen, *adj.*

fok-sâm ฟົກຊ້ำ bruised, *adj.*

fǒn ฝົນ rain, *n.*

fǒn-dtŏk ฝົນຕົກ rain, *v.*

fông ฟົ້ງ splash, spurt, *v.*

fǒn-mîit ฝົນມີດ sharpen a knife, *v.*

fót ฟົດ boil, *v.*

fót-sa-nan ฟົດສະນັ່ນ noisy, *adj.*

fɔ́ɔ ฟ the nineteenth consonant of the Lao alphabet (low consonant), *n.*

fɔ̌ɔ ฝ the seventeenth consonant of the Lao alphabet (high consonant), *n.*

fɔ́ɔi ฟอย broom, brush, *n.*

fɔ́ɔi ฟอย sawdust, puff, fluff, frills, *n.*

fɔ́ɔi-pát-kɛ̀ɛo ฟอยปัดแก້ว toothbrush, *n.*

fɔ̂ɔk ฟอก wash, cleanse, bleach, *v.*

fɔ̂ɔk-nǎng ฟอกหนັง tan (a skin), *v.*

fɔ̂ɔn ฟ້อน dance, *v.*

fɔ́ɔng ฟอง bubble, foam, *n.*

fɔ́ɔng ฟ້อง indict, accuse, sue, *v.*

fɔ́ɔng-hɔ́ɔng ฟ້องร้อง complain against, prosecute, *v.*

fɔ́ɔng-ka-dìi-pɛ̂ɛng ฟ້องคะดีแพ່ງ take civil action against someone, *v.*

fɔ́ɔng-nâam ฟองน้ำ sponge, bubble, *n.*

fɔ́ɔng-yaa-hâang ฟ້องย่าร้าง enter lawsuit for divorce, *v.*

fɔ̂ɔt ฟอด froth, foam, *n.*

fum ຟຸມ thicket, underbrush, *n.*

fum-mâi ຟຸມໄມ້ bush, *n.*

fun ຝຸ່ນ dust, powder, *n.*

fut ຟຸດ foot (measure of length), *n.*

fut-bɔ̀ɔn ຟຸດບອນ soccer, football, *n.*

fúu ຟູ float, rise, be fluffy, *v.*

fúum-fúai ຟູມເຟືອຍ luxurious, *adj.*

fúung ຝູງ crowd, group, flock, herd, *n.*

fûa ເຝືອ cloud, *n.*

fúang ເຟືອງ straw, gear wheel, *n.*

fúang-jǎk ເຟືອງຈັກ gear wheel, *n.*

fúang-kào ເຟືອງເຂົ້າ rice straw, *n.*

fǔk ຝຶກ train, practice, *v.*

fǔk-fǒn ຝຶກຝົນ train, *v.*

fǔk-hǎt ຝຶກຫັດ practice, *v.*

fǔk-sɔ̌ɔn ຝຶກສອນ train, instruct, *v.*

fǔn ຝຶນ goose pimples, *n.*

fut ຝຶດ rid, free, *v.*

fûɯn ຟື້ນ recover, get well, regain consciousnes, *v.*

fûɯn ຟືນ wood, firewood, *n.*

fûɯn-dtùa ຟື້ນຕົວ improve, *v.*

fûɯn-fúu ຟື້ນຟູ restore, resume, renew, *v.*

fûɯn-jài ຟື້ນໃຈ be constrained, force, make an effort, *v.*

fùɯt ຝືດ out of order, not smooth, sticking, tight, *adj.*

g (ກ)

gǎ ກະ projected, approximately, expect, estimate, *adj., adv., v.*

gàa ກາ crow, *n.*

gâa ກ້າ courageous, dare, *adj.*

gàa-dɛɛng ກາແດງ Red Cross, *n.*

gàa-dtôm-nâm ກາຕົ້ມນ້ຳ kettle, *n.*

gàa-dtoo-lîk ກາໂຕລິກ catholic, *n.*

gàa-fàak ກາຝາກ parasite, *n.*

gàa-fée ກາເຟ coffee, *n.*

gàa-ga-bàat ກາກະບາດ sign of the cross, *n.*

gàa-ga-lôok ກາກະໂລກ pest, plague, *n.*

gâa-gan ກ້າກັນ brave, *adj.*

gâa-gɛn ກ້າແກ່ນ sow seed, *v.*

gàa-gii ກາກີ brownish-yellow, khaki, *n.*

gâa-hǎan ກ້າຫານ brave, *adj.*

gaai ກ່າຍ copy, lean against, *v.*

gàai ກາຍ pass, body, *n.*

gàai-bpài ກາຍໄປ pass, beyond, *v., prep.*

gàai-bpèn ກາຍເປັນ become, *v.*

gàai-nyáam ກາຍຍາມ pass the time, *v.*

gàai-nya-bɔɔ-li-hǎan ກາຍຍະບໍລິຫານ physical exercise, *n.*

gàai-nya-gàm ກາຍຍະກຳ acrobatics, *n.*

gàa-kám-sɔ̀ɔp ภาคำฉอบ medal, *n.*

gàa-la-bùun กาละบูน camphor, *n.*

gàa-la-gi-níi กาละภีนี misfortune, *n.*

gàa-líi กาลี evil, *n.*

gàam กราม gram, jaw, *n.*

gàam-ma-lóm กามมะลม sexual desire, *n.*

gàam-ma-lôok กามมะโลภ venereal disease, *n.*

gàam-ma-têep กามมะเทบ Cupid, *n.*

gâam-nư̂a ก้ามเนื้อ muscle, *n.*

gàan กาน work, matter, task, action, *n.*

gâan ก้าน stem, branch, *n.*

gàa-nâam กาน้ำ kettle, *n.*

gàang กาง central, middle, neutral, *n.*

gâang ก้าง bone, *n.*

gâang-bpàa ก้างปา fish bone, *n.*

gàang-bpìik กางปีก spread the wings, *v.*

gàang-dèet กางแดด in the sun, *adj., adv.*

gàang-gèe กางแกร pigeon, *n.*

gàang-hóm กางร่ม open an umbrella, *v.*

gàang-jɛ̂ɛng กางแจ้ง in the open air, outdoors, *adj.*

gàang-kán กางค้าง unfinished, *adj.*

gàang-kɛ̌ɛn กางแขน cross, *n.*

gàang-kón กางคน middle-aged, *adj.*

gàang-kưun กางคืน night, *n.*

gàang-mɛɛ-nâam กางแม่น้ำ in the middle of the river, midstream, *adj., adv.*

gàang-mûng กางมุ้ง put up a mosquito net, *v.*

gàang-táang กางทาง halfway, *adj., adv.*

gàang-ta-lée กางทะเล in the middle of the sea, *adj., adv.*

gàang-tà-nǒn กางถะหนิม in the middle of the street, *adj., adv.*

gàang-wén กางเว็น daytime, *n.*

gâan-kɔɔ ก้านคอ neck, *n.*

gaan-mâi กานไม้ tree bark, *n.*

gaao ก่าว say, make a statement, *v.*

gàao กาว glue, *n.*

gaao-dtuu ก่าวตุ accuse, *v.*

gâao-gaai ก้าวก่าย overlap, *v.*

gaao-hǎa ก่าวหา allege, *v.*

gaao-hâai-bpâai-sǐi ก่าวร้ายปายสี accuse unjustly, *v.*

gaao-kwǔan ก่าวฮ้วน speak about, *n.*

gâao-nâa ก้าวหน้า progress, *v.*

gaao-těng ก่าวเถิง speak of, *v.*

gaao-tôot ก่าวโทษ blame, *v.*

gâao-tɔ̌ɔi-lǎng ก้าวถอยหลัง step back, *v.*

gàap ภาบ bow in respect with, palms together, *v.*

gàap-gɔ̀ɔn ภาบภอบ poetry, *n.*

gàap-láa ภาบลา take leave, *v.*

gàap-ɔ̀ɔi ภาบอ้อย sugarcane fiber, *n.*

ga-bǎ กะบะ truck, *n.*

ga-bii กะบี่ bayonet, sword, *n.*

ga-bòt กะบົດ revolt, rebellion, *v., n.*

ga-bɔ̀ɔk กะบอก cylinder, *n.*

ga-bɔ̀ɔng กะบอງ torch, *n.*

ga-bɔ̀ɔng-pet กะบอງเผ็ด cactus, *n.*

ga-bpǎo กะเປົ້າ pocket, *n.*

ga-bpǎo-ngə́n กะເປົ້າเງິນ wallet, *n.*

ga-bpi กะปิ shrimp paste, *n.*

ga-bpǒ กะໂປະ coconut shell, *n.*

ga-bpòong กะໂປງ skirt, *n.*

ga-bpɔ̌ng กะປ໋ອງ can, *n.*

ga-bpɔ̀ɔm กะປອມ lizard, *n.*

ga-bpǔk กะປຸກ pot, small box, *n.*

ga-bpùu กะປູ crab, nail, *n.*

ga-bùai กะບວຍ dipper, large ladle, *n.*

ga-bùang กะເບື້ອງ tile, *n.*

ga-bùan-hɛɛ กะບວນແຫ procession, parade, *n.*

ga-bùng กะບຸງ basket, *n.*

ga-dàan กะดาน board, *n.*

ga-dàan-dàm กะดานดำ blackboard, *n.*

ga-dâang กะด້าງ rough, *adj.*

ga-dâang-ga-dûang กะด້າງກະເດື້ອງ unyielding, rebellious, *adj.*

ga-dàat กะดาด paper, sheet, *n.*

ga-dàat-hɔɔ-kɔ̌ɔng กะดาดที่ຫໍ່ຂອງ wrapping paper, *n.*

ga-dàat-kǎi กะดาดไข stencil, *n.*

ga-dàat-sáai กะดาดຊາຍ sandpaper, *n.*

ga-dàat-sap กะดาดຊັບ blotting paper, *n.*

ga-dài กะได stair, ladder, *n.*

ga-dên กะເດັ້ນ rebound, *v.*

ga-dên-kùn กะເດັ້ນຂຶ້ນ bounce, *v.*

ga-dik กะດິກ move, *v.*

ga-ding กะດິ່ງ bell, chime, *n.*

ga-dôn กะດົ້ນ back of the neck, *n.*

ga-dông กะດົ້ງ winnowing basket, *n.*

ga-dòot กะໂດດ jump, *v.*

ga-dɔ̀ɔn กะดอน rebound, *v.*

ga-dɔ̀ɔng กะดอງ shell, *n.*

ga-dtaa กะต่า market basket, *n.*

ga-dtaai กะต่าຍ rabbit, *n.*

ga-dtàn-nyûu กะຕັນຍູ gratefulness, *n.*

ga-dtě กะເຕະ bamboo tray, *n.*

ga-dtɛ̀ɛ กะແຕ chipmunk, *n.*

ga-dtî-gàa กะຕິກາ rule, regulation, *n.*

ga-dtǐk กะຕິກ water container, *n.*

ga-dtɔ̀ɔ กะຕ້ໍຫວາຍ rattan ball, *n.*

ga-dtɔ́p กะຕ້ອບ shed, *n.*

ga-dtǔk กะຕຸກ jerk, *v.*

ga-dtûn กะตุ้น push up, stimulate, v.
ga-dtûang กะเตื้อง improve, v.
ga-dtùu-léu-lón กะเต็ลลั่น hasten, v.
ga-dŭk-ga-dĭk กะดุกกะดิก move, v.
ga-dùm กะดุม button, n.
ga-dŭp-ga-dĭp กะดุบกะดิบ wriggle, v.
ga-dùuk กะดูก bone, skeleton, n.
ga-dùuk-gôn-góp กะดูกก้นกบ sacrum, n.
ga-dùuk-hŭa-nao กะดูกหัวเน่า pubis, n.
ga-dùuk-kàang กะดูกข้าง rib, n.
ga-dùuk-kɔ̀ɔ-dtìin กะดูกข้อตีน tarsal bone, n.
ga-dùuk-kɔ̀ɔ-múu กะดูกข้อมือ carpal bone, n.
ga-dùuk-lai กะดูกไหล่ scapula, n.
ga-dùuk-nàa-ăk กะดูกหน้าอก breast bone, n.
ga-dùuk-nàa-kɛng กะดูกหน้าแข้ง shin bone, n.
ga-dùuk-ɔ̀ɔn กะดูกอ่อน cartilage, n.
ga-dùuk-săn-lăng กะดูกสันหลัง backbone, spine, n.
ga-gèen กะเกน compare, predict, v.
ga-gìam กะเกียม prepare, v.
ga-hɔ̂ɔk กะรอก squirrel, n.
ga-hὺut-ga-hɔ̀ɔp กะหืดกะหอบ breathless, adj.
gai ไก่ chicken, hen, cock, n.
gài ไก far, adv.
gai-bpὺun ไกปืน trigger, n.
gai-dtìi ไก่ตี fighting rooster, n.
gai-mɛɛ ไก่แม่ hen, n.
gai-ngúang ไก่งวง turkey, n.
ga-jàai กะจาย spread, scatter, v.
ga-jàai-kám กะจายคำ conjugate, v.
ga-jàai-sĭang กะจายเสียง broadcast, v.
ga-jàak กะจาก basket, pannier, n.
ga-jaang-jɛ̂ɛng กะจ่างแจ้ง clear, adj.
ga-jàap กะจาบ rice bird, n.
ga-jăp กะจับ water chestnut, n.
ga-jɛɛ กะแจ key, a.
ga-jɛ̀ɛ-múu กะแจมือ handcuffs, n.
ga-jὲet-ga-jɛ̀ɛng กะเจิดกะเจิง separated, n.
ga-jĭp กะจิบ warbler, n.
ga-jŏk กะจก mirror, glass, n.
ga-jòom กะโจม crown, jump, n.,v.
ga-jòom-fai กะโจมไฟ light house, lantern, n.
ga-jɔ̀ɔk กะจอก sparrow, n.
ga-jɔ̀ɔk-têet กะจอกเทศ ostrich, n.
ga-jŭk กะจุก cluster, n.
găk กัก detain, v.

găk-gan ກັກກັນ confine, v.

ga-lam-bpìi ກະລໍ່າປີ cabbage, n.

ga-lòong ກະໂຫຼ່ງ container, n.

ga-lòok ກະໂຫຼກ skull, n.

ga-lot ກະລັອດ carrot, n.

ga-lu-náa ກະລຸນາ kindly, please, adj., v.

gàm ກໍາ lench the fist, v.

gàm ກໍາ Karma, n.

gâm ກໍ້າ side, n.

gàm-bàng ກໍາບັງ hide, v.

gàm-bpan ກໍາປັ່ນ ship, n.

gàm-bpân ກໍາປັ້ນ fist, n.

gàm-bpuu-jìa ກໍາປູເຈຍ Cambodia, n.

gàm-gắp ກໍາກັບ direct, supervise, v.

gâm-gəng ກໍ້າເກິ່ງ in between, adj.

gàm-hĕeng ກໍາແຫງ audacious, insolent, adj.

gàm-jăt ກໍາຈັດ get rid of, v.

gâm-kwǎa ກໍ້າຂວາ right hand side, n.

gàm-làap ກໍາລາບ intimidate, v.

gàm-lái ກໍາໄລ interest, n.

gàm-lái-dtìin ກໍາໄລຕີນ anklet, n.

gàm-lái-múu ກໍາໄລມື bracelet, n.

gàm-láng ກໍາລັງ power, n.

gàm-láng-gàai ກໍາລັງກາຍ physical strength, n.

gàm-láng-jǎ ກໍາລັງຈະ be about to, v.

gàm-láng-jai ກໍາລັງໃຈ courage, encouragement, n.

gàm-láng-ta-hǎan ກໍາລັງທະຫານ military power, n.

gàm-lə̀əp ກໍາເລີບ increase, v.

gàm-ma-gàan ກໍາມະການ committee, council, referee, n.

gàm-ma-gɔ̀ɔn ກໍາມະກອນ worker, laborer, n.

gàm-ma-nyíi ກໍາມະຍີ່ velvet, n.

gàm-múu ກໍາມື make a fist, v.

gàm-not ກໍານົດ limit, determine, v.

gàm-nŏt ກໍານົດ set, limit, determine, v.

gàm-pɛ́ɛng ກໍາແພງ wall, n.

gàm-sâai ກໍ້າຊ້າຍ left hand side, n.

gàm-wéen ກໍາເວນ fate, destiny, n.

gan ກັນ distill, v.

gàn ກັນ each other, pron., adv.

gàn ກັນ prevent, hinder, v.

gân ກັ້ນ intercept, prevent, hinder, v.

ga-nam ກະນໍາ repeat, v.

gàn-dàan ກັນດານ barren, arid, adj.

gan-dtɔ̀ɔng ກັ່ນຕອງ filter, purify, v.

gàn-èeng ກັນເອງ resonable, friendly, adj.

gàn-fái ກັນໄຟ fire proof, n.

gàng-hom ກັ້ງຮົ່ມ umbrella, n.

gàng-kǎa ກັ້ງຂາ suspicion, n.

gàng-wáan ກັ້ງວານ echo, n.

gàng-wón ກັງວົນ worry, *v.*

gàn-là-nyáa-nii ການະຍານີ beauty, *n.*

gàn-nyáa ກັນຍາ September, *n.*

gàn-sáa ກັນຊາ hemp, marijuana, *n.*

gàn-són ກັນຊົນ bumper, *n.*

gao ເກົ່າ old, *adj.*

gào ເກົາ scratch, *v.*

gâo ເກົ້າ (9) nine, *n., adj., nm.*

gao-ìi ເກົ້າອີ້ chair, *n.*

gâo-pŏm ເກົ້າຜົມ roll up the hair, *v.*

găp ກັບ with, box, come back, *conj., n., v.*

găp-àa-hăan ກັບອາຫານ food container, *n.*

găp-bâan ກັບບ້ານ return home, *v.*

găp-dăk-săt ກັບດັກສັດ trap, *n.*

găp-fái ກັບໄຟ match box, *n.*

găp-gaai ກັບກາຍ change, transform, *v.*

găp-gɛ̂ɛ ກັບແກ້ gecko lizard, *n.*

găp-gɔ̀ɔk-yáa ກັບກອກຢາ cigarette box, *n.*

ga-píp ກະພິບ wink, twinkle, *n.*

găp-jài ກັບໃຈ change one's mind, *v.*

găp-kám ກັບຄຳ revoke one's word, *v.*

găp-kìit ກັບຂີດ match, *n.*

găp-kúun-máa ກັບຄືນມາ return, come back, *v.*

găp-lăng ກັບຫຼັງ turn backwards, *v.*

ga-pôok ກະໂພກ hip, firecracker, *n.*

ga-pɔ̂ ກະເພາະ stomach, *n.*

ga-sǎa ກະຊ້າ hand basket, *n.*

ga-sàak ກະຊາກ pull with force, snatch, *v.*

ga-săp-ga-săai ກະສັບກະສ່າຍ restless, nervous, *adj.*

ga-sèt ກະເສດ agriculture, *n.*

ga-sɛ̌ɛ ກະແສ current, *n.*

ga-sɛ̌ɛ-lóm ກະແສລົມ draft (breeze), *n.*

ga-sɛ̌ɛ-nâm ກະແສນ້ຳ tide, *n.*

ga-si-gàam ກະສິກຳ agriculture, *n.*

ga-si-gɔɔn ກະສິກອນ farmer, *n.*

ga-sip ກະຊິບ whisper, *v.*

ga-sɔ̀ɔp ກະສອບ sack, *n.*

ga-sǔai ກະສວຍ shuttle, *n.*

ga-sǔang ກະຊວງ ministry, *n.*

ga-sǔn ກະສຸນ cartridge, *n.*

ga-sǔn-bpuun ກະສຸນປືນ bullet, *n.*

ga-sǔu ກະສື female demon, *n.*

ga-sɔ̌ə ກະເຊີ້ basket, *n.*

găt ກັດ bite, *v.*

ga-ta ກະທະ cooking pan, *n.*

ga-tàa ກະທາ quail, *n.*

ga-tám ກະທຳ perform, do, *v.*

ga-táng ກະທັ່ງ till, until, *conj.*

ga-tǎng ກະຕັງ bucket, *n.*

ga-tán-hǎn ກະທັນຫັນ immediate, *adj.*

ga-tât-lát ກະຫັດລັດ compact, *adj.*
ga-têek ກະແທກ dash against, *v.*
ga-təəi ກະເທີຍ transvestite, gay, *n.*
ga-tí ກະທິ coconut milk, *n.*
ga-tíam ກະທຽມ garlic, *n.*
ga-tíng ກະທິງ bison, *n.*
găt-kêo ກັດແຂ້ວ grind the teeth, *v.*
ga-tŏon ກະໂທນ spittoon, *n.*
ga-tóp ກະທົບ strike against, hit, *v.*
ga-tóp-ga-tâng ກະທົບກະທັ່ງ conflict, *n.*
ga-tóp-ga-tíap ກະທົບກະທຽບ insult, be sarcastic, *v.*
ga-tôm ກະທ່ອມ hut, cabin, *n.*
ga-tɔɔ ກະທໍ່ sack, *n.*
ga-túng ກະທຸ້ງ pound, *v.*
ga-túng ກະທຸງ pelican, *n.*
ga-tŭu ກະທູ້ question, *n.*
ga-túan ກະເທືອນ shake, hit, *v.*
ga-tʉʉp ກະທືບ stamp one's foot, *v.*
ga-wón-ga-wáai ກະວົນກະວາຍ be anxious, *v.*
gèe ເກ unruly, gay, *adj., n.*
gêe ເກ໊ counterfeit, fake, *adj.*
gee-dee ເກເດ protruding, *adj.*
gèen ເກນ recruit (soldiers), *v.*
gèen ເກນ criteria, *n.*
gèen-ta-hǎan ເກນທະຫານ conscript, draft, *n., v.*
gèe-săa ເກສາ hair (poetic), *n.*
gèe-sɔ̌ɔn ເກສອນ pollen, *n.*
gèe-sɔ̌ɔn-dɔ̀ɔk-mâi ເກສອນດອກໄມ້ flower pollen, *n.*
gĕ-gǎ ເກະກະ be in the way, *v.*
gép ເກັບ pick up, *v.*
gép-giao ເກັບກຽວ harvest, reap, *n.*
gép-páa-sìi ເກັບພາສີ collect taxes, *v.*
gét ເກັດ scale (e.g. of fish or reptile), *n.*
gét-bpàa ເກັດປາ fish scale, *n.*
gě ແກະ sheep, take off, pick, *n., v.*
gɛɛ ແກ່ old (for people or animals), *adj.*
gɛ̀ɛ ແກ trumpet, horn (car), *n.*
gɛ̂ɛ ແກ້ untie, *v.*
gêe-bàn-hǎa ແກ້ບັນຫາ solve a problem, *v.*
gêe-bòn ແກ້ບົນ pay a vow, *v.*
gêe-dtaang ແກ້ຕາງ act on behalf of, *v.*
gêe-dtùa ແກ້ຕົວ make an excuse, *v.*
gêe-fǎn ແກ້ຝັນ interpret a dream, *v.*
gêe-ká-dìi ແກ້ຄະດີ defend oneself in court, *v.*
gêe-kài ແກ້ໄຂ້ cure a fever, *v.*
gêe-kǎi ແກ້ໄຂ solve, amend, *v.*
gêe-kǎi-mai ແກ້ໄຂໃໝ່ revise, *v.*
gêe-kêen ແກ້ແຄ້ນ avenge, take revenge, *v.*

gɛɛ-làak ແກ່ລາກ drag, *v.*

gèem ແກມ mingled with, *adj.*

gêem ແກ້ມ cheek, *n.*

gêem ແກ້ມ food, snack eaten with alcohol, *n.*

gêem-bong ແກ້ມບ່ອງ dimple, *n.*

gêe-mʉʉ ແກ້ມື make up for one's loss, *n.*

gèen ແກນ axis, *n.*

gêe-nàa ແກ້ໜ້າ save one's face, *v.*

gèeng ແກງ stew, soup, curry, *n.*

gêeng ແກ້ງ do on purpose, pretend, *v.*

gêeo ແກ້ວ glass, *n.*

gêeo-dtàa ແກ້ວຕາ pupil of eye, *n.*

gêeo-hǔu ແກ້ວຫູ ear drum, *n.*

gèep ແກບ husk, *n.*

gêe-pàa ແກ້ຜ້າ undress, *v.*

gêe-pět ແກ້ເຜັດ retaliate, *v.*

gèep-kào ແກບເຂົ້າ rice husk, *n.*

gêe-sʉak ແກ້ເຊືອກ untie a cord, *v.*

gee-tào ແກ່ເຖົ້າ old (for people or animals), *adj.*

gě-láai ແກະລາຍ sculpt, *v.*

gě-lɔ́ɔk ແກະລອກ pick out, copy, *v.*

gě-mɛ̀ɛ ແກະແມ່ ewe, *n.*

gen ແກນ core, *n.*

gen-pʉ̀ʉt ແກນພືດ seed, *n.*

gen-sǎan ແກນສານ substance, *n.*

gě-ɔ̀ɔk ແກະອອກ pick out, peel, *v.*

gě-pùu ແກະຜູ້ ram, *n.*

gě-sa-làk ແກະສະຫຼັກ carve, *v.*

gə̀ən ເກີນ too, exceed, beyond, *adv., v.*

gə̀ən-bpai ເກີນໄປ too, *adv.*

gə̀əp ເກີບ shoes, *n.*

gə̀əp-nǎng ເກີບໜັງ leather shoes, *n.*

gə̀ət ເກີດ be born, happen, *v.*

gə̀ət-jàak ເກີດຈາກ derive from, *v.*

gə̀ət-kʉ̂n ເກີດຂຶ້ນ occur, happen, *v.*

gìa ເກຍ gear, *n.*

gìam ກຽມ prepare, arrange, plan for, *v.*

gìang ກຽງ smooth, even, clean, *adj.*

giao ກຽວ sickle, connect, *n., v.*

gìao ກຽວ screw, *n.*

gîao ກ້ຽວ seek to attack by attention, roll up, entwine, *v.*

giao-dɔ̀ɔng ກຽວດອງ allied, related, *adj.*

giao-gàao ກຽວກາວ boisterous, blatant, *adj.*

giao-gàat ກ້ຽວກາດ wicked, fierce, *adj.*

giao-gáp ກຽວກັບ regarding, concerning, about, *prep.*

gîao-gòot ກ້ຽວໂກດ be in a rage, *n.*

gîao-gɔ̀ɔt ກ້ຽວກອດ flirt, make love, hug, *v.*

giao-kào ກຽວເຂົ້າ reap rice, harvest, *v.*

giao-kian ກຽວຄຽນ wind around, *v.*

giao-kŏng ກຽວຂ້ອງ involve, pertain, *v.*

giao-kɔ̌ɔ ກຽວຂໍ hook, *n.*

giao-nùang ກຽວເນື່ອງ be related to, *v.*

giao-pán ກຽວພັນ be concerned with, be related to, *v.*

giao-săm-pán ກຽວສຳພັນ bond of relationship, *n.*

gìat ກຽດ honor, *n.*

gìat-dti-nyot ກຽດຕິຍົດ honor, *n.*

gìat-kâan ກຽດຄ້ານ lazy, *adj.*

gìat-sáng ກຽດຊັງ hate, *v.*

gìip ກີບ kip: Lao currency, *n.*

gìi-táa ກີຕາ athletics, *n.*

gìit-gàn ກີດກັນ obstruct, *v.*

gì-láa ກິລາ exercise, sports, *n.*

gì-lèet ກິເລດ sensuality, *n.*

gì-lì-nyaa ກິລິຍາ manners, *n.*

gì-lì-nyaa ກິລິຍາ verb, *n.*

gì-lì-nyaa-suai ກິລິຍາຊ່ວຍ auxiliary verb, *n.*

gì-lì-nyaa-wì-sèet ກິລິຍາວິເສດ adverb, *n.*

gì-lóo, gìloogràm ກິໂລ, ກິໂລກຣາມ kilogram, *n.*

gì-lóo-mêet ກິໂລແມັກ kilometer, *n.*

gin ກິນ smell, odor, *n.*

gìn ກິນ eat, *v.*

gìn-dɔ̀ɔng ກິນດອງ attend a wedding reception, *v.*

ging ກິ່ງ twig, branch, *n.*

gîng ກິ້ງ roll, *v.*

ging-mâi ກິ່ງໄມ້ branch of tree, *n.*

gìn-hɔ̌ɔm ກິ່ນຫອມ aroma, fragrance, *n.*

gìn-im ກິນອີ່ມ be full, *v.*

gìn-lîang ກິນລ້ຽງ have a party, *v.*

gìn-lîang-song ກິນລ້ຽງສົ່ງ have a farewell party, *v.*

gin-měen ກິ່ນເໝັນ bad smell, *n.*

gìn-nâm ກິນນ້ຳ drink water, *v.*

gìn-sèep ກິນແຊບ have an appetite, *v.*

gìn-sĭn-bòn ກິນສິນບົນ take a bribe, *v.*

gìn-wée-láa ກິນເວລາ take time, *v.*

gìn-yàa ກິນຢາ take medicine, *v.*

gĭt-dti-màa-săk ກິດຕິມາສັກ honorary, *n.*

gĭt-dti-săp ກິດຕິສັບ rumor, fame, *n.*

gĭt-gɔ̀ɔk-yàa ກິດກອກຢາ cigarette butt, *n.*

gĭt-jà-gàan ກິດຈະການ task, enterprise, *n.*

gĭt-jà-wàt ກິດຈະວັດ routine, *n.*

gŏk ກົກ tree, trunk, *n.*

gŏk-kăa ກົກຂາ thigh, *n.*

gŏk-kɛ̌ɛn ກົກແຂນ upper arm, *n.*

gŏk-mâi ກົກໄມ້ tree, *n.*

gŏk-săo-húan ກົກເສົາເຮືອນ house poles, *n.*

gòm ກົມ department, bureau, *n.*

gòm ກົມ round, *adj.*

gôm ກົ້ມ bow the head, *v.*

gòm-gìao ກົມກຽວ harmonious, *adj.*

gòm-gùun ກົມກືນ assimilate, *v.*

gôm-kàap ກົ້ມຂາບ prostrate oneself, *v.*

gôm-lóng ກົ້ມລົງ bend down, *v.*

gôn ກົ້ນ bottom, *n.*

gong ກົງ bend, *v.*

gòng ກົງ cage, *n.*

gòng ກົງ straight, *adj.*

gòng-gàn-kàam ກົງກັນຂ້າມ opposite, *adj.*

gòng-gǎp ກົງກັບ correspond to, be in accordance with, *v.*

gòng-kăng ກົງຂັງ cage, *n.*

gòng-lot ກົງລົດ wheel, *n.*

gòng-pat ກົງພັດ windmill, waterwheel, *n.*

gòng-sŭn ກົງສຸນ consul, *n.*

gôn-kùat ກົ້ນຂວດ bottom of bottle, *n.*

gôn-kìi ກົ້ນຂີ້ anus, *n.*

gòong ໂກງ cheat, *v.*

gǒp ກົບ frog, carpenter's plane, *n.*

gŏt ກົດ force, acid, decree, rule, *v., n.*

gŏt-geen ກົດເກນ rule, regulation, *n.*

gŏt-ja-lăa-jɔɔn ກົດຈະລາຈອນ traffic regulation, *n.*

gŏt-kii ກົດຂີ່ oppress, *v.*

gŏt-măai ກົດໝາຍ law, *n.*

gŏt-sóng ກົດສົງ conceited, snobbish, *adj.*

gɔ̆ ເກາະ island, *n.*

gɔ̆-kwɛ̂ɛn ເກາະແຂວນ hold one's arms, *v.*

gɔm ກ່ອມ lull, *v.*

gɔ̂ng ກ້ອງ tube, *n.*

gɔ̂ng ກ້ອງ echo, resounding, *v., adj.*

gɔ̂ng-ju-la-tat ກ້ອງຈຸລະທັດ microscope, *n.*

gɔ̂ng-kɛ̆ɛn ກ້ອງແຂນ bracelet, *n.*

gɔ̂ng-sìit-yàa ກ້ອງສີດຢາ syringe, *n.*

gɔ̂ng-sɔng ກ້ອງສ່ອງ binoculars, *n.*

gɔ̂ng-sɔng-dàao ກ້ອງສ່ອງດາວ telescope, *n.*

gɔ̂ng-sùup ກ້ອງສູບ pump, *n.*

gɔ̂ng-taai-hûup ກ້ອງຖ່າຍຮູບ camera, *n.*

gɔ̂ng-tóo-la-tat ກ້ອງໄທລະທັດ telescope, *n.*

gɔɔ ກໍ build a brick wall, *v.*

gɔ̀ɔ ກ the first consonant of the Lao alphabet (mid consonant), *n.*

gɔ̌ɔ ກໍ also, then, *adv.*

gɔɔ-fái ກໍໄຟ build a fire, *n.*

gɔɔ-gùan ກໍ່ກວນ bother, disturb, annoy, *v.*

gɔ́ɔk ກອກ pipe (smoking), *n.*

gɔ́ɔk ກອກ tap (for liquid), *n.*

gɔ́ɔk ກອກນ້ຳ faucet, tap, *n.*

gɔ́ɔk-yàa ກອກຢາ cigarette, *n.*

gɔɔn ກອນ before, first, previous, *adj., adv., prep.*

gɔ̂ɔn ກອນ bolt, *n.*

gɔ̂ɔn ກອນ poetry, *n.*

gɔ̂ɔn ກ້ອນ pill, tablet, piece, *n.*

gɔ̂ɔn-dìn ກ້ອນດິນ clod, *n.*

gɔɔng ກອງ drum, heap, group, *n.*

gɔɔng-dáp-pèεng ກອງດັບເພີງ fire-brigade, *n.*

gɔɔng-fǔɯn ກອງຟືນ a pile of wood, *n.*

gɔɔng-fái ກອງໄຟ bonfire, *n.*

gɔɔng-hɔ̂ɔi ກອງຮ້ອຍ military company, *n.*

gɔɔng-jòom ກອງໂຈມ guerrilla unit, *n.*

gɔɔng-nàa ກອງໜ້າ vangard, *n.*

gɔɔng-nǔɯn ກອງໜູນ reinforcements, reserves, *n.*

gɔɔng-pán ກອງພັນ batallion, *n.*

gɔɔng-pón ກອງພົນ division, *n.*

gɔɔng-pɔ́ɔn ກອງພອນ funeral pyre, *n.*

gɔɔng-sɔ́ɔt-nέεm ກອງສອດແນມ a spy unit, *n.*

gɔɔng-ta-hǎan ກອງທະຫານ a military unit, troop, *n.*

gɔɔng-tàp-àa-gàat ກອງທັບອາກາດ the air force, *n.*

gɔɔng-tàp-bók ກອງທັບບົກ the army, infantry, *n.*

gɔɔng-tàp-hɯ́a ກອງທັບເຮືອ the navy, *n.*

gɔ̂ɔn-hǐn ກ້ອນຫີນ small stone, *n.*

gɔ̂ɔn-mêek ກ້ອນເມກ cloud, *n.*

gɔ̀ɔp ກອບ scoop up, gather up, *v., n.*

gɔ̀ɔp-ào ກອບເອົາ scoop up, *v.*

gɔɔ-sàang ກໍ່ສ້າງ build, construct, *v.*

gɔ̀ɔt ກອດ embrace, hug, *v.*

gua ກົ່ວ lead (metal), *n.*

gùa ກົວ afraid, fearful, *adj.*

gûa ກົ້ວ blend, *v.*

gùa-gèeng ກົວເກງ respect with fear, *v.*

gùai ກວຍ bamboo pannier, *n.*

gûai ກ້ວຍ banana, *n.*

gûai-mâi ກ້ວຍໄມ້ orchid, *n.*

gùan ກວນ disturb, *v.*

gùan-bâan ກວນບ້ານ chief of village, *n.*

gùan-màak-mâi ກວນໝາກໄມ້ jam, *n.*

gùat ກວດ check up, examine, *v.*

gùat-gàa ກວດກາ inspect, *v.*

gùat-sú-ka-pâap ກວດສຸຂະພາບ have physical check-up, *v.*

gu-dtî ກຸຕິ monk's dwelling, *n.*

gŭk-gùan ກົກກວນ interfere, *v.*

gu-làap ກຸຫລາບ rose, *n.*

gu-lǐi ກຸລີ coolie, *n.*

gùm ກຸມ hold, *v.*

gûm-jài ກຸ້ມໃຈ be worried, concerned, *v.*

gùm-páa ກຸມພາ February, *n.*

gùng ກຸງ capital city, *n.*

gûng ກຸ້ງ shrimp, prawn, *n.*

gu-sǒn ກຸສົນ merit, *n.*

gu-sǒn-gàm ກຸສົນກຳ beneficence, *n.*

gùu ກູ I (disrespectful or familiar), *pron.*

gûu ກູ້ redeem, take back, *v.*

gûu ກູ້ borrow, *v.*

gùu-múng ກູມຶງ you and I (familiar), *pron.*

gûu-nàa ກູ້ໜ້າ save one's face, *v.*

gùut ກູດ frizzled, curly (hair), *adj.*

gùa ເກືອ salt, *n.*

gùai ເກືອຍ draw water, *v.*

gùap ເກືອບ almost, nearly, *adv.*

gùap-jă ເກືອບຈະ about to, almost to, *adv.*

gùa-sǎt ເກືອສັດ feed animal, *v.*

gŭk-gɔ̀ɔng ກຶກກ້ອງ think, consider, *v.*

gŭk-gɔ̀ɔng ກຶກກ້ອງ resounding, echoing, *adj.*

gùng ກຶງ tense, *v.*

gùng-dtàa ກຶງຕາ stare, *v.*

gùuk ກືກ dumb, mute, *adj.*

gùun ກືນ swallow, *v.*

gwaa, gwua ກວ່າ more than, more, *adv., con., prep.*

gwàan-bâan, gwùan-bâan ກວານບ້ານ chief of the village, *n.*

gwàang, gwùang ກວາງ deer, *n.*

gwâang, gwûang ກວ້າງ wide, *adj.*

gwàat, gwùat ກວາດ sweep, *v.*

gwài ໄກວ swing, *v.*

gwɛng ແກວ່ງ swing, *v.*

gwìan ກວຽນ cart, *n.*

gwùai ກວາຍ swing, *v.*

gwùai-lɔ̂ɔ ກວຍລໍ້ dig a ditch, *v.*

h (ຫ, ຣ)

haa ຫາ widespread, epidemic, *n.*

hàa ຫ້າ five, *nm.*

hǎa ຫາ find, look for, search for, *v.*

hǎa-fǒn ຫາຝົນ shower of rain, *n.*

hǎa-gìn ຫາກິນ earn a living, *v.*

hǎa-gɔ̀ɔ ຫາກໍ່ just, just now, *adj.*

hǎa-hài ຫາໃຫ້ provide, *v.*

hàa-hɔ̂ɔi ຫ້າຮ້ອຍ five hundred, *nm.*

hâai ຮ້າຍ cruel, wicked, bad, yell, scold, *adj., v.*

hăai ຫາຍ be lost, be missing, disappear, v.

hăai-bpài ຫາຍໄປ be missing, be gone, v.

hăai-dtòo ຫາຍຕູ vanish, disappear, v.

hăai-gàn ຫາຍກັນ get even, be quits, v.

hăai-jài ຫາຍໃຈ breathe, v.

hăai-jài-kao ຫາຍໃຈເຂົ້າ inhale, v.

hăai-jài-nyâak ຫາຍໃຈຍາກ breathe with difficulty, v.

hăai-jài-nyáao ຫາຍໃຈຍາວ breathe deeply, v.

hăai-jài-ɔ̀ɔk ຫາຍໃຈອອກ exhale, v.

hăai-jép ຫາຍເຈັບ recover from illness, get well, v.

hăai-pa-nyâat ຫາຍພະຍາດ be cured, get well, v.

hâak ຮາກ vomit, root, origin, v., n.

hâak-bpàa ຮາກປາ root medicine, n.

hâak-gɛ̂ɛo ຮາກແກ້ວ taproot, n.

hâak-lɨ̂at ຮາກເລືອດ vomit blood, v.

hâak-mâi ຮາກໄມ້ tree root, n.

hâak-ɔ̀ɔk ຮາກອອກ vomit, v.

hàak-waa ຫາກວ່າ if, conj.

hăa-kwáam ຫາຄວາມ charge, incriminate, v.

hăa-lɨ̌ɨ ຫາລື consult with, discuss, v.

hàam ຫ້າມ forbid, prohibit, warn, stop, inhibit, v.

hăam ຫາມ carry on shoulder pole, v.

hăa-máa-dâi ຫາມາໄດ້ acquire, v.

hàam-bpàam ຫ້າມປາມ prevent, keep from, stop, v.

hàam-bpa-gàn ຫ້າມປະກັນ grant no bail, v.

hàam-fa-léng ຫ້າມຟະເລັງ brake, v.

hàam-kào ຫ້າມເຂົ້າ no admittance, no entry

hàam-lɨ̂at ຫ້າມເລືອດ stop the flow of blood, v.

hâan ຮ້ານ shop, store, booth, n.

hâan-àa-hăan ຮ້ານອາຫານ restaurant, n.

hâan-gàa-fée ຮ້ານກາເຟ coffee shop, n.

hâan-kǎai-bpɨ̂m ຮ້ານຂາຍປື້ມ book shop, n.

hâan-kǎai-pàa ຮ້ານຂາຍຜ້າ clothes shop, n.

hâan-kǎai-yàa ຮ້ານຂາຍຢາ pharmacy, chemist, n.

hâan-sak-hèng ຮ້ານຊັກແຫ້ງ dry clean shop, n.

hâan-sak-pàa ຮ້ານຊັກຜ້າ laundromat, n.

hàao ຫ້າວ bold, reckless, daring, adj.

hǎao ຫາວ yawn, be sleepy, v.

háao-dtàak-pàa ຮາວຕາກຜ້າ clothes line, n.

háao-hûa ຮາວຮົ້ວ fence, n.

hăao-nɔ́ɔn ຫາວນອນ yawn, be sleepy, *v.*

hàam-sùup-yaa ຫ້າມສູບຢາ no smoking

hàam-yìam ຫ້າມຢ້ຽມ no visitors allowed

hàam-yìap-nyàa ຫ້າມປຽບຫຍ້າ keep off the grass, *v.*

haan ຫານ goose, *n.*

hăan ຫານ divide, be divided, brave, *v., adj.*

haang ຫ່າງ distant, far, far off, *adj.*

haang ຮ່າງ body, form, figure, shaping, *n.*

haang ຮ່າງ draft, build, *v.*

hàang ຫ້າງ store, temporary shed, firm, business, commercial establishment, *n.*

hâang ຮ້າງ divorce, desert, *v., n.*

hăang ຫາງ tail, tail end, *n.*

haang-bòt ຮ່າງບົດ draft, *n.*

hăang-bpìa ຫາງເປຍ pigtail, *n.*

hàang-bpǔun ຫ້າງປືນ load a gun, *v.*

hăang-dtàa ຫາງຕາ corner of the eye, *n.*

hăang-dtao ຫາງເຕົ້າ hair at the nape, of the reek, *n.*

hăa-ngén ຫາເງິນ make money, earn a living, *v.*

haang-gàai ຮ່າງກາຍ body, *n.*

haang-ga-dùuk ຮ່າງກະດູກ skeleton, *n.*

haang-gài ຫ່າງໄກ far away, far off, *adj.*

hàang-hɛ̌ɛo ຫ້າງແຮ້ວ set a trap, *v.*

haang-hə̌ən ຫ່າງເຫີນ grow estranged, be distant, go apart, *v.*

haang-jàak ຫ່າງຈາກ far from, *adj.*

háang-kíing ຮ່າງຄີງ body, *n.*

háang-lín ຮາງລິນ gutter, *n.*

háang-mŭu ຮາງໝູ pig's trough, *n.*

hăang-sĭang ຫາງສຽງ tone of voice, *n.*

hăang-sŭa ຫາງເສືອ rudder, *n.*

hàang-wâi ຫ້າງໄວ້ prepare, *v.*

hàap ຫາບ carry two loads suspended from the ends of pole across the shoulders, *v.*

hàap ຫາບ unit of measurment (approx. 60 kg), *n.*

haan-pùu ຫານຜູ້ gander, *n.*

hă-nyàak ຫາຍາກ rare, *adj.*

hă-sĭang ຫາສຽງ canvass, campaign for election, *v.*

hàa-sìp ຫ້າສິບ fifty, *nm.*

hàat ຫາດ sand-bank, beach, *n.*

hàat-sáai ຫາດຊາຍ beach, *n.*

hàat-sáai-ta-lée ຫາດຊາຍທະເລ sea shore, beach, *n.*

háa-wíi ຮາວີ try to damage, fight, attack, *v.*

hai ไฮ่ field, plantation, *n.*
hài ให้ give, present, *v.*
hâi ไห้ cry, *v.*
hâi ไร้ poor, without something, *adj.*
hǎi ไห jar, pot, *n.*
hài-àa-pái ให้อาไพ forgive, *v.*
hai-a-ngun ไร่อะงุ่น vineyard, grape field, *n.*
hâi-bpa-nyòot ไร้ประโยยก useless, *adj.*
hâi-dìang-sǎa ไร้กวุ่งสา innocent, *adj.*
hai-fàai ไร่ฝ้าย cotton field, *n.*
hài-gìat-gɛɛ ให้กุดแก่ honor someone, *v.*
hâi-hûu ให้ฮู้ inform, notify, *v.*
hâi-kwáam-kit ไร้ความคิด thoughtless, *adj.*
hâi-kwáam-mǎai ไร้ความหมาย meaningless, *adj.*
hài-láang-wán ให้ลางวัน reward, give reward, *v.*
hai-náa ไร่นา ricefield, *n.*
hai-náa-bpìi ไร่นาปี wet season ricefield, *n.*
hai-náa-sɛ́ɛng ไร่นาแซง dry season ricefield, *n.*
hài-pǒn ให้ผืน produce, result, yield fruit, *v.*
hâi-pǒn ไร้ผืน futile, fruitless, *adj.*
hài-pɔ́ɔn ให้พอน bless, give blessing, *v.*
hai-sǎa-líi ไร่สาลี cornfield, *n.*
hài-sào ให้เช่า rent (to), *v.*
hài-sìn-bòn ให้สินบน bribe, *v.*
hài-tán-wée-láa ให้ทันเวลา be on time, *v.*
hài-wái-tii-sǔt-tii-ja-wái-dâi ให้ไวที่สุดที่จะไวได้ as soon as possible, *adv.*
hài-yùum ให้ยืม lend, loan, *v.*
hak ฮัก love, care for, fond of, *v.*
hǎk หัก break, *v.*
hak-gàn ฮักกัน love each other, *v.*
hǎk-hɛ̂ɛ หักแฮ้ armpit, *n.*
hak-hɔ̌ɔm ฮักหอม love, *v.*
hak-kâi ฮักใค่ be loveable, *v.*
hǎk-páng หักพัง damaged, broken, *adj.*
hak-pɛ́ɛng ฮักแพง love, respect, *v.*
hak-sǎa ฮักสา take care of, treat, remidy, *v.*
hak-sǎa-gàan ฮักสาการ be on duty, *v.*
hak-sǎa-hài-hǎai ฮักสาให้หาย cure, *v.*
hak-sǎa-sǎn-nyáa ฮักสาสัญยา keep a promise, *v.*

hak-sâat ຮັກຊາດ patriotic, *adj.*

hám ຮຳ bran, *n.*

ham-bpòong ຊຳໄປ່ງ hernia (on male genital), *n.*

ham-hâi ຮ່ຳໄຣ reiterate, repeat, irritating, fussy, *v., adj.*

hám-kào ຮຳເຂົ້າ rice bran, *n.*

hăn ຫັນ turn, *v.*

hàn-dee ຕັ້ນເດ there, right there!, *adv.*

háng ຮັງ nest, *n.*

háng-kai ຮັງໄຂ່ cocoon, ovary, *n.*

hang-míi ຮັງມີ well-off, rich, *adj.*

háng-pòng ຮັງເຜິ້ງ bee-hive, *n.*

hao ເຫົ່າ bark (dogs), *v.*

háo ເຮົາ we, *pron.*

hăo ເຫົາ head lice, louse, *n.*

háo-èeng ເຮົາເອງ ourselves, *pron.*

hap ຮັບ get, receive, take, accept, *v.*

hap-bpa-gàn ຮັບປະກັນ guarantee, assure, *v.*

hap-dâi ຮັບໄດ້ acceptable, *adj.*

hap-hɔɔng ຮັບຮອງ accept, certify, *v.*

hap-hûu ຮັບຮູ້ be aware, know, acknowledge, *v.*

hap-pĭt ຮັບຜິດ plead guilty, accept one's guilt, *v.*

hap-pĭt-sɔ̀ɔp ຮັບຜິດຊອບ be responsible for, *v.*

hat ຮັດ tie, tighten, *n.*

hăt ຫັດ practice, train, *v.*

hat-gùm ຮັດກຸມ well-fitting, be concise, *adj.*

hat-hûup ຮັດຮູບ embrace, *v.*

hèeo ເຫວ cliff, abyss, chasm, *n.*

hèet-dăi ເຫດໃດ why, for what reason, *adv.*

hèet-gàan ເຫດການ event, situation, *adj.*

hĕn ເຫັນ see, behold, catch sight of, *v.*

hĕn-dìi ເຫັນດີ agree, *v.*

hĕn-dìi-nám ເຫັນດີນຳ agree, concur, *v.*

hĕn-dtaang ເຫັນຕ່າງ dissent, disagree, *v.*

héng ເຮັງ lucky, fortuitous, *adj.*

hĕn-gǎp-dtaa ເຫັນກັບຕາ see with one's own eyes, *v.*

hĕn-gɛɛ ເຫັນແກ່ think for the sake of, out of consideration, *v., adv.*

hĕn-gɛɛ-dâi ເຫັນແກ່ໄດ້ think only of profit, selfish, *v., adj.*

hĕn-gɛɛ-dtùa ເຫັນແກ່ຕົວ selfish, *adj.*

hĕn-gɛɛ-nàa ເຫັນແກ່ໜ້າ out of consideration for th face of, *v.*

hĕn-gɛɛ-sâat ເຫັນແກ່ຊາດ patriotic, *adj.*

hěn-ja ເຫັນຈະ seem, *v.*

hěn-jài ເຫັນໃຈ sympathetic, sympathize with, *adj., v.*

hěn-ja-jěeng ເຫັນຈະແຈ້ງ evident, obvious, vivid, *adj.*

hěn-kún ເຫັນຄຸນ be thankful, *v.*

hěn-ǒk-hěn-jài ເຫັນອົກເຫັນໃຈ sympathize, *v.*

hěn-waa ເຫັນວ່າ I think that...

hěp ເຫັບ tick, hailstones, hail, *n.*

het ເຮັດ do, make, *v.*

hět ເຫັດ mushroom, fungus, *n.*

hět-bpùak ເຫັດປວກ white-ant mushroom, *n.*

het-bùn ເຮັດບຸນ have a festival, make merit, *v.*

het-dâi-dìi ເຮັດໄດ້ດີ do well, *v.*

het-dìi ເຮັດດີ act rightly, *v.*

het-dɔ̀ɔng ເຮັດດອງ have wedding ceremony, *v.*

het-dtɛ̀ɛk ເຮັດແຕກ break, *v.*

het-gàan ເຮັດການ work, *v.*

het-gìn ເຮັດກິນ cook, *v.*

het-hai-het-náa ເຮັດໄຮ່ເຮັດນາ farm, *v.*

hět-kóon ເຫັດໂຄນ white mushroom, *n.*

het-náa ເຮັດນາ farm rice, *v.*

hět-pòng ເຫັດເຫຼືອງ large yellow mushroom, *n.*

het-pìt ເຮັດຜິດ make a mistake, commit a crime, *v.*

hět-pɔ̌ ເຫັດເຜາະ puffball, *n.*

hět-sěeng ເຫັດແສງ poisonous mushroom, *n.*

het-sua ເຮັດຊົ່ວ act badly, *v.*

het-sǔan ເຮັດສວນ garden, farm, *v.*

het-táan ເຮັດທານ give alms, *v.*

het-wîak ເຮັດວຽກ work, *v.*

hɛɛ ແຫ່ procession, parade, go in a procession, *n., v.*

hɛ́ɛ ແຮ່ mineral, *n.*

hɛ̌ɛ ແຫ fishnet, cast net, *n.*

hɛɛ-dtaam ແຫ່ຕາມ crowd after, *v.*

hɛ̀ɛk ແຫກ break, part, tear, *v.*

hɛɛ-ka-bùan ແຫ່ຂະບວນ procession, *n.*

hɛ̀ɛk-kuk ແຫກຄຸກ break out of jail, *v.*

hɛ́ɛm-bpìi ແຮມປີ for years, *adv.*

hɛ́ɛm-kúun ແຮມຄືນ spend the night, for nights, *v., adv.*

hɛ̂ɛng ແຮ້ງ vulture, *n.*

hɛ́ɛng ແຮງ power, strength, *n.*

hɛ́ɛng-mâa ແຮງມ້າ horsepower, *n.*

hɛ́ɛng-ngáan ແຮງງານ labor, *n.*

hɛ̂ɛo ແຮ້ວ snare, trap, *n.*

hɛ̀ɛp ແຫບ hoarse (voice), *adj.*

hɛɛ-páa-sàat ແຫ່ຜາສາດ procession of religious images, *n.*

hèep-kɔ̌ɔ ແຫບຄໍ hoarse, husky, *adj.*

hêet ແຮດ rhinoceros, *n.*

hêet-nâam ແຮດນ້ຳ hippopotamus, *n.*

hèm ແຫັມ scorched, burned, *adj.*

hèm-dèet ແຫັມແດດ sunburned, *adj.*

hèm-fái ແຫັມໄຟ burnt, fire-browned, *adj.*

hèn ແຫັນ chew, gnaw, *v.*

hèng ແຫັງ dry, parched, *adj.*

hɛng-nɯng ແຫ່ງໜຶ່ງ one place, certain place, *n.*

hɤ̌ng ເຫີງ long time, *n., adv.*

hɤ̌ng-náan ເຫີງມານ a long time, *n.*

hia ເຣັຍ lost, dropped, *adj.*

hîak ຮຽກ call, *v.*

hîak-bpa-múun ຮຽກປະມູນ call for tenders, *v.*

hîak-dtòo ຮຽກໂຕ summon, *v.*

hîak-hǎa ຮຽກຫາ call for a person, *v.*

hîak-hɔ̂ɔng ຮຽກຮ້ອງ claim, make a claim, *v.*

hîak-sɯɯ ຮຽກຊື່ name, call a name, *v.*

hîak-waa ຮຽກວ່າ be called, *v.*

hían ຮຽນ learn, study, *v.*

híang ຮຽງ arrange, put in order, *v.*

híang-gàn ຮຽງກັນ place side by side, juxtapose, *v.*

híang-tɛ̌ɛo ຮຽງແຖວ line up, *v.*

hían-hài-sâap ຮຽນໃຫ້ຊາບ inform, *v.*

hían-nǎng-sɯ̌ɯ ຮຽນໜັງສື study, *v.*

hiao ຮຽວ tapering, getting thinner, *adj.*

hiao-hɛ̂ɛng ຫ່ຽວແຫ້ງ parch, wither, dry, parched, *v., adj.*

hîap ຮຽບ plain, in good order, smooth, *adj.*

hîap-hɔ̂ɔi ຮຽບຮ້ອຍ neat, *adj.*

hîap-híang ຮຽບຮຽງ compile, *v.*

hǐin ຫີນ stone, *n.*

hǐin-bpùun ຫີນປູນ limestone, *n.*

hǐin-hɛɛ ຫີນແຣ່ gravel, *n.*

hǐin-lap-mîit ຫີນລັບມີດ whetstone, *n.*

hǐin-pàa ຫີນຜາ rocks, *n.*

hǐin-sáai ຫີນຊາຍ sand, *n.*

hìip ຫີບ box, suitcase, casket, chest, trunk, *n.*

hîip ຣີບ hurry, *v.*

hìip-bpɔn-bǎt ຫີບປ່ອນບັດ ballot box, *n.*

hìip-duan ຣີບດ່ວນ urgent, *adj.*

hìip-jìa ຫີບເຈັ້ຍ carton cardboard, *n.*

hìip-kón-dtàai ຫີບຄົນຕາຍ coffin, *n.*

hìip-nǎng ຫີບໜັງ leather suitcase, *n.*

hìip-sìang ຫີບສຽງ phonograph, *n.*

hím ຣີມ edge, rim, *n.*

hi-ma ຫິມະ snow, *n.*

hím-dtàa ຣີມຕາ eyelid, *n.*

hím-fang ຣີມຝັ່ງ shore, river bank, *n.*

hǐm-fǐi-bpàak ຮິມຝີປາກ lips, *n.*
hǐm-mɛ́ɛ-nâam ຮິມແມ່ນ້ຳ river bank, *n.*
hǐm-nâam ຮິມນ້ຳ river bank, *n.*
hǐn-dtɔ̀ɔng ຮິນຕອງ consider well, *v.*
hîng ຫິ້ງ shelf, *n.*
hing-hɔ̂i ຫິ້ງຫ້ອຍ firefly, *n.*
hǐt ຫິດ scabies, *n.*
hîu ຫິ້ວ carry (suspended from the hand), *v.*
hǐu ຫິວ hungry, *adj.*
hǐu-dâi ຫິ້ວໄດ້ portable, *adj.*
hǐu-kào ຫິວເຂົ້າ hungry, *adj.*
hǐu-nâam ຫິວນ້ຳ thirsty, *adj.*
hǐu-nɔ́ɔn ຫິວນອນ sleepy, *adj.*
hok ຮົກ overgrown, messy, *adj.*
hǒk ຫົກ six, *nm.*
hǒk-hɔ̂ɔi ຫົກຮ້ອຍ six hundred, *nm.*
hǒk-liam ຫົກຫລ່ຽມ hexagon, *n.*
hǒk-sìp ຫົກສິບ sixty, *nm.*
hom ຫົມ cover (with a blanket), enclose, wrap, *v.*
hǒm ຮົມ shae, *n.*
hóm ຮົມ steam, *v.*
hóm-àai-yàa ຮົມອາຍຢາ apply medical steam, *v.*
hom-mâi ຮົ່ມໄມ້ tree shade, *n.*
hom-yen ຮົ່ມເຢັນ peaceful, *adj.*

hom-yen-bpèn-sǔk ຮົ່ມເຢັນເປັນສຸກ peaceful and happy, *adj.*
hom-pàa ຫົ່ມຜ້າ cover with a cloth, *v.*
hǒn ຫົນ recoil, back off, *v.*
hǒng ຫົງ swan, *n.*
hǒn-hǔai ຫົນຫວາຍ anxious, uneasy, uncomfortable, *adj.*
hǒn-lǎng ຫົນຫລັງ move back, reverse, *v.*
hǒn-táang ຫົນທາງ way, *n.*
hoo ໄຫ່ hunt, *v.*
hóo ໂຮ່ cheer, *v.*
hóo-hɔ́ɔng ໂຮ່ຮ້ອງ cheer, *v.*
hóom ໂຮມ assemble, gather, *v.*
hóom-gàn ໂຮມກັນ come together, be united, *v.*
hóong-dtìi-lěk ໂຮງຕີເຫລັກ blacksmith, *n.*
hóong-dtôm-gan ໂຮງຕົ້ມກັ່ນ distillery, *n.*
hóong-fái-fâa ໂຮງໄຟຟ້າ power station, power plant, *n.*
hóong-gàan ໂຮງການ office, *n.*
hóong-hɛ́ɛm ໂຮງແຮມ hotel, *n.*
hóong-hían-a-nu-bàan ໂຮງຮຽນອະນຸບານ kindergarten, *n.*
hóong-hían-mat-ta-nyóm ໂຮງຮຽນມັດທະຍົມ secondary school, *n.*
hóong-hían-mat-ta-nyóm-

bpaai ໂຮງຮຽນມັດທະຍົມປາຍ upper secondary school, *n*.

hóong-hían-sǎn-bpa-tǒm ໂຮງຮຽນຊັ້ນປະຖົມ primary school, *n*.

hóong-hían-wat ໂຮງຮຽນວັດ monk school, *n*.

hóong-hían-wi-sáa-sȟip ໂຮງຮຽນວິຊາຊີບ vocational school, *n*.

hóong-hían-wi-ta-nyáa-lái ໂຮງຮຽນວິທະຍາໄລ college, *n*.

hóong-jàm-nám ໂຮງຈຳນຳ pawn shop, *n*.

hóong-kàa-sǎt ໂຮງຂ້າສັດ slaughter house, *n*.

hóong-la-kɔ́ɔn ໂຮງລະຄອນ stage theatre, live theatre, *n*.

hóong-líang-děk ໂຮງລ້ຽງເດັກ child care, nursery, *n*.

hóong-lɯai ໂຮງເລື່ອຍ sawmill, *n*.

hóong-ma-hɔ̌ɔ-la-sǒp ໂຮງມະຫໍລະສົບ entertainment hall, *n*.

hóong-mɔ̌ɔ ໂຮງໝໍ hospital, medical clinic, *n*.

hóong-mɔ̌ɔ-nɔ́ɔi ໂຮງໝໍນ້ອຍ dispensary, clinic, *n*.

hóong-ngáan ໂຮງງານ factory, *n*.

hóong-pa-nyáa-bàan ໂຮງພະຍາບານ hospital, *n*.

hóong-pím ໂຮງພິມ printing house, *n*.

hóong-sǎai ໂຮງສາຍ post office, *n*.

hóong-sȟi ໂຮງສີ mill, *n*.

hóong-sȟi-kào ໂຮງສີເຂົ້າ rice mill, *n*.

hóong-si-née-mǎa ໂຮງສີເນມາ movie, theatre, cinema, *n*.

hóong-yen ໂຮງເຢັນ morgue, *n*.

hoo-nɯ̌a ໄຫຼເນື້ອ hunt, *v*.

hǒt ຫົດ shrink, contract, draw back, *v*.

hǒt-nàam ຫົດນ້ຳ sprinkle with water, *v*.

hǒt-sǔan ຫົດສວນ water the garden, *v*.

hɔ̌ ເຫາະ fly, *v*.

hɔ̌i ຫ້ອຍ hang, suspend, *v*.

hɔ̌i ຫອຍ shell, shellfish, *n*.

hɔ̌i-kɛ́ɛng ຫອຍແຄງ cockle, *n*.

hɔ̌i-náang-lóm ຫອຍນາງລົມ oyster, *n*.

hɔ̌i-sǎng ຫອຍສັງ conch shell, *n*.

hɔm-púu ຮ່ອມພູ valley, *n*.

hɔ̀ng ຮ່ອງ ditch, slot, *n*.

hɔ̀ng ຫ້ອງ room, chamber, *n*.

hɔ̀ng-bpao ຫ້ອງເປົ່າ empty room, *n*.

hɔ̀ng-bpa-súm ຫ້ອງປະຊຸມ conference room, *n*.

hɔ̀ng-dtâi-dìn ຫ້ອງໃຕ້ດິນ cellar, basement, *n*.

hɔ̀ng-dtɛng-dtua ຫ້ອງແຕ່ງຕົວ dressing room, *n*.

hɔ̀ng-gàan ຫ້ອງການ office, *n*.

hòng-gěp-kɔ̌ɔng ທ້ອງເກັບເຄື່ອງ store room, *n.*

hòng-gìn-kào ທ້ອງກິນເຂົ້າ dining room, *n.*

hòng-hap-kèek ທ້ອງຮັບແຂກ living room, *n.*

hòng-hían ທ້ອງຮຽນ classroom, *n.*

hòng-hɔ́ɔi ຮ່ອງຮອຍ clue, trace, *n.*

hòng-kón-jěp ທ້ອງຄົນເຈັບ patient room, *n.*

hòng-nâam ຮ່ອງນ້ຳ water channel, *n.*

hòng-nâam ທ້ອງນ້ຳ bathroom, toilet, *n.*

hòng-nɔ́ɔn ທ້ອງນອນ bedroom, *n.*

hòng-paa-dtàt ທ້ອງຜ່າຕັດ hospital operating room, *n.*

hòng-pak ທ້ອງພັກ waiting room, *n.*

hɔ̀ɔ ຫໍ່ wrap, bundle, parcel, package, *v.*, *n.*

hɔ̀ɔ ຮ the twenty-sixth consonant of the Lao alphabet (low consonant), *n.*

hɔ̌ɔ ຫ the twenty-fourth consonant of the Lao alphabet (high consonant), *n.*

hɔ̌ɔi ຮ້ອຍ a hundred, *nm.*

hɔ́ɔi ຮອຍ trace, print, *n.*

hɔ́ɔi-bpûan ຮອຍເປື້ອນ stain, *n.*

hɔ́ɔi-dɔ̀ɔk-mâi ຮ້ອຍດອກໄມ້ string a garland, *v.*

hɔ́ɔi-dtàm-nì ຮອຍຕຳໜິ flaw, *n.*

hɔ́ɔi-dtèek ຮອຍແຕກ fracture, *n.*

hɔ́ɔi-dtìin ຮອຍຕີນ footprint, *n.*

hɔ́ɔi-lɨ̂at ຮອຍເລືອດ blood stain, *n.*

hɔ́ɔi-múu ຮອຍມື fingerprint, *n.*

hɔ́ɔi-nyìp ຮອຍຍິບ stitch mark, *n.*

hɔ́ɔi-pap ຮອຍພັບ crease, *n.*

hɔ́ɔi-pa-put-ta-bàat ຮອຍພະພຸດທະບາດ Buddha's footprint, *n.*

hɔ́ɔi-pěe ຮອຍແປ scar, *n.*

hɔ́ɔi-tǎi ຮອຍໄຖ furrow, *n.*

hɔ̀ɔk ຫອກ spear, *n.*

hɔ̌ɔm ຫອມ good smell, perfume, smell, *n., v.*

hɔ̂ɔn ຮ້ອນ hot (temperature), *adj.*

hɔ̌ɔn ຫອນ crest, comb, *n.*

hɔ́ɔng ຮອງ deputy, vice, *n.*

hɔ̂ɔng ຮ້ອງ call, cry, yell, scream, *v.*

hɔ̌ɔn-gai ຫອນໄກ່ cock's comb, *n.*

hɔ́ɔng-bpa-táan ຮອງປະທານ vice chairman, *n.*

hɔ́ɔng-bpa-táa-náa-ti-bɔɔ-dìi ຮອງປະທານາທິບໍດີ vice president, *n.*

hɔ̂ɔng-hài ຮ້ອງໄຫ້ cry, *v.*

hɔ̂ɔng-hían ຮ້ອງຮຽນ complain about, file a complaint or petition, *v.*

hɔ̂ɔng-hoo ຮ້ອງໂຮ cheer, *v.*

hɔ̂ɔng-kɔ̌ɔ ຮ້ອງຂໍ request, *v.*

hɔ̂ɔng-kùn ຮ້ອງຂຶ້ນ shout, *v.*

hɔ̌ɔng-lat-ta-món-dtìi ຮອງລັກຖະມົນຕີ vice minister, *n.*

hɔ̌ɔng-náa-nyok-lat-ta-món-dtìi ຮອງນາຍົກລັກຖະມົນຕີ deputy prime minister, *n.*

hɔ̌ɔng-péeng ຮ້ອງເພງ sing, *v.*

hɔ̌ɔng-tuk ຮ້ອງທຸກ complain, file a complaint, *v.*

hɔ̌ɔn-hón ຮ້ອນຮົນ be nervous, worried, hasty, *v.*

hɔ̌ɔn-jài ຮ້ອນໃຈ be worried, concerned, *v.*

hɔ̌ɔn-nguâk ຫອນເງືອກ crest of a mermaid, *n.*

hɔ̀ɔp ຫອບ gasp for breath, carry in the arms, *v.*

hɔ̂ɔp ຮອບ round, turn, around, *n., prep.*

hɔ̀ɔp-ào ຫອບເອົາ bring from, carry in the arms, *v.*

hɔ̌ɔ-pii ຫໍຜີ spirit house, *n.*

hɔ̂ɔp-kɔ̂ɔp ຮອບຄອບ careful, thorough, *adj.*

hɔ̀ɔp-nung ຫອບນຶ່ງ an armful, *n.*

hɔ̌ɔ-sa-mut ຫໍສະໝຸດ library, *n.*

hɔ̂ɔt ຮອດ arrive, *v.*

hɔ̂ɔt-hǔu ຮອດຮູ hear, know, *v.*

hɔ̂ɔt-nyáam ຮອດຍາມ the time has come

hɔ̂ɔt-wée-láa ຮອດເວລາ it is time

hua ຮົ່ວ leak, *v.*

hûa ຮົ້ວ fence, *n.*

hǔa ຫົວ head, laughter, laugh, *n., v.*

hǔa-ga-ti ຫົວກະທິ the best of the lot, the genius, *n.*

hǔa-hún-héeng ຫົວຮຸນແຮງ radical, *adj.*

hùai ຫ້ວຍ stream, creek, *n.*

hǔai ຫວຍ lottery, *n.*

húai-lûuk ຮວຍລູກ fetus, *n.*

hǔa-jài ຫົວໃຈ heart, *n.*

hǔa-kam ຫົວຄ່ຳ early evening, *n.*

hǔa-kào ຫົວເຂົ່າ knee, *n.*

hǔa-kěng ຫົວແຂງ stubborn, *adj.*

hǔa-kit ຫົວຄິດ idea, thought, *n.*

hǔa-kwǎn ຫົວຂວັນ laugh at, mock, *v.*

hǔa-la ຫົວລະ per head, *adv.*

hǔa-làan ຫົວລ້ານ bald, *adj.*

hǔa-ȟiao-hǔa-dtɔɔ ຫົວລ້ຽວຫົວຕໍ່ turning point, *n., adv.*

hǔa-lôon ຫົວໂລ້ນ shaved head, *n.*

huam ຮ່ວມ combine, join, participate, *v.*

huam-bpa-wée-nii ຮ່ວມປະເວນີ have sexual intercourse, *v.*

huam-héeng ຮ່ວມແຮງ help each other, *v.*

huam-jài ຮ່ວມໃຈ be unanimous, *v.*

huam-ngáan ຮ່ວມງານ collaborate, *v.*

huam-su̇k ຮ່ວມສຸກ share happiness, *v.*

hǔa-nàa ຫົວໜ້າ chief, boss, *n.*

hǔa-nàa-kɔ̀ɔp-kǔa ຫົວໜ້າຄອບຄົວ head of family, *n.*

huang ຫວງ anxious for, worry, *adj., v.*

húang ຮວງ ear of grain, *n.*

hǔang ຫວງ monopolise, *v.*

hǔan-gǎp ຫວນກັບ turn back, *v.*

húang-kào ຮວງເຂົ້າ ear of rice, *n.*

hǔa-ngɔ̀ɔk ຫົວຫງອກ gray hair, *n.*

hǔan-hǎa ຫວນຫາ long for, remember, recall, *v.*

hǔa-nóm ຫົວນົມ nipple, *n.*

hǔa-nyìm ຫົວຍິ້ມ smile, *v.*

hǔa-nyùng ຫົວຫຍຸ້ງ unkept hair, *n.*

huap ຮວບ grasp, gather, *v.*

hǔa-pǎk-bua ຫົວຜັກບົ່ວ onion, *n.*

hǔa-pǎk-tiam ຫົວຜັກທຽມ garlic, *n.*

huap-húam ຮວບຮວມ unite, gather, *v.*

hǔa-pu̇ak ຫົວເຜືອກ taro, *n.*

hǔa-sáa ຫົວຊາ take care of, care, *v.*

hǔa-sa-mɔ̌ɔng ຫົວສະໝອງ brain, *n.*

hǔa-sǐa ຫົວເສຍ perturbed, annoyed, disturbed, *adj.*

hùat-kào ຫວດເຂົ້າ bamboo basket for steaming rice, *n.*

hǔa-wɛ́ɛn ຫົວແຫວນ setting of a ring, *n.*

huk ຮຸກ rub, brush, scrub, *v.*

hùm ຫຸ້ມ wrap up, cover, *v.*

hùm-gɔ̌ ຫຸ້ມເກາະ armor-clad, *adj.*

hun ຮຸ່ນ generation, *n.*

hun-dìao-gàn ຮຸ່ນດຽວກັນ the same age, *n.*

hung ຮຸ່ງ light, bright, *n., adj.*

hûng ຮຸ້ງ dragon, rainbow, *n.*

hûng-gìn-nâam ຮຸ້ງກິນນ້ຳ rainbow, *n.*

hung-jɛ̂ɛng ຮຸ່ງແຈ້ງ daylight, *n.*

hung-ku̇n ຮຸ່ງຂຶ້ນ sunrise, *n.*

hung-sào ຮຸ່ງເຊົ້າ early in the morning, *n.*

hùn-suan ຫຸ້ນສ່ວນ partnership, *n.*

hu̇p ຫຸບ close, snap up, shut, *v.*

hûu ຮູ້ know, be smart, wise, *v., adj.*

húu ຮູ hole, gap, cavity, *n.*

hǔu ຫູ ear, eyelet, loop, handle, *n.*

húu-bpu̇un ຮູປືນ gun bore, *n.*

húu-dàng ຮູດັງ nostril, *n.*

hûu-dtùa ຮູ້ຕົວ be conscious of, be aware of, *v.*

húu-ga-du̇m ຮູກະດຸມ buttonhole, *n.*

húu-ga-jèe ຮູກະແຈ key hole, *n.*

hûu-gɛɛ-jài ຮູ້ແກ່ໃຈ be well aware of, *v.*

húu-hǔu ຮູຫູ earduct, *n.*

hûu-jǎk ຮູ້ຈັກ know, be acquainted with, *v.*

hûu-ku̇n ຮູ້ຄຸນ gratitude, *adj.*

hûu-lᵾang ຮູ້ເລື່ອງ know about, understand, *v.*

hǔu-mûng ມຸ້ງ mosquito net ring, *n.*

hûu-mᵾa ຮູ້ເມື່ອ regain consciousness, *v.*

hûu-mᵾa-kíing ຮູ້ເມື່ອຄີງ regain consciousness, *v.*

hǔung ຫຸງ steam, cook, boil, *v.*

hǔu-nɔ́ɔng ຫູຫນອງ ear infection, *n.*

hǔu-nᵾak ຫູຫນວກ deaf, *adj.*

húu-nǔu ຮູຫນູ rat hole, *n.*

hùup ຫູບ spoon up, suck in, *v.*

hûup ຮູບ picture, painting, photograph, *n.*

hǔu-pàa-gâng ຫູຜ້າກັ້ງ curtain ring, *n.*

hûup-bpân ຮູບປັ້ນ statue, *n.*

hûup-bpa-pán ຮູບປະພັນ form, *n.*

hûup-gɛ̌ ຮູບແກະ sculpture, *n.*

hùup-gɛ̀ɛng ຫູບແກງ spoon up soup, slup, *v.*

hûup-kai ຮູບໄຂ່ oval, *adv., n.*

hûup-kǐan ຮູບຂຽນ sketch, painting, *n.*

hûup-kᵾang-mǎai ຮູບເຄື່ອງຫມາຍ emblem, *n.*

hûup-kwát ຮູບຂວັດ engraving, *n.*

hûup-páai ຮູບປາຍ picture, *n.*

hûup-sàak ຮູບສາກ screen picture, *n.*

hûup-sóng ຮູບຊົງ shape, *n.*

hûup-taai ຮູບຖ່າຍ photograph, *n.*

hûu-sᵾk ຮູ້ສຶກ feel, *v.*

hûu-sᵾk-dtᵾa ຮູ້ສຶກຕົວ recover consciousness, wake up, *v.*

hûu-sᵾk-la-àai-jài ຮູ້ສຶກລະອາຍໃຈ feel ashamed, *v.*

hûu-sᵾk-pît ຮູ້ສຶກຜິດ feel guilty, *v.*

hùut ຫູດ kafir lime, *n.*

hûut ຮູດ slide, *v.*

húu-ta-wáan ຮູທະວານ anus, *n.*

hûut-kào-ɔ̀ɔk ຮູດເຂົ້າອອກ slip off and on, slide in and out, *v.*

hûu-waa ຮູ້ວ່າ know that, *v.*

hᵾa ເຫື່ອ sweat, *n.*

hᵾa ເຮືອ boat, ship, *n.*

hᵾa-bài ເຮືອໃບ sailboat, *n.*

hᵾa-bǎk ເຮືອບັກ ferry, *n.*

hᵾa-bìn ເຮືອບິນ airplane, plane, *n.*

hᵾa-bìn-ài-pôn ເຮືອບິນໄອພົ່ນ jet plane, *n.*

hᵾa-bpa-jàn-bàan ເຮືອປະຈັນບານ battle ship, *n.*

hᵾa-bpa-móng ເຮືອປະມົງ fishing boat, *n.*

hᵾa-dàm-nâam ເຮືອດຳນ້ຳ submarine, *n.*

hᵾa-dtɛ̀ɛk ເຮືອແຕກ shipwreck, *n.*

hᵾa-jǎk ເຮືອຈັກ motorboat, *n.*

hᵾa-lop ເຮືອລົບ warship, *n.*

hᵾa-lâat-dta-wéen ເຮືອລາດຕະເວນ cruiser (ship), *n.*

huan ເຮືອນ leprosy, *n.*

huan ເຮືອນ house, home, *n.*

huan-dii ເຮືອນດີ funeral house, *n.*

huan-dɔ̀ɔng ເຮືອນດອງ wedding house, *n.*

huang ເຮືອງ light, bright, *adj.*

huan-hâang ເຮືອນຮ້າງ abandon house, *n.*

huan-hɔ̌ɔ ເຮືອນຫໍ bridal house, *n.*

huan-kúa ເຮືອນຄົວ kitchen, *n.*

huan-sɔ̌ɔng-sǎn ເຮືອນສອງຊັ້ນ two-story house, *n.*

húa-sǎm-páo ເຮືອສຳເພົາ chinese sail boat, *n.*

huat ເຮືອດ bedbug, *n.*

hɨ̂ɨ ຮື້ carry off, raise, *v.*

hɯ̀ɯt ຫືດ asthma, *n.*

i (ອິ)

ìang ອຽງ tilted, leaning, *adj.*

ìi-dtòn ອີຕົນ pity, have a pity for, *v.*

ìi-duu-dtòn ອີດູຕົນ pity, have a pity for, *v.*

ìik ອີກ again, also, *adv.*

ìing ອີງ lean on, *v.*

im ອີມ full, *adj.*

in-dìa ອິນເດຍ India, *n.*

in-doo-jìin ອິນໂດຈີນ Indo-China, *n.*

ing ອີງ refer, lean, *v.*

ing-dtàam ອີງຕາມ according to, *prep.*

in-sǐi ອິນຊີ eagle, *n.*

ìt ອິດ tired, *adj.*

ìt-mʉ̀ai ອິດເມື່ອຍ weary, tired, *adj.*

ìt-sǎa ອິດສາ envy, be jealous, *v.*

ìt-ti ອິດທີ power, *n.*

ìt-ti-lìt ອິດທິລິດ supernatural power, *n.*

ìt-ti-pón ອິດທິພົນ influence, power, *n.*

j (ຈ)

jǎ ຈະ shall, will, *aux. v.*

jaa ຈ່າ chief, address (the envelope), *n., v.*

jâa ຈ້າ stupid, *adj.*

jaa-dtìi ຈ່າຕີ third petty officer, *n.*

jaa-èek ຈ່າເອກ first petty officer, *n.*

jaai ຈ່າຍ spend, pay, distribute, *v.*

jàak ຈາກ leave, depart, separate, from, *v., prep.*

jàak-bpài ຈາກໄປ go away, leave, *v.*

jàam ຈາມ sneeze, *v.*

jàan ຈານ plate, *n.*

jaa-nàa จ่าหน้า address (the envelope), v.

jaa-náai-sĭp จ่านายสิบ sergeant major, n.

jàang จาง saltless, tasteless, pale, adj.

jâang จ้าง hire, v.

jàan-hɔ́ɔng จานรอง saucer, n.

jàan-sĭang จานสูง record, disc, n.

jaao จ่าว advertise for sale, v.

jàao จาว even, tie (in competition), v.

jaa-tóo จ่าโท second petty officer, n.

jài ใจ heart, mind, spirit, n.

jài-bùn ใจบุญ generous, pious, adj.

jài-dàm ใจดำ cold shoulder, adj.

jài-dět ใจเด็ด decisive, undaunted, adj.

jài-dìi ใจดี good hearted, kind, adj.

jài-gâa ใจกล้า brave, courageous, adj.

jài-gàang ใจกลาง middle, center, n.

jài-gwâang ใจกว้าง generous, adj.

jài-hâai ใจร้าย angry, cruel, adj.

jài-hăai ใจหาย feel wistful, lose heart, v.

jài-hɔ́ɔn ใจร้อน hot-tempered, impatient, adj.

jài-jùut ใจจืด unsympathetic, adj.

jài-kêep ใจแคบ selfish, adj.

jài-kĕng ใจแข็ง obdurate, stubborn, headstrong, adj.

jài-kwáam ใจความ essence of matter, gist, n.

jài-lɔ́ɔi ใจลอย absent-minded, adj.

jài-ngàai ใจง่าย credulous, gullible, easy (e.g.for lovers), adj.

jài-nɔ́ɔi ใจน้อย narrow minded, sensitive, adj.

jài-ɔɔn ใจอ่อน sensitive, yielding, adj.

jài-sǎt-sŭu ใจสัตย์ซื่อ faithful, adj.

jài-sɔ̌ ใจเสาะ faint-hearted, frightened, adj.

jài-nyai ใจใหญ่ magnanimous, generous, adj.

jài-yèn ใจเย็น imperturbable, cool-hearted, adj.

ja-jêeng จะแจ้ง clear, distinct, adj.

jăk จัก how many?

jăk จัก machine, n.

jăk-an จักอัน how many pieces?

jăk-ga-pat จักกะพัด emperor, n.

jăk-ga-pop จักกะพพ common wealth, n.

jăk-ga-wáan จักกะวาน universe, n.

jăk-ga-wăt จักกะหวัด empire, n.

jăk-jan จักจั่น cicada, n.

jăk-jìi จักจี้ tickle, v.

jăk-lăk จักหลัก how many kilome-

jăk-nɔi จักน่อย a little while, a moment, *n.*

jăk-nyĭp-kuang จักหยิบเคื่อง sewing machine, *n.*

jăk-tao-dăi จักเท่าใด how many?

jăk-tua จักเทื่อ how often?

jăk-yaang จักย่าง how many kinds?

ja-láa-jòn จะลาจิบ riot, disorder, *n.*

ja-láa-jɔ̀ɔn จะลาจอม street traffic, *n.*

ja-lə́ən จะเลิม prosper, civilization, *v., n.*

ja-lə́ən-gâao-nàa จะเลิมก้าวหน้า progress, *v.*

ja-lə́ən-wái จะเลิมไว grown-up, *n.*

ja-luat จะลอด rocket, *n.*

jàm จำ remember, memorize, *v.*

jâm จ้ำ mark, stamp, *v.*

jàm-bpèn จำเป็น necessry, *adj.*

jàm-dăi จำได้ remember, recall, *v.*

jàm-găt จำกัด limit, *v.*

jàm-găt-kwáam จำกัดความ define, *v.*

jàm-jài จำใจ be obliged, inwillingly, *v.*

jàm-kuk จำคุก imprison, *v.*

jàm-lə́əi จำเลย defendant, *n.*

jàm-lɔ́ɔng จำลอง duplicate, immitate, *v.*

jâm-mét จ้ำมิด full-stop, period (punctuation), *n.*

jàm-nàa-dâi จำหน้าได้ recognize, *v.*

jàm-naai จำหน่าย sell, distribute, *v.*

jàm-nám จำนำ pawn, *v.*

jàm-nɛ̂ɛk จำแนก divide, sort out, separate, *v.*

jàm-nón จำนน surrender, *v.*

jàm-nóng จำนง intend, *v.*

jàm-nɔ́ɔng จำนอง mortgage, *v.*

jàm-núan จำนวน number, amount, sum, *n.*

jàm-pán-săa จำพันสา pass Buddhist lent, *v.*

jàm-pɔ จำเพาะ especially, particularly, *adv.*

jàm-pûak จำพวก kind, species, group, sort, category, *n.*

jàm-sĭn จำสิน observe the precepts, herbinate, *n.*

jàm-wái จำไว้ memorize, *v.*

jan จับ trap, *n.*

jàn จัน moon, *n.*

jàn จัน Monday, *n.*

jàng-hái จังไฮ horrid, damned, *adj.*

jàng-wă จังหวะ rhythm, *n.*

jàn-péng จันเพ็ง full moon, *n.*

jàn-ta-kâat จันทะลาด eclipse of the moon, *n.*

jâo เจ้า yes, you, *adv., pron.*

jâo-a-ti-gàan เจົ້າอะทิການ abbot, *n.*

jâo-baao เจົ້າบ่าว groom, *n.*

jâo-bpàn-nyáa เจົ้าปັນยา wise, *adj.*

jâo-fáa เจົ້าฟ้า crown prince, *n.*

jâo-húa เจົ້າหົວ monk, *n.*

jâo-kɔ̌ɔng เจົ้າของ owner, oneself, *n., pron.*

jâo-kɔ̌ɔng-bâan เจົ້າของบ้าน landlord, landlady, *n.*

jâo-kɔ̌ɔng-hâan เจົ้າของร้าน shopkeeper, *n.*

jâo-kwɛ̌ɛng เจົ້າแขวง provincial governor, *n.*

jâo-lêe เจົ้าเล่ห์ cunning, *adj.*

jâo-múu เจົ้ามื banker in a game, he dealer, host, one who pays the bill, *n.*

jâo-náai เจົ้านาย boss, master, *n.*

jâo-nàa-tíi เจົ้าหน้าที่ officer, authorities, *n.*

jâo-nîi เจົ้าหนี้ creditor, *n.*

jâo-nyíng เจົ້ายิง princess, *n.*

jâo-pâap เจົ້າพาบ host, *n.*

jâo-pen-dìn เจົ้าแผ่นดิน king, *n.*

jâo-sǎao เจົ้າสาว bride, *n.*

jâo-sáp เจົ้າซับ proprietor, property owner, *n.*

jâo-sii-wít เจົ้າชีวิต king, *n.*

jâo-sǔu เจົ้າซู้ beau, handsome, *adj.*

jâo-tii เจົ້າที่ genie of a place, *n.*

jâo-tuk เจົ້າทุก complainant, victim of a crime, *n.*

jâo-wat เจົ้າวັດ abbot, *n.*

jǎp จັບ touch, take, catch, *v.*

jǎp-dâi-káa-múu จັບได้คามื arrest red-handed, *v.*

jǎp-dtaa จັບตา keep an eye on, *v.*

jǎp-dtaai จັບตาย capture dead, *v.*

jǎp-gùm จັບกุม arrest, *v.*

jǎp-jaai จັບจ่าย expend, *v.*

jǎp-jɔ̀ɔng จັບจอง settle, reserve, *v.*

jǎp-kài จັບไข้ have a fever, become sick, *v.*

jǎp-múu จັບมื shake hands, *v.*

jǎp-pit จັບผิด find fault with, *v.*

jǎp-sa-làak จັບสະหลาก draw lots, *v.*

jǎp-wée-láa จັບເວລາ time, *v.*

jǎt จັດ arrange, manage, *v.*

jǎt-gàan จັດການ manage, *v.*

jǎt-hâi จັດໃຫ້ supply, *v.*

jǎt-jâan จັດจ้าน bold, sharp-tongued, *adj.*

jǎt-jɛ̀ɛng จັດแจง prepare, *v.*

jǎt-láai-gàan จັດลายการ launch a program, *v.*

jǎt-sǎn จັດสัน provide, *v.*

jǎt-tɛ̌ɛo จັດแถว line up, *v.*

jèe-dìi ເຈດີ stupa, *n.*

jèe-la-jàa ເຈລະຈາ negotiate, talk, converse, discuss, *v.*

jèet-dta-náa ເຈຕະນາ intention, *n.*

jèet-jàm-nóng ເຈຕຈຳນົງ intention, purpose, aim, object, *n.*

jěp ເຈັບ ache, hurt, feel pain, painful, *v., adj.*

jěp-bpùai ເຈັບປ່ວຍ ill, *adj.*

jěp-bpùat ເຈັບປວດ painful, aching, *adj.*

jěp-hǔa ເຈັບຫົວ headache, *n.*

jěp-jài ເຈັບໃຈ resentful, vex, resent, hurt mentally, *adj.*

jěp-kài ເຈັບໄຂ້ sick, ill, *adj.*

jět ເຈັດ seven, *adj., n.*

jèɛ ແຈ corner, *n.*

jèɛ-gàn ແຈກັນ flower vase, *n.*

jèɛk ແຈກ distribute, deal out, disburse, *v.*

jèɛk-yàai ແຈກຢາຍ distribute, *v.*

jèɛm ແຈມ well fitting, *adj.*

jèɛm-sǎi ແຈ່ມໃສ clear, bright, shining, *adj.*

jèɛng ແຈ້ງ clear, bright, inform, report, notify, declare, *adj., v.*

jèɛng-kɔ̀ɔ-hǎa ແຈ້ງຂໍ້ຫາ complain against, *v.*

jeo ແຈ່ວ chilli sauce, Lao condiments, *n.*

jəə ເຈີ meet, *v.*

jəət ເຈີດ glide, *v.*

jia ເຈຍ carry on one's back, *v.*

jìa ເຈຍ bat (animal), *n.*

jìa ເຈຍ paper, *n.*

jìa-la-nái ເຈຍລະໄນ cut (gems, glass), *v.*

jìam ຈຽມ humble, *adj.*

jìam-dtùa ຈຽມຕົວ modest, humble, *adj.*

jii ຈີ roast, bake, *n.*

jìi ຈີ້ point at, tickle, rob, *v.*

jìik ຈີກ tear, *v.*

jìin ຈີນ China, Chinese, *n., adj.*

ji-jîam ຈີ່ຈຽມ lizard, *n.*

jìk ຈິກ peck at, pick (with the beak), *n.*

ji-náai ຈິນາຍ cricket, *n.*

jìn-dta-náa-gàan ຈິນຕະນາການ imagination, imagine, *n, v.*

jìng ຈິງ true, very, real, actual, *adj., v., adv.*

jìng-jài ຈິງໃຈ honest, sincere, *adj.*

jìng-jàng ຈິງຈັງ serious, *adj.*

jìng-jôo ຈິງໂຈ້ kangaroo, *n.*

jìng-jɔ̀ɔk ຈິງຈອກ fox, *n.*

jíp ຈິບ sip, *v.*

jíp-hǎai ຈິບຫາຍ go ruin, lose (all), *v.*

jìt-dta-gàm ຈິຕະກຳ painting, *n.*

jit-dta-gɔ̀ɔn ຈິດຕະກອນ painter, *n.*
jit-dtǎ-wi-ta-nyáa ຈິດຕະວິທະຍາ psychology, *n.*
ji-wɔ́ɔn ຈີວອນ priest's robes, *n.*
jǒk ຈົກ hoe, reach in, *n., v.*
jǒk-sa-làak ຈົກສະຫລາກ draw lots, *v.*
jom ຈົມ grumble, complain, *v.*
jòm ຈົມ sink, *v.*
jom-hǎa ຈົມຫາ miss, talk about, *v.*
jòm-nâam ຈົມນ້ຳ drown, *v.*
jom-nǎng-sǔɯ ຈົມໜັງສື recite aloud, *v.*
jǒn ຈົນ poor, until, *adj., adv.*
jòn-bpàn-nyáa ຈົນປັນຍາ be at the end of one's wits, *v.*
jòn-dâi ຈົນໄດ້ until success comes, no matter what happens, *adv.*
jòn-dtɛɛm ຈົນແຕ້ມ be desperate, *v.*
jong ຈົ່ງ must, should, be (used to indicate the imperative), *aux. v.*
jòng-àang ຈົງອາງ king cobra, *n.*
jòn-ga-tǎng ຈົນກະທັ່ງ till, *adv.*
jòng-jài ຈົງໃຈ do intentionally, *v.*
jǒn-gwaa ຈົນກວ່າ until, *adv.*
jòng-hák-pak-dìi ຈົງຮັກພັກດີ loyal, *adj.*
jòn-hɔ̀ɔt ຈົນຮອດ until (distance), *adv.*
jòn-jài ຈົນໃຈ be at the end of one's wit, *v.*

jòn-múm ຈົນມຸມ cornered, have no way out, *adj.*
jòn-sút ຈົນສຸດ until the end, *adv.*
jòn-tǎng ຈົນຕັ້ງ up to, *adv.*
jòn-wàa ຈົນວ່າ until, *adv.*
joom ໂຈມ lift in one's arms, *v.*
joom-dtìi ໂຈມຕີ attack, raid, *v.*
jòon ໂຈນ robber, thief, *n.*
jòon-sa-lǎt ໂຈນສະຫຼັດ pirate, *n.*
joot ໂຈດ (mathematical) problem, plaintiff, *n.*
jǒp ຈົບ complete, end, finish, good, *v., adj.*
jǒp-ngáam ຈົບງາມ gracious, beautiful, pretty, *adj.*
jŏt ຈົດ note, jot, *v.*
jŏt-bàn-tuk ຈົດບັນທຶກ take note, *v.*
jŏt-jàm ຈົດຈຳ remember, *v.*
jŏt-jɔ̂ng ຈົດຈ້ອງ stare at, *v.*
jŏt-mǎai ຈົດໝາຍ letter, *n.*
jŏt-ta-bìan ຈົດທະບຽນ register, *v.*
jŏt-ta-bìan-gàan-kâa ຈົດທະບຽນການຄ້າ patent, *v.*
jɔ́ ເຈາະ pierce, drill, *v.*
jɔi ຈ່ອຍ thin, slim, *adj.*
jɔ́-jòng ເຈາະຈົງ specify, *v.*
jɔ̂m ຈ້ອມ narrow, *adj.*
jɔ̌n ຈ່ອນ pointed, conical, *adj.*

jông ຈົ້ອງ parasol, parachute, stare at, gaze, *n., v.*

jông-béng ຈົ້ອງເບິ່ງ stare at, *v.*

jông-hǎa ຈົ້ອງຫາ aim, point, *v.*

jɔ̌ɔ ຈໍ່ point at, bring into contact, *v.*

jɔɔ ຈ the fifth consonant of the Lao alphabet (mid consonant), *n.*

jɔ̌ɔ ຈໍ screen, monitor, *n.*

jɔ̂ɔ ຈໍ້ very narrow, close, *adj.*

jɔ̀ɔk ຈອກ water lettuce, *n.*

jɔ̀ɔk ຈອກ glass, cup, *n.*

jɔ̀ɔk-jéek ຈອກແຈກ noisy, *adj.*

jɔ̀ɔm ຈອມ top, *n.*

jɔ̀ɔm-bpùak ຈອມປວກ anthill, *n.*

jɔ̀ɔm-pón ຈອມພົນ marshall, *n.*

jɔ̀ɔm-tap ຈອມທັບ commander-in-chief, *n.*

jɔ̀ɔng ຈອງ reserve, engage, ladle, *v., n.*

jɔ̀ɔng-dtǎk-gèeng ຈອງຕັກແກງ ladle, *n.*

jɔ̀ɔng-hɔ̌ɔng ຈອງຫອງ conceited, arrogant, *adj.*

jɔ̀ɔng-jàm ຈອງຈຳ fetter, put in prison, *v.*

jɔ̀ɔng-wéen ຈອງເວນ pursue revenge, *v.*

jɔ̀ɔp ຈອບ set ambush, *v.*

jɔ̀ɔp-béng ຈອບເບິ່ງ watch secretly, *v.*

jɔ̀ɔp-fáng ຈອບຟັງ eavesdrop, *v.*

jɔ̀ɔt ຈອດ stop, *v.*

jɔ̀ɔt-lěk ຈອດເຫຼັກ solder, weld, *v.*

jɔ̀ɔt-lot ຈອດລົດ park (vehicle), *v.*

jǔ ຈຸ come very close to, hold, *v.*

jua ຈົວ Buddhist novice, *n.*

jùan ຈວນ nearly, almost, narrowly, *adv.*

jùan-dtùa ຈວນຕົວ cornered, be driven to the wall, *adj.*

jǔk ຈຸກ have a stomachache, *v.*

jǔk-jǐk ຈຸກຈິກ fussy, fidget, *v.*

jum ຈຸ່ມ dip, soak, immerge, *v.*

jûm ຈຸ້ມ group, *n.*

jǔp ຈຸບ suckle, suck, peck, *v.*

jǔt ຈຸດ point, spot, dot, period, *n.*

jǔt-bpa-sǒng ຈຸດປະສົງ objective, target, *n.*

jǔt-mǎai ຈຸດໝາຍ destination, *n.*

jǔt-sǔun-gàang ຈຸດສູນກາງ center, *n.*

jùu-jìi ຈູ້ຈີ້ fastidious, fussy, *adj.*

jùung ຈູງ lead, persuade, induce, *v.*

jùup ຈູບ kiss, *v.*

jùut ຈູດ burn, ignite, set fire, *v.*

jùng ຈຶ່ງ so, then, therefore, *adv.*

juu ຈື່ remember, memorize, recognize, *v.*

jùun ຈືນ fry, fried, *v.*

jùut ຈືດ tasteless, insipid, fresh, *adj.*

k (ຂ, ຄ)

kaa ຂາ galanga, *n.*
kaa ຄ່າ value, cost, *n.*
kàa ຂ້າ kill, *v.*
kàa ຂ້າ slave, servant, *n.*
kâa ຄ້າ trade, deal, commerce, *v.*
káa ຄາ remain, be pending, *v.*
kǎa ຂາ leg, *n.*
kaa-bpa-gàn ຄ່າປະກັນ bail, security, insurance, *n.*
kǎa-bpai ຂາໄປ departure, on the way, *n.*
kaa-daan ຄ່າດ່ານ duty, tariff, *n.*
kaa-dòoi-sǎan ຄ່າໂດຍສານ fare, *n.*
kàa-dtìi ຂ້າຕີ assault, assail, kill, *v.*
kǎa-dtôo ຂາໃຕ້ thigh, *n.*
kàa-dtòo-dtàai ຂ້າໂຕຕາຍ commit suicide, *v.*
kàa-dtòo-èeng ຂ້າໂຕເອງ commit suicide, *v.*
kaa-dtɔ̀ɔp-tɛ́ɛn ຄ່າຕອບແທນ compensation, *n.*
kǎa-gàp ຂາກັບ way back, *n.*
kǎa-gòong ຂາໂກງ bow-legged, crooked leg, *n., adj.*
kǎa-gút ຂາກຸດ amputated leg, *n.*
kaa-hɛ́ɛng ຄ່າແຮງ cost of labor, *n.*

kaa-hían ຄ່າຮຽນ tuition fee, *n.*
kaai ຂາຍ stake-net, *n.*
kâai ຄ້າຍ camp, *n.*
káai ຄາຍ spit out, discharge, emit, *v.*
kǎai ຂາຍ sell, *v.*
kǎai-gáp-waa ຂາຍກັບວ່າ as if, *conj.*
kâai-kúu-gàn ຄ້າຍຄືກັນ similar, *adj.*
kǎai-lée-lǎng ຂາຍເລທລັງ clearance sale, *n.*
kǎai-nàa ຂາຍໜ້າ lose face, *v.*
kǎai-nyok ຂາຍຍົກ sell at wholesale, *v.*
kǎai-nyɔ̂i ຂາຍຍ່ອຍ sell at retail, retail, *v., n.*
kǎai-song ຂາຍສົ່ງ wholesale, *v., n.*
kaa-jâang ຄ່າຈ້າງ wage, *n.*
kâa-kǎai ຄ້າຂາຍ do business, trade, *v.*
kaa-kào ຂາເຂົ້າ incoming journey, *n.*
kaa-kɔ̌ɔng-sǐip ຄ່າຄອງຊີບ cost of living, *n.*
kâa-kɔ̌ɔng-tuan ຄ້າຂອງເຖື່ອນ contraband trade, *v.*
kǎa-kɯ̀n ຂາຂຶ້ນ up-journey, *n.*
kàa-lâat-sa-gàan ຂ້າລາດຊະການ civil or public servant, government official, *n.*
káa-la-káa-sáng ຄາລະຄາຊັ້ງ unfinished, undone, *adj.*
káa-la-wa ຄາລະວະ respect, *v.*
kaa-fiang-dùu ຄ່າລ້ຽງດູ alimony, *n.*

kăa-lĭip ຂາລີບ weak or shortened leg, *n.*
káa-lóm ຄາລົມ eloquence, *n.*
káa-lóm ຄາລົມ rhetoric, oratory, *n.*
kaa-lot ຄ່າລົດ fare (e.g. for bus), *n.*
kàa-lɔi ຂາລອຍ paralyzed leg, *n.*
kàa-lŭang ຂ້າຫລວງ commissioner, *n.*
kàam ຂ້າມ cross, skip, *v.*
káa-múu ຄາມື handful, clenched hand, *adj., n.*
kâan ຄ້ານ lazy, oppose, *adj., v.*
káan ຄານ crawl, shaft, *v., n.*
kăan ຂານ answer, *v.*
kaa-náa ຄ່ານາ rent of recefield, *n.*
kaa-náai-nàa ຄ່ານາຍໜ້າ brokerage, commission, *n.*
káa-năng-káa-kăo ຄານັ້ງຄາເຂົາ red-handed, *adv.*
kàang ຂ້າງ side, aside, sideways, *n., adj., adv.*
kâang ຄ່າງ kind of monkey, langur, *n.*
kâang ຄ້າງ remain unfinished or stuck, *v.*
káang ຄາງ chin, *n.*
kăang ຂາງ dry by fire, *v.*
káang-ga-dtài ຄາງກະໄຕ jaw, *n.*
kàang-dtâi ຂ້າງໃຕ້ under, in the south, *prep.*
kàang-dtôn ຂ້າງຕົ້ນ beginning, *n.*

kàang-héem ຂ້າງແຮມ waning moon, *n.*
kàang-kàang ຂ້າງ beside, *prep.*
kàang-kaa-sao ຄ້າງຄ່າເຊົ່າ be behind in one's rent, *v.*
kàang-kíang ຂ້າງຄຽງ adjacent, *adj.*
kàang-kŭn ຂ້າງຂຶ້ນ waxing moon, *n.*
kàang-kúun ຄ້າງຄືນ stay over night, *v.*
kàang-kwăa ຂ້າງຂວາ right-hand side, *n., prep.*
kàang-lăng ຂ້າງຫລັງ behind, in the back of, *adv., prep.*
kàang-lum ຂ້າງລຸ່ມ below, downstrairs, *prep., adv.*
káang-mŭu ຄາງໝູ trapezium, *n.*
kàang-nàa ຂ້າງໜ້າ in front of, future, *prep., n.*
kàang-nái ຂ້າງໃນ inside, indoors, *adj., adv.*
kàang-nɔ̀ɔk ຂ້າງນອກ outside, outdoors, *adj., adv.*
kàang-sáai ຂ້າງຊ້າຍ left-hand side, on the left, *n., prep.*
kàang-tâai ຂ້າງທ້າຍ at the rear, rear, *prep., n.*
kàang-tə̂ng ຂ້າງເທິງ above, *prep.*
káang-túum ຄາງທູມ mumps, *n.*
káan-hăam ຄານຫາມ pole for carrying loads across the shoulder, *n.*

káan-hàap ຄານຫາບ shoulder pole, shaft, *n.*

kàa-nɔ́ɔi ຂ້ານ້ອຍ I, me (to superiors), *pron.*

kaao ຂ່າວ news, information, *n.*

káao ຄາວ occasion, fishy, *n., adj.*

kǎao ຂາວ white, *adj.*

kǎao-bpàa ຂາວປາ smell of raw fish, *n.*

káao-dìao ຄາວດຽວ a moment, *n.*

káao-gɔ̀ɔn ຄາວກ່ອນ last time, before, *n.*

kaao-lɯ̀ɯ ຂ່າວລື rumour, *n.*

kǎao-sìin ຂາວຊີ້ນ raw meat odor, *n.*

kǎao-sìit ຂາວຊີດ pale, *adj.*

kǎa-ɔ̀ɔk ຂາອອກ outgoing journey, *n.*

kǎa-ɔ̀ɔn ຂາອ່ອນ thigh, *n.*

kâap ຄາບ hold in the mouth, *v.*

kaa-paan-kǔa ຄ່າຜ່ານຂົວ bridge toll, *n.*

kǎa-pâi ຂາໄພ້ card partner, *n.*

kàa-pa-jâo ຂ້າພະເຈົ້າ I, me (formal), *pron.*

kaa-pen-dìn ຂ້າແຜ່ນດິນ citizen, serf, *n.*

kâap-gàn ຄາບກັນ interlocking, overlapping, *adj.*

kâap-sa-mǔt ຄາບສະໝຸດ peninsula, *n.*

kàa-sěk ຂ້າເສິກ enemy, *n.*

kaa-sâi-jaai ຄ່າໃຊ້ຈ່າຍ expenses, *n.*

kaa-sao ຄ່າເຊົ່າ rent, *n.*

kaa-sǐa-hǎai ຄ່າເສຍຫາຍ compensation, damages, *n.*

kaa-sìn-sɔ̀ɔt ຄ່າສິນສອດ bride price, dowry, *n.*

kàat ຂາດ be torn, *v.*

kâat ຄາດ expect, estimate, calculate, *v.*

káa-tǎa ຄາຖາ magic, spell, incantation, *n.*

kàa-tâat ຂ້າທາດ slave, *n.*

kàa-tai ຄ່າໄຖ່ ransom, *n.*

kaa-tám-kwǎn ຄ່າທຳຂວັນ indemnity, *n.*

kaa-tám-nìam ຄ່າທຳນຽມ fee, *n.*

kâat-bɔɔ-tɤ̌ng ຄາດບໍ່ເຖິງ unexpected, *adj.*

kâat-dtà-gàm ຄາດຕະກຳ murder, *n.*

kâat-dtà-gɔ̀ɔn ຄາດຕະກອນ murderer, *n.*

kâat-dtùa ຄາດຕົວ net, *n.*

kâat-gàan ຄາດການ estimate, *v.*

kàat-hóong-hían ຂາດໂຮງຮຽນ absent from school, *v.*

káa-tii ຄາທີ່ instantly, *adv.*

kàat-jài ຂາດໃຈ lose one's breath, die, *v.*

kâat-kán ຄາດຄັ້ນ press (one to do something), *v.*

kâat-ka-née ຄາດຄະເນ conjecture, *v.*

kàat-kɛ́ɛn ຂາດແຄນ be short on, *v.*

kâat-lɔ́ɔi ຄາດລອຍ float away, win without doubt *v.*

kâat-mǎai ຄາດໝາຍ expect, target,

reckon, *v.*

kàat-múu ຂາດມື have none in hand, *v.*

kàat-náa ຄາດນາ harrow a ricefield, *v.*

kàat-tún ຂາດທຶນ lose money (capital), *v.*

káa-wîak ຄາວຽກ busy, tied up by work, *adj.*

káa-yuu ຄາຢູ່ caught in, stuck, *adj.*

ka-bùan ຂະບວນ procession, *n.*

ka-dìi ຄະດີ case, lawsuit, *n.*

ka-dìi-aa-nyáa ຄະດີອາຍາ criminal case, *n.*

ka-dìi-la-hǔ-tôot ຄະດີລະຫຸໂທດ misdemeanor, *n.*

ka-dìi-pêng ຄະດີແພ່ງ civil case, *n.*

ka-dìi-tám ຄະດີທຳ ethical cause, the ways of the world, *n.*

ka-dìi-úk-sa-gàn ຄະດີອຸກສະກັນ serious crime, *n.*

kai ໄຂ່ egg, lay eggs, *n., v.*

kài ໄຂ້ fever, sickness, *n.*

kài ໄຄ່ swollen, *adj.*

kái ໄຄ become better, *v.*

kǎi ໄຂ open, fat, *v., n.*

kai-bpàa ໄຂ່ປາ fish spawn, *n.*

kài-bpàa ໄຂ້ປ່າ malaria, *n.*

kai-dàao ໄຂ່ດາວ sunny-side up, *v.*

kài-dàm-dèeng ໄຂ້ດຳແດງ scarlet fever, *n.*

kài-dɛɛ ໄຂ້ດີ recover, *v.*

kai-dèeng ໄຂ່ແດງ the yolk of an egg, *n.*

kai-dtôm ໄຂ່ຕົ້ມ hard boiled egg, *n.*

kǎi-ga-dùuk ໄຂກະດູກ bone marrow, *n.*

kai-gai ໄຂ່ໄກ່ hen's egg, *n.*

kai-hǎm ໄຂ່ຫຳ testicles, *n.*

kài-hát ໄຂ້ຫັດ measles, *n.*

kai-jùun ໄຂ່ຈືນ fried egg, omelette, *n.*

kai-kǎao ໄຂ່ຂາວ white egg, albumen, *n.*

kai-kém ໄຂ່ເຄັມ salted eggs, *n.*

kài-kɔ́ɔ-dtìip ໄຂ້ຄໍຕີບ diphtheria, *n.*

kai-kúan ໄຄ່ຄວນ think over, ponder, *v.*

kǎi-kúang ໄຂຄວງ screw driver, *n.*

kái-kùn ໄຄຂຶ້ນ swell up, *v.*

kǎi-kwáam ໄຂຄວາມ explain, describe, *v.*

kai-lǎng ໄຂ່ຫຼັງ kidney, *n.*

kai-lóm ໄຂ່ລົມ unfertilized egg, *n.*

kai-lûak ໄຂ່ລວກ soft boiled egg, *n.*

kai-múk ໄຂ່ມຸກ pearl, *n.*

kǎi-nâm-gɔ́ɔk ໄຂນ້ຳກ໊ອກ turn a faucet, *v.*

kai-nao ໄຂ່ເນົ່າ rotten egg, *n.*

kǎi-ɔ̀ɔk ໄຂອອກ open, *v.*

kài-san ໄຂ້ສັນ malaria, *n.*

kǎi-sǎn-lǎng ໄຂສັນຫຼັງ spinal cord, *n.*

kǎi-sát ໄຂສັດ tallow, *n.*

kài-súk-sǎi ໄຂ້ສຸກໃສ chicken-pox, *n.*

kăi-sɯɯ

kăi-sɯɯ ໄຂສື pretend not to know, *v.*

kài-tɔ́ɔ-la-pit ໄຂ້ທໍລະພິດ small-pox, *n.*

kài-wăt ໄຂ້ຫວັດ cold, *n.*

kài-wăt-nyai ໄຂ້ຫວັດໃຫຍ່ grippe, flu, *n.*

ka-jâo ຂະເຈົ້າ they, *pron.*

ka-jăt ຂະຈັດ expel, get rid of, *v.*

kak ກັກ exactly, clearly, *adv.*

kak-ii-lii ກັກອີຫລີ perfect, excellent, *adj.*

kak-nɛɛ ກັກແນ່ sure, truly, *adj., adv.*

kam ຄ່ຳ night, *n.*

kâm ຄ້ຳ uphold, support, *v.*

kám ຄຳ word, gold, feel with hand, *n., v.*

ka-măng ຂະໝັງ strong, vigorous, apt, *adj.*

ka-mào ຂະເໝົ້າ soot, carbon deposit, *n.*

kám-a-ti-bàai ຄຳອະທິບາຍ explanation, *n.*

kám-bpàa-săi ຄຳປາໄສ speech, *n.*

kâm-bpa-gàn ຄ້ຳປະກັນ insure, stand security, *v.*

kám-bpɛ̀ɛ ຄຳແປ translation, explanation, *n.*

kám-dtăk-dtɯan ຄຳຕັກເຕືອນ advice, *n.*

kám-dtăt-sĭn ຄຳຕັດສິນ judgment, verdict, *n.*

kám-dtɔ̀ɔp ຄຳຕອບ answer, *n.*

kám-dtɯan ຄຳເຕືອນ warning, *n.*

kám-nám

ka-mĕen ຂະແມນ Cambodia, *n.*

kám-făn ຄຳຝັນ dream, *n.*

kám-fɔ́ɔng ຄຳຟ້ອງ accusation, *n.*

kám-gaao ຄຳກ່າວ speech, *n.*

kám-gaao-hăa ຄຳກ່າວຫາ accusation, allegation, *n.*

kám-gɔ̀ɔn ຄຳກອນ poem, *n.*

kám-hài-gàan ຄຳໃຫ້ການ interrogation, deposition, testimony, *n.*

kám-hɔ́ɔng ຄຳຮ້ອງຂໍ request, application, *n.*

kám-hûu ຄຳຮູ້ wise, well-behaved, *adj.*

ka-mìn ຂະໝິ້ນ turmeric, curcuma, *n.*

ka-mìp ຂະໝິບ compress, suppress, contract, *v.*

kám-jàm-găt-kwáam ຄຳຈຳກັດຄວາມ definition, *n.*

kám-kăao ຄຳຂາວ platinum, *n.*

kám-kàat ຄຳຂາດ ultimatum, *n.*

kám-kat-kâan ຄຳຄັດຄ້ານ objection, *n.*

kám-kɔ̌ɔ ຄຳຂໍ request, petition, *n.*

kám-láa ຄຳອຳລາ farewell, *n.*

kám-láam ຄຳລາມ growl, *v.*

kám-màn-săn-nyáa ຄຳໝັ້ນສັນຍາ agreement, contract, promise, *n.*

kam-mɯ̀ɯt ຄ່ຳມືດ night fall, *n.*

kám-nám ຄຳນຳ preface, *n.*

a b bp d dt e ɛ ə f g h i j **k** l m n ng ny o ɔ p s t u ɯ w y

kám-nap ຄຳນັບ salute, bow, *v.*

kám-nɛ-nám ຄຳແນະນຳ introduction, suggestion, advice, *n.*

kam-nìi ຄຳນີ້ tonight, *n.*

kám-núan ຄຳນວນ calculate, *v.*

kám-nyàap ຄຳຫຍາບ indecent language, *n.*

ka-móoi ຂະໂມຍ thief, *n.*

kám-pa-nyáa-gɔ̀ɔn ຄຳພະຍາກອນ prophecy, forecast, *n.*

kám-pi-pâak-săa ຄຳພິພາກສາ judgement, verdict, decision, *n.*

kám-pi-nyáan ຄຳພິຍານ evidence, *n.*

kám-săa-baan ຄຳສາບານ oath, *n.*

kám-săa-la-pâap ຄຳສາລະພາບ confession, *n.*

kám-sang ຄຳສັ່ງ order, command, *n.*

kám-sang-săan ຄຳສັ່ງສານ court decision, *n.*

kám-sa-nə̆ə ຄຳສະເໜີ proposal, *n.*

kám-săn-nyáa ຄຳສັນຍາ promise, *n.*

kám-săp ຄຳສັບ vocabulary, *n.*

kám-săt ຄຳສັດ truth, *n.*

kám-sìi-jɛɛng ຄຳຊີ້ແຈງ explanation, *n.*

kám-sóm-sə́əi ຄຳອວຍເຊີຍ congratulations, *n.*

kám-sɔ̆ɔn ຄຳສອນ preach, teaching, *n.*

kâm-súu ຄ້ຳຊູ support, bolster, *v.*

kám-tăam ຄຳຖາມ question, *n.*

ka-mùat ຂະໝວດ twist, knot, *v.*

ka-mùat-kìu ຂະໝວດຄິ້ວ knit eyebrows, *n.*

ka-mŭk-ka-múa ຂະໝຸກຂະມົວ vague, obscure, *adj.*

kám-uài-pɔ́ɔn ຄຳອວຍພອນ wish, greeting, *n.*

ka-u-tit ຄຳອຸທິດ dedication, *n.*

ka-mùap ຂະເໝືອບ gulp down, *v.*

kám-wâo ຄຳເວົ້າ word, *n.*

kàn ຂັ້ນ stage, level, step, grade, *n.*

kân ຄັ້ນ squeeze, *v.*

kán ຄັນ itch, itchy, *v., adj.*

kán ຄັນ handler, holder, *n.*

kăn ຂັນ crow, coo, *v.*

kăn ຂັນ bowl, *n.*

ka-na ຄະນະ group, party, faculty, *n.*

ka-nă ຂະນະ period, time, during, *n., prep.*

ka-năan ຂະໜານ be parallel, *v.*

ka-năan-náam ຂະໜານນາມ name, be called, *v.*

ka-nàap ຂະໜາບ bind, *v.*

ka-nàat ຂະໜາດ size, *n.*

ka-na-bpá-dti-wat ຄະນະປະຕິວັດ revolutionary party, *n.*

ka-na-bɔ̀ɔ-dìi ຄະນະບໍດີ dean, chief

of a group, *n.*

ka-na-bɔ̀ɔ-li-hǎan ຄະນະບໍລິຫານ administrative group, government, *n.*

ka-na-gàm-máa-ti-gàan ຄະນະກຳມາທິການ commission, *n.*

ka-na-gàm-ma-gàan ຄະນະກຳມະການ committee, board, judge, *n.*

ka-na-lat-ta-bàan ຄະນະລັດຖະບານ cabinet of ministers, *n.*

ka-na-lât-ta-món-dtìi ຄະນະລັດຖະມົນຕີ council of ministers, *n.*

ka-na-lûuk-kǔn ຄະນະລູກຂຸນ jury, *n.*

ka-nǎ-nân ຂະນະນັ້ນ at that time, *adv.*

ka-na-pêet-sàat ຄະນະແພດສາດ faculty of medicine, *n.*

ka-na-puu-tɛ́ɛn ຄະນະຜູ້ແທນ delegation, *n.*

ka-nǎ-tîi ຂະນະທີ່ while, *conj.*

ka-na-wi-tha-nyáa-sàat ຄະນະວິທະຍາສາດ faculty of science, *n.*

kán-bét ຄັນເບັດ fishing rod, *n.*

kân-bìip ຄັ້ນບີບ squeeze, press, *v.*

kàn-bpàai ຂັ້ນປາຍ final stage, *n.*

kán-dài ຂັ້ນໃດ ladder, *n.*

kán-dài ຄັນໃດ stairs, ladder, *n.*

kàn-dtam ຂັ້ນຕ່ຳ low level, *n.*

kàn-dtôn ຂັ້ນຕົ້ນ preparatory, preliminary stage, *n.*

ka-nɛ́ɛn ຄະແນນ score, grade, point, *n.*

ka-nɛ́ɛng ຂະແໜງ section, division, *n.*

ka-nɛ́ɛn-sǐang ຄະແນນສຽງ vote, *n.*

kang ຄັ່ງ sealing wax, *n.*

káng ຄັງ warehouse, treasury, *n.*

kǎng ຂັງ lock up, confine, *v.*

káng-ga-sǔn ຄັງກະສຸນ arsenal, *n.*

kâng-gɔ̀ɔn ຄັ້ງກ່ອນ in former time, long time ago, *adv.*

kǎng-kuk ຂັງຄຸກ imprision, *v.*

kâng-lɛ̂ɛk ຄັ້ງແລກ first time, *n.*

kâng-nân ຄັ້ງນັ້ນ that time, *n.*

kâng-nîi ຄັ້ງນີ້ this time, *n.*

kâng-sut-tâai ຄັ້ງສຸດທ້າຍ last time, *n.*

kâng-tám-it ຄັ້ງທຳອິດ first time, *n.*

kǎn-ngə́n ຂັນເງິນ silver bowl, *n.*

kán-hom ຄັນຮົ່ມ umbrella rod, *n.*

ka-nit-sàat ຄະນິດສາດ mathematics, *n.*

kán-jɔ̂ɔng ຄັນຈ້ອງ umbrella handle, *n.*

kân-kâak ຄັນຄາກ toad, *n.*

kân-kɔ̀ɔ ຄັ້ນຄໍ strangle, *v.*

káng-ngə́n ຄັງເງິນ treasury, *n.*

kán-náa ຄັນນາ ricefield dike, *n.*

ka-nǒm ຂະໜົມ cake, candy, sweets, *n.*

ka-nǒm-bpang ຂະໜົມປັງ bread, *n.*

ka-nǒp-tám-niam ຂະໜົບທຳນຽມ customs, tradition, *n.*

ka-nôoi ะม้อย I, me (humble), *pron.*
ka-nóong ะมอง with great joy or energy, *adj.*
kàn-sŭt-tâai ันสุดท้าย final stage, *n.*
kăn-sùu ันสู้ compete with, *v.*
kàn-sŭung ันสูง high level, *n.*
kán-tăi ันไถ plough handle, *n.*
kàn-tot-lóong ันทดลอง experimental stage, *n.*
ka-nyá ะขยะ rubbish, garbage, *n.*
ka-nyáai ะขยาย expand, enlarge, *v.*
ka-nyáai-sĭang ะขยายสูง amplify, *v.*
ka-nyá-ka-nyĕeng ะขยะแขยง detest, *v.*
ka-nyàm ะขย้ำ devour, *v.*
ka-nyăn ะขยัน diligent, industrious, *adj.*
ka-nyáp ะขยับ move, shift, *v.*
ka-nyèek ะเขยก limp, *v.*
ka-nyeng ะเขย่ง tip-toe, *v.*
ka-nyèp ะเขยิบ move a little, *v.*
ka-nyŭk-ka-nyĭk ะขยุกขยิก be restless, *v.*
ka-nyŭan ะเขยื้อน move slightly, *v.*
kao เข่า knee, *v.*
kào เข้า rice, enter, *n., v.*
káo เคา beard, *n.*
kăo เขา they, them, he, she, him, her, *pron.*
kăo เขา horn, *n.*
kào-ba-lêe เข้าบะเล wheat, corn, *n.*
kào-bpáai เข้าปาย broken rice, *n.*
kào-bpà-gùat เข้าปะกวด enter a contest, *v.*
kào-bpài เข้าไป enter, go in, *v.*
kào-bpèn-sa-máa-sĭk เข้าเป็นสะมาชิก become a member, *v.*
kào-bpêeng เข้าแป้ง rice flour, face powder, *n.*
kào-bpêeng-táa-nàa เข้าแป้งทาหน้า face powder, *n.*
kào-bpìak เข้าเปียก rice porridge, *n.*
kào-bpùn เข้าปุ่น Lao noodles, vermicelli, *n.*
kào-bpùuk เข้าปูก seed rice, *n.*
kào-bpùak เข้าเปือก unhusked rice, *n.*
kào-bùa เข้าบือ soaked and powdered rice, *n.*
kào-dɔ̀ɔ เข้าดํ three-month rice, *n.*
kào-dtôm เข้าต้ม rice porridge, *n.*
kào-dtɔ̀ɔk-dtèek เข้าตอกแตก puffed rice, *n.*
kào-gâa เข้ากำ seed rice, *n.*
kào-gâi เข้าไก้ approach, *v.*
kào-gam เข้ากำ brown rice, *n.*
kào-gàm เข้ากำ go through ordeal, *v.*

kào-gàn ເຂົ້າກັນ get along, agree, *v.*
kào-gìa ເຂົ້ານາຍ put into gear, *v.*
kào-gìao-kòng ເຂົ້າກຽວຂ້ອງ intervene, interact, *v.*
kǎo-gwàang ເຂົ້າກວາງ deer antler, *n.*
kào-hŭup ເຂົ້າຮູບ fit well, *v.*
kào-hŭung ເຂົ້າຫຸງ cooked white rice, *n.*
kào-hŭam ເຂົ້າຮ່ວມ join, participate, *v.*
kào-hŭan ເຂົ້າເຮືອນ enter the house, *v.*
kào-jâao ເຂົ້າຈ້າວ non-glutinous rice, *n.*
kào-jài ເຂົ້າໃຈ understand, *v.*
kào-jài-pìt ເຂົ້າໃຈຜິດ misunderstand, *v.*
kào-jâo ເຂົ້າເຈົ້າ they, them, *pron.*
kào-jìi ເຂົ້າຈີ່ bread, *n.*
kào-jòom-dtìi ເຂົ້າໂຈມຕີ assault, raid, *v.*
kào-kàang ເຂົ້າຂ້າງ side with, *v.*
kào-kɔ̌ɔng ເຂົ້າຂອງ load, materials, things, *v., n.*
kǎo-kwáai ເຂົ້າຄວາຍ buffalo horn, *n.*
kào-lǎam ເຂົ້າຫລາມ sticky rice cooked in bamboo, *n.*
káo-lop ເຄົາລົບ respect, *v.*
kào-maa ເຂົ້າໝ່າ soaked sticky rice, *n.*
kào-màak ເຂົ້າໝາກ fermented rice, *n.*
kào-máan ເຂົ້າມານ young rice, *n.*
kào-mào ເຂົ້າເໝົ້າ roasted green rice, *n.*
kǎo-mέεo ເຂົ້າແມວ owl, *n.*

kào-náa-séeng ເຂົ້ານາແຊງ dry season rice, *n.*
kào-nέεo ເຂົ້າແນວ seed rice, *n.*
kào-nǐao ເຂົ້າໜຽວ sticky rice, *n.*
kào-nǒm ເຂົ້າໜົມ cake, candy, cookie, snack, *n.*
kào-nǒm-kok ເຂົ້າໜົມໂຄກ coconut rice candy, *n.*
kào-nɔ́ɔn ເຂົ້ານອນ go to bed, *v.*
kào-nùng ເຂົ້ານຶ່ງ steamed rice, *n.*
kào-pák ເຂົ້າພັກ stay (for a short time), *v.*
kào-pàt ເຂົ້າຜັດ fried rice, *n.*
kào-péen ເຂົ້າເພນ pre-noon meal for monks, *n.*
kào-póp ເຂົ້າພົບ pay a visit, meet, *v.*
kào-sǎa-lǐi ເຂົ້າສາລີ corn, *n.*
kào-sǎan ເຂົ້າສານ uncooked rice, *n.*
kào-sàat-sa-nǎa ເຂົ້າສາດສະໜາ be converted (religion), *v.*
kào-sa-máa-ti ເຂົ້າສະມາທິ meditate, *v.*
kào-sǎng-ka-nyǎa ເຂົ້າສັງຂະຫຍາ rice with custard, *n.*
kào-sáo ເຂົ້າເຊົ້າ breakfast, *n.*
kào-sèng-gàn ເຂົ້າແຂ່ງກັນ compete, contest, *v.*
kào-sŭk ເຂົ້າສຸກ ripe rice, cooked rice, *n.*
kào-taa ເຂົ້າທ່າ make sense, look

good, *v.*

kào-téen-tii ເຈົ້າແທນທີ່ replace, *v.*

kào-tún ເຂົ້າທືນ invest with a partner, *v.*

kào-ùu ເຂົ້າອູ່ enter (an autoshop) for repair, *v.*

kap ຄັບ narrow, tight, *adj.*

kăp ຂັບ drive, eject, expel, *v.*

kăp-gɔm ຂັບກ່ອມ lull, *v.*

kăp-hɔ́ɔng ຂັບຮ້ອງ sing, *v.*

kap-kǎn ຄັບຂັນ critical, *adj.*

kăp-kɛ̂ɛp ຄັບແຄບ narrow, *adj.*

kăp-kìao ຂັບຂ່ຽວ fight, struggle, *v.*

kăp-kii ຂັບຂີ່ drive, *v.*

kăp-lai ຂັບໄລ່ expel, *v.*

kăp-lot ຂັບລົດ drive a car, *v.*

kap-ók-kap-jài ຄັບອົກຄັບໃຈ unhappy, distressed, *adj.*

kăp-pĭi ຂັບຜີ exorcize, *v.*

kat ຄັດ copy, *v.*

kăt ຂັດ polish, scrub, *v.*

kăt-hǔu ຂັດຫູ offend the ears, *v.*

kăt-jài ຂັດໃຈ offend, provok, *v.*

kăt-kǎa ຂັດຂາ trip, *v.*

kat-kâan ຄັດຄ້ານ disagree, protest, *v.*

kăt-kɔ̀ng ຂັດຂ້ອງ obstruct, object, *v.*

kăt-kɔ̂ɔ ຂັດຄໍ contradict, interrupt, *v.*

kăt-kʉ̌ʉn ຂັດຂືນ disobey, oppose, resist, *v.*

kăt-kwǎang ຂັດຂວາງ prevent, resist, *v.*

kat-lʉ̂ak ຄັດເລືອກ select, pick up, *v.*

kăt-lʉ̀at ຂັດເລືອດ stop the blood, *v.*

kăt-sǒn ຂັດສົນ be in need, *v.*

kée ເຄ lame, *adj.*

kěe ເຂ squinting, *adj.*

kèek ເຄາະ rap, knock, *v.*

kée-mîi ເຄມີ chemistry, *n.*

kéen ເຄນ give, offer, *v.*

kèet ເຂດ boundary, *n.*

kèet-dɛ̀ɛn ເຂດແດນ border, *n.*

kèet-ta-hǎan ເຂດທະຫານ military region, *n.*

kèet-têet-sa-bàan ເຂດເທດສະບານ city boundary, municipal area, *n.*

kém ເຄັມ salty, *adj.*

kěm ເຂັມ needle, *n.*

kěm-kǎt ເຂັມຂັດ belt, *n.*

kěm-kěng ເຂັມແຂງ strong, *adj.*

kěm-náa-tii ເຂັມນາທີ minute hand, *n.*

kěm-ngûat-gùat-kǎn ເຂັມງວດກວດຂັນ strict, austere, *adj.*

kěm-nyip-pàa ເຂັມຫຍິບຜ້າ sewing needle, *n.*

kěm-sǎk-yàa ເຂັມສັກຢາ syringe, *n.*

kěm-sìi-tít ເຂັມຊີ້ທິດ compass, *n.*

kěm-wi-náa-tii ເຂັມວິນາທີ second hand, *n.*

kên ເຄັນ compress, press, *v.*

kěn ເຂັນ difficulty, hardship, *n.*

kěn-fàai ເຂັນຝ້າຍ spin thread, *v.*

keng ເຄັ່ງ strict, *adj.*

kět ເຂັດ be afraid, have learned one's lesson, *v.*

kèe ເຂ້ crocodile, *n.*

kèek ເຂກ guest, Indian, Malay, a person from the Middle East, *n.*

kéem ແຄມ edge, *n.*

kéem-kɔ̌ɔng ແຄມຂອງ Mekong river bank, *n.*

kéem-nâm ແຄມນ້ຳ river bank, *n.*

kêen ແຄ້ນ be hurt emotionally, resent, vengeful, *v.*

kéen ແຄນ khen, Lao wind instrument, *n.*

kěen ແຄນ needy, poor, *adj.*

kěen ແຂນ arm, *n.*

kéeng-jài ແຄງໃຈ suspect, *v.*

kêen-jài ແຄ້ນໃຈ fretful, rankle, *adj.*, *v.*

kěen-sɔ̂ɔk ແຂນສອກ elbow, *n.*

kěen-sùa ແຂນເສື້ອ sleeve, *n.*

kèeo ແຂ້ວ tooth, *n.*

kêeo ແຄ້ວ pass unseen, *v.*

kèeo-sǎt ແຂ້ວສັດ fang, *n.*

kêep ແຄບ narrow, *adj.*

kěng ແຂງ hard, *adj.*

keng-bâng-fái ແຂງບັ້ງໄຟ rocker festival, *n.*

kěng-hěeng ແຂງແຮງ strong, *adj.*

kěng-jai ແຂງໃຈ be courageous, *adj.*

keng-kǎn ແຂ່ງຂັນ compete, contest, *v.*

kə̀əi ເຄີຍ ever, used to, *v.*, *adv.*

kə̌əi ເຂີຍ (son)-in-law, *n.*

kə̂əm ເຄີ້ມ drowsy, be in a rapture, *adj.*, *v.*

kə̌ən ເຂີນ lacquer ware, *n.*

kə̀əp-kə̂əm ເຄີບເຄີ້ມ be absent-minded, doze, *v.*

kəng ເຄິ່ງ half, *n.*

kia ເຂັຽ dislodge, remove, displace, *v.*

kìan ຂ້ຽນ whip, beat, *v.*

kían ຄຽນ tie up, *v.*

kǐan ຂຽນ write, *v.*

kìang ຄຽງ close, next to, *adv.*, *v.*

kǐang ຂຽງ chopping board, *n.*

kìang-gàn ຄຽງກັນ side by side, *adv.*

kìang-kàang ຄຽງຂ້າງ close beside, abreast, *v.*

kìan-túai ຂຽນທວາຍ dictate, *v.*

kìao ຂ້ຽວ hurry, *v.*

kíao ຄ້ຽວ chew, grind, *v.*

kìao ຄຽວ boil down, simmer, *v.*

kǐao ຂຽວ green, *adj.*

kǐao-gɛ̂ɛ ຂຽວແກ່ dark green, *adj.*

kìao-kěn ຄຽວເຂັນ oppress, urge, *v.*

kĭao-ɔɔn ຂຽວອ່ອນ light green, *adj.*

kĭat ຂຽດ small frog, small toad, *n.*

kĭat ຄຽດ resent, be angry with, *v.*

kĭat-kêen ຄຽດແຄ້ນ resent, be vengeful, *v.*

kĭat-môo ຂຽດໄມ້ braggart, boaster, *n.*

kii ຂີ່ ride, *v.*

kìi ຂີ້ excrement, dung, *n.*

kìi ຂີ້ prefix meaning "characterized by, given to, having a tendency to".

kìi-àai ຂີ້ອາຍ bashful, shy, *adj.*

kìi-bòn ຂີ້ບົ່ນ grumbling, given to complaining, *adj.*

kìi-dàng ຂີ້ດັງ snot, nose stuff, *n.*

kìi-dìat ຂີ້ດຽດ filthy, disgusting, *adj.*

kìi-dìn ຂີ້ດິນ soil, *n.*

kìi-dtao ຂີ້ເຕົ່າ excretions from the armpits, *n.*

kìi-dtòm ຂີ້ຕົມ mud, *n.*

kìi-dtúa ຂີ້ຕົວະ lie, *n., v.*

kìi-dɯ̂ɯ ຂີ້ດື້ naughty, *adj.*

kìi-fái ຂີ້ໄຟ earthen stove base, kitchen, *n.*

kìi-fun ຂີ້ຝຸ່ນ dust, *n.*

kìi-gàak ຂີ້ກາກ skin disease, *n.*

kìi-ga-dtɔ̀ɔt ຂີ້ກະຕອດ wart, *n.*

kìi-ga-dtɯ̀ɯk ຂີ້ກະຕືກ worm, parasite, *n.*

kìi-ga-dɯan ຂີ້ກະເດືອນ earthworm, *n.*

kìi-ga-təə ຂີ້ກະເທີ phlegm, *n.*

kìi-gɛ̀ɛp ຂີ້ແກບ husk, *n.*

kìi-gòp ຂີ້ກົບ wood shaving, *n.*

kìi-gua ຂີ້ກົ່ວ lead (metal), *n.*

kìi-hâi ຂີ້ໄຫ້ cry baby, given to crying, *adj.*

kìi-hə ຂີ້ເຮ່ ugly, *adj.*

kìi-hǐin ຂີ້ຫີນ stone, *n.*

kìi-hít ຂີ້ຫິດ skin disease, *n.*

kìi-hǔa ຂີ້ຫົວ dandruff, *n.*

kìi-hǔu ຂີ້ຫູ ear wax, *n.*

kìi-hùut ຂີ້ຫູດ kaffir lime, skin disease, *n.*

kìi-hɯa ຂີ້ເຫື່ອ sweat, *n.*

kìi-hɯ̂an ຂີ້ເຮື້ອນ leprosy, *n.*

kìi-ít-sǎa ຂີ້ອິດສາ jealous, envious, *adj.*

kîik ກີກ odd, single, *n.*

kìi-kàa ຂີ້ຂ້າ slave, *n.*

kìi-kâan ຂີ້ຄ້ານ lazy, *adj.*

kìi-kái ຂີ້ໄຄ dirt on body, dead skin, *n.*

kìi-ka-mao ຂີ້ຂະເໝົ່າ soot, *n.*

kìi-kěp ຂີ້ເຂັບ centipede, *n.*

kìi-kúi ຂີ້ຄຸຍ haughty, bragful *adj.*

kìi-lâai ຂີ້ລ້າຍ ugly, wicked, not performing well, *adj.*

kìi-lak ຂີ້ລັກ petty thief, prone to stealing, *n., adj.*

kìi-lào ຂີ້ເຫຼົ້າ drunkard, alcoholic, *n.*

kìi-lôop ຂີ້ລອບ dishonest, fraud, deceit, greedy, *adj.*

kii-lot-tìip ຂີ່ລົດຖີບ ride a bicycle, *v.*

kìi-lɯai ຂີ້ເລື່ອຍ saw-dust, *n.*

kíim ຄີມ pliers, *n.*

kìi-máo ຂີ້ເມົາ drunkard, *n.*

kìi-méeng-wán ຂີ້ແມງວັນ birth mark, mole, *n.*

kìi-mìang ຂີ້ໝ້ຽງ rust, *n.*

kìi-mìn ຂີ້ໝິ້ນ turmeric, curcuma, *n.*

kíim-kào ຄີມເຄົ້າ iron pincers, *n.*

kíim-kîip ຄີມຄີບ tongs, pincers, *n.*

kìi-môo ຂີ້ໂມ້ boastful, *adj.*

kìi-mûuk ຂີ້ມູກ mucus, *n.*

kíin ຂີນ compel, *v.*

kíin-dtàa ຂີນຕາ offend the eyes, *v.*

kíing ຄີງ body, *n.*

kíin-hǔu ຂີນຫູ offend the ears, *v.*

kìi-nǐao ຂີ້ໜຽວ miserly, *adj.*

kíin-jài ຂີນໃຈ force, rape, *v.*

kii-nyón ຂີ່ຍົນ fly in an airplane, *v.*

kìi-nyòoi ຂີ້ເບ່ຍ weak, invalid, *adj.*

kìi-nyɯa ຂີ້ເຫຍື່ອ garbage, rubbish, *n.*

kìi-ong ຂີ້ອົງ haughty, *adj.*

kìi-pǒng ຂີ້ຝົງ dirt, *n.*

kìi-pèng ຂີ້ເຜິ້ງ beeswax, *n.*

kìi-sáai ຂີ້ຊາຍ sand, *n.*

kìi-sa-nǐm ຂີ້ສະໜີມ dust, *n.*

kìi-sii ຂີ້ສີ resin, *n.*

kìi-sɔ̌ɔ ຂີ້ສໍ swindle, *n.*

kìi-sùut ຂີ້ສູດ beeswax, *n.*

kìit ຂີດ scratch, trace, draw, *v.*

kìi-tao ຂີ້ເຖົ່າ ashes, *n.*

kìit-gông ຂີດກ້ອງ underline, *v.*

kìi-tii ຂີ້ຖີ່ stingy, *adj.*

kìit-kàa ຂີດຂ້າ cancel, cross out, *v.*

kìit-sèn ຂີດເສັ້ນ draw a line, *v.*

kìit-sèn-dtâi ຂີດເສັ້ນໃຕ້ underline, *v.*

kìi-tûut ຂີ້ທູດ leprosy, *n.*

kìi-ùat ຂີ້ອວດ showy, *adj.*

kìi-yàa ຂີ້ຢາ drug addict, *n.*

kìi-yâan ຂີ້ຢ້ານ cowardly, *adj.*

kǐng ຂິງ ginger, *n.*

kit ຄິດ think, *v.*

kit-bɔɔ-ɔ̀ɔk ຄິດບໍ່ອອກ be unable to figure it out, *v.*

kit-bpài-kit-máa ຄິດໄປຄິດມາ ponder, *v.*

kit-hɔ̂ɔt ຄິດຮອດ think of, miss, *v.*

kit-kôn ຄິດຄົ້ນ research, invent, *v.*

kit-lêek ຄິດເລກ calculate, *v.*

kit-sa-lia ຄິດສະເລ່ຍ average, *v.*

kit-tə̌ng ຄິດເຖິງ think of, miss, *v.*

kit-tə̌ng-bâan ຄິດເຖິງບ້ານ be homesick, *v.*

kit-tə̌ng-húan ຄິດເຖິງເຮືອນ be home-

kit-tɔ̀ɔ-la-nyot ຄິດທໍລະຍົດ conspire against, be a traitor, *v.*

kit-waa ຄິດວ່າ think that.., *v.*

kìu ຄິ້ວ eyebrow, *n.*

kíu ຄິວ queue, line, *n.*

kȉu ຂິວ acrid, strong smell, *adj., n.*

kok ຄົກ mortar, *n.*

kok-dtàm-kào ຄົກຕຳເຂົ້າ rice mortar, *n.*

kóm ຄົມ sharp, *adj.*

kȍm ຂົມ bitter, *adj.*

kom-hěng ຂົ່ມເຫັງ mistreat, bully, *v.*

kom-kii ຂົ່ມຂີ່ oppress, *v.*

kom-kùu ຂົ່ມຂູ່ threaten, *v.*

kom-kǔun ຂົ່ມຂືນ compel, force, *v.*

kom-kǔun-sám-láo ຂົ່ມຂືນຊຳເລົາ rape, *v.*

kóm-ma-náa-kóm ຄົມມະນາຄົມ communication, *n.*

kóm-mìit ຄົມມີດ sharp edge of the knife, *adj.*

kȏn ຄົ້ນ search for, *v.*

kón ຄົນ person, man, mix, *n., v.*

kǒn ຂົນ body hair, transport, feather, *n., v.*

kón-bâa ຄົນບ້າ mad man, *n.*

kón-bàap ຄົນບາບ sinner, *n.*

kón-bpaa ຄົນປ່າ forest dweller, *n.*

kón-bpàak-gùuk ຄົນປາກກຶກ mute, dumb, *n.*

kón-bpîa ຄົນເປັ້ຍ invalid person, *n.*

kón-dǎi ຄົນໃດ who, *pron.*

kón-dǎi-kón-nung ຄົນໃດຄົນໜຶ່ງ anyone, someone, *pron.*

kón-dǎp-fái ຄົນດັບໄຟ firefighter, *n.*

kón-dǎp-pə̀əng ຄົນດັບເຜິງ fireman, firefighter, *n.*

kón-də̀ən-húa ຄົນເດີນເຮືອ navigator, *n.*

kón-dìao ຄົນດຽວ one person, alone, *n., adv.*

kón-dìi ຄົນດີ good man, *n.*

kón-dòoi-sǎan ຄົນໂດຍສານ passenger, *n.*

kǒn-dtàa ຂົນຕາ eyelash, *n.*

kón-dtàa-bɔ̀ɔt ຄົນຕາບອດ blind man, *n.*

kón-dtaang-dàao ຄົນຕ່າງດາວ alien, E.T., *n.*

kón-dtaang-sâat ຄົນຕ່າງຊາດ foreigner, *n.*

kón-dtaang-tin ຄົນຕ່າງຖິ່ນ stranger, *n.*

kón-dta-lǒk ຄົນຕະຫຼົກ comedian, joker, *n.*

kón-dtǎt-fúun ຄົນຕັດຟືນ woodcutter, *n.*

kón-fáng ຄົນຟັງ audience, listener, *n.*

kón-gaang ຄົນກາງ middle man, *n.*

kón-gâi-kíang ຄົນໃກ້ຄຽງ neighbor,

kǒn-gě ຂົນແກະ lamb wool, *n.*

kóng-jà ຄົງຈະ probably, *adv.*

kóng-lǔa ຄົງເຫຼືອ remain, *v.*

kóng-sìi ຄົງຊິ may be, *adv., v.*

kôn-hǎa ຄົ້ນຫາ explore, look for, *v.*

kón-hâai ຄົນຮ້າຍ criminal, *n.*

kón-hap-jâang ຄົນຮັບຈ້າງ hired man, *n.*

kón-jâo-sûu ຄົນເຈົ້າຊູ້ handsome man, *n.*

kón-jép ຄົນເຈັບ sick person, *n.*

kón-kài ຄົນໄຂ້ patient, *n.*

kón-kîi-lào ຄົນຂີ້ເຫຼົ້າ drunkard, *n.*

kón-kîi-tîi ຄົນຂີ້ຖີ່ stingy person, *n.*

kǒn-kíu ຂົນຄິ້ວ eyebrow, *n.*

kǫn-kóng ຄົນຄົງ invulnerable person, *n.*

kón-kot-goong ຄົນຄົດໂກງ dishonest person, *n.*

kón-kɔ̌ɔ-táan ຄົນຂໍທານ beggar, *n.*

kǒn-kuang ຂົນເຄື່ອງ transport or move things, *v.*

kôn-kwâa ຄົ້ນຄວ້າ research, *v.*

kón-la ຄົນລະ each, *n.*

kón-láao ຄົນລາວ Lao person, Laotian, *n.*

kón-líang-gě ຄົນລ້ຽງແກະ shepherd, *n.*

kón-lòop ຄົນໂລບ greedy person, *n.*

kón-lûang-ga-bpǎo ຄົນລ້ວງກະເປົ໋າ pickpocket, *n.*

kón-míi ຄົນມີ rich, wealthy man, *n.*

kón-nái-múang ຄົນໃນເມືອງ city dweller, *n.*

kón-nám-tiao ຄົນນຳທ່ຽວ guide, *n.*

kón-ngáan ຄົນງານ laborer, worker, *n.*

kón-ngoo ຄົນໂງ່ fool, stupid person, *n.*

kón-ngɔi ຄົນງ່ອຍ paralyzed, *n.*

kón-nɔ̂ɔk ຄົນນອກ stranger, *n.*

kón-nɔ̂ɔk-gòt-mǎai ຄົນນອກກົດໝາຍ outlaw, *n.*

kón-nyáam ຄົນຍາມ watchman, *n.*

kón-nyáang ຄົນຍ່າງ pedestrian, *n.*

kón-páan ຄົນຜານ mischievous person, *n.*

kôn-pop ຄົ້ນພົບ discover, find, *v.*

kón-púun-múang ຄົນພື້ນເມືອງ native, *n.*

kón-sâi ຄົນໃຊ້ servant, *n.*

kón-sát ຂົນສັດ fur, animal hair, *n.*

kón-sóng ຄົນຊົງ sorceress, median, *n.*

kǒn-song ຂົນສົ່ງ transport, *v.*

kón-tôot ຄົນໂທດ prisoner, *n.*

kóo-jɔ̀ɔn ໂຄຈອນ orbit, *n., v.*

kôok ໂຄກ mound, knoll, *n.*

kóo-lop ໂຄລົບ respect, *v.*

kóom ໂຄມ lamp, lantern, *n.*

kóom-bìip ໂຄມບີບ flashlight, *n.*

kóom-dtâng ໂຄມຕັ້ງ table lamp, *n.*

kóom-fái ໂຄມໄຟ electric light, *n.*

kóom-lot ໂຄມລົດ headlights, *n.*

kóom-pa-nyu ໂຄມພະຍຸ gas lantern, *n.*

kôon ໂຄ່ນ fell (e.g) a tree, *v.*

kóon ໂຄນ base of tree, mud, *n.*

kóon-dtom ໂຄນຕົມ mud and mire, *n.*

koong ໂຄ່ງ over, grown, stripling, *adj.*

kôong ໂຄ້ງ bend, curve, arch, *v.*

kóong ໂຄງ form, outline, *n.*

kóong-gàan ໂຄງການ project, program, plan, *n.*

kóong-gàan-gɔɔ-sàang ໂຄງການກໍ່ສ້າງ construction project, *n.*

kóong-ga-dùuk ໂຄງກະດູກ skeleton, *n.*

kôong-kám-náp ໂຄ້ງຄໍານັບ bow, *v.*

koong-keeng ໂຄ່ງແຄ່ງ huge, big, *adj.*

kóong-sàang ໂຄງສ້າງ structure, *n.*

kôon-lôm ໂຄ່ນລົ້ມ fall down, *v.*

kóo-sa-náa ໂຄສະນາ advertising, commercial, *n.*

kóo-sa-náa-hăa-sĭang ໂຄສະນາຫາສຽງ political campaign, *n.*

kóo-sa-náa-súan-sūa ໂຄສະນາຊວນເຊື່ອ propaganda, *n.*

kóo-sŏk ໂຄສົກ announcer, spokesman, *n.*

kôot ໂຄດ ancestor, pedigree, *n.*

kóp ຂົບ bite, *v.*

kop-kâa ຄົບຄ້າ associate with, *v.*

kŏp-kèo ຂົບແຂ້ວ grind one's teeth, *v.*

kot ຄົດ bend, curve, *v.*

kŭt ຂົດ coil, curl up, *n., v.*

kɔ ເຄາະ knock, luck, fate, *v., n.*

kŏ ເຂາະ knock, cowbell, *v., n.*

kɔ-dìi ເຄາະດີ good luck, *n.*

kɔ-gàm ເຄາະກໍາ fate, *n.*

kɔ-hâai ເຄາະຮ້າຍ bad luck, *n.*

kɔi ຄ່ອຍ gentle, *adj.*

kɔ̀i ຂ້ອຍ I, me, *pron.*

kɔi-dìi-kùn ຄ່ອຍດີຂຶ້ນ gradually improving, *adj.*

kɔi-kái-dɛɛ ຄ່ອຍໄຄແດ່ improving in health, *adj.*

kɔi-nyaang ຄ່ອຍຍ່າງ walk slowly, *v.*

kɔi-yuu-kɔi-gìn ຄ່ອຍຢູ່ຄ່ອຍກິນ so so, *adv.*

kɔ̀ng ຂ້ອງ fishing reel, stuck, *n.*

kɔ̀ɔ ຂໍ້ principle, part of, item, *n.*

kɔɔ ຄ the third consonant of the Lao alphabet (low consonant), *n.*

kɔɔ ຄໍ neck, *n.*

kɔ̌ɔ ຂ the second consonant of the Lao alphabet (high consonant), *n.*

kɔ̌ɔ ຂໍ request, beg, ask, *v.*

kɔ̌ɔ ຂໍ hook, *n.*

kɔ̀ɔ-âang ຂໍ້ອ້າງ reference, *n.*

kɔ̌ɔ-a-nu-nyâat ຂໍອະນຸຍາດ ask for permission, *v.*

kɔ̌ɔ-a-pái ຂໍອະໄພ apologise, *v.*

kɔ̂ɔ-bàng-káp ຂໍ້ບັງຄັບ regulation, rule, *n.*

kɔ̂ɔ-bpèn-nìang ຄໍປັນໝງາງ goiter, *n.*

kɔ̌ɔ-dee ຂໍດີ please give me..., *v.*

kɔ̂ɔ-dtìin ຂໍ້ຕີນ ankle, *n.*

kɔ̂ɔ-dtí-sóm ຂໍ້ຕິຊົມ criticism, comment, *n.*

kɔ̂ɔ-dtók-lóng ຂໍ້ຕົກລົງ agreement, contract, *n.*

kɔ̂ɔ-dtôo-nyɛ̂ɛng ຂໍ້ໂຕ້ແຍ້ງ argument, dispute, *n.*

kɔ̂ɔ-dtɔɔ ຂໍ້ຕໍ່ joint, *n.*

kɔ̂ɔ-dtùa ຂໍຕົວ excuse oneself, *v.*

kɔ̂ɔ-gaao-hǎa ຂໍ້ກ່າວຫາ accusation, *n.*

kɔ̂ɔ-ga-dùuk ຂໍ້ກະດູກ joints, *n.*

kɔ̂ɔ-ga-jɛ̀ɛ ຂະກະແຈ key, *n.*

kɔ̂ɔ-gɛ̂ɛ-dtùa ຂໍ້ແກ້ຕົວ defense, excuse, pretext, *n.*

kɔ̂ɔ-gɔ̌ ຂໍກາະ hooked pole, *n.*

kɔ̂ɔ-hǎa ຂໍ້ຫາ charge, accusation, *n.*

kɔ̂ɔ-hêep ຄໍແຫບ laryngitis, *n.*

kɔ̂ɔ-hîak-hɔ̂ɔng ຂໍ້ຮຽກຮ້ອງ demands, *n.*

kɔ̌ɔi ຄ້ອຍ slope, *n.*

kɔ̌ɔi-tâa ຄອຍຖ້າ wait for, *v.*

kɔ̂ɔk ຄອກ animal pen, shed, *n.*

kɔ̂ɔ-kǎt-kɔ̌ng ຂໍ້ຄັດຂ້ອງ objection, *n.*

kɔ̂ɔ-kɛ̌ɛn ຂໍ້ແຂນ wrist, *n.*

kɔ̂ɔ-kit-hěn ຂໍ້ຄິດເຫັນ point of view, opinion, idea, *n.*

kɔ̂ɔk-máa ຄອກມ້າ stable, *n.*

kɔ̂ɔk-mǔu ຄອກໝູ pigsty, *n.*

kɔ̂ɔk-ngúa ຄອກງົວ cowshed, *n.*

kɔ̂ɔ-kɔ̌ng-jài ຂໍ້ຂ້ອງໃຈ doubt, point of disagreement, hesitation, *n.*

kɔ̂ɔ-kwáam ຂໍ້ຄວາມ text, statement, matter, content, *n.*

kɔ̌ɔ-láa ຂໍລາ say goodbye, *v.*

kɔ̌ɔm ຂອມ Cambodian, *n.*

kɔ̂ɔ-mɛ̂ɛ ຂໍ້ແມ້ proviso, stipulation, condition, *n.*

kɔ̌ɔ-mía ຂໍເມຍ request to marry a women, *v.*

kɔ̂ɔ-múu ຂໍ້ມື wrist, *n.*

kɔ̂ɔn ຄ້ອນ stick, hammer, *n.*

kɔ̂ɔn ຂອນ log, *n.*

kɔ̂ɔ-ne-nám ຂໍ້ແນະນຳ advice, *n.*

kɔ̌ɔng ຄ້ອງ gong, *n.*

kɔ̌ɔng ຂອງ thing, of, belongings, articles, goods, property, *n.*

kɔ̌ɔng-bpɔ̀ɔm ຂອງປອມ counterfeit, fake item, *n.*

kɔ̌ɔng-bùut ຂອງບູດ spoiled, rancid,

kɔ̌ɔng-dìi ຂອງດີ magical object, *n.*

kɔ̌ɔng-dtùa-yaang ຂອງຕົວຢ່າງ example, sample, *n.*

kɔ̌ɔng-gàang ຂອງກາງ evidence, property in dispute, common property, *n.*

kɔ̌ɔng-gao ຂອງເກົ່າ antique, *n.*

kɔ̌ɔng-gìn ຂອງກິນ food, *n.*

kɔ̌ɔng-jam-bpèn ຂອງຈຳເປັນ necessities, neccesaries, *n.*

kɔ̌ɔng-jâo ຂອງເຈົ້າ your, yours, *adj., adv.*

kɔ̌ɔng-jìng ຂອງຈິງ the real thing, genuine, *n.*

kɔ̌ɔng-káao ຂອງຄາວ food (as opposed to dessert), *n.*

kɔ̌ɔng-kǎo ຂອງເຂົາ his, her, hers, their, theirs, *adj., adv.*

kɔ̌ɔng-kěng ຂອງແຂງ solid object, *n.*

kɔ̌ɔng-kɔ̀i ຂອງຂ້ອຍ my, mine, *adj., adv.*

kɔ̌ɔng-kwǎn ຂອງຂວັນ gift, present, *n.*

kɔ̌ɔng-lǎi ຂອງໄຫຼ fluid, *n.*

kɔ̌ɔng-lěeo ຂອງແຫຼວ liquid, *n.*

kɔ̌ɔng-lîn ຂອງຫຼິ້ນ toy, plaything, *n.*

kɔ̌ɔng-lǔang ຂອງຫຼວງ state property, *n.*

kɔ̌ɔng-mîi-kaa ຂອງມີຄ່າ valuables, *n.*

kɔ̌ɔng-pǎi ຂອງໃຜ whose, *pron.*

kɔ̌ɔng-pà-sǒm ຂອງຜະສົມ mixture, *n.*

kɔ̌ɔng-pən ຂອງເພິ່ນ his, her, hers, *adj., adv.*

kɔ̌ɔng-pûak-hǎo ຂອງພວກເຮົາ our, ours, *adj., adv.*

kɔ̌ɔng-pûun-mûang ຂອງພື້ນເມືອງ indigenous product, *n.*

kɔ̌ɔng-sâi-sùan-dtùa ຂອງໃຊ້ສ່ວນຕົວ personal property, *n.*

kɔ̌ɔng-sǐa ຂອງເສຍ useless things, waste,, *n.*

kɔ̌ɔng-sîip ຄອງຊີບ earn a living, subsist, *v.*

kɔ̌ɔng-táan ຂອງທານ alms, *n.*

kɔ̌ɔng-tân ຂອງທ່ານ his, her, hers, *adj., adv.*

kɔ̌ɔng-těem ຂອງແຖມ complimentary goods, free gift, *n.*

kɔ̌ɔng-tii-la-lɯ́k ຂອງທີ່ລະລຶກ souvenir, *n.*

kɔ̌ɔng-tɯan ຂອງເຖື່ອນ contraband goods, *n.*

kɔ̌ɔng-wǎan ຂອງຫວານ dessert, *n.*

kɔ̌ɔng-wâang ຂອງວ່າງ light meal, snack, *n.*

kɔ̂n-mâi ຂອນໄມ້ tree trunk, log, *n.*

kɔ̂n-pii ຂອນຜີ skeleton, death body, *n.*

kɔ̌ɔ-nyók-wên ຍົກເວັ້ນ exception, *n.*

kɔ̌ɔ-nyɔ́ɔm ຍອມ demand surrender, *v.*

kɔ̂ɔp ຄອບ cover up, lid, *v., n.*

kɔ̂ɔp ຂອບ edge, periphery, *n.*

kɔ̌ɔ-pə̀ng ຂໍເພິ່ງ ask for help, *v.*

kɔ̂ɔp-fâa ຂອບຟ້າ horizon, *n.*

kɔ̌ɔ-pi-sùut ຂໍພິສູດ proof, *n.*

kɔ̌ɔ-pít-pâat ຂໍຜິດພາດ mistake, *n.*

kɔ̂ɔp-jài ຂອບໃຈ thank (you), *v.*

kɔ̂ɔp-kèet ຂອບເຂດ boundary, limit, *n.*

kɔ̂ɔp-kɔ́ɔng ຄອບຄອງ govern, *v.*

kɔ̂ɔp-kúa ຄອບຄົວ family, *n.*

kɔ̂ɔp-ngám ຄອບງຳ dominate, *v.*

kɔ̌ɔ-pɔ́ɔn ຂໍພອນ ask for blessing, *v.*

kɔ̌ɔ-puuk-mat ຂໍຜູກມັດ obligation, *n.*

kɔ̌ɔ-sǎm-kán ຂໍສຳຄັນ key point, *n.*

kɔ̌ɔ-sǎng-gèet ຂໍສັງເກດ remark, *n.*

kɔ̌ɔ-sa-nə̌ə ຂໍສະເໜີ propose, *v.*

kɔ̌ɔ-sa-nə̌ə ຂໍສະເໜີ proposal, *n.*

kɔ̌ɔ-sǎn-nyáa ຂໍສັນຍາ clause of treaty, pledge, *n.*

kɔ̌ɔ-sǎp ຂໍສັບ goad, pointed stick, *n.*

kɔ̌ɔ-sɔ̀ɔk ຂໍສອກ elbow, *n.*

kɔ̌ɔ-sɔ̀ɔp-sěng ຂໍສອບເສັງ examination question, *n.*

kɔ̌ɔ-sʉ̀a ຄໍເສື້ອ collar, *n.*

kɔ̀ɔt ຂອດ scrape, knot, *v.*

kɔ̌ɔ-tǎam ຂໍຖາມ question, *n.*

kɔ̌ɔ-táan ຂໍທານ beg for alms, *v.*

kɔ̌ɔ-táang ຂໍທາງ ask someone to make way, *v.*

kɔ̌ɔ-tôot ຂໍໂທດ excuse, ask for forgiveness, *v.*

kɔ̌ɔ-yʉʉm ຂໍຢືມ borrow, *v.*

ku ກຸ bucket, pail, burn, *n., v.*

kùa ກົວ pole, stem, the extreme end, *n.*

kùa ກົວ fry, cook in oil, *v.*

kùa ກົວ bridge, *n.*

kùa-lôok ກົວໂລກ poles of the earth, *n.*

kúan ຄວນ ought to, *aux v.*

kúan ຄວັນ smoke, *n.*

kúang ຄວງ screw, *v.*

kúang ຊວງ bad, evil omen, *n.*

kúan-jà ຄວນຈະ ought to, *aux v.*

kùap-kúm ຄວບຄຸມ control, supervise, *v.*

kuat ຄັດ chisel out, carve, pick, *v.*

kùat ຂວດ bottle, *n.*

ku-dták-nâm ກຸຕັກນ້ຳ water bucket, *n.*

kùi ຄຸຍ dig, *v.*

kúi ຄຸຍ chat, talk, *v.*

kùi ຂຸຍ flute, *n.*

kúi-dtoo ຄຸຍໂຕ boast, *v.*

kùi-kia ຄຸຍເຄຍ dig and scrape around, *v.*

kuk ຄຸກ jail, prison, *n.*

ku-kao ຄຸເຂົ່າ kneel, *v.*

kuk-káam ຄຸກຄາມ threaten, menace, *v.*

kum ຄຸມ quail, *n.*
kûm ຄຸ້ມ section of town or village, *n.*
kûm ຄຸ້ມ protect, be worth it, *v.*
kúm ຄຸມ guard, cover, supervise, *v.*
kǔm ຂຸມ hole in ground, abyss, *n.*
kúm-dtua ຄຸມຕົວ take into custody, *v.*
kúm-gam-nə̀ət ຄຸມກຳເນີດ birth control, *v., n.*
kûm-gàn ຄຸ້ມກັນ protect, cover, *v.*
kûm-kaa ຄຸ້ມຄ່າ worth while, *adj.*
kûm-kaa-jàang ຄຸ້ມຄ່າຈ້າງ reasonable (wage), *adj.*
kǔm-kám ຂຸມຄຳ gold-mine, *n.*
kŭm-kǎng ຄຸມຂັງ imprison, lock in, *v.*
kúm-kêɛn ຄຸມແຄ້ນ hold spite against, *v.*
kûm-kɔɔng ຄຸ້ມຄອງ defend, watch over, protect, *v.*
kǔm-na-lok ຂຸມນະລົກ abyss of hell, *n.*
kúm-pàa ຄຸມຜ້າ cover with clothes, *v.*
kǔm-sap ຂຸມຊັບ treasure, *n.*
kúm-sə̀əng ຄຸມເຊີ່ງ be watchful of, *v.*
kun ຂຸນ cloudy, stagnate, *adj.*
kùn ຂຸ້ນ thick, *adj.*
kûn ຄຸ້ນ be intimate with, *v.*
kún ຄຸນ merit, virtue, *n.*
kún-bpà-nyòot ຄຸນປະໂຫຍດ advantage, *n.*
kúng ຄຸງ reach, close, *v.*

kún-kaa ຄຸນຄ່າ value, worth, *n.*
kùn-kɛ̂ɛn ຂຸ້ນແຄ້ນ vengeful, *adj.*
kun-kúang ຂຸ່ນເຄືອງ indignant, unpleasant, *adj.*
kún-lak-sà-nǎ ຄຸນລັກສະນະ characteristics, *n.*
kún-mɛɛ ຄຸນແມ່ Catholic nun, sister, *n.*
kún-naam ຄຸນນາມ adjective, *n.*
kǔn-náang ຂຸນນາງ noble man, *n.*
kún-na-pâap ຄຸນນະພາບ quality, *n.*
kún-pɔɔ ຄຸນພໍ່ catholic priest, father, *n.*
kún-sǒm-bát ຄຸນສົມບັດ behavior, qualifications, *n.*
kún-wut-ti ຄຸນວຸດທີ qualification, *n.*
kup ຄຸບ snatch, catch, *v.*
kut ຄຸດ legendary birdman, Garuda, *n.*
kǔt ຂຸດ dig, *v.*
kuu ຂູ່ threaten, *v.*
kuu ຄູ່ pair, even number, couple, *n.*
kúu ຄູ ditch, teacher, *n.*
kúu-àa-kâat ຄູ່ອາກາດ adversaries, *n.*
kúu-baa ຄູບາ monk, *n.*
kuu-dtɔɔ-sùu ຄູ່ຕໍ່ສູ້ opponent, *n.*
kuu-gàn ຄູ່ກັນ in pairs, couple, *n.*
kuu-hak ຄູ່ຮັກ lover, *n.*
kúu-kán-náa ຄູຄັນນາ boundary of ricefield, *n.*
kûu-kao ຄູ້ເຂົ່າ bend one's knees, *v.*

kuu-kěn — kʉang-êe

kuu-kěn ຂູ່ຂວັນ threaten, *v.*
kûu-kěen ຄູ້ແຂນ fold one's arms, *v.*
kuu-keng ຄູ່ແຂ່ງ rival, *n.*
kuu-kɔ́ɔng ຄູ່ຄອງ soul mate, *n.*
kuu-kúan ຄູ່ຄວນ worthy, *adj.*
kuu-màn ຄູ່ໝັ້ນ fiance(e), *n.*
kúu-múang ຄູເມືອງ moat, *n.*
kuu-múʉ ຄູ່ມື manual, hand book, *n.*
kúun ຄູນ double, multiply, *v.*
kuu-sìi-wít ຄູ່ຊີວິດ partners of life, *n.*
kuu-sǒm-lot ຄູ່ສົມລົດ bride and groom, *n.*
kúu-sɔ̌ɔn ຄູສອນ teacher, *n.*
kùut ຂູດ scrape, *v.*
kùut ຂູດ scratch, scrape, *v.*
kùut-hìit ຂູດຮີດ extort, *v.*
kuu-wi-wâat ຄູ່ວິວາດ disputant, *n.*
kʉa ເຄືອ vine, bunch, relation, network, *n.*
kʉa ຄົວ kitchen, *n.*
kʉa-gìn ຄົວກິນ cook, *v.*
kʉa-jǎk-ga-pop ເຄືອຈັກກະພົບ commonwealth, *n.*
kʉan ເຂື່ອນ dam, *n.*
kʉ̂an ເຄື່ອນ move, displace, *v.*
kʉang ເຄື່ອງ article, thing, clothing, machine, *n.*
kʉ́ang ເຄືອງ offend, be unpleasant, *v.*
kʉang-àa-lai ເຄື່ອງອາໄຫຼ່ spare part, *n.*
kʉang-ǎt-sǎm-náo ເຄື່ອງອັດສຳເນົາ duplicator, photocopy, *n.*
kʉang-ǎt-sìang ເຄື່ອງອັດສຽງ tape recorder, *n.*
kʉang-bàn-náa-gàan ເຄື່ອງບັນນາການ tribute, *n.*
kʉang-bàn-tʉk-sìang ເຄື່ອງບັນທຶກສຽງ tape recorder, *n.*
kʉang-bèep ເຄື່ອງແບບ uniform, *n.*
kʉang-bìn ເຄື່ອງບິນ airplane, *n.*
kʉang-bpa-dǎp ເຄື່ອງປະດັບ ornament, *n.*
kʉang-bpung-àa-hǎan ເຄື່ອງປຸງອາຫານ condiments, seasoning, *n.*
kʉang-bùu-sáa ເຄື່ອງບູຊາ offerings, *n.*
kʉang-dǎp-pɔ́ɔng ເຄື່ອງດັບເພີງ fire extinguisher, *n.*
kʉang-dòn-dtìi ເຄື່ອງດົນຕີ musical instrument, *n.*
kʉang-dtǎt-nyàa ເຄື່ອງຕັດຫຍ້າ lawn mower, *n.*
kʉang-dtòk-dtɛng ເຄື່ອງຕົກແຕ່ງ ornament, *n.*
kʉang-dtɔ̂ɔn ເຄື່ອງຕ້ອນ gift, *n.*
kʉang-dùut-fun ເຄື່ອງດູດຝຸ່ນ vacuum cleaner, *n.*
kʉang-dʉ̀ʉm ເຄື່ອງດື່ມ drink, *n.*
kʉang-êe ເຄື່ອງເອ້ ornament, *n.*

kuang-fak-kai ເຄື່ອງຟັກໄຂ່ incubator, *n.*

kuang-gàm-nəət-fái-fâa ເຄື່ອງກຳເນີດໄຟຟ້າ generator, *n.*

kuang-gɔ̀ɔng-nâam ເຄື່ອງກອງນ້ຳ filter, *n.*

kuang-hap-wi-ta-nyu ເຄື່ອງຮັບວິທະຍຸ radio receiver, *n.*

kuang-hɔ̂ɔn ເຄື່ອງຮ່ອນ glider, *n.*

kuang-húan ເຄື່ອງເຮືອນ household articles, *n.*

kuang-jǎk ເຄື່ອງຈັກ machine, machinery, *n.*

kuang-jɔ̌ ເຄື່ອງເຈາະ drill, *n.*

kuang-ka-nyǎai-sǐang ເຄື່ອງຂະຫຍາຍສຽງ amplifier, *n.*

kuang-kǐan ເຄື່ອງຂຽນ stationary, *n.*

kuang-kit-lêek ເຄື່ອງຄິດເລກ calculator, *n.*

kuang-kûap ເຄື່ອງເຄືອບ porcelain, *n.*

kuang-láai-káam ເຄື່ອງລາຍຄາມ china ware, *n.*

kuang-láang ເຄື່ອງລາງ amulets, *n.*

kuang-lěɛm-sɔ̌ɔ ເຄື່ອງແຫຼມສໍ pencil sharpener, *n.*

kuang-lìn-děk-nɔ́ɔi ເຄື່ອງຫຼິ້ນເດັກນ້ອຍ toys, *n.*

kuang-lìn-jaan-sǐang ເຄື່ອງຫຼິ້ນຈານສຽງ record player, *n.*

kuang-lìn-pen-sǐang ເຄື່ອງຫຼິ້ນແຜ່ນສຽງ record player, *n.*

kuang-mǎai ເຄື່ອງໝາຍ sign, mark, *n.*

kuang-mǎai-gaan-kâa ເຄື່ອງໝາຍການຄ້າ trademark, *n.*

kuang-mɯ́ɯ ເຄື່ອງມື tools, *n.*

kuang-nái ເຄື່ອງໃນ entrails, *n.*

kuang-nung ເຄື່ອງນຸ່ງ clothing, *n.*

kuang-nyot ເຄື່ອງຍົດ insignia, *n.*

kuang-pet-pɔ́ɔi ເຄື່ອງເພັດພອຍ jewelry, *n.*

kuang-pím-dìit ເຄື່ອງພິມດີດ typewriter, *n.*

kuang-sáai-nǎng ເຄື່ອງສາຍໜັງ movie projector, *n.*

kuang-sái ເຄື່ອງໃຊ້ utensil, instrument, facilities, *n.*

kuang-sak-pàa ເຄື່ອງຊັກຜ້າ washing machine, *n.*

kuang-sǎm-àang ເຄື່ອງສຳອາງ cosmetics, *n.*

kuang-sang ເຄື່ອງຊັ່ງ scales, *n.*

kuang-sèep ເຄື່ອງເສບ musical instruments, *n.*

kuang-sìit-yàa ເຄື່ອງສີດຢາ hypodermic syringe, *n.*

kuang-song ເຄື່ອງສົ່ງ transmitter, *n.*

kuang-têet เคื่องเทด spice, *n.*

kuang-tóo-la-lêek เคื่องโทละเลก telegraph, *n.*

kuang-tóo-la-pàap เคื่องโทละพาบ television, *n.*

kuang-tóo-la-sǎp เคื่องโทละสับ telephone receiver, *n.*

kuang-tɔ́ɔng-hûup-bpà-pán เคื่องทองรูบปะพัน gold ornaments, *n.*

kuang-úp-bpà-gɔɔn เคื่องอุบปะกอน accessories, *n.*

kûan-nyáai เคื่อนบ้าย transfer, move, *v.*

kûap เคือบ enamel, *v.*

kûap-fɛ́ɛng เคือบแฝง vague, *adj.*

kûap-kám เคือบคำ gild, *n.*

kûap-kɛ́ɛng เคือบแคง doubtful, vague, *adj.*

kuk คึก exiting, loud, clamorous, *adj.*

kuk-kak คึกคัก vigorous, *adj.*

kǔm ขึม serious, *adj.*

kùn-bâan-mai ขึ้นบ้านใหม่ have a house warning ceremony, *v.*

kùn-bàn-dài ขึ้นบันได climb the stairs, *v.*

kùn-bàn-síi ขึ้นบันชี enter on account, *v.*

kùn-bpai ขึ้นไป go up, *v.*

kùn-dtôn ขึ้นต้น start, begin, *v.*

kùn-fang ขึ้นฝั่ง climb a river bank, *v.*

kùn-jài ขึ้นใจ (memorize) by heart, *adv.*

kùn-máa ขึ้นมา come up, *v.*

kùn-púu ขึ้นภู climb a mountain, *v.*

kùn-sǎan ขึ้นสาน go to court, *v.*

kùn-ta-bìan ขึ้นทะเบูน register, enroll, *v.*

kut คิด think, *v.*

kut-dùu คิดดู ponder, *v.*

kut-hâai คิดร้าย plot against, *v.*

kut-hɔ́ɔt คิดรอด think of, miss, *v.*

kut-kîat คิดคูด discontented, upset and angry, *adj.*

kut-kot คิดคิด betray, *v.*

kut-ɔ̀ɔk คิดออก know the solution, *v.*

kut-pi-jàa-la-náa คิดพิจาละนา consider, *v.*

kut-tǎng คิดเถึง think of, miss, *v.*

kuu ขื่ beam, *n.*

kúu คื similar, resemble, *adj., v.*

kúu คื that is, *adv.*

kúu-gàn คืกัน same, *adj.*

kúu-gao คิเก่า as before, *adv.*

kuun ขึ้น acrid, *adj.*

kúun คืน night, give back, *n., v.*

kúun คืน compel, *v.*

kúun-dìi คืนดี reconcile, *v.*

kǔun-dtàa ອືນຕາ offend the eyes, v.
kǔun-gɔ̀ɔn ຄືນກ່ອນ the night before, n.
kǔun-hǔu ອືນຫູ offend the ears, v.
kǔun-jài ອືນໃຈ force, rape, v.
kǔun-kám ຄືນຄຳ recall one's words, retract, v.
kǔun-máa ຄືນມາ come back, v.
kǔun-ngə́ən ຄືນເງິນ refund, v.
kǔun-nìi ຄືນນີ້ tonight, n.
kǔun-nung ຄືນໜຶ່ງ (for) one night, n.
kǔun-wáan-nìi ຄືນວານນີ້ night before last, n.
kùup ຄືບ crawl, hand span, v., n.
kùup-nàa ຄືບໜ້າ make progress, v.
kúu-si ຄືຊິ perhaps, adv.
kúu-waa ຄືວ່າ namely, adv.
kwáa, kwúa ຄວາ grasp, v.
kwǎa ຂວາ right (side), n.
kwáai ຄວາຍ buffalo, n.
kwáam ຄວາມ word, case, fact, matter, n.
kwáam ຄວາມ used with adjective to indicate state, condition of, pref.
kwáam-àai ຄວາມອາຍ shame, n.
kwáam-bpìap-tîap ຄວາມປຽບທຽບ comparison, n.
kwáam-bpɔ̀ɔt-pái ຄວາມປອດໄພ safety, n.
kwáam-daa ຄວາມດ່າ insult, n.

kwáam-dàn-lóo-hìt ຄວາມດັນໂລຫິດ blood pressure, n.
kwáam-dìi ຄວາມດີ virtue, goodness, merit, n.
kwáam-dtàm-sâa ຄວາມຕ່ຳຊ້າ evil, bust, n.
kwáam-dtɛ̀ɛk-dtàang ຄວາມແຕກຕ່າງ difference, n.
kwáam-dtɔ̂ng-gàan ຄວາມຕ້ອງການ need, n.
kwáam-fǎn ຄວາມຝັນ dream, n.
kwáam-hák ຄວາມຮັກ love, n.
kwáam-hang-míi ຄວາມຮັ່ງມີ wealth, n.
kwáam-hěn ຄວາມເຫັນ opinion, n.
kwáam-hɔ́ɔn ຄວາມຮ້ອນ heat, n.
kwáam-hùu ຄວາມຮູ້ knowledge, n.
kwáam-hùu-sǔk ຄວາມຮູ້ສຶກ feeling, n.
kwáam-i-duu-dtòn ຄວາມອີດູຕົນ pity, n.
kwáam-ja-lə́ən ຄວາມຈະເລີນ properity, progress, n.
kwáam-jàm ຄວາມຈຳ memory, n.
kwáam-jàm-bpèn ຄວາມຈຳເປັນ necessity, n.
kwáam-jing ຄວາມຈິງ truth, n.
kwáam-jìp-hǎai ຄວາມຈິບຫາຍ disaster, n.
kwáam-kit ຄວາມຄິດ idea, concept, n.

kwáam-kit-fǎn ความคิดฝัน vision, *n.*

kwáam-kit-hěn ความคิดเห็น opinion, idea, *n.*

kwáam-kɨt ความคิด thinking, thought, *n.*

kwáam-láao ความลาว Lao word, *n.*

kwáam-lǎng ความหลัง the past, *n.*

kwáam-lap ความลับ secret, *n.*

kwáam-màn-kóng ความหมั้นคง firmness, stability, *n.*

kwáam-nɔ̌ɔi-jai ความน้อยใจ inferiority, *n.*

kwáam-nyùng-nyâak ความยุ้งยาก difficulty, *n.*

kwáam-ong ความอ่ง pride, *n.*

kwáam-ǒt-tón ความอิดทั้น kwáam-ǒt-tón patience, *n.* patience, *n.*

kwáam-ɔɔn-ὲɛ ความอ่อนแอ weakness, *n.*

kwáam-pa-nyáa-nyáam ความพะยายาม endeavor, *n.*

kwáam-pit ความผิด mistake, misdeed, *n.*

kwáam-sǎa-mâat ความสามาถ ability, *n.*

kwáam-sám-náan ความชำนาน experience, *n.*

kwáam-sǎm-pán ความสำพัน relationship, *n.*

kwáam-sip-hǎai ความสืบหาย disaster, *n.*

kwáam-sua ความชั่ว vice, *n.*

kwáam-suai-lǔa ความช่วยเหลือ aid, *n.*

kwáam-sǔk ความสุก happiness, *n.*

kwáam-sǔung ความสูง height, *n.*

kwáam-sɨa ความเชื่อ belief, *n.*

kwáam-tái ความไท Thai word, *n.*

kwáam-tuk ความทุก suffering, *n.*

kwáam-wǎng ความหวั้ง hope, *n.*

kwáam-wâo-lìn ความเว้าหลิ้น joke, *n.*

kwǎan ขวาน axe, *n.*

kwǎang ขวาง bar, block, *v.*

kwáan-mâa ควาญม้า horse trainer, *n.*

kwáan-sâang ควาญช้าง mahout, elephant trainer, *n.*

kwáa-sai, kwúa-sai ควาใส่ grab hastily, *v.*

kwǎn ขวัน soul, spirit, morale, *n.*

kwǎn-dtàa ขวันตา lovely sight, *n.*

kwǎn-hǎai ขวันหาย be rightened, lose one's spirit, *v.*

kwɛ̂ɛn แขวับ region, *n.*

kwɛ̂ɛn แขวน hang, *v.*

kwěɛng แขวง province, *n.*

kwùan-nóm ขวั้นนม nipple, *n.*

l (ລ, ຫລ)

la ລະ abandon, forsake, omit, abstain, *v.*
la ລະ each, one, single, by, *adj., prep.*
láa ລາ goodbye, take one's leave, say goodbye, *n., v.*
lâa ລ່າ hunt, *v.*
láa ລາ donkey, *n.*
lǎa ຫລາ yard (measurement), *n.*
la-àai ລະອາຍ ashamed, shy, *adj.*
láa-gɔɔn ລາກ່ອນ goodbye, *n.*
láai ລາຍ stripe, pattern, *n.*
lǎai ຫລາຍ many, a lot, plenty, much, *adj.*
láai-dâi ລາຍໄດ້ income, revenue, *n.*
láai-dtàa ລາຍຕາ dazzling, dizzy, *adj.*
láai-gàan ລາຍການ program, item, menu, agenda, list, *n.*
láai-gàan-bpa-súm ລາຍການປະຊຸມ proceedings, meeting agenda, *n.*
lǎai-gwàa ຫລາຍກວ່າ more than, *adv.*
láai-jàai ລາຍຈ່າຍ expenses, *n.*
lǎai-jài ຫລາຍໃຈ uncertain, capricious, *adj.*
lǎai-lǎai ຫລາຍໆ very much, a lot, several, numerous, *adv., adj.*
lǎai-nɛ́ɛo ຫລາຍແນວ many kinds, *adv.*
lǎai-ngáan ລາຍງານ report, *v., n.*
lǎai-pôot ຫລາຍໂພດ too much, *adv.*
láai-sén ລາຍເຊັນ signature, *n.*
láai-suu ລາຍຊື່ list, *n.*
lǎai-tao ຫລາຍເທົ່າ many times, *adv.*
lǎai-tua ຫລາຍເທື່ອ often, many times, *adv.*
lâak ລາກ drag, pull, tow, haul, *v.*
láa-káa ລາຄາ price, cost, *n.*
láa-káa-dta-làat ລາຄາຕະຫລາດ market price, *n.*
láa-káa-kǎai ລາຄາຂາຍ sale price, *n.*
láa-káa-kǎai-song ລາຄາຂາຍສົ່ງ wholesale price, *n.*
láa-káa-kǎai-nyɔ́i ລາຄາຂາຍຍ່ອຍ retail price, *n.*
láa-káa-súu ລາຄາຊື້ purchase price, *n.*
lâak-gɛɛ ລາກແກ້ drag, pull, *v.*
lâa-lâa ລ້າໆ free, plain, *adj.*
laam ລ່າມ bind, tie up, interpreter, *v., n.*
laam ລາມ spread (fire), *v.*
lǎam ຫລາມ roast in bamboo stalk, *v.*
laam-sôo ລ່າມໄສ້ chain, *v.*
lâan ລ້ານ million, bald, *n., adj.*
lǎan ຫລານ grandchild, *n.*
lâang ລ້າງ wash, clean, wipe out, *v.*
láang ລາງ rail, track, omen, some, *n, adj.*

lâang-bàap ລ້າງບາບ baptize, *v.*

láang-bɔn ລາງບ່ອນ somewhere, *adv.*

láang-hûup ລ້າງຮູບ develop a photograph, *v.*

láang-kɛ̂ɛn ລ້າງແຄ້ນ revenge, avenge, get even, retaliate, *v.*

láang-kón ລາງຄົນ some people, somebody, *pron.*

láang-lot-fái ລາງລົດໄຟ railroad, *n.*

láang-nɛ́ɛo ລາງແນວ some kind, *n.*

láang-pùak ລາງພວກ some groups, *pron.*

láang-tɯa ລາງເທື່ອ sometimes, *adv.*

láang-wán ລາງວັນ reward, prize, *n.*

láang-yaang ລາງຢ່າງ something, *pron.*

láan-kào ລານເຂົ້າ rice threshing floor, *n.*

lăan-kə̆əi ຫລານເຂີຍ nephew-in-law, *n.*

láan-móong ລານໂມງ watch spring, *n.*

lăan-pâi ຫລານໄພ້ niece-in-law, *n.*

lăan-sáai ຫລານຊາຍ nephew, *n.*

lăan-săao ຫລານສາວ niece, *n.*

láao ລາວ Laos, he, she, *n., pron.*

lăao ຫລາວ lance, spear, *n.*

láa-ɔ̀ɔk ລາອອກ resign, *v.*

làap ຫລາບ fear, have learned one's lesson, *v.*

lâap ລາບ minced meat dish (seasoned with Lao ingredients), *n.*

lâa-sa-măi ລ້າສະໄໝ out of date, *adj.*

lâa-sa-măi ຫລ້າສະໄໝ out-of-date, *adj.*

lâa-sát ລ່າສັດ hunt, *v.*

lâa-sút ລ່າສຸດ the latest, *adj.*

lâa-sút ຫລ້າສຸດ the latest, *adj.*

lâat ລາດ pave, spread, *v.*

lâat-yaang ລາດຢາງ pave asphalt, *v.*

la-bàai ລະບາຍ ventilate, let off, *v.*

la-bàai-nâam ລະບາຍນ້ຳ drain water, *v.*

la-bàat ລະບາດ spread, *v.*

la-bàm ລະບຳ dance, *n.*

la-bə̀ət ລະເບີດ explode, *v.*

la-bìang ລະບຽງ porch, balcony, *n.*

la-bìap ລະບຽບ in order, regulations, *n.*

la-bìap-wi-nái ລະບຽບວິໄນ discipline, code of conduct, regulations, *n.*

la-bŏp ລະບົບ system, *n.*

la-bɔ̀ɔp ລະບອບ regime, ruling system, *n.*

la-bù ລະບຸ tell, name, specify, *v.*

la-bù-sɯ̂ɯ ລະບຸຊື່ identify, mention by name, *v.*

la-dăp ລະດັບ level, stage, grade, altitude, *n.*

la-dăp-nâam-ta-lée ລະດັບນ້ຳທະເລ sea level, *n.*

la-dăp-sĭang ລະດັບສຽງ pitch, tone, *n.*

la-dòm ລະດົມ persuade, *v.*

la-dòm-nyíng ລະດົມຍິງ fire upon, *v.*

la-dòm-pón ລະດົມພົນ mobilize forces, *v.*

la-dùu ລະດູ season, female period, *n.*

la-dùu-bài-mâi-bpong ລະດູໃບໄມ້ປົ່ງ spring, *n.*

la-dùu-bài-mâi-lon ລະດູໃບໄມ້ລົ່ນ autumn, fall, *n.*

la-dùu-lɛ́ɛng ລະດູແລ້ງ dry season, *n.*

la-dùu-fǒn ລະດູຝົນ rainy season, *n.*

la-dùu-hɔ́ɔn ລະດູຮ້ອນ summer, *n.*

la-dùu-nǎao ລະດູໜາວ winter, *n.*

la-gàa ລະກາ chicken, Year of the Chicken, *n.*

la-gàm ລະກຳ suffering, sadness, hardship, *n.*

lai ໄລ່ chase, drive, pursue, *v.*

lái ໄລ latch, *n.*

lǎi ເຫລາ carve, sharpen, flow, *v.*

la-ìat ລະອຽດ elaborate, detailed, fine, powdered, *adj.*

lai-dtàam ໄລ່ຕາມ pursue, follow, *v.*

lai-lêek ໄລ່ເລກ calculate, *v.*

lái-nya ໄລຍະ distance, period, *n.*

lái-nya-táang ໄລຍະທາງ distance, *n.*

lai-ɔ̀ɔk ໄລ່ອອກ expel, dismiss, exile, *v.*

lai-ɔ̀ɔk-gàan ໄລ່ອອກການ dismiss, discharge, *v.*

lai-tán ໄລ່ທັນ over take, catch up, *v.*

la-jàak ລະຈາກ abstain from, *v.*

lak ລັກ steal, *v.*

lǎk ຫລັກ pole, *n.*

la-káng ລະຄັງ bell, *n.*

lak-ào ລັກເອົາ steal, *v.*

lǎk-gàan ຫລັກການ principle, *n.*

lak-het ລັກເຮັດ do secretely, *v.*

lǎk-lɛ́ɛm ຫລັກແຫລມ intelligent, wise, *n.*

lak-lɔ́ɔp-máa ລັກລອບມາ smuggle in, *v.*

lak-nǐi ລັກໜີ sneak away, escape, *v.*

la-kɔɔn ລະຄອນ play, theater, *n.*

la-kɔɔn-dta-lǒk ລະຄອນຕະຫລົກ comedy, *n.*

la-kɔɔn-sǎt ລະຄອນສັດ circus, *n.*

la-kɔɔn-sòok ລະຄອນໂສກ tragedy, *n.*

lǎk-sap ຫລັກຊັບ securities, assets, *n.*

lǎk-sùut ຫລັກສູດ curriculum, *n.*

lǎk-tǎan ຫລັກຖານ evidence, *n.*

lǎk-wi-sáa ຫລັກວິຊາ theory, hypothesis, *n.*

la-láai ລະລາຍ dissolve, melt, *v.*

la-luk ລະລຶກ remember, souvenir, *v.*, *adj.*

lám ລຳ folksong, trunk, dance, *n.*, *v.*

la-mang ລະມັ່ງ antler, *n.*

la-mat-la-wáng ລະມັດລະວັງ careful, alert, *adj.*

lám-bàak ลำบาก difficulty, hardship, *n.*

lám-dáp ลำดับ sequence, order, *n.*

lám-dtôn ลำต้น stem, stalk, trunk, *n.*

la-mə́ə ละเมอ talk in one's sleep, *v.*

lám-ìang ลำเอียง be partial, be unfair, *v.*

lám-káan ลำคาน annoyed, disturbed, *adj.*

lám-nâam ลำน้ำ water way, current, *n.*

lám-póong ลำโพง loudspeaker, *n.*

la-mún ละมุน tender, soft, *adj.*

lám-wóng ลำวง Lao circle dance, Ramwong dance, *n.*

lan ลั่น sound, click, rumble, crack, *v.*

la-nâat ละนาด xylophone, *n.*

lan-bpùun ลั่นปืน shoot a gun, *v.*

lang ทลั่ง pour, *v.*

lăng ทลัง back, after, behind, in the back of, *n., prep.*

lan-gai ลั่นไก pull the trigger, *v.*

la-ngap ละงับ abolish, calm, suppress, hold back, restrain, *v.*

láng-gìat ลังกຽด detest, abhor, hate, dislike, mind, *v.*

lăng-goong ทลังโก่ง hunchback, *n.*

lăng-jàak ทลังจาก after, *prep.*

lăng-jàak-nân ทลังจากนั้น after that..., *prep.*

lăng-káa ทลังคา roof, *n.*

lang-lăi ทลั่งไทล flow in streams, pour, *v.*

láng-lée ลังเล be uncertain, hesitate, *v.*

lăng-sàak ทลังสาก behind the screen, *adv.*

la-nya ละยะ period, interval, distance, space, *n.*

la-nya-táang ละยะทาง distance, *n.*

la-nya-wée-láa ละยะเวลา a period of time, *n.*

la-nuk ละนึก recall, think of, recollect, *v.*

lao เล่า tell, recite, *v.*

lào เทล้า alcohol, *n.*

lâo เล้า barn, *n.*

láo เล่า tube, reed, *n.*

lǎo เทลา carve, sharpen, *v.*

láo-bang-fái เล่าบ้งไฟ rocket tube, *n.*

láo-bpùun เล่าปืน gun barrel, *n.*

lâo-gai เล้าไก่ chicken coop, *n.*

lâo-kào เล้าเข้า barn, *n.*

láo-kíing เล่าคิง body, *n.*

lao-lueng เล่าเลื่ง narrate, tell, *v.*

lao-nân เทล่านั้น those, *pron., adj.*

lao-nìi เทล่านี้ these, *pron., adj.*

lào-wéeng เทล้าแวง wine, *n.*

lap ลับ receive, sharpen, *n.*

lăp ทลับ sleep, fall asleep, *v.*

lăp-dtaa ทลับตา blink, close eyes, *v.*

lăp-dtàa-sáng ทลับตาซัง squint in

lap-jâang displeasure, *v.*

lap-jâang ລັບຈ້າງ be employed, *v.*

lap-kèek ລັບແຂກ receive guests, *v.*

lǎp-nǎi ຫລັບໃນ be absent minded, sleep (while doing something else such as driving), *v.*

lap-pit-sɔ́ɔp ລັບຜິດຊອບ take responsibility, *v.*

lap-sǎa-la-pâap ລັບສາລະພາບ confess, *v.*

lǎp-sa-nìt ຫລັບສະນິດ be fast asleep, sleep deeply, *v.*

lap-sǐn-bòn ລັບສິນບົນ take a bribe, *v.*

lat ລັດ cut short, take a short cut, *v.*

lat ລັດ state, *n.*

lat-táang ລັດທາງ take a short cut, *v.*

lat-ta-bàan ລັດຖະບານ government, *n.*

lat-ta-bpa-hǎan ລັດຖະປະຫານ coup d'etat, *n.*

lat-ta-món-dtìi ລັດຖະມົນຕີ minister, *n.*

lat-ta-món-dtìi-suai-waa-gàan ລັດຖະມົນຕີຊ່ວຍວ່າການ deputy minister, *n.*

lat-ta-sa-páa ລັດຖະສະພາ parliament, *n.*

lat-ta-tám-ma-núun ລັດຖະທຳມະນູນ constitution, *n.*

lat-ti ລັດທິ ideology, doctrine, *n.*

lat-ti-jak-ga-pat-ni-nyóm ລັດທິຈັກກະພັດນິຍົມ imperialism, *n.*

lat-ti-kɔ́m-miu-nit ລັດທິຄອມມິວນິດ communism, *n.*

la-waang ລະຫວ່າງ between, *prep.*

la-waang-sâat ລະຫວ່າງຊາດ international, *adj.*

la-waang-bpa-têet ລະຫວ່າງປະເທດ international, *adj.*

la-wáng ລະວັງ watch out!, pay attention, careful, *v.*, *adj.*

la-wéeng ລະແວງ suspect, doubt, *v.*

lêe-gòn ເລຫ້ົກ trick, artifice, *n.*

lêek ເລກ number, mathematics, numeral, figure, *n.*

lée-kǎa ເລຂາ secretary, *n.*

lée-kǎa-nu-gàan ເລຂານຸການ secretary, *n.*

leek-hǎan ເລກຫານ division, *n.*

lêek-ka-nit ເລກຄະນິດ arithmetic, *n.*

lêek-kúun ເລກຄູນ multiplication, *n.*

lêek-lop ເລກລົບ substraction, *n.*

lêek-sǒm ເລກສົມ addition, *n.*

lêek-sǔun ເລກສູນ zero, *n.*

lêek-tíi ເລກທີ numeral, number of..., *adj.*, *n.*

lée-lǎng ເລຫລັງ auction, buy at an auction, on sales, *v.*, *adv.*

léeo ເລວ bad, evil, *adj.*

lěk-dtàa-bpùu ເຫລັກຕາປູ metal nail, *n.*

lĕk-gâa ເຫລັກກ້າ magnet, *n.*
lĕk-kǎi-kwáang ເຫລັກໄຂຄວງ screw driver, *n.*
lĕk-lǎi ເຫລັກໄຫລ magnic stone, *n.*
lep ເລັບ nail, claw, hoof, *n.*
lep-dtìin ເລັບຕີນ toenail, *n.*
lep-múu ເລັບມື fingernail, *n.*
lɛ ແລະ and, *conj.*
lɛ̀ɛ ແຫລ່ blacken, stain, *v.*
lɛ̂ɛk ແລກ exchange, change, swap, *v.*
lɛ̂ɛk-bpìan ແລກປ່ຽນ exchange, *v.*
lɛ̂ɛng ແລ້ງ dry, a shortage of, become scarce, *adj., v.*
léɛng ແລງ evening, *n.*
lɛ̂ɛo ແລ້ວ finished, already, then, *adj., adv.*
lɛ̌ɛo ແຫລວ eagle, liquid, *n.*
lɛ̌ɛo-nok-kǎo ແຫລວນົກເຂົາ falcon, *n.*
lɛn ແລ່ນ run, operate, *v.*
lɛn-nǐi ແລ່ນໜີ run away, escape, *v.*
lə́ə-bpàak ເຫລີປາກ speak in sleep, *v.*
ləəi ເລີຍ beyond, pass by, pass beyond, at all, *prep., v., part.*
lə̂ək ເລີກ roll up, stop, cancel, finish, *v.*
lə̂ək-gàan ເລີກການ finish work, *v.*
lə̂ət ເລີດ excellent, superb, perfect, *adj.*
lək ເລິກ deep, profound, *adj.*
lək-lap ເລິກລັບ mysterious, secret, *adj.*

lia ເລຍ lick, *v.*
lían ລຽນ line up, *v.*
lían ຫລຽນ coin, medal, *n.*
líang ລ້ຽງ feed, give a feast, *v.*
líang ລຽງ put in order, arrange, *v.*
líang-sàt ລ້ຽງສັດ breed animals, *v.*
líang-sìip ລ້ຽງຊີບ earn a living, support oneself, *v.*
líang-sòng ລ້ຽງສົ່ງ give a farewell party, *v.*
lían-tɛ̌ɛo ລຽນແຖວ put in line, *v.*
líao ລ້ຽວ turn, *v.*
lǐao ຫລຽວ look around, turn around, lookback, glance, *v.*
lǐao-bəng ຫລຽວເບິ່ງ take one look at, turn around to look, *v.*
lǐao-hĕn ຫລຽວເຫັນ catch sight of, glimpse, see, *v.*
lǐao-lɛ́ɛ ຫລຽວແລ take care, pay attention, *v.*
líi ລີ້ hide, take refuge, flee, *v.*
lìik ຫລີກ avoid, evade, step aside, *v.*
lìik-nǐi ຫລີກໜີ dodge, escape, avoid, *v.*
lìik-táang-hài ຫລີກທາງໃຫ້ make way for, *v.*
lìik-wên ຫລີກເວັ້ນ avoid, abstain, *v.*
líi-pái ລີ້ໄພ take refuge, *v.*
líi-sɔ̂n ລີ້ຊ້ອນ hide, *v.*

lìn ຫຼິ້ນ play, gamble, v.

fin ລີ້ນ tongue, n.

lìn-bàan ຫຼິ້ນບານ play soccer (football), v.

lìn-bpii ລີ້ນປີ່ reed (of a pipe), n.

líng ລີງ monkey, n.

lìn-gòn ຫຼິ້ນກົນ play magic trick, v.

lìn-la-kɔɔn ຫຼິ້ນລະຄອນ perform a play, act, v.

lìn-màak-lîi ຫຼິ້ນໝາກລີ້ play hide and seek, v.

lìn-pâi ຫຼິ້ນໄພ້ play cards, v.

lìn-sǎao ຫຼິ້ນສາວ court a girl, woo a girl, v.

lîn-sak ລີ້ນຊັກ drawer, n.

lìn-sûu ຫຼິ້ນຊູ້ commit adultery, court someone, v.

lit ລິດ liter, n.

lok ລົກ placenta, afterbirth, n.

lok-gai ລົກໄກ່ chicken coop, n.

lom ຫຼົມ get muddy, stuck, v.

lòm ຫຼົ່ມ sink, turn over, fall, v.

lôm ລົ້ມ fall down, fall, topple, v.

lóm ລົມ air, wind, talk, chat, n., v.

lóm-baao ລົມບ່າວ flirt with a boy, v.

lóm-fǒn ລົມຝົນ wind and rain, rain storm, n.

lóm-gàn ລົມກັນ talk, discuss, chat, v.

lôm-la-láai ລົ້ມລະລາຍ go bankrupt, v.

lóm-ɔɔn ລົມອ່ອນ breeze, n.

lóm-páa-nyu ລົມພາຍຸ storm, n.

lóm-puu-sǎao ລົມຜູ້ສາວ flirt with a girl, v.

lón ລົນ expose to flame, be in a big hurry, v.

lón-fái ລົນໄຟ expose to fire, v.

lón-kwán ລົນອັນ smoked, adj.

lóng ລົງ go down, descend, decrease, put down, set, embark, v.

lǒng ຫຼົງ be mislead, misguided, forgetful, v.

lóng-bpài ລົງໄປ descend, go down, v.

lóng-húa ລົງເຮືອ leave port, embark, v.

lóng-kǎn ລົງຂັນ contribute money, v.

lóng-ka-nɛɛn-sǐang ລົງຄະແນນສຽງ vote, v.

lóng-kɔ̀ɔi ລົງຄ້ອຍ go down slope, descend, v.

lóng-kwáam-hěn ລົງຄວາມເຫັນ give an opinion, v.

lǒng-lúum ຫຼົງລືມ forgetful, adj.

lóng-máa ລົງມາ come down, v.

lóng-múu ລົງມື begin working, v.

lóng-ngən ລົງເງິນ bet money, v.

lóng-púng ລົງພຸງ be pot-bellied, v.

lóng-sɨɨ ລົງຊື່ sign one's name, v.

lóng-tâai ລົງທ້າຍ end, finish, v.

lŏng-táang ຫລົງທາງ lose one's way, get lost, *v.*

lóng-ta-bìan ລົງທະບຽນ register, enroll, *v.*

lóng-tôot ລົງໂທດ punish, *v.*

lôo ໄລ່ flow out, shield, *v., n.*

lŏo ໂຫລ dozen, not qualified things, *n.*

lóo-hǎ ໂລຫະ metal, *n.*

lôok ໂລກ world, earth, *n.*

lóo-lée ໂລເລ unreliable, hesitant, *v.*

lóong ລອງ coffin, casket, *n.*

lôop ໂລບ greedy, covetous, *adj.*

lôot ໂລດ immediately, freely, *adv.*

lop ລົບ erase, minus, *v., n.*

lŏp ຫລົບ hide, escape, avoid, dodge, *v.*

lŏp-nǐi ຫລົບໜີ escape, sneak away, flee, *v.*

lot ລົດ car, cart, vehicle, *n.*

lot ລົດ reduce, recede, lower, shorten, decrease, *v.*

lŏt ຫລົດ an eel-like fish, *n.*

lɔ ເລາະ wander, walk around, go around, *v.*

lɔ-lîn ເລາະຫລິ້ນ walk for pleasure, *v.*

lɔng ລ່ອງ float, go down stream, *v.*

lɔng-péε ລ່ອງແພ float raft, *v.*

lɔɔ ຫລໍ່ cast metal, *v.*

lɔ̌ɔ ລໍ້ tempt, tease, banter, wheel, *v., n.*

lɔɔ ລ the twenty-second consonant of the Lao alphabet (low consonant), *n.*

lɔ̂ɔ ລໍ wait for, *v.*

lɔ̂ɔ-fâai ລໍ້ຝ້າຍ card cotton, *v., n.*

lɔ̂ɔi ລອຍ swim, float, soar, *v.*

lɔ̂ɔi-ga-tóong ລອຍກະໂທງ ceremony of floating boats away, floating festival, *n.*

lɔ̂ɔi-nâam ລອຍນ້ຳ swim, *v.*

lɔ̌ɔk ຫລອກ joke, fool, deceive, *v.*

lɔ̂ɔk ລອກ peel, copy, imitate, *v.*

lɔ̂ɔk-bèεp ລອກແບບ copy, imitate, *v.*

lɔ̌ɔk-lîn ຫລອກຫລິ້ນ joke, kid, *v.*

lɔ̌ɔk-lúang ຫລອກລວງ defraud, deceive, play tricks on, *v.*

lɔ̂ɔ-lîn ລໍ້ຫລິ້ນ joke, tease, *v.*

lɔ̂ɔ-lúang ລໍ້ລວງ deceive, *v.*

lɔ̂ɔm ລ້ອມ surround, besiege, *v.*

lɔ̂ɔm-hûa ລ້ອມຮົ້ວ fence in, *v.*

lɔ̂ɔng ລອງ try, test, have a taste of, *v.*

lɔ̂ɔng-bəng ລອງເບິ່ງ try, try to see, *v.*

lɔ̂ɔng-jài ລອງໃຈ test one's feeling, *v.*

lɔ̂ɔng-kʉang-nung ລອງເຄື່ອງນຸ່ງ try on (clothing), *v.*

lɔ̂ɔng-tào ລອງເທົ້າ socks, stockings, *n.*

lɔ̂ɔp-kɔ̂ɔp ລອບຄອບ careful, cautious, *adj.*

lɔ̌ɔt ຫລອດ tube, straw, bulb, *n.*

lɔ̂ɔt ລອດ pass through, go under, *v.*

lɔ́ɔ-tàa ລໍຖ້າ wait for, *v.*

lɔ̀ɔt-dtàai ລອດຕາຍ survive, *v.*

lɔ̀ɔt-lóm ຫລອດລົມ windpipe, tube, *n.*

lɔ̀ɔt-lóm-ăk-sèep ຫລອດລົມອັກເສບ bronchitis, *n.*

lúai ລວຍ rich, *adj.*

lûak ລວກ soft boil, parboil, blanch, *v.*

lǔam ຫລວມ loose, *adj.*

luang ລ່ວງ offend, go beyond, *v.*

lúang ລວງ deceive, lure, entice, *v.*

lǔang ຫລວງ public, great, royal, official, *adj.*

lúang-dtâng ລວງຕັ້ງ vertical, *adj.*

luang-ga-bpao ລ່ວງກະເປົາ pick pocket, *v.*

luang-gə̀ən ລ່ວງເກີນ take advantage of, be rude, *v.*

lúang-gwâang ລວງກວ້າງ width, *n.*

luang-kèet ລ່ວງເຂດ trespass, *v.*

lúang-kwǎang ລວງຂວາງ horizontal, *adj.*

lǔang-lǎai ຫລວງຫລາຍ many, a lot of, *adj., adv.*

luang-lap ລ່ວງລັບ pass away, *v.*

luang-lə́əi ລ່ວງເລຍ go over, be past, *v.*

luang-nàa ລ່ວງໜ້າ in advance, *adv.*

lúang-nɔ́ɔn ລວງນອນ horizontal, *adj.*

lǔang-pa-bàang ຫລວງພະບາງ Luang Prabang (city of northern Laos), *n.*

lúang-sǔung ລວງສູງ height, *n.*

lûat ລວດ wire, *n.*

lûat-láai ລວດລາຍ design, pattern, handiwork, talent, *n.*

lûat-nǎam ລວດໜາມ barbed wire, *n.*

lúi ລຸຍ wade through, *v.*

luk ລຸກ get up, arise, *v.*

luk-dtɛɛ-sâo ລຸກແຕ່ເຊົ້າ get up early, *v.*

luk-kùn ລຸກຂຶ້ນ stand up, *v.*

luk-láam ລຸກລາມ invade, spread over, *v.*

lǔ-lûuk ຫລຸລູກ have a miscarriage, *v.*

lǔ-lûuk ຫລຸລູກ have a miscarriage, *v.*

lum ລຸ່ມ under, below, downstairs, *prep., adv.*

lǔm ຫລຸມ ditch, hole, pit, trap, *n.*

lún ລຸນ last, late coming, *adj.*

lúng-láng ຢຸ້ງລັ້ງ messy, untidy, *adj.*

lún-lǎng ລຸນຫລັງ after, *prep., adj.*

lŭt ຫລຸດ undo, fall off, come off, *v.*

lŭt-láa-káa ຫລຸດລາຄາ lower the price, give a bargain, *v.*

lŭt-lóng ຫລຸດລົງ decline, reduce, describe, *v.*

lŭt-lɔ́ɔi ຫລຸດລອຍ float away, *v.*

lŭt-múu ຫລຸດມື drop from hands, *v.*

lŭt-ɔ̀ɔk ຫລຸດອອກ slip out, come undone, *v.*

lŭt-pôn ຫລຸດພົ້ນ be free from, become free, *v.*

lûuk ລູກ child, baby, *n.*

lûuk-âai-lûuk-nɔ́ɔng ລູກອ້າຍລູກນ້ອງ cousins, *n.*

lûuk-bâan ລູກບ້ານ villagers, *n.*

lûuk-bpɯ̀ɯn ລູກປືນ bullet, *n.*

lûuk-dtɛ̀ɛk ລູກແຕກ hand grenade, bomb, *n.*

lûuk-dtɛ̀ɛk-bpàa-la-ma-núu ລູກແຕກປາລະມະນູ atomic bomb, *n.*

lûuk-făa-fèɛt ລູກຝາແຝດ twin, *n.*

lûuk-ga-jèɛ ລູກກະແຈ key, *n.*

lûuk-gai ລູກໄກ່ chick, *n.*

lûuk-gam-pâa ລູກກຳພ້າ orphan, *n.*

lûuk-gŏk ລູກກົກ oldest child, *n.*

lûuk-kâa ລູກຄ້າ customer, *n.*

lûuk-kàn-dai ລູກຂັ້ນໃດ stair, step, *n.*

lûuk-kə̌əi ລູກເຂີຍ son-in-law, *n.*

lûuk-kɛng ລູກເຂັ່ງ half blood, Eurasian, half-breed, *n.*

lûuk-kit ລູກຄິດ abacus, *n.*

lûuk-lâa ລູກຫລ້າ youngest child, *n.*

lûuk-la-bə̀ət ລູກລະເບີດ bomb, grenade, *n.*

lûuk-mâi ລູກໄມ້ lace, bamboo shoot, fruity, tricks, *n.*

luuk-nɔ́ɔng ລູກນ້ອງ subordinate, follower, *n.*

lûuk-pâi ລູກໄພ້ daughter-in-law, *n.*

lûuk-săai ລູກຊາຍ son, *n.*

lûuk-săao ລູກສາວ daughter, *n.*

lûuk-sîn ລູກຊີ້ນ meatball, *n.*

lûuk-sìt ລູກສິດ student, pupil, *n.*

lûuk-sɔ̌ɔn ລູກສອນ arrow, *n.*

lûuk-sɔ̂ɔt ລູກຊອດ half-breed, *n.*

lûuk-sùup ລູກສູບ piston, *n.*

lûuk-sɯ̌a ລູກເສືອ boy scout, *n.*

lúung ລຸງ uncle, *n.*

lûup ລູບ touch gently, pat, fondle, *v.*

lɯ̌a ເລືອ creep, crawl, *v.*

lɯ̌a ເຫລືອ be left, remain, have a surplus, *v.*

lɯ̌ai ເລື່ອຍ saw, *v., n.*

lɯ̌ai-lɯ̌ai ເລື້ອຍໆ now and then, *adv.*

lɯ̂ak ເລືອກ select, choose, elect, *v.*

lɯ̯a-káan ເລືອຄານ reptile, *v., n.*

lɯ̂ak-dtâng ເລືອກຕັ້ງ election, *n.*

lɯ̀am ເຫລື້ອມ brilliant, bright, *adj.*

lɯ̂an ເລື່ອນ postpone, slide, slip, glide, be promoted, *v.*

lɯ̌ang ເຫລືອງ yellow, *adj., n.*

lɯ̀an-lɔ́ɔi ເລື່ອນລອຍ drift, be absent-minded, *v.*

lɯ̂at ເຫລືອດ look right and left, *v.*

lɯ̂at ເລືອດ blood, *n.*

lùat-dtàa-bəng ເຫລືອກຕາເບິ່ງ glance at, *v.*

lùat-hĕn ເຫລືອກເຫັນ catch sight of, see, *v.*

lûat-kùn ເລືອດຄຸ້ນ blood clot, *n.*

lûat-ɔ̀ɔk ເລືອດອອກ bleed, *v.*

lúng ລຶ້ງ be accustomed to, *v.*

lúng-kə́əi ລຶ້ງເຄີຍ be acquainted with, *v.*

lup ລຶບ erase, rub, *v.*

lɯ̌ɯ ຫລື or, whether...or, either...or, *conj.*

lɯ́ɯm ລືມ forget, *v.*

lɯ́ɯm-dtùa ລືມຕົວ forget oneself, day dream, be absent-minded, *v.*

lɯ̂ɯn ລື່ນ skid (car), slide, slippery, *v.*

m (ມ, ໝ)

maa ໝ່າ soak, *v.*

mâa ມ້າ horse, *n.*

máa ມາ come, arrive, *v.*

mǎa ໝາ dog, *n.*

máa-bâan ມາບ້ານ come home, *v.*

máa-bɔɔ-tán ມາບໍ່ທັນ miss, be late, *v.*

mǎa-bpaa ໝາປ່າ wolf, *n.*

máa-hǎa ມາຫາ come to visit, *v.*

máa-hɔ̂ɔt ມາຮອດ arrive, until, *v., prep.*

màai ໝ້າຍ widow, *n.*

mǎai ໝາຍ mark, make a mark, *v.*

mǎai-bpa-gàat ໝາຍປະກາດ notice, *n.*

mǎai-gɔ̂ ໝາຍເກາະ summons, *n.*

mǎai-hèet ໝາຍເຫດ remarks, notice, *n.*

mǎai-jă ໝາຍຈະ expect, intend, *v.*

mǎai-jài ໝາຍໃຈ purpose, intend, *v.*

mǎai-jăp ໝາຍຈັບ warrant of arrest, *n.*

mǎai-kôn ໝາຍຄົ້ນ search warrant, *n.*

mǎai-kwáam ໝາຍຄວາມ mean, *v.*

mǎai-kwáam-waa ໝາຍຄວາມວ່າ mean that.., *v.*

mǎai-lêek ໝາຍເລກ number, *n.*

mǎai-ɔ̀ɔk ໝາຍອອກ unroll, unwind, *v.*

mǎai-sǎan ໝາຍສານ writ, subpoena, *n.*

mǎai-tɛ̌ng ໝາຍເຖິງ mean, *v.*

máa-jàak ມາຈາກ come from, *v.*

mǎa-jɔ̂ɔk ໝາຈອກ fox, *n.*

màak ໝາກ nut, fruit, *n.*

mâak ມາກ very, much, *adv.*

máa-ka-bùu-sáa ມາຄະບູຊາ Buddhist All Saints' Day, *n.*

màak-a-ngun ໝາກອະງຸ່ນ grape, *n.*

maa-kào ໝ່າເຂົ້າ soak rice, *v.*

màak-bàan ໝາກບານ ball, *n.*

màak-bŏk ໝາກບົກ type of almond, *n.*

màak-bpìi ໝາກປີ banana flower, *n.*

màak-bùa ໝາກບົວ lotus, *n.*

màak-bùap ໝາກບວບ gourd, *n.*
màak-dtàam ໝາກຕານ sugar palm fruit, *n.*
màak-dtɛ̀ɛng ໝາກແຕງ melon, cucumber, *n.*
màak-dtɛ̀ɛng-móo ໝາກແຕງໂມ watermelon, *n.*
màak-dtɛ̀ɛng-ɔɔn ໝາກແຕງອ່ອນ cucumber, squash, *n.*
màak-dtoon ໝາກໂຕນ large gourd, *n.*
màak-dtɔ̂ng ໝາກຕ້ອງ type of mangosteen, *n.*
màak-dtùum ໝາກຕູມ bael fruit, *n.*
màak-fái ໝາກໄຟ sour berry, *n.*
màak-fak ໝາກຟັກ kind of pumpkin, *n.*
màak-fa-lang ໝາກຝລັ່ງ chewing gum, *n.*
màak-fʉ́ang ໝາກເຟືອງ carambola, *n.*
màak-ga-dùm ໝາກກະດຸມ button, *n.*
màak-gìang ໝາກກຽງ rose apple, *n.*
màak-gîang ໝາກກ້ຽງ orange, *n.*
màak-gɔ̀ɔk ໝາກກອກ hogplum, *n.*
màak-gûai ໝາກກ້ວຍ banana, *n.*
màak-gʉ̀a ໝາກເກືອ ebony fruit, *n.*
màak-hung ໝາກຮຸ່ງ papaya, *n.*
màak-kǎam ໝາກຂາມ tamarind, *n.*
màak-kaang ໝາກຂ່າງ toy top, *n.*
màak-kèng ໝາກເຄັງ hardwood tree fruit, *n.*
màak-kèng ໝາກແຄ້ງ small eggplant, *n.*
màak-kìap ໝາກຂຽບ custard apple, *n.*
màak-kìi-hùut ໝາກຂີ້ຫູດ kafir lime, *n.*
màak-kʉ̌a ໝາກເຂືອ eggplant, *n.*
màak-kʉ̌a-kʉ̌a ໝາກເຂືອເຂືອ cherry tomato, *n.*
màak-kʉ̌a-kʉ̀ʉn ໝາກເຂືອຂື່ນ small wild eggplant, *n.*
màak-lám-nyái ໝາກລຳໃຍ longan, *n.*
màak-len ໝາກເລັ່ນ tomato, *n.*
màak-lîn-jìi ໝາກລີ້ນຈີ່ lichi, *n.*
mâak-máai ມາກມາຍ a lot, plenty, *adj.*
màak-mâi ໝາກໄມ້ fruit, *n.*
màak-máng-kut ໝາກມັງຄຸດ mangosteen, *n.*
màak-mîi ໝາກມີ້ jackfruit, *n.*
màak-móo ໝາກໂມ watermelon, *n.*
màak-muang ໝາກມ່ວງ mango, *n.*
màak-muang-hi-ma-páan ໝາກມ່ວງຫິມະພານ cashew nut, *n.*
màak-nâam ໝາກນ້ຳ kind of squash, *n.*
màak-nâao ໝາກນາວ lime, lemon, *n.*
màak-nat ໝາກນັດ pineapple, *n.*
màak-ngáa ໝາກງາ sesame, *n.*
màak-ngɛ́ɛo ໝາກແງວ lichi, *n.*
màak-ngɔ ໝາກເງາະ rambutan, *n.*

màak-nɔ́ɔi ໝາກນອຍ kind of gourd, n.
màak-nyóm ໝາກຍົມ star gooseberry, n.
màak-pǎang ໝາກພັງ marian plum, n.
màak-pâao ໝາກພ້າວ coconut, n.
màak-pĕt ໝາກເຜັດ chilli, n.
màak-pĕt-hèng ໝາກເຜັດແຫ້ງ dried chilli, n.
màak-pik-tái ໝາກພິກໄທ pepper, n.
màak-pi-láa ໝາກພີລາ pomegranate, n.
màak-sii-dàa ໝາກສີດາ guava, n.
màak-sòm ໝາກສົ້ມ citrus fruit, n.
màak-sòm-hóong ໝາກສົ້ມໂຮງ pomelo, kind of lemon, n.
màak-sŏp-tăi ໝາກສົບໄຖ plowshare, n.
màak-sŭk-màak-săi ໝາກສຸກໝາກໃສ chicken pox (disease), n.
màak-tán ໝາກຫັນ jujube, n.
màak-tii-sŭt ໝາກທີ່ສຸດ most, adj., adv.
màak-tua ໝາກຖົ່ວ bean, nuts, n.
màak-tua-dìn ໝາກຖົ່ວດິນ peanut, n.
màak-tua-hɛɛ ໝາກຖົ່ວແຮ່ pigeon pea, n.
màak-tua-kìao ໝາກຖົ່ວຂຽວ green bean, n.
màak-tua-lían ໝາກຖົ່ວລຽນ durian, n.
màak-tua-ngɔ̀ɔk ໝາກຖົ່ວງອກ bean sprout, n.

màak-tua-nyáao ໝາກຖົ່ວຍາວ snake bean, n.
màak-ǔ ໝາກອື pumpkin, n.
máa-láa ມາລາ wreath, flowers, n.
máa-láai ມາລາຍ Zebra, n.
máa-lǎi ມາໄລ garland, n.
máa-la-nyâat ມາລະຍາດ manners, politeness, n.
mâam ມ້າມ spleen, n.
mǎa-mɛɛ ໝາແມ່ bitch, n.
mâa-mŭun ມ້າໝຸນ merry-go-round, n.
mâan ມ້ານ faded, pale, curtain, adj., n.
máan ມານ be pregnant, v.
máan ມານ evil, demon, n.
mǎa-nái ໝາໄນ wolf, hyena, n.
mâan-nàa-dtàang ມ້ານໜ້າຕ່າງ window blind, curtain, n.
mâa-nang ມ້ານັ່ງ bench, n.
máa-na-ǒt-tón ມານະອົດທົນ patience, preseverance, n.
mâan-dàa ມານດາ mother, n.
mâan-dtàa ມ່ານຕາ iris, n.
mâang ມ້າງ take apart, break down, destroy, v.
mâang-jài ໝາງໃຈ fill with spite, be on bad terms, v.
mâang-pée ມ້າງເພ break up, v.
máa-nìi ມານີ້ come here, v.

máan-kào ມານເຂົ້າ ear of rice, *n.*
măa-nɔ́ɔi ໝານ້ອຍ puppy, *n.*
máan-săa-líi ມານສາລີ ear of corn, *n.*
măa-nyŭi ໝາຫຍຸຍ long-haired dog, *n.*
măa-páan ໝາພານ hunting dog, *n.*
máa-pəng ມາເພິ່ງ ask for help, *v.*
máa-pìi ມາພີ້ come here, *v.*
máa-pɔ́ɔ ມາພໍ້ meet, *v.*
màat ໝາດ half-dry, *n.*
máa-tán ມາທັນ arrive on time, *v.*
mâat-dta-tăan ມາດຕະຖານ standard, criteria, *n.*
máa-təng ມາເຖິງ arrive at, in, *v.*
măa-wɔ̑ɔ ໝາວໍ້ rabid dog, mad dog, *n.*
máa-yàam ມາຢາມ visit, *v.*
máa-yìam ມາຢ້ຽມ visit, *v.*
ma-dtĭ ມະຕິ resolution, conclusion, *n.*
ma-dti-són ມະຕິຊົນ public opinion, *n.*
ma-hăa ມະຫາ great, a Buddhist monk's title, *adj., n.*
ma-hăa-àm-nâat ມະຫາອຳນາດ great power, *n.*
ma-hăa-bàn-dìt ມະຫາບັນດິດ a master, a master degree, *n.*
ma-hăa-bùu-lŭt ມະຫາບຸລຸດ great man, *n.*
ma-hăa-gàm ມະຫາກຳ celebration, great festival, *n.*

ma-hăa-ga-săt ມະຫາກະສັດ king, *n.*
ma-hăa-ni-gàai ມະຫານິກາຍ great sect, the Mahanikai sect, *n.*
ma-hăa-pái ມະຫາໄພ great danger, *n.*
ma-hăa-săan ມະຫາສານ vast, immense, *n.*
ma-hăa-sa-mŭt ມະຫາສະໝຸດ ocean, *n.*
ma-hăa-són ມະຫາຊົນ the public, *n.*
ma-hăa-wi-ta-nyáa-lái ມະຫາວິທະຍາໄລ university, *n.*
ma-hăn ມະຫັນ great, enormous, *adj.*
ma-hăt-sa-jàn ມະຫັດສະຈັນ marvellous, astonishing, miraculous, *adj.*
ma-hěe-sĭi ມະເຫສີ queen, consort, *n.*
ma-hŏo-lĭi ມະໂຫລີ band, Lao orchestra, *n.*
ma-hɔ́ɔ-la-sŏp ມະຫໍລະສົບ entertainment, *n.*
ma-hu-máa ມະຫຶມາ immense, grand, *adj.*
mai ໃໝ່ new, *adj.*
mài ໃໝ້ burn, *v.*
mâi ໄມ້ tree, wood, *n.*
mái ໄມ mile, *n.*
măi ໄໝ silk, fine (penalty), *n., v.*
mâi-bàn-tat ໄມ້ບັນທັດ ruler, stick, *n.*
mâi-bpên ໄມ້ແປ້ນ lumber, *n.*
mâi-bpîng ໄມ້ປີ້ງ roasting stick, *n.*

mâi-dâam ໄມ້ດ້າມ spatula, handle, *n*.

mâi-dìp ໄມ້ດິບ green wood, *n*.

mâi-dòok ໄມ້ໂດກ rotten, crumbling wood, *n*.

mái-dtìi ໄມ້ຕີ tone mark (x), *n*.

mái-dtìi ໄມ້ຕີ friendship, *n*.

mâi-dtìi-gɔ̀ɔng ໄມ້ຕີກອງ drumstick, *n*.

mái-dtìi-jìt ໄມຕີຈິດ friendship, *n*.

mâi-èek ໄມ້ເອກ tone mark (x̀), *n*.

mâi-ga-dâam ໄມ້ກະດ້າມ spatula, *n*.

mâi-ga-dàan ໄມ້ກະດານ plank, board, *n*.

mâi-gàn ໄມ້ກັນ vowel (x̆), *n*.

mâi-gòng ໄມ້ກົງ vowel (x̂), *n*.

mâi-gwàat ໄມ້ກວາດ broom, *n*.

mâi-jăt-dta-wáa ໄມ້ຈັດຕະວາ tone mark (x̃), *n*.

mâi-kâm ໄມ້ຄ້ຳ wooden support, *n*.

mǎi-kám ແຜມຄຳ silkthread with gold, *n*.

mâi-kìit-fái ໄມ້ຂີດໄຟ match, *n*.

mâi-kɔ̀ɔn ໄມ້ຄ່ອນ a piece of wood, *n*.

mâi-kɔ̀ɔn-tâo ໄມ້ຄ່ອນເຖົ້າ cane, walking stick, *n*.

mâi-kuu ໄມ້ຄູ່ chopsticks, *n*.

mâi-kwat-hǔu ໄມ້ຄວັດຫູ ear pick, *n*.

mâi-met ໄມ້ແມັດ yard stick, *n*.

mǎi-nyíp ແຜມຫຍິບ thread, *n*.

mâi-ɔ̀ɔ ໄມ້ອໍ້ kind of reed, *n*.

mâi-páai ໄມ້ພາຍ oar, paddle, *n*.

mâi-pai ໄມ້ໄຜ່ bamboo, *n*.

mâi-pǎn-sìang ໄມ້ຜັນສຽງ tone mark, *n*.

mâi-sàao ໄມ້ສາວ fruit picking stick, *n*.

mâi-sǎk ໄມ້ສັກ teak, *n*.

mâi-sɛ̀ɛ ໄມ້ແສ່ whip, stick, *n*.

mâi-tâo ໄມ້ເທົ້າ cane, crutch, *n*.

mâi-tóo ໄມ້ໂທ tone mark (x̃), *n*.

mak ມັກ like, love, want, *v*.

mak-dâi ມັກໄດ້ covetous, greedy, *adj*.

mak-kúi ມັກຄຸຍ brag, boast, *v*.

mak-kûn ມັກຄຸ້ນ be familiar with, *v*.

mak-lìn ມັກຫຼິ້ນ fun-loving, *adj*.

mak-muan ມັກມ່ວນ fun-loving, *adj*.

mak-ngaai ມັກງ່າຍ lazy, careless, *adj*.

mak-nyai ມັກໃຫຍ່ ambitious, *adj*.

ma-láa-nyúu ມະລາຍູ Malay, the Malay peninsula, *n*.

man ໝັ່ນ deligent, industrious, *adj*.

mán ມັນ fatty, oily, greasy, *adj*.

mán ມັນ it, potato, yam, *pron*., *n*.

mán-dâang ມັນດ້າງ sweet potato, *n*.

mán-dtôn ມັນຕົ້ນ cassava, *n*.

mán-fa-lang ມັນຝະລັ່ງ potato, *n*.

mang ມັ່ງ giraffe, *n*.

máng-gɔ̀ɔn ມັງກອນ dragon, *n*.

mang-kang ມັ່ງຄັ່ງ wealthy, *adj*.

máng-kut ມັງຄຸດ mangosteen, *n*.

mang-míi ມັ່ງມີ rich, affluent, *adj.*
máng-sǎa ມັງສາ flesh, meat, *n.*
man-hían ໝັ່ນຮຽນ studious, *adj.*
ma-níi ມະນີ gem, jewelry, *n.*
ma-nóo ມະໂນ mind, *n.*
ma-nóo-ka-dti ມະໂນຄະຕິ thought, *n.*
ma-nóo-pâap ມະໂນພາບ concept, *n.*
ma-nóo-tám ມະໂນທຳ sense of rightness, *n.*
mán-pǎo ມັນເຜົາ yam bean, *n.*
mán-sa-mɔ̌ɔng ມັນສະໝອງ brain, *n.*
ma-nut ມະນຸດ human, *n.*
ma-nut-gìn-kón ມະນຸດກິນຄົນ cannibal, *n.*
ma-nut-sâat ມະນຸດຊາດ mankind, *n.*
ma-nut-sa-tám ມະນຸດສະທຳ humanity, *n.*
máo ເມົາ drunk, *adj.*
máo-fin ເມົາຝິ່ນ opium-intoxicated, *adj.*
máo-lào ເມົາເຫຼົ້າ be drunk, *v.*
máo-lot ເມົາລົດ get car sick, *v.*
máo-nyón ເມົາຍົນ airsick, *adj.*
máo-yàa ເມົາຢາ drugged, *adj.*
mat ມັດ tie, attach, bind, *v.*
mat-fúun ມັດຟືນ bundle of firewood, *n.*
mat-jàm ມັດຈຳ deposit, *v.*
mat-ju-lâat ມັດຈຸລາດ Death, King of the Death, *n.*

mat-kào ມັດເຂົ້າ sheaf of rice, *n.*
mat-sǎa ມັດສາ fish, *n.*
mat-ta-nyóm ມັດທະຍົມ secondary, *adj.*
mat-ta-nyóm-sǔk-sǎa ມັດທະຍົມສຶກສາ secondary education, *n.*
mêek ເມກ cloud, *n.*
méen ເມນ louse (lice), *n.*
mêet-dtàa ເມດຕາ mercy, *n.*
měn ເໝັນ stink, *v.*
měn-nao ເໝັນເນົ່າ rotten smelling, *adj.*
met ເມັດ grain, pill, seed, *n.*
met-gàa-fée ເມັດກາເຟ coffee bean, *n.*
met-kào ເມັດເຂົ້າ kernel of rice, *n.*
met-ngáa ເມັດງາ sesame seed, *n.*
mɛɛ ແມ່ mother, *n.*
mɛɛ-bâan ແມ່ບ້ານ housewife, *n.*
mɛɛ-bpâa ແມ່ປ້າ aunt, *n.*
mɛɛ-bpâa-nâa-sǎao ແມ່ປ້ານ້າສາວ female relatives, womenfolk, *n.*
mɛɛ-dtàm-nyée ແມ່ຕຳແຍ midwife, *n.*
mɛɛ-dtûu ແມ່ຕູ້ maternal grandmother, respected old woman, *n.*
mɛɛ-gai ແມ່ໄກ່ hen, *n.*
mɛɛ-hâang ແມ່ຮ້າງ divorced wife, *n.*
mɛɛ-húan ແມ່ເຮືອນ housewife, *n.*
mɛɛ-kâa ແມ່ຄ້າ female merchant, *n.*

mɛɛ-kǎao แม่ขาว nun, n.
mɛɛ-kúa แม่ครัว female cook, n.
mɛɛ-léeng แม่เลง playgirl, n.
mɛɛ-lĕk แม่เหล็ก magnet, n.
mɛɛ-líang แม่เลี้ยง foster mother, step mother, n.
mɛɛ-lûuk-ɔɔn แม่ลูกอ่อน a mother with an infant, n.
mɛɛ-mâai แม่หม้าย widow, n.
mɛɛ-máan แม่มาน pregnant woman, n.
mɛɛ-mía แม่เมีย mother-in-law, n.
mɛɛ-múɯ แม่มื thumb, n.
mɛɛ-náam แม่น้ำ river, n.
mɛɛ-náam-kɔ̌ɔng แม่น้ำของ Mekong River, n.
mɛ́ɛng แมง insect, bug, n.
mɛ́ɛng-bôong แมงบุ้ง caterpillar, n.
mɛ́ɛng-bôong-gɯ̀ɯ แมงบุ้งกื millipede, n.
mɛ́ɛng-bpɔɔ แมงปอ dragonfly, n.
mɛ́ɛng-dàa แมงดา horseshoe crab, water bug, pimp, gigolo, n.
mɛ́ɛng-dtǎk-dtɛ̀ɛn แมงตักแตน grasshoper, n.
mɛ́ɛng-dtǎp-dtao แมงตับเต่า water beetle, n.
mɛ́ɛng-dtɔɔ แมงต่อ wasp, n.
mɛ́ɛng-ga-bîi แมงกะบี้ silk moth, n.
mɛ́ɛng-ga-bûa แมงกะเบื้อ butterfly, moth, n.
mɛ́ɛng-hìng-hòi แมงหิ่งห้อย firefly, n.
mɛ́ɛng-ji-náai แมงจิหน่าย cricket, n.
mɛ́ɛng-kéeng แมงแกง stink bug, n.
mɛ́ɛng-kìi-kěp แมงขี้เข็บ large centipede, n.
mɛ́ɛng-mâi แมงไม้ bug, insect, n.
mɛ́ɛng-mao แมงเม้า nun moth, n.
mɛ́ɛng-míi แมงมี่ gnat, n.
mɛ́ɛng-mɔ́ɔt แมงมอด weevil, n.
mɛ́ɛng-múum แมงมุม spider, n.
mɛ́ɛng-ngáo แมงเงี้ยว scorpion, n.
mɛ́ɛng-ngɔ̂ɔt แมงงอด scorpion, n.
mɛ́ɛng-pèng แมงเผิ่ง bee, n.
mɛ́ɛng-sàap แมงสาบ cockroach, n.
mɛ́ɛng-sɔ́ɔn แมงซอน mole cricket, n.
mɛ́ɛng-wán แมงวัน fly, n.
mɛ́ɛng-wíi แมงวี่ fruit fly, n.
mɛɛ-nyáa แม่ย่า paternal grandmother, mother-in-law, n.
mɛɛ-nyáai แม่ยาย maternal grandmother, mother-in-law, n.
mɛɛ-nyíng แม่ยิง woman, girl, n.
mɛ̂ɛo แม้ว the Meo tribe (Hmong), n.
mɛ́ɛo แมว cat, n.
mɛɛ-pa-nyâat แม่พะยาด disease, germ, n.

mɛɛ-pím ແມ່ພິມ mold, model, *n.*

mɛ̂ɛp-lín ແມບລີ້ນ stick out one's tongue, *v.*

mɛɛ-sʉ̂ʉ ແມ່ສື່ female go-between, *n.*

mɛɛ-tâo ແມ່ເຖົ້າ maternal grandmother, mother-in-law, old woman, *n.*

mɛn ແມ່ນ yes it is, accurate, *adv., adj.*

mɛn-lɛ̂ɛo ແມ່ນແລ້ວ that's right

mɛn-nyǎng ແມ່ນຫຍັງ what?, *adv.*

mɛn-pǎi ແມ່ນໃຜ who? who is it?, *pron.*

mɛn-tɛ̂ɛ ແມ່ນແທ້ true, indeed, *adj.*

mɛn-waa ແມ່ນວ່າ if, *conj.*

met ແມັດ meter, *n.*

mía ເມຍ wife, *n.*

mía-lǔang ເມຍຫລວງ legal wife, main wife, *n.*

mîan ມ້ຽນ arrange, tidy up, put away, *v.*

mîan-kâap ມ້ຽນຄາບ bury animal remains, *v.*

mîan-kʉang ມ້ຽນເຄື່ອງ put things away, *v.*

mía-nɔ̂ɔi ເມຍນ້ອຍ second wife, *n.*

mîan-wái ມ້ຽນໄວ້ put away, *v.*

mía-nyai ເມຍໃຫຍ່ legal wife, main wife, *n.*

mii ໝີ່ egg noodle, yellow noodle, *n.*

mii ມີ there is, there are, *v.*

mii ມີ have, own, contain, include, *v.*

mǐi ໝີ bear, *n.*

mii-àa-síip ມີອາຊີບ have a job, *v.*

mii-bùn ມີບຸນ virtuous, born with good karma, *adj.*

mǐi-dàm ໝີດຳ black bear, *n.*

mii-gàm-lái ມີກຳໄລ profitable, *adj.*

mii-gìat ມີກຽດ have prestige, *v.*

mii-gin ມີກິນ smell, *v.*

mii-hèet-pǒn ມີເຫດຜົນ reasonable, rational, *adj.*

mii-jài ມີໃຈ pay attention, have will, *v.*

mii-kaa ມີຄ່າ valuable, worthy, *adj.*

mǐi-kǎao ໝີຂາວ polar bear, *n.*

mîi-kǒn ມີຂົນ hairy, *adj.*

mîi-kún ມີຄຸນ be grateful, *adj.*

mîi-kʉ̀n ມີຂຶ້ນ take place, *v.*

mii-kwáam-hûu ມີຄວາມຮູ້ knowledgeable, well-learned, *adj.*

mii-kwáam-mǎai ມີຄວາມໝາຍ meaningful, *adj.*

mii-kwáam-pìt ມີຄວາມຜິດ guilty, *adj.*

mii-kwáam-sǔk ມີຄວາມສຸກ happy, *adj.*

mii-láa-káa ມີລາຄາ valuable, *adj.*

mii-lâap ມີລາບ lucky, have a winfall, *adj.*

mii-nàa-mii-dtàa ມີໜ້າມີຕາ be respected, *adj.*

mii-ngən ມີເງິນ rich, *adj.*

mii-nyot ມີຍົດ honored, having rank, *adj.*

mii-pit ມີພິດ poisonous, *adj.*

mii-sa-dti ມີສະຕິ be conscious of, *v.*

mii-sái ມີໄຊ be victorious, win, *v.*

mii-sa-nee ມີສະເໜ່ charming, *adj.*

mii-sii-wit ມີຊີວິດ alive, living, *adj.*

mii-sìt ມີສິດ have a right, *v.*

mii-sìt-dtεε-puu-dìao ມີສິດແຕ່ຜູ້ດຽວ have an exclusive patent or copyright, *v.*

mii-sôok ມີໂຊກ be lucky, *adj.*

mii-suan ມີສ່ວນ have a part, *v.*

mii-sʉʉ-sìang ມີຊື່ສຽງ well-known, famous, *adj.*

mîit ມີດ knife, *n.*

mîit-dtǎt ມີດຕັດ scissors, *n.*

mîit-lέεm ມີດແຫຼມ dagger, pointed knife, bucher's knife, *n.*

mîit-tôot ມີໂທດ guilty, *adj.*

mîit-pâa ມີດພ້າ knife, cleaver, *n.*

mîit-tέε ມີດແຖ razor, *n.*

mii-tu-la ມີທຸລະ busy, *adj.*

mii-tu-náa ມີຖຸນາ June, *n.*

mii-wâat ມີວາດ polite, *adj.*

mii-wǎng ມີຫວັງ be hopeful, *v.*

mii-wéen ມີເວນ unfortunate because of sin in last life, *adj.*

mii-yuu ມີຢູ່ have got, have, there is, there are, *v.*

min ໝິ່ນ very near the edge, *adj.*

min-bpa-màat ໝິ່ນປະໝາດ libel, insult, *v.*

ming ມິ່ງ good luck, *n.*

ming-kwǎn ມິ່ງຂວັນ glory, cherished possession, *n.*

mit ມິດ quiet, silent, covered, *adj.*

mit ມິດ friend, *n.*

mit-dta-pâap ມິດຕະພາບ friendship, *n.*

mit-sǎa-sìip ມິດສາຊີບ criminals, gangsters, *n.*

mit-sǎm-pán ມິດສຳພັນ friendly relation, *n.*

mǒk ໝົກ a dish cooked in banana leaf wrapping, *n.*

mǒk-fái ໝົກໄຟ cook in ashes, *v.*

mon ມົນ gray, *adj.*

mon ໝົ່ນ grey, *adj., n.*

món ມົນ round, circular, magic, *adj., n.*

móng-gǔt ມົງກຸດ crown, *n.*

móng-kún ມົງຄຸນ auspiciousness, garland, *n.*

món-kǎa-tǎa ມົນຄາຖາ sacred

món-tian ມົນທຣນ edifice, *n.*

món-tian-bàan ມົນທຣນບານ Royal Prescript, *n.*

món-tin ມົນທິນ stain, *n.*

món-tón ມົນທົນ square, territory, *n.*

môo ໂມ້ brag, boast, grindstone, *v., n.*

móo-hŏo ໂມໂຫ angry, *adj.*

móo-hŏo-ngaai ໂມໂຫງ່າຍ easy to anger, irascible, *n.*

móong ໂມງ clock, watch, o'clock, *n.*

móong-bpŭk ໂມງປຸກ alarm clock, *n.*

mop-nàa ມົບໜ້າ hide one's face, *v.*

mot ມົດ ant, *n.*

mŏt ໝົດ finish, all, altogether, *v., adv.*

mŏt-lɛ́ɛo ໝົດແລ້ວ run out of, be finished, *v.*

mŏt-lûuk ມົດລູກ uterus, *n.*

mŏt-mɯ́ɯ ໝົດມື້ all day long, *adv.*

mŏt-táng-múan ໝົດທັງມວນ entirely, *adv.*

mŏt-wé-láa ໝົດເວລາ time's up

mɔ́ ເໝາະ fit, suitable, *adj.*

mɔ̀i-làp ມ່ອຍຫຼັບ be half asleep, *v.*

mɔ́ɔ ມໍ້ close, near, *adj.*

mɔ̌ɔ ໝໍ້ pot, dish, pan, *n.*

mɔɔ ມ the twentieth consonant of the Lao alphabet (low consonant), *n.*

mɔ̌ɔ ໝໍ doctor, expert, *n.*

mɔ̌ɔ-bpa-jàm-húan ໝໍປະຈຳເຮືອນ family doctor, *n.*

mɔ̌ɔ-bpùa-dtàa ໝໍປົວຕາ oculist, *n.*

mɔ̌ɔ-bpùa-săt ໝໍປົວສັດ veterinary, *n.*

mɔ̌ɔ-dùu ໝໍດູ fortune-teller, *n.*

mɔ̌ɔ-fái ໝໍໄຟ battery, *n.*

mɔ̌ɔ-gàa-fée ໝໍ້ກາເຟ coffee pot, *n.*

mɔ̌ɔ-ga-ta ໝໍ້ກະທະ frying pan, *n.*

mɔ̌ɔ-gɛ̀ɛng ໝໍ້ແກງ stew pot, *n.*

mɔ̌ɔ-gɔ̀ɔng ໝໍ້ກອງ filter, *n.*

mɔ̌ɔ-hŏon ໝໍໂຫນ astrologer, *n.*

mɔ̀ɔk ໝອກ fog, *n.*

mɔ̌ɔ-kǎang ໝໍ້ຂາງ sauce pan, *n.*

mɔ̌ɔ-kào ໝໍ້ເຂົ້າ rice pot, rice cooker, *n.*

mɔ̌ɔ-kèo ໝໍແຂ້ວ dentist, *n.*

mɔ́ɔ-la-dŏk ມໍລະດົກ inheritance, legacy, *n.*

mɔ̌ɔ-lám ໝໍລຳ singer of Lao folksong, Mawlam singer, *n.*

mɔ́ɔ-la-na-gàm ມໍລະນະກຳ death, die, *n., v.*

mɔ́ɔ-la-na-pâap ມໍລະນະພາບ die, pass away, *v.*

mɔ́ɔ-la-sŭm ມໍລະສຸມ monsoon, storm, *n.*

mɔ́ɔm ມອມ dirty, pollute, drug, *adj., v.*

mɔ́ɔm-lào ມອມເຫຼົ້າ induce to drink hard, trick someone to drink, *v.*

mɔ́ɔm-mém ໝອມແມມ foul, messy and dirty, *adj.*

mɔ̌ɔ-mɔ́ɔ ໝໍມໍ fortune-teller, *n.*

mɔ́ɔ-mɔ́ɔ-nîi ມໍໆນີ້ soon, coming soon, *n.*

mɔ̌ɔn ໝອນ pillow, *n.*

mɔ́ɔ-na-lok ໝໍນະລົກ hell, *n.*

mɔ́ɔng ມອງ fishing net, look at, *n.*, *v.*

mɔ́ɔng ມອງ sad, dim, unclear, *adj.*

mɔ́ɔng-dtùk-bpàa ມອງຕຶກປາ fish net, *n.*

mɔ́ɔng-hǎa ມອງຫາ seek, *v.*

mɔ́ɔng-hěn ມອງເຫັນ see, *v.*

mɔ́ɔng-jài ມອງໃຈ sullen, be in bad terms, *v.*

mɔ́ɔng-kàam-bpài ມອງຂ້າມໄປ overlook, *v.*

mɔ̌ɔn-kàang ໝອນຂ້າງ bolster, side pillow, *n.*

mɔ̌ɔ-nûat ໝໍນວດ masseur, masseuse, *n.*

mɔ̌ɔ-nùng ໝໍ້ໜຶ້ງ rice steamer, *n.*

mɔ̀ɔp ໝອບ crouch, *v.*

mɔ̂ɔp ມອບ give, hand over, *v.*

mɔ̌ɔ-paa-dtǎt ໝໍຜ່າຕັດ surgeon, *n.*

mɔ̂ɔp-dtòo, mɔ̂ɔp-dtùa ມອບໂຕ, ມອບຕົວ turn oneself in, give oneself up, surrender, *v.*

mɔ̂ɔp-hài ມອບໃຫ້ give, hand over, transfer to, *v.*

mɔ̂ɔp-mǎai ມອບໝາຍ assign, *v.*

mɔ̌ɔ-pɔ́ɔn ໝໍພອນ reciter of prayers (in the Baci ceremony), *n.*

mɔ̂ɔp-sìt ມອບສິດ give the right to, *v.*

mɔ̂ɔt ມອດ turn off, extinguish, *v.*

mɔ̂ɔt-fái ມອດໄຟ turn off the light, *v.*

mɔ̂ɔt-mûai ມອດມ້ວຍ die, *v.*

mɔ̌ɔ-yàa-pùun-múang ໝໍຢາພື້ນເມືອງ herb doctor, *n.*

mɔ̌-sǒm ເໝາະສົມ suitable, appropriate, *adj.*

múa ມົວ dim, unclear, *adj.*

múa-dtàa ມົວຕາ see indistinctly or unclearly, *v.*

múai ມວຍ box, boxing, *v.*, *n.*

múai-bpâm ມວຍປ້ຳ wrestling, *n.*

mùak ໝວກ hat, *n.*

mùak-gɛp ໝວກແກັບ cap, *n.*

mùak-lěk ໝວກເຫຼັກ helmet, *n.*

múa-máo ມົວເມົາ drunk, be addicted to, *adj.*

múa-mɔ́ɔng ມົວມອງ blurred, stained, guilty, *adj.*

muan ມ່ວນ happy, having fun, *adj.*

mûan ມ້ວນ coil, roll, *v.*

muang ມ່ວງ purple, *adj.*, *n.*

muang ມ່ວງ mango, *n.*

muan-suun ມ່ວນຊື່ນ happy, *n.*

mun ມຸ່ນ powdered, fragment, *adj., n.*

mûng ມຸ້ງ mosquito net, *n.*

múng ມຸງ put a roof on, gather in a crowd, *v.*

múng-gut ມຸງກຸດ crown, *n.*

múng-gut-láat-sa-gùm-máan ມຸງກຸດລາດຊະກຸມມານ crown prince, *n.*

mu-săa ມຸສາ tricky, false, lie, *n.*

mut-náam ມຸດນ້ຳ dive into water, *v.*

muu ໝູ່ friend, group, *n.*

mŭu ໝູ pig, *n.*

muu-bâan ໝູ່ບ້ານ village, *n.*

mŭu-bpàa ໝູປ່າ wild boar, *n.*

muu-háo ໝູ່ເຮົາ we, *n.*

muu-kuu ໝູ່ຄູ່ friend, close friend, *n.*

mŭun ໝຸນ revolve, spin, *v.*

mŭun-găp ໝຸນກັບ turn back, *v.*

mŭun-ngən ໝຸນເງິນ speculate, circulate money, *v.*

mŭun-wían ໝຸນວຽນ circulate, revolve around, *v.*

mùup ໝຸບ crouch, duck down, *v.*

mʉa ເມື່ອ when, *adv., conj.*

mʉa ເມືອ go back, return, *v.*

mʉa-bâan ເມືອບ້ານ go back home, *v.*

mʉa-dăi ເມື່ອໃດ when?, *adv.*

mʉa-dăi-gɔɔ-dtàam ເມື່ອໃດກໍ່ຕາມ whenever, *adv.*

mʉa-dta-gîi ເມື່ອຕະກີ້ just now, *adv.*

mʉa-gîi ເມື່ອກີ້ just a moment ago, just now, *adv.*

mʉa-gɔɔn ເມື່ອກ່ອນ former time, *n.*

mʉa-húan ເມືອເຮືອນ return home, *v.*

mʉai ເມື່ອຍ tired, exhausted, *adj.*

mûak ເມືອກ slimy, humid, *adv.*

mŭan ເໝືອນ like, same as, *adv., adj.*

mʉang ເມືອງ city, town, country, *n.*

mŭan-gàn-găp ເໝືອນກັນກັບ the same as, *adj.*

mŭan-găp ເໝືອນກັບ similar to, *adj.*

mʉang-èek ເມືອງເອກ capital city, *n.*

mʉang-fa-lang ເມືອງຝຣັ່ງ France, *n.*

mʉang-hɔɔn ເມືອງຮ້ອນ tropical country, *n.*

mʉang-láao ເມືອງລາວ Laos, *n.*

mʉang-lŭang ເມືອງຫຼວງ capital, Luangprabang City, *n.*

mʉang-nɔɔk ເມືອງນອກ foreign country, *n.*

mʉang-pĭi ເມືອງຜີ spirit world, hell, *n.*

mʉang-tái ເມືອງໄທ Thailand, *n.*

mʉang-ut-săa-ha-gàm ເມືອງອຸດສາຫະກຳ industrial city, *n.*

mʉa-wáan-nîi ເມື່ອວານນີ້ yesterday,

mʉa-wái-wái-máa-nîi ເມື່ອໄວໆມານີ້ lately, *adv.*

mɨ́n ມືນ open one's eyes, *v.*

mɨ́n-dtàa ມືນຕາ open one's eyes, *v.*

múng ມຶງ you (impolite), *pron.*

mɨ́n-máo ມຶນເມົາ intoxicated, groggy, drunk, *adj.*

mɨ̂ʉ ມື້ gunpowder, *n.*

mɨ́ʉ ມື hand, *n.*

mɨ́ʉ-bpao ມືເປົ່າ empty-handed, *adj.*

mɨ̂ʉ-dǎi ມື້ໃດ what day?

mɨ̂ʉ-dǎi-mɨ̂ʉ-nʉng ມື້ໃດມື້ນຶ່ງ someday, anyday, *adv.*

mɨ̂ʉ-gîi ມື້ກີ້ just now, *adv.*

mɨ̂ʉ-gîi-nîi ມື້ກີ້ນີ້ a moment ago, just now, *adv.*

mɨ̂ʉ-gɔɔn ມື້ກ່ອນ day before yesterday, *n.*

mɨ̂ʉ-hʉ́ʉ ມື້ຮື່ day after tomorrow, *n.*

mɨ̂ʉ-kʉ́ʉn ມື້ຄືນ at night, last night, *n.*

mɨ̂ʉ-kʉ́ʉn-nîi ມື້ຄືນນີ້ last night, *n.*

mɨ̂ʉ-kʉ́ʉn-wáan-nîi ມື້ຄືນວານນີ້ night before last night, *n.*

mɨ̂ʉ-la ມື້ລະ per day, *adv.*

mɨ̂ʉ-léeng ມື້ແລງ evening, *n., adv.*

mʉʉn ມື່ນ slippery, *adj.*

mʉʉn ມື່ນ tem thousand, insolent, bold, *n., adj.*

mɨ̂ʉ-nàa ມື້ໜ້າ one of these days, some other time, *n., adv.*

mɨ̂ʉ-nîi ມື້ນີ້ today, *n.*

mɨ̂ʉ-pak ມື້ພັກ holiday, day off, *n.*

mɨ̂ʉ-sâo ມື້ເຊົ້າ morning, *n.*

mɨ̂ʉ-sʉ̌ai ມື້ສວຍ afternoon, *n.*

mʉ̂ʉt ມືດ dark, *adj.*

mɨ́ʉ-tʉ̌ʉ ມືຖື hand phone, portable, *n., adj.*

mɨ̂ʉ-ʉʉn ມື້ອື່ນ tomorrow, *n.*

mɨ̂ʉ-wáan-nîi ມື້ວານນີ້ yesterday, *n., adv.*

mɨ̂ʉ-wén ມື້ເວັນ daytime, *n., adv.*

n (ນ, ໜ)

nàa ໜ້າ worth doing something, *pfx.*

nàa ໜ້າ face, front, page, season, *n.*

nâa ນ້າ maternal younger aunt or uncle, *n.*

náa ນາ rice field, farm, *n.*

nǎa ໜາ thick, *adj.*

nàa-àai ໜ້າອາຍ ashamed, shameful, *adj.*

nàa-àan ໜ້າອ່ານ worth reading, *adj.*

nàa-ǎt-sa-jàn ໜ້າອັດສະຈັນ amazing, marvelous, wonderful, *adj.*

nàa-bàang ໜ້າບາງ shy, modest, *adj.*

nàa-baao ນ້າບ່າວ maternal younger uncle, *n.*

nàa-bùut ໜ້າບູດ sulky, frown, pouty, *adj.*

nàa-bʉa ໜ້າເບື່ອ boring, *adj.*

nàa-dâan ໜ້າດ້ານ shameless, *adj.*

nàa-dìn ໜ້າດິນ surface of the ground, *n.*

nàa-dtàa ໜ້າຕາ features, look, face, characteristics, *n.*

nàa-dtaang ໜ້າຕ່າງ window, *n.*

nàa-dtâng ໜ້າຕັ້ງ vertically, *adv.*

náa-dta-sĭn ນາຕະສິນ traditional dance arts, *n.*

nàa-dtʉʉn ໜ້າຕື່ນ frightened, *adj.*

nàa-fáng ໜ້າຟັງ worth listening to, *adj.*

nàa-fŏn ໜ້າຝົນ rainy season, *n.*

nàa-gàak ໜ້າກາກ mask, *n.*

nàa-gìang ໜ້າກຽງ smooth, without shame, *adj.*

nàa-gìat ໜ້າກຽດ distasteful, ugly, *adj.*

nàa-gìn ໜ້າກິນ appetizing, tasty-looking, *adj.*

nàa-gùa ໜ້າກົວ fearful, frightening, *adj.*

náa-gʉa ນາເກືອ salt farm, *n.*

nàa-hàai ໜ້າຮ້າຍ evil (face), *adj.*

nàa-hak ໜ້າຮັກ lovely, cute, *adj.*

nàa-hăk ໜ້າຫັກ face with a broken nose, *n.*

nàa-hìao ໜ້າຫ່ຽວ wrinkled face, *n.*

náa-hok ນາຣົກ hell, *n.*

nàa-hɔ̂ɔn ໜ້າຮ້ອນ hot season, *n.*

naai ໜ່າຍ disgusting, tiring, boring, *adj.*

náai ນາຍ boss, chief, master, *n.*

náai-dàan ນາຍດ່ານ custom-house chief, *n.*

náai-dtàm-lùat ນາຍຕຳຫລວດ police officer, *n.*

náai-hàang ນາຍຮ້າງ store owner, businessman, *n.*

náai-hɔ̂ɔi ນາຍຮ້ອຍ army officer, *n.*

náai-húa ນາຍເຮືອ captain, naval officer, *n.*

náai-jâang ນາຍຈ້າງ employer, *n.*

náai-kúu ນາຍຄູ teacher, *n.*

náai-mɔ̌ɔ ນາຍໝໍ doctor, *n.*

náai-nàa ນາຍໜ້າ broker, *n.*

náai-páan ນາຍພານ hunter, *n.*

náai-páa-săa ນາຍພາສາ interpreter, translator, *n.*

náai-pa-káng ນາຍພະຄັງ royal treasurer, *n.*

náai-pón มายพ้น general, *n.*

náai-sâang มายช่าง mechanic, engineer, *n.*

náai-tâai มายท้าย steers man, *n.*

náai-ta-bìan มายทะบฺรูบ registrar officer, *n.*

náai-ta-hǎan มายทะขาน army officer, soldier, *n.*

náai-tún มายทืบ capitalist, investor, *n.*

nàa-jǎp-jài ฃ้าจับใจ touching, affecting, attractive, impressive, *adj.*

nàa-jùut ฃ้าจืด dull-looking, plain-looking, *adv.*

nâak มาก otter, Naga, alloy of gold and copper, *n.*

nàa-kào-fàa ฃ้าเข้าฝ้า facial skin blemish, melasma, *n.*

nàa-káo-lop ฃ้าเคารบ venerable, respectful, *adj.*

nàa-keng ฃ้าเค่ง tense, taciturn, serious, *adj.*

nàa-keng ฃ้าแข่ง shin, *n.*

nàa-kǒon ฃ้าโขน face mask for drama, *n.*

nàa-kǔm ฃ้าขึม taciturn, impassive, serious, *adj.*

nǎa-kùn ขาขึ้บ thicken, *v.*

nàa-la-àai ฃ้าละอาย shameful, *adj.*

nàa-láng-gìat ฃ้าลัງกฺรูด offensive, detestful, *adj.*

nàa-lɛ́ɛng ฃ้าแล้ง dry season, *n.*

náa-li-gàa บาลิกา clock, watch, *n.*

náa-li-gàa-bpǔk บาลิกาปุก alarm clock, *n.*

náa-li-gàa-dɛ́ɛt บาลิกาแดด sundial, *n.*

náa-li-gàa-kɔ̀ɔ-múu บาลิกาข้มี wrist watch, *n.*

náa-li-gàa-sáai บาลิกาຊາຍ hourglass, *n.*

nâam น้ำ water, liquid, *n.*

náam บาม name, noun, *n.*

nǎam ขาม thorn, splinter, *n.*

nàa-mǎa ฃ้าม้า horse-faced, *adj.*

nàa-mǎa ฃ้าขมา dog face (derogatory), *n.*

nâam-a-su-jì น้ำอะสุจิ sperm, semen, *n.*

nâam-ǎt-lom น้ำอัดลม carbonated water, soft drink, *n.*

náam-bǎt บามบัດ name card, *n.*

nâam-bìi น้ำบิ bile, *n.*

nâam-bpàa น้ำปา fish sauce, *n.*

náam-bpàak-gàa บามปากกา pen-name, *n.*

nâam-bpǎ-bpàa น้ำปะปา hydrant

nâam-bŏk ນ້ຳບຶກ receding water, *n.*

nâam-bùak ນ້ຳບວກ puddle, water buffalo wallow, *n.*

nâam-dtàa ນ້ຳຕາ tears, *n.*

nâam-dtàan ນ້ຳຕານ sugar, brown, *n., adj.*

nâam-dtàan-bpiip ນ້ຳຕານປີບ palm sugar in the form of cakes, *n.*

nâam-dtàan-dèeng ນ້ຳຕານແດງ brown sugar, *n.*

nâam-dtàan-gɔ̂ɔn ນ້ຳຕານກ້ອນ lump sugar, *n.*

nâam-dtàan-sáai ນ້ຳຕານຊາຍ white sugar, cane sugar, *n.*

nâam-dtâo ນ້ຳເຕົ້າ gourd, *n.*

nâam-dtŏk ນ້ຳຕົກ waterfall, *n.*

nâam-dtôm ນ້ຳຕົ້ມ boiled water, *n.*

nâam-dtɔ̀ɔng ນ້ຳຕອງ filtered water, *n.*

nâam-dtùun ນ້ຳຕື້ນ shallow water, *n.*

náam-fěeng ນາມແຝງ pseudonym, alias, *n.*

nâam-fŏn ນ້ຳຝົນ rain water, *n.*

nâam-gàam ນ້ຳກາມ sperm, semen, *n.*

nâam-ga-ti ນ້ຳກະທິ coconut cream, *n.*

nâam-gèeng ນ້ຳແກງ soup, the liquid part of curry, *n.*

nâam-gɛng ນ້ຳແກ່ງ flood, *n.*

nâam-gìn ນ້ຳກິນ drinking water, *n.*

nâam-gòt ນ້ຳກົດ acid, *n.*

nâam-gɔ̀k ນ້ຳກ໊ອກ tap water, *n.*

nâam-hèng ນ້ຳແຫ້ງ dry riverbed, *n.*

nâam-hɔ̌ɔm ນ້ຳຫອມ perfume, *n.*

nâam-hǔa-pàng ນ້ຳຫົວເຜິ້ງ honey, *n.*

nâam-jɛo ນ້ຳແຈ່ວ chilli sauce, pepper sauce, *n.*

nâam-jùut ນ້ຳຈືດ fresh water, *n.*

nâam-kàang ນ້ຳຄ້າງ dew, *n.*

nâam-kám ນ້ຳຄຳ golden color, real meaning of words, *n.*

nâam-kém ນ້ຳເຄັມ salt water, *n.*

nâam-kɔ̌ɔng ນ້ຳຂອງ Mekhong River, *n.*

nâam-kùn ນ້ຳຂຸ່ນ turbulent water, *n.*

nâam-kùn ນ້ຳຂຶ້ນ tide, high tide, *n.*

nâam-láa ນ້ຳລ້າ plain water, *n.*

nâam-láai ນ້ຳລາຍ saliva, *n.*

nâam-màak ນ້ຳໝາກ betel saliva, *n.*

nâam-màak-mâi ນ້ຳໝາກໄມ້ fruit juice, *n.*

nâam-màak-náao ນ້ຳໝາກນາວ lemonade, *n.*

nâam-màak-pâao ນ້ຳໝາກພ້າວ coconut water, juice, *n.*

nâam-mán ນ້ຳມັນ oil, petroleum products, *n.*

nâam-mán-bəə ນ້ຳມັນເບີ butter, *n.*

nâam-mán-dtăp-bpàa ນ້ຳມັນຕັບປາ cod-liver oil, *n.*

nâam-mán-ɛt-sáng ນ້ຳມັນແອັດຊັງ gasoline, *n.*

nâam-mán-gaat ນ້ຳມັນກາດ kerosene, *n.*

nâam-mán-kʉ̀ap-sǐi ນ້ຳມັນເຄືອບສີ lacquer, *n.*

nâam-mán-mǔu ນ້ຳມັນໝູ lard, *n.*

nâam-mán-ngáa ນ້ຳມັນງາ sesame oil, *n.*

nâam-mán-nyáang ນ້ຳມັນຍາງ resin, asphalt, *n.*

nâam-mán-sa-lăt ນ້ຳມັນສະຫຼັດ salad oil, *n.*

náam-ma-tám ນາມມະທຳ abstract, intangible, *n.*

nâam-món ນ້ຳມົນ lustral water, *n.*

nâam-mɔ̀ɔk ນ້ຳໝອກ fog, *n.*

nâam-mʉ̀k ນ້ຳມຶກ ink, *n.*

nâam-năk ນ້ຳໜັກ weight, *n.*

nâam-ngʉ́m ນ້ຳງຶ່ມ Nam Ngeum River, *n.*

nâam-nóm ນ້ຳນົມ milk, *n.*

nâam-nɔ̌ɔng ນ້ຳໜອງ pus, *n.*

nâam-nyiao ນ້ຳຍ່ຽວ urine, *n.*

nâam-nyɔ́ɔm ນ້ຳຍ້ອມ dye, *n.*

nâam-ŏp ນ້ຳອົບ perfume, scents, *n.*

nâam-ɔ̀ɔi ນ້ຳອ້ອຍ sugarcane juice, *n.*

nàa-mɔ̌ɔng ໜ້າໝອງ sad face, *n.*

nâam-pèng ນ້ຳເຜິ້ງ honey, *n.*

nâam-pik ນ້ຳພິກ hot sauce, *n.*

nâam-pu ນ້ຳພຸ fountain, *n.*

nâam-pu-hɔ́ɔn ນ້ຳພຸຮ້ອນ geyser, hot spring, *n.*

nâam-sáa ນ້ຳຊາ tea, *n.*

nâam-sàang ນ້ຳສ້າງ well, *n.*

náam-sa-gùn ນາມສະກຸນ family name, surname, *n.*

nâam-sǐi ນ້ຳສີ paint, *n.*

nâam-sîin ນ້ຳຊີ້ນ gravy, *n.*

nâam-sôm ນ້ຳສົ້ມ vinegar, *n.*

nâam-sóo-dàa ນ້ຳໂສດາ soda, *n.*

nâam-ta-lée ນ້ຳທະເລ sea, *n.*

nâam-tùam ນ້ຳຖ້ວມ flood, *n.*

nàa-mǔn ໜ້າມຶນ bold, shameless, *adj.*

nàa-mʉ̀ʉt ໜ້າມຶດ losing self-control, dizzy, *adj.*

nâam-wǎan ນ້ຳຫວານ soft drinks, sweet drinks, juice, *n.*

nâam-wǎan-dɔ̀ɔk-mâi ນ້ຳຫວານດອກໄມ້ nectar, *n.*

nâam-wén ນ້ຳເວີນ cross current, *n.*

nâam-wón ນ້ຳວົນ whirlpool, *n.*

nâam-yàa ນ້ຳຢາ liquid medicine, *n.*

náan ບານ long (time), *n.*

nàa-nǎa ໜ້າໜາ shameless, bold, *adj.*

nàa-naai ໜ້າໜ່າຍ ugly, disgraceful, boring, *adj.*

nàa-nǎao ໜ້າໜາວ cold season, *n.*

nàa-nap-tǔu ໜ້ານັບຖື worthy of respect, *adj.*

nǎa-nèn ໜາແໜ້ນ dense, compact, *adj.*

náang ນາງ Ms, Mrs, Miss, *n., pron.*

náang-bèep ນາງແບບ model, *n.*

náang-èek ນາງເອກ heroine, *n.*

náang-ɛn ນາງແອ່ນ swallow, *n.*

náang-fáa ນາງຟ້າ fairy, *n.*

náang-gwǎk ນາງກວັກ female pendant which brings luck, *n.*

náang-mâi ນາງໄມ້ female tree spirit, *n.*

náang-mɔ̌ɔ ນາງໝໍ nurse, *n.*

náang-ngáam ນາງງາມ beauty queen, *n.*

náang-ngûak ນາງເງືອກ mermaid, *n.*

náang-núan ນາງນວນ seagull, *n.*

náang-nyak ນາງຍັກ giantess, *n.*

náang-pa-dùng-kán ນາງພະດຸງຄັນ midwife, *n.*

náang-pa-nyáa-bàan ນາງພະຍາບານ nurse, *n.*

náang-pɔ̀ng ນາງເຜິ້ງ queen bee, *n.*

náang-sǎao ນາງສາວ Miss, *n.*

náang-sǐi ນາງຊີ nun, *n.*

náang-tíam ນາງທຽມ female spirit medium, *n.*

náan-máa-lɛ́ɛo ນານມາແລ້ວ ago, long ago, *adv.*

náan-nâam ນ່ານນ້ຳ water course, territorial waters, *n.*

nàa-nɔ̂ɔng ໜ້າໜ້ອງ poisoned arrow, *n.*

nǎan-pǎk ນານາປັກ vegetable garden, *n.*

nàa-nǔa-jài-sǔa ໜ້າເນື້ອໃຈເສືອ a wolf in sheep's clothing, *n.*

náa-nyok ນາຍົກ president, chairman, *n.*

náa-nyok-lat-ta-món-dtìi ນາຍົກລັດຖະມົນຕີ prime minister, *n.*

nǎao ໜາວ cold (temperature), *adj.*

nàa-ǒk ໜ້າອົກ chest (body), *n.*

nǎao-kài ໜາວໄຂ້ chills and fever, *n.*

nàap ນາບ press down, flat, *v., adj.*

nàa-pǎa ໜ້າຜາ cliff, *n.*

nàa-pàak ໜ້າຜາກ forehead, *n.*

nàa-pǎa-sán ໜ້າຜາຊັນ face of a precipice, *n.*

nâa-pài ນ້າໄພ້ younger aunt in-law, *n.*

nàa-píang ໜ້າພຽງ surface, flat surface, *n.*

náa-píang ນາພຽງ flat field, *n.*

nàa-sǎao ບ້າສາວ maternal younger aunt, *n.*

nàa-sào ໜ້າເສົ້າ sad-looking, *adj.*

náa-sɛ́ɛng ນາແຊງ dry season rice field, *n.*

nàa-sǐa ໜ້າເສຍ emotionless, fearless, losing face, *adj.*

nàa-sǐa-dàai ໜ້າເສຍດາຍ regrettable, what a pity!, *adj.*

nàa-sîit ໜ້າຊີດ pale (looking), *adj.*

nàa-sóm-pêet ໜ້າສົມເພດ sorry-looking, pitiable, pitiful, *adj.*

nàa-sóm-sə̌əi ໜ້າສົມເຊີຍ admirable, *adj.*

nàa-sǒng-sǎan ໜ້າສົງສານ pitiful, *adj.*

nàa-ta-núu ໜ້າທະນູ arrow, *n.*

náa-tii ນາທີ minute, *n.*

nàa-tii-gàan ໜ້າທີການ duty, function, *n.*

nàa-tii-mîi-gìat ໜ້າທີມີກຽດ an honorable task, *n.*

nàa-ǔt-ǎt ໜ້າອຶດອັດ disquieting, uneasiness, *adj.*

náa-wáa ນາວາ navy, ship, *n.*

náa-wáa-àa-gàat ນາວາອາກາດ airplane, air force, *n.*

náa-wáa-àa-gàat-dtìi ນາວາອາກາດຕີ squadron leader, *n.*

náa-wáa-àa-gàat-èek ນາວາອາກາດເອກ group captain, *n.*

náa-wáa-àa-gàat-tóo ນາວາອາກາດໂທ wing commander, *n.*

náa-wáa-dtìi ນາວາຕີ lieutenant commander, *n.*

náa-wáa-èek ນາວາເອກ captain, *n.*

náa-wáa-tóo ນາວາໂທ commander, *n.*

náa-wíi ນາວີ ship, *n.*

nái ໃນ in, seed, *prep., n.*

nái-bpa-den ໃນປະຕັບ relevant, *adj.*

nái-bɔɔ-li-wéen ໃນບໍລິເວນ in the vicinity of, near, in the area of, *prep.*

nái-bɔɔ-sâa ໃນບໍ່ຊ້າ soon, *adv.*

nái-gɔ̀ɔ-la-nǐi-tii ໃນກໍລະນີທີ in the event of, *prep.*

nái-hom ໃນຮົ່ມ indoor, in the shade, *adv.*

nái-jài ໃນໃຈ at heart, emotional, quietly, *adv.*

nái-ka-nǎ-nân ໃນຂະນະນັ້ນ at that time, justly, *adv.*

nái-kàn-nìi ໃນຂັ້ນນີ້ at this stage, *adv.*

nái-la-nya-nìi ໃນລະຍະນີ້ at this time, *adv.*

nái-la-waang ໃນລະຫວ່າງ between,

nái-mɔɔ-mɔɔ-nîi ໃນມໍ່ໆນີ້ soon, presently, *adv.*

nái-múang ໃນເມືອງ urban, downtown, *n.*

nái-náam-kɔ̌ɔng ໃນນາມຂອງ on behalf of, *prep.*

nái-nân ໃນນັ້ນ among those, inside, *prep.*

nái-nyáam ໃນຍາມ in times of, *prep.*

nái-tàam-gàang ໃນຖ່າມກາງ admist, among, *prep., conj.*

nái-tán-dài ໃນທັນໃດ immediately, *adv.*

nái-tán-tíi ໃນທັນທີ immediately, *adv.*

nái-tíi-sǔt ໃນທີ່ສຸດ at last, *adv.*

nái-wáa-la ໃນວາລະ on the occasion of, *prep.*

nái-wái-wái-nîi ໃນໄວໆນີ້ very soon, *adv.*

nái-wée-láa-dìao-gàn ໃນເວລາດຽວກັນ at the same time, *adv.*

nái-wée-láa-tíi ໃນເວລາທີ່ during the time of, *prep.*

nak ນັກ expert, devotee, a front element to form a compound noun, *n., adj.*

nak-àa-wa-gàat ນັກອາວະກາດ astronaut, *n.*

nak-bìn ນັກບິນ pilot, *n.*

nak-bòo-háan-ka-dìi ນັກໂບຮານຄະດີ archaeologist, *n.*

nak-bpa-pán ນັກປະພັນ composer, author, *n.*

nak-bpàt-sa-nyáa ນັກປັດຊະຍາ philosopher, the learned one, *n.*

nak-bpɛ̀ɛ ນັກແປ translator, *n.*

nak-bùat ນັກບວດ clergyman, monk, *n.*

nak-dòn-dtìi ນັກດົນຕີ musician, *n.*

nak-dtên-lám ນັກເຕັ້ນລຳ dancer, *n.*

nak-fɔ́ɔn ນັກຟ້ອນ dancer, *n.*

nak-gàan-múang ນັກການເມືອງ politician, *n.*

nak-gàan-tùut ນັກການທູດ diplomat, ambassador, *n.*

nak-ga-wíi ນັກກະວີ poet, *n.*

nak-gi-láa ນັກກິລາ sportsman, *n.*

nak-gŏt-mǎai ນັກກົດໝາຍ lawyer, *n.*

nak-hían ນັກຮຽນ student, *n.*

nak-hían-náai-hɔ̌ɔi ນັກຮຽນນາຍຮ້ອຍ cadet, *n.*

nak-hɔ́ɔng ນັກຮ້ອງ singer, *n.*

nak-kàao ນັກຂ່າວ newspaper reporter, *n.*

nak-kǐan ນັກຂຽນ writer, *n.*

nak-léeng ນັກເລງ gangster, *n.*

nak-múai ນັກມວຍ boxer, *n.*

nak-năng-sŭu-pím ນັກໜັງສືພິມ newspaperman, journalist, *n.*

na-kɔ́ɔn ນະຄອນ city, *n.*

na-kɔ́ɔn-lŭang ນະຄອນຫລວງ capital city, *n.*

na-kɔ́ɔn-tón ນະຄອນທົນ metropolitan, municipality, *n.*

nak-páa-săa ນັກພາສາ linguist, *n.*

nak-púu-mĭi-sàat ນັກພູມີສາດ geographer, *n.*

nak-sèep ນັກເສບ musician, *n.*

nak-sĭao-sáan ນັກຊ່ຽວຊານ expert, *n.*

nak-sŭk-săa ນັກສຶກສາ student, *n.*

nak-sŭup ນັກສືບ detective, spy, *n.*

nak-tôot ນັກໂທດ prisoner, convict, *n.*

nak-wâo ນັກເວົ້າ orator, speaker, *n.*

nak-wi-sa-wâ-gɔɔn ນັກວິຊະວະກອນ engineer, *n.*

nak-wi-ta-nyáa-sàat ນັກວິທະຍາສາດ scientist, *n.*

na-lok ນະລົກ hell, *n.*

năk ໜັກ heavy, difficult, *adj.*

năk-jài ໜັກໃຈ worried, troubled, heavy hearted, *adj.*

năk-nèn ໜັກແໜ້ນ steady, firm, *adj.*

nam ນ້ຳ beat, repeat, *v.*

nám ນຳ lead, conduct, guide, with, together, *v., prep.*

na-mat-sa-gàan ນະມັດສະການ pay homage to Buddha, worship, bow to, *v.*

nâm-bəə ນຳເບີ number, *n.*

nám-gàn ນຳກັນ together, with, *prep.*

nám-gôn ນຳກົນ follow after, go after someone, *v.*

nám-lăng ນຳຫລັງ follow after, *v.*

nám-nàa ນຳໜ້າ take the lead, *v.*

nám-tán ນຳທັນ catch up, *v.*

nám-tiao ນຳທ່ຽວ guide, *v.*

năn ນັ້ນ that, *adv.*

nang ນັ່ງ sit, *v.*

năng ໜັງ skin, leather, *n.*

năng-dtăa ໜັງຕາ eyelid, *n.*

nang-kăt-ta-màat ນັ່ງຂັດທະຫມາດ sit cross-legged, *v.*

nang-kwai-hàang ນັ່ງໄຂ່ວຫ້າງ across legs, *v.*

nang-lóng ນັ່ງລົງ sit down, *v.*

năng-nĭao ໜັງໜຽວ invulnerable, *adj.*

nang-nyɔng-nyɔ́ ນັ່ງຢ່ອງຢໍ້ squat, *v.*

năng-săt ໜັງສັດ leather, *n.*

năng-sŭu ໜັງສື letter, book, document, *n.*

năng-sŭu-dəən-táang ໜັງສືເດີນທາງ passport, travel document, *n.*

năng-sŭu-hap-hɔ́ɔng ໜັງສືຮັບຮອງ

nǎng-sǔu-kuu-múu ຫນັງສືຄູ່ມື guide book, manual, *n.*

nǎng-sǔu-nám-tiao ຫນັງສືນຳທ່ຽວ guide book, *n.*

nǎng-sǔu-paan-dèen ຫນັງສືຜ່ານແດນ passport, *n.*

nǎng-sǔu-pím ຫນັງສືພິມ newspaper, *n.*

nǎng-sǔu-sǎn-nyáa ຫນັງສືສັນຍາ lease, contract, *n.*

nǎng-sǔu-wían ຫນັງສືວຽນ circular, bulletin, *n.*

nang-tíam ນັ່ງທຽມ sit as a spirit medium, *v.*

na-nyóo-bàai ນະໂຍບາຍ policy, *n.*

nao ເນົ່າ spoiled, rotten, *adj.*

nao-bùut ເນົ່າບູດ mouldy and spoiled, rotten, *adj.*

nao-měn ເນົ່າເໝັນ spoiled and stinking, *adj.*

nap ນັບ count, *v.*

nap-bɔɔ-tùan ນັບບໍ່ຖ້ວນ countless, innumerable, *adj.*

nap-tǔu ນັບຖື respect, worship, have faith in, *v.*

nap-waa ນັບວ່າ it is regarded as

nat ນັດ make an appointment, shot (e.g. sound of a gun shot), *v.*

née-la-kún ເນລະຄຸນ ungrateful, *adj.*

née-la-têet ເນລະເທດ exile, banish, *v.*

néen ເນນ Buddhist novice, *n.*

nên ເນັ້ນ stress, emphasize, *v.*

neng ເໜັງ move, stir, *v.*

neng-dtìing ເໜັງຕີງ move, *v.*

nên-lóng ເນັ້ນລົງ press down, *v.*

nɛ́p ແໜບ jab, put between, *v.*

nɛ́p-kào ແໜບເຂົ້າ put in, *v.*

nɛ́p-sáa ແໜບຊາ beri-beri, numbness, *n.*

nɛ́p-sai ແໜບໃສ່ insert, *v.*

nɛɛ ແນ່ surely, *adv.*

nɛ́ɛ-bpʉ̀ʉn ແນບືນ aim a gun, *v.*

nɛɛ-jài ແນ່ໃຈ sure, certain, *adj.*

nɛ̌ɛm ແໜມ pickled pork dish, *n.*

nɛ̌ɛng ແໜງ twig, small branch, *n.*

nɛ̌ɛng-naai ແໜງໜ່າຍ disgusted, tired of, *adj.*

nɛɛ-nɔ́ɔn ແນ່ນອນ certainly, *v.*

nɛ́ɛo ແນວ kind, sort, stripes, line, row, *n.*

nɛ́ɛo-dǎi ແນວໃດ in what way, how

nɛ́ɛo-kwáam-kit ແນວຄວາມຄິດ idea, *n.*

nɛ́ɛo-lop ແນວລົບ battle line, front, *n.*

nɛ́ɛo-nàa ແນວໜ້າ front, vanguard, *n.*

nɛ̂ɛp ແໜບ bar spring, tweezers, *n.*

nɛ̂ɛp ແນບ be close to, press, attach, *v.*

nɛ̂ɛp-nían ແນບນຽນ be closely fitting, neat, *adj.*

nɛɛ-sat ແນຊັດ obvious, *adv.*

nɛɛ-têɛ ແນແທ້ in good faith, steadfast, *adv.*

nɛ̀n ແໜັ້ນ tight, *adj.*

nɛ-nám ແນະນຳ introduce, present, suggest, advise, *v.*

nɛo-nɛɛ ແນ່ວແນ່ concentrated, firm, steadfast, *adj.*

nə́əi ເນີຍ butter, cheese, *n.*

nə́əi-kɛ́ɛng ເນີຍແຂງ cheese, *n.*

nə́ən ເນີນ mound, hill, *n.*

nə̂əng ເນື້ອງ lean, *v.*

nə́ən-sáai ເນີນຊາຍ sand dune, *n.*

niang ນຽງ mix together in the hand, *v.*

nǐang ນຽງ the dewlap of low's, *n.*

niao ນຽວ stickly, *adj.*

ni-dti-bat ນິຕິບັດ legislature, legislative (assembly), *n.*

ni-dti-bŭk-kón ນິຕິບຸກຄົນ juristic entity, juristic person, *n.*

ni-dti-páa-wa ນິຕິພາວະ maturity, *n.*

ni-gàai ນິກາຍ sect, religious denomination, *n.*

nîi ໜີ້ debt, *n.*

nîi ນີ້ this, *n.*

nǐi ໜີ escape, flee, leave, stay away, *v.*

nǐi-bɔɔ-pôn ໜີບໍ່ພົ້ນ fail to escape, *v.*

nǐi-bùn-kún ໜີບຸນຄຸນ owe favor, *v.*

nîi-dée ນີ້ເດ here it is

nǐi-dtàam-puu-baao ໜີຕາມຜູ້ບ່າວ elope, marry secretly, run off with a man, *v.*

nǐi-jàak ໜີຈາກ go away from, *v.*

nìip ນີບ press, squeeze, *v.*

nǐi-pôn ໜີພົ້ນ escape from danger, *v.*

nîi-sǐn ໜີ້ສິນ financial debt, *n.*

ni-kóm ນິຄົມ settlement, *n.*

ni-lán-dɔ̀ɔn ນິລັນດອນ forever, eternally, *adv.*

ni-la-tôot-sa-gàm ນິລະໂທດສະກຳ faultless, *n.*

ni-mít ນິມິດ create, omen, sign, vision, *v., n.*

nín ນິນ sapphire, onyx, *n.*

nîng ນິ້ງ motionless, still, silent, *adj.*

nîng-ngîap ນິ້ງງຽບ silent, *adj.*

nîng-sǐa ນິ້ງເສຍ remain silent, *v.*

nín-táa ນິນທາ gossip, *v.*

ni-nyáai ນິຍາຍ fable, story, myth, tale, *n.*

ni-nyáam ນິຍາມ definition, *n.*

ni-nyóm ນິຍົມ popular, prefer, like admire, *adj., v.*

ni-páan ນິພານ go to nirvana, die (for those who are enlightened), *n., v.*

ni-sǎi ນິໄສ habit, *n.*

ni-táan ນິທານ story, fable, *n.*

nit-sǎi ນິດໄສ habit, custom, *n.*
nìu ໜິ້ວ bladder inflamation, gallstone, *n.*
nìu ນິ້ວ finger, inch, *n.*
nìu-bpôo ນິ້ວໂປ້ thumb, *n.*
nìu-dtìin ນິ້ວຕີນ toes, *n.*
nìu-gàang ນິ້ວກາງ middle finger, *n.*
nìu-gɔ̂ɔi ນິ້ວກ້ອຍ little finger, *n.*
nìu-múɯ ນິ້ວມື finger, *n.*
nìu-náang ນິ້ວນາງ ring finger, *n.*
nìu-sǐi ນິ້ວຊີ້ index finger, *n.*
nok ນົກ bird, *n.*
nok-bpět-nâam ນົກເປັດນ້ຳ teal, *n.*
nok-bpɯɯn ນົກປືນ flintlock rifle, *n.*
nok-dten ນົກເຕັນ king fisher, *n.*
nok-dtɔɔ ນົກຕໍ່ (bird) decoy, *n.*
nok-gàang-kěen ນົກກາງເຂນ robin, *n.*
nok-ga-jɔ̀ɔk-têep ນົກກະຈອກເທບ ostrich, *n.*
nok-ga-sǎa ນົກກະສາ crane, *n.*
nok-ga-táa ນົກກະທາ quail, *n.*
nok-gɛ̂ɛo ນົກແກ້ວ parrot, *n.*
nok-hɛ̂ɛng ນົກແຮ້ງ vulture, *n.*
nok-hǒng ນົກຫົງ swan, *n.*
nok-hǔa-kwǎn ນົກຫົວຂວັນ woodpecker, *n.*
nok-îang ນົກອ້ຽງ singing mina, *n.*
nok-jàap ນົກຈາບ rice bird, *n.*
nok-jao ນົກເຈົ່າ heron, *n.*
nok-jíp ນົກຈິບ pink warbler, *n.*
nok-jɔɔk ນົກຈອກ sparrow, *n.*
nok-ka-mìn ນົກກະມິ້ນ oriole, *n.*
nok-kâo ນົກເຄົ້າ owl, *n.*
nok-kǎo ນົກເຂົາ dove, *n.*
nok-kùm ນົກຂຸ້ມ snail bird, *n.*
nok-kûn ນົກຄຸ້ນ pet bird, *n.*
nok-náang-gèe ນົກນາງແກ pigeon, *n.*
nok-náang-núan ນົກນາງນວນ gull, *n.*
nok-nyáang ນົກຍາງ stork, crane, *n.*
nok-nyúng ນົກຍູງ peacock, *n.*
nok-sâi ນົກໄຊ woodpecker, *n.*
nok-sɔ̌ɔng-hǔa ນົກສອງຫົວ servant of two masters, double agent, *n.*
nok-táa ນົກທາ partridge, *n.*
nóm ນົມ milk, breast, *n.*
nóm-kùn ນົມຂຸ້ນ condensed milk, *n.*
nóm-ngúa ນົມງົວ cow milk, *n.*
nóm-nyáan ນົມຍານ drooping breast, sagging breast, *n.*
nóm-sǒt ນົມສົດ fresh milk, *n.*
nóon ໂນນ highland, hill, *n.*
nop ນົບ pray respect to (with hands put together on the chest), *v.*
nop-wàai ນົບໄຫວ້ pray respect to with hands put together on the chest, *v.*
nɔ̂i ໜ້ອຍ little, *adj., adv*
nɔ̂i-nɯng ໜ້ອຍນຶ່ງ a bit, a little, *adv.*

nɔɔ หน่อ shoot, sprout, *n.*

nɔɔ น the thirteenth consonant of the Lao alphabet (low consonant), *n.*

nɔɔ นอ horn, *n.*

nɔɔ-gûai หน่อก້ວຍ banana shoot, *n.*

nɔɔ-hêet นอแรด rhinocerous horn, *n.*

nɔ́ɔi ນ້ອຍ little, small, *adj.*

nɔ́ɔi-gwaa ນ້ອຍກວ່າ smaller than, less than, *adj.*

nɔ́ɔi-jài ນ້ອຍໃຈ disparaged, timid, feel insignificant, *adj.*

nɔ́ɔi-nung ນ້ອຍນຶ່ງ a little, *adv.*

nɔ́ɔi-tii-sŭt ນ້ອຍທີ່ສຸດ least, *adj., adv.*

nɔ̂ɔk ນອກ out, outside, *adj., adv.*

nɔ̂ɔk-fang ນອກຝັ່ງ offshore, *adv.*

nɔ̂ɔk-gòt-măai ນອກກົດໝາຍ outlaw, illegal, *adj.*

nɔ̂ɔk-hîit ນອກຮີດ immoral, unconventional, *adj.*

nɔ̂ɔk-jàak ນອກຈາກ except, *prep.*

nɔ̂ɔk-jàak-nân ນອກຈາກນັ້ນ besides that, *prep.*

nɔ̂ɔk-jàak-nìi ນອກຈາກນີ້ also, besides, *adv., prep.*

nɔ̂ɔk-jàak-waa ນອກຈາກວ່າ unless, *conj.*

nɔ̂ɔk-jài ນອກໃຈ unfaithful (between lovers), *adj.*

nɔ̂ɔk-kɔ̂ɔk ນອກຄອກ unconventional, unconforming, *adj.*

nɔ̂ɔk-lɯ̀ang ນອກເລື່ອງ irrelevant, disgressing, *adj.*

nɔ̂ɔk-nân ນອກນັ້ນ besides that, *prep.*

nɔ̂ɔk-sáan ນອກຊານ porch, *n.*

nɔ̂ɔk-wée-láa ນອກເວລາ overtime, *n., adj.*

nɔɔ-mâi ໜໍ່ໄມ້ bamboo shoot, *n.*

nɔɔ-mâi-fa-lang ໜໍ່ໄມ້ຝະຣັ່ງ asparagus, *n.*

nɔ̂ɔm-gàai ນ້ອມກາຍ bend over, *v.*

nɔ́ɔn ນອນ sleep, lie down, *v.*

nɔ̌ɔn ໜອນ lavar, worm, caterpillar, *n.*

nɔ́ɔn-bɔn-sài ໜອນບອນໄສ້ traitor, *n.*

nɔ́ɔn-bɔ̀ɔ-lǎp ນອນບໍ່ຫຼັບ cannot sleep, have insomnia, *v.*

nɔ́ɔn-dɛ̌k ນອນເດິກ go to bed late, *v.*

nɔ́ɔn-dtɯ̀ɯn ນອນຕື່ນ wake up, *v.*

nɔ̂ɔng ນ້ອງ younger brother or sister, *n.*

nɔ̌ɔng ໜອງ lake, pond, pus, *n.*

nɔ̂ɔng-kə̀əi ນ້ອງເຂີຍ younger brother-in-law, *n.*

nɔ̌ng-nái ໜອງໃນ gonorrhea, *n.*

nɔ́ɔn-gòon ນອນໂກນ snore, *v.*

nɔ̂ɔng-pâi ນ້ອງໄພ້ younger sister-in-law, *n.*

nɔ̂ɔng-pŭa ນ້ອງຜົວ younger brother

nɔ́ɔng-sáai ນ້ອງຊາຍ younger brother, *n.*

nɔ́ɔng-sǎao ນ້ອງສາວ younger sister, *n.*

nɔ́ɔn-jài ນອນໃຈ improvident, complacent, careless, *adj.*

nɔ́ɔn-kwàm ນອນຄວ່ຳ lie prone, *v.*

nɔ́ɔn-lǎp ນອນຫລັບ sleep deeply, be asleep, *v.*

nɔ́ɔn-ngǎai ນອນຫງາຍ lie face up, lie supine, *v.*

nɔ́ɔn-sǔai ນອນສວຍ take a nap, *v.*

nɔ́ɔn-wén ນອນເວັນ take a nap, *v.*

nɔ́ɔp-nɔ́ɔm ນອບນ້ອມ bow, be respectful, *v.*

núa ນົວ tasty, delicious, *adj.*

nuai ໜ່ວຍ unit, unify, fruit, *n.*

nùak ໜວກ deaf, *adj.*

nùak-hǔu ໜວກຫູ noisy, loud, *adj.*

núam ນວມ quilt, wad, padding, *n.*

núam-sok-múai ນວມຊົກມວຍ boxing gloves, cushion, guilt, *n.*

núan ນວນ of beautiful color, pale, white, blond, *adj.*

nuang-wée-láa ໜ່ວງເວລາ pull lightly, delay, *v.*

nùat ໜວດ mustache, beard, *n.*

nûat ນວດ massage, *v.*

nùat-gûng ໜວດກຸ້ງ shrimp antenna, *n.*

num ໜຸ່ມ young, youth, man, *adj., n.*

nung ນຸ່ງ put on, wear, *v.*

nung-hom ນຸ່ງຫົ່ມ wear clothes, *v.*

nung-kʉang ນຸ່ງເຄື່ອງ get dressed, *v.*

nǔu ໜູ mouse, rat, rodent, *n.*

núum ນູມ swollen, rotten, *adj.*

nʉ̀a ເນື້ອ meat, flesh, *n.*

nʉ̌a ເໜືອ north, *n.*

nʉ̀a-kwáam ເນື້ອຄວາມ content, gist, *n.*

nʉ̀a-lʉang ເນື້ອເລື່ອງ content, *n.*

nʉ̀ang-jàak ເນື່ອງຈາກ due to, because of, as a result of, *prep.*

nʉk ນຶກ think, consider, *v.*

nʉk-tɵ̌ng ນຶກເຖິງ think of, *v.*

nʉk-waa ນຶກວ່າ think that, *v.*

nʉng ນື່ງ one, *nm.*

nʉng ໜຶ່ງ one, *nm.*

ng (ງ, ຫງ)

nga ງະ open, spread apart, *v.*

ngáa ງາ sesame, ivory, *n.*

ngaai ງ່າຍ easy, simple, *adj.*

ngáai ງາຍ lunch, *n.*

ngǎai ຫງາຍ turn face up, *v.*

ngǎai-kʉ̀n ຫງາຍຂຶ້ນ turn face up, *v.*

ngǎai-tɔ́ɔng ຫງາຍທ້ອງ lie supine, *v.*

ngaam ง่าม prongs, *n.*

ngáam งาม beautiful, pretty, graceful, fine, *adj.*

ngaa-mâi ง่าไม้ tree branch, *n.*

ngaam-bpùu ง่ามปู crabclaw, *n.*

ngaam-dtìin ง่ามตีน jointure of the toes, *n.*

ngaam-mâi ง่ามไม้ fork of a tree, *n.*

ngáan งาน job, business, party, festival, work, labor, occupation, celebration, unit of area equal to 400 square meters, *n.*

ngáan-a-di-lèek งานอะดิเลก hobby, *n.*

ngâang ง้าง force open, lift up, open up, *v.*

ngáan-pi-tíi งานพิธี ceremony, *n.*

ngáan-òok-hâan งานออกร้าน fair, *n.*

ngáan-sa-lǒong งานสะหลอง celebration, *n.*

ngáan-sòp งานสืบ cremation, funeral, *n.*

ngáan-súm-núm งานอุมนุม meeting, *n.*

ngâao ง้าว long-handled curved sword, pike, *n.*

ngáa-sâang งาช้าง ivory, *n.*

ngai ไง dusty, *n.*

ngào เหง้า stump or foot of a tree, root, *n.*

ngào เหง้า source, heritage, root, *n.*

ngáo เงา shadow, image, reflection, *n.*

ngăo เหงา lonely, *adj.*

ngăo-jài เหงาใจ lonesome, lonely, *adj.*

ngáo-mâi เงาไม้ shade, *n.*

ngăo-ngǒi เหงาหงอย gloomy, depressed, *adj.*

ngăo-nǒon เหงานอน be sleepy, yawn, *v.*

ngap งับ snap at, shut, snatch, close, *v.*

ngat งัด pry open, *v.*

ngen เหงน civet cat, *n.*

nge แงะ take off, force open, *v.*

ngɛɛ แง serpent, *n.*

ngɛɛn แงน hungry, thirsty, crave, *adj. v.*

ngɛ̌ɛn แหงน lift up one's head, *v.*

ngɛ̌ɛn-bəng แหงนเบิ่ง look up and see, *v.*

ngɛ̌ɛn-kɔɔ แหงนคอ look up, *v.*

ngə́əi เงย straighten up, look up, *v.*

ngə́n เงิน money, silver, *n.*

ngə́n-bàm-náan เงินบำนาน pension, *n.*

ngə́n-bpɔ̀ɔm เงินปอม counterfeit money, *n.*

ngə́n-dtaa เงินตรา currency, *n.*

ngə́n-dtôn-tún เงินต้นทึน capital, principal, *n.*

ngə́n-dɯan ເງິນເດືອນ salary, *n.*
ngə́n-lían ເງິນຫລຽນ small change, coin, *n.*
ngə́n-mat-jàm ເງິນມັດຈຳ deposit money, *n.*
ngə́n-nɔ́ɔi ເງິນນ້ອຍ change, *n.*
ngə́n-pen ເງິນແຜ່ນ silver leaf, *n.*
ngə́n-sŏt ເງິນສົດ cash, *n.*
ngə́n-suan-bɛng ເງິນສ່ວນແບ່ງ dividend, *n.*
ngə́n-tɔ́ɔng ເງິນທອງ wealth, *n.*
ngə́n-tɯ̆n ເງິນທຶນ capital, *n.*
ngiang ງ່ຽງ fin, *n.*
ngîap ງຽບ silent, quiet, *adj.*
ngóm ງົມ dive for, *v.*
ngóm-ngáai ງົມງາຍ be stupid, believe in nonsense things, *v.*
ngóng ງົງ be perplexed, lost, confused, *v.*
ngóng-ngúai ງົງງວຍ be confused, *v.*
ngoo ໂງ່ ignorant, stupid, *adj.*
ngóo ໂງ turn up, *v.*
ngòok ໂງກ nod, *v.*
ngòok-ngèek ໂງກເງກ sway to and fro, *v.*
ngôong ໂງ້ງ curved, bent, *adj.*
ngop-bpa-máan ງົບປະມານ budget, *n.*
ngop-duun ງົບດຸນ balance sheet, *n.*

ngot ງົດ stop, abstain, *v.*
ngot-ngáam ງົດງາມ beautiful, *adj.*
ngot-wâi ງົດໄວ້ postpone, *v.*
ngot-wên ງົດເວັ້ນ refrain from, *v.*
ngɔ ເງາະ rambutan, *n.*
ngɔi ງ່ອຍ paralyzed, lame, crippled, *adj.*
ngɔn-dôn ງ່ອນດົ້ນ nape, *n.*
ngɔ̂ɔ ງໍ້ reconcile, ask for forgiveness, *v.*
ngɔɔ ງ the fourth consonant of the Lao alphabet (low consonant), *n.*
ngɔ́ɔ ງໍ bend, crook, *v.*
ngɔ́ɔi ງອຍ be at the edge, *v.*
ngɔ̀ɔk ຫງອກ grey hair, *n.*
ngɔ̂ɔk ງອກ grow, sprout, *v.*
ngɔ̂ɔk-ngêek ງອກເງກ shaking, unstable, loose, *adj.*
ngɔ̂ɔn ງອນ cheeky, peevish, *adj.*
ngɔ̂ɔp ງອບ farmer's hat made of bamboo and palm leaves *n.*
ngúa ງົວ cow, steer, ox, *n.*
nguam ງວມ cover up, *v.*
ngûam ງວມ poison, *n.*
ngûang ງ່ວງ sleepy, drowsy, *adj.*
ngúang ງວງ trunk, *n.*
ngûang-nɔ́ɔn ງ່ວງນອນ sleepy, *adj.*
ngúang-sâang ງວງຊ້າງ elephant's trunk, *n.*

ngûat ງວດ period, lot, *n.*

ngúa-tək̀ ງົວເຖິກ bull, *n.*

ngûm ງຸ່ມ cover, covered down, *v., adj.*

ngúu ງູ snake (in general), *n.*

ngúu-gìn-hǎang ງູກິນຫາງ a children's game, *n.*

ngúu-hao ງູເຫົ່າ cobra, *n.*

ngúu-jòng-àang ງູຈົງອາງ king cobra, *n.*

ngúu-kǐao ງູຂຽວ grass snake, *n.*

ngúu-lǎam ງູຫລາມ python, *n.*

ngúu-nyai ງູໃຫຍ່ boa, *n.*

ngúu-pit ງູພິດ venomous snakes, *n.*

ngúu-sǎam-liam ງູສາມຫລ່ຽມ krait, *n.*

ngùak ເຫງືອກ gums (in the mouth), *n.*

ngùak ເງືອກ mermaid, *n.*

ngùam ເງື້ອມ reach, *v.*

ngùam-múu ເງື້ອມມື power, grasp, *n.*

ngùam-pàa ເງື້ອມຜາ precipice, *n.*

ngùan ເງື່ອນ hints, clue, *n.*

ngùan-kǎi ເງື່ອນໄຂ condition, term, *n.*

ngùan-ngám ເງື່ອນງຳ secret plot, *n.*

ngŭk-hǔa ງຶກຫົວ nod the head, *v.*

ngɯt ງຶດ consent, salute with head, *v.*

ngɯt-ngɔ̂ɔ ງຶດງໍ້ extraordinary, unbelievable, *adj.*

ngwaak ງວາກ turn, turn around, *v.*

ny (ຍ, ຫຍ)

nya ຍະ separate, open, *v.*

nyă ຫຍະ not smooth, uneven, *adj.*

nyaa ຍ່າ paternal grandmother, *n.*

nyàa ຫຍ້າ grass, *n.*

nyáa ຍາ honorific term used to address respectable people, *n.*

nyáai ຍ້າຍ move, transfer, *v.*

nyáai ຍາຍ maternal grandmother, *n.*

nyâak ຍາກ difficult, *adj.*

nyàa-káa ຫຍ້າຄາ cogon grass, *n.*

nyâak-jòn ຍາກຈົນ poor, *adj.*

nyâak-kɛ̂ɛn ຍາກແຄ້ນ poor, *adj.*

nyâak-lám-bàak ຍາກລຳບາກ distress, *n.*

nyáa-kúu ຍາຄູ monk, *n.*

nyâam ຍ່າມ satchel, a bag made of cloth with a shoulder strap, *n.*

nyáam ຍາມ watchman, guard, *n.*

nyáam ຍາມ period of time, *n.*

nyáa-mɛɛ ຍາແມ່ honorific to mother, *n.*

nyâam-jài ຍ່າມໃຈ feel rash, become impudent, *v.*

nyáam-kam ຍາມຄ່ຳ in the evening, *n.*

nyàang ຍ່າງ walk, *v.*

nyàang ຍາງ hardwood tree, rubber,

cage, n.

nyáan-nyón ยານຍົນ motor vehicle, n.

nyáan-páa-ha-na ຍານພາຫະນະ vehicle, n.

nyàa-nyŭp-nyɔ́ɔp ຫຍ້າຍຸບຍອບ the sensitive plant, n.

nyáao ຍາວ long, extended, adj.

nyáao-naan ຍາວນານ long time, adv.

nyàap ຫຍາບ tough, rough, rude, adj.

nyáa-pɔɔ ຍາພໍ່ honorific to father, n.

nyàap-sâa ຫຍາບຊ້າ uncouth, adj.

nyâat ຍາດ snatch, v.

nyâat-dtì ຍາດຕິ relative, n.

nyâat-dti-gàa ຍາດຕິກາ relative, n.

nyâat-nyɛɛng ຍາດແຍ່ງ take by force, v.

nyâat-nyóom ຍາດໂຍມ lay people, n.

nyai ໃຫຍ່ big, large, adj.

nyái ໃຍ fiber, filament, cobweb, senew, n.

nyai-dìi ໃຍດີ be pleased, care, v.

nyai-dtòo ໃຫຍ່ໂຕ huge, powerful, large, adj.

nyai-lŭang ໃຫຍ່ຫລວງ enormous, grand, adj.

nyái-mɛ́ɛng-múm ໃຍແມງມຸມ cobweb, n.

nyak ຍັກ giant, demon, ogre, n.

nyak-ki-nìi ຍັກຂີນີ giantess, n.

nyak-kíu ຍັກຄິ້ວ raise eye brows, v.

nyak-lai ຍັກໄຫລ່ shrug, v.

nyak-nàa ຍັກໜ້າ make faces, v.

nyak-nyɔ̂ɔk ຍັກຍອກ embezzle, v.

nyam ຢ່ำ tread on, traap, trample on, v.

nyàm ຫຍ້ຳ chew, masticate, v.

nyám ຢຳ mix together, a dressed salad, v., n.

nyam-dtok ຢ່ຳຕົກ go by foot, v.

nyam-nyíi ຢ່ຳຢີ trample (upon), v.

nyám-sa-lat ຢຳສະຫລັດ salad, n.

nyám-tâo ຢຳເຖົ້າ mark time with feet, v.

nyán ຍັນ magical drawing, cabalistic writing, n.

nyán ຍັນ press, push, prop up, v.

nyáng ຍັ້ງ stop, restrain, halt, pause, v.

nyáng ຍັງ still, yet, exist, remain, maintain, towards, until, v., adv., prep.

nyăng ຫຍັງ what?

nyáng-kit ຍັ້ງຄິດ stop and think, v.

nyâo ເຢົາ young, small, tired, sick, adj.

nyâo-wa-son ເຢົາວະຊົນ youth, n.

nya-ɔ̀ɔk ຍະອອກ spread apart, v.

nyap ຍັບ crumpled, wrinkled, v.

nyǎp ຫຍັບ move, v.

nyap-kào ຍັບເຂົ້າ move in, v.

nyǎp-kào ຫຍັບເຂົ້າ move closer, v.

nyap-nyáng ຍັບຍັ້ງ stop and think

over, suppress, hold back, *v.*

nyap-nyəən ยับเยิน totally damaged, *v.*

nya-sŏo ยะโส conceited, arrogant, *adj.*

nyat ยัด stuff, cram, *v.*

nya-tăa-gàm ยะตากำ random, chance, fate, *n.*

nyat-nyîat ยัดยูด be compressed, crowd, load, *v.*

nyat-nyîat-hài ยัดยูดให้ insist on giving, *v.*

nyée-súu เยชู Jesus, *n.*

nyɛɛ แยย insert, prod, poke, *v.*

nyɛ̂ɛk แยก separate, split, break up, *v.*

nyɛɛ-kào แยเข้า put into, *v.*

nyɛ̂ɛk-bɔɔ-ɔ̀ɔk แยกบ่ออก inseparable, *adj.*

nyɛ̂ɛk-kěm แยกเข็ม thread a needle, *v.*

nyɛ̂ɛk-muu แยกหมู่ separate from a group, *v.*

nyɛ̂ɛk-nyâai แยกย้าย depart, move to several places, split up, *v.*

nyɛ̂ɛk-nyɛ แยกแยะ analyze, dissect, *v.*

nyɛ̂ɛk-ɔ̀ɔk แยกออก divide, *v.*

nyɛ̂ɛk-tâat แยกทาด analyze, *v.*

nyɛ̂ɛm แย้ม unfold, reveal, disclose, *v.*

nyɛ̂ɛm-nyîm แย้มยิ้ม smiling, *adj.*

nyɛ̂ɛng แย้ง contradict, dispute, *v.*

nyɛ́ɛng แยง look in a mirror, *v.*

nyɛ̂ɛng-gàn แย้งกัน contradictory, *adj.*

nyɛ́ɛng-wɛn แยงแวน look into a large mirror, *v.*

nyɛng แย่ง take by force, catch, seize, fight for, *v.*

nyɛng-gàn แย่งกัน scramble for, *v.*

nyɛng-sîng แย่งชิง snatch and run, compete for, *v.*

nyii ยี second lunar month (January), *n.*

nyii ยี knead, *v.*

nyii-bpun ยีปุ่น Japan, *n.*

nyii-hɔ̀ɔ ยีห้อ trademark, *n.*

nyii-nyúan ยีวน caress, pet sexually, *v.*

nyǐk ยิก pinch, twitch, *v.*

nyîm ยิ้ม smile, *v.*

nyîm-nyɛ̂m ยิ้มแย้ม delight, smile pleasantly, *v.*

nyîm-nyɔ ยิ้มเยาะ sneer, *v.*

nyín ยิน hear, *v.*

nyín-dìi ยินดี be glad, be pleased, *v.*

nyín-dìi-dtɔ̂ɔn-hap ยินดีต้อนรับ welcome, *v.*

nyîng ยิ่ง extreme, supreme, extremely, exceedingly, *adj., adv.*

nýing ຍິງ shoot, *v.*

nýing ຍິງ female, *n.*

nýing-gwàa ຍິງກວ່າ exceed, more than, *v., adv*

nýing-kùn ຍິ່ງຂຶ້ນ more, *adj.*

nýing-nửa ຍິງເນື້ອ go hunting, *v.*

nýing-nyai ຍິ່ງໃຫຍ່ great, superior, *adj.*

nýing-wái-nýing-dìi ຍິ່ງໄວຍິ່ງດີ the sooner the better.

nyín-nyɔ́ɔm ຍິນຍອມ consent, allow, *v.*

nyìp ຫຍິບ sew, *v.*

nyok ຍົກ life, raise, elevate, *v.*

nyok-bpâai ຍົກປ້າຍ put up a sign board, *v.*

nyok-dtùa-èeng ຍົກຕົວເອງ flatter oneself, *v.*

nyok-gɔ̀ɔng-tap ຍົກກອງທັບ move an army, *v.*

nyok-hài ຍົກໃຫ້ give, *v.*

nyok-kâo ຍົກເຄິ້ງ steal all belongings, *v.*

nyok-kùn ຍົກຂຶ້ນ lift up, elevate, *v.*

nyok-kùn-bǒk ຍົກຂຶ້ນບົກ land, *v.*

nyok-lə̂ək ຍົກເລີກ cancel, *v.*

nyok-nyáai ຍົກຍ້າຍ move, shift, *v.*

nyok-nyoong ຍົງໄປ່ງ be halfway between sitting and standing, *v.*

nyok-nyɔ́ɔ ຍົກຍໍ flatter, *v.*

nyok-nyɔ̂ɔng ຍົກຍ້ອງ congratulate, *v.*

nyok-nyɔ̂ɔt ຍົກຍອດ hold over, roll over, bequeath, *v.*

nyok-pón ຍົກພົນ march an army, *v.*

nyok-sa-nə̌ə ຍົກສະເໜີ weigh anchor, *v.*

nyok-sóng ຍົກຊົງ brassier, *n.*

nyok-tap ຍົກທັບ advance an army, *v.*

nyok-tôot ຍົກໂທດ pardon, forgive, *v.*

nyok-túng-kǎao ຍົກທຸງຂາວ surrender, raise the white flag, *v.*

nyok-wâi ຍົກໄວ້ exempt, *v.*

nyok-wên ຍົກເວັ້ນ except, waive, discharge, cancel, *prep., v.*

nyóm-ma-lâat ຍົມມະລາດ the supreme of the underworld, *n.*

nyóm-ma-lôok ຍົມມະໂລກ hell, the world of the death, *n.*

nyóm-pi-bàan ຍົມພິບານ the being who deals out punishment to the wicked in hell, *n.*

nyón ຍົນ airplane, engine, *n.*

nyo-nyáan ໂຍະຍານ give time, *v.*

nyóo-kǐi ໂຍຄີ ascetic, yogi, *n.*

nyóom ໂຍມ pronoun in the second person used by monks, *n.*

nyóon ໂຍນ throw, pitch, toss, cast, *n.*

nyoong ໂຍ່ງ tall, towering, *adj.*

nyóong ໂຍງ jump, tow, tug, *v.*

nyóong-săo ຍ່ຽງເສົາ fasten to a post, *v.*

nyôo-nii ຍບີ vagina, the vulva, *n.*

nyóon-kùn ຍບຂຶ້ນ toss up, *v.*

nyóon-tìm ຍບຖິ້ມ throw away, *v.*

nyóo-táa ຍບຫາ public works, troops, forces, workmen, *n.*

nyot ຍົດ dignity, rank, *n.*

nyot-săk ຍົດສັກ honor, dignity, *n.*

nyɔi ຍ່ອຍ small, unimportant, *adj.*

nyɔi ຍ່ອຍ digest, break into small pieces, *v.*

nyɔi-nyap ຍ່ອຍຍັບ go to ruin, fall to pieces, *n.*

nyɔm ຍ່ອມ small, moderate, tiny, likely to, *adj.*

nyɔm-nyao ຍ່ອມເບົາ cheap, reasonably priced, *adj.*

nyɔm-waa ຍ່ອມວ່າ commonly said, *adj.*

nyɔn ຫຍ່ອນ slacken, hang down, *v.*

nyɔng-bao ຍ່ອງເບົາ burglarize, *v.*

nyɔng-nyêng ຍ່ອງແຍ່ງ cripple, totter, *v.*

nyɔn-jài ຫຍ່ອນໃຈ relax, *v.*

nyɔ-nyɘ̂ɘi ເຍາະເຍີ້ຍ deride, rediqule, *v.*

nyɔ̂ɔ ຫຍໍ້ abbreviate, shorten, *v.*

nyɔ̂ɔ ຍໍ້ lift, *v.*

nyɔ́ɔ ຍໍ morinda, fish net, dip net, *n.*

nyɔɔ ຍ the eighth consonant of the Lao alphabet (low consonant), *n.*

nyɔ̂ɔ-hài ຍໍໃຫ້ offer, *v.*

nyɔ̀ɔi ຍ້ອຍ hang down, drop, suspend, *v.*

nyɔ̀ɔi-nyŏt ຍ້ອຍຫຍົດ flowing drops, *n.*

nyɔ̂ɔk ຍອກ shake, *v.*

nyɔ̂ɔk-nyɔ̂ɔn ຍອກຍ້ອນ circuitous, *v.*

nyɔ̀ɔ-kwáam ຫຍໍ້ຄວາມ abridge contents, summarize, *v.*

nyɔ́ɔm ຍ້ອມ dye, stain, *v.*

nyɔ́ɔm ຍອມ pick out, *v.*

nyɔɔm ຍອມ allow, surrender, admit, yield, *v.*

nyɔɔm-dtàai ຍອມຕາຍ be ready to die for, *v.*

nyɔɔm-dtàam ຍອມຕາມ yield, acquiesce, *v.*

nyɔɔm-dtùa ຍອມຕົວ give up one's liberty, *v.*

nyɔɔm-hài ຍອມໃຫ້ permit, yield, *v.*

nyɔɔm-hap ຍອມຮັບ accept, admit, *v.*

nyɔɔm-hap-săa-la-pâap ຍອມຮັບສາລະພາບ confess, *v.*

nyɔɔm-jài ຍອມໃຈ strengthen the mind, persuade, nerve (with alcohol), *v.*

nyɔɔm-jàm-nón ຍອມຈຳນົນ submit, surrender, *v.*

nyɔɔm-kwáam ຍອມຄວາມ compromise, make a settlement, *n.*

nyɔ́ɔm-mɛ́ɛo ยอมแมว falsify goods for sale, *v.*

nyɔ́ɔm-pɛ́ɛ ยอมแพ้ surrender, *v.*

nyɔ́ɔm-sǐi ย้อมสี dye, *v.*

nyɔ́ɔ-mǔu-nop ยื่อมือนบ salute, wave to, *v.*

nyɔ́ɔn ย้อน due to, *prep.*

nyɔ́ɔn-dtɔ̀ɔp ย้อนตอบ retort, *v.*

nyɔ̀ɔng ย่อง walk stealthily, walk on tiptoe, *v.*

nyɔ̂ɔng ย้อง praise, laud, flatter, *v.*

nyɔ́ɔng ยอง ruminant animal, *n.*

nyɔ̌ɔng หยอง curly, *adj.*

nyɔ̂ɔng-fàai ย้องฝ้าย raw cotton, *n.*

nyɔ̂ɔng-nyɔ́ɔ ย้องยอ flatter, *v.*

nyɔ̂ɔn-hɔ́ɔi ย้อนรอย return by the same way, retrace one's steps, *n.*

nyɔ̂ɔn-waa ย้อนว่า because, *conj.*

nyɔ́ɔ-nyǎn หยอ้หยัน jeer, mock, *v.*

nyɔ́ɔ-nyɛ̂ɛ ย่แย่ weak, *adj.*

nyɔ̂ɔp ยอบ become impoverished, *v.*

nyɔ́ɔ-sɛ̌ɛng ย่แสง lessen the rays, shine, *v.*

nyɔ́ɔ-sǐin ย่ซีน meat paste, *n.*

nyɔ̂ɔt ยอด top, peak, source, chief, *n.*

nyɔ̂ɔt-hak ยอดรัก most beloved, darling, *n.*

nyɔ̂ɔt-nyə̂n ยอดเงิน total money, grand total, *n.*

nyɔ̂ɔt-nyîam ยอดเยี่ยม most distinguished, best, *adj.*

nyɔ̂ɔt-sɔ́ɔ-fâa ยอดช่อฟ้า roof ornaments of a pagoda, *n.*

nyɔ̂ɔt-sǔt ยอดสุด topmost, *n.*

nyu ยุ urge, provoke, instigate, *v.*

nyua ยัวะ trick, provoke anger, *v.*

nyûa ยั้ว tease, annoy, *v.*

nyûa-jai ยั้วใจ excite, tempt, *v.*

nyúan ยวน lure, tempt, *n.*

nyúan-dtàa ยวนตา attractive, *adj.*

nyùng หยุ้ง confused, difficult, *adj.*

nyùng-jâi หยุ้งใจ anxious, *adj.*

nyùng-nyâak หยุ้งยาก be in trouble, *adj.*

nyùng-wîak หยุ้งวฺก very busy, *adj.*

nyúan-jai ยวนใจ tempting, *adj.*

nyûa-nyâo ยั้วเย้า tease, *v.*

nyûa-nyu ยั้วยุ incite, urge, provoke, *v.*

nyûa-nyúan ยั้วยวน annoy, tempt, *v.*

nyûap ยวบ shaking, sinking, *adj.*

nyûat-nyáan ยวดยาน vehicle, *n.*

nyûa-tòo-sǎ ยั้วโทสะ irritate, provoke anger, *v.*

nyu-dtǐ ยุติ end, stop, *v.*

nyu-dtǐ-tám ยุติธำ justice, fair, impartiality, *adj., n.*

nyuk ยุก age, era, *n.*

nyûm-hŭa ยุ้มหัว a subtle and ironic smile, *n.*

nyûm-sŏp ยุ้มสิบ pucker up, get ready to kiss, *v.*

nyúng ยุง mosquito, *n.*

nyu-nyɛɛ ยุแย incite, provoke, *v.*

nyu-nyóng ยุยุง exhort, *v.*

nyup ยุบ diminish, sink, collapse, fall down, cause to subside, *v.*

nyup-dtàm-nɛng ยุบตำแหน่ง cut down a position, *v.*

nyup-sa-páa ยุบสะพา dissolve the parliament, *v.*

nyut ยุด battle, war, *n.*

nyut-ta-sàat ยุดทะสาด strategy, *n.*

nyut-ta-wi-tíi ยุดทะวิที tactics, *n.*

nyûu ยู้ broom, *n.*

nyûu ยู้ push, *v.*

nyʉa เยื่อ bait, victim, *n.*

nyʉ̂a เยื้อ trash, remainder, rubbish, *n.*

nyʉai เยือย disconnected, *adj.*

nyʉ́ang เยือง animal of the deer family, *n.*

nyʉ́ang เยือง bring a light to see something, *v.*

nyʉng ยึง have digestive troubles, *v.*

nyʉng ยึง overflowing, flooding, *adj.*

nyʉt ยึด take away, seize, *v.*

nyʉt-àm-nâat ยึดอำนาด overpower, *v.*

nyʉt-dtùa-wâi ยึดตัวไว้ detain, *v.*

nyʉt-kɔ́ɔng ยึดคอง occupy, *v.*

nyʉt-mân ยึดมั่น hold fast, put one's faith in, *v.*

nyʉt-nuang ยึดหน่วง withhold, *v.*

nyʉt-sap ยึดขับ attach, *v.*

nyʉt-tʉ̌ʉ ยึดถี hold, hold on, *v.*

nyʉ̂ʉn ยื่น offer, submit, *v.*

nyʉ̂ʉn-hài ยื่นให้ hand to, *v.*

nyʉ̂ʉn-kám-fɔ́ɔng ยื่นคำฟ้อง submit a complaint (legal), *v.*

nyʉ̂ʉt ยืด stretch, be elastic, be flexible, extend, prolong, *v.*

nyʉ̂ʉt-nyáao ยืดยาว lengthy, *adj.*

nyʉ̂ʉt-nyʉ̂a ยืดเยื้อ prolong, protract, *v.*

nyʉ̂ʉt-ɔ̀ɔk ยืดออก stretch out, *v.*

o (โอ)

ŏk อก chest, breast, *n.*

òm อม keep in the mouth, suck, *v.*

òo โอ oh!, bowl, *interj., n.*

òo-dtôo โอโต car, *n.*

òo-gàat โอกาด opportunity, *n.*

òoi โอย oh! (pain), *interj.*

òop ໂອບ surround, embrace, *v.*

ŏp ອົບ bake, fragrant, *v.*

ŏp-hóm ອົບຮົມ train, give an orientation, *v.*

ŏp-pa-nyop ອົບພະຍົບ take refuge, evacuate, *v.*

ŏp-un ອົບອຸ່ນ warm, *adj.*

ŏt ອົດ refrain from, restrain, abstain from, fast, diet, *v.*

ŏt-dtàai ອົດຕາຍ starve to death, *v.*

ŏt-tón ອົດທົນ patient, endure, *adj., v.*

ŏt-yàak ອົດຢາກ starve, *v.*

ɔ (ອໍ)

ɔ̌ ເອາະ thick soup, *n.*

ɔ̌ɔ ອ the twenty-fifth consonant of the Lao alphabet (mid consonant), *n.*

ɔ̌ɔi ອອຍ console, calm, *v., adj.*

ɔ̌ɔi ອ້ອຍ sugarcane, *n.*

ɔ̌ɔi-jài ອອຍໃຈ console, *v.*

ɔ̀ɔk ອອກ out, go out, *adj., v.*

ɔ̀ɔk-bpàak ອອກປາກ speak out, ask for, *v.*

ɔ̀ɔk-bpai ອອກໄປ go out, *v.*

ɔ̀ɔk-bùat ອອກບວດ be ordained, become a priest, *v.*

ɔ̀ɔk-dəən-táang ອອກເດີນທາງ leave, *v.*

ɔ̀ɔk-dɔ̀ɔk ອອກດອກ blossom, *v.*

ɔ̀ɔk-fái ອອກໄຟ rise from child-bed, *v.*

ɔ̀ɔk-gàm-láng ອອກກຳລັງ take an exercise, *v.*

ɔ̀ɔk-gŏt-mǎai ອອກກົດໝາຍ legislate, *v.*

ɔ̀ɔk-hâan ອອກຮ້ານ set up a store, set a booth, *v.*

ɔ̀ɔk-húa ອອກເຮືອ set sail, *v.*

ɔ̀ɔk-jàak ອອກຈາກ leave, *v.*

ɔ̀ɔk-jàak-hóong-hían ອອກຈາກໂຮງຮຽນ drop out, leave school, *v.*

ɔ̀ɔk-jàak-húan ອອກຈາກເຮືອນ leave the house, *v.*

ɔ̀ɔk-kai ອອກໄຂ່ lay eggs, *v.*

ɔ̀ɔk-kám-sang ອອກຄຳສັ່ງ issue an order, *v.*

ɔ̀ɔk-kwáam-hěn ອອກຄວາມເຫັນ express an opinion, *v.*

ɔ̀ɔk-lûuk ອອກລູກ give birth, *v.*

ɔ̀ɔk-máa ອອກມາ come out, *v.*

ɔ̀ɔk-nàa ອອກໜ້າ precede, *v.*

ɔ̀ɔk-nàa-hap ອອກໜ້າຮັບ speak for, *v.*

ɔ̀ɔk-ngən-hài ອອກເງິນໃຫ້ pay for, *v.*

ɔ̀ɔk-nɔ̂ɔk-táang ອອກນອກທາງ sidetracked, *adj.*

ɔ̀ɔk-pán-sǎa ອອກພັນສາ end of Buddhist lent, *n.*

ɔ̀ɔk-pǒn ອອກເປັນ bear fruits, *v.*

ɔ̀ɔk-sʉʉ ອອກຊື່ name, call out name, *v.*

ɔ̀ɔk-ta-lěeng ອອກຖະແຫລງ issue a statement, *v.*

ɔ̀ɔk-tún ອອກທຶນ make an investment, *v.*

ɔ̀ɔk-wéen ອອກເວນ be off duty, *v.*

ɔ̂ɔm ອອມ save up, *v.*

ɔ̂ɔm ອ້ອມ round-about, *adj.*

ɔ̂ɔm-êm ອ້ອມແອ້ມ round-about, around the area, *adj.*

ɔ̂ɔm-kɔ̂ɔm ອ້ອມຄ້ອມ circuitous, indirect, *adj.*

ɔ̂ɔm-sap ອອມຊັບ save money, saving, *v., adj.*

ɔ̂ɔm-sǐn ອອມສິນ save money, *v.*

ɔ̀ɔn ອ່ອນ soft, light, frail, feeble, *adj.*

ɔ̀ɔn-bpàn-nyáa ອ່ອນປັນຍາ feeble-minded, *adj.*

ɔ̀ɔn-ɛ̂ɛ ອ່ອນແອ weak, *adj.*

ɔ̂ɔn-ên ອ້ອນແອ້ນ delicate, slender, *v.*

ɔ̀ɔn-gàm-láng ອ່ອນກຳລັງ be weakened, *adj.*

ɔ̀ɔn-gwaa ອ່ອນກວ່າ younger, *adj.*

ɔ̀ɔn-héeng ອ່ອນແຮງ weak, *adj.*

ɔ̀ɔn-jài ອ່ອນໃຈ become discouraged, *adj.*

ɔ̀ɔn-nɔ́ɔm ອ່ອນນ້ອມ be polite, courteous, submissive, *adj.*

ɔ̀ɔn-nûm ອ່ອນນຸ່ມ soft, tender, *adj.*

ɔ̀ɔn-nyóon ອ່ອນໂຍນ tender, *adj.*

ɔ̀ɔn-pía ອ່ອນເພຍ exhausted, *adj.*

ɔ̀ɔn-sɔ́ɔn ອ່ອນຊ້ອນ melodious, pleasant, appreciate, *adj., v.*

ɔ̀ɔn-wǎan ອ່ອນຫວານ sweet (used with people), *adj.*

ɔ̂ɔn-wɔ́ɔn ອ້ອນວອນ pray, ask for, implore, *v.*

p (ພ, ພ)

pa ພະ Buddha, monk, priest, minister, clergyman, *n.*

paa ຜ່າ cut, split, chop, *v.*

pàa ຜ້າ cloth, clothes, *n.*

pâa ພ້າ knife, *n.*

páa ພາ tray, lead, take someone to some places, *n., v.*

pǎa ຜາ cliff, steep rock, *n.*

pa-àa-tit ພະອາທິດ sun, *n.*

páa-bpài ພາໄປ take, lead, take someone to some place, *v.*

pàa-bpùu-bon-nɔ́ɔn ຜ້າປູບ່ອນນອນ bed sheet, *n.*

pàa-bpùu-dto ຜ້າປູໂຕະ table cloth, *n.*

pàa-fàa ຜ້າຟ້າ cotton blanket, quilt, *n.*

pàa-gàn-bpʉ̂an ຜ້າກັນເປື້ອນ apron, *n.*

pàa-gâng ຜ້າກັ້ງ curtain, *n.*

pàa-hom ຜ້າຫົ່ມ blanket, *n.*

pàai ພ່າຍ flee, be defeated, *v.*

páai ພາຍ row, paddle, carry on, *v.*

páai-dtâi ພາຍໃຕ້ under, *prep.*

páai-lăng ພາຍຫລັງ afterwards, *adv.*

páai-lún ພາຍລຸນ afterwards, *adv.*

páai-nàa ພາຍໜ້າ in the future, *adv.*

páai-nái ພາຍໃນ inside, within, *prep.*

páai-nɔ̀ɔk ພາຍນອກ outside, *prep.*

pàai-pɛ́ɛ ພ່າຍແພ້ be defeated, *v.*

pâak ພາກ version, part, region, *n.*

pàa-kàat ຜ້າຂາດ rag, *n.*

páa-kào ພາເຂົ້າ tray for meal, *n.*

paa-kào-bpài ພາເຂົ້າໄປ rush in, *v.*

pâak-dtâi ພາກໃຕ້ southern region, *n.*

pâak-hían ພາກຮຽນ school term, *n.*

páa-kîi ພາຄີ partner, alliance, party, participant, *n.*

pâak-nʉ̆a ພາກເໜືອ northern region, *n.*

pàa-kŏn-sát ຜ້າຂົນສັດ woolen cloth, *n.*

pâak-pían ພາກພຽນ try, persevere, *v.*

páa-la ພາລະ business, load, charge, burden, duty, *n.*

páam ພາມ Brahmin, *n.*

paan ຜ່ານ pass, cross, *v.*

páan ພານ hunter, look for, *n., v.*

paan-bpài ຜ່ານໄປ go via, pass, *v.*

paan-pón-bpài ຜ່ານພົ້ນໄປ pass away, be finished, *v.*

pàa-núam ຜ້ານວມ quilt, *n.*

páa-nyu ພາຍຸ storm, *n.*

pàa-ɔ̂ɔm ຜ້າອ້ອມ diaper, *n.*

pâap ພາບ picture, painting, *n.*

pàa-pán-kɔ́ɔ ຜ້າພັນຄໍ scarf, *n.*

pàa-pán-bàat ຜ້າພັນບາດ bandage, gauze, *n.*

pâap-dtɛ̂ɛm ພາບແຕ້ມ painting, *n.*

pàa-pɛ́ɛ-món ຜ້າແພມົນ handkerchief, scarf, *n.*

pâap-pa-nyón ພາບພະຍົນ cinema, *n.*

pâap-taai ພາບຖ່າຍ photograph, *n.*

pâap-wâat ພາບວາດ drawing, *n.*

páa-săa ພາສາ language, *n.*

páa-săa-dtàang-bpa-têet ພາສາຕ່າງປະເທດ foreign language, *n.*

páa-săa-gàang ພາສາກາງ official language, *n.*

páa-săa-pʉ́ʉn-mʉang ພາສາພື້ນເມືອງ local language, dialect, *n.*

paa-sàat ພາສາດ palace, *n.*

pàa-sa-lòng ຜ້າສະຫລົ່ງ men's silk skirt, sarong, *n.*

pàa-săm-lìi ຜ້າສຳລີ cotton cloth, *n.*

páa-sa-na ພາຊະນະ vessel, *n.*

pàa-set-dtúa ຜ້າເຊັດຕົວ towel, *n.*

pàa-set-múu ຜ້າເຊັດມື napkin, *n.*

pàa-set-nàa ຜ້າເຊັດໜ້າ face towel, handkerchief, *n.*

páa-sǐi ພາສີ tax, duty, *n.*

páa-sǐi-àa-gɔ̀ɔn ພາສີອາກອນ customs tax, tariff, *n.*

páa-sǐi-láai-dâi ພາສີລາຍໄດ້ income tax, *n.*

páa-sǐi-sǐn-kâa ພາສີສິນຄ້າ business tax, *n.*

páa-sǐi-sǐn-kâa-kào ພາສີສິນຄ້າເຂົ້າ import tax, *n.*

páa-sǐi-sǐn-kâa-ɔ̀ɔk ພາສີສິນຄ້າອອກ export tax, *n.*

páa-sǐt ພາສິດ proverb, *n.*

pàat ຜາດ pass by quickly, *v.*

pâat-bàa ພາດບ່າ shoulder, keep over the shoulder, *v.*

pâat-taa ພາດທ່າ make a false move, *v.*

páa-wa ພາວະ condition, state, *n.*

páa-wa-náa ພາວະນາ pray, meditate, *v.*

pa-bpèn-jâo ພະເປັນເຈົ້າ god, *n.*

pa-dèt-gàan ພະເດັດການ dictatorship, *n.*

pa-dung ພະດຸງ support, *v.*

pa-dung-kán ພະດຸງຄັນ midwife, nurse assistant, *n.*

pa-eèk ພະເອກ hero, *n.*

pa-gɛ̂ɛo ພະແກ້ວ Emerald Buddha, *n.*

pai ໄພ່ bamboo, *n.*

pâi ໄພ້ (daughter)-in-law, *n.*

pái ໄພ danger, risk, *n.*

pǎi ໃຜ who, *pron.*

pǎi-dtɔɔ-pǎi ໃຜຕໍ່ໃຜ whoever, *pron.*

pǎi-gɔɔ-dtàam ໃຜກໍຕາມ whoever, *pron.*

pǎi-gɔɔ-yaa ໃຜກໍ່ຢ່າ whoever, *pron.*

pǎi-láao ໃຜລາວ each, of them, of that person, on one's own, *n., adj., adv.*

pái-pi-bǎt ໄພພິບັດ disaster, *n.*

pái-sǎan ໄພສານ extensive, vast, huge, *adj.*

pái-tám-ma-sâat ໄພທຳມະຊາດ natural disaster, *n.*

pa-jàn ພະຈັນ the moon, *n.*

pao ເຜົ່າ race, tribe, *n.*

pǎo ເຜົາ burn, *v.*

pǎo-pii ເຜົາຜີ cremate, *v.*

pǎo-taan ເຜົາຖ່ານ make charcoal, *v.*

pa-jòn-pái ພະຈົນໄພ have an adventure, *v.*

pak ພັກ rest, stay, step, *v.*

pǎk ຜັກ vegetables, *n.*

pǎk-bông ຜັກບົ້ງ morning glory, *n.*

pǎk-bua ຜັກບົວ onion, *n.*

pǎk-bua-bài ຜັກບົວໃບ spring onion, *n.*

pǎk-bua-hǔa-nyai ຜັກບົວຫົວໃຫຍ່

pǎk-dɔ̀ɔng ຜັກດອງ pickled vegetable, *n*.

pǎk-dtǒp ຜັກຕົບ water hyacinth, *n*.

pak-gàan ພັກງານ be laid off work, stop working, *v*.

pǎk-gàat ຜັກກາດ Chinese cabbage, *n*.

pǎk-gàat-hɔɔ ຜັກກາດຫໍ່ Chinese cabbage, *n*.

pǎk-gàat-hǔa ຜັກກາດຫົວ turnip, *n*.

pǎk-gàat-kìao ຜັກກາດຂຽວ Chinese mustard, *n*.

pǎk-ga-lam-bpìi ຜັກກະລ່ຳປີ cabbage, *n*.

pǎk-ga-lam-dɔ̀ɔk ຜັກກະລ່ຳດອກ cauliflower, *n*.

pǎk-hǒm ຜັກຫົມ spinach, *n*.

pak-hóong-hían ພັກໂຮງຮຽນ school vacation, *n*.

pǎk-hɔ́ɔm-bpɔ̂m ຜັກຫອມປ້ອມ coriander, *n*.

pak-pɔ́n ພັກຜ່ອນ relax, rest, *v*.

pǎk-sa-lǎt ຜັກສະຫຼັດ lettuce, *n*.

pak-sáo ພັກເຊົາ rest, *v*.

pak-yuu-gǎp ພັກຢູ່ກັບ stay with, *v*.

pa-láa-si-níi ພະລາຊິນີ queen, *n*.

pa-lâat-sa-àa-náa-jǎk ພະລາຊະອານາຈັກ kingdom, *n*.

pa-lâat-sa-wáng ພະລາຊະວັງ royal palace, *n*.

pa-lâat-sa-wóng ພະລາຊະວົງ royal family, *n*.

pa-láng-ngáan ພະລັງງານ energy, strength, *n*.

pa-lìt ພະລິດ produce, *v*.

pa-lìt-dta-gàm ພະລິດຕະກຳ production, *n*.

pa-lìt-dta-pán ພະລິດຕະພັນ production, *n*.

pa-lìt-pǒn ພະລິດຕະຜົນ product, *n*.

pa-lúu-sǐi ພະລີສີ hermit, *n*.

pa-mâa ພະມ້າ Myanmar, *n*.

pán ພັນ one thousand, colonel, wrap, coil, tie, *n*., *v*.

pǎn ພັນ deviate, alter, change, *v*.

pa-náang ພະນາງ queen, *n*.

pa-nak-ngáan ພະນັກງານ government official, employee, staff, *n*.

pa-nán ພະນັນ bet, gambling, *v*., *n*.

pa-nǎng ພະນັງ wall, partition, *n*.

pa-na-taan ພະນະທ່ານ excellency, *n*.

pa-nee-jɔ̀ɔn ພະເນຈອນ wander, roam, *v*.

pǎn-bpɛ̀ɛ ພັນແປ change, *v*.

páng ພັງ collapse, destroy, break up, tumble down, pull down, *n*.

pǎng ຜັງ lay-out, plan, chart, *n*.

păng-múang ຜັງເມືອງ city plan, *n.*

páng-pi-nâat ຜັງພິນາດ smash, anihilate, *v.*

páng-tám-láai ຜັງທຳລາຍ destroy, fall to the ground, *v.*

pán-kào ພັນເຂົ້າ roll, *v.*

pán-la-nyáa ພັນລະຍາ wife (formal), *n.*

pán-pĕɛ ພັນແຜ bandage a wound, *v.*

pa-nyáa ປະຫຍາ wisdom, *n.*

pa-nyáa-bàan ປະຫຍາບານ nurse, tend, care for, *n., v.*

pa-nyáa-bàat ປະຫຍາບາດ revenge, be vindictive, think of revenge, *v.*

pa-nyáa-gɔ̀ɔn ປະຫຍາກອນ predict, forecast, *v.*

pa-nyáa-gɔ̀ɔn-àa-gàat ປະຫຍາກອນອາກາດ weather forecast, *n.*

pa-nyáan ປະຫຍານ witness, *n.*

pa-nyáang ປະຫຍາງ syllable, *n.*

pa-nyáan-lăk-tăan ປະຫຍານຫລັກຖານ evidence, *n.*

pa-nyáa-nyáam ປະຫຍາຍາມ try, *v.*

pa-nyâat ປະຍາດ worm, disease, ailment, *n.*

pa-nyâat-bpàak-kɔ̆ɔ ປະຍາດປາກຂໍ hook worm, *n.*

pa-nyâat-bpɔ̀ɔt-hèng ປະຍາດປອດແຫ້ງ tuberculosis, *n.*

pa-nyâat-dtòo-bpɛ̀ɛ ປະຍາດໂຕແປ tape worm, *n.*

pa-nyak-nàa ປະຍັກຫນ້າ nod, *v.*

pa-nyán-sa-na ປະຍັນຊະນະ consonant, *n.*

pa-nyɔ́ɔng ປະຫຍອງ jump boldly, swagger, be arrogant and haughty, *v.*

pa-nyu ປະຍຸ storm, *n.*

pa-nyúng ປະຍຸງ support, keep up, *v.*

pa-òng ປະອົງ king, queen, prince, His or Her Majesty, *n., pron.*

pap ພັບ fold, close, a book, *v., n.*

pap-dtàa ພັບຕາ blink, *v.*

pap-kĭan ພັບຂຽນ notebook, *n.*

pa-put-ta-hûup ພະພຸດທະຮູບ Buddha image, *n.*

pa-put-ta-jâo ພະພຸດທະເຈົ້າ Buddha, *n.*

pa-put-ta-sàat-sa-nǎa ພະພຸດທະສາດສະຫນາ Buddhism, *n.*

pa-sàat ປະສາດ palace, *n.*

pa-sàat-sa-dàa ປະສາດສະດາ Buddha, religious prophet, *n.*

pa-sə́ən ປະເຊີນ face, meet, encounter, *v.*

pa-sə́ən-nàa ປະເຊີນຫນ້າ confront, *v.*

pa-sŏm ປະສົມ mix, blend, *v.*

pa-sŏng ປະສົງ Buddhist monk, *n.*

pat ພັດ blow, *v.*

pǎt ຜັດ brush, polish, stir fry, *v.*

pa-tám ພະທຳ Dharma, teaching of Buddha, *n.*

păt-bpêeng ຜັດແປ້ງ powder, *v.*

pat-lóm ພັດລົມ electric fan, *n.*

pat-paak ພັດພາກ be separated, *v.*

pat-ta-náa ພັດທະນາ develop, *v.*

pa-wóng ພະວົງ be uneasy about, worry, *v.*

pée ເພ demolish, tumble down, *v.*

pée-dàan ເພດານ ceiling, *n.*

péeng ເພງ song, *n.*

péeng-pʉ̀ʉn-mʉ́ang ເພງພື້ນເມືອງ folk song, *n.*

péeng-sâat ເພງຊາດ national anthem, *n.*

pée-páng ເພຜັງ tear down, *v.*

pêet ເພດ sex, gender, *n.*

pêet-nyíng ເພດຍິງ feminine, female, *n.*

pêet-sáai ເພດຊາຍ masculine, male, *n.*

pet ເພັດ diamond, *n.*

pĕt ເຜັດ hot, peppery, spicy, *adj.*

pĕt-hɔ́ɔn ເຜັດຮ້ອນ hot, spicy, *adj.*

pet-pɔ́ɔi ເພັດພອຍ jewelry, gem, *n.*

pɛ ແພະ goat, *n.*

pɛɛ ແຜ່ spread, extend, *v.*

pɛɛ ແຜ່ spread, broadcast, *v.*

pɛ̂ɛ ແພ້ lose, be beaten, *v.*

pɛ́ɛ ແພ raft, cloth, silk, rayon, *n.*

pɛ̆ɛ ແຜ wound, *n.*

pɛɛ-àa-náa-kèet ແຜ່ອານາເຂດ extend the boundary, *v.*

pɛɛ-àm-nâat ແຜ່ອຳນາດ enlarge one's power, *v.*

pɛɛ-bpùu-bɔn ແຜ່ປູບ່ອນ bed sheet, *n.*

pɛɛ-gà-jàai ແຜ່ກະຈາຍ spread, *v.*

pêɛk ແພກ Bermuda grass, *n.*

pɛɛ-lûuk ແພ່ລູກ reproduce (animal), *v.*

pɛɛ-món ແພມົນ handkerchief, *n.*

pɛ̆ɛn ແຜນ plan, *n.*

pɛ́ɛng ແພງ expensive, dear, *adj.*

pɛ̆ɛn-gàan ແຜນການ program, plan, plot, scheme, *n.*

pɛ̆ɛn-păng ແຜນຜັງ plan, planning, diagram, chart, *n.*

pɛ̆ɛn-tii ແຜນທີ່ map, *n.*

pɛ́ɛo-páao ແພວພາວ sparkling, *n.*

pɛɛ-păai ແຜ່ພາຍ spread, distribute, *v.*

pɛ̂ɛt ແພດ utter a loud sound, emit, shine, *v.*

pɛ̂ɛt ແພດ physician, doctor, *n.*

pɛ̀ɛt-hɔ́ɔng ແພດຮ້ອງ roar, scream, *v.*

pɛ̂ɛt-kɛ̂ɛo ແພດແກ້ວ dentist, *n.*

pɛ̂ɛt-tɔ̂ɔng ແພດທ້ອງ morning sickness, *n.*

pɛ̂ɛt-pa-dùng-kán ແພດພະດຸງຄັນ midwife, *n.*

pɛ̂ɛt-pɛ̌ɛn-bùu-háan ແພດແຜນບູຮານ old-school doctor, *n.*

pêet-sàat ແພດສາດ medical science, *n.*

pêet-sa-nyăa ແພດສະຫຍາ prostitute, harlot, *n.*

pɛn ແຜ່ນ sheet, plate, *n.*

pɛn-dìn ແຜ່ນດິນ ground, land, country, state, *n.*

pɛn-dìn-wăi ແຜ່ນດິນໄຫວ earthquake, *n.*

pɛng ແພງ civil law, *n.*

pɛn-ga-dàan ແຜ່ນກະດານ board, *n.*

pɛn-jìa ແຜ່ນເຈັ້ຍ sheet of paper, *n.*

pɛn-sĭang ແຜ່ນສຽງ disk (for music), *n.*

pɛn-tɔɔng-kám ແຜ່ນທອງຄຳ gold leaf, *n.*

pěo ແພ້ວ sweep, *v.*

pěo-bào ແພ້ວເບົາ gentle, soft, *adj.*

pə̀ə ເພີ່ go crazy, insane, *v.*

pə̀ə ເພີ່ forget one's self, slip one's mind, *v.*

pə̀ə-făn ເພີ່ຝັນ dream, *v.*

pə̀əi-pɛɛ ເພີ່ຍແພ່ spread, propagate, publicize, *v.*

pə̂əm ເພີ່ມ add, increase, *v.*

pə̂əm-dtə̂əm ເພີ່ມຕື່ມ supplement, add, increase, *v.*

pə̂əm-dtuum ເພີ່ມຕູມ add, increase, *v.*

pə̂əm-gàm-láng ເພີ່ມກຳລັງ reinforce, *v.*

pən ເພັ່ນ he, she, *pron.*

pəng ເພີງ shelter, just, *v., adv.*

pə̀ng ເພີ່ງ bee, *n.*

pìak ແພກ taut cord, wire, *n.*

pìak-bět ແພກເບັດ fish trap line, *n.*

pìak-dtàak-pàa ແພກຕາກຜ້າ clothes line, *n.*

pían ເພຽນ be attentive, try, *v.*

píang ເພຽງ level, only, *adj., adv.*

píang-pɔ́ɔ ເພຽງພໍ sufficient, *adj.*

pi-gàan ພິການ deformed, crippled, autistic, *adj.*

pi-gòn ພິກົນ abnormal, strange, unusual, *adj.*

pĭi ພີ fat, big, *adj.*

pĭi ຜີ ghost, spirit, devil, *n.*

pĭi-àm ຜີອຳ be stuck dumb by spirit, have a nightmare, *v.*

pĭi-bâa ຜີບ້າ silly, crazy, crazy people, *adj., n.*

pĭi-bpɔ̀ɔp ຜີປອບ spirit which possesses one completely, *n.*

pĭi-dìp ຜີດິບ vampire, *n.*

pĭi-gòng-gɔi ຜີກອງກ່ອຍ an evil forest spirit, *n.*

pĭi-húan ຜີເຮືອນ spirit of the house, *n.*

pìik ຜີກ evade, elude, *v.*

pĭi-kào ຜີເຂົ້າ be possessed by a spirit, *n.*

pĭi-lɔ̀ɔk ຜີຫຼອກ ghost, *n.*

pii-náang-mâi ຜີນາງໄມ້ female tree spirits, *n.*

pii-nɔ́ɔng ຜີນ້ອງ relatives, brothers and sisters, *n.*

pii-pèet ຜີແພດ demon, long-necked ghost, *n.*

pii-sǐng ຜີສິງ haunted, *adj.*

pi-jàa-la-náa ພິຈາລະນາ consider, examine, *v.*

pi-kǔ ພິກຸ monk, *n.*

pi-lip-dàa ພິລິບດາ second (measurement), *n.*

pi-lut ພິລຸດ be faulty, suspicious looking, *v.*

pi-lʉk-pi-lǎm ພິລຶກພິລ້ຳ exaggerated, excessive, strange, uncanny, *adj.*

pim ພິມ print, type, *v.*

pim-dìit ພິມດີດ type, typing, *v., n.*

pim-pit ພິມຜິດ misprint, *v.*

pi-nái-gàm ພິໄນກຳ testament, will, *n.*

pi-pâak-sǎa ພິພາກສາ judge, *n., v.*

pi-pit-ta-pán ພິພິທະພັນ museum, *n.*

pi-sa-wǒng ພິສະຫວົງ doubt, wonder, *v.*

pi-sèet ພິເສດ special, extra, *adj.*

pit ພິດ poison, venom, *n.*

pìt ຜິດ false, wrong, mistaken, *adj.*

pi-tak ພິທັກ watch over, protect, *v.*

pìt-bpa-pée-nii ຜິດປະເພນີ against custom, *adj.*

pìt-bpɔ̌k-ga-dtì ຜິດປົກກະຕິ abnormal, *adj.*

pìt-gàn ຜິດກັນ quarrel, be in discord, *v.*

pìt-gòt-mǎai ຜິດກົດໝາຍ illegal, *adj.*

pìt-hìit-kɔ́ɔng ຜິດຮີດຄອງ go against a tradition, *v.*

pi-tii ພິທີ ceremony, rite, ritual, *n.*

pi-tii-bùat ພິທີບວດ ordination ceremony, *n.*

pi-tii-dteng-ngáan ພິທີແຕ່ງງານ wedding ceremony, *n.*

pi-tii-gàan ພິທີການ protocol, *n.*

pi-tii-pǎo-sǒp ພິທີເຜົາສົບ cremation, *n.*

pi-tii-pi-tǎn ພິທີພິຖັນ particular, careful, strict, *adj.*

pìt-jài ຜິດໃຈ vex, have a difference, be on bad terms, *v.*

pìt-la-bìap ຜິດລະບຽບ not in order, *adj.*

pìt-mía ຜິດເມຍ commit adultery (with someone else's wife), *v.*

pìt-nat ຜິດນັດ miss an appointment, *v.*

pìt-pǔa ຜິດຜົວ commit adultery (with someone else's husband), *v.*

pìt-sa-mǎi ຜິດສະໄໝ love, admire, *v.*

pìt-sǎn-nyáa ຜິດສັນຍາ break a promise, *v.*

pìt-sǐn-tám ຜິດສິນທຳ immoral, *adj.*

pìt-tám-ma-daa ຜິດທຳມະດາ unusual, unnatural, *adj.*

pìt-tiang ຜິດຖຽງ quarrel, *v.*

pìt-wăng ຜິດຫວັງ disappointed, *adj.*

pĭu ຜີວ skin, surface, *n.*

pĭu-bàang ຜີວບາງ flimsy, fair-skinned, *adj.*

pĭu-bpàak ຜີວປາກ whistle, *v.*

pĭu-nàam ຜີວນ້ຳ surface of the water, *n.*

pĭu-năng ຜີວຫນັງ skin, *n.*

pĭu-pán ຜີວພັນ complexion, *n.*

pĭu-pəən ຜີວເຜີນ superficial, *adj.*

pok ປົກ carry in one's pocket, *v.*

pok ປົກ pocket, sack, *n.*

pok-nyiao ປົກຍ່ຽວ bladder, *n.*

pŏm ຜົມ hair, *n.*

pŏm-bpɔ̀ɔm ຜົມປອມ wig, *n.*

pŏm-dŏk ຜົມດົກ thick hair, *n.*

pŏm-gùut ຜົມກູດ curly hair, *n.*

póm-li-kĭt ຜົມລິຂິດ destiny, fate, *n.*

póm-ma-jàa-lìi ຜົມມະຈາລີ virgin, virginity, *n.*

póm-ma-jàn ຜົມມະຈັນ chastity, celibacy, *n.*

pŏm-ngɔ́ɔ ຜົມງໍ curly hair, *n.*

pŏm-ngɔ̀ɔk ຜົມຫງອກ gray hair, *n.*

pŏm-nyɔ̌ɔng ຜົມຫຍອງ wavy hair, *n.*

pŏm-nyùng ຜົມຫຍຸ້ງ ruffled hair, messy hair, *n.*

pŏm-yĭk ຜົມຢິກ curly hair, *n.*

pon ພົ່ນ spray, squirt, blow, puff, emit, *v.*

pòn ພົ້ນ pass beyond, escape (danger), *v.*

pón ພົນ force, strength, power, *n.*

pŏn ຜົນ result, fruit, issue, outcome, *n.*

pŏn-bpa-nyòot ຜົນປະໂຫຍດ interest, advantage, benefit, *n.*

pón-dtàm-lùat ພົນຕຳຫລວດ first police rank, *n.*

pòn-gàm-nŏt ພົ້ນກຳນົດ expire, *v.*

pòn-jàak ພົ້ນຈາກ be free from, *v.*

pón-la-hùan ພົນລະເຮືອນ civilian, *n.*

pón-la-múang ພົນລະເມືອງ population, citizen, *n.*

pôn-ni-dtì-páa-wa ພົ້ນນິຕິພາວະ reach adulthood, *n.*

pôn-pái ພົ້ນໄພ out of danger, *adj.*

pon-pìt ພົ່ນພິດ eject venom, *v.*

pôn-sa-măi ພົ້ນສະໄໝ out of date, *adj.*

pŏn-săm-lĕt ຜົນສຳເລັດ success, *n.*

pŏn-sĭa-hăai ຜົນເສຍຫາຍ loss, damage, *n.*

pŏn-tii-sùt ຜົນທີ່ສຸດ after all, the final, *n.*

pôn-tuk ພົ້ນທຸກ be free from misery, *v.*

pôn-wi-săi ພົ້ນວິໄສ impossible, *adj.*

poo ໂພ appear, show, emerge, *v.*

póo ໂພ pipal tree, *n.*

pôok ໂພກ wrap, cover, *v.*

póon ໂພນ mound, *n.*

póon-bpùak ໂພນປວກ termite mound, *n.*

póong ໂພງ be bloated, inflated, hollow, *v.*

póo-sa-nǎa-gàan ໂພຊະນາການ nutrition, *n.*

pôot ໂພດ too much, *adv.*

póo-ti-nyáan ໂພທິຍານ omniscience, *n.*

póo-ti-sǎt ໂພທິສັດ one who is becoming a Buddha, the Buddha before enlightment, *n.*

pop ພົບ meet, *v.*

pop-gàang-táang ພົບກາງທາງ meet on route, *v.*

pop-pɔ̂ɔ ພົບພໍ້ find, *v.*

pɔ ເພາະ because, *conj.*

pɔ-bpùuk ເພາະປູກ plant, *v.*

pɔn ຜ່ອນ slacken, make payments, loosen, *v.*

pɔng ຜ່ອງ clean, bright, *adj.*

pɔng-sǎi ຜ່ອງໃສ joyous, bright and shine, *adj.*

pɔn-pǎn ຜ່ອນຜັນ make allowances for, waive, *v.*

pɔn-sài ຜ່ອນໃຊ້ pay by installment, make payments, *v.*

pɔn-tôot ຜ່ອນໂທດ reduce a sentence, *v.*

pɔɔ ພໍ່ father, *n.*

pɔ̂ɔ ພໍ້ meet, encounter, *v.*

pɔ́ɔ ພ the eighteenth consonant of the Lao alphabet (low consonant), *n.*

pɔ̌ɔ ພໍ adequate, enough, *adj.*

pɔ̌ɔ ຜ the sixteenth consonant of the Lao alphabet (high consonant), *n.*

pɔɔ-bâan ພໍ່ບ້ານ village chief, husband, *n.*

pɔɔ-dtàa ພໍ່ຕາ maternal grandfather, father-in-law, *n.*

pɔɔ-dtûu ພໍ່ຕູ້ grandfather, *n.*

pɔɔ-hâang ພໍ່ຮ້າງ divorced man, *n.*

pɔɔ-hɯ́an ພໍ່ເຮືອນ head of family, *n.*

pɔ́ɔ-jài ພໍໃຈ be satisfied, *v.*

pɔɔ-kâa ພໍ່ຄ້າ merchant, *n.*

pɔɔ-kúa ພໍ່ຄົວ cook, *n.*

pɔɔ-líang ພໍ່ລ້ຽງ foster father, step father, *n.*

pɔ̂ɔm ພ້ອມ together, ready, *adv., adj.*

pɔ̌ɔm ຜອມ thin, *adj.*

pɔɔ-màai ພໍ່ໝ້າຍ widower, *n.*

pɔɔ-mɛɛ ພໍ່ແມ່ parents, *n.*

pɔ̂ɔm-gàn ພ້ອມກັນ together with, *adv.*

pɔ̂ɔm-gàn-nîi ພ້ອມກັນນີ້ herewith, *adv.*

pɔɔ-mía ພໍ່ເມຍ father-in-law (wife's

pɔ̂ɔm-jài

father), *n.*

pɔ̂ɔm-jài ພ້ອມໃຈ with one heart, together, *adv.*

pɔ̂ɔm-jài-gàn ພ້ອມໃຈກັບ unanimous, together, *adj., adv.*

pɔ̂ɔm-piang ພ້ອມພຽງ united, together, *adj.*

pɔ̂ɔm-sóo ພອມໂຊ emaciated, thin, down and out, *adj.*

pɔ́ɔn ພອນ blessing, *n.*

pɔɔ-nâa ພໍ່ນາ stepfather, *n.*

pɔɔ-náa ພໍ່ນາ farmer, *n.*

pɔɔ-pǔa ພໍ່ຜົວ father-in-law (husband's father), *n.*

pɔɔ-siao ພໍ່ສ່ຽວ friend (adult), *n.*

pɔɔ-siao-mɛɛ-siao ພໍ່ສ່ຽວແມ່ສ່ຽວ friends of the family, *n.*

pɔɔ-tào ພໍ່ເຖົ້າ maternal grandfather, father-in-law, *n.*

pɔ́ɔ-yuu-pɔ́ɔ-gìn ພໍຢູ່ພໍກິນ just right, good enough, *adj.*

pɔ-sa-nân ເພາະສະນັ້ນ therefore, *conj.*

pɔ-waa ເພາະວ່າ because, *conj.*

pǔ ຜຸ decay, be rotten, *v.*

pǔa ຜົວ husband, *n.*

pûak ພວກ group, side, *n.*

pûak-háo ພວກເຮົາ we, *pron.*

pûak-jâo ພວກເຈົ້າ you (plural), *pron.*

pûak-ka-bǒt ພວກກະບົດ rebels, *n.*

pûak-kǎo ພວກເຂົາ they, *pron.*

pûak-mán ພວກມັນ they, them, *n.*

pûak-taan ພວກທ່ານ you, *n.*

púam ພວມ be in the middle of doing something, *v.*

púam-gàm-láng ພວມກຳລັງ be just about to, *v.*

pǔa-mǐa ຜົວເມຍ husband and wife, *n.*

púang ພວງ garland, *n.*

púang-dɔ̀ɔk-mâi ພວງດອກໄມ້ bouquet of flowers, *n.*

pǔa-pán ຜົວພັນ contact, connect, *v.*

pûn ຜຸ້ນ there, over there, *adv.*

pung ພຸ່ງ dart, plunge, hurl, throw, *v.*

púng ພຸງ stomach, *n.*

pǔt-pɔ̌ng ຜຸດຜ່ອງ fair, bright and shine, *adj.*

put-ta-sǎk-ga-làat
ພຸດທະສັກກະລາດ (ພ. ສ.) Buddhist Era (B.E.), *n.*

pùu ຜູ້ male, person, *n.*

púu ພູ hill, *n.*

púu ພູ (ແມງ) carpenter beetle, *n.*

puu-àm-núai-gàan ຜູ້ອຳນວຍການ director, *n.*

puu-baao ຜູ້ບ່າວ young man, boyfriend, *n.*

puu-bàng-kap-bàn-sáa ຜູ້ບັງຄັບບັນຊາ superior, *n.*

puu-bàng-kap-gàan ຜູ້ບັງຄັບການ commander, *n.*

puu-bòng-gàan ຜູ້ບົງການ dictator, *n.*

puu-bɔɔk-hap ຜູ້ບອກຮັບ subscriber, *n.*

puu-bpŏk-kɔ́ɔng ຜູ້ປົກຄອງ guardian, *n.*

puu-dǎi ຜູ້ໃດ who, *pron.*

puu-dɔ̀ɔn-táang ຜູ້ເດີນທາງ traveller, *n.*

puu-dìao ຜູ້ດຽວ alone, *adv.*

puu-dìi ຜູ້ດີ high-class people, good natured person, *n.*

puu-dòoi-sǎan ຜູ້ໂດຍສານ passenger, *n.*

puu-dtaang-nàa ຜູ້ຕ່າງໜ້າ representative, *n.*

puu-dtǎt-sǐn ຜູ້ຕັດສິນ judge, decision-maker, referee, *n.*

puu-dteng ຜູ້ແຕ່ງ author, composer, *n.*

puu-dtĭt-dtàam ຜູ້ຕິດຕາມ attendants, butler, *n.*

puu-dtɔ̂ng-hǎa ຜູ້ຕ້ອງຫາ the alleged, defendant, *n.*

puu-dùu-léɛ ຜູ້ດູແລ superintendent, caretaker, *n.*

puu-fáng ຜູ້ຟັງ listener, *n.*

puu-gaao ຜູ້ກ່າວ speaker, *n.*

puu-gai-gia ຜູ້ໄກ່ເກ່ຍ mediator, *n.*

puu-ga-tám ຜູ້ກະທຳ doer, *n.*

puu-ga-tám-pĭt ຜູ້ກະທຳຜິດ offender, wrong doer, *n.*

puu-gɔɔ-gùan ຜູ້ກໍ່ກວນ rioter, *n.*

puu-gɔ̀ɔp-gûu-ĭt-sa-lă-pâap ຜູ້ກອບກູ້ອິດສະຫຼະພາບ liberator, *n.*

puu-gùat-gàan ຜູ້ກວດການ inspector, *n.*

puu-hâai ຜູ້ຮ້າຍ ugly person, suspect, *n.*

puu-hâai-kàa-kón ຜູ້ຮ້າຍຂ້າຄົນ murderer, *n.*

puu-hak-sǎa ຜູ້ຮັກສາ keeper, protector, *n.*

puu-hap-jâang ຜູ້ຮັບຈ້າງ employee, *n.*

puu-hap-jàm-nám ຜູ້ຮັບຈຳນຳ mortgagee, *n.*

puu-hap-mǎo ຜູ້ຮັບເໝົາ contractor, *n.*

puu-hap-mɔ́ɔ-la-dŏk ຜູ້ຮັບມໍລະດົກ legatee, heir, heiress, *n.*

puu-hap-pŏn-bpa-nyòot ຜູ້ຮັບຜົນປະໂຫຍດ beneficiary, *n.*

puu-jâang ຜູ້ຈ້າງ employer, *n.*

puu-jàm-naai ຜູ້ຈຳໜ່າຍ dealer, distributor, *n.*

puu-jàm-naai-nyɔ̂i ຜູ້ຈຳໜ່າຍຍ່ອຍ retailer, *n.*

puu-jàm-naai-song ຜູ້ຈຳໜ່າຍສົ່ງ wholesaler, *n.*

puu-jàm-nám ຜູ້ຈຳນຳ pawner, *n.*

puu-jăt-gàan ຜູ້ຈັດການ manager, *n.*
pùuk ຜູກ tie, *v.*
puu-kǎai ຜູ້ຂາຍ vender, seller, *n.*
puu-kǎai-sâat ຜູ້ຂາຍຊາດ traitor, *n.*
pùuk-kàat ຜູກຂາດ monopolize, have an exclusive right, *v.*
puu-kâm-bpa-gàn ຜູ້ຄ້ຳປະກັນ guarantor, *n.*
púu-kǎo ພູເຂົາ mountain, *n.*
púu-kǎo-fái ພູເຂົາໄຟ volcano, *n.*
puu-kɛng-kǎn ຜູ້ແຂ່ງຂັນ candidate, contestant, *n.*
pùuk-kɔ̌ɔ-dtàai ຜູກຄໍຕາຍ hang oneself, *v.*
pùuk-mit ຜູກມິດ make friends with, *v.*
pùuk-pán ຜູກພັນ be in love with, *v.*
pùuk-pa-nyáa-bàat ຜູກພະຍາບາດ vindictive, *adj.*
puu-kúm-nak-tôot ຜູ້ຄຸມນັກໂທດ jailer, jail guard, prison guard, bailiff, *n.*
puu-lîi-pái ຜູ້ລີ້ໄພ refugee, *n.*
puu-luang-lap ຜູ້ລ່ວງລັບ the deceased, *n.*
púu-míi-bpa-têet ພູມີປະເທດ terrain, *n.*
púu-míi-kún ພູມີຄຸນ benefactor, *n.*
púu-míi-lám-náo ພູມີລຳເນົາ domicile, residence, *n.*
púu-míi-pâak ພູມີພາກ region, *n.*
púu-míi-sàat ພູມີສາດ geography, *n.*
puu-nám ຜູ້ນຳ leader, chief, *n.*
puu-nân ຜູ້ນັ້ນ that person, *n.*
puu-nǐi-pái ຜູ້ໜີໄພ refugee, *n.*
puu-nɔ̂i ຜູ້ນ້ອຍ subordinate, *n.*
puu-nyai ຜູ້ໃຫຍ່ adult, matured person, *n.*
puu-nung ຜູ້ໜຶ່ງ one person, someone, *n., pron.*
puu-nyíng ຜູ້ຍິງ woman, *n.*
puu-ŏp-pa-nyop ຜູ້ອົບພະຍົບ refugee, migrant, *n.*
puu-ɔ̀ɔk-bɛ̀ɛp ຜູ້ອອກແບບ designer, *n.*
puu-pím ຜູ້ພິມ publisher, typist, *n.*
puu-pi-pâak-sǎa ຜູ້ພິພາກສາ judge, *n.*
puu-pit ຜູ້ຜິດ convict, criminal, *n.*
puu-sáai ຜູ້ຊາຍ man, *n.*
puu-sǎao ຜູ້ສາວ young woman, girlfriend, *n.*
puu-sa-mǎk ຜູ້ສະໝັກ applicant, candidate, *n.*
puu-sám-náan ຜູ້ຊຳນານ expert, skilled person, *n.*
puu-sa-na ຜູ້ຊະນະ winner, *n.*
puu-sao ຜູ້ເຊົ່າ tenant, renter, *n.*
puu-sén-sǎn-nyáa ຜູ້ເຊັນສັນຍາ signatory, *n.*
puu-sŏm-hûu-huam-kit

ຜູ້ສົມຮູ້ຮ່ວມຄິດ accomplice, *n.*
puu-song-kaao ຜູ້ສົ່ງຂ່າວ messenger, *n.*
puu-sɔ̌ɔn ຜູ້ສອນ teacher, *n.*
puu-suai ຜູ້ຊ່ວຍ assistant, helper, *n.*
puu-suu-kɔ̌ɔ ຜູ້ສູ່ຂໍ suitor, *n.*
puu-sɯ́ɯ ຜູ້ຊື້ purchaser, buyer, *n.*
puu-sɯɯ-kaao ຜູ້ສື່ຂ່າວ reporter, *n.*
puu-sɯ̀ɯp ຜູ້ສືບ spy, detective, *n.*
puu-sɯ̀ɯp-lâat-sa-bàn-láng
ຜູ້ສືບລາດຊະບັນລັງ successor to the throne, *n.*
puu-tào ຜູ້ເຖົ້າ elders, the elderly, *n.*
puu-tɛɛn-láa-sa-dɔ̀ɔn
ຜູ້ແທນລາຊະດອນ member of the parliament, *n.*
puu-tɔ́ɔ-la-nyot ຜູ້ທໍລະຍົດ traitor, *n.*
puu-tɯ̌ɯ ຜູ້ຖື bearer, holder, *n.*
puu-tɯ̌ɯ-hùn ຜູ້ຖືຫຸ້ນ share holder, *n.*
puu-ɯɯn ຜູ້ອື່ນ the others, *n.*
puu-wi-sèet ຜູ້ວິເສດ magician, *n.*
pɯa ເພື່ອ for, for the sake of, *prep.*
pɯa-bpèn-gìat ເພື່ອເປັນກຽດ in honor of, *prep.*
pɯa-hài ເພື່ອໃຫ້ in order to, *prep.*
pɯa-hěn-gɛɛ ເພື່ອເຫັນແກ່ for the sake of, *prep.*
pɯa-jǎ ເພື່ອຈະ in order to, *prep.*
pɯan ເພື່ອນ friend, *n.*

pɯan-bâan ເພື່ອນບ້ານ neighbor, *n.*
pɯan-dtàai ເພື່ອນຕາຍ friend in need, true friend, *n.*
pɯan-gìn ເພື່ອນກິນ false friend, *n.*
pɯan-huam-ngáan ເພື່ອນຮ່ວມງານ colleage, *n.*
pɯan-huam-sâat ເພື່ອນຮ່ວມຊາດ compatriot, *n.*
pɯan-huam-sán ເພື່ອນຮ່ວມຊັ້ນ classmate, *n.*
pɯan-jâo-baao ເພື່ອນເຈົ້າບ່າວ best man, *n.*
pɯan-jâo-sǎao ເພື່ອນເຈົ້າສາວ bride's maid, *n.*
pɯan-lìn ເພື່ອນຫຼິ້ນ playmate, *n.*
pɯan-ma-nut ເພື່ອນມະນຸດ fellow creature, *n.*
pɯan-sáai ເພື່ອນຊາຍ boyfriend, male friend, *n.*
pɯan-sa-nìt ເພື່ອນສະນິດ close friend, *n.*
pɯa-waa ເພື່ອວ່າ so that, *conj.*
pɯ́ɯn ພື້ນ floor, ground, *n.*
pɯ́ɯn-dìn ພື້ນດິນ ground, plot of land, *n.*
pɯ́ɯn-hɯ́an ພື້ນເຮືອນ floor, *n.*
pɯ́ɯn-mɯáng ພື້ນເມືອງ native, local, indigenous, *n.*
pɯ́ɯn-tii ພື້ນທີ່ area, *n.*

S
(ສ, ຊ)

sa ຊະ an ending particle showing permission or anger, *part.*

sǎ ສະ pond, wash (hair), *n., v.*

saa ຊ່າ rumor, *n.*

sâa ຊ້າ basket, pannier, slow, *n., adj.*

sáa ຊາ tea, numb, *n., adj.*

sǎ-àap-nâam ສະອາບນ້ຳ wash basin, bath tub, *n.*

sa-àat ສະອາດ clean, *adj.*

sǎa-bàan ສາບານ swear, *v.*

sáa-dtaa ຊາຕາ luck, fortune, *n.*

sǎa-hǎt ສາຫັດ severe, *adj.*

sǎa-hèet ສາເຫດ origin, cause, *n.*

saai ສ່າຍ swing, *v.*

sâai ຊ້າຍ left (side), *adj., n.*

sáai ຊາຍ male, man, *adj., n.*

sǎai ສາຍ wire, line, cord, *n.*

sǎai-àa-gàat ສາຍອາກາດ antenna, *n.*

sǎai-bèt ສາຍເບັດ fishing line, *n.*

sáai-bpaa ຊາຍປ່າ edge of a forest, *n.*

sáai-dèen ຊາຍແດນ border, frontier, *n.*

sǎai-dìng ສາຍດິ່ງ plumb-line, *n.*

sǎai-dtaa ສາຍຕາ eyesight, *n.*

sǎai-dtaa-nyáao ສາຍຕາຍາວ farsighted, *adj.*

sǎai-dtaa-sân ສາຍຕາສັ້ນ shortsighted, *adj.*

sáai-fang ຊາຍຝັ່ງ coastline, *n.*

sǎai-gaan-bìn ສາຍການບິນ airline, *n.*

sáai-hàat ຊາຍຫາດ beach, *n.*

sǎai-hat ສາຍຮັດ belt, rubber band, *n.*

saai-hǔa ສ່າຍຫົວ shake head, *v.*

sǎai-jài ສາຍໃຈ beloved, *adj.*

sáai-káa ຊາຍຄາ eaves, *n.*

sǎai-lôo-hìt ສາຍໂລຫິດ blood relation, *n.*

sǎai-nâam ສາຍນ້ຳ current, *n.*

sáai-nyíng ຊາຍຍິງ men and women, *n.*

sǎai-páan ສາຍພານ belt (e.g. conveyer), *n.*

sǎai-sa-gàn ສາຍສະກັນ able-bodied man, *n.*

sǎai-sa-núan ສາຍສະນວນ fuse for rocket, *n.*

sǎai-sòo ສາຍໂສ້ chain, *n.*

sáai-sòot ຊາຍໂສດ bachelor, *n.*

sǎai-sòi-kóo ສາຍສ້ອຍຄໍ necklace, *n.*

sǎai-sóo ສາຍຊໍ fiddle-string, *n.*

sáai-sûu ຊາຍຊູ້ male lover, male adulterer, *n.*

sǎai-ta-lée ຊາຍທະເລ seaside, shore, coast, *n.*

sàak ສາກ pestle, *n.*

sâak ຊາກ corpse, *n.*

sâak-jùap ຊາກຈວບ occasionally, *adv.*

sàak-pâi ສາກໄພ້ shuffle cards, *v.*

sâak-pǐi ຊາກຜີ corpse, *n.*

sǎa-la-pâap ສາລະພາບ confess, *v.*

sǎa-la-wat ສາລະວັດ inspector, police, *n.*

sǎa-lǐi ສາລີ corn, *n.*

saa-lɯ̌ɯ ຊາລື well-known, *adj.*

sáam ຊາມ bowl, *n.*

sǎam ສາມ three, *adj.*, *n.*

sǎa-mâat ສາມາດ can, be able, *v.*

sǎa-mak-kíi ສາມັກຄີ solidarity, harmony, *n.*

sáam-gɛ̂ɛo ຊາມແກ້ວ glass dish, *n.*

sǎam-gəə ສາມເກີ trio, *n.*

sǎam-kǎa ສາມຂາ tripod, *n.*

sáam-lâang-nàa ຊາມລ້າງໜ້າ wash basin, *n.*

sǎam-liam ສາມຫຼ່ຽມ triangle, *n.*

sǎam-lɔ́ɔ ສາມລໍ້ tricycle, *n.*

sǎam-tao ສາມເທົ່າ triple, *adj.*

sǎan ສານ weave (a basket), court (of law), *v.*, *n.*

sáan ຊານ outside balcony, back porch, *n.*

sâa-náan ຊ້ານານ delay, for a long time, *n.*, *adv.*

sàang ສ້າງ build, make, *v.*

sâang ຊ້າງ elephant, *n.*

sáang ຊາງ pharyngitis, *n.*

sǎang ສາງ warehouse, *n.*

sâang-bpaa ຊ້າງປ່າ wild elephant, *n.*

saang-bpân ຊ່າງປັ້ນ potter, *n.*

saang-bpɛ̀ɛng-kɛ̀o ຊ່າງແປງແຂ້ວ dentist, *n.*

sâang-dàm ຊ້າງດຳ tuskless elephant, *n.*

saang-dtam-hùuk ຊ່າງຕຳຫູກ weaver, *n.*

saang-dtam-pàa ຊ່າງຕຳຜ້າ weaver, *n.*

saang-dtǎt-kuang ຊ່າງຕັດເຄື່ອງ tailor, dressmaker, *n.*

saang-dtǎt-pǒm ຊ່າງຕັດຜົມ barber, hair dresser, *n.*

saang-dtɛ̂ɛm ຊ່າງແຕ້ມ painter, artist, *n.*

saang-dtìi-kám ຊ່າງຕີຄຳ jeweler, *n.*

saang-dtìi-lěk ຊ່າງຕີເຫຼັກ blacksmith, *n.*

saang-dtɔɔ-hɯ̌a ຊ່າງຕໍ່ເຮືອ shipwright, boat builder, *n.*

saang-fái-fâa ຊ່າງໄຟຟ້າ electrician, *n.*

saang-gɛ̌ ຊ່າງແກະ sculptor, *n.*

saang-gɔ̀ɔp ຊ່າງເກີບ shoemaker, *n.*

saang-gòn ຊ່າງກົນ mechanic, *n.*

saang-gɔɔ ຊ່າງກໍ່ mason, *n.*

saang-gùng ຊ່າງກຶງ worker with a lathe, *n.*

saang-jǎk ຊ່າງຈັກ mechanic, *n.*
saang-kám ຊ່າງຄຳ goldsmith, *n.*
saang-kǐan ຊ່າງຂຽນ painter, illustrator, *n.*
saang-kit ຊ່າງຄິດ thoughtful, inventive, *adj.*
saang-lěk ຊ່າງເຫລັກ black smith, *n.*
saang-lìn ຊ່າງຫລິ້ນ playful, *n.*
saang-mâi ຊ່າງໄມ້ carpenter, *n.*
sâang-nâam ຊ້າງນ້ຳ hippopotamus, *n.*
saang-ngə́n ຊ່າງເງິນ silver smith, *n.*
saang-nyǐp-kuang ຊ່າງຍິບເຄື່ອງ tailor, seamstress, *n.*
sâang-páai ຊ້າງພາຍ male elephant, *n.*
sâang-páng ຊ້າງພັງ female elephant, *n.*
saang-pet ຊ່າງເພັດ jeweller, *n.*
saang-pím ຊ່າງພິມ printer, *n.*
sâang-pùak ຊ້າງເຜືອກ white elephant, *n.*
sâang-sǎan ຊ້າງສານ adult elephant, *n.*
saang-sak-kuang ຊ່າງຊັກເຄື່ອງ launderer, *n.*
saang-taai-hûup ຊ່າງຖ່າຍຮູບ photographer, *n.*
saang-táa-sǐi ຊ່າງທາສີ painter, *n.*
saang-tɔ̀ ຊ່າງເຖາະ do not mention about it.
saang-wâo ຊ່າງເວົ້າ talkative, *adj.*
sáan-múang ຊານເມືອງ outskirt of the town, suburb, *n.*
sáan-saa-láa ຊານອາລາ platform, *n.*
sáan-ni-kóm ຊານນິຄົມ settler, *n.*
saao ຊາວ clear land, *v.*
sǎao ສາວ girl, woman, draw wire, *n, v.*
sáao ຊາວ twenty, *nm.*
sáao ຊາວ (category of) people, tribe, *n.*
sáao-bâan ຊາວບ້ານ villager, *n.*
sáao-bâan-nɔ̂ɔk ຊາວບ້ານນອກ rural people, peasant, *n.*
sáao-bpaa ຊາວປ່າ forest people, *n.*
sáao-bpa-móng ຊາວປະມົງ fisherman, *n.*
sáao-dtaang-bpa-têet ຊາວຕ່າງປະເທດ foreigner, *n.*
sáao-dtàa-wén-dtòk ຊາວຕາເວັນຕົກ westerner, *n.*
sáao-dtàa-wén-ɔ̀ɔk ຊາວຕາເວັນອອກ easterner, *n.*
sáao-əə-lòop ຊາວເອີລົບ European, *n.*
sǎao-gɛɛ ສາວແກ່ old maid, *n.*
sáao-láao ຊາວລາວ Lao, Laotian, *n.*
sáao-múang ຊາວເມືອງ citizen, *n.*
sáao-náa ຊາວນາ farmer, *n.*
sǎao-nɔ̂ɔi ສາວນ້ອຍ young girl, *n.*
sǎao-nyai ສາວໃຫຍ່ lady, miss, *n.*
sǎao-póm-ma-jàa-líi ສາວພົມມະຈາລີ virgin, *n.*

sǎao-put ຊາວພຸດ Buddhist, *n.*

sǎao-sâi ຊາວໃຊ້ woman servant, maid, *n.*

sǎao-sǔan ຊາວສວນ gardener, *n.*

sǎao-tâao ຊາວເຖົ້າ take quick steps, *v.*

sǎao-ta-lée ຊາວທະເລ seaman, *n.*

sǎao-wáng ຊາວວັງ courtier, *n.*

sàap ຊາບ patch up, stinking, *v., n.*

sâa-sâa ຊ້າງ slowly, *adv.*

sàat ສາດ mat, *n.*

sàat ຊາດ race, nation, incarnation, country, birth, life, *n.*

sǎa-táa-la-na-sǔk ສາທາລະນະສຸກ public health, *n.*

sàat-gɔ̀ɔn ຊາດກ່ອນ previous life, *n.*

sàat-nâam ສາດນ້ຳ splash water, *v.*

sàat-nǎng-kǎao ຊາດໝັງຂາວ white race, Caucasian, *n.*

sàat-ni-nyóm ຊາດນິຍົມ nationalism, *n.*

sàat-sa-dàa-jàan ສາດສະດາຈານ professor, *n.*

sàat-sa-nǎa ສາດສະໜາ religion, *n.*

sàat-sa-nǎa-it-sa-láam ສາດສະໜາອິດສະລາມ Islam, *n.*

sàat-sa-nǎa-kit ສາດສະໜາຄິດ Christianity, *n.*

sàat-sa-nǎa-put ສາດສະໜາພຸດ Buddhism, *n.*

sǎa-wok ສາວົກ disciple, *n.*

sa-bàai ສະບາຍ happy, comfortable, *adj.*

sa-bàai-dìi ສະບາຍດີ hello, hi, good day, *greeting.*

sa-bàai-dìi-bɔɔ ສະບາຍດີບໍ່ how are you?

sa-bàai-jài ສະບາຍໃຈ at ease, *adv.*

sa-buu ສະບູ soap, *n.*

sa-dět-jâo ສະເດັດເຈົ້າ prince, *n.*

sa-dɛ̀ɛng ສະແດງ show, act, express, *v.*

sa-dtàa-gàm ຊະຕາກຳ fate, destiny, *n.*

sa-dtɛ̀m ສະແຕມ postage stamp, *n.*

sa-dtǐi ສະຕິ conscious, *n.*

sa-dtìi ສະຕີ woman, *n.*

sa-dtǐi-bpàn-nyáa ສະຕິປັນຍາ intelligence, *n.*

sa-dùak ສະດວກ convenient, *adj.*

sa-dǔt ສະດຸດ stumble, *v.*

sa-dǔt ຊະດຸດ stumble, *v.*

sa-ə̀ ສະເອີະ hiccup, *v.*

sa-gǎt ສະກັດ obstruct, prevent, *v.*

sa-gět ສະເກັດ pieces, bits, scap, *n.*

sa-gět-la-bə̀ət ສະເກັດລະເບີດ bomb fragment, *n.*

sa-gǒt ສະກົດ spell, *v.*

sa-gǒt-dtàam-hɔ́ɔi ສະກົດຕາມຮອຍ trail, trace, *v.*

sa-gŏt-hɔ́ɔi ສະກົດຮອຍ trail, trace, v.

sa-gùn ສະກຸນ family, n.

sa-hǎai ສະຫາຍ friend, comrade, n.

sa-hǎ-bpa-sáa-sàat ສະຫະປະຊາຊາດ United Nations, n.

sa-hǎ-gɔ̀ɔn ສະຫະກອນ cooperative association, n.

sa-hǎ-lat-aà-mée-li-gàa ສະຫະລັດອາເມລິກາ United States of America, n.

sa-hǎ-pâap ສະຫະພາບ union, n.

sa-hǎ-pán ສະຫະພັນ federation, n.

sǎ-hǔa ສະຫົວ wash hair, v.

sai ໃສ່ wear, put on, apply, v.

sài ໄສ້ intestine, tube, cord, n.

sâi ໃຊ້ use, apply, employ, v.

sái ໄຊ bamboo fish trap, n.

sǎi ໃສ clear, bright, light, adj.

sǎi ໄສ push, place (in carpentry), shove, n.

sài-dta-gìang ໄສ້ຕະກຽງ lamp wick, n.

sài-dtàn ໄສ້ຕັນ appendix, n.

sài-dtàn-ǎk-sèep ໄສ້ຕັນອັກເສບ appendicitis, n.

sài-dting ໄສ້ຕິ່ງ appendix, n.

sâi-gàan-dâi ໃຊ້ການໄດ້ fit to be used, adj.

sài-gai ໄສ້ໄກ່ chicken entrails, n.

sai-ga-jèe ໃສ່ກະແຈ lock, v.

sâi-gàm ໃຊ້ກຳ suffer consequences (karma), v.

sài-gɔ̀ɔk ໄສ້ກອກ sausage, n.

sǎi-hǔa ໄສຫົວ drive someone away, v.

sâi-jaai ໃຊ້ຈ່າຍ expense, v.

sai-jài ໃສ່ໃຈ pay attention to, v.

sâi-kaa-sǐa-hǎai ໃຊ້ຄ່າເສຍຫາຍ reimburse for loss, v.

sài-kào ໄຊ້ເຂົ້າ winnow rice, v.

sâi-kón ໃຊ້ຄົນ employ, v.

sai-kuk ໃສ່ຄຸກ imprison, v.

sâi-kǝ̀ǝn ໃຊ້ຄືນ pay back, v.

sâi-kwáam ໃຊ້ຄວາມ incriminate, accuse, v.

sǎi-lot ໄສລົດ wheel the car, v.

sài-lùan ໄສ້ເລື່ອນ hernia, rupture, n.

sâi-ngǝ́n ໃຊ້ເງິນ pay money, v.

sâi-nìi ໃຊ້ໜີ້ pay a debt, v.

sái-nya-buu-líi ໄຊຍະບູລີ Sainyaburyi (province in Laos), n.

sǎi-nya-sàat ໄສຍະສາດ black magic, n.

sái-nyóo ໄຊໂຍ victory, triumph, n.

sài-púng ໄສ້ພຸງ intestines, n.

sái-sa-na ໄຊຊະນະ victory, n.

sài-sɔ̌k ໄສ້ເສິກ spy, decoy, n.

sâi-sɔ́ɔi ໃຊ້ສອຍ spend (money), make use of, v.

sai-sùa-pàa ໃສ່ເສື້ອຜ້າ dress, *v.*

sai-sɯɯ ໃສ່ຊື່ name, *v.*

sai-tôot ໃສ່ໂທດ punish, *v.*

sài-ua ໄສ້ອົ່ວ sausage, *n.*

sài-wéen ໃຊ້ເວນ pay for sins of former life, *v.*

sai-yàa ໃສ່ຢາ apply ointment or medicine, *v.*

sak ຊັກ wash, drag, have a convulsion, jerk, *v.*

sǎk ສັກ carve, inject, *v.*

sak-bpuang ຊັກປວງ lose one's mind, *v.*

sak-bpɯɯn ຊັກປືນ draw a gun, *v.*

sǎk-dàa ສັກດາ power, *n.*

sǎk-di-náa ສັກດີນາ land holder, *n.*

sak-dtùa-yaang ຊັກຕົວຢ່າງ illustrate, exemplify, *v.*

sak-fɔ́ɔk ຊັກຟອກ advise, be questioned thoroughly, *v.*

sǎk-gàa-la-bùu-sáa ສັກກາລະບູຊາ worship, *v.*

sǎk-ga-làat ສັກກະລາດ era, *n.*

sak-hèng ຊັກແຫ້ງ dry clean, *v.*

sak-jùung ຊັກຈູງ lead, guide, persuade, *v.*

sǎk-kǐi-pa-nyáan ສັກຂີພະຍານ witness, *n.*

sak-kuang ຊັກເຄື່ອງ wash clothes, *v.*

sak-nàa ຊັກໜ້າ frown, *v.*

sak-nyái ຊັກໃຍ spin a web, *v.*

sak-sáa ຊັກຊ້າ delay, *v.*

sak-sǎi ຊັກໃສ່ interrogate, *v.*

sǎk-sǐi ສັກສີ dignity, reputation, *n.*

sak-súan ຊັກຊວນ urge on, deduct, persuade, *v.*

sak-tǎam ຊັກຖາມ question, interrogate, *v.*

sak-túng ຊັກທຸງ raise a flag, *v.*

sak-wao ຊັກເວົ້າ fly a kite, masturbate (for men), *v.*

sǎk-yàa ສັກຢາ inject, injection, *v.*, *n.*

sa-lá ສະຫລະ vowel, sacrifice, *n.*, *v.*

sa-láa ຊະລາ old, senile, aged, *adj.*

sa-làak ສະຫລາກ lottery ticket, *n.*

sa-lǎam ສະຫລາມ shark, *n.*

sa-làat ສະຫລາດ intelligent, clever, wise, *adj.*

sa-lǎk ສະຫລັກ sculpture, carve, *v.*

sa-lǎp ສະຫລັບ alternate, *v.*

sa-lǎ-tîm ສະຫລະທິ້ມ abandon, *v.*

sa-léeng ຊະແລງ crowbar, lever, *n.*

sa-lə́əi ຊະເລີຍ prisoner, captive, *n.*

sa-lə́əi-sə̀k ຊະເລີຍເສິກ prisoner of war, *n.*

sa-lə̌əm-sa-lɔ̌ɔng ສະເຫລີມສະຫລອງ celebrate, *v.*

sa-lɔ́ɔ ຍະລໍ slow down, support while moving, *v.*

sa-lɔ̀ɔk-gɔ̀ɔk ສະຫລອກກອກ sly, funny, cunning, *adj.*

sa-lɔ̌ɔng ສະຫລອງ celebrate, *v.*

sa-lǔp ສະຫລຸບ summarize, conclude, summary, *v., n.*

sam ສຳ way, manner, like, *n.*

sâm ຊ້ຳ dark (color), repeat, be sore, mentally hurt, *adj., v.*

sa-máa-kóm ສະມາຄົມ association, *n.*

sǎm-àang ສຳອາງ cosmetic articles, *n.*

sa-máa-sik ສະມາຊິກ member, *n.*

sa-mǎi ສະໄໝ period of time, era, *n.*

sa-mǎi-mai ສະໄໝໃໝ່ modern, *adj.*

sa-mǎk ສະໝັກ volunteer, apply, *v.*

sa-mǎk-jài ສະໝັກໃຈ willing, voluntarily, *adj., adv.*

sa-mam-sa-mə̌ə ສະໝ່ຳສະເໝີ even, equal, always, *adj., adv.*

sǎm-bpa-sa-nya ສຳປະຊະຍະ consciousness, *n.*

sǎm-bpa-sǐt ສຳປະສິດ coefficient, *n.*

sǎm-bpa-táan ສຳປະທານ concession, *n.*

sam-dìao-gàn ຊ້ຳດຽວກັນ of same, *adj.*

sa-mə̌ə ສະເໝີ equal, level, always, *adj., v., adv.*

sǎm-hɔ́ɔng ສຳຣອງ reserve, *v.*

sa-mǐan ສະມຽນ secretary, clerk, *n.*

sâm-jài ຊ້ຳໃຈ feel hurt, *v.*

sǎm-kán ສຳຄັນ important, *adj.*

sǎm-la ຊຳລະ cleanse, clear up, pay, *v.*

sǎm-láan ສຳລານ be at ease, *v.*

sǎm-la-kwáam ຊຳລະຄວາມ judge a case, *v.*

sǎm-láo ສຳເລົາ rape, *v.*

sǎm-lǎp ສຳລັບ for, *prep.*

sǎm-lět ສຳເລັດ complete, succeed, *v.*

sǎm-lět-hûup ສຳເລັດຮູບ ready-made, *adj.*

sǎm-lě ຊຳແຫລະ dissect, cut open, disembowel, *n.*

sǎm-líi ສຳລີ cotton, wool, *n.*

sǎm-lùat ສຳຫລວດ inspect, survey, *v.*

sǎm-lùat-ma-nóo-kúa ສຳຫລວດມະໂນຄົວ take a census, *v.*

sǎm-lut ຊຳລຸດ damaged, *adj.*

sǎm-lut-sut-sóom ຊຳລຸດຊຸດໂຊມ dilapidated, *adj.*

sǎm-lɨ̌ang ຊຳເລືອງ glance, look from the corners of the eyes, *v.*

sǎm-ma-néen ສຳມະເນນ novice

sǎm-ma-nóo-kúa สำมะไนโถว census, family records, *n.*

sǎm-nak สำนัก reside, residence, school, *v., n.*

sǎm-nak-ngáan สำนักງาน office, *n.*

sǎm-nak-ngáan-gàang สำนักງານກາງ headquarter, *n.*

sǎm-nak-ngáan-nyài สำนักງານใหย่ head office, *n.*

sǎm-nak-pím สำนักພິມ publisher's office, *n.*

sǎm-náo สำเນົາ copy, duplicate, *v.*

sǎm-náo-hap-hɔ́ɔng สำເນົາຮັບຮອງ certified copy, *n.*

sǎm-náo-kwáam สำເນົາຄວາມ abstract of a case, *n.*

sǎm-níang สำນຽງ accent, pronunciation, *n.*

sǎm-núan สำນວນ idiom, literary style, *n.*

sǎm-núan-kwáam สำນວນຄວາມ file of case (legal), *n.*

sǎm-nɯk สำນຶກ be consious of, *n.*

sa-mɔ́ɔ สะໝໍ anchor, *n.*

sǎm-ɔɔi สำອອຍ sooky, wheedle, *adj., v.*

sa-mɔ́ɔng สะໝອງ brain, mind, intelligence, *n.*

sǎm-pâat สำພາດ interview, *v.*

sǎm-pán สำພັນ join, connection, *v., n.*

sǎm-pán-ta-mái-dtìi สำພັນທະໄມຕີ friendly relations, *n.*

sǎm-pán-ta-mit สำພັນທະມິດ allies, *n.*

sǎm-pán-ta-pâap สำພັນທະພາບ relationship, relations, *n.*

sǎm-páo สำເພົາ sail boat, *n.*

sǎm-pǎt สำຜັດ touch, rhyme, *v.*

sám-sáa ຊ້ຳຊາ temporary, *adj.*

sǎm-sâak ຊ້ຳຊາກ repeatedly, over again, *adv.*

sâm-sɔ́ɔi ຊ້ຳສອຍ repeat itself, *v.*

sâm-tâai ຊ້ຳທ້າຍ finish, *v.*

sǎm-tap ຊ້ຳທັບ treaten, repeat, *v.*

sa-mut สะมุด notebook, *n.*

sa-mǔt-bàn-tɯk สะมุดบັນທຶກ book, notebook, *n.*

sa-mǔt-kuu-mɯɯ สะมุดคู่มื manual, *n.*

san สัน tremble, shake, *v.*

sàn สั້ນ short, brief, *adj.*

sân ຊັ້ນ floor, grade, rank, stage lever, layer, story, rank, class, *n.*

sǎn ສັນ eat (for monks), *n.*

sa-na ຊະນະ win, beat, overcome, *n.*

sa-nǎam สะນ້ຳ pond, *n.*

sa-nǎam สะໜາມ field, *n.*

sa-nǎam-bìn สะໜາມບິນ airport, *n.*

sa-nǎam-gi-láa สะໜາມກິລາ sport

sa-naam-lìn ສະໜາມຫຼິ້ນ playground, n.
sa-naam-lop ສະໜາມລົບ battlefield, n.
sa-naam-múai ສະໜາມມວຍ boxing arena, n.
sa-naam-nyàa ສະໜາມຫຍ້າ lawn, n.
sa-nân ສະນັ້ນ therefore, so, conj.
sa-nǎp-sa-nǔun ສະໜັບສະໜຸນ support, v.
sân-bpa-tǒm-sǔk-sǎa ຊັ້ນປະຖົມສຶກສາ primary education, n.
sǎn-dàan ສັນດານ character, trait, n.
sǎn-dòot ສັນໂດດ contentment, n.
sǎn-dta-bpàa-bpàa ສັນຕະປາປາ pope, n.
sǎn-dti ສັນຕິ peacefulness, n.
sǎn-dti-pâap ສັນຕິພາບ peace, n.
sǎn-dti-sǔk ສັນຕິສຸກ peace and happiness, n.
sa-nee ສະເໜ່ charm, n.
sang ສັ່ງ command, order, v.
sang ຊັ່ງ weigh, v.
sáng ຊັງ hate, detest, despise, v.
sa-ngàa ສະງ່າ graceful, adj.
san-ga-ding ສັນກະດິງ ring a bell, v.
sa-ngak ຊະງັກ halt, stop, come to a sudden stop, v.
sa-ngǎt ຊະງັດ effective, certain, adj.
sáng-dti-met ຊັງຕີແມັດ centimeter, n.
sang-dtùang-wat ຊັ່ງຕວງວັດ weights and measures, n.
sáng-gàn ຊັງກັນ hate each other, v.
sǎng-ga-sǐi ສັງກະສີ zinc, n.
sǎng-gèet ສັງເກດ observe, notice, v.
sǎng-jài ສັງໃຈ consider, ponder, v.
sǎng-ka-lâat ສັງຄະລາດ chief priest, patriarch, n.
sǎng-kìi-mùuk ສັ່ງຂີ້ມູກ blow nose, v.
sǎng-kóm ສັງຄົມ society, n.
sa-ngóp ສະຫງົບ calm, silent, quiet, adj.
sa-ngǒp-sa-dti-aa-lóm ສະຫງົບສະຕິອາລົມ restrain oneself, v.
sa-ngǒp-sa-ngiam ສະຫງົບສະຫງຽມ gentle, adj.
sa-ngǒp-sǒk ສະຫງົບເສິກ truce, n.
sa-ngǒp-sǒng-kaam ສະຫງົບສົງຄາມ end of the war, n.
sang-sɔ̌ɔn ສັ່ງສອນ teach, give a lesson, v.
sang-yàa ສັ່ງຢາ prescribe medicine, v.
sa-nǐi ຊະນີ gibbon, n.
sa-nit ຊະນິດ kind, sort, type, catagory, n.
sân-laang ຊັ້ນລ່າງ ground floor, downstairs, n., adv.

săn-lăng ສັນຫລັງ ridge of the spine, *n.*

săn-la-sə̌ən ສັນລະເສີນ congratulate, praise, *v.*

săn-la-sə̌ən-nyɔ́ng-nyɔ́ɔ ສັນລະເສີນຍ້ອງຍໍ praise, *v.*

sân-lum ຊັ້ນລຸ່ມ ground floor, downstairs, *n., adv.*

sân-mat-ta-nyóm ຊັ້ນມັດທະຍົມ secondary education, *n.*

sân-nái ຊັ້ນໃນ inside, *adj.*

săn-ni-bàat ສັນນິບາດ league, *n.*

săn-ni-bàat-sâat ສັນນິບາດຊາດ league of Nations, *n.*

săn-ni-tǎan ສັນນິຖານ presume, conjecture, *v.*

săn-ni-wâat ສັນນິວາດ cohabitation, *n.*

sân-nɔ̂ɔk ຊັ້ນນອກ outer layer, outside, *n., adj.*

sa-nɔ́ɔng ສະໜອງ return (a kindness), respond, *v.*

sa-núan ຊະນວນ slate, fuse, primed, *n.*

săn-nyáa ສັນຍາ treaty, contract, promise, *n.*

săn-nyáan ສັນຍານ signal, *n.*

săn-nyáan-pái ສັນຍານໄພ alarm, *n.*

săn-nyáa-sao ສັນຍາເຊົ່າ lease, *n.*

săn-sâat ສັນຊາດ nationality, *n.*

san-sa-tùan ສັ່ນສະເທືອນ vibrate, move harshly, *v.*

sân-sə́əng ຊັ້ນເຊີງ artifice, tactics, *n.*

săn-táan ສັນທານ conjunction, *n.*

săn-tát ສັນທັດ skilled, *adj.*

sân-tə́ng ຊັ້ນເທິງ upstairs, *adv.*

sa-nŭk-sa-nǎan ສະໜຸກສະໜານ fun, happy, *adj.*

sân-wán-na ຊັ້ນວັນນະ caste, class, *n.*

sao ເຊົາ short of breath, *adj.*

sào ເສົ້າ sad, unhappy, *adj.*

sáo ເຊົາ cease, stop, *v.*

sǎo ເສົາ post, mast, pole, *n.*

sâo-mùut ເຊົ້າມືດ dawn, *n.*

sǎo-túng ເສົາທຸງ flag pole, *n.*

săp ສັບ mince, chop, *v.*

sa-páa ສະພາ assembly, *n.*

sa-páan ສະພານ bridge, *n.*

sa-pɔ ສະເພາະ specifically, *adv.*

sap-sĭn ຊັບສິນ property, *n.*

sap-sŏm-băt ຊັບສົມບັດ property, treasure, *n.*

sap-sɔ̂ɔn ຊັບຊ້ອນ complicated, complex, *adj.*

sap-tám-ma-sâat ຊັບທຳມະຊາດ natural resources, *n.*

sa-sǎang ສະສາງ clean up, *v.*

sa-sŏm ສະສົມ collect, stock, *v.*

sat ຊັດ hurl, dash against, clear, *v., adj.*

sǎt ສັດ animal, true, honest, *n., adj.*
sa-tǎa-bàn ສະຖາບັນ institution, *n.*
sa-tǎa-bpa-náa ສະຖາປະນາ establish, *v.*
sa-tǎa-bpa-nīk ສະຖາປະນິກ architect, *n.*
sa-tǎa-bpàt-nyáa-gàm ສະຖາປັດຍາກຳ architecture, *n.*
sa-tǎan ສະຖານ place, premise, *n.*
sa-tǎa-na-gàan ສະຖານະການ situation, *n.*
sa-tǎan-gòng-sǔn ສະຖານກົງສຸນ consulate, *n.*
sa-tǎa-nîi ສະຖານີ station, *n.*
sa-tǎan-pa-nyáa-bàan ສະຖານພະຍາບານ infirmary, hospital, *n.*
sa-tǎan-tii ສະຖານທີ່ place, location, spot, *n.*
sa-tǎan-tûut ສະຖານທູດ embassy, *n.*
sǎt-dta-wat ສັດຕະວັດ century, *n.*
sǎt-dtùu ສັດຕູ enemy, *n.*
sa-ti-dtǐ ສະຖິຕິ statistics, *n.*
sǎt-jǎ ສັດຈະ honor, truth, *n.*
sǎt-jàa-bàn ສັດຈາບັນ ratification, *n.*
sǎt-ja-tám ສັດຈະທຳ law of truth, *n.*
sǎt-jìng ສັດຈິງ truthful, *adj.*
sǎt-kəng-bòk-kəng-nâam ສັດເຄິ່ງບົກເຄິ່ງນ້ຳ amphibian, *n.*
sǎt-líang ສັດລ້ຽງ pet, *n.*

sǎt-líang-lûuk-dûai-nâam-nóm ສັດລ້ຽງລູກດ້ວຍນ້ຳນົມ mammal, *n.*
sǎt-lôok ສັດໂລກ creatures, *n.*
sǎt-lɯa-káan ສັດເລືອຄານ reptile, *n.*
sat-sée ຊັດເຊ roam about, wander, *v.*
sǎt-sɯɯ ສັດຊື່ honest, sincere, loyal, *adj.*
sǎt-tǎa ສັດທາ faith, have faith, *n., v.*
sat-tɔ̀ɔt ຊັດທອດ refer to, *v.*
sa-túan ສະເທືອນ shake, move, *v.*
sa-waan ສະຫວານ screw driver, *n.*
sa-waang-jɛ̂ɛng ສະຫວ່າງແຈ້ງ bright, *adj.*
sa-wàat ສະຫວາດ be fond of, *v.*
sa-wǎn ສະຫວັນ paradise, heaven, *n.*
sa-wǎn-na-kot ສະຫວັນນະຄົດ death of the king, *n.*
sa-wǎt-dìi ສະຫວັດດີ salutation, *n.*
sa-wǎt-dìi-pâap ສະຫວັດດີພາບ safety, *n.*
sa-wə̌əi ສະເຫວີຍ eat (royal), *v.*
sa-wit-fái ສະຫວິດໄຟ electric switch, *n.*
sè, sèe ເຊະ go away! (to dogs).
sée ເຊ lurch, stagger, *v.*
sée-líi ເສລີ free, independent, *adj.*
sée-líi-pâap ເສລີພາບ freedom, liberty, *n.*
sèep ເສບ play music, *v.*
sèet ເສດ leftover, leavings, *n.*
sèet-lɯ̌a ເສດເຫລືອ waste, useless, *n.,*

sèet-suan ເສດສ່ວນ fraction, *n.*

sèet-tǐi ເສດຖີ rich person, millionaire, *n.*

sek ເຊັກ cheque, *n., v.*

sèn ເສັ້ນ line, string, strand, fiber, stripe, *n.*

sên ເຊັ່ນ like, one's kind, for example, such as, *adj., n., prep.*

sén ເຊັນ sign, *v.*

sèn-bàn-tat ເສັ້ນບັນທັດ line, *n.*

sèn-bpaan ເສັ້ນປ່ານ string, *n.*

sèn-bpa-sàat ເສັ້ນປະສາດ nerve, *n.*

sèn-dâai ເສັ້ນດ້າຍ thread, *n.*

sên-dìao-gàn ເຊັ່ນດຽວກັນ likewise, also, *adv.*

sěng ເສງ exam, compete, *v.*

sèn-kào-bpûn ເສັ້ນເຂົ້າປຸ້ນ Lao rice noodles, *n.*

sên-kəəi ເຊັ່ນເຄີຍ as usual, *adv.*

sèn-lɔ̂ɔn ເສັ້ນລ້ອນ vermicelli, *n.*

sèn-lʉ̂at ເສັ້ນເລືອດ blood vessel, *n.*

sèn-lʉ̂at-dàm ເສັ້ນເລືອດດຳ vein, *n.*

sèn-lʉ̂at-dèeng ເສັ້ນເລືອດແດງ artery, *n.*

sèn-mìi ເສັ້ນໝີ່ noodles, *n.*

sèn-mìi-lʉ̌ang ເສັ້ນໝີ່ເຫຼືອງ egg noodles, *n.*

sèn-nyâan ເຊັ່ນຍ້ານ tremble from fear, *v.*

sèn-nyái ເສັ້ນໃຍ fiber, *n.*

sèn-paa-sǔun-gàang ເສັ້ນຜ່າສູນກາງ diameter, *n.*

sèn-sìip-pa-jɔ̀ɔn ເສັ້ນຊີບພະຈອນ pulse, *n.*

sèn-sǔun-sùut ເສັ້ນສູນສຸດ equator, *n.*

sèn-táang ເສັ້ນທາງ way, *n.*

sèn-táang-lǔang ເສັ້ນທາງຫຼວງ highway, *n.*

sèn-wéeng ເສັ້ນແວງ latitude, *n.*

set ເຊັດ rub, wipe, dry, scrub, *v.*

sět ເສັດ end, finish, be finished, be completed, be done, *v.*

sɛɛ ແຊ intrude, interfere, look for, *v.*

sɛ̀ɛ ແຊ່ soak, immerse, remain for a long time, *v.*

sɛ́ɛ ແສ້ rod, whip, stick, *n.*

sɛ̌ɛ ແສ່ wisp, *n.*

sɛ̀ɛk ແສກ middle line, part (the hair), *n., v.*

sɛ̂ɛk ແຊກ penetrate, put in between, *v.*

sɛ̀ɛk-pǒm ແສກຜົມ parting of the hair, *n.*

sɛ̂ɛk-sɛ́ɛng ແຊກແຊງ interfere, *v.*

sɛ̂ɛk-sǔm ແຊກຊຶມ infiltrate, *v.*

sɛ̌ɛ-kwáam ແສຄວາມ make a full explanation, *v.*

sɛ́ɛm ແຊມ be overloaded, insert, interrupt, *v.*

sɛ̌ɛn ແສນ one hundred thousand,

sέεng extremely, *n., adv.*

sέεng ແຊງ butt in, barge in, *v.*

sέεng ແສງ light, weapons, arms, *n.*

sέεng-àa-tit ແສງອາທິດ sunlight, *n.*

sέεng-dàao ແສງດາວ starlight, *n.*

sέεng-dèet ແສງແດດ sunshine, *n.*

sέεng-jâa ແສງຈ້າ glare, *n.*

sěen-hûu ແສນຮູ້ very intelligent, *adj.*

sěen-ngɔ́ɔn ແສນງອນ peevish, fretful, *adj.*

sěen-nyáa-nu-pâap ແສນຍານຸພາບ army might, *n.*

sέεo ແຊວ noisy, tease, *adj., v.*

sὲεp ແສບ feel pain, be sore, have stinging pain, *v.*

sὲεp ແຊບ delicious, *adj.*

sὲεt ແສດ reddish yellow, orange, *adj., n.*

sə̂ə ເຊີ້ be surprised, faint, *v.*

sə̂əi-sóm ເຊີຍຊົມ caress, fondle, *v.*

sə̂əm-súai ເສີມສວຍ make up, *v.*

sə̂ən ເຊີນ invite, please, *v.*

sə̂ən-dùum ເຊີນດື່ມ to your health!

sə̂əng ເຊີ້ງ chant, sing, *v.*

sə̂ən-súan ເຊີນຊວນ invite, *v.*

sə̂ət ເຊີດ elevate, lift, raise, boast, *v.*

sə̂ət-nɯ̂a ເຊີດເນື້ອ go hunting, *v.*

sə̂ət-súu ເຊີດຊູ admire, exalt, enhance, *v.*

sə̀k ເສິກ war, battle, *n.*

sɔ̂ng ເຊິ່ງ which, that, *pron.*

sɔ̂ng-gàn-le-gàn ເຊິ່ງກັນແລະກັນ mutual, *adj.*

sǐa ເສຍ lose, pay, waste, spend, *v.*

sǐa-bpìap ເສຍປຽບ be at a disadvantage, *v.*

sǐa-dàai ເສຍດາຍ pity, regret, *v.*

sǐa-děk-nɔ̂i ເສຍເດັກນ້ອຍ spoil a child, go bad (as a child), *v.*

sǐa-dɔ̀ɔk-bîa ເສຍດອກເບ້ຍ pay interest, *v.*

sǐa-dtàa ເສຍຕາ become blind or near-sighted, *v.*

sǐa-gàan ເສຍການ fruitless, *adj.*

sǐa-gàm-láng-jài ເສຍກຳລັງໃຈ be discouraged, *v.*

sǐa-gìat ເສຍກຽດ lose honor, *v.*

sǐa-hǎai ເສຍຫາຍ lose, damage, waste, *v.*

sǐa-hûu ເສຍຮູ້ be outwitted, *v.*

sǐa-jài ເສຍໃຈ be sorry, regret, *v.*

sǐa-jìt ເສຍຈິດ insane, *adj.*

sǐa-kón ເສຍຄົນ degrade oneself, go bad, *v.*

sǐa-lǎk ເສຍຫລັກ lose balance, *v.*

sǐa-lìam ເສຍຫລ່ຽມ be outsmarted, *v.*

sìam ສ້ຽມ sharpen, taper, *v.*

sǐam ສຽມ spade (tool), n.
sǐam-sɔ̌ɔn ສຽມສອນ instruct, instigate, v.
sìan ສ້ຽນ thorn, splinter, n.
siang ສຽງ take a chance, risk, gamble, v.
sǐang ຊຽງ ex-monk, town, n.
sǐang ສຽງ sound, voice, tone, vote, n.
siang-bùn-siang-gàm ສ່ຽງບຸນສ່ຽງກຳ trust to luck, gamble, v.
sǐang-dàng ສຽງດັງ noisy, adj.
sǐang-dtǒp-múu ສຽງຕົບມື applause, n.
sǐang-fáa-hɔ́ɔng ສຽງຟ້າຮ້ອງ thunder, n.
sǐang-gɔ̂ɔng ສຽງກ້ອງ echo, n.
sǐang-gɔ̀ɔp-gὲεp ສຽງກອບແກບ rustling sound, n.
sǐang-hɔ́ɔng ສຽງຮ້ອງ appeal, shout, call, n.
sǐang-húa ສຽງຫົວ laughter, n.
siang-kuu ສ່ຽງຄູ່ find a husband or wife, v.
sǐang-lǔu ສຽງລື rumour, n.
sǐang-mǐang ຊຽງໝຽງ Lao folk hero, a punster, cunning person, n.
siang-pái ສ່ຽງໄພ have an adventure, take a risk, v.
siang-sǒok ສ່ຽງໂຊກ take a chance, v.
siang-wàat-sa-nǎa ສ່ຽງວາດສະໝາ try one's luck, v.
sìan-nǎam ສ້ຽນໝາມ enemy, menace, threat, n.
sìan-pεn-dìn ສ້ຽນແຜ່ນດິນ traitor, enemy of the state, n.
sìao ສ້ຽວ a quarter, n.
sǐao ສຽວ feel thrilling pain, v.
sìao ສ່ຽວ close friend, n.
sǐa-òng-ka ເສຍອົງຂະ disabled, lame, adj.
sǐa-òo-gàat ເສຍໂອກາດ miss an opportunity, v.
sǐao-sài ສຽວໃສ້ be thrilled, v.
sìap ສຽບ pin onto, insert, pierce, thrust, v.
sǐa-sǎao ເສຍສາວ lose one's virginity, v.
sǐa-sa-dtǐ ເສຍສະຕິ insane, adj.
sǐa-sa-lǎ ເສຍສະຫລະ sacrifice, v.
sǐa-sàt ເສຍສັດ break one's promise, v.
sǐa-sèn ເສຍເສັ້ນ have one's style cramped, lose advantage, v.
sǐa-sǐi-wít ເສຍຊີວິດ die, lose one's life, v.
sǐa-sóng ເສຍຊົງ deformed, adj.
sǐa-sɔ̌ɔm ເສຍໂສມ be disfigured, v.
sǐa-sǔu ເສຍຊູ້ lose one's reputation, deform, v.
sìat ສຽດ rub, have pain, v.
sìat ສຽດ jealous, adj.

sìat-nyɔ̂ɔk ສຽດນຍອກ piercing pain, *n.*	**sǐi-kào** ສີເຂົ້າ husk rice, *v.*
sìat-sǐi ສຽດສີ satirize, graze, *v.*	**sǐi-kèm** ສີເຂັ້ມ dark in color, *n.*
sìat-téeng ສຽດແທງ piercing, *adj.*	**sǐi-kèo** ສີແຂ້ວ brush teeth, *v.*
sìat-tɔ̂ɔng ສຽດທ້ອງ abdominal pain, *n.*	**sǐi-kǐao** ສີຂຽວ green, *n.*
sii ສີ່ four, *adj. n.*	**sǐi-kǐao-gɛɛ** ສີຂຽວແກ່ dark green, *n.*
sîi ຊີ້ point, point out, *v.*	**sǐi-liam** ສີ່ຫລ່ຽມ quadrangle, quadrilateral, *n.*
sǐi ສີ drill, *v.*	**sǐi-liam-món-tón** ສີ່ຫລ່ຽມມົນທົນ square, *n.*
sǐi ສີ color, *n.*	
sîi-bɔ̀ɔk ຊີ້ບອກ indicate, point out, *v.*	**sǐi-liam-múm-sàak** ສີ່ຫລ່ຽມມຸມສາກ rectangle, *n.*
sǐi-dàa ສີດາ guava, *n.*	
sǐi-dàm ສີດຳ black, *n.*	**sǐi-lóm** ສີລົມ wind-mill, *n.*
sǐi-dèeng ສີແດງ red, *n.*	**sǐi-lǔang** ສີເຫລືອງ yellow, *n.*
sǐi-dtùa ຊີ້ຕົວ identify (a culprit), *v.*	**sìim** ຊີມ try, taste, *v.*
sǐi-fáa ສີຟ້າ blue, *n.*	**sǐi-máng** ຊີມັງ cement, *n.*
sǐi-fáa-gɛɛ ສີຟ້າແກ່ dark blue, *n.*	**sìim-lot** ຊີມລົດ taste, *v.*
sǐi-fáa-ɔɔn ສີຟ້າອ່ອນ light blue, *n.*	**sǐi-muang** ສີມ່ວງ violet, purple, *n.*
sǐi-gàa-gìi ສີກາກີ khaki, *n.*	**sǐi-múu** ຊີມື raise the hand, point out, *v.*
sǐi-gɛɛ ສີແກ່ dark in color, *n.*	**sîin** ຊີ້ນ meat, flesh, *n.*
sǐi-gɔ̀ɔk-yàa ຊີ້ກອກຢາ nicotine, *n.*	**sîin-mǔu** ຊີ້ນໝູ pork, *n.*
sǐi-gu-làap ສີກຸຫລາບ rose color, *n.*	**sǐi-nàa** ສີໜ້າ complexion, *n.*
sǐi-it ສີອິດ purple, *n.*	**sǐi-nâam** ສີນ້ຳ water color, *n.*
sǐi-jàang ສີຈາງ light color, *n.*	**sǐi-nâam-dtàan** ສີນ້ຳຕານ brown, *n.*
sîi-jɛ̀ɛng ຊີ້ແຈງ explain, *v.*	**sǐi-nâam-mán** ສີນ້ຳມັນ oil paint, *n.*
siik ຊີກ piece, *n.*	**sîi-nám** ຊີ້ນຳ supervise, lead, *v.*
sìik ສີກ tear apart, *v.*	**sǐing** ຊີງ dispute, wrangle, *v., n.*
sǐi-kǎam ສີຄາມ indigo, *n.*	**sǐi-nyɛ̂ɛk** ສີ່ແຍກ crossroad, intersection, *n.*
sǐi-kàat ຊີ້ຂາດ decide, judge, *v.*	
sǐi-kǎao ສີຂາວ white, *n.*	

sii-ɔɔn ສີອ່ອນ pale in color, *n.*

siip-pa-jɔ̀ɔn ຊີບພະຈອນ pulse, *n.*

sìi-sai ຊີ້ໃສ່ point to, *v.*

sii-sìp ສີ່ສິບ forty, *adj., n.*

sii-sɛ̀ɛt ສີແສດ vermilion, *n.*

sii-sòm ສີສົ້ມ orange (color), *n.*

sii-sóm-púu ສີຊົມພູ pink, *n.*

sìi-sɔ́ɔ ສີຊໍ play the violin, *v.*

sìit ສີດ spray, *v.*

sìi-táang ຊີ້ທາງ show the way, *v.*

sii-táo ສີ່ເທົ່າ quadruple, *adj.*

sii-táo ສີເທົ່າ gray, *n.*

sii-tít ສີທິດ the four cardinal directions, *n.*

sìit-pôn ສີດພົ່ນ spray, *v.*

sìit-yàa ສີດຢາ give injection, *v.*

sii-wáa ຊີວາ life, *n.*

sii-wa-wi-ta-nyá ຊີວະວິທະຍາ biology, *n.*

sii-wít ຊີວິດ life, *n.*

sii-wít-bpa-jàm-wán ຊີວິດປະຈຳວັນ daily life, *n.*

sìk ສຶກ leave the priesthood, *v.*

sím ສິມ temple, sanctuary, *n.*

sìn ສິ້ນ Lao skirt, finish, end, *n., v.*

sín ຊິນ get used to, *v.*

sǐn-bòn ສິນບົນ bribe, *n.*

sǐn-dəəm ສິນເດີມ property acquired before marriage, *n.*

si-nee-máa ຊີເນມາ movies, *n.*

sing ສິ່ງ thing, matter, *n.*

síng ຊິງ balance, scale, *n.*

síng ຊິງ snatch, steal, race, compete, *v.*

síng ຊິງ reside, haunt, *v.*

síng ສິງ lion, *n.*

sing-bpa-dti-gùun ສິ່ງປະຕິກູນ filth, *n.*

sing-dǎi ສິ່ງໃດ anything, which, *n.*

síng-gi-lóo ຊິງກິໂລ kilogram scale, *n.*

sǐng-hǎa ສິງຫາ August, *n.*

sing-hǎk-páng ສິ່ງຫັກພັງ wreckage, *n.*

sing-kɔ̌ɔng ສິ່ງຂອງ goods, thing, *n.*

síng-sâa ຊິງຊ້າ swing, *n.*

síng-sái ຊິງໄຊ contest with, *v.*

síng-sáng ຊິງຊັງ loathe, *v.*

sìn-jài ສິ້ນໃຈ die, *v.*

sǐn-kâa ສິນຄ້າ merchandise, goods, *n.*

sǐn-kâa-kào ສິນຄ້າເຂົ້າ import goods, *n.*

sǐn-kâa-nìi-paa-sǐi ສິນຄ້າໜີພາສີ contraband, *n.*

sǐn-kâa-ɔ̀ɔk ສິນຄ້າອອກ export goods, *n.*

sǐn-la-bpǎ ສິນລະປະ art, *n.*

sǐn-mɔ́ɔ-la-dǒk ສິນມໍລະດົກ inheritance, *n.*

sǐn-nâam-jài ສິນນ້ຳໃຈ reward, *n.*

sǐn-sap ສິນຊັບ property, money, *n.*

sìn-sə́əng ສິ້ນເຊີງ completely, *adv.*

sǐn-sǒm-lot ສິນສົມລົດ community property, *n.*

sìn-sɔ̂ɔn ສິ້ນຊ້ອນ pettycoat, *n.*

sìn-sòot ສິ້ນສອດ dowry, *n.*

sìn-sùt ສິ້ນສຸດ finish, end, *v.*

sìn-tai ສິ້ນໄຖ ransom, *n.*

sìn-tám ສິ້ນທຳ morale, *n.*

sìn-tuk ສິ້ນທຸກ be relieved of all troubles, *v.*

sìn-wǎng ສິ້ນຫວັງ be at a loss, desperate, lose all hopes, *v.*

sip ສິບ ten, *adj., n.*

sip-dtii ສິບຕີ lance-corporal, *n.*

sip-èek ສິບເອກ sergeant, *n.*

sip-èt ສິບເອັດ eleven, *adj. n.*

sip-tôo ສິບໂທ corporal, *n.*

sìt-ti ສິດທິ rights (by law), *n.*

sìt-ti-bǎt ສິດທິບັດ patent, *n.*

sìt-ti-pi-sèet ສິດທິພິເສດ privilege, *n.*

siu ສິ່ວ chisel, *n.*

siu ສິວ pimple, *n.*

so ໂຊະ out of order, old, *adj.*

sok ຊົກ fist fight, box, *v.*

sǒk ສັກ year, era, *n.*

sǒk-ga-pǒk ສົກກະປົກ dirty, *adj.*

sok-múai ຊົກມວຍ box, boxing, *v., n.*

sòm ສົ້ມ sour, *adj.*

sóm ຊົມ admire, praise, laud, *v.*

sǒm ສົມ be fit, deserve, *v.*

sǒm-âang ສົມອ້າງ substantiate a claim, *v.*

sǒm-bǎt ສົມບັດ property, wealth, treasure, *n.*

sǒm-bpàa-ta-nǎa ສົມປາຖະໜາ as wished, *adv.*

sǒm-bpa-gɔ̀ɔp ສົມປະກອບ physically complete, uncrippled, *adj.*

sǒm-bǔk-sǒm-bàn ສົມບຸກສົມບັນ pass through difficulties, go through hardship, struggle, *n.*

sǒm-buun ສົມບູນ healthy, perfect, complete, *adj.*

sǒm-buun-bèep ສົມບູນແບບ formal, complete, perfect, *adj.*

sǒm-buun-puun-sap ສົມບູນພູນຊັບ well-to-do, *adj.*

sǒm-dàng-bpàat-ta-nǎa ສົມດັ່ງປາດຖະໜາ as wished, *adv.*

sǒm-dět ສົມເດັດ majesty, holiness, *n.*

sǒm-duun ສົມດູນ equilibrium, balance, *n.*

sǒm-gàn ສົມກັນ fit together, *v.*

sǒm-gìat ສົມກຽດ honorable, *adj.*

sǒm-hǔu ສົມຮູ້ be an accomplice in, conspire, *v.*

sǒm-jìng ສົມຈິງ truthful, *adj.*

sǒm-kào-gàn ສົມເຂົ້າກັນ add, mix, *v.*

sǒm-kop ສົມຄົບ cooperate, *v.*

sŏm-kúan ສົມຄວນ appropriate, deserve, *adj., v.*

sŏm-láa-káa ສົມລາຄາ be worth its price, *v.*

sŏm-lot ສົມລົດ marry, *v.*

sŏm-ma-náa-kún ສົມມະນາຄຸນ repay (a kindness), *v.*

sŏm-mut ສົມມຸດ suppose, make believe, assume, *v.*

sŏm-nàa ສົມໜ້າ befitting, *adj.*

sŏm-nâam-nàa ສົມນ້ຳໜ້າ it serves one right.

sŏm-nyɔ́ɔm ສົມຍອມ admit, make a secret settlement, *v.*

sòm-pǎk ສົ້ມຜັກ fermented vegetable, *n.*

sŏm-pêet ສົມເພດ have pity on, *v.*

sŏm-póo-ti-nyáan ສົມໂພທິຍານ Buddha's omniscience, *n.*

sŏm-săk-sǐi ສົມສັກສີ equal in diginity, *adj.*

sóm-sə́əi ຊົມເຊີຍ praise, *v.*

sòm-sîin ສົ້ມຊີ້ນ sour pork dish, *n.*

sŏm-sùu ສົມສູ່ have intercourse with, *v.*

sŏm-sɯɯ ສົມຊື່ worth the name, *adj.*

sóm-sɯ̂ɯn ຊົມຊື່ນ happy, joyful, *adj.*

sŏm-top ສົມທົບ join, *v.*

sŏm-wǎng ສົມຫວັງ successful, have one's wish fulfilled, *adj., v.*

sòn ສົ້ນ tip, trace, *n.*

són ຊົນ collide with, crash, *v.*

són ຊົນ naughty, *adj.*

sǒn ສົນ pine, *n.*

sǒn ສົນ mix-up, *v.*

sòn-dtìin ສົ້ນຕີນ heel (foot), *n.*

song ສົ່ງ send, transmit, support, *n.*

sòng ສົ້ງ pants, trousers, *n.*

sóng ຊົງ mix up, make, brew, *v.*

sŏng ສົງ monk, *n.*

són-gai ຊົນໄກ່ cock-fight, *n.*

sǒn-gàn ສົນກັນ confuse, *v.*

song-dtɔɔ ສົ່ງຕໍ່ pass around, *v.*

song-dtua ສົ່ງຕົວ conduct, deliver, *v.*

sòn-gə̀əp ສົ້ນເກີບ heel (shoes), *n.*

sŏng-gàan ສົງການ Lao New Year, the water festival in April, *n.*

sŏng-hài ສົງໃຫ້ hand over, *v.*

sŏng-káam ສົງຄາມ war, battle, *n.*

sŏng-káam-gàang-múang ສົງຄາມກາງເມືອງ civil war, *n.*

sŏng-káam-lôok ສົງຄາມໂລກ world war, *n.*

sòng-kǎa-nyáao ສົ້ງຂາຍາວ trousers, *n.*

sòng-kǎa-sàn ສົ້ງຂາສັ້ນ shorts, *n.*

sŏng-kɔ ສົງເຄາະ help, aid, assist, *v.*

song-kɯ́ɯn ສົ່ງຄືນ give back, return, *v.*

song-puu-hâai-kàam-dèen

ສິ້ງຜູ້ຮ້າຍຂ້າມແດນ extradite, *v.*
sŏng-sǎan ສິ່ງສານ pity, *v.*
sŏng-sǎi ສິ່ງໃສ suspect, suspicion, *v., n.*
sŏng-sěɛm ສິ່ງເສີມ support, promote, encourage, *v.*
sŏng-sǐang ສິ່ງສຽງ cry out, acclaim, *v.*
sòng-sɔ̂ɔn ສິ່ງຊ້ອນ underwear, *n.*
song-suai ສິ່ງງ່ວຍ pay taxes, *v.*
sòng-sʉ̌a ສິ່ງເສື້ອ clothing, *n.*
sŏn-jài ສິນໃຈ be interested in, *adj.*
sŏn-la-bpa-táan ຊິນລະປະທານ irrigation, *n.*
sŏn-na-bòt ຊິນນະບົດ countryside, *n.*
sŏn-pao ຊິນເຜົ່າ ethnic group, *n.*
sòn-sùt ສິ້ນສຸດ end of, *n.*
sòng-sǔung ສິ້ນສູງ high-heeled, *adj.*
sŏn-ta-náa ສິນທະນາ converse, talk, *v.*
sŏn-têe ສິນເທ່ suspicion, doubt, *n., v.*
sŏn-têet ສິນເທດ intelligence, *n.*
sŏn-ti-sǎn-nyáa ສິນທິສັນຍາ treaty, *n.*
sòo ໂສ້ chain, *n.*
sóo ໂຊ invalid, not healthy, destitute, *adj.*
sǒo ໂສ talk, chat, risk, *v.*
soo-dàa ໂຊດາ soda, *n.*
sŏo-dtáai ໂສຕາຍ risk one's life, *v.*
soo-gàn ໂສກັນ discuss, argue, chat, *v.*
sóo-goo-lâa ໂຊໂກລາ chocolate, *n.*

sóoi ໂຊຍ blow gently, caress, *v.*
sòok ໂສກ gorge, clift, *n.*
sôok ໂຊກ luck, fortune, *n.*
sôok-hâai ໂຊກຮ້າຍ bad luck, misfortune, *n.*
sôo-kôok ໂສໂຄກ dirty, filthy, *adj.*
sôok-sa-dtaa ໂຊກຊະຕາ destiny, fate, *n.*
sôok-sái ໂຊກໃສ good luck, *n.*
sòok-sào ໂສກເສົ້າ sad, *adj.*
sŏom ໂສມ ginseng, *n.*
soo-pée-níi ໂສເພນີ prostitute, *n.*
sòot ໂສດ single, *adj.*
sòot-bpa-sàat ໂສດປະສາດ sense of hearing, *n.*
sòp ສົບ corpse, *n.*
sóp ສົບ lips, *n.*
sɔ̌p ຊອບ case, gloves, *n.*
sɔ̌p-mʉʉ ຊອບມື gloves, *n.*
sóp-nok ສົບນົກ bill, beak, *n.*
sòt ສົດ fresh, live (e.g. T.V. show), *adj.*
sòt-sǎi ສົດໃສ bright, *adj.*
sot-sə̌əi ຊົດເຊີຍ compensate, *v.*
sot-sɔ̂ɔi ຊົດຊ້ອຍ graceful, *adj.*
sòt-sʉ̌ʉn ສົດຊື່ນ refreshing, *adj.*
sɔ̂i-kɛ̌ɛn ສ້ອຍແຂນ bracelet, *n.*
sɔ̂i-kɔ̌ɔ ສ້ອຍຄໍ necklace, *n.*
sɔ̂m ສ້ອມ fork, *n.*
sɔ̂m-bpɛ̀ɛng ສ້ອມແປງ repair, fix, *v.*

sɔn ສ່ອນ begin to ripen, cataract eye, *v., n.*

sɔng ສ່ອງ see through, *v.*

sɔng ຊ່ອງ hole, cavity, gap, an opening, *n.*

sɔng-bə̌ng ສ່ອງເບິ່ງ look at, *v.*

sɔng-fái ຊ່ອງໄຟ space (in writing), *n.*

sɔng-fái-fâa ສ່ອງໄຟຟ້າ x-ray, *v.*

sɔng-ga-jǒk ສ່ອງກະຈົກ look in a mirror, *v.*

sɔng-gɔ̂ɔng ສ່ອງກ້ອງ look through a camera, *v.*

sɔng-kàam-kǎo ຊ່ອງຂ້າມເຂົາ mountain pass, *n.*

sɔng-kɛ̂ɛp ຊ່ອງແຄບ strait, *n.*

sɔng-táang ຊ່ອງທາງ way, *n.*

sɔng-waang ຊ່ອງວ່າງ gap, *n.*

sɔɔ ຊໍ bunch, bouquet, *n.*

sɔ̀ɔ ຊໍ້ interrogate, cheat, *v.*

sɔɔ ຊໍ fiddle, *n.*

sɔɔ ສ the sixth consonant of the Lao alphabet (high consonant), *n.*

sɔɔ ຊ the seventh consonant of the Lao alphabet (low consonant), *n.*

sɔ̌ɔ ສໍ pencil, chalk, crayon, *n.*

sɔ̀ɔ-gòong ສໍ້ໂກງ cheat, *v.*

sɔɔi ຊ່ອຍ help, assist, *v.*

sɔ́ɔ-îi ຊໍອີ້ string fiddle, *n.*

sɔ̂ɔk ສອກ elbow, unit of lenght, *n.*

sɔ̂ɔk ຊອກ seek, search, *v.*

sɔ́ɔng-ga-sǔn ຊອງກະສຸນ cartridge pouch, *n.*

sɔ̂ɔk-gìn ຊອກກິນ make a living, *n.*

sɔ̂ɔk-hǎa ຊອກຫາ seek, look for, search, *v.*

sɔ̂ɔk-sâm ຊອກຊ້ຳ bruised, *adj.*

sɔ̂ɔk-sɛ̂ɛk ຊອກແຊກ edge one's way in, curious, *v., adj.*

sɔ̂ɔk-sɔ̂ɔn ຊອກຊ້ອນ hide, *v.*

sɔ̀ɔ-lɔ̂ɔ ສໍ້ຫຼໍ້ sly, flattering, *adj.*

sɔ̌ɔm ຊອມ observe, spy, sneak, *v.*

sɔ̂ɔm ຊ້ອມ exercise, practice, *v.*

sɔ̌ɔm-bə̌ng ຊອມເບິ່ງ watch, spy on, *v.*

sɔ̂ɔn ຊ້ອນ overlap, pile up, scoop, *v.*

sɔ̌ɔn ສອນ teach, arrow, *v., n.*

sɔ̌ɔng ຊອງ pack, envelope, *n.*

sɔ̌ɔng ສອງ two, *nm.*

sɔ̌ɔng-dtɔɔ ສອງຕໍ່ double, *adj.*

sɔ̌ɔng-jìt-sɔ̌ɔng-jài ສອງຈິດສອງໃຈ hesitate, ambivalent, *v., adj.*

sɔ̌ɔng-nai-sǎam ສອງໃນສາມ two-thirds, *adj.*

sɔ̌ɔng-sǎam ສອງສາມ a few, *adj.*

sɔ̌ɔn-pi-sèet ສອນພິເສດ tutor, coach, *v.*

sɔ̀ɔp ສອບ test, take an exam, *v.*

sɔ̂ɔp ຊອບ like, *v.*

sòòp-dâi ສອບໄດ້ pass an exam, *v.*
sòòp-dtòk ສອບຕົກ fail an exam, *v.*
sòòp-gàn ຊອບກັນ be amicable, *v.*
sòòp-gon ຊອບກົນ funny, strange, *adj.*
sòòp-jài ຊອບໃຈ be pleased, *v.*
sòòp-kào ສອບເຂົ້າ take an entrance exam, *v.*
sòòp-pǒò ຊອບພໍ be fond of, *v.*
sòòp-sěng ສອບເສັງ take an exam, *v.*
sòòp-sǔan ສອບສວນ interrogate, *v.*
sòòp-tám ຊອບທຳ righteous, just, fair, *adj.*
sòòt ສອດ insert, *v.*
sôòt ຊອດ half-breed, until, *n., conj.*
sòòt-hǔu ສອດຫູ reach one's ears (news), *v.*
sóò-ûu ຊໍອູ້ banjo, a kind of fiddle, *n.*
sǔ ສຸ rub, *v.*
sua ຊົ່ວ bad, vile, wicked, *adj.*
sua-àa-nyu ຊົ່ວອາຍຸ lifetime, *n.*
sua-hâai ຊົ່ວຮ້າຍ evil, wicked, *adj.*
suai ຊ່ວຍ aid, assist, *v.*
súai ຊວຍ unlucky, *adj.*
sǔai ສວຍ late in the day, beautiful, *adj.*
suai-aa-gòɔn ສ່ວຍອາກອນ taxes, tariff, *n.*
suai-lǔa ຊ່ວຍເຫຼືອ help, assist, aid, *v.*
suai-nàa ຊ່ວຍໜ້າ wipe one's face, *v.*
suai-sǐi-wit ຊ່ວຍຊີວິດ save a life, *v.*

sua-káao ຊົ່ວຄາວ temporary, *adj., adv.*
sua-kón ຊົ່ວຄົນ generation, *n.*
sua-kuu ຊົ່ວຄູ່ for a moment, *adv.*
sua-lái-nya ຊົ່ວໄລຍະ period, for a time, *n., adv.*
sùam ສ້ວມ lavatory, toilet, *n.*
suam ສວມ put on, wear, dress, *v.*
sǔam-gɔ̀ɔt ສວມກອດ hug, *v.*
sua-móong ຊົ່ວໂມງ hour, *n.*
suan ສ່ວນ part, fraction, share, portion, *n.*
súan ຊວນ persuade, urge, invite, *v.*
sǔan ສວນ garden, pass in opposite directions, *n., v.*
suan-beng ສ່ວນແບ່ງ share, *n.*
suan-bpa-gɔ̀ɔp ສ່ວນປະກອບ component, *n.*
suan-dtə̀əm ສ່ວນເຕີມ complement, *n.*
suan-dtùa ສ່ວນຕົວ private, personal, *n.*
suan-gàang ສ່ວນກາງ middle, *n.*
suan-gwàang ສ່ວນກວ້າງ width, *n.*
sǔan-kúa ສວນຄົວ kitchen garden, *n.*
suan-lǎai ສ່ວນຫຼາຍ majority, *n.*
sǔan-màak-mâi ສວນໝາກໄມ້ fruit tree garden, *n.*
suan-nɔ́ɔi ສ່ວນນ້ອຍ minority, *n.*
suan-nyai ສ່ວນໃຫຍ່ majority, *n.*
sǔan-pǎk ສວນຜັກ vegetable garden, *n.*
suan-pa-sǒm ສ່ວນຜະສົມ ingredient, *n.*

suan-puu-mi-pâak ສ່ວນພູມິພາກ provincial, *n.*

suan-sa-lìa ສ່ວນສະເລ່ຍ average, *n.*

sŭan-sa-nǎam ສວນສະໜາມ miitary review, parade, *n.*

sŭan-sa-nŭk ສວນສະໜຸກ playground, *n.*

suan-sǎt ສ່ວນສັດ proportion, *n.*

sŭan-sǎt ສວນສັດ zoo, *n.*

suan-sǔung ສ່ວນສູງ height, *n.*

súan-sua ຊວນເຊື້ອ convince, *v.*

sŭan-táang ສວນທາງ pass each other, pass in opposite directions, *v.*

sùap ສວບ snap at, *v.*

sua-sâa ຊົ່ວຊ້າ vile, *adj.*

sùat ສວດ recite prayers, pray, *v.*

sùat-lûat ດວດລວດ defy, impudent, brazen, *v.*, *adj.*

sùat-món ສວດມົນ chant a prayer, *v.*

sùat-sóng ດວດຊົງ shape, *n.*

suk ຊຸກ pull, force, push, *v.*

sŭk ສຸກ ripe, cooked, happy, content, *adj.*

sŭk ສຸກ Friday, *n.*

su-ka-pâap ສຸຂະພາບ health, *n.*

sŭk-kǎa-pi-bàan ສຸຂາພິບານ sanitation, public health, *n.*

sŭk-kǎa-wa-dìi ສຸຂາວະດີ utopia, paradise, *n.*

sŭk-ngɔ̂ɔm ສຸກງອມ overripe, *adj.*

sŭk-sa-bàai ສຸກສະບາຍ happy, *adj.*

suk-suang ຊຸກເຊື້ອງ hide, *v.*

suk-yûu ຊຸກຢູ່ push, *v.*

sŭ-lǎa ສຸລາ liquor, alcohol, *n.*

sŭ-li-nyáa ສຸລິຍາ sun, *n.*

sŭ-li-nyáa-kâat ສຸລິຍຄາດ eclipse of the sun, *n.*

sum ສຸ່ມ fish-trap, *n.*

sum ຊຸ່ມ humid, soaked, wet, *adj.*

súm ຊຸມ meeting, assembly, *n.*

sǔm ສຸມ pile up, *v.*

sum-dǎk ຊຸ່ມດັກ hide, conceal oneself, *v.*

sǔm-fái ສຸມໄຟ make a fire, *v.*

súm-kào ຊຸມເຂົ້າ banquet, *v.*

súm-núm ຊຸມນຸມ gathering, *n.*

sum-saam ຊຸ່ມຊາມ awkward, *adj.*

súm-sɛ́ɛo ຊຸມແຊວ visit and talk, *v.*

sum-sii-sum-hàa ສຸ່ມສີ່ສຸ່ມຫ້າ rush from one thing to another, at random, *v.*, *adv.*

sum-sǔun ຊຸ່ມຊື້ນ joyous, *adj.*

sum-sɯ̂ɯn ຊຸ່ມຊື້ນ moist, soaked, *adj.*

súm-táang ຊຸມທາງ (road) junction, *n.*

sung ຊ່ວງ race, length, space, interval, *n.*

sup ຊຸບ plate (e.g. gold plate), *v.*

sǔp ສຸບ put on, *v.*

sŭ-pâap ສຸພາບ polite, *adj.*

sup-liang

sup-liang ອຸບລ້ຽງ support, raise, *v.*
sup-sii-wit ອຸບຊີວິດ save life, revive, *v.*
sup-sip ອຸບຊິບ whisper, *v.*
sup-sip-nin-taa ອຸບຊິບນິນທາ gossip, *v.*
su-sǎan ສຸສານ cemetery, *n.*
sut ຊຸດ suit, set, *n.*
sǔt ສຸດ end, ultimate, last, most, extreme, beyond, *adj., v., adv., prep.*
sǔt-àap-nâam ຊຸດອາບນ້ຳ bathing suit, *n.*
sǔt-dtɛɛ ສຸດແຕ່ depend on, *v.*
sǔt-jài ສຸດໃຈ well-beloved, *adj.*
sǔt-ja-lìt ສຸດຈະລິດ honest, faithful, *adj.*
sǔt-kìit ສຸດຂີດ extreme, *adj.*
sǔt-nɔɔn ຊຸດນອນ pajamas, *n.*
sǔt-nyɔ̂ɔt ສຸດຍອດ tiptop, *n.*
sǔt-sóom ຊຸດໂຊມ worsen, decayed, dilapidated, *v., adj.*
sǔt-tâai ສຸດທ້າຍ final, last, *adj.*
sǔt-tɔ̂ɔng ສຸດທ້ອງ youngest, *adj.*
suu ສູ່ towards, *prep.*
sùu ສູ່ every, *adj.*
sùu ສູ້ resist, fight, struggle, *v.*
sûu ຊູ້ adulterer, lover, *n.*
súu ຊູ raise, lift, boost, *v.*
sǔu ສູ you, *pron.*
suu-hǎa ສູ່ຫາ call upon, *v.*
súu-jài ຊູໃຈ encourage, *v.*
suu-kɔ̌ɔ ສູ່ຂໍ ask for marriage, *v.*

suut-sóom-lóng

sùu-kwáam ສູ້ຄວາມ put up a defense in a legal action, *v.*
sùu-kwǎn ສູ່ຂວັນ Lao ceremony, Baci, *n.*
súu-lot ຊູລົດ seasoning, flavoring, *adj.*
suu-mûu ສູ່ມື everyday, every day, *adv., n.*
súun ຊູນ touch, *v.*
sǔun ສູນ zero, angry, center, vanish, *n., nm., adj., v.*
suu-nɛ́ɛo ສູ່ແນວ everything, *n.*
sǔung ສູງ high, tall, advanced, *adj.*
sǔun-gàang ສູນກາງ center, *n.*
sǔung-den ສູງເດັ່ນ prominent, *adj.*
sǔung-kùn ສູງຂຶ້ນ rise, *v.*
sǔung-sǎk ສູງສັກ of high rank, *adj.*
sǔung-sán ສູງຊັນ steep, *adj.*
sǔung-sǔt ສູງສຸດ supreme, most, highest, *adj.*
sùup ສູບ smoke, pump, compressor, *v., n.*
sûu-pɛ́ɛng ຊູ້ແພງ beloved, *adj.*
sûu-sǎao ຊູ້ສາວ adulterer, mistress, *n.*
sǔu-sǐi ສູສີ associate with, *v.*
súu-sîip ຊູຊີບ life saving, *adj.*
sùu-sǒm ສູ່ສົມ have intercourse, *v.*
sùut ສູດ inhale, pray, sutra, formula, *v., n.*
sùut-món ສູດມົນ pray, *v.*
suut-sóom-lóng ຊຸດໂຊມລົງ deteriorate, regress, *v.*

sɯa ເສື່ອ mattress, reed mat, *n.*

sɯa ເຊື່ອ believe, *v.*

sɯ̀a ເສື້ອ blouse, shirt, coat, jacket, *n.*

sɯ́a ເຊື້ອ ancestry, family, germ, fuel, fermenting, agent, infection, *n.*

sɯ̌a ເສືອ tiger, *n.*

sɯ̌a-bpaa ເສືອປ່າ wild tiger, scout, *n.*

sɯ̌a-daao ເສືອດາວ leopard, *n.*

sɯ̌a-dàm ເສືອດຳ panther, *n.*

sɯ̌a-dtòo-mɛɛ ເສືອໂຕແມ່ tigress, *n.*

sua-fáng ເຊື່ອຟັງ obey, *v.*

sɯ̀a-gàam ເສື້ອກ້າມ undershirt, *n.*

sɯ̀a-gak ເສື້ອກັກ vest, *n.*

sɯ̀a-gàn-fǒn ເສື້ອກັນຝົນ raincoat, *n.*

sɯ̀a-gàn-nǎao ເສື້ອກັນໜາວ overcoat, *n.*

sɯ́a-ga-sat ເຊື້ອກະສັດ of royal blood, *adj.*

sɯ̀a-gi-láa ເສື້ອກີລາ blazer, *n.*

sɯ̀a-gɔ̌ ເສື້ອເກາະ armor, *n.*

sɯa-jài ເຊື່ອໃຈ trust, *v.*

sɯ́a-jâo ເຊື້ອເຈົ້າ of noble lineage, *adj.*

sɯ̀ak ເສືອກ push, impertinent, intrusive, *v.*

sɯ̂ak ເຊືອກ string, rope, cord, lace, *n.*

sɯ̀ak-ga-lòok ເສືອກກະໂຫຼກ intrude in another's business, *v.*

sɯ̀ak-sǎi ເສືອກໃສ່ carry of secretly, push out of the way, drive, kick, *v.*

sɯ̀a-kúi ເສື້ອຄຸຍ academic gown, *n.*

sɯ̀a-kúm ເສື້ອຄຸມ cloak, *n.*

sɯ̌a-láai ເສືອລາຍ jaguar, *n.*

sɯ́a-lôok ເຊື້ອໂລກ germs, *n.*

sɯam ເຊື່ອມ lose, absorb, melt, connect, *v.*

sɯa-màn ເຊື່ອໝັ້ນ believe firmly, have confidence in, *v.*

sɯa-màn-dtòn-èeng ເຊື່ອໝັ້ນຕົນເອງ self-confidence, *n.*

sɯam-lěk ເຊື່ອມເຫຼັກ solder, *v.*

sɯam-sɯ́m ເຊື່ອມຊຶມ depressed, drowsy, *adj.*

sɯ̀a-nɛ́ɛo ເສື້ອແນວ lineage, *n.*

sɯ̀a-nɔɔn ເສື້ອນອນ pajamas, *n.*

sɯ̀a-nyok-sóng ເສື້ອຍົກຊົງ bra, *n.*

sɯ̀a-nyɯ̂ɯt ເສື້ອຍືດ T-shirt, *n.*

sɯ̀ap ເຊື່ອບ fall asleep, nap, *v.*

sɯ̀a-pàa ເສື້ອຜ້າ clothes, *n.*

sɯ̀a-pɔ̌ɔng ເສື້ອເຜິງ fuel, *n.*

sɯ̀a-puu-nyíng ເສື້ອຜູ້ຍິງ blouse, *n.*

sɯ́a-sǎai ເຊື້ອສາຍ ancestry, *n.*

sɯ̀a-sàat ເສື້ອສາດ reed mat, woven mat, *n.*

sɯ́a-sàat ເຊື້ອຊາດ race, *n.*

sɯ̀a-sə̌ən ເສື້ອເຊີນ invite, *v.*

sɯ̀a-sə̀ət ເສື້ອເຊີດ shirt, *n.*

sɯ̀a-sɔ̂ɔn ເສື້ອຊ້ອນ underwear, undershirt, *n.*

sʉa-tʉ̌ʉ ເຊື່ອຖື believe in, worship, *v.*
sʉa-wǎai ເສື່ອຫວາຍ rattan-mat, *n.*
sǔk ສຶກ leave the priesthood, *v.*
sǔk-sǎa ສຶກສາ study, *v.*
súm ຊຶມ absorb, *v.*
súm-sâap ຊຶມຊາບ permeate, realize, *v.*
sǘng ຊຶ່ງ that, which, *adj., pron., adv.*
sǘng ຊຶ້ງ rice steamer, *n.*
sǘng-lǐng ຊຶ່ງລິ່ງ (sit, stand) still, *adv.*
sʉʉ ສື່ conductor, medium, *n.*
sʉ̂ʉ ຊື່ name, *n.*
sʉ̂ʉ ຊື່ straight, *adj.*
sʉ́ʉ ຊື້ buy, purchase, *v.*
sʉ̂ʉ-dtòng ຊື່ຕົງ upright, *adv.*
sʉ́ʉ-kǎai ຊື້ຂາຍ do business, trade, *v.*
sʉ́ʉ-kɔ̌ɔng ຊື້ຂອງ shop, buy things, *v.*
sʉ̌ʉn ຊຶ່ນ moist, damp, *n., adj.*
sʉ̌ʉn ຊື່ນ cheering, refreshing, *adj.*
sʉ̌ʉn-bàan ຊື່ນບານ happy, joyful, *adj.*
sʉ̌ʉn-jai ຊື່ນໃຈ delighted, refreshing, *adj.*
sʉ̌ʉn-muan ຊື່ນມ່ວນ happy, joyful, pleasant, *adj.*
sʉ̌ʉn-sóm ຊື່ນຊົມ appreciate, *v.*
sʉ̀ʉp ສືບ investigate, *v.*
sʉ̀ʉp-dta-gùun ສືບຕະກຸນ continue the race, inherit, *v.*
sʉ̀ʉp-dtɔ̀ɔ ສືບຕໍ່ follow, *v.*

sʉ̀ʉp-pán ສືບພັນ engender, reproduce, *v.*
sʉ̀ʉp-sǔan ສືບສວນ interrogate, *v.*
sʉ̀ʉp-sʉa-sǎai ສືບເຊື້ອສາຍ descend from, *v.*
sʉ̀ʉp-tǎam ສືບຖາມ inquire, ask, *v.*
sʉʉ-sǎan ສື່ສານ communicate, *v.*
sʉ̂ʉ-sàt ຊື່ສັດ honest, faithful, loyal, *adj.*
sʉ̂ʉ-sǐang ຊື່ສຽງ reputation, fame, *n.*
sʉ̂ʉ-sʉ̂ʉ ຊື່ໆ straight, do nothing, *adj., v.*
sʉ̂ʉ-yuu-sʉ̂ʉ-gìn ຊື່ຢູ່ຊື່ກິນ buy necessitites, *v.*

t
(ຕ, ທ)

taa ທ່າ waterfront, port, pier, *n.*
tàa ຖ້າ if, provided that, in case, *conj.*
tàa ຖ້າ wait for, await, *v.*
tâa ທ້າ challenge, *v.*
táa ທາ paint, apply (cream), *v.*
tàa-bǔt-nʉng ຖ້າບຶດນຶ່ງ wait a minute.
tàa-hàak-waa ຖ້າຫາກວ່າ if, *conj.*
taa-hǔa ທ່າເຮືອ habour, port, *n.*
taai ຖ່າຍ change, pour out, transfer, pass on, drain, pass the urine, defecate, *v.*
tâai ທ້າຍ end, back, *n.*

taai-bào ถ่ายเบ๊า piss, urinate, pee, *v.*

taai-bὲεp ถ่ายแบบ reproduce, model after, take as a model, *v.*

taai-hûup ถ่ายรูบ photograph, take a picture, *v.*

tâai-hŭa ท้ายเรือ stern of boat, *n.*

taai-kŭun ถ่ายคืน redeem, *v.*

taai-lûat ถ่ายเลือด transfuse blood, *v.*

taai-nâam ถ่ายน้ำ remove water, *v.*

taai-tɔ̂ɔng ถ่ายท้อง take a laxative, have a diarrhea, *v.*

taai-tɔ̀ɔt ถ่ายทอด broadcast, relay, *v.*

taai-ùt-ja-la ถ่ายอุจจะละ pass fecal matter, defecate, *n.*

taai-yàa ถ่ายยา purge with a drug, *v.*

tàa-jă ถ้าจะ if, *conj.*

tàak ถาก trim, chip, chop, hit, *v.*

tàak-tăang ถากถาง speak ironically, make an oblique comment, *v.*

táa-lún ทาฬุน cruel, maltreat, *adj., v.*

tăam ถาม ask, question, inquire, *v.*

tàam-gàang ท่ามภาง the middle of, amidst, *prep.*

tăam-hăa ถามหา ask about, *v.*

taan ถ่าน charcoal, *n.*

taan ท่าน sir, you, he, *pron.*

táan ทาน give alms, resist, stand against, withstand, *v.*

tăan ฐาน water-closet, base, *n.*

tăa-na ฐานะ position, status, state, conditions, *n.*

taa-nâam ท่าน้ำ waterfront, *n.*

taan-fái ถ่านไฟ ember, cinder, *n.*

taan-fái-săai ถ่านไฟฉาย dry cell battery, *n.*

taang ถาง diverge, spread, widen, dilate, *n.*

táang ทาง road, way, path, route, *n.*

tăang ถาง clear (land), *v.*

táang-àa-gàat ทางอากาศ by air, air route, *adv., n.*

táang-bâan ทางบ้าน home, people at home, *n.*

táang-bὲng ทางแบ่ง forked road, *n.*

táang-bòk ทางบก by land, land route, *adv., n.*

táang-bpìn ทางปิ้น reverse side, *n.*

táang-dăi ทางใด which way?

táang-dìao ทางเดียว one way, *n.*

táang-dìn ทางดิน by land, *adv.*

táang-dtâi ทางใต้ southward, downward, *adv.*

táang-dtâng ทางตั้ง vertically, *adv.*

táang-gàan ทางการ officially, formally, *adv.*

táang-gàan-múang ทางการเมือง

táang-gài ທາງໄກ far, long way, *adj.*, *n.*

táang-hok ທາງຮົກ overgrown road, *n.*

táang-hɔm ທາງຮ່ອມ small path, *n.*

táang-kàang ທາງຂ້າງ side, *n.*

táang-kào ທາງເຂົ້າ entrance, *n.*

táang-kɛ̂ɛp ທາງແຄບ narrow road, *n.*

táang-kón-nyaang ທາງຄົນຍ່າງ sidewalk, path, *n.*

táang-kop ທາງຄົບ crossroads, *n.*

táang-kot ທາງຄົດ winding road, *n.*

táang-kwǎa ທາງຂວາ right side, *n.*

táang-kwǎang ທາງຂວາງ horizontally, width, *adv.*, *n.*

táang-lǎng ທາງຫຼັງ behind, backwards, *prep.*, *adv.*

táang-lat ທາງລັດ short cut, *n.*

táang-lɛn-kùn-lóng ທາງແລ່ນຂຶ້ນລົງ runway, *n.*

táang-lǔang ທາງຫຼວງ highway, main road, *n.*

táang-lum ທາງລຸ່ມ below, downstairs, *prep.*, *adv.*

táang-mɯɯn ທາງມື່ນ slippery road, *n.*

táang-nàa ທາງໜ້າ ahead, forward, *adv.*

táang-nâam ທາງນ້ຳ by water, waterway, *adv.*, *n.*

táang-nái ທາງໃນ inside, interior, *n.*

táang-ngôong ທາງໂງ້ງ detour, *n.*

táang-nîi ທາງນີ້ this way, *adv.*, *n.*

táang-nɔ́ɔi ທາງນ້ອຍ drive, path, *n.*

táang-nɔ̂ɔk ທາງນອກ outside, externally, *adv.*

táang-nɯ̌a ທາງເໜືອ north, northwards, *adv.*

táang-ɔ̀ɔk ທາງອອກ exit, outlet, *n.*

táang-ɔ̂ɔm ທາງອ້ອມ detour, indirect, *n.*

táang-paan ທາງຜ່ານ transit, passage way, *n.*

táang-pûn ທາງພຸ້ນ overthere, *adv.*

táang-púu ທາງພູ in the mountains, *adv.*

táang-sâai ທາງຊ້າຍ left side, *n.*

táang-sǎt-sɯɯ ທາງສັກຊື່ honestly, *adv.*

táang-sèn-dǎi ທາງເສັ້ນໃດ which way?

táang-sɔ̌ɔp ທາງສອບ rightly, properly, *adv.*

táang-sǔt-ja-lít ທາງສຸດຈະລິດ honestly, *adv.*

táang-sɯɯ ທາງຊື່ straight road, *n.*

táang-tóng ທາງເທິງ above, upstairs, *prep.*, *adv.*

táang-tíao ທາງທ່ຽວ well used road, *n.*

táang-tii-dìi-tii-sǔt ทางที่ดีที่สุด the best way, *n.*

táang-tu-ja-lìt ทางทุจะลึด dishonestly, *adv.*

taan-hǐn ถ่านหิน coal, *n.*

tâao ท้าว Mr, sir, *pron., n.*

tâa-pa-nán ท้าพะนัน bet, gamble, *v.*

tàa-sen-nân ถ้าเซ้นนั้น if that is so.

tàat ถาด tray, *n.*

tâat ทาด stupa, element, chemical compound, *n.*

tâa-táai ท้าทาย challenging, *adj.*

taa-táang ท่าทาง attitude, gesture, posture, *n.*

tàa-waa ถ้าว่า if, *conj.*

tǎa-wɔ́ɔn ถาวอน permanent, *adj.*

tàa-yaang-nân ถ้าย่างนั้น in that case.

ta-bìan ทะบรูน register, record, roster, license, *n.*

ta-hǎan ทะถาม soldier, *n.*

ta-hǎan-àa-gàat ทะถามอากาด air force, *n.*

ta-hǎan-àa-sǎa ทะถามอาสา volunteer soldier, *n.*

ta-hǎan-bǒk ทะถามบิก army, *n.*

ta-hǎan-bpa-jàm-gàan ทะถามปะจำกาน regulars, *n.*

ta-hǎan-bpuun-nyai ทะถามปินใหย artillery, *n.*

ta-hǎan-gèen ทะถามเกน conscript, *n.*

ta-hǎan-gɛ̀ɛ ทะถามแก bugler, *n.*

ta-hǎan-gɔ̀ɔng-nǔun ทะถามกองหนุน reserve forces, *n.*

ta-hǎan-hǔa ทะถามเรือ marine, naval officer, *n.*

ta-hǎan-lâap ทะถามลาบ infantry, *n.*

ta-hǎan-mâa ทะถามม้า cavalry, *n.*

ta-hǎan-mai ทะถามใหม่ recruit, *n.*

ta-hǎan-nyáam ทะถามยาม sentry, *n.*

tai ไถ redeem, ransom, *v.*

tái ไท Thai, Tai, people, *n.*

tǎi ไถ plow, *v.*

tái-bâan ไทบ้าน villager, *n.*

tái-dàm ไทดำ Taidam tribe, *n.*

tai-kuang ไถ่เคื่อง redeem goods, *v.*

tái-láao ไทลาว Lao (Laotian), *n.*

tái-lǔu ไทลื้อ Tailu tribe, *n.*

tái-múang ไทเมือง city dweller, *n.*

tái-pao-mɛ̂ɛo ไทเผ่าแม้ว Meo (Hmong) tribe, *n.*

tái-pao-yâao ไทเผ่าย้าว Yao tribe, *n.*

tak ทัก greet, accost, warn, *v.*

tǎk ถัก knit, *v.*

tǎk-lûuk-mâi ถักลูกไม้ do crochet work, *v.*

tăk-pŏm ถักผิม braid, *v.*

tak-táai ทักทาย address, greet, *v.*

tak-tûang ทักท้วง oppose, warn, *v.*

ta-lăa ตะหลา go side ways, swoop down, *v.*

ta-láai ตะลาย tumble down, be in ruin, fall to pieces, *v.*

ta-lăi ตะไห slip, slide, trip, *v.*

ta-lak ตะลัก eject, leak out, *v.*

ta-lăm ตะหลำ make an error, tumble, slip, trip, *v.*

ta-lée ตะเล sea, *n.*

ta-lée-sáai ตะเลสาย dessert, *n.*

ta-lée-sàap ตะเลสาบ lake, *n.*

ta-lĕeng ตะแหลง announce, recount, make a statement, *v.*

ta-lom ตะหลิม fall down, tumble down, collapse, *v.*

ta-lu ตะลุ penetrate, go through, through, *v., adv.*

ta-lúang ตะลวง hollow out, pierce, *v.*

tàm ถ้ำ cave, *n.*

tám ทำ do, act, perform, make, *v.*

tám ทำ Buddhist law, morality, Dharma, *n.*

tám-bàap ทำบาบ sin, *v.*

tám-bpèn-waa ทำเป็นว่า pretend, *v.*

tám-bùn ทำบุน hold a festival, make merit, *v.*

tám-dtêem ทำแต้ม score, *v.*

tám-dûai ทำด้วย made of, *adj.*

tám-gàan-kâa ทำกานค้า do business, trade, *v.*

tám-hâai ทำร้าย assault, *v.*

tám-hài ทำให้ cause, bring about, *v.*

ta-mín ตะมิน savage, a Tamil, *adv., n.*

tám-ìt ทำอิต at first, first, *adj., adv.*

tám-kún ทำคุน do a favor, *v.*

tám-kwăn ทำขวัน make amends, compensate, *v.*

tám-láai ทำลาย destroy, demolish, *v.*

tám-láai-lâang ทำลายล้าง eradicate, *v.*

tám-ma ทำมะ Buddhist law, morality, Dharma, *n.*

tám-máa-hăa-gìn ทำมาหากิน earn a living, *v.*

tám-ma-dàa ทำมะดา ordinary, usual, routine, *adj.*

tám-ma-núun ทำมะนูน constitution, *n.*

tám-ma-sâat ทำมะฉาด nature, *n.*

tàm-mɔɔng ถ้ำมอง a peep show, *n.*

tám-náa ทำนา cultivate the land, do rice farming, *v.*

tàm-náai ทำนาย foretell, predict, *v.*

tàm-náai-făn ทำนายฝัน interpret

tám-nàa-tii ทำหน้าที่ do one's duty, v.

tám-ngáan ทำงาน work, v.

tám-nîam ทำนม fee, n.

tám-nîam ทำนม custom, tradition, n.

tám-nîap ทำนบ residence, direction, treatise, n.

tám-nɔ́ɔng ทำนอง manner, sort, melody, rhythm, style, n.

tám-sǎn-nyáa ทำสัญญา enter into a contract, make a contract, v.

tám-taa ทำท่า act, pose, v.

tám-téen ทำแทน substitute, v.

tám-tôot ทำโทษ punish, v.

tán ทัน be on time for, catch up, v.

tǎn ทัน column, n.

ta-náai ทะนาย lawyer, counsel, n.

ta-náai-kwáam ทะนายความ lawyer, attorney, n.

ta-na-bǎt ทะนะบัด bank note, paper money, n.

ta-nǎt ถะหมัด handy, skillful, adroit, adj.

tán-dài ทันใด promptly, instantly, adv.

tán-dtaa ทันตา in no time, as quick as a wink, adv.

tán-dtaa-pêet ทันตาแพทย์ dentist, n.

táng ทั้ง as well as, both, all, altogether, the whole, adj., adv.

tǎng ถัง bucket, n.

táng-bpèn ทั้งเป็น alive, adj.

táng-bpùang ทั้งปวง all, adv.

tǎng-kìi-nyɯa ถังขี้เยื่อ dust bin, rubbish bin, garbage, n.

táng-lǎai ทั้งหลาย all, most, adj., adv.

táng-mót ทั้งหมด altogether, in all, adv.

táng-múan ทั้งมวล entirely, adv.

tǎng-nâam ถังน้ำ cistern, bucket, n.

tǎng-nâam-mán ถังน้ำมัน gas tank, n.

táng-nân ทั้งนั้น all that, conj.

táng-nîi ทั้งนี้ all this, conj.

táng-nîi-gɔ̀ɔ-pɔ-waa ทั้งนี้ก็เผาะว่า this is because.

táng-sîn ทั้งสิ้น all, every, adj., adv.

táng-sɔ̌ɔng ทั้งสอง both, adv., n.

táng-táng-tii ทั้งๆที่ although, conj.

tán-jài ทันใจ quickly, adv.

tán-kwán ทันควัน promptly, suddenly, adv.

tán-móong ทันโมง on time, adv.

ta-nǒn ถะหนน road, street, avenue, n.

ta-nóng ทะนง arrogant, adj.

ta-nǒn-lǔang ถะหนนหลวง public road, highway, n.

ta-nɔ̌ɔm ถะหนอม take care of, cher-

tán-sa-mǎi ທັນສະໄໝ up to date, be in fashion, *adj.*

tán-tǐi ທັນທີ suddenly, at once, immediately, *adv.*

tán-tǐi-tán-dài ທັນທີທັນໃດ suddenly, immediately, *adv.*

ta-nu-bàm-lúng ຕະນຸບຳລຸງ care for, *v.*

ta-nu-ta-nɔ̌ɔm ຕະນຸຕະໜອມ take care of, nurture, cherish, *v.*

ta-nu-ta-nɔ̌ɔm ຕະນຸຕະໜອມ cherish, *v.*

tán-wáa ທັນວາ December, *n.*

tán-wée-láa ທັນເວລາ be in time, *v.*

ta-nyə̂ə-ta-nyáan ທະເບີທະຍານ be ambitious, *v.*

ta-nyɔ́ɔi ທະຍອຍ follow gradually, come or go one after another, *v.*

ta-nyɔ́ɔn ທະຍອນ aspire, sore, *v.*

tao ເຕົາ ash, wood ashes, *n.*

tao ເທົ່າ equal, times, *v., adv.*

tào ເຖົ້າ old, *adj.*

táo ເທົາ grey, *adj, n.*

tǎo ເຖົາ vine, *n.*

tao-dǎi ເທົ່າໃດ how much? many?

tao-dǎi ເທົ່າໃດ to what extent?

tao-gàn ເທົ່າກັນ equal, *adj.*

tao-gǎp ເທົ່າກັບ equal, be equal to, *v.*

tao-gɛɛ ເຖົ້າແກ່ the rich Chinese, the owner, the boss, *n.*

tap ທັບ smash, overlie, be on top of, run over, cover, *v.*

tap ທັບ army, *n.*

tap-lǎng ທັບຫຼັງ rear-guard, *n.*

tap-nàa ທັບໜ້າ vanguard, *n.*

tap-nǔun ທັບໜຸນ reserve forces, *n.*

tap-tím ທັບທິມ ruby, *n.*

tǎt ຕັດ next, beside, *prep.*

tǎt-bpài ຕັດໄປ next, *prep.*

tǎt-jàak ຕັດຈາກ next to, *prep.*

tat-sa-náa-jɔ̀ɔn ທັດສະນາຈອນ excursion, sight-seeing, *n.*

ta-wǎai ຖະຫວາຍ offer (religious), present, dedicate, *v.*

ta-wáan-nǎk ທະວານໜັກ anus, *n.*

ta-wíi ທະວີ increase, double, *v.*

ta-wíi-kúun ທະວີຄູນ double, *v.*

ta-wíip ທະວີບ continent, *n.*

tée ເທ pour, fall, slant, *v.*

teep ເທບ tape, cassette tape, *n.*

teep-ǎt-sǐang ເທບອັດສຽງ recording tape, tape, cassette tape, *n.*

têet ເທດ sermon, give a sermon preach, *n., v.*

têet-sa-bàan ເທດສະບານ municipality, *n.*

têet-sa-náa ເທດສະນາ sermon, *n.*

tɛ̂ɛ ແທ້ true, certainly, truly, *adj., adv.*

tɛ̌ɛ ແຖ shave, shave off, *v.*

tɛ̂ɛ-jìng ແທ້ຈິງ truly, actually, *adv.*

tɛ̂ɛk ແທກ measure, *v.*

tɛ́ɛm ແຖມ give something extra, *v.*

tɛ́ɛm-hâi ແຖມໃຫ້ give something extra, *v.*

tɛ́en ແທນ replace, instead of, *v., prep.*

tɛ́en ແທນ heaven, god, angel, *n.*

tɛ́en-bùn-kún ແທນບຸນຄຸນ return a kindness, repay an obligation to, *v.*

tɛ́eng ແທງ stab, penetrate, bet, *v.*

tɛ́eng-bə̀ə ແທງເບີ buy lottery tickets, *v.*

tɛ́eng-mâa ແທງມ້າ bet on a horse, *v.*

tɛ́en-tii ແທນທີ່ instead of, take place of, *prep., v.*

tɛ̌ɛo ແຖວ row, line, rank, column, *n.*

tɛ̀ɛp ແຖບ region, area, tab, stripe, tag, strip, *n.*

ten ແທ່ນ a stand, holder, base, pedestal, altar, *n.*

ten-pím ແທ່ນພິມ printing press, *n.*

tə̀ən ເຖີນ polite ending particle (word), *part.*

təng ເທິງ above, on top of, up, in, *prep.*

təng ເຖິງ arrive, reach, *v.*

təng-dìao-nîi ເຖິງດຽວນີ້ until now, *adv.*

təng-gɛɛ-gàm ເຖິງແກ່ກຳ die (ordinary person), *v.*

təng-gɛɛ-mɔ́ɔ-la-na-pâap ເຖິງແກ່ມໍລະນະພາບ die (monk), *v.*

təng-jǎ ເຖິງຈະ even if, *conj.*

təng-jài ເຖິງໃຈ to one's heart comfort, *adv.*

təng-mɛ̂ɛ-waa ເຖິງແມ່ວ່າ although, *conj.*

təng-waa ເຖິງວ່າ although, *conj.*

təng-yaang-dai-gɔ̀ɔ-dìi ເຖິງຢ່າງໃດກໍດີ however, *conj.*

təng-yaang-dai-gɔ̀ɔ-dtàam ເຖິງຢ່າງໃດກໍຕາມ nevertheless, *conj.*

tían ທຽນ wax candle, candle, *n.*

tiang ທ່ຽງ straight, accurate, noon, *adj., n.*

tǐang ຖຽງ argue, hut, *v., n.*

tǐang-gàn ຖຽງກັນ quarrel, argue, *v.*

tiang-gòng ທ່ຽງກົງ exact, accurate, exact noon, *adj., adv.*

tiang-kúun ທ່ຽງຄືນ midnight, *n.*

tǐang-náa ຖຽງນາ hut for watching ricefield, *n.*

tiang-tám ທ່ຽງທຳ honest, just, *n.*

tiang-wán ທ່ຽງວັນ noon, *n.*

tían-kǎi ທຽນໄຂ candle, *n.*

tiao — tit-dtâi

tiao ທຽວ travel, go out, seek pleasure, *v.*

tíao ທຽວ go back and forth, *v.*

tiao-bpài ທຽວໄປ wander, *v.*

tiao-lìn ທຽວຫລິ້ນ go for a walk, seek pleasure, *v.*

tîap ທຽບ compare, *v.*

tii ຖີ່ close together, stingy, comact, frequent, *adj.*

tii ທີ່ place, spot, site, location, land, real estate, that, because, *n., pron., adj., prep.*

tíi ທີ time, chance, turn, *n.*

tii-bpa-súm ທີ່ປະຊຸມ conference room, committee, *n.*

tii-bpɔ̀ɔt-pái ທີ່ປອດໄພ safe place, *n.*

tíi-diao ທີດຽວ at once, *adv.*

tii-dìn ທີ່ດິນ land, *n.*

tii-dtam ທີ່ຕ່ຳ lowland, *n.*

tii-dtâng ທີ່ຕັ້ງ location, site, *n.*

tii-fǎng-sǒp ທີ່ຝັງສົບ cemetery, *n.*

tii-gə̀ət ທີ່ເກີດ birthplace, *n.*

tii-hâap-súung ທີ່ຮາບສູງ plateau, *n.*

tii-jìng ທີ່ຈິງ truly, *adv.*

tii-jìng-lɛ́ɛo ທີ່ຈິງແລ້ວ in fact, *adv.*

tii-jɔ̀ɔt ທີ່ຈອດ parking area, *n.*

tii-la-lɯ́k ທີ່ລະລຶກ souvenir, memory, *n.*

tíi-lǎng ທີ່ຫລັງ later, *adv.*

tii-la-nɔ̀ɔi ທີ່ລະນ້ອຍ little by little, *adv.*

tii-nân ທີ່ນັ້ນ there, *adv.*

tii-nang ທີ່ນັ່ງ seat, royal or vehicle, *n.*

tii-nîi ທີ່ນີ້ here, *adv.*

tii-ni-nyóm ທີ່ນິຍົມ popular, *adj.*

tíi-nɯ̀ng ທີ່ນຶ່ງ the first, *adv.*

tìip ຖີບ pedal, spurn, kick, *v.*

tii-pak ທີ່ພັກ residence, dwelling, *n.*

tii-pə̂ng ທີ່ເພິ່ງ support, prop, refuge, *n.*

tii-sùt ທີ່ສຸດ the most, superlative degree, the best, *adv., adj.*

tii-têe ທີ່ແທ້ really, the truth, *adv., n.*

tii-tùan ທີ່ຖ້ວນ exact, thorough, *adj.*

tii-waang-bpao ທີ່ວ່າງເປົ່າ vacancy, empty space, *n.*

tii-yuu ທີ່ຢູ່ address, *n.*

tìm ຖີ້ມ throw away, discard, *v.*

tìm-wîak ຖີ້ມວຽກ quit a job, *v.*

tin ຖີ່ນ place, abode, territory, *n.*

tin-tǎan-bâan-gə̀ət ຖີ່ນຖານບ້ານເກີດ birth place, hometown, *n.*

tin-tii-yuu-àa-sǎi ຖີ່ນທີ່ຢູ່ອາໄສ residence, *n.*

tit ທິດ direction, ex-Buddhist monk, *n.*

tit-dtàa-wén-dtòk ທິດຕາເວັນຕົກ west, *n.*

tit-dtàa-wén-ɔ̀ɔk ທິດຕາເວັນອອກ east, *n.*

tit-dtâi ທິດໃຕ້ south, *n.*

tit-nŭa ທິດເຫນືອ north, *n.*

tŏk ຖົກ tuck up, roll up, discuss, *v.*

tŏk-tĭang ຖົກຖຽງ discuss, argue, dispute, *v.*

tom ຖົມ spit, *v.*

tŏm ຖົມ fill up, *v.*

tom-nâam-láai ຖົມນ້ຳລາຍ spit, *v.*

tón ທົນ endure, suffer, bear, *v.*

tón-fái ທົນໄຟ fire-proof, *adj.*

tong ທົ່ງ field, meadow, ranch, *n.*

tŏng ຖົງ sack, bag, *n.*

tŏng-dtĭin ຖົງຕີນ socks, *n.*

tŏng-múu ຖົງມື gloves, *n.*

tong-náa ທົ່ງນາ rice field, *n.*

tŏng-ngón ຖົງເງິນ purse, *n.*

tŏng-sŭa ຖົງເສື້ອ shirt pocket, *n.*

tón-táan ທົນທານ lasting, *adj.*

tón-tuk ທົນທຸກ endure suffering, *v.*

tóo ໂທ second grade, secondary, *adj.*

tŏo ໂຖ vase, pot, earthen jar, *n.*

tóo-la-kóm-ma-náa-kóm ໂທລະຄົມມະນາຄົມ telecommunications, *n.*

tóo-la-lêek ໂທລະເລກ telegraph, telegram, *n.*

tóo-la-pâap ໂທລະພາບ television, *n.*

tóo-la-săp ໂທລະສັບ telephone, *n.*

tóon ໂທນ the only, singleton, *n., adj.*

toong ໂຖງ spacious, large, *adj.*

tôot ໂທດ punishmet, penalty, crime, offense, *n.*

tôot-bpa-hăan-sĭi-wit ໂທດປະຫານຊີວິດ capital punishment, *n.*

top ທົບ fold, double, *v.*

top-dtôn ທົບຕົ້ນ add the interest to the capital, *v.*

top-túan ທົບທວນ revise, review, *v.*

tot-lɔ́ɔng ທົດລອງ experiment, test, *v.*

tot-nâam ທົດນ້ຳ irrigate, pump up water, *v.*

tot-sa-wat ທົດສະວັດ decade, *n.*

tot-sɔ̀ɔp ທົດສອບ test, *v.*

tot-téen ທົດແທນ compensate, return, pay back, *v.*

tŭt-tɔ̆ɔi ຖຸດຖອຍ retreat, move back, *v.*

tɔi ຖ່ອຍ naughty, vulgar, *adj.*

tɔ̀i-kám ຖ້ອຍຄຳ words, expression, speech, *n.*

tɔm ຖ່ອມ be humble, *v.*

tɔm-dtòo, tɔm-dtùa ຖ່ອມໂຕ, ຖ່ອມຕົວ humiliate oneself, be humble, *v.*

tɔn ທ່ອນ part, segment, piece, *n.*

tɔ́ng ທ່ອງ wade, recite, *v.*

tɔ́ng-jàm ທ່ອງຈຳ memorize, recite, *v.*

tɔ́ng-tiao ທ່ອງທ່ຽວ travel, tour, *v.*

tɔn-mâi ທ່ອນໄມ້ a piece of wood, *n.*

tɔ̏ɔ ທ the twelfth consonant of the Lao alphabet (low consonant), *n.*

tɔ̏ɔ ຖ້າ basket, crash, *n., v.*

tɔ̏ɔ ຖ້ຳ hesitate, be discouraged, *v.*

tɔ̌ɔ ຖ the eleventh consonant of the Lao alphabet (high consonant), *n.*

tɔɔ-àai-nâam ທໍ່ອາຍນ້ຳ steampipe, *n.*

tɔɔ-àai-sĭa ທໍ່ອາຍເສຍ exhaust pipe, *n.*

tɔɔ-dăi ທໍ່ໃດ how much?, how many?

tɔɔ-dùut ທໍ່ດູດ straw, *n.*

tɔɔ-gàn ທໍ່ກັນ equally, *adv.*

tɔ́ɔi ທອຍ float, *n.*

tɔ́ɔi ຖອຍ step back, withdraw, *v.*

tɔ́ɔi-bět ທອຍເບັດ fishing float, *n.*

tɔ́ɔi-lăng ຖອຍຫຼັງ recede, move back, go backward, *v.*

tɔ́ɔi-tap ຖອຍທັບ retreat, *v.*

tɔ̂ɔ-jài ທໍ່ໃຈ be discouraged, *v.*

tɔ̀ɔk ຖອກ pour, add, *v.*

tɔ̀ɔk-tɔ̂ɔng ຖອກທ້ອງ diarrhea, *n.*

tɔ́ɔ-la-máan ທໍລະມານ torture, harass, be cruel to, *v.*

tɔ́ɔ-la-nĭi ທໍລະນີ threshold, land, *n.*

tɔ́ɔ-la-nyot ທໍລະຍົດ betray, *v.*

tɔ́ɔ-la-pĭi ທໍລະນີ Lao Oedipus, ungrateful, despicable, *n., adj.*

tɔ̂ɔn ທ້ອນ save, collect, assemble, *v.*

tɔ̌ɔn ທອນ give a change, *v.*

tɔ̌ɔn ຖອນ withdraw, pull up, pull out, *v.*

tɔɔ-nân ທໍ່ນັ້ນ that much, that's all

tɔ̂ɔng ທ້ອງ belly, interior, *n.*

tɔ̂ɔng-bài ທ້ອງໃບ gold-leaf, *n.*

tɔ̂ɔng-bĭt ທ້ອງບິດ dysentery, *n.*

tɔ̂ɔng-bpûng ທ້ອງປຸ້ງ pot bellied, *n.*

tɔ̂ɔng-fâa ທ້ອງຟ້າ sky, *n.*

tɔ̂ɔng-hèng ທ້ອງແຫ້ງ hungry, *adj.*

tɔ̂ɔng-hŭa ທ້ອງເຮືອ bottom of a boat, *n.*

tɔɔng-kăao ທອງຂາວ platinum, *n.*

tɔɔng-kám ທອງຄຳ gold, *n.*

tɔɔng-kám-kŭap ທອງຄຳເຄືອບ gold plated, *n.*

tɔɔng-kám-tɛng ທອງຄຳແທ່ງ gold ingot, *n.*

tɔ̂ɔng-kìi-hâak ທ້ອງຂີ້ຮາກ cholera, *n.*

tɔ̂ɔng-kǔn ທ້ອງຂຶ້ນ flatulent, *n.*

tɔɔng-lŭang ທອງເຫຼືອງ brass, *n.*

tɔ̂ɔng-náa ທ້ອງນາ paddy field, *n.*

tɔɔng-nâak ທອງນາກ gold-copper alloy, *n.*

tɔ̂ɔng-nèn ທ້ອງແໜ້ນ constipation, *n.*

tɔ̂ɔng-nɔ̂ɔi ທ້ອງນ້ອຍ lower abdomen, *n.*

tɔ̂ɔng-sĭa ທ້ອງເສຍ indigestion, diarrhea, *n.*

tɔ̂ɔng-tii ທ້ອງທີ່ region, area, *n.*

tɔ̂ɔng-tin ທ້ອງຖິ່ນ local, rural area, *n.*

tɔ̌ɔn-jài ຖອນໃຈ sigh, *v.*

tɔ̌ɔn-kám-sang ถอนคำสั่ง repeal the order, *v.*

tɔ̌ɔn-kám-wâo ถอนคำเว้า retract, *v.*

tɔ̌ɔn-màn ถอนมั้น break off the engagement, *v.*

tɔ̌ɔn-ngə́n ทอนเงิน give a change, reduce, *v.*

tɔ̌ɔn-ngə́n ถอนเงิน withdraw money, *v.*

tɔ̌ɔn-pit ถอนพิด extract the poison, *v.*

tɔ̌ɔn-sǎn-nyáa ถอนสัญยา cancel the contract, *v.*

tɔ̌ɔn-sìt ถอนสิด deprive, dispossess, revoke one's right, *v.*

tɔ̀ɔt ถอด take out, remove, *v.*

tɔ̂ɔt ทอด fry, *v.*

tɔ̂ɔ-tɛ̂ɛ ท้อแท้ be down-hearted, be daunted, *v.*

tɔ̂ɔt-ga-tǐn ทอดกะถิน give alms to monks, *v.*

tɔ̂ɔ-tɔ́ɔi ท้อถอย be disheartened, *v.*

tua ถั่ว bean, gambling game, *n.*

tua ทั่ว everywhere, all over, *adv.*

tua-bpai ทั่วไป generally, *adv.*

tua-dìn ถั่วดิน peanut, *n.*

tua-fǎk-nyáao ถั่วฝักยาว cowpea, snake bean, *n.*

tùai ถ้วย bowl, *n.*

tùai-sáam ถ้วยฮาม cookingware, dishes, *n.*

tua-kìao ถั่วเขียว green pea, *n.*

tua-lǔang ถั่วเหลือง soybean, *n.*

tùam ท้อม flood, *v.*

tùan ถ้อน complete, *adj.*

túan ทวน revise, review, *v.*

tua-nàa ทั่วหน้า without exception, everyone, *adv.*

tuang ถ่วง weight, delay, retard, *n., v.*

tûang ท้วง protest, *v.*

túang ทวง ask for payment, repeat a request, *v.*

tuang-hài-sâa ถ่วงให้ช้า obstruct, delay, *v.*

tuang-kwáam-ja-lə́ən ถ่วงความจะเลิม hinder the progress, *v.*

tua-ngɔ̂ɔk ถั่วงอก bean sprout, *n.*

tûang-tǎam ท้วงถาม question, *v.*

túang-tǎam ทวงถาม repeat a request, *v.*

túan-lóm ทวนลม against the wind, go against the wind, *adv., v.*

tùan-nàa ถ้อนหน้า one and all, *adv.*

túan-nâam ทวนน้ำ up-stream, go up stream, *adv., v.*

tùan-tii ถ้อนที่ precise, complete, thorough, careful, *adj.*

tua-púu ถั่วพู winged bean, *n.*

tûat ທວດ great grandfather, *n.*

tua-tĕng-gàn ທົ່ວເຖິງກັນ entirely, *adv.*

tuk ທຸກ poor, *adj.*

tuk-gàai ທຸກກາຍ ill, feeling physically suffered, *adj.*

tuk-jài ທຸກໃຈ worried, unhappy, *adj.*

tuk-kón ທຸກຄົນ everyone, *adv., pron.*

tuk-la-nya ທຸກລະຍະ always, all the time, *adv.*

tuk-mûu ທຸກມື້ everyday, *adv.*

tuk-ngén ທຸກເງິນ poor, *adj.*

tuk-nyâak ທຸກຍາກ poverty, hardship, poor, *adj.*

tuk-sing-tuk-yaang ທຸກສິ່ງທຸກຢ່າງ everything, *adv., pron., n.*

tuk-táang ທຸກທາງ everywhere, *adv.*

tuk-tii ທຸກທີ່ everywhere, *adv.*

tuk-tuk ທຸກໆ every, all, *adj.*

tuk-tuk-mûu ທຸກໆມື້ everyday, *adv.*

tuk-tua ທຸກເທື່ອ always, each time, *adv.*

tuk-wée-láa ທຸກເວລາ always, every time, *adv.*

tuk-yaang ທຸກຢ່າງ everything, *adv., pron.*

tu-la ທຸລະ business, work, *n.*

tu-la-git ທຸລະກິດ business, *n.*

tu-la-suan-dtua ທຸລະສ່ວນຕົວ personal affairs, *n.*

tŭn ກຸນ smoke, *v.*

túng ທຸງ flag, *n.*

tup ທຸບ smash, pound, break, beat, *v.*

tup-dtìi ທຸບຕີ beat, *v.*

tǔu ຖູ rub, scrub, brush, mop, *v.*

tûup ທູບ incense stick, *n.*

tûup-hɔ̌ɔm ທູບຫອມ incense, *n.*

tûup-tian ທູບທຽນ incense stick and candle, *n.*

tûut ທູດ ambassador, diplomatic agent, *n.*

tua ເທື່ອ time, number of times, *n.*

tuan ເຖື່ອນ outlaw, illegal, *adj.*

tún ທຶນ capital money, asset, fund, *n.*

tún-sap ທຶນຊັບ capital money, asset, fund, *n.*

tup ທຶບ covered, deep (jungle), thick, *adj.*

tǔu ຖື hold, carry, bear, worship, *v.*

tǔu-bpa-pée-nii ຖືປະເພນີ follow custom, *v.*

tǔu-dìi ຖືດີ be proud, *v.*

tǔu-dtòo ຖືໂຕ be conceited, arrogant, *v.*

tǔu-gìat ຖືກຽດ respect, have pride, *v.*

tǔu-hǎang ຖືຫາງ back up, support, *v.*

tùuk ຖືກ cheap, correct, touch, *adj., v.*

tùuk-bpàak ຖືກປາກ please the taste, *v.*

tùuk-dtàa ຖືກຕາ please the eye, *v.*

tùuk-dtông ຖືກຕ້ອງ correct, right, justified, *adj.*

tùuk-fɔ́ɔng ຖືກຟ້ອງ accused, sued, *v.*

tùuk-gàn ຖືກກັນ get along well, *v.*

tùuk-hêeo ຖືກແຮ້ວ be caught in a trap, *v.*

tùuk-hǔai ຖືກຫວຍ win a prize in a lottery, *v.*

tùuk-hǔu ຖືກຫູ pleasing to the ear, *v.*

tùuk-jài ຖືກໃຈ be satisfied, like, *v.*

tǔu-kɔ́ɔng ຖືຄອງ retain, possess, *v.*

tùuk-lɛ́ɛo ຖືກແລ້ວ that's right, ok!

tùuk-wée-láa ຖືກເວລາ on time, *adv.*

tǔu-nyot ຖືຍົດ esteem personal rank, *v.*

tǔu-òo-gàat ຖືໂອກາດ take the opportunity, *v.*

tǔu-páa ຖືພາ be pregnant, *v.*

tǔu-sǎa ຖືສາ mind, hold it against (someone), *v.*

tǔu-sàat-sa-nǎa ຖືສາດສະໜາ have faith in a religion, worship, *v.*

tǔu-sǐn ຖືສິນ obey precepts, *v.*

tǔu-tôot ຖືໂທດ hold a grudge against, be angry at, *v.*

twúai ທວຍ guess, *v.*

u (ອຸ)

ùai ອວຍ plump, *adj.*

ùai-pɔ́ɔn ອວຍພອນ wish, bless, *v.*

ùai-sái ອວຍໄຊ wish victory, *v.*

ûak ອ້ວກ vomit, *v.*

ùan ອວນ bag-net, ring net, purse net, *n.*

ûan ອ້ວນ fat, fleshy, *adj.*

ùat ອວດ show off, display, *v.*

ùat-âang ອວດອ້າງ boast, brag, *v.*

ùat-dìi ອວດດີ conceited, boastful, *adj.*

ùat-dtòo ອວດໂຕ praise oneself, boastful, *v., adj.*

ùat-ong ອວດອົງ showy, *adj.*

u-bǎt-hèet ອຸບັດເຫດ accident, *n.*

u-bpa-gɔ̀ɔn ອຸປະກອນ equipment, *n.*

u-dòm-sǒm-bùun ອຸດົມສົມບູນ plenty, properity, *n.*

ûm-lûuk ອຸ້ມລູກ carry in arms, *v.*

ǔt-sǎa-ha-gàm ອຸດສາຫະກຳ industry, *n.*

uu ອູ່ cradle, car repair shop, *n.*

uu-lot ອູ່ລົດ garage car, repair shop, *n.*

ùun ອຸ່ນ warm, *adj.*

ùup ອຸບ box, *n.*

ùup-ngə́n ອຸບເງິນ silver box, *n.*

uup-yàa-sùup ອູບຢາສູບ tobacco box, *n.*

ʉ (ອື)

ʉ́ai ເອື້ອຍ older sister, *n.*

ʉ́ai-nɔ́ɔng ເອື້ອຍນ້ອງ sisters, *n.*

ʉ́ai-pâi ເອື້ອຍໃພ້ older sister-in-law, *n.*

ʉ́ai-pʉ̌a ເອື້ອຍຜົວ husband's older sister, *n.*

ʉ̀t ອຶດ be short of, be scarce, tough, *v.*

ʉ́ai-mɛɛ ເອື້ອຍແມ່ aunt, *n.*

ʉ̀t-nɔ́ɔn ອຶດນອນ lack of sleepy, *v.*

ʉ̀t-yàak ອຶດຢາກ be short of food, *v.*

ʉ̀ʉn ອື່ນ other, *adj.*

W (ວ, ຫວ)

waa ວ່າ say, remark, speak, reproach, *v.*

waa ວ່າ ...that, so that, *conj.*

wáa ວາ linear measurement equivalent to two meters, *n.*

waa-gàan ວ່າການ administer, *v.*

wàai ໄຫວ້ pray respect to, greet, salute (by bringing the hands together to the face), *v.*

wáa-jàa ວາຈາ word, speech, *n.*

wáa-kɛ̌ɛn-ɔ̀ɔk ວາແຂນອອກ extend the arms, *v.*

waan ຫວ່ານ sow, *v.*

wǎan ຫວານ sweet, *adj.*

waang ວ່າງ free, vacant, be at leisure, *adj.*

waang ຫວ່າງ between, interval, period, *prep., n.*

wáang ວາງ put down, lay down, set, *v.*

wǎang ຫວາງ be cured, relieved, *v.*

waan-gâa ຫວ່ານກ້າ sow rice seeds, *v.*

waang-bpao ຫວ່າງເປົ່າ empty, vacant, *adj.*

waang-gàang ຫວ່າງກາງ between, *prep.*

waang-gîi-nîi ຫວ່າງກີ້ນີ້ just then, *adv.*

wáang-jài ວາງໃຈ trust, rely on, *v.*

wǎang-jài ຫວາງໃຈ carefree, *adj.*

wáang-kóong-gàan ວາງໂຄງການ plan a project, *v.*

waang-mɔɔ-mɔɔ-nîi ຫວ່າງມໍ່ໆນີ້ in the recent time, *adv.*

waang-púu-kǎo ຫວ່າງພູເຂົາ valley, *n.*

wáan-nîi ວານນີ້ yesterday, *n.*

waao ວ່າວ kite, *n.*

wàat ຫວາດ be afraid, scared, *v., adj.*

wàat-sìao ຫວາດສຽວ terrified, frightened, *adj.*

wái ໄວ quick, *adj.*

wǎi ໄຫວ move, shake, tremble, quake, *v.*

wâi-àa-lái ໄວ້ອາໄລ mourn, miss, v.
wâi-fái ໄວໄຟ inflammable, adj.
wâi-jài ໄວ້ໃຈ trust, v.
wâi-nâa ໄວ້ໜ້າ save face, v.
wâi-nʉa-sʉa-jài ໄວ້ເນື້ອເຊື່ອໃຈ trustworthy, n.
wâi-nya-gɔ̀ɔn ໄວຍະກອນ grammar, n.
wâi-tuk ໄວ້ທຸກ wear clothes of mourning, v.
wan ຫວັ່ນ feel afraid, fear, v.
wán ວັນ day, n.
wán-àa-tit ວັນອາທິດ Sunday, n.
wán-àng-káan ວັນອັງຄານ Tuesday, n.
wáng ວັງ palace, royal residence, n.
wǎng ຫວັງ hope, expect, v.
wǎng-dìi ຫວັງດີ mean well, be well-intentioned, v.
wán-gə̀ət ວັນເກີດ birthday, n.
wǎng-hâai ຫວັງຮ້າຍ wish another ill, v.
wan-jài ຫວັ່ນໃຈ feel afraid, fear, v.
wán-jàn ວັນຈັນ Monday, n.
wán-la-lʉk ວັນລະລຶກ memorial day, n.
wán-na-ka-dìi ວັນນະຄະດີ literature, n.
wán-na-lôok ວັນນະໂລກ tuberculosis, n.
wán-nung ວັນນຶ່ງ one day, n.
wán-pa-hát ວັນພະຫັດ Thursday, n.
wán-pak ວັນພັກ day off, vacation, n.
wán-pak-gàan ວັນພັກການ holiday, vacation, n.
wán-péng ວັນເພັງ full moon day, n.
wán-put ວັນພຸດ Wednesday, n.
wán-sâat ວັນຊາດ National Day, n.
wán-sa-lɔ̌ɔng ວັນສະຫຼອງ anniversary, day of celebration, n.
wán-sǎo ວັນເສົາ Saturday, n.
wán-sǐn ວັນສິນ Buddhist holy day, n.
wán-suk ວັນສຸກ Friday, n.
wán-tii ວັນທີ date, n.
wan-wǎi ຫວັ່ນໄຫວ tremble, shake, be shaken, v.
wâo ເວົ້າ talk, speak, v.
wâo-dâi-kong-kɛ̀o ເວົ້າໄດ້ຄ່ອງແຄ້ວ speak fluently, v.
wâo-dtàam ເວົ້າຕາມ repeat, v.
wâo-dta-lók ເວົ້າຕະຫຼົກ tell a joke, v.
wâo-dtʉa ເວົ້າຕົວະ tell a lie, v.
wâo-gə̀ən-kwáam-jìng ເວົ້າເກີນຄວາມຈິງ exaggerate, v.
wâo-kʉʉn ເວົ້າຄືນ repeat, v.
wâo-kwǎn ເວົ້າຂວັນ gossip, v.
wâo-lǎai ເວົ້າຫຼາຍ talkative, adj.
wâo-lìn ເວົ້າຫຼິ້ນ joking, kidding, adj.
wâo-nyɔ́ɔng ເວົ້າຍ້ອງ praise, v.
wâo-sâa-sâa ເວົ້າຊ້າໆ speak slowly, v.
wâo-sâm ເວົ້າຊ້ຳ repeat, v.
wat ວັດ wat, temple, monastery, n.

wăt — wi-náa-tii

wăt ຫວັດ sick with a cold, cold, *v., n.*
wat-kún-pɔɔ ວັດຄຸມພໍ່ church, *n.*
wat-têɛk ວັດແທກ measure, take measurements, *v.*
wat-tŭ ວັດຖຸ material, article, object, *n.*
wée-láa ເວລາ time, *n.*
wée-láa-baai ເວລາບ່າຍ afternoon, *n.*
wée-láa-dăi ເວລາໃດ when?, *adv.*
wée-láa-gàang-kʉʉn ເວລາກາງຄືນ night time, *n.*
wée-láa-gàang-wén ເວລາກາງວັນ daytime, *n.*
wée-láa-kam ເວລາຄ່ຳ night time, *n.*
wée-láa-săo ເວລາເຊົ້າ morning, *n.*
wée-láa-tiang ເວລາທ່ຽງ noon, *n.*
wée-láa-tiang-kʉʉn ເວລາທ່ຽງຄືນ midnight, *n.*
wée-láa-waang ເວລາວ່າງ leisure, free time, *n.*
wéen-gàm ເວນກຳ fate, karma, *n.*
wée-tíi ເວທີ stage, platform, *n.*
wée-tíi-múai ເວທີມວຍ boxing ring, *n.*
wên ເວັ້ນ avoid, except, *v.*
wên-dtɛɛ ເວັ້ນແຕ່ except, *prep.*
wên-jàak ເວັ້ນຈາກ abstain from, except, exempt, *v.*
wên-wái ເວັ້ນໄວ້ except, leave blank, skip, *v.*

wɛ ແວະ drop by, drop in, rest, stop briefly, *v.*
wɛɛ ແວ່ stop on route, *v.*
wɛ̌ɛn ແຫວນ ring (for a finger), *n.*
wɛ̌ɛn-dtɛng-ngáan ແຫວນແຕ່ງງານ wedding ring, *n.*
wɛ̌ɛn-màn ແຫວນໝັ້ນ engagement ring, *n.*
wɛ̌ɛn-pet ແຫວນເພັດ diamond ring, *n.*
wɛ́ɛo ແວວ talent, gift, *n.*
wɛn ແວ່ນ mirror, *n.*
wɛn-dtàa ແວ່ນຕາ eye glasses, *n.*
wɛn-(dtàa)-gàn-dèɛt ແວ່ນ (ຕາ) ກັນແດດ sun glasses, *n.*
wɛn-ka-nyáai ແວ່ນຂະຫຍາຍ magnifying glass, *n.*
wɛn-nyéeng ແວ່ນແຍງ mirror, *n.*
wɛn-sɔng ແວ່ນສ່ອງ lens, mirror, *n.*
wən ເວີນ whirlpool, *n.*
wîak ວຽກ work, *n.*
wîak-gàan ວຽກງານ function, occupation, work, *n.*
wíi ວີ fan, *n., v.*
wĭi ຫວີ comb, *n., v.*
wĭi-gûai ຫວີກ້ວຍ bunch of banana, *n.*
wĭi-hŭa ຫວີຫົວ comb one's hair, *v.*
wín ວິນ be dizzy, *v.*
wi-náa-tii ວິນາທີ second (of time), *n.*

wi-nái ວິໄນ discipline, rules, regimen, *n.*
wín-hǔa ວິນຫົວ be dizzy, *v.*
wín-nyáan ວິນຍານ spirit, soul, *n.*
wi-sáa ວິຊາ subject, knowledge, *n.*
wi-sáa-gàan ວິຊາການ technology, expertise, *n.*
wi-sáa-kúu ວິຊາຄູ pedagogy, *n.*
wi-sèet ວິເສດ magical, wonderful, *adj.*
wit ວິດ toilet, *n.*
wĭt ຫວິດ already passed, come near, nearly, almost, *adj., v., adv.*
wi-ta-nyáa-lái ວິທະຍາໄລ college, *n.*
wi-ta-nyáa-sàat ວິທະຍາສາດ science, *n.*
wi-ta-nyu ວິທະຍຸ radio, *n.*
wi-tĭi ວິທີ method, ways, means, *n.*
wón ວົນ revolve, go in circle, *v.*
wóng ວົງ circle, round, band, *n.*
wóng-dòn-dtìi ວົງດົນຕີ musical band, *n.*
wóng-gòm ວົງກົມ circle, *n.*
wóng-lep ວົງເລັບ parentheses, brackets, *n.*
wóng-món ວົງມົນ circle, *n.*
wón-hǎa ວົນຫາ beseech, *v.*
wɔɔ ວ the twenty-third consonant of the Lao alphabet (low consonant), *n.*
wɔ́ɔ ວ້ rabid, *adj.*
wɔ́ɔt-wáai ວອດວາຍ ruin, disappear, *v.*
wûn-wáai ວຸ້ນວາຍ riot, fuss, disturb, *v.*

y (ຢ)

yaa ຢາ don't, stop, *v.*
yàa ຢາ medicine, drug, tobacco, pill, remedy, *n.*
yàa-bʉa ຢາເບື່ອ poison, *n.*
yàa-dǎp-gin ຢາດັບກິ່ນ deodorant, *n.*
yàa-dìi-ài ຢາດີໄອ cough medicine, *n.*
yàa-dòm ຢາດົມ inhalant, *n.*
yàa-fin ຢາຝິ່ນ opium, *n.*
yàa-hâak-mâi ຢາຮາກໄມ້ herbs, medicinal root, *n.*
yàai ຢາຍ distribute, allot, *v.*
yàak ຢາກ want, would like, *v.*
yàa-kàa-sʉ̂a-lôok ຢາຂ້າເຊື້ອໂລກ germicide, disinfectant, *n.*
yàa-kàa-méeng-mâi ຢາຂ້າແມງໄມ້ insecticide, *n.*
yàak-dâi ຢາກໄດ້ want, desire, *v.*
yàak-hûu ຢາກຮູ້ want to know, be curious, *v.*
yàak-hûu-yàak-hěn ຢາກຮູ້ຢາກເຫັນ be curious, *v.*
yàak-kào ຢາກເຂົ້າ be hungry, *v.*
yàak-nâam ຢາກນ້ຳ be thirsty, *v.*
yàak-nɔ́ɔn ຢາກນອນ be sleepy, *v.*
yàa-la-ngap-kwáam-hûu-sǔk

yàam ยาละวับความรู้สึก anesthetic, *n*.
yàam ยาม visit, pay a visit, *v*.
yàa-mǐi-hěeng ยามีแรง vitamin, *n*.
yâan ย้าน be afraid, scared, frightened, *v*.
yaang ย่าง sort, kind, type, category, suffix forming an adverb -ly, *n*., *sfx*.
yàang ยาง rubber, *n*.
yâang ย่าง roast, grill, barbecue, *v*.
yàang-bpùu-táang ยางปูทาง road asphalt, *n*.
yaang-dài ย่างใด how?, what kind?
yaang-dìao ย่างกัว of the same kind, one thing, *n*.
yàang-dtèek ยางแตก flat tire, *n*.
yàang-dtìin-lot ยางตีนล็อต tire, *n*.
yàang-gàao ยางกาว glue, *n*.
yaang-kə́əi ย่างเคย as usual, *adv*.
yâang-kwán-fái ย่างควันไฟ smoke, grill, *v*.
yàang-lup ยางลบ eraser, rubber, *n*.
yaang-nɔ́i ย่างน้อย at least, *adv*.
yàa-nɔɔn-láp ยานอนหลับ sleeping pill or medicine, *n*.
yàa-nûat ยานวด ointment, *n*.
yâao ย้าว house, Yao tribe, *n*.
yàa-pǎt-kèo ยาผัดแก้ว toothpaste, *n*.
yàa-sa-nee ยาสะเหน่ love potion, *n*.
yàa-sa-lǒp ยาสะหลบ anesthetic, *n*.

yàa-sèep-dtìt ยาเสพติด narcotic, drug, dope, *n*.
yàa-sǐi-fán ยาสีฟัน toothpaste, *n*.
yàa-sùup ยาสูบ tobacco, cigarette, *n*.
yàat ยาด drip, drop, *v*.
yàa-taai ยาถ่าย laxative, *n*.
yàat-fǒn ยาดฝน raindrop, *n*.
yàat-hɯa ยาดเหื่อ perspiration, sweat, *n*.
yàat-nâam ยาดน้ำ ceremony of dripping water on the ground, water drop, *n*.
yàat-nâam-kâang ยาดน้ำค้าง dewdrop, *n*.
yàa-yàang ยาย่าง opium poppy, *n*.
yang ยั่ง measure depth, try, *v*.
yang-nâam ยั่งน้ำ measure depth of water, *v*.
yen เย็น cool, cold, calm, *adj*.
yen-dìi เย็นดี nice and cool, *adj*.
yen-jài เย็นใจ be at ease, *v*.
yìam เยี่ยม visit, peek at, call on, *v*.
yìam-yàam เยี่ยมยาม visit, call on, *v*.
yìap เหยียบ step on, run over, *v*.
yìap-nyam เหยียบย่ำ trample, oppress, *v*.
yìat เหยียด stretch out (body), *v*.
yíp ยิบ take between the fingers, pinch, pick, *v*.
yǐp-ào ยิบเอา seize, pick, *n*.
yíu ยิว Jew, *n*.

yòop ໂຍບ jump, take long steps, *v.*
yòot ໂຍດ drip down, *v.*
yɔn ຢ່ອນ relax, loosen, *v.*
yɔn-àa-lóm ຢ່ອນອາລົມ relax, *v.*
yɔng ຢ່ອງ walk stealthily, walk on tiptoe, *v.*
yɔng-bào ຢ່ອງເບົາ burglarize, *v.*
yɔng-yɔ̀ɔ ຢ່ອງຢໍ້ stand on tiptoe, *v.*
yɔn-jài ຢ່ອນໃຈ relax, *v.*
yɔn-káai ຢ່ອນກາຍ relax, *v.*
yɔn-lóng ຢ່ອນລົງ hang down, *v.*
yɔ̀ɔ ຢ the twenty-first consonant of the Lao alphabet (mid consonant), *n.*
yɔ̀ɔk ຢອກ joke, tease, *v.*
yɔ̀ɔk-gàn ຢອກກັນ have fun, tease each other, *v.*
yɔ̀ɔk-lìn ຢອກຫຼິ້ນ play, tease, *v.*
yɔ̀ɔng ຢອງ put on top of, *v.*
yɔ̀ɔng-tap-gàn ຢອງທັບກັນ stack, *v.*
yɔ̀ɔt ຢອດ drop, thin, *v.*, *adj.*
yɔ̀ɔt-nâm-mán ຢອດນ້ຳມັນ lubricate, *v.*
yuang ຢວງ metal hoop, *n.*
yuang-àan-màa ຢວງອານມ້າ stirrup, *n.*
yŭp ຢຸບ grasp, seize, *v.*
yŭp-mʉʉ ຢຸບມື seize the hand, *v.*
yŭt ຢຸດ stop, pause, cease, *v.*
yŭt-gàan ຢຸດການ stop work, *v.*
yŭt-pak ຢຸດພັກ rest, have a break, *v.*

yŭt-yâng ຢຸດຢັ້ງ stop temporarily, suppress, *v.*
yŭt-yɔn ຢຸດຢ່ອນ stop, *v.*
yŭt-yuu ຢຸດຢູ່ stop, rest, stay still, *v.*
yuu ຢູ່ stay, be, *v.*
yuu-bâan ຢູ່ບ້ານ be at home, *v.*
yuu-gắp ຢູ່ກັບ stay with, *v.*
yuu-gâi ຢູ່ໃກ້ be near, *v.*
yuu-gài ຢູ່ໄກ be far away, *v.*
yuu-gàm ຢູ່ກຳ carry one's living behavior in certain ways after childbirth (for the mother), *v.*
yuu-hʉan ຢູ່ເຮືອນ be at home, *v.*
yuu-nái ຢູ່ໃນ inside, in, *adv.*, *prep.*
yuu-nám ຢູ່ນຳ live with, *v.*
yuu-nîi ຢູ່ນີ້ here, *adv.*
yuu-pîi ຢູ່ພີ້ overhere, *adv.*
yuu-pûn ຢູ່ພຸ້ນ overthere, *adv.*
yuu-săi ຢູ່ໃສ where?, *adv.*
yuu-táng ຢູ່ເທິງ upstairs, above, on, *adv.*, *prep.*
yʉ̀ʉm ຢືມ borrow, *v.*
yʉ́ʉn ຢືນ stand, *v.*
yʉ́ʉn-gòng ຢືນກົງ stand up straight, *v.*
yʉ́ʉn-kûn ຢືນຂຶ້ນ stand up, *v.*
yʉ́ʉn-nyáam ຢືນຍາມ stand on guard, *v.*
yʉ́ʉn-ɔ̂ɔm ຢືນອ້ອມ stand around, *v.*
yʉ́ʉn-yàn ຢືນຢັນ confirm, attest, *v.*

SECTION 3 LAO-PHONETIC-ENGLISH

Consonant	Sound	Page	Consonant	Sound	Page
ກ	(g)	555	ບ	(b)	681
ຂ	(k)	566	ປ	(bp)	690
ຄ	(k)	578	ຜ	(p)	701
ງ	(ng)	592	ຝ	(f)	707
ຈ	(j)	594	ພ	(p)	709
ສ	(s)	600	ຟ	(f)	716
ຊ	(s)	617	ມ	(m)	717
ຍ	(ny)	626	ຢ	(y)	726
ດ	(d)	632	ລ	(l)	729
ຕ	(dt)	643	ວ	(w)	736
ຖ	(t)	658	ຫ	(h)	739
ທ	(t)	662	ອ	(ɔ)	756
ນ	(n)	671	ຣ	(h)	763

LAO DICTIONARY ORDER

When you look up words in a Lao dictionary, every syllable begins with a consonant followed by a vowel. The final consonant, if there is one, comes last. In multi-syllabic words this dictionary order is repeated with each following syllable. Since every syllable must start with a consonant, the silent consonant ອ is used as a marker for syllables that begin with a vowel sound. Some vowels are written in front of the initial consonant. This, however, does not change the dictionary order of consonant first, vowel next. When words are spelled the same except for tone marks, the word with no tone marks will come first, followed by mâi èek (-), mâi tóo (-), mâi dtìi (-) and mâi jăt-dtà-wáa (-) respectively. For the order of the vowels, please see the section "Lao Writing System" in the front of the dictionary.

ກ

ກ gɔ̌ɔ the first consonant of the Lao alphabet (mid consonant), *n.*

ກະ gǎ projected, approximately, expect, estimate, *adj., adv., v.*

ກະເກນ ga-gèen compare, predict, *v.*

ກະກຽມ ga-gìam prepare, *v.*

ກະຈາຍ ga-jàai spread, scatter, *v.*

ກະຈາຍຄຳ ga-jàai-kám conjugate, *v.*

ກະຈາຍສຽງ ga-jàai-sǐang broadcast, *v.*

ກະຈາກ ga-jàak basket, pannier, *n.*

ກະແຈ ga-jɛ̌ɛ key, *a.*

ກະແຈມື ga-jɛ̌ɛ-múu handcuffs, *n.*

ກະຈົກ ga-jǒk mirror, glass, *n.*

ກະຈອກ ga-jɔ̀ɔk sparrow, *n.*

ກະຈອກເທດ ga-jɔ̀ɔk-têet ostrich, *n.*

ກະຈັບ ga-jǎp water chestnut, *n.*

ກະຈາບ ga-jàap rice bird, *n.*

ກະຈິບ ga-jǐp warbler, *n.*

ກະຈຸກ ga-jǔk cluster, *n.*

ກະຈ່າງແຈ້ງ ga-jaang-jɛ̂ɛng clear, *adj.*

ກະໂຈມ ga-jòom crown, jump, *n., v.*

ກະໂຈມໄຟ ga-jòom-fái light house, lantern, *n.*

ກະເຈີດກະເຈີງ ga-jə̀ət-ga-jə̀əng separated, *n.*

ກະສິກຳ ga-si-gàam agriculture, *n.*

ກະສິກອນ ga-si-gɔ̀ɔn farmer, *n.*

ກະສຸນປືນ ga-sǔn-bpɯ̀ɯn bullet, *n.*

ກະເສດ ga-sèt agriculture, *n.*

ກະແສ ga-sɛ̌ɛ current, *n.*

ກະແສນ້ຳ ga-sɛ̌ɛ-nâm tide, *n.*

ກະແສລົມ ga-sɛ̌ɛ-lóm draft (breeze), *n.*

ກະສວຍ ga-sǔai shuttle, *n.*

ກະສອບ ga-sɔ̀ɔp sack, *n.*

ກະສັບກະສ່າຍ ga-sǎp-ga-saai restless, nervous, *adj.*

ກະສື ga-sɯ̌ɯ female demon, *n.*

ກະສຸນ ga-sǔn cartridge, *n.*

ກະຊ້າ ga-sâa hand basket, *n.*

ກະຊາກ ga-sàak pull with force, snatch, *v.*

ກະຊິບ ga-sip whisper, *v.*

ກະເຊົ້າ ga-sâo basket, *n.*

ກະຊວງ ga-súang ministry, *n.*

ກະດົ້ງ ga-dôŋ winnowing basket, *n.*

ກະດົນ ga-dǒn back of the neck, *n.*

ກະດອງ ga-dɔ́ɔŋ shell, *n.*

ກະດອນ ga-dɔ̀ɔn rebound, *v.*

ກະດ້າງ ga-dâang rough, *adj.*

ກະດ້າງກະເດືອງ ga-dâang-ga-dɯ̂ang unyielding, rebellious, *adj.*

ກະດາດ ga-dàat paper, sheet, *n.*

ກະດາດໄຂ ga-dàat-kǎi stencil, *n.*

ກະດາດຊັບ ga-dàat-sap blotting paper, n.
ກະດາດຊາຍ ga-dàat-sáai sandpaper, n.
ກະດາດຫໍ່ຂອງ ga-dàat-hɔɔ-kɔ̌ɔng wrapping paper, n.
ກະດານ ga-dàan board, n.
ກະດານດຳ ga-dàan-dǎm blackboard, n.
ກະດິ່ງ ga-ding bell, chime, n.
ກະດິກ ga-dǐk move, v.
ກະດຸກກະດິກ ga-dǔk-ga-dǐk move, v.
ກະດຸບກະດິບ ga-dǔp-ga-dǐp wriggle, v.
ກະດຸມ ga-dùm button, n.
ກະດູກ ga-dùuk bone, skeleton, n.
ກະດູກກົ້ນກົບ ga-dùuk-gôn-gópsacrum, n.
ກະດູກຂໍ້ມື ga-dùuk-kɔ̂ɔ-mɯ́ɯ carpal bone, n.
ກະດູກຂໍ້ຕີນ ga-dùuk-kɔ̂ɔ-dtìin tarsal bone, n.
ກະດູກຂ້າງ ga-dùuk-kàang rib, n.
ກະດູກສັນຫຼັງ ga-dùuk-sǎn-lǎng backbone, spine, n.
ກະດູກຫົວໜ່ຽວ ga-dùuk-hǔa-nao pubis, pubic bone, n.
ກະດູກອ່ອນ ga-dùuk-ɔɔn cartilage, n.
ກະດູກໜ້າແຂ້ງ ga-dùuk-nâa-kɛɛng shin bone, n.
ກະດູກໜ້າເອິກ ga-dùuk-nâa-ǎk breast bone, n.
ກະດູກໄຫຼ່ ga-dùuk-lai scapula, n.
ກະເດັນ ga-dèn rebound, v.
ກະເດັນຄືນ ga-dèn-kɯ́ɯn bounce, v.
ກະໂດດ ga-dòot jump, v.
ກະໄດ ga-dài stair, ladder, n.
ກະຕັນຍູ ga-dtàn-nyúu gratefulness, n.
ກະຕ່າ ga-dtaa market basket, n.
ກະຕ່າຍ ga-dtaai rabbit, n.
ກະຕິກາ ga-dtì-gàa rule, regulation, n.
ກະຕິກ ga-dtǐk water container, n.
ກະຕືລືລົ້ນ ga-dtɯ̀ɯ-lɯ́ɯ-lôn hasten, v.
ກະຕຸກ ga-dtǔk jerk, v.
ກະຕຸ້ນ ga-dtûn push up, stimulate, v.
ກະເຕື້ອງ ga-dtɯ̂ang improve, v.
ກະແຕ ga-dtɛɛ chipmunk, n.
ກະແຕະ ga-dtɛ bamboo tray, n.
ກະຕ່ອມ ga-dtɔ̂p shed, n.
ກະຕ້າຕວາຍ ga-dtɔ̂ɔ-wǎai rattan ball, n.
ກະຖັງ ga-tǎng bucket, n.
ກະໂຖນ ga-tǒon spittoon, n.
ກະທັດລັດ ga-tát-lát compact, adj.
ກະທັນຫັນ ga-tán-hǎn immediate, adj.
ກະທົບ ga-tôp strike against, hit, v.
ກະທົບກະທຽບ ga-tôp-ga-tiap insult, v.
ກະທົບກະທັ່ງ ga-tôp-ga-tǎng confict, n.
ກະທະ ga-ta cooking pan, n.
ກະທັ່ງ ga-tǎng till, until, conj.

ກະທາ ga-táa quail, n.

ກະທິ ga-ti coconut milk, n.

ກະທຳ ga-tám perform, do, v.

ກະທິງ ga-tíng bison, n.

ກະທືບ ga-tùup stamp one's foot, v.

ກະທຸງ ga-túng pelican, n.

ກະທຸ້ງ ga-tûng pound, v.

ກະທູ້ ga-tùu question, n.

ກະທໍ ga-tɔɔ sack, n.

ກະທ່ອມ ga-tɔ̂m hut, cabin, n.

ກະເທີຍ ga-téei transvestite, gay, n.

ກະເທືອນ ga-téuan shake, hit, v.

ກະແທກ ga-têek dash against, v.

ກະທຽມ ga-tiam garlic, n.

ກະບະ ga-bă truck, n.

ກະບີ່ ga-bii bayonet, sword, n.

ກະບຸງ ga-bùng basket, n.

ກະບົດ ga-bŏt revolt, rebellion, v., n.

ກະບອກ ga-bɔ̀ɔk cylinder, n.

ກະບອງ ga-bɔ̀ɔng torch, n.

ກະບອງເພັດ ga-bɔ̀ɔng-pet cactus, n.

ກະບວຍ ga-bùai dipper, large ladle, n.

ກະບວນແຫ່ ga-bùan-hɛɛ procession, parade, n.

ກະເບື້ອງ ga-bûang tile, n.

ກະປຸກ ga-bpŭk pot, small box, n.

ກະປິ ga-bpi shrimp paste, n.

ກະປູ ga-bpùu crab, nail, n.

ກະໂປະ ga-bpɔ̆ coconut shell, n.

ກະໂປງ ga-bpòong skirt, n.

ກະປ໋ອງ ga-bpɔ̌ng can, n.

ກະປອມ ga-bpɔ̀ɔm lizard, n.

ກະເປົາ ga-bpǎo pocket, n.

ກະເປົາເງິນ ga-bpǎo-ngón wallet, n.

ກະພິບ ga-pip wink, twinkle, n.

ກະໂພກ ga-pôok hip, firecracker, n.

ກະເພາະ ga-pɔ̆ stomach, n.

ກະລຸນາ ga-lu-náa kindly, please, adj., v.

ກະລົດ ga-lot carrot, n.

ກະລໍ່າປີ ga-lam-bpii cabbage, n.

ກະວົນກະວາຍ ga-wón-ga-wáai be anxious, v.

ກະຫຶດກະຫອບ ga-hǔut-ga-hɔ̀ɔp breathless, adj.

ກະຮອກ ga-hɔ̂ɔk squirrel, n.

ກະໝ່ຳ ga-nam repeat, v.

ກະໂຫຼກ ga-lòok skull, n.

ກະໂຫຼ່ງ ga-lɔ̂ɔng container, n.

ກາ gàa crow, n.

ກາກີ gàa-gii brownish-yellow, khaki, n.

ກາກະບາດ gàa-ga-bàat sign of the cross, n.

ກາກະໂລກ gàa-ga-lôok pest, plague, n.

ກາຄຳຊອບ gàa-kám-sɔ́ɔp medal, n.

ກາແດງ gàa-dèeng Red Cross, n.
ກາໂຕລິກ gàa-dtoo-lík catholic, n.
ກາຕົ້ມນ້ຳ gàa-dtôm-nâm kettle, n.
ການ້ຳ gàa-nâam kettle, n.
ກາເຟ gàa-fée coffee, n.
ກາຝາກ gàa-fàak parasite, n.
ກາລະກິນີ gàa-la-gi-nîi misfortune, n.
ກາລະບູນ gàa-la-bùun camphor, n.
ກາລີ gàa-líi evil, n.
ກ້າ gâa courageous, dare, adj.
ກ້າກັ້ນ gâa-gan brave, adj.
ກ້າແກ່ນ gâa-gɛn sow seed, v.
ກ້າຫານ gâa-hǎan brave, adj.
ກາງ gàang central, middle, neutral, n.
ກາງ gàang spread, v.
ກາງແກ gàang-gèe pigeon, n.
ກາງເຂນ gàang-kěen cross, n.
ກາງຄົນ gàang-kón middle-aged, adj.
ກາງຄັນ gàang-kán unfinished, adj.
ກາງຄືນ gàang-kúun night, n.
ກາງແຈ້ງ gàang-jɛ̂ɛng in the open air, outdoors, adj.
ກາງແດດ gàang-dɛ̀ɛt in the sun, adj., adv.
ກາງຖະໜົນ gàang-tà-nǒn in the middle of the street, adj., adv.
ກາງທະເລ gàang-ta-lée in the middle of the sea, adj., adv.
ກາງທາງ gàang-táang halfway, adj., adv.
ກາງນ້ຳ gàang-nâam in midstream, n.
ກາງປີກ gàang-bpìik spread the wings, v.
ກາງມຸ້ງ gàang-mûng put up a mosquito net, v.
ກາງແມນ້ຳ gàang-mɛɛ-nâam in the middle of the river, midstream, adj., adv.
ກາງເວັນ gàang-wén daytime, n.
ກາງຮົ່ມ gàang-hom open an umbrella, v.
ກ້າງ gâang bone, n.
ກ້າງປາ gàang-bpàa fish bone, n.
ກາຍ gàai pass, body, n.
ກາຍຍະກຳ gàai-nya-gàm acrobatics, n.
ກາຍຍະບໍລິຫານ gàai-nya-bɔɔ-li-hǎan physical exercise, n.
ກາຍຍາມ gàai-nyáam pass the time, v.
ກາຍເປັນ gàai-bpèn become, v.
ກາຍໄປ gàai-bpài pass, beyond, v., prep
ກ່າຍ gaai copy, lean against, v.
ການ gaan work, matter, task, action, activity, affair, matter, operation, performance, authority, n.
ກ້ານ gâan stem, branch, n.
ກ້ານຄໍ gâan-kɔɔ neck, n.
ກາບ gàap bow in respect with, palms

ການກອມ gàap-gɔ̀ɔn poetry, n.
ການໄມ້ gaan-mâi tree bark, n.
ການລາ gàap-láa take leave, v.
ການອ້ອຍ gàap-ɔ̀ɔi sugarcane fiber, n.
ກາມາ gàa-maá lust, n.
ການມະເທບ gàam-ma-téep Cupid, n.
ການມະລົມ gàam-ma-lóm sexual desire, n.
ການມະໂລກ gàam-ma-lôok venereal disease, n.
ກ້າມເນື້ອ gâam-nɯ̀a muscle, n.
ກາວ gàao glue, n.
ກ່າວ gaao say, make a statement, v.
ກ່າວຂວັນ gaao-kwǔan speak about, n.
ກ່າວຟ້ອງ gaao-dtuu accuse, v.
ກ່າວເຖິງ gaao-tɯ̌ng speak of, v.
ກ່າວໂທດ gaao-tôot denounce, blame, v.
ກ່າວຫາ gaao-hǎa allege, v.
ກ່າວຮ້າຍປ້າຍສີ gaao-hâai-bpâai-sǐi accuse unjustly, v.
ກ້າວກ່າຍ gâao-gaai overlap, v.
ກ້າວຖອຍຫຼັງ gâao-tɔ̌ɔi-lǎng step back, v.
ກ້າວໜ້າ gâao-nâa progress, advance, v.
ກັກ gǎk detain, v.
ກັກກັນ gǎk-gan confine, v.
ກ້ຽງຂ່າ gàng-kǎa suspicion, n.

ກັງວົນ gàng-wón worry, v.
ກ້ຽງວານ gàng-wáan echo, n.
ກັ້ງຮົ່ມ gâng-hom umbrella, n.
ກັດ găt bite, v.
ກັດແຂ້ວ găt-kêo grind the teeth, v.
ກັນ gǎn each other, pron., adv.
ກັນ gǎn prevent, hinder, v.
ກັນຊາ gǎn-sáa hemp, marijuana, n.
ກັນຊົນ gǎn-són bumper, n.
ກັນຍາ gǎn-nyáa September, n.
ກັນດານ gǎn-dàan barren, arid, adj.
ກັນໄຟ gǎn-fái fire proof, n.
ກັນລະຍານີ gǎn-là-nyáa-níi beauty, n.
ກັນເອງ gǎn-èeng resonable, friendly, adj.
ກັ່ນ gan distill, v.
ກັ່ນຕອງ gan-dtɔɔng filter, purify, v.
ກັ້ນ gân intercept, prevent, hinder, v.
ກັບ găp with, box, come back, conj., n., v.
ກັບແຄ້ gǎp-gɛ̂ɛ gecko lizard, n.
ກັບກອກຢາ gǎp-gɔ̀ɔk-yàa cigarette box, n.
ກັບກາຍ gǎp-gaai change, transform, v.
ກັບຂຶດ gǎp-kɯ́it match, n.
ກັບຄຳ gǎp-kám revoke one's word, v.
ກັບຄືນມາ gǎp-kɯ́ɯn-máa return, come back, v.

ກັບໃຈ gǎp-jài change one's mind, v.
ກັບດັກສັດ gǎp-dàk-sǎt trap, n.
ກັບບ້ານ gǎp-bâan return home, v.
ກັບໄຟ gǎp-fái match box, n.
ກັບຫຼັງ gǎp-lǎng turn backwards, v.
ກົດດອກຢາ gǐt-gɔ̀ɔk-yàa cigarette butt, n.
ກົດຈະການ gǐt-jà-gàan task, business, enterprise, n.
ກົດຈະວັດ gǐt-jà-wǎt routine, n.
ກົດຕິສັບ gǐt-dti-sǎp rumor, fame, n.
ກົດຕິມາສັກ gǐt-dti-màa-sǎk honorary, fame, n.
ກີດກັນ gìit-gàn obstruct, v.
ກີລາ gìi-láa exercise, sports, n.
ກິລິຍາ gì-lì-nyáa manners, n.
ກິລິຍາ gì-lì-nyáa verb, n.
ກິລິຍາຊ່ວຍ gì-lì-nyáa-suai auxiliary verb, n.
ກິລິຍາວິເສດ gì-lì-nyáa-wì-sèet adverb, n.
ກິເລດ gì-lèet sensuality, n.
ກິໂລ, ກິໂລກຣາມ gì-lóo, gìlóogràm kilogram, n.
ກິໂລແມັດ gì-lóo-mɛ̂ɛt kilometer, n.
ກິ່ງ ging twig, branch, n.
ກິ່ງໄມ້ ging-mâi branch of tree, n.
ກິ້ງ gîng roll, v.
ກິນ gìn eat, v.

ກິນສິນບົນ gìn-sǐn-bòn take a bribe, v.
ກິນແຊບ gìn-sɛ̂ɛp have an appetite, v.
ກິນດອງ gìn-dɔ̀ɔng attend a wedding reception, v.
ກິນນ້ຳ gìn-nâm drink water, v.
ກິນຢາ gìn-yàa take medicine, v.
ກິນເວລາ gìn-wée-láa take time, v.
ກິນລ້ຽງ gìn-líang have a party, v.
ກິນລ້ຽງສົ່ງ gìn-líang-song have a farewell party, v.
ກິນອີ່ມ gìn-ìm be full, v.
ກິ່ນ gin smell, odor, n.
ກິ່ນຫອມ gin-hɔ̌ɔm aroma, fragrance, n.
ກິ່ນເໝັນ gin-měen bad smell, n.
ກີບ gìip kip: Lao currency, n.
ກີທາ gìi-táa athletics, n.
ກີລາ gìi-láa exercise, sports, n.
ກຶກກ້ອງ gǔk-gɔ̂ɔng think, consider, v.
ກຶກກ້ອງ gǔk-gɔ̂ɔng resounding, echoing, adj.
ກຶ່ງ gǔng tense, v.
ກຶ່ງຕາ gǔng-dtàa stare, v.
ກືກ gùuk dumb, mute, adj.
ກືນ gùun swallow, v.
ກຸສົນ gu-sǒn merit, n.
ກຸສົນກຳ gu-sǒn-gàm beneficence, n.
ກຸຕິ gu-dtì monk's dwelling, n.

ກຸລີ gu-lĭi coolie, n.

ກຸຫລາບ gu-lâap rose, n.

ກຸກກວນ gŭk-gùan interfere, v.

ກຸງ gùng capital city, n.

ກຸ້ງ gûng shrimp, prawn, n.

ກຸມ gùm hold, v.

ກຸມພາ gùm-páa February, n.

ກຸ້ມໃຈ gûm-jài be worried, concerned, be anxious, v.

ກູ gùu I (disrespectful or familiar), pron.

ກູມຶງ gùu-múng you and I (familiar), pron.

ກູ້ gûu redeem, take back, v.

ກູ້ gûu borrow, v.

ກູ້ໜ້າ gûu-nàa save one's face, v.

ເກະກະ gĕ-gá be in the way, v.

ເກ gèe unruly, gay, adj., n.

ເກສາ gèe-sǎa hair (poetic), n.

ເກສອນ gèe-sɔ̆ɔn pollen, n.

ເກສອນດອກໄມ້ gèe-sɔ̆ɔn-dɔ̀ɔk-mâi flower pollen, n.

ເກດີ gee-dee protruding, adj.

ເກ້ gêe counterfeit, fake, adj.

ກຸດ gùut frizzled, curly (hair), adj.

ເກັດ gĕt scale (e.g. of fish or reptile), n.

ເກັດປາ gĕt-bpàa fish scale, n.

ເກັບ gĕp pick up, v.

ເກັບກ່ຽວ gĕp-giao harvest, reap, n.

ເກັບພາສີ gĕp-páa-sǐi collect taxes, v.

ເກນ gèen recruit (soldiers), v.

ເກນ gèen criteria, n.

ເກນທະຫານ gèen-ta-hǎan conscript, draft, n., v.

ແກະ gĕ sheep, take off, pick, n., v.

ແກະສະລັກ gĕ-sa-lák carve, v.

ແກະຜູ້ gĕ-pùu ram, n.

ແກະແມ່ gĕ-mɛ̀ɛ ewe, n.

ແກະລາຍ gĕ-láai sculpt, v.

ແກະລອກ gĕ-lɔ̂ɔk pick out, copy, v.

ແກະອອກ gĕ-ɔ̀ɔk pick out, peel, v.

ແກ gèɛ trumpet, horn (car), n.

ແກ່ gɛɛ old (for people or animals), adj.

ແກ່ເຖົ້າ gɛɛ-tào old (for people or animals), adj.

ແກ່ລາກ gɛɛ-làak drag, v.

ແກ້ gɛ̂ɛ untie, v.

ແກ້ໄຂ gɛ̂ɛ-kǎi solve, amend, v.

ແກ້ໄຂໃໝ່ gɛ̂ɛ-kǎi-mai revise, v.

ແກ້ໄຂ້ gɛ̂ɛ-kài cure a fever, v.

ແກ້ຄະດີ gɛ̂ɛ-ká-dii defend oneself in court, v.

ແກ້ແຄ້ນ gɛ̂ɛ-kɛ̂ɛn avenge, take revenge, v.

ແກ້ເຊືອກ gêe-sǔak untie a cord, v.

ແກ້ຕົວ gêe-dtùa make an excuse, v.

ແກ້ຕາງ gêe-dtàang act on behalf of, v.

ແກ້ບົນ gêe-bòn pay a vow, v.

ແກ້ບາບ gêe-bàap confess one's sins, v.

ແກ້ບັນຫາ gêe-bǎn-hǎa solve a problem, v.

ແກ້ຜ້າ gêe-pàa undress, v.

ແກ້ເຜັດ gêe-pět retaliate, v.

ແກ້ຝັນ gêe-fǎn interpret a dream, v.

ແກ້ມື gêe-múu make up for one's loss, v.

ແກ້ໜ້າ gêe-nàa save one's face, v.

ແກງ gèɛng stew, soup, curry, n.

ແກ້ງ gêɛng do on purpose, pretend, v.

ແກນ gɛɛn axis, n.

ແກ່ນ gɛn core, n.

ແກ່ນສານ gɛn-sǎan substance, n.

ແກ່ນເຜິດ gɛn-pǔut seed, n.

ແກບ gèɛp husk, n.

ແກບເຂົ້າ gèɛp-kào rice husk, n.

ແກມ gɛɛm mingled with, adj.

ແກ້ມ gɛ̂ɛm cheek, n.

ແກ້ມ gɛ̂ɛm food, snack eaten with alcohol, n.

ແກ້ມບ່ອງ gɛ̂ɛm-bɔ̀ng dimple, n.

ແກວ gɛ̀ɛo Vietnamese (derogatory), n.

ແກ້ວ gɛ̂ɛo glass, n.

ແກ້ວຕາ gɛ̂ɛo-dtàa pupil of eye, n.

ແກ້ວຫູ gɛ̂ɛo-hǔu ear drum, n.

ແກວ່ງ gwèng swing, v.

ກົກ gǒk tree, trunk, n.

ກົກຂາ gǒk-kǎa thigh, n.

ກົກແຂນ gǒk-kɛ̌ɛn upper arm, n.

ກົກເສົາເຮືອນ gǒk-sǎo-hùan house poles, n.

ກົກໄມ້ gǒk-mâi tree, n.

ກົງ gòng cage, n.

ກົງ gòng straight, adj.

ກົງກັນຂ້າມ gòng-gǎn-kàam opposite, adj.

ກົງກັບ gòng-gǎp correspond to, be in accordance with, v.

ກົງຂັງ gòng-kǎng cage, n.

ກົງສຸນ gòng-sǔn consul, n.

ກົງລົດ gòng-lot wheel, n.

ກົງພັດ gòng-pat windmill, waterwheel, n.

ກົງ gong bend, v.

ກົດ gǒt force, acid, decree, rule, v., n.

ກົດເກນ gǒt-geen rule, regulation, n.

ກົດຂີ່ gǒt-kii oppress, v.

ກົດຈະລາຈອນ gǒt-ja-láa-jɔɔn traffic regulation, n.

ກົດສົງ gǒt-sóng conceited, snobbish,

adj.

ກົດໝາຍ gŏt-mǎai law, n.
ກົ້ນ gôn bottom, n.
ກົ້ນຂີ້ gôn-kìi anus, n.
ກົ້ນຂວດ gôn-kùat bottom of bottle, n.
ກົບ gòp frog, carpenter's plane, n.
ກົມ gòm department, bureau, n.
ກົມ gòm round, adj.
ກົມກືນ gòm-gùun assimilate, v.
ກົມກຽວ gòm-giao harmonious, adj.
ກົ້ມ gôm bow the head, v.
ກົ້ມກາບ gôm-kàap prostrate oneself, v.
ກົ້ມລົງ gôm-lóng bend down, v.
ໂກງ gòong cheat, v.
ເກາະ gɔ̌ island, n.
ເກາະແຂວນ gɔ̌-kwɛ̌ɛn hold one's arms, v.
ກໍ gɔ̂ also, then, adv.
ກໍ່ gɔɔ build a brick wall, v.
ກໍ່ກວນ gɔɔ-gùan bother, disturb, annoy, v.
ກໍ່ສ້າງ gɔɔ-sàang build, construct, v.
ກໍ່ໄຟ gɔɔ-fái build a fire, n.
ກອກ gɔ̀ɔk pipe (smoking), n.
ກອກຢາ gɔ̀ɔk-yàa cigarette, n.
ກອກ gɔ̀ɔk tap (for liquid), n.
ກອກນ້ຳ gɔ̀ɔk-nâm faucet, tap, n.
ກອງ gɔɔng drum, heap, group, n.
ກອງໂຈນ gɔɔng-jòon a guerrilla unit, n.
ກອງສອດແນມ gɔɔng-sɔ̀ɔt-nɛ́ɛm a spy unit, n.
ກອງດັບເພີງ gɔɔng-dáp-pɤɤng fire-brigade, n.
ກອງທະຫານ gɔɔng-ta-hǎan a military unit, troop, n.
ກອງທັບບົກ gɔɔng-táp-bŏk the army, infantry, n.
ກອງທັບເຮືອ gɔɔng-táp-húa the navy, n.
ກອງທັບອາກາດ gɔɔng-táp-àa-gàat the air force, n.
ກອງພົນ gɔɔng-pón division, n.
ກອງພັນ gɔɔng-pán batallion, n.
ກອງຟືນ gɔɔng-fúun a pile of wood, n.
ກອງພອນ gɔɔng-pɔ́ɔn funeral pyre, n.
ກອງໄຟ gɔɔng-fái bonfire, n.
ກອງຮ້ອຍ gɔɔng-hɔ̂ɔi military company, n.
ກອງໜ້າ gɔɔng-nàa vangard, n.
ກອງໜູນ gɔɔng-nǔun reinforcements, reserves, n.
ກ້ອງ gôɔng tube, n.
ກ້ອງ gôɔng echo, resounding, v., adj.
ກ້ອງແຂນ gôɔng-kɛ̌ɛn bracelet, n.
ກ້ອງຈຸລະທັດ gôɔng-ju-la-tat microscope, n.
ກ້ອງສີດຢາ gôɔng-sìit-yàa syringe, n.
ກ້ອງສູບ gôɔng-sùup pump, n.
ກ້ອງສ່ອງ gôɔng-sɔ̀ng binoculars, n.

ກ້ອງສ່ອງດາວ gông-sòng-dàao telescope, n.

ກ້ອງຖ່າຍຮູບ gông-taai-hûup camera, n.

ກ້ອງໄທລະທັດ gông-tóo-la-tat telescope, n.

ກອດ gòot embrace, hug, v.

ກອນ gɔ̀ɔn bolt, n.

ກອນ gɔɔn poetry, n.

ກ່ອນ gɔ̀ɔn before, first, previous, adj., adv., prep.

ກ້ອນ gɔ̂ɔn pill, tablet, piece, n.

ກ້ອນດິນ gɔ̂ɔn-dìn clod, n.

ກ້ອນເມກ gɔ̂ɔn-mêek cloud, n.

ກ້ອນຫີນ gɔ̂ɔn-hǐn small stone, n.

ກອບ gɔ̀ɔp scoop up, gather up, v., n.

ກອບເອົາ gɔ̀ɔp-ào scoop up, v.

ກ່ອມ gɔ̀m lull, v.

ເກີດ gə̀ət be born, happen, v.

ເກີດຂຶ້ນ gə̀ət-kǔn occur, happen, v.

ເກີດຈາກ gə̀ət-jàak derive from, v.

ເກີນ gəən too, exceed, beyond, adv., v.

ເກີນໄປ gəən-bpai too, adv.

ເກີບ gə̀əp shoes, n.

ເກີບໜັງ gə̀əp-nǎng leather shoes, n.

ເກຍ gìa gear, n.

ກຽງ gìang smooth, even, clean, adj.

ກຽດ gìat honor, n.

ກຽດຕິຍົດ gìat-dti-nyot honor, n.

ກຽດຊັງ gìat-sáng hate, v.

ກຽດຄ້ານ gìat-kâan lazy, adj.

ກຽມ gìam prepare, arrange, plan for, v.

ກຽວ gìao screw, n.

ກຽວກາວ gìao-gàao boisterous, blatant, adj.

ກ່ຽວ gìao sickle, connect, n., v.

ກ່ຽວກັບ gìao-gáp regarding, concerning, about, prep.

ກ່ຽວຂ້ອງ gìao-kɔ̂ng involve, pertain, v.

ກ່ຽວເບັດ giao-kɔ̌ɔ hook, n.

ກ່ຽວເຂົ້າ gìao-kào reap rice, harvest, v.

ກ່ຽວສຳພັນ giao-sǎm-pán bond of relationship, n.

ກ່ຽວດອງ giao-dɔ̀ɔng allied, related, adj.

ກ່ຽວເນື່ອງ giao-nʉ̀ang be related to, v.

ກ່ຽວພັນ giao-pán be concerned with, be related to, v.

ກ້ຽວ gîao roll up, entwine, v.

ກ້ຽວ gîao seek to attack by attention, v.

ກ້ຽວຄູລມ gîao-kian wind around, v.

ກ້ຽວກອດ gîao-gɔ̀ɔt flirt, make love, hug, v.

ກ້ຽວກາດ gîao-gàat wicked, fierce, adj.

ກ້ຽວໂກດ gîao-gòot be in a rage, n.

ເກືອ gùa salt, *n.*
ເກືອສັດ gùa-sǎt feed animal, *v.*
ເກືອຍ gùai draw water, *v.*
ເກືອບ gùap almost, nearly, *adv.*
ເກືອບຈະ gùap-jà about to, almost to, *adv.*
ກົວ gùa afraid, fearful, *adj.*
ກົວເກງ gùa-gèeng respect with fear, *v.*
ກົ່ວ gua lead (metal), *n.*
ກົ້ວ gûa blend, *v.*
ກວຍ gùai bamboo pannier, *n.*
ກວາຍ gwùai swing, *v.*
ກ່ວຍລ່ອງ gwùai-lòɔ dig a ditch, *v.*
ກ້ວຍ gûai banana, *n.*
ກ້ວຍໄມ້ gûai-mâi orchid, *n.*
ກວດ gùat check up, examine, *v.*
ກວດກາ gùat-gàa inspect, *v.*
ກວດສຸຂະພາບ gùat-sú-ka-pâap have physical check-up, *v.*
ກວນ gùan disturb, *v.*
ກວນບ້ານ gùan-bâan chief of village, *n.*
ກວນໝາກໄມ້ gùan-màak-mâi jam, *n.*
ໄກ gài far, *adv.*
ໄກປືນ gài-bpùun trigger, *n.*
ໄກ່ gai chicken, hen, cock, *n.*
ໄກ່ງວງ gai-ngúang turkey, *n.*
ໄກ່ຕີ gai-dtìi fighting rooster, *n.*

ໄກ່ແມ່ gai-mεε hen, *n.*
ໄກວ gwài swing, *v.*
ເກົາ gào scratch, *v.*
ເກົ່າ gao old, *adj.*
ເກົ້າ (9) gâo nine, *n., adj., nm.*
ເກົ້າຜົມ gâo-pǒm roll up the hair, *v.*
ເກົ້າອີ້ gao-ìi chair, *n.*
ກຳ gàm lench the fist, *v.*
ກຳ gàm Karma, *n.*
ກຳກັບ gàm-gǎp direct, supervise, *v.*
ກຳຈັດ gàm-jǎt get rid of, *v.*
ກຳນົດ gàm-nót limit, determine, *v.*
ກຳໝົດ gàm-nót set, limit, determine, *v.*
ກຳບັງ gàm-bàng hide, *v.*
ກຳປູເຈຍ gàm-bpùu-jìa Cambodia, *n.*
ກຳປັ່ນ gàm-bpan ship, *n.*
ກຳປັ້ນ gàm-bpân fist, *n.*
ກຳແພງ gàm-péeng wall, *n.*
ກຳມະການ gàm-ma-gàan committee, council, referee, *n.*
ກຳມະກອນ gàm-ma-gɔ̀ɔn worker, laborer, *n.*
ກຳມື gàm-múu make a fist, *v.*
ກຳມະຍີ່ gàm-ma-nyii velvet, *n.*
ກຳລາບ gàm-làap intimidate, *v.*
ກຳລືບ gàm-lɔ̌ɔp increase, *v.*
ກຳໄລ gàm-lái interest, *n.*

ກຳໄລມື gàm-lái-múu bracelet, n.
ກຳໄລຕີນ gàm-lái-dtìin anklet, n.
ກຳລັງ gàm-láng power, n.
ກຳລັງກາຍ gàm-láng-gàai physical strength, n.
ກຳລັງຈະ gàm-láng-jă be about to, v.
ກຳລັງໃຈ gàm-láng-jai courage, encouragement, n.
ກຳລັງທະຫານ gàm-láng-ta-hǎan military power, n.
ກຳເວັນ gàm-wéen fate, destiny, n.
ກຳແຫງ gàm-hěeng audacious, insolent, adj.
ກ້ຳ gâm side, n.
ກ້ຳກຶ່ງ gâm-gəng in between, adj.
ກ້ຳຂວາ gâm-kwǎa right hand side, n.
ກ້ຳຊ້າຍ gâm-sâai left hand side, n.
ກຣາມ gàam gram, jaw, n.
ກວ່າ gwaa, gwua more than, more, adv., con., prep.
ກວາງ gwáang, gwùang deer, n.
ກວ້າງ gwâang, gwùang wide, adj.
ກວາດ gwàat, gwùat sweep, v.
ກວານບ້ານ gwàan-bâan, gwùan-bâan chief of the village, n.
ກວຽນ gwìan cart, n.

ຂ

ຂ kɔ̌ɔ the second consonant of the Lao alphabet (high consonant), n.
ຂະເຈົ້າ ka-jâo they, pron.
ຂະຈັດ ka-jăt expel, get rid of, v.
ຂະນະ ka-nǎ period, time, during, n., prep.
ຂະນະນັ້ນ ka-nǎ-nân at that time, adv.
ຂະນະທີ່ ka-nǎ-tîi while, conj.
ຂະນ້ອຍ ka-nɔ̌ɔi I, me (humble), pron.
ຂະບວນ ka-bùan procession, n.
ຂະບວນລົດໄຟ ka-bùan-lót-fái train, n.
ຂະໂມຍ ka-móoi thief, n.
ຂະຫຍະ ka-nyá rubbish, garbage, n.
ຂະຫຍະຂະແຫຍງ ka-nyá-ka-nyɛ̌ɛng detest, v.
ຂະຫຍັນ ka-nyǎn diligent, industrious, adj.
ຂະຫຍັບ ka-nyǎp move, shift, v.
ຂະຫຍາຍ ka-nyǎai expand, enlarge, v.
ຂະຫຍາຍຄວາມ ka-nyǎai-kwáam explain, v.
ຂະຫຍາຍສຽງ ka-nyǎai-sìang amplify, v.
ຂະຫຍ້ຳ ka-nyàm devour, v.
ຂະຫຍຸກຂະຫຍິກ ka-nyŭk-ka-nyĭk be restless, v.
ຂະເຫຍກ ka-nyèek limp, v.

ກະເຫຍ່ງ ka-nyèng tip-toe, v.
ກະເຫຍັບ ka-nyàp move a little, v.
ກະເຫຍື່ອນ ka-nyɨ̀an move slightly, v.
ກະຫນາດ ka-nàat size, n.
ກະຫນານ ka-nǎan be parallel, v.
ກະຫນານນາມ ka-nǎan-náam name, v.
ກະຫນາບ ka-nàap bind, v.
ກະນົບທຳນຽມ ka-nǒp-tám-níam customs, tradition, n.
ກະຫນົມ ka-nǒm cake, candy, sweets, n.
ກະຫນົມປັງ ka-nǒm-bpàng bread, n.
ກະແຫນງ ka-nɛ̌ɛng section, division, n.
ກະຫນວດ ka-mùat twist, knot, v.
ກະຫນວດຄິ້ວ ka-mùat-kíu knit eyebrows, n.
ກະຫນັ້ງ ka-mǎng strong, vigorous, apt, adj.
ກະຫນີ້ນ ka-mìn turmeric, curcuma, n.
ກະຫນີບ ka-mìp compress, suppress, contract, v.
ກະຫມຶກກະຫມົວ ka-mǔk-ka-múa vague, obscure, adj.
ກະແຫມນ ka-mɛ̌ɛn Cambodia, n.
ກະເຫມົ່າ ka-mào soot, carbon deposit, n.
ກະເຫມືອບ ka-mɨ̀ap gulp down, v.
ກັ້ງ kǎng lock up, confine, v.
ກັ້ງຄຸກ kǎng-kuk imprison, v.
ກັດ kǎt polish, scrub, v.
ກັດຂວາງ kǎt-kwǎang prevent, resist, v.

ກັດຂ້ອງ kǎt-kɔ̂ɔng obstruct, object, v.
ກັດຂາ kǎt-kǎa trip, v.
ກັດຂືນ kǎt-kɨ̌ɨn disobey, oppose, resist, v.
ກັດເຄືອງ kǎt-kúang be offended with, v.
ກັດຄໍ kǎt-kɔ́ɔ contradict, interrupt, v.
ກັດໃຈ kǎt-jài offend, provok, v.
ກັດສິ້ນ kǎt-sǒn be in need, v.
ກັດສະມາທິ kǎt-sà-máa-ti sit on the haunches in a meditative attitude, v.
ກັດຕາ kǎt-dtaa offend the eyes, v.
ກັດຫູ kǎt-hǔu offend the ears, v.
ກັນ kǎn crow, coo, v.
ກັນ kǎn bowl, n.
ກັນເງິນ kǎn-ngə́n silver bowl, n.
ກັນສູ້ kǎn-sùu compete with, v.
ກັນ kàn stage, level, step, grade, n.
ກັນກາງ kàn-gàang intermidate level, n.
ກັນສູງ kàn-sǔung high level, n.
ກັນສຸດທ້າຍ kàn-sǔt-tâai final stage, n.
ກັນໄດ kàn-dài ladder, n.
ກັນຕ່ຳ kàn-dtam low level, n.
ກັນຕົ້ນ kàn-dtôn preparatory, preliminary stage, n.
ກັນທົດລອງ kàn-tot-lɔ́ɔng experimental stage, n.
ກັນປາຍ kàn-bpàai final stage, n.

ຂັບ ກັນ drive, eject, expel, v.
ຂັບຂີ່ ກັນ-kii drive, v.
ຂັບກ່ອມ ກັນ-gɔm lull, v.
ຂັບຄ້ຽວ ກັນ-kìao fight, struggle, v.
ຂັບຜີ ກັນ-pǐi exorcize, v.
ຂັບລົດ ກັນ-lot drive a car, v.
ຂັບໄລ່ ກັນ-lai expel, v.
ຂັບຮ້ອງ ກັນ-hɔ́ɔng sing, v.
ຂົວ kùa pole, stem, the extreme end, n.
ຂົວໂລກ kùa-lôok poles of the earth, n.
ຂາ kǎa leg, n.
ຂາກັບ kǎa-gǎp way back, n.
ຂາກຸດ kǎa-gut amputated leg, n.
ຂາໂກ່ງ kǎa-gòong bow-legged, crooked leg, n., adj.
ຂາຂຶ້ນ kǎa-kùn up-journey, n.
ຂາເຂົ້າ kǎa-kào incoming journey, n.
ຂາໃຕ້ kǎa-dtôo thigh, n.
ຂາປະຈຳ kǎa-bpa-jam regular customer, n.
ຂາໄປ kǎa-bpài departure, on the way, n.
ຂາໄພ້ kǎa-pâi card partner, n.
ຂາລີບ kǎa-lîip weak or shortened leg, n.
ຂາລ່ອຍ kǎa-lɔi paralyzed leg, n.
ຂາອອກ kǎa-ɔ̀ɔk outgoing journey, n.
ຂາອ່ອນ kǎa-ɔɔn thigh, n.
ຂ່າ kaa galanga, n.

ຂ້າ kàa kill, v.
ຂ້າ kàa slave, servant, n.
ຂ້າເສິກ kàa-sɨ̀k enemy, n.
ຂ້າຕີ kàa-dtìi assault, assail, kill, v.
ຂ້າທາດ kàa-tâat slave, n.
ຂ້າໂຕຕາຍ kàa-dtòo-dtàai commit suicide, v.
ຂ້ານ້ອຍ kàa-nɔ́ɔi I, me (to superiors), pron.
ຂ້າພະເຈົ້າ kàa-pa-jâo I, me (formal), pron.
ຂ້າແຜ່ນດິນ kàa-pɛn-dìn citizen, serf, n.
ຂ້າລາດຊະການ kàa-lâat-sa-gàan civil or public servant, government official, n.
ຂ້າຫລວງ kàa-lǔang commissioner, n.
ຂາງ kàang dry by fire, v.
ຂ້າງ kàang side, aside, sideways, n., adj., adv.
ຂ້າງຂ້າງ kàang-kàang beside, prep.
ຂ້າງຂວາ kàang-kwǎa right-hand side, n., prep.
ຂ້າງຂຶ້ນ kàang-kùn waxing moon, n.
ຂ້າງຄຽງ kàang-kíang adjacent, adj.
ຂ້າງຊ້າຍ kàang-sâai left-hand side, on the left, n., prep.
ຂ້າງຕົ້ນ kàang-dtôn beginning, n.
ຂ້າງໃຕ້ kàang-dtâi under, in the south,

prep.

ຊ້າງທ້າຍ kàang-tâai at the rear, rear, *prep., n.*

ຊ້າງເທິງ kàang-tóng above, *prep.*

ຊ້າງນອກ kàang-nôok outside, outdoors, *adj., adv.*

ຊ້າງໃນ kàang-nái inside, indoors, *adj., adv.*

ຊ້າງລຸ່ມ kàang-lum below, downstrairs, *prep., adv.*

ຊ້າງແຮມ kàang-héɛm waning moon, *n.*

ຊ້າງໜ້າ kàang-nàa in front of, future, *prep, n.*

ຊ້າງຫຼັງ kàang-lăng behind, in the back of, *adv., prep.*

ຂາຍ kăai sell, *v.*

ຂາຍສົ່ງ kăai-song wholesale, *v., n.*

ຂາຍຍ່ອຍ kăai-nyòi sell at retail, retail, *v., n.*

ຂາຍຍົກ kăai-nyok sell at wholesale, *v.*

ຂາຍໜ້າ kăai-nàa lose face, *v.*

ຂາຍເລຫຼັງ kăai-lée-lăng clearance sale, *n.*

ຂ່າຍ kaai stake-net, *n.*

ຂາດ kàat be torn, *v.*

ຂາດແຄນ kàat-kéɛn be short on, *v.*

ຂາດໃຈ kàat-jài lose one's breath, die, *v.*

ຂາດຕົວ kàat-dtùa net, *n.*

ຂາດທຶນ kàat-tún lose money (capital), *v.*

ຂາດມື kàat-múu have none in hand, *v.*

ຂາດລອຍ kàat-lóɔi float away, win without doubt *v.*

ຂາດໂຮງຮຽນ kàat-hóong-hían absent from school, *v.*

ຂານ kăan answer, *v.*

ຂ້າມ kàam cross, skip, *v.*

ຂາວ kăao white, *adj.*

ຂາວຊີດ kăao-sìit pale, *adj.*

ຂ່າວ kaao news, information, *n.*

ຂ່າວລື kaao-lúu rumour, *n.*

ຂີງ kĭng ginger, *n.*

ຂີ່ kii ride, *v.*

ຂີ່ຍົນ kii-nyón fly in an airplane, *v.*

ຂີ່ລົດຖີບ kii-lot-tìip ride a bicycle, *v.*

ຂີ້ kìi excrement, dung, *n.*

ຂີ້ kìi prefix meaning "characterized by, given to, having a tendency to".

ຂີ້ກະເດືອນ kìi-ga-dɯan earthworm, *n.*

ຂີ້ກະຕຶກ kìi-ga-dtɯ̀ɯk worm, parasite, *n.*

ຂີ້ກະຕອດ kìi-ga-dtɔ̀ɔt wart, *n.*

ຂີ້ກະເທີ kìi-ga-təə phlegm, *n.*

ຂີ້ກາກ kìi-gàak skin disease, *n.*

ຂີ້ແກບ kìi-gèɛp husk, *n.*

ຂີ້ກົບ kìi-gop wood shaving, *n.*

ຂີ້ກົ່ວ kìi-gua lead (metal), n.
ຂີ້ຂະເໝົ່າ kìi-ka-mao soot, n.
ຂີ້ຂ້າ kìi-kàa slave, n.
ຂີ້ເຂັບ kìi-kěp centipede, n.
ຂີ້ຄ້ານ kìi-kâan lazy, adj.
ຂີ້ຄຸຍ kìi-kúi haughty, bragful adj.
ຂີ້ໄຄ kìi-kái dirt on body, dead skin, n.
ຂີ້ສະໝິມ kìi-sa-nǐm dust, n.
ຂີ້ສູດ kìi-sùut beeswax, n.
ຂີ້ສໍ້ kìi-sɔ̂ɔ swindle, n.
ຂີ້ຊາຍ kìi-sáai sand, n.
ຂີ້ຊີ້ kìi-síi resin, n.
ຂີ້ເຍື່ອຍ kìi-nyòoi weak, invalid, adj.
ຂີ້ດັງ kìi-dàng snot, nose stuff, n.
ຂີ້ດື້ kìi-dûu naughty, adj.
ຂີ້ດຽດ kìi-dìat filthy, disgusting, adj.
ຂີ້ດິນ kìi-dìn soil, n.
ຂີ້ຕົມ kìi-dtòm mud, n.
ຂີ້ຕົວະ kìi-dtúa lie, n., v.
ຂີ້ຕ່ຳ kìi-dtao excretions from the armpits, n.
ຂີ້ຖີ່ kìi-tii stingy, adj.
ຂີ້ເຖົ່າ kìi-tào ashes, n.
ຂີ້ທູດ kìi-tùut leprosy, n.
ຂີ້ບົ່ນ kìi-bòn grumbling, given to complaining, adj.
ຂີ້ຜົງ kìi-pòng dirt, n.

ຂີ້ເຜິ້ງ kìi-pòng beeswax, n.
ຂີ້ຝຸ່ນ kìi-fùn dust, n.
ຂີ້ມູກ kìi-mùuk mucus, n.
ຂີ້ແມງວັນ kìi-mɛ́ɛng-wán birth mark, mole, n.
ຂີ້ໂມ້ kìi-môo boastful, adj.
ຂີ້ເມົາ kìi-máo drunkard, n.
ຂີ້ຢາ kìi-yàa drug addict, n.
ຂີ້ຢ້ານ kìi-yâan cowardly, adj.
ຂີ້ລັກ kìi-lak petty thief, prone to stealing, n., adj.
ຂີ້ລ້າຍ kìi-lâai ugly, wicked, not performing well, adj.
ຂີ້ໂລບ kìi-lôop dishonest, fraud, deceit, greedy, adj.
ຂີ້ເລື່ອຍ kìi-luai saw-dust, n.
ຂີ້ຫີດ kìi-hît skin disease, n.
ຂີ້ຫີນ kìi-hǐin stone, n.
ຂີ້ຫູ kìi-hǔu ear wax, n.
ຂີ້ຫູດ kìi-hùut kaffir lime, skin disease, n.
ຂີ້ຫົວ kìi-hǔa dandruff, n.
ຂີ້ໄຫ້ kìi-hâi cry baby, given to crying, adj.
ຂີ້ເຫຍື້ອ kìi-nyɯa garbage, rubbish, n.
ຂີ້ໜຽວ kìi-nǐao miserly, adj.
ຂີ້ໝ້ຽງ kìi-mìang rust, n.

ຂີ້ໝິ້ນ kìi-mìn turmeric, curcuma, n.
ຂີ້ເຫຼົ້າ kìi-lào drunkard, alcoholic, n.
ຂີ້ອາຍ kìi-àai bashful, shy, adj.
ຂີ້ອວດ kìi-ùat showy, adj.
ຂີ້ອຶດສາ kìi-ìt-sǎa jealous, envious, adj.
ຂີ້ອົງ kìi-ong haughty, adj.
ຂີ້ເຫຼ່ kìi-hə ugly, adj.
ຂີ້ເຫື່ອ kìi-hua sweat, n.
ຂີ້ເຮື້ອນ kìi-hùan leprosy, n.
ເຂີຍ kə̌əi (son)-in-law, n.
ຂີດ kìit scratch, trace, draw, v.
ຂີດກ້ອງ kìit-gòng underline, v.
ຂີດຂ້າ kìit-kàa cancel, cross out, v.
ຂີດເສັ້ນ kìit-sèn draw a line, v.
ຂີດເສັ້ນໃຕ້ kìit-sèn-dtài underline, v.
ຂືນ kǐin compel, v.
ຂືນໃຈ kǐin-jài force, rape, v.
ຂືນຕາ kǐin-dtàa offend the eyes, v.
ຂືນຫູ kǐin-hǔu offend the ears, v.
ຂິວ kǐu acrid, strong smell, adj., n.
ຂຶມ kǔm serious, adj.
ຂຶ່ນ kùun acrid, adj.
ຂືນ kǔun compel, v.
ຂືນໃຈ kǔun-jài force, rape, v.
ຂືນຕາ kǔun-dtàa offend the eyes, v.
ຂືນຫູ kǔun-hǔu offend the ears, v.
ຂຶ້ນໃຈ kùn-jài (memorize) by heart, adv.

ຂຶ້ນສານ kùn-sǎan go to court, v.
ຂຶ້ນຊື່ kùn-sùu famous, adj.
ຂຶ້ນຕົ້ນ kùn-dtôn start, begin, v.
ຂຶ້ນທະບຽນ kùn-ta-bìan register, enroll, v.
ຂຶ້ນບັນໄດ kùn-bàn-dài climb the stairs, v.
ຂຶ້ນບັນຊີ kùn-bàn-sìi enter on account, v.
ຂຶ້ນບ້ານໃໝ່ kùn-bâan-mai have a house warning ceremony, v.
ຂຶ້ນໄປ kùn-bpài go up, v.
ຂຶ້ນຝັ່ງ kùn-fang climb a river bank, v.
ຂຶ້ນພູ kùn-púu climb a mountain, v.
ຂຶ້ນມາ kùn-máa come up, v.
ຂື່ kuu beam, n.
ຂຸດ kǔt dig, v.
ຂຸນນາງ kǔn-náang noble man, n.
ຂຸ່ນ kun cloudy, stagnate, adj.
ຂຸ່ນເຄືອງ kun-kúang indignant, unpleasant, adj.
ຂຸ້ນ kùn thick, adj.
ຂຸ່ນແຄ້ນ kùn-kêɛn hard up, vengeful, adj.
ຂຸມ kǔm hole in ground, abyss, n.
ຂຸມຄຳ kǔm-kám gold-mine, n.
ຂຸມຊັບ kǔm-sap treasure, n.

ຂຸມມະລົກ kŭm-na-lok abyss of hell, n.
ຂຸຍ kŭi flute, n.
ຂູ່ kuu threaten, v.
ຂູ່ເຂັນ kuu-kěn threaten, v.
ຂູ່ກັນໂສກ kuu-gàn-sôok black mail, v.
ຂູດ kùut scrape, v.
ຂູດຮີດ kùut-hìit extort, v.
ເຂ kěe squinting, adj.
ເຂາະ kèek rap, knock, v.
ເຂັນ kěn difficulty, hardship, n.
ເຂັນຝ້າຍ kěn-fàai spin thread, v.
ເຂັດ kět be afraid, have learned one's lesson, v.
ເຂັມ kěm needle, n.
ເຂັມຮັດ kěm-kăt belt, n.
ເຂັມສັກຢາ kěm-săk-yàa syringe, n.
ເຂັມຊີ້ທິດ kěm-sìi-tít compass, n.
ເຂັມນາທີ kěm-náa-tíi minute hand, n.
ເຂັມວິນາທີ kěm-wi-náa-tíi second hand, n.
ເຂັມທຽບຜ້າ kěm-nyíp-pàa sewing needle, n.
ເຂັມແຂງ kèm-kěng strong, adj.
ເຂັມງວດກວດຂັນ kèm-ngûat-gùat-kǎn strict, austere, adj.
ເຂດ kèet boundary, n.
ເຂດແດນ kèet-dèen border, n.
ເຂດທະຫານ kèet-ta-hǎan military region, n.
ເຂດເທດສະບານ kèet-têet-sa-bàan city boundary, municipal area, n.
ແຂ້ kɛ̂ɛ crocodile, n.
ແຂກ kɛ̀ɛk guest, Indian, Malay, a person from the Middle East, n.
ແຂງ kěng hard, adj.
ແຂງໃຈ kěng-jai be courageous, adj.
ແຂງແຮງ kěng-hɛ̌ɛng strong, adj.
ແຂ່ງຂັນ keng-kǎn compete, contest, v.
ແຂ່ງບັ້ງໄຟ keng-bâng-fái rocker festival, n.
ແຂນ kɛ̌ɛn arm, n.
ແຂນສອກ kɛ̌ɛn-sɔ̀ɔk elbow, n.
ແຂນເສື້ອ kɛ̌ɛn-sʉ̂a sleeve, n.
ແຂ້ວ kɛ̀ɛo tooth, n.
ແຂ້ວສັກ kɛ̀ɛo-sǎk fang, n.
ຂົດ kǒt coil, curl up, n., v.
ຂົນ kǒn body hair, transport, feather, n., v.
ຂົນແກະ kǒn-gɛ̀ lamb wool, n.
ຂົນຄິ້ວ kǒn-kíu eyebrow, n.
ຂົນເຄື່ອງ kǒn-kʉ̂ang transport or move things, v.
ຂົນສັດ kǒn-sǎt fur, animal hair, n.
ຂົນສົ່ງ kǒn-song transport, v.

ຂົນຕາ kǒn-dtàa eyelash, n.

ຂົບ kǒp bite, v.

ຂົບແຂ້ວ kǒp-kèo grind one's teeth, v.

ຂົມ kǒm bitter, adj.

ຂົມຂູ່ kom-kùu threaten, v.

ຂົມຂີ່ kom-kii oppress, v.

ຂົມຂືນ kom-kǔun compel, force, v.

ຂົມຂືນຂ້ຳເລົາ kom-kǔun-sám-láo rape, v.

ຂົມເຫັງ kom-hěng mistreat, bully, v.

ເຄາະ kǒ knock, cowbell, v., n.

ຂໍ kɔ̌ɔ request, beg, ask, v.

ຂໍ kɔ̌ɔ hook, n.

ຂໍກະແຈ kɔ̌ɔ-ga-jèe key, n.

ຂໍເກາະ kɔ̌ɔ-gɔ̌ hooked pole, n.

ຂໍສະເໜີ kɔ̌ɔ-sa-nə̌ə propose, v.

ຂໍສັບ kɔ̌ɔ-sǎp goad, pointed stick, n.

ຂໍຍອມ kɔ̌ɔ-nyɔ́ɔm demand surrender, v.

ຂໍແດ່ kɔ̌ɔ-dɛ̀ɛ please give me..., v.

ຂໍຕົວ kɔ̌ɔ-dtùa excuse oneself, v.

ຂໍທາງ kɔ̌ɔ-táang ask someone to make way, v.

ຂໍທານ kɔ̌ɔ-táan beg for alms, v.

ຂໍໂທດ kɔ̌ɔ-tôot excuse, ask for forgiveness, v.

ຂໍເພິ່ງ kɔ̌ɔ-pəng ask for help, v.

ຂໍພອນ kɔ̌ɔ-pɔ́ɔn ask for blessing, v.

ຂໍເມຍ kɔ̌ɔ-mía request to marry a women, v.

ຂໍຢືມ kɔ̌ɔ-yʉʉm borrow, v.

ຂໍລາ kɔ̌ɔ-láa say goodbye, v.

ຂໍອະໄພ kɔ̌ɔ-a-pái apologise, v.

ຂໍອະນຸຍາດ kɔ̌ɔ-a-nu-nyáat ask for permission, v.

ຂໍ້ kɔ̂ɔ principle, part of, item, n.

ຂໍ້ແກ້ຕົວ kɔ̂ɔ-gɛ̂ɛ-dtùa defense, excuse, pretext, n.

ຂໍ້ກ່າວຫາ kɔ̂ɔ-gàao-hǎa accusation, n.

ຂໍ້ກະດູກ kɔ̂ɔ-ga-dùuk joints, n.

ຂໍ້ຂັດຂ້ອງ kɔ̂ɔ-kǎt-kɔ̂ɔng objection, n.

ຂໍ້ແຂນ kɔ̂ɔ-kɛ̌ɛn wrist, n.

ຂໍ້ຂ້ອງໃຈ kɔ̂ɔ-kɔ̂ɔng-jài doubt, point of disagreement, hesitation, n.

ຂໍ້ຄິດເຫັນ kɔ̂ɔ-kit-hěn point of view, opinion, idea, n.

ຂໍ້ຄວາມ kɔ̂ɔ-kwáam text, statement, matter, content, n.

ຂໍ້ສຳຄັນ kɔ̂ɔ-sǎm-kán key point, n.

ຂໍ້ສັງເກດ kɔ̂ɔ-sǎng-gèet remark, n.

ຂໍ້ສັນຍາ kɔ̂ɔ-sǎn-nyáa clause of treaty, pledge, n.

ຂໍ້ສອກ kɔ̂ɔ-sɔ̀ɔk elbow, n.

ຂໍ້ສອບເສັງ kɔ̂ɔ-sɔ̀ɔp-sěng examination question, n.

ຂໍ້ສະເໜີ kɔ̀ɔ-sa-nə̌ə proposal, n.
ຂໍ້ຍົກເວັ້ນ kɔ̀ɔ-nyɔ́k-wên exception, n.
ຂໍ້ຕົກລົງ kɔ̀ɔ-dtók-lóng agreement, contract, n.
ຂໍ້ໂຕ້ແຍ້ງ kɔ̀ɔ-dtôo-nyɛ̂ɛng argument, dispute, n.
ຂໍ້ຕໍ່ kɔ̀ɔ-dtɔɔ joint, n.
ຂໍ້ຕິຊົມ kɔ̀ɔ-dtí-sóm criticism, comment, n.
ຂໍ້ຕີນ kɔ̀ɔ-dtìin ankle, n.
ຂໍ້ຖາມ kɔ̀ɔ-tǎam question, n.
ຂໍ້ແນະນຳ kɔ̀ɔ-nɛ-nám advice, n.
ຂໍ້ບັງຄັບ kɔ̀ɔ-bàng-kap regulation, rule, obligation, n.
ຂໍ້ຜິດພາດ kɔ̀ɔ-pít-pâat mistake, n.
ຂໍ້ພິສູດ kɔ̀ɔ-pi-sùut proof, n.
ຂໍ້ຜູກມັດ kɔ̀ɔ-pùuk-mat obligation, n.
ຂໍ້ແມ້ kɔ̀ɔ-mɛ́ɛ proviso, stipulation, condition, n.
ຂໍ້ມື kɔ̀ɔ-múɯ wrist, n.
ຂໍ້ຫາ kɔ̀ɔ-hǎa charge, accusation, n.
ຂໍ້ອ້າງ kɔ̀ɔ-âang reference, n.
ຂໍ້ຮຽກຮ້ອງ kɔ̀ɔ-hîak-hɔ̂ɔng demands, n.
ຂອງ kɔ̌ɔng thing, of, belongings, articles, goods, property, n.
ຂອງກາງ kɔ̌ɔng-gàang evidence, property in dispute, common property, n.
ຂອງກິນ kɔ̌ɔng-gìn food, n.
ຂອງເກົ່າ kɔ̌ɔng-gao antique, n.
ຂອງແຂງ kɔ̌ɔng-kɛ̌ɛng solid object, n.
ຂອງຂວັນ kɔ̌ɔng-kwǎn gift, present, n.
ຂອງຂ້ອຍ kɔ̌ɔng-kɔ̂i my, mine, adj., adv.
ຂອງເຂົາ kɔ̌ɔng-kǎo his, her, hers, their, theirs, adj., adv.
ຂອງຄາວ kɔ̌ɔng-káao food (as opposed to dessert), n.
ຂອງຈິງ kɔ̌ɔng-jìng the real thing, genuine, n.
ຂອງເຈົ້າ kɔ̌ɔng-jâo your, yours, adj., adv.
ຂອງຈຳເປັນ kɔ̌ɔng-jam-bpèn necessities, neccesaries, n.
ຂອງເສຍ kɔ̌ɔng-sǐa useless things, waste,, n.
ຂອງໃຊ້ສ່ວນຕົວ kɔ̌ɔng-sâi-suan-dtùa personal property, n.
ຂອງດີ kɔ̌ɔng-dìi magical object, n.
ຂອງຕົວຢ່າງ kɔ̌ɔng-dtùa-yaang example, sample, n.
ຂອງເຖື່ອນ kɔ̌ɔng-tɯan contraband goods, n.
ຂອງແຖມ kɔ̌ɔng-tɛ̌ɛm complimentary goods, free gift, n.
ຂອງທານ kɔ̌ɔng-táan alms, n.

ຂອງທ່ານ kɔ̌ong-tân his, her, hers, adj., adv.

ຂອງທີ່ລະລຶກ kɔ̌ong-tii-la-lʉ́k souvenir, n.

ຂອງບູດ kɔ̌ong-bùut spoiled, rancid, rotten thing, n.

ຂອງປອມ kɔ̌ong-bpɔ̌ɔm counterfeit, fake item, n.

ຂອງຜະສົມ kɔ̌ong-pà-sǒm mixture, n.

ຂອງໃຜ kɔ̌ong-pǎi whose, pron.

ຂອງພື້ນເມືອງ kɔ̌ong-pʉ́ʉn-mʉ́ang indigenous product, n.

ຂອງເພິ່ນ kɔ̌ong-pən his, her, hers, adj., adv.

ຂອງພວກເຮົາ kɔ̌ong-pûak-hǎo our, ours, adj., adv.

ຂອງມີຄ່າ kɔ̌ong-míi-kaa valuables, n.

ຂອງວ່າງ kɔ̌ong-wâang light meal, snack, n.

ຂອງຫຼິ້ນ kɔ̌ong-lîn toy, plaything, n.

ຂອງແຫຼວ kɔ̌ong-lɛ̌ɛo liquid, n.

ຂອງຫຼວງ kɔ̌ong-lǔang state property, n.

ຂອງໄຫຼ kɔ̌ong-lǎi fluid, n.

ຂອງຫວານ kɔ̌ong-wǎan dessert, n.

ຂ້ອງ kɔ̂ng fishing reel, stuck, n.

ຂ້ອຍ kɔ̂i I, me, pron.

ຂອດ kɔ̀ɔt scrape, knot, v.

ຂອນ kɔ̌on log, n.

ຂອນຜີ kɔ̌on-pǐi skeleton, death body, n.

ຂອນໄມ້ kɔ̌on-mâi tree trunk, log, n.

ຂອບ kɔ̀ɔp edge, periphery, n.

ຂອບເຂດ kɔ̀ɔp-kèet boundary, limit, n.

ຂອບໃຈ kɔ̀ɔp-jài thank (you), v.

ຂອບຟ້າ kɔ̀ɔp-fáa horizon, n.

ຂອມ kɔ̌om Cambodian, n.

ຂຽງ kǐang chopping board, n.

ຂຽດ kìat small frog, small toad, n.

ຂຽດໂມ້ kìat-môo braggart, boaster, n.

ຂຽນ kǐan write, v.

ຂຽນຕາມ kǐan-túai dictate, v.

ຂ້ຽນ kîan whip, beat, v.

ຂຽວ kǐao green, adj.

ຂຽວແກ່ kǐao-gɛ̀ɛ dark green, adj.

ຂຽວອ່ອນ kǐao-ɔ̀ɔn light green, adj.

ຂ້ຽວ kîao hurry, v.

ເຂີນ kə̌ən lacquer ware, n.

ເຂັຍ kía dislodge, remove, displace, v.

ເຂື່ອນ kʉ̀an dam, n.

ຂົວ kǔa bridge, n.

ຂົ້ວ kûa fry, cook in oil, v.

ຂວງ kǔang bad, evil omen, n.

ຂວດ kùat bottle, n.

ຂວັນນົມ kwǔan-nóm nipple, n.

ໄຂ kǎi open, fat, v., n.
ໄຂກະດູກ kǎi-ga-dùuk bone marrow, n.
ໄຂຄວາມ kǎi-kwáam explain, describe, v.
ໄຂຄວງ kǎi-kúang screw driver, n.
ໄຂສັດ kǎi-sǎt tallow, n.
ໄຂສັນຫຼັງ kǎi-sǎn-lǎng spinal cord, n.
ໄຂສີ kǎi-sǔu pretend not to know, v.
ໄຂອອກ kǎi-ɔ̀ɔk open, v.
ໄຂ່ kai egg, lay eggs, n., v.
ໄຂ່ໄກ່ kai-gai hen's egg, n.
ໄຂ່ຂາວ kai-kǎao white egg, albumen, n.
ໄຂ່ເຄັມ kai-kém salted eggs, n.
ໄຂ່ດາວ kai-dàao sunny-side up, n.
ໄຂ່ແດງ kai-dɛ̀ɛng the yolk of an egg, n.
ໄຂ່ຈືນ kai-jùun fried egg, omelette, n.
ໄຂ່ຕົ້ມ kai-dtôm hard boiled egg, n.
ໄຂ່ເນົ່າ kai-nao rotten egg, n.
ໄຂ່ປາ kai-bpàa fish spawn, n.
ໄຂ່ມຸກ kai-múk pearl, n.
ໄຂ່ລວກ kai-lûak soft boiled egg, n.
ໄຂ່ລົ່ມ kai-lóm unfertilized egg, n.
ໄຂ່ຫຳ kai-hǎm testicles, n.
ໄຂ່ຫຼັງ kai-lǎng kidney, n.
ໄຂ້ kài fever, sickness, n.
ໄຂ້ຄໍຕີບ kài-kɔ́ɔ-dtìip diphtheria, n.
ໄຂ້ສັ່ນ kài-san malaria, n.
ໄຂ້ສຸກໃສ kài-súk-sǎi chicken-pox, n.
ໄຂ້ດຳແດງ kài-dàm-dɛ̀ɛng scarlet fever, n.
ໄຂ້ທໍລະພິດ kài-tɔ́ɔ-la-pit small-pox, n.
ໄຂ້ປ່າ kài-bpàa malaria, n.
ໄຂ້ຫັດ kài-hǎt measles, n.
ໄຂ້ຫວັດ kài-wǎt cold, n.
ໄຂ້ຫວັດໃຫຍ່ kài-wǎt-nyai grippe, flu, n.
ເຂົາ kǎo they, them, he, she, him, her, pron.
ເຂົາ kǎo horn, n.
ເຂົາເຈົ້າ kǎo-jào they, them, pron.
ເຂົາກວາງ kǎo-gwàang deer antler, n.
ເຂົາຄວາຍ kǎo-kwáai buffalo horn, n.
ເຂົ່າ kao knee, v.
ເຂົ້າ kào rice, enter, n., v.
ເຂົ້າໄປ kào-bpai enter, go in, v.
ເຂົ້າກັນ kào-gàn get along, agree, v.
ເຂົ້າກຳ kào-gàm go through ordeal, v.
ເຂົ້າກ່ຳ kào-gam brown rice, n.
ເຂົ້າກ້າ kào-gâa seed rice, n.
ເຂົ້າເກຍ kào-gìa put into gear, v.
ເຂົ້າກ່ຽວຂ້ອງ kào-gìao-kɔ̀ng intervene, interact, v.
ເຂົ້າໄກ້ kào-gâi approach, v.
ເຂົ້າຂ້າງ kào-kàang side with, v.

ເຂົ້າຂອງ kào-kɔ̌ɔng load, materials, things, *v.*, *n.*

ເຂົ້າຈ້າວ kào-jâao non-glutinous rice, *n.*

ເຂົ້າຈີ່ kào-jii bread, *n.*

ເຂົ້າໃຈມຕີ kào-jòom-dtìi assault, raid, *v.*

ເຂົ້າໃຈ kào-jài understand, *v.*

ເຂົ້າໃຈຜິດ kào-jài-pìt misunderstand, *v.*

ເຂົ້າສະມາທິ kào-sa-máa-tí meditate, *v.*

ເຂົ້າສັງຂະຫຍາ kào-sǎng-ka-nyǎa rice with custard, *n.*

ເຂົ້າສາລີ kào-sǎa-lii corn, *n.*

ເຂົ້າສາດສະໜາ kào-sàat-sa-nǎa be converted (religion), *v.*

ເຂົ້າສານ kào-sǎan uncooked rice, *n.*

ເຂົ້າສຸກ kào-sùk ripe rice, cooked rice, *n.*

ເຂົ້າສງກັນ kào-sěng-gàn compete, contest, *v.*

ເຂົ້າເຊົ້າ kào-sào breakfast, *n.*

ເຂົ້າດໍ kào-dɔɔ three-month rice, *n.*

ເຂົ້າຕົ້ມ kào-dtôm rice porridge, *n.*

ເຂົ້າຕອກແຕກ kào-dtɔ̀ɔk-dtɛ̀ɛk puffed rice, *n.*

ເຂົ້າທ່າ kào-taa make sense, look good, *v.*

ເຂົ້າທືນ kào-tún invest with a partner, *v.*

ເຂົ້າແທນທີ່ kào-tɛ́ɛn-tii replace, *v.*

ເຂົ້ານາແຊງ kào-náa-sɛ́ɛng dry season rice, *n.*

ເຂົ້າແນວ kào-nɛɛo seed rice, *n.*

ເຂົ້ານອນ kào-nɔ́ɔn go to bed, *v.*

ເຂົ້າບະເລ kào-ba-lée wheat, corn, *n.*

ເຂົ້າປືອ kào-bùa soaked and powdered rice, *n.*

ເຂົ້າປະກວດ kào-bpà-gùat enter a contest, *v.*

ເຂົ້າປາຍ kào-bpàai broken rice, *n.*

ເຂົ້າປຸ້ນ kào-bpûn Lao noodles, vermicelli, *n.*

ເຂົ້າປູກ kào-bpùuk seed rice, *n.*

ເຂົ້າເປັນສະມາຊິກ kào-bpèn-sa-máa-sík become a member, *v.*

ເຂົ້າແປ້ງ kào-bpɛ̂ɛng rice flour, face powder, *n.*

ເຂົ້າແປ້ງທາໜ້າ kào-bpɛ̂ɛng-táa-nàa face powder, *n.*

ເຂົ້າປຽກ kào-bpìak rice porridge, *n.*

ເຂົ້າເປືອກ kào-bpùak unhusked rice, *n.*

ເຂົ້າຜັດ kào-pàt fried rice, *n.*

ເຂົ້າພັກ kào-pák stay (for a short time), *v.*

ເຂົ້າເພນ kào-péen pre-noon meal for monks, *n.*

ເຂົ້າພົບ kào-pôp pay a visit, meet, *v.*

ເຂົ້າມານ kào-máan young rice, *n.*

ເຂົ້າໜົມມ້າ kào-mào roasted green rice, *n.*
ເຂົ້າຫຸງ kào-hŭung cooked white rice, *n.*
ເຂົ້ານຶ່ງ kào-nùng steamed rice, *n.*
ເຂົ້າໜົມ kào-nŏm cake, candy, cookie, snack, *n.*
ເຂົ້າໜົມກົກ kào-nŏm-kok coconut rice candy, *n.*
ເຂົ້າໜຽວ kào-nĭao sticky rice, *n.*
ເຂົ້າໝ່າ kào-maa soaked sticky rice, *n.*
ເຂົ້າໝາກ kào-màak fermented rice, *n.*
ເຂົ້າຫລາມ kào-lăam sticky rice cooked in bamboo, *n.*
ເຂົ້າອູ່ kào-ùu enter (an autoshop) for repair, *v.*
ເຂົ້າຮູບ kào-hùup fit well, *v.*
ເຂົ້າເຮືອນ kào-húan enter the house, *v.*
ເຂົ້າຮ່ວມ kào-huam join, participate, *v.*
ຂວາ kwăa right (side), *n.*
ຂວາງ kwăang bar, block, *v.*
ຂວານ kwăan axe, *n.*
ຂວັນ kwăn soul, spirit, morale, *n.*
ຂວັນຕາ kwăn-dtaa lovely sight, *n.*
ຂວັນຫາຍ kwăn-hăai be frightened, lose one's spirit, *v.*
ແຂວງ kwĕeng province, *n.*
ແຂວນ kwĕen hang, *v.*
ໄຂວ່ kwai cross, *v.*

ຄ

ຄ kɔ́ɔ the third consonant of the Lao alphabet (low consonant), *n.*
ຄະດີ ka-dìi case, lawsuit, *n.*
ຄະດີທຳ ka-dìi-tám ethical cause, the ways of the world, *n.*
ຄະດີແພ່ງ ka-dìi-pêng civil case, *n.*
ຄະດີລະຫຸໂທດ ka-dìi-la-hŭ-tôot misdemeanor, *n.*
ຄະດີອາຍາ ka-dìi-aa-nyáa criminal case, *n.*
ຄະດີອຸກສະກັນ ka-dìi-ŭk-sa-gàn serious crime, *n.*
ຄະນະ ka-na group, party, faculty, *n.*
ຄະນະກຳມະການ ka-na-gàm-ma-gàan committee, board, judge, *n.*
ຄະນະກຳມາທິການ ka-na-gàm-máa-ti-gàan commission, *n.*
ຄະນະບໍດີ ka-na-bɔ̀ɔ-dìi dean, chief of a group, *n.*
ຄະນະບໍລິຫານ ka-na-bɔ̀ɔ-li-hăan administrative group, government, *n.*
ຄະນະປະຕິວັດ ka-na-bpá-dti-wat revolutionary party, *n.*
ຄະນະຜູ້ແທນ ka-na-puu-tĕen delegation, *n.*

ຄະນະແພດສາດ ka-na-pɛ̂ɛt-sàat faculty of medicine, n.

ຄະນະລັດຖະບານ ka-na-lat-ta-bàan cabinet of ministers, n.

ຄະນະລັດຖະມົນຕີ ka-na-lât-ta-món-dtìi council of ministers, n.

ຄະນະລູກຂຸນ ka-na-lûuk-kǔn jury, n.

ຄະນະວິທະຍາສາດ ka-na-wi-ta-nyáa-sàat faculty of science, n.

ຄະນິດສາດ ka-nit-sàat mathematics, n.

ຄະແນນ ka-nɛ́ɛn score, grade, point, mark, n.

ຄະແນນສຽງ ka-nɛ́ɛn-sìang vote, n.

ຄະນອງ ka-nɔ́ɔng with great joy or energy, adj.

ກັກ kak exactly, clearly, adv.

ກັກແນ່ kak-nɛɛ sure, truly, adj., adv.

ກັກອິທິລີ kak-ii-lǐi perfect, excellent, adj.

ຄັງ káng warehouse, treasury, n.

ຄັງກະສຸນ káng-ga-sǔn arsenal, n.

ຄັງເງິນ káng-ngə́n treasury, n.

ຄັ່ງ kang sealing wax, n.

ຄັ້ງກ່ອນ kâng-gɔ̀ɔn in former time, long time ago, adv.

ຄັ້ງສຸດທ້າຍ kâng-sǔt-tâai last time, n.

ຄັ້ງທຳອິດ kâng-tám-ĭt first time, n.

ຄັ້ງນີ້ kâng-nǐi this time, n.

ຄັ້ງນັ້ນ kâng-nân that time, n.

ຄັ້ງແລກ kâng-lɛ̂ɛk first time, n.

ກັດ kat copy, v.

ກັດຄ້ານ kat-kâan disagree, protest, v.

ກັດເລືອກ kat-lɨ̂ak select, pick up, v.

ກັດເລືອດ kat-lɨ̂at stop the blood, v.

ກັນ kán itch, itchy, v., adj.

ກັນ kán handler, holder, n.

ກັນຄາກ kán-kâak toad, n.

ກັນຈ້ອງ kán-jɔ̂ɔng umbrella handle, n.

ກັນສູບ kán-sùup pump handle, n.

ກັນໄດ kán-dài stairs, ladder, n.

ກັນໄຖ kán-tǎi plough handle, n.

ກັນນາ kán-náa ricefield dike, n.

ກັນເບັດ kán-bét fishing rod, n.

ກັນຮົ່ມ kán-hom umbrella rod, n.

ກັ້ນ kân squeeze, v.

ກັ້ນຄໍ kân-kɔ́ɔ strangle, v.

ກັ້ນບີບ kân-bìip squeeze, press, v.

ກັບ kap narrow, tight, adj.

ກັບຂັນ kap-kǎn critical, adj.

ກັບຄັ່ງ kap-kâng crowded, adj.

ກັບແຄບ kap-kɛ̂ɛp narrow, adj.

ກັບອົກກັບໃຈ kap-ók-kap-jài unhappy, distressed, adj.

ຄາ káa remain, be pending, v.

ຄາຖາ káa-tǎa magic, spell, incantation, n.

ຄາທີ່ káa-tii instantly, adv.

ຄາມື káa-múu handful, clenched hand, adj., n.

ຄາຢູ່ káa-yuu caught in, stuck, adj.

ຄາລະວະ káa-la-wa respect, v.

ຄາລະຄາຊັ່ງ káa-la-káa-sáng unfinished, undone, adj.

ຄາລົ້ນ káa-lóm eloquence, n.

ຄາວຽກ káa-wîak busy, tied up by work, adj.

ຄາຫນັງຄາເຂົາ káa-nǎng-káa-kǎo red-handed, adv.

ຄ່າ kaa value, cost, n.

ຄ່າຄອງຊີບ kaa-kɔɔng-síip cost of living, n.

ຄ່າຈ້າງ kaa-jâang wage, n.

ຄ່າສິນສອດ kaa-sǐn-sɔɔt bride price, dowry, n.

ຄ່າເສຍຫາຍ kaa-sǐa-hǎai compensation, damages, n.

ຄ່າໃຊ້ຈ່າຍ kaa-sâi-jaai expenses, n.

ຄ່າເຊົ່າ kaa-sao rent, n.

ຄ່າດ່ານ kaa-daan duty, tariff, n.

ຄ່າໂດຍສານ kaa-dooi-sǎan fare, n.

ຄ່າຕອບແທນ kaa-dtɔɔp-téen compensation, n.

ຄ່າໄຖ່ kaa-tai ransom, n.

ຄ່າທຳຂວັນ kaa-tám-kwǎn indemnity, n.

ຄ່າທຳນຽມ kaa-tám-níam fee, n.

ຄ່ານາ kaa-náa rent of recefield, n.

ຄ່ານາຍຫນ້າ kaa-náai-nàa brokerage, commission, n.

ຄ່າປະກັນ kaa-bpa-gàn bail, security, insurance, n.

ຄ່າຜ່ານຂົວ kaa-paan-kǔa bridge toll, n.

ຄ່າລົດ kaa-lot fare (e.g. for bus), n.

ຄ່າລົມ káa-lóm rhetoric, oratory, n.

ຄ່າລ້ຽງດູ kaa-líang-dùu alimony, n.

ຄ່າຮຽນ kaa-hían tuition fee, n.

ຄ່າແຮງ kaa-héeng cost of labor, n.

ຄ້າ kaa trade, deal, commerce, v.

ຄ້າຂາຍ kâa-kǎai do business, trade, v.

ຄ້າຂອງເຖື່ອນ kâa-kɔɔng-tʉan contraband trade, v.

ຄາງ káang chin, n.

ຄາງກະໄຕ káang-ga-dtài jaw, n.

ຄາງທູມ káang-túum mumps, n.

ຄາງຫມູ káang-mǔu trapezium, n.

ຄ່າງ kaang kind of monkey, langur, n.

ຄ້າງ kâang remain unfinished or stuck, v.

ຄ້າງຄ່າເຊົ່າ kâang-kaa-sao be behind in one's rent, v.

ຄ້າງຄືນ kâang-kúun stay over night, *v.*
ຄາຍ káai spit out, discharge, emit, *v.*
ຄ້າຍ kâai camp, *n.*
ຄ້າຍຄືກັນ kâai-kúu-gàn similar, *adj.*
ຄ້າຍກັບວ່າ kâai-gáp-waa as if, *conj.*
ຄາດ kâat expect, estimate, calculate, *v.*
ຄາດການ kâat-gàan estimate, *v.*
ຄາດຄະເນ kâat-ka-née conjecture, *v.*
ຄາດຄັ້ນ kâat-kân press (one to do something), *v.*
ຄາດຕະກອນ kâat-dtà-gɔ̀ɔn murderer, *n.*
ຄາດຕະກຳ kâat-dtà-gàm murder, *n., v.*
ຄາດນາ kâat-náa harrow a ricefield, *v.*
ຄາດບໍ່ເຖິງ kâat-bɔɔ-tǒng unexpected, *adj.*
ຄາດໝາຍ kâat-mǎai expect, target, reckon, *v.*
ຄານ káan crawl, shaft, *v., n.*
ຄານຫາບ káan-hàap shoulder pole, shaft, *n.*
ຄານຫາມ káan-hǎam pole for carrying loads across the shoulder, *n.*
ຄ້ານ kâan lazy, oppose, *adj., v.*
ຄາບ kâap hold in the mouth, *v.*
ຄາບກັນ kâap-gàn interlocking, overlapping, *adj.*

ຄາບສະໝຸດ kâap-sa-mút peninsula, *n.*
ຄາວ káao occasion, fishy, *n., adj.*
ຄາວກ່ອນ káao-gɔ̀ɔn last time, before, *n.*
ຄາວຊີ້ນ káao-sîin raw meat odor, *n.*
ຄາວດຽວ káao-diao a moment, *n.*
ຄາວປາ káao-bpàa smell of raw fish, *n.*
ຄິດ kit think, *v.*
ຄິດຄົ້ນ kit-kôn research, invent, *v.*
ຄິດວ່າ kit-waa think that.., *v.*
ຄິດສະເລ່ຍ kit-sa-lìa average, *v.*
ຄິດເລກ kit-lêek calculate, *v.*
ຄິດເຖິງ kit-tǒng think of, miss, *v.*
ຄິດເຖິງບ້ານ kit-tǒng-bâan be homesick, *v.*
ຄິດເຖິງເຮືອນ kit-tǒng-húan be homesick, *v.*
ຄິດທໍລະຍົດ kit-tɔ́ɔ-la-nyot conspire against, be a traitor, *v.*
ຄິດບໍ່ອອກ kit-bɔɔ-ɔ̀ɔk be unable to figure it out, *v.*
ຄິດໄປຄິດມາ kit-bpài-kit-máa ponder, *v.*
ຄິດຮອດ kit-hɔ̂ɔt think of, miss, *v.*
ຄີໄຟ kíi-fái earthen stove base, kitchen, *n.*
ຄີກ kìik odd, single, *n.*
ຄີງ kíing body, *n.*

ຄີມ kíim pliers, n.
ຄີມຄີບ kíim-kìip tongs, pincers, n.
ຄີມເຫຼັກ kíim-kào iron pincers, n.
ຄີວ kíu queue, line, n.
ຄີ້ວ kìu eyebrow, n.
ຄຶດ kɯt think, v.
ຄຶກ kɯk exiting, loud, clamorous, adj.
ຄຶກຄັກ kɯk-kak vigorous, adj.
ຄຶດຄຽດ kɯt-kiat discontented, upset and angry, adj.
ຄຶດຄົດ kɯt-kot betray, v.
ຄຶດດູ kɯt-dùu ponder, v.
ຄຶດເຖິງ kɯt-tɤ̌ng think of, miss, v.
ຄຶດພິຈາລະນາ kɯt-pi-jàa-la-náa consider, v.
ຄຶດຮອດ kɯt-hɔ̂ɔt think of, miss, v.
ຄຶດຮ້າຍ kɯt-hâai plot against, v.
ຄຶດອອກ kɯt-ɔ̀ɔk know the solution, v.
ຄື kɯ́ɯ similar, resemble, be, be something, mean, namely, to wit, adj., v.
ຄື kɯ́ɯ that is, adv.
ຄືກັນ kɯ́ɯ-gàn same, adj.
ຄືເກົ່າ kɯ́ɯ-gao as before, adv.
ຄືຊິ kɯ́ɯ-si perhaps, adv.
ຄືວ່າ kɯ́ɯ-waa namely, adv.
ຄືນ kɯ́ɯn night, give back, n., v.
ຄືນກ່ອນ kɯ́ɯn-gɔ̀ɔn the night before, n.
ຄືນຄຳ kɯ́ɯn-kám recall one's words, retract, v.
ຄືນເງິນ kɯ́ɯn-ngɤ́n refund, v.
ຄືນດີ kɯ́ɯn-dìi reconcile, v.
ຄືນນີ້ kɯ́ɯn-nîi tonight, n.
ຄືນມາ kɯ́ɯn-máa come back, v.
ຄືນວານນີ້ kɯ́ɯn-wáan-nîi night before last, n.
ຄືນຫນຶ່ງ kɯ́ɯn-nɯng (for) one night, n.
ຄືບ kɯ̀ɯp crawl, hand span, v., n.
ຄືບຫນ້າ kɯ̀ɯp-nàa make progress, v.
ຄຸ ku bucket, pail, burn, n., v.
ຄຸເຂົ່າ ku-kao kneel, v.
ຄຸຕັກນ້ຳ ku-dták-nâm water bucket, n.
ຄຸກ kuk jail, prison, n.
ຄຸກຄາມ kuk-káam threaten, menace, v.
ຄຸງ kúng reach, close, v.
ຄຸດ kut legendary birdman, Garuda, n.
ຄຸຍ kúi chat, talk, v.
ຄຸຍໂຕ kúi-dtoo boast, v.
ຄຸ້ຍ kûi dig, v.
ຄຸ້ຍເຂຍ kûi-kia dig and scrape around, v.
ຄຸນ kún merit, virtue, n.
ຄຸນຄ່າ kún-kaa value, worth, n.
ຄຸນຄວາມດີ kún-kwáam-dìi goodness,

merit, *n.*

ຄຸນສົມບັດ kún-sŏm-bát behavior, qualifications, *n.*

ຄຸນນະພາບ kún-na-pâap quality, *n.*

ຄຸນນາມ kún-náam adjective, *n.*

ຄຸນປະໂຫຍດ kún-bpà-nyòot advantage, *n.*

ຄຸນພໍ່ kún-pɔɔ catholic priest, fáther, *n.*

ຄຸນແມ່ kún-mɛɛ Catholic nun, sister, *n.*

ຄຸນລັກສະນະ kún-lak-sà-nǎ characteristics, *n.*

ຄຸນວຸດທິ kún-wut-ti qualification, *n.*

ຄຸ້ນ kûn be intimate with, *v.*

ຄຸບ kup snatch, catch, *v.*

ຄຸມ kúm guard, catch, cover, supervise, *v.*

ຄຸມກຳເນີດ kúm-gam-nɔ̀ɔt birth control, *v., n.*

ຄຸມຂັງ kúm-kǎng imprison, lock in, *v.*

ຄຸມແຄ້ນ kúm-kɛ́ɛn hold spite against, *v.*

ຄຸມຕົວ kúm-dtua take into custody, *v.*

ຄຸມເຊີງ kúm-sɔ̂ɔng be watchful of, *v.*

ຄຸມຜ້າ kúm-pâa cover with clothes, *v.*

ຄຸ່ມ kum quail, *n.*

ຄຸ້ມ kûm section of town or village, *n.*

ຄຸ້ມ kûm protect, be worth it, *v.*

ຄຸ້ມກັນ kûm-gàn protect, cover, *v.*

ຄຸ້ມຄ່າ kûm-kaa worth while, *adj.*

ຄຸ້ມຄ່າຈ້າງ kûm-kaa-jâang reasonable (wage), *adj.*

ຄຸ້ມຄອງ kûm-kɔ́ɔng defend, watch over, *v.*

ຄູ kúu ditch, teacher, *n.*

ຄູຄັນນາ kúu-kán-náa boundary of ricefield, *n.*

ຄູສອນ kúu-sɔ̌ɔn teacher, *n.*

ຄູບາ kúu-baa monk, *n.*

ຄູເມືອງ kúu-múang moat, *n.*

ຄູ່ kuu pair, even number, couple, *n.*

ຄູ່ກັນ kuu-gàn in pairs, couple, *n.*

ຄູ່ແຂ່ງ kuu-kɛ̀ng rival, *n.*

ຄູ່ຄວນ kuu-kúan worthy, *adj.*

ຄູ່ຄອງ kuu-kɔ́ɔng soul mate, *n.*

ຄູ່ສົມລົດ kuu-sŏm-lot bride and groom, *n.*

ຄູ່ຊີວິດ kuu-síi-wit partners of life, *n.*

ຄູ່ຕໍ່ສູ້ kuu-dtɔɔ-sûu opponent, *n.*

ຄູ່ມື kuu-múu manual, hand book, *n.*

ຄູ່ວິວາດ kuu-wi-wâat disputant, *n.*

ຄູ່ອາດາດ kuu-àa-kâat adversaries, *n.*

ຄູ່ຮັກ kuu-hak lover, *n.*

ຄູ່ໝັ້ນ kuu-màn fiance(e), *n.*

ຄູ້ເຂົ່າ kûu-kao bend one's knees, *v.*

ຄູ້ແຂນ kûu-kɛ̌ɛn fold one's arms, *v.*

ລູດ kùut scratch, scrape, v.
ລູນ kúun double, multiply, v.
ເຄັ່ງ keng strict, adj.
ເຄັ້ນ kên compress, press, v.
ເຄັມ kém salty, adj.
ເຄ kée lame, adj.
ເຄມີ kée-mii chemistry, n.
ເຄນ kéen give, offer, v.
ແຄງໃຈ kéeng-jài suspect, v.
ແຄນ kéen the Khen, Lao wind instrument, n.
ແຄນ kéen needy, poor, adj.
ແຄ້ນ kêen be hurt emotionally, resent, vengeful, v.
ແຄ້ນໃຈ kêen-jài fretful, rankle, adj., v.
ແຄບ kêep narrow, adj.
ແຄມ kéem edge, n.
ແຄມຂອງ kéem-kɔ́ɔng Mekong river bank, n.
ແຄມນ້ຳ kéem-nâm river bank, n.
ແຄັວ kêeo pass unseen, v.
ແຄວ້ນ kwêen region, n.
ຄົກ kok mortar, n.
ຄົກຕຳເຂົ້າ kok-dtàm-kào rice mortar, n.
ຄົງຈະ kóng-jà probably, adv.
ຄົງຊິ kóng-sì may be, adv., v.

ຄົງເຫລືອ kóng-lɨ̌a remain, v.
ຄົດ kot bend, curve, v.
ຄົນ kón person, man, mix, n., v.
ຄົນກາງ kón-gaang middle man, n.
ຄົນໃກ້ຄຽງ kón-gâi-kíang neighbor, close person, n.
ຄົນຂີ້ຕີ່ kón-kìi-tii stingy person, n.
ຄົນຂີ້ເຫລົ້າ kón-kìi-lào drunkard, n.
ຄົນຂໍທານ kón-kɔ̌ɔ-táan beggar, n.
ຄົນໄຂ້ kón-kài patient, n.
ຄົນຄົງ kón-kóng invulnerable person, n.
ຄົນຄົດໂກງ kón-kot-goong dishonest person, n.
ຄົນງານ kón-ngáan laborer, worker, n.
ຄົນໂງ່ kón-ngoo fool, stupid person, n.
ຄົນງ່ອຍ kón-ngɔ̀i paralyzed, n.
ຄົນເຈັບ kón-jép sick person, n.
ຄົນເຈົ້າຊູ້ kón-jào-sûu handsome man, n.
ຄົນໃຊ້ kón-sâi servant, n.
ຄົນຊົງ kón-sóng sorceress, median, n.
ຄົນຢ່າງ kón-nyaang pedestrian, n.
ຄົນຍາມ kón-nyáam watchman, n.
ຄົນດີ kón-dii goodman, n.
ຄົນໂດຍສານ kón-dòoi-sǎan passenger, n.

ຄົນຖືມເຮືອ kón-dəən-húa navigator, n.
ຄົນດຽວ kón-dìao one person, alone, n., adv.
ຄົນໃດ kón-dǎi who, pron.
ຄົນໃດຄົນໜຶ່ງ kón-dǎi-kón-nung anyone, someone, pron.
ຄົນດັບໄຟ kón-dǎp-fái firefighter, n.
ຄົນຕັດຟືນ kón-dtăt-fúun woodcutter, n.
ຄົນຕະຫຼົກ kón-dta-lŏk comedian, joker, n.
ຄົນຕ່າງຊາດ kón-dtaang-sâat foreigner, n.
ຄົນຕ່າງດາວ kón-dtaang-dàao alien, E.T., n.
ຄົນຕ່າງຖິ່ນ kón-dtaang-tin stranger, n.
ຄົນຕາບອດ kón-dtàa-bɔ̀ɔt blind man, n.
ຄົນໂທດ kón-tôot prisoner, n.
ຄົນນອກ kón-nɔ̂ɔk stranger, n.
ຄົນນອກກົດໝາຍ kón-nɔ̂ɔk-gŏt-mǎai outlaw, n.
ຄົນໃນເມືອງ kón-nái-múang city dweller, n.
ຄົນນຳທ່ຽວ kón-nám-tiao guide, n.
ຄົນບ້າ kón-bâa mad man, n.
ຄົນບາບ kón-bàap sinner, n.
ຄົນປ່າ kón-bpaa forest dweller, n.
ຄົນປາກກຶກ kón-bpàak-gùuk mute, dumb, n.

ຄົນເປັຽ kón-bpia invalid person, n.
ຄົນຜານ kón-páan mischievous person, n.
ຄົນພື້ນເມືອງ kón-púun-múang native, n.
ຄົນຟັງ kón-fáng audience, listener, n.
ຄົນມີ kón-mii rich, wealthy man, n.
ຄົນດັບເຜິງ kón-dǎp-pəəng fireman, firefighter, n.
ຄົນຮັບຈ້າງ kón-hap-jâang hired man, n.
ຄົນລະ kón-la each, n.
ຄົນລາວ kón-láao Lao person, Laotian, n.
ຄົນໂລບ kón-lòop greedy person, n.
ຄົນລ້ຽງແກະ kón-lîang-gě shepherd, n.
ຄົນລ້ວງກະເປົາ kón-lûang-ga-bpǎo pickpocket, n.
ຄົນຮ້າຍ kón-hâai criminal, n.
ຄົ້ນ kôn search for, v.
ຄົ້ນຄວ້າ kôn-kwâa research, v.
ຄົ້ນພົບ kôn-pop discover, find, v.
ຄົ້ນຫາ kôn-hǎa explore, look for, v.
ຄົບຄ້າ kop-kâa associate with, v.
ຄົມ kóm sharp, adj.
ຄົມມີດ kóm-mîit sharp edge of the knife, adj.
ຄົມມະນາຄົມ kóm-ma-náa-kóm communication, n.
ໂຄຈອນ kóo-jɔ̀ɔn orbit, n., v.

ໂຄສະນາ kóo-sa-náa advertising, commercial, n.

ໂຄສະນາຊວນເຊື່ອ kóo-sa-náa-súan-sʉa propaganda, n.

ໂຄສະນາຫາສຽງ kóo-sa-náa-hǎa-sǐang political campaign, n.

ໂຄສົກ kóo-sǒk announcer, spokesman, n.

ໂຄລົບ kóo-lop respect, v.

ໂຄກ kôok mound, knoll, n.

ໂຄງ kóong form, outline, n.

ໂຄງກະດູກ kóong-ga-dùuk skeleton, n.

ໂຄງການ kóong-gàan project, program, plan, n.

ໂຄງການກໍ່ສ້າງ kóong-gàan-gɔɔ-sàang construction project, n.

ໂຄງສ້າງ kóong-sàang structure, n.

ໂຄ່ງ koong over, grown, stripling, adj.

ໂຄ່ງເຄ່ງ koong-keeng huge, big, adj.

ໂຄ້ງ kòong bend, curve, arch, v.

ໂຄ້ງຄຳນັບ kòong-kám-nap bow, v.

ໂຄດ kôot ancester, pedigree, n.

ໂຄນ kóon base of tree, mud, n.

ໂຄນຕົມ kóon-dtom mud and mire, n.

ໂຄ່ນ kôon fell (e.g) a tree, v.

ໂຄ່ນລົ້ມ kôon-lôm fall down, v.

ໂຄມ kóom lamp, lantern, n.

ໂຄມຕັ້ງ kóom-dtâng table lamp, n.

ໂຄມບີບ kóom-bìip flashlight, n.

ໂຄມພະຍຸ kóom-pa-nyu gas lantern, n.

ໂຄມໄຟ kóom-fái electric light, n.

ໂຄມລົດ kóom-lot headlights, n.

ເຄາະ kɔ knock, luck, fate, v., n.

ເຄາະກຳ kɔ-gàm fate, n.

ເຄາະດີ kɔ-dìi good luck, n.

ເຄາະຮ້າຍ kɔ-hâai bad luck, n.

ຄໍ kɔ́ɔ neck, n.

ຄໍເສື້ອ kɔ́ɔ-sʉ̂a collar, n.

ຄໍເປັນໜຽງ kɔ́ɔ-bpèn-nǐang goiter, n.

ຄໍແຫບ kɔ́ɔ-hɛ̀ɛp laryngitis, n.

ຄອກ kɔ̂ɔk animal pen, shed, n.

ຄອກງົວ kɔ̂ɔk-ngúa cowshed, n.

ຄອກມ້າ kɔ̂ɔk-mâa stable, n.

ຄອກໝູ kɔ̂ɔk-mǔu pigsty, n.

ຄອງຊີບ kɔ́ɔng-sìip earn a living, subsist, v.

ຄ້ອງ kɔ̂ɔng gong, n.

ຄອຍຖ້າ kɔ́ɔi-tàa wait for, v.

ຄ່ອຍ kɔi gentle, adj.

ຄ່ອຍໄຄແດ່ kɔi-kái-dɛɛ improving in health, adj.

ຄ່ອຍຢ່າງ kɔi-nyaang walk slowly, v.

ຄ່ອຍດີຂຶ້ນ kɔi-dìi-kʉ̂n gradually improving, adj.

ຄ່ອຍຢູ່ຄ່ອຍກິນ kɔi-yuu-kɔi-gìn so so,

adv.

ຄ້ອຍ kôoi slope, n.

ຄ້ອນ kôon stick, hammer, n.

ຄອບ kôop cover up, lid, v., n.

ຄອບຄອງ kôop-kóong govern, v.

ຄອບຄົວ kôop-kúa family, n.

ຄອບງຳ kôop-ngám dominate, v.

ເຄິ່ງ kəng half, n.

ເຄີຍ kə́əi ever, used to, v., adv.

ເຄີບເຄີ້ມ kə̂əp-kə̂əm be absent-minded, doze, v.

ເຄີ້ມ kə̂əm drowsy, be in a rapture, adj., v.

ຄຽງ kíang close, next to, adv., v.

ຄຽງກັນ kíang-gàn side by side, adv.

ຄຽງຂ້າງ kíang-kàang close beside, abreast, v.

ຄຽດ kìat resent, be angry with, v.

ຄຽດແຄ້ນ kìat-kɛ̂ɛn resent, be vengeful, v.

ຄຽນ kían tie up, v.

ຄຽວ kíao boil down, simmer, v.

ຄ່ຽວເຂັ້ນ kìao-kên oppress, urge, v.

ຄ້ຽວ kîao chew, grind, v.

ເຄືອ kúa vine, bunch, relation, network, n.

ເຄືອຈັກກະພົບ kúa-jăk-ga-pop commonwealth, n.

ເຄື່ອງ kúang offend, be unpleasant, v.

ເຄື່ອງ kuang article, thing, clothing, machine, n.

ເຄື່ອງກອງນ້ຳ kuang-gòong-nâam filter, n.

ເຄື່ອງກຳເນີດໄຟຟ້າ kuang-gàm-nə̀ət-fái-fâa generator, n.

ເຄື່ອງຂະຫຍາຍສຽງ kuang-ka-nyǎai-sĭang amplifier, n.

ເຄື່ອງຂຽນ kuang-kĭan stationary, n.

ເຄື່ອງຄິດເລກ kuang-kit-lêek calculator, n.

ເຄື່ອງເຄືອບ kuang-kûap porcelain, n.

ເຄື່ອງຈັກ kuang-jăk machine, machinery, n.

ເຄື່ອງຈາະ kuang-jɔ̌ drill, n.

ເຄື່ອງສາຍໜັງ kuang-sǎai-nǎng movie projector, n.

ເຄື່ອງສີດຢາ kuang-sìit-yàa hypodermic syringe, n.

ເຄື່ອງເສບ kuang-sèep musical instruments, n.

ເຄື່ອງສົ່ງ kuang-song transmitter, n.

ເຄື່ອງສຳອາງ kuang-sǎm-àang cosmetics, n.

ເຄື່ອງຊັກຜ້າ kuang-sak-pàa washing machine, n.

ເຄື່ອງຊັ່ງ kuang-sang scales, n.

ເຄື່ອງໃຊ້ kuang-sâi utensil, instrument, facilities, n.

ເຄື່ອງໝົດ kuang-nyot insignia, n.

ເຄື່ອງດັບເພີງ kuang-dăp-páəng fire

extinguisher, *n*.

ເຄື່ອງດູດຝຸ່ນ kuang-duut-fun vacuum cleaner, *n*.

ເຄື່ອງດື່ມ kuang-duum drink, *n*.

ເຄື່ອງດົນຕີ kuang-dòn-dtìi musical instrument, *n*.

ເຄື່ອງຕັດຫຍ້າ kuang-dtăt-nyáa lawn mower, *n*.

ເຄື່ອງຕົກແຕ່ງ kuang-dtŏk-dteng ornament, *n*.

ເຄື່ອງຕ້ອນ kuang-dtɔ̀ɔn gift, *n*.

ເຄື່ອງຖ້ວຍຊາມ kuang-tùai-sáam dishware, *n*.

ເຄື່ອງໂທລະພາບ kuang-tóo-la-pàap television, *n*.

ເຄື່ອງໂທລະສັບ kuang-tóo-la-săp telephone receiver, *n*.

ເຄື່ອງໂທລະເລກ kuang-tóo-la-lêek telegraph, *n*.

ເຄື່ອງທອງຮູບປະພັນ kuang-tɔ́ɔng-hûup-bpà-pán gold ornaments, *n*.

ເຄື່ອງເທດ kuang-têet spice, *n*.

ເຄື່ອງນຸ່ງ kuang-nung clothing, *n*.

ເຄື່ອງໃນ kuang-nái entrails, *n*.

ເຄື່ອງບັນທຶກສຽງ kuang-bàn-tuk-sǐang tape recorder, *n*.

ເຄື່ອງບິນ kuang-bìn airplane, *n*.

ເຄື່ອງແບບ kuang-bɛ̀ɛp uniform, *n*.

ເຄື່ອງບັນນາການ kuang-bàn-náa-gàan tribute, *n*.

ເຄື່ອງບູຊາ kuang-bùu-sáa offerings, *n*.

ເຄື່ອງປະດັບ kuang-bpa-dăp ornament, *n*.

ເຄື່ອງປຸງອາຫານ kuang-bpung-àa-hǎan condiments, seasoning, *n*.

ເຄື່ອງພິມດີດ kuang-pím-dìit typewriter, *n*.

ເຄື່ອງຟັກໄຂ່ kuang-fak-kai incubator, *n*.

ເຄື່ອງເຜັດພອຍ kuang-pet-pɔ́ɔi jewelry, *n*.

ເຄື່ອງມື kuang-múu tools, *n*.

ເຄື່ອງລາງ kuang-láang amulets, *n*.

ເຄື່ອງລາຍຄາມ kuang-láai-káam china ware, *n*.

ເຄື່ອງອັດສຳເນົາ kuang-ăt-sǎm-náo duplicator, photocopy, *n*.

ເຄື່ອງອັດສຽງ kuang-ăt-sǐang tape recorder, *n*.

ເຄື່ອງອາໄຫຼ່ kuang-àa-lai spare part, *n*.

ເຄື່ອງອື້ kuang-ee ornament, *n*.

ເຄື່ອງອຸປະກອນ kuang-ŭp-bpà-gɔ̀ɔn accessories, *n*.

ເຄື່ອງຮ່ອນ kuang-hɔ̀ɔn glider, *n*.

ເຄື່ອງຮັບວິທະຍຸ kuang-hap-wi-ta-nyu radio receiver, *n*.

ເຄື່ອງເຮືອນ kuang-húan household articles, *n*.

ເຄື່ອງໝາຍການຄ້າ kuang-mǎai-gaan-

ເຄື່ອງໝາຍ kǎa trademark, n.
ເຄື່ອງໝາຍ kuang-mǎai sign, mark, n.
ເຄື່ອງຫລິ້ນຈານສຽງ kuang-lìn-jaan-sǐang record player, n.
ເຄື່ອງຫລິ້ນເດັກນ້ອຍ kuang-lìn-děk-nɔ́ɔi toys, n.
ເຄື່ອງຫລິ້ນແຜ່ນສຽງ kuang-lìn-pɛn-sǐang record player, n.
ເຄື່ອງແຫລມສໍ kuang-lɛ̌ɛm-rɔ́ɔ pencil sharpener, n.
ເຄື່ອນ kuan move, displace, v.
ເຄື່ອນຍ້າຍ kuan-nyáai transfer, move, v.
ເຄືອບ kuap enamel, v.
ເຄືອບແຄງ kuap-kɛ́ɛng doubtful, vague, adj.
ເຄືອບຄຳ kuap-kám gild, n.
ເຄືອບແຝງ kuap-fɛ́ɛng vague, adj.
ຄົວ kúa kitchen, n.
ຄົວກິນ kúa-gìn cook, v.
ຄວງ kúang screw, v.
ຄວນ kúan ought to, aux v.
ຄວນຈະ kúan-jă ought to, aux v.
ຄວບຄຸມ kuap-kúm control, supervise, v.
ໄຄ່ຂຶ້ນ kái-kun swell up, v.
ໄຄ kái become better, v.
ໄຄ່ kái swollen, adj.
ໄຄ່ຄວນ kai-kúan think over, ponder, v.
ໄຄແຄດ່ kài-dɛɛ recover, v.
ເຄົາ káo beard, n.
ເຄົາລົບ káo-lóp respect, v.
ເຄົ້າແມວ káo-mɛ́ɛo owl, n.
ຄຳ kám word, gold, feel with hand, n., v.
ຄຳກ່າວ kám-gaao speech, n.
ຄຳກ່າວຫາ kám-gaao-hǎa accusation, allegation, n.
ຄຳກອນ kám-gɔ̀ɔn poem, n.
ຄຳຈຳກັດຄວາມ kám-jăm-gǎt-kwáam definition, n.
ຄຳຂາວ kám-kǎao platinum, n.
ຄຳຂາດ kám-kàat ultimatum, n.
ຄຳຂໍ kám-kɔ̌ɔ request, petition, n.
ຄຳຄັດຄ້ານ kám-kat-kâan objection, n.
ຄຳສະເໜີ kám-sa-nɤ̌ɤ proposal, n.
ຄຳສັ່ງ kám-sang order, command, n.
ຄຳສັ່ງສານ kám-sang-sǎan court decision, n.
ຄຳສອນ kám-sɔ̌ɔn preach, teaching, n.
ຄຳສາບານ kám-sǎa-baan oath, n.
ຄຳສາລະພາບ kám-sǎa-la-páap confession, n.
ຄຳສັນຍາ kám-sǎn-nyáa promise, n.
ຄຳສັບ kám-sǎp vocabulary, n.
ຄຳສັດ kám-sǎt truth, n.
ຄຳຊີ້ແຈງ kám-sîi-jɛɛng explanation, n.

ຄຳອ້ອມເຂີຍ kám-sóm-séei congratulations, n.
ຄຳຕັກເຕືອນ kám-dtăk-dtửan advice, n.
ຄຳເຕືອນ kám-dtửan warning, n.
ຄຳຕັດສິນ kám-dtăt-sĭn judgment, verdict, n.
ຄຳຕອບ kám-dtɔɔp answer, n.
ຄຳຖາມ kám-tǎam question, n.
ຄຳນັບ kám-nap salute, bow, v.
ຄຳນຶງ kám-nung consider, v.
ຄຳນຳ kám-nám preface, n.
ຄຳແນະນຳ kám-nɛ-nám introduction, suggestion, advice, n.
ຄຳນວນ kám-núan calculate, v.
ຄຳປາໃສ kám-bpàa-săi speech, n.
ຄຳແປ kám-bpɛɛ translation, explanation, n.
ຄຳພະຍາກອນ kám-pa-nyáa-gɔɔn prophecy, forecast, n.
ຄຳພີຍານ kám-pi-nyáan evidence, n.
ຄຳພີພາກສາ kám-pi-pâak-săa judgement, verdict, decision, n.
ຄຳຝັນ kám-făn dream, n.
ຄຳຟ້ອງ kám-fɔɔng accusation, n.
ຄຳລາມ kám-láam growl, v.
ຄຳເວົ້າ kám-wâo word, n.
ຄຳໃຫ້ການ kám-hài-gàan interrogation, deposition, testimony, n.
ຄຳອະທິບາຍ kám-a-ti-bàai explanation, n.
ຄຳອຸທິດ kám-u-tit dedication, n.
ຄຳອຳລາ kám-láa farewell, n.
ຄຳອວຍພອນ kám-uài-pɔɔn wish, greeting, n.
ຄຳຮູ້ kám-hûu wise, well-behaved, adj.
ຄຳຮ້ອງຂໍ kám-hɔɔng request, application, n.
ຄຳຫຍາບ kám-nyàap indecent language, n.
ຄຳໝັ້ນສັນຍາ kám-màn-săn-nyáa agreement, contract, promise, n.
ຄ່ຳ kam night, n.
ຄ່ຳນີ້ kam-nîi tonight, n.
ຄ່ຳມືດ kam-mûut night fall, n.
ຄ້ຳ kâm uphold, support, v.
ຄ້ຳຊູ kâm-súu support, bolster, v.
ຄ້ຳປະກັນ kâm-bpa-gàn insure, stand security, v.
ຄູ kúu teacher, n.
ຄູບາ kúu-bàa monk, n.
ຄັດ kuat chisal out, carve, pick, v.
ຄັວນ kúan smoke, n.
ຄວາ kwáa, kwúa grasp, v.
ຄວາໃສ່ kwáa-sai, kwúa-sai grab hastily, v.

ควาย kwáai buffalo, *n.*
ควานม້າ kwáan-mâa horse trainer, *n.*
ควານຊ້າງ kwáan-sâang mahout, elephant trainer, *n.*
ความ kwáam word, case, fact, matter, *n.*
ความ kwáam used with adjective to indicate state, condition of, or condition somewhat like -ness, as , *pref.*
ความคิด kwáam-kit idea, concept, *n.*
ความคิดฝัน kwáam-kit-fǎn vision, *n.*
ความคິດເຫັນ kwáam-kit-hěn opinion, judgment, *n.*
ความคึด kwáam-kɯt thinking, thought, idea, *n.*
ความจะเลີ້ม kwáam-ja-lɤ̄ɤn propersity, progress, *n.*
ความจิງ kwáam-jing truth, *n.*
ຄວາມຈິບຫາຍ kwáam-jip-hǎai disaster, catastrophe, *n.*
ความจำ kwáam-jàm memory, *n.*
ความจำเป็น kwáam-jàm-bpèn necessity, *n.*
ความสามาด kwáam-sǎa-mâat ability, capability, *n.*
ความสิบหาย kwáam-sip-hǎai disaster, catastrophe, *n.*
ความสุก kwáam-sǔk happiness, *n.*

ความสูง kwáam-sǔung height, *n.*
ความสำพัน kwáam-sǎm-pán relationship, *n.*
ความเຊື່อ kwáam-sɯa belief, *n.*
ความຊົ່ວ kwáam-sua vice, *n.*
ความอยอยเตือลือ kwáam-suai-lɯ̌a aid, *n.*
ความຊໍານານ kwáam-sám-náan experience, *n.*
ความดันໂລຫິດ kwáam-dàn-lóo-hìt blood pressure, *n.*
ความด่า kwáam-daa insult, *n.*
ความดี kwáam-dìi virtue, goodness, merit, *n.*
ความแตกต่าງ kwáam-dtɛ̀ɛk-dtàang difference, *n.*
ความต้อງການ kwáam-dtɔ̂ng-gàan need, *n.*
ความต่ำช้า kwáam-dtàm-sâa evil, bust, *n.*
ความทุก kwáam-tuk suffering, *n.*
ความไท kwáam-tái Thai word, *n.*
ความน้อยใจ kwáam-nɔ́ɔi-jài inferiority, *n.*
ความปอดไพ kwáam-bpɔ̀ɔt-pái safety, *n.*
ความปรຽบທຽບ kwáam-bpìap-tîap comparison, *n.*

ความผิด kwáam-pìt mistake, misdeed, n.
ความฝัน kwáam-fǎn dream, n.
ความพะยายาม kwáam-pa-nyáa-nyáam endeavor, n.
ความลับ kwáam-lap secret, n.
ความลาว kwáam-láao Lao word, n.
ความเว้าหลิ้น kwáam-wâo-lìn joke, n.
ความเห็น kwáam-hěn opinion, n.
ความหยุ้งยาก kwáam-nyùng-nyâak difficulty, n.
ความหมั้นคง kwáam-màn-kóng firmness, stability, n.
ความหลัง kwáam-lǎng the past, n.
ความหวัง kwáam-wǎng hope, n.
ความหวังดี kwáam-wǎng-dìi good intentions, n.
ความอาย kwáam-àai shame, n.
ความอิດูตัน kwáam-i-duu-dtòn pity, n.
ความอิ่ง kwáam-ong pride, n.
ความอืດຕັນ kwáam-ǒt-tón patience, n.
ความอ่อนแอ kwáam-ɔ̀ɔn-èɛ weakness, n.
ความรัก kwáam-hák love, n.
ความรั่ງมี kwáam-hang-míi wealth, n.
ความรู้ kwáam-hùu knowledge, n.
ความรู้สึก kwáam-hùu-sǔk feeling, n.
ความร້ອน kwáam-hɔ́ɔn heat, n.

ງ

ງ ngɔɔ the fourth consonant of the Lao alphabet (low consonant), n.
ງະ nga open, spread apart, v.
ງາ ngáa sesame, ivory, n.
ງາຊ້າງ ngáa-sâang ivory, n.
ງ່າໄມ້ ngaa-mâi tree branch, n.
ງ້າງ ngâang force open, lift up, v.
ງາຍ ngáai lunch, n.
ງ່າຍ ngaai easy, simple, adj.
ງານ ngáan job, business, party, festival, work, labor, occupation, celebration, unit of area equal to 400 square meters, n.
ງານສະຫຼອງ ngáan-sa-lɔ̌ɔng celebration, n.
ງານພິທີ ngáan-pi-tíi ceremony, n.
ງານສົບ ngáan-sǒp cremation, funeral, n.
ງານອອກຮ້ານ ngáan-ɔ̀ɔk-hâan fair, n.
ງານອະດິເລກ ngáan-a-di-lèek hobby, n.
ງາມ ngáam beautiful, pretty, graceful, fine, adj.
ງ່າມ ngaam prongs, n.
ງ່າມຕີນ ngaam-dtíin jointure of the toes, n.
ງ່າມປູ ngaam-bpùu crabclaw, n.
ງ່າມໄມ້ ngaam-mâi fork of a tree, n.

ວ້າວ ngâao long-handled curved sword, pike, *n.*

ງັດ ngat pry open, *v.*

ງັບ ngap snap at, shut, snatch, close, *v.*

ງຶດ ngɯt consent, salute with head, *v.*

ງຶດງໍ້ ngɯt-ngɔ̂ɔ extraordinary, unbelievable, *adj.*

ງູ ngúu snake (in general), *n.*

ງູກິນຫາງ ngúu-gìn-hǎang a children's game, *n.*

ງູຂຽວ ngúu-kǐao grass snake, *n.*

ງູຈົງອາງ ngúu-jòng-àang king cobra, *n.*

ງູສາມຫລ່ຽມ ngúu-sǎam-liam krait, *n.*

ງູພິດ ngúu-pit venomous snakes, *n.*

ງູເຫົ່າ ngúu-hao cobra, *n.*

ງູຫລາມ ngúu-lǎam python, *n.*

ງູໃຫຍ່ ngúu-nyai boa, *n.*

ແງ ngɛɛ serpent, *n.*

ແງະ ngɛ take off, force open, *v.*

ແງ້ມ ngɛ̂ɛm hungry, thirsty, crave, *adj. v.*

ງົງ ngóng be perplexed, lost, confused, *v.*

ງົດ ngot stop, abstain, *v.*

ງົດວັ້ນ ngot-wɛ̂n refrain from, *v.*

ງົດໄວ້ ngot-wâi postpone, *v.*

ງົດງາມ ngot-ngáam beautiful, *adj.*

ງົບດຸນ ngop-duun balance sheet, *n.*

ງົບປະມານ ngop-bpa-máan budget, *n.*

ງົມ ngóm dive for, *v.*

ງົມງາຍ ngóm-ngáai be stupid, believe in nonsense things, *v.*

ງຸ້ມ ngûm cover, covered down, *v., adj.*

ໂງ ngóo turn up, *v.*

ໂງ່ ngoo ignorant, stupid, *adj.*

ໂງກ ngòok nod, *v.*

ໂງກເງກ ngòok-ngèek sway to and fro, *v.*

ໂງ້ງ ngôong curved, bent, *adj.*

ເງາະ ngɔ rambutan, *n.*

ງໍ ngɔ́ɔ bend, crook, *v.*

ງໍ້ ngɔ̂ɔ reconcile, ask for forgiveness, *v.*

ງອກ ngɔ̂ɔk grow, sprout, *v.*

ງອກແງກ ngɔ̂ɔk-ngɛ̂ɛk shaking, unstable, loose, *adj.*

ງອນ ngɔɔn cheeky, peevish, *adj.*

ງ່ອນດັ້ນ ngɔn-dôn nape, *n.*

ງອບ ngɔ̂ɔp farmer's hat made of bamboo and palm leaves *n.*

ງອຍ ngɔ́ɔi be at the edge, *v.*

ງ່ອຍ ngɔi paralyzed, crippled, *adj.*

ເງິນ ngɔ́n money, silver, *n.*

ເງິນສ່ວນແບ່ງ ngɔ́n-suan-bɛng dividend, *n.*

ເງິນສົດ ngɔ́n-sot cash, *n.*

ເງິນເດືອນ ngɔ́n-duan salary, *n.*

ເງິນຕົ້ນທຶນ ngɔ́n-dtôn-tɯ́n capital, prin-

cipal, n.
ເງິນຕາ ngə́n-dtaa currency, n.
ເງິນທອງ ngə́n-tɔ́ɔng wealth, n.
ເງິນຕົ້ນ ngə́n-tûn capital, n.
ເງິນນ້ອຍ ngə́n-nɔ̀ɔi change, n.
ເງິນບຳນານ ngə́n-bâm-náan pension, n.
ເງິນປອມ ngə́n-bpɔɔm counterfeit money, n.
ເງິນມັດຈຳ ngə́n-mat-jàm deposit money, n.
ເງິນຫຼຽນ ngə́n-lǐan coin, n.
ເງີຍ ngə̌əi straighten up, look up, v.
ວຽງ ngiang fin, n.
ງຽບ ngîap silent, quiet, adj.
ງຶກຫົວ ngŭk-hǔa nod the head, v.
ເງືອກ ngŭak mermaid, n.
ເງື່ອນ ngǔan hints, clue, n.
ເງື່ອນໄຂ ngǔan-kǎi condition, term, n.
ເງື່ອນງຳ ngǔan-ngám secret plot, n.
ເງື້ອມ ngûam reach, v.
ເງື້ອມຜາ ngûam-pǎa precipice, n.
ເງື້ອມມື ngûam-múu power, grasp, n.
ງົວ ngúa cow, steer, ox, n.
ງົວຕັກ ngúa-tǎk bull, n.
ງວງ ngúang trunk, n.
ງວງຊ້າງ ngúang-sâang elephant's trunk, n.
ງ່ວງ ngûang sleepy, drowsy, adj.

ງ່ວງນອນ ngûang-nɔ́ɔn sleepy, adj.
ງວດ ngûat period, lot, n.
ງອມ nguam cover up, v.
ງົ້ວນ ngûan poison, n.
ໄງ້ ngai dusty, n.
ເງົາ ngáo shadow, image, reflection, n.
ເງົາໄມ້ ngáo-mâi shade, n.
ງວາກ ngwaak turn, turn around, v.

จ

จ jɔɔ the fifth consonant of the Lao alphabet (mid consonant), n.
จะ jǎ shall, will, aux. v.
จะแจ้ງ ja-jɛɛng clear, distinct, adj.
จะลาจอน ja-láa-jɔɔn street traffic, n.
จะลาจิน ja-láa-jòn riot, disorder, n.
จะเลิน ja-lə́ən prosper, civilization, v., n.
จะเลินກ້າວໜ້າ ja-lə́ən-gâao-nàa progress, v.
จะเลินไว ja-lə́ən-wái grown-up, n.
จะลอด ja-lùat rocket, n.
จัก jǎk how many?.
จัก jǎk machine, n.
จักกะพัด jǎk-ga-pat emperor, n.
จักกะພົບ jǎk-ga-pop common wealth, n.
จักกะວານ jǎk-ga-wáan universe, n.

จักกะขัวัด jăk-ga-wăt empire, n.
จักจั่น jăk-jan cicada, n.
จักจี้ jăk-jii tickle, v.
จักเย็บเคื่อง jăk-nyip-kuang sewing machine, n.
จักเทื่อ jăk-tɯa how often?
จักเท่าใด jăk-tao-dǎi how many?
จักหม่อย jăk-nɔi a little while, a moment, n.
จักป่าง jăk-yaang how many kinds?
จักหลัก jăk-lăk how many kilometers?, how far?
จักอัน jăk-an how many pieces?
จังไร jàng-hái horrid, damned, adj.
จังหวะ jàng-wǎ rhythm, n.
จัด jăt arrange, manage, v.
จัดการ jăt-gàan manage, v.
จัดจ้าน jăt-jâan bold, sharp-tongued, adj.
จัดแจง jăt-jɛɛng prepare, v.
จัดสัน jăt-sǎn provide, v.
จัดแถว jăt-tɛɛo line up, v.
จัดลายการ jăt-láai-gàan launch a program, v.
จัดให้ jăt-hâi supply, v.
จัน jàn moon, n.
จัน jàn Monday, n.
จันทะลาด jàn-ta-kâat eclipse of the moon, n.
จันเพ็ง jàn-péng full moon, n.
จั่น jàn trap, n.
จับ jǎp touch, take, catch, v.
จับกุม jǎp-gùm arrest, v.
จับไข้ jǎp-kâi have a fever, become sick, v.
จับจอง jǎp-jɔɔng settle, reserve, v.
จับจ่าย jǎp-jaai expend, v.
จับสะຫลาກ jǎp-sa-làak draw lots, v.
จับได้คามือ jǎp-dâi-káa-mɯɯ arrest red-handed, v.
จับตา jǎp-dtàa keep an eye on, v.
จับตาย jǎp-dtàai capture dead, v.
จับผิด jǎp-pit find fault with, v.
จับมือ jǎp-mɯɯ shake hands, v.
จับเวลา jǎp-wée-láa time, v.
จ่า jaa chief, address (the envelope), n., v.
จ่าตี้ jaa-dtìi third petty officer, n.
จ่าโท jaa-tóo second petty officer, n.
จ่านายสิบ jaa-náai-sip sergeant major, n.
จ่าเอก jaa-èek first petty officer, n.
จ่าหน้า jaa-nàa address (the envelope), v.
จ้า jâa stupid, adj.
จาก jàak leave, depart, separate, from,

v., prep.

จากไป jàak-bpài go away, leave, v.

จาง jàang saltless, tasteless, pale, adj.

จ้าง jâang hire, v.

จ่าย jaai spend, pay, distribute, v.

จาน jàan plate, n.

จานสຽง jàan-sĭang record, disc, n.

จานຮອງ jàan-hɔ́ɔng saucer, n.

จาม jàam sneeze, v.

จาว jàao even, tie (in competition), v.

จ่าว jaao advertise for sale, v.

จิจ๊ຮม ji-jĭam lizard, n.

จิก jìk peck at, pick (with the beak), n.

จีก jìik tear, v.

จິງ jìng true, very, real, actual, adj., v., adv.

จิງจัง jìng-jàng serious, adj.

จິງใจ jìng-jai honest, sincere, adj.

จิ້ງจอก jîng-jɔ̀ɔk fox, n.

จิ້ງโจ้ jîng-jôo kangaroo, n.

จิตะวິທະยา jìt-dtă-wi-ta-nyáa psychology, n.

จິตะกอน jìt-dta-gɔ̀ɔn painter, n.

จິตະกำ jìt-dta-gàm painting, n.

จິນตะนาการ jìn-dta-náa-gàan imagination, imagine, n, v.

จີน jìin China, Chinese, n., adj.

จิบ jìp sip, v.

จິບຫາຍ jip-hăai go ruin, lose (all), v.

จิ້ม jîm dip into, pick, v.

จอม jùan nearly, almost, narrowly, adv.

จอมตั๋ว jùan-dtùa cornered, be driven to the wall, adj.

จີมาย ji-náai cricket, n.

จີວอน ji-wɔ́ɔn priest's robes, n.

จี่ jii roast, bake, n.

จี้ jîi point at, tickle, rob, v.

จี๋ງ jùng so, then, therefore, adv.

จื่ juu remember, memorize, recognize, v.

จืด jùut tasteless, insipid, fresh, adj.

จืน jùun fry, fried, v.

จุ ju come very close to, hold, v.

จุก jŭk have a stomachache, v.

จุกจິก jŭk-jìk fussy, fidget, v.

จุด jŭt point, spot, dot, period, n.

จุดสูมกาງ jŭt-sŭun-gàang center, n.

จุดปะสົງ jŭt-bpa-sŏng objective, target, purpose, n.

จุดหมาย jŭt-măai destination, n.

จุบ jŭp suckle, suck, peck, v.

จุ่ม jum dip, soak, immerge, v.

จุ้ม jûm group, n.

จูງ juung lead, persuade, induce, v.

จู้จี้ jûu-jîi fastidious, fussy, adj.

จูด juut burn, ignite, set fire, v.

ຈູບ jùup kiss, v.

ເຈັດ jĕt seven, adj., n.

ເຈັບ jĕp ache, hurt, feel pain, painful, v., adj.

ເຈັບໄຂ້ jĕp-kài sick, ill, adj.

ເຈັບໃຈ jĕp-jài resentful, vex, resent, hurt mentally, adj.

ເຈັບປວດ jĕp-bpùat painful, aching, adj.

ເຈັບປ່ວຍ jĕp-bpùai ill, adj.

ເຈັບຫົວ jĕp-hŭa headache, n.

ເຈດີ jèe-dĭi stupa, n.

ເຈດຈຳນົງ jèet-jàm-nóng intention, purpose, aim, object, n.

ເຈດຕະນາ jèet-dta-náa intention, n.

ເຈລະຈາ jèe-la-jàa negotiate, talk, converse, discuss, v.

ແຈ jèe corner, n.

ແຈກັນ jèe-gàn flower vase, n.

ແຈກ jèek distribute, deal out, disburse, v.

ແຈກຢາຍ jèek-yàai distribute, v.

ແຈ້ງ jêeng clear, bright, inform, report, notify, declare, adj., v.

ແຈ້ງຟ້ອງຫາ jêeng-kɔ̀ɔ-hăa complain against, v.

ແຈ່ມ jèem well fitting, adj.

ແຈ່ມໃສ jèem-săi clear, bright, shining, adj.

ແຈ່ວ jèo chilli sauce, Lao condiments, n.

ຈົກ jŏk hoe, reach in, n., v.

ຈົກສະຫລາກ jŏk-sa-làak draw lots, v.

ຈົງໃຈ jòng-jài do intentionally, v.

ຈົງຮັກພັກດີ jòng-hák-pak-dìi loyal, adj.

ຈົງອ່າງ jòng-àang king cobra, n.

ຈົ່ງ jong must, should, be (used to indicate the imperative), aux. v.

ຈົດ jŏt note, jot, v.

ຈົດຈ້ອງ jŏt-jòng stare at, v.

ຈົດຈຳ jŏt-jàm remember, v.

ຈົດທະບຽນ jŏt-ta-bìan register, v.

ຈົດທະບຽນການຄ້າ jŏt-ta-bìan-gàan-káa patent, v.

ຈົດບັນທຶກ jŏt-bàn-tuk take note, v.

ຈົດໝາຍ jŏt-măai letter, n.

ຈົນ jòn poor, until, adj., adv.

ຈົນກະທັ້ງ jòn-ga-tâng till, adv.

ຈົນກວ່າ jòn-gwaa until, adv.

ຈົນໃຈ jòn-jài be at the end of one's wit, v.

ຈົນສຸດ jòn-sut until the end, adv.

ຈົນໄດ້ jòn-dâi until success comes, no matter what happens, adv.

ຈົນແຕ້ມ jòn-dtɛ̂ɛm be desperate, v.

ຈົນເຖິງ jòn-tɘ̆ng up to, adv.

ຈົນປັນຍາ jòn-bpàn-nyáa be at the end of one's wits, v.

ຈົນມຸມ jòn-múm cornered, have no

ຈົນວ່າ jòn-wàa until, *adv.*

ຈົນຮອດ jòn-hôot until (distance), *adv.*

ຈົບ jŏp complete, end, finish, good, *v., adj.*

ຈົບງາມ jŏp-ngáam gracious, beautiful, pretty, *adj.*

ຈົມ jòm sink, *v.*

ຈົມນ້ຳ jòm-nâam drown, *v.*

ຈົ່ມ jom grumble, complain, *v.*

ຈົ່ມຫາ jom-hăa miss, talk about, *v.*

ຈົ່ມຫັງສື jom-năng-sŭu recite aloud, *v.*

ໂຈດ jòot (mathematical) problem, plaintiff, *n.*

ໂຈນ jòon robber, thief, *n.*

ໂຈນສະຫຼັດ jòon-sa-lăt pirate, *n.*

ໂຈມ jòom lift in one's arms, *v.*

ໂຈມຕີ jòom-dtii attack, raid, *v.*

ເຈາະ jɔ́ pierce, drill, *v.*

ເຈາະຈົງ jɔ́-jòng specify, *v.*

ຈໍ jɔ̌ɔ screen, monitor, *n.*

ຈໍ່ jɔɔ point at, bring into contact, *v.*

ຈີ້ jɔ̂ɔ very narrow, close, *adj.*

ຈອກ jɔ̀ɔk water lettuce, *n.*

ຈອກ jɔ̀ɔk glass, cup, *n.*

ຈອກແຈັກ jɔ̀ɔk-jéek noisy, *adj.*

ຈອງ jɔɔng reserve, engage, ladle, *v., n.*

ຈອງຕັກແກງ jɔɔng-dtàk-gèeng ladle, *n.*

ຈອງຈຳ jɔɔng-jàm fetter, put in prison, *v.*

ຈອງເວນ jɔɔng-wéen pursue revenge, *v.*

ຈອງຫອງ jɔɔng-hɔ̌ɔng conceited, arrogant, *adj.*

ຈ້ອງ jɔ̂ng parasol, parachute, stare at, gaze, *n., v.*

ຈ້ອງເບິ່ງ jɔ̂ng-bəng stare at, *v.*

ຈ້ອງຫາ jɔ̂ng-hăa aim, point, *v.*

ຈ່ອຍ joi thin, slim, *adj.*

ຈອດ jɔ̀ɔt stop, *v.*

ຈອດລົດ jɔ̀ɔt-lot park (vehicle), *v.*

ຈອດເຫຼັກ jɔ̀ɔt-lék solder, weld, *v.*

ຈອບ jɔ̀ɔp set ambush, *v.*

ຈອບເບິ່ງ jɔ̀ɔp-bəng watch secretly, *v.*

ຈອບຟັງ jɔ̀ɔp-fáng eavesdrop, *v.*

ຈອມ jɔ̀ɔm top, *n.*

ຈອມທັບ jɔ̀ɔm-tap commander-in-chief, *n.*

ຈອມປວກ jɔ̀ɔm-bpùak anthill, *n.*

ຈອມພົນ jɔ̀ɔm-pón marshall, *n.*

ຈ້ອນ jɔ̂n pointed, conical, *adj.*

ຈ້ອມ jɔ̂m narrow, *adj.*

ເຈີ jəə meet, *v.*

ເຈີດ jəət glide, *v.*

ເຈຍ jia bat (animal), *n.*

ເຈຍລະໄນ jia-la-nái cut (gems, glass), *v.*

ເຈັຍ jia carry on one's back, *v.*

ເຈັຍ jia paper, *n.*

ຈຽມ jiam humble, *adj.*

ຈຸມຕົວ jìam-dtùa modest, humble, *adj.*
ຈົວ jua Buddhist novice, *n.*
ໃຈ jài heart, mind, spirit, *n.*
ໃຈກ້າ jài-gâa brave, courageous, *adj.*
ໃຈກາງ jài-gàang middle, center, *n.*
ໃຈກວ້າງ jài-gwâang generous, *adj.*
ໃຈແຂງ jài-kěng obdurate, stubborn, headstrong, *adj.*
ໃຈແຄບ jài-kɛ̂ɛp selfish, *adj.*
ໃຈຄວາມ jài-kwáam essence of matter, gist, *n.*
ໃຈງ່າຍ jài-ngaai credulous, gullible, easy (e.g.for lovers), *adj.*
ໃຈຈືດ jài-jùut unsympathetic, *adj.*
ໃຈສັດຊື່ jài-sǎt-sɯ̂ɯ faithful, *adj.*
ໃຈສາະ jài-sɔ̌ faint-hearted, frightened, *adj.*
ໃຈດີ jài-dìi good hearted, kind, *adj.*
ໃຈເດັດ jài-dět decisive, undaunted, *adj.*
ໃຈດຳ jài-dàm cold shoulder, *adj.*
ໃຈນ້ອຍ jài-nɔ́ɔi narrow minded, sensitive, *adj.*
ໃຈບຸນ jài-bùn generous, pious, *adj.*
ໃຈເຢັນ jài-yèn imperturbable, cool-hearted, *adj.*
ໃຈລອຍ jài-lɔ́ɔi absent-minded, *adj.*
ໃຈໃຫຍ່ jài-nyai magnanimous, generous, *adj.*
ໃຈຫາຍ jài-hǎai feel wistful, lose heart, *v.*
ໃຈອ່ອນ jài-ɔɔn sensitive, yielding, *adj.*
ໃຈຮ້າຍ jài-hâai angry, cruel, *adj.*
ໃຈຮ້ອນ jài-hɔ́ɔn hot-tempered, important, *adj.*
ເຈົ້າ jâo yes, you, *adv., pron.*
ເຈົ້າຂອງ jâo-kɔ̌ɔng owner, oneself, *n., pron.*
ເຈົ້າຂອງບ້ານ jâo-kɔ̌ɔng-bâan landlord, landlady, *n.*
ເຈົ້າຂອງຮ້ານ jâo-kɔ̌ɔng-hâan shopkeeper, *n.*
ເຈົ້າແຂວງ jâo-kwɛ̌ɛng provincial governor, *n.*
ເຈົ້າສາວ jâo-sǎao bride, *n.*
ເຈົ້າຊີວິດ jâo-sii-wit king, *n.*
ເຈົ້າຊູ້ jâo-sûu beau, handsome, *adj.*
ເຈົ້າຊັບ jâo-sáp proprietor, property owner, *n.*
ເຈົ້າຍິງ jâo-nyíng princess, *n.*
ເຈົ້າທີ່ jâo-tii genie of a place, *n.*
ເຈົ້າທຸກ jâo-tuk complainant, victim of a crime, *n.*
ເຈົ້ານາຍ jâo-náai boss, master, *n.*
ເຈົ້າບ່າວ jâo-baao groom, *n.*
ເຈົ້າປັນຍາ jâo-bpàn-nyáa wise, *adj.*
ເຈົ້າແຜ່ນດິນ jâo-pen-dìn king, *n.*

ເຈົ້າພາບ jâo-pâap host, n.
ເຈົ້າຟ້າ jâo-fâa crown prince, n.
ເຈົ້າມື jâo-múu banker in a game, he dealer, host, one who pays the bill, n.
ເຈົ້າເລ້ jâo-lêe cunning, adj.
ເຈົ້າວັດ jâo-wat abbot, n.
ເຈົ້າຫົວ jâo-hŭa monk, n.
ເຈົ້າຫນ້າທີ່ jâo-nàa-tii officer, authorities, n.
ເຈົ້າຫນີ້ jâo-nìi creditor, n.
ເຈົ້າອະທິການ jâo-a-ti-gàan abbot, n.
ຈຳ jàm remember, memorize, v.
ຈຳກັດ jàm-gǎt limit, v.
ຈຳກັດຄວາມ jàm-gǎt-kwáam define, v.
ຈຳຄຸກ jàm-kuk imprison, v.
ຈຳໃຈ jàm-jài be obliged, inwillingly, v.
ຈຳສີນ jàm-sĭn observe the precepts, herbinate, n.
ຈຳໄດ້ jàm-dâi remember, recall, v.
ຈຳນົງ jàm-nóng intend, v.
ຈຳນົນ jàm-nón surrender, v.
ຈຳນວນ jàm-núan number, amount, sum, n.
ຈຳນອງ jàm-nɔ́ɔng mortgage, v.
ຈຳນຳ jàm-nám pawn, v.
ຈຳແນກ jàm-nɛ̂ɛk divide, sort out, separate, v.

ຈຳເປັນ jàm-bpèn necessry, adj.
ຈຳພວກ jàm-pûak kind, species, group, sort, category, n.
ຈຳເພາະ jàm-pɔ especially, particularly, adv.
ຈຳລອງ jàm-lɔ́ɔng duplicate, immitate, v.
ຈຳເລີຍ jàm-lə́əi defendant, n.
ຈຳພັນສາ jàm-pán-sǎa pass Buddhist lent, v.
ຈຳໄວ້ jàm-wâi memorize, v.
ຈຳຫນ່າຍ jàm-naai sell, distribute, v.
ຈຳຫນ້າໄດ້ jàm-nàa-dâi recognize, v.
ຈ້ຳ jâm mark, stamp, v.
ຈ້ຳເມັດ jâm-mét full-stop, period (punctuation), n.

ສ

ສ sɔ̌ɔ the sixth consonant of the Lao alphabet (high consonant), n.
ສະ sǎ pond, wash (hair), n., v.
ສະກັດ sa-gǎt obstruct, prevent, v.
ສະເກັດ sa-gět pieces, bits, scap, n.
ສະເກັດລະເບີດ sa-gět-la-bə̀ət bomb fragment, n.
ສະກຸນ sa-gùn family, n.

ສະກົດ sa-gŏt spell, v.

ສະກົດຕາມຮອຍ sa-gŏt-dtàam-hɔ́ɔi trail, trace, v.

ສະກົດຮອຍ sa-gŏt-hɔ́ɔi trail, trace, v.

ສະສາງ sa-săang clean up, v.

ສະສົມ sa-sŏm collect, stock, v.

ສະແດງ sa-dɛ̀ɛng show, act, express, v.

ສະດຸດ sa-dŭt stumble, v.

ສະເດັດເຈົ້າ sa-dĕt-jâo prince, n.

ສະດວກ sa-dùak convenient, adj.

ສະຕິ sa-dtĭ conscious, n.

ສະຕິປັນຍາ sa-dtĭ-bpàn-nyáa intelligence, n.

ສະແຕມ sa-dtɛ̀m postage stamp, n.

ສະຕີ sa-dtĭi woman, n.

ສະຖານ sa-tăan place, premise, n.

ສະຖານກົງສຸນ sa-tăan-gŏng-sŭn consulate, n.

ສະຖານທີ່ sa-tăan-tii place, location, spot, n.

ສະຖານທູດ sa-tăan-tûut embassy, n.

ສະຖານພະຍາບານ sa-tăan-pa-nyáa-bàan infirmary, hospital, n.

ສະຖານະການ sa-tăa-na-gàan situation, n.

ສະຖານີ sa-tăa-nĭi station, n.

ສະຖາບັນ sa-tăa-bàn institution, n.

ສະຖາປະນາ sa-tăa-bpa-náa establish, v.

ສະຖາປະນິກ sa-tăa-bpa-nĭk architect, n.

ສະຖາປັດຍາກຳ sa-tăa-bpăt-nyáa-gàm architecture, n.

ສະຖິຕິ sa-ti-dtĭ statistics, n.

ສະເທືອນ sa-túan shake, move, v.

ສະນັ້ນ sa-nân therefore, so, conj.

ສະນ້ຳ să-nâam pond, n.

ສະບາຍ sa-bàai happy, comfortable, adj.

ສະບາຍໃຈ sa-bàai-jài at ease, adv.

ສະບາຍດີ sa-bàai-dĭi hello, hi, good day, greeting.

ສະບາຍດີບໍ່ sa-bàai-dĭi-bɔɔ how are you?

ສະບູ sa-buu soap, n.

ສະພາ sa-páa assembly, n.

ສະພາແຫ່ງຊາດ sa-páa-hɛng-sâat National Assembly, n.

ສະພານ sa-páan bridge, n.

ສະເພາະ sa-pɔ specifically, adv.

ສະມາຄົມ sa-máa-kóm association, n.

ສະມາຊິກ sa-máa-sik member, n.

ສະມຸດ sa-mŭt notebook, n.

ສະມຸດຄູ່ມື sa-mŭt-kuu-múu manual, n.

ສະມຸດບັນທຶກ sa-mŭt-bàn-tɯk book, notebook, n.

ສະຫງ່າ sa-ngaa graceful, adj.

ສະງົບ sa-ngŏp calm, silent, quiet, *adj.*
ສະງົບເສິກ sa-ngŏp-sĕk truce, *n.*
ສະງົບສົງຄາມ sa-ngŏp-sŏng-káam end of the war, *n.*
ສະງົບສະງ່ຽມ sa-ngŏp-sa-ngiam gentle, *adj.*
ສະງົບສະຕິອາລົມ sa-ngŏp-sa-dtì-aa-lóm restrain oneself, *v.*
ສະໜັບສະໜູນ sa-năp-sa-nŭun support, *v.*
ສະໜາມ sa-năam field, *n.*
ສະໜາມກິລາ sa-năam-gi-láa sport stadium, *n.*
ສະໜາມບິນ sa-năam-bìn airport, *n.*
ສະໜາມມວຍ sa-năam-múai boxing arena, *n.*
ສະໜາມລົບ sa-năam-lop battlefield, *n.*
ສະໜາມຫຍ້າ sa-năam-nyàa lawn, *n.*
ສະໜາມຫຼິ້ນ sa-năam-lìn playground, *n.*
ສະໜອງ sa-nɔ̆ɔng return (a kindness), respond, *v.*
ສະໜຸກສະໜານ sa-nŭk-sa-năan fun, happy, *adj.*
ສະເໜ່ sa-nee charm, *n.*
ສະໝັກ sa-măk volunteer, apply, *v.*
ສະໝັກໃຈ sa-măk-jài willing, voluntarily, *adj., adv.*
ສະໝໍ່ sa-cɔ̀ɔm anchor, *n.*
ສະໝອງ sa-mɔ̆ɔng brain, mind, intelligence, *n.*
ສະເໝີ sa-mə̌ə equal, level, always, *adj., v., adv.*
ສະໝຽນ sa-mian secretary, clerk, *n.*
ສະໄໝ sa-măi period of time, era, *n.*
ສະໄໝໃໝ່ sa-măi-mai modern, *adj.*
ສະໝໍ່າສະເໝີ sa-mam-sa-mə̌ə even, equal, always, *adj., adv.*
ສະຫຼະ sa-lǎ vowel, sacrifice, abandon, forsake, renounce, abdicate, *n., v.*
ສະຫຼຸບ sa-lŭp summarize, conclude, summary, *v., n.*
ສະຫຼະຖິ້ມ sa-lǎ-tìm abandon, *v.*
ສະຫຼັກ sa-lăk sculpture, carve, *v.*
ສະຫຼັກຫຼັງ sa-lăk-lăng sculpture, carve, endorse, *v.*
ສະຫຼັບ sa-lăp alternate, *v.*
ສະຫຼາກ sa-làak lottery ticket, *n.*
ສະຫຼາດ sa-làat intelligent, clever, wise, *adj.*
ສະຫຼາມ sa-lăam shark, *n.*
ສະຫຼອກຫຼອກ sa-lɔ̀ɔk-gɔ̀ɔk sly, funny, cunning, *adj.*
ສະຫຼອງ sa-lɔ̌ɔng celebrate, *v.*
ສະເຫຼີມສະຫຼອງ sa-lə̌əm-sa-lɔ̌ɔng

celebrate, v.

ສະຫວັດດີ sa-wăt-dǐi salutation, n.

ສະຫວັດດີພາບ sa-wăt-dǐi-pâap safety, n.

ສະຫວັນ sa-wǎn paradise, heaven, n.

ສະຫວັນນະຄົດ sa-wǎn-na-kot death of the king, n.

ສະຫວ່າງແຈ້ງ sa-waang-jɛ̂ɛng bright, adj.

ສະຫວາດ sa-wàat be fond of, v.

ສະຫວ່ານ sa-waan gimlet, screw driver, n.

ສະຫວິດໄຟ sa-wit-fái electric switch, n.

ສະເຫວີຍ sa-wǒɔi eat (royal), v.

ສະຫະກອນ sa-hǎ-gɔɔn cooperative association, n.

ສະຫະປະຊາຊາດ sa-hǎ-bpa-sáa-sâat United Nations, n.

ສະຫະລັດອາເມລິກາ sa-hǎ-lat-aà-méeli-gàa United States of America, n.

ສະຫະພັນ sa-hǎ-pán federation, n.

ສະຫະພາບ sa-hǎ-pâap union, n.

ສະຫາຍ sa-hǎai friend, comrade, n.

ສະຫົວ sǎ-hǔa wash hair, v.

ສະອາດ sa-àat clean, adj.

ສະອາບນ້ຳ sǎ-àap-nâam wash basin, bath tub, n.

ສະເອີະ sa-ə̀ hiccup, v.

ສັກ săk carve, inject, v.

ສັກກະຫລາດ sǎk-ga-làat era, n.

ສັກກາລະບູຊາ sǎk-gàa-la-bùu-sáa worship, v.

ສັກຢາ sǎk-yàa inject, injection, v., n.

ສັງກະສີ sǎng-ga-sǐi zinc, n.

ສັງເກດ sǎng-gèet observe, notice, v.

ສັງຄະລາດ sǎng-ka-lâat chief priest, patriarch, n.

ສັງຄົມ sǎng-kóm society, n.

ສັ່ງ sang command, order, v.

ສັ່ງຂີ້ມູກ sang-kǐi-múuk blow nose, v.

ສັ່ງສອນ sang-sɔ̌ɔn teach, give a lesson, v.

ສັ່ງຢາ sang-yàa prescribe medicine, v.

ສັດ săt animal, true, honest, n., adj.

ສັດເຄິ່ງບົກເຄິ່ງນ້ຳ săt-kəng-bŏk-kəng-nâam amphibian, n.

ສັດຈິງ săt-jing truthful, adj.

ສັດຈະ săt-ja honor, truth, n.

ສັດຈະທຳ săt-ja-tám law of truth, n.

ສັດຈາບັນ săt-jàa-bàn ratification, n.

ສັດຊື່ săt-suu honest, sincere, loyal, adj.

ສັດຕູ săt-dtùu enemy, n.

ສັດຕະວັດ săt-dta-wat century, n.

ສັດທາ săt-táa faith, have faith, n., v.

ສັດລ້ຽງລູກດ້ວຍນ້ຳນົມ săt-líang-lûuk-dûai-nâam-nóm mammal, n.

ສັດເລືອຄານ săt-lua-káan reptile, n.

ສັດລ້ຽງ săt-líang pet, n.

ສັດໂລກ sǎt-lôok creatures, n.
ສັນ săn eat (for monks), n.
ສັນຊາດ săn-sâat nationality, n.
ສັນຍາ săn-nyáa treaty, contract, promise, n.
ສັນຍາເຊົ່າ săn-nyáa-sao lease, n.
ສັນຍານ săn-nyáan signal, n.
ສັນຍານໄພ săn-nyáan-pái alarm, n.
ສັນດານ săn-dàan character, trait, n.
ສັນໂດດ săn-dòot contentment, n.
ສັນຕະປາປາ săn-dta-bpàa-bpàa pope, n.
ສັນຕິ săn-dtì peacefulness, n.
ສັນຕິພາບ săn-dti-pâap peace, n.
ສັນຕິສຸກ săn-dti-sŭk peace and happiness, n.
ສັນທັດ săn-tat skilled, adj.
ສັນທານ săn-táan conjunction, n.
ສັນນິບາດ săn-ni-bàat league, n.
ສັນນິບາດຊາດ săn-ni-bàat-sâat league of Nations, n.
ສັນນິວາດ săn-ni-wâat cohabitation, n.
ສັນນິຖານ săn-ni-tǎan presume, conjecture, v.
ສັນລະເສີນ săn-la-sə̌ən congratulate, praise, v.
ສັນລະເສີນບູຊາຍົງ săn-la-sə̌ən-nyóng-nyɔ́ɔ praise, v.
ສັນຫຼັງ săn-lǎng ridge of the spine, n.
ສັ່ນ san tremble, shake, v.
ສັ່ນກະດິ່ງ san-ga-ding ring a bell, v.
ສັ່ນສະເທືອນ san-sa-túan vibrate, move harshly, v.
ສັ້ນ sàn short, brief, adj.
ສັບ săp mince, chop, v.
ສາທາລະນະສຸກ sǎa-táa-la-na-sŭk public health, n.
ສາບານ sǎa-bàan swear, v.
ສາມັກຄີ sǎa-mak-kíi solidarity, harmony, n.
ສາມາດ sǎa-mâat can, be able, v.
ສາລະພາບ sǎa-la-pâap confess, v.
ສາລະວັດ sǎa-la-wat inspector, police, n.
ສາລີ sǎa-líi corn, n.
ສາຫັດ sǎa-hat severe, adj.
ສາເຫດ sǎa-hèet origin, cause, n.
ສາກ sàak pestle, n.
ສາກໄພ້ sàak-pâi shuffle cards, v.
ສາງ sáang warehouse, n.
ສ້າງ sàang build, make, v.
ສາດສະດາຈານ sàat-sa-dàa-jàan professor, n.
ສາຍ sǎai wire, line, cord, n.

ສາຍການບິນ sǎai-gàan-bìn airline, n.
ສາຍໃຈ sǎai-jài beloved, adj.
ສາຍສ້ອຍຄໍ sǎai-sɔ̂ɔi-kɔ́ɔ necklace, n.
ສາຍໄສ້ sǎai-sòo chain, n.
ສາຍຊໍ sǎai-rɔ́ɔ fiddle-string, n.
ສາຍຊະນວນ sǎai-sa-núan fuse for rocket, n.
ສາຍດິ່ງ sǎai-dìng plumb-line, n.
ສາຍຕາ sǎai-dtàa eyesight, n.
ສາຍຕາສັ້ນ sǎai-dtàa-sàn shortsighted, adj.
ສາຍຕາຍາວ sǎai-dtàa-nyáao farsighted, adj.
ສາຍນ້ຳ sǎai-nâam current, n.
ສາຍເບັດ sǎai-bět fishing line, n.
ສາຍພານ sǎai-páan belt (e.g. conveyer), n.
ສາຍໂລຫິດ sǎai-lóo-hìt blood relation, n.
ສາຍອາກາດ sǎai-àa-gàat antenna, n.
ສາຍຮັດ sǎai-hat belt, rubber band, n.
ສ່າຍ saai swing, v.
ສ່າຍຫົວ saai-hǔa shake head, v.
ສາດ sàat mat, n.
ສາດສະໜາ sàat-sa-nǎa religion, n.
ສາດສະໜາຄິດ sàat-sa-nǎa-kit Christianity, n.
ສາດສະໜາພຸດ sàat-sa-nǎa-put Buddhism, n.
ສາດສະໜາອິດສະລາມ sàat-sa-nǎa-it-sa-láam Islam, n.
ສາດນ້ຳ sàat-nâam splash water, v.
ສານ sǎan weave (a basket), court (of law), v., n.
ສາບ sàap patch up, stinking, v., n.
ສາມ sǎam three, adj., n.
ສາມເຜິ sǎam-gəə trio, n.
ສາມຂາ sǎam-kǎa tripod, n.
ສາມເທົ່າ sǎam-tao triple, adj.
ສາມຫຼ່ຽມ sǎam-liam triangle, n.
ສາມລໍ້ sǎam-lɔ̂ɔ tricycle, n.
ສາວ sǎao girl, woman, draw wire, n, v.
ສາວແກ່ sǎao-gɛɛ old maid, n.
ສາວໃຊ້ sǎao-sâi woman servant, maid, n.
ສາວເຕົ້າ sǎao-tâao take quick steps, v.
ສາວນ້ອຍ sǎao-nɔ́ɔi young girl, n.
ສາວພົມມະຈາລີ sǎao-pòm-ma-jàa-líi virgin, n.
ສາວໃຫຍ່ sǎao-nyai lady, miss, n.
ສາວົກ sǎa-wok disciple, n.
ສິກ sìk leave the priesthood, v.
ສິງ sǐng reside, haunt, v.
ສິງ sǐng lion, n.

ສິງຫາ sĭng-hăa August, n.
ສິ່ງ sĭng thing, matter, n.
ສິ່ງຂອງ sĭng-kɔ̌ɔng goods, thing, n.
ສິ່ງໃດ sĭng-dăi anything, which, n.
ສິ່ງປະຕິກຸນ sĭng-bpa-dti-gùun filth, n.
ສິ່ງຫັກພັງ sĭng-hăk-páng wreckage, n.
ສິດທິ sĭt-ti rights (by law), n.
ສິດທິບັດ sĭt-ti-băt patent, n.
ສິດທິພິເສດ sĭt-ti-pi-sèet privilege, n.
ສິນຄ້າ sĭn-kâa merchandise, goods, n.
ສິນຄ້າເຂົ້າ sĭn-kâa-kào import goods, n.
ສິນຄ້າອອກ sĭn-kâa-ɔ̀ɔk export goods, n.
ສິນຄ້າຫນີພາສີ sĭn-kâa-nĭi-páa-sĭi contraband, n.
ສິນສອດ sĭn-sɔ̀ɔt dowry, n.
ສິນສົມລົດ sĭn-sŏm-lót community property, n.
ສິນຊັບ sĭn-sáp property, money, n.
ສິນເດີມ sĭn-dəəm property acquired before marriage, n.
ສິນໄຖ່ sĭn-tai ransom, n.
ສິນທຳ sĭn-tám morale, n.
ສິນນ້ຳໃຈ sĭn-nâam-jài reward, n.
ສິນບົນ sĭn-bŏn bribe, n.
ສິນມໍລະດົກ sĭn-mɔ́ɔ-la-dŏk inheritance, n.

ສິນລະປະ sĭn-la-bpă art, n.
ສິ້ນ sìn Lao skirt, finish, end, n., v.
ສິ້ນໃຈ sìn-jài die, v.
ສິ້ນສຸດ sìn-sŭt finish, end, come to an end, v.
ສິ້ນເຊີງ sìn-sə́əng completely; adv.
ສິ້ນຊ້ອນ sìn-sɔ̂ɔn pettycoat, n.
ສິ້ນຕົວັງ sìn-wăng be at a loss, desperate, lose all hopes, v.
ສິ້ນທຸກ sìn-tuk be relieved of all troubles, v.
ສິມ sĭm temple, sanctuary, n.
ສິວ sĭu pimple, n.
ສິ່ວ sìu chisel, n.
ສິບ sìp ten, adj., n.
ສິບຕີ sìp-dtĭi lance-corporal, n.
ສິບໂທ sìp-tóo corporal, n.
ສິບເອກ sìp-èek sergeant, n.
ສິບເອັດ sìp-ĕt eleven, adj. n.
ສີ sĭi color, n.
ສີກາກີ sĭi-gàa-gĭi khaki, n.
ສີກຸຫລາບ sĭi-gu-làap rose color, n.
ສີແກ່ sĭi-gɛ̀ɛ dark in color, n.
ສີຂາວ sĭi-kăao white, n.
ສີແຂ້ວ sĭi-kɛ̀ɛo brush teeth, v.
ສີເຂັ້ມ sĭi-kèm dark in color, n.
ສີຂຽວ sĭi-kĭao green, n.

Lao	Phonetic	English
ສີຂຽວແກ່	sĭi-kĭao-gɛ̀ɛ	dark green, n.
ສີເຂົ້າ	sĭi-kào	husk rice, v.
ສີຄາມ	sĭi-káam	indigo, n.
ສີຈາງ	sĭi-jàang	light color, n.
ສີແຈດ	sĭi-sɛ̀ɛt	vermilion, n.
ສີຊົມພູ	sĭi-sóm-púu	pink, n.
ສີສົ້ມ	sĭi-sòm	orange, n.
ສີຊໍ	sĭi-sɔ́ɔ	play the violin, v.
ສີດາ	sĭi-dáa	guava, n.
ສີແດງ	sĭi-dɛ̀ɛng	red, n.
ສີດຳ	sĭi-dàm	black, n.
ສີເທົ່າ	sĭi-táo	gray, n.
ສີນ້ຳ	sĭi-nâam	water color, n.
ສີຟ້າ	sĭi-fâa	blue, n.
ສີຟ້າແກ່	sĭi-fâa-gɛ̀ɛ	dark blue, n.
ສີຟ້າອ່ອນ	sĭi-fâa-ɔɔn	light blue, n.
ສີນ້ຳຕານ	sĭi-nâam-dtàan	brown, n.
ສີນ້ຳມັນ	sĭi-nâam-mán	oil paint, n.
ສີມ່ວງ	sĭi-muang	violet, purple, n.
ສີອິດ	sĭi-ìt	purple, n.
ສີລົມ	sĭi-lóm	wind-mill, n.
ສີອ່ອນ	sĭi-ɔɔn	pale in color, n.
ສີໜ້າ	sĭi-nàa	countenance, complexion, n.
ສີເຫຼືອງ	sĭi-lŭang	yellow, n.
ສີ່	sìi	four, adj. n.
ສີ່ສິບ	sìi-sìp	forty, adj., n.
ສີ່ແຍກ	sìi-nyɛ̂ɛk	crossroad, intersection, n.
ສີ່ທິດ	sìi-tít	the four cardinal directions, n.
ສີ່ເທົ່າ	sìi-tâo	quadruple, adj.
ສີ່ຫຼ່ຽມ	sìi-liam	quadrangle, quadrilateral, n.
ສີ່ຫຼ່ຽມມົນທົນ	sìi-liam-món-tón	square, n.
ສີ່ຫຼ່ຽມມຸມສາກ	sìi-liam-múm-sàak	rectangle, n.
ສີກ	sìik	tear apart, v.
ສີດ	sìit	spray, v.
ສີດຢາ	sìit-yàa	give injection, v.
ສີດພົ່ນ	sìit-pón	spray, v.
ສຶກ	sŭk	leave the priesthood, v.
ສຶກສາ	sŭk-sǎa	study, v.
ສື່	sùu	conductor, medium, n.
ສື່ສານ	sùu-sǎan	communicate, v.
ສືບ	sùup	investigate, v.
ສືບເຊື້ອສາຍ	sùup-sûa-sǎai	descend from, v.
ສືບຕະກູນ	sùup-dta-gùun	continue the race, inherit, v.
ສືບຕໍ່	sùup-dtɔɔ	follow, v.
ສືບຖາມ	sùup-tǎam	inquire, ask, v.
ສືບສວນ	sùup-sǔan	interrogate, v.

ສືບພັນ süup-pán engender, reproduce, v.

ສຸ sŭ rub, v.

ສຸສານ sŭ-sǎan cemetery, n.

ສຸພາບ sŭ-pâap polite, adj.

ສຸລາ sŭ-láa liquor, alcohol, n.

ສຸລິຍາ sŭ-li-nyáa sun, n.

ສຸລິຍາຄາດ sŭ-li-nyáa-kâat eclipse of the sun, n.

ສຸກ sŭk ripe, cooked, happy, content, adj.

ສຸກ sŭk Friday, n.

ສຸກງອມ sŭk-ngɔ́ɔm overripe, adj.

ສຸຂະພາບ sŭ-ka-pâap health, n.

ສຸຂາພິບານ sŭk-kǎa-pi-bàan sanitation, public health, n.

ສຸຂາວະດີ sŭk-kǎa-wa-dìi utopia, paradise, n.

ສຸກສະບາຍ sŭk-sa-bàai happy, adj.

ສຸດ sŭt end, ultimate, last, most, extreme, beyond, adj., v., adv., prep.

ສຸດຂີດ sŭt-kìit extreme, adj.

ສຸດໃຈ sŭt-jài well-beloved, adj.

ສຸດຈະລິດ sŭt-ja-lĭt honest, faithful, adj.

ສຸດແຕ່ sŭt-dtɛɛ depend on, v.

ສຸດທ້ອງ sŭt-tɔ́ɔng youngest, adj.

ສຸດທ້າຍ sŭt-tâai final, last, adj.

ສຸດຍອດ sŭt-nyɔ́ɔt tiptop, n.

ສຸບ sŭp put on, v.

ສຸມ sŭm pile up, v.

ສຸມໄຟ sŭm-fái make a fire, v.

ສຸ່ມ sum fish-trap, n.

ສຸ່ມສີ່ສຸ່ມຫ້າ sum-sii-sum-hàa rush from one thing to another, at random, v., adv.

ສູ sǔu you, pron.

ສູສີ sǔu-sǐi associate with, v.

ສູ່ suu towards, prep.

ສູ່ຂວັນ suu-kwǎn Lao ceremony, Baci, n.

ສູ່ຂໍ suu-kɔ̌ɔ ask for marriage, v.

ສູ່ສົມ suu-sŏm have intercourse, v.

ສູ່ຫາ suu-hǎa call upon, v.

ສູ້ sùu resist, fight, struggle, v.

ສູ້ຄວາມ sùu-kwáam put up a defense in a legal action, v.

ສູງ sǔung high, tall, advanced, adj.

ສູງຂຶ້ນ sǔung-kûn rise, v.

ສູງຊັນ sǔung-sán steep, adj.

ສູງເດັ່ນ sǔung-den prominent, adj.

ສູງສັກ sǔung-sak of high rank, adj.

ສູງສຸດ sǔung-sŭt supreme, most, highest, adj.

ສູດ sùut inhale, pray, sutra, formula, v., n.

ສູດມົນ sùut-món pray, v.

ສູນ sǔun zero, angry, center, vanish, n.,

nm., adj., v.

ສູນກາງ sǔun-gàang center, n.

ສູບ sùup smoke, pump, compressor, v., n.

ເສັງ sěng exam, compete, v.

ເສັດ sèt end, finish, be finished, be completed, be done, v.

ເສັ້ນ sèn line, string, strand, fiber, stripe, n.

ເສັ້ນເຂົ້າປຸ້ນ sèn-kào-bpûn Lao rice noodles, n.

ເສັ້ນຊີບພະຈອນ sèn-sîip-pa-jɔ̌ɔn pulse, n.

ເສັ້ນດ້າຍ sèn-dâai thread, n.

ເສັ້ນທາງ sèn-táang way, n.

ເສັ້ນທາງຫຼວງ sèn-táang-lǔang highway, n.

ເສັ້ນບັນທັດ sèn-bàn-tat line, n.

ເສັ້ນປະສາດ sèn-bpa-sàat nerve, n.

ເສັ້ນປ່ານ sèn-bpaan string, n.

ເສັ້ນຜ່າສູນກາງ sèn-paa-sǔun-gàang diameter, n.

ເສັ້ນໃຍ sèn-nyái fiber, n.

ເສັ້ນລ້ອນ sèn-lɔ̂ɔn vermicelli, n.

ເສັ້ນເລືອດ sèn-lûat blood vessel, n.

ເສັ້ນເລືອດດຳ sèn-lûat-dàm vein, n.

ເສັ້ນເລືອດແດງ sèn-lûat-dèeng artery, n.

ເສັ້ນແວງ sèn-wéeng latitude, n.

ເສັ້ນສູນສຸດ sèn-sǔun-sùut equator, n.

ເສັ້ນໝີ່ sèn-mìi noodles, n.

ເສັ້ນໝີ່ເຫຼືອງ sèn-mìi-lǔang egg noodles, n.

ເສລີ sěe-lǐi free, independent, adj.

ເສລີພາບ sěe-lǐi-pâap freedom, liberty, n.

ເສດ sèet leftover, leavings, n.

ເສດສ່ວນ sèet-suan fraction, n.

ເສດເຫຼືອ sèet-lǔa waste, useless, n., adj.

ເສດຖີ sèet-tǐi rich person, millionaire, n.

ເສບ sèep play music, v.

ແສ sěe rectify, v.

ແສດຄວາມ sěe-kwáam make a full explanation, v.

ແສ່ sèe intrude, interfere, look for, v.

ແສ້ sɛ̂ɛ rod, whip, stick, n.

ແສ້ sɛ̂ɛ wisp, n.

ແສກ sɛ̀ɛk middle line, part (the hair), n., v.

ແສກຜົມ sɛ̀ɛk-pǒm parting of the hair, n.

ແສງ sɛ̌ɛng light, weapons, arms, n.

ແສງຈ້າ sɛ̌ɛng-jâa glare, n.

ແສງດາວ sɛ̌ɛng-dàao starlight, n.

ແສງແດດ sɛ̌ɛng-dèet sunshine, n.

ແສງອາທິດ sɛ̌ɛng-àa-tit sunlight, n.

ແສດ sèet reddish yellow, orange, adj., n.

ແສນ sɛ̌ɛn one hundred thousand, extremely, n., adv.

ແສນງອນ sɛ̌ɛn-ngɔ́ɔn peevish, fretful,

adj.

ແສນຮູ້ sɛ̌ɛn-hûu very intelligent, *adj.*

ແສນຍານຸພາບ sɛ̌ɛn-nyáa-nu-pâap army might, *n.*

ແສບ sɛ̀ɛp feel pain, be sore, have stinging pain, *v.*

ສົງ sǒng monk, *n.*

ສົງການ sǒng-gàan Lao New Year, the water festival in April, *n.*

ສົງຄາມ sǒng-káam war, battle, *n.*

ສົງຄາມກາງເມືອງ sǒng-káam-gàang-múang civil war, *n.*

ສົງຄາມໂລກ sǒng-káam-lôok world war, *n.*

ສົງເຄາະ sǒng-kɔ́ help, aid, assist, *v.*

ສົງສານ sǒng-sǎan pity, *v.*

ສົງໃສ sǒng-sǎi suspect, suspicion, *v., n.*

ສົ່ງ sòng send, transmit, support, *v.*

ສົ່ງຄືນ sòng-kúun give back, return, *v.*

ສົ່ງສ່ວຍ sòng-suai pay taxes, *v.*

ສົ່ງສຽງ sòng-sǐang cry out, acclaim, *v.*

ສົ່ງເສີມ sòng-sə̌ə̀m support, promote, encourage, *v.*

ສົ່ງຕົວ sòng-dtùa conduct, deliver, *v.*

ສົ່ງຕໍ່ sòng-dtɔ̀ɔ pass around, *v.*

ສົ່ງຜູ້ຮ້າຍຂ້າມແດນ sòng-pûu-hâai-kàam-dɛ̀ɛn extradite, *v.*

ສົ່ງໃຫ້ sòng-hâi hand over, *v.*

ສົ້ງ sông pants, trousers, *n.*

ສົ້ງຂາສັ້ນ sôn̂g-kǎa-sân shorts, *n.*

ສົ້ງຂາຍາວ sôn̂g-kǎa-nyáao trousers, *n.*

ສົ້ງເສື້ອ sôn̂g-sûa clothing, *n.*

ສົ້ງຊ້ອນ sôn̂g-sɔ̂ɔn underwear, *n.*

ສົດ sòt fresh, live (e.g. T.V. show), *adj.*

ສົດຊື່ນ sòt-sɯ̂ɯn refreshing, *adj.*

ສົດໃສ sòt-sǎi bright, *adj.*

ສົນ sǒn pine, *n.*

ສົນ sǒn mix-up, *v.*

ສົນໃຈ sǒn-jài be interested in, *adj.*

ສົນກັນ sǒn-gàn confuse, *v.*

ສົນທະນາ sǒn-ta-náa converse, talk, *v.*

ສົນເທດ sǒn-têet intelligence, *n.*

ສົນເທ່ sǒn-têe suspicion, doubt, *n., v.*

ສົນທິສັນຍາ sǒn-ti-sǎn-nyáa treaty, *n.*

ສົ້ນ sôn tip, trace, *n.*

ສົ້ນສຸດ sôn-sùt end of, *n.*

ສົ້ນສູງ sôn-sǔung high-heeled, *adj.*

ສົ້ນຕີນ sôn-dtiin heel (foot), *n.*

ສົ້ນເກີບ sôn-gə̀ə̀p heel (shoes), *n.*

ສົບ sòp corpse, *n.*

ສົບ sòp lips, *n.*

ສົບນົກ sòp-nok bill, beak, *n.*

ສົມ sǒm be fit, deserve, *v.*

ສົມກຽດ sǒm-gìat honorable, *adj.*

ສົມກັນ sǒm-gàn fit together, *v.*

ສົມເຂົ້າກັນ sŏm-kào-gàn add, mix, *v.*

ສົມຄວນ sŏm-kúan appropiate, deserve, *adj., v.*

ສົມຄົບ sŏm-kop cooperate, *v.*

ສົມຈິງ sŏm-jìng truthful, *adj.*

ສົມສູ່ sŏm-suu have intercourse with, *v.*

ສົມສັກສີ sŏm-săk-sĭi equal in diginity, *adj.*

ສົມຊື່ sŏm-suu worth the name, *adj.*

ສົມຍອມ sŏm-nyóom admit, make a secret settlement, *v.*

ສົມດຸນ sŏm-duun equilibrium, balance, *n.*

ສົມດັ່ງປາດຖະໜາ sŏm-dàng-bpàat-ta-năa as wished, *adv.*

ສົມເດັດ sŏm-dĕt majesty, holiness, *n.*

ສົມທົບ sŏm-top join, *v.*

ສົມນ້ຳໜ້າ sŏm-náam-nàa it serves one right.

ສົມບັດ sŏm-băt property, wealth, treasure, *n.*

ສົມບຸກສົມບັນ sŏm-bŭk-sŏm-bàn pass through difficulties, go through hardship, struggle, *n.*

ສົມບູນ sŏm-bùun healthy, perfect, complete, *adj.*

ສົມບູນແບບ sŏm-bùun-bɛ̀ɛp formal, complete, perfect, *adj.*

ສົມບູນພູນສັບ sŏm-bùun-pùun-sap well-to-do, *adj.*

ສົມປະກອບ sŏm-bpa-gɔ̀ɔp physically complete, uncrippled, *adj.*

ສົມປາຖະໜາ sŏm-bpàa-ta-năa as wished, *adv.*

ສົມເພດ sŏm-pêet have pity on, *v.*

ສົມໂພທິຍານ sŏm-póo-ti-nyáan Buddha's omniscience, *n.*

ສົມມະນາຄຸນ sŏm-ma-náa-kún repay (a kindness), *v.*

ສົມມຸດ sŏm-mut suppose, make believe, assume, *v.*

ສົມລາຄາ sŏm-láa-káa be worth its price, *v.*

ສົມລົດ sŏm-lot marry, *v.*

ສົມອ້າງ sŏm-âang substantiate a claim, *v.*

ສົມຮູ້ sŏm-hûu be an accomplice in, conspire, *v.*

ສົມໜ້າ sŏm-nàa befitting, *adj.*

ສົມຫວັງ sŏm-wăng successful, have one's wish fulfilled, *adj., v.*

ສົ້ມ sòm sour, *adj.*

ສົ້ມຊີ້ນ sòm-sìin sour pork dish, *n.*

ສົ້ມຜັກ sòm-păk fermented or pickled vegetable, *n.*

ໃສ sŏo talk, chat, risk, v.
ໃສ່ກັນ sŏo-gàn discuss, argue, chat, v.
ໃສ່ໂຄກ sŏo-kôok dirty, filthy, adj.
ໂສດາ soo-dàa soda, n.
ໂສຕາຍ soo-dtàai risk one's life, v.
ໂສເພນີ soo-pèe-nii prostitute, n.
ໂສມ sŏom ginseng, n.
ໃສ້ sôo chain, n.
ໂສກ sòok gorge, clift, n.
ໂສກເສົ້າ sòok-sào sad, adj.
ໂສດ sòot single, adj.
ໂສດປະສາດ sòot-bpa-sàat sense of hearing, n.
ສໍ sŏo pencil, chalk, crayon, n.
ສໍ້ sôo interrogate, cheat, v.
ສໍ້ໂກງ sôo-goong cheat, v.
ສໍ້ທຫລີ້ sôo-lôo sly, flattering, adj.
ສອກ sòok elbow, unit of lenght, n.
ສອງ sŏong two, nm.
ສອງຈິດສອງໃຈ sŏong-jìt-sŏong-jài hesitate, ambivalent, v., adj.
ສອງສາມ sŏong-săam a few, adj.
ສອງເທົ່າ sŏong-dtoo double, adj.
ສອງໃນສາມ sŏong-nai-săam two-thirds, adj.
ສ່ອງ sòng see through, v.
ສ່ອງກະຈົກ sòng-ga-jòk look in a mirror, v.
ສ່ອງກ້ອງ sòng-gôong look through a camera, v.
ສ່ອງເບິ່ງ sòng-bèng look at, v.
ສ່ອງໄຟຟ້າ sòng-fai-fâa x-ray, v.
ສ້ອຍຄໍ sôi-kŏo necklace, n.
ສ້ອຍແຂນ sôi-kĕen bracelet, n.
ສອດ sòot insert, v.
ສອນ sŏon teach, arrow, v., n.
ສອນພິເສດ sŏon-pi-sèet tutor, coach, v.
ສອມ sŏn begin to ripen, cataract eye, v., n.
ສອບ sòop test, take an exam, v.
ສອບເຂົ້າ sòop-kào take an entrance exam, v.
ສອບເສັງ sòop-sĕng take an exam, v.
ສອບສວນ sòop-sŭan interrogate, v.
ສອບໄດ້ sòop-dâi pass an exam, v.
ສອບຕົກ sòop-dtòk fail an exam, v.
ສ້ອມ sôm fork, n.
ສ້ອມແປງ sôm-bpèeng repair, fix, v.
ເສິກ sèk war, battle, n.
ເສີມສວຍ sĕem-sŭai make up, v.
ເສຍ sĭa lose, pay, waste, spend, v.
ເສຍການ sĭa-gaan fruitless, adj.
ເສຍກຳລັງໃຈ sĭa-gàm-láng-jài be discouraged, v.
ເສຍກຽດ sĭa-gìat lose honor, v.

ເສຍຄົນ sǐa-kón degrade oneself, go bad, v.
ເສຍຈິດ sǐa-jìt insane, adj.
ເສຍໃຈ sǐa-jài be sorry, regret, v.
ເສຍສະຫຼະ sǐa-sa-lǎ sacrifice, v.
ເສຍສາວ sǐa-sǎao lose one's virginity, v.
ເສຍໂສມ sǐa-sǒom be disfigured, v.
ເສຍສັດ sǐa-sàt break one's promise, v.
ເສຍຊີວິດ sǐa-sii-wít die, lose one's life, v.
ເສຍຊື່ sǐa-sʉʉ lose one's reputation, deform, v.
ເສຍຊົງ sǐa-sóng deformed, adj.
ເສຍດາຍ sǐa-dàai pity, regret, v.
ເສຍເດັກນ້ອຍ sǐa-dék-nɔ́i spoil a child, go bad (as a child), v.
ເສຍດອກເບັ້ຍ sǐa-dɔ̀ɔk-bîa pay interest, v.
ເສຍຕາ sǐa-dtàa become blind or near-sighted, v.
ເສຍສະຕິ sǐa-sa-dtì insane, adj.
ເສຍເສັ້ນ sǐa-sèn have one's style cramped, lose advantage, v.
ເສຍປຽບ sǐa-bpìap be at a disadvantage, v.
ເສຍຮູ້ sǐa-hùu be outwitted, v.
ເສຍຫຼ່ຽມ sǐa-lìam be outsmarted, v.
ເສຍຫຼັກ sǐa-lǎk lose balance, v.
ເສຍຫາຍ sǐa-hǎai lose, damage, waste, v.
ເສຍອົງຄະ sǐa-òng-ka disabled, lame, adj.
ເສຍໂອກາດ sǐa-òo-gàat miss an opportunity, v.
ສຽງ sǐang sound, voice, tone, vote, n.
ສຽງກອບແກບ sǐang-gɔ̀ɔp-gɛ̀ɛp rustling sound, n.
ສຽງກ້ອງ sǐang-gɔ̂ɔng echo, n.
ສຽງດັງ sǐang-dàng noisy, adj.
ສຽງຕົບມື sǐang-dtòp-múu applause, n.
ສຽງຟ້າຮ້ອງ sǐang-fáa-hɔ̂ɔng thunder, n.
ສຽງຫົວ sǐang-hǔa laughter, n.
ສຽງຮ້ອງ sǐang-hɔ̂ɔng appeal, shout, call, n.
ສຽງລື sǐang-lʉ́ʉ rumour, n.
ສ່ຽງ sìang take a chance, risk, gamble, v.
ສ່ຽງຄູ່ sìang-kùu find a husband or wife, v.
ສ່ຽງໂຊກ siang-sôok take a chance, v.
ສ່ຽງໄພ siang-pái have an adventure, take a risk, v.
ສ່ຽງບຸນສ່ຽງກຳ siang-bùn-siang-gàm trust to luck, gamble, v.
ສ່ຽງວາດສະໜາ siang-wàat-sa-nǎa try one's luck, v.
ສຽດ sìat rub, have pain, v.

ສຽດ sìat jealous, *adj.*

ສຽດແຫງ sìat-tɛ́ɛng piercing, *adj.*

ສຽດທ້ອງ sìat-tɔ̂ɔng abdominal pain, *n.*

ສຽດຍອກ sìat-nyɔ̂ɔk piercing pain, *n.*

ສຽດສີ sìat-sǐi satirize, graze, *v.*

ສ້ຽນ sìan thorn, splinter, *n.*

ສ້ຽນຫນາມ sìan-nǎam enemy, menace, threat, *n.*

ສ້ຽນແຜ່ນດິນ sìan-pɛn-dìn traitor, enemy of the state, *n.*

ສຽບ sìap pin onto, insert, pierce, thrust, *v.*

ສຽມ sǐam spade (tool), *n.*

ສ້ຽມ sìam sharpen, taper, *v.*

ສ້ຽມສອນ sìam-sɔ̌ɔn instruct, instigate, *v.*

ສຽວ sǐao feel thrilling pain, *v.*

ສ່ຽວ sìao close friend, *n.*

ສຽວໄສ້ sǐao-sài be thrilled, *v.*

ສ້ຽວ sìao a quarter, *n.*

ເສືອ sǔa tiger, *n.*

ເສືອດາວ sǔa-dàao leopard, *n.*

ເສືອດຳ sǔa-dàm panther, *n.*

ເສືອໂຕແມ່ sǔa-dtòo-mɛɛ tigress, *n.*

ເສືອປ່າ sǔa-bpaa wild tiger, scout, *n.*

ເສືອລາຍ sǔa-láai jaguar, *n.*

ເສື່ອ sùa mattress, reed mat, *n.*

ເສື່ອສາດ sùa-sàat reed mat, woven mat, *n.*

ເສື່ອຫວາຍ sùa-wǎai rattan-mat, *n.*

ເສື້ອ sûa blouse, shirt, coat, jacket, *n.*

ເສື້ອກັກ sûa-gak vest, *n.*

ເສື້ອກິລາ sûa-gi-láa blazer, *n.*

ເສື້ອກັນຝົນ sûa-gàn-fǒn raincoat, *n.*

ເສື້ອກັນຫນາວ sûa-gàn-nǎao overcoat, warm jacket, *n.*

ເສື້ອກ້າມ sûa-gâam undershirt, *n.*

ເສື້ອເກາະ sûa-gɔ̀ armor, *n.*

ເສື້ອຄຸມ sûa-kúm cloak, *n.*

ເສື້ອຄຸຍ sûa-kúi academic gown, *n.*

ເສື້ອຊ້ອນ sûa-sɔ́ɔn underwear, undershirt, *n.*

ເສື້ອເຊີດ sûa-sə́ət shirt, *n.*

ເສື້ອຍົກຊ້ອງ sûa-nyok-sóng bra, *n.*

ເສື້ອຍືດ sûa-nyûɯt T-shirt, *n.*

ເສື້ອນອນ sûa-nɔ́ɔn pajamas, *n.*

ເສື້ອຜ້າ sûa-pàa clothes, *n.*

ເສື້ອຜູ້ຍິງ sûa-puu-nyíng blouse, *n.*

ເສືອກ sùak push, impertinent, intrusive, *v.*

ເສືອກກະໂລກ sùak-ga-lòok intrude in another's business, *v.*

ເສືອກຫຍຸ້ງ sùak-nyûng interfere, intrude, *v.*

ເສືອກໃສ່ sùak-sài carry of secretly, push out of the way, drive, kick, *v.*

ສວຍ sǔai late in the day, beautiful, *adj.*

ส่วยหน้า suai-nàa wipe one's face, v.
ส่วยอากอນ suai-aa-gɔ̀ɔn taxes, tariff, tribute, n.
สວດ sùat recite prayers, pray, v.
สວດມົນ sùat-món chant a prayer, v.
ສວນ sŭan garden, pass in opposite directions, n., v.
ສວນຄົວ sŭan-kúa kitchen garden, n.
ສວນສະໜາມ sŭan-sa-năam miitary review, parade, n.
ສວນສະໜຸກ sŭan-sa-nŭk playground, n.
ສວນສັດ sŭan-sát zoo, n.
ສວນທາງ sŭan-táang pass each other, pass in opposite directions, v.
ສວນໝາກໄມ້ sŭan-màak-mâi fruit tree garden, n.
ສວນຜັກ sŭan-pák vegetable garden, n.
ສ່ວນ suan part, fraction, share, portion, n.
ສ່ວນກາງ suan-gàang middle, n.
ສ່ວນກວ້າງ suan-gwâang width, n.
ສ່ວນສະເລ່ຍ suan-sa-lia average, n.
ສ່ວນສັດ suan-sát proportion, n.
ສ່ວນສູງ suan-sŭung height, n.
ສ່ວນຕົວ suan-dtùa private, personal, n.
ສ່ວນເຕີມ suan-dtə̀əm complement, n.
ສ່ວນນ້ອຍ suan-nɔ́ɔi minority, n.
ສ່ວນແບ່ງ suan-bɛ̀ng share, n.

ສ່ວນປະກອບ suan-bpa-gɔ̀ɔp component, n.
ສ່ວນຜະສົມ suan-pa-sŏm ingredient, n.
ສ່ວນພູມິພາກ suan-puu-mi-pâak provincial, n.
ສ່ວນໃຫຍ່ suan-nyai majority, n.
ສ່ວນຫຼາຍ suan-lăai majority, n.
ສວບ sùap snap at, v.
ສວມ sŭam put on, wear, dress, v.
ສວມກອດ sŭam-gɔ̀ɔt hug, v.
ສ້ວມ sûam lavatory, toilet, n.
ໃສ săi clear, bright, light, adj.
ໃສ່ sai wear, put on, apply, add, fill, fasten, contain, apply (medicine), v.
ໃສ່ກະແຈ sai-ga-jèe lock, v.
ໃສ່ຄວາມ sai-kwáam incriminate, accuse, v.
ໃສ່ຄຸກ sai-kuk imprison, v.
ໃສ່ໃຈ sai-jài pay attention to, v.
ໃສ່ເສື້ອຜ້າ sai-sùa-pàa dress, v.
ໃສ່ຊື່ sai-sùu name, v.
ໃສ່ໂທດ sai-tôot punish, v.
ໃສ່ຢາ sai-yàa apply ointment or medicine, v.
ໄສ sǎi push, place (in carpentry), shove, n.
ໄສລົດ sǎi-lot wheel the car, n.

ໄສຍະສາດ sǎi-nya-sàat black magic, n.
ໄສຫົວ sǎi-hǔa drive someone away, v.
ໄສ້ sài intestine, tube, cord, n.
ໄສ້ກອກ sài-gɔ̀ɔk sausage, n.
ໄສ້ໄກ່ sài-gai chicken entrails, n.
ໄສ້ຕັນ sài-dtàn appendix, n.
ໄສ້ຕັນອັກເສບ sài-dtàn-ǎk-sèep appendicitis, n.
ໄສ້ຕະກຽງ sài-dta-gìang lamp wick, n.
ໄສ້ຕິ່ງ sài-dting appendix, n.
ໄສ້ພຸງ sài-púng intestines, n.
ໄສ້ເລື່ອນ sài-lɯ̀an hernia, rupture, n.
ໄສ້ສຶກ sài-sɯ̀k spy, decoy, n.
ໄສ້ອົ້ວ sài-ua sausage, n.
ເສົາ sǎo post, mast, pole, n.
ເສົາທຸງ sǎo-túng flag pole, n.
ເສົ້າ sao short of breath, adj.
ເສົ້າ sào sad, unhappy, adj.
ສຳຄັນ sǎm-kán important, adj.
ສຳແດງ sǎm-dɛ̀ɛng show, express, declare, v.
ສຳທັບ sǎm-tap treaten, repeat, v.
ສຳນວນ sǎm-núan idiom, literary style, n.
ສຳນວນຄວາມ sǎm-núan-kwáam file of case (legal), n.
ສຳນຽງ sǎm-níang accent, pronunciation, n.

ສຳນັກ sǎm-nak reside, residence, school, v., n.
ສຳນັກງານ sǎm-nak-ngáan office, n.
ສຳນັກງານກາງ sǎm-nak-ngáan-gàang headquarter, n.
ສຳນັກງານໃຫຍ່ sǎm-nak-ngáan-nyài head office, n.
ສຳນັກພິມ sǎm-nak-pím publisher's office, n.
ສຳນຶກ sǎm-nɯk be consious of, n.
ສຳເນົາ sǎm-náo copy, duplicate, v.
ສຳເນົາຄວາມ sǎm-náo-kwáam abstract of a case, n.
ສຳເນົາຮັບຮອງ sǎm-náo-hap-hɔ́ɔng certified copy, n.
ສຳປະຊັຍະ sǎm-bpa-sa-nya consciousness, n.
ສຳປະທານ sǎm-bpa-táan concession, n.
ສຳປະສິດ sǎm-bpa-sit coefficient, n.
ສຳຜັດ sǎm-pàt touch, rhyme, v.
ສຳພັນ sǎm-pán join, connection, v., n.
ສຳພັນທະພາບ sǎm-pán-ta-pàap relationship, relations, n.
ສຳພັນທະມິດ sǎm-pán-ta-mit allies, n.
ສຳພັນທະໄມຕີ sǎm-pán-ta-mái-dtìi friendly relations, n.
ສຳພາດ sǎm-pàat interview, v.

ສຳເພົາ sǎm-páo sail boat, n.
ສຳມະເນນ sǎm-ma-néen novice (monk), n.
ສຳມະໂນຄົວ sǎm-ma-nóo-kúa census, family records, n.
ສຳລັບ sǎm-lǎp for, prep.
ສຳຫຼວດ sǎm-lùat inspect, survey, v.
ສຳຫຼວດມະໂນຄົວ sǎm-lùat-ma-nóo-kúa take a census, v.
ສຳເລັດ sǎm-lět complete, succeed, v.
ສຳເລັດຮູບ sǎm-lět-hûup ready-made, adj.
ສຳລານ sǎm-láan be at ease, v.
ສຳລີ sǎm-líi cotton, wool, n.
ສຳອອຍ sǎm-ɔɔi sooky, wheedle, adj., v.
ສຳອາງ sǎm-àang cosmetic articles, n.
ສຳຮອງ sǎm-hóong reserve, v.
ສຳ sam way, manner, like, n.
ສັກຢາ sǎk-yàa inject, v.
ສັກກະລາດ sǎk-ga-làat era, n.
ສັກຂີພະຍານ sǎk-kǐi-pa-nyáan witness, n.
ສັກດາ sǎk-dàa power, n.
ສັກສີ sǎk-sǐi dignity, reputation, n.
ສັກດິນາ sǎk-di-náa land holder, n.
ສົກ sǒk year, era, n.
ສົກກະປົກ sǒk-ga-pǒk dirty, adj.

ຊ

ຊ ráo the seventh consonant of the Lao alphabet (low consonant), n.
ຊະ sa an ending particle showing permission or anger, part.
ຊະງັກ sa-ngak halt, stop, come to a sudden stop, v.
ຊະງັດ sa-ngǎt effective, certain, adj.
ຊະໂງກ sa-ngôk poke (one's head), v.
ຊະດຸດ sa-dǔt stumble, v.
ຊະຕາກຳ sa-dtàa-gàm fate, destiny, n.
ຊະນະ sa-na win, beat, overcome, n.
ຊະນິດ sa-nit kind, sort, type, catagory, n.
ຊະນີ sa-nìi gibbon, n.
ຊະນວນ sa-núan slate, fuse, primed, n.
ຊະລໍ sa-lɔ̌ɔ slow down, support while moving, v.
ຊະລາ sa-láa old, senile, aged, adj.
ຊະລ້າງ sa-lâang wash, v.
ຊະແລງ sa-lɛɛng crowbar, lever, n.
ຊະເລີຍ sa-lə́əi prisoner, captive, n.
ຊະເລີຍສຶກ sa-lə́əi-sɔ̌k prisoner of war, POW, n.
ຊັກ sak wash, drag, have a convulsion, jerk, v.
ຊັກເຄື່ອງ sak-kuang wash clothes, v.

ຊັກຈູງ sak-jùung lead, guide, persuade, v.
ຊັກຊ້າ sak-sáa delay, v.
ຊັກຊວນ sak-súan urge on, deduct, persuade, v.
ຊັກໃຊ້ sak-sâi interrogate, v.
ຊັກຟອກ sak-fɔ̂ɔk advise, be questioned thoroughly, v.
ຊັກໃຍ sak-nyái spin a web, v.
ຊັກຕົວຢ່າງ sak-dtùa-yaang illustrate, exemplify, v.
ຊັກຖາມ sak-tǎam question, interrogate, v.
ຊັກທຸງ sak-túng raise a flag, v.
ຊັກປ່ວງ sak-bpuang lose one's mind, v.
ຊັກປືນ sak-bpùun draw a gun, v.
ຊັກວ່າວ sak-wao fly a kite, masturbate (for men), v.
ຊັກແຫ້ງ sak-hèng dry clean, v.
ຊັກໜ້າ sak-nâa frown, v.
ຊັດ sat hurl, dash against, clear, v., adj.
ຊັດເຊ sat-sée roam about, wander, v.
ຊັດທອດ sat-tɔ̂ɔt refer to, v.
ຊັງ sáng hate, detest, despise, v.
ຊັງກັນ sáng-gàn hate each other, v.
ຊັງ sang weigh, v.
ຊັ່ງໃຈ sang-jài consider, ponder, v.
ຊັ່ງຕວງວັດ sang-dtùang-wat weights and measures, n.
ຊັງຕີແມັດ sáng-dti-met centimeter, n.
ຊັນ sán steep, erect, rise precipitously, straight up, stand erect, adj., v.
ຊັ້ນ sân floor, grade, rank, stage lever, layer, story, rank, class, n.
ຊັ້ນປະຖົມສຶກສາ sân-bpa-tǒm-sǔk-sǎa primary education, n.
ຊັ້ນເຊີງ sân-sə́əng artifice, tactics, n.
ຊັ້ນເທິງ sân-tə́ng upstairs, adv.
ຊັ້ນນອກ sân-nɔ̂ɔk outer layer, outside, n., adj.
ຊັ້ນໃນ sân-nái inside, adj.
ຊັ້ນມັດທະຍົມ sân-mat-ta-nyóm secondary education, n.
ຊັ້ນລຸ່ມ sân-lum ground floor, downstairs, n., adv.
ຊັ້ນລ່າງ sân-laang ground floor, downstairs, n., adv.
ຊັ້ນວັນນະ sân-wán-na caste, class, n.
ຊັບຊ້ອນ sap-sɔ́ɔn complicated, complex, adj.
ຊັບສິນ sap-sǐn property, n.
ຊັບສົມບັດ sap-sǒm-bat property, treasure, n.
ຊັບທຳມະຊາດ sap-tám-ma-sâat natural resources, n.
ຊາ sáa tea, numb, n., adj.

ອາຕາ sáa-dtàa luck, fortune, n.
ຊາ saa rumor, n.
ຊາລື saa-lǔu well-known, adj.
ຊ້າ sâa basket, pannier, slow, n., adj.
ຊ້າໆ sâa-sâa slowly, adv.
ຊ້ານານ sâa-náan delay, for a long time, n., adv.
ຊາກ sâak corpse, n.
ຊາກຈວບ sâak-jùap occasionally, adv.
ຊາກພີ sâak-pìi corpse, n.
ຊາງ sáang pharyngitis, n.
ຊ່າງກົນ saang-gòn mechanic, n.
ຊ່າງກໍ່ saang-gɔɔ mason, n.
ຊ່າງກຶງ saang-gùng worker with a lathe, n.
ຊ່າງເກີບ saang-gə̀əp shoemaker, n.
ຊ່າງແກະ saang-gɛ̌ sculptor, n.
ຊ່າງຂຽນ saang-kǐan painter, illustrator, writer, n.
ຊ່າງຄິດ saang-kit thoughtful, inventive, adj.
ຊ່າງຄຳ saang-kám goldsmith, n.
ຊ່າງເງິນ saang-ngán silver smith, n.
ຊ່າງຈັກ saang-jǎk mechanic, n.
ຊ່າງຊັກເຄື່ອງ saang-sak-kuang launderer, n.
ຊ່າງຍິບເຄື່ອງ saang-nyíp-kuang tailor, seamstress, n.
ຊ່າງຕັດເຄື່ອງ saang-dtăt-kuang tailor, dressmaker, n.
ຊ່າງຕັດຜົມ saang-dtăt-pǒm barber, hair dresser, n.
ຊ່າງຕີຄຳ saang-dtùi-kám jeweler, n.
ຊ່າງຕີເຫລັກ saang-dtùi-lék blacksmith, n.
ຊ່າງແຕ້ມ saang-dtɛ̀ɛm painter, artist, n.
ຊ່າງຕໍ່ເຮືອ saang-dtɔɔ-hǔa shipwright, boat builder, n.
ຊ່າງຕຳຫູກ saang-dtam-hùuk weaver, n.
ຊ່າງຕຳຜ້າ saang-dtam-pàa weaver, n.
ຊ່າງຖ່າຍຮູບ saang-taai-hûup photographer, n.
ຊ່າງເຖາະ saang-tɔ̀ do not mention about it.
ຊ່າງທາສີ saang-táa-sǐi painter, n.
ຊ່າງປັ້ນ saang-bpân potter, n.
ຊ່າງແປງແຂ້ວ saang-bpɛ̌ɛng-kɛ̀ɔ dentist, n.
ຊ່າງພິມ saang-pím printer, n.
ຊ່າງເພັກ saang-pet jeweller, n.
ຊ່າງໄຟຟ້າ saang-fái-fâa electrician, n.
ຊ່າງໄມ້ saang-mâi carpenter, n.
ຊ່າງເວົ້າ saang-wâo talkative, adj.
ຊ່າງເຫລັກ saang-lěk black smith, n.
ຊ່າງຫລີ້ນ saang-lîn playful, n.
ຊ້າງ sâang elephant, n.

ຊ້າງສາມ sâang-sǎam adult elephant, *n.*
ຊ້າງດຳ sâang-dam tuskless elephant, *n.*
ຊ້າງນ້ຳ sâang-náam hippopotamus, *n.*
ຊ້າງປ່າ sâang-bpaa wild elephant, *n.*
ຊ້າງເຜືອກ sâang-pùak white elephant, *n.*
ຊ້າງຜາຍ sâang-páai male elephant, *n.*
ຊ້າງຜັງ sâang-páng female elephant, *n.*
ຊາຍ sáai male, man, fringe, outskirt, edge, periphery, the end, *adj., n.*
ຊາຍຄາ sáai-káa eaves, *n.*
ຊາຍສະທັນ sáai-sa-gàn able-bodied man, *n.*
ຊາຍໂສດ sáai-sòot bachelor, *n.*
ຊາຍຊູ້ sáai-sûu male lover, male adulterer, *n.*
ຊາຍຍິງ sáai-nyíng men and women, *n.*
ຊາຍແດນ sáai-dɛ̀ɛn border, frontier, *n.*
ຊາຍທະເລ sáai-ta-lée seaside, shore, coast, *n.*
ຊາຍປ່າ sáai-bpaa edge of a forest, *n.*
ຊາຍຝັ່ງ sáai-fang coastline, *n.*
ຊາຍຫາດ sáai-hàat beach, *n.*
ຊ້າຍ sâai left (side), *adj., n.*
ຊາດ sâat race, nation, incarnation, country, birth, life, *n.*
ຊາດກ່ອນ sâat-gɔ̀ɔn previous life, *n.*
ຊາດນິຍົມ sâat-ni-nyóm nationalism, *n.*

ຊາດຫັວງຂາວ sâat-nǎng-kǎao white race, Caucasian, *n.*
ຊານ sáan outside balcony, back porch, veranda, *n.*
ຊານອາລາ sáan-saa-láa platform, *n.*
ຊານເມືອງ sáan-múang outskirt of the town, suburb, *n.*
ຊາມ sáam bowl, *n.*
ຊາມແກ້ວ sáam-gɛ̂ɛo glass dish, *n.*
ຊາມລ້າງຫນ້າ sáam-lâang-nàa wash basin, *n.*
ຊາວ sáao twenty, *nm.*
ຊາວ sáao (category of) people, tribe, native, inhibitant, *n.*
ຊາວສວນ sáao-sǔan gardener, *n.*
ຊາວຕາເວັນຕົກ sáao-dtàa-wén-dtǒk westerner, *n.*
ຊາວຕາເວັນອອກ sáao-dtàa-wén-ɔ̀ɔk easterner, *n.*
ຊາວຕ່າງປະເທດ sáao-dtaang-bpa-têet foreigner, *n.*
ຊາວທະເລ sáao-ta-lée seaman, *n.*
ຊາວນາ sáao-náa farmer, *n.*
ຊານນິຄົມ sáan-ni-kóm settler, *n.*
ຊາວບ້ານ sáao-bâan villager, *n.*
ຊາວບ້ານນອກ sáao-bâan-nɔ̂ɔk rural people, peasant, *n.*

ຊາວປະມົງ sáao-bpa-móng fisherman, n.

ຊາວປ່າ sáao-bpaa forest people, n.

ຊາວພຸດ sáao-put Buddhist, n.

ຊາວເມືອງ sáao-múang citizen, n.

ຊາວລາວ sáao-láao Lao, Laotian, n.

ຊາວວັງ sáao-wáng courtier, n.

ຊາວເອີຣົບ sáao-əə-lòop European, n.

ຊ່າວ saao clear land, v.

ຊີເນມາ si-nee-maa movies, n.

ຊິງ síng balance, scale, n.

ຊິງ síng snatch, steal, race, compete, v.

ຊິງກິໂລ síng-gi-lóo kilogram scale, n.

ຊິງຊັງ síng-sáng loathe, v.

ຊິງຊ້າ síng-sâa swing, n.

ຊິງໄຊ síng-sái contest with, v.

ຊີ síi drill, v.

ຊີບພະຈອນ síip-pa-jòon pulse, n.

ຊີວະວິທະຍາ síi-wa-wi-ta-nyá biology, n.

ຊີວາ síi-wáa life, n.

ຊີວິດ síi-wit life, n.

ຊີວິດປະຈຳວັນ síi-wit-bpa-jàm-wán daily life, n.

ຊີ້ກອກຢາ síi-gɔ̀ɔk-yàa nicotine, n.

ຊີ້ມັງ síi-máng cement, n.

ຊີ້ sìi point, point out, v.

ຊີ້ໃສ່ sìi-sai point to, v.

ຊີ້ຂາດ sìi-kàat decide, judge, v.

ຊີ້ແຈງ sìi-jèeng explain, v.

ຊີ້ຕົວ sìi-dtùa identify (a culprit), v.

ຊີ້ທາງ sìi-táang show the way, v.

ຊີ້ບອກ sìi-bɔ̀ɔk indicate, point out, v.

ຊີ້ນຳ sìi-nám supervise, lead, v.

ຊີ້ມື sìi-múu raise the hand, point out, v.

ຊິນ sín get used to, v.

ຊີກ siik piece, n.

ຊີງ síng dispute, wrangle, v., n.

ຊີ້ນ sîin meat, flesh, n.

ຊີ້ນໝູ sîin-mǔu pork, n.

ຊີມ sîim try, taste, v.

ຊີມລົດ sîim-lot taste, v.

ຊຶງ súng rice steamer, n.

ຊຶງລຶງ súng-lúng (sit, stand) still, adv.

ຊຶ່ງ sûng that, which, adj., pron., adv.

ຊື່ນ sùun cheering, refreshing, adj.

ຊື່ນໃຈ sùun-jài delighted, refreshing, adj.

ຊື່ນຊົມ sùun-sóm appreciate, v.

ຊື່ນບານ sùun-bàan happy, joyful, adj.

ຊື່ນມ່ວນ sùun-muan happy, joyful, pleasant, adj.

ຊື້ນ sûun moist, damp, n., adj.

ຊຶມ súm absorb, v.

ຊຶມຊາບ súm-sâap permeate, realize, v.

ຊື່ sǔu name, n.
ຊື້ sûu straight, adj.
ຊື່ສັດ sǔu-sàt honest, faithful, loyal, adj.
ຊື່ສຽງ sǔu-sĭang reputation, fame, n.
ຊື່ໆ sǔu-sǔu straight, do nothing, adj., v.
ຊື່ຕົງ sǔu-dtòng upright, adv.
ຊື້ sûu buy, purchase, v.
ຊື້ຂອງ sûu-kɔ̌ɔng shop, buy things, v.
ຊື້ຂາຍ sûu-kăai do business, trade, v.
ຊື້ຢູ່ຊື້ກິນ sûu-yuu-sûu-gìn buy necessities, v.
ຊຸກ suk pull, force, push, v.
ຊຸກເຊື່ອງ suk-sûang hide, v.
ຊຸກຢູ້ suk-yûu push, v.
ຊຸດ sut suit, set, n.
ຊຸດໂຊມ sut-sóom worsen, decayed, dilapidated, v., adj.
ຊຸດນອນ sut-nɔ́ɔn pajamas, n.
ຊຸດອາບນ້ຳ sut-àap-náam bathing suit, n.
ຊຸບ sup plate (e.g. gold plate), v.
ຊຸບຊີວິດ sup-sǐi-wit save life, revive, v.
ຊຸບຊິບ sup-sip whisper, v.
ຊຸບຊິບນິນທາ sup-sip-nín-tǎa gossip, v.
ຊຸບລ້ຽງ sup-lîang support, raise, v.
ຊຸມ súm meeting, assembly, n.
ຊຸມເຂົ້າ súm-kâo banquet, v.

ຊຸມແຂວງ súm-sɛ́ɛo visit and talk, v.
ຊຸມທາງ súm-táang (road) junction, n.
ຊຸມນຸມ súm-núm gathering, n.
ຊຸ່ມ sum humid, soaked, wet, adj.
ຊຸ່ມຊາມ sum-saam awkward, adj.
ຊຸ່ມຊື່ນ sum-sǔun joyous, adj.
ຊຸ່ມຊື້ນ sum-sûun moist, soaked, adj.
ຊຸ້ມຕົວ sum-dtǔa hide, conceal oneself, v.
ຊູ súu raise, lift, boost, v.
ຊູຊີບ súu-sîip life saving, adj.
ຊູລົດ súu-lot seasoning, flavoring, adj.
ຊູໃຈ súu-jài encourage, v.
ຊູ່ suu every, adj.
ຊູ່ແນວ suu-nέεo everything, n.
ຊູ່ມື້ suu-mûu everyday, every day, adv., n.
ຊູ້ sûu adulterer, lover, n.
ຊູ້ສາວ sûu-sǎao adulterer, mistress, n.
ຊູ້ແພງ sûu-pέεng beloved, adj.
ຊູດໂຊມລົງ suut-sóom-lóng deteriorate, regress, v.
ຊູນ súun touch, v.
ເຊະ sè, sèe go away! (to dogs).
ເຊັກ sek cheque, n., v.
ເຊັດ set rub, wipe, dry, scrub, v.
ເຊັນ sén sign, v.

ເຊັ່ນປ້ານ sên-nyâan tremble from fear, v.

ເຊັ່ນ sên like, one's kind, for example, such as, adj., n., prep.

ເຊັ່ນເຄີຍ sên-kə́əi as usual, adv.

ເຊັ່ນດຽວກັນ sên-dìao-gàn likewise, also, adv.

ເຊ sée lurch, stagger, v.

ເຊີຍຊົມ səi-sóm caress, fondle, v.

ແຊ່ sɛ̀ɛ soak, immerse, remain for a long time, v.

ແຊກ sɛ̂ɛk penetrate, put in between, v.

ແຊກຊຶມ sɛ̂ɛk-súm infiltrate, v.

ແຊກແຊງ sɛ̂ɛk-séeng interfere, v.

ແຊງ séeng butt in, barge in, v.

ແຊບ sɛ̂ɛp delicious, adj.

ແຊມ sɛ́ɛm be overloaded, insert, interrupt, v.

ແຊວ sέεo noisy, tease, adj., v.

ຊົກ sok fist fight, box, v.

ຊົກມວຍ sok-múai box, boxing, v., n.

ຊົງ sóng mix up, make, brew, v.

ຊົດຊ້ອຍ sot-sɔ́ɔi graceful, adj.

ຊົດເຊີຍ sot-sə́əi compensate, v.

ຊົນ són collide with, crash, v.

ຊົນ són naughty, adj.

ຊົນໄກ່ són-gai cock-fight, n.

ຊົນນະບົດ són-na-bót countryside, n.

ຊົນລະປະທານ són-la-bpa-táan irrigation, n.

ຊົນເຜົ່າ són-pao ethnic group, n.

ຊຸບ sŭp case, gloves, n.

ຊຸບມື sŭp-múu gloves, n.

ຊົມ sóm admire, praise, laud, v.

ຊົມຊື່ນ sóm-sùun happy, joyful, adj.

ຊົມເຊີຍ sóm-sə́əi praise, v.

ໂຊະ so out of order, old, adj.

ໂຊ sóo invalid, not healthy, destitute, adj.

ໂຊໂກລາ sóo-goo-lâa chocolate, n.

ໂຊກ sôok luck, fortune, n.

ໂຊກຊາຕາ sôok-sa-dtàa destiny, fate, n.

ໂຊກໄຊ sôok-sái good luck, n.

ໂຊກຮ້າຍ sôok-hâai bad luck, misfortune, n.

ໂຊຍ sóoi blow gently, caress, v.

ຊໍ sɔ́ɔ fiddle, n.

ຊໍອີ້ sɔ́ɔ-ìi string fiddle, n.

ຊໍອູ້ sɔ́ɔ-ûu banjo, a kind of fiddle, n.

ຊໍ sɔ̂ɔ bunch, bouquet, n.

ຊອກ sɔ̂ɔk seek, search, v.

ຊອກກິນ sɔ̂ɔk-gìn make a living, n.

ຊອກຊ້ອນ sɔ̂ɔk-sɔ́ɔn hide, v.

ຊອກແຊກ sɔ̂ɔk-sɛ̂ɛk edge one's way in, curious, v., adj.

ຊອກຊ້ຳ sôok-sâm bruised, *adj.*

ຊອກຫາ sôok-hăa seek, look for, search, *v.*

ຊອງ sóong pack, envelope, *n.*

ຊອງກະສຸນ sóong-ga-sŭn cartridge pouch, *n.*

ຊ່ອງ sòng hole, cavity, gap, an opening, *n.*

ຊ່ອງຂ້າມເຂົາ sòng-kàam-kăo mountain pass, *n.*

ຊ່ອງແຄບ sòng-kêεp strait, *n.*

ຊ່ອງທາງ sòng-táang way, *n.*

ຊ່ອງວ່າງ sòng-waang gap, *n.*

ຊ່ອງໄຟ sòng-fái space (in writing), *n.*

ຊ່ວຍ sùai help, assist, *v.*

ຊອດ sôot half-breed, until, *n., conj.*

ຊອດຫູ sôot-hŭu reach one's ears (news), *v.*

ຊ້ອນ sôon overlap, pile up, scoop, *v.*

ຊອບ sôop like, *v.*

ຊອບກົນ sôop-gon funny, strange, *adj.*

ຊອບກັນ sôop-gàn be amicable, *v.*

ຊອບໃຈ sôop-jài be pleased, *v.*

ຊອບທຳ sôop-tám righteous, just, fair, *adj.*

ຊອບພໍ sôop-pɔ́ɔ be fond of, *v.*

ຊອມ sɔ́ɔm observe, spy, sneak, *v.*

ຊອມເບິ່ງ sɔ́ɔm-bəng watch, spy on, *v.*

ຊ້ອມ sôom exercise, practice, *v.*

ຊຶ່ງ sông which, that, *pron.*

ຊຶ່ງກັນແລະກັນ sông-gàn-lε-gàn mutual, *adj.*

ຊື້ sɔ̀ɔ be surprised, faint, *v.*

ຊື້ງ sɔ̂ong chant, sing, *v.*

ຊືດ sôɔt elevate, lift, raise, boast, *v.*

ຊືດຊູ sôɔt-súu admire, exalt, enhance, *v.*

ຊືດເນື້ອ sôɔt-nûa go hunting, *v.*

ຊືນ sɔ́ɔn invite, please, *v.*

ຊືນຊວນ sɔ́ɔn-súan invite, *v.*

ຊືນດື່ມ sɔ́ɔn-duum to your health!

ຊຽງ síang ex-monk, town, *n.*

ຊຽງໝ້ຽງ síang-mìang Lao folk hero, a punster, cunning person, *n.*

ເຊື່ອ sua believe, *v.*

ເຊື່ອໃຈ sua-jài trust, *v.*

ເຊື່ອຖື sua-tŭu believe in, worship, *v.*

ເຊື່ອຟັງ sua-fáng obey, *v.*

ເຊື່ອໝັ້ນ sua-màn believe firmly, have confidence in, *v.*

ເຊື່ອໝັ້ນຕົນເອງ sua-màn-dtòn-èeng self-confidence, *n.*

ເຊື້ອ sûa ancestry, family, germ, fuel, fermenting, agent, infection, *n.*

ເຊື້ອກະສັດ sûa-ga-sǎt of royal blood,

adj.

ເຊື້ອເຈົ້າ sūa-jâo of noble lineage, adj.

ເຊື້ອສາຍ sūa-sǎai ancestry, n.

ເຊື້ອຊັ້ນວັນນະ sūa-sân-wán-na class, caste, n.

ເຊື້ອຊາດ sūa-sâat race, n.

ເຊື້ອເຊີນ sūa-sóen invite, v.

ເຊື້ອແນວ sūa-nɛ́ɛo lineage, n.

ເຊື້ອເຜີງ sūa-pɔ́ɔng fuel, n.

ເຊື້ອໂລກ sūa-lôok germs, n.

ເຊືອກ sǔak string, rope, cord, lace, n.

ເຊືອບ sūap fall asleep, nap, v.

ເຊື່ອມ sūam lose, absorb, melt, connect, v.

ເຊື່ອມຊຶມ sūam-sǔm depressed, drowsy, adj.

ເຊື່ອມເຫຼັກ sūam-lěk solder, v.

ຊົ່ວ sua bad, vile, wicked, adj.

ຊົ່ວໄລຍະ sua-lái-nya period, for a time, n., adv.

ຊົ່ວຄາວ sua-káao temporary, adj., adv.

ຊົ່ວຄູ່ sua-kuu for a moment, adv.

ຊົ່ວຄົນ sua-kón generation, n.

ຊົ່ວຊ້າ sua-sâa vile, adj.

ຊົ່ວໂມງ sua-móong hour, n.

ຊົ່ວອາຍຸ sua-àa-nyu lifetime, n.

ຊົ່ວຮ້າຍ sua-hâai evil, wicked, adj.

ຊ່ວງ sung race, length, space, interval, n.

ຊວຍ súai unlucky, adj.

ຊ່ວຍ suai aid, assist, v.

ຊ່ວຍຊີວິດ suai-sǐi-wit save a life, v.

ຊ່ວຍເຫຼືອ suai-lǔa help, assist, aid, v.

ຊວດຊົ່ງ sûat-sóng shape, n.

ຊວດລວດ sûat-lûat defy, impudent, brazen, v., adj.

ຊວນ súan persuade, urge, invite, v.

ຊວນເຊື່ອ súan-sūa convince, v.

ໄຊ sái bamboo fish trap, n.

ໄຊຊະນະ sái-sa-na victory, n.

ໄຊຍະບູລີ sái-nya-buu-lǐi Sainyaburi (province in Laos), n.

ໄຊໃຍ sái-nyóo victory, triumph, n.

ໃຊ້ sâi use, apply, employ, v.

ໃຊ້ກຳ sâi-gàm suffer consequences (karma), v.

ໃຊ້ການໄດ້ sâi-gàan-dâi fit to be used, adj.

ໃຊ້ເຂົ້າ sâi-kào winnow rice, v.

ໃຊ້ຄົນ sâi-kón employ, v.

ໃຊ້ຄ່າເສຍຫາຍ sâi-kaa-sǐa-hǎai reimburse for loss, v.

ໃຊ້ຄືນ sâi-kúun pay back, v.

ໃຊ້ເງິນ sâi-ngén pay money, v.

ໃຊ້ຈ່າຍ sâi-jaai expense, v.

ໃຊ້ສອຍ sâi-sɔ́ɔi spend (money), make

use of, v.

ໃຊ້ເວນ sâi-wéen pay for sins of former life, v.

ໃຊ້ໜີ້ sâi-nìi pay a debt, v.

ເຊົາ sáo cease, stop, v.

ເຊົ່າ sao rent, lease, hire, v.

ເຊົ້າມືດ sao-mùut dawn, n.

ຊຳຊາ sám-sáa temporary, adj.

ຊຳລະ sám-la cleanse, clear up, pay, v.

ຊຳລະຄວາມ sám-la-kwáam judge a case, v.

ຊຳລຸດ sám-lut damaged, adj.

ຊຳລຸດຊຸດໂຊມ sám-lut-sut-sóom dilapidated, adj.

ຊຳເລົາ sám-láo rape, v.

ຊຳເລືອງ sám-lúang glance, look from the corners of the eyes, v.

ຊຳແຫລະ sám-lɛ̀ dissect, cut open, disembowel, n.

ຊຳດຽວກັນ sam-diao-gàn of same, adj.

ຊ້ຳ sâm dark (color), repeat, be sore, mentally hurt, adj., v.

ຊ້ຳໃຈ sâm-jài feel hurt, v.

ຊ້ຳຊາກ sâm-sâak repeatedly, over again, adv.

ຊ້ຳທ້າຍ sâm-tâai finish, v.

ຊ້ຳສ້ອຍ sâm-sɔ̂ɔi repeat itself, v.

ຍ

ຍ nyɔ́ɔ the eighth consonant of the Lao alphabet (low consonant), n.

ຍະ nya separate, open, v.

ຍະໃສ nya-sǒo conceited, arrogant, adj.

ຍະຕາກຳ nya-tǎa-gàm random, chance, fate, n.

ຍະອອກ nya-ɔ̀ɔk spread apart, v.

ຍາ nyáa honorific term used to address respectable people, n.

ຍາຄູ nyáa-kúu monk, n.

ຍາພໍ່ nyáa-pɔɔ honorific to father, n.

ຍາແມ່ nyáa-mɛɛ honorific to mother, n.

ຍ່າ nyaa paternal grandmother, n.

ຍັກ nyak giant, demon, ogre, n.

ຍັກຂີນີ nyak-ki-nǐi giantess, n.

ຍັກຄິ້ວ nyak-kíu raise eye brows, v.

ຍັກຍອກ nyak-nyɔ́ɔk embezzle, v.

ຍັກໜ້າ nyak-nàa make faces, v.

ຍັກໄຫລ່ nyak-lai shrug, v.

ຍັງ nyáng still, yet, exist, remain, maintain, towards, until, v., adv., prep.

ຍັ້ງ nyâng stop, restrain, halt, pause, v.

ຍັ້ງຄິດ nyâng-kit stop and think, v.

ຍັດ nyat stuff, cram, v.

ຍັດຍຽດ nyat-nyíat be compressed,

crowd, load, insist on giving, *v.*

ຍັນ nyán magical drawing, cabalistic writing, *n.*

ຍັນ nyán press, push, prop up, *v.*

ຍັບ nyap crumpled, wrinkled, *v.*

ຍັບເຂົ້າ nyap-kào move in, *v.*

ຍັບຢັ້ງ nyap-nyâng stop and think over, suppress, hold back, *v.*

ຍັບຍືນ nyap-nyɔɔn totally damaged, *v.*

ຍົວະ nyua trick, provoke anger, *v.*

ຍົວ nyûa tease, annoy, *v.*

ຍົວໃຈ nyûa excite, tempt, *v.*

ຍົວຍວນ nyûa-nyúan annoy, tempt, *v.*

ຍົວເຍົ້າ nyûa-nyâo tease, *v.*

ຍົວຍຸ nyûa-nyu incite, urge, provoke, *v.*

ຍົວໂທສະ nyûa-tóo-sǎ irritate, provoke anger, *v.*

ຍາກ nyâak difficult, *adj.*

ຍາກແຄ້ນ nyâak-kɛ̂ɛn poor, poverty, *n.*

ຍາກຈົນ nyâak-jòn poor, *adj.*

ຍາກລຳບາກ nyâak-lám-bàak distress, *n.*

ຍາງ nyàang hardwood tree, rubber, *n.*

ຍ່າງ nyaang walk, *v.*

ຍາຍ nyáai maternal grandmother, *n.*

ຍ້າຍ nyâai move, transfer, *v.*

ຍາດ nyâat snatch, *v.*

ຍາດແຍ່ງ nyâat-nyɛ̀ng take by force, *v.*

ຍາດໂຍມ nyâat-nyóom lay people, *n.*

ຍາດຕິ nyâat-dtì relative, *n.*

ຍາດຕິກາ nyâat-dti-gàa relative, *n.*

ຍານຍົນ nyáan-nyón motor vehicle, *n.*

ຍານພາຫະນະ nyáan-páa-ha-na vehicle, *n.*

ຍາມ nyáam watchman, guard, *n.*

ຍາມ nyáam period of time, *n.*

ຍາມຄ່ຳ nyáam-kam in the evening, *n.*

ຍ່າມ nyâam satchel, a bag made of cloth with a shoulder strap, *n.*

ຍ່າມໃຈ nyâam-jài feel rash, become impudent, *v.*

ຍາວ nyáao long, extended, *adj.*

ຍາວນານ nyáao-náan long time, *adv.*

ຍິກ nyìk pinch, twitch, *v.*

ຍິງ nyíng shoot, *v.*

ຍິງ nyíng female, *n.*

ຍິງເນື້ອ nyíng-nûa go hunting, *v.*

ຍິ່ງ nyíng extreme, supreme, extremely, exceedingly, *adj., adv.*

ຍິ່ງກວ່າ nyíng-gwàa exceed, more than, *v., adv.*

ຍິ່ງຂຶ້ນ nyíng-kûn more, *adj.*

ຍິ່ງໄວຍິ່ງດີ nyíng-wái-nyíng-dìi the sooner the better.

ຍິ່ງໃຫຍ່ nyíng-nyai great, superior, *adj.*

ຍິນ nyín hear, *v.*

ຍິນຍອມ nyin-nyɔ́ɔm consent, allow, v.

ຍິນດີ nyín-dìi be glad, be pleased, v.

ຍິນດີຕ້ອນຮັບ nyín-dìi-dtɔ̀ɔn-hap welcome, v.

ຍິ້ມ nyı̂m smile, v.

ຍິ້ມແຍ້ມ nyı̂m-nyɛ̂ɛm delight, smile pleasantly, v.

ຍິ້ມເຍາະ nyı̂m-nyɔ sneer, v.

ຍີ່ nyii second lunar month (January), n.

ຍີ່ nyii knead, v.

ຍີ່ວນ nyìi-nyúan caress, pet sexually, v.

ຍີ່ປຸ່ນ nyii-bpun Japan, n.

ຍີ່ຫໍ້ nyii-hɔ̌ɔ trademark, n.

ຍຶງ nyɯng have digestive troubles, v.

ຍຸ້ງ nyɯng overflowing, flooding, adj.

ຍຶດ nyɯt take away, seize, v.

ຍຶດຄອງ nyɯt-kɔɔng occupy, v.

ຍຶດຂັບ nyɯt-sap attach, v.

ຍຶດຕົວໄວ້ nyɯt-dtua-wâi detain, v.

ຍຶດຖື nyɯt-tɯ̌ɯ hold, hold on, v.

ຍຶດອຳນາດ nyɯt-àm-nâat overpower, v.

ຍຶດໝັ້ນ nyɯt-mân put one's faith in, v.

ຍຶດໜ່ວງ nyɯt-nuang withhold, v.

ຍືດ nyɯ̂ɯt stretch, be elastic, be flexible, extend, prolong, v.

ຍືດອອກ nyɯ̂ɯt-ɔ̀ɔk stretch out, v.

ຍືດຍາວ nyɯ̂ɯt-nyáao lengthy, adj.

ຍືດຍື້ອ nyɯ̂ɯt-nyɯ́a prolong, protract, v.

ຍື່ນ nyɯɯn offer, submit, v.

ຍື່ນຄຳຟ້ອງ nyɯɯn-kám-fɔ́ɔng submit a complaint (legal), v.

ຍື່ນໃຫ້ nyɯɯn-hài hand to, v.

ຍຸ nyu urge, provoke, instigate, v.

ຍຸແຍ່ nyu-nyɛɛ incite, provoke, v.

ຍຸຍົງ nyu-nyóng exhort, v.

ຍຸຕິ nyu-dtı̌ end, stop, v.

ຍຸຕິທຳ nyu-dtı̌-tám justice, fair, impartiality, adj., n.

ຍຸກ nyuk age, era, n.

ຍຸງ nyúng mosquito, n.

ຍຸດ nyut battle, war, n.

ຍຸດທະສາດ nyut-ta-sàat strategy, n.

ຍຸດທະວິທີ nyut-ta-wi-tíi tactics, n.

ຍຸບ nyup diminish, sink, collapse, fall down, cause to subside, v.

ຍຸບສະພາ nyup-sa-páa dissolve the parliament, v.

ຍຸບຕຳແໜ່ງ nyup-dtàm-nɛng cut down a position, v.

ຍູ້ມສົບ nyûm-sòp pucker up, get ready to kiss, v.

ຍູ້ມຫົວ nyûm-hǔa a subtle and ironic smile, n.

ຍູ້ nyûu broom, n.

ຍູ້ nyûu push, *v.*

ເຍຊູ nyée-súu Jesus, *n.*

ແຍກ nyêek separate, split, break up, *v.*

ແຍກຍ້າຍ nyêek-nyâai depart, move to several places, split up, *v.*

ແຍກແຍະ nyêek-nye analyze, dissect, *v.*

ແຍກທາດ nyêek-tâat analyze, *v.*

ແຍກບໍ່ອອກ nyêek-bɔɔ-ɔ̀ɔk inseparable, *adj.*

ແຍກອອກ nyêek-ɔ̀ɔk divide, *v.*

ແຍກໝູ່ nyêek-muu separate from a group, *v.*

ແຍງ nyɛ́ɛng look in a mirror, *v.*

ແຍງແວ່ນ nyɛ́ɛng-wɛn look into a large mirror, *v.*

ແຍ່ງ nyɛ̂ng take by force, catch, seize, fight for, *v.*

ແຍ່ງກັນ nyɛ̂ng-gàn scramble for, *v.*

ແຍ່ງຊີງ nyɛ̂ng-síng snatch and run, compete for, *v.*

ແຍ້ງ nyɛ̂ɛng contradict, dispute, *v.*

ແຍ້ງກັນ nyɛ̂ɛng-gàn contradictory, *adj.*

ແຍ້ມ nyɛ̂ɛm unfold, reveal, disclose *v.*

ແຍ້ມຍິ້ມ nyɛ̂ɛm-nyîm smiling, *adj.*

ຍົກ nyok life, raise, elevate, *v.*

ຍົກກອງທັບ nyok-gɔ̀ɔng-tap move an army, *v.*

ຍົກຂຶ້ນ nyok-kùn lift up, elevate, *v.*

ຍົກຂຶ້ນບົກ nyok-kùn-bŏk land, *v.*

ຍົກເຄົ້າ nyok-kâo steal all belongings, *v.*

ຍົກສະໝໍ nyok-sa-nɔ̆ɔ weigh anchor, *v.*

ຍົກຊົງ nyok-sóng brassier, *n.*

ຍົກຍ້າຍ nyok-nyâai move, shift, *v.*

ຍົກຍໍ nyok-nyɔ́ɔ flatter, *v.*

ຍົກຍ້ອງ nyok-nyɔ̂ɔng congratulate, *v.*

ຍົກຍອດ nyok-nyɔ́ɔt hold over, roll over, bequeath, *v.*

ຍົກຕົວເອງ nyok-dtùa-èeng flatter oneself, *v.*

ຍົກທັບ nyok-tap advance an army, *v.*

ຍົກໂທດ nyok-tôot pardon, forgive, *v.*

ຍົກທຸງຂາວ nyok-túng-kăao surrender, raise the white flag, *v.*

ຍົກປ້າຍ nyok-bpâai put up a sign board, *v.*

ຍົກພົນ nyok-pón march an army, *v.*

ຍົກເວັ້ນ nyok-wên except, waive, discharge, cancel, *prep., v.*

ຍົກໄວ້ nyok-wâi exempt, *v.*

ຍົກເລີກ nyok-lə̂ək cancel, *v.*

ຍົກໃຫ້ nyok-hài give, *v.*

ຍັ່ງໃຫຍ່ງ nyok-nyoong be halfway between sitting and standing, *v.*

ຍົດ nyot dignity, rank, *n.*

ยົດສັກ nyot-săk honor, dignity, *n.*

ยົນ nyón airplane, engine, *n.*

ยົມພິບານ nyóm-pi-bàan the being who deals out punishment to the wicked in hell, *n.*

ยົມມะลາດ nyóm-ma-lâat the supreme of the underworld, *n.*

ยົມມะโລກ nyóm-ma-lôok hell, the world of the death, *n.*

ยວດຍານ nyûat-nyáan vehicle, *n.*

ຍວນ nyúan lure, tempt, *n.*

ຍວນໃຈ nyúan-jài tempting, *adj.*

ຍວນຕາ nyúan-dtaa attractive, *adj.*

ຍວບ nyûap shaking, sinking, *adj.*

ໂຍຄີ nyóo-kii ascetic, yogi, *n.*

ໂຍທາ nyóo-táa public works, troops, forces, workmen, *n.*

ໂຍນີ nyóo-nii vagina, the vulva, *n.*

ໂຍງ nyóong jump, tow, tug, *v.*

ໂຍງເສົາ nyóong-săo fasten to a post, *v.*

ໂຍ່ງ nyoong tall, towering, *adj.*

ໂຍນ nyóon throw, pitch, toss, cast, *n.*

ໂຍນຂຶ້ນ nyóon-kûn toss up, *v.*

ໂຍນຖິ້ມ nyóon-tìm throw away, *v.*

ໂຍມ nyóom pronoun in the second person used by monks, *n.*

ໂຍະຍານ nyo-nyáan give time, *v.*

ເຍາະເຍີ້ຍ nyɔ-nyə̂əi deride, ridicule, *v.*

ຍໍ nyɔ́ɔ lift, *v.*

ຍໍ nyɔ́ɔ morinda, fish net, dip net, *n.*

ຍໍແສງ nyɔ́ɔ-sěeng lessen the rays, shine, *v.*

ຍໍໃຫ້ nyɔ́ɔ-hâi offer, *v.*

ຍໍມືນົບ nyɔ́ɔ-múu-nop salute, wave to, *v.*

ຍໍຊີ້ນ nyɔ́ɔ-sîin meat paste, *n.*

ຍໍແຍ່ nyɔ́ɔ-nyɛ̂ɛ weak, *adj.*

ຍອກ nyɔ̂ɔk shake, *v.*

ຍອກຍ້ອນ nyɔ̂ɔk-nyɔ́ɔn circuitous, *v.*

ຍອງ nyɔ́ɔng ruminant animal, *n.*

ຍອງຝ້າຍ nyɔ́ɔng-fàai raw cotton, *n.*

ຍ່ອງ nyɔ̀ɔng walk stealthily, walk on tip-toe, *v.*

ຍ່ອງບົ່າ nyɔ̀ng-bao burglarize, *v.*

ຍ່ອງແຍ່ງ nyɔ̀ng-nyɛ̂ng cripple, totter, *v.*

ຍ້ອງ nyɔ́ɔng praise, laud, flatter, *v.*

ຍ້ອງຍໍ nyɔ́ɔng-nyɔ́ɔ flatter, *v.*

ເຍືອງ nyʉ́ang bring a light to see something, *v.*

ເຍືອງ nyʉ́ang animal of the deer family, *n.*

ຍ່ອຍ nyɔ̀i small, unimportant, *adj.*

ຍ່ອຍ nyɔ̀i digest, break into small pieces, *v.*

ຍ່ອຍຍັບ nyɔ̀i-nyap go to ruin, fall to pieces, *n.*

ຍ້ອຍ nyɔ̂ɔi hang down, drop, suspend, v.

ຍອດ nyɔ̂ɔt top, peak, source, chief, n.

ຍອດເງິນ nyɔ̂ɔt-nyə́n total money, grand total, n.

ຍອດສຸດ nyɔ̂ɔt-sút topmost, n.

ຍອດຊໍ່ຟ້າ nyɔ̂ɔt-sɔɔ-fâa roof ornaments of a pagoda, n.

ຍອດຮັກ nyɔ̂ɔt-hak most beloved, darling, n.

ຍອດປັຽມ nyɔ̂ɔt-nyiam most distinguished, best, adj.

ຍອມ nyɔ́ɔm pick out, v.

ຍ້ອນ nyɔ̂ɔn due to, prep.

ຍ້ອນຕອບ nyɔ̂ɔn-dtɔ̀ɔp retort, v.

ຍ້ອນວ່າ nyɔ̂ɔn-waa because, conj.

ຍ້ອນຮອຍ nyɔ̂ɔn-hɔɔi return by the same way, retrace one's steps, n.

ຍອບ nyɔ́ɔp become impoverished, v.

ຍອມ nyɔ́ɔm allow, surrender, admit, yield, v.

ຍອມຄວາມ nyɔ́ɔm-kwáam compromise, make a settlement, n.

ຍອມຈຳນົນ nyɔ́ɔm-jàm-nón submit, surrender, v.

ຍອມຕາມ nyɔ́ɔm-dtàam yield, v.

ຍອມຕາຍ nyɔ́ɔm-dtàai be ready to die for, v.

ຍອມແພ້ nyɔ́ɔm-pɛ́ɛ surrender, v.

ຍອມໃຫ້ nyɔ́ɔm-hài permit, yield, v.

ຍອມຮັບ nyɔ́ɔm-hap accept, admit, v.

ຍອມຮັບສາລະພາບ nyɔ́ɔm-hap-sǎa-la-pâap confess, v.

ຍ່ອມ nyɔm small, moderate, tiny, likely to, adj.

ຍ່ອມວ່າ nyɔm-waa commonly said, adj.

ຍ່ອມຍົາ nyɔm-nyao cheap, reasonably priced, adj.

ຍ້ອມ nyɔ̂ɔm dye, stain, v.

ຍ້ອມໃຈ nyɔ̂ɔm-jài strenghten the mind, persuade, nerve (with alcohol), v.

ຍ້ອມສີ nyɔ̂ɔm-sǐi dye, v.

ຍ້ອມແມວ nyɔ̂ɔm-mɛ́ɛo falsify goods for sale, v.

ເຍື່ອນ nyɯ̀an disconnected, adj.

ໃຍ nyái fiber, filament, cobweb, senew, n.

ໃຍດີ nyái-dìi be pleased, care, v.

ໃຍແມງມຸມ nyái-mɛ́ɛng-múm cobweb, n.

ເຍົາ nyáo young, small, tired, sick, adj.

ເຍົາວະຊົນ nyáo-wa-són youth, n.

ຍຳ nyám mix together, a dressed salad, v., n.

ຍ່ຳ nyam tread on, traap, trample on, v.

ຍ່ຳຍີ nyam-nyíi trample (upon), v.

ຍ່ຳເທົ້າ nyam-tâo mark time with feet, v.

ກ

ກ dɔɔ the ninth consonant of the Lao alphabet (mid consonant), *n.*

ກະ dǎ (to beat) right and left, roll over, *adv.*

ກັກ dǎk lie in wait, trap, ambush, *v.*

ກັກຄໍ dǎk-kɔ́ɔ anticipate, *v.*

ກັກສະກັດ dǎk-sa-gǎt ambush, *v.*

ກັກດານ dǎk-dàan remain miserable, drudge, *v.*

ກັກແດ້ dǎk-dɛ̂ɛ chrysalis, silkworm, worm, *n.*

ດັງ dǎng nose, *n.*

ດັງ dàng loud, noisy, *adj.*

ດັງ dàng sound, start a fire, *v.*

ດັງໄກ dàng-gǎi resounding, *adj.*

ດັງງວງ dàng-ngúang long nose, *n.*

ດັງໄຟ dàng-fái start a fire, *v.*

ດັງໂມ dàng-móo hooked, aquiline nose, *n.*

ດັງແມບ dàng-mɛ̂ɛp snub-nose, *n.*

ດັ່ງ dang as, like, so, such, such s, *adv.*

ດັ່ງກ່າວ dang-gaao as mentioned, *adv.*

ດັ່ງເກົ່າ dang-gao as before, *adv.*

ດັ່ງຄາດ dang-kâat as expected, *adv.*

ດັ່ງຄວາມຕັ້ງໃຈ dang-kwáam-dtâng-jài as intended, *adv.*

ດັ່ງໃຈ dang-jài as wished, as desired, *adv.*

ດັ່ງເຊັ່ນ dang-sên such as, *adv.*

ດັ່ງເດີມ dang-dɔ̀ɔm as before, as usual, *adv.*

ດັ່ງຕໍ່ໄປນີ້ dang-dtɔɔ-bpài-nîi as follows, *adv.*

ດັ່ງຕົວຢ່າງ dang-dtùa-nyaang for example, *adv.*

ດັ່ງທີ່ກ່າວມານີ້ dang-tîi-gaao-máa-nîi as has been stated, *adv.*

ດັ່ງນີ້ dang-nîi like this, thus, *adv.*

ດັ່ງນີ້ເປັນຕົ້ນ dang-nîi-bpèn-dtôn for example, *adv.*

ດັ່ງນັ້ນ dang-nân like that, therefore, thus, *adv.*

ດັ່ງປາດຖະໜາ dang-bpàat-ta-nǎa as wished, as desired, *adv.*

ດັ່ງໝາຍ dang-mǎai as intended, *adv.*

ດັ່ງລຸ່ມນີ້ dang-lum-nîi as below, as follows, *adv.*

ດັ້ງ dâng old, formerly, original, *adj.*

ດັ້ງເດີມ dâng-dɔ̀ɔm as before, in old times, from the first, *adj., adv.*

ດັດ dǎt correct, bend by force, alter, *v.*

ດັດກາຍ dǎt-gàai physical exercise, *n.*

ດັດຈະລິດ dǎt-ja-lît feign, pretend, *v.*

ດັດສະກອນ dăt-sa-gɔ̌ɔn enemy, robber, *n.*
ດັດສັນດານ dăt-sǎn-dàan reform, reshape, correct, *v.*
ດັດຊະນີ dăt-sa-nîi index finger, index, *n.*
ດັດນິໄສ dăt-ni-sǎi discipline, chastise, *v.*
ດັດແປງ dăt-bpɛ̀ɛng alter, adapt, *v.*
ດັດຜົມ dăt-pǒm wave hair, curl, *v.*
ດັດໃຫ້ຊື່ dăt-hài-sɯ̄ɯ straighten, *v.*
ດັນ dàn push, press, stubborn, *v., adj.*
ດັບ dǎp extinguish, *v.*
ດັບຄວາມກະຫາຍ dǎp-kwáam-ga-hǎai quench (a thirst), *v.*
ດັບຈິດ dǎp-jìt die, *v.*
ດັບສູນ dǎp-sǔun disappear, die, *v.*
ດັບຊີວິດ dǎp-sìi-wít die, *v.*
ດັບເພີງ dǎp-pə́əng put out the fire, *v.*
ດັບໄຟຟ້າ dǎp-fái-fâa turn out the light, *v.*
ດາລາ dàa-láa star, movie star, *n.*
ດາລາສາດ dàa-láa-sàat astronomy, *n.*
ດາລຸນີ dàa-lu-nîi young girl, *n.*
ດາວະດຶງ dàa-wa-dɯ̀ng paradise, the second heaven, *n.*
ດາແຫ dàa-hɛ̌ɛ ready a casting net, *v.*
ດ່າ dàa scold, curse, criticize, vilify, *v.*
ດ່າແຊ່ງ daa-sɛ̂ɛng revile, curse, *v.*
ດ່າປ້ອຍ daa-bpɔ̂ɔi insult, curse, *v.*
ດາກ dàak anus, rectum (vulgar), *n.*

ດາງ dàang net, *n.*
ດາງແຫ dàang-hɛ̌ɛ fishing net, *n.*
ດ່າງ daang spotted, alkali, chemically basic, *adj., n.*
ດ່າງທັບທິມ daang-tap-tím potassium permanganate, *n.*
ດ້າງ dâang solidify, hard, *v., adj.*
ດ້າງ dâang sweet potato, *n.*
ດ້າຍ dâai cotton thread, string, *n.*
ດ້າຍສາຍສິນ dâai-sǎai-sǐn sacred thread, *n.*
ດ້າຍໄໝ dâai-mǎi silk thread, *n.*
ດາດ dàat spread over, *v.*
ດາດຟ້າ dàat-fâa deck, *n.*
ດ່ານ daan post, checkpoint, outpost, *n.*
ດ່ານກວດຄົນເຂົ້າເມືອງ daan-gùat-kón-kào-múang immigration office, *n.*
ດ່ານກວດໂລກ daan-gùat-lôok quarantine station, *n.*
ດ່ານຕຳຫຼວດ daan-dtàm-lùat police station, *n.*
ດ່ານພາສີ daan-páa-sǐi customs house, *n.*
ດ້ານ dâan side, part, sector, aspect, *n.*
ດ້ານ dâan hard, rough, calloused, dull, without shame, *adj.*
ດາບ dàap sword, *n.*
ດາມ dàam brace, stiffen, strengthen, *v.*

ດ້າມ dâam handle, shaft, holder, n.
ດາວ dàao star, n.
ດາວເຄາະ dàao-kɔ́ planet, n.
ດາວຄັນ dàao-kwán comet, n.
ດາວສະເດັດ dàao-sa-dět shooting star, meteorite, n.
ດາວຊ້າງ dàao-sâang North star, n.
ດາວຕົກ dàao-dtǒk meteorite, n.
ດາວທຽມ dàao-tíam satellite, n.
ດາວບໍລິວານ dàao-bɔɔ-li-wáan satellite, n.
ດາວປະຈຳເມືອງ dàao-bpa-jàm-múang evening star, n.
ດາວພະເກດ dàao-pa-gèet Neptune, n.
ດາວພະສຸກ dàao-pa-sǔk Venus, n.
ດາວພະເສົາ dàao-pa-sǎo Saturn, n.
ດາວພະຍົມ dàao-pa-nyóm Pluto, n.
ດາວພະພຸດ dàao-pa-put Mercury, n.
ດາວພະຫັດ dàao-pa-hǎt Jupiter, n.
ດາວພະອັງຄານ dàao-pa-àng-káan Mars, n.
ດາວພີພົບ dàao-pi-pop Earth, n.
ດາວເພັດ dàao-pet morning star, n.
ດາວມະລິດຕະຍູ dàao-ma-lit-dta-nyúu Uranus, n.
ດາວວະດຶງ dàao-wa-dɯng second level of paradise, n.

ດາວຫາງ dàao-hǎang comet, n.
ດາວເຮືອງ dàao-hɯ́ang marigold, n.
ດາວໝູ່ dàao-muu constellation, n.
ດ່າວໆ daao-daao trembling, shaking, adj.
ດ້າວ dâao boundary, region, n.
ດິກ dǐk lean the head over, v.
ດິກໆ dik-dik shaky, adj.
ດິກນ້ຳ dik-nâam drown, v.
ດິ່ງ dìng plummet, plumb line, upright, straight down, n.
ດີ້ງ dîng braid, n.
ດີ້ງຄຳ dîng-kám gold braid, n.
ດີ້ງເງິນ dîng-ngə́n silver braid, n.
ດິນ dìn earth, soil, land, ground, clay, n.
ດິນກະດານ dìn-ga-dàan slate, n.
ດິນເຄື່ອນ dìn-gɯan land slide, n.
ດິນຂໍ່ dìn-kɔ̀ɔ tile, n.
ດິນຈີ່ dìn-jii brick, n.
ດິນສໍ dìn-sɔ̌ɔ pencil, n.
ດິນສໍສີ dìn-sɔ̌ɔ-sǐi colored pencil, n.
ດິນຊີມັງ dìn-sii-máng cement, n.
ດິນຊາຍ dìn-sáai sand, n.
ດິນດາກ dìn-dàak clay, n.
ດິນດານ dìn-dàan hard sub-soil, n.
ດິນດຳ dìn-dàm gun-powder, n.
ດິນດອນ dìn-dɔɔn plateau, n.
ດິນແດນ dìn-dɛɛn territory, n.

ດິນນ້ຳມັນ dìn-nâam-mán plasticene, *n.*
ດິນປ່ງ dìn-bpoong salty earth, *n.*
ດິນເຜົາ dìn-pǎo baked clay, pottery, *n.*
ດິນຟ້າອາກາດ dìn-fâa-àa-gàat weather, the elements, *n.*
ດິນລະເບີດ dìn-la-bèət dynamite, *n.*
ດິນລົມ dìn-lom mud, *n.*
ດິນໜຽວ dìn-nǐao clay, *n.*
ດິນໄຫວ dìn-wǎi earthquake, *n.*
ດີ້ນ dîn squirm, tinsel, move to and fro, struggle, *n., v.*
ດີ້ນແດ່ວໆ dîn-dɛo-dɛo wriggle, *v.*
ດີ້ນລົ້ນ dîn-lón struggle, *v.*
ດິບ dìp raw, uncooked, *adj.*
ດິບດີ dìp-dìi well-arranged, good, benefit, reward, *adj., n.*
ດິ້ວ dîu cudgel, club, stitch, *n.*
ດີ dìi good, nice, favorable, surpass, *adj., v., n.*
ດີກາ dìi-gàa petition, appeal, submit a petition, *n., v.*
ດີກວ່າ dìi-gwàa better, better than, *adj.*
ດີຂຶ້ນ dìi-kɨ̂n improve, get better, *v.*
ດີໃຈ dìi-jài happy, glad, *adj.*
ດີໆ dìi-dìi normal, correct, well, *adj.*
ດີແທ້ໆ dìi-tɛ́ɛ-tɛ́ɛ excellent, *adj.*
ດີທີ່ສຸດ dìi-tìi-sùt the best, *adj.*
ດີເລີດ dìi-lɔ̂ət excellent, *adj.*
ດີແລ້ວ dìi-lɛ́ɛo better, all right, *adj.*
ດີແລ້ວ dìi-lɛ́ɛo that's fine.
ດີອີຫຼີ dìi-ìi-lǐi really good, *adj.*
ດີອົກດີໃຈ dìi-ŏk-dìi-jài glad, pleased, happy, *adj.*
ດິດ dìit tap, pry up, flip, flick, snap, *v.*
ດິດພິນ dìit-pin play the harp, *v.*
ດິດລູກຄິດ dìit-lûuk-kit calculate on an abacus, *v.*
ດິດອອກ dìit-ɔ̀ɔk flip away, *v.*
ດຶກ dɨk throw away, dive, *v.*
ດຶກດຳບັນ dɨk-dàm-ban ancient, primeval, primordial, *adj.*
ດຶກນ້ຳ dɨk-nâam go under water, *v.*
ດຶງ dɨ̀ng pull, drag, draw, attract, *v.*
ດຶງຊາກ dɨ̀ng-sâak tear away, *v.*
ດຶງດັນ dɨ̀ng-dàn be obstinate, *v.*
ດຶງດູດ dɨ̀ng-dùut attract, *v.*
ດື້ dɨ̂ɨ obstinate, naughty, *adj.*
ດື້ດຶງ dɨ̂ɨ-dɨ̀ng stubborn, *adj.*
ດື້ດ້ານ dɨ̂ɨ-dâan shamelessly obstinate, *adj.*
ດື່ມ dɨ̀ɨm drink, *v.*
ດຸ dù scold, diligent, fierce, *adj.*
ດຸດັນ dù-dàn implacable, industrious, violent, *adj.*
ດຸເດືອດ dù-dɨ̀at fierce, serious, fero-

cious, adj.

ດຸລິຍະ dù-li-nya musical instruments, n.

ດຸລິຍາງ dù-li-nyáang band, music, n.

ດຸຮ້າຍ dù-hâai fierce, violent, adj.

ດຸໝັ່ນ dù-man diligent, adj.

ດຸກ dùk catfish, n.

ດຸກດິກ dùk-dìk move, fidget, v.

ດຸ່ງ dùng go, walk, v.

ດຸ້ງຂື້ນ dùng-kùn convex, v.

ດຸດ dùt pull out, dig, v.

ດຸດສະດີ dùt-sa-dìi appreciation, joy, n.

ດຸມ dùm button, n.

ດຸມກຽນ dùm-gìan wheel hub, n.

ດຸມລໍ້ dùm-lɔ́ɔ hub, n.

ດຸ່ມໆ dùm-dùm intently, adv.

ດູແຄນ dùu-kɛ́ɛn insult, look down, v.

ດູດາຍ dùu-dàai not able to help, sit by (without doing anything), v.

ດູຕົນ dùu-dtòn have a pity, v.

ດູຖຸກ dùu-tùuk look down on, v.

ດູໝໍ dùu-mɔ̌ɔ consult a fortune teller, v.

ດູແລ dùu-lɛɛ guard, look after, v.

ດູໝິ່ນ dùu-min disdain, contempt, v.

ດູເໝືອນ dùu-mǔan seem, appear, v.

ດູເໝືອນວ່າ dùu-mǔan-waa it seems that.

ດູກ dùuk bone, n.

ດູກຂ້າງ dùuk-kàang rib, n.

ດູກແຂ້ງ dùuk-kɛ́ng tibia, n.

ດູກເສື້ອ dùuk-sùa seam of clothes, n.

ດູກສັນຫລັງ dùuk-sǎn-lǎng spine, n.

ດູກສັນຫລັງຂອງຊາດ dùuk-sǎn-lǎng-kɔ̌ɔng-sâat backbone of the nation, n.

ດູກຕໍ່ dùuk-dtɔɔ bone articulation, n.

ດູກປ້ນ dùuk-bpɔ̂n shoulder blade, n.

ດູກຜ້າ dùuk-pàa seam of a garment, n.

ດູກອຸ້ງຕີນ dùuk-ông-dtìin metatarsus, n.

ດູກອຸ້ງມື dùuk-ông-múu metacarpus, n.

ດູກອ່ອນ dùuk-ɔɔn cartilage, n.

ດູດ dùut suck, absorb, attract, v.

ດູດຄອກ dùut-gɔ̂ɔk smoke a pipe, v.

ດູດກິນ dùut-gìn suck, v.

ດູດດຶງ dùut-dùng draw, pull, attract, v.

ດູດດື່ມ dùut-dùum be absorbed, touched, v.

ດູດນ້ຳ dùut-nâam suck water, v.

ດູດນົມ dùut-nóm suckle, v.

ດູດຢາ dùut-yaa smoke tobacco, v.

ເດັກ děk child, n.

ເດັກເກີດໃໝ່ děk-gə̀ət-mai newborn child, n.

ເດັກກຳພ້າ děk-gàm-pâa orphan, n.

ເດັກນ້ອຍ děk-nɔ̂ɔi child, kid, n.

ເດັກນ້ອຍເກີດໃໝ່ děk-nɔ̂ɔi-gə̀ət-mai infant, n.

ເດັກຜູ້ຊາຍ děk-puu-sáai boy, n.
ເດັກຜູ້ຍິງ děk-puu-nýing girl, n.
ເດັ້ງ děng spring back, bounce, recoil, rebound, v.
ເດັດ dět pluck, pick, v.
ເດັດຂາດ dět-kàat absolutely, adv.
ເດັດດ່ຽວ dět-dìao resolutely, adv.
ເດັ້ນ děn bounce back, rebound, v.
ເດັ່ນ den tomato, n.
ເດັ່ນ den outstanding, adj.
ເດ dee there, overthere, adv.
ເດຊະບຸນ dee-sa-bùn luck, n.
ເດຊານຸພາບ dèe-sáa-nu-pâap power, might, n.
ເດລະສານ dèe-la-sǎan beast, brute, n.
ເດ dee protrude, stretch, v.
ເດມື dee-múu extend the hand, v.
ເດນ dèen garbage, waste, leaving, refuse, n.
ເດນມາກ dèen-màak Denmark, n.
ແດ dee for, to, prep.
ແດກ້ອນ dee-tɔ̀ɔn please, v.
ແດກ dèek pierce, stab, v.
ແດກ dèek eat (gluttonously), v.
ແດກດັນ dèek-dàn use repulsive insolent language, speak ironically, v.
ແດງ dèeng red, adj., n.

ແດງກ່ຳ dèeng-gam ruddy, adj.
ແດງຂື້ນ dèeng-kùn redden, blush, v.
ແດງຊາຍ dèeng-sáai red ant, n.
ແດ້ງ dèng late-maturing, early drying, adj.
ແດດ dèet sunshine, n.
ແດດຈ້າ dèet-jâa sunny, adj.
ແດດສ່ອງ dèet-sɔ̀ng sunlight, n.
ແດດອອກ dèet-ɔ̀ɔk the sun shines.
ແດດຮ້ອນ dèet-hɔ́ɔn hot weather, n.
ແດນ dèen border, boundary, n.
ແດນດິນ dèen-din land, territory, boundary, n.
ດົກ dǒk fertile, abundant, adj.
ດົງ dòng thick forest, n.
ດົງດັງ dòng-dàng well-known, renowned, adj.
ດົງທຶບ dòng-tɯp jungle, n.
ດົງ dong moving upward, adv.
ດົ້ງ dŏng flat bamboo basket, n.
ດົນ dòn long time, n.
ດົນໃຈ dòn-jài inspire, v.
ດົນຕີ dòn-dtii music, n.
ດົນຕຶບ dòn-dtɔ̀ɔp for a little while, adv.
ດົນບັນດານ dòn-bàn-dàan inspire, destine, v.
ດົນປານໃດ dòn-bpàan-dǎi how long, when, adv.

ດົນນານ dòn-náan a long time ago, adv.

ດົນແລ້ວ dòn-lɛ̂ɛo a long time since, adv.

ດົນ dòn penetrate, v.

ດົນຟືນ dòn-fúun firewood, n.

ດົມ dòm smell, inhale, sniff, v.

ດົມກິ່ນ dòm-gìn sniff, smell, v.

ດົມແກ້ມ dòm-gɛ̂ɛm sniff, kiss (usually on cheek), v.

ໂດ dòo red fish, n.

ໂດລາ dòo-lâa dollar, n.

ໂດ່ doo extending vertically, adv.

ໂດກເດັກ dòok-dèɛk swaying, adj.

ໂດ່ງ doong protruding, pointing, adj.

ໂດ່ງດັ່ງ doong-dàng famous, renowned, distinguished, adj.

ໂດຍ dòoi by means of, by, prep.

ໂດຍ dòoi yes, adv.

ໂດຍກົງ dòoi-gòng directly, adv.

ໂດຍກຳເນີດ dòoi-gàm-nə̀ət by birth, adv.

ໂດຍຄວາມຈິງໃຈ dòoi-kwáam-jìng-jài sincerely, adv.

ໂດຍເຈດຕະນາ dòoi-jèet-dta-náa intentionally, adv.

ໂດຍສະເພາະ dòoi-sa-pɔ especially, adv.

ໂດຍສະເພາະຢ່າງຍິ່ງ dòoi-sa-pɔ-nyaang-nyîng particularly, adv.

ໂດຍສະຫວັດດີພາບ dòoi-sa-wăt-dìi-pâap safely, adv.

ໂດຍສັດຊື່ dòoi-săt-sɯ̂ɯ honestly, adv.

ໂດຍສານ dòoi-săan travel, go along, be a passenger, v.

ໂດຍສົມຄວນ dòoi-sŏm-kúan suitably, adv.

ໂດຍສິ້ນເຊີງ dòoi-sîn-sə́əng entirely, completely, adv.

ໂດຍສຸດຈະລິດ dòoi-sùt-ja-lìt in good faith, adv.

ໂດຍສອບທຳ dòoi-sɔ̀ɔp-tám morally, legally, adv.

ໂດຍດີ dòoi-dìi fairly, friendly, adv.

ໂດຍດ່ວນ dòoi-duan urgently, adv.

ໂດຍຕະຫລອດ dòoi-dta-lɔ̀ɔt through out, adv.

ໂດຍຕົງ dòoi-dtòng directly, adj.

ໂດຍຕົນເອງ dòoi-dtòn-èeng by oneself, adv.

ໂດຍທັນທີ dòoi-tán-tíi instantly, immediately, adv.

ໂດຍທາງ dòoi-táang by way of, adv.

ໂດຍທາງນ້ຳ dòoi-táang-nâam by water, by sea, adv.

ໂດຍທາງບົກ dòoi-táang-bŏk by land, adv.
ໂດຍທາງລົດໄຟ dòoi-táang-lot-fái by train, by rail, adv.
ໂດຍທາງອາກາດ dòoi-táang-aa-gàat by air, adv.
ໂດຍທົ່ວໄປ dòoi-tua-bpài generally, adv.
ໂດຍທຸດຈະລິດ dòoi-tut-ja-lit wrongfully, adv.
ໂດຍບໍ່ຄຳນຶງເຖິງ dòoi-bɔɔ-kám-núng-tӑng regardless, pitiless, adv.
ໂດຍບໍ່ສົງໃສ dòoi-bɔɔ-sŏng-sǎi beyond any doubt, adv.
ໂດຍບັງເອີນ dòoi-bàng-ɔ̀ən by chance, by accident, adv.
ໂດຍຜ່ານ dòoi-paan through, in care of, prep.
ໂດຍພ້ອມພຽງ dòoi-pɔ̂ɔm-píang without objection, adv.
ໂດຍມາກ dòoi-mâak mostly, adv.
ໂດຍຢ້ານວ່າ dòoi-yâan-waa for fear that, conj.
ໂດຍລະອຽດ dòoi-la-ìat in detail, adv.
ໂດຍລຳພັງ dòoi-lám-páng by oneself, adv.
ໂດຍເຫດທີ່ dòoi-hèet-tii because of, due to, conj.
ໂດຍເອກະສັນ dòoi-èek-ga-sǎn unanimously, adv.
ໂດຍອ້າງອີງເຖິງ dòoi-âang-ing-tӑng referring to, adj.
ໂດຍຮອບຄອບ dòoi-hɔ̂ɔp-kɔ̂ɔp consciously, aware, adv.
ໂດຍຮຽບຮ້ອຍ dòoi-híap-hɔ̂ɔi in good order, adv.
ໂດຍໜ້າທີ່ dòoi-nàa-tii as part of one's job, adv.
ໂດດ dòot jump, leap, alone, v., adv.
ໂດດຈ້ອງ dòot-jɔ̑ng parachute, v.
ໂດດດ່ຽວ dòot-diao isolated, only one, alone, adj., adv.
ໂດດໜີ dòot-nǐi run away, v.
ໂດນ dòon hit, collide, v.
ດອກ dɔ̀ɔk flower, n.
ດອກກ້ວຍໄມ້ dɔ̀ɔk-gûai-mâi orchid, n.
ດອກກຸຫລາບ dɔ̀ɔk-gu-làap rose, n.
ດອກເກົ້າກ້ານ dɔ̀ɔk-gâo-gâan hibiscus, n.
ດອກຈຳປາ dɔ̀ɔk-jàm-bpàa Laos national flower (white frangipani), n.
ດອກຈຳປີ dɔ̀ɔk-jàm-bpii red jasmine, n.
ດອກຈອກ dɔ̀ɔk-jɔ̀ɔk water plant, n.
ດອກດາວເຮືອງ dɔ̀ɔk-dàao-húang marigold, n.
ດອກຕາເວັນ dɔ̀ɔk-dtàa-wén sunflower, n.

ດອກເບັ້ຍ dɔ̀ɔk-bîa interest (on loan), n.
ດອກເບັ້ຍທົບຕົ້ນ dɔ̀ɔk-bîa-top-dtôn compound interest, n.
ດອກບົວ dɔ̀ɔk-bùa lotus, n.
ດອກບົວຂີ້ແບ້ dɔ̀ɔk-bùa-kîi-bɛ̂ɛ water lily, n.
ດອກບົວຫລວງ dɔ̀ɔk-bùa-lǔang royal lotus, n.
ດອກເຜິ້ງ dɔ̀ɔk-pôŋ honey orchid, n.
ດອກຝ້າຍ dɔ̀ɔk-fâai cotton ball, n.
ດອກຝິ່ນ dɔ̀ɔk-fin poppy, n.
ດອກໄຟຟ້າ dɔ̀ɔk-fái-fâa lightbulb, n.
ດອກເຟື້ອຟ້າ dɔ̀ɔk-fûang-fâa vine, bougainvillea, n.
ດອກມາລາ dɔ̀ɔk-máa-láa garland of flower, n.
ດອກໄມ້ dɔ̀ɔk-mâi flower, n.
ດອກໄມ້ໄຟ dɔ̀ɔk-mâi-fái fire works, n.
ດອກເອື້ອງ dɔ̀ɔk-ûang orchid, n.
ດອງ dɔ̀ɔng pickle, ferment, v.
ດອງ dɔ̀ɔng marriage, wedding, n.
ດອງ dɔ̀ɔng carapace, shell, n.
ດອງໄວ້ dɔ̀ɔng-wâi preserve, pickle, v.
ດອຍ dɔ̀ɔi mountain, hill, n.
ດ້ອຍ dɔ̂i become lower, inferior, v.
ດອດ dɔ̀ɔt approach stealthily, v., adj.
ດອດຫນີ dɔ̀ɔt-nǐi steal away, v.

ດອນ dɔ̀ɔn island, highland, n.
ດີກຣີ dìi-gìi degree (temperature), n.
ດຶກ dɨk early, late of night, adj.
ດຶກດື່ນ dɨk-dɨ̀ɨn late at night, adj.
ເດີນ dəən walk, proceed, pace, v.
ເດີນຂະບວນ dəən-ka-bùan parade, demonstrate, v.
ເດີນເຄື່ອງ dəən-kɨ̂ang start the engine, v.
ເດີນງານ dəən-ngáan go on business, v.
ເດີນສວນສະຫນາມ dəən-sǔan-sa-nǎam parade, v.
ເດີນຕາມ dəən-dtàam follow, v.
ເດີນໂຕະ dəən-dto serve at the table, v.
ເດີນທາງ dəən-táang travel, v.
ເດີນທັບ dəən-tap move an army, v.
ເດີນໄປ dəən-bpài go on foot, v.
ເດີນເຮືອ dəən-hɨ́a navigate, v.
ເດີນຫນ້າ dəən-nâa walk forward, lead, v.
ເດີນຫນັງສື dəən-nǎng-sɨ̌ɨ deliver a letter, v.
ເດີ່ນ dən field, court, n.
ເດີ່ນກິລາ dən-gi-láa stadium, n.
ເດີ່ນບິນ dən-nyón airport, n.
ເດີ່ນເຕະບານ dən-dtɛ-bàan football field, n.
ເດີ່ນຕັ້ມນິດ dən-dtên-nit tennis court, n.
ເດີ່ນບ້ານ dən-bâan ground around the

house, n.
ເດີ່ນບິນ dən-bìn airport, n.
ເດີ່ນແປນ dən-bpɛɛn cleared area, n.
ເດີ່ນຫຍ້າ dən-nyàa grass field, meadow, n.
ເດີ່ນຫຼິ້ນ dən-lìn playground, n.
ເດີມ dəəm before, once, beginning, at first, n., adv.
ເດີມພັນ dəəm-pán stakes in gambling, bet, n., v.
ເດຍລະສານ dìa-la-sǎan beast, n.
ເດຍລະດາດ dìa-la-dàat in disorder, scattered, adj.
ເດຍລະຖີ dìa-la-tǐi non-Buddhist monk, n.
ເດືມ dìam tickle, v.
ເດືມຄີງ dìam-kíing tickle, v.
ເດືມມື dìam-múu be shocked by touching, v.
ດຽວ dìao single, one, lone, adj., adv.
ດຽວກັນ dìao-gàn the same, n.
ດຽວດາຍ dìao-dàai alone, adv.
ດຽວນີ້ dìao-nìi now, immediately, adv.
ດ່ຽວ diao isolated, single, solo, adj., n., v.
ເດື່ອ dɨ̀a fig tree, n.
ເດືອຍ dùai rooster's spur, n.
ເດືອດ dùat boil, be provoked, froth, v.
ເດືອດດານ dùat-dàan build with anger, v.
ເດືອດຮ້ອນ dùat-hɔ́ɔn troubled, adj.

ເດືອນ dùan moon, month, n.
ເດືອນກຸມພາ dùan-gùm-páa February, n.
ເດືອນກັນຍາ dùan-gàn-nyáa September, n.
ເດືອນກ່ອນ dùan-gɔɔn last month, n.
ເດືອນກໍລະກົດ dùan-gɔɔ-la-gòt July, n.
ເດືອນຂຶ້ນ dùan-kɨ̀n the rising or waxing moon, n.
ເດືອນຈຽງ dùan-jiang first lunar month (Dec.), n.
ເດືອນສິງຫາ dùan-sǐng-hǎa August, n.
ເດືອນຍີ່ dùan-nyīi second lunar month (Jan.), n.
ເດືອນດັບ dùan-dáp last period of the month, n.
ເດືອນຕຸລາ dùan-dtu-láa October, n.
ເດືອນທັນວາ dùan-tán-wáa December, n.
ເດືອນພະຈິກ dùan-pa-jìk November, n.
ເດືອນພຶດສະພາ dùan-pɨt-sa-páa May, n.
ເດືອນເພັງ dùan-péng full moon, n.
ເດືອນມິຖຸນາ dùan-mi-tu-náa June, n.
ເດືອນມີນາ dùan-mìi-náa March, n.
ເດືອນເມສາ dùan-mée-sǎa April, n.
ເດືອນມັງກອນ dùan-máng-gɔɔn January, n.
ເດືອນອ້າຍ dùan-âai first lunar month (Dec.), n.

ເດືອນແຮມ dùan-héεm the declining or waning moon, n.

ເດືອນຫງາຍ dùan-ngǎai moonlight, n.

ດວງ dùang sphere, ball, circle, disk, spot, classification for circular in shape e.g. stars, lamps, seals, n., clf.

ດວງກາ dùang-gàa seal, rubber stamp, n.

ດວງກາໄປສະນີ dùang-gàa-bpài-sa-nǐi postage stamp, n.

ດວງຄົມ dùang-kóm sharp blade, n.

ດວງຈັນ dùang-jàn moon, n.

ດວງໃຈ dùang-jài heart, most beloved, n.

ດວງຈິດ dùang-jìt mind, n.

ດວງສະໝອນ dùang-sa-mɔ̌ɔn my love, n.

ດວງຊາຕາ dùang-sáa-dtàa zodiac, horoscope, n.

ດວງດາວ dùang-dàao stars, n.

ດວງຕາ dùang-dtàa eye, n.

ດວງໄຟ dùang-fái light bulb, n.

ດວງລາສີ dùang-láa-sǐi horoscope, n.

ດວງວິນຍານ dùang-wín-nyáan soul, n.

ດວງອາທິດ dùang-àa-tit sun, n.

ດ້ວງ dûang beetle, larva, grub, caterpillar, pupa, n.

ດ້ວຍ dûai with, also, too, as well, made of, adv., adj., prep.

ດ້ວຍກັນ dûai-gàn together, also, adj., adv.

ດ້ວຍຄວາມເສຍໃຈ dûai-kwáam-sǐa-jài with regret, adv.

ດ້ວຍຄວາມຍິນດີ dûai-kwáam-nyín-dìi with pleasure, adv.

ດ້ວຍຄວາມນັບຖື dûai-kwáam-nap-tǔɯ respectfully, adv.

ດ່ວນ duan urgent, adj.

ດ້ວນ dûan be cut off, amputated, severed, v., adj.

ໃດ dǎi whatever, adj.

ໃດໆ dǎi-dǎi any, adj.

ໄດ້ dâi get, obtain, can, be able, win, gain, acquire, v.

ໄດ້ dâi (used in front of a verb to form a past tense).

ໄດ້ການ dâi-gàan useable, effective, adj.

ໄດ້ກຳໄລ dâi-gàm-lái make a profit, v.

ໄດ້ແກ່ dâi-gɛɛ as for instance, namely, adv.

ໄດ້ກັນ dâi-gàn marry each other, take each other as lovers, adj.

ໄດ້ກັນ dâi-gàn well-matched, suitable, adj.

ໄດ້ກິ່ນ dâi-gin smell, v.

ໄດ້ຂ່າວ dâi-kaao get news, v.

ໄດ້ຄືນ dâi-kǔɯn get back, recover, v.

ໄດ້ຄວາມ dâi-kwáam make sense, practical, useful, v.

ໄດ້ໃຈ dâi-jài be elated, encouraged, v.

ໄດ້ສະຕິ dâi-sa-dtì be awakend, regain consciousness, v.
ໄດ້ສ່ວນ dâi-suan well-proportioned, adj.
ໄດ້ເສຍກັນ dâi-sǐa-gàn have sexual intercourse, v.
ໄດ້ຍິນ dâi-nyín hear, v.
ໄດ້ບຸນ dâi-bùn acquire merit, v.
ໄດ້ປະໂຫຍດ dâi-bpa-nyòot benefit, v.
ໄດ້ເປົ່າ dâi-bpao get for nothing, v.
ໄດ້ປຽບ dâi-bpìap get the advantage, v.
ໄດ້ຜົນ dâi-pǒn succeed, effective, v.
ໄດ້ມູນ dâi-múun inherit, v.
ໄດ້ລາບ dâi-lâap receive a windfall, v.
ໄດ້ແລ້ວ dâi-lɛ́ɛo suitable, okay, adj.
ໄດ້ຮັບ dâi-hap receive, v.
ເດົາ dao guess, conjecture, estimate, v.
ດົກ dào move up and down, move in and out, v.
ເດາະ dɔ̀ strike with the hand, cracked, v.
ດ່ ดɔ̀ɔ rapid, earlier than expected, adj.
ດ່ dɔ̀ɔ male elephant with short tusks, n.
ດ່ dɔɔ standing upright, adv.
ດໍາ dàm black, n., adj.
ດໍາ dàm transplant rice, dive, v.
ດໍານາ dàm-nâa transplant rice, v.
ດໍາເນີນ dàm-nə́ən carry on, proceed, v.
ດໍາເນີນການ dàm-nə́ən-gàan operate, begin, manage, v.
ດໍາເນີນຄະດີ dàm-nə́ən-ka-dìi put on trial, v.
ດໍາເນີນງານ dàm-nə́ən-ngáan manage, direct, v.
ດໍາເນີນຊີວິດ dàm-nə́ən-síi-wit earn a livelihood, v.
ດໍານ້ຳ dàm-nâam plunge into the water, dive, v.
ດໍາລົງ dàm-lóng uphold, be permanent, v.
ດໍາລິ dàm-lì think, plan (royal), contemplate, consider, v.

ຕ

ຕ dtɔɔ the tenth consonant of the Lao alphabet (mid consonant), n.
ຕະກູນ dta-gùn family, n.
ຕະກຽງ dta-gìang lamp, n.
ຕະບອງ dta-bɔ̀ɔng club, stick, n.
ຕະບອງເພັດ dta-bɔ̀ɔng-pet cactus, n.
ຕະໄບ dta-bài file, n.
ຕະປູ dta-bpùu nail, n.
ຕະໂພນ dta-póon two-face drum, n.
ຕະລ່າງ dta-laang space under house, downstairs, n., adv.
ຕະລຶງ dta-lúng be dazed, panic, v.

ຕະລຸມບອນ dta-lúm-bɔɔn fight hand to hand, v.

ຕະລຸຍ dta-lúi wade though, bear down on, v.

ຕະວັນ dta-wán sun, n.

ຕະວວນ dta-wéen go round, patrol, v.

ຕະວັນ dta-wén sun, v.

ຕະຫນັກ dta-năk realize, be certain, v.

ຕະຫນີ່ dta-nìi miserly, frugal, adj.

ຕະຫລາດ dta-làat market, n.

ຕະຫລາດນັດ dta-làat-nat market fair, flea market, n.

ຕະຫລາດມືດ dta-làat-mʉ̀ʉt black market, n.

ຕະຫລີກ dta-lɔ̀ɔt strayed off, adv.

ຕະຫລົກ dta-lŏk joke, comic, jester, v., n.

ຕະຫລິ່ງ dta-lǐng river bank, n.

ຕະຫລອດ dta-lɔ̀ɔt through, throughtout, all, all over, adv., prep.

ຕະຫລອດການ dta-lɔ̀ɔt-gàan perpetually, forever, adv.

ຕະຫລອດຄືນ dta-lɔ̀ɔt-kʉ́ʉn all night long, adv.

ຕະຫລອດທັງ dta-lɔ̀ɔt-táng together with, adv.

ຕະຫລອດໄປ dta-lɔ̀ɔt-bpài forever, adv.

ຕະຫລອດເວລາ dta-lɔ̀ɔt-wée-láa all the time, adv.

ຕະຫລອດວັນ dta-lɔ̀ɔt-wén all day, adv.

ຕັກ dtăk dip up, fetch, lap, v., n.

ຕັກແຕນ dtăk-dtɛɛn grasshopper, n.

ຕັກເຕືອນ dtăk-dtʉ̀an warn, v.

ຕັກບາດ dtăk-bàat give alms, put food in the monk's bowl, v.

ຕັ້ງກະຕິ້ວ dtâng-ga-dtîu rubber, glue, n.

ຕັ່ງ dtang chair, sofa, stool, n.

ຕັ່ງຍາວ dtang-nyáao bench, n.

ຕັ່ງອີ້ dtang-ʔìi armchair, n.

ຕັ້ງ dtâng set up, stand, install, v.

ຕັ້ງກະຕິກາ dtâng-ga-dtǐ-gàa establish rules, v.

ຕັ້ງກົດ dtâng-gŏt begin, v.

ຕັ້ງຂຶ້ນ dtâng-kʉ̂n establish, v.

ຕັ້ງຂໍ້ສັງເກດ dtâng-kɔ̂ɔ-săng-gèet observe, v.

ຕັ້ງຄັນ dtâng-kán become pregnant, v.

ຕັ້ງຄຳຖາມ dtâng-kám-tăam raise a question, v.

ຕັ້ງໃຈ dtâng-jài intend, pay attention, v.

ຕັ້ງຊື່ dtâng-sʉ̀ʉ name, v.

ຕັ້ງແຕ່ dtâng-dtɛɛ from, since, prep.

ຕັ້ງແຕ່ນີ້ໄປ dtâng-dtɛɛ-nîi-bpài from now on, adv.

ຕັ້ງຕົ້ນ dtâng-dtôn begin, v.

ຕັ້ງໂຕະ dtâng-dto set the table, v.

ຕັ້ງຕົວ dtâng-dtùa establish oneself, v.
ຕັ້ງແຖວ dtâng-tɛ̌ɛo stand in a row, v.
ຕັ້ງແທນ dtâng-tɛ́ɛn appoint a representative, v.
ຕັ້ງໂມງ dtâng-móong set a clock, a watch, v.
ຕັ້ງຢູ່ dtâng-nyuu be located, v.
ຕັ້ງຢືນ dtâng-nyùun be vertical, v.
ຕັ້ງລາຄາ dtâng-láa-káa assess price, set a price, v.
ຕັ້ງຫນ້າ dtâng-nàa be determined, v.
ຕັ້ງຫນ້າຄອຍ dtâng-nàa-kɔ́ɔi keep on waiting, v.
ຕັ້ງຫມັ້ນ dtâng-màn stand firmly, v.
ຕັ້ງຫລັກຖານ dtâng-lǎk-tǎan lay foundation, v.
ຕັ້ງອົກຕັ້ງໃຈ dtâng-ǒk-dtâng-jài pay attention to, v.
ຕັ້ງເຮັດ dtâng-het do on purpose, v.
ຕັດ dtǎt cut, sever, break off, end, v.
ຕັດກັນ dtǎt-gàn intersect, v.
ຕັດຂາດ dtǎt-kàat break off, v.
ຕັດຄໍ dtǎt-kɔ́ɔ behead, decapitate, v.
ຕັດໃຈ dtǎt-jài decide in spite of, give up, v.
ຕັດສະບຽງ dtǎt-sa-bìang cut off food supply, v.

ຕັດສິດ dtǎt-sìt deprive of rights, v.
ຕັດສິນ dtǎt-sǐn judge, decide, v.
ຕັດສິນໃຈ dtǎt-sǐn-jài decide, v.
ຕັດເສື້ອ dtǎt-sùa make clothes, v.
ຕັດສຳພັນ dtǎt-sǎm-pán sever relation, v.
ຕັດຍາດພີ່ນ້ອງ dtǎt-nyâat-pii-nɔ́ɔng disown one's relatives, n.
ຕັນ dtàn ton, clogged, n., adj.
ຕັນໃຈ dtàn-jài slow witted, obtuse, adj.
ຕັນດັ້ງ dtàn-dàng stuffed nose, n.
ຕັນທາງ dtàn-táang block a road, v.
ຕັນຫາ dtàn-hǎa lust, desire, passion, n.
ຕັບ dtǎp liver, rod, n.
ຕັບແຂງ dtǎp-kěng cirrhosis of the liver, n.
ຕັບເຈັ້ຍ dtǎp-jìa stack of paper, n.
ຕັບລູກປືນ dtǎp-lûuk-bpùun stack of cartridges, n.
ຕາ dtàa eye, paternal grandfather, seal (stamp), n.
ຕາກ້າ dtàa-gâa rice seed bed, n.
ຕາໂກນ dtàa-goon sunken eyes, n.
ຕາກໍ້ dtàa-gɔ̂ɔ angry eyes, n.
ຕາຂາວ dtàa-kǎao cowardly, white of the eye, adj., n.
ຕາຂ່າຍ dtàa-kaai net, n.
ຕາສັ້ນ dtàa-sàn short-sighted, myopia, adj., n.

ຕາສິນຄ້າ dtàa-sǐn-kâa brand, trademark, *n.*

ຕາແສງ dtàa-sɛ̌ɛng subdistrict, *n.*

ຕາຊັງ dtàa-sáng detestful, hateful, cute, *adj.*

ຕາຊັ່ງ dtàa-sang balance, scale, *n.*

ຕາຊິງ dtàa-síng marking on scales, *n.*

ຕາເຊື່ອ dtàa-sɔ̀ɔ dim sighted, *adj.*

ຕາດິນ dtàa-dìn registered deed to land, *n.*

ຕາແດງ dtàa-dɛ̀ɛng conjunctivities, *n.*

ຕາຕະລາງ dtàa-dta-láang lines on schedule, table, chart, *n.*

ຕາທິບ dtàa-tip clairvoyant, *n.*

ຕາທວດ dtàa-tûat great grandfather (paternal), *n.*

ຕານາ dtàa-náa title or deed of ricefield, *n.*

ຕາບອດ dtàa-bɔ̀ɔt blind, *adj.*

ຕາໂປ dtàa-bpòo swollen eyes, *n.*

ຕາປຽກ dtàa-pìak trachoma, *n.*

ຕາໄປສະນີ dtàa-bpài-sa-nǐi postage stamp, *n.*

ຕາເປົ່າ dtàa-bpao empty eyes, bare eyes, naked eyes, *n.*

ຕາຝັ່ງ dtàa-fang shore, *n.*

ຕາລາງ dtàa-láang schedule, timetable, chart, *n.*

ຕາລ່າງ dtàa-laang area under the house, downstairs, *n.*, *adv.*

ຕາໂລ້ dtàa-lôo protruding eyes, *n.*

ຕາລໍ dtàa-lɔ́ɔ blind in one eye, *n.*

ຕາວັນ dtàa-wén sun, *n.*

ຕາວັນຂຶ້ນ dtàa-wén-kùn sunrise, *n.*

ຕາວັນຕົກ dtàa-wén-dtǒk West, occident, sunset, *n.*

ຕາວັນອອກ dtàa-wén-ɔ̀ɔk East, orient, sunrise, *n.*

ຕາໄວ dtàa-wái keen sighted, *n.*

ຕາຫີບ dtàa-hìip slit eyes, *n.*

ຕາແຫ dtàa-hɛ̌ɛ net, *n.*

ຕາຮ້າຍ dtàa-hâai evil eye, misfortune, *n.*

ຕາໜ່າຍ dtàa-naai boring, *adj.*

ຕາເຫລ່ dtàa-lee cross eyed, *adj.*

ຕາຫລິ່ງ dtàa-ling bank (of a river), *n.*

ຕາຫລິ້ວ dtàa-liu squinted eye, *n.*

ຕາກ dtàak exposed to the sun, dry, *v.*

ຕ່າງຫູຕ່າງຕາ dtàang-hǔu-dtàang-dtàa act for, represent, stranger, as a reminder, *v.*, *adv.*

ຕ່າງໜ້າ dtàang-nàa deputy, agent, representative, *n.*

ຕ່າງ dtaang strange, various, different, *adj.*

ຕ່າງກັນ dtaang-gàn different, *adj.*

ຕ່າງເຄື່ອງ dtaang-kuang load, *v.*

ຕ່າງດາວ dtaang-daao alien, *n.*

ຕ່າງດ້າວ dtaang-daao foreigner, alien, *n.*

ຕ່າງໆ dtaang-dtaang miscellaneous, others, *adj., n.*

ຕ່າງໆນານາ dtaang-dtaang-náa-náa various, of all sorts, *adj.*

ຕ່າງປະເທດ dtaang-bpa-têet foreign country, *n.*

ຕ່າງວ່າ dtaang-waa suppose, *v.*

ຕ່າງຫາກ dtaang-hàak separately, not that way, *adv.*

ຕ່າງຫູ dtaang-hǔu earring, *n.*

ຕຸ້ມຫູ dtâang earring, *n.*

ຕາຍ dtàai die, stop, insensible, *v., adj.*

ຕາຍໃຈ dtàai-jài trust implicitly, be convinced, *v.*

ຕາຍດ້ານ dtàai-dâan fail to explode, be impotent (sexually), *v.*

ຕາຍດັບ dtàai-dáp perish, *v.*

ຕາຍຕິກນ້ຳ dtàai-dǐk-nâam drown, *v.*

ຕາຍໂຕ dtàai-dtòo stable, fixed, *adj.*

ຕາຍຕົວ dtàai-dtua permanent, *adj.*

ຕາຍຜາຍ dtàai-pǎai die in childbirth, *v.*

ຕາຍຟ້າແລ້ງ dtàai-fâa-lêεng die of drought, *v.*

ຕາຍໂຫງ dtàai-hǒong die in an accident, *v.*

ຕາຍຫ່າ dtàai-haa die unnaturally (no reincarnation), *v.*

ຕາຍຫ່າ (ແລ້ວ) dtàai-haa-lêεo oh, my god!, *excl.*

ຕາມ dtaan palm, *n.*

ຕ້ານ dtâan resist, oppose, withstand, *v.*

ຕ້ານທານ dtâan-táan resist, prevent, *v.*

ຕາບ dtàap patch, scar, until, *v., n., prep.*

ຕາບຫາຍ dtàap-sǎai loose, *adj.*

ຕາບໃດ dtàap-dài as long as, *conj.*

ຕາບທີ່ dtàap-tii as long as, *conj.*

ຕາມ dtàam follow, according to, *v., adv.*

ຕາມເຄີຍ dtàam-kə́əi as usual, *adv.*

ຕາມຄວາມຈິງ dtàam-kwáam-jìng in fact, *adv.*

ຕາມໃຈ dtàam-jài acquiesce, yield, *v.*

ຕາມໃຈຕົນເອງ dtàam-jài-dtòn-èeng by one's own will, *adv.*

ຕາມໃຈນຶກ dtàam-jài-nuk as one wishes, *adv.*

ຕາມສະບາຍ dtàam-sa-bàai feel free, *v.*

ຕາມສະໄໝ dtàam-sa-mǎi up to date, *adj.*

ຕາມສົມຄວນ dtàam-sǒm-kúan resonably, as proper, *adv.*

ຕາມສ່ວນ dtàam-suan proportionately, *adv.*

ຕາມຢ່າງ dtàam-sang whatever it is.

ຕາມເດີມ dtàam-dəəm as before, as usual, *adv.*

ຕາມແຕ່ dtàam-dtɛɛ depend on, *v.*

ຕາມຕົວອັກສອນ dtàam-dtŭa-ak-sɔ̌ɔn as alphabet, in alphabet order, *adv.*

ຕາມທາງກວ້າງ dtàam-táang-gwâang crosswise, *adv.*

ຕາມທາງຍາວ dtàam-táang-nyáao lengthwise, along, *adv.*

ຕາມທີ່ dtàam-tii as it may be, according to, *adv., prep.*

ຕາມນ້ຳ dtàam-nâam downstream, *adv.*

ຕາມບຸນ dtàam-bùn happy-go-lucky, at random, *n., adv.*

ຕາມບຸນຕາມກຳ dtàam-bùn-dtàam-gàm at random, haphazardly, *adv.*

ຕາມເບັດ dtàam-bĕt bait a hook, *v.*

ຕາມແບບ dtàam-bɛ̀ɛp according to pattern, *adv.*

ຕາມປົກກະຕິ dtàam-bpŏk-ga-dtì as usual, as a rule, *adv.*

ຕາມໄປ dtàam-bpài pursue, follow, *v.*

ຕາມທຳມະດາ dtàam-tám-ma-daa as usual, *adv.*

ຕາມມີຕາມເກີດ dtàam-mii-dtàam-gə̀ət with what one has, according to one's means, *adv.*

ຕາມເລື່ອງ dtàam-lɯ́ang as best one can, as the case may be, *adv.*

ຕາມລາຍງານ dtàam-láai-ngáan according to the report, *adv.*

ຕາມລຳດັບ dtàam-lám-dăp in order, respectively, *adv.*

ຕາມລຳພັງ dtàam-lám-páng alone, *adv.*

ຕາມເວນຕາມກຳ dtàam-wéen-dtàam-gàm as fate decrees, *adv.*

ຕາມອຳເພີໃຈ dtàam-àm-pə́ə-jài of one's own choice, *adv.*

ຕາມໝໍ dtàam-mɔ̌ɔ fetch a doctor, *v.*

ຕາວຄືນ dtàao-kɯ́ɯn return, come back, *v.*

ຕິ dtì censure, criticize, condemn, *v.*

ຕິຊົມ dtì-sŏm criticize, *v.*

ຕິຕຽນ dtì-dtìan blame, reprimand, *v.*

ຕິໂທດ dtì-tôot incriminate, *v.*

ຕິດ dtìt paste, stick, pin up, fasten, adhere, close, infections (disease), *v., adj.*

ຕິດກັນ dtìt-gàn be adhesive, stuck *v.*

ຕິດກັບ dtìt-găp be caught in a trap, *v.*

ຕິດກາວ dtìt-gàao glue on, *v.*

ຕິດຂັດ dtìt-kăt meet an obstacle, be stuck, v.

ຕິດຄໍ dtìt-kɔ́ɔ be choked, v.

ຕິດຄຸກ dtìt-kuk be imprisoned, v.

ຕິດເງິນ dtìt-ngə́n owe money, v.

ຕິດໃຈ dtìt-jài be fascinated by, v.

ຕິດສາວ dtìt-săao fall in love with a girl, v.

ຕິດສິນບົນ dtìt-sĭn-bòn bribe, v.

ຕິດຕັ້ງ dtìt-dtǎng install, set up, v.

ຕິດຕາມ dtìt-dtàam follow, pursue, v.

ຕິດຕົວ dtìt-dtùa on one's person, adv.

ຕິດຕໍ່ dtìt-dtɔ̀ɔ communicate, be in touch, v.

ຕິດຕໍ່ກັນ dtìt-dtɔ̀ɔ-gàn continuously, contact, adv., v.

ຕິດທຸລະ dtìt-tu-la be busy, v.

ຕິດແປດ dtìt-bpɛ̀ɛt contaminate, infection, v., n.

ຕິດຝິ່ນ dtìt-fǐn be addicted to opium, v.

ຕິດໄຟ dtìt-fái light a fire, v.

ຕິດໂລກ dtìt-lôok contact a disease, v.

ຕິດໜີ້ dtìt-nìi be in debt, v.

ຕິດໝູ່ dtìt-muu join a group of friends, spend too much time with friends, v.

ຕິດຢາ dtìt-yàa be addicted to drug, v.

ຕິດເຫຼົ້າ dtìt-lào be addicted to alcohol, v.

ຕິບເຂົ້າ dtĭp-kào small container for steamed rice, n.

ຕີ dtùi hit, beat, strike, attack, defeat, thrash, fight, v.

ຕີກາ dtùi-gàa seal, v.

ຕີໄຂ່ dtùi-kai whip eggs, v.

ຕີຄີ dtùi-kíi polo, n.

ຕີຄິ້ວ dtùi-kíu wink at someone, v.

ຕີຄວາມ dtùi-kwáam explain, interpret, v.

ຕີຄວາມໝາຍ dtùi-kwáam-măai interpret meaning, v.

ຕີຈັກ dtùi-jăk type, v.

ຕີສະໜິດ dtùi-sa-nĭt get friendly with, v.

ຕີຊ້ຳທ້າຍ dtùi-sâm-tâai do at the last minute, v.

ຕີຕາ dtùi-dtàa seal, v.

ຕີໂຕ້ dtùi-dtôo fight back, v.

ຕີນ້ຳໜັກ dtùi-nâam-năk guess a weight, v.

ຕີບານ dtùi-bàan play volleyball, v.

ຕີເຟືອກ dtùi-fùak set fish trap, v.

ຕີພິມ dtùi-pím print, publish, v.

ຕີເພນ dtùi-péen strike noon drum for monks, v.

ຕີມວຍ dtùi-múai box, fist fight, v.

ຕີລາຄາ dtùi-láa-káa fix a price, appraise, v.

ຕີລັງກາ dtii-láng-gàa sommersault, v.

ຕີເຫຼັກ dtii-lĕk blacksmith forge metal, v.

ຕີງ dtǐing sway, move, v.

ຕີນ dtìin foot, tire (vehicle), n.

ຕີນກາ dtìin-gàa cross mark, n.

ຕີນເຂົາ dtìin-kǎo foot of the hill, n.

ຕີນສັດ dtìin-sát paw, leg, foot (animal), n.

ຕີນຖຳ dtìin-tám push with foot, v.

ຕີນເປົ່າ dtìin-bpao barefoot, adv.

ຕີນພູ dtìin-púu foothills, n.

ຕີບ dtìip narrow, contracted, adj.

ຕຶກ dtŭk building, n.

ຕຶກປາ dtŭk-bpàa fish, v.

ຕຶກຕອງ dtŭk-dtɔ̀ɔng think, ponder, consider, v.

ຕຶກຕອງເບິ່ງ dtŭk-dtɔ̀ɔng-bəng consider, think over, v.

ຕຶກ dtùuk tapeworm, parasite, n.

ຕຶງ dtùng tight, tense, adj.

ຕຶງຄຽດ dtùng-kîat sulky, strained, stressed, adj.

ຕຶບ dtɐp overgrown, adj.

ຕື້ dtûu one billion, nm.

ຕື່ນ dtuun awake, wake up, v.

ຕື່ນຂ່າວ dtuun-kaao get excited about the news, v.

ຕື່ນຂຶ້ນ dtuun-kùn get up, wake up, v.

ຕື່ນຕົກໃຈ dtuun-dtŏk-jài be frightened, v.

ຕື່ນເຕັ້ນ dtuun-dtên be excited, v.

ຕື່ນຕົວ dtuun-dtùa be alert, be aroused, v.

ຕື້ນ dtûun shallow, adj.

ຕື່ມ dtuum add to, pour, increase, additional, v., adj.

ຕື່ມແຮງ dtuum-héeng help out, reinforce, v.

ຕຸກ dtŭk container, holder, n.

ຕຸກກະຕາ dtŭk-ga-dtàa doll, n.

ຕຸກຕິກ dtŭk-dtĭk swaying, have trifling objections, adj., v.

ຕຸ້ຍ dtûi fat, heavy, adj.

ຕຸ້ຍແກ້ມ dtûi-gêem touch one's cheek, v.

ຣຸດສົງການ dtùt-sŏng-gàan new year vacation, Songkran, n.

ຕຸນ dtŭn store up, hoard, v.

ຕຸ່ນ dtun mole (animal), n.

ຕຸ່ມ dtum jar, n.

ຕຸ້ມຕອມ dtûm-dtɔ̀ɔm look after, v.

ຕຸ້ມຫູ dtûm-hǔu earrings, n.

ຕຸລາ dtu-láa October, n.

ຕຸລາການ dtu-láa-gàan judge, arbitrator, n.

ຕູ່ dtuu accuse falsely, v.

ຕູ້ dtûu closet, n.

ຕູ້ເສື້ອຜ້າ dtûu-sùa-pàa wardrobe, n.

ຕູ້ເຢັນ dtûu-nyèn refrigerator, n.
ຕູ້ມີດະໄພ dtûu-nii-la-pái safety box, n.
ຕູ້ໄປສະນີ dtûu-bpài-sa-nii letter box, n.
ຕູ້ປຶ້ມ dtûu-bpɤ̂m bookcase, n.
ຕູບ dtùup hut, n.
ຕູບ dtùup drooping, adj.
ຕູບຕອງ dtùup-dtɔɔng leaf-roofed hut, n.
ຕູມ dtùum young budding, not open, n., adj.
ຕູ້ມ dtûum cage, trap, n.
ເຕະ dtɛ́ kick, v.
ເຕະກະຕໍ້ dtɛ́-ga-dtɔ̂ɔ play a rattan ball, v.
ເຕະບານ dtɛ́-bàan play soccer, v.
ເຕັກລົງ dtɛ̆k-lóng press down on, v.
ແຕ່ງ dtɛ̀ng put on top of, v.
ເຕັ້ນ dtên jump, dance, v.
ເຕັ້ນລຳ dtên-lám dance, v.
ເຕັມ dtèm full, adj.
ເຕັມໃຈ dtèm-jài be satisfied, gladly, v., adv.
ເຕັມສ່ວນ dtèm-suan entirely, adv.
ເຕັມໂຕ dtèm-dtòo all over the body, overwhelmed, adv.
ເຕັມຕົວ dtèm-dtua to the limit of one's strength, overwhelmed, adj.
ເຕັມຖຶບ dtèm-tìip with full speed, adv.
ເຕັມທີ່ dtèm-tii utmost, with full speed, adv.
ເຕັມໄປດ້ວຍ dtèm-bpài-duai be full of, v.
ເຕັມຝີຕີນ dtèm-fǐi-dtìin at full speed, adv.
ເຕັມຝີມື dtèm-fǐi-mɯ́ɯ with all one's best, adv.
ເຕັມອັດຕາງສຶກ dtèm-ăt-dtàa-sɤ̆k fully armed, adv.
ແຕະ dtɛ̆ touch, v.
ແຕະຕ້ອງ dtɛ̆-dtôɔng tap lightly, touch, v.
ແຕະຢາ dtɛ̆-yàa tobacco drying rack, n.
ແຕ່ dtɛɛ but, however, conj.
ແຕ່ dtɛɛ since, from, prep.
ແຕ່ກີ້ dtɛɛ-gîi before, prep.
ແຕ່ໄກ dtɛɛ-gài from a far, prep.
ແຕ່ເຊົ້າ dtɛɛ-sáo early, adv.
ແຕ່ເຊົ້າຈົນຄ່ຳ dtɛɛ-sáo-jòn-kam from dawn till dusk, from morning to night, adv.
ແຕ່ເດິກ dtɛɛ-dɤ̆k very early morning, adv.
ແຕ່ເດີມ dtɛɛ-dɤ̀ɤm from the beginning, adv.
ແຕ່ຕົ້ນ dtɛɛ-dtôn from the begining, adv.
ແຕ່ນີ້ໄປ dtɛɛ-nîi-bpài from now on, adv.
ແຕ່ນັ້ນມາ dtɛɛ-nân-máa from then on, ever since, adv.

ແຕ່ໃນນາມ dtɛɛ-nái-náam nominally, *adv.*

ແຕ່ຢ່າງໃດ dtɛɛ-nyaang-dài however, in anyway, *adv., conj.*

ແຕ່ລະ dtɛɛ-la each, *adj.*

ແຕ່ລະຂັ້ນ dtɛɛ-la-kân step by step, *adv.*

ແຕ່ແລກ dtɛɛ-lêɛk at first, *adv.*

ແຕ່ແລກເຫັນ dtɛɛ-lêɛk-hěn at first sight, *adv.*

ແຕ່ລຳພັງ dtɛ́ɛ-lám-páng alone, *adv.*

ແຕ່ວ່າ dtɛɛ-waa but, *conj.*

ແຕ່ຮຸ່ງ dtɛɛ-hung since dawn, *prep.*

ແຕ່ເຫິງນານ dtɛɛ-hə̀ng-náan for a long time, *adv.*

ແຕກ dtɛ̀ɛk break, shatter, wreck, *v.*

ແຕກກະຈາຍ dtɛ̀ɛk-ga-jàai be scattered, *v.*

ແຕກກັນ dtɛ̀ɛk-gàn be divided, be shattered, *v.*

ແຕກເງິນ dtɛ̀ɛk-ngə́n get small change, *v.*

ແຕກແຍກ dtɛ̀ɛk-nyɛ̂ɛk separate, *v.*

ແຕກຕ່າງ dtɛ̀ɛk-dtaang different, *adj.*

ແຕກຕື່ນ dtɛ̀ɛk-dtɯɯn panic and run away, *v.*

ແຕກທະລາຍລົງ dtɛ̀ɛk-ta-láai-lóng fall apart, *v.*

ແຕກທັບ dtɛ̀ɛk-tap be separated from the main unit, be routed, *v.*

ແຕກໃບ dtɛ̀ɛk-bài put out fresh leaves, *v.*

ແຕກພວກ dtɛ̀ɛk-pûak break off from one's group, *v.*

ແຕກແມ່ແພ່ລູກ dtɛ̀ɛk-mɛɛ-pɛɛ-lûuk multiply, generate, spawn, *v.*

ແຕກຫັກ dtɛ̀ɛk-hǎk be broken, *v.*

ແຕກຮາກ dtɛ̀ɛk-hâak strike roots, *v.*

ແຕກໜີ dtɛ̀ɛk-nǐi flee, *v.*

ແຕກໜໍ່ dtɛ̀ɛk-nɔ̀ɔ germinate, put out buds, *v.*

ແຕກອອກ dtɛ̀ɛk-ɔ̀ɔk split away, open, *v.*

ແຕງ dtɛɛng cucumber, melon, plants of the melon, *n.*

ແຕງໂມ dtɛɛng-móo watermelon, *n.*

ແຕງຫວານ dtɛɛng-wǎan cantaloupe, *n.*

ແຕ່ງ dteng decorate, dress, prepare, trim, adjust, invent, compose, make up, *v.*

ແຕ່ງຄົນໄປ dteng-kón-bpài send someone, *v.*

ແຕ່ງຄຳຟ້ອງ dteng-kám-fɔ́ɔng draw up an indictment, *v.*

ແຕ່ງງານ dteng-ngáan marry, wedding, *v., n.*

ແຕ່ງດອງ dteng-dɔɔng marriage, wedding, *n.*

ແຕ່ງຕັ້ງ dtɛng-dtâng appoint, set up, v.
ແຕ່ງຕົວ dtɛng-dtùa dress, dress up, v.
ແຕນ dtɛɛn tree wasp, n.
ແຕ້ມ dtɛ̂ɛm draw (pictures), v.
ແຕ້ມສີ dtɛ̂ɛm-sǐi paint, v.
ແຕ້ມຮູບ dtɛ̂ɛm-hûup draw a picture, v.
ຕົກ dtǒk fall, drop, decrease, v.
ຕົກກ້າ dtǒk-gâa sow seed, v.
ຕົກໃຈ dtǒk-jài be frightened, v.
ຕົກສະງຶ້ dtǒk-sa-ngɔ̂ɔ gape, dumbfounded, be stunned, v.
ຕົກຍາກລຳບາກ dtǒk-nyâak-lám-bàak be indigent, v.
ຕົກຕະລຶງ dtǒk-dta-lúng be dazed, v.
ຕົກຕາດ dtǒk-dtàat waterfall, n.
ຕົກແຕ່ງ dtǒk-dtɛ̀ng arrange, decorate, adorn, v.
ຕົກຕ່ຳ dtǒk-dtam degrade, v.
ຕົກນະລົກ dtǒk-na-lok go to hell, v.
ຕົກລົດ dtǒk-lot miss the car (bus), v.
ຕົກລາງ dtǒk-láang go off the rail, v.
ຕົກລົງໃຈ dtǒk-lóng-jài agree, v.
ຕົກລົງໄປ dtǒk-lóng-bpài fall into, v.
ຕົກເລືອດ dtǒk-lɯ̂at have a miscarriage, v.
ຕົກອັບ dtǒk-ǎp be down on one's luck, v.
ຕົງ dtòng straight, direct, honest, upright, adj.

ຕົງເວລາ dtòng-wée-láa punctual, adj.
ຕົດ dtǒt fart, v.
ຕົນ dtòn self, body, substance, n.
ຕົນເອງ dtòn-èeng oneself, n., pron.
ຕົ້ນ dtôn trunk, tree, begining, n.
ຕົ້ນຄິດ dtôn-kit initiator, initiative, n., adj.
ຕົ້ນຄໍ dtôn-kɔ́ɔ nape of the neck, n.
ຕົ້ນສະບັບ dtôn-sa-băp manuscript, original copy, n.
ຕົ້ນທຶນ dtôn-tún capital, assets, n.
ຕົ້ນນ້ຳ dtôn-nâam source, n.
ຕົ້ນປີ dtôn-bpii begining of year, n.
ຕົ້ນໄພ dtôn-póo banyan tree, n.
ຕົ້ນມີ້ dtôn-mîi jackfruit tree, n.
ຕົ້ນມ່ວງ dtôn-mûang mango tree, n.
ຕົ້ນໄມ້ dtôn-mâi tree, n.
ຕົ້ນເຫດ dtôn-hèet cause, n.
ຕົ້ນຫຸງ dtôn-hung papaya tree, n.
ຕົ້ນອ້ອຍ dtôn-ɔ̂ɔi sugarcane, n.
ຕົບ dtǒp clap, slap, pat, v.
ຕົບ dtǒp water hyacinth, n.
ຕົບແສງ dtǒp-sɛ́ɛng strike symbols, v.
ຕົບຕາ dtǒp-dtàa deceive, fool, v.
ຕົບແຕ່ງ dtǒp-dtɛ̀ng decorate, v.
ຕົບປີກ dtǒp-bpìik flap the wings, v.
ຕົບມື dtǒp-múu applaud, clap, v.
ຕົບຫົວ dtǒp-hǔa pat on the head, v.

ຕົມ dtòm mud, dirt, mire, morass, n.

ຕົ້ມ dtôm boil, swindle, dupe, v.

ຕົ້ມກັ່ນ dtôm-gan distill, v.

ໂຕະ dto table, desk, n.

ໂຕ dtoo body, trunk, substance, n.

ໂຕເລກ dtoo-lêek number, n.

ໂຕເອງ dtoo-èeng self, oneself, n., pron.

ໂຕໜັງສື dtoo-năng-sŭu letter of the alphabet, n.

ໂຕ້ dtôo oppose, reply, rebut, v.

ໂຕ້ຖຽງ dtôo-nyĕng dispute, contradict, v.

ໂຕ້ຕອບ dtôo-dtɔ̀ɔp correspond, reply, v.

ໂຕ້ຖຽງ dtôo-tǐang argue, dispute, v.

ໂຕ້ວາທີ dtôo-wáa-tíi debate, v.

ໂຕກ dtòok large metal tray, tray on a pedestal, n.

ໂຕ່ງເຕ່ງ dtoong-dteeng swaying, adj., adv.

ໂຕນ dtòon metric ton, escape, lump down, n., v.

ໂຕນຮ້ອງ dtòon-jôong jump with parachute, v.

ໂຕນຫນ່າຍ dtòon-kàai desert one's post, v.

ໂຕນຕາດ dtòon-dtàat waterfall, n.

ໂຕນອອກ dtòon-ɔ̀ɔk escape, flee, v.

ຕໍ່ dtɔ̀ɔ stump, post which supports a beam, v.

ຕໍປິໂດ dtɔɔ-bpìi-dòo torpedo, n.

ຕໍ່ dtɔ̀ɔ join, unite, go on, proceed, link, against, next, v., prep.

ຕໍ່ກັນ dtɔ̀ɔ-gàn attach to, next to, v., prep.

ຕໍ່ໄກ່ dtɔ̀ɔ-gai decoy wild chickens, v.

ຕໍ່ກົນ dtɔ̀ɔ-gôn follow, v.

ຕໍ່ກິ່ງ dtɔ̀ɔ-ging graft, v.

ຕໍ່ຈາກ dtɔ̀ɔ-jàak (continue) from, prep.

ຕໍ່ຈາກນີ້ໄປ dtɔ̀ɔ-jàak-nîi-bpài from now on, adv.

ຕໍ່ເດືອນ dtɔ̀ɔ-dùan per month, adv.

ຕໍ່ແຕ່ນັ້ນມາ dtɔ̀ɔ-dtɛ̀ɛ-nân-máa thereafter, adv.

ຕໍ່ສັນຍາ dtɔ̀ɔ-sǎn-nyáa renew a contract, v.

ຕໍ່ສູ້ dtɔ̀ɔ-sùu fight with, v.

ຕໍ່ເຊືອກ dtɔ̀ɔ-sɨ̂ak tie up, v.

ຕໍ່ແຍ dtɔ̀ɔ-nyɛ́ɛ annoy, v.

ຕໍ່ຕ້ານ dtɔ̀ɔ-dtâan resist, defend, v.

ຕໍ່ໆໄປ dtɔ̀ɔ-dtɔ̀ɔ-bpài etcetera (etc.), n.

ຕໍ່ເຕີມ dtɔ̀ɔ-dtɤ̀ɤm add, v.

ຕໍ່ນີ້ໄປ dtɔ̀ɔ-nîi-bpài henceforth, adv.

ຕໍ່ນົກ dtɔ̀ɔ-nok catch birds by decoy, v.

ຕໍ່ເນື່ອງ dtɔ̀ɔ-nɨ̂ang continuous, adj.

ຕໍ່ປີ dtɔ̀ɔ-bpìi per year, adv.

ຕໍ່ປາກ dtɔ̀ɔ-bpàak quote, cite, v.

ຕໍ່ໄປນີ້ dtɔɔ-bpài-nìi the following, adv.
ຕໍ່ມາ dtɔɔ-máa later on, afterwards, adv.
ຕໍ່ລາຄາ dtɔɔ-láa-káa bargain, haggle, v.
ຕໍ່ລອງ dtɔɔ-lɔ́ɔng bargain, haggle, v.
ຕໍ່ວ່າ dtɔɔ-waa protest, blame, v.
ຕໍ່ອີກ dtɔɔ-ìik continue, v.
ຕໍ່ອາຍຸ dtɔɔ-àa-nyu renew, v.
ຕໍ່ເຮືອ dtɔɔ-húa build a boat, v.
ຕໍ່ໜ້າ dtɔɔ-nàa in front of, in the future, prep., adv.
ຕໍ່ໃໝ່ dtɔɔ-mai renew, v.
ຕອກ dtɔ̀ɔk bamboo strips, pound down, knock, drive (a nail), n., v.
ຕອກຕະປູ dtɔ̀ɔk-dta-bpùu nail, v.
ຕອກແຕກ dtɔ̀ɔk-dtɛ̀ɛk popcorn, popped rice, n.
ຕອງ dtɔ̀ɔng filter, banana leaf, v., n.
ຕອງກ້ວຍ dtɔ̀ɔng-gûai banana leaf, n.
ຕ້ອງ dtông touch, must, v., aux v.
ຕ້ອງການ dtông-gàan need, want, v.
ຕ້ອງຄະດີ dtông-ka-dìi be persecuted, v.
ຕ້ອງໃຈ dtông-jài be pleased, v.
ຕ້ອງຄູນ dtông-súun touch lightly, v.
ຕ້ອງຕາ dtông-dtàa pleasing to eyes, adj.
ຕ້ອງໂທດ dtông-tôot be penalized, v.
ຕ້ອງຫາ dtông-hăa be accused, charged, v.

ຕ້ອງຫ້າມ dtông-hàam be forbidden, be prohibited, v.
ຕ່ອຍ dtɔi punch, box, v.
ຕ້ອຍ dtôi touch with a finger, v.
ຕອດ dtɔ̀ɔt bite, peck, sting, v.
ຕອນ dtɔɔn castrate, time, part, v., n.
ຕອນອາກັບ dtɔɔn-kăa-gap on the way back, adv.
ຕອນອາໄປ dtɔɔn-kăa-bpài on the way there, adv.
ຕອນຈົບ dtɔɔn-jŏp ending, final part, n.
ຕອນສຸດທ້າຍ dtɔɔn-sùt-tâai finally, at the end, adv.
ຕອນເດິກ dtɔɔn-dǝ̀k late at night, adv.
ຕອນຕົ້ນ dtɔɔn-dtôn at the beginning, adv.
ຕອນທ້າຍ dtɔɔn-tâai at the end, adv.
ຕອນບ່າຍ dtɔɔn-bàai afternoon, adv.
ຕອນປາຍ dtɔɔn-bpàai nearly at the end, adv.
ຕອນແລກ dtɔɔn-lɛ̂ɛk at first, adv.
ຕອນຫຼັງ dtɔɔn-lăng lately, recently, adv.
ຕ່ອນ dtɔn piece, fragment, slice, chunk, n.
ຕ້ອນ dtɔ̂ɔn welcome, entertain, v.
ຕ້ອນຮັບ dtɔ̂ɔn-hap welcome, v.
ຕ້ອນໂຮມ dtɔ̂ɔn-hóom collect, gather, v.
ຕອບ dtɔ̀ɔp answer, reply, respond, v.

ຕອບຄຸນ dtɔ̀ɔp-kún repay a favor, *v.*

ຕອບຄວາມ dtɔ̀ɔp-kwáam answer a question, *v.*

ຕອບສະໜອງ dtɔ̀ɔp-sa-nɔ̌ɔng respond, *v.*

ຕອບໂຕ້ dtɔ̀ɔp-dtôo argue, *v.*

ຕອບມື້ dtɔ̀ɔp-múu hit back, *v.*

ຕອມ dtɔɔm gather, pester, *v.*

ຕ່ອມ dtɔm gland, *n.*

ຕັບໂຕ dtɔ̀ɔp-dtoo grow, *v.*

ຕື່ມ dtɤɤm add, fill, *v.*

ຕື່ມນ້ຳມັນ dtɤɤm-náam-mán refuel, *v.*

ຕ້ຽ dtîa short (in height), low, *adj.*

ຕຽງ dtiang bed, bedstead, *n.*

ຕຽງຜ້າໃບ dtiang-pàa-bài canvas bed, *n.*

ຕຽມ dtìam prepare, get ready, *v.*

ຕຽມຕົວ dtìam-dtua get ready, prepare, *v.*

ຕຽມພ້ອມ dtìam-pɔ́ɔm be alert, be prepared, *v.*

ຕຽມໄວ້ dtìam-wâi be ready for, *v.*

ຕຶ່ງ dtuai hanging, *adj.*

ຕຶອນ dtɤɤan remind, warn, caution, *v.*

ຕົວະ dtùa lie, *v.*

ຕົວະຍົວະ dtùa-nyua deceive, *v.*

ຕົວ dtùa body, letter of the alphabet, *n.*

ຕົວການ dtùa-gàan main culprit, principal defender, ring leader, *n.*

ຕົວເກງ dtùa-gèng star, favored one, *n.*

ຕົວຂ້ອຍ dtùa-kɔ̂i myself, *pron.*

ຕົວຂອມ dtùa-kɔ̌ɔm Khmer script, *n.*

ຕົວຄູນ dtùa-kúun multiplier, *n.*

ຕົວເງືອກ dtùa-ngɯ̂ak water dragon, mermaid, *n.*

ຕົວຈິງ dtùa-jìng actual, real, *adj., n.*

ຕົວສະກົດ dtùa-sa-gòt letter spelling, *n.*

ຕົວສັ້ນ dtùa-san tremble, *v.*

ຕົວຕະຫຼົກ dtùa-dta-lǒk clown, joke, *n.*

ຕົວຕັ້ງ dtùa-dtâng multiplicand, *n.*

ຕົວຕັ້ງຕົວຕີ dtùa-dtâng-dtùa-dtìi principal, chief, promoter, *n.*

ຕົວຕໍ່ຕົວ dtùa-dtɔɔ-dtùa one on one, *adv.*

ຕົວເຕົ່າ dtùa-dtao turtle, *n.*

ຕົວທຳ dtùa-tám Burmese or Pali alphabet, *n.*

ຕົວທ່ານເອງ dtùa-tân-èeng yourself, *pron.*

ຕົວແທນ dtùa-téɛn representative, agent, *n.*

ຕົວບົດ dtùa-bòt text, *n.*

ຕົວແບບ dtùa-bɛ̀ɛp model, *n.*

ຕົວຜູ້ dtùa-pùu male, *n.*

ຕົວພະຍາດ dtùa-pa-nyâat germ, bacteria, *n.*

ຕົວພິມ dtùa-pim type (for printing), *n.*

ຕົວແມ່ dtùa-mɛɛ female, n.
ຕົວຢ່າງ dtùa-nyaang example, n.
ຕົວລະຄອນ dtùa-la-kɔ́ɔn player, actor, n.
ຕົວລູກຫວກ dtùa-lûuk-hûak tadpole, n.
ຕົວເລກ dtùa-lêek number, figure, n.
ຕົວໜັງສື dtùa-năng-sŭu letters of alphabet, n.
ຕວງ dtùang measure, v.
ໄຕປິດົກ dtài-bpi-dŏk Buddhist canons, the Tripitaka, n.
ໄຕ່ dtai crawl on, climb, v.
ໄຕ່ສວນ dtai-sŭan investigate, v.
ໄຕ່ຕອງ dtai-dtɔ́ɔng meditate, contemplate, v.
ໄຕ່ຖາມ dtai-tăam inquire, ask, v.
ໄຕ້ dtâi light, torch, punk, n.
ໄຕ້ໂຄມ dtâi-kóom light a lamp, v.
ໄຕ້ໄຟ dtâi-fái light a fire, turn on light, v.
ໃຕ dtài viscera, spleen, n.
ໃຕ້ dtâi under, below, South, prep., adv.
ໃຕ້ດິນ dtâi-din underground, adj.
ໃຕ້ຕີນ dtâi-tao your excellency, majesty, n.
ໃຕ້ນ້ຳ dtâi-nâam submarine, under water, n.
ໃຕ້ລ່າງ dtâi-laang under, downstairs, prep., adv.

ໃຕ້ລຸ່ມຟ້າ dtâi-lum-fâa under heaven, on earth, adv.
ເຕົາ dtào stove, n.
ເຕົາສູບ dtào-sùup bellows, forge, n.
ເຕົາຖ່ານ dtào-taan charcoal kiln, n.
ເຕົາເຜົາ dtào-păo kiln, crematorium, n.
ເຕົາໄຟ dtào-fái fire-place, stove, n.
ເຕົາອົບ dtào-ŏp (cooking) oven, n.
ເຕົາລີດ dtào-lîit iron (for clothes), n.
ເຕົ່າ dtao turtle, n.
ເຕົ່າທອງ dtao-tɔ́ɔng ladybug, n.
ເຕົ້າ dtâo assemble, gather, v.
ເຕົ້າກັນ dtâo-gàn assemble in a group, v.
ເຕົ້ານົມ dtâo-nóm breast, bosom, n.
ເຕົ້ານ້ຳ dtâo-nâam water jug, n.
ເຕົ້ານ້ຳຊາ dtâo-nâam-sáa teapot, n.
ເຕົ້າຮູ້ dtâo-hûu bean curd, tofu, n.
ເຕົ້າໂຮມ dtâo-hóom assemble, gather, v.
ຕຳ dtàm hit, pound, crash, v.
ຕຳກັນ dtàm-gàn crash, v.
ຕຳໃຈ dtàm-jài be depressed, v.
ຕຳແຍ dtàm-nyɛ́ɛ nettle, n.
ຕຳນານ dtàm-náan legend, story, n.
ຕຳລາ dtàm-láa formula, textbook, n.
ຕຳລວດ dtàm-lùat police, n.
ຕຳລັບ dtàm-lăp recipe, n.
ຕຳລັບຢາ dtàm-lăp-yàa medical pre-

ຕຳຫນິ dtàm-nì blame, chastise, fault, blemish, flaw, defect, v., n.

ຕຳແຫນ່ງ dtàm-nèng position, post, place, whereabouts, n.

ຕ່ຳ dtam low, weave, adj., v.

ຕ່ຳເຕັ້ຍ dtam-dtîa short, low, adj.

ຕ່ຳຕ້ອຍ dtam-dtôi inferior, low, lowly, humble, adj.

ຕ່ຳຜ້າ dtam-pàa weave (cloth), v.

ຖ

ຖ tɔ̌ɔ the eleventh consonant of the Lao alphabet (high consonant), n.

ຕະນຸຕະຫນອມ ta-nu-ta-nɔ̌ɔm take care of, nurture, cherish, v.

ຕະຫນົນ ta-nǒn road, street, avenue, n.

ຕະຫນົນຫລວງ ta-nǒn-lǔang public road, highway, n.

ຕະຫນອມ ta-nɔ̌ɔm take care of, cherish, nurture, conserve, v.

ຕະຫນັດ ta-nǎt handy, skillful, adroit, adj.

ຕະຫລາ ta-lǎa go side ways, swoop down, v.

ຕະຫລົ້ມ ta-lǒm fall down, tumble down, collapse, v.

ຕະຫລຳ ta-lǎm make an error, tumble, slip, trip, v.

ຕະແຫລງ ta-lɛ̌ɛng announce, recount, make a statement, v.

ຕະໄຫລ ta-lǎi slip, slide, trip, v.

ຕະຫວາຍ ta-wǎai offer (religious), present, dedicate, v.

ຖັກ tǎk knit, v.

ຖັກເປັ້ມ tǎk-pǒm braid, v.

ຖັກລູກໄມ້ tǎk-lûuk-mâi do crochet work, v.

ຖັງ tǎng bucket, n.

ຖັງຂີ້ເຫຍື້ອ tǎng-kìi-nyʉa dust bin, rubbish bin, garbage, n.

ຖັງນ້ຳ tǎng-nâam cistern, bucket, n.

ຖັງນ້ຳມັນ tǎng-nâam-mán gas tank, n.

ຖັດ tǎt next, beside, prep.

ຖັດຈາກ tǎt-jàak next to, prep.

ຖັດໄປ tǎt-bpài next, prep.

ຖັນ tǎn column, n.

ຖານະ tǎa-na position, status, state, conditions, n.

ຖາວອນ tǎa-wɔ́ɔn permanent, lasting, adj.

ຖ້າ tàa if, provided that, in case, conj.

ຖ້າ tàa wait for, await, v.

ຖ້າຈະ tàa-jǎ if, conj.

ຖ້າເຊັ່ນນັ້ນ tàa-sen-nân if that is so.

ຖ້າບຶດນຶ່ງ tàa-bǔt-nung wait a minute.

ຖ້າຢ່າງນັ້ນ tàa-yaang-nân in that case.

ຖ້າວ່າ tàa-waa if, *conj.*

ຖ້າຫາກວ່າ tàa-hàak-waa if, *conj.*

ຖາກ tàak trim, chip, chop, hit, *v.*

ຖາກຖາງ tàak-tǎang speak ironically, make an oblique comment, *v.*

ຖາງ tǎang clear (land), *v.*

ຖ່າງ taang diverge, spread, widen, dilate, *n.*

ຖາດ tàat tray, *n.*

ຖ່າຍ taai change, pour out, transfer, pass on, drain, pass the urine, defecate, *v.*

ຖ່າຍຄືນ taai-kúun redeem, *v.*

ຖ່າຍທ້ອງ taai-tɔ́ɔng take a laxative, have a diarrhea, *v.*

ຖ່າຍທອດ taai-tɔ̂ɔt broadcast, relay, *v.*

ຖ່າຍນ້ຳ taai-nâam remove water, *v.*

ຖ່າຍແບບ taai-bɛ̀ɛp reproduce, model after, take as a model, *v.*

ຖ່າຍເບົາ taai-bào piss, urinate, pee, *v.*

ຖ່າຍຢາ taai-yàa purge with a drug, *v.*

ຖ່າຍເລືອດ taai-lûat transfuse blood, *v.*

ຖ່າຍອຸດຈະລະ taai-ǔt-ja-la pass fecal matter, defecate, *n.*

ຖ່າຍຮູບ taai-hûup photograph, take a picture, *v.*

ຖານ tǎan water-closet, base, *n.*

ຖ່ານ taan charcoal, *n.*

ຖ່ານໄຟ taan-fái ember, cinder, *n.*

ຖ່ານໄຟສາຍ taan-fái-sǎai dry cell battery, *n.*

ຖ່ານຫີນ taan-hǐn coal, *n.*

ຖາມ tǎam ask, question, inquire, *v.*

ຖາມຫາ tǎam-hǎa ask about, *v.*

ຖ້າມກາງ tàam-gàang the middle of, amidst, *prep.*

ຖິ່ນ tin place, abode, territory, *n.*

ຖິ່ນຖານບ້ານເກີດ tin-tǎan-bâan-gə̀ət birth place, hometown, *n.*

ຖິ່ນທີ່ຢູ່ອາໃສ tin-tii-yuu-àa-sǎi residence, *n.*

ຖີ່ tii close together, stingy, comact, frequent, *adj.*

ຖີ່ຖ້ວນ tii-tùan exact, thorough, *adj.*

ຖີບ tìip pedal, spurn, kick, *v.*

ຖິ້ມ tìm throw away, discard, *v.*

ຖິ້ມວຽກ tìm-wîak quit a job, *v.*

ຖື tɯ̌ɯ hold, carry, bear, worship, *v.*

ຖືກຽດ tɯ̌ɯ-gìat respect, have pride, *v.*

ຖືຄອງ tɯ̌ɯ-kɔɔng retain, possess, *v.*

ຖືສາ tɯ̌ɯ-sǎa mind, hold it against (someone), *v.*

ຖືສາດສະໜາ tɯ̌ɯ-sàat-sa-nǎa have

ຖືສິນ tǔu-sǐn obey precepts, v.

ຖືຍົດ tǔu-nyot esteem personal rank, v.

ຖືດີ tǔu-dìi be proud, v.

ຖືໂຕ tǔu-dtòo be conceited, arrogant, v.

ຖືໂທດ tǔu-tôot hold a grudge against, be angry at, v.

ຖືປະເພນີ tǔu-bpa-pée-nìi follow custom, v.

ຖືພາ tǔu-páa be pregnant, v.

ຖືທາງ tǔu-hǎang back up, support, v.

ຖືໂອກາດ tǔu-òo-gàat take the opportunity, v.

ຖືກ tùuk cheap, correct, touch, adj., v.

ຖືກກັນ tùuk-gàn get along well, v.

ຖືກໃຈ tùuk-jài be satisfied, like, v.

ຖືກຕາ tùuk-dtaa please the eye, v.

ຖືກຕ້ອງ tùuk-dtông correct, right, justified, adj.

ຖືກປາກ tùuk-bpàak please the taste, v.

ຖືກຟ້ອງ tùuk-fóong accused, sued, v.

ຖືກແລ້ວ tùuk-léεo that's right, ok!.

ຖືກເວລາ tùuk-wée-láa on time, adv.

ຖືກຫວຍ tùuk-hǔai win a prize in a lottery, v.

ຖືກຫູ tùuk-hǔu pleasing to the ear, v.

ຖືກແຮ້ວ tùuk-héεo be caught in a trap, v.

ຖຸນ tǔn smoke, v.

ຖຸນຢາ tǔn-yàa smoke tobacco, v.

ຖູ tǔu rub, scrub, brush, mop, v.

ແຖ tέε shave, shave off, v.

ແຖນ tέεn heaven, god, angel, n.

ແຖມ tέεm give something extra, v.

ແຖບ tεεp region, area, tab, stripe, tag, strip, n.

ແຖມໃຫ້ tέεm-hài give something extra, v.

ແຖວ tέεo row, line, rank, column, n.

ໂຖ tǒo vase, pot, earthen jar, n.

ໂຖງ tǒong spacious, large, adj.

ຖົກ tǒk tuck up, roll up, discuss, v.

ຖົກຖຽງ tǒk-tǐang discuss, argue, dispute, v.

ຖົງ tǒng sack, bag, n.

ຖົງເງິນ tǒng-ngón purse, n.

ຖົງເສື້ອ tǒng-sûa shirt pocket, n.

ຖົງຕີນ tǒng-dtìin socks, n.

ຖົງມື tǒng-múu gloves, n.

ຖົດຖອຍ tót-tǒoi retreat, move back, v.

ຖົມ tǒm fill up, v.

ຖົ່ມ tom spit, v.

ຖົ່ມນ້ຳລາຍ tom-nâam-láai spit, v.

ຖອກ tɔ̀ɔk pour, add, v.

ຖອກທ້ອງ tɔ̀ɔk-tɔ́ɔng diarrhea, n.

ຖອຍ tɔ̌ɔi step back, withdraw, v.

ถอยกຳລັງ tǒoi-gàm-láng become weakened, *v.*

ถอยทັບ tǒoi-tap retreat, *v.*

ถอยຫລັງ tǒoi-lǎng recede, move back, go backward, *v.*

ຕ່ອຍ tɔ̀i naughty, vulgar, *adj.*

ຖ້ອຍຄຳ tɔ̂i-kám words, expression, speech, *n.*

ຖອກ tɔ̀ɔt take out, remove, *v.*

ຖອນ tɔ̌ɔn withdraw, pull up, pull out, *v.*

ຖອນคำสั่ງ tɔ̌ɔn-kám-sang repeal the order, *v.*

ຖອນคำเว้า tɔ̌ɔn-kám-wâo disavow, retract, *v.*

ຖອນເງິນ tɔ̌ɔn-ngán withdraw money, *v.*

ຖອນใจ tɔ̌ɔn-jài sigh, *v.*

ຖອນສິດ tɔ̌ɔn-sǐt deprive, dispossess, revoke one's right, *v.*

ຖອນສັນຍາ tɔ̌ɔn-sǎn-nyáa cancel the contract, *v.*

ຖອນພິດ tɔ̌ɔn-pit extract the poison, *v.*

ຖອນໝັ້ນ tɔ̌ɔn-màn break off the engagement, *v.*

ຕ່ອມ tɔm be humble, *v.*

ຕ່ອມໂຕ, ຕ່ອມຕົວ tɔm-dtòo, tɔm-dtùa humiliate oneself, be humble, *v.*

ຕຶງ tǎng arrive, reach, *v.*

ຕຶງແກ່ກຳ tǎng-gɛɛ-gàm die (ordinary person), *v.*

ຕຶງແກ່ມໍລະພາບ tǎng-gɛɛ-mɔ́ɔ-la-na-pâap die (monk), *v.*

ຕຶງຈະ tǎng-jǎ even if, *conj.*

ຕຶງໃຈ tǎng-jài to one's heart comfort, *adv.*

ຕຶງດຽວນີ້ tǎng-dìao-nîi until now, *adv.*

ຕຶງແມ່ນວ່າ tǎng-mɛ̂ɛ-waa although, *conj.*

ຕຶງຢ່າງໃດກໍດີ tǎng-yaang-dai-gɔ̀ɔ-dìi however, *conj.*

ຕຶງຢ່າງໃດກໍຕາມ tǎng-yaang-dai-gɔ̀ɔ-dtàam nevertheless, *conj.*

ຕຶງວ່າ tǎng-waa although, *conj.*

ຕື້ນ tɛ̂ɛn polite ending particle (word), *part.*

ຕຽງ tíang argue, hut, *v., n.*

ຕຽງກັນ tíang-gàn quarrel, argue, *v.*

ຕຽງນາ tíang-náa hut for watching rice-field, *n.*

ຕື່ອນ tɯan outlaw, illegal, *adj.*

ຖົ່ວ tua bean, gambling game, *n.*

ຖົ່ວຂຽວ tua-kǐao green pea, *n.*

ຖົ່ວງອກ tua-ngɔ̂ɔk bean sprout, *n.*

ຖົ່ວດິນ tua-dìn peanut, *n.*

ຖົ່ວຝັກຍາວ tua-fǎk-nyáao cowpea,

snake bean, n.

ຖົ່ວພູ tua-púu winged bean, n.

ຖົ່ວເຫຼືອງ tua-lŭang soybean, n.

ຖ່ວງ tuang weight, delay, retard, n., v.

ຖ່ວງຄວາມຈະເລີນ tuang-kwáam-ja-lə́ən hinder the progress, v.

ຖ່ວງໃຫ້ຊ້າ tuang-hài-sâa obstruct, delay, v.

ຖ້ວຍ tùai bowl, n.

ຖ້ວຍຊາມ tùai-sáam cookingware, dishes, n.

ຖ້ວນ tùan complete, adj.

ຖ້ວນຖີ່ tùan-tii precise, complete, thorough, careful, adj.

ຖ້ວນໜ້າ tùan-nàa one and all, adv.

ຖ້ວມ tùam flood, v.

ໄຖ tăi plow, v.

ໄຖ່ tai redeem, ransom, v.

ໄຖ່ເຄື່ອງ tai-kuang redeem goods, v.

ເຖົາ tao vine, n.

ເຖົ້າ tao ash, wood ashes, n.

ເຖົ້າ tào old, adj.

ເຖົ້າແກ່ tao-gɛɛ the rich Chinese, the owner, the boss, n.

ຖໍ້າ tàm cave, n.

ຖໍ້າມອງ tàm-móong a peep show, n.

ທ

ທ tóo the twelfth consonant of the Lao alphabet (low consonant), n.

ທະຍອມ ta-nyóom aspire, sore, v.

ທະຍອຍ ta-nyóoi follow gradually, come or go one after another, v.

ທະຍືທະຍານ ta-nyə́ə-ta-nyáan be ambitious, v.

ທະນະບັດ ta-na-bǎt bank note, paper money, n.

ທະນາຍ ta-náai lawyer, counsel, n.

ທະນາຍຄວາມ ta-náai-kwáam lawyer, n.

ທະນົ່ງ ta-nóng arrogant, adj.

ທະນຸຖະໜອມ ta-nu-ta-nɔ̆ɔm cherish, v.

ທະນຸບຳລຸງ ta-nu-bàm-lúng care for, v.

ທະບຽນ ta-bìan register, record, roster, license, n.

ທະມິນ ta-mín savage, a Tamil, adv., n.

ທະລາຍ ta-láai tumble down, be in ruin, fall to pieces, v.

ທະເລ ta-lée sea, n.

ທະເລສາບ ta-lée-sǎap lake, n.

ທະເລຊາຍ ta-lée-sáai dessert, n.

ທະລວງ ta-lúang hollow out, pierce, v.

ທະລັກ ta-lak eject, leak out, v.

ທະລຸ ta-lu penetrate, go through,

ทะวามขมัก ta-wáam-nǎk anus, n.
ทะວี ta-wíi increase, double, v.
ทะວีຄູນ ta-wíi-kúun double, v.
ทะວີບ ta-wíip continent, n.
ทะຫານ ta-hǎan soldier, n.
ทะຫານກອງໜູນ ta-hǎan-gɔ̀ɔng-nǔn reserve forces, n.
ทะຫານເກນ ta-hǎan-gèen conscript, n.
ทะຫານແຕກ ta-hǎan-gɛ̀ɛ bugler, n.
ทะຫານຍາມ ta-hǎan-nyáam sentry, n.
ทะຫານບົກ ta-hǎan-bǒk army, n.
ทะຫານປະຈຳການ ta-hǎan-bpa-jàm-gàan regulars, n.
ทะຫານປືນໃຫຍ່ ta-hǎan-bpɯ̌ɯn-nyai artillery, n.
ทะຫານມ້າ ta-hǎan-máa cavalry, n.
ทะຫານລາບ ta-hǎan-lâap infantry, n.
ทะຫານອາກາດ ta-hǎan-àa-gàat air force, n.
ทะຫານອາສາ ta-hǎan-àa-sǎa volunteer soldier, n.
ທະຫານເຮືອ ta-hǎan-húa marine, naval officer, n.
ທະຫານໃໝ່ ta-hǎan-mai recruit, n.
ทัก tak greet, accost, warn, v.
ทักทาย tak-táai address, greet, v.
ทักท້ວງ tak-tûang oppose, warn, v.

ทั้ງ tâng as well as, both, all, altogether, the whole, adj., adv.
ทั้ງສິ້ນ tâng-sìn all, every, adj., adv.
ทั้ງສອງ tâng-sɔ̌ɔng both, adv., n.
ทั้ງໆທີ່ tâng-táng-tii although, conj.
ทั้ງນັ້ນ tâng-nân all that, conj.
ทั้ງນີ້ tâng-nii all this, conj.
ทั้ງນີ້ກໍ່ເພາະວ່າ tâng-nii-gɔ̀-pɔ-waa this is because.
ทั้ງປວງ tâng-bpuang all, adv.
ทั้ງເປັນ tâng-bpèn alive, adj.
ทั้ງມວນ tâng-múan entirely, adv.
ทั้ງໝົດ tâng-mǒt altogether, in all, adv.
ทั้ງຫລາຍ tâng-lǎai all, most, adj., adv.
ทัดສະນາຈອນ tat-sa-náa-jɔ̀ɔn excursion, sight-seeing, n.
ทัน tán be on time for, catch up, v.
ทันຄວັນ tán-kwán promptly, suddenly, adv.
ทันໃຈ tán-jài quickly, adv.
ทันສະໄໝ tán-sa-mǎi up to date, be in fashion, adj.
ทันຕາ tán-dtàa in no time, as quick as a wink, adv.
ทันຕາແພດ tán-dtàa-pɛ̂ɛt dentist, n.
ทันທີ tán-tii suddenly, at once, immediately, adv.

Lao	Phonetic	English
ທັນທີທັນໃດ	tán-tíi-tán-dài	suddenly, immediately, adv.
ທັນໃດ	tán-dài	promptly, instantly, adv.
ທັນໂມງ	tán-móong	on time, adv.
ທັນວາ	tán-wáa	December, n.
ທັນເວລາ	tán-wée-láa	be in time, v.
ທັບ	tap	smash, overlie, be on top of, run over, cover, v.
ທັບ	tap	army, n.
ທັບທິມ	tap-tím	ruby, n.
ທັບໜ້າ	tap-nàa	vanguard, n.
ທັບໜູນ	tap-nǔun	reserve forces, n.
ທັບຫຼັງ	tap-lǎng	rear-guard, n.
ທຳ	tám	do, make, v.
ທຳ	tám	Buddhist law, morality, Dharma, n.
ທຳນຽມ	tám-níam	custom, n.
ທຳມະ	tám-ma	Buddhist law, morality, Dharma, n.
ທຳມະຊາດ	tám-ma-sâat	nature, n.
ທຳມະດາ	tám-ma-dàa	ordinary, usual, routine, adj.
ທຳມະນູນ	tám-ma-núun	constitution, n.
ທາ	táa	paint, apply (cream), v.
ທາລຸນ	táa-lún	cruel, maltreat, adj., v.
ທ່າ	taa	waterfront, port, pier, n.
ທ່າທາງ	taa-táang	attitude, gesture, posture, n.
ທ່ານ້ຳ	taa-nâam	waterfront, n.
ທ່າເຮືອ	taa-húa	harbour, port, n.
ທ້າ	tâa	challenge, v.
ທ້າທາຍ	tâa-táai	challenging, adj.
ທ້າພະນັນ	tâa-pa-nán	bet, gamble, v.
ທາງ	táang	road, way, path, route, n.
ທາງການ	táang-gàan	officially, formally, adv.
ທາງການເມືອງ	táang-gàan-múang	politically, adv.
ທາງໄກ	táang-gài	far, long way, adj., n.
ທາງຂ້າງ	táang-kàang	side, n.
ທາງເຂົ້າ	táang-kào	entrance, n.
ທາງຂວາ	táang-kwǎa	right side, n.
ທາງຂວາງ	táang-kwǎang	horizontally, width, adv., n.
ທາງຄົດ	táang-kot	winding road, n.
ທາງຄົນຍ່າງ	táang-kón-nyaang	sidewalk, path, n.
ທາງແຄບ	táang-kɛ̂ɛp	narrow road, n.
ທາງຄົບ	táang-kop	crossroads, n.
ທາງໄວ້ງ	táang-ngòong	detour, n.
ທາງສັກຊື່	táang-sàt-sʉ̀ʉ	honestly, adv.
ທາງສຸດຈະລິດ	táang-sǔt-ja-lìt	honestly, adv.
ທາງເສັ້ນໃດ	táang-sèn-dǎi	which way?
ທາງຊ້າຍ	táang-sâai	left side, n.

ทางซี้ táang-sʉʉ straight road, n.
ทางຊອບ táang-sɔ̂ɔp rightly, properly, adv.
ทางดิน táang-dìn by land, adv.
ทางດຽວ táang-diao one way, n.
ทางใด táang-dǎi which way?
ทางตั้ง táang-dtâng vertically, adv.
ทางใต้ táang-dtâi southward, downward, adv.
ทางทุจะลิด táang-tu-ja-lit dishonestly, adv.
ทางเทิง táang-tóng above, upstairs, prep., adv.
ทางทรວ táang-tîao well used road, n.
ทางนี้ táang-nîi this way, adv., n.
ทางนອก táang-nɔ̂ɔk outside, externally, adv.
ทางน້ອຍ táang-nɔ́ɔi drive, path, n.
ทางใน táang-nái inside, interior, n.
ทางน້ำ táang-náam by water, waterway, adv., n.
ทางບົກ táang-bǒk by land, land route, adv., n.
ทางແບ່ງ táang-bɛ̀ng forked road, n.
ทางบ้าน táang-bâan home, people at home, n.
ทางปิ้น táang-bpîn reverse side, n.

ทางผ่าน táang-paan transit, passage way, n.
ทางผู táang-púu in the mountains, adv.
ทางพุ້ນ táang-pún overthere, adv.
ทางมื่น táang-mʉ̂ʉn slippery road, n.
ทางລັດ táang-lat short cut, n.
ทางลุ่ม táang-lum below, downstairs, prep., adv.
ทางแล่นຂຶ້ນລົງ táang-lɛ̀n-kʉ̂n-lóng runway, n.
ทางໜ້າ táang-nàa ahead, forward, adv.
ทางເໜືອ táang-nʉ̌a north, northwards, adv.
ทางຫຼັງ táang-lǎng behind, backwards, prep., adv.
ทางຫຼວງ táang-lǔang highway, main road, n.
ทางอากาด táang-àa-gàat by air, air route, adv., n.
ทางออก táang-ɔ̀ɔk exit, outlet, n.
ทางอ້อม táang-ɔ̂m detour, indirect, n.
ทางຣົກ táang-hok overgrown road, n.
ทางที่ดีที่สุด táang-tii-dìi-tii-sut the best way, n.
ทางຮ່ອມ táang-hɔm small path, n.

ທ້າຍ tâai end, back, n.
ທ້າຍເຮືອ tâai-húa stern of boat, n.
ທາດ tâat stupa, element, chemical compound, n.
ທານ táan give alms, resist, stand against, withstand, v.
ທ່ານ taan sir, you, he, pron.
ທ້າວ tâao Mr, sir, pron., n.
ທິດ tit direction, ex-Buddhist monk, n.
ທິດຕາເວັນຕົກ tit-dtàa-wén-dtòk west, n.
ທິດຕາເວັນອອກ tit-dtàa-wén-ɔ̀ɔk east, n.
ທິດໃຕ້ tit-dtâi south, n.
ທິດເໜືອ tit-nǔa north, n.
ທີ tii time, chance, turn, n.
ທີດຽວ tii-diao at once, adv.
ທີນຶ່ງ tii-nung the first, adv.
ທີລະນ້ອຍ tii-la-nɔ̂ɔi little by little, adv.
ທີຫຼັງ tii-lǎng later, adv.
ທີ່ tii place, spot, site, location, land, real estate, that, because, n., pron., adj., prep.
ທີ່ເກີດ tii-gə̀ət birthplace, n.
ທີ່ຈິງ tii-jìng truly, adv.
ທີ່ຈິງແລ້ວ tii-jìng-lɛ́ɛo in fact, adv.
ທີ່ຈອດ tii-jɔ̀ɔt parking area, n.
ທີ່ຮາບສູງ tii-hâap-sǔung plateau, n.
ທີ່ສຸດ tii-sùt the most, superlative degree, the best, adv., adj.
ທີ່ດິນ tii-dìn land, n.
ທີ່ຕັ້ງ tii-dtâng location, site, n.
ທີ່ຕ່ຳ tii-dtam lowland, n.
ທີ່ແທ້ tii-tɛ̂ɛ really, the truth, adv., n.
ທີ່ນັ່ງ tii-nang seat, royal or vehicle, n.
ທີ່ນັ້ນ tii-nân there, adv.
ທີ່ນິຍົມ tii-ni-nyóm preferred, popular, adj.
ທີ່ນີ້ tii-nîi here, adv.
ທີ່ປະຊຸມ tii-bpa-súm conference room, committee, n.
ທີ່ປອດໄພ tii-bpɔ̀ɔt-pái safe place, n.
ທີ່ຝັງສົບ tii-fǎng-sǒp cemetery, n.
ທີ່ພັກ tii-pak residence, dwelling, n.
ທີ່ເພິ່ງ tii-pəng support, prop, refuge, n.
ທີ່ຢູ່ tii-yuu address, n.
ທີ່ລະລຶກ tii-la-luk souvenir, memory, n.
ທີ່ວ່າງເປົ່າ tii-waang-bpao vacancy, empty space, n.
ທຶນ tún capital money, asset, fund, n.
ທຶນຊັບ tún-sap capital money, asset, fund, n.
ທຶບ tup covered, deep (jungle), thick, adj.
ທຸລະ tu-la business, work, n.
ທຸລະກິດ tu-la-gìt business, n.
ທຸລະສ່ວນຕົວ tu-la-suan-dtùa personal

ທຸກງ tuk-tuk every, all, *adj.*

ທຸກ tuk poor, *adj.*

ທຸກກາຍ tuk-gàai ill, feeling physically suffered, *adj.*

ທຸກຍາກ tuk-nyâak poverty, hardship, poor, *adj.*

ທຸກຄົນ tuk-kón everyone, *adv., pron.*

ທຸກເງິນ tuk-ngén poor, *adj.*

ທຸກໃຈ tuk-jài unfortunate, unhappy, *adj.*

ທຸກສິ່ງທຸກຢ່າງ tuk-sing-tuk-yaang everything, *adv., pron., n.*

ທຸກທາງ tuk-táang everywhere, *adv.*

ທຸກທີ່ tuk-tii everywhere, *adv.*

ທຸກງມື້ tuk-tuk-mʉ̂ʉ everyday, *adv.*

ທຸກເທື່ອ tuk-tʉa always, each time, *adv.*

ທຸກມື້ tuk-mʉ̂ʉ everyday, *adv.*

ທຸກຢ່າງ tuk-yaang everything, *adv., pron.*

ທຸກລະຍະ tuk-la-nya always, all the time, *adv.*

ທຸກເວລາ tuk-wée-láa always, every time, *adv.*

ທຸງ túng flag, *n.*

ທຸບ tup smash, pound, break, beat, *v.*

ທຸບຕີ tup-dtìi beat, *v.*

ທູດ tûut ambassador, representative, affairs, *n.*

diplomatic agent, *n.*

ທູບ tûup incense stick, *n.*

ທູບທຽນ tûup-tían incense stick and candle, *n.*

ທູບຫອມ tûup-hɔ̌ɔm incense, *n.*

ເທ tée pour, fall, slant, *v.*

ເທດ têet sermon, give a sermon preach, *n., v.*

ເທດສະໜາ têet-sa-náa sermon, *n.*

ເທດສະບານ têet-sa-bàan municipality, *n.*

ເທບ teep recording tape, tape, scotch tape, cassette tape, *n.*

ແທ້ têe true, certainly, truly, *adj., adv.*

ແທ້ຈິງ têe-jìng truly, actually, *adv.*

ແທກ têek measure, *v.*

ແທງ téeng stab, penetrate, bet, *v.*

ແທງເບີ téeng-bəə buy lottery tickets, *v.*

ແທງມ້າ téeng-mâa bet on a horse, *v.*

ແທ່ງ teng piece, bar, ingot, *n.*

ແທນ téen replace, instead of, *v., prep.*

ແທນທີ່ téen-tii instead of, take place of, *prep., v.*

ແທນບຸນຄຸນ téen-bùn-kún return a kindness, repay an obligation to, *v.*

ແທ່ນ ten a stand, holder, base, pedestal, altar, *n.*

ແທ່ນພິມ ten-pim printing press, *n.*

ທົ່ງ tong field, meadow, ranch, *n.*

ທີ່ນາ tong-náa rice field, n.
ທົດສະວັດ tot-sa-wat decade, n.
ທົດສອບ tot-sɔ̀ɔp test, v.
ທົດແທນ tot-téen compensate, return, pay back, v.
ທົດນ້ຳ tot-naam irrigate, pump up water, v.
ທົດລອງ tot-lɔ́ɔng experiment, test, v.
ທົນ tón endure, suffer, bear, v.
ທົນທານ tón-táan lasting, adj.
ທົນທຸກ tón-tuk endure suffering, v.
ທົນໄຟ tón-fái fire-proof, adj.
ທົບ top fold, double, v.
ທົບຕົ້ນ top-dtôn add the interest to the capital, v.
ທົບທວນ top-túan revise, review, v.
ໂທ tóo second grade, second, second-rate, adj.
ໂທລະຄົມມະນາຄົມ tóo-la-kóm-ma-náa-kóm telecommunications, n.
ໂທລະສັບ tóo-la-sap telephone, n.
ໂທລະພາບ tóo-la-pâap television, n.
ໂທລະເລກ tóo-la-lêek telegraph, telegram, n.
ໂທດ tôot punishmet, penalty, crime, offense, n.
ໂທດປະຫານຊີວິດ tôot-bpa-hăan-sii-wit capital punishment, n.
ໂທນ tóon the only, lonely, singleton, n., adj.
ທໍ tɔ̀ɔ basket, crash, n., v.
ທໍລະນີ tɔ́ɔ-la-nii threshold, land, n.
ທໍລະຍົດ tɔ́ɔ-la-nyot betray, v.
ທໍລະພີ tɔ́ɔ-la-pii Lao Oedipus, ungrateful, despicable, n., adj.
ທໍລະມານ tɔ́ɔ-la-máan torture, harass, be cruel to, v.
ທໍ່ tɔɔ tube, pipe, drain, gutter, n.
ທໍ່ກັນ tɔɔ-gàn equally, adv.
ທໍ່ດູດ tɔɔ-dùut straw, n.
ທໍ່ໃດ tɔɔ-dǎi how much?, how many?
ທໍ່ນັ້ນ tɔɔ-nân that much, that's all
ທໍ່ອາຍເສຍ tɔɔ-àai-sĭa exhaust pipe, n.
ທໍ່ອາຍນ້ຳ tɔɔ-àai-náam steampipe, n.
ທໍ້ tɔ̂ɔ hesitate, lose heart, be discouraged, v.
ທໍ້ໃຈ tɔ̂ɔ-jài be depressed, be discouraged, v.
ທໍ້ຖອຍ tɔ̂ɔ-tɔ̌ɔi be disheartened, v.
ທໍ້ແທ້ tɔ̂ɔ-tɛ̂ɛ be down-hearted, be daunted, v.
ທອງຂາວ tɔ́ɔng-kăao platinum, n.
ທອງຄຳ tɔ́ɔng-kám gold, n.
ທອງຄຳເຄືອບ tɔ́ɔng-kám-kûap gold plated, n.

ທອງຄຳແທ່ງ tóong-kám-teng gold ingot, *n.*

ທອງແດງ tóong-dèeng copper, *n.*

ທອງນາກ tóong-nâak gold-copper alloy, *n.*

ທອງໃບ tóong-bài gold-leaf, *n.*

ທອງຮູບປະພັນ tóong-hûup-bpa-pán gold ornaments, *n.*

ທອງເຫລືອງ tóong-lǔang brass, *n.*

ທ່ອງ tong wade, recite, *v.*

ທ່ອງຈຳ tong-jàm memorize, recite, *v.*

ທ່ອງທ່ຽວ tong-tiao travel, tour, *v.*

ທ້ອງ tôong belly, interior, *n.*

ທ້ອງຂີ້ຮາກ tôong-kîi-hâak cholera, *n.*

ທ້ອງອື້ມ tôong-kùn flatulent, *n.*

ທ້ອງເສຍ tôong-sǐa indigestion, diarrhea, *n.*

ທ້ອງຖິ່ນ tôong-tin local, rural area, *n.*

ທ້ອງທີ່ tôong-tii region, area, *n.*

ທ້ອງນາ tôong-nâa paddy field, *n.*

ທ້ອງນ້ອຍ tôong-nôoi lower abdomen, *n.*

ທ້ອງບິດ tôong-bìt dysentery, *n.*

ທ້ອງປ່ອງ tôong-bpung pot bellied, *n.*

ທ້ອງຟ້າ tôong-fâa sky, *n.*

ທ້ອງແຫ້ງ tôong-hèng hungry, *adj.*

ທ້ອງເຮືອ tôong-hǔa bottom of a boat, *n.*

ທ້ອງແໜ້ນ tôong-nèn constipation, *n.*

ທອຍ tóoi float, *n.*

ທອຍເບັດ tóoi-bět fishing float, *n.*

ທອດ tôot fry, *v.*

ທອດກະຕິນ tôot-ga-tǐn give alms to monks, *v.*

ທອນ tóon give a change, *v.*

ທອນເງິນ tóon-ngón give a change, reduce, *v.*

ທ່ອນ ton part, segment, piece, *n.*

ທ່ອນໄມ້ ton-mâi a piece of wood, *n.*

ທ້ອນ tôon save, collect, assemble, *v.*

ເທິງ tóng above, on top of, up, in, *prep.*

ທ່ຽງ tiang straight, accurate, noon, *adj., n.*

ທ່ຽງກົງ tiang-gòng exact, accurate, exact noon, *adj., adv.*

ທ່ຽງວັນ tiang-wán noon, *n.*

ທ່ຽງຄືນ tiang-kǔun midnight, *n.*

ທ່ຽງທຳ tiang-tám honest, just, *n.*

ທຽນ tían wax candle, candle, *n.*

ທຽນໄຂ tían-kǎi candle, *n.*

ທຽບ tíap compare, *v.*

ທຽວ tíao go back and forth, *v.*

ທ່ຽວ tiao travel, go out, seek pleasure, *v.*

ທ່ຽວໄປ tiao-bpài wander, *v.*

ທ່ຽວຫລິ້ນ tiao-lìn go for a walk, seek pleasure, *v.*

ເຕື່ອ tua time, number of times, n.
ທົ່ວ tua everywhere, all over, adv.
ທົ່ວຖິງກັນ tua-tĕng-gàn entirely, adv.
ທົ່ວໄປ tua-bpài generally, adv.
ທົ່ວໜ້າ tua-nàa without exception, everyone, adv.
ທວງ túang ask for payment, repeat a request, v.
ທວງຂອງ túang-kɔ̌ɔng ask for the return of an article, v.
ທວງຖາມ túang-tǎam repeat a request, v.
ທ້ວງ tûang protest, v.
ທ້ວງຖາມ tûang-tǎam question, v.
ທວຍ twúai guess, v.
ທວດ tûat great grandfather, n.
ທວນ túan revise, review, v.
ທວນນ້ຳ túan-nàam up-stream, go up stream, adv., v.
ທວນລົມ túan-lóm against the wind, go against the wind, adv., v.
ໄທ tái Thai, Tai, people, n.
ໄທດຳ tái-dàm Taidam tribe, n.
ໄທບ້ານ tái-bâan villager, n.
ໄທເຜົ່າແມ້ວ tái-pao-mɛ́ɛo Meo (Hmong) tribe, n.
ໄທເມືອງ tái-múang city dweller, n.
ໄທເຜົ່າຢ້າວ tái-pao-yâao Yao tribe, n.

ໄທລາວ tái-láao Lao (Laotian), n.
ໄທລື້ tái-lɨ̂ɨ Tailu tribe, n.
ເທົາ táo grey, adj., n.
ເທົ່າ tao equal, times, v., adv.
ເທົ່າກັນ tao-gàn equal, adj.
ເທົ່າກັບ tao-gǎp equal, be equal to, v.
ເທົ່າໃດ tao-dǎi how much? many?
ເທົ່າໃດ tao-dǎi to what extent?
ທຳ tám do, act, perform, make, v.
ທຳການຄ້າ tám-gàan-kâa do business, trade, v.
ທຳຂວັນ tám-kwǎn make amends, compensate, v.
ທຳຄຸນ tám-kún do a favor, v.
ທຳງານ tám-ngáan work, v.
ທຳສັນຍາ tám-sǎn-nyáa enter into a contract, make a contract, v.
ທຳດ້ວຍ tám-dûai made of, adj.
ທຳແຕ້ມ tám-dtɛ̂ɛm score, v.
ທຳທ່າ tám-taa act, pose, v.
ທຳແທນ tám-tɛ́ɛn substitute, v.
ທຳໂທດ tám-tôot punish, v.
ທຳນາ tám-náa cultivate the land, do rice farming, v.
ທຳນາຍ tám-náai foretell, predict, v.
ທຳນາຍຝັນ tám-náai-fǎn interpret dreams, v.

ທຳມອງ tám-nɔ́ɔng manner, sort, melody, rhythm, style, n.
ທຳນຽມ tám-nìam custom, tradition, n.
ທຳນຽບ tám-nìap residence, direction, treatise, n.
ທຳບາບ tám-bàap sin, v.
ທຳບຸນ tám-bùn hold a festival, make merit, v.
ທຳເປັນວ່າ tám-bpèn-waa pretend, v.
ທຳມາຫາກິນ tám-máa-hǎa-gìn earn a living, v.
ທຳລາຍ tám-láai destroy, demolish, v.
ທຳລາຍລ້າງ tám-láai-lâang eradicate, v.
ທຳໃຫ້ tám-hài cause, bring about, v.
ທຳໜ້າທີ່ tám-nàa-tii do one's duty, v.
ທຳອິດ tám-ìt at first, first, adj., adv.
ທຳຮ້າຍ tám-hâai assault, v.

ນ

ນ nɔ́ɔ the thirteenth consonant of the Lao alphabet (low consonant), n.
ນະຄອນ na-kɔ́ɔn city, municipal, n., adj.
ນະຄອນທົນ na-kɔ́ɔn-tón metropolitan, municipality, n.
ນະຄອນຫຼວງ na-kɔ́ɔn-lǔang capital city, n.
ນະໂຍບາຍ na-nyóo-bàai policy, n.
ນະມັດສະການ na-mat-sa-gàan pay homage to Buddha, worship, bow to, v.
ນະລົກ na-lok hell, n.
ນັກ nak expert, devotee, a front element to form a compound noun, n., adj.
ນັກກະວີ nak-ga-wíi poet, n.
ນັກການທູດ nak-gàan-tùut diplomat, ambassador, n.
ນັກການເມືອງ nak-gàan-múang politician, n.
ນັກກີລາ nak-gi-láa sportsman, n.
ນັກກົດໝາຍ nak-gòt-mǎai lawyer, n.
ນັກຂ່າວ nak-kàao newspaper reporter, n.
ນັກຂຽນ nak-kǐan writer, n.
ນັກເສບ nak-sèep musician, n.
ນັກສຶກສາ nak-sǔk-sǎa student, n.
ນັກສືບ nak-sùup detective, spy, n.
ນັກດົນຕີ nak-dòn-dtii musician, n.
ນັກເຕັ້ນລຳ nak-dtên-lám dancer, n.
ນັກຊ່ຽວຊານ nak-sìao-sáan expert, n.
ນັກໂທດ nak-tôot prisoner, convict, n.
ນັກບິນ nak-bìn pilot, n.
ນັກບວດ nak-bùat clergyman, monk, n.
ນັກໂບຣານະຄະດີ nak-bòo-háan-ka-đìi archaeologist, n.

ນັກປະພັນ nak-bpa-pán composer, author, *n.*
ນັກແປ nak-bpɛ̀ɛ translator, *n.*
ນັກປັດຊະຍາ nak-bpat-sa-nyáa philosopher, the learned one, *n.*
ນັກພາສາ nak-páa-sǎa linguist, *n.*
ນັກພູມີສາດ nak-púu-míi-sàat geographer, *n.*
ນັກຟ້ອນ nak-fɔ́ɔn dancer, *n.*
ນັກມວຍ nak-múai boxer, *n.*
ນັກເລງ nak-léeng gangster, *n.*
ນັກວິຊະວະກອນ nak-wi-sa-wâ-gɔɔn engineer, *n.*
ນັກວິທະຍາສາດ nak-wi-ta-nyáa-sàat scientist, *n.*
ນັກເວົ້າ nak-wâo orator, speaker, *n.*
ນັກໜັງສືພິມ nak-nǎng-sɯ̌ɯ-pím newspaperman, journalist, *n.*
ນັກອາວະກາດ nak-àa-wa-gàat astronaut, *n.*
ນັກຮ້ອງ nak-hɔ́ɔng singer, *n.*
ນັກຮຽນ nak-hían student, *n.*
ນັກຮຽນນາຍຮ້ອຍ nak-hían-náai-hɔ́ɔi cadet, *n.*
ນັ່ງ nang sit, *v.*
ນັ່ງຂັດຕະໝາດ nang-kǎt-ta-màat sit cross-legged, *v.*

ນັ່ງໄຂ່ວຂ້າງ nang-kwai-hàang across legs, *v.*
ນັ່ງທຽມ nang-tíam sit as a spirit medium, *v.*
ນັ່ງຢ່ອງຢໍ້ nang-nyɔng-nyɔ̂ɔ squat, *v.*
ນັ່ງລົງ nang-lóng sit down, *v.*
ນັດ nat make an appointment, shot (e.g. sound of a gun shot), *v.*
ນັ້ນ nân that, *adv.*
ນັບ nap count, *v.*
ນັບຖື nap-tɯ̌ɯ respect, worship, have faith in, *v.*
ນັບບໍ່ຖ້ວນ nap-bɔɔ-tùan countless, innumerable, *adj.*
ນັບວ່າ nap-waa it is regarded as
ນາ náa rice field, farm, *n.*
ນາເກືອ náa-gɯa salt farm, *n.*
ນາແຊງ náa-sɛ́ɛng dry season rice field, *n.*
ນາຍົກ náa-nyok president, chairman, *n.*
ນາຍົກລັດຖະມົນຕີ náa-nyok-lat-ta-món-dtìi prime minister, *n.*
ນາຕະສິນ náa-dta-sǐn traditional dance arts, *n.*
ນາທີ náa-tíi minute, *n.*
ນາພຽງ náa-píang flat field, *n.*

ມາລິກາ náa-li-gàa clock, watch, *n.*
ມາລິກາຂໍ້ມື náa-li-gàa-kɔ̀ɔ-mʉ́ʉ wrist watch, *n.*
ມາລິກາແດດ náa-li-gàa-dὲɛt sun-dial, *n.*
ມາລິກາຊາຍ náa-li-gàa-sáai hour-glass, *n.*
ມາລິກາປຸກ náa-li-gàa-bpùk alarm clock, *n.*
ມາວາ náa-wáa navy, ship, *n.*
ມາວາຕີ náa-wáa-dtìi lieutenant commander, *n.*
ມາວາໂທ náa-wáa-tóo commander, *n.*
ມາວາເອກ náa-wáa-èek captain, *n.*
ມາວາອາກາດ náa-wáa-àa-gàat airplane, air force, *n.*
ມາວາອາກາດຕີ náa-wáa-àa-gàat-dtìi squadron leader, *n.*
ມາວາອາກາດໂທ náa-wáa-àa-gàat-tóo wing commander, *n.*
ມາວາອາກາດເອກ náa-wáa-àa-gàat-èek group captain, *n.*
ມາວີ náa-wíi ship, *n.*
ມາຣົກ náa-hok hell, *n.*
ນ້າ nâa maternal younger aunt or uncle, *n.*
ນ້າສາວ nâa-sǎao maternal younger aunt, *n.*
ນ້າບ່າວ nâa-baao maternal younger uncle, *n.*
ນ້າໄພ້ nâa-pâi younger aunt in-law, *n.*
ນາກ nâak otter, Naga, alloy of gold and copper, *n.*
ນາງ náang Ms, Mrs, Miss, *n., pron.*
ນາງກວັກ náang-gwǎk female pendant which brings luck, *n.*
ນາງງາມ náang-ngáam beauty queen, *n.*
ນາງເງືອກ náang-ngʉ̂ak mermaid, *n.*
ນາງຍັກ náang-nyak giantess, *n.*
ນາງສາວ náang-sǎao Miss, *n.*
ນາງຊີ náang-sîi nun, *n.*
ນາງທຽມ náang-tíam female spirit medium, *n.*
ນາງນວນ náang-núan seagull, *n.*
ນາງແບບ náang-bὲɛp model, *n.*
ນາງເຜິ້ງ náang-pɤ̀ŋ queen bee, *n.*
ນາງພະຍາບານ náang-pa-nyáa-bàan nurse, *n.*
ນາງພະດຸງຄັນ náang-pa-dùng-kán midwife, *n.*
ນາງຟ້າ náang-fâa fairy, *n.*
ນາງໄມ້ náang-mâi female tree spirit, *n.*
ນາງເອກ náang-èek heroine, *n.*
ນາງແອ່ນ náang-ɛn swallow, *n.*

ນາງພຶ້ມ náang-mɔ̌ɔ nurse, n.
ນາຍ náai boss, chief, master, n.
ນາຍຄູ náai-kúu teacher, n.
ນາຍຈ້າງ náai-jâang employer, n.
ນາຍຊ່າງ náai-saang mechanic, engineer, n.
ນາຍດ່ານ náai-dàan custom house chief, n.
ນາຍຕຳຫລວດ náai-dtàm-lùat police officer, n.
ນາຍທະບຽນ náai-ta-bìan registrar officer, n.
ນາຍທະຫານ náai-ta-hǎan army officer, soldier, n.
ນາຍທ້າຍ náai-tâai steers man, n.
ນາຍທືນ náai-túun capitalist, investor, n.
ນາຍພະຄັງ náai-pa-káng royal treasurer, n.
ນາຍພາສາ náai-páa-sǎa interpreter, translator, n.
ນາຍພານ náai-páan hunter, n.
ນາຍພົນ náai-pón general, n.
ນາຍຮ້ານ náai-hàang store owner, businessman, n.
ນາຍຮ້ອຍ náai-hɔ̂ɔi army officer, n.
ນາຍເຮືອ náai-húa captain, naval officer, n.

ນາຍຫນ້າ náai-nàa broker, n.
ນາຍຫມໍ náai-mɔ̌ɔ doctor, n.
ນານ náan long (time), n.
ນານມາແລ້ວ náan-máa-lɛ́ɛo ago, long ago, adv.
ນ່ານນ້ຳ naan-nâam water course, territorial waters, n.
ນາບ nâap press down, flat, v., adj.
ນາມ náam name, noun, n.
ນາມສະກຸນ náam-sa-gùn family name, surname, n.
ນາມມະທຳ náam-ma-tám abstract, intangible, n.
ນາມບັດ náam-bǎt name card, n.
ນາມປາກກາ náam-bpàak-gàa pen-name, n.
ນາມແຝງ náam-fɛ̌ɛng pseudonym, alias, n.
ນິກາຍ ni-gàai sect, religious denomination, n.
ນິຄົມ ni-kóm settlement, n.
ນິໃສ ni-sǎi habit, n.
ນິຍົມ ni-nyóm popular, prefer, like admire, adj., v.
ນິຍາຍ ni-nyáai fable, story, myth, tale, n.
ນິຍາມ ni-nyáam definition, n.

ມີທານ ni-táan story, fable, n.
ນິຕິບັດ ni-dti-bat legislature, legislative (assembly), n.
ນິຕິບຸກຄົນ ni-dti-bŭk-kón juristic entity, juristic person, n.
ນິຕິພາວະ ni-dti-páa-wa maturity, n.
ນິພານ ni-páan go to nirvana, die (for those who are enlightened), n., v.
ນິມິດ ni-mit create, omen, sign, vision, v., n.
ນິລະໂທດສະກຳ ni-la-tôot-sa-gàm faultless, n.
ນິລັນດອນ ni-lán-dɔɔn forever, eternally, adv.
ນິນ nín sapphire, onyx, n.
ນິນທາ nín-táa gossip, v.
ນິດໄສ nit-sǎi habit, custom, n.
ນິ່ງ nìng motionless, still, silent, adj.
ນິ່ງງຽບ nìng-ngíap silent, adj.
ນິ່ງເສີຍ nìng-sǐa remain silent, v.
ນິ້ວ nîu finger, inch, n.
ນິ້ວກາງ nîu-gàang middle finger, n.
ນິ້ວກ້ອຍ nîu-gɔ̂ɔi little finger, n.
ນິ້ວຊີ້ nîu-sîi index finger, n.
ນິ້ວຕີນ nîu-dtìin toes, n.
ນິ້ວໂປ້ nîu-bpôo thumb, n.
ນິ້ວນາງ nîu-náang ring finger, n.

ນິ້ວມື nîu-múu finger, n.
ນີ້ nîi this, n.
ນີ້ເດ nîi-dée here it is
ນຶກ nuk think, consider, v.
ນຶກເຖິງ nuk-tǎng think of, v.
ນຶກວ່າ nuk-waa think that, v.
ນຶ່ງ nung one, nm.
ນຸ່ງ nung put on, wear, v.
ນຸ່ງເຄື່ອງ nung-kuang get dressed, v.
ນຸ່ງຫົ່ມ nung-hom wear clothes, v.
ນູມ núum swollen, rotten, adj.
ເນລະຄຸນ née-la-kún ungrateful, adj.
ເນລະເທດ née-la-têet exile, banish, v.
ເນີຍ nǝǝi butter, cheese, n.
ເນີຍແຂງ nǝǝi-kěng cheese, n.
ເນີນ nǝǝn mound, hill, n.
ເນີນຊາຍ nǝǝn-sáai sand dune, n.
ເນນ néen Buddhist novice, n.
ເນັ້ນ nên stress, emphasize, v.
ເນັ້ນລົງ nên-lóng press down, v.
ແນະນຳ nɛ-nám introduce, present, suggest, advise, v.
ແນປືນ née-bpuun aim a gun, v.
ແນ່ nɛɛ surely, adv.
ແນ່ໃຈ nɛɛ-jài confident, sure, certain, adj.
ແນ່ຊັດ nɛɛ-sat obvious, adv.

ແນ່ແທ້ nεε-têε in good faith, steadfast, adv.

ແນ່ນອນ nεε-nɔ́ɔn certainly, decisively, v.

ແນບ nêεp be close to, press, attach, v.

ແນບນຽນ nêεp-nían be closely fitting, neat, adj.

ແນວ nέεo kind, sort, stripes, line, row, n.

ແນວຄວາມຄິດ nέεo-kwáam-kit idea, n.

ແນວໃດ nέεo-dǎi in what way, how

ແນວລົບ nέεo-lop battle line, front, n.

ແນວໜ້າ nέεo-nàa front, vanguard, n.

ແນ່ແໜ້ nεo-nεε concentrated, firm, steadfast, adj.

ນົກ nok bird, n.

ນົກກະຈອກເທດ nok-ga-jɔ̀ɔk-têep ostrich, n.

ນົກກະສາ nok-ga-sǎa crane, n.

ນົກກະທາ nok-ga-táa quail, n.

ນົກນາງແຂກ nok-náang-gὲε pigeon, n.

ນົກນາງແຂນ nok-gàang-kěen robin, n.

ນົກແກ້ວ nok-gὲεo parrot, n.

ນົກກະຫມິນ nok-ka-mǐn oriole, n.

ນົກຂຸ້ມ nok-kùm snail bird, n.

ນົກເຂົາ nok-kǎo dove, n.

ນົກຄຸ້ມ nok-kùn pet bird, n.

ນົກເຄົ້າ nok-kâo owl, n.

ນົກຈາບ nok-jàap rice bird, n.

ນົກຈິບ nok-jǐp pink warbler, n.

ນົກຈອກ nok-jɔ̀ɔk sparrow, n.

ນົກເຈົ່າ nok-jao heron, n.

ນົກສອງຫົວ nok-sɔ̌ɔng-hǔa servant of two masters, double agent, n.

ນົກໄຊ່ nok-sâi woodpecker, n.

ນົກຍາງ nok-nýaang stork, crane, n.

ນົກຍຸງ nok-nýung peacock, n.

ນົກຕໍ່ nok-dtɔɔ (bird) decoy, n.

ນົກຕັນ nok-dten king fisher, n.

ນົກທາ nok-táa partridge, n.

ນົກນາງນວນ nok-náang-núan gull, n.

ນົກເປັດນ້ຳ nok-bpět-nâam teal, n.

ນົກປືນ nok-bpùun flintlock rifle, n.

ນົກຫົງ nok-hǒng swan, n.

ນົກຫົວຂວັນ nok-hǔa-kwǎn woodpecker, n.

ນົກອ້ຽງ nok-îang singing mina, n.

ນົກແຮ້ງ nok-hὲεng vulture, n.

ນົບ nop pray respect to (with hands put together on the chest), v.

ນົບໄຫວ້ nop-wàai pray respect to with hands put together on the chest, v.

ນົມ nóm milk, breast, n.

ນົມຂຸ້ນ nóm-kùn condensed milk, n.

ນົມງົວ nóm-ngúa cow milk, n.

ນົມສົດ nóm-sǒt fresh milk, n.

ນົມຍານ nóm-nyáan drooping breast, sagging breast, *n.*

ນົວ núa tasty, delicious, *adj.*

ໂນນ nóon highland, hill, *n.*

ນໍ nɔ́ horn, *n.*

ນໍແຮດ nɔ́-hêet rhinocerous horn, *n.*

ນອກ nɔ̂ɔk out, outside, *adj., adv.*

ນອກກົດໝາຍ nɔ̂ɔk-gòt-mǎai outlaw, illegal, *adj.*

ນອກຄອກ nɔ̂ɔk-kɔ̂ɔk unconventional, unconforming, *adj.*

ນອກຈາກ nɔ̂ɔk-jàak except, *prep.*

ນອກຈາກນັ້ນ nɔ̂ɔk-jàak-nân besides that, *prep.*

ນອກຈາກນີ້ nɔ̂ɔk-jàak-nìi also, besides, *adv., prep.*

ນອກຈາກວ່າ nɔ̂ɔk-jàak-waa unless, *conj.*

ນອກໃຈ nɔ̂ɔk-jài unfaithful (between lovers), *adj.*

ນອກຊານ nɔ̂ɔk-sáan porch, *n.*

ນອກນັ້ນ nɔ̂ɔk-nân besides that, *prep.*

ນອກຝັ່ງ nɔ̂ɔk-fang offshore, *adv.*

ນອກເລື່ອງ nɔ̂ɔk-luang irrelevant, disgressing, *adj.*

ນອກເວລາ nɔ̂ɔk-wée-láa overtime, *n., adj.*

ນອກຮີດ nɔ̂ɔk-hîit immoral, unconventional, *adj.*

ນ້ອງ nɔ́ɔng younger brother or sister, *n.*

ນ້ອງເຂີຍ nɔ́ɔng-kɤ̌ɤi younger brother-in-law, *n.*

ນ້ອງສາວ nɔ́ɔng-sǎao younger sister, *n.*

ນ້ອງຊາຍ nɔ́ɔng-sáai younger brother, *n.*

ນ້ອງຜົວ nɔ́ɔng-pŭa younger brother or sister of husband, *n.*

ນ້ອງໄພ້ nɔ́ɔng-pâi younger sister-in-law, *n.*

ນ້ອຍ nɔ̂ɔi little, small, *adj.*

ນ້ອຍກວ່າ nɔ̂ɔi-gwaa smaller than, less than, *adj.*

ນ້ອຍໃຈ nɔ̂ɔi-jài disparaged, timid, feel insignificant, *adj.*

ນ້ອຍນຶ່ງ nɔ̂ɔi-nung a little, *adv.*

ນ້ອຍທີ່ສຸດ nɔ̂ɔi-tii-sut least, *adj., adv.*

ນອນ nóon sleep, lie down, *v.*

ນອນໂກນ nóon-gòon snore, *v.*

ນອນຄວ່ຳ nóon-kwàm lie prone, *v.*

ນອນໃຈ nóon-jài improvident, complacent, careless, *adj.*

ນອນສວຍ nóon-sǔai take a nap, *v.*

ນອນເດິກ nóon-dɤ̀k go to bed late, *v.*

ນອນຕື່ນ nóon-dtɯɯn wake up, *v.*

ນອນບໍ່ຫຼັບ nóon-bɔɔ-lǎp cannot sleep,

ນອນຈັ້ມ have insomnia, v.
ນອນຈັ້ມ nɔ́ɔn-wén siesta, nap, take a nap, n., v.
ນອນຫງາຍ nɔ́ɔn-ngǎai lie face up, lie supine, v.
ນອນຫຼັບ nɔ́ɔn-lǎp sleep deeply, be asleep, v.
ນອບນ້ອມ nɔ́ɔp-nɔ̂ɔm bow, be respectful, v.
ນ້ອມກາຍ nɔ̂ɔm-gàai bend over, v.
ເນີ້ງ nə̂əng lean, v.
ເນື້ອ nɨ̂a meat, flesh, n.
ເນື້ອຄວາມ nɨ̂a-kwáam content, gist, n.
ເນື້ອເລື່ອງ nɨ̂a-lɨ́ang content, n.
ເນື່ອງຈາກ nɨ̂ang-jàak due to, because of, as a result of, prep.
ນວດ nûat massage, v.
ນວນ núan of beautiful color, pale, white, blond, adj.
ນວມ núam quilt, wad, padding, n.
ນວມຊຶກມວຍ núam-sok-múai boxing gloves, cushion, guilt, n.
ໃນ nái in, seed, prep., n.
ໃນກໍລະນີທີ່ nái-gɔ̀ɔ-la-nìi-tìi in the event of, prep.
ໃນຂະນະນັ້ນ nái-ka-nǎ-nân at that time, justly, adv.
ໃນຂັ້ນນີ້ nái-kàn-nìi at this stage, adv.

ໃນເຂດ nái-kèet within bounds of, adv.
ໃນໃຈ nái-jài at heart, emotional, quietly, adv.
ໃນຍາມ nái-nyáam in times of, prep.
ໃນທ່າມກາງ nái-tàam-gàang admist, among, prep., conj.
ໃນທັນໃດ nái-tán-dài immediately, adv.
ໃນທັນທີ nái-tán-tíi immediately, adv.
ໃນທີ່ສຸດ nái-tíi-sǔt at last, adv.
ໃນນາມຂອງ nái-náam-kɔ̌ɔng on behalf of, prep.
ໃນນັ້ນ nái-nân among those, inside, prep.
ໃນບໍ່ຊ້າ nái-bɔɔ-sâa soon, adv.
ໃນບໍລິເວນ nái-bɔɔ-li-wéen in the vicinity of, near, in the area of, prep.
ໃນປະເດັນ nái-bpa-den relevant, adj.
ໃນເມືອງ nái-múang urban, downtown, n.
ໃນມໍ່ໆນີ້ nái-mɔɔ-mɔɔ-nìi soon, presently, adv.
ໃນລະຍະນີ້ nái-la-nya-nìi at this time, adv.
ໃນລະຫວ່າງ nái-la-waang between, among, prep.
ໃນວາລະ nái-wáa-la on the occasion of, prep.
ໃນເວລາດຽວກັນ nái-wée-láa-diao-gàn at the same time, adv.

ໃນເວລາທີ່ nái-wée-láa-tii during the time of, *prep.*	ນ້ຳກ໋ອກ nâam-gɔk tap water, *n.*
ໃນໄວໆນີ້ nái-wái-wái-nìi very soon, *adv.*	ນ້ຳຂຶ້ນ nâam-kùn tide, high tide, *n.*
ໃນຮົ່ມ nái-hom indoor, in the shade, *adv.*	ນ້ຳຂຸ່ນ nâam-kùn turbulent water, *n.*
ເນົ່າ nao spoiled, rotten, *adj.*	ນ້ຳຂອງ nâam-kɔ̌ɔng Mekhong River, *n.*
ເນົ່າບູດ nao-bùut mouldy and spoiled, rotten, *adj.*	ນ້ຳຄ້າງ nâam-kâang dew, *n.*
ເນົ່າເໝັນ nao-měn spoiled and stinking, *adj.*	ນ້ຳຄຳ nâam-kám golden color, real meaning of words, *n.*
ນຳ nám lead, conduct, guide, with, together, *v., prep.*	ນ້ຳເຄັມ nâam-kém salt water, *n.*
ນຳກັນ nám-gàn together, with, *prep.*	ນ້ຳງື່ມ nâam-ngɯ̂m Nam Ngeum River, *n.*
ນຳກົ້ນ nám-gôn follow after, go after someone, *v.*	ນ້ຳຈືດ nâam-jɯ̀ɯt fresh water, *n.*
ນຳທັນ nám-tán catch up, *v.*	ນ້ຳແຈ່ວ nâam-jɛɛo chilli sauce, pepper sauce, *n.*
ນຳທ່ຽວ nám-tiao guide, *v.*	ນ້ຳຊ້າງ nâam-sàang well, *n.*
ນຳໜ້າ nám-nàa take the lead, *v.*	ນ້ຳສີ nâam-sǐi paint, *n.*
ນຳຫຼັງ nám-lǎng follow after, *v.*	ນ້ຳສົ້ມ nâam-sòm vinegar, *n.*
ນ້ຳ nam beat, repeat, *v.*	ນ້ຳໂສດາ nâam-sǒo-dàa soda, *n.*
ນ້ຳ nâam water, liquid, *n.*	ນ້ຳຊາ nâam-sáa tea, *n.*
ນ້ຳກະທິ nâam-ga-ti coconut cream, *n.*	ນ້ຳຊຶ້ນ nâam-sɯ̂n gravy, *n.*
ນ້ຳກາມ nâam-gàam sperm, semen, *n.*	ນ້ຳຍ້ອມ nâam-nyɔ́ɔm dye, *n.*
ນ້ຳກິນ nâam-gìn drinking water, *n.*	ນ້ຳຍ່ຽວ nâam-nyiao urine, *n.*
ນ້ຳແກງ nâam-gɛɛng soup, the liquid part of curry, *n.*	ນ້ຳຕາ nâam-dtàa tears, *n.*
ນ້ຳແກ່ວ່ງ nâam-gɛng flood, *n.*	ນ້ຳເຕົ້າ nâam-dtâo gourd, *n.*
ນ້ຳກົດ nâam-gòt acid, *n.*	ນ້ຳຕານ nâam-dtàan sugar, brown, *n., adj.*
	ນ້ຳຕານກ້ອນ nâam-dtàan-gɔ̂ɔn lump sugar, *n.*
	ນ້ຳຕານຊາຍ nâam-dtàan-sáai white

sugar, cane sugar, n.

ນ້ຳຕານແດງ nâam-dtàan-dèeng brown sugar, n.

ນ້ຳຕານປີບ nâam-dtàan-bpiip palm sugar in the form of cakes, n.

ນ້ຳຕື້ນ nâam-dtûun shallow water, n.

ນ້ຳຕົກ nâam-dtŏk waterfall, n.

ນ້ຳຕົ້ມ nâam-dtôm boiled water, n.

ນ້ຳຕອງ nâam-dtɔɔng filtered water, n.

ນ້ຳຖ້ວມ nâam-tùam flood, n.

ນ້ຳທະເລ nâam-ta-lée sea, n.

ນ້ຳນົມ nâam-nóm milk, n.

ນ້ຳບີ nâam-bìi bile, n.

ນ້ຳເບີ nâm-bəə number, n.

ນ້ຳບົກ nâam-bŏk receding water, n.

ນ້ຳບວກ nâam-bùak puddle, water buffalo wallow, n.

ນ້ຳປະປາ nâam-bpa-bpàa hydrant water, tap water, city water, n.

ນ້ຳປາ nâam-bpàa fish sauce, n.

ນ້ຳເຜິ້ງ nâam-pəng honey, n.

ນ້ຳຝົນ nâam-fŏn rain water, n.

ນ້ຳພິກ nâam-pik hot sauce, n.

ນ້ຳພຸ nâam-pu fountain, n.

ນ້ຳພຸຮ້ອນ nâam-pu-hɔɔn geyser, hot spring, n.

ນ້ຳມັນ nâam-mán oil, petroleum products, n.

ນ້ຳມັນກາດ nâam-mán-gaat kerosene, n.

ນ້ຳມັນເຄືອບສີ nâam-mán-kûap-sǐi lacquer, n.

ນ້ຳມັນງາ nâam-mán-ngáa sesame oil, n.

ນ້ຳມັນສະຫລັດ nâam-mán-sa-lǎt salad oil, n.

ນ້ຳມັນຕັບປາ nâam-mán-dtǎp-bpàa cod-liver oil, n.

ນ້ຳມັນເບີ nâam-mán-bəə butter, n.

ນ້ຳມັນຍາງ nâam-mán-nyáang resin, asphalt, n.

ນ້ຳມັນຫມູ nâam-mán-mǔu lard, n.

ນ້ຳມັນແອັດຊັງ nâam-mán-ɛt-sáng gasoline, n.

ນ້ຳມຶກ nâam-mɯk ink, n.

ນ້ຳມົນ nâam-món lustral water, n.

ນ້ຳຢາ nâam-yàa liquid medicine, n.

ນ້ຳລ້າ nâam-lâa plain water, n.

ນ້ຳລາຍ nâam-láai saliva, n.

ນ້ຳວົນ nâam-wón cross current, n.

ນ້ຳວົນ nâam-wón whirlpool, n.

ນ້ຳແຫ້ງ nâam-hèng dry riverbed, n.

ນ້ຳຫົວເຜິ້ງ nâam-hǔa-pəng honey, n.

ນ້ຳຫອມ nâam-hɔɔm perfume, n.

ນ້ຳອະສຸຈິ nâam-a-su-jĭ sperm, semen, n.

ນ້ຳອັດລົມ nâam-ǎt-lóm carbonated water, soft drink, n.

ນ້ຳອົບ naam-ŏp perfume, scents, *n.*

ນ້ຳອ້ອຍ naam-ɔ̂ɔi sugarcane juice, *n.*

ນ້ຳໜັກ naam-nàk weight, *n.*

ນ້ຳໜອງ naam-nɔ̌ɔng pus, *n.*

ນ້ຳໝາກ naam-màak betel saliva, *n.*

ນ້ຳໝາກນາວ naam-màak-náao lemonade, *n.*

ນ້ຳໝາກພ້າວ naam-màak-pâao coconut water, juice, *n.*

ນ້ຳໝາກໄມ້ naam-màak-mâi fruit juice, *n.*

ນ້ຳໝອກ naam-mɔ̀ɔk fog, *n.*

ນ້ຳຫວານ naam-wǎan soft drinks, sweet drinks, juice, *n.*

ນ້ຳຫວານດອກໄມ້ naam-wǎan-dɔ̀ɔk-mâi nectar, *n.*

ບ

ບ bɔɔ the fourteenth consonant of the Lao alphabet (mid consonant), *n.*

ບັກ bǎk boy, mister, used as a title before a man's name (derogatory), *n.*

ບັງ bàng hide, be in the sight of, block the view, *v.*

ບັງເກີດ bàng-gə̀ət happen, *v.*

ບັງຄັບ bàng-kap force, control, obligate, *v.*

ບັງຄັບຂົ່ມເຫັງ bàng-kap-kom-hěeng oppress, threaten, *v.*

ບັງຄັບບັນຊາ bàng-kap-bàn-sáa command, control, *v.*

ບັງບຽດ bàng-bìat oppress, *v.*

ບັງອາດ bàng-àat dare, indiscreet, be audacious, *v.*

ບັງເອີນ bàng-əən happen by accident, by chance, *v., adv.*

ບັ້ງ bâng tube, cylinder, chevron, *n.*

ບັ້ງສີດ bâng-sìit pump, *n.*

ບັ້ງສູດ bâng-sùut multiplication table, *n.*

ບັ້ງສູບ bâng-sùup bellows, *n.*

ບັ້ງນ້ຳ bâng-nâam bamboo tube for water, *n.*

ບັ້ງໄຟ bâng-fái rocket made of bamboo, *n.*

ບັ້ງໄຟດອກ bâng-fái-dɔ̀ɔk firecracker, *n.*

ບັດ bǎt card, ticket, *n.*

ບັດເຊີນ bǎt-sə́ən invitation card, *n.*

ບັດນີ້ bǎt-nîi now, *adv.*

ບັດປະຈຳຕົວ bǎt-bpa-jàm-dtùa identification card, *n.*

ບັດຜ່ານປະຕູ bǎt-paan-bpa-dtùu ticket of admission, a pass, *n.*

ບັນຈົງ bàn-jòng make neatly, be careful, *v.*

ບັນຈົບ bàn-jŏp make fit, join, complete, v.

ບັນຈຸ bàn-jŭ contain, insert, fill, pack, v.

ບັນຈຸຫີບ bàn-jŭ-hìip pack, v.

ບັນຊາ bàn-sáa command, order, direct, v.

ບັນຊາການສູງສຸດ bàn-sáa-gaan-súung-sŭt supreme command, n.

ບັນດາ bàn-dàa all, among, adj., adv.

ບັນດາສັກ bàn-dàa-sắk title (of government officials), n.

ບັນໄດ bàn-dài ladder, stairs, n.

ບັນທັດ bàn-tat line, ruler, n.

ບັນທັດຖານ bàn-tat-tǎan standard, basis, criterion, n.

ບັນທຶກ bàn-tuk note, record, v., n.

ບັນທຸກ bàn-tuk transport, load, v.

ບັນເທີງ bàn-téeng amuse, entertain, v.

ບັນນາການ bàn-náa-gaan gift, tribute, n.

ບັນນາທິການ bàn-náa-ti-gaan editor, n.

ບັນພະບູລຸດ bàn-pa-bùu-lŭt ancester, n.

ບັນພະສິດ bàn-pa-sit priest, monk, n.

ບັນລະຍາຍ bàn-la-nyáai lecture, describe, narrate, v.

ບັນລັງ bàn-láng throne, n.

ບັນລຸ bàn-lu attain, accomplish, achieve, v.

ບັນລຸຜົນ bàn-lu-pŏn succeed, v.

ບັນເລງ bàn-léeng play music, v.

ບັນຫາ bàn-hǎa problem, matter, n.

ບັ່ນ ban divide in pieces, cut down, v.

ບັ່ນຟືນ ban-fúun cut firewood, v.

ບັ້ນ bân part, n.

ບັ້ນກົກ bân-gŏk first part, n.

ບັ້ນປາຍ bân-bpàai final part, n.

ບາສີ bàa-sǐi Baci, n.

ບາດານ bàa-dàan underworld, the abyss of hell, n.

ບາລະມີ bàa-la-míi transcendent virtues, prestige, influence, n.

ບາລີ bàa-líi Pali, n.

ບາຫລອດ bàa-lɔ̀ɔt thermometer, mercury, n.

ບ່າ baa shoulder, n.

ບ່າໄຫລ່ baa-lai shoulder, n.

ບ້າ bâa foolish, crazy, mad, insane, a prefix to a noun or a verb to form an adjective meaning "crazy about", adj.

ບ້າກາມ bâa-gàam nymphomaniac, sexually perverted, adj.

ບ້າຕັນຫາ bâa-dtăn-hǎa lustful, adj.

ບ້າບິ່ນ bâa-bin reckless, hasty, adj.

ບ້າເລືອດ bâa-lûat bloodthirsty, fanatic, adj.

ບ້າຫມູ bâa-mǔu epilepsy, *n.*
ບາກບັ່ນ bàak-ban persevere, struggle, *v.*
ບາງ bàang thin, some, *adj.*
ບາງຄາວ bàang-káao now and then, *adv.*
ບາງຄົນ bàang-kón someone, somebody, *pron., n.*
ບາງຄັ້ງ bàang-kâng sometimes, *adv.*
ບາງສິ່ງ bàang-sìng something, *pron., n.*
ບາງທີ່ bàang-tii maybe, *adv.*
ບາງເທື່ອ bàang-tǔa sometimes, *adv.*
ບາງເບົາ bàang-bao lessen, *v.*
ບາງຢ່າງ bàang-yaang some kinds, something, *n., pron.*
ບາງແຫ່ງ bàang-hɛ̀ng somewhere, *adv.*
ບ່າງ baang flying squirrel, marmot, *n.*
ບາຍ bàai touch, *v.*
ບ່າຍ baai afternoon, spread food on rice, *n., v.*
ບ່າຍເຂົ້າ baai-kào have a snack, *v.*
ບ່າຍບ່ຽງ baai-biang swerve, contrive, avoid, *v.*
ບາດ bàat wound, cut, hurt, *v., n.*
ບາດຈັບ bàat-jép injured, *adj.*
ບາດໃຈ bàat-jài hurt in feelings, *v.*
ບາດຢ່າງ bàat-nyaang step, gait, *n.*
ບາດຕາ bàat-dtàa be offensive to the eye, be an eyesore, *v.*
ບາດທະຍັກ bàat-ta-nyak tetanus, *n.*
ບາດແຜ bàat-pɛ̌ɛ wound, *n.*
ບາດຫູ bàat-hǔu be unpleasant to the ear, *v.*
ບາດຫມາງ bàat-mǎang be on bad terms, *v.*
ບາດຫຼວງ bàat-lǔang Roman Catholic priest, *n.*
ບານ bàan ball, bloom, *n., v.*
ບານປະຕູ bàan-bpa-dtùu panel of a door, door pane, *n.*
ບານພັບ bàan-pap hinges, *n.*
ບ້ານ bâan home, house, *n.*
ບ້ານເກີດ bâan-gə̀ət birthplace, *n.*
ບ້ານເກົ່າ bâan-gao homeland, *n.*
ບ້ານເດີມ bâan-də̀əm original home, *n.*
ບ້ານນາ bâan-náa countryside, *n.*
ບ້ານນອກ bâan-nɔ̂ɔk rural, the countryside, *n.*
ບ້ານພັກ bâan-pak residence, guesthouse, lodging, *n.*
ບ້ານພັກນັກຮຽນ bâan-pak-nak-hían hostel, dormitory, *n.*
ບ້ານເມືອງ bâan-múang country, the homeland, *n.*
ບ້ານຮ້າງ bâan-hâang deserted village or house, *n.*

ບ້ານເຮືອນ bâan-húan home, house, n.
ບາບ bàap sin, guilt, n.
ບາບກຳ bàap-gàm sin, n.
ບ່າວ baao youth, servant, n.
ບ່າວສາວ baao-sǎao adolescents, n.
ບ່າວນ້ອຍ baao-nɔ́ɔi young boy, n.
ບ່າວໄພ່ baao-pâi common people, n.
ບ່າວແວງ baao-wéeng teenage boy, n.
ບ່າວຫາມ baao-háam young man, n.
ບິ bǐ divide, break, v.
ບິດາ bi-dàa father, n.
ບິດາມາດາ bi-dàa-máan-dàa parents, n.
ບີ້ bîi crush, pinch, squeeze, v.
ບິດ bìt twist, v.
ບິດກາຍ bìt-gàai writhe, wriggle, v.
ບິດຄີງ bìt-kíng stretch, v.
ບິດຄໍ bìt-kɔ̌ɔ wring the neck, v.
ບິດເບືອນ bìt-bùan misrepresent, distort, v.
ບິດຫູ bìt-hǔu pinch the ear, v.
ບິນ bìn fly, v.
ບິນທະບາດ bìn-ta-bàat beg alms, go about with a bowl to receive food (Buddhist monks), v.
ບິ່ນ bǐn chip, nick, chipped, v., adj.
ບິ່ນລຽດ bǐn-ĺiat billiard, n.
ບີບ bìip squeeze, press, v.
ບີບແກ bìip-gɛ̀ɛ sound a horn, v.
ບີບຄັ້ນ bìip-kân oppress, v.
ບີບນ້ຳຕາ bìip-nâam-dtàa cause tears to flow, shed, false, fears, v.
ບີບບັງຄັບ bìip-bàng-kap oppress, v.
ບີບບີ້ bìip-bîi oppress, press, v.
ບີບເອັນ bìip-en massage, v.
ບຶກ bǔk giant cat-fish, n.
ບຶກບຶນ bǔk-bǔn strive, struggle, stunt, v., adj.
ບຶງ bǔng pond, lake, n.
ບຶ້ງ bûng sulky, pouty, adj.
ບັດດຽວ bǔt-diao a moment, n.
ບຸປ່າ bu-bpàa treck throught the forest, v.
ບຸລະນະ bu-la-na restore, v.
ບຸລຸດ bùu-lút person, man, n.
ບຸກ bùk invade, trespass, penetrate, v.
ບຸກຄົນ bùk-kón person, individual, n.
ບຸກໂຈມຕີ bǔk-jòom-dtìi attack, raid, v.
ບຸກລຸກ bùk-luk invade, trespass, take over, v.
ບຸງ bùng paddy basket, v.
ບຸ້ຍປາກ bûi-bpàak pout, v.
ບຸດສາວ bùt-sǎao daughter, n.
ບຸດຊາຍ bùt-sáai son, n.
ບຸດບຸນທຳ bǔt-bùn-tám step-child, adopted child, n.
ບຸນ bùn festival, merit, n.

ບຸນຄຸນ bùn-kún kindness, favor, n.

ບຸບ bŭp beat, broken, destroyed, v., adj.

ບຸບສະທລາຍ bŭp-sa-láai ruined, destroyed, adj.

ບຸບພະຊາດ bŭp-pa-sâat former birth, former incarnation, n.

ບຸບພະບົດ bŭp-pa-bŏt preposition, n.

ບຸບເຜສັມນິວາດ bŭp-pée-săn-ni-wâat the mating of souls, n.

ບຸ່ມບ່າມ bum-baam uncouth, rush in, adj., v.

ບູລຸດ bùu-lŭt man, n.

ບູຊາ bùu-sáa venerate, give offering, worship, v.

ບູຊາຍັນ bùu-sáa-nyán burn offering, kill as a sacrifice, v.

ບູລະນະ bùu-la-na repair, restore, v.

ບູລະພາ bùu-la-páa east, n.

ບູຮານ bùu-háan ancient, adj.

ບູຮານຄະດີ bùu-háan-ka-dìi archaeology, n.

ບູຮານວັດຖຸ bùu-háan-wat-tŭ antique, n.

ບູດ bùut rancid, go bad, adj., v.

ເບ້ bêe wry, v.

ເບັ່ງ bèng swell, swollen, v., adj.

ເບັ່ງທ້ອງ bèng-tɔ́ɔng swollen abdomen, n.

ເບັ່ງ beng push away, strain, v.

ເບັດ bĕt fishhook, n.

ເບຍ bìa beer, n.

ເບ້ຍ bìa young plant, n.

ເບ້ຍບຳນານ bìa-bam-náan pension, n.

ເບ້ຍປະກັນໄພ bìa-bpa-gàn-pái insurance premium, n.

ເບ້ຍມື້ bìa-mǔǔ per diem, n.

ເບ້ຍລ້ຽງ bìa-líang allowance, n.

ແບະ bĕ break open, spread out, v.

ແບມື bɛɛ-múu open one's hand, v.

ແບ້ bɛ̂ɛ goat, n.

ແບ້ຕັກ bɛ̂ɛ-tɔ̆k male goat, n.

ແບ້ແມ່ bɛ̂ɛ-mɛɛ female goat, n.

ແບກ bɛ̀ɛk carry on shoulder, tote, v.

ແບ່ງ bɛng separate, divide, split, v.

ແບ່ງເງິນປັນຜົນ bɛng-ngón-bpàn-pǒn pay a dividend, v.

ແບ່ງແຍກ bɛng-nyɛ̂ɛk separate, divide, v.

ແບ່ງເບົາ bɛng-bao relieve, lighten, v.

ແບ່ງປັນ bɛng-bpàn share, allot, v.

ແບນ bɛ̀ɛn flat, adj.

ແບນມື bɛ̀ɛn-múu open one's hand, v.

ແບນ ben throw, v.

ແບບ bɛ̀ɛp model, pattern, style, n.

ແບບສະບັບ bɛ̀ɛp-sa-bǎp standard, model, n.

ແບບແຜນ bèep-pěen model, plan, convention, custom, *n.*

ແບບພິມ bèep-pim proof copy, form, mold, *n.*

ແບບປ່າງ bèep-yaang example, *n.*

ແບບບຣຽນ bèep-hian textbook, lesson, *n.*

ບົກ bǒk land, dry, on land, ashore, *n., adj., adv.*

ບົກພ່ອງ bǒk-pong deficient, *adj.*

ບົງການ bong-gàan dictate, order, direct, command, *v.*

ບົ່ງ bong extricate, prick, puncture, pierce, *v.*

ບົ່ງເຖິງ bong-těng refer to, *v.*

ບົ່ງໜາມ bong-nǎam pull out a thorn, *v.*

ບົ້ງ bông caterpillar, *n.*

ບົ້ງກື bông-gùu millipede, *n.*

ບົດ bǒt crush, grind, writing, chapter, *v., n.*

ບົດກອນ bǒt-gɔɔn poem, *n.*

ບົດຮຽນ bǒt-kian writing, *n.*

ບົດຄວາມ bǒt-kwáam text, article, *n.*

ບົດນຳ bǒt-nám preface, *n.*

ບົດບາດ bǒt-bàat role, part, *n.*

ບົດບັງ bǒt-bàng darken, block, *v.*

ບົດເພງ bǒt-péeng song, words of a song, *n.*

ບົດລະຄອນ bǒt-la-kɔɔn play, script, *n.*

ບົດວິຈານ bǒt-wi-jàan commentary, *n.*

ບົດຮຽນ bǒt-hǐan lesson, *n.*

ບົນ bon on top, upper, above, overland, bribe, vow, *adj., adv., prep, v.*

ບົ່ນ bon complain, *v.*

ບົມ bòm bomb, *n.*

ບົ່ມ bom ripen, *v.*

ໂບ boo bow, ribbon, *n.*

ໂບກ bòok wave, *v.*

ໂບກປູນ bòok-bpùun plaster, *v.*

ໂບດ bòot chapel, church, *n.*

ບອາະ bɔ cushion, is that so?, *n., part.*

ບອາະໄຂ່ bɔ-kai hatch, *v.*

ບໍລິການ bɔɔ-li-gàan service, *n., v.*

ບໍລິຈາກ bɔɔ-li-jàak donate, donation, *v., n.*

ບໍລິສັດ bɔɔ-li-sǎt company, *n.*

ບໍລິສຸດ bɔɔ-li-sǔt pure, virgin, *adj.*

ບໍລິບູນ bɔɔ-li-bùun complete, perfect, *adj.*

ບໍລິໂພກ bɔɔ-li-pôok consume, eat, *v.*

ບໍລິວານ bɔɔ-li-wáan followers, satellite, *n.*

ບໍລິວຽນ bɔɔ-li-wéen area, vicinity, region, *n.*

ບໍລິຫານ bɔɔ-li-hǎan execute, administer, manage, *v.*

ບໍ່ bɔɔ not, no, source, origin, well, pond, mine, *adv., n.*

ບໍ່ເກີດ bɔɔ-gə̀ət original place, source, *n.*
ບໍ່ເຄີຍ bɔɔ-kə́əi never, not usually, *adv.*
ບໍ່ຄວນ bɔɔ-kúan ought not, *v.*
ບໍ່ງໍ້ bɔɔ-ngɔ̂ɔ not care about, *v.*
ບໍ່ຈຳກັດ bɔɔ-jàm-gǎt unlimited, *adj.*
ບໍ່ຊ້າກໍ່ໄວ bɔɔ-sâa-gɔɔ-wái sooner or later, *adv.*
ບໍ່ເຊື່ອ bɔɔ-sʉ̀a doubt, *v.*
ບໍ່ຊຳນານ bɔɔ-sám-náan inexperienced, *adj.*
ບໍ່ເຊົາ bɔɔ-sáo incessant, continual, *adj.*
ບໍ່ດີ bɔɔ-dǐi bad, *adj.*
ບໍ່ດົນ bɔɔ-dòn not long, *adj.*
ບໍ່ໄດ້ bɔɔ-dâi not able to, impossible, *v.*, *adj.*
ບໍ່ເຕັມໃຈ bɔɔ-dtèm-jài unwilling, *adj.*
ບໍ່ຕົກລົງ bɔɔ-dtŏk-lóng disagree, *v.*
ບໍ່ຕ້ອງ bɔɔ-dtɔ̂ɔng must not, forget about it, be neccessary, *v.*
ບໍ່ຖ່ານຫີນ bɔɔ-taan-hǐn coal mine, *n.*
ບໍ່ຖືກ bɔɔ-tùuk incorrect, wrong, *adj.*
ບໍ່ທັນ bɔɔ-tán not on time, *adv.*
ບໍ່ນຶກບໍ່ຝັນ bɔɔ-nʉk-bɔɔ-fǎn unexpected, *adj.*
ບໍ່ແນ່ bɔɔ-nɛ̂ɛ uncertain, unclear, *adj.*
ບໍ່ນ້ຳ bɔɔ-nâam well, *n.*
ບໍ່ນ້ຳຮ້ອນ bɔɔ-nâam-hɔ́ɔn hot spring, *n.*
ບໍ່ເປັນຫຍັງ bɔɔ-bpen-nyǎng you are welcome, never mind, it doesn't matter
ບໍ່ກຳນົດ bɔɔ-gàm-not indefinite, *adj.*
ບໍ່ມີ bɔɔ-mîi do (does) not have, *v.*
ບໍ່ມີລະບຽບ bɔɔ-mîi-la-bìap disorderly, messy, *adj.*
ບໍ່ມີວຽກເຮັດ bɔɔ-mîi-wîak-het unemployed, *adj.*
ບໍ່ມີຫຍັງ bɔɔ-mîi-nyǎng nothing at all, *adj.*
ບໍ່ໜ້າເຊື່ອ bɔɔ-nàa-sʉ̀a unbelievable, incredible, *adj.*
ບໍ່ໝານ bɔɔ-mǎan unlucky, *adj.*
ບໍ່ອຶດບໍ່ຢາກ bɔɔ-ʉ̀t-bɔɔ-yàak abundant, *adj.*
ບໍ່ຮູ້ມື້ bɔɔ-hûu-mʉ́a unconscious, *adj.*
ບໍ່ແຮ່ bɔɔ-hɛɛ mine, *n.*
ບອກ bɔ̀ɔk tell, inform, notify, *v.*
ບອງ bɔ̀ɔng put in water or alcohol, pickle, *v.*
ບ່ອງຫູ bong-hǔu pierce the ears, *v.*
ບອດ bɔ̀ɔt blind, *adj.*
ບ່ອນ bon place, area, *n.*
ບ່ອນກັກຂັງ bon-gǎk-kǎng prison, *n.*
ບ່ອນເກີດ bon-gə̀ət birthplace, *n.*
ບ່ອນໄກ bon-gài place far away, *n.*
ບ່ອນອ່າງນ້ຳ bon-kǎng-nâam reservoir, *n.*
ບ່ອນຄົວກິນ bon-kúa-gìn kitchen, *n.*

ບ່ອມຈອດ bɔn-jɔ̀ɔt parking area, landing place, n.
ບ່ອນສາທາລະນະ bɔn-sǎa-táa-la-na public place, n.
ບ່ອນສູງ bɔn-sǔung highland, n.
ບ່ອນໃດ bɔn-dǎi where, adv.
ບ່ອນນີ້ bɔn-nìi here, adv.
ບ່ອນນອນ bɔn-nɔ́ɔn bedroom, sleeping area, lodging, n.
ບ່ອນຢູ່ bɔn-yuu living place, location, accomodation, home, residence, n.
ບ່ອນລີ້ໄພ bɔn-lìi-pái place of refuge, shelter, n.
ບ່ອນອາໄສ bɔn-àa-sǎi shelter, where to stay, n.
ບ່ອນຮົ່ມ bɔn-hom shady spot, n.
ເບີກຂອງ bə̀ək-kɔ̌ɔng distribute goods, n.
ເບີກຄວາມ bə̀ək-kwáam give evidence in court, v.
ເບີກເງິນ bə̀ək-ngə́n pay money, go get money, v.
ເບີກທາງ bə̀ək-táang find a way out, break through, clear the way, v.
ເບີກບານ bə̀ək-bàan happy, lively, adj.
ເບີກພະຍານ bə̀ək-pa-nyáan put a witness on the stand, v.
ເບິ່ງ bəng watch, look at, stare at, v.

ເບິ່ງແຍງ bəng-nyɛ́ɛng look after, v.
ເບິ່ງດູ bəng-dùu look!, look at, v.
ເບິ່ງຫນັງສື bəng-nǎng-sɯ̌ɯ read books, v.
ເບີຍລົມ bə̀əi-lóm expose to wind, v.
ບຽດ bìat crowd, push, jostle (off the road), v.
ບຽດບຽນ bìat-bìan mistreat, exploit, v.
ບ້ຽວ bìao twisted, out of shape, adj.
ເບື່ອ bɯ̀a bored, poisoned, tired, fed up with, adj.
ເບື່ອຫນ່າຍ bɯ̀a-naai sick and tired of, adj.
ເບື່ອອາຫານ bɯ̀a-àa-hǎan lose one's appetite, v.
ເບື້ອງ bɯ̂ang side, direction, n.
ເບື້ອງຂວາ bɯ̂ang-kwǎa right side, n.
ເບື້ອງຊ້າຍ bɯ̂ang-sáai left side, n.
ເບື້ອງຕົ້ນ bɯ̂ang-dtôn preliminary, the beginning, n.
ເບື້ອງຫນ້າ bɯ̂ang-nàa front, in front of, n., adv.
ເບື້ອງຫລັງ bɯ̂ang-lǎng back, behind, n., adv.
ບົວ bùa lotus, n.
ບວກ bùak add, v.
ບວກຄວາຍ bùak-kwáai buffalo wallow, n.
ບວກນ້ຳ bùak-nâam puddle, n.
ບ່ວງ buang spoon, loop, lasso, n.

ບ່ວງສວງ buang-sŭang give offerings to (the gods), v.
ບ້ວງແຮ້ວ bûang-hêeo snare, n.
ບວດ bùat enter the priesthood, v.
ບວດຊີ bùat-sĭi become a nun, v.
ບ້ວນ bûan rinse, eject, v.
ບ້ວນນ້ຳລາຍ bûan-nâm-láai spit, v.
ບວມ bùam swell up, v.
ບວມ bùam swollen, adj.
ໃບ bai leaf, paper, sheet, card, document, n.
ໃບຂັບຂີ່ bài-kắp-kii driving license, n.
ໃບແຈ້ງຄວາມ bài-jêeng-kwáam circular, n.
ໃບສະໝັກ bài-sa-mắk application form, n.
ໃບຊາ bài-sáa tea leaf, n.
ໃບຊາຕາ bài-sáa-dtàa birth certificate, n.
ໃບເດີນທາງ bài-dòon-táang permit to travel, n.
ໃບຕອງ bài-dtɔɔng banana leaves, n.
ໃບປະກັນ bài-bpa-gàn warrant, n.
ໃບປະກາດ bài-bpa-gàat certificate, n.
ໃບປິວ bài-bpìu leaflet, n.
ໃບປົກ bài-bpòk cover, binding, n.
ໃບພັດ bài-pat propeller, blower, n.
ໃບໄມ້ bài-mǎi tree leaf, n.
ໃບມີດແຖ bài-mîit-těe razor blade, n.

ໃບມອນ bài-mɔ́ɔn mulberry leaf, n.
ໃບຢັ້ງຢືນ bài-yâng-yúun certificate, n.
ໃບຢາ bài-yàa tobacco leaf, n.
ໃບລາ bài-láa resignation, permission, n.
ໃບລານ bài-láan palm leaves for writing, n.
ໃບຫູ bài-hŭu earlobe, n.
ໃບອະນຸຍາດ bài-a-nu-nyâat license, n.
ໃບຮັບ bài-hap receipt, n.
ໃບຮັບເງິນ bài-hap-ngán receipt, n.
ໃບໜ້າ bài-nàa feature, face, n.
ໃບຫຍ້າ bài-nyâa blade of grass, n.
ໄບ່ bai talk in sleep, n.
ໄບ້ bâi dumb, stupid, adj.
ເບົາ bao soft, gentle, light, make water, slow down, adj., v.
ເບົາໃຈ bào-jài feel relieved, v.
ເບົາບາງ bào-bàang sparse, ligten, adj.
ເບົາມື bào-mǔu be relieved of work, v.
ເບົາແຮງ bào-héeng be relieved, v.
ເບົາຫວານ bào-wăan diabetes, n.
ເບົ້າຕາ bâo-dtàa eye socket, n.
ບຳນານ bàm-náan pension, n.
ບຳບັດ bàm-bắt counteract, v.
ບຳເພັນປະໂຫຍດ bàm-pén-bpa-nyòot render service, v.
ບຳເພັນສິນ bàm-pén-sĭn observe reli-

gious precepts, v.

ບຳລຸງ bàm-lúng nourish, nurture, v.

ບຳເໜັດ bàm-nět bonus, commission, pension, n.

ປ

ປ bpɔ̀ɔ the fifteenth consonant of the Lao alphabet (mid consonant), n.

ປະ bpǎ divorce, abandon, v.

ປະກັນ bpa-gàn warrant, insure, v.

ປະກັນຊີວິດ bpa-gàn-sìi-wit life insurance, n.

ປະກັນໄພ bpa-gàn-pái insurance, n.

ປະກາສິດ bpa-gàa-sìt command, decree, commandment, n.

ປະກາລັງ bpa-gàa-láng coral, n.

ປະກາຍ bpa-gàai spark, n.

ປະກາດ bpa-gàat announce, publicies, declare, a notice, notification, announcement, v., n.

ປະກາດໂຄສະນາ bpa-gàat-kóo-sa-náa advertise, v.

ປະກາດໃຊ້ bpa-gàat-sǎi enforce, v.

ປະກາດສະນີຍະບັດ bpa-gàat-sa-ni-nya-bǎt certificate, n.

ປະກາດສົງຄາມ bpa-gàat-sǒng-káam declare war against, v.

ປະການ bpa-gàan matter, sort, ways, kinds, respects, counts, n.

ປະກົດ bpa-gǒt appear, seem, v.

ປະກົດຜົນ bpa-gǒt-pǒn result, outcome, v.

ປະກົບ bpa-gǒp join face to face, mesh, v.

ປະກວດ bpa-gùat contest, v.

ປະກອບ bpa-gɔ̀ɔp fit, assemble, put together, v.

ປະກອບດ້ວຍ bpa-gɔ̀ɔp-dúai be composed of, v.

ປະເຄນ bpa-kéen present (to monks), hand, v.

ປະຄອງ bpa-kɔ́ɔng support, handle carefully, v.

ປະຈົບ bpa-jǒp make neatly, join, flatter, play the toady, v.

ປະຈົບປະແຈງ bpa-jǒp-bpa-jɛ̀ɛng flatter, play the toady, v.

ປະຈົນ bpa-jòn confront, fight against, v.

ປະຈວບ bpa-jùap happen, n.

ປະຈັກ bpa-jǎk be clear, be convinced, v.

ປະຈັນບານ bpa-jàn-bàan fight hand to hand with, v.

ປະຈານ bpa-jàan condemn publicly, humiliate publicly, v.

ປະຈຸບັນ bpa-ju-bàn now, the present, adv., n.

ປະຈຳ bpa-jàm permanent, *adj.*

ປະຈຳການ bpa-jàm-gàan be in service, *v.*

ປະຈຳເດືອນ bpa-jàm-dùan monthly, menstruation, *adv., n.*

ປະຈຳປີ bpa-jàm-bpìi annually, *adv.*

ປະຈຳມື້ bpa-jàm-mùu daily, *adv.*

ປະຈຳຢູ່ bpa-jàm-yuu be situated at, *v.*

ປະສາ bpa-săa manner, way, *n.*

ປະສາດ bpa-sàat nerve, *n.*

ປະສານ bpa-săan put together, weld, *v.*

ປະສານງາ bpa-săan-ngáa collide, *v.*

ປະສານງານ bpa-săan-ngáan coordinate, *v.*

ປະສຸສັດ bpa-su-sǎt domestic animal, *n.*

ປະສູດ bpa-sùut birth, give girth, *n., v.*

ປະສົງ bpa-sŏng desire, *v.*

ປະສົບ bpa-sŏp meet, encounter, *v.*

ປະສົມ bpa-sŏm mix, *v.*

ປະສົມປະສານ bpa-sŏm-bpa-săan accumulate, mix, assimilate, *v.*

ປະສົມພັນ bpa-sŏm-pán cross-breed, have intercourse (for animal), *v.*

ປະເສີດ bpa-sə̀ət excellent, superb, sublime, *adj.*

ປະສິດທິພາບ bpa-sìt-ti-pâap efficiency, *n.*

ປະຊາກອນ bpa-sáa-gɔɔn population, *n.*

ປະຊາຊາດ bpa-sáa-sâat nation, *n.*

ປະຊາຊົນ bpa-sáa-són people, *n.*

ປະຊາທິປະໄຕ bpa-sáa-ti-bpa-dtài democracy, *n.*

ປະຊາມະຕິ bpa-sáa-ma-tǐ public opinion, *n.*

ປະຊຸມ bpa-súm meet, assemble, have a meeting, *v.*

ປະຊຸມລັບ bpa-súm-lap secret meeting, *n.*

ປະຊົດ bpa-sot be sarcastic, *v.*

ປະຊັນ bpa-sán compete, rival, *v.*

ປະຊິດ bpa-sit approach, adjoin, *v.*

ປະເຊີນ bpa-sə̌ən encounter, conflict, *v.*

ປະດິດ bpa-dǐt invent, *v.*

ປະດັບ bpa-dǎp decorate, *v.*

ປະດົງ bpa-dòng eczema, *n.*

ປະດັງ bpa-dtǎng patent, *n.*

ປະຕິສົມທິ bpa-dtǐ-sǒn-ti be born, take birth, *v.*

ປະຕິສັງຂອນ bpa-dtǐ-sǎng-kɔ̌ɔn repair, restore, *v.*

ປະຕິເສດ bpa-dtǐ-sèet deny, *v.*

ປະຕິທິນ bpa-dtǐ-tín calendar, *n.*

ປະຕິບັດ bpa-dtǐ-bǎt perform, act, treat, conduct, practice, carry out, *v.*

ປະຕິບັດງານ bpa-dtǐ-bǎt-ngáan operate, perform work, *v.*

ປະຕິບັດຕາມ bpa-dtǐ-bǎt-dtàam do as

recommended, comply, v.

ປະຕິວັດ bpa-dtĭ-wat revolution, n.

ປະຕິຮູບ bpa-dtĭ-hûup reform, v.

ປະຕູ bpa-dtuu door, gate, n.

ປະຕູໄຊ bpa-dtùu-sái triumphal arch, n.

ປະຖະພີ bpa-ta-pĭi earth, n.

ປະຖົມ bpa-tŏm elementary, adj.

ປະຖົມສຶກສາ bpa-tŏm-sŭk-săa elementary education, n.

ປະຖົມພະຍາບານ bpa-tŏm-pa-nyáa-bàan first aid, n.

ປະຖົມມະເລີກ bpa-tŏm-ma-lə̂ək first time, auspicious inauguration, n.

ປະທະ bpa-ta clash against, collide head on, v.

ປະທານາທິບໍດີ bpa-táa-náa-ti-bɔ̀ɔ-dìi president, n.

ປະທັບໃຈ bpa-tap-jài impress, v.

ປະທັບຕາ bpa-tap-dtàa seal, stamp a seal, v.

ປະທານ bpa-táan chariman, n.

ປະທີບ bpa-tîip light, n.

ປະທຸ bpa-tu break out, v.

ປະທຸຮ້າຍ bpa-tu-hâai do harm to, v.

ປະເທດ bpa-têet country, n.

ປະເທດລາວ bpa-têet-láao Laos, n.

ປະທ້ວງ bpa-tûang protest, strike, v.

ປະນີປະນອມ bpa-níi-bpa-nɔ́ɔm compromise, v.

ປະປາ bpă-bpàa water supply, n.

ປະເປືອຍ bpă-bpuai naked, nude, adj.

ປະເພນີ bpa-pée-nĭi tradition, custom, n.

ປະພຶດ bpa-put behave, conduct, v.

ປະພຶດຕົນ bpa-put-dtòn behave, v.

ປະພັນ bpa-pán compose, v.

ປະມາດ bpa-màat careless, v.

ປະມານ bpa-máan estimate, calculate, v., prep.

ປະມຸກ bpa-muk chief, president, leader, n.

ປະມູນ bpa-múun auction, propose, n., v.

ປະມູນລາຄາ bpa-múun-láa-káa bid, submit a tender, v.

ປະມົງ bpa-móng fishing, n.

ປະມວນ bpa-múan compile, v.

ປະເມີນ bpa-mə́ən assess, v.

ປະລອງ bpa-lɔ́ɔng practice, test, military or naval exercise, v.

ປະວວີນີ bpa-wée-nĭi sexual intercourse, n.

ປະຫານ bpa-hăan put to death, v.

ປະຫານຊີວິດ bpa-hăan-sĭi-wit execute, v.

ປະຫັດປະຫານ bpa-hăt-bpa-hăan destroy, v.

ປະຫຍັດ bpa-nyăt save, be frugal, v.

ປະຫຍັດເງິນ bpa-nyăt-ngə́n save

money, *v.*

ປະຢັດເວລາ bpa-nyǎt-wée-láa save time, *v.*

ປະໂຫຍດ bpa-nyòot useful, *adj.*

ປະມ້າງທີ່ bpă-nàa-tii leave work, *v.*

ປະໝາດ bpa-màat underestimate, be careless, *v.*

ປະຫລາດ bpa-làat strange, odd, *v., adj.*

ປະຫລາດໃຈ bpa-làat-jài astonished, surprised, *adj.*

ປະວັດ bpa-wǎt story, history, record, chronology, *n.*

ປະວັດການ bpa-wǎt-gàan record, epoch, history, *n.*

ປະວັດສາດ bpa-wǎt-sàat history, *n.*

ປັກ bpǎk stick, sting, pitch, plant, embroider, *v.*

ປັກກິ່ງ bpǎk-ging Beijing, *n.*

ປັກໃຈ bpǎk-jài determine, be set, *v.*

ປັດ bpǎt wipe, swipe, sweep, *v.*

ປັດກວາດ bpǎt-gwàat sweep, *v.*

ປັດຈຸບັນ bpǎt-ju-bǎn the present, nowadays, *n., adv.*

ປັດຝຸ່ນ bpǎt-fun dust, *v.*

ປັນ bpǎn divide, share, *v.*

ປັນສ່ວນ bpǎn-suan share, ration, allot, *v.*

ປັນຍາ bpǎn-nyáa common sense, mind, intellect, wisdom, *n.*

ປັນຫາ bpǎn-hǎa matter, problem, question, *n.*

ປັ່ນ bpan spin, turn, *v.*

ປັ້ນ bpân mold, sculpture by molding, form, *v.*

ປັ້ນຮູບ bpân-hûup make clay images, *v.*

ປັ້ນໝໍ້ bpân-mɔ̂ɔ make pots, *n.*

ປັບ bpǎp adjust, tune, fine, *v.*

ປັບປຸງ bpǎp-bpung improve, *v.*

ປັບໃໝ bpǎp-mǎi fine, *v.*

ປາ bpàa fish, *n.*

ປາກົດ bpàa-gǒt appear, be apparent, *v.*

ປາຄຳ bpàa-kám goldfish, *n.*

ປາສາດ bpàa-sàat castle, *n.*

ປາສະຫລາມ bpàa-sa-lǎam shark, *n.*

ປາສ້ອຍ bpàa-sɔ̀i small fish, *n.*

ປາຊິວ bpàa-síu tiny carp, *n.*

ປາດຸກ bpàa-dǔk catfish, *n.*

ປາແດກ bpàa-dɛ̀ɛk fermented mud fish, *n.*

ປາດຖະໜາ bpàat-ta-nǎa wish, desire, *v.*

ປາຖະກະຖາ bpàa-ta-ga-tǎa speech, preach, *n.*

ປາຕູ bpàa-túu mackerel, *n.*

ປານີ bpàa-níi show pity for, be kind to, have compassion for, *v.*

ປາບຶກ bpàa-bǔk giant catfish, *n.*

ປາວານ bpàa-wáan whale, n.
ປາໄຫຼ bpàa-lǎi eel, n.
ປ່າ bpaa forest, wild, jungle, n.
ປ່າຊ້າ bpaa-sâa cemetery, n.
ປ່າດິບ bpaa-dip ever green forest, n.
ປ່າທຶບ bpaa-tup jungle, n.
ປ່າໄຜ່ bpaa-pai bamboo grove, n.
ປ່າໄມ້ bpaa-mâi forestry, n.
ປ້າ bpâa aunt (elder sister of one's parent), an aunt by marriage (to older sibling of one's parent), n.
ປາກ bpàak mouth, opening, speak, n., v.
ປາກກະບອກປືນ bpàak-ga-bɔ̀ɔk-bpùun muzzle, n.
ປາກກາ bpàak-gàa pen, n.
ປາກກາຊຶມ bpàak-gàa-súm fountain pen, n.
ປາກກ້າ bpàak-gâa insolent, brave, adj.
ປາກກຶກ bpàak-gùuk mute, dumb, adj.
ປາກແຂງ bpàak-kěng obstinate in words, adj.
ປາກຈອດ bpàak-jɔ̀ɔt speak clearly, v.
ປາກຄົມ bpàak-kóm sharp-tongued, adj.
ປາກນ້ຳ bpàak-nâam estuary, n.
ປາກບອນ bpàak-bɔ̀ɔn gossiping, adj.
ປາກເປົ່າ bpàak-bpao oral, adj.
ປາກພູເຂົ້າໄຟ bpàak-púu-kǎo-fái crater, mouth of a volcano, n.
ປາກຮ້າຍ bpàak-hâai cursing, vulgar tongue, adj., n.
ປາກອ່າວ bpàak-aao gulf entrance, n.
ປາກເວົ້າ bpàak-wâo speak, talk, chat, v.
ປາກຫວານ bpàak-wǎan fair of speech, adj.
ປາກແຫວ່ງ bpàak-wɛ̀ng harelip from birth defect, n.
ປາງກ່ອນ bpàang-gɔ̀ɔn last world, past life, n.
ປາງຕາຍ bpàang-dtàai mortally, adv.
ປາງຫຼັງ bpàang-lǎng in the past, past life, adv.
ປາຍ bpàai end, edge, point, tip, n.
ປາຍທາງ bpàai-táang destination, n.
ປາຍນິ້ວມື bpàai-nîu-múu finger tip, n.
ປ້າຍ bpâai signboard, sign, label, n.
ປ້າຍໂຄສະນາ bpâai-kóo-sa-náa billboard, advertisement, n.
ປ້າຍຕິດປະກາດ bpâai-dtit-pa-gàat bulletin board, n.
ປາດ bpàat slice, operate, cut, v.
ປາດຖະໜາ bpàat-ta-nǎa desire, wish, v.
ປານ bpàan as, like, prep.
ປານດົງ bpàan-dóng skin disease, n.
ປານໃດ bpàan-dai when, adv.
ປານວ່າ bpàan-waa as if, as, conj.,

prep.

ປ່ານ bpàan jute, ramie, *n.*

ປ້ານ bpâan irrigate, bar, *v.*

ປ້ານຄູ bpâan-kúu bike, dam, *v., n.*

ປ້ານນ້ຳ bpâan-nâam irrigate, *v.*

ປາບ bpàap put under one's control, conquer, suppress, *v.*

ປາບປື້ມ bpàap-bpûum delight, *adj.*

ປ່າວ bpaao inform, notify, *v.*

ປ່າວເຕືອນ bpaao-dtuan warn, publicise, *v.*

ປ່າວປະກາດ bpaao-bpa-gàat proclaim, announce, *v.*

ປ່າວຮ້ອງ bpaao-hɔ́ɔng announce publicly, *v.*

ປີຕິຍິນດີ bpi-dtì-nyin-dìi happy, *adj.*

ປິດ bpìt close, stop, shut, conceal, block, *v.*

ປິດບັງ bpìt-bàng hide, *v.*

ປິດໄຟ bpìt-fái turn off the light, *v.*

ປິ່ນໂຕ bpìn-dtòo tiffin carrier, *n.*

ປິ້ນ bpîn spin, turn, bake, *v.*

ປິ່ນປົວ bpìn-bpùa care for, treat, *v.*

ປິວ bpìu blow in the wind, fly, *v.*

ປີ bpii year, *n.*

ປີກາຍນີ້ bpii-gàai-nìi last year, *n.*

ປີການສຶກສາ bpii-gàan-sùk-sǎa academic year, *n.*

ປີກ່ອນ bpìi-gɔ̀ɔn the year before last, *n.*

ປີກ້ວຍ bpìi-gûai banana flower, *n.*

ປີສາດ bpìi-sàat devil, demon, *n.*

ປີແລ້ວປີເລົ່າ bpìi-lɛ́ɛo-bpìi-lao year after year, *adv.*

ປີໜ້າ bpìi-nàa next year, *n.*

ປີໃໝ່ bpìi-mai new year, *n.*

ປີ່ bpii flute, *n.*

ປີ້ bpîi ticket, *n.*

ປີກ bpìik wing, *n.*

ປີງ bpìng leech, *n.*

ປີ້ງ bpîng grill, barbecue, *v.*

ປີນ bpìin climb by crawling, *v.*

ປີ້ນ bpîn change mind, rotate, flip, *v.*

ປຶກສາ bpùk-sǎa consult, discuss with, confer with, *v.*

ປືນ bpùun gun, *n.*

ປືນສັ້ນ bpùun-sàn musket, *n.*

ປືນຍາວ bpùun-nyáao rifle, *n.*

ປືນພົກ bpùun-pok pistol, *n.*

ປືນໃຫຍ່ bpùun-nyai artillery, cannon, *n.*

ປຶ້ມ bpûm book, *n.*

ປຶ້ມຮຽນ bpûm-hían notebook, *n.*

ປຸກ bpùk awaken, wake someone up, build, *v.*

ປຸກໃຈ bpùk-jài arouse, incite, *v.*

ປຸກສ້າງ bpùk-sâang build, *v.*

ປຸກເຮືອນ bpŭk-húan build a house, v.	ເປັດໄກ່ bpĕt-gai poultry, n.
ປຸຍ bpùi hairy, fluffy, adj.	ເປັດນ້ຳ bpĕt-nâam wild duck, teal, n.
ປຸ໋ຍ bpŭi fertilizer, n.	ເປັນ bpèn be, living, alive, v., adj.
ປຸ້ນ bpûn plunder, rob v.	ເປັນກະບົດ bpèn-ga-bŏt rebel, v.
ປຸ້ນທ້ອງ bpûn-tɔ̂ɔng feel nauseous, v.	ເປັນກັນເອງ bpèn-gàn-èeng informal, cordial, adj.
ປຸ່ມ bpûm knob, lump, button, n.	
ປູ bpùu crab, spread, lay, pave, make (the bed), n., v.	ເປັນກາງ bpèn-gàang be neutral, v.
	ເປັນກຽດແກ່ bpèn-gìat-gɛɛ in honor of, prep.
ປູເຄັມ bpùu-kém pickled crab, n.	
ປູສາດ bpùu-sàat spread out a mat, v.	ເປັນຂະບົດ bpèn-ka-bŏt in rebellion, adv.
ປູທະເລ bpùu-ta-lée salt water crab, n.	
ປູນາ bpùu-náa land crab, n.	ເປັນຂອງ bpèn-kɔ̌ɔng belong to, v.
ປູຜ້າ bpùu-pàa spread a cloth, v.	ເປັນໄຂ້ bpèn-kài have a fever, v.
ປູພົມ bpùu-póm lay a carpet, v.	ເປັນຄັ້ງຄາວ bpèn-kâng-káao now and then, adj.
ປູຢາງ bpùu-yàang asphalt a road surface, v.	
	ເປັນຄວາມຈິງ bpèn-kwáam-jìng true, adj.
ປູ່ bpuu paternal grandfather, n.	
ປູ່ເຈົ້າ bpuu-jâo forest god, n.	ເປັນຄູ່ bpèn-kuu in pairs, adv.
ປູ່ຢ່າຕາຍາຍ bpuu-nyàa-dtàa-nyáai ancestors, grandparents, n.	ເປັນຄື້ນ bpèn-kùun wavy, adv.
	ເປັນເງົາ bpèn-ngáo shining, adj.
ປື້ bpûu worn out, dull, adj.	ເປັນຈຸດ bpèn-jŭt spotted, adj.
ປູກ bpùuk grow, plant, build, erect, v.	ເປັນໂສດ bpèn-sòot be single, bachelor, adj., n.
ປູກຝັງ bpùuk-făng educate, establish, v.	
ປູນ bpuun lime, n.	ເປັນສ່ວນ bpèn-suan in parts, adj.
ປູນຂາວ bpuun-kǎao lime, n.	ເປັນສ່ວນຫຼາຍ bpèn-suan-lǎai for the most part, adj.
ປູນຊີມັງ bpuun-sǐi-máng cement, n.	
ເປັດ bpĕt duck, n.	ເປັນສຸກ bpèn-sŭk happy, adj.

ເປັນຕາງຶດ bpèn-dtàa-ngɯt amazing, *adj.*

ເປັນຕາເສຍດາຍ bpèn-dtàa-sǐa-dàai pity, *adj.*

ເປັນຕາຊັງ bpèn-dtàa-sáng hateful, odious, cute, *adj.*

ເປັນຕົ້ນ bpèn-dtôn for example, and others also, *adv.*

ເປັນຕົ້ນມາ bpèn-dtôn-máa from then until now, *adv.*

ເປັນຕົມ bpèn-dtòm muddy, *adj.*

ເປັນແຖວ bpèn-tɛ̌ɛo lined up, *adj.*

ເປັນທ່າ bpèn-taa in a good position, *adj.*

ເປັນທາງການ bpèn-táang-gàan offical, formally, *adj., adv.*

ເປັນໂທດ bpèn-tôot guilty, harmful, *adj.*

ເປັນທຳ bpèn-tám just, *adj.*

ເປັນບ້າ bpèn-bâa crazy, insane, *adj.*

ເປັນບາດ bpèn-bàat wounded, *adj.*

ເປັນບ່າວ bpèn-baao reach manhood, grown, be mature, *v.*

ເປັນປະຈຳ bpèn-bpa-jàm regularly, habitually, *adv.*

ເປັນປະໂຫຍດ bpèn-bpa-nyòot useful, *adj.*

ເປັນປະທານ bpèn-bpa-táan be president, preside over, *v.*

ເປັນປານ bpèn-bpaan have a birth mark, *v.*

ເປັນປອບ bpèn-bpɔ̀ɔp possessed by evil spirit, *adj.*

ເປັນໄປບໍ່ໄດ້ bpèn-bpài-dâi impossible, *adj.*

ເປັນຜົນສຳເລັດ bpèn-pǒn-sǎm-lět be successful, *v.*

ເປັນຜູ້ເປັນຜາ bpèn-fang-bpèn-fǎa settle down, *v.*

ເປັນພະຍາດ bpèn-pa-nyâat be sick, ill, *v.*

ເປັນພະຍານ bpèn-pa-nyáan be a witness, *v.*

ເປັນພິດ bpèn-pit toxic, venomous, poisonous, *v.*

ເປັນເພື່ອນ bpèn-pɯ̂an become friends, *v.*

ເປັນຟອງ bpèn-fɔ́ɔng bubble, *v.*

ເປັນເງົາ bpèn-ngáo glossy, *adj.*

ເປັນເມືອກ bpèn-mɯ̂ak slimy, *adj.*

ເປັນລົ້ມ bpèn-lóm faint, *v.*

ເປັນໂລກ bpèn-lôok suffer from an illness, *v.*

ເປັນລາຍລັກອັກສອນ bpèn-láai-lak-ǎk-sɔ̌ɔn in writing, *adj., adv.*

ເປັນລຳດັບ bpèn-lǎm-dǎp in order, *adv.*

ເປັນວໍ້ bpèn-wɔ̂ɔ rabid, *adj.*

ເປັນຫ່ວງ bpèn-huang worry, concern,

be anxious, *v.*

ເປັນເຫດ bpèn-hèet cause, problem, *v.*

ເປັນຫຍັງ bpèn-nyǎng what is the matter?

ເປັນໜີ້ bpèn-nîi in debt, own, *adj., v.*

ເປັນໜອງ bpèn-nɔ̌ɔng full of pus, have pus, *adj., v.*

ເປັນໝູ່ bpèn-muu in groups, *adv.*

ເປັນໝັນ bpèn-mǎn sterile, *adj.*

ເປັນຫວັດ bpèn-wǎt have a cold, *v.*

ເປ bpèe hammock, *n.*

ເປັ່ງ bpeng speak out loud, *v.*

ແປະ bpɛ́ɛ close to, patch, put on, apply, *v.*

ແປະໃສ່ bpɛ́ɛ-sài put on, apply, *v.*

ແປ bpɛɛ flat, translate, interpret, *adj., v.*

ແປພາສາ bpɛɛ-paa-sǎa translate, interpret, *v.*

ແປວ່າ bpɛɛ-waa mean, be translated as, *v.*

ແປະເຮືອນ bpɛ́ɛ-húan top beam of the house, *n.*

ແປກ bpɛ̀ɛk strange, odd, *adj.*

ແປກໃຈ bpɛ̀ɛk-jài surprised, *adj.*

ແປກປະຫລາດ bpɛ̀ɛk-bpa-làat odd, strange, *adj.*

ແປກປອມ bpɛ̀ɛk-bpɔ̌ɔm be in disguise, counterfeit, *v., adj.*

ແປກໜ້າ bpɛ̀ɛk-nâa stranger, *n.*

ແປງ bpɛ̌ɛng repair, fix, brush, transform, plot of land, brush, *v., n.*

ແປງຜັດຜົມ bpɛ̌ɛng-pǎt-pǒm hair brush, *n.*

ແປງຜັດແຂ້ວ bpɛ̌ɛng-pǎt-kɛ̂ɛo tooth brush, *n.*

ແປ້ງ bpɛ̂ɛng flour, powder, *n.*

ແປ້ງສາລີ bpɛ̂ɛng-sǎa-lii corn flour, *n.*

ແປ້ງຜັດໜ້າ bpɛ̂ɛng-pǎt-nâa face powder, *n.*

ແປ້ງເຫລົ້າ bpɛ̂ɛng-lào yeast, *n.*

ແປນ bpɛ̌ɛn smooth, clean, *n.*

ແປ້ນ bpɛ̂n panel, plank, board, *n.*

ແປ້ນກະດານ bpɛ̂n-ga-dàan board, *n.*

ແປ້ນມ້າ bpɛ̂n-mâa bench, *n.*

ແປ້ນນ້ຳ bpɛ̂n-nâam water pipe, *n.*

ແປວ bpɛɛo flow, flame, *n.*

ແປວໄຟ bpɛɛo-fái flame, *n.*

ປົກ bpǒk cover, conceal, a (book) cover, *n.*

ປົກກະຕິ bpǒk-ga-dtì normal, *adj.*

ປົກຄອງ bpǒk-kɔɔng govern, rule, *v.*

ປົກປິດ bpǒk-bpìt hide, conceal, *v.*

ປົກປ້ອງ bpǒk-bpɔ̂ng protect, *v.*

ປົງໃຈ bpòng-jài decide, *v.*

ປົງສົບ bpong-sǒp cremate a corpse, *v.*

ປົງ bpong bloom, v.

ປົງດອກ bpong-dɔ̀ɔk bloom, v.

ປົດ bpòt remove, unloose, undo, release, v.

ປົດປ່ອຍ bpòt-bpɔ̀i free, liberate, v.

ປົດອາວຸດ bpòt-àa-wut disarm, v.

ປົ່ນ bpon grind, crash, v.

ປົ່ນ bpon crushed fish dish seasoned with Lao sauce, v.

ປົບ bpòp escape, v.

ໂປ bpòo swollen, adj.

ໂປ່ງ bpoong clear, adj.

ໂປ່ງແສງ bpoong-sɛ̌ɛng translucent, adj.

ໂປ່ງໃສ bpoong-sǎi transparent, adj.

ໂປດ bpòot please, v.

ໂປດປານ bpòot-bpaan show love for, favor, v.

ໂປ້ bpôo nude, adj.

ໂປ້ມື bpôo-múu thumb, n.

ປອກ bpɔ̀ɔk peel, collar, pillow slip, v., n.

ປອກແຂນ bpɔ̀ɔk-kɛ̌ɛn bracelet, n.

ປອກຄໍ bpɔ̀ɔk-kɔ̌ɔ collar, n.

ປອກມື bpɔ̀ɔk-múu thimble, n.

ປອກໝອນ bpɔ̀ɔk-mɔ̌ɔn pillow case, n.

ປອງ bpɔɔng aim, be after, v.

ປ່ອງ bpɔ̀ng hole, funnel, vent, long-vertical -opening, n.

ປ່ອງຄວັນ bpɔ̀ng-kwǎn smoke-stack, n.

ປ່ອງໄຟ bpɔ̀ng-fái chimney, n.

ປ່ອງຢ້ຽມ bpɔ̀ng-yìam window, n.

ປ້ອງກັນ bpɔ̂ng-gàn prevent, protect, defend, v.

ປ່ອຍ bpɔ̀i release, free, v.

ປ່ອຍຕິ້ມ bpɔ̀i-tìm omit, abandon, v.

ປ່ອຍປະລະເລີຍ bpɔ̀i-bpà-la-lə́əi abandon, v.

ປ່ອຍໄປ bpɔ̀i-bpài set free, v.

ປ່ອຍໃຫ້ bpɔ̀i-hâi leave, v.

ປ່ອຍໃຫ້ພົ້ນໂທດ bpɔ̀i-hâi-pôn-tôot acquit, exonerate, v.

ປ້ອຍ bpɔ̂i curse, v.

ປອດ bpɔ̀ɔt lungs, n.

ປອດໄພ bpɔ̀ɔt-pái be safe, v.

ປອດແຫ້ງ bpɔ̀ɔt-hɛ̂ɛng tuberculosis, n.

ປ້ອນ bpɔ̂n send down to, put in, v.

ປ່ອນບັດ bpɔ̀n-bàt cast one's vote, v.

ປ້ອນ bpɔ̂n feed (food), v.

ປ້ອນລູກ bpɔ̂n-lûuk feed a child, v.

ປອບ bpɔ̀ɔp console, soothe, evil spirit, v., n.

ປອບໃຈ bpɔ̀ɔp-jài console, v.

ປອມ bpɔɔm fake, false, counterfeit, adj.

ປອມຕົວ bpɔɔm-dtùa disguise, v.

ປອມແປງ bpɔɔm-bpɛ̀ɛng falsify, v.

ປອມໜັງສື bpɔ̌ɔm-nǎng-sɯ̌ɯ forge a document, v.

ເປີດ bpə̀ət open, turn on, v.

ເປີດເຜີຍ bpə̀ət-pə̌əi reveal, v.

ເປີດພິທີ bpə̀ət-pi-tíi inaugurate, v.

ເປີດໜ່າຍ bpə̀ət-nàai be tired of, fed up, v.

ເປັຍ bpîa paralysed, lame, adj.

ປຽກ bpìak wet, adj.

ປຽງ bpiang piece, slice, n.

ປ່ຽນ bpian change, convert, swap, v.

ປ່ຽນກັນ bpian-gàn exchange, v.

ປ່ຽນໃຈ bpian-jài change one's mind, v.

ປ່ຽນຕົວ bpian-dtùa substitute, v.

ປ່ຽນແປງ bpian-bpɛ̀ɛng change, v.

ປຽບ bpìap compare, v.

ປຽບທຽບ bpìap-tiap compare to, v.

ປ່ຽວ bpiao alone, adv.

ປ່ຽວໃຈ bpiao-jài lonely, adj.

ເປືອກ bpɯ̀ak bark, husk, shell, skin, n.

ເປືອກເຂົ້າ bpɯ̀ak-kào husk of rice, n.

ເປືອກໄມ້ bpɯ̀ak-mâi bark of tree, n.

ເປືອງ bpɯ̀ang cost too much, waste, consume, v.

ເປືອງເງິນ bpɯ̀ang-ngə́n cost money, v.

ເປືອຍ bpɯ̀ai naked, nude, adj.

ເປືອຍກາຍ bpɯ̀ai-gàai naked, nude, adj.

ເປື່ອຍ bpɯ̀ai rotten, gone wrong, adj.

ເປື້ອນ bpɯ̂an dirty, messy, adj.

ເປື້ອນເປ bpɯ̂an-bpɔ̌ stain, v.

ປົວ bpùa cure, treat, v.

ປວກ bpùak termite, n.

ປວງ bpùang all, adv.

ປວງຊົນ bpùang-sǒn the mass, the public, n.

ປ່ວງ bpuang insane, adj.

ປ່ວຍ bpuai ill, sick, adj.

ປວດ bpùat ache, hurt, v.

ປວດຄີງ bpùat-kíing ache all over the body, v.

ໄປ bpài go, proceed, v.

ໄປຢ່າງຫຼິ້ນ bpài-nyaang-lìn go for a walk, v.

ໄປດ້ວຍ bpài-dûai accompany, v.

ໄປສະນີ bpài-sa-níi post office, n.

ໄປສະນີຍະບັດ bpài-sa-níi-nya-bàt postcard, n.

ໄປສົ່ງ bpài-sòng go to see someone off, v.

ໄປໃສ bpài-sǎi where are you going?

ໄປໃສມາ bpài-sǎi-máa where have you been?

ໄປຕ້ອນ bpài-dtɔ̂ɔn go to meet, welcome, v.

ໄປເຖິງ bpài-tǎng arrive, reach, v.
ໄປທຸລະ bpài-tu-la go on business, v.
ໄປນອກ bpài-nɔ́ɔk go aboard, v.
ໄປນອນ bpài-nɔ́ɔn go to bed, v.
ໄປໃນເມືອງ bpài-nái-múang go downtown, v.
ໄປຢາມ bpài-nyáam visit someone, v.
ໄປຮັບ bpài-hap pick up, v.
ໄປຫາ bpài-hǎa go to see, v.
ໄປຫາໝໍ bpài-hǎa-mɔ̌ɔ see a doctor, v.
ໄປຫຼິ້ນ bpài-lìn go out for pleasure, v.
ເປົາ bpao sack, n.
ເປົ່າ bpao empty, naked, bare, blast, play a wind instrument, adj., v.
ເປົ້າ bpâo target, n.
ເປົ້າໝາຍ bpâo-mǎai goal, target, n.
ປ້ຳ bpâm wrestle, force, rape, v.

ຜ

ຜ pɔ̌ɔ the sixteenth consonant of the Lao alphabet (high consonant), n.
ຜະຈົນໄພ pa-jòn-pái have an adventure, v.
ຜະສົມ pa-sǒm mix, blend, v.
ຜະເຊີນ pa-sə́ən face, meet, encounter, v.
ຜະເຊີນໜ້າ pa-sə́ən-nàa confront, v.
ຜະເດັດການ pa-dět-gàan dictatorship, n.
ຜະດຸງ pa-dùng support, v.
ຜະດຸງຄັນ pa-dùng-kán midwife, nurse assistant, n.
ຜະທຍາ pa-nyáa wisdom, n.
ຜະທະຍອງ pa-nyɔ́ɔng jump boldly, swagger, be arrogant and haughty, v.
ຜະນັງ pa-náng wall, partition, n.
ຜະລິດ pa-lǐt produce, v.
ຜະລິດຕະກຳ pa-lǐt-dta-gàm production, n.
ຜະລິດຕະພັນ pa-lǐt-dta-pán production, n.
ຜະລິດຜົນ pa-lǐt-pǒn product, n.
ຜັກ pǎk vegetables, n.
ຜັກກະລ່ຳປີ pǎk-ga-lam-bpìi cabbage, n.
ຜັກກະລ່ຳດອກ pǎk-ga-lam-dɔ̀ɔk cauliflower, n.
ຜັກກາດ pǎk-gàat Chinese cabbage, n.
ຜັກກາດຂຽວ pǎk-gàat-kǐao Chinese mustard, n.
ຜັກກາດຫໍ pǎk-gàat-hɔɔ Chinese cabbage, n.
ຜັກກາດຫົວ pǎk-gàat-hǔa turnip, n.
ຜັກຫອມ pǎk-hɔ̌ɔm spinach, n.
ຜັກສະຫຼັດ pǎk-sa-lǎt lettuce, n.

ຜັກຕົບ pǎk-dtǒp water hyacinth, n.
ຜັກບົ່ວ pǎk-bua onion, n.
ຜັກບົ່ວໃບ pǎk-bua-bài spring onion, n.
ຜັກບົ່ວຫົວໃຫຍ່ pǎk-bua-hǔa-nyai onion, n.
ຜັກບົ້ງ pǎk-bòng morning glory, n.
ຜັດ pǎt brush, polish, stir fry, v.
ຜັດແປ້ງ pǎt-bpêeng powder, v.
ຜັງ pǎng lay-out, plan, chart, n.
ຜັງເມືອງ pǎng-múang city plan, n.
ຜັນ pǎn deviate, alter, change, v.
ຜັນແປ pǎn-bpɛɛ change, v.
ຜາ pàa cliff, steep rock, n.
ຜາສາດ paa-sàat palace, n.
ຜ່າ paa cut, split, chop, v.
ຜ່າເຂົ້າໄປ paa-kào-bpài rush in, v.
ຜ້າ pàa cloth, clothes, n.
ຜ້າກັ້ງ pàa-gâng curtain, n.
ຜ້າກັນເປື້ອນ pàa-gǎn-bpûan apron, n.
ຜ້າຂາດ pàa-kàat rag, n.
ຜ້າຂົນສັດ pàa-kǒn-sǎt woolen cloth, n.
ຜ້າສະຫຼ້ອງ pàa-sa-lòng men's silk skirt, sarong, n.
ຜ້າສຳລີ pàa-sǎm-líi cotton cloth, n.
ຜ້າເຊັດໂຕ pàa-set-dtùa towel, n.
ຜ້າເຊັດມື pàa-set-múu napkin, n.
ຜ້າເຊັດໜ້າ pàa-set-nàa face towel, handkerchief, n.
ຜ້ານວມ pàa-núam quilt, n.
ຜ້າປູບ່ອນນອນ pàa-bpùu-bɔn-nɔ́ɔn bed sheet, n.
ຜ້າປູໂຕະ pàa-bpùu-dto table cloth, n.
ຜ້າພັນຄໍ pàa-pán-kɔɔ scarf, n.
ຜ້າພັນບາດ pàa-pán-bàat bandage, gauze, n.
ຜ້າແພມົນ pàa-péɛ-món handkerchief, scarf, n.
ຜ້າຝ້າ pàa-fàa cotton blanket, quilt, n.
ຜ້າຫົ່ມ pàa-hom blanket, n.
ຜ້າອ້ອມ pàa-ɔ̂ɔm diaper, n.
ຜາດ pàat pass by quickly, v.
ຜ່ານ paan pass, cross, v.
ຜ່ານໄປ paan-bpài go via, pass, v.
ຜ່ານພົ້ນໄປ paan-pôn-bpài pass away, be finished, v.
ຜິດ pǐt false, wrong, mistaken, adj.
ຜິດກັນ pǐt-gǎn quarrel, be in discord, v.
ຜິດກົດໝາຍ pǐt-gǒt-mǎai illegal, adj.
ຜິດໃຈ pǐt-jài vex, have a difference, be on bad terms, v.
ຜິດສັນຍາ pǐt-sǎn-nyáa break a promise, v.
ຜິດສິນທຳ pǐt-sǐn-tám immoral, adj.
ຜິດຖຽງ pǐt-tǐang quarrel, v.
ຜິດທຳມະດາ pǐt-tám-ma-dàa unusual,

unnatural, *adj.*

ຜິດນັດ pìt-nat miss an appointment, *v.*

ຜິດປະເພນີ pìt-bpa-pée-nìi against custom, *adj.*

ຜິດປົກກະຕິ pìt-bpŏk-ga-dtĭ abnormal, *adj.*

ຜິດເມັຍ pìt-pŭa commit adultery (with someone else's husband), *v.*

ຜິດເມັຍ pìt-mĭa commit adultery (with someone else's wife), *v.*

ຜິດລະບຽບ pìt-la-bìap not in order, *adj.*

ຜິດຮີດຄອງ pìt-hĭit-kɔ́ɔng go against a tradition, *v.*

ຜິດຫວັງ pìt-wăng disappointed, *adj.*

ຜີ pĭi ghost, spirit, devil, *n.*

ຜີກອງກ່ອຍ pĭi-gong-gɔ̀i an evil forest spirit, *n.*

ຜີເຂົ້າ pĭi-kào be possessed by a spirit, *n.*

ຜີສິງ pĭi-sĭng haunted, *adj.*

ຜີດິບ pĭi-dĭp vampire, *n.*

ຜີນາງໄມ້ pĭi-náang-mái female tree spirits, *n.*

ຜີບ້າ pĭi-bâa silly, crazy, crazy people, *adj.*, *n.*

ຜີປອບ pĭi-bpɔ̀ɔp spirit which possesses one completely, *n.*

ຜີແພດ pĭi-pɛ̂ɛt demon, long-necked ghost, *n.*

ຜີອຳ pĭi-àm be stuck dumb by spirit, have a nightmare, *v.*

ຜີເຮືອນ pĭi-hɨ́an spirit of the house, *n.*

ຜີຫລອກ pĭi-lɔ̀ɔk ghost of the house, *n.*

ຜີກ pìik evade, elude, *v.*

ຜິວ pĭu skin, surface, *n.*

ຜິວນ້ຳ pĭu-nâam surface of the water, *n.*

ຜິວບາງ pĭu-bàang flimsy, fair-skinned, *adj.*

ຜິວປາກ pĭu-bpàak whistle, *v.*

ຜິວເຜິນ pĭu-pɤ̆ɤn superficial, *adj.*

ຜິວພັນ pĭu-pán complexion, *n.*

ຜິວຫນັງ pĭu-năng skin, *n.*

ຜຸ pŭ decay, be rotten, *v.*

ຜຸດຜ່ອງ pùt-pɔng fair, bright and shine, *adj.*

ຜູ້ pùu male, person, *n.*

ຜູ້ກະທຳ puu-ga-tám doer, *n.*

ຜູ້ກະທຳຜິດ puu-ga-tám-pìt offender, wrong doer, *n.*

ຜູ້ກ່າວ puu-gàao speaker, *n.*

ຜູ້ກໍ່ກວນ puu-gɔɔ-gùan rioter, *n.*

ຜູ້ກອບກູ້ອິດສະຫລະພາບ puu-gɔ̀ɔp-gùu-ìt-sa-lă-pàap liberator, *n.*

ຜູ້ກວດການ puu-gùat-gàan inspector, *n.*

ຜູ້ໄກ່ເກ່ຍ puu-gai-gìa mediator, *n.*

ຜູ້ແຂ່ງຂັນ puu-kɛ̀ɛng-kăn candidate,

ຜູ້ຂາຍ puu-kǎai vender, seller, n.
ຜູ້ຂາຍຊາດ puu-kǎai-sâat traitor, n.
ຜູ້ຄຸມນັກໂທດ puu-kúm-nak-tôot jailer, jail guard, prison guard, bailiff, n.
ຜູ້ຄ້ຳປະກັນ puu-kâm-bpa-gàn guarantor, n.
ຜູ້ຈັດການ puu-jǎt-gàan manager, n.
ຜູ້ຈຳນຳ puu-jàm-nám pawner, n.
ຜູ້ຈຳໜ່າຍ puu-jàm-naai dealer, distributor, n.
ຜູ້ຈຳໜ່າຍສິ່ງ puu-jàm-naai-song wholesaler, n.
ຜູ້ຈຳໜ່າຍຍ່ອຍ puu-jàm-naai-nyɔ̌i retailer, n.
ຜູ້ຈ້າງ puu-jâang employer, n.
ຜູ້ສະໝັກ puu-sa-mǎk applicant, candidate, n.
ຜູ້ສາວ puu-sǎao young woman, girlfriend, n.
ຜູ້ສື່ຂ່າວ puu-sɯɯ-kaao reporter, n.
ຜູ້ສືບ puu-sɯ̀ɯp spy, detective, n.
ຜູ້ສືບລາດຂະບັນລັງ puu-sɯ̀ɯp-lâat-sa-bǎn-láng successor to the throne, n.
ຜູ້ສົ່ງຂ່າວ puu-song-kaao messenger, n.
ຜູ້ມີຮູ້ຮ່ວມຄິດ puu-sǒm-hǔu-huam-kit accomplice, n.
ຜູ້ສອນ puu-sɔ̌ɔn teacher, n.
ຜູ້ສູ່ຂໍ puu-suu-kɔ̌ɔ suitor, n.
ຜູ້ຊາຍ puu-sáai man, n.
ຜູ້ຊະນະ puu-sa-na winner, n.
ຜູ້ຊື້ puu-sɯ́ɯ purchaser, buyer, n.
ຜູ້ຊ່ວຍ puu-suai assistant, helper, n.
ຜູ້ເຊົ່າ puu-sao tenant, renter, n.
ຜູ້ຊຳນານ puu-sám-náan expert, skilled person, n.
ຜູ້ເຊັນສັນຍາ puu-sén-sǎn-nyáa signatory, n.
ຜູ້ຍິງ puu-nyíng woman, n.
ຜູ້ດີ puu-dii high-class people, good natured person, n.
ຜູ້ດູແລ puu-dùu-lɛɛ superintendent, caretaker, n.
ຜູ້ໃດ puu-dǎi who, pron.
ຜູ້ໂດຍສານ puu-dòoi-sǎan passenger, n.
ຜູ້ດຽວ puu-diao alone, adv.
ຜູ້ຕັດສິນ puu-dtǎt-sǐn judge, decision maker, referee, n.
ຜູ້ຕ່າງໜ້າ puu-dtaang-nàa representative, n.
ຜູ້ຖ້ອງຫາ puu-dtông-hǎa the alleged, defendant, n.
ຜູ້ຕິດຕາມ puu-dtǐt-dtàam attendants, butler, n.
ຜູ້ແຕ່ງ puu-dtɛng author, composer, n.

ຜູ້ເຖົ້າ puu-tào elders, the elderly, n.
ຜູ້ຖື puu-tǔu bearer, holder, n.
ຜູ້ຖືຫຸ້ນ puu-tǔu-hùn share holder, n.
ຜູ້ແທນລາຊະດອນ puu-téen-láa-sa-dɔ̀ɔn member of the parliament, n.
ຜູ້ທໍລະຍົດ puu-tɔ́ɔ-la-nyot traitor, n.
ຜູ້ນຳ puu-nám leader, chief, n.
ຜູ້ນັ້ນ puu-nân that person, n.
ຜູ້ນ້ອຍ puu-nɔ̌i subordinate, n.
ຜູ້ບ່າວ puu-baao young man, boyfriend, n.
ຜູ້ບົງການ puu-bòng-gàan dictator, n.
ຜູ້ບັງຄັບການ puu-bàng-kap-gàan commander, n.
ຜູ້ບັງຄັບບັນຊາ puu-bàng-kap-bàn-sáa superior, n.
ຜູ້ປົກຄອງ puu-bpǒk-kɔ́ɔng guardian, n.
ຜູ້ຜິດ puu-pit convict, criminal, n.
ຜູ້ພິພາກສາ puu-pi-pâak-sǎa judge, n.
ຜູ້ພິມ puu-pím publisher, typist, n.
ຜູ້ຟັງ puu-fáng listener, n.
ຜູ້ມີຄຸນ puu-míi-kúm benefactor, n.
ຜູ້ລ່ວງລັບ puu-luang-lap the deceased, n.
ຜູ້ລີ້ໄພ puu-lîi-pái refugee, n.
ຜູ້ວິເສດ puu-wi-sèet magician, n.
ຜູ້ອົບພະຍົບ puu-ǒp-pa-nyop refugee, immigrant, n.
ຜູ້ອື່ນ puu-ʉʉn the others, n.

ຜູ້ອອກແບບ puu-ɔ̀ɔk-bèep designer, n.
ຜູ້ອຳນວຍການ puu-àm-núai-gàan director, n.
ຜູ້ຮັກສາ puu-hak-sǎa keeper, protector, n.
ຜູ້ຮັບຈ້າງ puu-hap-jâang employee, n.
ຜູ້ຮັບຈຳນຳ puu-hap-jàm-nám mortgagee, n.
ຜູ້ຮັບຜົນປະໂຫຍດ puu-hap-pǒn-bpa-nyòot beneficiary, n.
ຜູ້ຮັບມໍລະດົກ puu-hap-mɔ́ɔ-la-dǒk legatee, heir, heiress, n.
ຜູ້ຮັບເໝົາ puu-hap-mǎo contractor, n.
ຜູ້ຮ້າຍ puu-hâai ugly person, suspect, n.
ຜູ້ຮ້າຍຂ້າຄົນ puu-hâai-kàa-kón murderer, n.
ຜູ້ໃຫຍ່ puu-nyai adult, matured person, n.
ຜູ້ໜີໄພ puu-nǐi-pái refugee, n.
ຜູ້ໜຶ່ງ puu-nʉng one person, someone, n., pron.
ຜູກ pùuk tie, v.
ຜູກຂາດ pùuk-kàat monopolize, have an exclusive right, v.
ຜູກຄໍຕາຍ pùuk-kɔ́ɔ-dtàai hang oneself, v.
ຜູກພະຍາບາດ pùuk-pa-nyáa-bàat vindictive, adj.
ຜູກພັນ pùuk-pán be in love with, v.

ຜູກມິດ puuk-mit make friends with, v.
ເຜັດ pĕt hot, peppery, spicy, adj.
ເຜັດຮ້ອນ pĕt-hɔ́ɔn hot, spicy, adj.
ແຜ pɛ̆ɛ wound, n.
ແຜ່ pɛ̀ɛ spread, extend, v.
ແຜ່ກະຈາຍ pɛ̀ɛ-gà-jàai spread, v.
ແຜ່ຜາຍ pɛ̀ɛ-pǎai spread, distribute, v.
ແຜ່ອຳນາດ pɛ̀ɛ-àm-nâat enlarge one's power, v.
ແຜດ pɛ̀ɛt utter a loud sound, emit, shine, v.
ແຜດຮ້ອງ pɛ̀ɛt-hɔ́ɔng roar, scream, v.
ແຜນ pɛ̌ɛn plan, n.
ແຜນການ pɛ̌ɛn-gàan program, plan, plot, scheme, n.
ແຜນທີ່ pɛ̌ɛn-tii map, n.
ແຜນຜັງ pɛ̌ɛn-pǎng plan, planning, diagram, chart, n.
ແຜ່ນ pɛ̀n sheet, plate, n.
ແຜ່ນກະດານ pɛn-ga-dǎan board, n.
ແຜ່ນເຈ້ຍ pɛn-jîa sheet of paper, n.
ແຜ່ນສຽງ pɛn-sǐang disk (for music), n.
ແຜ່ນດິນ pɛn-dìn ground, land, country, state, n.
ແຜ່ນດິນໄຫວ pɛn-dìn-wǎi earthquake, n.
ແຜ່ນທອງຄຳ pɛn-tɔ́ɔng-kám gold leaf, n.
ແຜ່ວເບົາ pɛo-bào gentle, soft, adj.

ແຜ້ວ pɛ̂o sweep, v.
ຜົນ pǒn result, fruit, issue, outcome, n.
ຜົນເສຍຫາຍ pǒn-sǐa-hǎai loss, damage, n.
ຜົນສຳເລັດ pǒn-sǎm-lĕt success, n.
ຜົນທີ່ສຸດ pǒn-tii-sŭt after all, the final, n.
ຜົນປະໂຍດ pǒn-bpa-nyòot interest, advantage, benefit, n.
ຜົມ pǒm hair, n.
ຜົມກູດ pǒm-gùut curly hair, n.
ຜົມດົກ pǒm-dŏk thick hair, n.
ຜົມປອມ pǒm-bpɔɔm wig, n.
ຜົມຢິກ pǒm-yìk curly hair, n.
ຜົມຫງອກ pǒm-ngɔ̀ɔk gray hair, n.
ຜົມຫຍຸ້ງ pǒm-nyùng ruffled hair, messy hair, n.
ຜົມຫຍອງ pǒm-nyɔ̌ng wavy hair, n.
ຜ່ອງ pɔng clean, bright, adj.
ຜ່ອງໃສ pɔng-sǎi joyous, bright and shine, adj.
ຜ່ອນ pɔn slacken, make payments, loosen, v.
ຜ່ອນໃຊ້ pɔn-sâi pay by installment, make payments, v.
ຜ່ອນໂທດ pɔn-tôot reduce a sentence, v.
ຜ່ອນຜັນ pɔn-pǎn make allowances for, waive, v.

ຜອມ pɔ̌ɔm thin, *adj.*

ຜອມໂຊ pɔ̌ɔm-sóo emaciated, thin, down and out, *adj.*

ເຜີ paǒ forget one's self, slip one's mind, *v.*

ເຜີ້ງ pə̂ng bee, *n.*

ເຜີຍແຜ່ pə̌əi-pɛɛ spread, propagate, publicize, *v.*

ເຜືອກ pìak taut cord, wire, *n.*

ເຜືອກຕາກຜ້າ pìak-dtàak-pàa clothes line, *n.*

ເຜືອກເບັດ pìak-bět fish trap line, *n.*

ຜົວ pǔa husband, *n.*

ຜົວເມຍ pǔa-mía husband and wife, *n.*

ໃຜ paǐ who, *pron.*

ໃຜກໍຕາມ paǐ-gɔɔ-dtàam whoever, *pron.*

ໃຜກໍຢ່າ paǐ-gɔɔ-yaa whoever, *pron.*

ໃຜລາວ paǐ-láao each, of them, of that person, on one's own, *n., adj., adv.*

ໄຜ່ pai bamboo, *n.*

ເຜົາ paǒ burn, *v.*

ເຜົາຖ່ານ paǒ-taan make charcoal, *v.*

ເຜົາຜີ paǒ-pǐi cremate, *v.*

ເຜົ່າ pao race, tribe, *n.*

ໄຜ່ poo appear, show, emerge, *v.*

ຝ

ຝ fɔ̌ɔ the seventeenth consonant of the Lao alphabet (high consonant), *n.*

ຝັກ fǎk case, sheath, vegetables, pod, *n.*

ຝັກດາບ fǎk-dàap scabbard, sheath, *n.*

ຝັກຖົ່ວ fǎk-tua peapods, *n.*

ຝັກໃຝ່ fǎk-fai take interest in, pay attention to, concentrate on, *v.*

ຝັງ fǎng bury, *v.*

ຝັງໃຈ fǎng-jài impress, *v.*

ຝັງຄາບ fǎng-kâap bury an animal corpse, *v.*

ຝັງສົບ fǎng-sǒp bury a body, *v.*

ຝັງເພັດ fǎng-pět set diamond, *v.*

ຝັ່ງ fang river bank, shore, coast, *n.*

ຝັນ fǎn dream, *v.*

ຝັນຮ້າຍ fǎn-hâai nightmare, have a nightmare, *n., v.*

ຝັ້ນເຂົ້າ fân-kào twist, *v.*

ຝັ້ນເຊືອກ fân-sûak braid a rope, *v.*

ຝາ fǎa wall, lid, cover, *n.*

ຝາຜະໜັງ fǎa-pa-nǎng wall of building, *n.*

ຝາແຝດ fǎa-fɛ̀ɛt twins, *n.*

ຝ່າ faa palm, go through, undergo, *n., v.*

ຝ່າຕີນ faa-dtìin sole (foot), *n.*

ຝ່າມື faa-múu palm (hand), n.
ຝ້າ fàa cloud, blemish (face), melasma, n.
ຝາກ fàak entrust, deposit, v.
ຝາກເງິນ fàak-ngón deposit money, v.
ຝາກໄປ fàak-bpài send, transmit, v.
ຝາກຝັງ fàak-fǎng put into the care of, v.
ຝາກໄວ້ fàak-wâi leave something with someone, v.
ຝາກຮັກ fàak-hak give one's heart to, v.
ຝາງ fǎang sappan-wood, n.
ຝ່າຍ fàai part, side, section, n.
ຝ້າຍ fâai cotton, n.
ຝາດ fàat astringent taste, n.
ຝິ່ນ fin opium, n.
ຝິ່ນດິບ fin-dìp crude opium, n.
ຝິ່ນເຖື່ອນ fin-tʉan illicit opium, n.
ຝີ fǐi infection, pock, boil, abscess, pustule, n.
ຝີດາດ fǐi-dàat small-pox, n.
ຝີມື fǐi-múu skills, handwork, craftsmanship, n.
ຝີຕີນ fǐi-dtìin (foot) speed, n.
ຝີປາກ fǐi-bpàak eloquence of language, n.
ຝີພາຍ fǐi-páai oarsman, the crew, n.
ຝີໝາກມ່ວງ fǐi-màak-muang syphilis, n.
ຝຶກ fʉk train, practice, n.

ຝຶກສອນ fʉk-sɔ̌ɔn train, instruct, v.
ຝຶກຝົນ fʉk-fǒn train, v.
ຝຶກຫັດ fʉk-hàt practice, v.
ຝືດ fʉ̀ʉt out of order, not smooth, sticking, tight, adj.
ຝືນໃຈ fʉ̌ʉn-jài be constrained, force, make an effort, v.
ຝືນ fǔn goose pimples, n.
ຝຸ່ນ fùn dust, powder, n.
ຝູງ fǔung crowd, group, flock, herd, n.
ແຝງ fɛ̌ɛng intertwine, hide, conceal, v.
ແຝງໂທລະພາບ fɛ̌ɛng-tóo-la-pâap antenna, n.
ແຝດ fɛ̀ɛt twin, n., adj.
ຝົນ fǒn rain, n.
ຝົນຕົກ fǒn-dtòk rain, v.
ຝົນມີດ fǒn-mîit sharpen a knife, v.
ຝອຍ fɔ̌ɔi sawdust, puff, fluff, frills, n.
ເຝິກ fʉ̌k train, practice, v.
ເຝິກແອບ fʉ̌k-ɛ̀ɛp drill, practice, v.
ເຝິກຫັດ fʉ̌k-hàt practice, v.
ເຝີ fɤ̌ɤ noodle, n.
ເຝື່ອ fʉ̀a cloud, n.
ເຝົ້າ fâo protect, guard, watch, v.
ເຝົ້າຍາມ fâo-nyáam be on guard, v.
ເຝົ້າເບິ່ງ fâo-bɤ̀ng keep an eye on, n.

ผ

ผ pɔ̌ɔ the eighteenth consonant of the Lao alphabet (low consonant), *n.*

ผะ pa Buddha, monk, priest, minister, clergyman, *n.*

ผะแก้ว pa-gɛ̂ɛo Emerald Buddha, *n.*

ผะจัน pa-jàn the moon, *n.*

ผะสาด pa-sàat palace, *n.*

ผะสาดสะดา pa-sàat-sa-dàa Buddha, religious prophet, *n.*

ผะสົ້ງ pa-sǒng Buddhist monk, *n.*

ผะยากอນ pa-nyáa-gɔ̀ɔn predict, forecast, *v.*

ผะยากອນອາກາດ pa-nyáa-gɔ̀ɔn-àa-gàat weather forecast, *n.*

ผะยายາມ pa-nyáa-nyáam try, *v.*

ผะยาบາດ pa-nyáa-bàat revenge, be vindictive, think of revenge, *v.*

ผะยาບານ pa-nyáa-bàan nurse, tend, care for, *n., v.*

ผะยາງ pa-nyáang syllable, *n.*

ผะยາດ pa-nyâat worm, disease, ailment, *n.*

ผะยາດໄຕແບບ pa-nyâat-dtòo-bpɛ̀ɛ tape worm, *n.*

ผะยາດປາກຂໍ pa-nyâat-bpàak-kɔ̌ɔ hook worm, *n.*

ผะยາດປອດແຫ້ງ pa-nyâat-bpɔ̀ɔt-hɛ̂ng tuberculosis, *n.*

ผะยານ pa-nyáan witness, *n.*

ผะยານຫຼັກຖານ pa-nyáan-lǎk-tǎan evidence, *n.*

ผะຍຸ pa-nyu storm, *n.*

ผะຍຸງ pa-nyúng support, keep up, *v.*

ผะຍັກໜ້າ pa-nyak-nàa nod, *v.*

ผะຍັນຊະນະ pa-nyán-sa-na consonant, *n.*

ผะທຳ pa-tám Dharma, teaching of Buddha, *n.*

ผะມະທານ pa-na-taan excellency, *n.*

ผะນາງ pa-náang queen, *n.*

ผະມັກງານ pa-nak-ngáan government official, employee, staff, *n.*

ผະນັນ pa-nán bet, gambling, *v., n.*

ผະເນຈອນ pa-nee-jɔ̀ɔn wander, roam, *v.*

ผະເປັນເຈົ້າ pa-bpèn-jâo god, *n.*

ผະພຸດທະເຈົ້າ pa-put-ta-jâo Buddha, *n.*

ผะພຸດທະສາດສະໜາ pa-put-ta-sàat-sa-nǎa Buddhism, *n.*

ผະພຸດທະຮູບ pa-put-ta-hûup Buddha image, *n.*

ผະມ້າ pa-mâa Myanmar, *n.*

ผະລາດຊະວັງ pa-lâat-sa-wáng royal palace, *n.*

ผะລາດຊະວົງ pa-lâat-sa-wóng royal

family, *n*.

ພະລາດຊະອານາຈັກ pa-lâat-sa-àa-náa-jǎk kingdom, *n*.

ພະລາຊິນີ pa-láa-si-nǐi queen, *n*.

ພະລືສີ pa-lúu-sǐi hermit, *n*.

ພະລັງງານ pa-láng-ngáan energy, strength, *n*.

ພະວົງ pa-wóng be uneasy about, worry, *v*.

ພະອາທິດ pa-àa-tit sun, *n*.

ພະເອກ pa-èek hero, *n*.

ພະອົງ pa-òng king, queen, prince, His or Her Majesty, *n*., *pron*.

ພັກ pak rest, stay, step, *v*.

ພັກເຊົາ pak-sáo rest, *v*.

ພັກຢູ່ກັບ pak-yuu-gǎp stay with, *v*.

ພັກຜ່ອນ pak-pɔn relax, rest, *v*.

ພັກງານ pak-gàan be laid off work, stop working, *v*.

ພັກໂຮງຮຽນ pak-hóong-hían school vacation, *n*.

ພັງ páng collapse, destroy, break up, tumble down, pull down, *n*.

ພັງພິນາດ páng-pi-nâat smash, anihilate, *v*.

ພັງທຳລາຍ páng-tám-láai destroy, fall to the ground, *v*.

ພັດ pat blow, *v*.

ພັດທະນາ pat-ta-náa develop, *v*.

ພັດພາກ pat-pâak be separated, *v*.

ພັດລົມ pat-lóm electric fan, *n*.

ພັນ pán one thousand, colonel, wrap, coil, tie, *n*., *v*.

ພັນເຂົ້າ pán-kào roll, *v*.

ພັນແຜ pán-pěɛ bandage a wound, *v*.

ພັນລະຍາ pán-la-nyáa wife (formal), *n*.

ພັບ pap fold, close, a book, *v*., *n*.

ພັບຮຽນ pap-kían notebook, *n*.

ພັບຕາ pap-dtàa blink, *v*.

ພາ páa tray, lead, take someone to some places, *n*., *v*.

ພາເຂົ້າ páa-kào tray for meal, *n*.

ພາຄີ páa-kíi partner, alliance, party, participant, *n*.

ພາສາ páa-sǎa language, *n*.

ພາສາທາງ páa-sǎa-gàang official language, *n*.

ພາສາຕ່າງປະເທດ páa-sǎa-dtàang-bpa-têet foreign language, *n*.

ພາສາພື້ນເມືອງ páa-sǎa-pʉ̂ʉn-múang local language, dialect, *n*.

ພາສີ páa-sǐi tax, duty, *n*.

ພາສີສິນຄ້າ páa-sǐi-sǐn-kâa business tax, *n*.

ພາສີສິນຄ້າເຂົ້າ páa-sǐi-sǐn-kâa-kào

import tax, *n.*

ຜາສີສິ່ມຄ້າອອກ páa-sǐi-sǐn-kâa-ɔ̀ɔk export tax, *n.*

ຜາສີລາຍໄດ້ páa-sǐi-láai-dâi income tax, *n.*

ຜາສີອາກອນ páa-sǐi-àa-gɔɔn customs tax, tariff, *n.*

ຜາສິດ páa-sìt proverb, *n.*

ຜາຊະນະ páa-sa-na vessel, *n.*

ຜາຍຸ páa-nyu storm, *n.*

ຜາໄປ páa-bpài take, lead, take someone to some place, *v.*

ຜາລະ páa-la business, load, charge, burden, duty, *n.*

ຜາວະ páa-wa condition, state, *n.*

ຜາວະນາ páa-wa-náa pray, meditate, *v.*

ຜ້າ pâa knife, *n.*

ພາກ pâak version, part, region, *n.*

ພາກໃຕ້ pâak-dtâi southern region, *n.*

ພາກພຽນ pâak-pían try, persevere, *v.*

ພາກຮຽນ pâak-hían school term, *n.*

ພາກເຫນືອ pâak-něa northern region, *n.*

ພາຍ páai row, paddle, carry on, *v.*

ພາຍໃຕ້ páai-dtâi under, *prep.*

ພາຍນອກ páai-nɔ̂ɔk outside, *prep.*

ພາຍໃນ páai-nái inside, within, *prep.*

ພາຍລຸນ páai-lún afterwards, *adv.*

ພາຍໜ້າ páai-nàa in the future, *adv.*

ພາຍຫລັງ páai-lǎng afterwards, *adv.*

ພ່າຍ pâai flee, be defeated, *v.*

ພ່າຍແພ້ pâai-pɛ́ɛ be defeated, *v.*

ພາດທ່າ pâat-taa make a false move, *v.*

ພາດບ່າ pâat-bàa shoulder, keep over the shoulder, *v.*

ພານ paan hunter, look for, *n., v.*

ພາບ pâap picture, painting, *n.*

ພາບແຕ້ມ pâap-dtɛ̂ɛm painting, *n.*

ພາບຖ່າຍ pâap-taai photograph, *n.*

ພາບພະຍົນ pâap-pa-nyón movie, cinema, *n.*

ພາບວາດ pâap-wâat drawing, *n.*

ພາມ páam Brahmin, *n.*

ພິການ pi-gàan deformed, crippled, autistic, *adj.*

ພິກົນ pi-gòn abnormal, strange, unusual, *adj.*

ພິຈາລະນາ pi-jàa-la-náa consider, examine, *v.*

ພິຊຸ pi-kǔ monk, *n.*

ພິສະຫວົງ pi-sa-wǒng doubt, wonder, *v.*

ພິເສດ pi-sèet special, extra, *adj.*

ພິທັກ pi-tak watch over, protect, *v.*

ພິທີ pi-tíi ceremony, rite, ritual, *n.*

ພິທີການ pi-tíi-gàan protocal, *n.*

ພິທີແຕ່ງງານ pi-tíi-dtɛng-ngáan wedding ceremony, n.

ພິທີບວດ pi-tîi-bùat ordination ceremony, n.

ພິທີເຜົາສົບ pi-tîi-păo-sŏp cremation, n.

ພິທີຝັງສົບ pi-tîi-făng-sŏp burial service, n.

ພິທີພິຕັນ pi-tîi-pi-tăn particular, careful, strict, adj.

ພີໄນກໍາ pi-nái-gàm testament, will, n.

ພິພາກສາ pi-pâak-săa judge, n., v.

ພິພິດທະພັນ pi-pit-ta-pán museum, n.

ພິລຶກພິລັ່ນ pi-lưk-pi-lâm exaggerated, excessive, strange, uncanny, adj.

ພິລຶດ pi-lưt be faulty, suspicious looking, v.

ພິລິບດາ pi-lip-dàa second (measurement), n.

ພິດ pit poison, venom, n.

ພິດສະໄໝ pit-sa-măi love, admire, v.

ພິມ pím print, type, v.

ພິມດີດ pím-dìit type, typing, v., n.

ພິມຜິດ pím-pìt misprint, v.

ພີ píi fat, big, adj.

ພີ່ນ້ອງ pii-nɔ́ɔng relatives, brothers and sisters, n.

ພື້ນ pư̂ưn floor, ground, n.

ພື້ນດິນ pư̂ưn-dìn ground, plot of land, n.

ພື້ນທີ່ pư̂ưn-tii area, n.

ພື້ນເມືອງ pư̂ưn-múang native, local, indigenous, n.

ພື້ນເຮືອນ pư̂ưn-hứan floor, n.

ພຸງ púng stomach, n.

ພຸ່ງ pung dart, plunge, hurl, throw, v.

ພຸດທະສັກກະລາດ (ພ.ສ.) put-ta-săk-ga-làat Buddhist Era (B.E.), n.

ພຸ້ນ pûn there, over there, adv.

ພູ púu hill, n.

ພູເຂົາ púu-kăo mountain, n.

ພູເຂົາໄຟ púu-kăo-fái volcano, n.

ພູມີສາດ púu-míi-sàat geography, n.

ພູມີປະເທດ púu-míi-bpa-têet terrain, n.

ພູມີພາກ púu-míi-pâak region, n.

ພູມີລໍາເນົາ púu-míi-lám-náo domicile, residence, n.

ພູ (ແມງ) púu carpenter beetle, n.

ເພງ péeng song, n.

ເພງຊາດ péeng-sâat national anthem, n.

ເພງພື້ນເມືອງ péeng-pứưn-múang folk song, n.

ເພັດ pet diamond, n.

ເພັດພອຍ pet-pɔ́ɔi jewelry, gem, n.

ເພ pée demolish, tumble down, v.

ເພພັງ pée-páng tear down, v.

ເພດານ pée-dàan ceiling, n.

ເພດ pêet sex, gender, n.

ເພດຊາຍ pêet-sáai masculine, male, n.

ເພດຍິງ pêet-nyíng feminine, female, n.

Lao	Phonetic	English
ແພະ	pɛ́	goat, n.
ແພ	pɛ́ɛ	raft, cloth, silk, rayon, n.
ແພປູບ່ອນ	pɛ́ɛ-bpùu-bɔn	bed sheet, n.
ແພມົນ	pɛ́ɛ-món	handkerchief, n.
ແພ່	pɛ́ɛ	spread, broadcast, v.
ແພ່ລູກ	pɛ́ɛ-lûuk	reproduce (animal), v.
ແພ້	pɛ̂ɛ	lose, be beaten, v.
ແພ້ທ້ອງ	pɛ̂ɛ-tɔ́ɔng	morning sickness, n.
ແພກ	pɛ̂ɛk	Bermuda grass, n.
ແພງ	pɛ́ɛng	expensive, dear, adj.
ແພ່ງ	pɛ̀ng	civil law, n.
ແພດ	pɛ̂ɛt	physician, doctor, n.
ແພດແຂ້ວ	pɛ̂ɛt-kɛ̂o	dentist, n.
ແພດສະຫຍາ	pɛ̂ɛt-sa-nyǎa	prostitute, harlot, n.
ແພດສາດ	pɛ̂ɛt-sàat	medical science, n.
ແພດຜະດຸງຄັນ	pɛ̂ɛt-pa-dùng-kán	midwife, n.
ແພດແພນບູຮານ	pɛ̂ɛt-pɛ̌ɛn-bùu-háan	old-school doctor, n.
ແພວພາວ	pɛ́ɛo-páao	sparkling, n.
ພົກ	pok	carry in one's pocket, v.
ພົກ	pok	pocket, sack, n.
ພົກຍ່ຽວ	pok-nyiao	bladder, n.
ພົນ	pón	force, strength, power, n.
ພົນດຳຫລວດ	pón-dtàm-lùat	first police rank, n.
ພົນລະເມືອງ	pón-la-múang	population, citizen, n.
ພົນລະເຮືອນ	pón-la-húan	civilian, n.
ພົ່ນ	pon	spray, squirt, blow, puff, emit, v.
ພົ່ນພິດ	pon-pit	eject venom, v.
ພົ້ນ	pôn	pass beyond, escape (danger), v.
ພົ້ນກຳນົດ	pôn-gàm-not	expire, v.
ພົ້ນຈາກ	pôn-jàak	be free from, v.
ພົ້ນສະໃໝ	pôn-sa-mǎi	out of date, adj.
ພົ້ນທຸກ	pôn-tuk	be free from misery, v.
ພົ້ນນິຕິພາວະ	pôn-ni-dtì-páa-wa	reach adulthood, n.
ພົ້ນໄພ	pôn-pái	out of danger, adj.
ພົ້ນວິໄສ	pôn-wi-sǎi	impossible, adj.
ພົບ	pop	meet, v.
ພົບກາງທາງ	pop-gàang-táang	meet on route, v.
ພົບພໍ້	pop-pɔ̂ɔ	find, v.
ພົມມະຈັນ	póm-ma-jàn	chastity, celibacy, n.
ພົມມະຈາລີ	póm-ma-jàa-líi	virgin, virginity, n.
ພົມລິຂິດ	póm-li-kìt	destiny, fate, n.
ໂພ	póo	pipal tree, n.
ໂພຊະນາການ	póo-sa-náa-gàan	nutrition, n.
ໂພທິຍານ	póo-ti-nyáan	omniscience, n.

ໂພທິສັດ pôo-ti-sǎt one who is becoming a Buddha, the Buddha before enlightment, n.
ໂພກ pôok wrap, cover, v.
ໂພງ pôong be bloated, inflated, hollow, v.
ໂພດ pôot too much, adv.
ໂພນ pôon mound, n.
ໂພນປວກ pôon-bpùak termite mound, n.
ເພາະ pɔ because, conj.
ເພາະວ່າ pɔ-waa because, conj.
ເພາະສະນັ້ນ pɔ-sa-nân therefore, conj.
ເພາະປຸກ pɔ-bpùuk plant, v.
ພໍ pɔ́ɔ adequate, enough, adj.
ພໍໃຈ pɔ́ɔ-jài be satisfied, v.
ພໍຢູ່ພໍກິນ pɔ́ɔ-yuu-pɔ́ɔ-gìn just right, good enough, adj.
ພໍ່ pɔɔ father, n.
ພໍ່ຄ້າ pɔɔ-kâa merchant, n.
ພໍ່ຄົວ pɔɔ-kúa cook, n.
ພໍ່ສ່ຽວ pɔɔ-siao friend (adult), n.
ພໍ່ສ່ຽວແມ່ສ່ຽວ pɔɔ-siao-mɛɛ-siao friends of the family, n.
ພໍ່ຕາ pɔɔ-dtàa maternal grandfather, father-in-law, n.
ພໍ່ຕູ້ pɔɔ-dtûu grandfather, n.
ພໍ່ເຖົ້າ pɔɔ-tào maternal grandfather, father-in-law, n.

ພໍ່ນາ pɔɔ-náa farmer, n.
ພໍ່ນ້າ pɔɔ-nâa stepfather, n.
ພໍ່ບ້ານ pɔɔ-bâan village chief, husband, n.
ພໍ່ຜົວ pɔɔ-pǔa father-in-law (husband's father), n.
ພໍ່ແມ່ pɔɔ-mɛɛ parents, n.
ພໍ່ເມຍ pɔɔ-mía father-in-law (wife's father), n.
ພໍ່ລ້ຽງ pɔɔ-líang foster father, step father, n.
ພໍ່ໝ້າຍ pɔɔ-màai widower, n.
ພໍ່ຮ້າງ pɔɔ-hâang divorced man, n.
ພໍ່ເຮືອນ pɔɔ-húan head of family, n.
ພໍ້ pɔ̂ɔ meet, encounter, v.
ພອນ pɔɔn blessing, n.
ພ້ອມ pɔ̂ɔm together, ready, adv., adj.
ພ້ອມກັນ pɔ̂ɔm-gàn together with, adv.
ພ້ອມກັນນີ້ pɔ̂ɔm-gàn-nîi herewith, adv.
ພ້ອມໃຈ pɔ̂ɔm-jài with one heart, together, adv.
ພ້ອມໃຈກັນ pɔ̂ɔm-jài-gàn unanimous, together, adj., adv.
ພ້ອມພຽງ pɔ̂ɔm-píang united, together, adj.
ເພັນ pan he, she, pron.
ເພີ້ pə̂ə go crazy, insane, v.
ເພີ້ຝັນ pə̂ə-fǎn dream, v.

ເພີງ pəng shelter, just, v., adv.
ເພີ້ມ pə̂əm add, increase, v.
ເພີ້ມກຳລັງ pə̂əm-gàm-láng reinforce, v.
ເພີ້ມຕື່ມ pə̂əm-dtɯ̀ɯm add, increase, v.
ເພີ້ມເຕີມ pə̂əm-dtə̀əm supplement, add, increase, v.
ພຽງ piang level, only, adj., adv.
ພຽງພໍ piang-pɔ́ɔ sufficient, adj.
ເພື່ອ pɯ̀a for, for the sake of, prep.
ເພື່ອຈະ pɯ̀a-ja in order to, prep.
ເພື່ອເປັນກຽດ pɯ̀a-bpèn-gìat in honor of, prep.
ເພື່ອວ່າ pɯ̀a-waa so that, conj.
ເພື່ອໃຫ້ pɯ̀a-hài in order to, prep.
ເພື່ອນ pɯ̀an friend, n.
ເພື່ອນກິນ pɯ̀an-gìn false friend, n.
ເພື່ອນເຈົ້າສາວ pɯ̀an-jâo-sǎao bride's maid, n.
ເພື່ອນເຈົ້າບ່າວ pɯ̀an-jâo-baao best man, n.
ເພື່ອນສະນິດ pɯ̀an-sa-nĭt close friend, n.
ເພື່ອນຊາຍ pɯ̀an-sáai boyfriend, male friend, n.
ເພື່ອນຕາຍ pɯ̀an-dtàai friend in need, true friend, n.
ເພື່ອນບ້ານ pɯ̀an-bâan neighbor, n.
ເພື່ອນມະນຸດ pɯ̀an-ma-nut fellow creature, n.
ເພື່ອນຮ່ວມງານ pɯ̀an-huam-ngáan colleague, n.
ເພື່ອນຮ່ວມຊັ້ນ pɯ̀an-huam-sân classmate, n.
ເພື່ອນຮ່ວມຊາດ pɯ̀an-huam-sâat compatriot, n.
ເພື່ອນຫຼິ້ນ pɯ̀an-lîn playmate, n.
ຜົວພັນ púa-pán contact, connect, v.
ພວກ pûak group, side, n.
ພວກກະບົດ pûak-ka-bŏt rebels, n.
ພວກເຂົາ pûak-kǎo they, pron.
ພວກເຈົ້າ pûak-jâo you (plural), pron.
ພວກທ່ານ pûak-taan you, n.
ພວກມັນ pûak-mán they, them, n.
ພວກເຮົາ pûak-háo we, pron.
ພວງ púang garland, n.
ພວມ púam be in the middle of doing something, v.
ພວມກຳລັງ púam-gàm-láng be just about to, v.
ໄພ pái danger, risk, n.
ໄພສານ pái-sǎan extensive, vast, adj.
ໄພພິບັດ pái-pi-bǎt disaster, n.
ໄພທຳມະຊາດ pái-tám-ma-sâat natural disaster, n.
ໄພ້ pâi (daughter)-in-law, n.

ຝ

ຝ fɔ̌ɔ the nineteenth consonant of the Lao alphabet (low consonant), n.

ຟັກ fak hatch, chop, v.

ຟັກ fak gourd, squash, n.

ຟັກໄຂ່ fak-kai hatch, v.

ຟັງ fáng listen to, pay attention to, v.

ຟັງຄວາມ fáng-kwáam obey, v.

ຟັງເທດ fáng-têet listen to a sermon, v.

ຟັນ fán cut, slice, v.

ຟັນດາບ fán-dàap do sword-play, fence, v.

ຟັນຝ່າ fán-faa overcome, struggle, v.

ຝາ fǎa a cloth covering, n.

ຟ້າ fâa sky, the heaven, n.

ຟ້າຄະນອງ fâa-ka-nɔ́ɔng peal of thunder, the sky rambles, n., v.

ຟ້າຄຶ້ມ fâa-kûum cloudy, n.

ຟ້າແຕກ fâa-tɛ̌ɛm sky, the heaven, n.

ຟ້າຜ່າ fâa-paa thunderbold, a stroke of lightning, n.

ຟ້າຝົນ fâa-fǒn rainfall, n.

ຟ້າມືດ fâa-mûut dark sky, n.

ຟ້າແມບເຫຼື້ອມ fâa-mɛ̂ɛp-lɨ̂am lightning, n.

ຟ້າແລ້ງ fâa-lɛ̂ɛng drought, n.

ຟ້າຮ້ອງ fâa-hɔ̂ɔng thunder, v.

ຟ້າເຫຼື້ອມ fâa-lɨ̂am lightning, n.

ຟາກ fâak bank, side, n.

ຟາກຟ້າ fâak-fâa horizon, n.

ຟາງ fáang straw, n.

ຟາງ fáang see without clarity, dim, v., adj.

ຟາງຕາ fáang-dtàa be unable to see clearly, v.

ຟາດ fâat beat, hit, strike with a downward movement, v.

ຟາດເຂົ້າ fâat-kào thresh paddy, v.

ຟານ fáam muntjak deer, n.

ຟາວ fáao foul (as in sports), n., v.

ຟ້າວ fâao hurry, fast, quick, v., adj.

ຟ້າວກ່ອນ fâao-gɔ̀ɔn wait a minute

ຟ້າວຟັ້ງ fâao-fang hurry, v.

ຟີມ fíim film, n.

ຟິວ fíu fuse, n.

ຟິດ fɨt rid, free, v.

ຟືນ fɨ́ɨn wood, firewood, n.

ຟື້ນ fɨ̂ɨn recover, get well, regain consciousnes, v.

ຟື້ນຕົວ fɨ̂ɨn-dtùa improve, v.

ຟື້ນຟູ fɨ̂ɨn-fúu restore, resume, renew, v.

ຟຸດ fut foot (measure of length), n.

ຟຸດບອນ fut-bɔ̀ɔn soccer, football, n.

ຟຸ່ມ fum thicket, underbrush, n.

ฝຸ່ມໄມ້ fum-mâi bush, *n.*

ຟູ fúu float, rise, be fluffy, *v.*

ຟູມເຟືອຍ fúum-fúai luxurious, lavish, *adj.*

ແຟ້ມ fêm folder, file, *n.*

ໂຟກ fok swollen, *adj.*

ໂຟກຊ້ຳ fok-sâm bruised, *adj.*

ໂຟ້ງ fóng splash, spurt, *v.*

ໂຟດ fot boil, *v.*

ໂຟດສະນັ່ນ fot-sa-nan noisy, *adj.*

ຟອກ fɔ̂ɔk wash, cleanse, bleach, *v.*

ຟອກໜັງ fɔ̂ɔk-nǎng tan (a skin), *v.*

ຟອງ fɔ́ɔng bubble, foam, *n.*

ຟອງນ້ຳ fɔ́ɔng-nâam sponge, bubble, *n.*

ຟ້ອງ fɔ́ɔng indict, accuse, sue, *v.*

ຟ້ອງຄະດີແພ່ງ fɔ́ɔng-ka-dǐi-pêng take civil action against someone, *v.*

ຟ້ອງຮ້ອງ fɔ́ɔng-hɔ̂ɔng complain against, prosecute, *v.*

ຟ້ອງຢ່າຮ້າງ fɔ́ɔng-yaa-hâang enter lawsuit for divorce, *v.*

ຟອຍ fɔ́ɔi broom, brush, *n.*

ຟອຍຜັດແຂ້ວ fɔ́ɔi-păt-kɛ̀ɔ toothbrush, *n.*

ຟອດ fɔ̂ɔt froth, foam, *n.*

ຟ້ອນ fɔ̂ɔn dance, *v.*

ເຟືອງ fúang straw, gear wheel, *n.*

ເຟືອງເຂົ້າ fúang-kào rice straw, *n.*

ເຟືອງຈັກ fúang-jăk gear wheel, *n.*

ໄຟ fái fire, light, electricity, blaze, *n.*

ໄຟຂຽວ fái-kǐao green light, *n.*

ໄຟແດງ fái-dèeng red light, *n.*

ໄຟສາຍ fái-sǎai flashlight, torch, *n.*

ໄຟປ່າ fái-bpaa forest fire, wild fire, *n.*

ໄຟຟ້າ fái-fâa electricity, *n.*

ໄຟຟ້າຫຼອດ fái-fâa-lɔ̀ɔt neon lamp, *n.*

ໄຟໄໝ້ fái-mài a fire, conflagration, *n.*

ມ

ມ mɔ́ɔ the twentieth consonant of the Lao alphabet (low consonant), *n.*

ມະຕິ ma-dtǐ resolution, conclusion, *n.*

ມະຕິຊົນ ma-dti-són public opinion, *n.*

ມະນີ ma-nii gem, jewelry, *n.*

ມະນຸດ ma-nut human, *n.*

ມະນຸດກິນຄົນ ma-nut-gǐn-kón cannibal, *n.*

ມະນຸດຊາດ ma-nut-sâat mankind, *n.*

ມະນຸດສະທຳ ma-nut-sa-tám humanity, *n.*

ມະໂນ ma-nóo mind, *n.*

ມະໂນຄະຕິ ma-nóo-ka-dtǐ thought, *n.*

ມະໂນທຳ ma-nóo-tám sense of rightness, *n.*

ມະໂນພາບ ma-nóo-pâap concept, *n.*

ມະລາຍູ ma-láa-nyúu Malay, the Malay peninsula, *n.*

ມະຫາ ma-hǎa great, a Buddhist monk's title, *adj.*, *n.*

ມະຫາກະສັດ ma-hǎa-ga-sǎt king, *n.*

ມະຫາກຳ ma-hǎa-gàm celebration, great festival, *n.*

ມະຫາສະໝຸດ ma-hǎa-sa-mút ocean, *n.*

ມະຫາສານ ma-hǎa-sǎan vast, immense, *n.*

ມະຫາຊົນ ma-hǎa-són the public, *n.*

ມະຫານິກາຍ ma-hǎa-ni-gàai great sect, the Mahanikai sect, *n.*

ມະຫາບັນດິດ ma-hǎa-bàn-dìt a master, a master degree, *n.*

ມະຫາບູລຸດ ma-hǎa-bùu-lút great man, *n.*

ມະຫາໄພ ma-hǎa-pái great danger, *n.*

ມະຫາວິທະຍາໄລ ma-hǎa-wi-ta-nyáa-lái university, *n.*

ມະຫາອຳນາດ ma-hǎa-àm-nâat great power, *n.*

ມະຫັດສະຈັນ ma-hǎt-sa-jàn marvellous, astonishing, miraculous, *adj.*

ມະຫັນ ma-hǎn great, enormous, *adj.*

ມະເຫສີ ma-hěe-sǐi queen, consort, *n.*

ມະຫໍລະສົບ ma-hɔ̌ɔ-la-sóp entertainment, *n.*

ມະຫຶມາ ma-hu-máa immense, grand, *adj.*

ມະໂຫລີ ma-hǒo-líi band, Lao orchestra, *n.*

ມັກ mak like, love, want, *v.*

ມັກຄຸຍ mak-kúi brag, boast, *v.*

ມັກຄຸ້ນ mak-kùn be familiar with, *v.*

ມັກງ່າຍ mak-ngaai lazy, careless, *adj.*

ມັກໄດ້ mak-dâi covetous, greedy, *adj.*

ມັກມ່ວນ mak-muan fun-loving, *adj.*

ມັກໃຫຍ່ mak-nyai ambitious, *adj.*

ມັກລົ້ນ mak-lîn fun-loving, *adj.*

ມັງກອນ máng-gɔɔn dragon, *n.*

ມັງຄຸດ máng-kut mangosteen, *n.*

ມັງສາ máng-sǎa flesh, meat, *n.*

ມັ່ງ mang giraffe, *n.*

ມັ່ງຄັ່ງ mang-kang wealthy, *adj.*

ມັ່ງມີ mang-míi rich, affluent, *adj.*

ມັດ mat tie, attach, bind, *v.*

ມັດເຂົ້າ mat-kào sheaf of rice, *n.*

ມັດຈຸລາດ mat-ju-lâat Death, King of the Death, *n.*

ມັດຈຳ mat-jàm deposit, *v.*

ມັດສາ mat-sǎa fish, *n.*

ມັດທະຍົມ mat-ta-nyóm secondary, *adj.*

ມັດທະຍົມສຶກສາ mat-ta-nyóm-sʉk-sǎa secondary education, *n.*

ມັດຟືນ mat-fʉ́ʉn bundle of firewood, *n.*

ມັນ mán fatty, oily, greasy, *adj.*

ມັນ mán it, potato, yam, *pron.*, *n.*

ມັນດ້າງ mán-dàang sweet potato, *n.*

ມັນສະໝອງ mán-sa-mɔ̌ɔng brain, n.
ມັນຕົ້ນ mán-dtôn cassava, n.
ມັນຝະລັ່ງ mán-fa-lang potato, n.
ມັນເຜົາ mán-pǎo yam bean, n.
ມາ máa come, arrive, v.
ມາຄະບູຊາ máa-ka-bùu-sáa Buddhist All Saints' Day, n.
ມາຈາກ máa-jàak come from, v.
ມາເຖິງ máa-těng arrive at, in, v.
ມາທັນ máa-tán arrive on time, v.
ມານະອົດທົນ máa-na-ŏt-tón patience, preseverance, n.
ມານີ້ máa-nîi come here, v.
ມາບ້ານ máa-bâan come home, v.
ມາບໍ່ທັນ máa-bɔɔ-tán miss, be late, v.
ມາພີ້ máa-pîi come here, v.
ມາພໍ້ máa-pɔ̂ɔ meet, v.
ມາເພິ່ງ máa-pəng ask for help, v.
ມາປາມ máa-yàam visit, v.
ມາປ້ຽມ máa-yîam visit, v.
ມາລະຍາດ máa-la-nyâat manners, politeness, n.
ມາລາ máa-láa wreath, flowers, n.
ມາໄລ máa-lǎi garland, n.
ມາຫາ máa-hǎa come to visit, v.
ມາຮອດ máa-hɔ̀ɔt arrive, until, v., prep.
ມ້າ mâa horse, n.

ມ້ານັ່ງ mâa-nang bench, n.
ມ້າລາຍ mâa-láai Zebra, n.
ມ້າໝຸນ mâa-mǔun merry-go-round, n.
ມາກ mâak very, much, adv.
ມາກທີ່ສຸດ mâak-tii-sut most, adj., adv.
ມາກມາຍ mâak-máai a lot, plenty, adj.
ມ້າງ mâang take apart, break down, destroy, v.
ມ້າງເພ mâang-pée break up, v.
ມາຍອອກ máai-ɔ̀ɔk unroll, unwind, v.
ມາດຕະຖານ mâat-dta-tǎan standard, criteria, n.
ມານ máan be pregnant, v.
ມານ máan evil, demon, n.
ມານເຂົ້າ máan-kào ear of rice, n.
ມານສາລີ máan-sǎa-líi ear of corn, n.
ມານດາ máan-dàa mother, n.
ມ້ານ mâan faded, pale, curtain, adj., n.
ມ້ານຕາ mâan-dtàa iris, n.
ມ້ານໜ້າຕ່າງ mâan-nàa-dtàang window blind, curtain, n.
ມ້າມ mâam spleen, n.
ມິ່ງ ming good luck, n.
ມິ່ງຂວັນ ming-kwǎn glory, cherished possession, n.
ມິດ mit quiet, silent, covered, adj.
ມິດ mit friend, n.

ມິຕະພາບ mit-dta-pâap friendship, n.
ມິດສາຂີບ mit-săa-sìip criminals, gangsters, n.
ມິດສຳພັນ mit-săm-pán friendly relation, n.
ມິຖຸນາ míi-tu-náa June, n.
ມີ míi there is, there are, v.
ມີ míi have, own, contain, include, v.
ມີກຽດ míi-gìat have prestige, v.
ມີກິ່ນ míi-gìn smell, v.
ມີກຳໄລ míi-gàm-lái profitable, adj.
ມີຂຶ້ນ míi-kùn take place, v.
ມີຂົນ míi-kŏn hairy, adj.
ມີຄ່າ míi-kaa valuable, worthy, adj.
ມີຄຸນ míi-kún be grateful, adj.
ມີຄວາມສຸກ míi-kwáam-sŭk happy, adj.
ມີຄວາມຜິດ míi-kwáam-pit guilty, adj.
ມີຄວາມຮູ້ míi-kwáam-húu knowledgeable, well-learned, adj.
ມີຄວາມໝາຍ míi-kwáam-măai meaningful, adj.
ມີເງິນ míi-ngón rich, adj.
ມີໃຈ míi-jài pay attention, have will, v.
ມີສະຕິ míi-sa-dtì be conscious of, v.
ມີສະເໜ່ míi-sa-nee charming, adj.
ມີສິດ míi-sìt have a right, v.
ມີສິດແຕ່ຜູ້ດຽວ míi-sìt-dtɛɛ-puu-ìao have an exclusive patent or copyright, v.

ມີສ່ວນ míi-suan have a part, v.
ມີຊີວິດ míi-sìi-wit alive, living, adj.
ມີຊື່ສຽງ míi-sùu-sìang well-known, famous, adj.
ມີໂຊກ míi-sôok be lucky, adj.
ມີໄຊ míi-sái be victorious, win, v.
ມີຍົດ míi-nyot honored, having rank, adj.
ມີທຸລະ míi-tu-la busy, adj.
ມີໂທດ míi-tôot guilty, adj.
ມີບຸນ míi-bùn virtuous, born with good karma, adj.
ມີພິດ míi-pit poisonous, adj.
ມີຢູ່ míi-yuu have got, have, there is, there are, v.
ມີລາຄາ míi-láa-káa valuable, adj.
ມີລາບ míi-lâap lucky, have a winfall, adj.
ມີວາດ míi-wâat polite, adj.
ມີເວນ míi-wéen unfortunate because of sin in last life, adj.
ມີເຫດຜົນ míi-hèet-pŏn reasonable, rational, adj.
ມີໜ້າມີຕາ míi-nàa-míi-dtàa be respected, adj.
ມີຫວັງ míi-wăng be hopeful, v.
ມີອາຊີບ míi-àa-sìip have a job, v.
ມີດ míit knife, n.
ມີດຕັດ míit-dtăt scissors, n.

ມີດແຖ mîit-tɛ̌ɛ razor, n.
ມີດພ້າ mîit-pâa knife, cleaver, n.
ມີດແທງແລມ mîit-tɛɛm dagger, pointed knife, bucher's knife, n.
ມຶງ múng you (impolite), pron.
ມຶນເມົາ mún-máo intoxicated, groggy, drunk, adj.
ມື mǔu hand, n.
ມືເປົ່າ mǔu-bpao empty-handed, adj.
ມືຖື mǔu-tǔu hand phone, portable, n., adj.
ມື້ກີ້ mûu-gîi just now, adv.
ມື້ກີ້ນີ້ mûu-gîi-nîi a moment ago, just now, adv.
ມື້ກ່ອນ mûu-gɔ̀ɔn day before yesterday, n.
ມື້ຄືນ mûu-kúun at night, last night, n.
ມື້ຄືນນີ້ mûu-kúun-nîi last night, n.
ມື້ຄືນວານນີ້ mûu-kúun-wáan-nîi night before last night, n.
ມື້ສວຍ mûu-sǔai afternoon, n.
ມື້ເຊົ້າ mûu-sâo morning, n.
ມື້ໃດ mûu-dǎi what day?
ມື້ໃດມື້ນຶ່ງ mûu-dǎi-mûu-nung someday, anyday, adv.
ມື້ນີ້ mûu-nîi today, n.
ມື້ພັກ mûu-pak holiday, day off, n.
ມື້ລະ mûu-la per day, adv.

ມື້ແລງ mûu-lɛ́ɛng evening, n., adv.
ມື້ວານນີ້ mûu-wáan-nîi yesterday, n., adv.
ມື້ເວັນ mûu-wén daytime, n., adv.
ມື້ໜ້າ mûu-nàa one of these days, some other time, n., adv.
ມື້ອື່ນ mûu-ʉʉn tomorrow, n.
ມື້ຮື mûu-hǔu day after tomorrow, n.
ມືດ mûut dark, adj.
ມືນ mún open one's eyes, v.
ມືນຕາ mún-dtaa open one's eyes, v.
ມື່ນ mùun slippery, adj.
ມຸງ múng put a roof on, gather in a crowd, v.
ມຸງກຸດ múng-gut crown, n.
ມຸງກຸດລາດຊະກຸມມານ múng-gut-lâat-sa-gùm-máan crown prince, n.
ມຸ້ງ mûng mosquito net, n.
ມຸສາ mu-sǎa tricky, false, lie, falsehood, n.
ມຸດນ້ຳ mut-nâam dive into water, v.
ມຸ່ນ mun powdered, fragment, adj., n.
ເມກ mêek cloud, n.
ເມັດ met grain, pill, seed, n.
ເມັດກາເຟ met-gàa-fée coffee bean, n.
ເມັດເຂົ້າ met-kào kernel of rice, n.
ເມັດງາ met-ngáa sesame seed, n.
ເມນ méen louse (lice), n.

ແມດຕາ mêet-dtàa mercy, n.
ແມ່ mɛɛ mother, n.
ແມ່ໄກ່ mɛɛ-gai hen, n.
ແມ່ຮ້າງ mɛɛ-hâang divorced wife, n.
ແມ່ອ່າວ mɛɛ-kǎao nun, n.
ແມ່ຄ້າ mɛɛ-kâa female merchant, n.
ແມ່ຄົວ mɛɛ-kúa female cook, n.
ແມ່ສື່ mɛɛ-sὺu female go-between, n.
ແມ່ຍ່າ mɛɛ-nyaa paternal grandmother, mother-in-law, n.
ແມ່ຍາຍ mɛɛ-nyáai maternal grandmother, mother-in-law, n.
ແມ່ຍິງ mɛɛ-nyíng woman, girl, n.
ແມ່ຕູ້ mɛɛ-dtûu maternal grandmother, n.
ແມ່ຕໍາແຍ mɛɛ-dtàm-nyɛ́ɛ midwife, n.
ແມ່ເຖົ້າ mɛɛ-tào maternal grandmother, mother-in-law, old woman, n.
ແມ່ນ້ຳ mɛɛ-nâam river, n.
ແມ່ນ້ຳຂອງ mɛɛ-nâam-kɔ̌ɔng Mekong River, n.
ແມ່ບ້ານ mɛɛ-bâan housewife, n.
ແມ່ປ້າ mɛɛ-bpâa aunt, n.
ແມ່ປ້ານ້າສາວ mɛɛ-bpâa-nâa-sǎao female relatives, womenfolk, n.
ແມ່ພະຍາດ mɛɛ-pa-nyâat disease, germ, n.
ແມ່ພິມ mɛɛ-pím mold, model, n.
ແມ່ໝ້າຍ mɛɛ-màai widow, n.
ແມ່ມານ mɛɛ-máan pregnant woman, n.
ແມ່ມື້ mɛɛ-mûu thumb, n.
ແມ່ເມຍ mɛɛ-mía mother-in-law, n.
ແມ່ລູກອ່ອນ mɛɛ-lûuk-ɔ̀ɔn a mother with an infant, n.
ແມ່ເຫຼັກ mɛɛ-lěk magnet, n.
ແມ່ເລງ mɛɛ-léeng playgirl, n.
ແມ່ລ້ຽງ mɛɛ-líang foster mother, step mother, n.
ແມ່ຮ້າງ mɛɛ-hâang divorced wife, n.
ແມ່ເຮືອນ mɛɛ-hɯ́an housewife, n.
ແມງ méeng insect, bug, n.
ແມງກະບີ້ méeng-ga-bîi silk moth, n.
ແມງກະເບື້ອ méeng-ga-bɯ̂a butterfly, moth, n.
ແມງຂີ້ເຂັບ méeng-kîi-kěp large centipede, n.
ແມງແຄງ méeng-kɛ́ɛng stink bug, n.
ແມງງອດ méeng-ngɔ̀ɔt scorpion, n.
ແມງເງົ້າ méeng-ngáo scorpion, n.
ແມງຈິນາຍ méeng-ji-náai cricket, n.
ແມງສາບ méeng-sàap cockroach, n.
ແມງຊອນ méeng-sɔ́ɔn mole cricket, n.
ແມງດາ méeng-dàa horseshoe crab, water bug, pimp, gigolo, n.
ແມງຕັກແຕນ méeng-dtǎk-dtɛɛn grasshoper, n.

ແມງຕັບເຕົ່າ mέεng-dtăp-dtao water beetle, n.
ແມງຕໍ່ mέεng-dtɔɔ wasp, n.
ແມງບົ້ງ mέεng-bòng caterpillar, n.
ແມງບົ້ງກື mέεng-bòng-gùù millipede, n.
ແມງປໍ mέεng-bpɔɔ dragonfly, n.
ແມງເຜີ້ງ mέεng-pɔ̀ng bee, n.
ແມງມີ່ mέεng-mii gnat, n.
ແມງມຸມ mέεng-múum spider, n.
ແມງມອດ mέεng-mɔ̂ɔt weevil, n.
ແມງໄມ້ mέεng-mâi bug, insect, n.
ແມງເມົ່າ mέεng-mao nun moth, n.
ແມງວັນ mέεng-wán fly, n.
ແມງວີ່ mέεng-wii fruit fly, n.
ແມງຫິງຫ້ອຍ mέεng-hǐng-hɔ̂i firefly, n.
ແມັດ mεt meter, n.
ແມ່ນ mεn yes it is, accurate, adv., adj.
ແມ່ນແທ້ mεn-tεε true, indeed, adj.
ແມ່ນໃຜ mεn-pǎi who? who is it?, pron.
ແມ່ນແລ້ວ mεn-lέεo that's right
ແມ່ນວ່າ mεn-waa if, conj.
ແມ່ນຫຍັງ mεn-nyǎng what?, adv.
ແມບລີ້ນ mε̂εp-lín stick out one's tongue, v.
ແມວ mέεo cat, n.
ແມ້ວ mε̂εo the Meo tribe (Hmong), n.

ມົງກຸດ móng-gŭt crown, n.
ມົງຄຸນ móng-kún auspiciousness, garland, n.
ມົດ mot ant, n.
ມົດລູກ mot-lûuk uterus, n.
ມົນ món round, circular, magic, adj., n.
ມົນຄາຖາ món-kǎa-tǎa sacred words, witchcraft, n.
ມົນທົນ món-tón square, territory, n.
ມົນທິນ món-tín stain, n.
ມົນທຽນ món-tían edifice, n.
ມົນທຽນບານ món-tían-bàan Royal Prescript, n.
ມົນ mon gray, adj.
ມົບໜ້າ mop-nàa hide one's face, v.
ໂມ້ môo brag, boast, grindstone, v., n.
ໂມໂຫ móo-hǒo angry, adj.
ໂມໂຫງ່າຍ móo-hǒo-ngaai easy to anger, irascible, n.
ໂມງ móong clock, watch, o'clock, n.
ໂມງປຸກ móong-bpŭk alarm clock, n.
ມໍລະສຸມ mɔ́ɔ-la-sǔm monsoon, storm, n.
ມໍລະດົກ mɔ́ɔ-la-dŏk inheritance, legacy, n.
ມໍລະນະກຳ mɔ́ɔ-la-na-gàm death, die, n., v.
ມໍລະນະພາບ mɔ́ɔ-la-na-pâap die, pass

away, *v.*
ມໍ່ mɔ̀ɔ close, near, *adj.*
ມໍ່ງນີ້ mɔ̀ɔ-mɔɔ-nìi soon, coming soon, *n.*
ມອງ mɔ́ɔng fishing net, look at, *n., v.*
ມອງຂ້າມໄປ mɔ́ɔng-kàam-bpài overlook, *v.*
ມອງຕຶກປາ mɔ́ɔng-dtǔk-bpàa fish net, *n.*
ມອງຫາ mɔ́ɔng-hǎa seek, *v.*
ມອງເຫັນ mɔ́ɔng-hěn see, *v.*
ມ່ອຍຫລັບ mɔ̀i-làp be half asleep, *v.*
ມອດ mɔ̂ɔt turn off, extinguish, *v.*
ມອດມ້ວຍ mɔ̂ɔt-mûai die, *v.*
ມອດໄຟ mɔ̂ɔt-fái turn off the light, *v.*
ມອບ mɔ̂ɔp give, hand over, *v.*
ມອບສິດ mɔ̂ɔp-sìt give the right to, *v.*
ມອບໂຕ, ມອບຕົວ mɔ̂ɔp-dtòo, mɔ̂ɔp-dtùa turn oneself in, give oneself up, surrender, *v.*
ມອບໃຫ້ mɔ̂ɔp-hâi give, hand over, transfer to, *v.*
ມອບຫມາຍ mɔ̂ɔp-mǎai assign, *v.*
ມອມ mɔ́ɔm dirty, pollute, drug, *adj., v.*
ມອມແມມ mɔ́ɔm-mém foul, messy and dirty, *adj.*
ມອມເຫລົ້າ mɔ́ɔm-lào induce to drink hard, trick someone to drink, *v.*
ເມຍ mía wife, *n.*

ເມຍນ້ອຍ mía-nɔ̂ɔi second wife, *n.*
ເມຍໃຫຍ່ mía-nyai legal wife, main wife, *n.*
ເມຍຫລວງ mía-lǔang legal wife, main wife, *n.*
ມ້ຽນ mîan arrange, tidy up, put away, *v.*
ມ້ຽນເຄື່ອງ mîan-kuang put things away, *v.*
ມ້ຽນຄາບ mîan-kâap bury animal remains, *v.*
ມ້ຽນໄວ້ mîan-wâi put away, *v.*
ເມືອ múa go back, return, *v.*
ເມືອບ້ານ múa-bâan go back home, *v.*
ເມືອເຮືອນ múa-húan return home, *v.*
ເມື່ອ mua when, *adv., conj.*
ເມື່ອກີ້ mua-gîi just a moment ago, just now, *adv.*
ເມື່ອກ່ອນ mua-gɔ̀ɔn former time, *n.*
ເມື່ອໃດ mua-dǎi when?, *adv.*
ເມື່ອໃດກໍຕາມ mua-dǎi-gɔɔ-dtàam whenever, *adv.*
ເມື່ອຕະກີ້ mua-dta-gîi just now, *adv.*
ເມື່ອວານນີ້ mua-wáan-nìi yesterday, *n., adv.*
ເມື່ອໄວໆມານີ້ mua-wái-wái-máa-nìi lately, *adv.*
ເມືອກ muak slimy, humid, *adv.*

ເມືອງ múang city, town, country, n.
ເມືອງໄທ múang-tái Thailand, n.
ເມືອງນອກ múang-nôok foreign country, n.
ເມືອງຜີ múang-pĭi spirit world, hell, n.
ເມືອງຝຣັ່ງ múang-fa-lang France, n.
ເມືອງລາວ múang-láao Laos, n.
ເມືອງຫລວງ múang-lŭang capital, Luangprabang City, n.
ເມືອງອຸດສາຫະກຳ múang-ut-săa-ha-gàm industrial city, n.
ເມືອງເອກ múang-èek capital city, n.
ເມືອງຮ້ອນ múang-hôon tropical country, n.
ເມືອຍ muai tired, exhausted, adj.
ມົວ múa dim, unclear, adj.
ມົວຕາ múa-dtàa see indistinctly or unclearly, v.
ມົວເມົາ múa-máo drunk, be addicted to, adj.
ມົວໝອງ múa-mŏong blurred, stained, guilty, adj.
ມ່ວງ muang purple, adj., n.
ມ່ວງ muang mango, n.
ມວຍ múai box, boxing, v., n.
ມວຍປ້ຳ múai-bpâm wrestling, n.
ມ່ວນ muan happy, having fun, adj.
ມ່ວນຊື່ນ muan-sùun happy, n.
ມ້ວນ mûan coil, roll, v.
ໄມ mái mile, n.
ໄມຕີ mái-dtìi friendship, n.
ໄມຕີຈິດ mái-dtìi-jit friendship, n.
ໄມ້ mâi tree, wood, n.
ໄມ້ກະດານ mâi-ga-dàan plank, board, n.
ໄມ້ກະດ້າມ mâi-ga-dâam spatula, n.
ໄມ້ກັນ mâi-gàn vowel ($\overset{+}{x}$), n.
ໄມ້ກົງ mâi-gòng vowel ($\overset{+}{x}$), n.
ໄມ້ກວາດ mâi-gwàat broom, n.
ໄມ້ຂີດໄຟ mâi-kìit-fái match, n.
ໄມ້ຄ້ຳ mâi-kâm wooden support, n.
ໄມ້ຄ່ອນ mâi-kôon a piece of wood, n.
ໄມ້ຄ່ອນເທົ້າ mâi-kôon-tâo cane, walking stick, n.
ໄມ້ຄວັດຫູ mâi-kwat-hŭu ear pick, n.
ໄມ້ສັກ mâi-săk teak, n.
ໄມ້ສາວ mâi-sàao fruit picking stick, n.
ໄມ້ແສ້ mâi-sèɛ whip, stick, n.
ໄມ້ຈັດຕະວາ mâi-jàt-dta-wáa tone mark ($\overset{+}{x}$), n.
ໄມ້ດ້າມ mâi-dâam spatula, handle, n.
ໄມ້ດິບ mâi-dìp green wood, n.
ໄມ້ໂດກ mâi-dòok rotten, crumbling wood, n.
ໄມ້ຕີ mâi-dtìi tone mark (x), n.

ໄມ້ຕີກອງ mâi-dtìi-gɔ̀ɔng drumstick, n.
ໄມ້ຄູ່ mâi-kuu chopsticks, n.
ໄມ້ໂທ mâi-tóo tone mark (x̂), n.
ໄມ້ເທົ້າ mâi-tao cane, crutch, n.
ໄມ້ບັນທັດ mâi-bàn-tat ruler, stick, n.
ໄມ້ປີ້ງ mâi-bpîng roasting stick, n.
ໄມ້ແປ້ນ mâi-bpɛ̂n lumber, n.
ໄມ້ໄຜ່ mâi-pai bamboo, n.
ໄມ້ຜັນສຽງ mâi-pǎn-sǐang tone mark, n.
ໄມ້ພາຍ mâi-páai oar, paddle, n.
ໄມ້ແມັດ mâi-mɛt yard stick, n.
ໄມ້ເອກ mâi-èek tone mark (x̀), n.
ໄມ້ອໍ້ mâi-ɔ̂ɔ kind of reed, n.
ເມົາ máo drunk, adj.
ເມົາຢືນ máo-nyón airsick, adj.
ເມົາຝິ່ນ máo-fin opium-intoxicated, adj.
ເມົາຢາ máo-yàa drugged, adj.
ເມົາລົດ máo-lot get car sick, v.
ເມົາເຫຼົ້າ máo-lào be drunk, v.

ຢ

ຢ yɔ̀ɔ the twenty-first consonant of the Lao alphabet (mid consonant), n.
ຢາ yàa medicine, drug, tobacco, pill, remedy, n.
ຢາຂ້າເຊື້ອໂລກ yàa-kàa-sûa-lôok germicide, disinfectant, n.
ຢາຂ້າແມງໄມ້ yàa-kàa-mɛɛng-mâi insecticide, n.
ຢາສະເນ່ yàa-sa-nee love potion, n.
ຢາສະຫຼົບ yàa-sa-lǒp anesthetic, n.
ຢາສີຟັນ yàa-sǐi-fán toothpaste, n.
ຢາສູບ yàa-sùup tobacco, cigarette, n.
ຢາເສບຕິດ yàa-sèep-dtit narcotic, drug, dope, n.
ຢາດັບກິ່ນ yàa-dǎp-gin deodorant, n.
ຢາດົມ yàa-dòm inhalant, n.
ຢາຕີໄອ yàa-dìi-ài cough medicine, n.
ຢາຖ່າຍ yàa-taai laxative, n.
ຢານອນຫຼັບ yàa-nɔ́ɔn-lǎp sleeping pill or medicine, n.
ຢານວດ yàa-nûat ointment, n.
ຢາເບື່ອ yàa-bua poison, n.
ຢາຜັດແຂ້ວ yàa-pàt-kɛ̀o toothpaste, n.
ຢາຝິ່ນ yàa-fin opium, n.
ຢາຢາງ yàa-yàang opium poppy, n.
ຢາມີແຮງ yàa-míi-hɛɛng vitamin, n.
ຢາລະງັບຄວາມຮູ້ສຶກ yàa-la-ngap-kwáam-hûu-sǔk anesthetic, n.
ຢາຮາກໄມ້ yàa-hàak-mâi herbs, medicinal root, n.
ຢ່າ yaa don't, stop, v.
ຢາກ yàak want, would like, v.
ຢາກເຂົ້າ yàak-kào be hungry, v.

ຢາກໄດ້ yàak-dâi want, desire, v.

ຢາກນອນ yàak-nóɔn be sleepy, v.

ຢາກນ້ຳ yàak-nâam be thirsty, v.

ຢາກຮູ້ yàak-hûu want to know, be curious, v.

ຢາກຮູ້ຢາກເຫັນ yàak-hûu-yàak-hěn be curious, v.

ຢາງ yàang rubber, n.

ຢາງກາວ yàang-gàao glue, n.

ຢາງແຕກ yàang-dtɛ̀ɛk flat tire, n.

ຢາງຕີນລົດ yàang-dtìin-lot tire, n.

ຢາງປູທາງ yàang-bpùu-táang road asphalt, n.

ຢາງລົບ yàang-lup eraser, rubber, n.

ຢ່າງ yaang sort, kind, type, category, suffix forming an adverb -ly, n., sfx.

ຢ່າງເຄີຍ yaang-kə́əi as usual, adv.

ຢ່າງດຽວ yaang-diao of the same kind, one thing, n.

ຢ່າງໃດ yaang-dài how?, what kind?

ຢ່າງນ້ອຍ yaang-nɔ̌i at least, adv.

ຢ້າງ yâang roast, grill, barbecue, v.

ຢ້າງອັນໄຟ yâang-kwán-fái smoke, grill, v.

ຢາຍ yàai distribute, allot, v.

ຢາດ yàat drip, drop, v.

ຢາດນ້ຳ yàat-nâam ceremony of dripping water on the ground, water drop, n.

ຢາດນ້ຳຄ້າງ yàat-nâam-kâang dewdrop, n.

ຢາດຝົນ yàat-fǒn raindrop, n.

ຢາດເຫື່ອ yàat-hɨ̀a perspiration, sweat, n.

ຢ້ານ yâan be afraid, scared, frightened, v.

ຢາມ yàam visit, pay a visit, v.

ຢາວ yâao house, Yao tribe, n.

ຢິບ yíp take between the fingers, pinch, pick, v.

ຢິບເອົາ yíp-ào seize, pick, n.

ຢິວ yíu Jew, n.

ຢືນ yɨ́ɨn stand, v.

ຢືນກົງ yɨ́ɨn-gòng stand up straight, v.

ຢືນຂື້ນ yɨ́ɨn-kɨ̂n stand up, v.

ຢືນຍາມ yɨ́ɨn-nyáam stand watch, stand on guard, v.

ຢືນຢັນ yɨ́ɨn-yàn assure, confirm, attest, v.

ຢືນອ້ອມ yɨ́ɨn-ɔ̂ɔm stand around, v.

ຢືມ yɨ̀ɨm borrow, v.

ຢຸດ yut stop, pause, cease, v.

ຢຸດການ yut-gàan stop work, v.

ຢຸດພັກ yut-pak rest, have a break, v.

ຢຸດຢູ່ yut-yuu stop, rest, stay still, v.

ຢຸດຢັ້ງ yut-yâng stop temporarily, suppress, v.

ຢຸດຢ່ອນ yut-yɔ̀n stop, v.

ຍຸບ yŭp grasp, seize, v.
ຍຸບມື yŭp-múu seize the hand, v.
ຢູ່ yuu stay, be, v.
ຢູ່ກັບ yuu-gǎp stay with, v.
ຢູ່ໄກ້ yuu-gâi be near, v.
ຢູ່ໄກ yuu-gài be far away, v.
ຢູ່ກຳ yuu-gàm carry one's living behavior in certain ways after childbirth (for the mother), v.
ຢູ່ໃສ yuu-sǎi where?, adv.
ຢູ່ເທິງ yuu-tőng upstairs, above, on, adv., prep.
ຢູ່ນີ້ yuu-nîi here, adv.
ຢູ່ໃນ yuu-nái inside, in, adv., prep.
ຢູ່ນຳ yuu-nám live with, v.
ຢູ່ບ້ານ yuu-bâan be at home, v.
ຢູ່ພີ້ yuu-pîi overhere, adv.
ຢູ່ພຸ້ນ yuu-pûn overthere, adv.
ຢູ່ເຮືອນ yuu-húan be at home, v.
ໂຍດ yòot drip down, v.
ໂຍບ yòop jump, take long steps, v.
ເຢັນ yen cool, cold, calm, adj.
ເຢັນດີ yen-dǐi nice and cool, adj.
ເຢັນໃຈ yen-jài be at ease, v.
ຢອກ yɔ̀ɔk joke, tease, v.
ຢອກກັນ yɔ̀ɔk-gàn have fun, tease each other, v.
ຢອກຫລິ້ນ yɔ̀ɔk-lîn play, tease, v.
ຢອງ yɔ̀ɔng put on top of, v.
ຢອງທັບກັນ yɔ̀ɔng-tap-gàn stack, v.
ຢ່ອງ yong walk stealthily, walk on tiptoe, v.
ຢ່ອງເບົາ yong-bào burglarize, v.
ຢ່ອງຢໍ້ yong-yɔ̌ stand on tiptoe, v.
ຢອດ yɔ̀ɔt drop, thin, v., adj.
ຢອດນ້ຳມັນ yɔ̀ɔt-nâm-mán lubricate, v.
ຢ່ອນ yon relax, loosen, v.
ຢ່ອນຄາຍ yon-káai relax, v.
ຢ່ອນໃຈ yon-jài relax, v.
ຢ່ອນລົງ yon-lóng hang down, v.
ຢ່ອນອາລົມ yon-àa-lóm relax, v.
ຢວງ yuang metal hoop, n.
ຢວງອານມ້າ yuang-àan-mâa stirrup, n.
ຢັ່ງ yang measure depth, try, v.
ຢັ່ງນ້ຳ yang-nâam measure depth of water, v.
ຢຽດ yìat stretch out (body), v.
ຢຽບ yìap step on, run over, v.
ຢຽບຍ່ຳ yìap-nyam trample, oppress, v.
ຢ້ຽມ yîam visit, peek at, call on, v.
ຢ້ຽມຢາມ yîam-yàam visit, call on, v.
ຢ້ຽມຢາມມອງ yîam-yîam-móong-móong look around occasionally, snoop, look sneakily in, v.

ລ

ລ ລໍໍ the twenty-second consonant of the Lao alphabet (low consonant), *n.*

ລະ la abandon, forsake, omit, abstain, *v.*

ລະ la each, one, single, by, *adj., prep.*

ລະກາ la-gàa chicken, Year of the Chicken, *n.*

ລະກຳ la-gàm suffering, sadness, hardship, *n.*

ລະຄັງ la-káng bell, *n.*

ລະຄອນ la-kɔ́ɔn play, theater, *n.*

ລະຄອນສັດ la-kɔ́ɔn-sǎt circus, *n.*

ລະຄອນໂສກ la-kɔ́ɔn-sòok tragedy, *n.*

ລະຄອນຕະຫລົກ la-kɔ́ɔn-dta-lǒk comedy, *n.*

ລະງັບ la-ngap abolish, calm, suppress, hold back, restrain, *v.*

ລະຈາກ la-jàak abstain from, *v.*

ລະຍະ la-nya period, interval, distance, space, *n.*

ລະຍະທາງ la-nya-táang distance, *n.*

ລະຍະເວລາ la-nya-wée-láa a period of time, *n.*

ລະດັບ la-dǎp level, stage, grade, altitude, *n.*

ລະດັບສຽງ la-dǎp-sǐang pitch, tone, *n.*

ລະດັບນ້ຳທະເລ la-dǎp-nâam-ta-lée sea level, *n.*

ລະດົມ la-dòm persuade, *v.*

ລະດົມຍິງ la-dòm-nyíng fire upon, *v.*

ລະດົມພົນ la-dòm-pón mobilize forces, *v.*

ລະດູ la-dùu season, female period, *n.*

ລະດູໃບໄມ້ປົງ la-dùu-bài-mâi-bpong spring, *n.*

ລະດູໃບໄມ້ລົ່ນ la-dùu-bài-mâi-lon autumn, fall, *n.*

ລະດູຝົນ la-dùu-fǒn rainy season, *n.*

ລະດູແລ້ງ la-dùu-lɛ́ɛng dry season, *n.*

ລະດູໜາວ la-dùu-nǎao winter, *n.*

ລະດູຮ້ອນ la-dùu-hɔ́ɔn summer, *n.*

ລະນຶກ la-nuk recall, think of, recollect, *v.*

ລະນາດ la-nâat xylophone, *n.*

ລະບາຍ la-bàai ventilate, let off, *v.*

ລະບາຍນ້ຳ la-bàai-nâam drain water, *v.*

ລະບາດ la-bàat spread, *v.*

ລະເບີດ la-bɔ̀ɔt explode, *v.*

ລະບົບ la-bǒp system, *n.*

ລະບຸ la-bǔ tell, name, specify, *v.*

ລະບຸຊື່ la-bǔ-suu identify, mention by name, *v.*

ລະບຽງ la-bìang porch, balcony, *n.*

ລະບຽບ la-bìap in order, regulations, *n.*

ລະບຽບວິໄນ la-bìap-wi-nái discipline,

code of conduct, regulations, *n.*
ລະບຳ la-bàm dance, *n.*
ລະບອບ la-bɔ̀ɔp regime, ruling system, *n.*
ລະເມີ la-mə́ə talk in one's sleep, *v.*
ລະມັ່ງ la-mang antler, *n.*
ລະມັດລະວັງ la-mat-la-wáng careful, alert, *adj.*
ລະມຸນ la-mún tender, soft, *adj.*
ລະລາຍ la-láai dissolve, melt, *v.*
ລະລຶກ la-luk remember, souvenir, *v.*, *adj.*
ລະວັງ la-wáng watch out!, pay attention, careful, *v.*, *adj.*
ລະແວງ la-wɛ́ɛng suspect, doubt, *v.*
ລະຫວ່າງ la-waang between, *prep.*
ລະຫວ່າງຊາດ la-waang-sâat international, *adj.*
ລະຫວ່າງປະເທດ la-waang-bpa-têet international, *adj.*
ລະອາຍ la-àai ashamed, shy, *adj.*
ລະອຽດ la-ìat elaborate, detailed, fine, powdered, *adj.*
ລາ láa goodbye, take one's leave, say goodbye, *n.*, *v.*
ລາ láa donkey, *n.*
ລາກ່ອນ láa-gɔɔn goodbye, *n.*
ລາຄາ láa-káa price, cost, *n.*
ລາຄາຂາຍ láa-káa-kăai sale price, *n.*

ລາຄາຂາຍສົ່ງ láa-káa-kăai-song wholesale price, *n.*
ລາຄາຂາຍຍ່ອຍ láa-káa-kăai-nyɔ́i retail price, *n.*
ລາຄາຊື້ láa-káa-suu purchase price, *n.*
ລາຄາຕະຫຼາດ láa-káa-dta-làat market price, *n.*
ລາງວັນ láang-wán reward, prize, *n.*
ລາອອກ láa-ɔ̀ɔk resign, *v.*
ລ່າ lâa hunt, *v.*
ລ່າສັດ lâa-săt hunt, *v.*
ລ່າສຸດ lâa-sut the latest, *adj.*
ລ້າສະໄໝ lâa-sa-măi out of date, *adj.*
ລ້າໆ lâa-lâa free, plain, *adj.*
ລາກ lâak drag, pull, tow, haul, *v.*
ລາກແກ່ lâak-gɛ̀ɛ drag, pull, *v.*
ລາງ láang rail, track, omen, some, *n*, *adj.*
ລາງຄົນ láang-kón some people, somebody, *pron.*
ລາງເທື່ອ láang-tua sometimes, *adv.*
ລາງແນວ láang-nɛ́ɛo some kind, *n.*
ລາງບ່ອນ láang-bon somewhere, *adv.*
ລາງພວກ láang-pûak some groups, *pron.*
ລາງຢ່າງ láang-yaang something, *pron.*

ລາງລົດໄຟ láang-lot-fái railroad, n.
ລ້າງ láang wash, clean, wipe out, v.
ລ້າງແຄ້ນ láang-kêen revenge, avenge, get even, retaliate, v.
ລ້າງບາບ láang-bàap baptize, v.
ລ້າງຮູບ láang-húup develop a photograph, v.
ລາຍ láai stripe, pattern, n.
ລາຍການ láai-gàan program, item, menu, agenda, list, n.
ລາຍການປະຊຸມ láai-gàan-bpa-súm proceedings, meeting agenda, n.
ລາຍງານ láai-ngáan report, v., n.
ລາຍຈ່າຍ láai-jàai expenses, n.
ລາຍຊື່ láai-sʉ̀ʉ list, n.
ລາຍເຊັນ láai-sén signature, n.
ລາຍໄດ້ láai-dâi income, revenue, n.
ລາຍຕາ láai-dtàa dazzling, dizzy, adj.
ລາດ lâat pave, spread, v.
ລາດຍາງ lâat-yaang pave asphalt, v.
ລານເຂົ້າ láan-kào rice threshing floor, n.
ລານໂມງ láan-móong watch spring, n.
ລາບ lâap minced meat dish (seasoned with Lao ingredients), n.
ລ້ານ lâan million, bald, n., adj.
ລາມ láam spread (fire), v.
ລ່າມ lâam bind, tie up, interpreter, v., n.

ລ່າມໂສ້ lâam-sòo chain, v.
ລາວ láao Laos, he, she, n., pron.
ລັກ lak steal, v.
ລັກລອບມາ lak-lɔ̂ɔp-máa smuggle in, v.
ລັກໜີ lak-nǐi sneak away, escape, v.
ລັກເອົາ lak-ào steal, v.
ລັກເຮັດ lak-het do secretely, v.
ລັງກຽດ láng-gìat detest, abhor, hate, dislike, mind, v.
ລັງເລ láng-lée be uncertain, hesitate, v.
ລັດ lat cut short, take a short cut, v.
ລັດ lat state, n.
ລັດຖະສະພາ lat-ta-sa-páa parliament, n.
ລັດຖະທຳມະນູນ lat-ta-tám-ma-núun constitution, n.
ລັດຖະບານ lat-ta-bàan government, n.
ລັດຖະປະຫານ lat-ta-bpa-hǎan coup d'etat, n.
ລັດຖະມົນຕີ lat-ta-món-dtìi minister, n.
ລັດຖະມົນຕີຊ່ວຍວ່າການ lat-ta-món-dtìi-suai-waa-gàan deputy minister, n.
ລັດທາງ lat-táang take a short cut, v.
ລັດທິ lat-ti ideology, doctrine, n.
ລັດທິຄອມມິວນິດ lat-ti-kɔ́m-miu-nit communism, n.
ລັດທິຈັກກະພັດນິຍົມ lat-ti-jak-ga-pat-ni-nyóm imperialism, n.

ລັດປ່າ lat-bpàa walk through the wood, v.

ລັ່ນ lan sound, click, rumble, crack, v.

ລັ່ນໄກ lan-gai pull the trigger, v.

ລັ່ນປືນ lan-bpùun shoot a gun, v.

ລັບ lap receive, sharpen, n.

ລັບແຂວງ lap-kèek receive guests, v.

ລັບຈ້າງ lap-jâang be employed, v.

ລັບສາລະພາບ lap-sǎa-la-pâap confess, v.

ລັບສິນບົນ lap-sǐn-bòn take a bribe, v.

ລັບຜິດຊອບ lap-pit-sɔ̂ɔp take responsibility, v.

ລີ້ líi hide, take refuge, flee, v.

ລີ້ຊ່ອນ líi-sɔ̂n hide, v.

ລີ້ໄພ líi-pái take refuge, v.

ລີງ líing monkey, n.

ລິດ lit liter, n.

ລີ້ນ líin tongue, n.

ລີ້ນຊັກ líin-sak drawer, n.

ລີ້ນປີ່ líin-bpii reed (of a pipe), n.

ລຶ້ງ lúng be accustomed to, v.

ລຶ້ງເຄີຍ lúng-kɤ́ɤi be acquainted with, v.

ລື່ນ lɯ̂ɯn skid (car), slide, slippery, v.

ລືມ lɯ́ɯm forget, v.

ລືມຕົວ lɯ́ɯm-dtua forget oneself, day dream, be absent-minded, v.

ລຶບ lup erase, rub, v.

ລຸລູກ lu-lûuk have a miscarriage, v.

ລຸກ luk get up, arise, v.

ລຸກຂຶ້ນ luk-kɯ̂n stand up, v.

ລຸກແຕ່ເຊົ້າ luk-dtɛɛ-sâo get up early, v.

ລຸກລາມ luk-láam invade, spread over, v.

ລຸງລັງ lúng-láng messy, untidy, adj.

ລຸຍ lúi wade through, v.

ລຸນ lún last, late coming, adj.

ລຸນຫຼັງ lún-lǎng after, prep., adj.

ລຸ່ມ lum under, below, downstairs, prep., adv.

ລູກ lûuk child, baby, n.

ລູກກະແຈ lûuk-ga-jɛ̀ɛ key, n.

ລູກກົກ lûuk-gǒk oldest child, n.

ລູກໄກ່ lûuk-gai chick, n.

ລູກກຳພ້າ lûuk-gam-pâa orphan, n.

ລູກຂັ້ນໄດ lûuk-kàn-dài stair, step, n.

ລູກເຂີຍ lûuk-kɤ̌ɤi son-in-law, n.

ລູກຄ້າ lûuk-kâa customer, n.

ລູກຄິດ lûuk-kit abacus, n.

ລູກເຄິ່ງ lûuk-kəng half blood, Eurasian, half-breed, n.

ລູກສາວ lûuk-sǎao daughter, n.

ລູກສິດ lûuk-sit student, pupil, n.

ລູກສູບ lûuk-sùup piston, n.

ລູກສອນ lûuk-sɔ̌ɔn arrow, n.

ລູກເສືອ lûuk-sɯ̌a boy scout, n.

ລູກຊາຍ lûuk-sáai son, n.

ລູກຊິ້ນ lûuk-sîn meatball, n.
ລູກສອດ lûuk-sɔ̀ɔt half-breed, n.
ລູກຕະເເຕກ lûuk-dtɛ̀ɛk hand grenade, bomb, n.
ລູກຕະເເຕກປາລະມະນູ lûuk-dtɛ̀ɛk-bpàa-la-ma-núu atomic bomb, n.
ລູກນ້ອງ luuk-nɔ́ɔng subordinate, follower, n.
ລູກບ້ານ lûuk-bâan villagers, n.
ລູກປືນ lûuk-bpùun bullet, n.
ລູກຝາເເຝດ lûuk-făa-fɛ̀ɛt twin, n.
ລູກໄພ້ lûuk-pâi daughter-in-law, n.
ລູກໄມ້ lûuk-mâi lace, bamboo shoot, fruity, tricks, n.
ລູກລະເບີດ lûuk-la-bə̀ət bomb, grenade, n.
ລູກຫລ້າ lûuk-làa youngest child, n.
ລູກອ້າຍລູກນ້ອງ lûuk-âai-lûuk-nɔ́ɔng cousins, n.
ລູງ lúung uncle, n.
ລູບ lûup touch gently, pat, fondle, v.
ເລຂາ lée-kǎa secretary, n.
ເລຂານຸການ lée-kǎa-nu-gàan secretary, n.
ເລຫລັງ lée-lǎng auction, buy at an auction, on sales, v., adv.
ເລກົນ lée-gòn trick, artifice, n.
ເລກ lêek number, mathematics, numeral, figure, n.
ເລກະນິດ lêek-ka-nit arithmetic, n.
ເລກຄູນ lêek-kúun multiplication, n.
ເລກສູນ lêek-sǔun zero, n.
ເລກສົມ lêek-sǒm addition, n.
ເລກທີ lêek-tii numeral, number of..., adj., n.
ເລກລົບ lêek-lop substraction, n.
ເລກຫານ leek-hǎan division, n.
ເລັບ lep nail, claw, hoof, n.
ເລັບຕີນ lep-dtiin toenail, n.
ເລັບມື lep-múu fingernail, n.
ເລວ léeo bad, evil, adj.
ເເລະ lɛ and, conj.
ເເລກ lêek exchange, change, swap, v.
ເເລກປ່ຽນ lêek-bpìan exchange, v.
ເເລງ lɛ́ɛng evening, n.
ເເລ່ນ lɛn run, operate, v.
ເເລ່ນຫນີ lɛn-nǐi run away, escape, v.
ເເລ້ງ lɛ̂ɛng dry, a shortage of, become scarce, adj., v.
ເເລ້ວ lɛ́ɛo finished, already, then, adj., adv.
ລົກ lok placenta, afterbirth, n.
ລົກໄກ່ lok-gai chicken coop, n.
ລົງ lóng p, go down, descend, decrease, put down, set, embark, v.
ລົງຄະເເນນສຽງ lóng-ka-nɛ́ɛn-sǐang

ລົງວ່ອມ lóng-kăn contribute money, v.
ລົງຄ້ອຍ lóng-kɔ̀ɔi go down slope, descend, v.
ລົງຄວາມເຫັນ lóng-kwáam-hĕn give an opinion, v.
ລົງເງິນ lóng-ngón bet money, v.
ລົງຊື່ lóng-sɯɯ sign one's name, v.
ລົງທະບຽນ lóng-ta-bìan register, enroll, v.
ລົງທ້າຍ lóng-tâai end, finish, v.
ລົງໂທດ lóng-tôot punish, v.
ລົງໄປ lóng-bpài descend, go down, v.
ລົງພຸງ lóng-púng be pot-bellied, v.
ລົງມາ lóng-máa come down, v.
ລົງມື lóng-mɯɯ begin working, v.
ລົງເຮືອ lóng-húa leave port, embark, v.
ລົດ lot car, cart, vehicle, n.
ລົດ lot reduce, recede, lower, shorten, decrease, v.
ລົນ lón expose to flame, be in a big hurry, v.
ລົນຄວັນ lón-kwán smoked, adj.
ລົນໄຟ lón-fái expose to fire, v.
ລົບ lop erase, minus, v., n.
ລົມ lóm air, wind, talk, chat, n., v.
ລົມກັນ lóm-gàn talk, discuss, chat, v.
ລົມບ່າວ lóm-baao flirt with a boy, v.
ລົມຜູ້ສາວ lóm-puu-săao flirt with a girl, v.

ລົມຝົນ lóm-fŏn wind and rain, rain storm, n.
ລົມພາຍຸ lóm-páa-nyu storm, n.
ລົມອ່ອນ lóm-ɔɔn breeze, n.
ລົ້ມ lôm fall down, fall, topple, v.
ລົ້ມລະລາຍ lôm-la-láai go bankrupt, v.
ໂລເລ lóo-lée unreliable, hesitant, v.
ໂລຫະ lóo-hǎ metal, n.
ໂລ່ lôo flow out, shield, v., n.
ໂລກ lôok world, earth, n.
ໂລງ lóong coffin, casket, n.
ໂລດ lôot immediately, freely, adv.
ໂລບ lôop greedy, covetous, adj.
ເລາະ lɔ wander, walk around, go around, v.
ເລາະຫຼິ້ນ lɔ-lîn walk for pleasure, v.
ລໍ lɔɔ wait for, v.
ລໍຖ້າ lɔɔ-tàa wait for, v.
ລໍ້ lɔ̂ɔ tempt, tease, banter, wheel, v., n.
ລໍ້ຝ້າຍ lɔ̂ɔ-fâai card cotton, v., n.
ລໍ້ລວງ lɔ̂ɔ-lúang deceive, v.
ລໍ້ຫຼິ້ນ lɔ̂ɔ-lîn joke, tease, v.
ລອກ lɔ̂ɔk peel, copy, imitate, v.
ລອກແບບ lɔ̂ɔk-bèɛp copy, imitate, v.
ລອງ lɔ́ɔng try, test, have a taste of, v.
ລອງເຄື່ອງນຸ່ງ lɔ́ɔng-kɯ̂ang-nung try on (clothing), v.

ລອງໃຈ lóong-jài test, test one's feeling, v.

ລອງເທົ້າ lóong-táo socks, stockings, n.

ລອງບື່ງ lóong-bəng try, try to see, v.

ລ່ອງ lɔ̀ong float, go down stream, v.

ລ່ອງແພ lɔ̀ong-pée float raft, v.

ລອຍ lɔ́oi swim, float, soar, v.

ລອຍກະໂທງ lɔ́oi-ga-tóong ceremony of floating boats away, floating festival, n.

ລອຍນ້ຳ lɔ́oi-nâam swim, v.

ລອດ lɔ̂ot pass through, go under, v.

ລອດຕາຍ lɔ̂ot-dtàai survive, v.

ລອບຄອບ lɔ̂op-kɔ̂op careful, cautious, adj.

ລ້ອມ lɔ́om surround, besiege, v.

ລ້ອມຮົ້ວ lɔ́om-húa fence in, v.

ເລິກ lək deep, profound, adj.

ເລິກລັບ lək-lap mysterious, secret, adj.

ເລີກ lə̂ək roll up, stop, cancel, finish, v.

ເລີກການ lə̂ək-gàan finish work, v.

ເລີຍ lə́əi beyond, pass by, pass beyond, at all, prep., v., part.

ເລີດ lə̂ət excellent, superb, perfect, adj.

ເລຍ lə́əi lick, v.

ລ້ຽງ líang put in order, arrange, v.

ລ້ຽງ líang feed, give a feast, v.

ລ້ຽງສັດ líang-sǎt breed animals, v.

ລ້ຽງສົ່ງ líang-song give a farewell party, v.

ລ້ຽງຊີບ líang-sîip earn a living, support oneself, v.

ລຽນ lían line up, v.

ລຽນແຖວ lían-tɛ̌ɛo put in line, v.

ລ້ຽວ líao turn, v.

ເລືອ lúa creep, crawl, v.

ເລືອຄານ lua-káan reptile, v., n.

ເລືອກ lûak select, choose, elect, v.

ເລືອກຕັ້ງ lûak-dtâng election, n.

ເລືອຍ luai saw, v., n.

ເລືອຍໆ luai-luai now and then, adv.

ເລືອດ lûat blood, n.

ເລືອດກ້ອນ lûat-kûn blood clot, n.

ເລືອດອອກ lûat-ɔ̀ɔk bleed, v.

ເລື່ອນ luan postpone, slide, slip, glide, be promoted, v.

ເລື່ອນລອຍ luan-lóoi drift, be absent-minded, v.

ລວກ lûak soft boil, parboil, blanch, v.

ລວງ lúang deceive, lure, entice, v.

ລວງກວ້າງ lúang-gwâang width, n.

ລວງຂວາງ lúang-kwǎang horizontal, adj.

ລວງສູງ lúang-sǔung height, n.

ລວງຕັ້ງ lúang-dtâng vertical, adj.

ລວງນອນ lúang-nɔ́ɔn horizontal, *adj.*
ລ່ວງ luang offend, go beyond, *v.*
ລ່ວງກະເປົ໋າ luang-ga-bpao pick pocket, *v.*
ລ່ວງກຶນ luang-gə̀ən take advantage of, be rude, *v.*
ລ່ວງເຂດ luang-kèet trespass, *v.*
ລ່ວງລັບ luang-lap pass away, *v.*
ລ່ວງເລີຍ luang-ləəi go over, be past, *v.*
ລ່ວງໜ້າ luang-nàa in advance, *adv.*
ລວຍ lúai rich, *adj.*
ລວດ lùat wire, *n.*
ລວດລາຍ lùat-láai design, pattern, handiwork, talent, *n.*
ລວດໜາມ lùat-năam barbed wire, *n.*
ໄລ lái latch, *n.*
ໄລຍະ lái-nya distance, period, *n.*
ໄລຍະທາງ lái-nya-táang distance, *n.*
ໄລ່ lai chase, drive, pursue, *v.*
ໄລ່ຕາມ lai-dtàam pursue, follow, *v.*
ໄລ່ທັນ lai-tán over take, catch up, *v.*
ໄລ່ເລກ lai-lêek calculate, *v.*
ໄລ່ອອກ lai-ɔ̀ɔk expel, dismiss, exile, *v.*
ໄລ່ອອກການ lai-ɔ̀ɔk-gàan dismiss, discharge, *v.*
ເລົ້າ láo tube, reed, *n.*
ເລົ້າກີງ láo-kíing body, *n.*
ເລົ້າບັ້ງໄຟ láo-bâng-fái rocket tube, *n.*
ເລົ້າປືນ láo-bpɨɨn gun barrel, *n.*
ເລົ່າ lao tell, recite, *v.*
ເລົ່າເລື່ອງ lao-luang narrate, tell, *v.*
ເລົ້າ lâo barn, *n.*
ເລົ້າໄກ່ lâo-gai chicken coop, *n.*
ເລົ້າເຂົ້າ lâo-kào barn, *n.*
ລຳ lám folksong, trunk, dance, *n., v.*
ລຳດັບ lám-dắp sequence, order, *n.*
ລຳຕົ້ນ lám-dtôn stem, stalk, trunk, *n.*
ລຳຄານ lám-káan annoyed, disturbed, *adj.*
ລຳນ້ຳ lám-nâam water way, current, *n.*
ລຳບາກ lám-bàak difficulty, hardship, *n.*
ລຳໂພງ lám-póong loudspeaker, *n.*
ລຳວົງ lám-wóng Lao circle dance, Ramwong dance, *n.*
ລຳອຽງ lám-ìang be partial, be unfair, *v.*

ວ

ວ wɔ́ɔ the twenty-third consonant of the Lao alphabet (low consonant), *n.*
ວັງ wáng palace, royal residence, *n.*
ວັດ wat wat, temple, monastery, *n.*
ວັດຄຸມພໍ່ wat-kúm-pɔɔ church, *n.*
ວັດຖຸ wat-tǔ material, article, object, *n.*

ວັດແຫກ wat-têek measure, take measurements, v.

ວັນ wán day, n.

ວັນເກີດ wán-gə̀ət birthday, n.

ວັນຈັນ wán-jàn Monday, n.

ວັນສິນ wán-sìn Buddhist holy day, n.

ວັນສຸກ wán-sǔk Friday, n.

ວັນສະຫລອງ wán-sa-lɔ̌ɔng anniversary, day of celebration, n.

ວັນເສົາ wán-sǎo Saturday, n.

ວັນຊາດ wán-sâat National Day, n.

ວັນທີ wán-tíi date, n.

ວັນນະຄະດີ wán-na-ka-dìi literature, n.

ວັນນະໂລກ wán-na-lôok tuberculosis, n.

ວັນພະຫັດ wán-pa-hǎt Thursday, n.

ວັນພັກ wán-pak day off, vacation, n.

ວັນພັກການ wán-pak-gàan holiday, vacation, n.

ວັນພຸດ wán-put Wednesday, n.

ວັນເພັງ wán-péng full moon day, n.

ວັນລະລຶກ wán-la-lɯk memorial day, n.

ວັນນຶ່ງ wán-nɯng one day, n.

ວັນອາທິດ wán-àa-tit Sunday, n.

ວັນອັງຄານ wán-àng-káan Tuesday, n.

ວາ wáa linear measurement equivalent to two meters, n.

ວາແຂນອອກ wáa-kɛ̌ɛn-ɔ̀ɔk extend the arms, v.

ວາຈາ wáa-jàa word, speech, n.

ວ່າ waa say, remark, speak, reproach, v.

ວ່າ waa ...that, so that, conj.

ວ່າການ waa-gàan administer, v.

ວາງ wáang put down, lay down, set, v.

ວາງໂຄງການ wáang-kóong-gàan plan a project, v.

ວາງໃຈ wáang-jài trust, rely on, v.

ວ່າງ waang free, vacant, be at leisure, adj.

ວານນີ້ wáan-níi yesterday, n.

ວ່າວ waao kite, n.

ວິເສດ wi-sèet exceptional, wonderful, adj.

ວິຊາ wi-sáa subject, knowledge, n.

ວິຊາການ wi-sáa-gàan technology, expertise, n.

ວິຊາຄູ wi-sáa-kúu pedagogy, n.

ວິດ wit toilet, n.

ວິທະຍຸ wi-ta-nyu radio, n.

ວິທີ wi-tíi method, ways, means, n.

ວິໄນ wi-nái discipline, rules, regimen, n.

ວິນາທີ wi-náa-tíi second (of time), n.

ວິທະຍາສາດ wi-ta-nyáa-sàat science, n.

ວິທະຍາໄລ wi-ta-nyáa-lái college, n.

ວິນ wín be dizzy, v.

ວິນຍານ wín-nyáan spirit, soul, n.

ວິນຫົວ wín-hǔa be dizzy, v.
ວີ wǐi fan, n., v.
ວຸ້ນວາຍ wûn-wáai riot, fuss, trouble, disturb, v.
ເວັ້ນ wên avoid, except, v.
ເວັ້ນຈາກ wên-jàak abstain from, except, exempt, v.
ເວັ້ນແຕ່ wên-dtɛɛ except, prep.
ເວັ້ນໄວ້ wên-wâi except, leave blank, skip, v.
ເວທີ wée-tǐi stage, platform, n.
ເວທີມວຍ wée-tǐi-múai boxing ring, n.
ເວລາ wée-láa time, n.
ເວລາກາງຄືນ wée-láa-gàang-kúun night time, n.
ເວລາກາງເວັນ wée-láa-gàang-wén daytime, n.
ເວລາຄ່ຳ wée-láa-kam night time, n.
ເວລາເຊົ້າ wée-láa-sâo morning, n.
ເວລາໃດ wée-láa-dǎi when?, adv.
ເວລາທ່ຽງ wée-láa-tiang noon, n.
ເວລາທ່ຽງຄືນ wée-láa-tiang-kúun midnight, n.
ເວລາບ່າຍ wée-láa-baai afternoon, n.
ເວລາວ່າງ wée-láa-waang leisure, free time, n.
ເວນກຳ wéen-gàm fate, karma, n.

ແວະ wɛ drop by, drop in, rest, stop briefly, v.
ແວ່ wɛɛ stop on route, v.
ແວ່ນ wɛn mirror, n.
ແວ່ນຂະຫຍາຍ wɛn-ka-nyǎai magnifying glass, n.
ແວ່ນສ່ອງ wɛn-sɔng lens, mirror, n.
ແວ່ນແຍງ wɛn-nyɛɛng mirror, n.
ແວ່ນຕາ wɛn-dtàa eye glasses, n.
ແວ່ນ (ຕາ) ກັນແດດ wɛn-(dtàa)-gàn-dɛɛt sun glasses, n.
ແວວ wɛɛo talent, gift, n.
ວົງ wóng circle, round, band, n.
ວົງກົມ wóng-gòm circle, n.
ວົງດົນຕີ wóng-dòn-dtǐi musical band, n.
ວົງມົນ wóng-món circle, n.
ວົງເລັບ wóng-lep parentheses, brackets, n.
ວົນ wón revolve, go in circle, v.
ວົນຫາ wón-hǎa beseech, v.
ວ້ໍ wɔɔ rabid, adj.
ວອດວາຍ wɔɔt-wáai ruin, disappear, v.
ເວີນ wən whirlpool, n.
ວຽກ wîak work, n.
ວຽກການ wîak-gàan function, occupation, work, n.
ໄວ wái quick, adj.

ໄວຍະກອນ wái-nya-gɔ̀ɔn grammar, n.
ໄວໄຟ wái-fái inflammable, adj.
ໄວ້ໃຈ wâi-jài trust, v.
ໄວ້ທຸກ wâi-tuk wear clothes of mourning, v.
ໄວ້ເນື້ອເຊື່ອໃຈ wâi-nɯ́a-sɯ̀a-jài trustworthy, n.
ໄວ້ວາງໃຈ wâi-wáang-jài confide in, v.
ໄວ້ໜ້າ wâi-nàa save face, v.
ໄວ້ອາໄລ wâi-àa-lái mourn, miss, v.
ເວົ້າ wâo talk, speak, v.
ເວົ້າເກີນຄວາມຈິງ wâo-gə̀ən-kwáam-jíng exaggerate, v.
ເວົ້າຂວັນ wâo-kwǎn gossip, v.
ເວົ້າຄືນ wâo-kɯ́ɯn repeat, v.
ເວົ້າໄດ້ຄ່ອງດັ່ງແກ້ວ wâo-dâi-kong-gɛ̀ɔ speak fluently, v.
ເວົ້າຊ້າໆ wâo-sâa-sâa speak slowly, v.
ເວົ້າຊ້ຳ wâo-sâm repeat, v.
ເວົ້າຍ້ອງ wâo-nyɔ̂ɔng praise, v.
ເວົ້າຕະຫຼົກ wâo-dta-lǒk tell a joke, v.
ເວົ້າຕາມ wâo-dtàam repeat, v.
ເວົ້າຕົວະ wâo-dtùa tell a lie, v.
ເວົ້າຫຼາຍ wâo-lǎai talkative, adj.
ເວົ້າຫຼິ້ນ wâo-lîn joking, kidding, adj.

ຫ

ຫ hɔ̌ɔ the twenty-fourth consonant of the Lao alphabet (high consonant), n.
ຫາ hǎa find, look for, search for, v.
ຫາກິນ hǎa-gìn earn a living, v.
ຫາກໍ່ hǎa-gɔ̀ɔ just, just now, adj.
ຫາຄວາມ hǎa-kwáam charge, incriminate, v.
ຫາເງິນ hǎa-ngə́n make money, earn a living, v.
ຫາສຽງ hǎa-sìang canvass, campaign for election, v.
ຫາຍາກ hǎa-nyâak rare, adj.
ຫາມາໄດ້ hǎa-máa-dâi acquire, v.
ຫາລື hǎa-lɯ́ consult with, discuss, v.
ຫາໃຫ້ hǎa-hài provide, v.
ຫ່າ haa widespread, epidemic, n.
ຫ່າຝົນ haa-fǒn shower of rain, n.
ຫ້າ hàa five, nm.
ຫ້າສິບ hàa-sìp fifty, nm.
ຫ້າຮ້ອຍ hàa-hɔ̂ɔi five hundred, nm.
ຫາກວ່າ hàak-waa if, conj.
ຫາງ hǎang tail, tail end, n.
ຫາງສຽງ hǎang-sìang tone of voice, n.
ຫາງເສືອ hǎang-sɯ̌a rudder, n.
ຫາງຕາ hǎang-dtàa corner of the eye, n.

ຫາງເຄົ້າ hăang-dtao hair at the nape, of the reek, *n.*

ຫາງເປຍ hăang-bpìa pigtail, *n.*

ຫ່າງ haang distant, far, far off, *adj.*

ຫ່າງໄກ haang-gài far away, far off, *adj.*

ຫ່າງຈາກ haang-jàak far from, *adj.*

ຫ່າງເຫີນ haang-hə̆ən grow estranged, be distant, go apart, *v.*

ຫ້າງ hàang store, temporary shed, firm, business, commercial establishment, *n.*

ຫ້າງປືນ hàang-bpùun load a gun, *v.*

ຫ້າງໄວ້ hàang-wâi prepare, *v.*

ຫ້າງແຮ້ວ hàang-hɛ́ɛo set a trap, *v.*

ຫາຍ hăai be lost, be missing, disappear, *v.*

ຫາຍກັນ hăai-gàn get even, be quits, *v.*

ຫາຍເຈັບ hăai-jèp recover from illness, get well, *v.*

ຫາຍໃຈ hăai-jài breathe, *v.*

ຫາຍໃຈເຂົ້າ hăai-jài-kào inhale, *v.*

ຫາຍໃຈຍາວ hăai-jài-nyáao breathe deeply, *v.*

ຫາຍໃຈຍາກ hăai-jài-nyâak breathe with difficulty, *v.*

ຫາຍໃຈອອກ hăai-jài-ɔ̀ɔk exhale, *v.*

ຫາຍໂຕ hăai-dtoo vanish, disappear, *v.*

ຫາຍໄປ hăai-bpài be missing, be gone, *v.*

ຫາຍພະຍາດ hăai-pa-nyâat be cured, get well, *v.*

ຫາດ hàat sand-bank, beach, *n.*

ຫາດຊາຍທະເລ hàat-sáai-ta-lée sea shore, beach, *n.*

ຫາດຊາຍ hàat-sáai beach, *n.*

ຫານ hăan divide, be divided, brave, *v., adj.*

ຫ່ານ haan goose, *n.*

ຫ່ານຜູ້ haan-pùu gander, *n.*

ຫາບ hàap carry two loads suspended from the ends of pole across the shoulders, *v.*

ຫາບ hàap unit of measurment (approx. 60 kg), *n.*

ຫາມ hăam carry on shoulder pole, *v.*

ຫ້າມ hàam forbid, prohibit, warn, stop, inhibit, *v.*

ຫ້າມເຂົ້າ hàam-kào no admittance, no entry

ຫ້າມສູບຢາ hàam-sùup-yàa no smoking

ຫ້າມປະກັນ hàam-bpa-gàn grant no bail, *v.*

ຫ້າມປາມ hàam-bpàam prevent, keep from, stop, *v.*

ຫ້າມຢ້ຽມ hàam-yîam no visitors allowed

ຫ້າມປຽບຫຍ້າ hàam-yìap-nyàa keep off the grass, v.

ຫ້າມຜະເລັງ hàam-fa-léng brake, v.

ຫ້າມເລືອດ hàam-lŭat stop the flow of blood, v.

ຫາວ hăao yawn, be sleepy, v.

ຫາວນອນ hăao-nóon yawn, be sleepy, v.

ຫ້າວ hàao bold, reckless, daring, adj.

ຫິມະ hi-ma snow, n.

ຫິງຫ້ອຍ hing-hòi firefly, n.

ຫິ້ງ hìng shelf, n.

ຫິດ hìt scabies, n.

ຫິວ hĭu hungry, adj.

ຫິວເຂົ້າ hĭu-kào hungry, adj.

ຫິວນອນ hĭu-nóon sleepy, adj.

ຫິວນ້ຳ hĭu-nâam thirsty, adj.

ຫີ້ວ hìu carry (suspended from the hand), v.

ຫີ້ວໄດ້ hìu-dâi portable, adj.

ຫີນ hĭin stone, n.

ຫີນຊາຍ hĭin-sáai sand, n.

ຫີນປູນ hĭin-bpùun limestone, n.

ຫີນຜາ hĭin-pàa rocks, n.

ຫີນລັບມີດ hĭin-lap-mîit whetstone, n.

ຫີນແຮ່ hĭin-hɛɛ gravel, n.

ຫີບ hìip box, suitcase, casket, chest, trunk, n.

ຫີບຄົນຕາຍ hìip-kón-dtàai coffin, n.

ຫີບຈີ້ hìip-jìa carton cardboard, n.

ຫີບສຽງ hìip-sĭang phonograph, n.

ຫີບປ່ອນບັດ hìip-bpɔn-bát ballot box, n.

ຫີບໜັງ hìip-năng leather suitcase, n.

ຫຶດ hùt asthma, n.

ຫຸງ hŭung steam, cook, boil, v.

ຫຸ້ນສ່ວນ hùn-suan partnership, n.

ຫຸບ hùp close, snap up, shut, v.

ຫຸ້ມ hùm wrap up, cover, v.

ຫຸ້ມເກາະ hùm-gɔ̆ armor-clad, adj.

ຫູ hŭu ear, eyelet, loop, handle, n.

ຫູຜ້າກັ້ງ hŭu-pàa-gâng curtain ring, n.

ຫູມຸ້ງ hŭu-mûng mosquito net ring, n.

ຫູໜວກ hŭu-nùak deaf, adj.

ຫູໜອງ hŭu-nɔ̆ong ear infection, n.

ຫູດ hùut kafir lime, n.

ຫູບ hùup spoon up, suck in, v.

ຫູບແກງ hùup-gɛɛng spoon up soup, slup, v.

ເຫັດ hét mushroom, fungus, n.

ເຫັດໂຄນ hét-kóon white mushroom, n.

ເຫັດແສງ hét-sɛ̆ɛng poisonous mushroom, n.

ເຫັດປວກ hét-bpùak white-ant mushroom, n.

ເຫັດເຜິ້ງ hét-pɤng large yellow mush-

room, n.
ເຫັດເຟືອງ hět-fúang white mushroom, n.
ເຫັດເພາະ hět-pɔ̌ puffball, n.
ເຫັນ hěn see, behold, catch sight of, v.
ເຫັນກັບຕາ hěn-gǎp-dtàa see with one's own eyes, v.
ເຫັນແກ່ hěn-gɛɛ think for the sake of, out of consideration, v., adv.
ເຫັນແກ່ຊາດ hěn-gɛɛ-sâat patriotic, adj.
ເຫັນແກ່ໄດ້ hěn-gɛɛ-dâi think only of profit, selfish, v., adj.
ເຫັນແກ່ຕົວ hěn-gɛɛ-dtùa selfish, adj.
ເຫັນແກ່ໜ້າ hěn-gɛɛ-nàa out of consideration for th face of, v.
ເຫັນຄຸນ hěn-kún be thankful, v.
ເຫັນຈະ hěn-ja seem, v.
ເຫັນຈະແຈ້ງ hěn-ja-jɛ̂ɛng evident, obvious, vivid, adj.
ເຫັນໃຈ hěn-jài sympathetic, sympathize with, adj., v.
ເຫັນດີ hěn-dìi agree, v.
ເຫັນດີນຳ hěn-dìi-nám agree, concur, v.
ເຫັນຕ່າງ hěn-dtaang dissent, disagree, v.
ເຫັນວ່າ hěn-waa I think that...
ເຫັນອົກເຫັນໃຈ hěn-ǒk-hěn-jài sympathize, v.
ເຫັບ hèp tick, hailstones, hail, n.
ເຫດການ hèet-gàan event, situation, adj.
ເຫດໃດ hèet-dǎi why, for what reason, adv.
ເຫວ hěeo cliff, abyss, chasm, n.
ແຫ hɛɛ fishnet, cast net, n.
ແຫ່ hɛ̀ɛ procession, parade, go in a procession, n., v.
ແຫ່ຂະບວນ hɛ̀ɛ-ka-bùan procession, n.
ແຫ່ຕາມ hɛ̀ɛ-dtàam crowd after, v.
ແຫ່ຜາສາດ hɛ̀ɛ-pǎa-sàat procession of religious images, n.
ແຫກ hɛ̀ɛk break, part, tear, v.
ແຫກຄຸກ hɛ̀ɛk-kúk break out of jail, v.
ແຫ່ງນຶ່ງ hɛ̀ng-nung one place, certain place, n.
ແຫ້ງ hɛ̂ɛng dry, parched, adj.
ແຫັມ hěm chew, gnaw, v.
ແຫບ hɛ̀ɛp hoarse (voice), adj.
ແຫບຄໍ hɛ̀ɛp-kɔ́ɔ hoarse, husky, adj.
ແຫມ hèm scorched, burned, adj.
ແຫມແດດ hèm-dɛ̀ɛt sunburned, adj.
ແຫມໄຟ hèm-fái burnt, fire-browned, adj.
ຫົກ hǒk six, nm.
ຫົກສິບ hǒk-sìp sixty, nm.
ຫົກຮ້ອຍ hǒk-hɔ̂ɔi six hundred, nm.
ຫົກລ່ຽມ hǒk-liam hexagon, n.
ຫົງ hǒng swan, n.
ຫົດ hǒt shrink, contract, draw back, v.

ຫົດສວນ hŏt-sŭan water the garden, *v.*

ຫົດນ້ຳ hŏt-nâam sprinkle with water, *v.*

ຫົນ hŏn recoil, back off, *v.*

ຫົນທາງ hŏn-táang way, *n.*

ຫົນຫວຍ hŏn-hŭai anxious, uneasy, uncomfortable, *adj.*

ຫົນຫຼັງ hŏn-lăng move back, reverse, *v.*

ຫົ່ມ hom cover (with a blanket), enclose, wrap, *v.*

ຫົ່ມຜ້າ hom-pâa cover with a cloth, *v.*

ໂຫຍ hoo hunt, *v.*

ໂຫຍເນື້ອ hoo-nûa hunt, *v.*

ຫອະ hɔ̌ fly, *v.*

ຫໍສະໝຸດ hɔ̌ɔ-sa-mǔt library, *n.*

ຫໍຜີ hɔ̌ɔ-pĭi spirit house, *n.*

ຫໍ່ hɔ̀ɔ wrap up, bundle, parcel, package, *v., n.*

ຫອກ hɔ̀ɔk spear, *n.*

ຫ້ອງ hɔ̂ng room, chamber, *n.*

ຫ້ອງການ hɔ̂ng-gàan office, *n.*

ຫ້ອງກິນເຂົ້າ hɔ̂ng-gĭn-kào dining room, *n.*

ຫ້ອງເກັບຂອງ hɔ̂ng-gĕp-kɔ̌ɔng store room, *n.*

ຫ້ອງຄົນເຈັບ hɔ̂ng-kón-jĕp patient room, *n.*

ຫ້ອງແຕ່ງຕົວ hɔ̂ng-dtɛ̀ng-dtŭa dressing room, *n.*

ຫ້ອງໃຕ້ດິນ hɔ̂ng-dtâi-dĭn cellar, basement, *n.*

ຫ້ອງນອນ hɔ̂ng-nɔ́ɔn bedroom, *n.*

ຫ້ອງນ້ຳ hɔ̂ng-nâam bathroom, toilet, *n.*

ຫ້ອງປະຊຸມ hɔ̂ng-bpa-súm conference room, *n.*

ຫ້ອງເປົ່າ hɔ̂ng-bpao empty room, *n.*

ຫ້ອງຜ່າຕັດ hɔ̂ng-paa-dtăt hospital operating room, *n.*

ຫ້ອງພັກ hɔ̂ng-pak waiting room, *n.*

ຫ້ອງຮັບແຂກ hɔ̂ng-hap-kɛ̀ɛk living room, *n.*

ຫ້ອງຮຽນ hɔ̂ng-hían classroom, *n.*

ຫອຍ hɔ̌i shell, shellfish, *n.*

ຫອຍແຄງ hɔ̌i-kɛ́ɛng cockle, *n.*

ຫອຍສັງ hɔ̌i-săng conch shell, *n.*

ຫອຍນາງລົມ hɔ̌i-náang-lóm oyster, *n.*

ຫ້ອຍ hɔ̂i hang, suspend, *v.*

ຫອນ hɔ̌ɔn crest, comb, *n.*

ຫອນໄກ່ hɔ̌ɔn-gai cock's comb, *n.*

ຫອນເງືອກ hɔ̌ɔn-ngṹak crest of a mermaid, *n.*

ຫອບ hɔ̀ɔp gasp for breath, carry in the arms, *v.*

ຫອບໜຶ່ງ hɔ̀ɔp-nŭng an armful, *n.*

ຫອບເອົາ hɔ̀ɔp-ào bring from, carry in the arms, *v.*

ຫອມ hɔ̌ɔm good smell, perfume, smell, n., v.

ຫິງ hěng long time, n., adv.

ຫິງນານ hěng-náan a long time, n.

ຫຽວແຫ້ງ hiao-hèng parch, wither, dry, parched, v., adj.

ເຫື່ອ hua sweat, n.

ຫົວ hǔa head, laughter, laugh, n., v.

ຫົວກະທິ hǔa-ga-ti the best of the lot, the genius, n.

ຫົວຂວັນ hǔa-kwǎn laugh at, mock, v.

ຫົວແຂງ hǔa-kěng stubborn, adj.

ຫົວເຂົ່າ hǔa-kào knee, n.

ຫົວຄິດ hǔa-kit idea, thought, n.

ຫົວຄ່ຳ hǔa-kam early evening, n.

ຫົວໃຈ hǔa-jai heart, n.

ຫົວສະໝອງ hǔa-sa-mɔ̌ɔng brain, n.

ຫົວເສຍ hǔa-sǐa perturbed, annoyed, disturbed, adj.

ຫົວຊາ hǔa-sáa take care of, care, v.

ຫົວຍິ້ມ hǔa-nyím smile, v.

ຫົວນົມ hǔa-nóm nipple, n.

ຫົວຜັກທຽມ hǔa-pǎk-tíam garlic, n.

ຫົວຜັກບົ່ວ hǔa-pǎk-bua onion, n.

ຫົວເຜືອກ hǔa-pùak taro, n.

ຫົວລະ hǔa-la per head, adv.

ຫົວລ້ານ hǔa-làan bald, adj.

ຫົວລ້ຽວຫົວຕໍ່ hǔa-lìao-hǔa-dtɔɔ turning point, n., adv.

ຫົວງອກ hǔa-ngɔ̀ɔk gray hair, n.

ຫົວຫຍຸ້ງ hǔa-nyùng unkept hair, n.

ຫົວໜ້າ hǔa-nàa chief, boss, n.

ຫົວໜ້າຄອບຄົວ hǔa-nàa-kɔ̂ɔp-kúa head of family, n.

ຫົວໂລ້ນ hǔa-lôon shaved head, n.

ຫົວແຫວນ hǔa-wɛ̌ɛn setting of a ring, n.

ຫົວຮຸນແຮງ hǔa-hún-héeng radical, adj.

ຫວງ hǔang monopolise, v.

ຫ່ວງ huang anxious for, worry, adj., v.

ຫວຍ hǔai lottery, n.

ຫ້ວຍ hùai stream, creek, n.

ຫວດເຂົ້າ hùat-kào bamboo basket for steaming rice, n.

ຫວນກັບ hǔan-gǎp turn back, v.

ຫວນຫາ hǔan-hǎa long for, remember, recall, v.

ຫັກ hǎk break, v.

ຫັກພັງ hǎk-páng damaged, broken, adj.

ຫັກແຮ້ hǎk-hɛ̂ɛ armpit, n.

ຫັດ hǎt practice, train, v.

ຫັນ hǎn turn, v.

ຫັ້ນເດ hàn-děe there, right there!, adv.

ໃຫ້ hài give, present, v.

ໃຫ້ກຽດເເກ່ hài-giàt-gɛ̀ɛ honor someone, v.

ໃຫ້ສິນບົນ hài-sĭn-bŏn bribe, v.

ໃຫ້ເຊົ່າ hài-sào rent (to), v.

ໃຫ້ທັນເວລາ hài-tán-wée-láa be on time, v.

ໃຫ້ຜົນ hài-pŏn produce, result, yield fruit, v.

ໃຫ້ພອນ hài-pɔ́ɔn bless, give blessing, v.

ໃຫ້ຢືມ hài-yùɯm lend, loan, v.

ໃຫ້ລາງວັນ hài-láang-wán reward, give reward, v.

ໃຫ້ໄວທີ່ສຸດທີ່ຈະໄວໄດ້ hài-wái-tii-sŭt-tii-ja-wái-dâi as soon as possible, adv.

ໃຫ້ອາໄພ hài-àa-pái forgive, v.

ໃຫ້ຮູ້ hài-hûu inform, notify, v.

ໄຫ hăi jar, pot, n.

ໄຫ້ hài cry, v.

ເຫົາ hăo head lice, louse, n.

ເຫົ່າ hao bark (dogs), v.

ຫຳໄປ່ງ ham-bpòong hernia (on male genital), n.

ງາຍ ngáai turn face up, v.

ງາຍຂຶ້ນ ngáai-kɯ̂n turn face up, v.

ງາຍທ້ອງ ngáai-tɔ́ɔng lie supine, v.

ແງງ ngɛ́ɛn lift up one's head, v.

ແງງຄຳ ngɛ́ɛn-kɔ́ɔ look up, v.

ແງງເບິ່ງ ngɛ́ɛn-bəng look up and see, v.

ງອກ ngɔ̀ɔk grey hair, n.

ເງົາ ngăo lonely, adj.

ເງົາໃຈ ngăo-jăi lonesome, lonely, adj.

ເງົານອນ ngăo-nɔ́ɔn be sleepy, yawn, v.

ເງົາຫງອຍ ngăo-ngɔ̆i gloomy, depressed, adj.

ເງົ້າ ngào stump or foot of a tree, root, n.

ເງົ້າ ngào source, heritage, root, n.

ເງືອກ ngɯ̂ak gums (in the mouth), n.

ເງັນ ngɛ́n civet cat, n.

ຫຍະ nyă not smooth, uneven, adj.

ຫຍັງ nyăng what?

ຫຍັບ nyăp move, v.

ຫຍັບເຂົ້າ nyăp-kào move closer, v.

ຫຍ້າ nyâa grass, n.

ຫຍ້າຄາ nyâa-káa cogon grass, n.

ຫຍ້າຢຸບຢອບ nyâa-nyŭp-nyɔ̂ɔp the sensitive plant, n.

ຫຍາບ nyâap tough, rough, rude, adj.

ຫຍາບຊ້າ nyâap-sâa rude, uncouth, adj.

ຫຍິບ nyĭp sew, v.

ຫຍຸ້ງ nyûng confused, difficult, adj.

ຫຍຸ້ງໃຈ nyûng-jăi anxious, adj.

ຫຍຸ້ງຍາກ nyùng-nyâak be in trouble, adj.

ຫຍຸ້ງວຽກ nyùng-wîak very busy, adj.

ແຫຍ່ nyɛɛ insert, prod, poke, v.

ແຫຍ່ເຂົ້າ nyɛɛ-kào put into, v.

ແຫຍ່ເຂັມ nyɛɛ-kěm thread a needle, v.

ຫຍໍ້ nyɔ́ɔ abbreviate, shorten, v.

ຫຍໍ້ຄວາມ nyɔ́ɔ-kwáam abridge contents, summarize, v.

ຫຍໍ້ຫຍັນ nyɔ́ɔ-nyán jeer, mock, v.

ເຫຍື່ອ nyʉ̄a bait, victim, n.

ເຫຍື້ອ nyʉ̂a trash, remainder, rubbish, n.

ໃຫຍ່ nyai big, large, adj.

ໃຫຍ່ໂຕ nyai-dtoo huge, powerful, large, adj.

ໃຫຍ່ຫຼວງ nyai-lǔang enormous, grand, adj.

ຫຍ້ຳ nyàm chew, masticate, v.

ຫຍອງ nyɔ́ɔng curly, adj.

ຫຍ່ອນ nyɔ̄n slacken, hang down, v.

ຫຍ່ອນໃຈ nyɔ̄n-jài relax, v.

ໜັກ nǎk heavy, difficult, adj.

ໜັກໃຈ nǎk-jài worried, troubled, heavy hearted, adj.

ໜັກແໜ້ນ nǎk-nɛ̂n steady, firm, adj.

ໜັງ nǎng skin, leather, n.

ໜັງສັດ nǎng-sǎt leather, n.

ໜັງສື nǎng-sʉ̌ʉ letter, book, document, n.

ໜັງສືຄູ່ມື nǎng-sʉ̌ʉ-kuu-mʉ́ʉ guide book, manual, n.

ໜັງສືສັນຍາ nǎng-sʉ̌ʉ-sǎn-nyáa lease, contract, n.

ໜັງສືເດີນທາງ nǎng-sʉ̌ʉ-dəən-táang passport, travel document, n.

ໜັງສືນຳທ່ຽວ nǎng-sʉ̌ʉ-nám-tiao guide book, n.

ໜັງສືຜ່ານແດນ nǎng-sʉ̌ʉ-paan-dɛ̀ɛn passport, n.

ໜັງສືພິມ nǎng-sʉ̌ʉ-pím newspaper, n.

ໜັງສືວຽນ nǎng-sʉ̌ʉ-wían circular, bulletin, n.

ໜັງສືຮັບຮອງ nǎng-sʉ̌ʉ-hap-hɔ́ɔng certificate, n.

ໜັງຕາ nǎng-dtaa eyelid, n.

ໜັງໜຽວ nǎng-nǐao invulnerable, adj.

ໜາ nǎa thick, adj.

ໜາຂຶ້ນ nǎa-kʉ̀n thicken, v.

ໜາແໜ້ນ nǎa-nɛ̂n dense, compact, adj.

ໜ້າ nàa worth doing something, pfx.

ໜ້າ nàa face, front, page, season, n.

ໜ້າກາກ nàa-gàak mask, n.

ໜ້າກົວ nàa-gùa fearful, frightening, adj.

ໜ້າກ້ຽງ nàa-gîang smooth, without

shame, adj.

ໜ້າກຽດ nàa-gìat distasteful, ugly, adj.

ໜ້າຂຶມ nàa-kǔm taciturn, impassive, serious, adj.

ໜ້າໂຂນ nàa-kǒon face mask for drama, n.

ໜ້າເຂົ້າຜ້າ nàa-kào-fâa facial skin blemish, melasma, n.

ໜ້າກິນ nàa-gìn appetizing, tasty-looking, adj.

ໜ້າເຄົາລົບ nàa-káo-lop venerable, respectful, adj.

ໜ້າເຄັ່ງ nàa-kɛng tense, taciturn, serious, adj.

ໜ້າເຄັ່ງຄຽດ nàa-kɛng shin, n.

ໜ້າຈິດ nàa-jùut dull-looking, plain-looking, adv.

ໜ້າຈັບໃຈ nàa-jǎp-jài touching, affecting, attractive, impressive, adj.

ໜ້າເສຍດາຍ nàa-sǐa-dàai regretable, what a pity!, adj.

ໜ້າເສົ້າ nàa-sào sad-looking, adj.

ໜ້າສົງສານ nàa-sǒng-sǎan pitiful, adj.

ໜ້າສົມເພດ nàa-sǒm-pêet sorry-looking, pitiable, pitiful, adj.

ໜ້າເສຍ nàa-sǐa emotionless, fearless, losing face, adj.

ໜ້າຊຶດ nàa-sîit pale (looking), adj.

ໜ້າຊົມເຊີຍ nàa-sóm-sə́əi admirable, adj.

ໜ້າດິນ nàa-dìn surface of the ground, n.

ໜ້າດ້ານ nàa-dâan shameless, adj.

ໜ້າຕາ nàa-dtàa features, look, face, characteristics, n.

ໜ້າຕ່າງ nàa-dtaang window, n.

ໜ້າຕື່ນ nàa-dtɯɯn frightened, adj.

ໜ້າຕັ້ງ nàa-dtâng vertically, adv.

ໜ້າທະນູ nàa-ta-núu arrow, n.

ໜ້າທີ່ການ nàa-tii-gàan duty, function, n.

ໜ້າທີ່ມີກຽດ nàa-tii-míi-gìat an honorable task, n.

ໜ້ານັບຖື nàa-nap-tɯ̌ɯ worthy of respect, adj.

ໜ້າເນື້ອໃຈເສືອ nàa-nɯ́a-jài-sɯ̌a a wolf in sheep's clothing, n.

ໜ້າບາງ nàa-bàang shy, modest, adj.

ໜ້າບູດ nàa-bùut sulky, frown, pouty, adj.

ໜ້າເບື່ອ nàa-bɯa boring, adj.

ໜ້າຜາ nàa-pǎa cliff, n.

ໜ້າຜາຊັນ nàa-pǎa-sán face of a precipice, n.

ໜ້າຜາກ nàa-pàak forehead, n.

ໜ້າຝົນ nàa-fǒn rainy season, n.

ໜ້າພຽງ nàa-píang surface, flat sur-

ໜ້າຟັງ naa-fáng worth listening to, *adj.*

ໜ້າມ້າ nàa-mâa horse-faced, *adj.*

ໜ້າມືນ naa-mún bold, shameless, *adj.*

ໜ້າມຶດ naa-mùut losing self-control, dizzy, *adj.*

ໜ້າລະອາຍ naa-la-àai shameful, *adj.*

ໜ້າລັງກຽດ naa-láng-gìat offensive, detestful, *adj.*

ໜ້າແລ້ງ naa-lɛɛng dry season, *n.*

ໜ້າຫັກ naa-hǎk face with a broken nose, *n.*

ໜ້າຫ່ຽວ naa-hiao wrinkled face, *n.*

ໜ້າໜາ naa-nǎa shameless, bold, *adj.*

ໜ້າໜ້ອງ naa-nɔ́ɔng poisoned arrow, *n.*

ໜ້າໜ່າຍ naa-naai ugly, disgraceful, boring, *adj.*

ໜ້າໜາວ naa-nǎao cold season, *n.*

ໜ້າໝາ naa-mǎa dog face (derogatory), *n.*

ໜ້າໝ່ອງ naa-mɔɔng sad face, *n.*

ໜ້າອາຍ naa-àai ashamed, shameful, *adj.*

ໜ້າອົກ naa-ǒk chest (body), *n.*

ໜ້າອັກສະຈັນ naa-ǎt-sa-jǎn amazing, marvelous, wonderful, *adj.*

ໜ້າອຶດອັດ naa-ǔt-ǎt disquieting, uneasiness, *adj.*

ໜ້າອ່ານ naa-àan worth reading, *adj.*

ໜ້າຮັກ naa-hak lovely, cute, *adj.*

ໜ້າຮ້າຍ naa-hâai evil (face), *adj.*

ໜ້າຮ້ອນ naa-hɔɔn hot season, *n.*

ໜ່າຍ naai disgusting, tiring, boring, *adj.*

ໜາມຜັກ nǎan-pǎk vegetable garden, *n.*

ໜາມ nǎam thorn, splinter, *n.*

ໜາວ nǎao cold (temperature), *adj.*

ໜາວໄຂ້ naao-kài chills and fever, *n.*

ໜີ nii escape, flee, leave, stay away, *v.*

ໜີຈາກ nii-jàak go away from, *v.*

ໜີຕາມຜູ້ບ່າວ nii-dtàam-puu-baao elope, marry secretly, run off with a man, *v.*

ໜີບໍ່ພົ້ນ nii-bɔɔ-pôn fail to escape, *v.*

ໜີພົ້ນ nii-pôn escape from danger, *v.*

ໜີ້ nii debt, *n.*

ໜີ້ສີນ nii-sǐn financial debt, *n.*

ໜີ້ບຸນຄຸນ nii-bùn-kún owe favor, *v.*

ໜີບ niip press, squeeze, *v.*

ໜີ້ວ niu bladder inflamation, gallstone, *n.*

ໜຶ່ງ nung one, *nm.*

ໜຸ່ມ num young, youth, man, *adj., n.*

ໜູ nǔu mouse, rat, rodent, *n.*

ເໜັ່ງ neng move, stir, *v.*

ເໜັ່ງຕິງ nèng-dtiing move, *v.*

ເໜັບ nèp jab, put between, *v.*

ເໜັບເຂົ້າ nèp-kào put in, *v.*

ເໝັບໃສ່ nĕp-sai insert, v.
ເໝັບຊາ nĕp-sáa beri-beri, numbness, n.
ແໝງ nɛ́ɛng twig, small branch, n.
ແໝງໜ່າຍ nɛ́ɛng-naai disgusted, tired of, adj.
ແໝັ້ນ nɛ̂n tight, adj.
ແໝບ nɛ̀ɛp bar spring, tweezers, n.
ແໝມ nɛ̌ɛm pickled pork dish, n.
ໜໍ່ nɔɔ shoot, sprout, n.
ໜໍ່ກ້ວຍ nɔɔ-gûai banana shoot, n.
ໜໍ່ໄມ້ nɔɔ-mâi bamboo shoot, n.
ໜໍ່ໄມ້ຝະຣັ່ງ nɔɔ-mâi-fa-lang asparagus, n.
ໜອງ nɔ̌ɔng lake, pond, pus, n.
ໜອງໃນ nɔ̌ɔng-nái gonorrhea, n.
ໜ້ອຍ nɔ̂i little, adj., adv.
ໜ້ອຍໜຶ່ງ nɔ̂i-nung a bit, a little, adv.
ໜອນ nɔ̌ɔn lavar, worm, caterpillar, n.
ໜອນບອນໃສ້ nɔ̌ɔn-bɔn-sâi traitor, n.
ເໜືອ nǔa north, n.
ໜວກ nǔak deaf, adj.
ໜວກຫູ nǔak-hǔu noisy, loud, adj.
ໜ່ວງເວລາ nuang-wée-láa pull lightly, delay, v.
ໜ່ວຍ nuai unit, unify, fruit, n.
ໜວດ nùat mustache, beard, n.
ໜວດກຸ້ງ nùat-gûng shrimp antenna, n.

ໜຽວ nǐao stickly, adj.
ໜຽງ nìang the dewlap of low's, n.
ໜຽງ niang mix together in the hand, v.
ໝັ້ນ man deligent, industrious, adj.
ໝັ້ນຮຽນ man-hían studious, adj.
ໝາ mǎa dog, n.
ໝາຈອກ mǎa-jɔ̀ɔk fox, n.
ໝາຫຢຸບ mǎa-nyǔi long-haired dog, n.
ໝານ້ອຍ mǎa-nɔ̂i puppy, n.
ໝາໃນ mǎa-nái wolf, hyena, n.
ໝາປ່າ mǎa-bpaa wolf, n.
ໝາພານ mǎa-páan hunting dog, n.
ໝາແມ່ mǎa-mɛɛ bitch, n.
ໝາວໍ້ mǎa-wɔ̂ɔ rabid dog, mad dog, n.
ໝ່າ maa soak, v.
ໝ່າເຂົ້າ maa-kào soak rice, v.
ໝາກ màak nut, fruit, n.
ໝາກກະດຸມ màak-ga-dùm button, n.
ໝາກກອກ màak-gɔ̀ɔk hogplum, n.
ໝາກກຽງ màak-gìang rose apple, n.
ໝາກກ້ຽງ màak-gîang orange, n.
ໝາກເກືອ màak-gùa ebony fruit, n.
ໝາກກ້ວຍ màak-gûai banana, n.
ໝາກຂາມ màak-kǎam tamarind, n.
ໝາກແຄ້ງ màak-kɛ̂ng hardwood tree fruit, n.
ໝາກແຄ້ງ màak-kɛ̂ng small eggplant, n.

ໝາກງາ màak-ngáa sesame, n.
ໝາກແງວ màak-ngéɛo lichi, n.
ໝາກເງາະ màak-ngɔ rambutan, n.
ໝາກຈ່າງ màak-kaang toy top, n.
ໝາກຂີ້ຫູດ màak-kìi-hùut kafir lime, n.
ໝາກຂຽບ màak-kìap custard apple, n.
ໝາກເຂືອ màak-kǔa eggplant, n.
ໝາກເຂືອຂື່ນ màak-kǔa-kʉʉn small wild eggplant, n.
ໝາກເຂືອເຄືອ màak-kǔa-kǔa cherry tomato, n.
ໝາກຈັບ màak-jǎp water chestnut, n.
ໝາກສີດາ màak-sǐi-dàa guava, n.
ໝາກສຸກໝາກໄສ màak-sǔk-màak-sǎi chicken pox (disease), n.
ໝາກສົບໄຖ màak-sǒp-tǎi plowshare, n.
ໝາກສົ້ມ màak-sòm citrus fruit, n.
ໝາກສົ້ມໂຮງ màak-sòm-hóong pomelo, kind of lemon, n.
ໝາກຍົມ màak-nyóm star gooseberry, n.
ໝາກລຳໃຍ màak-lám-nyái longan, n.
ໝາກເລັ່ນ màak-len tomato, n.
ໝາກຕານ màak-dtaam sugar palm fruit, n.
ໝາກຕູມ màak-dtùum bael fruit, n.
ໝາກແຕງ màak-dtɛɛng melon, cucumber, n.

ໝາກແຕງໂມ màak-dtɛɛng-móo watermelon, n.
ໝາກແຕງອ່ອນ màak-dtɛɛng-ɔɔn cucumber, squash, n.
ໝາກຕູ່ນ màak-dtoon large gourd, n.
ໝາກຕ້ອງ màak-dtɔ̂ng type of mangosteen, n.
ໝາກຖົ່ວ màak-tua bean, nuts, n.
ໝາກຖົ່ວຂຽວ màak-tua-kǐao green bean, n.
ໝາກຖົ່ວງອກ màak-tua-ngɔ̂ɔk bean sprout, n.
ໝາກຖົ່ວຍາວ màak-tua-nyáao snake bean, n.
ໝາກຖົ່ວດິນ màak-tua-dìn peanut, n.
ໝາກຖົ່ວແຮ່ màak-tua-hɛɛ pigeon pea, n.
ໝາກຖົ່ວລຽນ màak-tua-lían durian, n.
ໝາກທັນ màak-tán jujube, n.
ໝາກນັດ màak-nat pineapple, n.
ໝາກນາວ màak-náao lime, lemon, n.
ໝາກນ້ອຍ màak-nɔ́ɔi kind of gourd, n.
ໝາກນ້ຳ màak-nâam kind of squash, n.
ໝາກບານ màak-bàan ball, n.
ໝາກບົກ màak-bǒk type of almond, n.
ໝາກບົວ màak-bùa lotus, n.
ໝາກບວບ màak-bùap gourd, n.

ໝາກປີ màak-bpii banana flower, n.
ໝາກເຜັດ màak-pèt chilli, n.
ໝາກເຜັດແຫ້ງ màak-pèt-hèng dried chilli, n.
ໝາກຜາງ màak-pǎang marian plum, n.
ໝາກຝຣັ່ງ màak-fa-lang chewing gum, n.
ໝາກພ້າວ màak-pâao coconut, n.
ໝາກພີລາ màak-pi-láa pomegranate, n.
ໝາກພິກໄທ màak-pik-tái pepper, n.
ໝາກຟັກ màak-fak kind of pumpkin, n.
ໝາກເຟືອງ màak-fúang carambola, n.
ໝາກໄຟ màak-fái sour berry, n.
ໝາກມັງຄຸດ màak-máng-kut mangosteen, n.
ໝາກມີ້ màak-mîi jackfruit, n.
ໝາກໂມ màak-móo watermelon, n.
ໝາກມ່ວງ màak-muang mango, n.
ໝາກມ່ວງຫິມະພານ màak-muang-hi-ma-páan cashew nut, n.
ໝາກໄມ້ màak-mâi fruit, n.
ໝາກລິ້ນຈີ່ màak-lîn-jii lichi, n.
ໝາກຫົວໃຈ màak-hŭa-jài the heart, n.
ໝາກອະງຸ່ນ màak-a-ngun grape, n.
ໝາກອຶ màak-ŭ pumpkin, n.
ໝາກຮຸ່ງ màak-hung papaya, n.
ແໝງໃຈ mǎang-jài fill with spite, be on bad terms, v.

ໝາຍ mǎai mark, make a mark, v.
ໝາຍເກາະ mǎai-gɔ̌ summons, n.
ໝາຍຄົ້ນ mǎai-kôn search warrant, n.
ໝາຍຄວາມ mǎai-kwáam mean, v.
ໝາຍຄວາມວ່າ mǎai-kwáam-waa mean that.., v.
ໝາຍຈະ mǎai-jǎ expect, intend, v.
ໝາຍຈັບ mǎai-jǎp warrant of arrest, n.
ໝາຍໃຈ mǎai-jài purpose, intend, v.
ໝາຍສານ mǎai-sǎan writ, subpoena, n.
ໝາຍເຖິງ mǎai-tǒng mean, v.
ໝາຍປະກາດ mǎai-bpa-gàat notice, n.
ໝາຍເລກ mǎai-lêek number, n.
ໝາຍເຫດ mǎai-hèet remarks, notice, n.
ໝ້າຍ màai widow, n.
ໝາດ màat half-dry, n.
ໝິ່ນ min very near the edge, adj.
ໝິ່ນປະໝາດ min-bpa-màat libel, insult, v.
ໝີ mǐi bear, n.
ໝີຂາວ mǐi-kǎao polar bear, n.
ໝີດຳ mǐi-dàm black bear, n.
ໝີ່ mii egg noodle, yellow noodle, n.
ໝື່ນ muun ten thousand, insolent, bold, n., adj.
ໝື້ມ mùu gunpowder, n.
ໝູ mǔu pig, n.

ໝູປ່າ mǔu-bpàa wild boar, *n.*
ໝູ່ mūu friend, group, *n.*
ໝູ່ຄູ່ mūu-kūu friend, close friend, *n.*
ໝູ່ບ້ານ mūu-bâan village, *n.*
ໝູ່ເຮົາ mūu-háo we, *n.*
ໝູນ mǔun revolve, spin, *v.*
ໝູນກັບ mǔun-gǎp turn back, *v.*
ໝູນເງິນ mǔun-ngán speculate, circulate money, *v.*
ໝູນວຽນ mǔun-wían circulate, revolve around, *v.*
ໝຸບ mùup crouch, duck down, *v.*
ເໝັນ měn stink, *v.*
ເໝັນເນົ່າ měn-nào rotten smelling, *adj.*
ໝົກ mǒk a dish cooked in banana leaf wrapping, *n.*
ໝົກໄຟ mǒk-fái cook in ashes, *v.*
ໝົດ mǒt finish, all, altogether, *v., adv.*
ໝົດທັງມວນ mǒt-táng-múan entirely, *adv.*
ໝົດມື້ mǒt-mūu all day long, *adv.*
ໝົດແລ້ວ mǒt-lɛ́ɛo run out of, be finished, *v.*
ໝົດເວລາ mǒt-wé-láa time's up
ໝົນ mǒn grey, *adj., n.*
ເໝາະ mɔ̌ fit, suitable, *adj.*
ເໝາະສົມ mɔ̌-sǒm suitable, appropriate, *adj.*

ໝໍ mɔ̌ doctor, expert, *n.*
ໝໍແຂ້ວ mɔ̌-kɛ̂o dentist, *n.*
ໝໍດູ mɔ̌-dùu fortune-teller, *n.*
ໝໍນວດ mɔ̌-nûat masseur, masseuse, *n.*
ໝໍປະຈຳເຮືອນ mɔ̌-bpa-jǎm-húan family doctor, *n.*
ໝໍປົວສັດ mɔ̌-bpùa-sǎt veterinary, *n.*
ໝໍປົວຕາ mɔ̌-bpùa-dtáa oculist, *n.*
ໝໍຜ່າຕັດ mɔ̌-paa-dtǎt surgeon, *n.*
ໝໍພອນ mɔ̌-pɔ́ɔn reciter of prayers (in the Baci ceremony), *n.*
ໝໍຢາພື້ນເມືອງ mɔ̌-yàa-pûun-múang herb doctor, *n.*
ໝໍມໍ mɔ̌-mɔ́ɔ fortune-teller, *n.*
ໝໍລຳ mɔ̌-lám singer of Lao folksong, Mawlam singer, *n.*
ໝໍໂຫນ mɔ̌-hǒon astrologer, *n.*
ໝໍ້ mɔ̂ pot, dish, pan, *n.*
ໝໍ້ກະທະ mɔ̂-ga-ta frying pan, *n.*
ໝໍ້ກາເຟ mɔ̂-gàa-fée coffee pot, *n.*
ໝໍ້ແກງ mɔ̂-gɛ̀ɛng stew pot, *n.*
ໝໍ້ກອງ mɔ̂-gɔ̀ɔng filter, *n.*
ໝໍ້ຂາງ mɔ̂-kǎang sauce pan, *n.*
ໝໍ້ເຂົ້າ mɔ̂-kào rice pot, rice cooker, *n.*
ໝໍ້ນະລົກ mɔ̂-na-lok hell, *n.*
ໝໍ້ໄຟ mɔ̂-fái battery, *n.*
ໝໍ້ໝັ້ງ mɔ̂-nùng rice steamer, *n.*

ໝອກ mɔ̀ɔk fog, n.
ໝອງ mɔ̌ɔng sad, dim, unclear, adj.
ໝອງໃຈ mɔ̌ɔng-jài sullen, be in bad terms, v.
ໝອນ mɔ̌ɔn pillow, n.
ໝອນຂ້າງ mɔ̌ɔn-kàang bolster, side pillow, n.
ໝອບ mɔ̀ɔp crouch, v.
ເໝືອນ mǔan like, same as, adv., adj.
ເໝືອນກັນກັບ mǔan-gàn-gáp the same as, adj.
ເໝືອນກັບ mǔan-gáp similar to, adj.
ໝວກ mùak hat, n.
ໝວກແຄັບ mùak-gɛp cap, n.
ໝວກເຫຼັກ mùak-lěk helmet, n.
ໃໝ່ mai new, adj.
ໄໝ mǎi silk, fine (penalty), n., v.
ໄໝຄຳ mǎi-kám silkthread with gold, n.
ໄໝຫຍິບ mǎi-nyip thread, n.
ໄໝ້ mài burn, v.
ຫຼຽນ lǐan coin, medal, n.
ຫຼັກ lǎk pole, n.
ຫຼັກການ lǎk-gàan principle, n.
ຫຼັກສູດ lǎk-sùut curriculum, n.
ຫຼັກຊັບ lǎk-sap securities, assets, n.
ຫຼັກຖານ lǎk-tǎan evidence, n.
ຫຼັກວິຊາ lǎk-wi-sáa theory, hypothesis, n.
ຫຼັກແຫຼມ lǎk-lɛ̌ɛm intelligent, wise, n.
ຫຼັງ lǎng back, after, behind, in the back of, n., prep.
ຫຼັງໂກ່ງ lǎng-goong hunchback, n.
ຫຼັງຄາ lǎng-káa roof, n.
ຫຼັງຈາກ lǎng-jàak after, prep.
ຫຼັງຈາກນັ້ນ lǎng-jàak-nán after that..., prep.
ຫຼັງສາກ lǎng-sàak behind the screen, adv.
ຫຼັ່ງ lang pour, v.
ຫຼັ່ງໄຫຼ lang-lǎi flow in streams, pour, v.
ຫຼັບ lǎp sleep, fall asleep, v.
ຫຼັບຕາ lǎp-dtàa blink, close eyes, v.
ຫຼັບຕາຂຶ້ງ lǎp-dtàa-sáng squint in displeasure, v.
ຫຼັບໃນ lǎp-nái be absent minded, sleep (while doing something else such as driving), v.
ຫຼັບສະນິດ lǎp-sa-nìt be fast asleep, sleep deeply, v.
ຫຼາ lǎa yard (measurement), n.
ຫຼ້າສະໄໝ làa-sa-mǎi out-of-date, adj.
ຫຼ້າສຸດ làa-sut the latest, adj.
ຫຼາຍ lǎai many, a lot, plenty, much, adj.
ຫຼາຍກວ່າ lǎai-gwaa more than, adv.
ຫຼາຍໃຈ lǎai-jài uncertain, capricious, adj.

ຫລາຍເທື່ອ lăai-tʉa often, many times, adv.

ຫລາຍເຖົ່າ lăai-tao many times, adv.

ຫລາຍແນວ lăai-néeo many kinds, adv.

ຫລາຍໂພດ lăai-pôot too much, adv.

ຫລາຍໆ lăai-lăai very much, a lot, several, numerous, adv., adj.

ຫລານ lăan grandchild, n.

ຫລານເຂີຍ lăan-kə̌əi nephew-in-law, n.

ຫລານສາວ lăan-săao niece, n.

ຫລານຊາຍ lăan-sáai nephew, n.

ຫລານໃພ້ lăan-pâi niece-in-law, n.

ຫລາບ làap fear, have learned one's lesson, v.

ຫລາມ lăam roast in bamboo stalk, v.

ຫລາວ lăao lance, spear, n.

ຫລີກ lìik avoid, evade, step aside, v.

ຫລີກທາງໃຫ້ lìik-táang-hài make way for, v.

ຫລີກເວັ້ນ lìik-wên avoid, abstain, v.

ຫລີກໜີ lìik-nĭi dodge, escape, avoid, v.

ຫລີ້ນ lìn play, gamble, v.

ຫລີ້ນກົນ lìn-gòn play magic trick, v.

ຫລີ້ນສາວ lìn-săao court a girl, woo a girl, v.

ຫລີ້ນຊູ້ lìn-sûu commit adultery, court someone, v.

ຫລີ້ນບານ lìn-bàan play soccer (football), v.

ຫລີ້ນໄພ້ lìn-pâi play cards, v.

ຫລີ້ນລະຄອນ lìn-la-kɔ́ɔn perform a play, act, v.

ຫລີ້ນໝາກລີ້ lìn-màak-lîi play hide and seek, v.

ຫລື lʉ̌ʉ or, whether...or, either...or, conj.

ຫລຸລູກ lŭ-lûuk have a miscarriage, v.

ຫລຸດ lŭt undo, fall off, come off, v.

ຫລຸດພົ້ນ lŭt-pôn be free from, become free, v.

ຫລຸດມື lŭt-mʉ́ʉ drop from hands, v.

ຫລຸດລາຄາ lŭt-láa-káa lower the price, give a bargain, v.

ຫລຸດລົງ lŭt-lóng decline, reduce, describe, v.

ຫລຸດລອຍ lŭt-lɔ́ɔi float away, v.

ຫລຸດອອກ lŭt-ɔ̀ɔk slip out, come undone, v.

ຫລຸມ lŭm ditch, hole, pit, trap, n.

ເຫລັກກ້າ lĕk-gâa magnet, n.

ເຫລັກໄຂຄວາງ lĕk-kăi-kwáang screw driver, n.

ເຫລັກຕານູ lĕk-dtàa-bpùu metal nail, n.

ເຫລັກໄນ lĕk-lăi magnic stone, n.

ແຫລ lɛ̆ɛ blacken, stain, v.

ແຫລວ lɛ̌ɛo eagle, liquid, n.
ແຫລວນົກເຂົາ lɛ̌ɛo-nok-kǎo falcon, n.
ຫລົງ lǒng be mislead, misguided, forgetful, v.
ຫລົງທາງ lǒng-táang lose one's way, get lost, v.
ຫລົງລືມ lǒng-lúum forgetful, adj.
ຫລິດ lǒt an eel-like fish, n.
ຫລົບ lǒp hide, escape, avoid, dodge, v.
ຫລົບໜີ lǒp-nǐi escape, sneak away, flee, v.
ຫລົມ lǒm get muddy, stuck, v.
ຫລົ່ມ lǒm sink, turn over, fall, v.
ໂຫລ lǒo dozen, not qualified things, n.
ຫລໍ່ lɔ̀ɔ cast metal, v.
ຫລອກ lɔ̀ɔk joke, fool, deceive, v.
ຫລອກລວງ lɔ̀ɔk-lúang defraud, deceive, play tricks on, v.
ຫລອກຫລິ້ນ lɔ̀ɔk-lîn joke, kid, v.
ຫລອດ lɔ̀ɔt tube, straw, bulb, n.
ຫລອດໄຟຟ້າ lɔ̀ɔt-fái-fâa electric light bulb, n.
ຫລອດລົມ lɔ̀ɔt-lóm windpipe, tube, n.
ຫລອດລົມອັກເສບ lɔ̀ɔt-lóm-ǎk-sèep bronchitis, n.
ເຫລີປາກ lěə-bpàak speak in sleep, v.
ຫລຽວ líao look around, turn around,
lookback, glance, v.
ຫລຽວເບິ່ງ líao-bəng take one look at, turn around to look, v.
ຫລຽວແລ líao-lɛ́ɛ take care, pay attention, v.
ຫລຽວເຫັນ líao-hěn catch sight of, glimpse, see, v.
ເຫລືອ lǔa be left, remain, have a surplus, v.
ເຫລືອງ lǔang yellow, adj., n.
ເຫລືອກ lǔak look right and left, v.
ເຫລືອກຕາເບິ່ງ lǔak-dtàa-bəng glance at, v.
ເຫລືອກເຫັນ lǔak-hěn catch sight of, see, v.
ເຫລື້ອມ lǔam brilliant, bright, adj.
ຫລວງ lǔang public, great, royal, official, adj.
ຫລວງພະບາງ lǔang-pa-báang Luang Prabang (city of northern Laos), n.
ຫລວງຫລາຍ lǔang-lǎai many, a lot of, adj., adv.
ຫລວມ lǔam loose, adj.
ໄຫລ lǎi carve, sharpen, flow, v.
ເຫລົາ lǎo carve, sharpen, v.
ເຫລົ່ານັ້ນ lao-nân those, pron., adj.
ເຫລົ່ານີ້ lao-nîi these, pron., adj.
ເຫລົ້າ lâo alcohol, n.

ເຫລົ້າແວງ lào-wéeng wine, n.
ຫວັງ wǎng hope, expect, v.
ຫວັງດີ wǎng-dìi mean well, be well-intentioned, v.
ຫວັງຮ້າຍ wǎng-hâai wish another ill, v.
ຫວັດ wǎt sick with a cold, cold, v., n.
ຫວັ່ນ wan feel afraid, fear, v.
ຫວັ່ນໃຈ wan-jài feel afraid, fear, v.
ຫວັ່ນໄຫວ wan-wǎi tremble, shake, be shaken, v.
ຫາງ wǎang be cured, relieved, v.
ຫາງໃຈ wǎang-jài carefree, adj.
ຫວ່າງ waang between, interval, period, prep., n.
ຫວ່າງກີ້ນີ້ waang-gîi-nìi just then, adv.
ຫວ່າງກາງ waang-gàang between, prep.
ຫວ່າງເປົ່າ waang-bpao empty, vacant, adj.
ຫວ່າງພູເຂົາ waang-púu-kǎo valley, n.
ຫວ່າງມໍ່ໆນີ້ waang-mɔɔ-mɔɔ-nìi in the recent time, adv.
ຫວາດ wàat be afraid, scared, v., adj.
ຫວາດສຽວ wàat-sǐao terrified, frightened, adj.
ຫວານ wǎan sweet, adj.
ຫວ່ານ waan sow, v.

ຫວ່ານກ້າ waan-gâa sow rice seeds, v.
ຫວິດ wít already passed, come near, nearly, almost, adj., v., adv.
ຫວີ wǐi comb, n., v.
ຫວີກ້ວຍ wǐi-gûai bunch of banana, n.
ຫວີຫົວ wǐi-hǔa comb one's hair, v.
ແຫວນ wěen ring (for a finger), n.
ແຫວນແຕ່ງງານ wěen-dtɛng-ngáan wedding ring, n.
ແຫວນເພັດ wěen-pet diamond ring, n.
ແຫວນໝັ້ນ wěen-mân engagement ring, n.
ໄຫວ wǎi move, shake, tremble, quake, v.
ໄຫວ້ wàai pray respect to, greet, salute (by bringing the hands together to the face), v.

ອ

ອ ɔ̌ɔ the twenty-fifth consonant of the Lao alphabet (mid consonant), n.
ອະກະຕັນຍູ a-ga-dtàn-yúu ungrateful, adj.
ອະກຸສົນ a-gu-sǒn demerit, sin, evil, harmful, n., adj.
ອະຄະຕິ a-ka-dtì prejudice, partiality, n.
ອະສຸຈິ a-su-jì sperm, semen, n.

ອະດີດ a-dìit past, *n.*

ອະດີດຕະການ a-dìit-dta-gàan past tense, the past, *n.*

ອະທິການບໍດີ a-ti-gàan-bɔɔ-dìi rector, *n.*

ອະທິບໍດີ a-ti-bɔɔ-dìi director, *n.*

ອະທິບາຍ a-ti-bàai explain describe, *v.*

ອະທິປະໄຕ a-ti-bpa-dtài sovereignty, *n.*

ອະທິຖານ a-ti-tǎan wish, pray for something, *v.*

ອະທຳ a-tám unjust, unfair, injustice, *adj.*

ອະນາຄົດ a-náa-kot future, *n.*

ອະນາຄົດຕະການ a-náa-kot-dta-gàan future tense, the future, *n.*

ອະນາຈານ a-náa-jàan immoral, obscenity, obscene, lewd, *adj., n.*

ອະນາຖາ a-náa-tǎa destitute, *adj.*

ອະນາໄມ a-náa-mái sanitation, *n.*

ອະນຸສາວະລີ a-nu-sǎa-wa-líi monument, *n.*

ອະນຸສອນ a-nu-sɔ́ɔn souvenir, reminder, memorial, *n.*

ອະນຸຊົນ a-nu-són youth, younger generation, *n.*

ອະນຸຍາດ a-nu-nyáat permit, allow, *v.*

ອະນຸບານ a-nu-bàan take care of, look after, *v.*

ອະນຸປະລິນຍາ a-nu-bpa-lín-nyáa diploma, lesser degree, associate degree, *n.*

ອະນູ a-núu molecule, *n.*

ອະນິຈັງ a-ni-jàng alas, *interj.*

ອະພິນິຫານ a-pi-ni-hǎan supernatural power, *n.*

ອະພິປາຍ a-pi-bpàai discuss, debate, *v.*

ອະພິເສກ a-pi-sèek royal wedding, coronation, *n.*

ອະໄພ a-pái forgive, excuse, *v.*

ອະໄພໂທດ a-pái-tôot amnesty, *n.*

ອະເມຣິກາ aa-mée-li-gàa America, *n.*

ອະລິຍະທຳ a-líi-nya-tám civilization, *n.*

ອະລື່ອະລອມ a-li-a-lɔm compromise, *v.*

ອະວະກາດ a-wa-gàat space, vacuum, *n.*

ອະວະຕານ a-wa-dtàan avatar, Vishnu, Rama, *n.*

ອະວະສານ a-wa-sǎan the end, termination, *n.*

ອະໄວຍະວະ a-wái-nya-wa organ (of the body), *n.*

ອະໄວຍະວະສຳພັດ a-wái-nya-wa-sǎm-pat sense organ, *n.*

ອະໄວຍະວະສືບພັນ a-wái-nya-wa-sùup-pán reproductive organ, *n.*

ອະໄວຍະວະຫາຍໃຈ a-wái-nya-wa-hǎai-jài respiratory organ, *n.*

ອະເວຈີ a-wée-jìi hell, n.
ອະຫິວາ a-hi-wáa cholera, n.
ອະໂຫສິກຳ a-hŏo-si-gàm pardon, forgiveness, n.
ອະໄຫຼ່ a-lai spare part, n.
ອັດ ăt close, press, compress, make a copy, v.
ອັດສະຈັນ ăt-sa-jăn marvellous, miraculous, adj.
ອັດສະວິນ ăt-sa-wĭn knight, n.
ອັດຕາ ăt-dtàa ratio, rate, ego, self, cover one's face, n., v.
ອັດຕາສ່ວນ ăt-dtàa-suan ratio, n.
ອັດທະຍາໄສ ăt-ta-nyáa-săi disposition, temperament, n.
ອັນ ăn item, piece, one, n.
ອັນດັບ ăn-dăp series, order, n.
ອັນໃດ ăn-dăi which? what?
ອັນດຽວກັນ ăn-diao-găn only one, n.
ອັນຕະລາຍ ăn-dta-láai dangerous, adj.
ອັນນີ້ ăn-nîi this one, n.
ອັນນັ້ນ ăn-nân that one, n.
ອັນລະ ăn-la each, adj.
ອັ້ນ ân suppress, v.
ອັບ ăp stale, stuffy, airless, adj.
ອັບຈົນ ăp-jŏn extreme distress, poor, n., adj.
ອັບປະມົງຄຸນ ăp-bpa-móng-kón inauspicious, be at loss, adj.
ອັບອາຍ ăp-àai ashamed, adj.
ອາ àa paternal younger aunt, n.
ອາກາດ àa-gàat weather, air, n.
ອາກາດເສຍ àa-gàat-sĭa bad air, air pollution, n.
ອາກາດເປັນພິດ àa-gàat-bpèn-pit air pollution, n.
ອາການ àa-gàan symptom, n.
ອາກອນ àa-gɔ̀ɔn duty, tax, tariff, n.
ອາຄົມ àa-kóm charms, magic, n.
ອາຄາດ àa-kâat revengeful, adj.
ອາຄານ àa-káan building, n.
ອາຈານ àa-jàan professor, teacher, n.
ອາຈານໃຫຍ່ àa-jàan-nyai principal, n.
ອາຈົມ àa-jòm excrement, n.
ອາຈຽນ àa-jìan vomit, vomiting, nausea, v., n.
ອາສາ àa-săa volunteer, v.
ອາສາສະໝັກ àa-săa-sa-măk volunteer, n.
ອາໄສ àa-săi rely upon, live, depend on, v.
ອາໄສຢູ່ àa-săi-yuu dwell, stay, live, v.
ອາຊີວະ àa-sĭi-wa profession, occupation, n.
ອາຊີວະສຶກສາ àa-sĭi-wa-sŭk-săa vocational training, n.

ອາຊີ àa-síi Asia, n.

ອາຊີປາຊີຟິກ àa-síi-bpàa-si-fík Asia Pacific, n.

ອາຊີບ àa-sîip occupation, job, career, n.

ອາຍຸ àa-nyu age, n.

ອາຍຸຍືນ àa-nyu-nyúun longevity, having a long life, n., adj.

ອາທິດ àa-tit week, sun, Sunday, n.

ອາທິດນີ້ àa-tit-nîi this week, n.

ອາທິດແລ້ວ àa-tit-lɛ́ɛo last week, n.

ອາທິດໜ້າ àa-tit-nâa next week, n.

ອາທິດໜຶ່ງ àa-tit-nung one week, n.

ອານາເຂດ àa-náa-kèet boundary, n.

ອານາຈັກ àa-náa-jǎk realm, n.

ອານານິຄົມ àa-náa-ni-kóm colony, n.

ອາລະວາດ àa-la-wâat be contentious, run wild, create a disturbance, v.

ອາລັບ àa-lap Arab, n.

ອາລົມ àa-lóm mood, temper, spirit, n.

ອາລົມດີ àa-lóm-dìi good temper, n.

ອາລົມຮ້າຍ àa-lóm-hâai bad temper, n.

ອ້າຍກົກ âai-gǒk the oldest brother, n.

ອ້າຍເຂີຍ âai-kɜ̌ɜi brother-in-law, n.

ອາດຈະ àat-jǎ probably, possibly, adv.

ອາດຫານ àat-hǎan audacious, brave, insolent, adj.

ອານ àan saddle, n.

ອານມ້າ àan-mâa saddle, n.

ອ່ານ àan read, v.

ອ່ານໃນໃຈ àan-nái-jài silent reading, n.

ອ່ານບໍ່ອອກ àan-bɔɔ-ɔ̀ɔk illegible, adj.

ອ່ານໜັງສືບໍ່ອອກ àan-nǎng-sǔu-bɔɔ-ɔ̀ɔk illiterate, adj.

ອ່ານອອກ àan-ɔ̀ɔk legible, adj.

ອາບ àap bathe, have a shower, take a bath, v.

ອາບປ່າສົບ àap-yàa-sǒp mummify, bathe the corpse, v.

ອາບແດດ àap-dɛ̀ɛt sunbathe, v.

ອາບນ້ຳ àap-nâam take a shower, take a bath, v.

ອາວ àao paternal younger uncle, n.

ອີງ ìng refer, lean, v.

ອີງຕາມ ìng-dtàam according to, prep.

ອ່າວ aao gulf, bay, n.

ອິດ ìt tired, adj.

ອິດສາ ìt-sǎa envy, be jealous, v.

ອິດທິ ìt-ti power, n.

ອິດທິພົນ ìt-ti-pón influence, power, n.

ອິດທິລິດ ìt-ti-lit supernatural power, n.

ອິດເມື່ອຍ ìt-muai weary, tired, adj.

ອິນເດຍ ìt-dìa India, n.

ອິນໂດຈີນ ìn-dòo-jìin Indo-China, n.

ອິນຊີ ìn-síi eagle, n.

ອີກ ìik again, also, *adv.*

ອີງ ìing lean on, *v.*

ອີດູຕົນ ìi-duu-dtôn pity, have a pity for, *v.*

ອີຕົນ ìi-dtôn pity, have a pity for, *v.*

ອີ່ມ ìm full, *adj.*

ອຶດ ŭt be short of, be scarce, tough, *v.*

ອຶດນອນ ŭt-nòon lack of sleepy, *v.*

ອຶດປາກ ŭt-yàak be short of food, *v.*

ອື່ນ ùun other, *adj.*

ອຸບັດເຫດ u-băt-hèet accident, *n.*

ອຸດສາຫະກຳ ŭt-săa-ha-gàm industry, *n.*

ອຸດົມສົມບູນ u-dŏm-sŏm-bùun plenty, property, *n.*

ອຸປະກອນ u-bpa-gòon equipment, *n.*

ອຸ່ນ uun warm, *adj.*

ອູ່ uu cradle, car repair shop, *n.*

ອູ່ລົດ uu-lot garage car, repair shop, *n.*

ອູບ ùup box, *n.*

ອູບເງິນ ùup-ngón silver box, *n.*

ອູບຢາສູບ uup-yàa-sùup tobacco box, *n.*

ອູ້ມລູກ ûm-lûuk carry in arms, *v.*

ເອະອະ ĕ-ă noisy, boisterous, *adj.*

ເອ້ êe decorate, adorn, *v., adj.*

ເອກ èek hero, first grade, first rate, top notch, leading, star, *n., adj.*

ເອກະຊົນ èek-ga-sŏn private, *n.*

ແອກ ɛ̀ɛk yoke, *n.*

ແອກຄາດ ɛ̀ɛk-kâat yoke of the harrow, *n.*

ແອກໄຕ ɛ̀ɛk-tăi yoke of the plough, *n.*

ແອບ ɛ̀ɛp practice, train, *v.*

ແອ້ມ êm enclose by walls, *v.*

ແອ້ມແປ້ນ êm-bpên enclose with planks, *v.*

ແອວ ɛ̀ɛo waist, lower back, *n.*

ແອວກິ່ວ ɛ̀ɛo-giu slender waist, *n.*

ແອວກົມ ɛ̀ɛo-gòm rounded waist, *n.*

ແອວບາງ ɛ̀ɛo-bàang slender waist, *n.*

ອົກ ŏk chest, breast, *n.*

ອົດ ŏt refrain from, restrain, abstain from, fast, diet, *v.*

ອົດຕາຍ ŏt-dtàai starve to death, *v.*

ອົດຢາກ ŏt-yàak starve, *v.*

ອົດທົນ ŏt-tón patient, endure, *adj., v.*

ອົບ ŏp bake, fragrant, *v.*

ອົບພະຍົບ ŏp-pa-nyop take refuge, evacuate, *v.*

ອົບຮົມ ŏp-hóm train, give an orientation, *v.*

ອົບອຸ່ນ ŏp-un warm, *adj.*

ອົມ ŏm keep in the mouth, suck, *v.*

ໂອ òo oh!, bowl, *interj., n.*

ໂອກາດ òo-gàat opportunity, *n.*

ໂອຍ òoi oh! (pain), *interj.*

ໂອບ òop surround, embrace, *v.*

ເອາະ ǒ thick soup, *n.*

ອອກ ɔ̀ɔk out, go out, *adj.*, *v.*	ອອກເປັນ ɔ̀ɔk-pěn bear fruits, *v.*
ອອກກົດໝາຍ ɔ̀ɔk-gòt-mǎai legislate, *v.*	ອອກພັນສາ ɔ̀ɔk-pán-sǎa end of Buddhist lent, *n.*
ອອກກຳລັງ ɔ̀ɔk-gam-láng take an exercise, *v.*	ອອກໄຟ ɔ̀ɔk-fáy rise from child-bed, *v.*
ອອກໄຂ່ ɔ̀ɔk-kai lay eggs, *v.*	ອອກມາ ɔ̀ɔk-máa come out, *v.*
ອອກຄວາມເຫັນ ɔ̀ɔk-kwáam-hěn express an opinion, *v.*	ອອກລູກ ɔ̀ɔk-lùuk give birth, *v.*
ອອກຄຳສັ່ງ ɔ̀ɔk-kám-sang issue an order, *v.*	ອອກວຽກ ɔ̀ɔk-wéen be off duty, *v.*
ອອກເງິນໃຫ້ ɔ̀ɔk-ngón-hài pay for, *v.*	ອອກຮ້ານ ɔ̀ɔk-hâan set up a store, set a booth, *v.*
ອອກຈາກ ɔ̀ɔk-jàak leave, *v.*	ອອກໜ້າຮັບ ɔ̀ɔk-nàa-hap speak for, *v.*
ອອກຈາກເຮືອນ ɔ̀ɔk-jàak-húan leave the house, *v.*	ອອກເຮືອ ɔ̀ɔk-húa set sail, *v.*
ອອກຈາກໂຮງຮຽນ ɔ̀ɔk-jàak-hóong-hían drop out, leave school, *v.*	ອອກໜ້າ ɔ̀ɔk-nàa precede, *v.*
ອອກຊື່ ɔ̀ɔk-sɯ̀ɯ name, call out name, *v.*	ອອຍ ɔ̌ɔi console, calm, *v.*, *adj.*
ອອກດອກ ɔ̀ɔk-dɔ̀ɔk blossom, *v.*	ອອຍໃຈ ɔ̌ɔi-jài console, *v.*
ອອກເດີນທາງ ɔ̀ɔk-dəən-táang leave, *v.*	ອ້ອຍ ɔ̂ɔi sugarcane, *n.*
ອອກຖະແຫຼງການ ɔ̀ɔk-ta-lɛ̌ɛng issue a statement, *v.*	ອອນຊອນ ɔɔn-sɔ́ɔn melodious, pleasant, appreciate, *adj.*, *v.*
ອອກທຶນ ɔ̀ɔk-tɯ́n make an investment, *v.*	ອ່ອນ ɔ̀ɔn soft, light, frail, feeble, *adj.*
ອອກນອກທາງ ɔ̀ɔk-nɔ̂ɔk-táang sidetracked, *adj.*	ອ່ອນກວ່າ ɔ̀ɔn-gwaa younger, *adj.*
ອອກບວດ ɔ̀ɔk-buat be ordained, become a priest, *v.*	ອ່ອນກຳລັງ ɔ̀ɔn-gàm-láng be weakened, *adj.*
ອອກປາກ ɔ̀ɔk-bpàak speak out, ask for, *v.*	ອ່ອນໃຈ ɔ̀ɔn-jài become discouraged, *adj.*
ອອກໄປ ɔ̀ɔk-bpài go out, *v.*	ອ່ອນໂຍນ ɔ̀ɔn-nyóon tender, *adj.*
	ອ່ອນນ້ອມ ɔ̀ɔn-nɔ̂ɔm be polite, courteous, submissive, *adj.*
	ອ່ອນນຸ່ມ ɔ̀ɔn-num soft, tender, *adj.*

ອ່ອນປັນຍາ ɔɔn-bpàn-nyáa feeble-minded, adj.
ອ່ອນເພຍ ɔɔn-pía exhausted, adj.
ອ່ອນຫວານ ɔɔn-wǎan sweet (used with people), adj.
ອ່ອນແອ ɔɔn-ɛ̀ɛ weak, adj.
ອ່ອນແຮງ ɔɔn-héeng weak, adj.
ອ້ອນວອນ ɔ̂ɔn-wɔɔn pray, ask for, implore, v.
ອ້ອນແອ້ນ ɔ̂ɔn-ɛ̂n delicate, slender, adj.
ອອມ ɔɔm save up, v.
ອອມຊັບ ɔɔm-sap save money, saving, v., adj.
ອອມສິນ ɔɔm-sǐn save money, v.
ອ້ອມ ɔ̂ɔm round-about, adj.
ອ້ອມຄ້ອມ ɔ̂ɔm-kɔ̂ɔm circuitous, indirect, adj.
ອ້ອມແອ້ມ ɔ̂ɔm-ɛ̂m round-about, around the area, adj.
ເອີ ə̀ə yes, adv.
ເອີ້ນ ə̂ən call, v.
ອຽງ ìang tilted, leaning, adj.
ເອື້ອຍ ûai older sister, n.
ເອື້ອຍນ້ອງ ûai-nɔɔng sisters, n.
ເອື້ອຍຜົວ ûai-pǔa husband's older sister, n.
ເອື້ອຍໃພ້ ûai-pái older sister-in-law, n.
ເອື້ອຍແມ່ ûai-mɛ́ɛ aunt, n.
ອ້ວກ ûak vomit, v.
ອວຍພອນ ùai-pɔ́ɔn wish, congratulate, bless, v.
ອວຍໄຊ ùai-sái wish victory, v.
ອວດ ùat show off, display, v.
ອວດດີ ùat-dìi conceited, assertive, boastful, adj.
ອວດໂຕ ùat-dtòo praise oneself, boastful, v., adj.
ອວດອົ່ງ ùat-ong showy, adj.
ອວດອ້າງ ùat-âang boast, brag, v.
ອວນ ùan bag-net, ring net, purse net, n.
ອ້ວນ ûan fat, fleshy, adj.
ອວຍ ùai plump, adj.
ເອົາ ào get, bring, want, take, v.
ເອົາໄປ ào-bpài take, v.
ເອົາມາ ào-máa bring, v.
ເອົາຢ່າງ ào-yaang imitate, v.
ອໍາ àm conceal, suppress, cover up, v.
ອໍາຄວາມ àm-kwáam conceal the fact, v.
ອໍານາດ àm-nâat power, n.
ອໍານາດການປົກຄອງ àm-nâat-gàan-bpòk-kɔ́ɔng authority, ruling power, n.
ອໍານາດການເມືອງ àm-nâat-gàan-múang political power, n.
ອໍານາດສານ àm-nâat-sǎan judicial

power, jurisdiction, n.

ອຳນາດນິຕິບັນຍັດ àm-nâat-ni-dtǐ-bàn-nyǎt legislative power, n.

ອຳນາດເດັດຂາດ àm-nâat-dět-kàat absolute power, n.

ອຳນາດບໍລິຫານ àm-nâat-bɔ̀ɔ-li-hǎan executive power, n.

ອຳນວຍຄວາມສະດວກ àm-núai-kwáam-sa-dùak facilitate, v.

ອຳພາງ àm-páang dissimulate, v.

ອຳມະຫິດ àm-ma-hìt cruel, adj.

ອຳລາ àm-láa say goodbye, take one's leave, v.

ຣ

ຣ hɔ́ɔ the twenty-sixth consonant of the Lao alphabet (low consonant), n.

ຮັກ hak love, care for, fond of, v.

ຮັກກັນ hak-gàn love each other, v.

ຮັກໃຄ່ hak-kâi be loveable, v.

ຮັກສາ hak-sǎa take care of, treat, remidy, v.

ຮັກສາການ hak-sǎa-gàan be on duty, v.

ຮັກສາສັນຍາ hak-sǎa-sǎn-nyáa keep a promise, v.

ຮັກສາໃຫ້ຫາຍ hak-sǎa-hài-hǎai cure, v.

ຮັກຊາດ hak-sâat patriotic, adj.

ຮັກແພງ hak-péɛng love, respect, v.

ຮັກຫອມ hak-hɔ̌ɔm love, v.

ຮັງ háng nest, n.

ຮັງໄຂ່ háng-kai cocoon, ovary, n.

ຮັງເຜິ້ງ háng-pɤ̂ng bee-hive, n.

ຮັ່ງມີ hang-míi well-off, rich, adj.

ຮັດ hat tie, tighten, n.

ຮັດກຸມ hat-gùm well-fitting, be concise, adj.

ຮັດຮູບ hat-hûup embrace, v.

ຮາວີ háa-wíi try to damage, fight, attack, v.

ຮາກ hâak vomit, root, origin, v., n.

ຮາກແກ້ວ hâak-gɛ̂ɛo taproot, n.

ຮາກໄມ້ hâak-mâi tree root, n.

ຮາກປາ hâak-bpàa root medicine, n.

ຮາກເລືອດ hâak-lɯ̂at vomit blood, v.

ຮາກອອກ hâak-ɔ̀ɔk vomit, v.

ຮາງລິນ háang-lín gutter, n.

ຮາງໝູ háang-mǔu pig's trough, n.

ຮ່າງ haang body, form, figure, shaping, n.

ຮ່າງ haang draft, build, v.

ຮ່າງກາຍ haang-gàai body, n.

ຮ່າງຄິງ haang-kíing body, n.

ຮ່າງກະດູກ haang-ga-dùuk skeleton, n.

ຮ່າງບົດ haang-bǒt draft, n.

ຮ້າງ hâang divorce, desert, v., n.
ຮ້າຍ hâai cruel, wicked, bad, yell, scold, adj., v.
ຮ້ານ hâan shop, store, booth, n.
ຮ້ານກາເຟ hâan-gàa-fée coffee shop, n.
ຮ້ານຂາຍປຶ້ມ hâan-kǎai-bpûm book shop, n.
ຮ້ານຂາຍຜ້າ hâan-kǎai-pàa clothes shop, n.
ຮ້ານຂາຍຢາ hâan-kǎai-yàa pharmacy, chemist, n.
ຮ້ານອາຫານ hâan-àa-hǎan restaurant, n.
ຮ້ານຊັກຜ້າ hâan-sak-pàa laundromat, n.
ຮ້ານຊັກແຫ້ງ hâan-sak-hèng dry clean shop, n.
ຮາວຕາກຜ້າ hǎao-dtàak-pàa clothes line, n.
ຮາວຮົ້ວ hǎao-hua fence, n.
ຮິ່ນຕອງ hin-dtɔɔng consider well, v.
ຮິມ him edge, rim, n.
ຮິມຕາ him-dtaa eyelid, n.
ຮິມນ້ຳ him-nâam river bank, n.
ຮິມຝີປາກ him-fǐi-bpàak lips, n.
ຮິມຝັ່ງ him-fang shore, river bank, n.
ຮິມແມ່ນ້ຳ him-mɛɛ-nâam river bank, n.
ຮີບ hîip hurry, v.
ຮີບດ່ວນ hîip-duan urgent, adj.

ຮື hɯ̂ɯ carry off, raise, v.
ຮຸກ huk rub, brush, scrub, v.
ຮຸ່ນ hun generation, n.
ຮຸ່ນດຽວກັນ hun-diao-gàn the same age, n.
ຮູ húu hole, gap, cavity, n.
ຮູກະແຈ húu-ga-jɛɛ key hole, n.
ຮູທະວານ húu-ta-wáan anus, n.
ຮູດັງ húu-dàng nostril, n.
ຮູປືນ húu-bpùun gun bore, n.
ຮູຫູ húu-hǔu earduct, n.
ຮູໜູ húu-nǔu rat hole, n.
ຮູກະດຸມ húu-ga-dùm buttonhole, n.
ຮູ້ hûu know, be smart, wise, v., adj.
ຮູ້ແຈງໃຈ hûu-gɛɛ-jài be well aware of, v.
ຮູ້ຄຸນ hûu-kún gratitude, adj.
ຮູ້ຈັກ hûu-jǎk know, be acquainted with, v.
ຮູ້ສຶກ hûu-sǔk feel, v.
ຮູ້ສຶກຕົວ hûu-sǔk-dtua recover consciousness, wake up, v.
ຮູ້ສຶກຜິດ hûu-sǔk-pit feel guilty, v.
ຮູ້ສຶກລະອາຍໃຈ hûu-sǔk-la-àai-jài feel ashamed, v.
ຮູ້ຕົວ hûu-dtua be conscious of, be aware of, v.
ຮູ້ເມື່ອ hûu-mɯa regain consciousness, v.
ຮູ້ເມື່ອຄິງ hûu-mɯa-kíing regain con-

sciousness, *v.*

ຮູ້ເລື້ອງ hûu-lûang know about, understand, *v.*

ຮູ້ວ່າ hûu-waa know that, *v.*

ຮຸ່ງ hung light, bright, *n., adj.*

ຮຸ່ງຂື້ນ hung-kùn sunrise, *n.*

ຮຸ່ງແຈ້ງ hung-jɛ̂ɛng daylight, *n.*

ຮຸ່ງເຊົ້າ hung-sâo early in the morning, *n.*

ຮຸ້ງ hûng dragon, rainbow, *n.*

ຮຸ້ງກິນນ້ຳ hûng-gìn-náam rainbow, *n.*

ຮູດ hûut slide, *v.*

ຮູດເຂົ້າອອກ hûut-kào-ɔ̀ɔk slip off and on, slide in and out, *v.*

ຮູບ hûup picture, painting, photograph, *n.*

ຮູບແກະ hûup-gɛ̌ sculpture, *n.*

ຮູບຂຽນ hûup-kĭan sketch, painting, *n.*

ຮູບໄຂ່ hûup-kai oval, *adv., n.*

ຮູບເຄື່ອງໝາຍ hûup-kuang-mǎai emblem, *n.*

ຮູບຄວັດ hûup-kwat engraving, *n.*

ຮູບສາກ hûup-sàak screen picture, *n.*

ຮູບຊົງ hûup-sóng shape, *n.*

ຮູບຖ່າຍ hûup-taai photograph, *n.*

ຮູບປະພັນ hûup-bpa-pán form, *n.*

ຮູບປັ້ນ hûup-bpân statue, *n.*

ຮູບພາຍ hûup-páai picture, *n.*

ເຮັງ héng lucky, fortuitous, *adj.*

ເຮັດ het do, make, *v.*

ເຮັດການ het-gàan work, *v.*

ເຮັດກິນ het-gìn cook, *v.*

ເຮັດສວນ het-sŭan garden, farm, *v.*

ເຮັດຊົ່ວ het-sua act badly, *v.*

ເຮັດດີ het-dìi act rightly, *v.*

ເຮັດໄດ້ດີ het-dâi-dìi do well, *v.*

ເຮັດດອງ het-dɔ̀ɔng have wedding ceremony, *v.*

ເຮັດແຕກ het-dtɛ̀ɛk break, *v.*

ເຮັດທານ het-táan give alms, *v.*

ເຮັດນາ het-náa farm rice, *v.*

ເຮັດບຸນ het-bùn have a festival, make merit, *v.*

ເຮັດຜິດ het-pìt make a mistake, commit a crime, *v.*

ເຮັດວຽກ het-wîak work, *v.*

ເຮັດໄຮ່ເຮັດນາ het-hai-het-náa farm, *v.*

ແຮ່ hɛɛ mineral, *n.*

ແຮງ héeng power, strength, *n.*

ແຮງງານ héeng-ngáan labor, *n.*

ແຮງມ້າ héeng-mâa horsepower, *n.*

ແຮ້ງ hɛ̂ɛng vulture, *n.*

ແຮດ hɛ̂ɛt rhinoceros, *n.*

ແຮດນ້ຳ hɛ̂ɛt-nâam hippopotamus, *n.*

ແຮມຄືນ héem-kúun spend the night, for nights, *v., adv.*

ແຮມປີ héem-bpìi for years, *adv.*

ແຮ້ວ hɛ́ɛo snare, trap, *n.*

ຮັບ hap get, receive, take, accept, *v.*

ຮັບຮອງ hap-hɔ́ɔng accept, certify, *v.*

ຮັບຮູ້ hap-hûu be aware, know, acknowledge, *v.*

ຮັບປະກັນ hap-bpa-gàn guarantee, assure, *v.*

ຮັບໄດ້ hap-dâi acceptable, *adj.*

ຮັບຜິດ hap-pìt plead guilty, accept one's guilt, *v.*

ຮັບຜິດຊອບ hap-pìt-sɔ̂ɔp be responsible for, *v.*

ຮົກ hok overgrown, messy, *adj.*

ຮົມ hóm steam, *v.*

ຮົມອາຍຢາ hóm-àai-yàa apply medical steam, *v.*

ຮົ່ມ hom shae, *n.*

ຮົ່ມໄມ້ hom-mâi tree shade, *n.*

ຮົ່ມເຢັນ hom-yen peaceful, *adj.*

ຮົ່ມເຢັນເປັນສຸກ hom-yen-bpèn-sǔk peaceful and happy, *adj.*

ໂຮ hóo cheer, *v.*

ໂຮຮ້ອງ hóo-hɔ̂ɔng cheer, *v.*

ໂຮງການ hóong-gàan office, *n.*

ໂຮງຂ້າສັດ hóong-kàa-sǎt slaughter house, *n.*

ໂຮງງານ hóong-ngáan factory, *n.*

ໂຮງຈຳນຳ hóong-jàm-nám pawn shop, *n.*

ໂຮງສາຍ hóong-sǎai post office, *n.*

ໂຮງສີ hóong-sǐi mill, *n.*

ໂຮງສີເຂົ້າ hóong-sǐi-kào rice mill, *n.*

ໂຮງສີເນມາ hóong-si-née-màa movie, theatre, cinema, *n.*

ໂຮງຕີເຫລັກ hóong-dtùi-lék blacksmith, *n.*

ໂຮງຕົ້ມກັ່ນ hóong-dtôm-gan distillery, *n.*

ໂຮງພະຍາບານ hóong-pa-nyáa-bàan hospital, *n.*

ໂຮງພິມ hóong-pím printing house, *n.*

ໂຮງໄຟຟ້າ hóong-fái-fâa power station, power plant, *n.*

ໂຮງມະຫໍລະສົບ hóong-ma-hɔ̌ɔ-la-sǒp entertainment hall, *n.*

ໂຮງເຢັນ hóong-yen morgue, *n.*

ໂຮງລະຄອນ hóong-la-kɔ́ɔn stage theatre, live theatre, *n.*

ໂຮງລ້ຽງເດັກ hóong-fiang-dèk child care, nursery, *n.*

ໂຮງເລື່ອຍ hóong-luai sawmill, *n.*

ໂຮງໝໍ hóong-mɔ̌ɔ hospital, medical clinic, *n.*

ໂຮງໝໍນ້ອຍ hóong-mɔ̌ɔ-nɔ̂ɔi dispensary, clinic, *n.*

ໂຮງຮຽນຊັ້ນປະຖົມ hóong-hían-sân-bpa-tǒm primary school, *n.*

ໂຮງຮຽນມັດທະຍົມ hóong-hían-mat-ta-nyóm secondary school, n.

ໂຮງຮຽນມັດທະຍົມປາຍ hóong-hían-mat-ta-nyóm-bpàai upper secondary school, n.

ໂຮງຮຽນອິທະຍາໄລ hóong-hían-wi-ta-nyáa-lái college, n.

ໂຮງຮຽນວິຊາຊີບ hóong-hían-wi-sáa-sìip vocational school, n.

ໂຮງຮຽນວັດ hóong-hían-wat monk school, n.

ໂຮງຮຽນອະນຸບານ hóong-hían-a-nu-bàan kindergarten, n.

ໂຮງແຮມ hóong-héem hotel, n.

ໂຮມ hóom assemble, gather, v.

ໂຮມກັນ hóom-gàn come together, v.

ຮອງ hóong deputy, vice, n.

ຮອງນາຍົກລັດຖະມົນຕີ hóong-náa-nyok-lat-ta-món-dtìi deputy prime minister, n.

ຮອງລັດຖະມົນຕີ hóong-lat-ta-món-dtìi vice minister, n.

ຮອງປະທານາທິບໍດີ hóong-bpa-táa-náa-ti-boo-dìi vice president, n.

ຮອງປະທານ hóong-bpa-táan vice chairman, n.

ຮ່ອງ hong ditch, slot, n.

ຮ່ອງນ້ຳ hong-nâam water channel, n.

ຮ່ອງຮອຍ hong-hóoi clue, trace, n.

ຮ້ອງ hôong call, cry, yell, scream, v.

ຮ້ອງຂໍ hôong-kɔ̌ɔ request, v.

ຮ້ອງຂຶ້ນ hôong-kùn shout, v.

ຮ້ອງທຸກ hôong-tuk complain, file a complaint, v.

ຮ້ອງເພງ hôong-péeng sing, v.

ຮ້ອງໄຫ້ hôong-hài cry, v.

ຮ້ອງໂຮ hôong-hoo cheer, v.

ຮ້ອງຮຽນ hôong-hían complain about, file a complaint or petition, v.

ຮອຍ hóoi trace, print, n.

ຮອຍຕີນ hóoi-dtìin footprint, n.

ຮອຍແຕກ hóoi-dtɛ̀ɛk fracture, n.

ຮອຍຕຳນິ hóoi-dtàm-nì flaw, n.

ຮອຍໄຖ hóoi-tǎi furrow, n.

ຮອຍເປື້ອນ hóoi-bpɨ̂an stain, n.

ຮອຍແປ້ hóoi-pɛ̌ɛ scar, n.

ຮອຍພະພຸດທະບາດ hóoi-pa-put-ta-bàat Buddha's footprint, n.

ຮອຍພັບ hóoi-pap crease, n.

ຮອຍມື hóoi-mɨ́ɨ fingerprint, n.

ຮອຍເລືອດ hóoi-lɨ̂at blood stain, n.

ຮອຍຫຍິບ hóoi-nyip stitch mark, n.

ຮ້ອຍ hôoi a hundred, nm.

ຮ້ອຍດອກໄມ້ hôoi-dɔ̀ɔk-mâi string a garland, v.

ຮອດ hôot arrive, v.

ຮອດຍາມ hôot-nyáam the time has come

ຮອດເວລາ hôot-wée-láa it is time

ຮອດຫູ hôot-húu hear, know, v.

ຮ້ອນ hôon hot (temperature), adj.

ຮ້ອນໃຈ hôon-jài be worried, concerned, v.

ຮ້ອນຮົນ hôon-hón be nervous, worried, hasty, v.

ຮອບ hôop round, turn, around, n., prep.

ຮອບຄອບ hôop-kôop careful, thorough, adj.

ຮ່ອມພູ hôm-púu valley, n.

ເຮັຍ hia lost, dropped, adj.

ຮຽກ híak call, v.

ຮຽກຊື່ híak-sùu name, call a name, v.

ຮຽກໂຕ híak-dtòo summon, v.

ຮຽກປະມູນ híak-bpa-múun call for tenders, v.

ຮຽກວ່າ híak-waa be called, v.

ຮຽກຫາ híak-hăa call for a person, v.

ຮຽກຮ້ອງ híak-hôong claim, make a claim, v.

ຮຽງ híang arrange, put in order, v.

ຮຽງກັນ híang-gàn place side by side, v.

ຮຽງແຖວ híang-tĕeo line up, v.

ຮຽນ híari learn, study, v.

ຮຽນໃຫ້ຊາບ hian-hài-sâap inform, v.

ຮຽນໜັງສື hian-năng-sŭu study, v.

ຮຽບ híap plain, in good order, smooth, adj.

ຮຽບຮ້ອຍ híap-hôoi neat, adj.

ຮຽບຮຽງ híap-híang compile, v.

ຮຽວ híao tapering, getting thinner, adj.

ເຮືອ húa boat, ship, n.

ເຮືອຈັກ húa-jăk motorboat, n.

ເຮືອບັກ húa-băk ferry, n.

ເຮືອສຳເພົາ húa-săm-páo chinese sail boat, n.

ເຮືອຊ່ອຍຊີວິດ húa-sôoi-síi-wit life-boat, n.

ເຮືອດຳນ້ຳ húa-dàm-nâam submarine, n.

ເຮືອຕົກ húa-dtèek shipwreck, n.

ເຮືອໃບ húa-bài sailboat, n.

ເຮືອບິນ húa-bìn airplane, plane, n.

ເຮືອບິນໄອພົ່ນ húa-bìn-ai-pôn jet plane, n.

ເຮືອປະຈັນບານ húa-bpa-jàn-bàan battle ship, n.

ເຮືອປະມົງ húa-bpa-móng fishing boat, n.

ເຮືອລົບ húa-lop warship, n.

ເຮືອລາດຕະເວນ húa-lâat-dta-wéen cruiser (ship), n.

ເຮືອງ húang light, bright, adj.

ເຮືອດ húat bedbug, n.

ເຮືອນ húan house, home, *n.*
ເຮືອນຄົວ húan-kúa kitchen, *n.*
ເຮືອນສອງຊັ້ນ húan-sɔ̌ɔng-sân two-story house, *n.*
ເຮືອນດີ húan-dìi funeral house, *n.*
ເຮືອນດອງ húan-dɔɔng wedding house, *n.*
ເຮືອນຫໍ húan-hɔ̌ɔ bridal house, *n.*
ເຮືອນຮ້າງ húan-hâang abandon house, *n.*
ເຮື້ອນ hûan leprosy, *n.*
ຮົວ húa leak, *v.*
ຮົ້ວ hûa fence, *n.*
ຮວບ hûap grasp, gather, *v.*
ຮວບຮວມ húap-húam unite, gather, *v.*
ຮວງ húang ear of grain, *n.*
ຮວງເຂົ້າ húang-kào ear of rice, *n.*
ຮວຍລູກ húai-lûuk fetus, *n.*
ຮ່ວມ huam combine, join, participate, *v.*
ຮ່ວມງານ huam-ngáan collaborate, *v.*
ຮ່ວມໃຈ huam-jài be unanimous, *v.*
ຮ່ວມສຸກ huam-súk share happiness, *v.*
ຮ່ວມປະເວນີ huam-bpa-wée-níi have sexual intercourse, *v.*
ຮ່ວມແຮງ huam-héeng help each other, *v.*
ໄຮ່ hai field, plantation, *n.*
ໄຮ່ສາລີ hai-sǎa-líi cornfield, *n.*
ໄຮ່ນາ hai-náa ricefield, *n.*

ໄຮ່ນາແຫ້ງ hai-náa-sɛ̂ɛng dry season ricefield, *n.*
ໄຮ່ນາປີ hai-náa-bpii wet season ricefield, *n.*
ໄຮ່ຝ້າຍ hai-fàai cotton field, *n.*
ໄຮ່ອະງຸ່ນ hai-a-ngun vineyard, grape field, *n.*
ໄຮ້ hâi poor, without something, *adj.*
ໄຮ້ການສຶກສາ hâi-gàan-sǔk-sǎa uneducated, *adj.*
ໄຮ້ຄວາມຄິດ hâi-kwáam-kit thoughtless, *adj.*
ໄຮ້ຄວາມໝາຍ hâi-kwáam-mǎai meaningless, *adj.*
ໄຮ້ດຽງສາ hâi-diang-sǎa innocent, *adj.*
ໄຮ້ປະໂຫຍດ hâi-bpa-nyòot useless, *adj.*
ໄຮ້ຜົນ hâi-pǒn futile, fruitless, *adj.*
ເຮົາ háo we, *pron.*
ເຮົາເອງ háo-èeng ourselves, *pron.*
ຮຳ hám bran, *n.*
ຮຳເຂົ້າ hám-kào rice bran, *n.*
ຮ່ຳໄຮ ham-hái reiterate, repeat, irritating, fussy, *v., adj.*

APPENDIX

COMMON CLASSIFIERS

àn	(ອັນ)	pieces of candy, ashtrays, stamps, round objects, containers, objects with unknown classifiers
bài	(ໃບ)	plates, sheets of paper
bàan	(ບານ)	windows, mirrors, doors
bŏt	(ບົດ)	lessons, poems, stanzas, verses
dâam	(ດ້າມ)	pens
dɔ̀ɔk	(ດອກ)	flowers
dtôn	(ຕົ້ນ)	trees
dtua	(ຕົວ)	animals, shirts, costumes, letters of the alphabet, dolls, cigarettes, etc.
duang	(ດວງ)	stars, suns, moons
fǔung	(ຝູງ)	flock of animals
gǎp	(ກັບ)	parcels, presents, boxes
gɔ̂ɔ	(ກໍ້)	rolls of film, small and round objects
gɔ̀ɔk	(ກອກ)	cigarettes
gɔ̂ɔn	(ກ້ອນ)	bars of soap, sugar cubes, pieces of candy, pills, etc.
hìip	(ຫີບ)	parcels, presents, boxes

hôngˆ	(ຫ້ອງ)	rooms
hɔ̀ɔ	(ຫໍ່)	presents, bags of sweets, bags of snacks, wrapped things
jàan	(ຈານ)	numbers of plates of rice, food, etc.
jɔ̀ɔk	(ຈອກ)	numbers of glasses of beer, water, etc.
kán	(ຄັນ)	cars, motorcycles, bicycles, spoons, forks, umbrellas, fishing rods
kàang	(ຂ້າງ)	each side, e.g. arm, leg, front, back
kón	(ຄົນ)	people
kâng	(ຄັ້ງ)	times (numbers of occurrences)
kuang	(ເຄື່ອງ)	radio, T.V.s, refrigerators, computers, electrical or mechanical machines
kùat	(ຂວດ)	numbers of bottles of beer, water, etc.
kuu	(ຄູ່)	pairs of things or people
lám	(ລຳ)	ships, boats, airplanes, rivers, canals
lăng	(ຫລັງ)	houses, buildings
lèm	(ເຫລັ້ມ)	books, notebooks, magazines, knives, candles, needles, carts
lûuk	(ລູກ)	waves
luang	(ເລື່ອງ)	movies, plays, stories
múan	(ມວນ)	cigarettes
mûan	(ມ້ວນ)	cassette tapes, video tapes

nuai	(ໜ່ວຍ)	eggs, fruits, tables, chairs, radios, clock, watch, mountains, balls and other round things
pɛn	(ແຜ່ນ)	boards, pieces of paper
péeng	(ເພງ)	songs
pʉ̌un	(ຜືນ)	carpets, towels, pieces of cloth
hûup	(ຮູບ)	pictures
hʉ́an	(ເຮືອນ)	clocks, watches
sǎai	(ສາຍ)	roads, rivers, canals, railways
sa-bǎp	(ສະບັບ)	newspapers, letters, documents
sân	(ຊັ້ນ)	floors of buildings, grades or classes in schools, classes of train or airplane seats
sèn	(ເສັ້ນ)	threads, neckties, tires, necklaces, bracelets, roads, hairs
sîin	(ຊີ້ນ)	pieces of bread, pieces of meat, cookies etc.
sɔ́ɔng	(ຊອງ)	packages, envelopes, packs, etc.
sut	(ຊຸດ)	sets of things, suits, dresses
tɛɛng	(ແທ່ງ)	pencils, pieces of chalk
tii	(ທີ່)	numbers of seats, pieces of land
tûai	(ຖ້ວຍ)	numbers of cups of tea, soup, coffee, etc.
tʉa	(ເທື່ອ)	times (numbers of occurrences)
wóng	(ວົງ)	rings, circles
yàang	(ຢ່າງ)	kinds of things, numbers of things

COLORS

color	sǐi	ສີ
black	sǐi dàm	ສີດຳ
brown	sǐi nâam-dtàan	ສີນ້ຳຕານ
blue	sǐi fâa	ສີຟ້າ
gold	sǐi kám	ສີຄຳ
green	sǐi kǐao	ສີຂຽວ
grey	sǐi kìi-tao	ສີຂີ້ເຖົ່າ
indigo	sǐi káam	ສີຄາມ
khaki	sǐi gàa-gìi	ສີກາກີ
pink	sǐi sóm-púu	ສີຊົມພູ
purple	sǐi muang	ສີມ່ວງ
orange	sǐi sòm	ສີສົ້ມ
red	sǐi dèeng	ສີແດງ
silver	sǐi ngə́n	ສີເງິນ
white	sǐi kǎao	ສີຂາວ
yellow	sǐi lǔang	ສີເຫລືອງ

NUMBERS

0	sǔun	ສູນ
1	nung	ຫນຶ່ງ
2	sɔ̌ɔng	ສອງ
3	sǎam	ສາມ
4	sii	ສີ່
5	hàa	ຫ້າ
6	hǒk	ຫົກ
7	jĕt	ເຈັດ
8	bpɛ̀ɛt	ແປດ
9	gâo	ເກົ້າ
10	sĭp	ສິບ
11	sĭp-ĕt	ສິບເອັດ
12	sĭp-sɔ̌ɔng	ສິບສອງ
13	sĭp-sǎam	ສິບສາມ
20	sáao	ຊາວ
21	sáao-ĕt	ຊາວເອັດ
22	sáao-sɔ̌ɔng	ຊາວສອງ
30	sǎam-sĭp	ສາມສິບ
31	sǎam-sĭp-ĕt	ສາມສິບເອັດ
32	sǎam-sĭp-sɔ̌ɔng	ສາມສິບສອງ

40	sii-sǐp	ສີ່ສິບ
50	hàa-sǐp	ຫ້າສິບ
60	hǒk-sǐp	ຫົກສິບ
70	jět-sǐp	ເຈັດສິບ
80	bpèɛt-sǐp	ແປດສິບ
90	gâo-sǐp	ເກົ້າສິບ
100	(nʉng) hɔ̂ɔi	(ໜຶ່ງ) ຮ້ອຍ
200	sɔ̌ɔng-hɔ̂ɔi	ສອງຮ້ອຍ
300	sǎam-hɔ̂ɔi	ສາມຮ້ອຍ
1,000	(nʉng) pán	(ໜຶ່ງ) ພັນ
2,000	sɔ̌ɔng-pán	ສອງພັນ
3,000	sǎam-pán	ສາມພັນ
10,000	(nʉng) mʉ̀ʉn	(ໜຶ່ງ) ໝື່ນ
100,000	(nʉng) sɛ̌ɛn	(ໜຶ່ງ) ແສນ
1,000,000	(nʉng) lâan	(ໜຶ່ງ) ລ້ານ
10,000,000	sǐp-lâan	ສິບລ້ານ
100,000,000	(nʉng) hɔ̂ɔi-lâan	(ໜຶ່ງ) ຮ້ອຍລ້ານ
1,000,000,000	(nʉng) pán-lâan	(ໜຶ່ງ) ພັນລ້ານ
10,000,000,000	(nʉng) mʉ̀ʉn-lâan	(ໜຶ່ງ) ໝື່ນລ້ານ
100,000,000,000	(nʉng) sɛ̌ɛn-lâan	(ໜຶ່ງ) ແສນລ້ານ
1,000,000,000,000	(nʉng) lâan-lâan	(ໜຶ່ງ) ລ້ານລ້ານ

DAYS OF THE WEEK

day	wán	ວັນ
Sunday	wán-àa-tit	ວັນອາທິດ
Monday	wán-jàn	ວັນຈັນ
Tuesday	wán-àng-káan	ວັນອັງຄານ
Wednesday	wán-put	ວັນພຸດ
Thursday	wán-pa-hăt	ວັນພະຫັດ
Friday	wán-sŭk	ວັນສຸກ
Saturday	wán-săo	ວັນເສົາ
holiday	wán-yŭt	ວັນຢຸດ
weekend	săo-àa-tit	ເສົາອາທິດ

MONTHS

month	dùan	ເດືອນ
January	máng-gɔ̀ɔn	ມັງກອນ,
	mok-ga-láa	ມົກຣາ
February	gùm-páa	ກຸມພາ
March	míi-náa	ມີນາ
April	mée-sǎa	ເມສາ
May	put-sà-páa	ພຶດສະພາ
June	mi-tu-náa	ມິຖຸນາ
July	gɔ̀ɔ-la-gǒt	ກໍລະກົົດ,
	gɔ̀ɔ-la-gà-dàa	ກໍຣະກະດາ
August	sǐng-hǎa	ສິງຫາ
September	gàn-nyáa	ກັນຍາ
October	dtu-láa	ຕຸລາ
November	pa-jǐk	ພະຈິກ
December	tán-wáa	ທັນວາ

THE TWELVE YEAR CYCLE

ປີຂວດ/ປີຫນູ	Year of the Rat	bpìi-sûat/bpìi-nŭu
ປີສະຫລູ/ປີງົວ	Year of the Ox	bpìi-sà-lŭu/bpìi-ngúa
ປີຂານ/ປີເສືອ	Year of the Tiger	bpìi-kăan/bpìi-sŭa
ປີເຖາະ/ປີກະຕ່າຍ	Year of the Rabbit	bpìi-tǒ/bpìi-gà-dtaai
ປີມະໂຣງ/ປີງູໃຫຍ່	Year of the Dragon	bpìi-ma-lóong/bpìi-ngúu-yai
ປີມະເສັງ/ປີງູນ້ອຍ	Year of the Snake	bpìi-ma-sĕng/bpìi-ngúu-nɔ̂ɔi
ປີມະເມຍ/ປີມ້າ	Year of the Horse	bpìi-ma-mía/bpìi-mâa
ປີມະແມ/ປີແບ້	Year of the Goat	bpìi-ma-mɛ́ɛ/bpìi-bɛ̂ɛ
ປີວອກ/ປີລິງ	Year of the Monkey	bpìi-wɔ̂ɔk/bpìi-líng
ປີລະກາ/ປີໄກ່	Year of the Chicken	bpìi-la-gàa/bpìi-gai
ປີຈໍ/ປີຫມາ	Year of the Dog	bpìi-jɔ̌ɔ/bpìi-mǎa
ປີກຸນ/ປີຫມູ	Year of the Pig	bpìi-gùn/bpìi-mŭu

18 PROVINCES OF LAOS
18 ແຂວງໃນ ສປປ ລາວ

PROVINCES ແຂວງ kwɛ̌ɛng

1. ກຳແພງນະຄອນວຽງຈັນ — gàm-péeng-na-kɔ́ɔn-wíang-jàn
2. ຜົ້ງສາລີ — pòng-sǎa-líi
3. ຫລວງນ້ຳທາ — lǔang-nâam-táa
4. ອຸດົມໄຊ — u-dòm-sái
5. ບໍ່ແກ້ວ — bɔɔ-gɛ̂ɛo
6. ຫລວງພະບາງ — lǔang-pa-bàang
7. ຫົວພັນ — hǔa-pán
8. ໄຊຍະບູລີ — sái-nya-bùu-líi
9. ຊຽງຂວາງ — síang-kwǎang
10. ວຽງຈັນ — wíang-jàn
11. ບໍລິຄຳໄຊ — bɔ̀ɔ-líi-kám-sái
12. ຄຳມ່ວນ — kám-muan
13. ສະຫວັນມະເຂດ — sa-wǎn-na-kèet
14. ສາລະວັນ — sǎa-la-wán
15. ຈຳປາສັກ — jàm-bpàa-sǎk
16. ເຊກອງ — sée-gɔ̀ɔng
17. ອັດຕະປື — ǎt-dta-bpɯɯ
18. ເຂດພິເສດ — kèet-pi-sèet (Special Region)

APPENDIX